本書爲偉大愛國民族英雄岳飛的史料彙編和考證

中國史學基本典籍叢刊

鄂國金佗稡編續編校注

一

〔宋〕岳珂 編

王曾瑜 校注

中華書局

圖書在版編目(CIP)數據

鄂國金佗稡編續編校注/(宋)岳珂編;王曾瑜校注. —
北京:中華書局,2018.6(2022.5 重印)
(中國史學基本典籍叢刊)
ISBN 978-7-101-13216-8

Ⅰ.鄂… Ⅱ.①岳…②王… Ⅲ.岳飛(1103~1142)-
生平事迹 Ⅳ.K825.2

中國版本圖書館 CIP 數據核字(2018)第 087487 號

責任編輯:胡 珂

中國史學基本典籍叢刊
鄂國金佗稡編續編校注
(全五册)
〔宋〕岳 珂 編
王曾瑜 校注
*
中 華 書 局 出 版 發 行
(北京市豐臺區太平橋西里 38 號 100073)
http://www.zhbc.com.cn
E-mail:zhbc@zhbc.com.cn
三河市鑫金馬印裝有限公司印刷
*
850×1168 毫米 1/32 · 59½印張 · 10 插頁 · 1179 千字
2018 年 6 月第 1 版 2022 年 5 月第 2 次印刷
印數:2001-2900 册 定價:258.00 元

ISBN 978-7-101-13216-8

前言

一、《鄂國金佗稡編、續編》簡介

《鄂國金佗稡編》二十八卷和《鄂國金佗續編》三十卷，是現存最重要、最詳盡的記録岳飛事迹的史籍，由岳飛孫岳珂所編。岳飛在宋寧宗時追封鄂王，故名「鄂國」。「金佗」是嘉興府城内的坊名，岳珂曾在金佗坊中居住，〔一〕取「先王佩佗綬于鄂」之意。〔二〕宋末董嗣杲詩説：「何處有花春掠眼，金佗坊裏岳家園。」〔三〕「稡」或與「萃」字相通，岳珂在序言中説：「稡五編爲一，名之曰《金佗》。」

岳飛是南宋著名的民族英雄、偉大的愛國主義者，他爲當時祖國的進步和統一，而奮鬬不息，最後慘遭宋高宗、秦檜等人的屠害。在岳飛身後二十年間，他作爲一個大逆不道、十惡不赦的死者，幾乎没有人敢於在公開場合，爲他説半句公道話。在漫長的陰暗歲月裏，在非常嚴酷的政治迫害下，大量有關岳飛的文字資料佚失或銷毁了。〔四〕宋高宗和秦檜大興文字獄，三令五申禁絶私史，還委派秦檜之養子秦熺主編《高宗日曆》，恣意篡改官史。

《高宗日曆》是宋高宗在位時的主要官史，屬編年體。在宋高宗即將退位時，張震上奏：「自建炎元年（一一二七年）至紹興十二年（一一四二年），日曆已成者五百九十卷，多所舛誤。」〔五〕自建炎元年至紹興十二年的十六年間，正是宋金戰與和，南宋抗戰派與投降派激烈鬭争的重要時期，也包括了岳飛從靖康元年冬參軍殺敵後，直至冤獄殉難的主要經歷。正如李心傳所説：「蓋紹興十二年已前日曆，皆成於檜子熺之手。」〔六〕秦熺在紹興十三年（一一四三年）初，即將這部份《高宗日曆》編撰完工，他和助手王揚英、周執羔因此陞官受獎。〔七〕按「宰相監修國史」的慣例，秦檜還只是掛個空名，唯有秦熺主編日曆，篡改官史的任務才得以落實。經秦熺之流筆削之餘，官史中「凡所紀録，莫非其黨姦諛諂佞之詞，不足以傳信天下後世」。後來有個叫徐度的官員看了，唯有「太息而已」。〔八〕當時一個『日曆之官』説：「自（紹興）八年冬，檜既監修國史，岳飛每有捷奏，檜輒欲没其實，至形於色。其間如闊略其姓名，隱匿其功狀者，殆不可一、二數。」〔九〕岳飛生前居高位，握重兵之時，秦檜已如此放肆，則秦熺在日曆中如何詆毁岳飛，磨滅岳家軍的戰績，更可想見。

岳飛死後近四十年，宋孝宗決定給他定謚號，據現存三個定謚文件，即《忠愍謚議》、《武穆謚議》和《武穆覆議》所載，一方面，「人謂中興論功行封，當居第一」；另一方面，「因博詢公平生之所以著威望，繫安危，與夫立功之實，其非常可喜之大略，雖所習聞，而國史秘內，無所攷質」。足見岳飛事迹被湮没到何等地步。爲了定謚，官員們不得不採取訪問故將遺卒的辦法，「獨得之於舊在行陣間者云」，〔一〇〕但對岳飛事迹的記述依然顛三倒四，掛一漏十。所以後來袁甫非常感慨地寫詩説：「背嵬軍馬戰無儔，壓盡當年幾列侯。先輩有聞多散軼，後生誰識發潛幽？」〔一一〕

《高宗日曆》等宋朝官史今已失傳，現存記述這個時代的最重要的史籍，是《三朝北盟會編》和《建炎以來繫年要録》，這兩部書號稱良史。《三朝北盟會編》搜羅了大量原始文件和記載，即使彼此互有矛盾牴牾，也博採兼收。《建炎以來繫年要録》以《高宗日曆》爲底本，廣泛地參據各種資料，考訂史實較爲精詳。兩書作者徐夢莘和李心傳都是肯定岳飛的，然而他們這兩部史書關於岳飛的記述，卻是殘缺不全，錯訛百出，在相當程度上承受了宋高宗和秦檜大興文字獄，篡改官史，嚴禁私史的惡果。岳飛的主要事迹，包括四次北伐，紹興七年（一一三七年）的憤慨辭職與復職，紹興八年（一一三八年）和九年（一一三九年）的反對和議，紹興十一年（一一四一年）的援淮西和遇害，這兩部書基本上都沒有寫全和寫對，甚至還轉抄了宋高宗和秦檜之流的不少污衊之詞。

岳飛的冤案被宋孝宗平反之後，由於次子岳雷已在流放期間飲恨而終，三子岳霖承擔了重新整理父親歷史的工作，卻遇到很大困難。這不僅因爲大量文字資料的佚失和銷毀，也由於原岳家軍的一些重要部將和幕僚，如王貴、牛皋、董先、李若虛等，都已相繼辭世。岳霖在父親遇難時，只有十二歲，不懂世事。儘管如此，他還是花了很大氣力，搜羅到一部份殘存的史料，其中包括八十多件在左藏南庫「架閣」的宋高宗親筆御札。他還「孜於聞見，訪於遺卒」，並請國子博士顧杞整理出一個岳飛傳記的草稿。岳霖的工作未能完成，卻於宋光宗紹熙三年（一一九二年）十月逝世，這個前半生飽經憂患的老人，時年六十三歲。臨終之時，只好將顧杞草稿和其他史料託付次子岳珂，説：「苟能卒父志，死可以瞑目矣！」岳珂「自年十二、三，甫終喪制，即理舊編」，後來「束髮遊京師，出入故相京鏜門，始得大訪遺軼之文，博觀建炎、紹興以來紀述之事。下及野老所傳，故吏所録，一語涉其事，則筆之於册」，對顧杞草稿「因其已成，益其未備」，進行修改加工。〔二〕他「涉筆五年」，於宋寧宗嘉泰三年（一二〇三年）「刊修了畢」，明年，向宋廷「繳進」「高宗皇帝御札手詔七十六軸」，「大父先臣飛《行實編年》六卷、《籲天辨誣》五卷、《通敍》一卷并《家集》十卷」，〔三〕這就是今存《金佗稡編》前二十五卷。當時岳珂年僅二十一歲，然而從這二十五卷的文字看，卻是文筆老練，甚富才氣。宋寧宗嘉定十一年（一二一八年），岳珂將上述文字，另加《天定録》三卷，在嘉興府刻板印書，取名《鄂國金佗稡編》。到宋理宗紹定元年

（一二二八年），岳珂又將有關祖父的其他文件和記載，彙編爲《鄂國金佗續編》，在鎮江府刻板印書。端平元年（一二三四年），他將這兩部書合在一起，第三次在江南西路刻印，「凡六百二十二板，字差小於舊」。〔一四〕

總的説來，《金佗稡編》無疑是成功之作。在宋高宗、秦檜之流恣意玷污青史之餘，岳霖父子窮搜冥索，仍然得到不少原始文件和其他記載，據以恢復了部份歷史真相。例如對於紹興七年（一一三七年）岳飛突然提出辭呈，與宋廷發生衝突的原委，秦熺的日曆諱莫如深，並作了精心的篡改。徐夢莘和李心傳也沿訛襲謬，在他們的史書中寫得荒誕離奇，面目全非。《金佗稡編》卻以確實的證據，説明宋高宗君臣對岳飛併統淮西等軍的出爾反爾，使岳飛憤而辭職。又如在宋朝官史中，原來已無岳家軍紹興十年（一一四〇年）大舉北伐，郾城和潁昌兩次大捷的地位。故宋孝宗乾道二年（一一六六年）定所謂「中興以來十三處戰功」，〔一五〕多數是不足道的小勝，却無岳家軍的兩次大捷。《金佗稡編》公佈當時的一份奬諭詔，説在「十五年」中，「我師臨陣，何啻百戰。曾未聞遠以孤軍，當茲巨孽」，「如今日之用命者也」。〔一六〕反映了在岳飛生前，宋廷不得不對郾城之戰作出的絶高評價。又如對紹興十一年（一一四一年）岳飛援淮西，《三朝北盟會編》和《建炎以來繫年要録》都承襲秦檜之流的毀謗，説岳飛有意逗遛，拒不赴援。岳珂依據宋高宗的親筆御札，推翻了對祖父的污衊不實之詞。如此等類，無須一一枚舉。

《金佗稡編》也存在着重大缺陷，主要是抹煞宋高宗與岳飛的矛盾，迴避宋高宗殺害岳飛的罪責。岳飛既然是在趙宋政權之下恢復名譽的，岳珂就只能表白祖父「獨以孤忠，結知明主」，〔一七〕「以章先帝委寄待遇之隆」。〔一八〕事實上，岳飛與皇帝的矛盾，在紹興七年（一一三七年）前即已存在，但總的説來，他還是宋高宗最器重、最着力提拔的武將。自紹興七年宋高宗收回令岳飛併統淮西等軍的成命，岳飛憤而辭職之後，兩人的裂痕愈來愈深，最後宋高宗決心違背宋太祖不殺大臣的誓約，動用屠刀，也是冰凍三尺，非一日之寒。岳珂不願正視這個客觀的史實，並且煞費苦心，鋪敍了許多曲筆。在當時的歷史條件下，岳珂的曲筆是可以理解的，卻又爲後世戲曲小説塑造岳飛的「愚忠」形象，開了先河。

此外，岳珂本着强烈的孝子慈孫之心，對祖父的事迹不免有虛美的成份，其史筆也有不少錯訛和疏漏。

儘管《金佗稡編》存在着嚴重的缺點，畢竟瑕不掩瑜，不失爲研究岳飛的主要史料。此外，這部書不論對研究宋朝的政治、經濟、軍事和文化，還是對研究金史，也都或多或少提供了有價值的記載。

以下對《金佗稡編》的各部份分别作些介紹。《金佗稡編》卷一至卷三《高宗宸翰》和

《金佗續編》卷一《高宗宸翰摭遺》，共計四卷，蒐集了宋高宗給岳飛的親筆手詔八十六份，另加《書屯田三事詔》和《御賜舞劍賦》，共八十八份。宋高宗給岳飛手詔原有幾百份，由於長期在倉庫存放，已大部佚失。作爲皇帝御筆，尚且如此殘缺不全，其他文件的散失更可想而知。宋高宗手詔有相當價值，可證實岳飛有一批業已佚失的奏疏，其中包括郾城之戰一份更詳細的捷奏。宋高宗手詔證明，岳飛第一次北伐克襄陽前並無戰鬭，僞齊軍「不戰而歸」，大戰是發生在入襄陽後，「李成益兵而來，我師大獲勝捷」。故《鄂王行實編年》關於克襄陽前大戰的叙事顯然有誤。

《金佗稡編》卷四至卷九《鄂王行實編年》，是岳珂所撰的祖父傳記。前五卷是編年敍事，最後一卷有《遺事》，介紹岳飛的私人道德、治軍風範等，《秦國夫人李氏遺事》和《諸子遺事》簡略介紹岳飛後妻李娃和五個兒子的情況。《昭雪廟謚》介紹宋廷爲岳飛平反和追謚的經過。最後有岳珂自敍，説明寫作經過。《鄂王行實編年》作爲較詳細的傳記，恢復了部份歷史真相，提供了不少其他史書所無的、有價值的記載；然而凡是涉及岳飛與宋高宗矛盾的史實，卻一律採取迴避態度，或故作曲筆，也有不少虛美、錯訛和疏略之處。但其中也應有沿襲顧杞草稿錯誤的成份，未必全屬岳珂本人的杜撰。由於年深月久，其父岳霖「攷於聞見，訪於遺卒」而得的傳聞，未必都確實可靠，而岳珂照抄顧杞草稿，就不免以訛傳訛。此外，岳珂寫作這份傳記所依據的記載，有一部份並未轉載於《金佗稡編》和《金佗續編》，例如顧杞草稿、《野史》、宋朝的一些檔案和官史等，今已失傳。故《鄂王行實編年》某些缺乏旁證的記述，例如朱仙鎮之戰，完顏兀术給秦檜提出「必殺岳飛，而後和可成」的書信等，雖然引起人們的争論，而似乎難以判斷爲出自岳珂的僞造，而必無所據。

《金佗稡編》卷一〇至卷一九《家集》，共計十卷，搜羅岳飛奏議、公文、詩詞、題記等，達一百六十七篇。其中《南京上皇帝書略》、《乞移都奏略》、《論虜情奏略》、《乞定儲嗣奏略》、《乞止班師詔奏略》、《乞出京洛奏略》和《乞出蘄黄奏略》七篇原件已佚，僅剩概略。據岳珂説，這些文字由岳霖搜集，「或得於故吏之所録，或傳於遺藁之所存，或備於堂劄之文移，或紀於稗官之直筆」。〔一九〕連同《寶真齋法書贊》卷二八《鄂國傳家帖》所載的十一份書簡，還有《鳳墅帖》所載的三份書簡，共有一百八十一篇。估計岳飛詩文佚亡的比例，應高於高宗手詔。岳飛的奏疏和公文一般都是幕僚們的手筆，只有個别重要的、機密的奏疏，由岳飛本人起草和謄寫。《家集》提供的大批原始文件，自然有很高的史料價值。

《金佗稡編》卷二〇至卷二五《籲天辨誣》，前一卷是《通敍》，後五卷就岳飛遭受毁謗和誣陷的五個問題，分别作《建儲辨》、《淮西辨》、《山陽辨》、《張憲辨》和《承楚辨》。《籲天辨誣》引證不少未見於《鄂王行實編年》和其他史書的史料，或者爲《鄂王行實編年》的敍事，説明了史料出處，特别是爲岳飛的寃獄，提供了有價值的記載。《建儲辨》否認張戒《默記》關於岳飛紹興七年（一一三七年）提議建儲，而受宋高宗呵斥的記事。鄧廣銘先生已援引《忠正德文集》等書的記載，證實《默記》的所述是可信的，而岳珂的所辨，卻是煞費苦心的曲筆。至於其他四辨，總的看來，還是持之有據，辨之有理的。

《金佗稡編》卷二六至卷二八《天定録》，《金佗續編》卷一三至卷一六《天定别録》，共計七卷。其中搜羅了宋廷爲岳飛平反、定謚、追封、改謚等文件。有些文件，例如《忠愍謚議》、《武穆謚議》、《武穆覆議》等，也記述了岳飛的家世和某些歷史片斷。

《金佗續編》卷二至卷一二《絲綸傳信録》，共計十一卷。其中搜羅了一批宋廷給岳飛的制詔和省劄，這些原始文件也應是大部佚失，小部保存。從時間上看，岳飛任低等武將時的官告、省劄之類基本亡佚。從内容上看，如任招討使、宣撫使的制詞等，也未傳世。《絲綸傳信録》反映在岳飛生前，宋廷對他的戰功、軍紀等所作的極高評價，某些省劄也可糾正《鄂王行實編年》的若干錯誤。

《金佗續編》卷一七至卷三〇《百氏昭忠録》，共計十四卷。其中刊載了别人表彰岳飛的文字記載。章穎撰寫的五卷《鄂王傳》，基本上照抄《鄂王行實編年》，只作了一些文字上的修改和個别史實的補充。凡是章穎所作的有關岳飛的史實補充，今已列入《鄂王行實編年》的注釋。《鄂王傳》的史料價值，其實是《金佗續編》卷二〇對秦檜身世的介紹，記述比較完整，有某些史實不見於其他史書。劉光祖的三卷《襄陽石刻事迹》，是將《鄂王行實編年》的敍事分類編排，總計有《戰功》、《材藝》、《智謀》、《勇敢》、《紀律》、《威望》、《恩信》、《先見》、《遠略》、《忠義》、《知遇》和《爵秩》十二類，在史實上並無補充，僅在《戰功》的開頭和末尾，對岳飛的戰功作了其實是不完全的統計。《楊么事迹》二卷，是有關鍾相、楊么變亂的重要史籍，缺點是對岳飛的鎮壓過程，敍事反而簡略。《百氏昭忠録》的最後四卷，包括了像黄元振、孫逌、吴拯等人的記載、奏疏等，提供了不少可貴的史料，如《孫逌編鄂王事》全文刊載的建炎四年（一一三〇年）邵緝上書，是一份瞭解岳飛早期抗金活動的重要記載。黄元振追記其父黄縱充當岳飛幕僚時的親身見聞，描繪岳飛的某些可貴品格，躍然紙上。《金佗續編》卷二九轉載趙鼎的奏議和《日記雜録》，顯然有疏漏。現存的《忠正德文集》中，另有一些有關奏議，未被岳珂搜採，《丙辰筆録》也比岳珂的《日記雜録》詳備。

二、校注工作説明

先交待一下《鄂國金佗稡編、續編》的校勘工作。《金佗稡編》現存主要有三個版本。

第一個是元朝至正二十三年(一三六三年)刻版的明印本，簡稱「至正本」，在北京圖書館有藏書。至正本上距岳珂的三次刻書百餘年，時值元末，《金佗稡編》的宋刻本已流傳甚少。至正本將一些宋刻殘本拼湊成書，故已有一些缺頁和缺字。第二個是明朝嘉靖二十一年(一五四二年)刻本，到嘉靖三十七年(一五五八年)，黄日敬又進行校補，簡稱「嘉靖本」，在北京圖書館和中國社會科學院歷史研究所都有藏書。由於嘉靖本來源於至正本，故對其中的缺頁和缺字大致仍舊，而無法補輯。清朝編《四庫全書》，也是依據嘉靖本，而有不少篡改。第三個是清朝光緒七年(一八八一年)浙江書局刻本，簡稱「浙本」。浙本來源於嘉靖本，是目前最流行的版本，而錯訛也最多。已故的著名藏書家傅增湘先生曾在書坊中找到一些《金佗稡編》的宋刻殘本，另加《忠文王紀事實録》和章穎《中興四將傳》，對浙本進行校補。現在，他校補過的浙本已成北京圖書館的藏書，簡稱「傅本」。本書以至正本作底本，用嘉靖本和傅本進行參校，在某些場合也參照浙本。編者最近才發現，即使是《四庫全書》本《金佗稡編》也有校勘價值，可校補若干錯字和缺字。

此外，本書還用《金佗稡編》的各部份進行互校。互校的條目，主要集中在《鄂王行實編年》。凡是《鄂王行實編年》注釋中已寫明的互校條目，就不在其他部份重複。《金佗稡編、續編》的篇目原來分散於各卷卷首，今將各卷卷首篇目集中起來，統一編成詳細的目録。

《忠文王紀事實録》今爲北京圖書館藏書，簡稱《紀事實録》，共計五卷。南宋臨安府太學原是岳飛住宅。〔二〇〕到宋理宗景定二年（一二六一年），太學土地廟改稱忠顯廟，將岳飛封爲廟神忠文王。景定四年（一二六三年），謝起巖輯録《忠文王紀事實録》，宋度宗咸淳七年（一二七一年）刻板。北京圖書館的藏本是明朝初年用宋末刻板所印。《紀事實録》卷一即是《金佗稡編》卷一至卷三《高宗宸翰》，另加追封岳飛等人的告詞。《紀事實録》卷二至卷四即是《金佗稡編》的《鄂王行實編年》，另有《籲天辨誣通敍》的節録。《紀事實録》卷五刊載《金佗稡編》《家集》的小部份表奏。此外，《紀事實録》卷四記述岳飛部卒一首悼詩（見《金佗稡編》卷八第七九四頁），大概是謝起巖所增添。《紀事實録》只是對《金佗稡編》的個別稱呼作了修改，如「先臣」改稱「王」，「岳飛」改稱「岳某」，「先伯父」和「臣雲」改稱「王之子」和「子雲」。由於明初朱元璋大興文字獄，「賊」字成爲文忌，故此書刊印時，又將書中的「賊」字多予塗抹，足見當時文禍之酷烈。《紀事實録》有相當高的校勘價值，故本書的有關部份，都取以參校。

北京圖書館藏清抄本《經進皇宋中興四將傳》和《碧琳琅館叢書》本《宋朝南渡十將傳》的章穎《岳飛傳》，具有校勘價值，本書也取以參校《金佗續編》的《鄂王傳》。

《金佗稡編》的缺頁和缺字不少。《鄂王行實編年》和《鄂王傳》的缺佚部份，已依據《忠文王紀事實録》、《皇宋中興四將傳》和《宋朝南渡十將傳》進行填補。至於《金佗稡編》其他部份的缺頁和缺字，依據傳本、《宋岳鄂王文集》、《忠正德文集》、民國三十五年稿本李漢魂著《岳武穆年譜》等書參校，僅能填補其中的一部份。這不能不是一件無可奈何的憾事。

在交待注釋工作之前，還須介紹一下傳世的岳飛史料概況。除《金佗稡編》外，《三朝北盟會編》和《建炎以來繫年要録》當然是最重要的史籍，這兩部書已在上一節作了評價，毋須贅述。《宋史》是二十四史中最龐雜的一部，其《高宗紀》主要來源於《高宗日曆》，《岳飛傳》又主要來源於《鄂王傳》，故有互相矛盾牴牾之處，就不足爲奇。《宋史》對岳飛事迹的補充，其實只有兩條，一是《何鑄傳》關於背刺「盡忠報國」的記載，二是《高宗紀》載紹興七年（一一三七年）岳飛憤而辭職時，張浚上奏：「岳飛積慮，專在併兵，奏牘求去，意在要君。」《金史》來源於金朝官史，往往揚勝諱敗，但對岳飛事迹仍可有所補充。例如《宗弼傳》事實上承認岳飛在紹興十年（一一四〇年）北伐時，金軍一度撤離開封，可與《鄂王行實編年》互相印證。《宋會要輯稿》有不少關於岳飛的記載，某些段落要比《建炎以來繫年要録》詳細。《中興小紀》敍事簡略，舛誤不少，其史料價值低於《建炎以來繫年要録》，已爲衆所公認。然而由於此書問世早，也保存了某些《建炎以來繫年要録》疏漏的史實，故對研究岳飛仍可用而不廢。此書文字經清人篡改，今以《皇朝中興紀事本末》校勘。此外，李綱的《梁谿全集》、趙鼎的《忠正德文集》、張嵲的《紫微集》和薛季宣的《浪語集》，也保存了一些有關岳飛的重要文件和記載。至於其他散見各書的有關岳飛的零星記載，在此不必逐一介紹。

本書的注釋工作以岳飛事迹的彙編與考證爲主，也有一些名詞解釋，故注釋主要集中於《鄂王行實編年》，大致是依編年敍事的有關内容附注，凡是《鄂王行實編年》不載的史實，則依相應的年月附注。注釋的條目與校勘的條目共同編號。注釋並不限於《金佗稡編》以外的書籍，《金佗稡編》的各部份也互作必要的摘録和説明。在《金佗稡編》卷一九《家集》後，附有未被搜入《家集》的岳飛詩文二百十三篇的統計資料。在《金佗續編》卷二八葉紹翁詠岳飛詩後，附有宋人歌詠岳飛的詩詞。至於宋以後歷朝歌詠岳飛的詩詞，數量甚爲可觀，限於個人能力，難以網羅無遺，故不作附録。

由於宋代的雕版印刷普遍推廣，傳世的載籍十分繁富，爲了避免注釋工作中不必要的繁冗和重複，規定了以下幾條原則。

第一，凡是《三朝北盟會編》、《建炎以來繫年要録》、《宋史》、《金史》和《宋會要輯稿》中有關岳飛的記事，原則上都作注釋。但《宋史》的《岳飛傳》和《牛皐傳》末一段關於岳家軍紹興十年（一一四〇年）北伐的記事，由於實際上來源於《鄂王行實編年》，不另作注釋。兩傳只有個别不見於《鄂王行實編年》的記事作注。

第二，《金佗續編》的章穎《鄂王傳》一般不在《鄂王行實編年》作注，只有個别的史實補充作注。劉光祖的《襄陽石刻事迹》不在《鄂王行實編年》作注。

第三，宋人的不少史籍，如《文獻通考》、《建炎以來朝野雜記》、《宋宰輔編年録》、《中興小紀》、《皇宋中興兩朝聖政》、《中興大事記》、《皇宋十朝綱要》、《續宋中興編年資治通鑑》、《宋史全文續資治通鑑》等，凡是其敍事内容没有超出《建炎以來繫年要録》和《宋史》者，原則上不作注釋。

第四，凡宋人文集和筆記中所載的岳飛事迹，而爲編者所能涉獵者，一般作注，但個别純屬封建迷信的記事，也無須作注。此外，也適當地精簡一些重複之記載。

第五，明、清時代編纂的宋史史書，如《宋史紀事本末》、《南宋書》、《續資治通鑑》等，原則上不作注釋。

第六，宋朝還有一些有關岳飛子孫的零星記載，由於他們在政治上没有多大作爲，凡是與岳飛事迹無關者，也不作注釋。

人們對資料工作最起碼的要求，無非一要完整，二求準確。但限於編者的水平和能力，在史料的搜集方面，絶不敢説是網羅無遺；在史實的考訂方面，更只能作爲一家之見。凡本書在史料方面的疏漏，考訂方面的錯訛，誠懇地希望得到大家的批評和指正。

最後，還必須説明，《金佗稡編》的校注工作，決不能認爲是編者的個人勞動。歷史研究所的酈家駒先生和朱家源先生都是我的前輩，給了我不少指導和幫助，糾正了我的一些錯誤。此書的校注工作就是酈家駒先生提議的。我尊敬的老師鄧廣銘先生早已對岳飛的研究提供了不少成果，爲《金佗稡編》的校注工作打下了基礎，本書還利用了他的《岳飛傳》（增訂本）的研究成果。張政烺先生十分關心這項工作，並以他極其淵博的學識，給予我不少指導和幫助，糾正了我的若干錯誤。北京圖書館許漢忠和楊殿甲兩位老年同志，還有鄭培珍和唱春蓮同志不辭勞苦，爲編者借閲書籍，提供了很多方便和幫助。乘此書出版之機，謹向這些老先生和同志表示深切的謝意。當本書付印之際，楊殿甲同志不幸辭世，我對這位老人的身世瞭解甚少，接觸的機會也不多，但是，他勤勤懇懇，認真負責的工作態度，一直給我留下極其深刻的印象，謹在此表示深切的懷念之情。

王曾瑜

二〇一五年三月，又對前言略作修改。

〔一〕《至元嘉禾志》卷二《坊巷》：「金佗坊，名義，舊通趙郡王府，因王印金槖佗之義。」康熙《嘉興府志》卷七：《宋古跡》：「金佗坊，珂以嘉定中知嘉興軍府，後人乃因其所名之書，名其所居之坊耳。……《弘治志》：『珂嘗居治西北金佗坊。』」

〔二〕本書《鄂國金佗續編序》第一二四一頁。

〔三〕《廬山集》卷五《春步岳園》二首（其一）。

〔四〕當時有關岳飛大量文字資料的佚失和銷毀，有出自投降派之手，也有不少士大夫因畏避禍害，而被迫銷毀，或因保管不善而佚失。《雲麓漫鈔》卷一載，在宜興張渚鎮張大年家，岳飛曾於屏風題辭，「後陷入罪，其家洗去之，今尚有遺蹟隱然」。周南《山房集》卷五《跋鞏洛行記後》載，洪吉壽在紹興九年隨趙士㒟和張燾往洛陽「祗謁陵寢」，私撰《鞏洛行記》，「然在武昌，所抄多竄定不盡存。其赴岳軍燕設，與岳帥致饋問，亦多塗抹」。周南感慨地說：「劫於告密羅織之威，雖奥渫寒士篋牘私小文字，家人所不可得而見者，亦畏避删除，而不敢盡存。」又如薛徽言與岳飛頗有交誼，又早於岳飛去世。然而據《浪語集》卷三三《先大夫行狀》和《書先右史遺編》載，其長子薛季隨「集録遺書，懼爲家族之禍，故如《議和劄子》、《請岳相飛書》之類，皆別篋藏貯，有待而出」，後因保管不善，「多遺落」，「遺岳侯書亡」。以上這些片斷的記述，都反映了當時「秦火」之烈。

〔五〕《建炎以來繫年要録》卷一九八紹興三十二年閏二月丙戌。

〔六〕《建炎以來繫年要録》卷一二二紹興八年九月乙巳注。

〔七〕《建炎以來繫年要録》卷一四八紹興十三年二月辛巳，《宋史》卷四七三《秦檜傳》。

〔八〕《揮塵後録》卷一。

〔九〕《金佗粹編》卷二〇《籲天辨誣通敍》。

〔一〇〕《金佗續編》卷一四。

〔一一〕《蒙齋集》卷二〇《岳忠武祠》（其三）。

〔一二〕《金佗粹編》卷九，岳霖逝世的年月據《寶真齋法書贊》卷二八《鄂國傳家帖》《銀青清白頌語》。

〔一三〕《金佗粹編》卷二六《天定録序》，《繳進奏狀》。

〔一四〕關於岳珂三次刻書的情況，見《鄂國金佗續編序》和《跋》。岳珂第三次刻書應在江南西路江州（九江）。江州是岳飛生前選中的岳氏宗族聚居地。《玉楮集》中有不少詩篇即是反映岳珂在江州閒居時的生活。岳珂在《跋》中説，「《鄂國金佗》二編，前刻於檇李，續刊於南徐」，「顧珂橐中無儲本」，「豈可千里常致於二郡哉」，故在罷官歸家後，決定另刻新書，「藏于廟塾，以遺子孫」。戴洙《金佗粹編後序》中提到所謂「江西本」，即是岳珂的第三次刻本。

〔一五〕《宋史》卷三三《孝宗紀》，《建炎以來朝野雜記》甲集卷一九《十三處戰功》，《宋會要輯稿》兵一九之一七—一八。

〔一六〕《金佗續編》卷四《郾城斬賊將阿李朵孛堇大獲勝捷賜詔獎諭仍降關子錢犒賞戰士》。

〔一七〕《金佗稡編》卷二〇《籲天辨誣通敍》。

〔一八〕《金佗稡編》卷三《臣珂跋》。

〔一九〕《金佗稡編》卷一〇《家集序》。據《金佗稡編》卷二一《建儲辨》,《乞定儲嗣奏略》即是録自《野史》等書。

〔二〇〕《建炎以來繫年要録》卷一四八紹興十三年正月癸卯。

目　録

鄂國金佗稡編目録

卷第二

〔一〕招陷僞官吏二詔　「二」，原作「一」，今改正。

卷第十一

卷第十二

卷第十四

卷第十五

卷第十七

卷第十八

經進鄂王家集卷之九……一〇四七

公牘中……一〇四七

卷第十九

鄂國金佗續編目録

卷第二

卷第三

卷第五

卷第六

卷第七

絲綸傳信録卷之六 …… 一三四三

卷第九

卷第十

卷第十一

卷第十二

絲綸傳信録卷之十一……一四〇九

卷第十三

卷第十四

卷第十五

卷第十六

卷第二十九

卷第三十

重刻金佗稡編序

《金佗稡編》，宋岳武穆王孫珂所輯也。王以忠獲戾，是書載王軼事甚悉，大要以表王之忠，暴王之枉，吁！可慨也已！簡帙散漫，待御龍池唐公按浙，感王義烈命較，而屬運使洪君富鋟梓，屬鏊序。

予嘗讀史，至龍蛇之章，弓藏之歎，未嘗不撫膺咨嗟，思爲臣之不易也。至誦《采薇》、《出車》之詩，則以中興令聞之主，輔以張仲孝友，而方叔、召虎以次戡定厥功。且君臣相與憂勞，歌咏雍容都雅，臣主並受其福，而國以寧。三代之盛，可想見矣乎！

後世道敝，將臣鮮克有終，請借一二爲喻，而宋事尤莫舛焉。昔韓淮陰略不世出，高帝首裂全齊之地，與會固陵，是爲滅一楚，復一楚。其必取信齊，帝計也；齊取而信有異志，此其勢使然者。至於竇冠軍之驕恣，李光弼之顧望，斯固不能無過。其他反地下，壞長城，是遵何失哉！

乃若武穆王者，可慨也！王勇略蓋世，攘强胡，殲羣盜，聲勢振薄，誠若可畏。宋承五季之後，尤忌宿將，殊不知可馭非龍，不可馭非馬。王精忠勁節，其才不羈，而德則可馭。何嫌何疑，而概與跋扈者同科，功大釁生，媒孽而擠之死，斯不已甚矣乎！而或者睹王之事，乃云道貴明微，聖哲不死。予謂豈有謬巧，聖人教臣道，惟知王臣蹇蹇濟治爾，遑恤其他。王時事遭際如此，予所以憮然興嗟，思見三代之盛也。

雖然，國恒以一人安，一人危。有王則鞭撻四夷，中國常尊；無王則以浙，以閩，以廣，至胡元極矣。豈不有天運哉？昔人罪魏不用信陵君以削，太史公曰：「天方令秦一海內，雖阿衡何益。」可謂知言。蓋善言人者，必參以天。請以是爲《金佗編序》，以復於公。公與其説，以著於編。

嘉靖壬寅陽月既望，學校浙江按察司副使、前翰林院庶吉士南昌張鏊謹序。

重校金佗稡編序

烏乎！武穆岳王之事，豈非萬世之至痛也哉！夫莫慘於犬羊猾夏，執徽、欽以去，困挫而不還；莫憤於復仇雪恥之兵，幾掃乎賊巢，而中遭姦沮，狼狽而終罷；莫寃於高世之績，貫天之忠，而誣之誅死之罪，父、子、部曲併命而不得辭。烏乎！尚忍言乎！當是時，張俊妒而秦檜譎，而檜又金虜之孚也。檜主其謀，俊成其決，王得能全哉！是故以軍伍則告訐矣，臺諫則彈評矣，棘寺則鍛鍊矣，身命傾矣，家族徙矣，州名改矣，諭札歸左藏矣。何鑄、薛仁輔以辭推罷官，李若樸、何彦猷以辯理鐫秩，士㒞百口不能保，韓世忠三字奪之柄，最後劉允升叩閽一叫，而東市及矣。

充檜之心，方謂彌縫蓋覆，幸天下後世耳目之可塗，而亦豈知理之不可掩哉。歷年二十，積晦洞開，恤典寵章沛焉狎至。而天復使其孫郁然爲大文儒，懷牘籲天，以伸家枉。雖愬出私門，而無問智愚，皆許其爲至公至允不易之精論。故凡讀《金佗》之編者，未嘗不撫膺扼腕，爲武穆感而悲也。故王之風烈心跡，增光日月，比重山嶽，似無待於是書。而觀夫亦齋辯析紀載之詳，彌足以見檜謀之無益。權姦含毒，秖自穢耳，不亦愚甚矣乎！

编凡若干卷，舊刻於浙之運司，歲久漫漶，日敬病其訛也，校而補焉，而不可考者仍其故。然則是編之稡也，固不徒爲岳氏之家乘；而余之校而傳也，亦豈徒存浙司之故事已哉。

嘉靖戊午三月朔，兩浙運使、前常德府知府、南京户部總巡郎中莆田壺淙黄日敬謹序。

金佗稡編序

宋高宗承祖宗之緒，雖間關播越，退保江南，然與漢光武不階尺土者異矣。而靖康之敵，又非新室、赤眉之比，南渡將相肺腑爪牙之臣，亦非若曩時馮異仗劍而崛起者。加以重熙累洽之仁，漸摩浸漬，淪膚浹髓，垂二百年，一旦兩宫蒙塵，宗社爲墟，中原父老日夜歆獻思宋，不減三輔。然光武弟兄徒步南陽，左祖一呼，盡復高皇帝舊物，其故何哉？蓋光武知人，明見萬里，高宗舉國聽於權臣。故回溪之敗，馮異之罪小；朱仙鎮之捷，岳飛之功大。光武不以一挫之失忘遠圖，故異卒以再造之功興漢室；高宗不能因戰勝之鋒用岳飛，而徇主和之議任秦檜，故以恢復自任者適足以媒忌嫉之口，以忠貞許國者卒無以逃鍛鍊之禍。

夫所貴乎中興之主者，不以其能雪父兄之恥，光祖考之烈乎？今舉垂成之業而棄之，使馮異君臣專美於千載，岳飛父子銜冤於地下。此孝子忠臣所以讀《金佗稡編》者，未嘗不爲高宗惜也。飛父子没，餘二十年，孝宗受禪，其孫珂實始以《籲天辨誣録》詣闕訴上。由是詔賜墳廟，復爵位，頒封謚，禄遺孤。時高宗爲太上皇，猶及見之。吾意其北望舊京，必恨不誅秦檜，以謝天下。嗚呼！已無及矣。

編總若干卷，今江浙行中書省〔一〕平章政事、兼同知行樞密院事吴陵張公命斷事官經歷吴郡朱元佑重刻，且曰：「西湖書院，岳氏故第也，宜序而藏諸。」

至正二十三年三月甲子，左右司郎中臨海陳基序。

〔一〕行中書省　「省」字原脱，據《夷白齋藁》卷二二補。

鄂國金佗稡編序

孫奉議郎、權發遣嘉興軍府、兼管内勸農事岳珂編進

古者傳書有公私之異，五十九篇，上世之書也。則更寫竹簡，悉上送官，藏名山而副京師。蓋非金鐀石室之故文，不得以並録。一家之記載，若可以備史闕矣，掘筆廢紙，僅得不泯。而著書遺札，雖關國大議，如封禪者，亦必竢詔求而後徹聞。書之不可苟傳如此。開陽刻經，亶存六藝，親藩請史，弗畀權謀，著之舊章，維見可考。越自銘碣起漢，著録盛唐，而後世之潛德幽光，或者託植楹之遺以詒久。集録固多見矣，文詞之富，著作之工，亦惟與栝棬之澤，俱傳于家。豈非疏戚緬殊，觀覽隨變。

孝子慈孫之用心，固不得以責塗人之如己。而徇時棄置，視物重輕，於蠟車覆瓿，亦出於理之或至者歟？嗟虖！事病於違時，誼信於同欲。斷壺而致千金之用，人固未必逆信，酸鹹土炭，顧嗜者或均取焉，盍亦觀諸理而已。世固有問百年之血食，而推其餘烈，考前人之逸事，以上之史官。況當規恢大有爲之秋，魚腹之圖，穀城之略，豈無一二可俎豆於斯世。摭其所當行，稽其所可驗，而勿視之芻狗之已陳，則雖公天下之傳，可也。

珂試守檇李之明年，始刻家世籲天之書於郡塾，即漢制佩章之義，稡五編爲一，名之曰《金佗》。惟先王勳在王家，名在國史，遺蹟之存者，文昌章公固嘗傳而上之朝，既碑之襄陽，又梓之江夏。當世名公鉅卿拊膺興懷，盛心激烈，尚欲作九原而起之也。其忍以遺孤之不肖，遂即人而廢其言乎！故刻傳不疑，而豫比於罔羅放失之助，厲世開功名者或將有考焉耳。不然，寫琬琰，積縑緗，猶珂之私書也，而何敢辱郡故府之藏。

嘉定著雍攝提格歲橘涂初吉，〔一〕珂謹序。

〔一〕著雍攝提格歲橘涂初吉　「涂」，原作「淦」，嘉靖本同，據文淵閣《四庫全書》本改。「著雍」爲戊，「攝提格」爲寅，「橘涂」爲十二月。

鄂國金佗稡編

鄂國金佗稡編卷第一

高宗皇帝宸翰卷上

紹興四年

春三月，先臣奏請先復襄、鄧六郡，以圖中原。會方議通虜好，重於深入，迺賜御札，〔一〕命先臣毋出李横所守界。

敕岳飛，矧卿忠義之心，通于神明，故兵不犯令，民不厭兵，可無愧於古人矣。今朝廷從卿所請，已降畫一，令卿收復襄陽數郡。惟是服者舍之，拒者伐之，追犇之際，慎無出李横所守舊界，卻致引惹，有悮大計。雖立奇功，必加爾罰，務在遵禀號令而已。收復之後，安輯百姓，隨宜措畫，使可守禦。不致班師之後，復有蹂虞，始可回軍，依舊屯駐。朕當重賓賞典，以旌爾功。故兹筆喻，無慢我言。十四日。

御押〔二〕

〔一〕迺賜御札　《紀事實録》無「迺賜」兩字。

〔二〕今將宋高宗御札按時間順序統一編號。此件爲高宗宸翰五，高宗宸翰一至四見《金佗續編》卷一第一二四三頁至第一二四六頁。「押」爲宋時簽名符號。

劉光世請措置荆、襄，詔不許，第令整兵，以爲先臣援，復賜御札。

勑岳飛，朕具省出師奏，〔一〕以卿智勇，必遂克敵，更在竭力致身，早見平定。近劉光世乞行措置荆、襄，朕已命卿，豈易前制。但令光世嚴整步騎，以爲卿援，緩急動息，可行關報也。亦當令卿將佐等知，庶可益壯軍心，鼓勇士氣，所向無前，孰能禦哉！廿一日。

御押〔二〕

〔一〕朕具省出師奏　原脱「朕」字，嘉靖本同，據《紀事實録》補。

〔二〕此件爲高宗宸翰七，高宗宸翰六見《金佗稡編》卷二第四一頁。

夏五月，進兵襄陽，克之。捷聞，廷議猶患其難守，賜御札問方略。

敕岳飛，朕具聞卿已到襄陽，李成望風而退。朕雖有慰于心，而深恐難善其後。此賊不戰而歸，其理有二：一以卿紀律素嚴，士皆效死，故軍聲遠振，其鋒不可當；一乃包藏禍心，俟卿班師，彼稍就緒，復來擾劫，前功遂廢。〔一〕卿當用心籌畫全盡之策來上。若多留將兵，唯俟朝廷千里饋糧，徒成自困，終莫能守，適足以爲朕憂。不知李成在彼如何措置糧食，脩治壁壘，萬無劉豫肯爲運糧之理。今既渡江，屯泊何所？及金國、僞齊事勢强弱，卿可厚以金幣，〔二〕密遣間探，〔三〕的確具聞。蓋國計之所在也，故兹筆喻，深宜體悉。

御押〔四〕

〔一〕前功遂廢　「遂」，《車塵稿・宋岳倦翁書宸翰録卷跋》作「盡」。

〔二〕卿可厚以金幣　「厚以」，原作「以厚」，嘉靖本同，據《紀事實録》改。

〔三〕密遣間探　「探」，《車塵稿・宋岳倦翁書宸翰録卷跋》作「諜」。

〔四〕此件爲高宗宸翰八。

李成益兵請戰，又大敗。復賜御札問方略，及諭先臣爲誘敵之計。

具省卿奏，李成益兵而來，我師大獲勝捷，乃卿無輕敵之心，有勇戰之氣之所致也。因以見賊志之小小耳！朕甚慰焉。此月九日，嘗降親筆，令卿條畫守禦全盡之策。若少留將兵，恐復爲賊有；若師徒衆多，則饋餉疲勞，乃自困之道也。卿必有以處焉。及密遣間探，要知金虜、僞齊事勢强弱，點集次第，想已必達。卿宜籌畫良策來上，庶幾不廢前功也。將來議定，卿若班師，將今留人馬亦權暫少留，作守城之大計，〔一〕其餘設伏，而卿亦少留近境。要當致彼賊師再來，併力掩擊勦除。而後雖真實少留人馬，〔二〕彼亦不敢有所侵犯也。卿更籌之，朕不遥制。

付岳飛。　御押〔三〕

〔一〕作守城之大計　「大」，原作「失」，嘉靖本同，據《紀事實録》改。

〔二〕而後雖真實少留人馬　「後」之下，《紀事實録》有「已」字。

〔三〕此件爲高宗宸翰九。

冬十一月，虜、僞合兵，大舉入寇，邊報急。〔一〕賜御札，趣先臣提兵東下。

近來淮上探報緊急，朕甚憂之，已降指揮，督卿全軍東下。卿夙有憂國愛君之心，可即日引道，〔二〕兼程前來。朕非卿到，終不安心，卿宜悉之。

付岳飛。御押〔三〕

〔一〕邊報急　「急」，《車塵稿・宋岳倦翁書宸翰録卷跋》作「孔亟」。

〔二〕可即日引道　《車塵稿・宋岳倦翁書宸翰録卷跋》無「日」字。

〔三〕此件爲高宗宸翰十。

十二月，提軍趨合肥，賜御札撫問。

卿義勇之氣，震怒無前，長驅濟江，威聲遠暢。宜奮揚於我武，務深得於敵情。既見

可乘之機，即爲擣虚之計。眷兹忠略，豈俟訓言，深念勤勞，往加撫問。　付岳飛。　御押〔一〕

〔一〕此件爲高宗宸翰十一。

紹興五年

夏四月，奉詔平湖寇楊么，至長沙，賜御札。

近得奏，知卿已至潭州，時方盛暑，將士良勞。朕以湖湘之寇，逋誅累年，故特委卿，爲且招且捕之計，欲使恩威並濟，綏靖一方。聞卿到彼，措畫得宜，朕甚嘉之。然今去防秋不遠，若此寇既平，則可以專意捍敵。更宜多算，決致成功，此朕所望於卿者。其他曲折，張浚既至軍前，可就議也。二十三日。

付岳飛。　御押〔一〕

〔一〕此件爲高宗宸翰十三，高宗宸翰十二見《金佗續編》卷一第一二四六頁至一二四七頁。

六月，大破楊么等寇，湖湘悉平，賜御札褒寵。

比得張浚奏，知湖湘之寇悉已肅清，紓朕顧憂，良用欣愜。非卿威名冠世，忠略濟時，先聲所臨，人自信服，則何以平積年嘯聚之黨，於旬朝指顧之間。不煩誅夷，坐獲嘉靖，使朕恩威兼暢，厥功茂焉！腹心之患既除，進取之圖可議。緬思規畫，嘉歎不忘。然恐招撫之初，人懷反側，更宜綏輯，以安衆情。措置得宜，彼自馴擾。浚必已與卿計之熟矣，或有陳請，可具奏來。

付岳飛。御押〔一〕

〔一〕此件爲高宗宸翰十四，即《龜溪集》卷五《賜岳飛詔》，可知乃參知政事沈與求所擬。《三朝北盟會編》卷一六八亦載此詔。

湖湘平，還屯武昌，賜御札戒先臣豫備。

敕岳飛，武昌控制上流，淮甸只隔一水，可多方措置，遣得力人間探，無使寇攘窺伺。

即今動息如何？莫謂未有警報，而緩圖之，事不素定，難以應猝。卿其用心體國，萬一有警，當極力捍禦，乘勢掃戮，無少踈虞，即卿之功。日具的實動息奏來。十四日。〔一〕

付岳飛。御押〔二〕

〔一〕《車塵稿·宋岳倦翁書宸翰録卷跋》無「十四日」三字。

〔二〕此件爲高宗宸翰十五。

紹興六年

春，詔宰臣張浚出視師，賜御札。

朕以寡昧之資，履囏難之運，雖夙宵自勵，冀恢復於丕基，而姦宄未銷，尚憑陵於方夏。殆欲親蒙矢石，身屬櫜鞬，報兩宮遷越之讎，拯百姓流離之苦。坐薪嘗膽，疾首痛心，十年于兹，終食屢歎。今委宰輔督護戎昭，〔一〕而卿以柱石之資，總貔虎之衆，居懷憤激，期于盪平。然念王者之師本於伐叛，天下之將專以靖民，俾號令之申嚴，慰雲霓之徯望。毋窺近效，有害成功，必使部伍無譁，田閭不擾，副我撫綏之意，共成戡定之功。捨爵策

勳，朕不敢忽。故兹親筆，卿宜悉之。付岳飛。御押〔二〕

〔一〕督護戎昭「昭」，《車塵稿·宋岳倦翁書宸翰録卷跋》作「軺」。

〔二〕此件爲高宗宸翰十六。

張浚既出視師，復賜御札，申諭眷倚之意。

朕以父兄蒙塵，〔一〕中原陷没，痛心嘗膽，不敢遑寧。已命相臣往專經畫，正賴爾等深體此懷，各奮精忠，勉圖報效。儻有幾會，無或後時。所冀二聖還歸，故疆恢復，用副朕平日眷待責成之意。付岳飛。御押〔二〕

〔一〕朕以父兄蒙塵《車塵稿·宋岳倦翁書宸翰録卷跋》「朕」上有「敕」字。

〔二〕此件爲高宗宸翰十七。

二月，督府議進屯以圖中原，先臣遂移鎮襄陽。賜御札，令勉諭將佐。

朕惟國之用武，必據形勝，以爲地利。今西南之重，實占上游。既已委卿移屯要害，深圖戰守之計。卿宜以朕此意，敦喻將佐，撫勞士卒，勉思忠義，戮力一心，協贊事幾，庶克攸濟。有功必報，朕不汝忘。

賜岳飛并本軍將佐等。御押〔一〕

〔一〕此件爲高宗宸翰十八。

三月，丁母周國夫人姚氏憂。賜御札，趣先臣起復。

比閲軍中奏，知卿奄遭内艱，倚注之深，良用震怛。然人臣大義，國耳忘家，移孝爲忠，斯爲兩得。已降制命，趣卿起復，卿宜體幾事之重，略常禮之煩，無用抗辭，即祇舊服。乘吏士鋭氣，念家國世讎，建立殊勳，以遂揚名顯親之美，斯孝之至也。故兹親筆，諒悉至懷。

付岳飛。御押〔一〕

〔一〕此件爲高宗宸翰十九。

秋，先臣將按邊，朝廷患給餉者不時至，賜御札，命按舉功辠，以寘賞罰。

朕將遣大兵，控臨邊境，軍須調度，不可愆時。應守、令、監司措置餉運，不擾而辦者，卿可具名來上，當議褒擢。其或不虔，致誤國事，亦即按劾以聞，邦有常刑，朕不敢貸。付岳飛。御押〔一〕

〔一〕此件爲高宗宸翰二十。

九月，還至武昌，僞齊兵犯淮西，有詔提軍東下。時先臣目疾甚，張浚以聞，詔遣僧中印、皇甫知常馳至軍，療眡。賜御札勞問，且趣其師。

近張浚奏，知卿病目，已差醫官爲卿醫治。然戎務至繁，邊報甚急，累降詔旨，促卿提兵東下。卿宜體朕至懷，善自調攝，其他細務委之僚佐，而軍中大計須卿決之。如兵之在遠者，自當日下抽還，赴此期會。想卿不以微疾，遂忘國事。朕將親臨江滸矣，卿併悉之。

付岳飛。御押〔一〕

〔一〕此件爲高宗宸翰二十一。既稱「累降詔旨」，可知此詔之前，已有數詔，今已佚失。

淮西寇已遁，賜御札，止先臣東援之師，且勞問目疾。

比屢詔卿提兵東下，今淮西賊遁，未有他警，已諭張浚從長措置，卿之大軍未須遽發也。如聞卿果以目疾爲苦，不至妨軍務否？近差醫者疾馳，往卿所看視，卿宜省思慮，慎藥餌，安静調養。至於求閑之請，非朕所知，雖累請無益也。故兹親筆，以示眷懷。

付岳飛。御押〔一〕

〔一〕此件爲高宗宸翰二十三，高宗宸翰二十二見《金佗續編》卷一第一二四七頁。

前詔未拜，先臣已力疾提軍至九江。奏至，玉音宣諭輔臣，以先臣有尊朝廷之義。復賜御札嘉奬，且命爲乘機進取之計。

聞卿目疾小愈，即提兵東下，委身徇國，竭節事君，於卿見之，良用嘉歎。今淮西既定，别無他警，卿更不須進發。其或襄、鄧、陳、蔡有機可乘，即依張浚已行事理，從長措置，亦卿平日之志也。故兹親詔，卿宜知悉。

付岳飛。御押〔一〕

〔一〕此件爲高宗宸翰二十四。

冬，先臣奉詔，遂出師襄漢，賜御札。

覽奏，知卿出師漢上，規模素定，必不徒行。方冬遠涉，將士良苦，卿更勤加撫勞，用副朕意。

付岳飛。御押〔一〕

〔一〕此件爲高宗宸翰二十五。

師至襄漢，賜御札撫問，且諭以勉力遠圖之意。

卿志存憂國，義專報君，式總兵戎，再臨襄漢。顧霜露之冒犯，想徒御之勤勞。深副簡知，自宜神相。朕當食而歎，中夜以思，非我忠臣，莫雪大恥。所祈勉力，用究遠圖。卿目疾邇來更好安否？故兹親諭，想宜悉之。

付岳飛。御押〔一〕

〔一〕此件爲高宗宸翰二十六。

初，先臣下商、虢，至長水，得糧凡十七萬，俘獲甚衆。會淮西有警，遂還。至是復與僞齊戰于何家寨，于白塔，于牛蹄，皆大捷。賜御札獎諭，且申述前功。

卿學深籌略，動中事機，加兵宛、葉之間，奪險松栢之塞。仍俘甲馬，就食糗糧，登聞三捷之功，實冠萬人之勇。朕方申嚴漕輓，督責計臣，俾遠赴師期，庶士無飢色。〔一〕卿其勝敵益戒，用心愈剛，毋少狃於前勞，用克當於大敵。但使先聲後實，我武既揚；將見左枝右捂，敵人自病。朕所望者，卿其勉旃！

付岳飛。御押〔二〕

〔一〕俾遠赴師期庶士無飢色　原作「俾遠赴於師期，庶士無於飢色」，據《車塵稿·宋岳倦翁書宸翰録卷跋》改。

〔二〕此件爲高宗宸翰二十七。

十二月，大雪苦寒，遣賜器物，傳宣撫問，兼賜御札。

戰鞍、繡鞍各一對，龍涎香一千餅，龍茶一合，靈寶丹一合，鐵簡一對賜卿，至可領也。

付岳飛。御押〔一〕

〔一〕此件爲高宗宸翰二十八。

降槍樣至軍中，賜御札。

卿軍中見用長槍，似未盡善。此物須是銛利勁決，即用之借助人力。今降槍樣去，〔一〕可依此製造，盡改舊樣不用。十五日。

付岳飛。御押〔二〕

〔一〕今降槍樣去　原脱「槍」字，嘉靖本同，據《紀事實録》補。

〔二〕此件爲高宗宸翰二十九。

紹興七年

春，既下詔招陷僞官吏，乃賜先臣御札，令以德音檄諭。

朕惟中原官吏皆吾舊臣，迫於虜威，中致睽絶，豈棄君而從僞，實權時以保民。罪由朕躬，每深自咎。儻能懷忠體國，率衆來歸，當議因其官爵，更加褒寵，罪無大小，悉與寬除。天日所臨，朕言必信。故兹親筆，所宜悉之。

卿可作恭被親筆手詔，移檄中原州縣官吏。〔一〕

付岳飛。御押

〔一〕此件爲高宗宸翰三十。據《金佗稡編》卷一九《奉詔移僞齊檄》第一〇七四頁，此詔和後詔可能寫於紹興六年。

復賜御札，命先臣招諭僞齊親黨。

劉豫親黨有能察時順理，以衆來歸，自王爵以下，皆所不吝，罪無大小，一切寬貸。卿可多遣信實之人，宣諭朕意。

付岳飛。御押〔一〕

〔一〕此件爲高宗宸翰三十一。

三月，先臣扈蹕至建康，召至寢閤，玉音宣諭曰：「中興之事，朕一以委卿。」先臣頓首奉詔。時劉光世罷兵，未知所付。聖意屬先臣，議既定，賜御札，令付王德等。

朕惟兵家之事，勢合則雄。卿等久各宣勞，朕所眷倚。今委岳飛盡護卿等，蓋將雪國家之耻，拯海内之窮。天意昭然，時不可失，所宜同心協力，勉赴功名，行賞答勳，當從優厚。聽飛號令，如朕親行，儻違斯言，邦有常憲。

付王德等。御押〔一〕

先臣既奉詔，復抗疏論恢復大計。時秦檜力主和議，聞先臣將合師北討，懼其成功，謀奪所領光世軍，從中沮撓，前議遂寢。乃賜御札。

覽奏備悉，俟卿出師有日，别降處分。淮西合軍，頗有曲折。前所降王德等親筆，須得朝廷指揮，許卿節制淮西之兵，方可給付。仍具知禀奏來。

付岳飛。御押〔二〕

〔一〕此件爲高宗宸翰三十二。

〔一〕此件爲高宗宸翰三十六，高宗宸翰三十三至三十五見《金佗續編》卷一第一二五〇頁至一二五二頁。

先臣至督府，與張浚論劉光世軍，力言張俊、〔一〕呂祉、王德皆不可付，恐士心不服，或以致變。浚疑其有自營得軍意。先臣乃即上章，乞解兵柄。賜御札慰諭，且封還奏劄。

奏劄復還卿，國事至重，要當子細商量，期於有濟。可速起發見張浚，仍具奏來。

付岳飛。御押〔二〕

〔一〕力言張俊　「俊」，原作「浚」，嘉靖本同，據《紀事實録》改。

〔二〕此件爲高宗宸翰三十七。

先臣復上奏懇免，乞持餘服。賜御札，封還元奏。

再覽來奏，欲持餘服，良用愕然。卿忠勇冠世，志在國家，朕方倚卿以恢復之事。近者探報，賊計狂狡，將窺我兩淮，正賴日夕措置，有以待之。卿乃欲求閑自便，〔一〕豈所望哉！張浚已過淮西視師，卿可亟往，商議軍事，勿復再有陳請。今封還元奏。故兹親筆，宜體至懷。

付岳飛。御押〔二〕

〔一〕欲求閑自便　「自便」，《紀事實録》作「息」。

〔二〕此件爲高宗宸翰三十八。

先臣懇免不止，詔遣中使，宣諭張浚所議軍事。賜御札，再還元奏。

比降親筆，喻朕至意。再覽卿奏，以渾瑊自期，正朕所望於卿者，良深嘉歎。國家多事之際，卿爲大臣，所當同恤。見遣中使，宣卿赴張浚處詳議軍事。《傳》曰：「將相和，則士豫附。」卿其勿事形迹，以濟功勳。今再封還來奏，勿復有請。

付岳飛。御押〔一〕

〔一〕此件爲高宗宸翰三十九。

先臣議事畢，奉詔還屯。復上奏，以爲「賊豫逋誅」，盜據中土，歲月滋久，「汙染漸深」，宜及時攻取，以除腹心患，乞不假濟師，止以本軍進取。賜御札褒諭。

覽卿來奏，備見忠誠，深用嘉歎。恢復之事，朕未嘗一日敢忘于心，正賴卿等乘機料敵，力圖大功。如卿一軍士馬精鋭，紀律修明，鼓而用之，可保全勝，卿其勉之，副朕注意。付岳飛。御押〔一〕

〔一〕此件爲高宗宸翰四十。

秋七月，張俊、楊沂中之旨至淮西，酈瓊等果大譟不服，遂殺吕祉，以全軍叛降僞齊。賜御札，諭先臣招捕。〔一〕

國家以疆埸多虞，已及防秋，比降指揮，除張俊爲淮西宣撫使，〔二〕楊沂中爲制置使。

而廬州統制官酈瓊意謂朝廷欲分其兵馬，遂懷反側，不能自安，於八日脅衆叛去。朕已降詔開諭招撫，兼遣大兵，如無歸意，即行掩捕。卿宜知悉。比覽裁減官吏奏狀，知卿體國愛民之意，深契朕心，嘉歎無已。付岳飛。御押〔三〕

〔一〕諭先臣招捕　「招捕」，《車塵稿·宋岳倦翁書宸翰録卷跋》作「招諭捕討」。

〔二〕除張俊爲淮西宣撫使　「俊」，原作「浚」，嘉靖本同，據《紀事實録》改。

〔三〕此件爲高宗宸翰四十一。

鄂國金佗稡編卷第二

高宗皇帝宸翰卷中

紹興七年

先臣前奏，乞以本軍進討劉豫，既奉詔，方整兵北鄉，復上奏，請建都上游，以瞰中原，以示聖意之所鄉。會淮西軍變，因賜御札報諭，令竢機會。

覽卿來奏，備見愛君忠義之誠。朕懷國家之大耻，竭盡民力，以養兵訓戎，恢復之事，未嘗一日少忘于心。但以近者張浚謀之不臧，淮西兵叛，事既異前，未遑亟舉。而議者謂朕當不常厥居，使敵人莫測，建康、臨安，以時往來，固不害爲恢復之圖也。唯俟幾會，以決大策。地遠，不得與卿面言，卿其益勵壯猷，副朕責成之意。

付岳飛。御押〔一〕

〔一〕此件爲高宗宸翰四十三，高宗宸翰四十二見《金佗續編》卷一第一二五一至一二五二頁。

先臣奉詔，不復出師，第行邊備守。朝廷猶以上流爲慮，賜御札，令先臣飭備。

卿盛秋之際，提兵按邊，風霜已寒，征馭良苦。如是別有事宜，可密奏來。朝廷以淮西軍叛之後，每加過慮。長江上流一帶，緩急之際，全藉卿軍照管。可更戒飭所留軍馬，訓練整齊，常若寇至。蘄陽、江州兩處水軍，亦宜遣發，以防意外。如卿體國，豈待多言。

付岳飛。御押〔一〕

〔一〕此件爲高宗宸翰四十四。

先臣奉詔，以舟師屯九江，爲淮、浙聲援。既至，賜御札撫問，且遣馹使燕勞，宣諭聖意。

比降旨，令卿領兵應援淮、浙，庶幾王室尊安，中外寧謐。聞卿即日就道，已屯九江，憫勞跋履之勤，良用嘉歎。今遣江諮賜卿茶、藥、酒、果，及燕犒將士，仍令諭朕委曲之意。卿其悉之。

付岳飛。御押〔一〕

〔一〕此件爲高宗宸翰四十五。

紹興八年

秋，奉詔入覲。時虜人方議通好，先臣因賜對，力言：「夷狄不可信，和好不可恃，相臣謀國不臧，恐貽後世譏議。」及還屯，飭備益嚴。已而卒許虜和，賜御札報諭，因其戒謹之意，復寓聖訓。

朕昨與卿等面議金國講和事，今金人已差張通古、蕭哲前來議和。朕以梓宮未還，母、兄、宗族在遠，夙夜痛心，不免屈意商量。然皆卿等勠力練兵，國威稍振，是致敵人革心如此。卿等之功，朕豈可忘。若境土來復，自今尤當謹飭邊備，切宜體朕此意，益加訓練兵馬，常作不虞之戒，以圖永久安固。付此親札，想宜知悉。

付岳飛。御押〔一〕

〔一〕此件爲高宗宸翰四十六。

朝廷得金人書，歸我河南地，賜御札報諭，歸功先臣。

今月二十七日，已得大金國書，朕在諒陰中，難行吉禮，止是宰執代受。書中無一須索，止是割還河南諸路州城。此皆卿等扶危持顛之效，功有所歸，朕其可忘。尚期飭備，以保全勳。故兹親札，各宜體悉。

付岳飛。御押〔一〕

〔一〕此件爲高宗宸翰四十七。

紹興九年

朝廷以虜好方密，賜先臣御札，令毋得過界招納。〔一〕

朕委任卿嚴飭邊備。唯是過界招納，得少失多，已累行約束，丁寧詳盡。今後雖有三省、密院文字，亦須繳奏，不得遣發。付此親札，想宜體悉。

付岳飛。御押〔二〕

〔一〕朝廷以虜好方密賜先臣御札令毋得過界招納《紀事實録》作「朝廷得金人書，歸我河南地。虜好方密，令毋得過界招納」。

〔二〕此件爲高宗宸翰四十八。

紹興十年

朝廷得諜報，虜人果有意叛盟，賜御札，令飭備。

昨因虜使至，慮傳播不審，妄謂朝廷專意議和，是用累降旨，嚴飭邊備。近據諸路探報，虜人舉措，似欲侵犯。卿智謀精審，不在多訓，更須曲盡關防，爲不可勝之計，斯乃萬全。朕比因傷冷作疾，凡十日不視朝，今則安和無事。慮貽卿遠憂，故兹親詔，想

付岳飛。御押〔一〕

宜知悉。

〔一〕此件爲高宗宸翰五十，高宗宸翰四十九見《金佗續編》卷一第一二五三頁至一二五四頁。

夏五月，虜人大舉入寇，先臣聞警，即奏乞面陳機密。會已詔與諸大帥進兵，賜御札不許，趣先臣乘機破敵，仍問至計。

付岳飛。御押〔一〕

覽卿來奏，欲赴行在奏事，深所嘉歎，況以戎事之重，極欲與卿相見。但虜酋在近，事機可乘，已委卿發騎兵至陳、許、光、蔡，出奇制變，因以應援劉錡，及遣舟師至江州屯泊。候卿出軍在近，輕騎一來，庶不廢事。卿憂國康時，謀深慮遠，必有投機不可淹緩之策，可親書密封，急置來上，朕所虚佇也。遣此親札，想宜體悉。

〔一〕此件爲高宗宸翰五十三，高宗宸翰五十一、五十二分别見後一詔和本卷第三四至三五頁。據

「已委卿發騎兵至陳、許、光、蔡」，「應援劉錡」，可知在此詔之前，尚有一詔，今已佚失。

時河南盡陷，復詔趣先臣與諸大帥進兵。賜御札，令乘機措置招納。

金人過河，侵犯東京，復來占據已割舊疆。卿素藴忠義，想深憤激。凡對境事宜，可以乘機取勝，結約招納等事，可悉從便措置。若事體稍重，合稟議者，即具奏來。付卿親札，想宜體悉。

付岳飛。御押〔一〕

〔一〕此件爲高宗宸翰五十一。「金人過河，侵犯東京」在前，劉錡於順昌抗擊在後，此詔應在前一詔之前。

劉錡據順昌以抗虜，先臣奉詔，即遣張憲、姚政赴敵。未至，復賜御札，命應援關陝、河北，以圖京師。

金賊背約，兀术見據東京。劉錡在順昌，雖屢有捷奏，然孤軍不易支吾。〔一〕已委卿發騎兵策應，計已遣行。續報撒離喝犯同州，郭浩會合諸路，扼其奔衝。卿之一軍，與兩處形勢相接，況卿忠義謀略，志慕古人，若出鋭師邀擊其中，左可圖復京師，右謀援關陝，外與河北相應，此乃中興大計。卿必已有所處，唯是機會不可不乘。付此親札，想宜體悉。

付岳飛。御押〔二〕

〔一〕不易支吾　「吾」，《紀事實録》作「梧」。按宋時「支吾」、「支梧」、「枝梧」、「枝捂」等皆通用，意爲抵擋、支撑等。

〔二〕此件爲高宗宸翰五十四。

先臣既遣張憲、姚政至順昌、光、蔡，援劉錡，具以奏聞。未至，六月復賜御札，趣遣兵。〔一〕

劉錡在順昌府，捍禦金賊，雖屢殺獲，其賊勢源源未已。卿依已降詔旨，多差精鋭人馬，火急前去救援，無致賊勢猖狂，少落姦便，不得頃刻住滯。六月六日巳時。

付岳飛。　御押〔二〕

〔一〕復賜御札趣遣兵　《紀事實録》作「札趣兵」。

〔二〕此件爲高宗宸翰五十五。

先臣之奏未至，復賜御札，趣遣兵。

已降指揮，委卿遣發軍馬，往光、蔡以來，策應劉錡，以分賊勢。緣錡首與虜人相角，稍有剉衄，即於國體士氣，所繫非輕。卿當體國，悉力措置，無致少失機會。付卿親札，想宜體悉。

付岳飛。　御押〔一〕

〔一〕此件爲高宗宸翰五十六。

先臣遣張憲、姚政之奏既至，因復請詣行在所，〔一〕面陳機密。賜御札不許，令併力破賊。

覽卿奏，已差發張憲、姚政軍馬至順昌、光、蔡，深中機會。卿乞赴行在所奏事，甚欲與卿相見。緣張俊親率大兵在淮上，〔二〕已降指揮，委卿統兵併力破賊。卿可疾速起發，乘此盛夏，我兵得利之時，擇利進取，候到光、蔡，措置有緒，輕騎前來奏事，副朕虛佇也。付此親札，想宜體悉。

付岳飛。御押〔三〕

〔一〕請詣行在所　原脱「行」字，據《車塵稿·宋岳倦翁書宸翰録卷跋》補。

〔二〕緣張俊親率大兵在淮上　「俊」，原作「浚」，今改正。

〔三〕此件爲高宗宸翰五十七。

詔以先臣屢請覲，慮妨乘機，驛遣李若虛詣軍前議事。賜御札，令先臣審處機會，〔一〕且諭以委任之意。

金人再犯東京，賊方在境，難以召卿遠來面議。今遣李若虚前去，就卿商量。凡今日可以乘機禦敵之事，卿可一一籌畫措置，先入急遞奏來。據事勢，莫須重兵持守，輕兵擇利。其施設之方，則委任卿，朕不可以遥度也。盛夏我兵所宜，至秋則彼必猖獗，機會之間，尤宜審處。遣親札，指不多及。

付岳飛。御押〔二〕

〔一〕審處機會「會」，《紀事實録》作「宜」。

〔二〕此件爲高宗宸翰五十二。「金人再犯東京」在前，劉錡於順昌抗擊在後，此詔應在本卷高宗宸翰五十三之前。

朝廷以順昌爲憂，復賜御札，趣已遣之兵，仍令濟師。

累降詔旨，令發精鋭人馬，應援劉錡。今順昌與賊相對日久，雖屢殺獲，恐人力疲困不便。卿可促其已發軍馬，或更益其數，星夜前去協助劉錡，不可少緩，有失機會。卿體朕此意，仍具起發到彼月日奏來。六月十二日。

付岳飛。御押〔一〕

〔一〕此件爲高宗宸翰五十九。高宗宸翰五十八即後一詔。

初，先臣召對罷，詣資善堂，見孝宗皇帝英明雄偉，退而歎曰：「中興基本，其在是乎！」時儲極虚位，天下寒心，權臣媢忌人言，在廷莫敢倡議。先臣獨念聖眷優渥，不敢愛身，思欲盡言以報。至是虜再叛盟，先臣灑泣厲衆，即日北討。將行，數請面陳，冀以感動上聽。會詔趣進兵，不許，乃密爲親書奏上之，大略以爲「今欲恢復，必先正國本，以安人心。然後不常厥居，以示不忘復讎之志」。奏至，宸衷感悟，賜御札褒嘉。會劉錡戰退三路都統、龍虎等軍，因諭先臣以擣虚斷後之策。

覽卿親書奏，深用嘉歎，〔二〕非忱誠忠讜，則言不及此。卿識慮精深，爲一時智謀之將，非他人比。兹者河南復陷，日夕愴然。比遣兵渡淮，正欲密備變故，果致俶擾。劉錡戰退三路都統、龍虎等軍，以捷來上。顧小敵之堅，深軫北顧之念。卿可附近乘此機會，見可而進，或掎角擣虚，或斷後取援，攻守之策，不可稽留。兵難遥度，卿可從宜措置，務在取勝，用稱引望。已進卿秩，并有處分，想已達矣。建不世之勳，垂名竹帛，得志之秋，宜決策於此。他處未曾諭旨，今首以詔卿，蔽自朕意，想宜體悉。十一日。

御押〔二〕

〔一〕深用嘉歎　「嘉歎」，原作「歎嘉」，嘉靖本同，據《紀事實録》改。

〔二〕此件爲高宗宸翰五十八。日期既爲六月「十一日」，應前「十二日」詔之前。

先臣得順昌府陳規所申，復親提兵進援。奏至，賜御札褒嘉，仍諭以進取之計。

付岳飛。御押〔一〕

覽卿六月二十二日奏，得順昌府陳規所申，見親提兵前去措置。可見卿忠義許國之誠，嘉歎不已。今虜兵雖退，若不乘時措置，恐他時愈見費力。已令張俊措置亳州，韓世忠措置宿州、淮陽軍，卿可乘機進取陳、蔡，就閏六月終，一切了畢。候措置就緒，卿可輕騎一來相見也。

〔一〕此件爲高宗宸翰六十一。高宗宸翰六十即後一詔。此詔既爲對岳飛「六月二十二日奏」之回覆，依急遞至臨安行程十日（見《金佗稡編》卷八第六二八頁）計，宋高宗回詔時間應爲閏六月初。

劉錡既又戰退兀术等軍，復賜御札，趣先臣進兵，乘機決勝。

劉錡在順昌屢捷，兀术親統精騎到城下，官軍鏖擊，狼狽遁去。今張俊提大軍在淮西，韓世忠輕騎取宿，卿可依累降處分，馳騎兵兼程至光、蔡、陳、許間，須七月以前乘機決勝，冀有大功，爲國家長利。若稍後時，弓勁馬肥，非我軍之便。卿天資忠智，志慕古人，不在多訓。十九日三更。

付岳飛。御押〔一〕

〔一〕此件爲高宗宸翰六十。日期既爲六月「十九日三更」，應在前一岳飛「六月二十二日奏」回詔之前。

提兵至蔡州，賜御札撫勞，仍諭聖意。

覽卿奏，提兵已至蔡州，暑行勞勩，益見忠誠許國，嘉歎無已。朕意初欲擒取孽酋，庶幾羣醜自潰，兩國生民有息肩之期。然賊情敵勢，必已在卿目中，遲速進退，卿當審處所宜。廿八日。

付岳飛。御押〔一〕

〔一〕此件爲高宗宸翰六十三。高宗宸翰六十二見本卷第四二頁。岳飛六月下旬於德安府會見朝廷特使李若虛，違詔北伐。岳家軍六月復蔡州，然岳飛親至蔡州，應於閏六月中旬，宋高宗得奏後，於閏六月二十八日發此回詔，可參《金佗稡編》卷八第五六七頁。

閏六月，張憲復潁昌府，先臣親帥大軍去蔡而北。賜御札嘉獎，仍諭以委寄之意。

覽卿奏，克復潁昌，已離蔡州，向北措置。大帥身先士卒，忠義許國，深所嘉歎。然須過爲計慮，虜懷蠆毒，恐至高秋馬肥，不測豕突，當使許、蔡遺民前期保聚。大軍進退之宜，輕重緩急，盡以委卿，朕不從中御也。初三日。

付岳飛。御押〔一〕

〔一〕此件爲高宗宸翰六十四。張憲閏六月二十日復潁昌，宋高宗在七月三日發此回詔，可參《金佗稡編》卷八第五六八頁。

舉兵過蔡，所鄉破竹，軍聲大振。又遣楊成復鄭州，張憲復陳州。捷聞，賜御札獎諭，且遣中使宣勞，仍諭聖訓。〔一〕

覽卿奏，知已遣兵下鄭州，自許、陳、蔡一帶，形勢皆爲我有。又大軍去賊寨止百餘里，想卿忠義許國之心，必期殄滅殘虜，嘉歎無已。然賊計素挾狙詐，雖其姦謀不能出卿所料，更在明斥堠，謹間諜，乘機擇利，必保萬全。兵事難以隃度，遲速進退，朕專付之卿也。已差中使勞卿一軍，未到間，卿有所欲，前期奏來。入覲無早晚，但軍事可以委之僚屬，即便就途。遣此親札，想宜體悉。

付岳飛。御押〔二〕

〔一〕仍諭聖訓 「諭」，原作「寓」，嘉靖本同，據《紀事實録》改。

〔二〕此件爲高宗宸翰六十六。高宗宸翰六十五見本卷第四二頁。

先臣因奏捷，歸功諸將。會遣中使，詔賜王貴等袍、帶各一，以褒其功。賜御札，命先臣給付。

朕嘗聞卿奏，稱王貴、張憲、徐慶數立戰效，深可倚辦。方今正賴將佐竭力奮死，助卿報國，以濟事功，理宜先有以旌賞之。〔一〕其王貴等各賜撚金線戰袍一領，金束帶一條，至可給付也。十二日。

付岳飛。御押〔二〕

〔一〕理宜先有以旌賞之 《車塵稿·宋岳倦翁書宸翰録卷跋》作「理宜旌賞」。

〔二〕此件爲高宗宸翰六。據《宋會要輯稿》禮六二之五八：「（紹興四年）四月十二日，詔：『岳飛下將佐王貴、張憲、徐慶各賜戰袍一領，金束帶一條。』」可知此詔寫於紹興四年四月十二日，應在《金佗稡編》卷一第四頁至五頁高宗宸翰七之前。

先臣進兵郾城，賜御札撫問，仍令措置屯守蔡、潁。

得卿奏，提兵在道，暑行勞勩，朕念之不忘。狂虜尚在近境，今已入秋，預當嚴備，以防豕突。蔡、潁舊隸京西，今專付卿措置，當分兵將屯守防捍，并謀絶其糧道，使虜有腹背之顧。在卿方略，隨宜處畫。朕久欲與卿相見，事畢，輕騎一來爲佳。餘候面議。遣此親札，想宜體悉。

付飛。御押〔一〕

〔一〕此件爲高宗宸翰六十五。既稱「今已入秋」，命岳飛「措置」「蔡、潁」，而不提陳、鄭兩州，當是得知復鄭州之前。此詔應在本卷高宗宸翰六十六之前。

兀术與僞龍虎大王等會于東京，議以爲諸帥皆易與，獨先臣孤軍深入，且有河北忠義響應之援，其鋒不可當，欲誘致其師，併力一戰。於是朝廷得諜報，大以先臣一軍〔二〕爲慮，亟賜御札，令俟隙並舉。

近據諸處探報及降虜面奏，皆云兀朮與龍虎議定，欲誘致王師，相近汴都，併力一戰。卿切須占穩自固，同爲進止。虜或時遣輕騎來相誘引，但挫其鋒，勿貪小利，墮其詭計。俟有可乘之隙，約定期日，合力並舉，以保萬全。二十七日。

付岳飛。御押〔二〕

〔一〕先臣一軍　原脱「一」字，嘉靖本同，據《車塵稿·宋岳倦翁書宸翰録卷跋》補。

〔二〕此件爲高宗宸翰六十二，應爲閏六月二十七日所寫。如爲七月二十七日，宋高宗得知汴都附近之郾城和潁昌大捷，當無須如此叮嚀。此詔應在本卷高宗宸翰六十三之前。但此詔文字與《鐵網珊瑚》書品卷二《宋兩朝御札墨本》引宋高宗賜楊沂中手詔相同，可能是「二十七日」同時發付岳飛、楊沂中等人。按楊沂中於七月二十五日出兵，則此手詔「二十七日」也可能是七月二十七日。按《金佗稡編》卷三高宗宸翰七十有「楊沂中已於今月二十五日起發」之句，或可排序於此詔後，依其他手詔排列次序前推，則此詔爲高宗宸翰七十。又按後一應發於七月上旬的高宗宸翰六十七，通知「已遣楊沂中悉軍起發」，則在楊沂中「悉軍起發」前，此詔發於閏六月二十七日，亦非無此可能。故今姑且仍依高宗宸翰六十二爲序。

秋七月，師在潁昌，先臣以輕兵屯于郾城。張應、韓清復西京，趙俊復趙州，孟邦傑復南城軍，梁興、董榮復絳州垣曲縣，遂復王屋，李寶、孫彦戰于曹州，于宛亭縣，于渤海廟，皆大捷，中原震響。兀朮併兵于東京，復以僞龍虎、蓋天大王及昭武大將軍韓常之兵寇郾城。先臣帥戲下迎擊，大破之。兀朮復收兵求戰，又大敗，殺其大酋阿里朵孛堇。賜御札嘉獎。

覽卿七月五日及八日兩奏，聞虜併兵東京，及賊酋率衆侵犯，已獲勝捷。卿以忠義之氣，獨當强敵，〔一〕志在殄滅賊衆，朕心深所傾屬。已遣楊沂中悉軍起發，自宿、亳前去牽制，聞劉錡亦已進至項城。卿當審料事機，擇利進退，全軍爲上，不妨圖賊，又不墮彼姦計也。遣此親札，諒深體悉。

付岳飛。御押〔二〕

〔一〕獨當强敵　「强敵」，《車塵稿·宋岳倦翁書宸翰録卷跋》作「敵衝」。

〔二〕此件爲高宗宸翰六十七。

郾城屢勝，兀朮斂兵退卻。捷繼至，復賜御札褒諭，申述前功。

覽卿奏，八日之戰，虜以精騎衝堅，自謂奇計。卿遣背嵬、游奕迎破賊鋒，戕其酋領，實爲雋功。然大敵在近，卿以一軍，獨與決戰，忠義所奮，神明助之，再三嘉歎，不忘于懷。比已遣楊沂中〔一〕全軍自宿、泗前去，韓世忠亦出兵東向。卿料敵素無遺策，進退緩急之間，可隨機審處，仍與劉錡相約同之。屢已喻卿，不從中御，軍前凡有所須，一一奏來。七月廿二日。

付岳飛。御押〔二〕

〔一〕比已遣楊沂中 「比」，原作「此」，嘉靖本同，據《紀事實録》和《車塵稿・宋岳倦翁書宸翰録卷跋》改。

〔二〕此件爲高宗宸翰六十八。

兀术兵十二萬退屯臨潁，小校楊再興以三百騎至小商橋，與虜遇，大破其師。兀术憤其敗，遂攻潁昌。先臣命臣雲以背嵬援王貴，戰於潁昌城西。虜衆大敗，殺兀术之子婿、統軍、上將軍夏金吾等，凡六人，俘馘萬計，得其雪護闌馬及金印七鈕以獻。

兀术僅以身免，副統軍粘汗重創，輿至東京而死，中原大震。先臣乘勝進兵朱僊鎮，兀术收潰兵對壘而陳。先臣亟奏，乞乘機破滅渠魁，以復故壤。賜御札報諭，仍寓嘉歎之意。

覽卿奏，兀术見聚兵對壘，卿欲乘時破滅渠魁。備見忠義之氣，通于神明，卻敵興邦，唯卿是賴。已令張俊自淮西，韓世忠自京東，擇利並進。若虜勢窮蹙，便當乘機殄滅，如姦謀詭計尚有包藏，諒卿亦能料敵，〔一〕有以應之。楊珪自虜中逃歸，有所見事宜，今録本付卿，亦欲一知也。遣此親札，想宜體悉。

付岳飛。御押〔二〕

〔一〕諒卿亦能料敵　「能料敵」，《紀事實録》作「已熟料」。

〔二〕此件爲高宗宸翰六十九。

鄂國金佗稡編卷第三

高宗皇帝宸翰卷下

紹興十年

僞昭武大將軍韓常既失夏金吾，畏罪不敢還，以兵五萬屯長葛，密遣使，願以其衆降。先臣遣賈興報，許之。兀术復聚兵十萬，拒先臣于朱僊鎮。先臣按兵不動，第遣將以背嵬五百奮擊，大破之，兀术奔東京。時大軍去京纔四十五里，方議受降，且進取，兩河響應，指期成功。秦檜主和議，懼得罪于虜，亟請班師。先臣抗疏，以爲「虜人巢穴盡聚東京，屢戰屢奔，鋭氣沮喪。得間探報，兀术已盡棄輜重，〔一〕疾走渡河。況今豪傑鄉風，士卒用命，天時人事，强弱已見，時不再來，機難輕失。臣日夜料之熟矣，惟陛下圖之」。奏至，宸衷感悟，賜御札，令少駐近便得地利處，報諸帥同爲進止。

得卿十八日奏，言措置班師，機會誠爲可惜。卿忠義許國，言詞激切，朕心不忘。卿且少駐近便得地利處，報楊沂中、劉錡同共相度，如有機會可乘，約期並進。如且休止，以觀敵釁，亦須聲援相及。楊沂中已於今月二十五日起發，卿可照知。遣此親札，諒宜體悉。

付岳飛。御押〔二〕

〔一〕兀术已盡棄輜重　「已盡棄」，據《金佗稡編》卷一二《乞止班師詔奏略》，應作「欲盡棄」。

〔二〕此件爲高宗宸翰七十。

前詔未至，諸大帥各已退師。秦檜復請休兵觀釁，亟趣先臣退。一日而奉金牌者十有二，〔一〕先臣奉詔，還自朱僊鎮，將朝于行在所。〔二〕會韓世忠在淮陽，楊沂中往徐州，朝廷慮虜軍襲其後，復賜御札，令駐京西牽制。

比聞卿已趣裝入覲，甚慰朕虚佇欲見之意。但以卿昨在京西，與虜接戰，遂遣諸軍掎角並進。今韓世忠在淮陽城下，楊沂中已往徐州，卿當且留京西，伺賊意向，爲牽制之勢。

俟諸處同爲進止，大計無慮，然後相見未晚也。遣此親札，諒深體悉。

付岳飛。御押〔三〕

〔一〕奉金牌者十有二　「金牌」，《紀事實録》作「庚牌」。

〔二〕將朝于行在所　原脱「行」字，據文義補。

〔三〕此件爲高宗宸翰七十一。

先臣還至廬州，始奉牽制之詔，而韓世忠已還軍於楚州。賜御札報諭，令疾馳入覲。

昨以韓世忠出軍淮陽，委卿留京西，爲牽制之勢。今聞卿已至廬州，世忠卻已歸楚。卿當疾馳入覲，以副朕佇見之切，軍事足得面議。遣此親札，諒深體悉。

付岳飛。御押〔一〕

〔一〕此件爲高宗宸翰七十二。

紹興十一年

春正月，諜報兀术、韓常將入寇。先臣聞警，即上疏，乞會諸帥兵破敵，願以身爲先驅。既遣奏，整兵以俟命。未至，十五日乙卯，兀术、韓常與僞龍虎大王先驅渡淮，二十五日乙丑，駐廬州界。報至，賜御札，令先臣以兵至江州。

據探報，虜人自壽春府遣兵渡淮，已在廬州界上，張俊、劉錡等見合力措置掩殺。卿可星夜前來江州，乘機照應，出其前後，使賊腹背受敵，不能枝梧。投機之會，正在今日，以卿忠勇，志吞此賊，當即就道。付此親札，卿宜體悉。

付飛。御押〔一〕

〔一〕此件爲高宗宸翰七十三。據《宋史》卷二九《高宗紀》，此詔發於正月二十九日己巳。

二月四日癸酉，先臣在鄂，未奉前詔，念虜既舉國入寇，巢穴必虛，若長驅京、洛，虜必奔命，可以坐制其弊。既遣奏，又欲亟遏虜師，是日再抗疏曰：「今虜在淮西，臣若擣虚，勢必得利。萬一以爲寇方在近，未暇遠圖，即乞且親至蘄、黄相度，以議攻卻。且虜知荆、鄂宿師必自九江進援，今若出此，貴得不拘，使敵罔測。」未至，賜御札，趣出兵。

比以金賊侵犯淮西，已在廬州，張俊、楊沂中、劉錡見併力與賊相拒。已親札喻卿，乘此機會，提兵合擊，必成大功，副卿素志。卿可星夜倍道來江州，或從蘄、黄繞出其後，腹背擊賊。機會在此，朝夕須報，再遣親札，想宜體悉。

付飛。御押〔一〕

〔一〕此件爲高宗宸翰七十四。

前詔未至，虜已迫和州。七日丙子，復賜御札，趣出兵。

虜犯淮西，與張俊和州相拒。已遣親札，趣卿倍道前來，合力擊賊，早夜以俟。卿忠智冠世，今日之舉，社稷所繫，貴在神速，少緩恐失機會也。再遣手札，卿當深悉。

七日。付岳飛。御押〔一〕

〔一〕此件爲高宗宸翰七十五。

九日戊寅，先臣始奉出兵江州之詔，下令以十一日庚辰就道，且以奏聞。未至，十日己卯，詔遣中使張去爲至先臣軍，賜御札，趣出兵。

虜寇聚于淮西，張俊、楊沂中、劉錡已於和州巢縣下寨，與賊相拒。韓世忠出兵濠上。卿宜倍道，共乘機會。前所發親札，卿得之，必已就道。今遣張去爲往喻朕意，卿更須兼程，無詒後時之悔。諒卿忠智出於天性，不俟多訓也。付岳飛。御押〔一〕

〔一〕此件爲高宗宸翰七十六。

先臣時以寒嗽在告，庚辰，力疾發鄂渚。會所乞合諸帥兵破敵之奏始至，賜御札褒嘉。

昨得卿奏，欲合諸帥兵破敵，備見忠誼許國之意，嘉歎不已。今虜犯淮西，張俊、楊沂中、劉錡已併力與賊相拒。卿若乘此機會，亟提兵會合，必成大功。以朕所見，若卿兵自蘄、黄繞出其後，腹背擊賊，似爲良策。卿更審度，兵貴神速，不可失機會也。再遣親札，想宜體悉。

付飛。御押〔一〕

〔一〕此件爲高宗宸翰七十七。

朝廷得歸正人所報，十五日甲申，復賜御札，趣出兵。

比屢遣手札，并面諭屬官，仍遣中使趣卿提兵前來，共破虜賊。諒卿忠憤許國之心，必當力踐所言，以攄素志。今據歸正人備説，金賊桀黠頭首皆在淮西。朕度破敵成功，非卿不可。若一舉奏功，庶朕去年宥密之詔，不爲虛言。況朕素以社稷之計，倚重於卿，今機會在此，曉夕以佇出師之報。再遣此札，卿宜體悉。十五日。

付飛。御押〔一〕

〔一〕此件爲高宗宸翰七十八。

先臣始沓奉前詔，乃益疾馳以行。十七日丙戌，先臣癸酉之奏始至。時朝廷亦欲亟遏虜師，賜御札報諭，令姑緩京、洛之策。

屢發手詔，及毛敦書、張去爲繼往喻旨，朝夕需卿出師之報。覽二月四日奏，備悉卿意，然事有輕重，今江、浙駐蹕，賊馬近在淮西，勢所當先。兼韓世忠、張俊、楊沂中、劉錡、李顯忠等皆已與賊對壘，卿須親提勁兵，星夜前來蘄、黄，徑趨壽春，出其賊後，合力勦除凶渠，則天下定矣。想卿聞此，即便就道。再遣親札，宜深體悉。

付岳飛。御押〔一〕

〔一〕此件爲高宗宸翰七十九。

是日，既詔令緩京、洛之策，而先臣乞出蘄、黄之奏始至，復賜御札嘉獎。

得卿奏，欲躬親前去蘄、黄州，相度形勢利害，貴得不拘於九江。以卿天資忠義，乃心王室，〔一〕諒惟蚤夜籌畫，必思有以濟國家之急。若得卿出蘄、黄，徑擣壽春，與韓世忠、張俊相應，大事何患不濟。中興基業，在此一舉，覽奏不勝嘉歎。再遣親札，卿宜體悉。十七日未時。

付岳飛。御押〔二〕

〔一〕乃心王室 「乃」，《車塵稿·宋岳倦翁書宸翰録卷跋》作「盡」。

〔二〕此件爲高宗宸翰八十。

十九日戊子，先臣出師之奏始至，賜御札嘉歎，且申述先臣初奏會兵破敵之意。

得卿九日奏，已擇定十一日起發，往蘄、黄、舒州界。聞卿見苦寒嗽，乃能勉爲朕行，國爾忘身，誰如卿者！覽奏再三，嘉歎無斁。以卿素志殄虜，常苦諸軍難合。今兀术與諸頭領盡在廬州，接連南侵。張俊、楊沂中、劉錡等共力攻破其營，退卻百里之外。韓世忠已至濠上，出鋭師要其歸路。劉光世悉其兵力，委李顯忠、吴錫、張琦等奪回老小、孳畜。若得卿出自舒州，與韓世忠、張俊等相應，可望如卿素志。惟貴神速，恐彼已爲遁計，一失機會，徒有後時之悔。江西漕臣至江州，與王良存應副錢糧，已如所請，委趙伯牛，以伯牛舊嘗守官湖外，與卿一軍相諳妥也。春深，寒暄不常，卿宜慎疾，以濟國事。付此親札，卿須體悉。十九日二更。

付岳飛。御押〔一〕

〔一〕此件爲高宗宸翰八十一。

先臣出師蘄、黄，親以背嵬先驅，疾馳入廬州。兀术懲潁昌之敗，聞軍至，舉營宵遁。韓常亦以長葛乞降之舊，先退兵渡淮。三月一日庚子，報至，賜御札諭先臣，令平蕩壽春。

聞虜人已過壽春，卿可與張俊會合，率楊沂中、劉錡並往尅復。得之，則盡行平蕩，使賊不得停迹，以除後患，則卿此來不爲徒行也。有所措置，開具奏來。一日。

付飛。御押〔一〕

〔一〕此件爲高宗宸翰八十二。

朝廷得韓世忠奏，復賜御札，趣先臣會合平蕩。

韓世忠奏，已親提兵自濠往壽春府，卿可約與相見，從長措置。虜人若未全退，或已退復來接戰，即當乘其既敗，痛與勦戮，使知懲畏；若已退不復來，即壽春、順昌皆可平蕩静盡，免其後來之害。以卿體國之意，必協心共濟，不致二三也。遣此親札，諒宜深悉。

付飛。御押〔一〕

〔一〕此件爲高宗宸翰八十三。

先臣軍在廬州，兀朮、韓常已遁。得張俊報，虜已渡淮盡絶，乃還軍舒州，具以奏聞，且候進止。會兀术聞先臣退師，用酈瓊計，復窺濠州。先臣聞警，以四日癸卯夜發舒州進援。朝廷得警奏，十一日庚戌賜御札，趣出兵。

兀术再窺濠州，韓世忠、張俊、楊沂中、劉錡皆已提軍到淮上。以卿忠智許國，聞之必即日引道。切須徑赴廬州，審度事勢，以圖壽春。廬通水運，而諸路漕臣皆萃于彼，卿軍至，糧草不乏，又因以屏蔽江上，軍國兩濟，計無出此。已行下諸漕，爲卿一軍辦糧草，不管闕乏。付此親札，卿須體悉。十一日未時。

付飛。御押〔一〕

〔一〕此件爲高宗宸翰八十五。高宗宸翰八十四即後一詔。

先臣已先詔出師援濠，朝廷猶未知。庚戌之夕，先臣還舒之奏始至，乃賜御札，嘉奬先臣恭謹之節，而趣令夾擊，以定大功。

得卿奏，知卿屬官自張俊處歸報，虜已渡淮，卿只在舒州聽候朝廷指揮。此以見卿小心恭慎，不敢專輒進退，深爲得體，朕所嘉歎。據報，兀朮用酈瓊計，復來窺伺濠州。韓世忠已與張俊、楊沂中會于濠上，劉錡在廬州、柘皐一帶屯軍。卿可星夜提精兵，裹糧起發，前來廬州就糧，直趨壽春，與韓世忠等夾擊，可望擒殺兀朮，以定大功。此一機會，不可失也。廬州通水運，有諸路漕臣在彼運糧。急遣親札，卿切體悉。十日二更。

付飛。御押〔一〕

〔一〕此件爲高宗宸翰八十四。既爲三月「十日」詔，應在前一「十一日」詔之前。但岳珂説明詞又稱「庚戌之夕」，庚戌爲十一日，「十日」可能是刊誤。

先臣自舒州疾馳，以十二日辛亥至定遠縣。〔二〕兀朮先以八日丁未破濠州，張俊以全軍駐于黄蓮鎮，〔三〕去濠六十里，不能救。楊沂中趨濠城，覆于虜，王德救之而免。兀朮方據濠，聞先臣將至，復遁，夜踰淮，不能軍。時朝廷方得先臣發舒州之奏，乃賜御札嘉奬，且諭以「適中機會」之意。

得卿奏，卿聞命，即往廬州。遵陸勤勞，轉餉艱阻，卿不復顧問，必遄其行。非一意許國，誰肯如此。據探報，兀朮復窺濠州，韓世忠八日乘捷至城下，張俊、楊沂中、劉錡先兩日盡統所部，前去會合。更得卿一軍同力，此賊不足平也。中興勳業，在此一舉，卿之此行，適中機會。覽奏再三，嘉歎不已，遣此奬諭，卿宜悉之。

付飛。御押〔三〕

〔一〕十二日辛亥至定遠縣　「十二」，原作「十三」，按《宋史》卷二九《高宗紀》，紹興十一年三月庚子朔」，則辛亥是十二日，今據改。

〔二〕黄蓮鎮　《金佗稡編》卷八作「黄連鎮」，《三朝北盟會編》卷二〇五作「黄連埠」。

〔三〕此件爲高宗宸翰八十六。

先臣得張俊報，韓世忠先以四日癸卯，自招信、泗州還楚，而俊亦以十四日癸丑還軍滁州。先臣既獨以孤軍駐定遠，而虜已悉遁，乃復還軍，且具以奏聞。未至，朝廷以未知世忠還楚，十七日丙辰復賜御札，令先臣出濠、壽牽制。

累得卿奏，往來廬、舒間，想極勞勳。一行將士日夜暴露之苦，道路登涉之勤，朕心念之不忘。比以韓世忠尚在濠州，與賊相拒，獨力恐難支梧，累奏告急。卿智略有餘，可爲朕籌度，擇利提師，一出濠、壽間，牽制賊勢，以援世忠。想卿忠義體國，必以宗社大計爲念，無分彼此。劉錡一軍，已專令間道先行，張俊、楊沂中亦遣兵前去，并欲卿知。十七日。

付飛。御押〔一〕

〔一〕此件爲高宗宸翰八十七。

臣珂跋

臣仰惟高宗皇帝天錫神武，紹開中興，南征北伐，景命重集。而先臣飛奮自畎畝，首蒙異知，外抗强胡，内平劇盜，力復京西之境土，智奪中原之僭僞。至於旌麾所指，兩河響應，謁視陵寢，恢拓版圖，無非簡在上心，中稟成算。故雲章奎畫，輝映日月，藏之臣家，亶爲盛典。

中經權臣之禍，歸之有司。屬當更化，首還諸孤於嶺表。且以軫念先臣不忘之德意，屬于孝宗皇帝，迨御極之初，盡伸前枉。臣父霖拔自流離之餘，躐登清貫，嘗因攝貳匠監，抗章有請，遂獲賜還。若羣陰宿雺，將旦澄霽，粲然復覩青天，萬象呈露，焜眩心目。臣父是用夤奉朝夕，屢欲刊之琬琰，以詔亡窮，以侈榮遇，以章先帝委寄待遇之隆，而彙次未終，齎恨没地。

臣生銜隕霜之哀，重佩易簀之訓，追述先志，纂輯次第，端拜摹刻，凡爲詔札七十有六。若淮西始終十有五札，復以甲子繫日，蓋辨明疑似，不敢不詳。其他軼在人家，散之族郜者，臣不能究悉，誓畢此生搜訪，以補其遺。庶幾帝王彌綸之（以下缺字五十格）無有執之，而流涕如德輿□□□□□忘其狂且僭，而志于下方□□□□□歲次癸亥冬十有一月乙□□□□□□監鎮江府户部大軍倉臣岳珂恭書。

□□□□□之誣歲月未久，俾官所載□□□□□是以甲子（以下缺字二十五格）而且繫以事始，誠恐不如□□□□□以洗謗書，詔來禩。今（以下缺字七格）家石刻上（以下缺字十一格）散諸士大夫間，特其標軸□□□□□紓卷。故讀辨誣者，每病於□□□□□之難，録本鋟木，以就簡易□□□□□披咸在，昭然可稽，抑子孫（以下缺字八格）論是是非非之理。〔一〕

〔二〕《夷堅甲志》卷一五《辛中丞》：「辛企李(次膺)紹興八年自右正言出爲湖南提刑。舟到武昌，大將岳飛來江亭通謁。辛以道上不見賓客爲辭，岳不肯去。良久，不獲已見之，即欲以明日具食，意殊懇切，不得辭。既宴，酒三行，延辛入小閣。盡出平生所被宸翰，凡數百紙，具言眷遇之渥。」

《金佗續編》卷一三《給還御札手詔省劄》：「重念霖先父少傅忠烈本以寒微，奮由忠孝，頃荷太上皇帝拔自行陣，名列通籍，一時異恩，羣臣莫比。前後被受御筆手詔，無慮數百章。中間不幸爲權臣厚誣，悉被拘没，今聞見在左藏南庫架閣。」宋高宗給岳飛的御札手詔原有幾百份，因岳飛遇害時被「拘没」，宋廷不願珍藏於内府秘室，又不能隨意扔棄，故存放左藏庫。岳霖淳熙五年請求給還時，僅剩「八十餘札」(《金佗續編》卷一四《忠愍謚議》)。今《金佗稡編》卷一至卷三計七十六份，《金佗續編》卷一又有十份。此八十六份並非全部得自左藏南庫，如《金佗續編》卷一宋高宗對岳飛出師疏的御批，直至宋理宗初，方被岳珂尋獲。今將紹興九年《書屯田三事詔》一併編號，計爲八十七份。據高宗宸翰二十一和五十三内容分析，也證明應有幾份高宗御札佚失。此外，據《金佗稡編》卷三高宗宸翰七十八：「若一舉奏功，庶朕去年宥密之詔，不爲虚言。」這份「宥密之詔」之佚存，今亦難以判斷。

《車塵稿·宋岳倦翁書宸翰録卷跋》：「此卷爲倦翁手寫，前題《宸翰録》三字，小楷精雅絶倫，似南宋高宗書石經。卷中録高宗賜武穆御札七十六通，起紹興四年，訖十一年。《金佗稡編》分編三卷，取校此卷，文字頗有異同，有可取以校正《稡編》者。每札之前有題，記當時事實，或具年月，今比勘異同。紹興四年第一札，題『先臣奏請先復襄、鄧六郡』，『先臣』，卷作『珂王父』，（以下凡『先臣』字皆作『王父』）……

七十六札中，可據卷補正《稡編》者十餘字，札後有跋十四行，其文曰：『先王父起自蓬藋，首蒙高宗皇帝異遇，擢之行伍，授以節鉞。兩河之士望風響應，戰無不勝，〔攻〕無不取。故所被詔敕，皆出自高廟手札，教誨勤渠，勸奬備至，一時文武之臣無能出先王父之右者。藏之篋笥，天章爛然，足垂千禩。中遭權臣之禍，遂籍之有司。王父齎志九原，深寃幾于不白。迨我孝宗皇帝御極，洞燭前枉，拔先人於流離瑣尾之餘，抗疏請還前札，感沐白（白上殆脱昭字）。迨我皇上御極，聖恩延平再合。先人捧誦雀躍，屢欲刊示無窮，而彙次未成，溘先朝露。不肖珂既承治命，敢不佩紳。用是纂輯年月次第，彙爲一卷。其他散軼未備，請俟將來搜訪，以付貞珉。非敢自附于繼述，蓋亦痛我先王父始終遇合之難，而歷覽之餘，庶幾奕世之後，猶有望兩河而興慨者。臨書泫然，不勝哀感。嘉泰二年歲次壬戌九月十一日，孫珂百拜敬書。』其文與《稡編》後跋不同，故特録之。」岳珂的《宸翰録》寫於嘉泰二年，是今存三卷高宗宸翰的草稿，在嘉泰三年「繳進」時，某些説明詞稍有修改，並將「王父」一律改稱「先臣」。羅振玉取浙本與《宸翰録》參校，今將校文省略，重要補正分別附注各札之後。

鄂國金佗稡編卷第四

經進鄂王行實編年卷之一

本貫相州湯陰縣永和鄉孝悌里。〔一〕曾祖成，故贈太師、魏國公。妣楊氏，故贈慶國夫人。祖立，故贈太師、唐國公。妣許氏，故贈越國夫人。父和，故贈太師、隋國公。妣姚氏，故封魏國夫人，贈周國夫人。〔二〕

〔一〕據《宋史》卷八六《地理志》，相州屬河北西路，故宋時稱岳飛爲河北人。按今行政區劃，湯陰縣屬河南省。宋朝縣以下設鄉、里兩級行政區劃。宋神宗時實行保甲法，基層組織改爲都保、大保之類，而鄉、里作爲地名，仍予保留。

〔二〕《宋岳鄂王年譜》卷一：

「高祖蕡桂公。

《金佗宗譜》：『自仲子受姓後，歷傳至休，世居山東東昌府聊城縣。休仕周，官至節度使。五傳至渙，字爨桂，仕宋爲令使，即王之高祖也，始由東昌徙河南之相州湯陰縣永和鄉孝悌里。（《行實編年》：望雖出自山陽郡，家實居於湯陰縣。）配閔氏，合葬湯陰城東二十里周流社。子二，長成，次德。』

曾大父太師、魏國公。

《金佗宗譜》：『諱成，字舜福。配楊氏，贈慶國夫人。子一，立。』

大父太師、唐國公。

《金佗宗譜》：『諱立，字乾禄。配許氏，贈越國夫人。子二，長和，次睦。』

父太師、隋國公。

《金佗宗譜》：『諱和，字坤鑄，以王貴，贈顯慶侯，追贈太師、隋國公。配姚氏，封魏國夫人，贈周國夫人。』《金佗宗譜》晚出，顯然有不少杜撰成份。岳家世代爲農，連岳珂已無從炫耀其祖先之仕宦貴顯。如山東東昌府聊城縣和河南又是明清時地名，宋時無「令使」，而令史則是吏名。

崇寧二年，癸未歲。

先臣和遺事。初歲遺事。

二月十五日，先臣生，名飛，字鵬舉。按鄧名世《古今姓氏書辨證》及《姓源類譜》曰：「唐堯時，有四岳者，佐堯理天下，因官以命氏，實岳姓所自始。」其後支胄莫考，〔一〕凡數千載，皆韜迹不耀。望雖出山陽郡，先臣實家于湯陰，亦莫知其所以徙。〔二〕

〔一〕其後支胄莫考　「莫考」，《紀事實録》作「扶踈」。

〔二〕亦莫知其所以徙　「莫」，原作「知」，嘉靖本同，據《紀事實録》改。

自先臣成而下，〔一〕皆以力田爲業。及先臣和時，有瘠田數百畝，僅足廪食。河北屢歉，饑者多。先臣和常日以脱粟數升，雜蔬爲糜，與家人旦暮食，取半飽；盡以其餘呼道路之饑者，均而飼之。家人有不堪者，先臣和謂之曰：「彼饑者亦人爾，而能一、二日不食。吾與若日再食，而猶欲求飽耶？吾欲裁吾之僅有，濟人之絶無耳。」人有侵其地以耕者，割而予之，無争意。有貸其財而弗償者，折券棄之，無愠色。雖甚窶乏，未嘗悔，鄉人重敬之。

〔一〕自先臣成而下　《紀事實録》作「自王父而上」。

先臣方在孕，有老父過門，聞姚氏之聲，曰：「所生男也，他日當以功名顯世，位至公孤。」〔一〕父因忽不見。

〔一〕以功名顯世位至公孤　「世」，《紀事實録》作「且」。「公孤」，《金佗續編》卷一七作「三孤」。《宋史》卷一六一《職官志》：「宋承唐制，以太師、太傅、太保爲三師」，宋徽宗政和時，改稱「三公」，又「立三孤少師、少傅、少保，亦稱三少」。

及生先臣之夕，〔一〕有大禽若鵠，自東南來，飛鳴于寢室之上。先臣和異之，因名焉。未彌月，黄河決内黄西，水暴至。姚氏倉皇襁抱，坐巨甕中，衝濤而下，乘流減没，俄及岸，得免。〔二〕

〔一〕《金佗稡編》卷一三《乞侍親疾劄子》：「臣老母姚氏年幾七十。」此劄子上於紹興四年，時岳飛爲三十二歲，可知姚氏三十六、七歲時生岳飛。劄子稱「别無兼侍，以奉湯藥」。又同書卷九《遺事》：「俄有自母所來者，謂之曰：『而母寄余言：爲我語五郎，勉事聖天子，無以老媪爲念也。』」岳飛乳名五郎，可能曾有四位親兄。

〔二〕《三朝北盟會編》卷一五一：「（楊）再興屢戰，又殺飛之弟翻。」

《宋岳鄂王年譜》卷一：「王有弟曰翻，曰翻。

《金佗宗譜》：『經略使翻，隋國公次子，爲繼別大宗支，子二，霖、雳。』

《唐門岳氏宗譜翻公傳》：『字鵬翔，鄂王胞弟。王既從軍，公奉母家居，後始達王軍。王每出勤敵，公獨留養。王被誣，公涸迹民間。厥後洗雪，公年已逾强仕。有薦公才勇，稍次兄，可任用。朝廷官之，積勞至江、淮路經略使，未幾，卒。』」按關於岳翻之記載純屬杜撰。

《建炎以來繫年要録》卷五〇：「飛遣本軍主管文字、秉義郎高澤民至紹興，而澤民其甥壻也。」

可知岳飛至少有一個親姐。

〔二〕《宋史》《徽宗紀》、《五行志》、《河渠志》和《宋會要輯稿》瑞異、方域都無崇寧二年黄河決口記載。可見天生貴相、大難不死之宿命論記載不可憑信。

《金佗稡編》卷一四《乞終制劄子》：「臣孤賤之迹，幼失所怙，鞠育訓導，皆自臣母。」

先臣少負氣節，沉厚寡言，性剛直，意所欲言，不避禍福。天資敏悟强記，〔一〕書傳無所不讀，尤好《左氏春秋》及《孫吴兵法》，或達旦不寐。家貧，不常得燭，晝拾枯薪以自給。然於書不泥章句，一見得要領，輒棄之。爲言語文字，初不經意，人取而誦之，則辨是非，析義理，若精思而得者。〔二〕

〔二〕天資敏悟强記　「天」字原脱，據《金佗續編》卷一七補。

〔三〕《三朝北盟會編》卷二〇八《林泉野記》：「飛略知書傳，禮士恤民。」岳飛後爲大將，文化水平仍不很高。

《金佗續編》卷一紹興七年出師疏岳珂贊：「握校泣戎，不識一丁。先王奮噱，起自諸生，經通誼明，筆妙墨精。」説岳飛「起自諸生」，無非是宋代崇文抑武風習下造成的不實之詞。岳珂其實以祖父行伍軍功出身爲耻，以至有意誇大祖父爲農家子時之文化水平。

《劍南詩稿》卷一《觀村童戲溪上》：「三冬暫就儒生學（村人惟冬三月遣兒童入小學），千耦還從父老耕。識字粗堪供賦役，不須辛苦慕公卿。」卷二五《秋日郊居》（其七）：「兒童冬學鬧比鄰，據案愚儒卻自珍。授罷村書閉門睡，終年不著面看人。（農家十月乃遣子入學，謂之冬學。所讀《雜字》、《百家姓》之類，謂之村書。）」此爲宋時農家子可能享受之初等教育。

生而有神力，未冠，能引弓三百斤，腰弩八石。〔一〕嘗學射于鄉豪周同。一日，同集衆射，自眩其能，連中的者三矢，指以示先臣，曰：「如此而後可以言射矣。」先臣謝曰：「請試之。」引弓一發，破其筈，再發又中。同大驚，遂以其所愛弓二贈先臣。後先臣益自練習，能左右射，隨發輒中。及爲將，亦以教士卒，由是軍中皆善左右射，屢以是破賊鋒。

〔一〕《翠微先生北征録》卷七《弓制》：「臣聞軍器三十有六，而弓爲稱首；武藝一十有八，而弓爲第一，其緊切尚矣。」

《夢溪筆談》卷三：「挽蹶弓弩，古人以鈞石率之。今人乃以粳米一斛之重爲一石，凡石者以九十二斤半爲法，乃漢秤三百四十一斤也。今之武卒蹶弩，有及九石者，計其力，乃古之二十五石，比魏之武卒，人當二人有餘。弓有挽三石者，乃古之三十四鈞，比顔高之弓，人當五人有餘。」按一宋斤約合一市斤二兩，一宋石約合一百一十市斤。

《武備志》卷一〇三：「弩之力，腰開者可十石，蹶張者可二、三石，古所云弓之强者不及也。晉馬隆平樹機能，猶籍腰開弩。至宋，而其法不傳，故《武經》所載黑漆、黄樺、跳鐙等弩，皆蹶張也。」《武備志》卷八五有《腰絆上弩弦圖》等，介紹腰開之法。

《晉書》卷五七《馬隆傳》：「隆募限腰引弩三十六鈞，弓四鈞，立標簡試，自旦至中，得三千五百人，隆曰：『足矣。』」據《資治通鑑》卷八〇胡三省注：「三十斤爲鈞，四鈞爲石，石百二十斤。」

《宋史》卷一九四《兵志》：「選補班直，凡選禁軍自奉錢三百已上，弓射一石五斗，弩蹠三石五斗。」岳飛未滿二十歲，其挽弓能力大大超過皇帝近衛班直之標準，也超過北宋武士挽弓三石之記録。弩因足蹶和腰開有異，尚不能比較。

同與先臣别，未幾而死。先臣往弔其墓，悲慟不已。每朔望則鬻一衣，設卮酒鼎肉于同冢上，奠之而泣。引所遺弓，發三矢，又泣，然後酹酒瘞肉于冢之側，徘徊悽愴，移時乃還。衣就盡，先臣和覺而索之，默不言，撻之亦不怨。後伺其出而竊從，往視之，盡見其所爲，乃問之曰：「爾所從射者多矣，獨奠泣于周同墓，何也？」曰：「飛向者學射於周君，而特與飛厚，不數日，盡其道以歸。念其死，無以報，聊於朔望致禮耳。」又問其故，曰：「射三矢者，識是藝之所由精也；酹酒瘞肉者，周君所享，飛不忍食也。」先臣和始甚義之，撫其背曰：「使汝異日得爲時用，其徇國死義之臣乎！」先臣應之曰：「惟大人許飛以遺體報國家，何事不敢爲！」先臣和乃歎曰：「有子如此，吾無憂矣！」〔一〕

〔一〕《建炎以來繫年要録》卷八：「飛，安陽人，嘗爲人庸耕，去爲市游徼，使酒不檢。」《三朝北盟會編》卷二〇七《岳侯傳》：「侯名飛，字鵬舉，相州人也。少爲韓魏公家莊客，耕種爲生。」

又同書卷二〇八《林泉野記》：「飛，相州人，爲韓魏王家佃户。」韓魏公即北宋仁宗、英宗和神宗三朝宰相韓琦。

《朱子語類》卷一三二：「岳太尉飛本是韓魏公家佃客，每見韓家子弟必拜。」

《夷堅甲志》卷一五《豬精》：「聞岳之門僧惠清言，岳微時居相臺，爲市游徼。」岳珂顯然避諱祖父當佃客和游徼之經歷。

宣和四年，壬寅歲，年二十。

從敢戰。擒陶俊、賈進。先臣和卒。

真定府路安撫使劉韐募敢戰士備胡，〔一〕先臣首應募。〔二〕韐一見，大奇之，使爲小隊長。

〔一〕安撫使劉韐募敢戰士備胡 「安」，原作「宣」，「使」字原脱，據《金佗續編》卷一七改。《宋史》卷八六《地理志》：「真定府路安撫使統真定府、磁、相、邢、趙、洺六州。」又同書卷二二《徽宗紀》：「（宣和四年九月）己卯，遼將郭藥師等以涿、易二州來降。冬十月……癸巳，劉延慶與郭藥師等統兵出雄州。……甲寅，劉延慶自盧溝河燒營夜遁，衆軍遂潰。」又同書卷四四六《劉韐傳》：「會郭藥師以涿州降，戎車再駕，以韐議異，徙知真定府。」可知劉韐出任真定知府、兼真定府路安撫使當在九、十月間。

《金佗稡編》卷一四《乞終制劄子》：「國家平燕雲之初，臣方束髮，從事軍旅，誓期盡瘁，不知有家。」劉韐召募敢戰士「備胡」，應在宋軍伐遼失敗後，防備遼軍侵軼，而非抗金。

《金佗續編》卷二七黄元振編岳飛事迹：「公指山問屬官曰：『諸公識黄龍□□□□□其下城如此山之高。某舊能飲□□□□□嘗有酒失，老母戒某不飲，主上□□□□自後不復飲。俟至黄龍城，大張樂□□□□□以觀打城，城破，每人以兩槖駞金□□□□今日之勞。』有一屬官曰：『某不要公□□□□要觀公之志，直欲恢復燕地，蕩其□□□□中原而已也。』」岳飛作爲軍事家，燕山府和黄龍城兩地名不應混淆。從屬官語氣看，燕地並非專指燕山府，而是泛指燕雲之地。「蕩其」之下大概應有「巢穴」兩字，即是指岳飛所説之「黄龍城」。説岳飛參加征遼，抵達燕山府城下，爾後又一直將燕山府誤認爲黄龍府，似可商榷。

《雲麓漫鈔》卷一四引李清照詩：「上韓公樞密詩序云：『紹興癸丑五月，樞密韓公、工部尚書胡公使虜，通兩宫也。……願奉天地靈，願奉宗廟威。徑持紫泥詔，直入黄龍城。單于定稽顙，侍子當來迎。……』」李清照贈韓肖胄和胡松年詩，反映宋人一般將黄龍城作爲金朝首都。

〔二〕《金佗續編》卷二八《孫逌編鄂王事》：「岳王飛，字鵬舉，相州湯陰縣人。母家姚大翁甚喜其爲人。宣和四年，令鎗手陳廣以技擊教之，一縣無敵。」

相州劇賊陶俊、賈進攻剽縣鎮，殺略吏民，官軍屢戰，失利。先臣請以百騎滅之，轄與步、騎二百。先臣預遣三十人易衣爲商，入賊境，賊掠之以歸，置于部伍。先臣乃夜伏百人於山下，自領數十騎逼賊壘。賊易其兵少，出戰。俊箕踞坐馬上，嫚駡交鋒。先臣陽北，賊乘勝追逐。伏兵起擊，所遣三十人自賊中擒俊、進於馬上。賊衆亂，莫知所爲，遂俘獲其衆，餘黨盡散。

知相州王靖奏其功，補承信郎。命未下，得先臣和訃，跣奔還湯陰，執喪盡禮，毀瘠若不勝。會朝廷罷敢戰士，前命竟不下，先臣亦棄不復問。

宣和六年，甲辰歲，年二十二。

殺張超。從平定軍。

春三月，賊首張超率衆數百，圍魏王韓琦故墅。先臣適在墅告羅，怒曰：「賊敢犯吾保耶！」〔一〕起而視之，超方恃勇直前，先臣乘垣，引弓一發，貫吭而踣。賊衆奔潰，墅賴以全。

〔一〕賊首張超率衆數百圍魏王韓琦故墅先臣適在墅告羅怒曰賊敢犯吾保耶　自「首」至「怒曰賊」二十四字原脱，嘉靖本同，今據《紀事實録》補。又「先臣」，《紀事實録》均作「王」，今依本書體例改。以下凡據《紀事實録》增補者，「王」字一律改「先臣」，不再逐一説明。

是歲，投平定軍，〔一〕爲效用士，〔二〕稍擢爲偏校。〔三〕

〔一〕《宋史》卷六一《五行志》：「（宣和）六年秋，京畿恒雨，河北、京東、兩浙水災，民多流移。」《宋會要輯稿》食貨五九之二〇：「（宣和六年）十一月十七日，詔：『河北、京東夏秋水災，民户流移，係踵於道。……』」

《歐陽文忠公全集》卷五九《原弊》：「一遇凶歲，則州郡吏以尺度量民之長大，而試其壯健者，招之去爲禁兵，其次不及尺度而稍怯弱者，籍之以爲廂兵。吏招人多者有賞，而民方窮時，争投之。故一經凶荒，則所留在南畝者惟老弱也。而吏方曰：『不收爲兵，則恐爲盜。』」

《宋史》卷一九三《兵志》：「召募之制，起於府衛之廢。唐末士卒疲於征役，多亡命者，梁祖令諸軍悉黥面爲字，以識軍號，是爲長征之兵。方其募時，先度人材，次閲走躍，試瞻視，然後黥面，賜以緡錢、衣屨，而隸諸籍，國初因之。……初，太祖揀軍中彊勇者，號兵樣，分送諸道，令如樣招募。後更爲木挺，差以尺寸高下，謂之等長杖。委長吏、都監度人材取之。」

《嘉泰會稽志》卷四《軍營》：「禁、廂軍皆郡自募。（始猶自京師分遣壯卒，爲募士之準，謂之兵樣。繼易以木梃、木策，而兵樣不至矣。）……方募時，先度人材，次閲馳躍，次試瞻視，（初舉手指問之而已，其後又刻木作手，加白堊，舉以試之。）然後黥面，而給衣屨、緡錢，謂之招刺利物。至今皆不改。」估計岳飛即是災年應募當兵，而被分撥至河東路平定軍駐軍。《宋史》卷一八八

《兵志》載平定軍屯駐禁軍，計有侍衛司騎兵廣鋭軍一指揮，步兵神鋭軍二指揮，宣毅軍二指揮。岳飛後來率領百餘騎兵在河東抗金，大約是分撥於廣鋭軍。

《宋史》卷一九四《兵志》：「諸軍招簡等杖：天武第一軍五尺有八寸。捧日、天武第二軍、神衛五尺七寸〔五〕分。……驍武、廣鋭……澄海水軍弩手五尺五寸。」宋時五尺五寸約合一・七〇米。如岳飛確按廣鋭軍之「招簡等杖」，應有約一・七〇米之身長。

〔二〕《宋會要輯稿》兵一八之三：「神宗熙寧元年正月，詔環慶經略司，自來豪富之民及官員子弟、門客、舉人等依倚兵官，倖此邊事，託名效用，欲求恩賞。」

《續資治通鑑長編》卷二四五：「（熙寧六年五月癸亥）樞密院言：『近立諸路勇敢效用法，緣邊諸路經略司勇敢效用皆以材勇應募從軍，月給錢糧、戰馬、器甲，以時肄習，若無調發，皆聽還家。……不刺手，不置營，每季首赴經略司閱試。』」「效用士」一般稱「效用」，北宋晚期至南宋，效用已成爲正規軍高級軍士。

《建炎以來朝野雜記》甲集卷一八《諸軍效用》：「效用者，諸軍皆有之，不涅其面，廩賜厚於正軍。建炎間，其數猶少，紹興七、八年後，則漸衆矣。」

《盤洲文集》卷四二《論招軍之弊劄子》（隆興二年，自淮東赴行在供職，上殿）：「效用日得之鏹，三倍於兵，故近年應募爲兵者甚少。而爲效用又不刺手，雖有臣寮申靖，而將帥不復遵行。……臣愚欲乞先降詔旨，赦其虚冒之罪，命所遣官，凡未刺者俱刺之。」

《相山集》卷二〇《又與汪中丞畫一利害劄子》：「每效用一名，日支食錢三百，米三〔升〕，而又不刺面，不涅手。夫人得而充焉，可謂優且厚矣。」

《鶴山先生大全文集》卷七一《知南劍州洪公（秘）墓誌銘》：「襄漢、鄂渚之屯，舊隸岳飛，號岳家軍，無一不當十。其餘子弟尚勁挺可用。顧效用之廩，率倍長行有奇，爲壯士者非效用則弗屑。」

《三朝北盟會編》卷二〇七《岳侯傳》：「往三次，方得見張所。所觀侯才武，特刺效用。」

《慶元條法事類》卷七八《招補歸朝歸明歸正人》：「小字於手背刺『某路安撫司效用』八字。」效用肯定不刺面，有的刺手，有的不刺手。

〔三〕《金佗續編》卷一四《武穆謚議》：「公自結髮從戎，有大志，雄勇絶人，每以關、張自許。」

《雪坡舍人集》卷七《廷對策》：「韓琦、范仲淹才兼文武，非武舉也。此猶文士也，岳飛、韓世忠諸將亦嘗自武舉中來乎？」

靖康元年，丙午歲，年二十四。

榆次覘虜。干大元帥府。招吉倩。補承信郎。戰侍御林。轉寄理保義郎。戰滑州河上。轉秉義郎。隸宗澤。

夏六月，路分季團練（失其名）[一]知其勇，以百餘騎檄往壽陽、[二]榆次縣覘賊，謂之「硬探」。猝遇虜衆，騎士畏卻，先臣單騎突虜陣，出入數四，殺其騎將數人。虜衆披靡，不敢逼。至夜，以虜服潛入其營。遇擊刁斗者，謬爲胡語答之，遂周行營栅，盡得其要領以歸。[三]補進義副尉。會夜渡，亡其告身，先臣又棄不復問，間行歸相州。[四]

〔一〕《宋史》卷一六七《職官志》：「路分都監掌本路禁旅屯戍、邊防、訓練之政令，以肅清所部。……大觀三年，詔帥府無路分鈐轄，望郡無路分都監者，許置一員。」《續資治通鑑長編》卷四六五：「（元祐六年閏八月甲子）江南東路鈐轄司言：『本路舊有路分都監二員，在池州、江寧府駐劄。其在江寧府者，自元豐間差丁海兼東南第五將，罷任後，止差到將官，至今無路分都監。緣本司統制江東軍政，乞循舊制，差路分一員。』」《景定建康志》卷三九：「路鈐除正任一員外，添差者七員，今欲省罷三員，存留四員；州鈐除正任一員，歸正一員外，添差者三員，今欲省罷一員，存留二員；路分除正任一員，歸正二員外，添差一十二員，今欲省罷六員，存留六員。」可知宋時路分鈐轄簡稱「路鈐」，路分都監簡稱「路分」。「團練」即團練使，宋初剷除藩鎮制度後，已成武將虛銜。

〔二〕壽陽　「壽」，原作「慶」，據《宋史》卷八六《地理志》，河東路和太原府無「慶陽縣」，應爲壽陽縣。

〔三〕時金完顔粘罕以重兵圍太原府。宋軍初次救援失敗後，又於六月到八月組織第二次救援。岳飛壽陽和榆次之行，應是二次救援前之武裝偵察。

〔四〕《三朝北盟會編》卷五六：「（靖康元年九月二十一日甲申）粘罕陷平定軍。……乃攻平定軍，欲據井陘也。其往攻之，喪士三千人。又與斡離不兵合攻之，亦喪萬人而拔之。」《金史》卷三《太宗紀》：「（天會四年）十月，婁室克汾州，石州降，蒲察克平定軍。」卷七二《婁室傳》：「蒲察降壽陽，取平定軍及樂平。」卷一二〇《石家奴傳》：「石家奴，蒲察部人。……宗翰聞宗望軍已圍汴，遣石家奴計事。抵平定軍，遇敵兵數萬，敗之，遂見宗望。已還報，宗翰聞其平定之戰，甚嘉之。」在戰鬬中，丢失官告，不應成爲「間行」回鄉之理由，岳飛當在平定軍陷落後回相州。

冬，〔一〕高宗皇帝以天下兵馬大元帥〔二〕開府河朔，至相州，先臣因劉浩得見。〔三〕命招羣賊吉倩等，與以百騎。先臣受命出，日薄莫，頓所部宿食，自領四騎徑入賊營。羣賊駭愕，先臣呼倩等慰諭之，曰：「胡虜犯順，汝曹不輔義以立功名，反於草間苟活。今我以大元帥命，招納汝曹，此轉禍爲福之秋也。」倩等素知先臣名，且感其至誠，置酒延之，先臣亦豪飲不疑。酒酣，倩謂先臣曰：「倩等既搔動州縣，今既受招，恐未免誅戮。」先臣開諭再三，衆已聽命，忽一賊起，搏先臣。先臣批其頰，應手仆地，拔劍向之。倩等羅拜請免，相率解甲受降，凡三百八十人。

〔一〕《宋史》卷三八〇《何鑄傳》：「鑄引飛至庭，詰其反狀。飛袒而示之背，背有舊涅『盡忠報國』四大字，深入膚理。」人們往往將後宋高宗賜「精忠岳飛」旗與岳飛背上刺字混淆，稱「精忠報國」，係誤。

又同書卷三六五《岳飛傳》：「飛裂裳，以背示鑄，有『盡忠報國』四大字，深入膚理。」此爲元人修《宋史》時所作之補充，應來源於宋《中興四朝國史》之《何鑄傳》和《岳飛傳》，而《何鑄傳》則應取材於何鑄子孫上報史館的行狀、墓誌之類。

《金佗稡編》卷九《遺事》：「先臣天性至孝，自北境紛擾，母命以從戎報國，輒不忍。屢趣之，不得已，乃留妻養母，獨從高宗皇帝渡河。」

《宋岳鄂王年譜》卷一：

「《唐門宗譜》：『王至孝，靖康初，始見高宗。母涅其背曰：盡忠報國。趣之行，遂從高宗渡河。』」岳飛背上刺字，可能在靖康元年十月到閏十一月間。岳母深明大義，然而應是没有文化之農婦，大概不會自己刺字。《宋岳鄂王年譜》作者錢汝雯説，「《唐門宗譜》譌謬甚多」。

〔二〕《三朝北盟會編》卷七〇：「秦仔齎蠟書，除康王河北兵馬大元帥。」

《建炎以來繫年要録》卷一：「遣閤門祗候秦仔等八人，持親筆蠟書，縋城，詣相州，拜王河北兵馬大元帥。」

《宋史》卷二三《欽宗紀》：「（靖康元年閏十一月己酉）命康王爲天下兵馬大元帥，速領兵入衛。」

卷二四《高宗紀》：「欽宗遣閤門祇候秦仔持蠟詔至相，拜帝爲河北兵馬大元帥。」《欽宗紀》應照抄宋《四朝國史》，編修於宋高宗紹興至宋孝宗淳熙時。《高宗紀》應照抄宋《中興四朝國史》，編修於宋寧宗嘉泰至宋理宗寶祐時。晚出之國史否定此前國史之成説，説明真相自不可掩。康王之元帥銜的相關記載不少，不須贅引，據高紀春先生考證，康王任大元帥後，只能調動和號令河北軍馬，而不能調動和號令全國軍馬，應以「河北兵馬大元帥」爲準。

〔三〕《三朝北盟會編》卷六四：「（靖康元年十一月二十二日癸未）康王還相州。王在磁州，知相州汪伯彦據探馬回報，……即差發武翼大夫劉浩領兵二千人，馳騎請王。」《建炎以來繫年要録》卷一：「十有二月壬戌朔，王開元帥府，有兵萬人。蓋樞密院將官劉浩即相州所募義士，及信德府勤王兵，大名府救河東兵，與所招太原、真定府、遼州潰兵而已，分爲五軍。」《三朝北盟會編》卷七一：「（靖康元年十二月二日癸亥）兵馬大元帥府差置官屬。……武顯大夫陳淬充兵馬大元帥府都統制五軍兵馬，敦武郎趙俊等中軍統制，武翼大夫劉浩前軍統制，武顯郎張瓊左軍統制，修武郎尚功緒右軍統制，果州刺史王孝忠後軍統制。」岳飛作爲「相州所募義士」，而編入劉浩前軍，其從軍時間應在十二月前。

由是受知於大元帥，補承信郎，分鐵騎三百，使先臣往李固渡〔一〕當虜軍。〔二〕戰于侍御林，敗之，殺其梟將。轉成忠郎，以曾大父諱，寄理保義郎。

〔一〕李固渡 「固」，原作「園」，據《金佗續編》卷一七改。當時李固渡有兩處。一處在大名府魏縣，《三朝北盟會編》卷六三：「斡離不自大名府由魏縣李固渡過大河。」卷七二：「諸將欲回邢、洺，自恩州渡往北京。……爲其逼李固渡賊寨。」可知金軍在李固渡駐兵，以保護交通線。另一處在滑州，《宋會要輯稿》食貨一五之九商税：「滑州：舊在城及韋城、胙城、靈河縣、大翟村、李固、白皐渡七務。」

〔二〕當虜軍 「當」，原作「嘗」，嘉靖本同，據《紀事實録》改。

未幾，以檄從劉浩解東京圍，與虜相持於滑州南。先臣乘浩馬，從百騎，習兵河上，河凍冰合，虜忽至，先臣麾其下曰：「虜雖衆，未知吾虚實，及其未定，擊之可以得志。」乃獨馳迎敵，有梟將舞刀而前，先臣以刀承之，刃入寸餘，復拔刀擊之，斬其首，屍仆冰上。騎兵乘之，虜衆大敗，斬首數千級，得馬數百匹，〔一〕以功遷秉義郎。〔二〕大元帥次北京，〔三〕以先臣軍隸留守〔四〕宗澤。〔五〕

〔一〕「斬首數千級，得馬數百匹」，應是岳珂誇張戰績，其實乃是小勝。

〔二〕《金佗續編》卷一四《忠愍謚議》:「蓋嘗迹公際遇之始,自我太上皇鳳翔于河朔,公已先負敢死名,受知大元帥府。」淳熙五年岳飛賜謚時,宋高宗稱太上皇。

〔三〕《三朝北盟會編》卷七二:「(靖康元年十二月)十四日乙亥,大元帥起兵發相州。……前期差劉浩爲先鋒,領人馬南趨濬、滑,以疑虜騎。……十六日丁丑,大元帥至北京。《中興記》曰:『王宿於元水鎮也,先鋒劉浩遣一騎兵齎狀申,稱所統人馬至濬州,值大河未凍,先發丁順將前軍五百人,濟舟至岸。中軍猶未渡,前軍逢胙城縣鐵騎千餘人,疾馳至滑州,邀截衝斷我軍。丁順將殘兵東走。浩將中軍共二千人,自濬州沿河路回來,追赴大元帥府,聽候使喚。』」宋高宗爲便於北逃,命劉浩南下餌敵,岳飛當也隨劉浩有此遭遇。

《金佗稡編》卷一四《乞終制劄子》:「自從陛下渡河以來,而臣母淪陷河朔。」《三朝北盟會編》卷二〇七:「飛奏言:『履冰渡河之日,留臣妻侍老母,不期妻兩經更嫁,臣切骨恨之。……』」

〔四〕《建炎以來繫年要録》卷八注:「《紹興日曆》……八年六月十三日丁卯,飛又奏,『臣始從陛下至北京,留妻劉氏侍臣老母』云云。」時宗澤任副元帥,當東京留守乃翌年之事,《行實編年》記載有誤。

〔五〕《三朝北盟會編》卷七三:「(靖康元年十二月二十七日戊子)王命副元帥宗澤軍於開德府。……先鋒統制劉浩改差充副元帥下前軍統領。」

《宗忠簡公集》卷七《遺事》：「公提兵二萬（按：據《建炎以來繫年要録》卷一考證，應爲一萬。），發大名，以劉浩將前軍，尚公緒將左軍，陳淬將中軍，常景將右軍，王孝忠將後軍。」可知岳飛確已編入宗澤前軍。

靖康二年（是年改元建炎），丁未歲，年二十五。

戰開德。轉修武郎。戰曹州。轉武翼郎。宗澤授陣圖。從大元帥移南京。上書奪官。詣張所。借修武郎、閤門祗候、中軍統領。論兩河、燕雲利害。借武經郎。從王彦。戰新鄉，敗王索。戰侯兆川。戰太行山，擒拓跋耶烏，殺黑風大王。歸宗澤。充留守司統制。隸杜充。

春正月，戰于開德，以兩矢殪金人執旗者二人，縱騎突擊，敗之，奪甲、馬、弓、刀以獻。轉修武郎。〔一〕

〔一〕《宗忠簡公集》卷七《遺事》：「公至開德府，時遣精鋭與虜挑戰。前後十三戰，兵出輒捷，虜自是不犯開德。」

《宋史》卷三六〇《宗澤傳》：「（靖康）二年正月，澤至開德，十三戰皆捷。」岳飛之勝當在十三戰之中。

二月，戰于曹州，先臣被髮，揮四刃鐵簡，直犯虜陣。士皆賈勇，無不一當百，大破之，追奔數十里。轉武翼郎。〔一〕

〔一〕《三朝北盟會編》卷七九：「（靖康二年二月六日丙寅）大元帥府擺布勤王人馬。……駐劄開德府人馬，副元帥宗澤下陳淬統磁州二千人，洺州一千人，尚功緒二千人，常景二千人，王孝忠一千人，權邦彦一千人，孔彦威一萬人，以上總計一萬九千人，馬軍在内，號三萬八千人，以陳淬統制，並聽宗澤節制。……駐劄興仁府人馬，黄潛善一萬三千人，張換二千五百人，高公翰二千五百人，王善一千人，以上總計一萬九千人，馬軍在内，總號四萬二千人，以張換統制，並聽黄潛善節制。……駐劄柏林鎮人馬，劉浩二千人，白安民一千人，以上總計三千人，馬軍在内，總號六千人。」據《元豐九域志》卷一，柏林鎮在曹州（宋徽宗時陞爲興仁府）定陶縣。

《宗忠簡公集》卷七《遺事》：「己巳（九日），（大元帥府）迺再草檄行下曰：『……并劄下興仁府駐劄黄待制，節制廣濟軍丁順、孟世寧、温宗建、李大鈞、張榮，駐劄柏林鎮等將，隨軍張換等一行諸頭項人馬，並聽節制。』」

《建炎以來繫年要録》卷二：「（建炎元年二月癸未）時元帥府官軍及羣盜來歸者凡八萬人，自黄河以南，分地而屯。……開德府萬九千人，濮州七千人，以拒虜之在衛南、韋城、臨濮者，並隸副元帥宗澤。興仁府萬九千人，廣濟軍八千人，單州六千人，柏林鎮三千人，以拒虜之在考城者，並隸節制軍馬黄潛善。」可知岳飛隨劉浩轉戰至曹州，駐柏林鎮後，脱離宗澤節制，改隸黄潛善。

澤大奇先臣，謂之曰：「爾勇智材藝，雖古良將不能過。然好野戰，非古法，今爲偏裨尚可，他日爲大將，此非萬全計也。」因授以陣圖。先臣一見，即置之。後復以問先臣，先臣曰：「留守所賜陣圖，飛熟觀之，乃定局耳。古今異宜，夷險異地，豈可按一定之圖。兵家之要，在於出奇，不可測識，始能取勝。若平原曠野，猝與虜遇，何暇整陣哉！況飛今日以裨將聽命麾下，掌兵不多，使陣一定，虜人得窺虚實，鐵騎四蹂，無遺類矣。」澤曰：「如爾所言，陣法不足用耶？」先臣曰：「陣而後戰，兵之常法，然勢有不可拘者，且運用之妙，存於一心。留守第思之。」澤默然，良久，曰：「爾言是也。」〔二〕

〔一〕《宋宗忠簡公全集》卷九《宗忠簡公事狀》：「秉義郎岳飛犯法，請正典刑。公一見，奇之，曰：

『此將材也！』使立功贖罪。適羽報虜犯汜水，公遣飛爲踏白使，以五百騎授之，曰：『汝當爲我立功！』飛即行，大捷而凱還，補爲統領。公曰：『爾智勇才略，古良將不能過。但好爲野戰，非萬全計。』因授以陣圖。飛答曰：『陣而後戰，兵法之常，運用之妙，存乎一心。』」岳飛初隸宗澤不足一個半月，正值軍情緊張，顯然無暇從容討論陣法。從對話中稱宗澤爲「留守」看，特別是據《宗忠簡公事狀》提供確證，爲宗澤出任東京留守後之事。

《宋史》卷三六五《岳飛傳》：「隸留守宗澤，戰開德、曹州，皆有功。澤大奇之，曰：『爾勇智才藝，古良將不能過。然好野戰，非萬全計。』因授以陣圖。飛曰：『陣而後戰，兵法之常，運用之妙，存乎一心。』澤是其言。」《宋史》之《岳飛傳》源自宋《中興四朝國史》之《岳飛傳》，而上引「陣而後戰」之語，應源於《宗忠簡公事狀》。

大元帥移南京，復令先臣以所部從。〔一〕五月，大元帥即皇帝位，改元建炎。先臣上書數千言，大概謂：「陛下已登大寶，黎元有歸，社稷有主，已足以伐虜人之謀；而勤王御營之師日集，兵勢漸盛。彼方謂吾素弱，未必能敵，正宜乘其怠而擊之。而李綱、〔二〕黄潛善、汪伯彥〔三〕輩不能承陛下之意，恢復故疆，迎還二聖，奉車駕日益南，又令長安、維揚、襄陽准備巡幸。〔四〕有苟安之漸，無遠大之略，恐不足以繫中原之望，雖使將帥之臣戮力于外，終亡成功。爲今日之計，莫若請車駕還京，罷三州巡幸之詔，乘二聖蒙塵未久，虜穴未固之際，親帥六軍，迤邐北渡。則天威所臨，將帥一心，士卒作氣，〔五〕中原之地指期可復。」書奏，大忤用事之臣，以爲小臣越職，非所宜言，奪官歸田里。〔六〕

〔一〕《三朝北盟會編》卷九四：「大元帥府契勘，（四月）二十日，五軍將士保衛兵馬大元帥康王入南京，今將諸頭項人馬擺拽下項：……張俊依舊充中軍統制，劉浩中軍副統制；……」可知岳飛隨劉浩編入中軍，護衛康王去南京應天府即位。

〔二〕李綱《紀事實録》無「李綱」兩字，而《金佗稡編》卷一〇《南京上皇帝書略》有「李綱」。李綱力主抗金，與宋高宗、黄潛善、汪伯彦有尖鋭分歧。岳飛時爲小軍官，不知朝廷内幕，故一併指責。

〔三〕汪伯彦　「汪伯彦」之下，《紀事實録》有「之」字。

〔四〕《建炎以來繫年要録》卷六：「（建炎元年六月）庚申，詔李綱立新班奏事，執政退，綱留身上十議。……二曰議巡幸，大略謂天下形勢，關中爲上，襄、鄧次之，建康又次之。今四方多故，除四京外，宜以長安爲西都，襄陽爲南都，建康爲東都。……議者或欲留應天，或欲幸建康，臣皆以爲非計。夫汴梁，宗廟、社稷之所在，天下之根本也。陛下即位之始，豈可不一見宗廟，以安都人之心。」逃退揚州，是宋高宗和黄潛善、汪伯彦之主意。

〔五〕將帥一心士卒作氣　「卒」，原作「帥」，嘉靖本同，據《紀事實録》改。

〔六〕《建炎以來繫年要録》卷八：「上之在相州也，飛以效用從軍，至北京，論事，罪廢。（飛建炎初論事坐罪，他書皆無之。《紹興日曆》〔七〕年九月二日辛酉，岳飛奏：『臣昨建炎初因論事，罪廢，偶幸免死，實出聖造。因投招撫使張所，……』但不知所論何事耳，今併附見。）」《金佗稡編》問世前，人們不知「論事，罪廢」之事。《要録》載岳飛「論事」於北京，即康王稱帝前，此時尚無建炎年號，亦屬疏謬。《金佗稡編》卷一一《乞以明堂恩奏張所男宗本奏》：「臣昨於建炎初，因上書論事，罪廢，偶幸逃死，實出聖造。于時孤孑一身，狼狽羈旅。」按趙宋家規，向來猜忌武將，實行重文輕武，以文制武，武將被文官視爲「粗人」。岳飛以小武官之身份上書議政，自然被「用事之臣」黄潛善和汪伯彦視爲大逆不道。「孤孑一身，狼狽羈旅」，反映岳飛「罪廢」後之辛酸處境。

秋八月，詣河北招撫使張所，所一見，待以國士，借補修武郎、閤門祗候，差充中軍統領。〔一〕所嘗從容問之曰：「聞汝從宗留守，〔二〕勇冠軍，汝自料能敵人幾何？」先臣曰：「勇不足恃也，用兵在先定謀。謀者，勝負之機也，故爲將之道，不患其無勇，而患其無謀。今之用兵者皆曰：『吾力足以冠三軍。』然未戰無一定之畫，已戰無可成之功。是以『上兵伐謀，次兵伐交』，欒枝曳柴以敗荆，莫敖採樵以致絞，皆用此也。」所本儒者，〔三〕聞先臣語矍然，起曰：「公殆非行伍中人也！」因命先臣坐，促席與論時事。先臣慷慨流涕曰：「今日之事，惟有滅賊虜，迎二聖，復舊疆，以報君父耳！」所曰：「主上以我招撫河北，我惟職是思，而莫得其要，公嘗計之否？」先臣曰：「昔人有言：『河北視天下猶珠璣，天下視河北猶四肢。』〔四〕言人之一身，珠璣可無，而四肢不可暫失也。本朝之都汴，非有秦關百二之險也。平川曠野，長河千里，首尾綿亘，不相應援，獨恃河北以爲固。苟以精甲健馬，馮據要衝，深溝高壘，〔五〕峙列重鎮，使敵入吾境，一城之後，復困一城，一城受圍，諸城或撓或救，卒不可犯。如此則虜人不敢窺河南，而京師根本之地固矣。大率河南之有河北，猶燕雲之有金坡諸關。〔六〕河北不歸，則河南未可守；諸關不獲，則燕雲未可有。間嘗思及童宣撫取燕雲事，每發一笑。何則？國家用兵爭境土，有其尺寸之地，則得其尺寸之用。因糧以養其兵，因民以實其地，因其練習之人，以爲嚮導，然後擇其要害而守之。今童宣撫不務以兵勝，而以賄求。虜人既得重賄，陽諾其請，收其糧食，徙其人民與其素習之士，席卷而東，付之以空虛無用之州。國家以爲燕雲真我有矣，則竭天下之財力以實之。不知要害之地，實彼所據，彼俟吾安養之後，一呼而入，復陷腥膻。故取燕雲〔七〕而不志諸關，〔八〕是以虛名受實禍，以中國資夷狄也。河南、河北，正亦類此。今朝廷命河北之使而以招撫名，越河以往，半爲胡虜之區，將何以爲招撫之地。爲招撫職事計，直有盡取河北之地，以爲京師援耳。不然，天下之四肢絶，根本危矣。異時醜虜既得河北，又侵河南，險要既失，莫可保守，騷騷未已，幸江幸淮，皆未可知也。招撫誠能許國以忠，稟命天子，提兵壓境，使飛以偏師從麾下，所嚮惟招撫命耳，一死烏足道哉！」[九]所大喜，借補武經郎。

〔一〕《金佗稡編》卷一一《乞以明堂恩奏張所男宗本奏》：「因詣招撫使張所，所一見，與臣言兩河、燕雲利害，適偶契合。臣自白身借補修武郎、閤門宣贊舍人，充中軍統領，尋又陞統制。」《三朝北盟會編》卷二〇八：「（建炎元年六月十七日乙亥）張所爲河北路招撫使。……相州百姓岳飛初隸所，爲效用。」又同書卷二〇七《岳侯傳》：「靖康末，聞張所爲河北招討，侯遂投軍，往三次，方得見張所。所觀侯才武，特刺效用，令帳前使唤。」又同書卷二〇八《林泉野記》：「靖康末，張所招討河北，飛始投效用。」這兩條記載關於岳飛投張所的時間和張所的職務有誤。《建炎以來繫年要録》卷八：「（建炎元年八月乙亥）所方招來豪傑，以忠翊郎王彦爲都統制，效用人岳飛爲准備將。……（……《紹興日曆》〔七〕年九月二日辛酉，岳飛奏：『……因投招撫使張所，一見，與言及兩河利害，臣自白身借補修武郎、閤門宣贊舍人，充中軍統領，又陞充統制。』……）」又同書卷一一四：「（紹興七年九月辛酉）起復太尉、湖北、京西宣撫使岳飛之爲效用也，張所爲河北招撫使，見而奇之，用爲中軍將。」

《宋史》卷三六三《張所傳》：「所方招來豪傑，以王彦爲都統制，岳飛爲準備將。」按岳飛奏中未説過自己當準備將。

《金佗續編》卷二七黄元振編岳飛事迹：「先是，靖康初，趙九齡爲御營機宜，張所爲河北宣撫使，辟九齡兼幹辦公事。公始從河北軍，九齡一見，便識公爲天下奇才，公亦推九齡之智謀。」

《陳亮集》（增訂本）卷二二《中興遺傳序》：「次張（趙九齡字）嘗爲李丞相所辟，得承務郎。……故將岳飛嘗隸丞相軍中，次張識其人於行伍，言之丞相，給帖補軍校。」岳飛與李綱同在南京應天府才一個多月，時已爲武翼郎，可知《中興遺傳序》所記顯然錯訛，應以黄元振之記述爲準。黄元振父黄縱爲趙九齡之友。黄元振記載「靖康初」之時與張所之職務，亦誤。

〔二〕《建炎以來繫年要録》卷六：「（建炎元年六月乙酉）龍圖閣學士、知開封府宗澤爲延康殿學士、開封尹、東京留守。」可知此時應稱留守。

〔三〕所本儒者 「本」，《紀事實録》作「實」。

〔四〕《樊川文集》卷五《戰論》：「河北視天下，猶珠璣也；天下視河北，猶四支也。」此爲唐人杜牧之論。

〔五〕深溝高壘 「壘」，原作「壍」，據《宋朝南渡十將傳》卷二《岳飛傳》改。

〔六〕《資治通鑑》卷二六九注引《金虜節要》：「燕山之地，易州西北乃金坡關，昌平縣之西乃居庸關，順州之地乃古北口，景州之東北乃松亭關，平州之東乃渝關。」

又同書卷二六九注引《金虜行程》：「自營州東至渝關，並無保障，沃野千里，北限大山，重岡複嶺，中有五關。唯渝關、居庸可以通餉饋，松亭、金坡、古北口止通人馬，不可行車。」《三朝北盟會編》卷二〇《宣和乙巳行程録》：「幽州之地，沃野千里，北限大山，重巒複嶺，中有五關。居庸可以行大車，通轉糧餉，松亭、金坡、古北口止通人馬，不可行車。」

〔七〕故取燕雲　「故」，原作「攻」，嘉靖本同，據《紀事實録》改。

〔八〕不志諸關　「志」，《宋朝南渡十將傳》卷二《岳飛傳》作「取」。

〔九〕岳飛的《乞以明堂恩奏張所男宗本奏》説「言兩河、燕雲利害」，應確有此談話。至於具體情節和言詞，岳珂當有增潤和虚飾之處。

命先臣從都統王彦渡河，至衛州新鄉縣。虜勢盛，彦軍石門山下。先臣約彦出戰，不進。先臣疑彦有他志，抗聲謂之曰：「二帝蒙塵，賊據河朔，臣子當開道以迎乘輿。今不速戰，而更觀望，豈真欲附賊耶！」彦默然，强與置酒，幕下有姓劉者，數於掌上畫「斬」字，示彦，彦不應。先臣怒，起，獨引所部鏖戰，奪虜纛而舞之，諸軍鼓譟争奮，遂拔新鄉，擒千户阿里孛。又與萬户王索〔一〕戰，敗之。明日，將戰侯兆川，〔二〕先臣預戒士卒曰：「吾已兩捷，彼必併力來。吾屬雖寡，當爲必勝計，不用命者斬！」及戰，士卒多重傷，〔三〕先臣亦被十餘創，與軍中士皆死戰，〔四〕卒破之，獲士馬不可勝計。夜屯石門山下，或傳虜騎復至，一軍皆驚，唯先臣堅卧不動，虜卒不來。糧盡累日，殺所乘馬以饗士。間走彥壁乞糧，彥不許，〔五〕乃引所部益北擊虜。又戰于太行山，獲馬數十匹，擒拓跋耶烏。〔六〕居數日，復與虜遇，先臣單騎持丈八鐵槍，刺殺虜帥黑風大王，走其衆三萬，虜軍破膽。〔七〕

〔一〕王索 《金佗續編》卷一七作「王崇」。《金史》卷一三五《金國語解》：「完顏漢姓曰王。」《三朝北盟會編》卷三：「其姓氏則曰完顏謂王。」據《會編》卷一一《金虜節要》，分佔華北之金軍萬户大多是女真人，王索大概姓完顏，而用漢姓漢名。

〔二〕《嘉靖輝縣志》卷二《雜署》：「侯趙川巡檢司，在縣治西北七十里，地接林縣界。」《讀史方輿紀要》卷四九輝縣：「侯趙川，在縣西北三十里，接彰德府湯陰縣界。四面皆山，中甚平曠，即蘇門之北麓，本無川也。宋建炎元年，岳飛破金人於新鄉，復其城，又敗金人於侯趙川，引軍益北，戰於太行，又敗之。」

〔三〕士卒多重傷 「多」，據《金佗續編》卷一七補。

〔四〕軍中士皆死戰 「士」，據《金佗續編》卷一七補。

〔五〕《三朝北盟會編》卷一一三：「（建炎元年九月二十一日戊申）樞密院以王彥爲河北招撫司都統制，同張翼、白安民、岳飛等十一頭領，七千人渡大河，於既陷州縣措置招撫不順番軍民。遂渡河北，屢與金人賊兵鏖戰，破之，收復衛州新鄉縣。……（十月）二十九日乙酉，王彦及金人戰於新鄉縣，不利，兵潰。彦入太行山聚衆，皆面刺『赤心報國，誓殺金賊』八字，號『八字軍』，兩河響應。」

《建炎以來繫年要録》卷九：「（建炎元年九月戊申）河北招撫司都統制王彦率裨將張翼、白安民、岳飛等十一將，以所部七千人渡河，與金人戰，破之，是日遂復新〔鄉〕縣。……（乙卯）河北招撫司都統制王彦及金人戰於新鄉縣，敗績，兵潰，彦奔太行山聚衆。準備將岳飛引其部曲去，自爲一軍。初，彦既得新鄉，傳檄諸郡。賊以爲大軍之至也，率衆數萬，薄彦壘，圍之數重，矢注如雨。彦兵寡，且器甲疏略，疾戰輒不利，乃決圍以出，其衆遂潰。賊盡鋭追擊，彦與麾下數十人馳赴之，所向披靡。轉戰十數里，弓矢且盡，會日暮，得免。他將復渡河以還。彦收散亡，得七百餘人，保龔城縣西山。常慮變生不測，夜即徙其寢所。部曲感其義，乃皆刺其面曰『赤心報國』（按：清人修《四庫全書》，將『誓殺金賊』删去），以示其誠。彦益自感勵，與士卒同甘苦。未幾，兩河響應，忠義民兵首領傅選、孟德、劉澤、焦文通等皆附之，綿亘數百里，俱受彦約束。金人患之，列戍相望，間遣勁兵撓彦糧道，彦每勒兵待之，斬獲甚衆。岳飛聞彦軍復振，單騎扣壁門請罪。左右勸彦斬之，彦壯其勇，而惜其才，賜飛巵酒而罷。自是兩人始有隙。」《要録》稱岳飛爲「準備將」，係誤。

《宋史》卷二四《高宗紀》：「（建炎元年九月）戊申，河北招撫司都統制王彦渡河擊金人，破之，復新鄉縣。……

乙卯，王彥及金人戰，敗績，奔太行山聚衆。其裨將岳飛引其部曲，自爲一軍。」

又同書卷三六八《王彥傳》：「時張所爲河北招撫使，異其才，擢爲都統制。使率裨將張翼、白安民、岳飛等十一將，部七千人渡河，與金人戰，敗之，復衛州新鄉縣，傳檄諸郡。金人以爲大軍至，率數萬衆薄彥壘，圍之數匝。彥以衆寡不敵，潰圍出。諸將散歸，彥獨保共城西山，遣腹心結兩河豪傑，圖再舉。」

《三朝北盟會編》卷一九八：「續觱爲公行狀曰：『王彥，字子才。……河北招撫使司選充都統制，樞密院令帥張翼、白安民、岳飛等十一頭領，七千人渡大河，於已陷州縣措置招撫不順番軍民。既濟，深入陷地，與金人戍兵萬衆鏖戰，大破之，收復衛州新鄉縣，傳檄諸郡。賊以爲大軍之至也，率數萬衆薄公營，圍之數匝，矢注如雨。時官軍既寡，且器甲疏略，疾戰輒不利，即決圍以出，遂潰。……

公昔爲招撫使司都統制日，飛實以偏將從。新鄉之役，違公節度，飛輒以其所部別爲一寨。已而公兵大集，飛一日單騎叩公壘，請罪，左右或勸公斬飛以謝衆，飛惶恐色動。公曰：汝罪當誅，然汝去吾已久，乃能束身自歸，膽氣足尚也。方國步艱危，人材難得，豈復讎報怨時邪！吾今捨汝。因以卮酒飲之，飛再拜謝。及公爲制置使，飛終不自安，即檄使赴滎河把隘，自爾復睽。』」

又同書卷二〇七《岳侯傳》:「建炎初,王彦爲張所前軍統制,用侯爲使臣。王彦行軍往太行山,遇金賊接戰,侯獲勝,奪馬數十匹,并擒拓跋耶烏,差侯充前軍準備將。至(建炎)二年,侯爲王彦所疑,夤夜自引一軍千人,投京城留守杜充。」又同書卷二〇八《林泉野記》:「建炎初,所都統制王彦以飛爲將,從彦與金人戰太行,累立功。後彦疑忌飛才,乃率其衆投京城留守杜充,爲統制。」此兩條記載甚爲疏謬,將兩人之齟齬,歸之於王彦忌妬岳飛才能,應與事實不符。《行實編年》可與王彦行狀互爲補充。《要録》將兩人發生齟齬,岳飛「自爲一軍」之時,繫於新鄉突圍後,也失於考訂。

〔六〕拓跋耶烏應爲党項人。

〔七〕《金佗續編》卷二八《孫逌編鄂王事》引邵緝建炎四年薦書:「頃在河北,嘗以數十騎乘險據要,卻胡虜萬人之軍。」

先臣自知爲彦所疑,乃自爲一軍,歸宗澤,〔一〕澤命爲留守司統制。未幾,澤死,〔二〕杜充代之。〔三〕

〔一〕《宗忠簡公集》卷七《遺事》:「時岳飛偶犯,有司欲正典刑。公一見,奇之,曰:『此將材也!』留軍前。適羽報虜犯汜水,遣飛爲踏白使,以五百騎授之,公語曰:『吾釋汝罪,今當爲我立功!』

且戒無輕鬭。飛稟命即行，凱還，補爲統領，後遷〔統〕制。」「踏白」，參見《金佗稡編》卷一六第一〇二三頁。

《宋宗忠簡公全集》卷九《宗忠簡公事狀》：「秉義郎岳飛犯法，請正典刑。公一見，奇之，曰：『此將材也！』使立功贖罪。適羽報虜犯汜水，公遣飛爲踏白使，以五百騎授之，曰：『汝當爲我立功！』飛即行，大捷而凱還，補爲統領。公曰：『爾智勇才略，古良將不能過。但好爲野戰，非萬全計。』因授以陣圖。飛答曰：『陣而後戰，兵法之常，運用之妙，存乎一心。』公是其言，共參機務，飛由此知名，後遷〔統〕制。」

《魯齋王文憲公文集》卷一四《宗忠簡公傳》：「十二月，虜駐兵于河之北，稍稍南渡，西犯汜水，北侵胙城，時擾滑、濬。……初，岳飛（當缺『偶』）犯，有司將正典刑。公一見，奇之，曰：『此將材也！』不加之罪，留之軍前。至是遣爲踏白使，以五百騎授之，曰：『汝罪當死，吾釋不問，今當爲我立功。往視敵勢，毋得輕鬭！』飛謝罪稟命，鼓勇而前，竟與虜接，敗之。公喜，（當缺『補爲』）統領，後遷統制，自是每出必捷。」

《宋史》卷三六〇《宗澤傳》：「秉義郎岳飛犯法，將刑，澤一見，奇之，曰：『此將材也！』會金人攻汜水，澤以五百騎授飛，使立功贖罪。飛大敗金人而還，遂升飛爲統制。飛由是知名。」按岳飛陞統制時間當在建炎二年戰後，以《宗忠簡公事狀》所載爲準。

又同書卷二四《高宗紀》：「（建炎元年十二月）癸亥，粘罕犯汜水關。」

《建炎以來繫年要録》卷一一：「（建炎元年十二月）癸亥，金人犯汜水關。」可知岳飛投宗澤應在建炎元年十一月、十二月之間。

《武經總要》前集卷一四《罰條》：「軍中非大將令，副將下輒出號令，及改易旌旗軍號者，斬。」「背軍走者，斬。」岳飛不聽王彥號令，又擅自離軍，而犯當斬之軍法。據前引記載，可知岳飛因此自武經郎降官秉義郎，依《宋史》卷一六九《職官志》、《朝野類要》卷三《雙轉》，實爲降五官。《行實編年》記載岳飛陞遷甚詳悉，而此處不録，應是岳珂爲祖父避諱。故自汜水關之戰後，陞遷記録皆缺。本卷建炎二年八月後，方開始記載岳飛「以奇功轉武功郎」，因武功郎高於原官武經郎。

《宋宗忠簡公全集》卷一〇湯陰岳珂（鄂王裔，總餉）《重修忠簡宗公功德院記》：「先大父武穆公方任秉義郎而罹法，公一見，奇之，即授以兵，使立功自效，果大敗虜人。先武穆公由是顯名。」

〔二〕宗澤之死，乃於明年七月。在宗澤生前，岳飛參加翌年胙城縣等戰時，都受其指揮。岳珂此段記事顯屬疏謬。

《黄氏日抄》卷九一《跋宗忠簡行實》：「非公守磁，我高宗已先入虜庭，雖江南誰與保。公雖身不及用，尚能爲我宋得一岳飛。」

〔三〕《建炎以來繫年要録》卷一六：「（建炎二年七月）甲辰，降充顯謨閣待制、北京留守、河北東路制置使杜充復樞密直學士，充開封尹、東京留守。」杜充在宗澤死後接任，時岳飛已往西京洛陽。

他回開封隸屬杜充，乃建炎二年歲末之事。

建炎二年，戊申歲，年二十六。

戰胙城縣。戰黑龍潭。戰官橋，擒李千户。從閭勍保護陵寢。戰汜水關。戰竹蘆渡。轉武功郎。

春正月，合羣宣贊（失其名）[一]軍，與金人戰于胙城縣，大敗之。又戰于黑龍潭、[二]龍女廟側官橋，皆大捷。[三]擒女真李千户、[四]渤海、漢兒軍等，送留守司。

[一]「宣贊」爲武官閤門宣贊舍人之簡稱。

[二]《讀史方輿紀要》卷四九汲縣：「黑龍潭，在府城西。舊時黄河決隘，瀦而爲潭處也，上有黑龍神廟。宋建炎二年，岳飛大敗金人于胙城，又戰于黑龍潭，復大敗之。」

[三]自建炎元年十二月至二年春，金軍大舉進攻，宗澤部與敵在滑州反覆争奪。他說：「滑衝要必争之地，失之則京城危矣。」（《建炎以來繫年要録》卷一三）前後四次派兵，方奪回滑州。岳飛參加之胙城縣等戰，應爲滑州争奪戰之一部份。

〔四〕《三朝北盟會編》卷三：「孛極烈，官人。其職曰：忒母，萬户；萌眼，千户；毛毛可，百人長；蒲里偃，牌子頭。孛極烈者，統官也，猶中國言總管云。自五户孛極烈推而上之，至萬户孛極烈，皆自統兵。」

又同書卷二四四《金虜圖經》：「都主兵官曰天下兵馬大元帥，次曰左副元帥、右副元帥、左翊都統、右翊都統，又其次曰逐軍萬户。每一萬户所轄十千户，一千户轄十謀克（謀克，謂百户也），一謀克轄兩蒲輦（蒲輦，五十户也）。」

《金史》卷四四《兵志》：「其部長曰孛堇，行兵則稱曰猛安、謀克，從其多寡以爲號。猛安者，千夫長也；謀克者，百夫長也。謀克之副曰蒲里衍。」「凡河南、陝西、山東放老千户、謀克、蒲輦、正軍、阿里喜等給賞之例，……」「蒲里衍」乃「蒲輦」之歧譯，「孛極烈」乃「孛堇」之歧譯。

又同書卷一三五《金國語解》：「蒲察曰李。」岳飛俘虜之女真李千户，可能姓蒲察。

秋七月，從閭勍保護陵寢。〔一〕八月初三日，與金人大戰于汜水關。虜有騎將往來馳突，先臣躍馬左射，應弦而斃。虜衆亂，官軍奮擊，大破之。又檄先臣留軍竹蘆渡，〔二〕與虜相持。糧垂盡，先臣密選精鋭三百，伏前山下，令人各以薪屬交縛兩束，四端爇火，夜半皆舉。虜疑援兵至，驚潰。先臣追襲，大破之，以奇功轉武功郎。〔三〕

〔一〕《宋宗忠簡公全集》卷九《宗忠簡公事狀》：「諸將退，惟岳飛在側，公復嘆曰：『出師未捷身先死，長使英雄淚滿襟！』翌日，風雨晦冥，公臨啟手足，連呼『過河』者三，無一語及家事。公薨年七十，為建炎二年戊申七月十二日未時也。」

《建炎以來繫年要録》卷一五：「（建炎二年四月丙寅）宗澤奏，以保寧軍承宣使、主管侍衛步軍司公事閭勍爲保護陵寢使。」

《三朝北盟會編》卷一一七：「（建炎二年七月十五日丁酉）閭勍軍於河南府。閭勍以班直换授，靖康中，累遷龍、神衛四廂都指揮使、武昌軍節度使、主管侍衛步軍司公事。上幸揚州，留勍京師。留守宗澤命勍軍河南，欲會合王彦、楊進等，以圖河北。」宗澤逝世爲七月，《會編》繫於八月，係誤。閭勍應是按宗澤生前之部署，率岳飛前往西京。

《寶真齋法書贊》卷三《高宗皇帝御筆臨王操之舊京帖》：「贊曰：『建炎之初，國步方傾，維先臣飛，實從閭勍，勍之使，蓋以保護陵寢名。』」

《三朝北盟會編》卷一三八：「（史）康民幾死，趙宏救之，得免。……宏，相州湯陰縣弓手也，時人謂之趙鬍子。初，勍迎奉神御，起離西京也，於岳飛處借使臣十人，而宏其一也。」

《建炎以來繫年要録》卷三三：「康民幾死，使臣趙宏救之，得免。宏，湯陰射士也，初爲岳飛部曲，勍從飛假之。」

《宋史》卷四〇二《畢再遇傳》：「畢再遇，字德卿，兖州人也。父進，建炎間從岳飛護衛八陵，轉戰江、淮間，積階至武義大夫。」

〔二〕《讀史方輿紀要》卷四七氾水縣：「竹蘆渡，在縣東。建炎二年，岳飛敗金人于氾水關，駐兵于此。與敵相持，選精鋭三百，伏前山下，令縛芻爲交矩，爇四端而舉之。金人疑援兵至，驚潰。」《宋宗忠簡公全集》卷一〇湯陰岳珂（鄂王裔，總餉）《重修忠簡宗公功德院記》：「於其歿也，奉敕同公子穎扶櫬歸葬於鎮江之京峴山。其後先武穆公功益高，位益崇，感公知遇之隆，而念公不置，乃於塋傍花山灣雲臺寺建功德院，以祠祀公。」又同書卷九《宗忠簡公事狀》：「（宗穎）力丐終喪，得請，與岳飛扶護柩歸京口，與夫人陳氏合葬於京峴山。」宗穎「終喪」、「歸京口」，與岳飛駐守西京，抗擊金軍同時，時間不合，似有可疑。

〔三〕《建炎以來繫年要録》卷一八：「（建炎二年十一月）初，河北制置使王彦既渡河，其前軍准備將岳飛無所屬，遂以其衆千人降於東京留守杜充。時种師道小校桑仲爲潰卒所推，亦降於充。充皆以爲將。」此段有關岳飛之記述全然錯謬。

建炎三年，己酉歲，年二十七。

大戰京師，破王善等五十萬。轉武經大夫。擒杜叔五、孫海。轉武略大夫，借英州刺史。解陳州圍，擒孫勝、孫清。轉武德大夫，授真刺史。説杜充勿棄京師。戰鐵路步。戰盤城。擒馮進。〔一〕諫杜充。戰馬家渡。戰鍾山。戰廣德，擒王權等。戰溧陽，擒渤海太師李撒八。

〔一〕馮進 「進」，原作「道」，嘉靖本同，據《紀事實録》改。

春正月，賊首王善、曹成、張用、董彥政、孔彥舟率衆五十萬，薄南薰門〔二〕外，鼓聲震地。充拊先臣曰：「京師存亡，在此舉也！」時先臣所部纔八百人，衆皆懼不敵，先臣謂曰：「賊雖多，不整也，吾爲諸君破之！」左挾弓矢，右運鐵矛，領數騎横衝其軍，賊軍果亂。後騎皆死戰，自午及申，賊衆大敗。〔三〕轉武經大夫。杜叔五、孫海等圍東明縣，先臣與戰，擒之。轉武略大夫，借英州刺史。

〔二〕《宋史》卷八五《地理志》：「南三門：中曰南薰，東曰宣化，西曰安上。」

〔三〕《金佗續編》卷二八《孫逌編鄂王事》引邵緝建炎四年薦書：「又嘗於京城南薰門外，以八、九百人破王善、張用二十萬之衆，威震夷夏。」

又同書卷二七黄元振編岳飛事迹：「公曰：『昔杜充留守京師，某有兵二千，來受充節制。始至，適城外有大寇數萬，充即命某往戰。充謂之，杜且斬。某不敢以兵寡不敵爲辭，即往説賊約降，來稟充，充曰：我何嘗令汝受降，須爲我擒之！某復往責賊，以約降而緩來，今不復受降矣，願與汝挑戰。賊魁出鬭，某馳騎獨往，奮大刀劈之，自頂至腰分爲兩，數萬衆不戰而潰。……」

又同書卷一四《忠愍謚議》：「建炎之初，首於京城南薰門外，以王旅數百，破羣賊王善等二十萬。」

又同書卷一四《武穆謚議》：「建炎初，羣賊王善等衆二十萬，抄掠汴、宋間，公以王旅數百，破之於南薰門外。」按二十萬已爲號稱之虛數，《行實編年》更誇大爲五十萬。

《三朝北盟會編》卷二〇七《岳侯傳》：「至三年春二月，被虜將張用、王善領兵約五十萬衆，寇京城。留守杜充遣侯并丁進、桑仲、馬皐等，各統兵迎戰，不終朝潰散。張用、王善兵騎敗走陳州後，金賊兀术與侯軍連年拒戰。」

又同書卷二〇八《林泉野記》：「三年，賊張用、王善擾京師，充遣飛及丁進、桑仲破之。」

又同書卷一二〇：「(建炎三年正月)十六日乙未，杜充出兵攻張用等，不勝。張用，相州湯陰縣之弓手也，乘民驚擾，呼衆而聚之，與曹成、李宏、馬友爲義兄弟，有衆數十萬，分爲六軍。成，太名府外黃縣人，因殺人，投拱聖指揮爲兵，有膂力，善射，軍中服其勇。又有王大郎者，名善，濮州人，亦有衆數十萬，分爲六軍。善初爲亂也，濮州弓兵執其父，殺之。善有衆既盛，乃以報父仇爲辭。攻濮州，不下；又攻雷澤縣，亦不下。與用合軍，皆受留守宗澤招安，既而復反。杜充爲留守，又招安用，屯於京城之南南御園，爲中軍。善屯於京城之東劉家寺，爲中軍。又有岳飛、桑仲、馬皐、李寶諸軍，皆屯於京城之西。充以用一軍最盛，終必難制，乃有攻之之意。十五日甲午，衆人打城（入城負糧）。乙未，充掩不備，出兵攻用，令城西諸軍皆發。岳飛、桑仲、馬皐、李寶等皆率兵至城南以擣用，用覺之，勒兵拒戰。會善亦自城東率兵來，與用爲應，官兵大敗，賽關索李寶被執。岳飛者，初隸張所營效用，繼隨都統制王彦往太行山，遂自爲一軍。後歸京城留守司，杜充用飛爲統制。」

《建炎以來繫年要録》卷一九：「（建炎三年正月）乙未，京城留守杜充襲其統制官張用於城南，不克。（用，湯陰人，初見〔二〕年九月丁未。）用與曹成、李宏、馬友爲義兄弟，有衆數萬，分爲六軍。成，外黄人，因殺人，投拱聖指揮爲兵，有膂力，善戰，軍中服其勇。友，大名農家，始以巡社結甲，夾河守禦。（此據紹興元年五月辛亥友自陳功狀。）用與王善皆受宗澤招安，澤薨，乃去。及充爲留守，又受招安，用屯於京城之南南御園，善屯於京城之東劉家寺。又有别將岳飛、桑仲、李寶皆屯於京城之西。充以用軍最盛，忌之，乃有圖之之意。前一日，衆入城負糧。詰旦，充掩不備，出兵攻用，令城西諸軍皆發。用覺之，勒兵拒戰。會善引兵來援，官軍大敗，李寶爲所執。」《會編》和《要録》説岳飛等軍被打敗，與其他記載有異。邵緝薦書寫於建炎四年，耳目相接，説岳飛戰勝應是可信的。

又同書卷一六：「充無意於虜，盡反澤所爲，由是澤所結兩河豪傑皆不爲用。（吕中《大事記》

曰：『此澤去而東京之地不可守也。宗澤在則盜可使爲兵，杜充用則兵皆爲盜矣。……』）」

二月，王善圍陳州，恣兵出掠。〔二〕充檄先臣，從都統制陳淬合擊之。先臣先命偏將岳亨，以遊騎絶其剽掠之路，獲其餉卒、牛、驢。善兵不敢復出，勢益沮。二十一日，戰于清河，大敗之，擒其將孫勝、孫清等以歸，所降將卒甚衆。〔三〕轉武德大夫，授真刺史。

〔二〕恣兵出掠　「恣」，《金佗續編》卷一七作「縱」。

〔三〕《三朝北盟會編》卷一二〇：「（建炎三年正月二十一日庚子）張用、王善寇陳州，馬皐追之，官軍戰敗。張用、王善在京城下與官軍戰，執李寶也，乃爲杜充終有疑心，不可留，遂率衆而南，至陳州。充遣馬皐追擊之，用猶未知也。約軍會教場擺列，忽報京城有官軍至。皐率衆乘其不備，直犯其中軍。後軍奔至曹成寨，爲成所遏，皆止。用復與善等併攻官軍，官軍大敗，尸填蔡河，人馬皆踐尸而渡，追至鐵爐步而還。官軍存者無幾。」

《建炎以來繫年要録》卷一九：「（建炎三年正月庚子）京城統制官張用、王善既爲杜充所疑，乃引兵去，犯淮寧府。充遣統制馬皐追擊之。用、善併兵擊皐，官軍大敗，尸填蔡河，人馬皆踐尸而渡，追至鐵爐步而還。官軍存者無幾。用以一騾送李寶歸京師。於是善整兵欲攻淮寧，用不可，曰：『吾徒所以來，爲乏糧耳，安可攻國家之郡縣。』善曰：『天下大亂，乃貴賤貧富更變之時，豈止於求糧而已。況京城已出兵來擊我，事豈無名乎！」用曰：『汝攻陳州，我當往蔡州，然兄弟之義，文字勿絶。』乃命諸軍束裝。翌旦，善鳴鼓，進雲梯、天橋逼城下。守臣馮長寧命鎔金汁灌之，焚其天橋。用勸善勿攻，善曰：『安有小不利而遂止，當俟鴉頭變白，乃捨此城耳！』用引其軍去。善圍淮寧，久之，東京留守杜充遣都統制陳淬來援，善乃退。」陳州時已陞爲淮寧府。

《宋史》卷二五《高宗紀》：「（建炎三年正月）乙未，杜充遣岳飛、桑仲討其叛將張用于城南，其徒王善救之，官軍敗績。庚子，張用、王善寇淮寧府，守臣馮長寧却之。」

又同書卷四五二《陳淬傳》：「擢知恩州。王善者，金之種落也。擁衆十萬，長驅兩河，遂襲恩。淬與長子仲剛拒戰，賊飛刃及淬，仲剛以身蔽刃，死之。明年，善復圍陳州，淬大敗善兵。」此傳説王善乃女真人，顯屬錯謬。

《永樂大典》卷三一四六《陳淬》引《莆陽志》：「尋知恩州，虜有王善者，乃擁衆數十萬，長驅兩河，遂襲恩。淬與長子仲剛出戰，飛刃傷淬，仲剛以身蔽刃，死之。建炎元年，解恩印，來京師。二年，善復擁衆，屯陳留。留守杜充授淬諸軍都統制，領兵四千，討之。善懼，退守其城。淬遣卒持婦人巾履，罵辱之。善不能堪，乃出戰，大敗，胔骸相藉二十里。升康州防禦使。」《莆陽志》記載年代有誤。依《行實編年》和有關宗澤的史料，陳淬應在建炎二年宗澤死後調任開封，建炎三年，率岳飛與王善再戰。

夏四月，又檄從淬合擊善衆。六月二十日，先臣次崔橋鎮〔一〕西，又遇善軍迎敵，敗之。單騎與岳亨深入，執馘，乃還。〔二〕

〔一〕據《元豐九域志》卷一，崔橋鎮在開封府太康縣。

〔二〕《三朝北盟會編》卷一三四：「（建炎三年十一月乙巳朔）賊王善以其衆降於金人。王善自圍陳州，與張用、曹成等分軍，遂轉掠宿、亳、濠州，竟無屯駐之地，遂入廬州。聞金人侵合淝，乃屯於巢縣，將起發向南而去。善之母渡浮橋，墜水溺死。善悔悟，欲散其衆而去，不可，於是請投拜於金人。金人拘善於軍中，遂給公據，俾其衆歸鄉。而前軍祝變、後軍鍾統制、左軍李防禦、右軍張淵各以其衆散去。自此淮東、淮西皆被王善餘黨之擾矣。善粗悍匹夫，本無馭衆之才，亦無治軍之術，徒以縱其徒黨，任之侵擾，故能乘天下之亂，蟻聚烏合，不啻一、二十萬衆，刼掠資財，淫污婦女，爲中原士庶之患。其軍中行伍部隊，略無紀律，屢攻城邑，皆不克捷。聞金人至，遂投拜。」

又同書卷一四四：「（紹興元年二月）二十二日己丑，國奉卿、趙瓊刼金人舟船於清河口，獲户部尚書印。金人既得楚州，始計治運河并閘水，悉以江、浙擄掠舟船，自洪澤口入淮，至清河口。是時，國奉卿以楚州既陷，居於趙瓊寨中，與瓊謀刼其舟船。乃以二百餘人，夜掩不備，劫之。……有一男子，肥而大，自稱我是王大郎王善也。亂兵殺其弟五官人者，善曰：『我嘗提二十萬衆，横行中原，不期在此中不能保存一弟，爲人所殺。』舟中之人抛擲珠、玉、金、銀乞命者，徹旦不止。」

《建炎以來繫年要録》卷二四：「（建炎三年六月己酉）王善攻淮寧，不克，移攻宿州，統領官王冠與戰，敗之。」

又同書卷二九：「（建炎三年）十有一月乙巳朔，金人犯廬州。……先是，王善自淮寧分軍，由宿、亳而南，無駐兵之地，遂犯廬州。聞金人至，乃移屯於巢縣。既又以其衆降。金遂拘善於軍中，盡散其衆。其將祝友、張淵輩各以所部行，自是兩淮皆被善餘黨之擾矣。」《會編》和《要録》不載岳飛六月破王善事。

杜充棄京師，之建康。先臣説之曰：「中原之地尺寸不可棄，况社稷、宗廟在京師，陵寢在河南，尤非他地比。留守以重兵碩望，且不守此，他人奈何？今留守一舉足，此地皆非我有矣。他日欲復取之，非捐數十萬之衆，不可得也。留守盍重圖之。」充不聽，〔一〕遂從之建康。〔二〕

〔一〕《建炎以來繫年要録》卷二四：「（建炎三年六月戊申朔）宣武軍節度使、東京留守杜充兼宣撫處置副使、節制淮南、京東、西路。先是，朝廷聞充引兵赴行在，乃除充節鉞，仍節制京東、西路、應天、大名府，許便宜行事。」

「乙亥，詔諭軍民，以迫近防秋，已令杜充提重兵防淮。……先是，東京留守杜充將赴行在，檄直龍圖閣、知蔡州程昌寓爲留守判官，至是昌寓入京城視事。……始昌寓之離蔡也，吏士皆持半月糧，既而食盡，乃挑野菜而食。（此據《昌寓家傳》修入。《家傳》云：『六月，杜充赴行在，檄公爲留守判官，月中至京師視事。』乙亥，二十日也，故因降詔附見。趙甡之《遺史》於閏八月書昌寓除留守，十月書昌寓入京師，恐誤。）」杜充早已決心逃離開封，故宋廷於六月一日發表新命。杜充何時起離開封，各書記載不一。依《行實編年》叙事，則至早應在六月下旬。

〔二〕《建炎以來繫年要録》卷二五：「（建炎三年七月庚子）知樞密院事、御營副使、宣撫處置使張浚以親兵千五百人，騎三百發行在。……是日，浚軍行，屯雨花臺。時東京米升四、五千，留守杜充既還朝，副留守郭仲荀以虜逼京畿，糧儲告竭，遂率餘兵赴行在。充先行，至江寧鎮，與浚遇，屏人語，久之而别。」

又同書卷二六：「（建炎三年八月戊申）杜充曰：『方今艱難，帥臣不得坐運帷幄，當以冒矢石爲事。』上曰：『王似未知。武臣少能知義理，若文臣中有智勇兼資，練達邊事，如范仲淹者，豈必以親臨矢石，何爲多藉武帥。』」可知杜充在七月下旬抵建康，八月初已參議朝政。岳飛率本部人馬至建康，也應在此時。

師次鐵路步，與賊首張用戰，敗之。至六合，檄討李成，破之于盤城，成又退保滁州。充命王𤫊討之，𤫊提兵瓦梁路，〔一〕徘徊不進。其輜重在長蘆，〔二〕成遣輕騎五百襲奪之，不獲。掠寺僧、百姓百餘人，劫取憲臣裴凛〔三〕犒軍銀、絹。先臣方渡宣化鎮，〔四〕聞之，急進兵掩擊。賊兵盡殪，得其梟將馮進，〔五〕還所掠人於長蘆。成奔江西，〔六〕𤫊竟不至滁而返。〔七〕

〔一〕瓦梁路　「瓦」，原作「至」，嘉靖本同，據《紀事實録》改。

〔二〕據《元豐九域志》卷五，長蘆鎮屬真州六合縣。《讀史方輿紀要》卷二〇江寧府六合縣：「長蘆鎮，在縣南二十五里。」

〔三〕憲臣裴凛　「憲」，原作「先」，嘉靖本同，據《紀事實録》改。《建炎以來繫年要録》卷二一，《梁谿全集》卷八九《應詔條陳八事奏狀》作「裴廩」。

〔四〕據《元豐九域志》卷五，宣化鎮屬真州六合縣。《讀史方輿紀要》卷二〇江寧府六合縣：「宣化鎮，在縣南六十里六合山，東濱宣化江，有宣化渡。」

〔五〕馮進　《金佗續編》卷一七作「馮俊」。

〔六〕李成侵擾江西路，爲翌年事。此時乃勾結金軍，共侵南宋。此處與後一段「金人」「與李成共寇烏江縣」不相照應，顯屬錯訛。

〔七〕《三朝北盟會編》卷一三三：「(建炎三年十月二十六日辛丑)岳飛敗李成於長蘆九里岡。李成據滁州，杜充命王瓊往討之。瓊以本部兵駐於長蘆鎮，整飭行伍，取瓦梁路，趨滁州，留輜重、舟船在長蘆。行之次日，提點刑獄裴滨親來犒軍。軍既行，滨次於崇福禪院，般錢、絹堆貯滿屋。瓊行之三日，猶在瓦梁，不敢進。成遣輕騎五百，渡茅塘，取盤城路，夜行，徑犯長蘆。質明，到長蘆，輜重軍人猶睡未起，無一上岸者，遂急斫斷纜，開船而去。賊遂入崇福禪院，掠僧、百姓百餘人以行。方索金、銀、衣物，忽聞鳴鑼聲，賊皆退去。僧行、土軍被執者九人，賊猶以馬箠催督被掠人速行。行至九里岡，與岳飛相遇。初，瓊之進兵也，充以飛爲策應。飛渡宣化鎮，聞有賊騎五百徑趨長蘆，飛遂往長蘆；至盤城，質之村人，所説與宣化一同。飛遂進兵，疾趨九里岡。賊之綽路者知官軍由盤城趨長蘆，恐遏歸路，乃報長蘆賊兵，鳴鑼促回，至九里岡相遇。飛擊之，賊兵盡殪，奪被執九人，發回長蘆。有中刀者，有中鎗者數十人。瓊不至滁州而回，會充促還建康，遂歸建康。自長蘆往滁州，有大路二，瓊直行其一，而不虞其他。始賊至長蘆，滨猶在崇福禪院，急登舟而去。賊既退，錢、絹盡爲羣小攘取之，遂一空。」又同書卷一三四：「充命統制伏之彦往焚燒長蘆崇福院。院有重廟層閣，金碧相輝映，凡二千餘間，禪刹之盛，爲江、淮間第一。」《建炎以來繫年要録》卷二八：「(建炎三年十月)江、淮宣撫使杜充聞李成叛，命神武前軍統制王瓊以所部赴滁州。瓊留輜重於長蘆，屯其軍於瓦梁，不敢進。成遣輕騎五百，劫其輜重，不克。會充遣宣撫司統制官岳飛爲瓊援，遇賊於九里堽，盡殪之。既而聞金人大入，瓊不至滁州而還。」卷三一：「江、淮宣撫司右軍統制岳飛。」按王瓊軍番號應爲御前前軍，岳飛軍番號爲江、淮宣撫司右軍。

冬十一月，金人大舉兵，與李成共寇烏江縣。充閉門不出，諸將屢請，不答。先臣叩寢閤，諫之曰：「勍虜大敵，近在淮南，睥睨長江，包藏不淺。卧薪之勢，莫甚於此時，而相公乃終日宴居，不省兵事。〔一〕萬一敵人窺吾之怠，而舉兵乘之，相公既不躬其事，能保諸將之用命乎？諸將既不用命，金陵失守，相公能復高枕於此乎？雖飛以孤軍效命，亦無補於國家矣！」因流涕被面，固請出視師。〔二〕充漫應曰：「來日當至江滸。」竟不出。〔三〕

〔一〕兵事　「兵」，《紀事實録》作「政」。

〔二〕固請出視師　《紀事實録》無「視」字。

〔三〕《建炎以來繫年要録》卷二五：「（建炎三年七月壬寅）宣武軍節度使、東京留守杜充爲中大夫、同知樞密院事、兼宣撫處置副使，吕頤浩、張浚薦之也，仍命充總兵防淮。」《三朝北盟會編》卷一三〇：「（建炎三年七月二十一日丁酉）杜充除同知樞密院事。杜充留守京城，以絶糧，遂赴行在。既至，除同知樞密院事。

制曰：『折衝致千里之外，莫大先聲之振；文武作萬邦之憲，允資全德之良。朕憂未濟之艱，思得非常之佐。永懷人傑，久去朝廷，輟茲鎖鑰之嚴，付以樞機之重。具官某剛明不撓，沈鷙有謀。徇國忘家，得烈丈夫之勇；臨機料敵，有古名將之風。比守兩京，備經百戰，夷夏聞名而褫氣，兵民矢死而一心。與其統方面而保我國都，孰若委腹心而還之廊廟。庶仲尼既用，齊人悉反于侵疆；隨會來歸，晉國永無于於賊盜。……』……

賜杜充第二辭免不允批答：『朕遭世多艱，臨川望濟，求賢靡獲，當饋興嗟。以卿負天下之奇才，明古今之大略，兩京之績，四海所聞。茲擢預于折衝，庶稍寬于憂顧。朕志定于召卿之始，卿謀期于弼朕之成。衆論皆然，屢辭奚益。所請宜不允。』」據《浮溪集》卷一一《東京留守杜充同知樞密院制》，卷一五《杜充第三表辭免同知樞密院不允批答》，可知兩篇文字爲汪藻手筆。

《建炎以來繫年要録》卷二七：「（建炎三年閏八月）己丑，尚書右僕射、同中書、門下平章事呂頤浩進左僕射，同知樞密院事杜充守右僕射，並同平章事、兼御營使。充既升宥密，自言中風在告。上知其不滿，且以充久司留鑰，天下屬望，將授以兵柄，故越次用之。制下四日，充即起視事。」

「辛卯，命尚書右僕射杜充兼江、淮宣撫使，領行營之衆十餘萬守建康，留中書印付充。」

《宋史》卷四七五《杜充傳》：「七月，以同知樞密院召還，至，即拜尚書右僕射、同平章事、御營使。初，宗澤要結豪傑，圖迎二帝。澤卒，充短於撫御，人心疑阻，兩河忠義之士往往皆引去。

留守判官宗穎嘗疏其失。朝廷謂充有威望，可屬大事，吕頤浩、張浚亦薦之，故有是命。時諸路（當作『將』）各擁重兵，卒驕蹇不用命。張俊方白事，謁未入，俊遽前，充怒，戮其使，諸將稍稍慴服。高宗將幸浙西，命韓世忠屯太平，王瓊屯常州，以充爲江、淮宣撫使，留建康，使盡護諸將。光世、世忠憚充嚴急，不樂屬充。詔移光世江州，世忠常州。時江、浙倚充爲重，而充日事誅殺，無制敵之方，識者寒心。」按唯有《行實編年》準確記載杜充主動「棄京師」，此傳説他「以同知樞密院召還」，顯屬錯訛。

《忠正德文集》卷七《建炎筆録》：「（閏八月）十六日，……是時，劉、韓各提重兵，畏充嚴峻，論説紛紛。已而光世移屯江州，世忠移江陰、常州境上。由是充所統者，王瓊及其舊部曲陳淬、岳飛數頭項而已。」

《金佗續編》卷二八《孫逌編鄂王事》引邵緝建炎四年薦書：「飛常與人言：『使飛得與諸將齒，不在偏校之外，而進退稟命於朝，何功名不立，一死焉足靳哉！要使後世書策中知有岳飛之名，與關、張輩功烈相髣髴耳！』飛武人，意氣如此，豈易得哉！」

又同書卷一四《忠愍謚議》：「唯公擅勇智，仗忠赤，自視不在諸大將下。初，受節制于張俊，公常語人曰：『使我得與諸將齒，稟命於天子，何功不立，一死烏足道哉！要當尅復神州，迎還二聖，使後世史册知有與關、張齊名。』」

又同書卷一四《武穆謚議》：「公受節制於大將，顧出奇料敵，動無不中，而以拘制不得盡，每語其下曰：『使我得禀命於天子，何功不立。』」岳飛渴望獨自成軍，由來已久，應非始於建炎四年和紹興元年受制於張俊時。岳飛對關羽和張飛之景仰，當受民間故事之影響。

十八日，虜由馬家渡〔一〕渡江，充始遣先臣等十七人，領兵二萬，從都統制陳淬與虜敵。戰方酣，大將王瓚以數萬衆先遁，諸將皆潰去。獨先臣力戰，會暮，後援不至，輜重悉爲潰將〔二〕引還，士卒乏食，乃全軍夜屯鍾山。〔三〕遲明，復出戰，斬首以數千百計。〔四〕

〔一〕《景定建康志》卷一六：「馬家渡：在府界上。考證：《皇朝中興編年綱目》載云：采石江闊而險，馬家渡江狹而平，兩處相去六十里，皆與和州對岸。」

〔二〕潰將　「將」，《金佗續編》卷一七作「兵」。

〔三〕《景定建康志》卷一七：「鍾山：一名蔣山，在城東北一十五里，周迴六十里，高一百五十八丈。」

〔四〕數千百計　《金佗續編》卷一七無「百」字。

《誠齋集》卷一一八《宋故贈中大夫徽猷閣待制謚忠襄楊公行狀》：「大將杜充擁兵數萬保建康，公以兵隸焉。是時，賊李成剽江北，瀕江守備。十一月，充謂成師老，〔遣〕戰艦進擊之。偶金虜大至，與成合，我師敗績。賊取我舟以濟，奪馬家渡。充出兵復戰，不利。」

《揮麈後録》卷一〇：「吴越錢穆作《收復平江記》，悉從紀實。……未幾，建康府報，是月十八日，磵砂渡將官張超失守，賊登岸。杜丞相遣都統制官陳淬，提領岳飛、劉剛等二萬人，分陣頭迎戰，又命王𤫙全軍一萬三千人相繼，往來策應。二十日，陳淬與賊遇于馬家渡，凡十餘合，日暮戰酣，勝負略相若。會王𤫙領西兵畔敵，檄鎮江府韓世忠、江州劉光世應援，皆不赴，世忠已望風循海道潛去。於是陳淬孤軍力弱，不能當，賊進逼建康城下，守臣陳邦光降之，通判楊邦義死焉。」

《金佗續編》卷二八《孫逌編鄂王事》引邵緝建炎四年薦書：「去冬江上之戰，將士蜂屯，飛獨爭先奮擊。迨官軍不勝，它將皆鳥奔鼠竄，飛獨置寨蔣山，孤軍轉戰，且行且擊，斬首以千百計者，不知其幾。」

《三朝北盟會編》卷一三四：「(建炎三年十一月)二十一日乙丑，金人自馬家渡渡江，統制陳淬被殺。

先是，金人計置采石，欲渡江，爲郭偉所拒，遂趨馬家渡。統制陳淬及金人戰於江上，敗績，淬被殺。金人遂濟渡，南岸無兵，金人舟不多，但無人迎敵，致使渡長江如蹈平地。惟水軍統制邵青以一舟載十八人，當金人於江中。梢工張青者中十七矢，遂退於竹篠港。

《遺史》曰：『杜充聚諸軍在建康，而沿江皆無備；金人已渡，乃命諸軍迎敵。都統制王𤫙素驕奢，不恤軍士，惟衛隊以旌旂簇擁，誇其榮貴，身爲大將，無亡矢遺鏃之用，率本軍先遁。先是，輔逵在東陽，被檄策應。𤫙正與逵相遇於塗中，曰：已失渡口。遂以兵皆南奔，自徽州入福建。

劉晏走毗陵。韓世忠在鎮江，以胡騎洶湧，其鋒不可當，乃率步卒航海，以俟其隙。』二十三日丁卯，杜充棄建康府，渡江北走，軍潰。杜充在建康治兵，專以殘殺爲政，斬人無虚日。充聞金人已渡江，諸軍潰散，欲乘船出奔。方開水門，士庶舟船争門，擁隘不能出。充使人諭之曰：『相公欲迎敵金人耳。』衆皆呼曰：『我亦去迎敵。』竟不能行而止。自是市井間喧騰，言：『杜相公枉斬了多少人，及其警急，却欲棄城先走！』充聞之，莫敢誰何，乃命諸軍：各人犒賞銀十兩、絹十匹，令諸軍皆往蔣山下寨。是夜，軍中不整，人多夜呼；質明，皆潰散。到東陽，諸軍争入，互相殺，移時方定。充渡江遁走。」

《建炎以來繫年要録》卷二九：「（建炎三年十一月）庚戌，虜攻采石渡，知太平州郭偉率將士拒敵，敗之。翌日，又敗之。金人退攻慈湖，偉又敗之，虜遂趨馬家渡。」

「壬戌，金人自馬家渡濟江。初，完顏宗弼既破和州，與叛將李成同犯烏江縣。尚書右僕射、江、淮宣撫使杜充在建康，諜言成師老可擊，充遽遣兵，而金賊已大入。充聞虜且至，以其兵六萬人列戍江南岸，而閉門不出，師無統一。會將官張超失守，敵遂過江。充急遣都統制陳淬督統制官岳飛、劉綱等十七人，將兵三萬人與戰。又命御前前軍統制王瓔以所部萬三千人往援。敵犯溧水，縣尉潘振死之。」

「甲子，陳淬與完顏宗弼遇於馬家渡，凡戰十餘合，勝負略相當。王瓔引西兵先遁，淬孤軍力不能敵，還屯蔣山。水軍統制邵青以一舟十八人當金人於江中。舟師張青中十七矢，遂退於竹篠港。統赤心隊、朝請郎劉晏以所部走常州。浙西制置使韓世忠在鎮江，悉所儲之資，盡裝海舶，焚其城郭。既聞敵南渡，即引舟之江陰。知江陰軍胡紡厚待之。先是，瓊部將輔逵在東陽，被檄策應。瓊與遇於中途，曰：『已失渡口。』遂與逵引其軍自信州入閩，所過大擾。」

「丙寅，……是日，杜充聞軍潰，欲乘舟出奔。方開水門，士民爭門，不能出。充使人諭之曰：『相公欲迎敵金人耳。』衆皆呼曰：『我亦往迎敵。』竟不能行而止。於是市井喧言：『杜相公枉殺幾許人，及其警急，乃欲先遁！』充懼，命軍士人犒銀、絹十匹、兩。時陳淬已戰死，夜，岳飛等皆引去。上元縣丞、宣教郎趙壘之統鄉兵迎敵，死之。」

《宋史》卷二五《高宗紀》：「（建炎三年十一月）甲子，杜充遣都統制陳淬、岳飛等及金人戰于馬家渡，王瓊以軍先遁，淬敗績，死之。」

又同書卷四四七《楊邦乂傳》：「充性酷而無謀，士心不附。渡磵沙，充遣陳淬、岳飛等及金人戰于馬家渡，自辰至未，戰數合，勝負未決。瓊擁兵弗救，淬被擒。瓊兵遁。充率麾下數千人降。」

又同書卷四五二《陳淬傳》：「李成叛，詔以淬爲御營使〔司〕六軍都統、淮南招撫使，討之，三戰三捷。未幾，金人犯采石，又檄淬回援建康。淬將中軍，戚方將前，王瓊將後。淬曰：『彼衆雖多，然止有二十艘，一艘不越五十人，每至不過千人。吾伏兵葭蘆翳薈間，俟其旋濟旋獲。前後不相知，訖濟，當盡獲矣。』杜充不從。金兵遂犯板橋，諸軍皆潰。淬獨與戰，勢窮力盡，據胡牀大駡，刃交於胸而色不動，與其從子仲敏俱死。」

《永樂大典》卷三一四六《陳淬》引《莆陽志》：「三年，詔淬捍壁建康。杜充奪其兵柄，乃請祠，提舉江州太平觀。自題其像曰：『數奇不是登壇將，竹杖芒鞋歸去來。』俄而李成舉泗州叛，爲虜嚮導，犯滁、和，遊騎深入。充不得已，授淬御營使司六軍都統制、淮南路招撫副使，與招撫使王𤫙合兵以禦之。初戰于真州六合，再戰于長蘆，追奔逐北，至滁州，破其木寨。國威方振，會北兵繞出其後，犯采石，充檄淬還援建康。淬請扼采石渡，伏兵南岸，逆擊之，力諍不從。板橋失守，倉卒出戰，連日大捷，復出。北兵益至，不可當，三軍皆潰。淬據胡床，大駡杜充而死。」此處作「淮南路招撫副使」，而《宋史》本傳作「淮南招撫使」。

《宋史》卷四五二《趙壘之傳》：「金人過江，陳淬戰死，兵飛等兵皆引去。上元丞趙壘之帥鄉兵迎敵，死之。」

又同書卷四七五《杜充傳》：「金人窺江，充遣裨將王民、張超分守諸渡，乘高據岸，以神臂弓射却之。金人復逼〔磵〕砂，時以輕舟薄南岸，官軍奮擊，或沉其舟。一日當晝，金人對江列陣而佯退，衆信之，守益懈。敵諜知無備，夜乃乘數十舟，横江直濟，衆不能禦，敵遂登岸。充亟命統制官陳淬盡領岳飛諸裨校，合二萬人，邀擊於馬家渡，約王𤫙俱進。敵氣鋭甚，淬戰没，𤫙引兵遁，充軍潰。金人陷建康，充渡江，保真州。……完顔宗弼復遣人説充曰：『若降，當封以中原，如張邦昌故事。』充遂叛降金。」

《金史》卷三《太宗紀》：「（天會七年十一月）壬戌，宗弼渡江，敗宋副元帥杜充軍于江寧。」又同書卷七七《宗弼傳》：「遂自和州渡江，將至江寧西二十里，宋杜充率步騎六萬來拒戰，鶻盧補、當海、迪虎、大臭合擊破之。宋陳邦光以江寧府降。」又同書卷八〇《大臭傳》：「將渡江，臭軍先渡，舟行去岸尚遠，宋列兵江口。臭視其水可涉，則麾兵捨舟趨岸，疾擊之，宋兵走。大軍相繼而濟。俄遇杜充兵六萬於江寧之西，臭與鶻盧補擊走之。」又同書卷八一《王伯龍傳》：「軍渡采石，擊敗岳飛、劉立、路尚等兵，獲芻糧數百萬計。」

諸將恟恟欲叛，戚方首亡爲盜，先臣麾下亦有從之者。先臣灑血厲衆曰：「我輩荷國厚恩，當以忠義報國，立功名，書竹帛，死且不朽。若降而爲虜，潰而爲盜，偷生苟活，身死名滅，豈計之得耶！建康，江左形勝之地，使胡虜盜據，何以立國！今日之事，有死無二，輒出此門者斬！」音容慷慨，士爲感泣，不敢有異志。又招餘將曰：「凡不爲紅頭巾者，隨我！」於是傅慶、劉經以軍從。

充竟以金陵府庫與其家渡江，降虜。餘兵皆西北人，素慕先臣恩信，有密白先臣，願請爲主帥而俱叛北者，先臣陽許之。有頃，其部曲首領各以行伍之籍來。先臣按籍呼之曰：「以爾等之衆且强，爲朝廷立奇功，取中原，身受上賞，乃還故鄉，豈非榮耶！必能湔

滌舊念，乃可相附，其或不聽，寧先殺我，我決不能從汝曹叛！」衆皆幡然，懽呼曰：「惟統制命！」遂盡納之。〔一〕

〔一〕《金佗續編》卷二八《吴拯編鄂王事》：「節使岳侯飛，鄴人也，初爲杜相充愛將。充既失建康，猶數萬皆西北健兒，詾詾謀異。獨畏侯忠勇，因以主帥密白侯。侯度未有部曲以繩之，陽使自結，以籍上。侯乘其不意，與平生三、五輩，彎弓躍馬儔伍中，擊數十人。抵弓矢，大駡曰：『朝廷不負爾曹，爾以數萬衆，不能斬一岳飛，即能死我，乃爲賊！』衆始戢。」《金佗稡編》卷一九《建康捷報申省狀》：「照對飛自建炎三年十一月二十二日起離建康府，至廣德軍界。」馬家渡之戰敗於二十日甲子，杜充渡江去真州爲二十三日丁卯，可知岳飛主動脱離杜充而南下。至於説服本部兵馬和各支潰兵遊勇抗金，當是自鍾山至廣德軍行程之間。

兀术趨臨安府，先臣領所部邀擊之，至廣德境中，六戰皆捷，斬首〔一〕一千二百一十六級，擒女真、〔二〕漢兒王權等二十四人。〔三〕俘諸路剃頭簽軍〔四〕首領四十八人，察其可用者，結以恩信，遣還虜中。令夜斫營，燒毁七梢、九梢砲車，〔五〕及隨軍輜重、器仗。乘其亂，縱兵交擊，大敗之，俘殺甚衆。

〔一〕斬首　原脱「首」字，嘉靖本同，據《紀事實録》補。

〔二〕「女真」之下，疑有闕名。

〔三〕《金佗稡編》卷一九《建康捷報申省狀》：「照對飛自建炎三年十一月二十二日起離建康府，至廣德軍界，與金賊六次見陣。」又同書卷一六《廣德捷奏》：「將帶所部人馬，邀擊金人，至廣德軍見陣，共斫到人頭一千二百一十六級，生擒到女真、漢兒王權等二十四人。」

〔四〕《歸潛志》卷七：「金朝兵制最弊，每有征伐或邊釁，動下令簽軍，州縣騷動。其民家有數丁男，好身手，或時盡揀取無遺，號泣怨嗟，闔家以爲苦。」《金史》卷四四《兵志》：「凡漢軍，有事則簽取於民，事已則或亦放免。」又同書卷一一《章宗紀》：「（泰和元年）夏四月甲辰，詔諭契丹人户，累經簽軍立功者，官賞恩例與女直人同，仍許養馬、爲吏。」金朝的簽軍顯然並非專限於漢人，但南宋初年，宋方的所謂簽軍却專限於「南人」。《宋會要輯稿》兵一七之一七—一八：「（建炎四年）九月二十日，神武右軍統領、淮南招諭軍民楊忠憫奏：『招到漢兒、簽軍共一百六十五人，内漢兒歸明人共三人，（簽）軍一百六十二人。』」《建炎以來繫年要録》卷八四：「（紹興五年正月）己未，德音：『……應投降女真、漢兒，除已等第補官外，仰諸軍並行存恤。應招捉到京東、西、陝西、河東等路簽軍，許令從便。……』」

《三朝北盟會編》卷一二三：「馬擴應詔上書，言曰：『……皇弟信王脱於囚虜，集兵山谷，結約河外忠義，所得壯勇，不啻數十萬，顒俟王師渡河，相爲策應。時方金人欲剃南民頂髮，人人怨憤，日思南歸。又燕地漢兒苦其凌虐，心生離貳，或逃叛上山，或南渡投降，自河以北，各傳蠟檄，皆約内應。故王彦、王仔、翟進、馬温、靳賽、劉展、樊清、王江、鄭立、耿進、耿洪等義兵，楊進、馬臯、張用、王善等羣黨，俱奮渡河討賊之志。是時，若王師得濟，則諸路山寨接勢興舉，見簽軍、漢兒變於内，契丹、夏國圖於後，兩河州縣一旦可復，金賊勢自瓦解。奈何羣言譖沮，禁止渡河，使金人反乘機便，驅新剃簽軍南渡深侵，脅降郡縣。……』」

《浮溪集》卷二《論僑寓州郡劄子》：「比金人入寇，多驅兩河人民列之行陣，號爲簽軍。……固未嘗一日忘宋也。今年建康、鎮江爲韓世忠、岳飛所招，遁歸者無慮萬人，其情可見。」

《宋會要輯稿》兵一五之三「（紹興三年）九月二十五日，詔：『金人自來多係驅虜河北等路軍民，號爲簽軍，所當先衝冒矢石，枉遭殺戮。念皆吾民，深可憐憫。兼自來招收投降漢〔兒〕、簽軍等，並皆優補官資，支破請〔受〕。可令岳飛，如遇外敵侵犯，措置説諭，有率衆來歸，爲首之人仍優與推恩。』」金朝前期，稱原遼朝統治區漢人爲「漢兒」，原宋朝統治區漢人爲「南人」。因對漢人强行「剃頭辮髮」（《三朝北盟會編》卷一一五），故簽軍之上有「剃頭」兩字。

《三朝北盟會編》卷九八《燕雲録》：「虜得南人，視人立價賣之，此本朝人陷虜，於此可見也。」「有兵權、錢、穀，先用女真，次渤海，次契丹，次漢兒。漢兒雖劉彦宗、郭藥師亦無兵權。契丹時不用渤海，渤海深恨契丹。女真兵興，渤海先降，所以女真多用渤海爲要職。」「每破州郡，用一金人、一燕人、一南人同共鎮守。」《金史》卷八《世宗紀》：「（大定二十七年十二月）戊子，禁女直人不得改稱漢姓，學南人衣裝，犯者抵罪。」又同書卷九七《賀揚庭傳》：「世宗喜其剛果，謂揚庭曰：『南人礦直敢爲，漢人性姦，臨事多避難。異時南人不習詞賦，故中第者少，近年河南、山東人中第者多，殆勝漢人爲官。』」金朝南人地位比漢兒更低，强行徵發之兩河簽軍，當然是金軍中之最微賤者。

〔五〕《武經總要》前集卷一二：「七梢砲，……凡一砲用二百五十人拽，二人定放，放五十步外，石重九十、一百斤。」九梢砲當亦相類，都是人力拋石機。

駐于廣德之鍾村，〔一〕是時糧食罄匱，先臣資糧于敵，且發家貲以助之，與士卒最下者同食。將士常有飢色，獨畏先臣紀律，不敢擾民，市井鬻販如常時。虜之簽軍涉其地者，皆相謂曰：「岳爺爺軍也！」争來降附，前後計萬餘人。〔二〕

〔一〕《三朝北盟會編》卷一三五：「（建炎三年十二月二十六日庚子）初，軍潰於建康蔣山也，統制劉經、扈成、岳飛皆入茅山。經屯上觀，成屯中觀，飛屯下觀，皆縱兵擄掠爲資。飛與經、成議，移軍入廣德軍鍾村，經與成皆許之，約飛與經引兵先行。飛等既行，成按軍在路下，擺齪不動。飛與經軍馬已行盡，成乃往金壇縣，與其將李璋等議入鎮江，會李滑槌之軍，將士從之。成留老小在金壇，以其衆往鎮江，李滑槌閉門不納，而出銀、帛犒成軍，軍復回至丹陽。成得報，戚方刦金壇寨，盡虜老小而去。成大怒，有吞啗戚方之意，急趨金壇。有統領官谷俊者，背成投方，告其事，方勒兵馬爲備。中夜，鄉導二人迷路，質明始悟。成益怒，斬鄉導二人。成使尅擇日，筮之曰：『緩則吉。』成曰：『事已如此，豈可稍緩！』又命斬之。復尋路而回，中途與方隔水相遇，方下馬拜成，成亦下馬答拜。成曰：『敝軍老小在金壇，何故見侵？』方曰：『死罪！死罪！戚方安敢作此，乃其下小人有相累者。』成曰：『然願得軍中老小見還，何如？』方謝曰：『既蒙寬恕，謹當盡以老小交付，不敢稍有侵損。』約日交還已定，方先期令人於橋下掘大坑，伏精鋭數十人。其日盡刷老小，鱗次而行，若將交還者。成以軍馬迎之，方隔水言曰：『戚方今日盡以老小交還，統制何用軍馬，豈非欲見侵陵乎？』成曰：『不然。』遂約其軍馬皆退，而成與方各進馬。方稍緩其行，成先至橋側，伏兵出，遂殺成。成既死，方乃進兵，其軍散走。方盡取成父、母及妻、子，皆殺之。於是統領龐榮收成餘衆，往宜興縣，投水軍統制郭吉。」

《建炎以來繫年要録》卷三〇：「（建炎三年十二月）初，杜充之衆既潰，其統制官岳飛、劉經自芳山引衆入廣德軍，後軍扈成駐於金壇縣，爲戚方所殺。」此兩條記載之歧異，前者爲茅山，後者爲芳山。據《景定建康志》卷一七《山阜》，似應以前一説爲準。宋時有兩個方山，而無芳山。

《讀史方輿紀要》卷二九廣德州：「鍾村，在州境。宋建炎二年，兀朮渡江，而南寇廣德。岳飛自宜興邀擊，至廣德境中，六戰皆捷，駐師鍾村，即此。」

〔三〕前後計萬餘人　「計」，據《金佗續編》卷一七補。《金佗續編》卷二八《孫逌編鄂王事》引邵緝建炎四年薦書：「諸將潰爲羣盜，縱兵大略。飛獨頓兵廣德境中，資糧於官，身與下卒同食；而持軍嚴甚，民間無秋毫之擾。虜人簽軍經涉其地者，或聞其威名，各相謂曰：『岳爺爺軍也！』爭來降附，前後幾萬餘人。」

虜侵溧陽縣。先臣遣劉經將千人，夜半馳至縣，擊之。殺獲五百餘人，生擒女真、漢兒軍，僞同知溧陽縣事、渤海太師李撒八等一十二人，及千户留哥。〔一〕

〔一〕《金佗稡編》卷一六《廣德捷奏》：「遣差兵馬，收復建康府溧陽縣，殺獲五百餘人，生擒女真、漢兒軍，僞同知溧陽縣事、渤海太師李撒八等一十二人。」此奏並無千户留哥。又同書卷一九《建康捷報申省狀》：「其生擒到僞同知溧陽縣事、渤海太師李撒八，千户留哥及女真、漢兒等，今差使臣管押申解前去。」此爲翌年克復建康後，向宋廷「申解」戰俘。可見留哥應是建康之役之俘虜，岳珂繫於溧陽一戰，顯屬差訛。

鄂國金佗稡編卷第五

經進鄂王行實編年卷之二

建炎四年，庚戌歲，年二十八。

破羣賊。戰常州，擒少主孛堇、李渭。復建康府。獻俘行在，賜袍、槍、鎧、帶、鞍、馬。平戚方。轉武功大夫、昌州防禦使，除通、泰州鎮撫使。戰承州，擒高太保、阿主里〔一〕孛堇等。賜金注椀、盞。戰北炭村。戰柴墟鎮。戰南霸塘。

〔一〕阿主里　「里」，據《金佗稡編》卷一九《承州捷報申省狀》補。

春正月，金人攻常州，守臣周杞遣屬官趙九齡來迎，先臣欣然從之。且欲據城堅守，扼虜人歸路，〔一〕以立奇功。會城陷，未及行。〔二〕

〔一〕扼虜人歸路　《紀事實録》作「扼路，使虜人無歸」。

〔二〕《金佗續編》卷二八《孫逌編鄂王事》引邵緝建炎四年薦書：「知常州周杞遣屬官趙九齡迎，飛欣然從之，且欲據城堅守，扼虜人歸路，悉死力以立奇功。飛方啟行，而常州之城先以破，遂以一軍駐之宜興。」可知《行實編年》叙事乃依據邵緝薦書，説岳飛去宜興在常州陷落之後。《建炎以來繫年要録》卷三〇：「（建炎三年十二月辛巳）是日，戚方犯常州，入其郛。守臣周杞守子城拒敵，遣赤心隊統領、朝請郎劉晏與戰，翌日，破之，方乃去。」《宋史》卷二五《高宗紀》：「（建炎三年十二月）辛巳，金人陷常州，守臣周杞遣赤心隊官劉晏擊走之。」《要録》和《會編》不載金軍建炎三年十二月攻常州事，《宋史》則説金軍並未攻破，都與邵緝之説不同。完顔兀朮佔領建康後，率主力南下，窮追宋高宗，其建康少量守軍不會近捨鎮江府，而遠攻常州。岳飛進駐宜興於建炎四年二月，而常州被完顔兀朮歸師攻破乃是三月。標點本《宋史》已將「金人」兩字删去。

郭吉在宜興，擾掠吏民。令、佐聞先臣威名，同奉書以迎，且謂邑之糧糗，可給萬軍十歲。先臣得書，遂赴宜興。甫及境，吉已載百餘舟，逃入湖矣。先臣即遣部將王貴、傅慶將二千人追之，大破其衆，驅其人、船、輜重以還。時又有羣盜馬臯、林聚等精鋭數千，先臣遣辯士〔一〕説之，盡降其衆。有號張威武者不從，先臣單騎入其營，手擒出，斬之，收其

軍。〔二〕

〔一〕辯士　「辯」，原作「辨」，嘉靖本同，據《紀事實録》改。

〔二〕《三朝北盟會編》卷一三六：「（建炎四年正月七日庚戌）岳飛屯于宜興縣。水軍統制郭吉自建康潰散，屯於宜興縣。時右軍統制岳飛與劉經屯於廣德軍鍾村，飛令軍中不得騷擾鄉村，約束雖嚴，然不可禁止。飛患之，有將司李寅者獻計曰：『若移軍宜興，三面臨湖，惟有一陸路極狹，使一小將守之，不可犯矣。』飛大喜，遂移軍宜興。吉聞飛將至，已懼，即命擄捉舟船，盡載老小，若將遁者。飛先遣人投書，以好語慰諭吉，吉覺之，急解維，開船而去。飛遂屯於宜興。後龐榮率其衆背吉而投飛，納而用之。」又同書卷一三七：「（扈）成死，統領龐榮率其衆，聞岳飛在宜興，乃以其衆歸飛，飛以榮爲右軍統制。」《建炎以來繫年要録》卷三一：「（建炎四年正月丙辰）江、淮宣撫司右軍統制岳飛自廣德軍移屯宜興縣。杜充之敗也，其將士潰去，多行剽掠。獨飛嚴戢所部，不擾居民，士大夫避寇者皆賴以免，故時譽翕然歸之。」《金佗續編》卷三〇《宜興縣生祠敍》：「建炎庚戌仲春，岳公觀察總熊羆之師，以捍國保民爲志，爰自桐川，次於陽羨。」按岳飛進駐宜興時間，《會編》和《要録》爲正月，《宜興縣生祠敍》爲二月，應以後者爲準。《宜興縣生祠敍》作者錢諶是知縣，此文寫於當年「仲秋朔」，即八月一日。又同書卷三〇《宜興縣鄂王廟記》：「王亟引兵至境，郭吉望風竄偃深匯，王追奔殲殄，盡還所掠輜舟百餘。盜相挺未已，率精鋭數千計。王多設方略，降馬皐，熠林聚，馘張威武，蹴戚方，駐軍張渚，羣醜全清。」

《雲麓漫鈔》卷一：「常州宜興縣張渚鎮臨溪，有山水之勝，乃過廣德大路。鎮有張氏，名大年，臨澗爲圃，號桃溪。嘗倅黄，藏書教子，一子登第，一恩科。岳侯嘗館於其家。」

《咸淳毗陵志》卷三《坊市·宜興》：「張渚市：在縣西南七十里。」

《讀史方輿紀要》卷二五宜興縣：「張渚鎮：縣西南九十里。」

《金佗續編》卷一四《武穆覆議》：「所以破郭吉而有其衆，斬張威武而併其軍。」

又同書卷二八《孫逌編鄂王事》引邵緝建炎四年薦書：「而羣盜之在近境者，或殺或降，無不摧滅之者。破郭吉而降其衆，斬張威武而併其軍，使即日遠遁。扈成已死，其部曲遽自來歸。」

《齊東野語》卷一三《岳武穆逸事》：「杜充之駐建康也，岳飛軍立硬寨於宜興，命親將守之。飛兵出，不利，夫人密諭親將，選精鋭，具餱糧，潛爲策應之備。未幾，飛兵還，即入教場，呼問之曰：『汝欲何爲？』曰：『聞太尉軍小不利，故擇敢戰之士，以備策應，此男女孝順耳！』飛曰：『吾命汝堅守根本，天不能移，地不能動。汝今不待吾令，擅自動摇，是無師律也。』立命責短狀，將大懼，祈哀吐實，謂『此非某所自爲，蓋夫人亦曾有命耳』。飛愈怒，竟斬之。」按此條記載未必可信，岳飛自進駐宜興後，往往是自己出戰，而劉經留守，關於劉經被殺，後面自有注釋。此條記載以《永樂大典》卷一八二〇八參校。

《陳亮集》（增訂本）卷二二《中興遺傳序》：「（岳飛）後爲統制，遇大駕巡永嘉，與諸將彷徨江上，莫知攸適，又乏糧，將謀抄掠。次張（趙九齡字）聞而竟往，説飛移軍陽羡，州給之食。飛得無他，而州境賴焉。」

常之官吏、士民棄其産業趨宜興者萬餘家。邑人德之，各圖其像，與老稚晨夕瞻仰，如奉定省，曰：「父母之生我也易，公之保我也難。」又相帥即周將軍廟，辟一堂祠之，邑令錢諶爲之記。〔一〕

〔一〕《金佗續編》卷三〇錢諶《宜興縣生祠敍》：「時方夷狄、盜賊交寇四境，舉邑生靈幾死而復生者屢矣，皆公之造也，其德孰加焉。人莫不謂『父母生我也易，公之保我也難』。無以見其報稱不忘之意，乃立生祠，繪英雄卓絶之姿，修況水芬馨之奉。……然察人之情，猶以爲未至，皆欲圖像於家，與其稚老晨昏欽仰，如奉省定而後已。」又同書卷三〇周端朝《宜興縣鄂王廟記》：「旁郡邑棄資儲，來保宜興，逾萬室。方蹈躪孔棘，賣城畔走，近鎮重郛，不自保固；而宜興外捍虜，内攘盜，存立無震。王之勳烈，雖降在一縣，豈不偉歟！」

又同書卷二八《吴拯編鄂王事》：「三年，充守建康，叛降於虜。諸將潰散，扈成、戚方次第皆反。惟侯一軍無所劫掠，屯於宜興。時官吏、士大夫、軍、民避虜走宜興者，賴侯率免害，以是聲譽籍甚。」

《三朝北盟會編》卷二〇七《岳侯傳》：「内有劉經、扈成、戚方等諸將，於建康乘勢爲亂，刦掠州郡。惟侯一軍秋毫無犯，屯於宜興縣。官吏、民户皆懼，并棄家業，走宜興縣，投侯居止。蓋緣侯軍整肅，不令騷擾民庶，有犯者，並依軍法。以此前後一年，收捕扈成、戚方，及斬劉經，并留守司敗殘官兵千餘人，復取建康，招民安業。」

又同書卷二〇八《林泉野記》：「充後守建康，叛歸虜。諸將扈成、戚方皆反，惟飛全一軍，屯於宜興縣。時常州吏民避狄，居縣中者甚衆，賴飛而全。」

夏四月，金人再犯常州。〔一〕先臣邀擊，四戰皆捷，擁溺河死者不可數計，擒女真萬户少主孛堇、〔二〕漢兒李渭等十一人。復尾襲之於鎮江之東，戰屢勝。〔三〕

〔一〕《三朝北盟會編》卷一三七：「（建炎四年三月）十日壬子，金人陷常州。金人取常州路，經過不住。若奔牛、吕城官吏禁其閘，斷其絆，放練湖水使乾，則金人舟船皆不可行。惜乎官吏奔竄，而閘猶儼然，故金人長驅而無阻礙也。」

《建炎以來繫年要録》卷三二：「（建炎四年三月）壬子，金人犯常州，守臣右文殿修撰周杞聞敵至，棄城走宜興縣，敵遂入常州。」

《宋史》卷二六《高宗紀》：「（建炎四年三月）壬子，金人入常州，守臣周杞棄城去。」

《周益國文忠公集·平園續稿》卷二九《寶文閣學士通奉大夫贈少師梁〔公〕（汝嘉）神道碑》：「知武進縣。……升通判州事。……俄戚方來寇，郡守周杞將遁，公固留之。賊退，遷秩一等。既而虜騎大至，杞退保宜興，部民數萬，倚公安集，特遷承議郎。」完顔兀朮大軍未能捉獲宋高宗，沿浙西運河北撤，將搶劫之財寶裝載舟船，水陸並進。如周杞開閘放水，金軍船隻便不能航行。

〔二〕「萬户少主孛堇」，可參《金佗稡編》卷八第五九八頁之説明。

〔三〕《金佗稡編》卷一六《廣德捷奏》：「金人回犯常州，分遣兵馬等截邀擊掩殺，四次見陣，擁掩入河，棄頭不斫，生擒女真萬户少主孛堇、漢兒李渭等一十一人。委是屢獲勝捷。」

《金佗續編》卷二八《孫逌編鄂王事》引邵緝建炎四年薦書：「飛自到宜興，密與周杞、趙九齡謀畫，調發精鋭，尾襲金人於鎮江之東，殺獲略盡。」

又同書卷一四《武穆覆議》：「仍尾襲虜人於鎮江之東。」當時，在鎮江運河入大江口，韓世忠率水軍攔截完顔兀朮大軍，而岳飛却未與韓世忠會合作戰。

《建炎以來繫年要録》卷三二：「（建炎四年三月）己巳（二十七日），戚方陷廣德軍。初，方既爲劉晏所破，乃引兵欲趨宣城，道過廣德，入其郛。朝奉郎、新通判真州、權通判王儔，迪功郎、權簽書軍事判官李唐俊，文林郎、宿州司户參軍、權司法潘偶，文林郎、權知廣德縣韋績，迪功郎、權丞蔣夔與權軍事，皆死。」

《宋史》卷二六《高宗紀》：「（建炎四年三月）己巳，戚方陷廣德軍，殺權通判王儔。」

《金佗稡編》卷一九《廣德軍金沙寺壁題記》：「余駐大兵宜興，緣幹王事過此，陪僧僚謁金僊，徘徊暫憩，遂擁鐵騎千餘長驅而往。……建炎四年四月十二日，河朔岳飛題。」岳飛未具體説明「王事」爲何，廣德在宜興之南，進攻建康，無需繞道此地。估計因戚方攻據廣德，威脅宜興，岳飛遂自鎮江撤兵。岳飛自宜興率千餘騎兵馳往廣德時，戚方已轉而西向，攻打宣州。岳飛寫此題記時，距復建康之戰，尚有十餘日。

詔令就復建康，乃親將而往。〔一〕二十五日，〔二〕戰于清水亭，〔三〕金人大敗，僵屍十五餘里，〔四〕斬耳帶金、銀環者〔五〕一百七十五級，擒女真、渤海、漢兒軍四十五人，〔六〕獲其馬甲一百九十三副，弓、箭、刀、旗、金、鼓三千五百一十七事。〔七〕

〔一〕《三朝北盟會編》卷一三七：「（建炎四年四月壬申朔）張俊爲兩浙西路、江南東路制置使。金人在建康，韓世忠屯兵江上，屢騰捷奏，乃遣張俊爲兩浙西路、江南東路制置使，節制浙西軍馬，策應世忠。俊雖受命，未進發，人皆切齒。」

又同書卷一三八：「（建炎四年四月二十五日丙申）汪藻奏論金人留建康，乞分張俊（按：應作浚）軍馬策應。其狀曰：『……兼數日〔來〕，人自常、潤來者，皆云：虜于蔣山、雨花臺兩處各劄大寨，抱城開河兩道以護之。及穴山作小洞子，以爲避暑之地。陸增城壘，水造戰船，而采石金人已渡復回者，累累不絶。今且五月矣，比常年，去〔已〕月餘，乃反去而復回，其欲留建康明甚。……』」汪藻此奏又見《歷代名臣奏議》卷二三三和《景定建康志》卷三五。

《建炎以來繫年要録》卷三二：「（建炎四年四月己亥）御前右軍都統制張俊爲浙西、江東制置使，以所部收招羣盜，命後軍統制陳思恭隸之，且令兩浙宣撫使周望以其兵屬俊，自劉光世、韓世忠外，諸將並受節度。時世忠雖已奏捷，而自常、潤來者，皆云：『虜於蔣山、雨花臺各劄大寨，抱城開河兩道以護之。及穴山作洞，爲避暑之地，而采石金人已渡復回者，纍纍不絶。』給事中、兼直學士院汪藻言：『今且五月，比常年，敵已去月餘，今反去而復回，其欲留建康明甚。請及五、六月我師便利之時，會諸將與世忠一舉掃除，使之終身不敢南向。雖聞近遣張俊提兵過江，節制浙西人馬，以爲策應，此固陛下長算也。不知俊果有慨然立功之志乎？望專遣使臣數人，賫宸翰，兼程至襄、鄧、荆湖以來，迎張浚軍，令分數萬人順流而下。……』於是張浚已西歸，而藻蓋未知也（藻所上疏，不得其日，但云『今且五月』，又云『世忠奏捷』，『近二十日』，當是五月初間，今因遣張俊行附見。）」時金軍欲以建康爲江南立足之地，而統帥張俊畏敵怯戰，故僅有岳飛一軍前往建康。

〔二〕《三朝北盟會編》卷一三八，《建炎以來繫年要録》卷三二，《宋史》卷二六《高宗紀》和《金史》卷三《太宗紀》都説韓世忠水軍被完顔兀术火攻所破，爲四月二十五日丙申，與岳飛發動之清水亭之戰，正值同日。

〔三〕《景定建康志》卷二二：「清水亭：去府城三十里。考證：建炎四年四月二十五日，岳飛敗虜於此。」又同書卷一六：「土門鋪、夾埕鋪、遲店鋪、清水亭鋪、園墓橋鋪、秣陵鋪、李村鋪、路口鋪、烏圻橋鋪（以上九鋪屬江寧縣）。……係南路，直抵廣德軍界顧置鋪。」

〔四〕僵屍十五餘里　「僵」，《紀事實録》作「横」。

〔五〕《三朝北盟會編》卷三：「男子辮髮垂後，耳垂金、銀，留腦後髮，以色絲繫之。」因金軍中各民族成員一律剃頭辮髮，宋方以「耳帶金、銀環」作爲識認女真人之標誌。

〔六〕四十五人　「五」，《紀事實録》作「二」，《金佗續編》卷一七作「三」。

〔七〕《三朝北盟會編》卷一四三：「飛問：『有功者爲誰？』慶曰：『傅慶在清水亭有功。……』」

五月，兀术復趨建康。先臣設伏於牛頭山〔一〕上，待之夜，令百人〔二〕衣黑衣，混虜中，擾其營。〔三〕虜人驚，自相攻擊。〔四〕徐覺有異，〔五〕益邏卒於營外伺望。先臣復潛令壯士銜枚於其側，伺其往來，盡擒之。初十日，兀朮次於龍灣，〔六〕要索城中金、銀、縑帛、騾、馬及北方人。先臣以騎卒三百、〔七〕步卒〔八〕二千人，自牛頭山馳下，至南門新城〔九〕設寨。遂戰，大破兀朮。凡其所要獲負而登舟者，盡以戈殪其人於水，物填委於岸〔一〇〕者山積。斬禿髮垂環者三千餘級，僵屍十餘里，降其卒千餘人，萬户、千户二十餘人，得馬三百匹，鎧、仗、旗、鼓以數萬計，牛、驢、輜重甚衆。〔一一〕兀朮遂奔淮西。〔一二〕先臣乃入城，〔一三〕撫定居民，俾各安業，虜無一騎留者。

〔一一〕《景定建康志》卷一七：「牛頭山：狀如牛頭，一名天闕山，又名仙窟山，在城南三十里，周迴四十七里，高一百四十丈。」此志叙述岳飛建康之役，乃抄自《金佗稡編》者，今不録。《金石萃編》卷一三四《聖宋江寧府江寧縣牛首山崇教寺辟支佛塔記》：「牛首雙峯，高插雲漢，寔金陵之巨屏，東夏之福地，林樹葱鬱，泉石相暎。」《讀史方輿紀要》卷二〇江寧府：「牛首山：府南三十里，一名仙窟山，以山〔多〕有石窟也。本名牛頭山，有二峯東西相對。」牛頭山因雙峯東西對峙，故在東晋時取名天闕山，可參《梁書》卷五一《何胤傳》、《元和郡縣圖志》卷二五和《太平寰宇記》卷九〇。

〔一二〕百人「百人」，原作「軍」，嘉靖本同，據《紀事實録》和《金佗續編》卷一七改。

〔一三〕《景定建康志》卷二二：「雨花臺：在城南三里，据岡阜最高處，俯瞰城闉。」《行實編年》未載金營方位，按前引《會編》卷一三八汪藻奏，「虜於蔣山（鍾山）、雨花臺兩處各劄大寨」，岳家軍自牛頭山出發，夜襲金「營」，應即是雨花臺之金軍「大寨」。《行實編年》後述岳家軍攻新城之金軍，亦勢必先破雨花臺之金營。

〔四〕自相攻擊　原脱「相」字，嘉靖本同，據浙本補。

〔五〕徐覺有異　原缺，嘉靖本同，據《紀事實録》補。

〔六〕《景定建康志》卷一六：「龍灣市，在上元縣金陵鄉，去城一十五里。」《金陵新志》卷四：「靖安鎮：在龍灣市。」

〔七〕騎卒三百　原脱「卒」字，嘉靖本同，據《紀事實録》補。

〔八〕步卒　《紀事實録》作「卒徒」。

〔九〕《讀史方輿紀要》卷二〇江寧府：「新亭：在江寧縣南十五里，近江渚。……宋建炎四年，岳飛敗兀术於牛頭山，兀术趣龍灣，飛邀擊之於新亭，大破之。」此書靖安鎮條稱，「新城一作新亭」。《石林居士建康集》卷四《建康掩骼記》：「建炎己酉冬，虜既大入，十一月壬戌南渡，自溧水徑趣浙。留其僞太師張真奴分兵五百薄建康。宰相杜充率麾下北去，知府事陳邦光以城降。虜由是未盡肆其虐，别築城於西南隅以居，取城中器械、子女、金、帛儲之。」此篇又見《景定建康志》卷四三。新城可能即是金將張真奴「别築」之小城。

〔一〇〕物填委於岸　「物」，原缺，嘉靖本作「溺」，據《紀事實録》改。

〔一一〕《金佗續編》卷二八《孫逌編鄂王事》引邵緝建炎四年薦書：「繼遺偏裨，及飛自將，取間道直擣建康，與金人戰，大小數十合，皆大獲，僵尸十餘里，生致酋領若萬户、千户者二十餘人，及斬胡人秃髮垂環者之首無慮三千人，奪鎧、仗、旗、鼓以數萬計。」《行實編年》叙事雖依據邵緝之説，却失於剪裁，將清水亭、牛頭山、新城、靖安鎮等「大小數十合」之戰績，誤作靖安一仗之戰績。

〔一二〕淮西　完顔兀术渡江後，沿運河北撤，往真州六合縣，「淮西」應爲「淮東」之誤。

〔一三〕《三朝北盟會編》卷一三八：「（建炎四年五月）十一日壬子，金人焚掠建康府，執江東安撫使陳邦光，渡江而去。金人焚燒建康府，虜掠人民，劫奪財物，出建康府城，自静安渡宣化而去。兀术屯於六合縣。舟船入自瓜步口，首尾相銜，擺泊至六合不斷。建康城中悉爲灰燼矣」卷一四一：「五月，岳飛有靖安鎮之捷，生獲金人三百餘人。」

《建炎以來繫年要録》卷三三：「（建炎四年五月壬子）金人焚建康府，掠人民，擄財物，執李梲、陳邦光，自静安渡宣化而去。時完顔宗弼屯六合縣。虜之輜重自瓜步口舳艫相銜，至六合不絶。建康城中悉爲煨燼。梲道死，宗弼以邦光歸於劉豫。淮南宣撫司右軍統制岳飛聞虜去，以所部邀擊於静安，勝之。……岳飛之擊敵於静安也，通直郎、權通判建康府錢需糾率鄉兵，邀敵之後，遂從飛入城，因權府事。（此時建康守臣諸書皆不見，《日曆》紹興五年三月二十六日己亥，右奉議郎、主管江州太平觀錢需狀：『朝廷委在建康，首尾四年，糾率鄉兵，掩殺蕃賊，隨岳飛收復本府，而需權府實及三月。……』）」《會編》和《要録》僅載建康大小數十戰中之靖安之戰。

《金佗稡編》卷一九《建康捷報申省狀》：「恭依聖旨，親提重兵，至建康府，與金賊戰鬭，追殺過江，收復了當。其生擒到僞同知溧陽縣事、渤海太師李撒八，千户留哥及女真、漢兒等，今差使臣管押申解前去。」按千户留哥應是建康之戰俘虜，可參《金佗稡編》卷四第一二九頁。

《宋會要輯稿》兵九之七—八：「（建炎四年）五月二十七日，御營使杜充、都統制岳飛言：『親提重兵，至建康府，與金賊戰鬭，追殺過江，收復了當。其生擒到僞知溧陽縣事、渤海〔太〕師李撒（撒）八，千户留哥及女真、漢兒等，使臣申解前去。』詔：『除李撒（撒）八等處置外，餘漢兒分與諸軍收管。』」時杜充已降金，岳飛之實職亦非都統制。

《金佗續編》卷一四《武穆覆議》：「間道直趍建康，大小數十戰，動無遺策，江、浙又賴之以平定。」

又同書卷二八《孫逌編鄂王事》引邵緝建炎四年薦書：「且慮金人徘徊於建康、京口之間，勢必欲留軍江南，控扼險阻，牽制官軍，大爲東南之患。飛能奮不顧身，勇往克復建康及〔境〕内縣鎮，爲國家奪取形勝咽喉之地，使逆虜掃地而去，無一騎留者。江、淛平定，其誰之力也？」

《金佗稡編》卷一九《五嶽祠盟記》：「今又提一旅孤軍，振起宜興，建康之城，一鼓敗虜，恨未能使匹馬不回耳！」

《雲麓漫鈔》卷一：「岳侯嘗館於其（按：指張大年）家，題其廳事之屏云：『……今又提一壘孤軍，振起宜〔興〕，建康之城，一舉而復，賊擁入江，倉皇宵遁，所恨不能匹馬不回耳！……』」《宋史》卷二六《高宗紀》：「（建炎四年五月）壬子，金人焚建康府，執李棁、陳邦光而去，淮南宣撫司統制岳飛邀擊于静安鎮，敗之。」《金史》卷七七《宗弼傳》揚勝諱敗，説敗韓世忠後，自動「渡江北還」。其實，金軍本欲留建康，敗韓世忠後，徘徊半月，因岳家軍不斷進攻，被迫北撤。《石林居士建康集》卷四《建康掩骼記》：「建康承平時，民之籍於坊郭，以口計者十七萬有奇，流寓商販、游手往來不與。……明年夏，回自浙東，五月復至建康，與所留兵合。丙午，入城，始料其强壯與官吏，以兵圍守於州之正覺寺，散取老弱之遺者，悉殺之。縱火大掠，越三日，府寺、民廬皆盡，乃擁衆去。凡驅而與俱者十之五，逃而免者十之一，死於鋒鏑敲榜者蓋十之四。城中頭顱、手、足相枕藉，血流通道，傷殘宛轉於煨燼之間，猶有數日而後絶者。官軍繼收復，又二年，……（叙述如何收埋死骨）……閲十九日，得全體四千六百八十有七，斷折殘毁不可計以全者又七、八萬。」此篇又見《景定建康志》卷四三。

《三朝北盟會編》卷一三八：「（建炎四年五月十三日甲寅）岳飛殺劉經，併其軍。先是，岳飛與劉經合軍，屯戍宜興。飛領兵往建康，刦金人於靖安，得勝。回軍溧陽縣，得經軍將官王萬報，經欲殺飛母及妻，而併其軍。飛大驚，即令姚政往圖之。政夜行，抵宜興，以飛母命傳語經，適得家書，請來訪，略議事。經不虞其詐，入其室，則有楊某者伏於壁間，遂殺經。少刻，飛到，撫其衆。」

《建炎以來繫年要録》卷三三：「（建炎四年五月壬子）飛還屯溧陽，後軍統制劉經欲殺飛，而併其軍，飛誘經殺之。」

六月，獻俘行在所，〔一〕上詢所俘，得二聖音問，感慟久之。〔二〕先臣奏曰：「建康爲國家形勢要害之地，〔三〕宜選兵固守。比張俊欲使臣守鄱陽，備虜人之擾江東、西者。臣以爲賊若渡江，必先二浙，江東、西地僻，亦恐重兵斷其歸路，非所向也。臣乞益兵守淮，拱護腹心。」〔四〕上嘉納之，賜鐵鎧五十副、金帶、鞍、馬、鍍金槍、百花袍，褒嘉數四。

〔一〕當時南宋「行在」設於越州。

〔二〕《建炎以來繫年要録》卷三三：「（建炎四年五月）戊辰，統制官岳飛獻静安金人之俘，上呼入，譯問得女真八人，磔之，餘漢兒分隸諸軍。上因謂大臣曰：『金人頗能言二聖動静，云今在韓州，及皇后、宫人皆無恙。』上感動，不懌久之。」關於岳飛初次朝見時間，《要録》作五月二十七日戊辰，《行實編年》作「六月」，而《金佗稡編》卷二五《承楚辨》作「六月二十九日，先臣獻金陵之俘」。

〔三〕形勢要害之地　「勢」，《紀事實録》作「勝」。

〔四〕《金佗稡編》卷二三《山陽辨》：「且建炎四年，張俊嘗以虜人擾江東、西爲慮，而命先臣守鄱陽矣。而先臣之言曰：『山澤之郡，車不得方軌，騎不得竝行，虜得無斷後之慮乎？但能守淮，何慮江東、西哉！使淮境一失，天嶮既與虜共之矣，首尾數千里，必寸寸而守之，然後爲安耶？』俊心服而從之。及獻靖安之俘，陛對首論及此，且測其必不至，但乞益兵守淮，拱護腹心。高宗皇帝玉音嘉納，載在國史，可攷而見。」

初，叛將戚方掠扈成軍老稚以歸。成責之，方陽謝，約成盟，還所掠。成不悟而往，方伏壯士殺之，併屠其家。成死，其部曲相率歸于先臣。〔一〕廣德守臣亦奉書，以方之難來告。會有詔，命先臣討之。〔二〕先臣以三千人行，寨于苦嶺。〔三〕方時發兵斷官橋以自固，先臣射矢橋柱，方得矢，大驚，遂遁。先臣命傅慶等追之，不獲。俄益兵來，先臣自領千人出，凡十數合，皆勝，方復遁。〔四〕先臣窮追不已，方生路垂絶，知必爲先臣所誅，會張俊來會師，〔五〕方乃間道降俊。

〔一〕《三朝北盟會編》卷一三七：「戚方勇悍善射，初投爲教駿兵士。軍興，盜賊起，在九朵花徒黨行伍中，未知名。方殺其爲首人，遂率衆歸建康，投杜充，用爲准備將，留在帳前。建康失利，諸軍皆散，方奔至金壇界，與建康統制扈成相遇。方欲奪成軍，乃謀殺成。遂伏衆於篠中，皆執長槍，令曰：『扈統制過，則殺之！』俄而成果至，伏發，以長槍刺成。成死，統領龐榮率其衆，聞岳飛在宜興，乃以其衆歸飛，飛以桀爲右軍統制。」按此段記載與《金佗稡編》卷四第一二七頁注引《會編》卷一三五所載稍異。

〔二〕《建炎以來繫年要録》卷三四：「（建炎四年六月丁丑）是日，戚方犯湖州安吉縣，統制官巨師古與戰，亡其卒千餘人。詔浙西、江東制置使張俊往捕之，仍命統制官岳飛聽俊節制。」

〔三〕行寨于苦嶺　「寨」，浙本作「營」。

《大明一統志》卷一一七廣德州：「苦嶺關：在州南六十里。」

《讀史方輿紀要》卷二九廣德州：「苦領關，州東六十里，路通浙江安吉州。」

〔四〕方復遁　「方」，據《金佗續編》卷一七補。

《宋史》卷二六《高宗紀》：「（建炎四年六月）甲申，岳飛破戚方于廣德軍。」

〔五〕知必爲先臣所誅會張俊來會師　「誅會張」，原缺；「俊」，原作「後」，嘉靖本同，據《紀事實録》校補。

俊爲先臣置酒，令方出拜，〔一〕方號泣請命，俊力爲懇免。先臣謂俊曰〔二〕：「招討有命，飛固當禀從。然飛與方同在建康，方遽叛去，固嘗遣人以逆順喻之，不聽。屠掠生靈，騷動郡縣，又誘殺扈成〔三〕而屠其家，且拒命不降，比諸兇爲甚，此安可貰。」俊再三請，先臣呼方，謂之曰：「招討既赦汝一死，宜思有以報國家。」方再拜謝，立于左。當廣德之戰也，先臣身先士卒，方以手弩射先臣，中鞍。先臣納矢於箙，曰：「他日擒此賊，必令折之以就戮。」至是取矢畀方，方寸折惟謹。先臣與俊皆大笑，方流汗股慄，不敢仰視。〔四〕於是胡虜、盜賊之在近境者，或殺或降。〔五〕

〔一〕置酒令方出拜　「置酒令」，原缺；「方」，原作「乃」，嘉靖本同，據《紀事實録》校補。

〔二〕謂俊曰　原缺，嘉靖本同，據《紀事實録》補。

〔三〕扈成　「成」，原作「將」，據《金佗續編》卷一七改。

〔四〕《三朝北盟會編》卷一四〇：「（建炎四年六月二十四日甲午）戚方詣張俊降。戚方犯湖州安吉縣上鄉侗里，張俊以兵討之，至安吉，鄉導言：『上鄉路窄，不可行兵。』俊乃遣王再興賫檄招之。會岳飛追襲其後，方無路進退，乃詣俊乞降，與其徒鄭某、號爲三哥哥者，同至安吉見俊。俊先見方，諭之曰：『國家多難，當以忠義報國家，不可負朝廷。』方曰：『不敢。』俊曰：『爾宜一心事主，不得有二。』方拜謝。而見三哥哥者，俊曰：『國家不負人，爾亦不可負國家。』曰：『不敢。』俊曰：『是何不敢？人言爾復欲反。』乃呼證左而問曰：『是人果欲反乎？』曰：『實欲復反。』俊命推出斬之。方上兵馬簿，有馬六百匹，獻金玉珍珠不可計。方自到行在，日與中貴人蒲（蒱）博，不勝，取黑漆如馬蹄者，用炭火熁去漆，乃黃金也，以償博負。每一博不下數枚。於是方已受正使矣，時人爲之語曰：『要高官，受招安；欲得富，須胡做。』」

《建炎以來繫年要録》卷三四：「（建炎四年六月）戊子，詔遣使撫諭邵青、戚方，以所部赴行在。時方引兵犯安吉縣之上鄉，浙西、江東制置使張俊以兵討之。或言：『上鄉路狹，不可行兵。』俊乃遣其將王再興招之。會統制官岳飛追襲其後，方無路進退，始詣俊乞降。方上兵簿，有馬六百匹，所獻金玉（珍珠）不可計。至行在，日與中貴人蒱博，不勝，取黑漆如馬蹄者，用火燔去，皆黄金也，以償博負。每博不下數枚。詔遷方武翼大夫，以其軍六千人隸王瓔軍。後因以方爲裨將。時人爲之語曰：『要高官，受招安。』」

〔五〕《建炎以來繫年要録》卷三四：「（建炎四年六月）丁酉，郭仲威遣兵犯鎮江，詔統制官岳飛以所部擊之。」《宋史》卷二六《高宗紀》：「（建炎四年六月）乙未，郭仲威犯鎮江府，遣岳飛擊之。」

時有删定官邵緯〔一〕者，上書廟堂，言先臣「驍武沈毅，而恂恂如諸生。頃起義河北，嘗以數十騎乘險據要，卻胡虜萬人之軍。又嘗於京城南薰門外，以八、九百人破王善、張用五十萬〔二〕之衆，威震夷夏。而身與下卒同食，民間秋毫無擾。且慮金人留軍江南，〔三〕牽制官軍，大爲東南之患；則奮不顧身，克復建康，爲國家奪取形勢咽喉之地，〔四〕使逆虜掃地而去，無一騎留者。江、浙平定，其誰之力」？歷數功效，無慮數千言。廟堂以其書奏，上於是有意超擢。

〔一〕邵緯　《金佗續編》卷二八《孫逌編鄂王事》作「邵緝」。據邵緝的薦書，自稱「緝巖穴枯槁之士，自放於風煙寂寞之濱，非有求於世者」，則其時未任編修敕令之删定官。李彌遜《筠溪集》卷二二《送邵公緝還鄉序》：「宣城古名郡，……宣和壬寅，僕從季氏，來丞茲邑。……數月，邵生緝者來，見貌甚閑，服甚野，頰顴竦特，眉目濯濯秀發，余固奇之。後累見，益親，出其文有典則，誦其學知閫奥，叩其胸中，足以相表裏，始與之友。」可知邵緝是宣州宣城縣人。

〔二〕五十萬　《金佗續編》卷二八《孫逌編鄂王事》作「二十萬」，王善等軍號稱應以「二十萬」爲準，可參《金佗稡編》卷四第一〇五頁。

〔三〕且慮金人留軍江南　「且」，原作「如」，據《金佗續編》卷二八《孫逌編鄂王事》改。

〔四〕形勢咽喉之地　「勢」，《金佗續編》卷二八《孫逌編鄂王事》作「勝」。

秋七月，宰臣范宗尹奏事，因言：「張俊自浙西來，盛稱岳飛可用。」上曰：「飛乃杜充愛將。〔一〕充於事君，失臣子之節；而能用飛，有知人之明，猶可喜也。」〔二〕遷武功大夫、昌州防禦使、通、泰州鎮撫使、〔三〕兼知泰州。〔四〕

〔一〕飛乃杜充愛將　原脱「乃」字，嘉靖本同，據《紀事實録》補。

《金佗續編》卷二八《吴拯編鄂王事》：「節使岳侯飛，鄴人也，初爲杜相充愛將。」

〔二〕猶可喜也　「喜」，《紀事實録》作「嘉」。

〔三〕《建炎以來朝野雜記》甲集卷一一《鎮撫使》：「鎮撫使舊無有，建炎四年，上自海道還會稽，時江、湖（淮）、荆、浙皆爲金人所蹂，而羣盜連衡，以據州郡，大者至十餘萬，朝廷不能制。范覺民爲參知政事，謂此皆烏合之衆，急之則併死以拒官軍，莫若析地以處之，盜有所歸，則可以漸制。乃言於上，請稍復藩鎮之制，少與之地，而專付以權，擇人久任，以屏王室。羣臣多以爲不可，覺民曰：『今諸郡爲盜據者已十數，曷若朝廷爲之，使恩有所歸。』上亦决意行之。其五月，覺民爲右僕射，是月甲子，覺民請以淮南、京東、西、湖北諸路，並分爲鎮，除茶、鹽之利仍歸朝廷置官提舉外，他監司並罷，上供財賦權免三年，餘聽帥臣移用，更不從朝廷應副。遇軍興，聽從便宜，仍許世襲。上曰：『使令世襲恐太重，當俟其别立大功，然後許之。』時劇盜李成在舒、蘄，桑仲在襄、鄧，郭仲威在維揚，薛慶在高郵，皆即以爲鎮撫使。其後河南翟興、山陽趙立、歷陽劉莅、東海李彦先與薛慶皆戰死，而淮寧馮長寧以地降劉豫。紹興初，諸鎮或亡或死，遂不復除。久之，但餘荆南解潛而已。五年，趙元鎮相，召潛主管馬軍，遂罷鎮撫使。蓋鎮撫使之有聲者，文臣惟陳規，武臣惟岳飛、王彦、解潛、李横耳。」

《建炎以來繫年要録》卷三三：「（建炎四年五月甲辰）時江北、荆湖諸路盜益起，大者至數萬人，據有州郡，朝廷力不能制。盜所不能至者，則以土豪、潰將或攝官守之，皆羈縻而已。（按諸路鎮撫使桑仲、李成、孔彥舟、薛慶皆起於羣盜，翟興、劉位皆士豪，李彥先、郭仲威皆潰將，吳翊、趙霖、馮長寧皆攝官，朝廷及大臣出使所除，惟趙立、陳規、解潛、岳飛、范之才而已。）（范）宗尹以爲此皆烏合之衆，急之則併死力以拒官軍，莫若析地以處之，盜有所歸，則可以漸制。乃言於上曰：『昔太祖受命，收藩鎮之權，天下無事百有五十年，可謂良法。然國家多難，四方帥守事力單寡，束手而莫知所出，此法之弊也。今日救弊之道，當稍復藩鎮之法，亦不盡行之天下，且裂河南、江北數十州爲之，少與之地，而專付以權，擇人久任，以屏王室。』羣臣多以爲不可，宗尹曰：『今諸郡爲盜據者以十數，則藩鎮之勢駸駸成矣，曷若朝廷爲之，使恩有所歸。』上決意行之。」

《三朝北盟會編》卷一四〇《秀水閒居録》：「范宗尹爲參政，申其説，置鎮撫使，遂以爲相，降詔施行。……劉綱授濠、泗，岳飛授通、泰，趙立授承、楚，薛慶授天長，郭仲威授真、揚，王彥授金、房，皆不能守。」

〔四〕《三朝北盟會編》卷一四一：「（建炎四年）八月一日辛未朔，岳飛除昌州觀察使、通、泰州鎮撫使。五月，岳飛有靖安鎮之捷，生獲金人三百餘人。至是岳飛獻俘於行在，授昌州觀察使、通、泰州鎮撫使。」

又同書卷二〇七《岳侯傳》：「四年，常州太守林茂薦侯於朝廷，充通、泰鎮撫使。」

又同書卷二〇八《林泉野記》：「四年，至湖州，以林茂、張俊薦諸朝，除通、泰鎮撫使，戰敗虜衆。」

《建炎以來繫年要録》卷三五：「（建炎四年七月）庚申，武功大夫、昌州團練使岳飛爲通、泰鎮撫使、兼知泰州，用張俊薦也。（《岳侯傳》云：『常州太守林茂薦侯於朝，充通、泰鎮撫使。』案史，知常州周杞今年五月放罷，已差下人章綜、張鋭改除，令徐天民疾速之任，不知所云林茂爲誰，當考。）」此處「團練使」係誤。

《宋史》卷二六《高宗紀》：「（建炎四年七月）庚申，以岳飛爲通、泰州鎮撫使。」

《金佗續編》卷二八《吴拯編鄂王事》：「四年，至湖州，歸於張俊，俊薦其能於朝。」

先臣以公牘申省，辭通、泰之命，願以母、妻并二子爲質，乞淮南東路一重難任使。招集兵馬，掩殺金賊，收復〔一〕本路州郡。乘伺機會，迆邐漸進，使山東、河北、河東、京畿等路次第而復。庶幾得快平生之志，盡臣子之節。〔二〕報聞。

〔一〕收復　原作「復收」，據《金佗續編》卷一七改。

〔二〕《金佗稡編》卷一七《乞淮東重難任使申省狀》：「照得飛近准指揮，差飛充通、泰州鎮撫使，仰認朝廷使令之意，除已一面起發，前赴新任外。契勘金賊侵寇虔劉，其志未艾。要當速行勦殺，殄滅静盡，收復諸路，不然則歲月滋久，爲患益深。若蒙朝廷允飛今來所乞，乞將飛母、妻并二子爲質，免充通、泰州鎮撫使，止除一淮南東路重難任使。令飛招集兵馬，掩殺金賊，收復本路州郡，伺便迤邐收復山東、河北、河東、京畿等路故地。庶使飛平生之志得以少快，且以盡臣子報君之節。……小貼子：飛今來所管官兵一面催發前赴新任，如蒙指允飛所乞，即乞速賜指揮，亦不敢仰干朝廷，别求添益軍馬。伏乞鈞照。」

《金佗續編》卷一四《忠愍謚議》：「朝廷命公鎮撫通、泰，乃力辭，請以母、妻、二子爲質，願别立一軍，招集士馬，自兩淮進取山東、河北，收還舊疆，使快平生之志，盡臣子之節。」又同書卷一四《武穆謚議》：「其爲通、泰鎮撫使，乞别爲一軍，招集兵馬，掩殺金賊，收復山東、河北、河東、京畿等路，以快平生之志，盡臣子之節。」

八月，金人攻楚州急。簽書樞密院趙鼎遣張俊援之，命先臣隸俊節制。〔一〕俊辭曰：「虜之兵不可當也。趙立孤壘，危在旦夕。若以兵委之，譬徒手搏虎，併亡無益。」鼎再三辨，俊亦再三辭。鼎奏上曰：「若俊憚行，臣願與之偕。」俊復力辭。乃詔先臣率兵腹背掩擊，令劉光世遣兵，而以先臣改隸光世節制。〔二〕上數令人促光世親率兵渡江，〔三〕光世將行，幕下或止之，遂已。上聞之，乃顧鼎曰：「移文不足以盡意，卿可作書與光世，詳言之。」鼎遂移書光世，又不行。〔四〕

〔二〕「節制」一詞，宋朝有兩種含義。《朝野類要》卷四《節制》：「本朝兵制最爲周密，如『節制』之稱，所以使寄戍之軍服其權也。若平時鎮江府武鋒軍駐楚州，則其州守臣有統轄屯戍之兼職。」此含有間接指揮之意。《金佗續編》卷五《朝省行下事件省劄》：「其湖北帥司統制官顔李恭、崔邦弼兩軍，并荆南鎮撫使司軍馬，並聽節制使喚。」此爲後岳家軍攻打襄漢時，湖北帥司和荆南鎮撫司軍馬暫時撥歸岳飛指揮。

《行實編年》正文之「節制」，應作暫時指揮之意。

〔三〕《建炎以來繫年要録》卷三六：「（建炎四年八月）己丑，詔通、泰鎮撫使岳飛以所部救楚州。時揚、承二鎮已陷，楚勢亦危，趙立遣人告急。簽書樞密院事趙鼎欲遣神武右軍都統制張俊往救之。俊曰：『虜方濟師，撻懶善兵，其鋒不可當。立孤壘，危在旦夕。若以兵委之，譬徒手搏虎，併亡無益。』鼎曰：『楚當虜衝，所以蔽兩淮，若委而不救，則失諸鎮之心。』俊曰：『救之誠是，但南渡以來，根本未固，而宿衛寡弱，人心易摇，此行失利，何以善後？』鼎見上，曰：『江東新造，全藉兩淮，若失楚，則大事去矣。是舉也，不惟救垂亡之城，且使諸將殫力，不爲養寇自豐之計。若俊憚行，臣願與之偕往。』俊復力辭，乃命飛、立腹背掩擊。仍令劉光世遣兵往援，毋失事機。」

《宋史》卷二六《高宗紀》：「（建炎四年八月）己丑，詔岳飛救楚州，仍命劉光世遣兵往援。」

〔三〕親率兵渡江　原脱「兵」字，據《金佗續編》卷一七補。

〔四〕《建炎以來繫年要録》卷三六：「（建炎四年八月甲午）兩浙安撫劉光世畏金人之鋒，不能援揚、楚，但遣統制官王德、酈瓊將輕兵以出，是日，渡江，與虜游兵遇，擊之。」又同書卷三七：「（建炎四年九月）壬寅（三日），劉光世奏：『淮南諸鎮，郭仲威潰散，薛慶身亡，趙立不知存亡，岳飛見在江陰軍，不見赴鎮，劉綱以所部渡江赴行在，散在南北岸作過。金人見留承州。臣遣王德渡江，過邵伯埭，擒敵軍四百餘人。』詔光世以所俘赴行在。既而德自天長引兵趨承州，不得入，斬所部左軍統領官劉鎮而還。（此據光世奏，云德『九月八日申到』，在此後五日，不知以何日斬鎮也。）」

「乙巳（六日），詔劉光世、岳飛、趙立、王林犄角，逼逐虜兵渡淮。」

《宋會要輯稿》兵九之八—九：「（建炎四年）八月十五日，詔：『金賊人馬於真、揚州界出没，及將滁、和舟舡出江，不測南渡。令劉光世前去鎮江府，分遣官兵，於江岸張耀兵勢，過爲隄備，及會合淮南諸鎮軍兵，併力邀擊。』

十九日，詔：『金人已犯揚州，必侵承、楚，令岳飛率兵腹背掩擊。及令劉光世遣兵渡江，應援淮南州軍，無失事機。』

九月三日，兩浙西路安撫大使、兼知鎮江府事劉光世言：『遣發統制官王德等將帶軍馬，前去揚州以北討殺。金賊新破諸鎮，其志正驕，必謂我兵不敢渡江，若連夜徑去，出其不意，決成大功。又别遣奇兵，由天長路張耀兵勢，多方疑之。王德等於八月二十四日早渡江，次日兵過邵伯，逢賊夾河下寨。王德等突騎先至，敗賊，殺三千餘人，掩擊入水，莫知其數，活擒〔女〕真、契丹、燕人、簽軍等四百餘人，復奪被虜人民二千餘人，並放歸元來去處。』詔令劉光世將擒到金賊四百餘人押赴行在。

六日，詔：『訪聞金賊尚在承、楚盤泊，未有歸意。竊慮賊情狡猾，别有姦謀，窺伺通、泰。令劉光世多遣精鋭軍馬渡江，令督責王德等進兵掩擊。仍令岳飛、趙立、王林犄角相應，併力剿殺，逼逐渡淮南界，並無金人，方得勾回人馬。仍遣使臣深入賊寨，體探賊情。進兵次第，日具申樞密院。』

十一日，光世奏：『探得金賊到楚州界，被楚州已填合河道，舟舡不通，卻於承州以北别尋河路，入淮北道。』詔令光世選精鋭軍馬，渡江前去，會合諸鎮，併兵掩殺，務要速成大功。如擒獲龍虎大王，白身與補觀察使，有官人取旨優異推恩，不次陞擢。繼詔光世督王德等賈勇士卒，乘勝進兵，務成奇功。仍將逐次出戰立功人疾速開具聞奏。

十月三日，樞密院據報，金賊見爲楚州及淮北有生兵前來接應，推般對樓、鵝車、洞子，填疊壕塹，連夜攻打。詔：『劉光世雖已遣王德等軍馬渡江前去，緣見與承州賊馬相拒，未能直抵楚州。仰光世親率大兵渡江，由天長軍西路徑抵楚州，仰會合諸鎮軍馬，務要成功。及郭仲威雖遣統制官楊望等部兵會合，即不見仲威躬親前去。仰郭仲威、岳飛、王林火急親率軍馬前去會合，併力討殺。稍失事機，當重作施行。』」

又同書兵一四之二二：「（建炎）四年九月十五日，兩浙西路安撫大使劉光世奏：『金賊再入承州，遣統制官王德、酈瓊等輕兵直入承州。今月八日，去承州西四、五里，賊軍迎敵，王德引兵衝賊〔軍，殺〕頭首千餘人，及擒女真、契丹、〔渤〕海、簽軍等一百餘人，追至承州城外。』」

《金佗稡編》卷二五《承楚辨》：「御前五降金字牌，樞密院一十九次劄下，坐閲兩月，光世蓋未嘗一涉江也，其視『以身督戰』之詔爲何事？自先臣以下，並權聽光世節制，會合救楚。光世僅遣一軍，半途而止，蓋未嘗與諸鎮遇也，其視親統全軍會合之旨爲何説？……光世何在？在京口也。璽書絡繹而促之，廟堂專書而言之，光世率視爲迂緩；逮參謀一語，亟止其行，何其去就之不審也！」劉光世本人避敵於江南鎮江府，其所遣王德等軍已過距承州頗近之邵伯，却未向北直進，而向西北繞道至與承州有重湖之隔的天長軍，可知並無復承援楚之意，並謊報勝捷。按其戰報，邵伯和承州以西兩戰，共殺敵四千多人，而「掩擊入水」者尚「莫知其數」，承州豈有不復之理。《宋會要》記載前綫奏報之日期，一般都以朝廷收到之日爲準。楚州雖於九月底陷落，宋廷於十月三日仍督促劉光世進兵救援。

《酈王劉公家傳》卷三：「是月（指七月），虜酋龍虎、撻辣駐軍淮甸。公堅壁江上，遣偏師挫其鋒。

八月，殺賊數千於揚州之邵伯鎮，掩入河湖者萬數，乘勝入承州，擊賊大軍，殺三千人。踰旬之間，生致虜兵甚衆，擇女真五百人俘以獻。」

〔九月〕時諸帥分鎮兩淮，虜攻山陽，侵軼通、泰，連數千艘，將有絶江之意。人情駭異，諸鎮各營私便。上特以御筆賜公曰：『承州殘虜，圍攻山陽，諸鎮之師，逗撓不進。以卿任兼將相，勳望特隆，已降指揮，並聽節制。比聞王師寨栅皆在高郵之南，去楚州尚遠，勢不相及。深慮淹久，致失事機，脣亡之憂，於卿爲重。卿宜速渡大江，以身督戰，庶使諸鎮用命，戮力盡忠，亟解山陽之圍，一掃垂盡之虜。朕亦議發行在大軍，以爲卿援。諒卿體國，必悉朕懷。』公乃鼓六軍之氣，鞭其畏怯之心，莫不自奮。

冬十月乙酉，詔：『金賊於真、揚州界出没，又舟取滁、河（應爲和）出江，其意莫測。』命公分遣官兵，沿江張耀兵勢，過爲防備，會合邀擊。

己丑，詔：『金人已犯揚州，必侵承、楚。』俾公援岳飛之兵，腹背掩擊。公奏曰：『金賊新破諸鎮，其志正驕，必謂我兵不敢踰江而北。兵法曰：先人有奪人之心。若宵濟而襲之，必成大功。臣於八月間遣統制官王德等領兵由揚州禦敵，又遣别將路出天長，耀以疑兵。甲午，賊營於邵伯夾河。王德等突騎先至，殺賊三千，掩入水者莫知其數，生擒四百餘人，復得被略民二千餘，釋而歸業。』詔公以擒虜護至闕下。

十一月乙巳，詔：『訪聞金賊尚在承、楚盤泊，未有歸意。竊慮賊情狡獪，别有姦謀，窺伺通、泰。劉光世可多遣軍馬渡江，督責王德等進攻掩擊。仍令岳飛、趙立、王林犄角相應，併力剿殺，逼逐渡淮。候淮南界並無金人，方得回軍。』壬子，詔略曰：『朕駐蹕會稽，密邇京口，控禦大江，特倚卿爲重。自承、楚失守，通、泰告急，深慮虜騎不測，尚欲南渡。正賴卿激勵將士，半涉邀擊，不失機會。連日得沿江探報，虜騎已犯揚州，人情憂疑，尤軫朕懷。可速引將士過江，擣虚邀擊，殲厥渠魁，以寬侵軼之患。雖疏封王爵，朕亦何吝。』公奏：『金賊舟入承州，遣統制官王德、酈瓊將輕兵至州西五里，賊軍迎敵，王德引兵衝擊，斬首千級，擒女真、契丹、渤海、簽軍數百人。』」《酈王劉公家傳》成書當在宋寧宗開禧元年追封劉光世酈王後，今僅存殘缺之抄本。此書故作曲筆，爲擁兵玩敵之庸將塗脂抹粉。又自十月乙酉後，除十一月壬子詔外，其餘五件詔令和奏章皆差誤六十日。

《金佗續編》卷一高宗宸翰一：「近據劉光世差王德等統率軍馬過江之後，累奏戰捷，殺獲金人甚多。賊久駐江、淮，即漸抽退，其未去者數雖不多，若不乘勢勦除，終作腹心之患，正諸將立功報國之秋也。岳飛奮命許國，忠勞甚著，朕常嘉之。今可與光世所遺將領等協力並進，往承州、楚州等處，殺伐金賊，期於勦撲，當議不次推賞。其有能獲龍虎太師者，白身與除觀察使。

九月十五日。付岳飛。」

是時，朝廷雖已詔先臣，〔一〕而先臣方自行在歸宜興，盡提所部赴鎮，元未之知也。〔二〕十九日，先臣發宜興。二十三日，軍至江陰，俟舟未濟。先臣聞警，輕騎而先，二十六日入泰州。〔三〕未視篆，〔四〕籍郡中敢死士〔五〕及部押使臣、〔六〕效用，責其從軍願否狀。盡收其馬，置之教場，集射于其中，中的多者，〔七〕得自擇一馬。訖射，得百人，以賜甲五十副并作院甲五十副予之，分爲四隊，〔八〕常置左右。〔九〕

〔一〕是時朝廷雖已詔先臣　「是」、「朝廷雖已」，原缺，嘉靖本同，據《紀事實録》補。

〔二〕盡提所部赴鎮元未之知也　底本、嘉靖本和浙本殘缺錯訛，據《紀事實録》校補。

〔三〕《金佗稡編》卷一七《申劉光世乞兵馬糧食狀》：「於八月十五日還至常州宜興縣，於十八日起發前來，祗赴新任。二十二日至江陰軍歇泊。據探報，金人見圍楚州，飛遂逐急權差統制王貴管押兵馬，等船濟渡。切慮遲滯，有失事機，不免躬親先入泰州，於二十六日夜二更到泰州城外。承准八月十九日指揮，令飛與趙鎮撫立掎角，飛遂措置調發兵夫、糧食。」《行實編年》叙事爲十九日自宜興出發，二十三日至江陰，與此狀各差一日。

〔四〕未視篆　「篆」，《金佗續編》卷一七作「事」。

〔五〕敢死士　《紀事實録》和《金佗續編》卷一七作「敢勇士」。據《宋史》卷一八八、一八九《兵志》，泰州本無以「敢勇」或「敢死」爲番號之禁軍或廂軍，可知乃是抗金戰爭中臨時招募之部伍。

〔六〕部押使臣　「押」，《金佗續編》卷一七作「轄」。

〔七〕中的多者　「者」，據《金佗續編》卷一七補。

〔八〕《三朝北盟會編》卷二三九：「官軍每隊五十人，一馬船猶不能載八隊。」《建炎以來繫年要録》卷一一一：「每隊五十當增旗頭一人。」按宋軍之一般編制，每隊有五十人。疑四隊爲二百人，或百人分爲兩隊。

〔九〕此爲激勵士氣，協調新、舊部屬關係之措施。古時人們地方觀念濃厚，幾個地方之軍隊往往發生齟齬。例如《建炎以來繫年要録》卷三七載，在被圍之楚州城中，「徐州將士殘暴，席勢凌楚軍，二州衆不相能」。趙立犧牲後，「徐人多潰圍而去」，嚴重影響楚州之守衛。《東牟集》卷九《論楚州事劄》：「今欲稍給楚州糧食，必自通、泰往。乞以糧食轉至通州，即令岳飛據所交到數，却自泰州撥還楚州，令楚州之兵自從下河津般。」

九月初二日，入治所。初三日，復出屯。初九日，軍既畢濟，即日引兵屯三（光宗皇帝嫌諱），〔一〕爲楚聲援。〔二〕二十日，遂抵承州。轉戰彌月，三戰皆大捷。殺其大酋高太保，擒女真、契丹、渤海、漢兒軍等，又俘阿主里〔三〕孛堇及里真、阿主黑、〔四〕白打里、蒲速里酋長七十餘人，送行在。〔五〕上賜札曰：「卿節義忠勇，無愧古人。所至不擾，民不知有兵也；所向必克，寇始畏其威也。朕甚嘉焉。今方國步艱難，〔六〕非卿等數輩，朕孰與圖復中土〔七〕耶！賜卿金注椀一副、盞十隻，聊以示永懷也。」〔八〕

〔一〕《三朝北盟會編》卷一四二：「（建炎四年九月）四日癸卯，通、泰州鎮撫使岳飛入泰州。七月，岳飛除通、泰州鎮撫使，至是以本部兵入泰州。飛治軍嚴整，將士畏之，禁止軍中不得騷擾，百姓室家安堵，尤得民情。」

《建炎以來繫年要録》卷三七：「（建炎四年九月）癸卯，通、泰鎮撫使岳飛以所部入泰州。」

《金佗稡編》卷一七《赴鎮畫一申省劄子》：「飛所統人馬見在常州宜興縣駐泊，其本縣已是闕乏錢糧，無可應副。飛見擇日起發，前去之任。竊聞江陰、鎮江見今全闕濟渡舟船，兼飛所管官兵老小數多，若以見有舟船裝載，半月不能渡絶。」這是岳飛自宜興赴任前的上狀，他估計因缺乏舟船，「見帶軍馬萬餘」，連同軍隊家眷，共「七萬餘人口」，渡江須用半月時間。

又同書卷一七《申劉光世乞兵馬糧食狀》：「實緣舟船數少，今月初九日，方盡到泰州。飛已差張憲權行守城，見今大軍屯駐三墩，與金人大寨不遠。」據此狀，岳飛本人至泰州爲八月二十六日，全軍至泰州爲九月九日，《會編》和《要録》有異，應以此狀爲準。

《金佗續編》卷三〇《高郵軍紹興三巨公祠記》：「岳忠武親援天矛，虎視一方，去郭數十井，土名三垛，則公結寨之址也。」

《讀史方輿紀要》卷二三高郵州：「三垛鎮：州東四十里。宋建炎中，金人攻楚州，詔通、泰鎮撫使岳飛救之。飛屯軍三垛鎮，爲楚州聲援，寇至，三戰三捷。」三垛本名三墩，因避宋光宗趙惇之諱而改名。

〔二〕《金佗稡編》卷一七《赴鎮畫一申省劄子》：「一、泰州全藉興化縣在水鄉，多收稻穀，以贍兵卒，今蒙已降指揮，從薛慶所乞，隸屬承州。泰興縣又已割屬揚州。兼契勘泰州舊有四縣，内倚郭海陵附近州城，累遭賊火蹂踐，全無所收，如皋一縣臨於大路，所收不廣。今來泰州一小郡，難以卻將兩縣屬別州，顯於軍民妨闕。……

一、本軍頭口，老小、正兵七萬餘人口，飛差人前去體探得通、泰二州即目並無糧斛，況糧斛猝急難以擘畫。……

一、飛見帶軍馬萬餘，自春並不曾支給衣賜。今來合給冬衣之時，今體訪得通、泰州即目錢帛闕少，本州人兵尚無可支散，切慮因此失所。伏望詳酌體念，特賜於有錢絹官司或別州軍去處支給冬衣一次，貴免官兵赤露失所。」

又同書卷一七《申劉光世乞兵馬糧食狀》：「新復建康之後，所有士馬瘡痍尚新，羸弊方甚，兼自到任未及一旬，芻茭、糗糧一切窘乏。本未能即從王事，重以承、楚之急，甚於倒垂，不可以頃刻安居，理宜前進。欲望鈞慈捐一、二千之衆，假十餘日之糧，令飛得激厲士卒，徑赴賊壘，解二州之圍，掃犬羊之迹。」

又同書卷一七《申劉光世乞進兵狀》：「承、楚之事，危迫如許，累准朝廷指揮催督，此正飛等捐身徇義之秋。切緣王鎮撫林、郭鎮撫仲威等並不見差撥軍馬前來，使司王統制雖聞已起發，即目尚未知屯駐去處，使飛孤軍委實難以支梧。

今月十二日，准本州遞到今月六日指揮。飛除已遵稟外，契勘金賊盤泊日久，連破諸鎮，王鎮撫、郭鎮撫等各斂兵自保，其志已驕，目即承、楚一帶民户逃死，别無鹵掠，易於攻卻。據探報，虜人急攻楚州，切恐萬一疏虞，於淮南諸鎮利害不細。飛已於今月十五日具申使司去訖。飛一面起發，前往承州以來，措置勦殺外；伏乞鈞慈特捐一、二千之衆，别差統制官一員前來犄角，庶立大功，不致上誤國事。」又同書卷二五《承楚辨》：「先臣獨以孤軍出屯，留州之外，戲下不滿數千。建康之戰，瘡痍未復。徙屯之所，賜在吴興，轉餉艱阻，廩食不繼，僅能渡江，而值泰州之匱。視事一日而出屯，八日而軍至，不解甲而征。益以泰卒，又皆鳥驚魚散之餘，特激於先臣之義，願效死力。」《三朝北盟會編》卷一四二《中興姓氏忠義傳》：「劉光世以兵五萬聚潤州，畏大金，不敢進。朝廷命以兵救（趙）立，不敢來。」據《建炎以來繫年要録》卷六〇，紹興二年時，「劉光世軍四萬，老弱頗衆」。可知建炎四年時，尚無五萬人。但是，他以數萬大軍屯駐鎮江，却未支援岳飛一兵一卒。王德部時已撤退，岳飛只能以幾千孤軍，同强敵周旋。

〔三〕阿主里　原作「阿里」，《金佗續編》卷一七作「阿主」，據《金佗稡編》卷一九《承州捷報申省狀》改。

〔四〕《金佗稡編》卷一九《承州捷報申省狀》：「除身死外，見管女真三人：阿主里孛堇、白打里、蒲速里。」《行實編年》另載有「里真、阿主黑」，可能爲被俘後之死亡者。「阿主黑」，《金佗續編》卷一七作「阿主里」。

〔五〕《宋史》卷二六《高宗紀》：「（建炎四年十月）乙未，岳飛破金人于承州。」按《宋史》所載，若非時間錯訛，應是指岳飛撤兵回泰州時，打退敵軍追擊。《金佗稡編》卷一九《承州捷報申省狀》：「恭依指揮，選精鋭分頭會合，及率人馬直抵承州，掩殺金賊，三次見陣獲捷。所有逐次生擒女真、契丹、渤海、漢兒軍高太保等，除身死外，見管女真三人：阿主里孛堇、白打里、蒲速里；渤海一名：李用；契丹一名：毛毛可湿；奚人三人：王哥、合主、留哥；漢兒一十二人：李延壽、趙月一、張大、李興門、侯孝興、解德、小兒、麻大、曹黑兒、楊四兒、楊章兒、孫公儀。今差使臣某人管押申解前去。」

〔六〕今方國步艱難　「今方」，《金佗續編》卷一高宗宸翰二作「方今」。

〔七〕中土　「土」之下，《金佗續編》卷一高宗宸翰二有「者」字。

〔八〕聊以示永懷也　「示」，原作「不」，嘉靖本同，據《紀事實録》改。

金人既陷承、楚，〔一〕詔光世措置保守通、泰。〔二〕時先臣在承州，泰州盜起，王昭寇城東，張榮寇城北。於是先臣得還守通、泰之命，乃旋師。自北炭村至柴墟，〔三〕屢戰，皆大捷，死者相枕藉。諜報金人併兵二十萬，將取通、泰，俄已破張榮茭城。〔四〕光世復違詔，不遣援兵，先臣以聞。

〔二〕《建炎以來繫年要録》卷三七：「（建炎四年九月）戊辰，金左監軍昌急攻楚州，破之。……始，立走人詣朝廷告急，上命浙西安撫大使劉光世督淮南諸鎮往援之。東海李彦先首以兵至淮河，扼虜不得進。高郵薛慶至揚州，轉戰被執死。光世前軍將王德至承州，其下不用命。維揚郭仲威按兵天長，陰懷顧望。獨海陵岳飛屯三墪，僅能爲援，而亦衆寡不敵。敵知外援絶，攻圍益急。……及城陷，州人扶傷巷戰，惟民兵奪門而出。」

《宋史》卷四四八《趙立傳》：「承州既陷，楚勢益孤，立遣人詣朝廷告急。簽書樞密院事趙鼎欲遣張俊救之，俊不肯行。鼎曰：『江東新造，全藉兩淮，失楚，則大事去矣。若俊憚行，臣願與之偕往。』俊復力辭，乃命劉光世督淮南諸鎮救楚。東海李彦先首以兵至淮河，扼不得進。高郵薛慶至揚州，轉戰被執死。光世將王德至承州，下不用命。揚州郭仲威按兵天長，陰懷顧望。獨海陵岳飛僅能爲援，而衆寡不敵。高宗覽立奏，歎曰：『立堅守孤城，雖古名將無以踰之。』以書趣光世會兵者五，光世訖不行。金知外救絶，圍益急。九月，攻東城，立募壯士焚其梯，火輒反嚮，立歎曰：『豈天未助順乎！』一旦風轉，焚一梯，立喜，登磴道以觀，飛砲中其首。左右馳救之，立曰：『我終不能爲國殄賊矣！』言訖而絶，年三十有七。衆巷哭，以參謀官程括攝鎮撫使以守。金人疑立詐死，不敢動。越旬餘，城始陷。」

〔三〕《金佗稡編》卷二五《承楚辨》：「建炎四年十月二十七日丙申，兩浙西路安撫大使劉光世奏：『準御筆處分：承州殘虜，攻圍山陽，諸鎮之師，逗撓不進。以卿任兼將相，勳望特隆，已降指揮，並聽節制。比聞王師寨栅皆在高郵之南，去楚州尚遠，勢不相及。深慮淹久，致失事機，唇亡之憂，於卿爲重。宜速前渡大江，以身督戰，庶使諸鎮用命，戮力盡忠，亟解山陽之圍，一掃垂盡之虜。朕亦當議遣行在大軍，以爲卿援。諒卿體國，必悉朕懷。十五日，付光世。臣契勘自八月二十四日遣兵渡江，逼近承州，至今與金賊大小十餘戰，累獲勝捷，及措置招納女真種類。蒙朝廷察見臣所遣軍馬久住江北，孤軍獨行，指揮臣會合岳飛、王林、郭仲威等人馬。臣自承指揮，日逐移文催促岳飛等，約及二十餘次，終是遷延，又巧爲辭説，抵拒會合指揮。臣已節次具因依奏聞去訖。若使岳飛等即時恭聽朝廷指揮，尅期前來，則承州之賊可破，楚州之圍可解，乘機投隙，間不容髮。飛等遷延五十餘日，遂失機會，致貽陛下聖慮憂勤，實不勝憤憤。今臣已將沿江應係賊馬來路，嚴爲把守，必不使南渡。兼已密遣人前去承、楚以來，探伺賊情，若有機便可乘，即便措置勦殺次，奏聞事。』

奉聖旨：『劉光世所奏，備見體國忠勤。今來楚州既失，其通、泰最爲要害，萬一虜人侵犯，必窺海道。仰光世多有措置，節制諸鎮，誡諭協和一心，戮力保守。若無疏虞，即當以功贖過，更與優異推恩。仍密切探伺，如得機便，即乘勢擊襲渡淮，不得稍失機會。』」按《承楚辨》此段引文大約摘自《高宗日曆》。

《建炎以來繫年要録》卷三七：「（建炎四年九月丙寅）先是，光世麾下有言：『光世將提兵過江，而幕客沮之，其意遂緩。』簽書樞密院事趙鼎聞之，以書抵光世曰：『參謀諸公久在幕府，必能裨贊聰明，共享富貴，固不可輕舉妄動，重貽朝廷之憂。亦安忍坐視不救，滋長賊勢，留無窮之患。』上聞之曰：『諭諸將當如此。』」又同書三八：「（建炎四年十月）戊子，簽書樞密院事趙鼎奏，詰劉光世等違命不救楚州之罪，有云：『逐官但爲身謀，不卹國事，且令追襲金人過淮，以功贖過。』翌日，上批：『語言太峻。』令改定進入，及進呈，上曰：『光世當此一面，委任非輕，若責之太峻，恐其心不安，難以立事。』」「（丙申）浙西安撫大使劉光世言：『臣准御筆，令督諸鎮，速解山陽之圍。若使岳飛等即時恭聽朝廷指揮，尅期前來，則承州之賊可破，楚州之圍可解，乘機投隙，間不容髮。飛等遷延五十餘日，遂失機會，臣實不勝憤懣。今臣已將沿江應係來路，嚴爲把守，必不使南渡。』詔光世節制諸鎮，戮力保守通、泰。仍伺便襲敵過淮，毋失機會。」

〔三〕據《元豐九域志》卷五，柴墟鎮在泰州泰興縣。《讀史方輿紀要》卷二三泰興縣：「宋乾德三年，徙治於柴墟鎮。熙寧中，知縣尤袤排衆議，築外城，周九里有奇，俗號爲龜城。建炎三年，岳飛駐泰州，以州無險可峙，退保柴墟，渡百姓於沙上。是時金人陷揚州，所至塗炭，唯縣有外蔽，全活甚衆。」按尤袤於宋高宗紹興末年任縣令，距宋神宗熙寧時約九十年。岳飛駐泰州，是在建炎四年，而非建炎三年。《宋史》卷三八九《尤袤傳》：「嘗爲泰興令，……縣舊有外城，屢殘於寇，頹毁甚，袤即修築。已而金渝盟，陷揚州，獨泰興以有城得全。」可知柴墟鎮之城牆，與泰興縣之外城，乃是兩回事。

〔四〕《三朝北盟會編》卷一四三：「（建炎四年十一月）金人攻張榮於鼉潭湖，破其茭城。張榮，梁山濼漁人也，聚梁山濼，有舟師二、三百人，常劫掠金人。杜充爲留守時，借補榮官，至武功大夫、遥郡刺史，軍中號爲張敵萬。金人進兵取維揚也，榮乘間率舟船自清河而下，滿舟皆載糧食，駐於鼉潭湖，積茭爲城，以泥傅之，漸有衆萬餘。金人屯於孫村浦、壽河也，屢遣人攻之，阻湖淖，皆不能近。是時天寒冰凍，金人已得楚州，遂併力攻其茭城。榮不能當，焚其積聚，棄茭城，率舟船遂入通、泰州。」

冬十一月，有旨：「泰州可戰即戰，可守即守；如其不可，且於近便沙洲保護百姓，伺便掩擊。」先臣顧虜勢盛，泰無可恃之險，初三日，全軍保柴墟，戰于南霸塘。金人大敗，擁入河流者不可勝計。相持累日，而泰州爲鎮撫使分地，不從朝廷應副，糧餉乏絶，封虜屍以繼廩。初五日，乃下令渡百姓于陰沙。〔一〕先臣以精騎二百殿，金人望之，不敢逼，遂屯江陰。〔二〕

〔一〕渡百姓于陰沙　「陰沙」，疑爲「江陰沙上」之誤。

〔二〕《宋史》卷二六《高宗紀》：「（建炎四年十一月）丙午，岳飛棄泰州，渡江。丁未，金人犯泰州，飛退保江陰軍沙上。」

《建炎以來繫年要録》卷三九：「（建炎四年十一月丙午）通、泰鎮撫使岳飛自柴墟鎮渡江。金左監軍昌既得楚州，有經營南渡之意，乃攻張榮鼉潭湖水寨。金人屢攻榮，阻湖淖，不得進。及是天寒水深，遂併力攻其茭城，榮不能當，焚其積聚而去。金人進犯泰州，飛以泰州不可守，棄城去。率衆渡江，屯江陰軍沙上。（飛棄泰州，據趙甡之《遺史》，在此月癸卯。《日曆》：『飛奏，十一月七日，自柴墟鎮渡江。』七日，丙午也，故繫於此。）」

《三朝北盟會編》卷一四三：「（建炎四年十一月）四日癸卯，岳飛棄泰州。岳飛爲通、泰州鎮撫使，軍於泰州。會金人撻懶有占通州，經畫再渡江之意，已破張榮茭城，虜騎侵入。飛以泰州不可守，於是率衆渡江，入於江陰軍，而棄泰州。」

《金佗稡編》卷二五《承楚辨》：「先臣獨以扶傷饑羸之卒，賈其勇於累戰之餘，柴墟再捷，河流爲丹。先臣率先士卒，身被兩槍，猶乘勝逐北。虜既退遁入栅，先臣盡護數十萬之生聚保柴墟。是時，光世非特措置之責，漫若不聞，一兵之援亦不及。於泰既爲分地，不從朝廷應副，餉道無所從出。先臣乃刲屍繼廩，復護生聚渡之陰沙，而已獨殿後，虜雖彊盛，望之而不敢邀也。」

〔三〕《建炎以來繫年要録》卷三九：「（建炎四年十一月庚申）通、泰鎮撫使岳飛以失守待罪，詔飛赴江陰就糧，極力捍禦金人，毋得透漏。」

《歷代名臣奏議》卷四七章誼奏：「自趙立被圍，朝廷不能遣兵應援，以致陷没。於是薛慶、李彦先相繼喪亡，岳飛、郭仲威迤邐失守。」

時劇賊李成，自號李天王，乘金人殘亂之餘，據江、淮十餘州，連兵三十萬，有席卷東南之意，遣其將馬進犯洪州。〔一〕十二月，上命張俊爲江、淮招討使。〔二〕

〔一〕洪州　應爲「江州」之誤，參見下條。

〔二〕《三朝北盟會編》卷一四四：「(紹興元年正月十一日己酉)李成乘金人殘亂之餘，據江、淮十餘州，連兵數十萬，有席卷東南之意。數使其徒多爲文書符讖，以爲幻惑，聲撼中外。」又同書卷二〇七《岳侯傳》：「時賊首李成自呼李天王，并馬進、商元等，共提兵三十萬，占據淮西、淮南數州屯駐，往來刦掠。朝廷差張俊充兩淮招討使，統軍十萬，與李成相距。」又同書卷二一九《林泉野記》：「李成圍江州，兵勢甚盛，以俊爲江、淮招討使，又命王𤫉、岳飛、陳思恭皆聽其節制，領兵五萬，往討之。」《建炎以來繫年要録》卷四〇：「(建炎四年十二月)乙未，神武右軍都統制張俊爲江南路招討使，進解江州之圍，且平羣盜。事急速者，特許便宜。時李成乘金人殘亂之餘，據江、淮六、七州，連兵數萬，有席捲東南之意。使其徒多爲文書符讖，幻惑中外，朝廷患之。至是聞金人不渡江，上乃止饒、信之行。范宗尹因請遣大將討成，故有是命。仍令前軍統制王𤫉，後軍統制陳思恭，通、泰鎮撫使岳飛皆屬俊。」按李成軍「數萬」較可信，「數十萬」或「三十萬」應是號稱。《宋會要輯稿》兵九之一〇：「(紹興元年)二月十七日，江南東路安撫大使呂頤浩奏：『奉親筆處分，已遣張俊部領陳思恭、岳飛等全軍人馬，相繼進發。張俊已除江、淮招討，統率大兵，前去討賊。候張俊到江東，令與臣約日於饒州或本路其他州縣，各量帶人兵，會合計議。』從之。」《歷代名臣奏議》卷二三三章誼奏：「臣伏聞舒、蘄鎮撫使李成之將馬進圍犯江州，屯兵廬山，劫掠南康軍。……臣謂要結四鄰之援，以破其輔車之勢者。今淮西有趙霖、史康民，淮東有岳飛、劉綱、王林、郭仲威，湖北有解潛、陳規，湖南有孔彥舟，京西有馮長寧，各宜遣使，奬以温詔，告以馬進侵叛之事，使之慎守封疆，屯據要害，繕甲治兵，勿與交通，若有師期，相爲掎角。其或交通資給，坐視越逸，當受同惡之罰。如此則四鄰之援絶矣。」章誼此奏建議對各鎮撫使之處置。

紹興元年，辛亥歲，年二十九。

討李成。戰生米渡。戰筠州城東。戰朱家山，斬趙萬等。戰樓子莊。殺馬進、孫建，降其衆。降張用及一丈青。充神武副軍統制。轉親衛大夫、建州觀察使。擒饒青、姚達。〔一〕陞神武副軍都統制。

〔一〕饒青姚達　原作「饒達、姚青」，今改正爲「饒青、姚達」，可參本卷第一九二頁。

春正月，俊入辭，盛言李成之衆，上曰：「成兵雖衆，不足畏。」因諭俊，以爲「今日諸將獨汝無功」。俊遽曰：「臣何爲無功？」上笑曰：「如韓世忠擒苗傅、劉正彦，卿殆不如也。」俊恐悚，承命而退。退而畏縮，自度必不可勝，思諸將惟先臣爲謀勇，乃請以先臣軍同討賊，詔許之。〔一〕

〔一〕《建炎以來繫年要録》卷四一：「（紹興元年正月）戊申，神武右軍都統制、江南路招討使張俊改江、淮招討使。後數日，俊入辭，頗言李成兵衆，上曰：『汝將全軍，設爲朕攻一郡，若何？』俊曰：『臣朝至而夕入可也。』上曰：『成竭力攻九江，兩月不能下，則雖衆，何能爲？』俊大以爲然，上因謂俊：『今日諸將獨汝未嘗立功。』俊曰：『臣何爲無功？』上曰：『如韓世忠擒苗傅、劉正彦，則功績顯著，卿殆不如。』俊恐悚承命。……

是日，馬進陷江州，守臣、直龍圖閣、沿江安撫使姚舜明棄城遁。時江州被圍僅百日，糧食皆盡，人相食，賊兵晝夜不息。兵馬副鈐轄劉紹先竭力捍禦，至是人皆饑困，無鬭志。……」

《宋會要輯稿》兵一〇之二一—二二：「（紹興元年二月）二十六日，李成賊馬見分三路作過，一犯池州，一守江州，一犯筠州。……俊奏：『……緣李成元有（都、副）統領二員，昨渡江前來作過者，止是副都統領馬進，尚有都統領胡選，并一軍人馬，止在江北。……』」

《歷代名臣奏議》卷二三九章誼奏：「馬進之兵，南侵袁、撫，東侵洪、饒，北侵池州。其本根之在淮南者，既有舒、蘄、光、黄四州之衆矣；今之渡江者，復有江州、南康、興國、筠州四郡之地。」李成共先後佔據多少州軍，其説各異，按章誼奏，另加臨江軍，則至少達九州軍。

二月，先臣至鄱陽，〔一〕與俊合兵。三月初三日，次洪州。賊連營西山，王師不得渡，諸將莫當其鋒。俊大懼，召先臣問曰：「俊與李成前後數戰，皆失利，君其爲我計之。」先臣對曰：「甚易也，賊貪而不慮後，若以騎兵三千，自上流生米渡出其不意，破之必矣。飛雖不才，願爲先鋒以行。」俊大喜，從之。〔二〕

〔一〕《三朝北盟會編》卷一四四：「（紹興元年正月）十一日己酉，岳飛起發江陰軍，權聽張俊節制，以討李成。……岳飛以通、泰州鎮撫使，方退屯于江陰軍，戊申被命，己酉進發，癸丑到宜興，取老小到徽州。有百姓訴其舅姚某搔擾，飛白其母，責之曰：『舅所爲如此，有累於飛，飛能容，恐軍情與軍法不能容。』母亦善勸而止。他日，飛與兵官押馬，舅亦同行。舅出飛馬前而馳，約數十步，引弓滿，回身射飛，中其鞍橋。飛馳馬逐舅，擒下馬。令王貴、張憲捉其手，自取佩刀破其心，然後碎割之。歸白其母，母曰：『我鍾愛此弟，何遽如此？』飛曰：『若一箭或上或下，則飛死矣。飛爲舅所殺，母雖欲一日安，不可得也。所以中鞍橋者，乃天相飛也。今日不殺舅，他日必爲舅所害，故不如殺之。』母意亦解。飛留老小于徽州，率軍馬趨洪州。」

《建炎以來繫年要録》卷四一：「（紹興元年正月）己酉，岳飛自江陰軍引兵之洪州。飛行至徽州，有訴其舅姚某騷擾者，飛責之。他日，舅因馳馬射飛，不中，飛擒而殺之。」

《宋史》卷二六《高宗紀》：「（紹興元年正月）己酉，岳飛引兵之洪州。」

《金佗稡編》卷一九《東松寺題記》：「余自江陰軍提兵起發，前赴饒郡，與張招討會合。崎嶇山路，殆及千里，過祁門西約一舍餘，當途有庵一所。……紹興改元仲春十有四日，河朔岳飛題。」岳飛和張俊原定會合饒州州治鄱陽縣。因岳家軍家屬拖累，至二月十四日，方至徽州祁門縣，故張俊大軍已先去洪州。《行實編年》説岳飛和張俊會合於鄱陽縣，係誤。

《歷代名臣奏議》卷九一章誼奏：「岳飛留老幼於徽州。」

《新安文獻志》卷五四吕午《和岳王廟壁上韻》詩注：「祁閶西一舍有菴，曰東松。紹興初，岳鄂王提兵經吾郡西上，士卒秋毫無犯，夜宿人門外，足不敢一越限内。嘗憩是菴，留題。」

《建炎以來繫年要録》卷四五：「（紹興元年六月壬午）是日，張琪自宣州引兵犯徽州，通、泰鎮撫司統領官張憲以所部在城中，聞之亟遁。」

《新安志》卷一〇《記聞》：「當艱難時，孫公佑鎮此邦。……又張憲軍久留，有錢糧官以爲郡不時支糧，捉手分與録參，衣相結，擁至庭下。佑出，揖録參以上，問：『彼來者何人，見節制兵馬而不聲喏，何也？』叱斬之。自通判以下皆懼，爲懇，凡數四，乃已。呼門者謂曰：『爾曷爲縱之使入，後不得復爾，取軍令狀。』門者退曰：『自今有輒入者，我直當殺之耳！』既畢，乃使人將錢糧官詣憲軍，憲不得已，爲杖之。佑約與糧，而促其進發，憲自詭三日行。」岳飛留張憲於徽州守護軍隊家屬。時軍伍移屯，拖妻帶子，扶老攜幼，兵貴神速便成空談。又分兵守護家屬，勢必減少軍隊戰鬭人員。

〔二〕《三朝北盟會編》卷二〇七《岳侯傳》：「緣李成兵鋭，數戰未能獲勝，張俊奏朝廷，乞侯同王躞、陳思恭以本軍隸之。李成遣偏將馬進領兵二十萬，對壘於洪州，諸將不敢當其鋒。張招討請侯議曰：『俊與李成數戰不勝，公有何見？願求一計。』侯對曰：『某既蒙下問，不避僭越。用兵者無他，仁、信、智、勇、嚴五事，不可不用也。有功者重賞，無功者重罰，行令嚴者是也。某雖不才，乞爲先鋒，與敵迎戰，必可破賊。』俊喜而許之。」

又同書卷二一九《林泉野記》：「紹興初，至洪州，李成將馬進來挑戰，俊堅壁不出，後用飛計，渡江擊之於玉隆觀，敗之。」

《建炎以來繫年要録》卷四三：「（紹興元年三月庚戌）初，俊引兵至豫章，而李成在江州，其將馬進在筠州，皆不進。俊喜曰：『我已得洪州，破賊必矣！』乃復斂兵，若無人者，金鼓不動，令將士登城者斬。居月餘，進以大書文牒，使來索戰，俊復細書答狀以驕之。又命神武前軍統制王躞閲水軍於江中。賊勢方强，謂俊爲怯戰。俊諜知賊稍怠，乃議行。諸將請分道擊賊，中部統制官楊沂中曰：『兵分則力弱。』通、泰鎮撫使岳飛請自爲先鋒，沂中由上流徑絶生米渡，出賊不意，遇其先鋒，擊破之。」

《宋史》卷三六九《張俊傳》：「范宗尹請遣將致討，俊慨然請行，遂改江、淮路招討使。成黨馬進在筠州，豫章介江、筠之間。俊聞命就道，急趨豫章，且曰：『我已得洪州，破賊決矣！』乃斂兵，若無人者，金鼓不動，令將士登城者斬。居月餘，進以大書牒來索戰，俊以細書狀報之，賊以俊爲怯。俊諜知賊怠，乃議戰。岳飛爲先鋒，楊沂中由上流徑絶生米渡，出賊不意，追奔七十里。」

《宋朝南渡十將傳》卷六《張俊傳》：「時成在江州，其將馬進在筠州，界江、筠之間者，豫章也。俊聞命就道，急趨豫章，俊曰：『我已得洪州，破賊決矣！』乃斂兵月餘，寂然不動。賊以大書牒來索戰，俊以細書狀報之，賊以俊爲怯。俊諜知賊怠，乃議戰。鎮撫使岳飛爲先鋒，中軍統制楊沂中由上流徑絶生米渡，出賊不意，追奔七十里。」

《宋史》卷三六七《楊存中傳》：「紹興元年，從俊討李成，諸將議，多欲分道進。存中曰：『賊勢如此，兵分則力弱。又諸將位均勢敵，非招討督之，必不相爲用。』俊然之，整軍至豫章，存中率兵數千，首破賊于玉隆觀。」上引記載各有側重和歧異。按張俊雖先佔洪州，却不敢出戰，直至岳飛三月初到達後，方取攻勢。渡生米渡之計，來源於子孫上報史館行狀、墓誌之類的《宋史》《楊存中傳》不載，可知非楊沂中之建議。

《讀史方輿紀要》卷八四南昌府：「生米潭：府西四十里，相傳西山天寶洞之南門也。亦曰生米渡，上有市曰生米市。……宋紹興元年，賊李成將馬進犯洪州，連營西山。岳飛謂張俊曰：『賊貪而不慮後，若以騎兵自上流絶生米渡，出其不意，破之必矣。』俊從之，賊敗，走筠州。」

初九日，〔一〕先臣身披重鎧，先諸軍躍馬以濟，衆皆駭視，須臾，以次畢渡，觀者以爲神。乃潛出進軍之右，先臣首突賊陣，所部從之，賊大敗，降其卒五萬。先臣追之二十五里，及河，渡土橋，纔數十騎而橋壞，後騎莫能進。進引軍五千，回攻先臣，先臣以一矢殪其先鋒之將，麾騎突前，進軍望風皆曳兵，又大敗。俊呼壕寨吏治橋，後騎亦至，進遂走筠州。〔二〕

〔一〕《建炎以來繫年要録》卷四三注：「按趙甡之《遺史》及俊所申，俊實以三月七日甲辰自洪州渡江。」可知渡江日期應以七日爲準，《行實編年》稍誤。《宋史》卷二六《高宗紀》：「（紹興元年三月）丙午，張俊、楊沂中、岳飛渡江擊馬進，大敗之。」《高宗紀》日期與《行實編年》同，兩書應沿襲宋朝官史之誤。

〔二〕《三朝北盟會編》卷一四五：「（紹興元年）三月十二日己酉，張俊敗馬進於玉隆觀，進走江州。……俊諜知賊稍怠，己酉，遽命大軍亟行，徑濟生米渡，遇賊先鋒，擊敗之於玉隆觀，乘勝追奔至筠州。」據《要録》卷四三，己酉爲十二日，乃筠州會戰日期，《會編》玉隆觀之戰日期係誤。又同書卷二〇七《岳侯傳》：「選精兵三萬，并本部諸將拒馬進，至玉隆觀，大破進軍。」

又同書卷二〇八《林泉野記》：「紹興初，命飛聽江、淮招討張俊，以拒李成，成將馬進來約戰，飛請爲軍鋒，擊破進於洪州玉隆觀。」玉隆觀會戰地點，前引《會編》卷二一九《林泉野記》和《宋史·楊存中傳》亦同。《金佗續編》卷二八《吴拯編鄂王事》：「紹興初，俊爲江、淮招討使，以拒李成，命侯同王璦、陳思恭皆以本軍隸之。成軍二十萬，以其將馬進軍對壘洪州，來挑戰。俊宴諸將，問所以，侯密喻其計，且請自爲先鋒。擊進于玉龍觀，大破之。」據《方輿勝覽》卷一九《隆興府》，《渭南文集》卷三四《尚書王公墓誌銘》，玉隆觀全名爲玉隆萬壽觀，《輿地紀勝》卷二六《隆興府》則作玉隆觀，玉龍觀名係誤。

先臣以軍屯筠城東。十一日，賊復引兵出城布列，横亘十五里。先臣以紅羅爲幟，刺白「岳」字於上。平明，領所擇馬軍二百人，建旗鼓而前。賊易其少，搏之，伏發，大敗走。先臣使人呼曰：「不從賊者，即坐，卸衣甲，當不汝殺！」賊應聲坐者八萬人，死者無數。擇所獲槍刀，〔一〕衣甲、器仗之堅全者，束之，令降卒負挈隨軍；其敝者置于筠之州帑，分隸降軍。三日乃畢。〔二〕

〔一〕死者無數擇所獲槍刀「擇」之上，《宋朝南渡十將傳》卷二《岳飛傳》有「坐者皆解甲」。

〔二〕《三朝北盟會編》卷一四五：「進方擁數十萬衆據筠州。進者，李成之驍將也，出兵背筠河，先守要地。俊領步卒與賊迎戰，命統制陳思恭、岳飛、楊存中等，分兵兩道，以午爲期，視旌旗所向，兩道俱進。俊前擊，至午，兩道精騎自山馳下，賊駭亂退走，死者數萬人，俘八千人。俊督鋭卒追至城下，賊力不支，乃夜遁走，遂復筠州、臨江軍。所俘者八千人，俊疑復叛，是夜，遣陳思恭盡殪之。」

又同書卷二一九《林泉野記》：「至筠州，進陳兵數十萬，命飛與陳思恭騎兵擊之，數合，不能勝。俊度其已疲，復率衆兵急攻之，賊大敗，殺數萬人，臨陣降者五萬。俊懼其太衆，且疑復叛，是夜，皆殺之。」

《建炎以來繫年要録》卷四三：「（紹興元年三月）庚戌，江、淮招討使張俊復筠州。……乘勝追奔，前一日，至筠州。進出軍背筠河，先守要地。沂中語俊曰：『彼衆我寡，當以奇勝。願以騎見屬，公率步兵當其前。』沂中乃將騎數千，與神武後軍統制陳思恭分爲兩道，同出山後。俊嚴陣以出，鏖擊至午，精騎自山馳下，賊駭亂退走，大敗之，俘獲八千。明日又戰，俊疑其復叛，令思恭夜殪之。（熊克《小曆》云：『俘獲數萬，俊以其太衆，且疑復叛，是夕，令思恭殺之。』此蓋因《林泉野記》所書也。按《日曆》載上語云：『殺降卒八千。』趙甡之《遺史》亦云：『賊退走，死者數萬人，俘八千人。』《野記》恐誤，今不取。）進力不支，乃遁，俊遂復筠州、臨江軍。馬進至南康，遇統制官巨師古，失利。進復還江州，與成會。俊整兵追之。（熊克《小曆》書此事，皆無本日，但於三月己未捷奏至日併書之。按趙甡之《遺史》及俊所申，俊實於三月七日甲辰自洪州渡江，十二日己酉與進戰，二十八日乙丑乃復江州。《日曆》：『二十二日己未，進呈張俊捷報。』不言其詳，當是復筠州捷報，而克于此遂書復江州，乃追李成于蘄州，皆誤也。今各附見本日。）」《要録》筠州會戰日期爲十二日，與《行實編年》差一日。

《宋史》卷二六《高宗紀》：「（紹興元年三月）庚戌，張俊、楊沂中復擊馬進于筠河，敗之，復筠州，進奔江州。」

又同書卷三六七《楊存中傳》：「追至筠州，賊驍將以衆十萬來援，夾河而營。存中謂俊曰：『彼衆我寡，擊之當用奇。願以騎見屬，公以步兵居前。』俊從之。存中夜銜枚渡筠河，出西山馳下擊賊，俊以步兵夾攻，俘八千人。諸將夜見存中曰：『戰未休，降卒多，忽有變，奈何？非盡殲之不可。』存中曰：『殺降，吾不忍。』諸將轉告俊，竟夜坑之。」

又同書卷三六九《張俊傳》：「至筠州，賊背筠河而陣。俊用楊沂中計，親以步兵當其前，精騎數千授沂中及陳思恭，俾從山後夾擊，以午爲期。俊與賊鏖戰至午，精騎自山馳下，賊駭亂退走，大敗。既復筠州、臨江軍，捷奏。」

《三朝北盟會編》卷二〇七《岳侯傳》：「進走筠州，侯領兵追殺之，降賊步軍五萬餘衆，李成、商元北走。」

《金佗續編》卷二八《吴拯編鄂王事》：「追至筠州，又敗之，降其兵五萬。」據前引各書記載，筠州之戰爲張俊各部分進合擊而取勝，《行實編年》應誇張岳飛戰功。

進以餘卒奔李成所，成時在南康之建昌。先臣夤夜引兵，〔一〕銜枚至朱家山，偃兵伏幟，於茂林待之。進至，伏兵一鼓出林，賊衆大敗，殺獲步兵五千人，斬其將趙萬等。進引十餘騎先走，僅以身免。

〔一〕夤夜引兵　「夤」，《紀事實録》作「復」。

成怒，自引兵十餘萬來。先臣遇之于樓子莊，引軍合戰，大破成軍，降其卒二萬餘人，獲馬二千匹。追之，由武寧至江州，道中殺及降凡三萬人。〔二〕

〔二〕《三朝北盟會編》卷一四五：「（紹興元年三月）二十八日乙丑，張俊敗馬進於江州。馬進筠州之敗，張俊追至奉新樓子莊，賊將商元據草山狹險設伏。俊熟視山峻路險，度必有伏，乃遣步兵從間道直趨山頂，殺伏奪險，乘勝殺至江州。進等拒戰不勝，絶江而遁，遂復江州。自是俊軍有『張鐵山』之號。是時，興國軍諸處羣賊悉皆奔竄矣。」又同書卷二一九《林泉野記》：「進走，追至奉新縣之樓子莊，至江州，又再敗之。」

《建炎以來繫年要録》卷四三：「(紹興元年三月)甲子，始下詔罪狀李成，募有能斬首及獲成者，除節度使，賜銀萬兩、錢萬緡，且赦成軍中脅從者。初，馬進既敗，江、淮招討使張俊追之，至奉新樓子莊，賊將商元據草山設伏。俊熟視，見山險路狹，乃遣步兵從間道直趨山頂，殺伏奪險，遂至江州。進拒戰不勝，絶江而遁。

乙丑，俊復江州，統制官楊沂中、趙密引兵追擊，又大敗之。成復還蘄州。自是俊軍有『鐵山』之號。」

《宋史》卷二六《高宗紀》：「(紹興元年三月)甲子，始下詔罪李成，募人禽斬，赦脅從者。張俊追馬進至江州。進戰敗，遁去。

乙丑，進復江州，楊沂中、趙密引兵追擊進，又大敗之。成奔蘄州。」

又同書卷三六九《張俊傳》：「追至北奉新樓子莊，賊黨商元據草山，挾險設伏。俊遣步兵從間道直趨山椒，殺伏奪險，乘勝追至江州。成勢迫，絶江而遁。號俊爲『張鐵山』，復江州。已而興國軍等處羣盜聞俊兵至，皆遁去。」樓子莊之戰之敵手，已非馬進殘軍，而是李成和商元之生力軍。此戰得勝後，張俊和岳飛應分兵兩路，張俊往東北方向佔據江州，岳飛往西北方向追擊李成。

《金佗續編》卷二七《南昌武寧縣城隍祠岳忠武王遺像記》：「昔在紹興初，叛將李其姓者，巢穴我疆井，溪壑我蓋藏，立將丘墟我室廬，膏血我骨肉，勢方危如累卵。造物假手我忠武岳王，忽提師由□鄖來，壓境三十里間，水適暴漲，衆方需渡，□□□□□謂神兵自天而下，倉皇宵遁，由是不鳴一桴，不施一鏃，而解一邑倒垂於指顧之間。」岳飛當追至武寧後，因敵人渡江北遁，方率部東進江州，與張俊會合。

《正德南康府志》卷二建昌縣：「長山：去縣西南五十里。宋岳飛與李成屯兵相〔持〕之處。」《讀史方輿紀要》卷八四建昌縣：「長山：縣南五十里，與安義縣龍安城相對。宋岳武穆屯兵於此，賊李成屯於龍安北。武穆登山望賊陣，邀擊於樓子莊，大破之。樓子莊蓋在山西南。……朱家山或曰即長山。」從地理方位看，此説似有可疑。

成自獨木渡趨蘄州。先臣以馬軍追之，渡步軍于張家渡，〔一〕以夾擊之，殺馬進、孫建及酋領甚衆。成軍晝夜駭走，不得休息，飢困死者十四、五。至蘄州，又降其卒萬五千人，馬二千餘匹，所棄器仗、衣甲、金帛無數。成走降僞齊，江、淮以平。〔二〕

〔一〕《建炎以來繫年要録》卷四四注：「按俊所奏云：『自三月二十八日收復江州，爲糧食匱乏，坐視四十餘日，旦夕渡江北去。』則其行必在五月半間也。」可知《行實編年》説岳飛接踵過江追擊，不符史實。

《宋會要輯稿》兵一〇之二一—二二：「（紹興元年）五月二十五日，詔遣張俊疾速渡江前去，將李成賊黨日近措置除滅盡静，候回軍日，且在江州駐劄，許班師，方得赴行在。俊奏：『自三月初起離洪州，取生米渡過江，大破李成賊兵，收復江南州縣。緣李成元有〔都、副〕統領二員，昨渡江前來作過者，止是副都統領馬進，尚有都統領胡選，并一軍人馬，止在江北。李成見蘄州今共約有賊兵十餘萬，戰舡千餘隻，事勢不輕。自收復江州，見渡江撲滅餘黨。』」按張俊此奏五月下旬遞至朝廷，計其行程，應發於五月中旬，與《要録》之説相合。奏中關於李成之兵員和船隻數量，顯然誇大其辭。

〔二〕《三朝北盟會編》卷一四七：「（紹興元年六月）張俊追及李成，敗於蘄州石幢坡，成走附於劉豫。張俊既敗商元、馬進於江州，而李成自在蘄州。俊引兵渡江，至黄梅縣，復與成戰。成據石幢坡，憑山以木石投人。俊乃先遣游卒進退，若争險狀以誤之。後俊帥衆攻險，賊衆奔潰，追殺賊將孫建、馬進及首領無數。自是黄、舒、六安諸郡賊徒聞風遠遁。成北走，降於僞齊。」又同書卷二一九《林泉野記》：「追至蘄州羅田山，又敗之。成遂殺進，降於劉豫。」《建炎以來繫年要録》卷四四：「（紹興元年五月）初，馬進既爲江、淮招討使張俊所敗，而李成猶在蘄州。至是，俊引兵渡江，至黄梅縣，親與成戰。成據石幢坡，憑山以木石投人。俊乃先遣游卒進退，若争險狀以誤之。俊率衆攻險，賊徒奔潰，進爲追兵所殺。（《林泉野記・張俊傳》云，俊追成至蘄州羅田山，成遂殺馬進，降於劉豫。與此不同，當考。）成遁去，以餘衆降僞齊。（俊敗李成於蘄州，未見本日。……俊又奏：『六月十八日已至丁家〔洲〕。』則其敗李成當在五、六月之間，今參酌附此月末。）」按《要録》此段記載大致抄自《會編》，而關於李成一直在蘄州，未至江南作戰之説，顯然有誤。《要録》卷四一載：「李成聞江州已陷，乃渡江入城。」李成又在湖口縣和宋軍相持，並參加奉新、武寧等戰，故應以《行實編年》之説較可信。

《宋史》卷二六《高宗紀》：「（紹興元年五月）張俊及李成戰于黄梅縣，殺馬進，成敗，遁歸劉豫。」又同書卷三六九《張俊傳》：「俊引兵渡江，至黄梅縣，親與成戰。成懲奉新失險之敗，據石幢坡，憑山以木石投人。俊先遣游卒進退，若争險狀以誑賊。俊親冒矢石，帥衆攻險。賊衆數萬俱潰，馬進爲追兵所殺，成北走，降劉豫，諸郡悉平。」

《三朝北盟會編》卷二〇八《林泉野記》：「追至筠州、蘄州，頻勝，飛功居最。」

《金佗續編》卷二八《吴拯編鄂王事》：「追至蘄州，又敗之，侯功第一。」

《歷代名臣奏議》卷三三四章誼奏：「江、淮招討使張俊之師，自破李成，斬孫建、馬進之後，盜賊震恐，知尊朝廷。」

《宋會要輯稿》兵一〇之二二：「（紹興元年）七月六日，張俊奏：『李成叛逆，李雩、許道計謀。今舒州太湖縣已捉獲李雩，大破賊衆，李成將殘黨過江遠遁。今據探報，引殘兵見在順昌府，已見窮蹙。』」據《會編》卷一三七，《要録》卷三一，卷四八和《宋史》卷二六，「李雩」作「李雱」。

相州人張用勇力絶羣，號張莽蕩。其妻勇在用右，帶甲上馬，敵千人，自號一丈青。

以兵五萬寇江西，俊召先臣，語曰：「非公無可遣者。」問用兵幾何？先臣曰：「以飛自行，此賊可徒手擒。」俊固以步兵三千益之。先臣至金牛，〔一〕頓兵，遣一卒持書諭之曰：「吾與汝同里人，忠以告汝，南薰門、鐵路步之戰，皆汝所悉也。今吾自將在此，汝欲戰則出戰，不欲戰則降。降則國家録用，各受寵榮；不降則身隕鋒鏑，或係累歸朝廷，雖悔不可及矣。」用與其妻得書，拜使者曰：「果吾父也，敢不降！」遂俱解甲，先臣受之以歸。〔二〕俊謂諸僚佐曰：「岳觀察〔三〕之勇略，吾與汝曹俱不及也。」繼又招降馬進餘黨之潰者數萬，〔四〕先臣汰其老弱，得精兵萬餘人以歸俊。俊奏功，先臣第一。〔五〕

〔一〕據《元豐九域志》卷六，金牛鎮在鄂州武昌縣。

〔二〕《三朝北盟會編》卷一四七：「（紹興元年七月）張用以兵五萬降於張俊。張用自咸寧縣趨江西，屯于瑞昌境中。曹成屯于吴仙鎮。張俊既敗李成，成歸劉豫矣，乃使岳飛招用降。用有受降之意，令諸軍來日往吴仙鎮，與成合軍。翌旦，軍士有之吴仙鎮者，久之，用不至，衆皆疑之。俄有承局報用已受岳飛招安，追軍馬皆回。衆以既行三十里，不可回矣，乃趨吴仙鎮。曹成令中軍人别作一寨。未幾，用再遣人追其軍馬，遂往瑞昌與用合矣。」「八月八日壬申，張俊點揀張用人馬。張用在分寧縣冷家莊受岳飛招安。張俊在瑞昌親揀其軍五萬，强壯者留之，老弱者放逐便，令去。有投曹成者，有投岳飛者，有投韓世忠者。有自營生者。」

又同書卷二〇七《岳侯傳》：「侯又統衆招降張用等兵數萬，侯功第一。」

又同書卷二〇八《林泉野記》：「又擊降張遇（用）衆五萬，授神武右軍副統制。」

又同書卷二一九《林泉野記》：「俊命飛追張用，降其衆五萬。」

《建炎以來繫年要録》卷四五：「（紹興元年六月）癸未，江、淮招討使張俊以大軍至瑞昌縣之丁家洲。（《日曆》：『十一月六日，張俊奏：臣於六月十八日已到丁家洲下寨，候分遣張用人馬，軍往洪州。』癸未，十八日也，故係於此日。）……俊因檄（汪）若海，併招新除舒、蘄鎮撫使張用。時用自咸寧縣引兵趨分寧，爲通、泰鎮撫使岳飛所逼，遂會俊於丁家洲。」

又同書卷四六：「（紹興元年八月丙寅）拱衛大夫、相州防禦使、新除舒、蘄鎮撫使張用有衆五萬在瑞昌。後數日，俊親揀其軍，精鋭者留之，老弱者許自便。有投曹成者，有投岳飛者，有投韓世忠者，有自去而爲民者。俊既并其兵，遂以用爲本軍統制。」

《宋史》卷二六《高宗紀》：「（紹興元年五月）張用復叛，寇江西，岳飛招降之。」

《金佗續編》卷二八《吴拯編鄂王事》：「又令逼張用五萬衆，降之，加神武右軍副統制。」

〔三〕時岳飛爲昌州防禦使，則不當稱「岳觀察」，張俊此語應非此時所説，或爲岳珂筆誤。

〔四〕《建炎以來繫年要録》卷四六：「（紹興元年八月）乙酉，詔樞密院選使臣賫蠟書賜陳、蔡二郡，令掩殺李成。成既敗，其餘黨趙端等皆來降。」

《宋會要輯稿》兵一〇之二二：「(紹興元年)九月二十一日，李成遠遁，徒黨趙端等各帶領徒衆來投降。」《行實編年》稱「招降馬進餘黨之潰者數萬」，可能並非是指趙端。

〔五〕《金佗稡編》卷七：「(張)浚曰：『張宣撫如何？』先臣曰：『張宣撫宿將，飛之舊帥也。然其爲人暴而寡謀，且酈瓊之素所不服，或未能安反側。』」「張宣撫」即是指張俊，岳飛在建炎初大元帥府之中軍，復建康，降戚方，與此次軍事行動中，幾次歸張俊統轄和節制。

秋七月，充神武副軍統制，命權留洪州，彈壓盜賊。〔一〕

〔一〕《三朝北盟會編》卷一四七：「(紹興元年)七月，岳飛爲神武右軍副統制。」按當時某些記載都將岳家軍此番號和岳飛之職務寫錯。

《建炎以來繫年要録》卷四六：「(紹興元年七月庚子)詔通、泰鎮撫使岳飛一軍權留洪州，彈壓盜賊，以江、淮招討使張俊將班師也，遂以飛爲神武右副軍統制。」

《宋史》卷二六《高宗紀》：「(紹興元年七月)庚子，以岳飛爲神武右副軍統制，留軍洪州，彈壓盜賊。」

《金佗續編》卷五《除神武右副軍統制省劄》：「樞密院奏：『勘會神武右副軍統制顔孝恭見管軍馬不多，兼已撥付呂頤浩軍前使唤。』

右三省、樞密院同奉聖旨，顔孝恭改差充江南東路安撫大使司統制軍馬，岳飛罷通、泰州鎮撫使，差充神武右副軍統制。」

《歷代名臣奏議》卷三三四章誼奏：「江、淮招討使張俊之師，自破李成，斬孫建、馬進之後，盜賊震恐，知尊朝廷。如張用、孔彦舟之徒，皆願聽節制。……今聞朝廷許之入覲，徑自淮西循江而下。竊恐奉詔遄歸，其於江、湖、淮甸之間，有合措置事務，不暇經略。則數路之廣，盜賊復得屯聚，軍兵無以彈壓。雖留岳飛一軍，以爲聲援，終恐兵少望輕，緩急難濟。」

《金佗續編》卷五《乞科撥錢糧照會從申省劄》：「飛於紹興元年八月十三日，准樞密院劄子，備奉聖旨指揮，令飛一行官兵權留洪州駐劄，彈壓盜賊。續奉聖旨指揮，般取本軍昨存留徽州官兵老小，前來洪州一處屯泊。」

冬十月，授親衛大夫、建州觀察使。建寇范汝爲陷邵武軍。江西安撫大使李回檄先臣，分兵三千保建昌軍，二千保撫州，以洪州鄰撫州，建昌鄰邵武也。先臣使以「岳」字幟植城門，且榜于境曰：「賊入此者死！」遊騎抄掠者望見，皆相戒以勿犯。村氓樵蘇猶故，民不知有盜。

十一月，姚達、饒青〔二〕以萬餘人逼建昌。先臣使王萬、徐慶將建昌之軍討之，擒青、達於四望山。〔三〕

〔一〕饒青　「青」，原作「清」，嘉靖本同，據《紀事實録》改。

〔二〕《建炎以來繫年要録》卷五〇：「（紹興元年十二月）甲戌，詔江東安撫大使司統制官郝晸、顏孝恭以所部四千，往建昌軍討賊，權聽守臣朱芾節制。先是，建昌之石陂寨軍賊丁喜、饒青聚衆爲亂，提刑司檄土居宣教郎蔡延世，會安撫大使司都統制閻皐擊之，官軍失利。至是李敦仁復犯虔化縣，閤門祇候、權縣事劉僅與戰，爲所敗。言者慮二寇相合，故命芾討之。晸、孝恭時駐軍鄱陽，就遣之也。」又同書卷五一：「（紹興二年正月壬子）初，建昌軍石陂寨卒丁喜、饒青等爲亂，聚衆數千人，而蘆溪寨土兵楊招與鄉民乘之縱掠。喜尋死，其徒姚達代領其衆。上命徽猷閣待制、新知宣州劉洪道督統制官崔邦弼等往捕。至是劉洪道請濟師，乃詔統制官韓世清自宣州遣兵二千。時奉議郎、知貴溪縣符建中亦遣舉人劉鋭，往説諭土兵，衆皆聽命。詔官其首，餘衆分隸信州諸軍。」又同書卷五七：「（紹興二年八月甲午）詔：『江東、西、福建路帥、憲臣同共措置石陂軍賊，限一月須管勦盡。』先是，石陂卒饒青、姚達等作亂，湖北安撫司後軍統制官顏孝恭掩殺達，統領官徐慶射殺青，其徒李寶等走梅州境上。既又聚衆千餘，復作亂，椎埋建昌、汀、邵間，守臣朱芾以聞。時神武前軍統領官申世景屯邵武，孝恭屯建昌，猶不能制。左司諫吴表臣奏：『兩路憲臣互相推避，不肯專一措置。』故命帥、憲六人督捕，樞密院又請降旗榜招安。」

又同書卷五九：「（紹興二年十月）癸巳，詔湖北安撫司後軍統制官顏孝恭以所部還鄂州。孝恭初奉詔討石陂軍賊余照，照爲官軍所殺，其次李寶等百餘人皆就招，尋以寶爲樞密院準備將。」《金佗續編》卷五《權知潭州并權荆湖東路安撫都總管省劄》：「紹興二年正月二十九日，樞密院關，奉聖旨，令岳飛除差出捉殺石陂羣賊軍兵叁阡人外，限指揮到，日下將帶見統全軍兵馬，起發前去。」撲滅石陂寨兵變，應爲徐慶、王萬與尚未歸屬岳飛之顏孝恭、郝晸等部共同進行。《建炎以來繫年要録》卷六五：「（紹興三年五月辛未）湖北安撫司統制官、拱衛大夫、忠州刺史顏孝恭爲貴州團練使，武經郎、閤門宣贊舍人郝晸等千二百九十四人並進官有差，以平石陂盜饒青之功也。」

十二月，陞神武副軍都統制。〔一〕

〔一〕《金佗稡編》卷九《遺事》：「兵隸李回日，授神武副軍都統制，已乃聞爲甥婿高澤民僞爲之請，而得之。先臣驚惕，即日自陳，乞正澤民罔上之誅，力辭不受。又數見回，白其事。回乃奏云：『岳飛一軍自從討賊，服勤職事，忠勇之名聞於江右，紀律之嚴信於疲甿。留屯洪州，聲勢甚遠，江、湖羣寇，率皆逃避。近遷神武副軍都統制，士論皆謂稱職。及得其外甥婿私書，乃知此除曾經樞密院陳乞，飛小心惶懼，累與臣言，實非本心所敢僥望。』上即報回曰：『岳飛勇於戰鬭，馭衆有方，昨除神武副軍都統制，出自朕意，非因陳乞，可令安職。』又力辭，回再三諭之，乃止。」

《建炎以來繫年要録》卷五〇：「（紹興元年十二月）乙亥，淮康軍承宣使、神武副軍都統制、福建制置使辛企宗追三官，令統所部赴宣撫司軍前自效，坐擁兵逗遛，爲御史所劾，故有是命。」「（丁丑）親衛大夫、建州觀察使、神武右副軍統制岳飛爲神武副軍都統制，仍以所部屯洪州。時飛遣本軍主管文字、秉義郎高澤民至紹興，而澤民其甥壻也。乃詐爲飛狀，乞都統制或總管職事，故有是命。飛皇恐自辯，詔諭以出自上意，仍鑄印賜之。」

《宋史》卷二六《高宗紀》：「（紹興元年十二月丁丑）以岳飛爲神武副軍都統制，部兵屯洪州。」

《三朝北盟會編》卷一四九：「（紹興元年十二月十四日丁丑）岳飛爲神武副軍都統制。」又同書卷一五二：「劉嶸上萬言書：『……陛下今欲於劉、韓、張、辛四人之兵，有所易置，知其不能矣。……』」當時東南大將號稱「劉、韓、張、辛」。岳飛至此取代辛之地位，僅次於劉光世、韓世忠、張俊，而不同於另外幾十員統制官。

紹興二年，壬子歲，年三十。

賜甲。討曹成。破太平場寨。戰北藏嶺、上梧關。戰蓬嶺，擒張全。分兵降寇。擒

郝政。擒楊再興。轉中衛大夫、武安軍承宣使。降郝通，逐馬友。平劉忠餘黨。平李通。〔一〕

〔一〕本段原缺，嘉靖本同，據《紀事實録》補。

春正月，詔以先臣治軍整肅，勇於戰鬭，賜衣甲一千副。〔一〕

〔一〕本段原缺，嘉靖本同，據《紀事實録》補。

曹成擁衆十餘萬，〔一〕由江西歷湖湘，執安撫使向子諲，據道、賀州。〔二〕二月，命先臣以本職權知潭州、兼荆湖東路〔三〕安撫、都總管，且以韓京、吴錫軍及廣東、西洞丁、刀弩手、將兵、土軍、弓手、民兵等，會先臣以捕成。〔四〕又付金字牌并黄旗十副，招降羣盜。〔五〕

〔一〕《梁谿全集》卷六五《乞令福建等路宣撫司差撥兵將會合討捕曹成奏狀》：「曹成一項賊馬，約有可戰兵三萬餘人，別有占巢打食人約六萬餘人。」卷六七《再乞差使臣齎旗牓招撫曹成及論招捕盜賊奏狀》:「昨來荆湖羣盜,惟曹成人數最多。……曹成十萬之衆,除老弱婦女外,能戰之兵不下三萬。」《金佗稡編》卷一九《追趕曹成捷報申省狀》:「飛契勘捉到曹成下將官張全等通説,曹成軍中實有河北、河東、山東、京畿、陝西等七萬餘人。」曹成兵力應以張全等招供爲準。

〔二〕據《建炎以來繫年要録》卷五〇和《宋史》卷二六,曹成在紹興元年十二月佔據道州,但尚未南下賀州。

〔三〕《金佗稡編》卷一〇《措置曹成事宜奏》:「紹興二年二月八日樞密院劄子節文:『曹成賊馬占據道、賀州作過。……』」此爲來自向子忞之不確切奏報,曹成佔賀州乃四月事。

〔四〕《宋史》卷八八《地理志》:「荆湖南、北路:紹興元年,以鄂、岳、潭、衡、永、郴、道州、桂陽軍爲東路,鄂州置安撫司。鼎、澧、辰、沅、靖、邵、全州、武岡軍爲西路,鼎州置安撫司。二年,罷東、西路,仍分南、北路。」

〔四〕《建炎以來繫年要録》卷五一:「(紹興二年正月壬寅)以神武副軍都統制岳飛權湖東安撫使,將所部往潭州。……(子諲得祠,在正月乙卯。飛權帥事,《日曆》不書,今以三月甲午江西安撫大使司奏狀所云增入。)」按壬寅爲十日,據《金佗續編》卷五《權知潭州并權荆湖東路安撫都總管省劄》第一三二五頁,岳飛之任命發表於正月二十九日。可知江西安撫大使司奏狀中並無發表此項任命之確切日期,李心傳乃依曹成釋放向子諲之日而附書。

又同書卷五一：「（紹興二年二月）庚午，資政殿大學士、提舉臨安府洞霄宫李綱爲觀文殿學士、荆湖、廣南路宣撫使、兼知潭州。前五日，直秘閣、知道州向子忞奏，曹成犯道、賀二州。宰相吕頤浩、秦檜因陳天下大計，當用二廣財力，葺荆湖兩路，使通京西，接陝右，此天下右臂。如京東諸州爲叛臣所據，正如國初河東，且留以蔽虜。諸路先定，他時併力圖之，似爲未晚。檜請身至湖外，自當一面，效羊祜襄陽之體。上曰：『卿等當居中運裁，不可授人以柄。』至是命綱，仍令福建等路宣撫副使韓世忠，以所部統制官任仕安一軍三千人授綱，由汀、道州之任。又命權湖東安撫使岳飛率湖東副總管馬友及諸將李宏、韓京、吴錫等共擊之。」

《宋史》卷二七《高宗紀》：「（紹興二年二月）庚午，以李綱爲觀文殿學士、湖廣宣撫使，仍命岳飛率馬友、李宏、韓京、吴錫等共討曹成諸盜。」

《金佗稡編》卷一〇《措置曹成事宜奏》：「紹興二年二月八日樞密院劄子節文：『曹成賊馬占據道、賀州作過。三省、樞密院同奉聖旨，令宣撫司催督高舉，星夜前去，應援二廣。及令荆湖東路安撫使岳飛統率副總管馬友，并本路李宏、吴錫、韓京諸頭項軍馬，火急前去，襲逐掩擊。其馬友等並聽帥臣岳飛節制，各務體國，共力破賊。仍仰廣東、西路帥臣起發逐路洞丁、刀弩手、將兵、土軍、弓手、民兵，疾速躬親統率前去逐路界首，與岳飛會合，併力夾擊，務要一舉萬全。』」

《宋會要輯稿》兵一〇之三一：「（紹興二年二月）八日，詔：『令宣撫司催督高舉，星夜應援二廣。及令湖東安撫使岳飛統率副總管馬友，并李宏、吴錫、韓京軍馬，急襲逐掩擊。馬友等聽岳飛節制。如宣撫大使司軍未到間，能擒獲曹成，特除馬友觀察使。逐項軍馬合用錢糧，令湖東漕臣極力應辦。内岳飛一軍專委江西運副韓球應副。仍仰廣東、西帥臣起發洞丁、刀弩手，疾速統帥前去逐路界首，與岳飛等會合，併力夾擊，務要一舉萬全，無致稍失機會。高舉人馬權聽廣東帥臣節制，廣東漕臣應副錢糧。仍立定捕獲曹成等賞格〔行〕下。』」宋廷於正月二十九日，二月八日（庚午）向駐洪州之岳飛發兩道公文。

《梁谿全集》附録二《宋丞相特進觀文殿大學士致仕隴西郡開國公贈太師謚忠定李公行狀》：「紹興二年二月八日，除觀文殿學士、充荆湖、廣南路宣撫使、兼知潭州。公以憂患之餘，衰病日加，不敢祗受，具奏辭免。且致書宰執，力陳所以不敢當之意。四月七日，内侍于蓋傳宣撫問敦遣，令視上道，乃還。公迫不得已，祗受告命。密院差任仕安兵三千人，以二十四日假福州貢院開司，五月六日啟行。有旨：將孟庾、韓世忠下撥統制辛企宗、郝晸兩軍，及令見在湖南岳飛、韓京、吴錫、吴全等軍聽受節制。」

〔五〕本段原缺，嘉靖本同，據《紀事實録》補。

十七日，先臣發洪州。〔一〕成聞先臣被命，謂其屬曰：「岳家軍來矣，吾屬能爲必勝計耶？」乃預令其軍分路逃去。十九日，成引兵趨全、永，犯廣西。獨留其中軍，乘先臣未

至，縱兵四掠，焚劫百姓。三十日，〔二〕先臣至茶陵，先遣兵趨郴〔三〕及桂陽路，伺成動息。〔四〕

〔一〕《梁谿全集》卷六六《乞令韓世忠相度入廣西招捕曹成奏狀》：「岳飛狀：『淮江南西路安撫大使司牒，三月二十二日，准樞密院三月四日劄子，奉聖旨，令岳飛到袁州，……』」《金佗稡編》卷一〇《措置曹成事宜奏》：「四月初二日，准江南西路安撫大使司牒，三月二十三日，准樞密院三月四日劄子：『奉聖旨，令岳飛到袁州……』」宋廷三月四日發公文，經過近二十日，到三月二十二日或二十三日，遞至洪州江西安撫大使司。可知宋廷前兩件公文，雖於正月二十九日和二月八日發出，駐洪州之岳飛應於二月中下旬收到。岳飛須作準備，並將分駐撫州等地軍隊抽回。李回進行勸阻後，岳飛仍進兵湖東，時爲三月。可知「十七日」之前，顯然漏略「三月」兩字。本段往後之「十九日」和「三十日」，也都爲三月之日期。《金佗續編》卷二八《吴拯編鄂王事》：「徙鎮荆東，得旨，不示郡僚，夜遣兵行。明日，裁留疲羸數輩導馬，言别而去。」

〔二〕本段自「日」之上，原缺，嘉靖本同，據《紀事實録》補。

〔三〕遣兵趨郴　「郴」之下，《紀事實録》有「江」字。

〔四〕《梁谿全集》卷六六《乞令韓世忠相度入廣西招捕曹成奏狀》：「岳飛狀：『……飛一行軍馬已到

衡州茶陵縣，不往承准郴、衡州、桂陽監等處關報，及飛亦差人體探得曹成已發兵馬，取三月十九日起發，往全、永州，侵犯廣西界分，并前軍人馬往賀州路前去。其曹成中軍見在道州，未有的實起發月日，見不住放人四向擄掠，殺人放火。』」岳飛此狀即《金佗稡編》卷一〇《措置曹成事宜奏》之複文，文字僅有個別出入。

《金佗稡編》卷一七《乞措置進兵入廣申省狀》：「飛尋依時起發，及沿路不住差信實人到道州以來，體探上件曹成作爲次第。至三月三十日，游兵到衡州茶陵縣，承諸處探報，曹成已於三月二十七日起離道州，望全、永州路前去。緣茶陵縣至道州尚有六百餘里，飛未敢信憑，遂領一行軍馬前來郴州、桂陽監，體度賊馬的實動息，於四月初八日到郴州管下永興界，地名橘水郊，承郴州并桂陽監公文，探知曹成賊馬分路逃遁，前去全、永、賀州界去訖，至三月二十七日並已起離道州盡絶。」

《歷代名臣奏議》卷四七胡安國《時政論》曰「曹成反覆，直犯帥司；劉忠殘虐，塗炭數郡，固無可赦之理。宜專委岳飛掩捕曹成，及早進師。」

上又令察其受招與否，爲之進退。〔一〕先臣數以上意諭之，成不聽。乃上奏云：「内寇不除，何以攘外；近郊多壘，何以服遠。比年羣盗競作，朝廷務廣德意，多命招安；故盜亦玩威不畏，力强則肆暴，力屈則就招。苟不略加勦除，蠭起之衆未可遽殄。」〔二〕上許

之。〔三〕

〔一〕《梁谿全集》卷六六《乞令韓世忠相度入廣西招捕曹成奏狀》：「今雖已降指揮，令岳飛統率諸頭項人馬追襲掩擊。竊慮岳飛所率兵數不多，錢糧闕乏，未必能濟。非得韓世忠統率大兵前去措置應援，及將福建、江西、荆湖宣撫司剗刷到諸路錢糧通融應副，深恐未能早見招捕了當。」《金佗稡編》卷一〇《措置曹成事宜奏》：「臣所統本軍官兵一萬二千餘人，除存留二千人吉州看管老小，并隨軍輜重、火頭占破外，實出戰只有七千餘人。」如以曹成軍「能戰之兵不下三萬」（見本卷第一九七頁）計，岳飛兵力只及其四分之一。

《建炎以來繫年要録》卷五二：「（紹興二年三月）乙未，江西安撫大使李回言：『湖東名賊曹成在道州，馬友潭州，李宏岳州，劉忠處潭、岳之間，雖時相攻擊，其實聞二宣撫之來，陰相交結，分布一路，爲互援之計。馬友據潭州踰半年，漕臣錢糧不得移用，今朝廷以岳飛知潭州，友安得不疑。飛亦安能引兵直赴潭州，與友共處。若使飛先往道州捕曹成，友必懷疑，阻害糧饋，則飛有腹背受敵之患。不若且置成不問，先引兵往袁州，約友、宏，云討劉忠，以俟二宣撫之來。庶使成不便過嶺，最爲長策。』飛之將行也，回既諭以此意，復言於朝。吕頤浩、秦檜進呈，因言：『湖、廣大寇，曹成爲首，馬友、劉忠次之，此數人相與交結，爲輔車相依之勢。』上曰：『宣撫司兵到，必能平湖南諸寇，續次令轉往湖北、襄漢間，以通川、陜。譬如漢高祖先遣韓信破趙，復破齊，然後擒項籍。』乃詔飛斟量賊勢，如未可進，且駐袁州，以俟世忠會兵。時成已進犯嶺南，飛亦移兵茶陵，而朝廷未知也。」

《金佗稡編》卷一〇《措置曹成事宜奏》：「准樞密院三月四日劄子：『奉聖旨，令岳飛到袁州，更切斟量賊勢。如賊兵衆，且於袁州駐劄，俟宣撫司人馬到，同共進兵。如曹成已受招安，起發赴行在，即與馬友會合，同共勦殺劉忠訖，續往潭州。飛素有謀略，毋致稍失機會，卻致賊兵破壞二廣。』」岳飛接江西安撫大使司轉發此件公文，爲「四月初二日」，時已離茶陵縣，前往郴州。

〔二〕此奏即《金佗稡編》卷一〇《招曹成不服乞進兵劄子》第九二二頁。岳飛奏中説，「知其賊馬已離道州，進趨廣西」，「臣今進發，自郴州、桂陽監以往」。應在三月三十日至茶陵縣後。

〔三〕自四月八日岳飛率軍抵達郴州永興縣，至閏四月五日攻佔廣南西路賀州太平場敵營期間，關於岳飛之軍事行動，作以下説明：

《金佗稡編》卷一七《乞措置進兵入廣申省狀》：「曹成賊馬分路逃遁，前去全、永、賀州界去訖，至三月二十七日並已起離道州盡絶。」可知曹成分兵兩路：一路取道荆湖南路的永州、全州，進入廣南西路，其目標應是攻打廣西首府桂州；另一路則自道州南下，攻打廣西的賀州。

《建炎以來繫年要録》卷五二：「（紹興二年三月）庚申，曹成引衆犯賀州清水寨，守臣、直祕閣劉全、安撫司所遣統領官趙履棄城去。」

又同書卷五三：「（紹興二年四月甲子）曹成入賀州。」

《宋史》卷二七《高宗紀》：「(紹興二年三月)庚申，曹成寇賀州清水砦，守臣劉全棄城去。……夏四月甲子，曹成陷賀州。」

《梁谿全集》卷六七《乞依近降指揮乞兵二萬人措置招捕曹成奏狀》：「又據探報，曹成賊馬已占據賀州，侵犯昭、連州界作過。」

又同書卷七〇《開具錢糧兵馬盜賊人數乞指揮施行奏狀》：「曹成約有十萬餘人，自道州侵犯賀州及封、連等州。」可知曹成佔賀州後，東攻連州，南下封州，西犯昭州，企圖和另一路軍於桂州會合。

又同書卷七六《乞全州免聽廣西節制奏狀》：「去年六月，曹成侵犯桂州，事勢危急，賴湖南路安撫使司遣發張憲、吴錫兩項軍馬，自全州徑入桂州界，方始解圍。」此爲李綱在紹興三年時上奏，「六月」應爲「四月」的刊誤，因爲曹成已在五月投降韓世忠。此奏應證明岳飛在四月，是由永州、全州入廣南西路，先解除桂州之圍，再東進賀州。《金佗稡編》卷一九《賀州捷報申省狀》説，隨岳飛攻賀州者，尚有「廣西經略安撫許中下統制歐陽臨、羅選」，當在桂州解圍後，由許中所遣。許中時任桂州知州、兼廣南西路經略安撫使。

《建炎以來繫年要録》卷五六：「(紹興二年七月)庚申，直寶文閣、知桂州許中令再任。曹成之犯廣西也，中嘗率兵與岳飛會，詔録其功，進職二等，至是又任之。」

以下再分析莫邪關之戰。

《三朝北盟會編》卷一五一：「（紹興二年五月）曹成以其衆降于韓世忠。初，曹成據道州，以兵守莫邪關。岳飛遣前軍張憲攻關。有郭進者，趫勇有膂力，每以夥飯不飽爲言，乃自製大馬杓打飯，火頭亦笑而與之，無忤意，軍中呼爲大馬杓。郭進每隨憲，執馬、槍。莫邪之役，進與旗頭二人先登攻關。賊兵拒關，進揮槍先進，殺賊旗頭，賊兵亂，官軍齊進，遂入關。俄報郭進已得關，爲第一功，飛喜之，解金束帶，並隨行跟從物賞之，仍補秉義郎。官軍既入關，賊兵散亂。第五將韓順夫解鞍卸甲，以所擄婦人佐酒恣飲。賊黨楊再興率衆直犯順夫之營，官軍退却，順夫爲再興砍折一臂而死。飛怒，盡誅其親隨兵，責其副將王某擒再興以贖罪。會（後）軍統制王經、前軍統制張憲皆到，掩殺再興。再興屢戰，又殺飛之弟翻。官軍追擊不已，再興屢敗，率騎走廣西。韓世忠以成屢敗北，乃命董旼往招之，成以其衆降。」《會編》説韓順夫「以所擄婦人佐酒」，當爲岳飛軍紀所不容。

又同書卷二〇七《岳侯傳》：「至紹興二年，又統本部軍馬前去湖南，接連廣界，收捕曹成，戰於道州，大破賊軍數萬，加中衛大夫、武昌軍承宣使。」

又同書卷二〇八《林泉野記》：「二年，破曹成於道州，轉中衛大夫、武安軍承宣使。」以上記載都説岳飛在道州大破曹成。然而據《金佗稡編》卷一七《乞措置進兵入廣申省狀》，曹成軍馬最遲至三月二十七日，「已起離道州盡絶」。

《南澗甲乙稿》卷二〇《秘閣修撰鄭公墓誌銘》：「曹成兵大至，郡僚皆遁，獨登城，呼軍士曰：

『吾與爾守此，敢去者斬！』衆謂賊不敵。公即持牛酒，直抵其營，曰：『吾道州倅，來勞軍。』飛矢雨注，城上皆爲公懼。成見公無甲，驚異。公徐曰：『道爲州，數家聚也，産賦不滿千緡，何足辱諸君。聞王師且來，豈若束兵刃，爲社稷立功名哉！』成笑曰：『通判不疑我，所教亦誠也，願無犯城。』留一夕于外，明日果去，而守、令未還。宣撫岳太尉軍驟集，廪空無粟。公召四郊父老曰：『大軍之來，爲爾輩却賊也。有粟宜以十三助我，與其餉軍，猶勝没于賊也。』衆感泣，得粟五百斛。岳軍少之，呼公至帳下，左右示以淫刑具。公不顧，對曰：『郡無粟，取于民也；今民力亦竭矣，請爲民受法。』岳公遽起，曰：『飛敢有此也！軍無食，且怨，欲與君議其策耳。』公曰：『米税未當輸，誠得幕府榜，俾先期輸，且得其贏，可足用也。』遂從之。民知公且被罪，凡輸米不復計其量。迄飛之平賀州，無乏，即以書謝曰：『當奏，厚酬公官。』」鄭思恭墓誌顯然有不少誇張失實之處。曹成佔道州爲時三月，並非於城外留一夜而去。岳飛此時亦未任宣撫使之高官。但墓誌也證明兩軍在道州並未交鋒。

《建炎以來繫年要録》卷五三：「（紹興二年閏四月丙申）神武副軍都統制岳飛引兵擊曹成於賀州境上，大破之。初，成既得賀州，聞飛至，以兵守莫邪關。飛遣前軍統制張憲攻關，軍士郭進與旗頭二人先登，進揮槍而出，殺其旗頭，賊兵亂，官軍齊進，遂入關。（《日曆》：『飛申，以閏月十二日奪關口。』今併附此。）飛喜，補進秉義郎，解金束帶以賜。官軍既入關，賊兵散亂。第五將韓順夫解鞍脱甲，以所擄婦人佐酒。賊黨楊再興率衆直犯順夫之營，官軍退却，順夫爲再興斫臂而死。飛怒，盡誅親隨兵，責其副將王某擒再興以贖罪。會張憲與後軍統制王經皆至，再興屢戰，又殺飛之弟翻。官軍追擊不已，成屢敗，賊衆死者萬數。成率餘兵屯桂嶺縣。」此段記載乃轉抄《會編》，但將莫邪關自道州移賀州。據《金佗稡編》卷一九《大破曹成捷報申省狀》，並無莫邪關之地點。《要録》注引《高宗日曆》，説閏四月十二日「奪關口」，乃指上梧關。李心傳未考其詳，而隨意更變莫邪關之地理位置。

《陶邕州小集·莫鎁關》：「三任邊州六往還，此時才入莫鎁關。訪僧莫道無閑事，手指青天口説山。」可知北宋時，廣南西路一帶已設莫鎁關。

《讀史方輿紀要》卷一〇七荔浦縣：「鏌鎁山：縣北四十里，險峻如刃，昔人置關其上。」「鏌鎁關：在鏌鎁山上，又華蓋營在縣東，控扼山險。」宋時荔浦縣屬桂州，岳家軍當在桂州解圍後，再戰於荔浦縣之莫邪關。

《輿地紀勝》卷一〇六《邕州》：「鏌鎁山：在武緣縣南，山形盤礴，地勢險峻，鏌鎁關在焉。」又同書卷一一五《賓州》：「鏌鎁山：在上林縣南三十三里，昔人有得古劍於此，故名，上林縣又有鏌鎁關。」「陶弼：乾興壬戌，公之父出守是邦。後三十九年，至嘉祐六年，而弼繼之。」可知廣南西路之鏌鎁關非止一處。

《金佗稡編》卷九《遺事》：「張憲之部卒郭進有功於莫邪關，頓解金束帶及所用銀器賞之，又補秉義郎。」

夏閏四月，入賀州境。成置寨太平場，先臣未至賊屯數十里，按兵立栅。會得成諜，縛而坐之帳下。有問，〔一〕先臣出帳，召軍吏調兵食，吏請曰：「糧且罄矣，奈何？」先臣曰：「促之耳，不然，姑返茶陵以就餉。」已而顧見成諜，捽耳頓足而入，乃逸之。諜至成軍，盡以告成。成大喜，期明日追先臣軍。是夜，先臣命士蓐食，夜半悉甲趨遶嶺。初五日未明，已破太平場寨，盡殲其守隘之兵，而焚毁之，成大驚。〔二〕

〔一〕有問　原作「有問」，嘉靖本作「省問」，據《紀事實録》改。

〔二〕《金佗稡編》卷一九《大破曹成捷報申省狀》：「於今年閏四月五日，自遶嶺路下手，掩殺曹成下把隘并遊掠賊兵，破蕩州界太平場賊寨。」

明日，進兵，距賀城二十里。成募願戰賊兵三萬，夜半據山之險，迎捍官軍。先臣麾兵掩擊，賊衆大潰，追至城東江岸，成奔桂嶺路。上復賜詔，令不以遠近追捕。〔一〕又以暑月暴露之苦，令學士院降敕書撫諭。〔二〕

〔一〕《宋史》卷二七《高宗紀》：「（紹興二年閏月）丙申，岳飛擊破曹成于賀州。」

《建炎以來繫年要録》卷五四：「（紹興二年五月）庚午，岳飛奏破曹成於賀州，詔飛不以遠近襲逐，如成肯自新，一面從長措置。」

《宋會要輯稿》兵一〇之三二：「（紹興二年）閏四月二十五日，樞密院言：『宣撫司大兵未到湖南之時，曹成已是不伏招安，侵犯二廣，勢已猖獗。遂降旨揮，令岳飛統率諸頭〔項〕人馬前去掩擊。據探報，曹成已占據賀州，侵犯昭、連州界作過。令岳飛取徑路前去廣南，併力追襲，不致侵擾州縣。其合用錢糧，委逐路漕臣多方那融，協力應副。今約程已到。』詔令宣撫司酌量賊勢，如岳飛孤軍難以破賊，即疾速分撥人馬，前去策應。務要勦除盡静，保全二廣。及期約廣西帥臣許中，起發本路軍兵及洞丁等，併力會合掩殺。

五月十一日，神武副軍都統制岳飛奏：『閏四月六日，進兵離賀州二十餘里，逢曹成賊兵三萬餘人，占據山險，迎捍官軍。即時鼓引士卒掩殺，賊兵奔走。追趕至賀州城東江岸，其賊望桂嶺逃遁。』詔令岳飛不以遠近襲逐掩捕，事畢，當議取赴行在，優與褒擢。如曹成實有自新之意，一面從長措置。」《要録》和《宋會要》所載五月十一日庚午岳飛奏，即《金佗稡編》卷一九《賀州捷報申省狀》，此狀當在閏四月上旬發出，一個多月後才遞送到宋廷。

《金佗稡編》卷一九《賀州捷報申省狀》：「閏四月六日，飛進兵離賀州二十餘里，曹成賊兵三萬餘人占據山險，迎敵官軍。即時鼓率士卒掩殺，賊兵敗走。飛又率兵追至賀州城東江岸，其賊望桂嶺路逃遁前去。飛尋勾本軍離賀州二十餘里下寨，並不曾放人入城。賀州錢糧係廣西經略安撫許中下統制歐陽臨、羅選等差丁兵占守。所有飛一行軍馬只沿路就賊糧斛食用。飛見行進兵，前去桂嶺縣，破滅曹成大隊次。」又同書卷一九《大破曹成捷報申省狀》：「於今年閏四月五日，自遶嶺路下手，掩殺曹成下把隘并遊掠賊兵，破蕩州界太平場賊寨。當月六日，離賀州二十餘里，殺散曹成下賊兵三萬人。」

〔二〕見《金佗續編》卷三《蓬嶺敗曹成獲捷撫諭將士詔》第一二七九頁。

先臣進兵趨桂嶺。其地有北藏嶺、上梧關、蓬嶺，號爲三隘。成先引兵據北藏嶺、上梧關，以待先臣。成自喜以爲得地利，後來者莫能奪。先臣至，成以都統領王淵迎戰。先臣麾兵疾馳，不陣而鼓，淵軍大潰。復殲其守隘之卒，奪二隘而據之，成急遁去。十三日，成復選鋭將，自北藏嶺夾擊官軍。先臣以兵迎之，成敗，斬一萬五千餘級，獲其弓、箭、刀、槍等無數。成又自桂嶺置寨至北藏嶺，綿亘六十餘里，所據皆山險、河澗，道路隘狹，人馬不得並行。成自守蓬嶺，嚴備特甚。是時，賊衆十餘萬，〔二〕皆河北、河東、陝右之散卒，驍勇健鬪；先臣所部纔八千人，而騎兵最少，視成軍十不及其一。十五日，先臣進兵蓬嶺，分布嶺下。日及未，一鼓登之，成軍四潰，所殺及掩擁入河者不知其數。成自投嶺下，得駿馬而逃。先臣舉其寨盡有之，凡槍、刀、金、鼓、旗幟無遺者。奪其被虜人民數萬人，歸

之田里。擒其將張全。〔二〕

〔一〕《金佗稡編》卷一九《追趕曹成捷報申省狀》説曹成「實有」「七萬餘人」，《行實編年》「十餘萬」之説應屬誇張，況且又將此統計數寫於累敗後兵力大減之時，此又屬岳珂史筆剪裁之誤。

〔二〕《建炎以來繫年要録》卷五三：「（紹興二年閏四月丙午）神武副軍都統制岳飛敗曹成於桂嶺縣，成拔寨遁去。」

《宋史》卷二七《高宗紀》：「（紹興二年閏月）丙午，岳飛敗曹成于桂嶺縣。成走連州，遣統制張憲追擊，破之。又走郴州，入邵州。」

《中興小紀》卷一二：「（紹興二年閏四月戊午）初，詔神武副軍都統制岳飛討曹成賊黨。至是成衆猶三萬，飛追至賀州，大破之，殺萬餘人。乃詔飛乘勝掩捕，及録上有功將士。」

《金佗稡編》卷一九《大破曹成捷報申省狀》：「十二日，殺散北藏嶺、上梧關守隘賊兵，占奪關口。十三日，殺散曹成發來照應北藏嶺，夾擊官軍賊兵一萬五千餘人。除已具殺獲次第，捉殺人數，奪到弓、箭、槍、刀等申樞密院外，飛契勘曹成自桂嶺縣剳立大寨，至北藏嶺約六十餘里，盡是山險、河澗，唯狹路往來，人馬不得並行，兼北藏嶺、上梧關、蓬嶺三隘所阻。已取奪北藏嶺、上梧關兩隘了當，至閏四月十五日，進兵蓬嶺。其賊嚴備隘口，把截官軍。飛於當日未時以來，分布兵將，一擁上嶺，與賊戰敵。其賊大敗，四向奔潰，殺死及掩擁入河不知其數。十六日，取桂嶺縣，取奪大寨了當。其曹成帶領殘零潰賊，望連州路逃竄。奪到槍、刀、金、鼓、旗幟不計數目，及奪到被虜人民數萬人，放令歸業。飛見遣四向搜邏勦戮，追襲殺捕，并關報廣東經略把截，乘勢掩殺。」

又同書卷一七《乞廣西戰馬申省狀》：「其曹成近自道州起發，部領賊衆，於賀州界深山桂嶺劄立巢穴，占據嶮峻，備敵官軍。飛提兵到北藏嶺下寨，其賊嚴備守隘。飛料曹成騎兵頗多，緣飛所管戰馬，比之曹成，數目十不及一，遂逐急於廣西經略司省馬内借到三百匹，乘騎出戰。與曹成下王淵賊馬見陣，約及數時，殺散王淵了當。其所借省馬爲自廣西遠來，料食不足，例皆疲瘦。及見陣，往來馳逐，落崖倒死者一百八十匹。伏望特降指揮，將上件見管未還廣西馬數特許存留，充神武副軍出戰，及更乞下廣西經略司支撥堪好馬五百匹，付飛使用。」

成竄連州，〔一〕先臣召張憲、王貴、徐慶，謂之曰：「曹成敗走，餘黨盡散，追而殺之，則良民脅從，深可憫痛；然縱其所往，則大兵既旋，復聚爲盜。吾今遣若等三路招降，若復抵拒，誅其酋而撫其衆。謹毋妄殺，以累主上保民之仁。」於是憲自賀、連，慶自邵、道，貴自郴、桂陽招之，〔二〕降者二萬，與先臣會于連州。先臣用其酋領，而給其食，降民大喜。乃益進兵追成，成懼甚，走宣撫司降。〔三〕

〔一〕《南軒先生文集》卷三八《王司諫墓誌銘》：「曹成蹂踐湖南，爲岳飛所敗，走桂而東，破連州，衆號數萬。廣東大震，科調紛然，公獨如平時。」按王繩時任英州知州。

〔二〕《金佗稡編》卷一九《追趕曹成捷報申省狀》：「其曹成奔竄廣東連州，遂遣本司統制官張憲追趕掩殺，收復連州了當。曹成已入湖南，望江西逃竄，并曹成先發都統領王淵賊馬望桂陽監路前去，尋遣本司統制官王貴追趕殺散。其餘徒黨望江西散走，賊勢大段窮蹙。」此狀僅交待王貴和張憲兩路，而未交待徐慶一路，與《行實編年》有所出入。

〔三〕《梁谿全集》卷七〇《開具錢糧兵馬盜賊人數乞指揮施行奏狀》：「臣今行次撫州，節次據探報，體問得曹成見與岳飛相持於全、邵間，徒黨散漫，桂陽、郴、永皆被其害，即未曾赴福建等路宣撫司招撫。及承福建等路宣撫司關，據探報，曹成賊馬近自廣東復回湖南，在全、邵州、武岡軍上下，岳飛見在衡州。」「曹成約有十萬餘人，自道州侵犯賀州及封、連等州，爲岳飛殺敗。見今分作數項，在全、邵州、武岡軍、道州、永州等處屯泊作過，即未曾就福建等路宣撫司招撫了當。」

又同書卷七二《開具本司差到任仕安等兵馬人數留韓京等軍馬奏狀》：「近據韓世忠下提舉一行事務董旼申，已接引到王方一項人兵三萬餘人，及曹成下人兵七萬餘人，見在辰、沅等州，有公文情願聽福建等路宣撫司招撫，昨晚起離辰、沅州，欲自邵州入衡州，前去江西路，追趕福建等路宣撫司公參。」

《建炎以來繫年要録》卷五三：「時成既爲飛所破，遂走連州。飛命前軍統制張憲追之，成窮蹙，又走郴州。守臣趙不羣乘城固守，成轉入邵州。會福建、江西、荆湖宣撫(副)使韓世忠既平閩盜，乃旋師永嘉，若將就休息者，而道處、信，徑至豫章江濱，連營數十里。羣賊不虞其至，大驚以爲神。世忠聞成屢北，遣神武左軍提舉事務官、拱衛大夫、貴州刺史董旼往招之，成以其衆就招。……(曹成受韓世忠招安，諸書不見日月。按世忠以六月五日奏到，則必在五月半已前，去此蓋閱月。今併附此，當考。)」

又同書卷五四：「(紹興二年五月丙子)初，朝廷以福建、江西、荆湖宣撫使孟庾自温州趨湖南，故命湖、廣宣撫使李綱由汀、道州之鎮。……詔綱先往廣東置司捍寇，竢庾、世忠撫定盜賊畢，赴潭州。仍令庾等班師日，度量合用錢糧數外，並留與綱。……於是曹成已爲岳飛所破，遂就韓世忠招安，而朝廷未知也。」

又同書卷五六：「(紹興二年七月辛未)直顯謨閣、知郴州趙不羣進職一等。……及曹成爲岳飛所破，進犯郴州，不羣堅守不下。秦檜言：『湖南寇盜以來，州郡多至失守，請褒賞二人，而劾賀州守禦官之罪。』時知賀州、直秘閣劉全已罷去，言者謂『賀州當湖、廣要衝，乃賊所必攻之地，而憲臣未嘗臨按守禦，豈不失職？況偏遠小州，以數百殘弊之卒，當豺虎百倍之師。岳飛鋭旅，猶墮其計，而簽判已下，皆責以不能守禦，豈不過乎？望下漕司究實，然後施行，庶幾賞罰當而軍政修』。」

《宋史》卷二七《高宗紀》：「（紹興二年五月）韓世忠至洪州，遣董旼招曹成，成聽命赴行在。」又同書卷二四七《趙不羣傳》：「高宗在越，詔改郴州。時羣盜出没湖湘間，不羣嚴備禦，盜不能犯。進直顯謨閣，移知鼎州，充湖北兵馬副鈐轄。既而朝廷慮郴失守，復留不羣於郴。會岳飛破曹成，成遁，因犯郴。不羣乘城固守，拒卻之。」

《宋會要輯稿》兵一〇之三二：「（紹興二年）六月五日，福建、江西、荆湖南、北路宣撫〔使〕司奏：『曹成至郴州，已受本司招安，其餘頭項各已安帖。』繼詔武功大夫、榮州團練使曹成轉左武大夫，陞本州防禦使。」

《金佗續編》卷二八《吳拯編鄂王事》：「其平曹成也，湖南官廩無以供給，縣令率皆逃去。侯軍啗死屍三日，故能滅曹成。」

有郝政者，〔一〕率衆走沅州，首被白布，自稱爲成報讎，謂之「白頭巾」，已而爲張憲所擒。〔二〕其將楊再興走，躍入澗中，憲欲殺之，再興曰：「願執我見岳公。」遂受縛。先臣見再興，奇其貌，命解其縛，曰：「吾不殺汝，汝當以忠義報國！」再興拜謝。〔三〕後卒死國事，爲名將。嶺表悉平。時以盛夏行煙瘴之地，〔四〕登山涉險，衝冒炎暑，賊兵以疾，死者相繼，而官軍無一人疫癘者，惟死敵之兵纔一、二人，論者〔五〕以爲先臣忠義所致。〔六〕

〔一〕有郝政者　「有」之上，《金佗續編》卷一八有「其徒」兩字。

〔二〕《三朝北盟會編》卷一五一：「有郝政者，獨不從，率衆走沅州，戴白巾，稱爲成報仇，謂之『白頭巾』。郝政後歸于張憲。」《建炎以來繫年要録》卷五三：「有郝晸，獨不從，率衆走沅州，戴白巾，稱爲成報仇。晸後歸於張憲。」《宋史》卷三六八《張憲傳》：「飛破曹成，憲與徐慶、王貴招降其黨二萬。有郝政率衆走沅州，首被白布，爲成報讎，號『白巾賊』，憲一鼓擒之。」按郝政和郝晸兩人姓名在史籍中經常混淆，郝晸乃宋朝統制官。

〔三〕《三朝北盟會編》卷一五一：「再興走至静江界中，官軍追及，跳入深澗中。官軍欲殺之，再興曰：『我是好漢，當執我見岳飛。』遂受縛。飛見再興，解其縛，曰：『我與爾是鄉人，汝好漢也，吾不殺汝，當以忠義報國家！』再興謝之。」按桂州陞静江府，乃紹興三年二月事。《建炎以來繫年要録》卷五三：「（紹興二年閏四月丙午）神武副軍都統制岳飛敗曹成於桂嶺縣，成拔寨遁去。賊將楊再興爲追騎所及，跳入深澗中。軍士欲就殺之，再興曰：『勿殺，當與我見岳飛。』遂受縛。飛見之，解其縛，曰：『汝壯士，吾不殺汝，當以忠義報國家！』再興謝之，飛留以爲將。」關於楊再興被俘地點，《要録》、《會編》和《行實編年》各異。楊再興乃曹成部將，《行實編年》「其將」之行文則可誤認爲乃郝政之部將，屬岳珂史筆之疏。《宋史》卷三六八《楊再興傳》：「楊再興，賊曹成將也。紹興二年，岳飛破成，入莫邪關。第五將韓順夫解鞍脱甲，以所虜婦人佐酒。再興率衆直入其營，官軍却，殺順夫，又殺飛弟飜。成敗，再興走，躍入澗。張憲欲殺之，再興曰：『願執我見岳公。』遂受縛。飛見再興，奇其貌，釋之，曰：『吾不汝殺，汝當以忠義報國！』再興拜謝。」

〔四〕盛夏行煙瘴之地　「行」之下，《金佗續編》卷一八有「師」字。

〔五〕論者　「論」，底本字跡模糊，似作「論」，嘉靖本作「説」，今據《紀事實録》。

〔六〕《紫薇集》卷一〇《聞岳侯破賀州賊次韓端卿韻》：「旌旗摩日〔甲生光〕，俘馘黄巾第幾□。滅賊未須占鬪蟻，破胡行且見神狼。燕然刻石功昭漢，太華題詩事後唐。從此兒童傳姓氏，風流何止繼韓康。」

《金佗稡編》卷一九《永州祁陽縣大營驛題記》：「權湖南帥岳飛被旨討賊曹成，自桂嶺平蕩巢穴，二廣、湖湘悉皆安妥。痛念二聖遠狩沙漠，天下靡寧，誓竭忠孝。賴社稷威靈，君相賢聖，他日掃清胡虜，復歸故國，迎兩宮還朝，寬天子宵旰之憂，此所志也。顧蜂蟻之羣，豈足爲功。過此，因留于壁。紹興二年七月初七日。」

《梁谿全集》卷七二《開具本司差到任仕安等兵馬人數留韓京等軍馬奏狀》：「臣契勘七月二十九日准樞密院七月二十二日劄子：『奉聖旨，令岳飛且在湖南等路措置追捕盜賊，候稍息日別聽指揮。』續於八月初五日，准樞密院七月二十五日劄子：『岳飛依已降指揮，且留湖南等路措置盜賊，專聽李綱節制。』臣已劄下岳飛，遵依聖旨指揮，回軍前來本路駐劄。未到間，今據右武大夫、文州團練使、樞密院將領韓京申：『得岳飛公文，八月十一日准八月五日樞密院劄子，樞密院奏：勘會已降指揮，且留湖南等路措置盜賊。今據岳飛奏，曹成賊衆並已破滅，招收浄盡，湖南、二廣別無曹成潰賊。兼韓世忠大軍已到潭州，撫定李宏、馬友人兵，及已破劉忠大寨。所有岳飛合依先降指揮，前來江州駐劄。右奉聖旨，令岳飛依先降指揮，立便起發，前來江州駐劄。』申本司照會。臣竊緣本路盜賊全未衰息，……今來岳飛却稱曹成賊衆已是破滅，招收浄盡，荆湖、二廣別無曹成潰散賊馬，李宏、馬友人兵及劉忠並各了當，合依先降指揮，前去江州駐劄。委是故違詔令，不肯前來，欺罔朝廷，別取指揮。兼臣本司亦未曾被受前項聖旨指揮。竊慮既令聽臣節制，朝廷必須行下臣本司，體究岳飛所陳是與不是着實，方降處分。」

又同書卷一一六《與吕相公第七書別幅》：「岳飛一軍，本司累具申奏，祈告朝廷，方蒙矜從。今以飛片紙虚辭，即行改命。竊恐朝廷所以待大帥與武將者，輕重不倫，爲有識者之所窺測。若且下本司體究著實，然後降旨，似爲得體。」

又同書卷一一八《與秦相公第七書別幅》（六月十七日南豐發）：「孟、韓二帥以重兵來臨，久駐廬陵，皆未曾料理。獨曹成一項，爲岳飛所破，餘黨有就降意，將欲了當。」

又同書卷一一九《與程給事第一書》：「第孟、韓二帥殊未曾措置荆湖盜賊，獨岳飛能破曹成，尚未了當，已有催促班師指揮。」

又同書卷一一八《與秦相公第十一書別幅》：「如飛年齒方壯，治軍嚴肅，能立奇功，近來之所少得。然正當且使在人下，有以調御服習之，使知禮義名節，異時決爲中興名將。若使便當一面，驕心易生，適所以壞之。」

《宋會要輯稿》職官四一之三五—三六：「（紹興二年五月）十八日，李綱又言：『荆湖之地綿亘數千里，號爲上流，如鼎、澧、岳、鄂州連荆南一帶，皆當屯宿重兵，倚爲形勢。近所乞不滿萬人，若到本路，兼得岳飛、吴全、韓京、吴錫等兵，方僅及二萬之數，分屯沿江要害去處，深慮不足。乞候到本路相度形勢，圖上方略，別行申請。』樞密院勘會：『除岳飛合係平賊了日赴行在外，其餘軍馬依已降指揮，平賊了日盡數交割與李綱使喚。』」

《梁谿全集》卷七二《奏知段恩招誘本司軍兵逃走奏狀》：「神武副軍都統制岳飛申：『契勘飛近恭奉聖旨指揮，收捕曹成賊馬，屢獲大捷，分遣軍馬，自廣西追趕至廣東連州并湖南界，往回數千里。今節次據本軍諸將申到，有逃走官兵四百七十八人，下項。契勘使臣、效用、軍兵見此暑月，披帶衣甲，艱辛勞苦，怯戰，輒敢棄甲，或將帶衣甲、鞍馬逃走，改易姓名，別投他軍。……』」

六月十一日，授中衛大夫、武安軍承宣使，依前神武副軍都統制。制辭有「許國忠誠，馭衆訓整，同士卒之甘苦，致紀律以嚴明」〔一〕之語。〔二〕初有旨，命先臣平曹成日，赴行在。尋以江州係控扼要地，合屯重兵，令先臣將帶本部并韓京、吴錫軍屯于江州。〔三〕

〔一〕可參《金佗續編》卷二《中衛大夫武安軍承宣使告》第一二六三頁，文字稍異。

〔二〕《三朝北盟會編》卷一五一：「（紹興二年六月十三日壬寅）岳飛爲中衛大夫、武安軍承宣使。」《建炎以來繫年要録》卷五五：「（紹興二年六月庚子）親衛大夫、建州觀察使、神武副軍都統制岳飛以破曹成功，遷中衛大夫、武安軍承宣使。」

〔三〕《建炎以來繫年要録》卷五五：「（紹興二年六月）戊戌，詔神武副軍都統制岳飛以韓京、吳錫、吳全之衆戍江州。朝廷聞曹成爲飛所破，乃命孟庾班師，李綱徑如潭州，而飛以所部之江州屯駐。時綱甫自邵武引兵三千之江西也。」

《宋史》卷二七《高宗紀》：「（紹興二年六月）戊戌，詔孟庾、韓世忠班師，岳飛屯駐江州。」

《建炎以來繫年要録》卷五五：「（紹興二年六月癸巳）初，命廣西經略司即韶州撥内帑錢三十萬緡，市戰馬。……於是神武諸軍皆缺馬，乃命經略司以三百騎賜岳飛，二百騎賜張俊，又選千騎赴行在。（賜岳飛馬在是日，賜張俊馬在癸丑，買一千匹赴行在，在七月癸亥，今併書之。……）」

《歷代名臣奏議》卷二三二綦崇禮奏：「顧張（俊）一軍，士卒最爲簡練，器甲最爲整飭，猶可驅而用之。韓世忠驍勇無前，蓋嘗抗虜於江上，今復屢勝羣盜，度其果敢，亦必不肯辭難。其下如岳飛，皆可賴以爲用。第不知士卒果能齊力一心，無所畏避，以當金人否？舍是三將，則其餘無足倚者。」此爲紹興二年奏，姑附於此。

比入江西界，准本路安撫大使李回牒，令招殺馬友下郝通賊馬。先臣遂至筠州，降之，除揀放外，得精兵一萬八千人。因奏所得兵可以防江，其韓京、吴錫軍更不須起發，乃以京、錫撥隸荆湖、廣南宣撫司。時馬友復犯筠州城西，防隘之兵望風潰散，守臣已徒步出境，及聞先臣軍來，友遽逃去。〔一〕

〔一〕據《三朝北盟會編》卷一五一、《建炎以來繫年要録》卷五五和《宋史》卷二七，馬友已於六月一日被李宏所殺。當時岳飛尚在荆湖南路。其餘部郝通逃奔江南西路，有此可能。至於馬友本人「復犯筠州城西」，又「逃去」，顯屬訛謬。《宋史》卷二七《高宗紀》：「（紹興二年七月）丙子，馬友黨郝通率兵五萬，歸宣撫司。」《皇宋十朝綱要校正》卷二二：「（紹興二年七月）丙子，馬友將郝通率兵五萬至筠州，李回檄岳飛往招撫之，通等聽命。飛汰其老弱，留精兵一萬八千餘人，並隸飛軍。」

軍至江州。〔二〕劉忠之餘黨四千餘人寇蘄之廣濟縣，又李通已受招安，在司公山，不肯出，令先臣掩捕，悉平之。〔三〕於是李回奏，乞以舒、蘄、光、黄接連漢陽、武昌一帶盜賊，並委先臣招捕。〔三〕

〔一〕《建炎以來繫年要録》卷五六：「（紹興二年七月己巳）江西安撫大使司奏孔彦舟北遁，詔趣岳飛移屯江州。左司諫吴表臣言：『風聞僞齊於京東路每户科麻七斤，或者恐其以繩維舟，謀濟江之計。今沿江津渡，皆當爲備。就中采石江稍狹而水緩，鑑之往事，備禦尤當嚴密。』樞密院勘會：『已令韓世忠屯建康府，岳飛屯江州，防托江道。』詔送沿江諸帥。」

〔二〕《建炎以來繫年要録》卷五一：「（紹興二年正月癸丑）朝奉郎杜欽智知舒州。初，李捧既受招，其徒路進以所部數千人，渡淮而北，進犯舒州。守臣、武節郎李鑄無兵不能守，棄城遁。知池州王進遣兵擊破之，進與其徒遁去，居太湖縣之司空山，事聞，故有是命。欽智尋卒，江西安撫大使李回以准備將領、武經郎武糾代之。進尋爲糾所殺，其黨李通率衆作亂。」又同書卷五八：「（紹興二年九月）軍賊李通受都督府招安，傅崧卿以通爲修武郎、本府親兵前軍統領，戊辰，以聞。」

《宋史》卷二七《高宗紀》：「（紹興二年九月）戊辰，司空山賊李通出降，以爲都督府親軍統領。」

《宋會要輯稿》兵一三之一二：「（紹興三年二月）二十六日，詔：『李通元係路進下以次首領，其路進等係已受招安，再行作過之人，元在司空山劄寨，侵擾舒、蘄二州。因知舒州武糾死路進，李通聚衆攻破舒州，殘害不少。後來雖受都督府招安，令往和州駐劄；又遷延累月，不下山寨，前後反覆，放兵劫掠，作過不已。今來止是因起發間，被火内殺併，即不見得的實事因，難以追贈。令都督府照會施行。』時以江、淮、荆、浙都督府言：『李通係忠義，率其衆來歸，不幸爲其徒所殺，乞行褒贈。』故有是命。」除上引記載外，《輿地紀勝》卷四六《安慶府》和《方輿勝覽》卷四九《安慶府》亦作司空山，與《行實編年》所載之司公山異。

〔三〕《建炎以來繫年要録》卷五九：「（紹興二年十月）壬寅，詔江南西路兵馬副鈐轄張中彦以所部充都督府統制官，仍遣右通直郎、都督府幹辦公事楊揆往吉州，濟其軍食。初，中彦以討捕駐軍廣州，脅制州縣，供億以萬計，一路爲之震擾。朝廷撥隸楊惟忠、李回、岳飛、孟庾、韓世忠、李綱，皆不稟命。綱察中彦意，樂爲郡，檄令權知岳州。中彦果至，即械送獄，遂并其軍。」此事又載《梁谿全集》附録二李綱行狀。

十二月，〔一〕亡將李宗亮誘張式，以所部兵叛。

〔一〕十二月　「二」，原作「一」，嘉靖本同，據《紀事實録》改。

紹興三年，癸丑歲，年三十一。

平李宗亮。賜金蕉酒器。討虔寇。〔一〕擒彭友等。平固石洞。入虔州，斬十大王等。擒高聚。擒張成。召赴行在。賜袍、帶、鞍、馬、弓、箭等，賜宸翰「精忠」旗。除江西沿江制置使。改江西制置使兼舒、蘄州。改神武後軍統制。

〔一〕光説「虔寇」，不確，尚遺漏「吉寇」，岳飛平吉州「盜」見本年記事。

春正月，宗亮、式夜至筠州，焚毁居民，〔一〕殺劫甚衆。先臣遣徐慶、傅選軍捕滅之。〔二〕

〔一〕焚毁居民　「居民」，疑爲「民居」之誤。

〔二〕《忠正德文集》卷二《乞免上供紙》：「紹興三年正月内，李宗亮侵犯分寧縣。」

二月，上遣鄭莊齎賜先臣金蕉酒器，〔一〕如賜韓世忠禮，召赴行在。〔二〕江西宣諭〔三〕劉大中奏：「臣到洪州，採訪物論，皆謂岳飛提兵素有紀律，人情恃以爲安。今岳飛將帶軍兵前赴行在，竊恐民不安業，盜賊無所鎮壓，復至猖獗。」乃不果行。〔四〕又賜李回親札，令擇本路盜賊熾盛處，專委先臣。

〔一〕鄭莊齎賜先臣金蕉酒器「莊」，《紀事實録》和《金佗續編》卷一八作「壯」。《宋會要輯稿》禮六二之五六：「（紹興）三年二月三日，詔：『文思院打造蕉葉酒器一副，賜岳飛，其金仰户部支給。』」

〔二〕《建炎以來繫年要録》卷六二：「（紹興三年正月）初，神武副軍都統制岳飛在江州，軍中糧乏，江西安撫大使李回分其軍之半萬二千，屯於江、筠州、臨江、興國軍，而命飛以餘軍即吉州屯駐，言於朝。丁卯，詔飛即以兵赴行在。」《忠正德文集》卷一《乞支降岳飛軍馬錢糧狀》：「其岳飛一軍，月支錢一十二萬三千餘貫，米一萬四千五百餘石，數目浩大。近蒙朝廷差撥岳飛軍兵一萬人，往江州駐劄。岳飛止差五千餘人前去，未敢盡數起發。蓋緣去年本軍在彼屯泊之日，錢糧闕乏，轉運司應副不繼，有誤指準。致本軍殺馬，剪髮，賣鬻妻、子，博易米斛，幾致生事。」此奏即《金佗續編》卷二九《乞支降軍馬錢糧》，據《要録》卷六八，趙鼎此奏於紹興三年「十月十八日」傳送至宋廷。

〔三〕江西宣諭　「江西」，應作「江東、西」。《宋會要輯稿》職官四一之二：「（紹興二年）十一月二十二日，詔宣諭官朱異改差浙東、福建路，胡蒙改差浙西路，劉大中改差江南東、西路，……」

〔四〕《建炎以來繫年要録》卷六三：「（紹興三年二月庚子）吏部員外郎、權監察御史、江南東、西路宣諭劉大中言：『昨岳飛提兵洪州，頗有紀律，人情恃以爲安業。今盜賊未息，而飛既去，則民不安，農務失時。欲望速賜選兵前來，免致盜賊滋蔓。』」

是時虔、吉二州之境，盜賊羣起。吉州則彭友、〔二〕李動天爲之魁，及以次首領號爲十大王。〔三〕虔州則陳顒、羅閑十等，各自爲首，連兵十數萬，〔三〕置寨五百餘所。表裏相援，捍拒官軍，分路侵寇循、梅、廣、惠、英、韶、南雄、南安、建昌、汀、潮、邵武諸郡，縱横來往，兇燄方赫。〔四〕

〔一〕《皇宋十朝綱要校正》卷二一：「（紹興三年）二月朔，劉忠雖破，其次首領彭友復聚衆犯吉州龍泉縣。己丑，詔李回與岳飛共議，選留精兵三千人，討定之。」

《梁谿全集》卷七〇《開具錢糧兵馬盜賊人數乞指揮施行奏狀》：「劉忠約有三萬餘人，元在岳州平江、潭州瀏陽等處據險出没作過。近聞福建等路宣撫司大兵到來，集聚舟船，於岳州君山屯泊。訪聞曾遣人至福建等路宣撫司，願就招撫。緣本人自知罪大不赦，決難保信。……

楊么郎約有五千餘人，見在潭州界上出没作過。

鍾相殘黨約有一萬餘人，見在鼎州、澧州界上出没作過。

鄧裝約有三千餘人，見在郴、連州界上出没作過。

彭鐵大約有數千人，見在桂陽縣界上出没作過。

契勘前項劇賊十餘頭項，衆數十萬，皆是累年占據湖南、〔北〕州縣作過之人。」

又同書卷七五《討殺本路作過潰兵丁當見措置楊么等賊奏狀》：「賊首彭鐵大，名友，係在郴州桂陽縣宜城鄉三單團作過。」按劉忠與李成、曹成之輩，都乘亂世爲草寇。他被韓世忠擊敗，投僞齊，官封登、萊、沂、密等州都巡檢使，後被部屬殺死，航海傳送首級到臨安。據李綱紹興二年奏，彭友似非劉忠「次首領」。彭友於郴州桂陽縣，位於荆湖南路南部，劉忠則在北部。如《十朝綱要》之説屬實，則至少在紹興二年時，彭友和劉忠已分成兩支隊伍。

又同書卷一二〇《與吕提刑第三書》：「鄧裝、彭友、韓京足以破之，但須得使旆親臨，更與指蹤，事可萬全矣。……（正月三日）」

又同書卷一二〇《與吕提刑第四書》：「如彭友輩，正當責其反覆失信，不即就招。俟其公參，示以告劄，而未爲書填，姑俟後效，乃爲得策。……彭友之衆，皆可放散，獨留頭首，押赴軍前爲佳。……（正月六日）」據李綱在紹興三年正月的兩信，可知彭友曾接受招安，又「反覆失信」，轉移到江南西路吉州。

《宋史》卷二七《高宗紀》：「（紹興三年二月己丑）浙東賊彭友犯龍泉縣。」按「浙東」兩字顯然錯訛。

〔二〕《金佗稡編》卷一七《再論虔州平盜賞申省劄子》：「其吉盜如彭鐵大、李動天兩寨，結連肆毒，其徒多至數萬，侵犯江西、湖南，及以次首領號爲十大王，桀黠爲甚。」

又同書卷一九《虔（應爲「吉」）州捷報申省狀》：「據吉州龍泉縣申：『本縣被賊人彭友、李動天結集頭領兇賊，僞稱十大王，已經四年，攻破八縣，大段猖獗。其彭友等賊徒見在本縣界武陵、烈源、陳田三處劄寨。』」

《金佗續編》卷二八《孫逌編鄂王事》：「虔州村民李洵者，長大有膂力，鄉人畏之。後彭鐵大與王彥、廖家姊妹三人唱亂，洵從之。衆以爲首領，號李洞天，占據固始洞，積糧洞上，金帛、婦女皆在其中。」按李洵一般記載都稱李滿，吉州變亂者首領見於各書者尚有王勝、廖八姑、廖小姑、尹花八、寧十二等。

《周益國文忠公集·平園續稿》卷三七《龍洲居士嚴君（致堯）墓碣》：「紹興三年，羣盜充斥虔、吉間，多至三百餘火。」「龍泉賊帥彭友、李動天等十人尤强暴，號十大王，盤踞四年，攻破八縣。」

《忠正德文集》卷二《乞免勘喬信》：「勘會洪州近承提刑司公文，録準今年五月六日敕節文，臣寮上言，本州統領官喬信措置龍泉縣賊彭友等，端坐萬安縣多日，並不將軍馬追攻賊寨，止就隔江抄截賊中所遣打擄人，妄申獲捷等事。」「喬信軍馬昨自去年十二月内，就袁州差發，前去吉州管下，把截捕殺彭友、尹花八、寧十二等賊火。臣寮所按本軍久不進兵，固當坐罪。緣喬信部下官兵止一千人，彭友等三頭項徒黨，萬數不少，衆寡不敵，是以不能成功。」

《宋會要輯稿》刑法六之二七：「（紹興三年）十月十八日，江南西路安撫制置大使趙鼎言：『乞將喬信特降官資，免行取勘，或與放罪，責其後效。』詔依奏，免勘，特與放罪，令本司責其後效。以信軍馬把截捕殺彭友等賊火，徒黨數多，衆寡不敵，是致不能成功，日夕憂疑，不能安職，故貸之。」

〔三〕連兵十數萬　「十數萬」，原作「數十萬」，據《宋朝南渡十將傳》卷二《岳飛傳》改。《金佗稡編》卷一七《再論虔州平盜賞申省劄子》作「十餘萬」。

〔四〕《金佗稡編》卷一七《再論虔州平盜賞申省劄子》：「虔盜如陳顒、羅閑十等四百餘黨，自爲頭首，各成寨栅。其徒十餘萬衆，結爲表裏，拒敵官軍，尤爲猖獗。恃賴山險，侵犯數路，廣東則循、梅、潮、惠、英、韶、南雄，以至廣州，江西則虔州、南安之雩都，江東則建昌軍，福建則汀州、邵武等，皆爲所攻劫，縱横往來者數年。」按雩都縣不屬南安軍，而屬虔州。

《建炎以來繫年要録》卷四六：「（紹興元年七月癸卯）虔州賊陳顒聚鄉丁數千，焚掠雩都、信豐諸縣，詔趣捕之。」卷五三：「（紹興二年四月）乙丑，廣東經略司言：『虔州盜陳顒率衆三千人圍循州，焚龍川縣。』詔江西大帥司遣將捕之。」卷六〇：「（紹興二年十一月辛酉）盜陳顒破武平縣。」「是月，虔賊陳顒等犯梅州，圍其城。守臣、右承務郎劉安雅命取鈎吻草，研取其汁，投之酒醋，散於民居。賊遣人賫牒索金銀、鞍馬，安雅遽磔之。盜入民居縱飲，死者以百數，餘多昏迷不省。賊疑懼，遁去，圍遂解。」卷六二：「（紹興三年正月癸亥）虔盜陳顒圍潮州，不能下。是夜，拔栅遁去，復還江西。尋命神武前軍左部統領申世景以所部二千，自閩中往擊之。」

《宋史》卷二六《高宗紀》：「（紹興元年七月）虔州賊陳顒作亂，命趣捕之。」卷二七《高宗紀》：「（紹興二年四月甲子）陳顒圍循州，焚龍川縣，命江西安撫司遣將捕之。」「十一月辛酉，顒陷汀州武平縣，犯梅、循二州。」「（紹興三年正月）癸亥，陳顒圍潮州，不下，引兵趨江西。」《龜山先生全集》卷二〇《答胡康侯》（其十五）：「又傳虔寇陳顒犯漳、汀，朝廷已遣申將往討捕。」

於是李回奏吉寇彭友等爲亂，乞專委先臣。廣東宣諭〔一〕明槖亦奏：「虔賊爲二廣患。採之南方物論，皆言岳飛所部最爲整肅，所過不擾。若朝廷矜憫遠人，特遣岳飛軍來，則不惟可除羣盜；而既招復叛，如劉欅輩，亦可置之隊伍，繩以紀律，使之爲用。」又知梧州文彥明奏虔州鹽寇入廣東劫掠，乞委先臣討捕。劉大中亦連奏，以先臣爲請。上始專以虔、吉寇付先臣。〔二〕

〔一〕廣東宣諭　「廣東」，應作「廣東、西」。《宋會要輯稿》職官四一之二：「（紹興二年）十一月二十二日，詔宣諭官朱異改差浙東、福建路，胡蒙改差浙西路，劉大中改差江南東、西路，薛徽言改差湖南路，明槖依舊廣南東、西路。」

〔二〕《浪語集》卷三三《先大夫行狀》：「江西、湖南接壤，盜賊出没其間。兩路追討之兵不相犄角，以盜出界爲盡己職，故盜得視兩界緩急，往來以騁。君奏：『岳飛御軍嚴肅，請以兩路盜賊併委之。』」「楊么僭皇太子，憑藉湖水爲亂。羣盜散處山谷，土寇、游寇更出侵掠，如尹花八、張成、蕭尚十、蕭小四、田行者、陳道、王盈、鄧裝、彭鐵大、賀聰、賀佐、李詢、賀全、劉仕才之屬，强者數萬，弱者三、二千人。君過江西，知岳侯忠略可任，奏請借以討賊，必可肅清湖外。」可知舉薦者中，還有湖南宣諭薛徽言。

又同書卷三三《書先右史遺編》：「時岳相以偏將戍洪、吉，君一見，知其人，表飛可清湖湘。」

《建炎以來繫年要録》卷六三：「（紹興三年二月）丙申，乾化縣土兵作亂。先是，閤門祗候劉瑾以禦寇之勞，就知縣事。瑾日縱土兵剽掠，人甚苦之。會瑾改除江西兵馬副都監，……時岳飛討虔寇，朝廷命瑾以所部六百人爲鄉導，在虔、吉間。」

又同書卷六三：「（紹興三年三月辛未）初，命神武副軍都統制岳飛督捕虔寇，而飛言軍無春衣，乃出户部帛萬五千賜之，仍令吉州榷貨務就賜錢三萬緡，爲行軍費。於是飛有衆二萬四千餘人，詔江西、廣東、湖南三漕臣濟其軍食。」

《宋史》卷二七《高宗紀》：「（紹興三年）三月己未，詔岳飛捕虔賊。」

《皇宋十朝綱要校正》卷二二：「（紹興三年二月）乙卯，詔岳飛選精兵親至虔州，討虔賊陳顒等。」

《宋會要輯稿》兵一三之一二—一三：「（紹興三年）三月四日，宰執進呈招捕虔州盜賊事。上曰：『此雖盜賊，本吾赤子，必不得已，而後殺之。況爲將者自不可多殺。』是月二十二日，又詔：『虔民嘯聚，皆吾赤子，雖曾作過，尚務寬貸。仰江西帥、憲及本州告諭，限二十日自新，一切罪犯特與赦免。如違，即令虔州見屯軍馬依已降指揮，前去收捕。」〔二〕《金佗續編》卷一高宗宸翰三：「朕已親敕諸路漕臣，應副卿軍馬錢糧，坐貶嶺外之罪。卿當體國，疾速統率精鋭人馬前去，務要招捕静盡，無使滋蔓，罪有所歸。仍具起發日時及沿路所至去處，逐旋以聞。」

夏四月，先臣至虔州，聞彭友等立栅于固石洞，儲蓄甚富。先臣遣吏伺其實，乃已離固石洞，悉其兵至雩都，俟官軍。且宣言曰：「人言岳承宣智勇爲天下第一，我今破之。岳承宣且敗，他人若我何？」吏回報，先臣笑，遣辯士二人造之，開諭禍福，説之以降。賊曰：「爲我語岳承宣，吾寧敗不肯降，毋以虚聲恐我也。」遂與戰，友等方躍馬馳突，〔一〕示其驍勇，先臣麾軍擊之，擒友等於馬上。餘酋散走，賊衆横屍滿山谷，獲衣甲、器械無數，奪其被虜老弱二萬餘人，縱歸田里。〔二〕

〔一〕躍馬馳突　「馳」，原作「驅」，嘉靖本同，據《紀事實録》改。

〔二〕《金佗稡編》卷一九《虔（應爲「吉」）州捷報申省狀》：「據吉州龍泉縣申：『……其彭友等賊徒見在本縣界武陵、烈源、陳田三處劄寨。』飛恭依聖旨，先差使臣賫文字前去招諭，其僞十大王彭友等八頭項並不肯聽從，又結集永新縣界羣賊尹花八等二項賊徒三千餘人等，迎敵官軍。

飛分遣統領官張憲取一路，王貴取一路，飛躬親統率軍馬取一路，約期會合迎敵。其賊沿山擺布，飛遂率將士戰鬬，當日賊衆敗走下山，奪到隘口數處。飛躬親督率軍馬，分頭下山，與賊戰鬬，殺死賊徒遍滿山谷，并槍、牌、衣、甲等，及奪救到被虜老小二萬餘人，已放令逐便。具録奏聞外，飛續遣兵於山村搜殺不盡殘黨。捉到賊魁僞十大王彭友、李滿并以次頭領，隨軍監防。」《行實編年》將彭友、李滿等皆稱爲虔州「賊」，又作戰地點定爲虔州雩都縣。按上引岳飛此狀，彭友、李滿等乃吉州「賊」，作戰地點在龍泉縣，應以此狀原件爲準。

《周益國文忠公集·平園續稿》卷三七《龍洲居士嚴君（致堯）墓碣》：「紹興三年，羣盜充斥虔、吉間，多至三百餘火，江西安撫大使李回以聞。時岳武穆公飛爲神武副軍都統制，授鉞專征，道出廬陵。士卒托宿廛市，黎明，爲主人汛掃門宇，洗滌釜盎而去。太守供張郊餞，師行將絶，謁未及通，問殿後者：『大將軍何在？』笑曰：『已雜偏裨去矣。』其嚴肅如此。所過獨搜訪奇士，諏計策。至太和，君叩轅門，一見語合，許以從行。初，龍泉賊帥彭友、李動天等十人尤强暴，號十大王，盤踞四年，攻破八縣。〔至是〕次第就縛，兩郡以寧，奏凱而還。」

《齊東野語》卷二〇《岳武穆御軍》：「岳鵬舉征羣盜，過廬陵。託宿廛市，質明，爲主人汛埽門宇，洗滌盆盎而去。郡守供帳，餞别於郊，師行將絶，謁未得通，問：『大將軍何在？』殿者曰：『已雜偏裨去矣。』其嚴肅如此，真可謂中興諸將第一。」

《浪語集》卷三三《先大夫行狀》：「江賊彭鐵大就君請降，岳掩其懈，擊之，大獲。君悦，表其功狀，岳軍得以展其智力，諸將所鄉鼓行，盜用此戢。」

《建炎以來繫年要録》卷六四：「（紹興三年四月壬辰）神武副軍都統制岳飛以大軍次虔州。」「（丁未）神武副軍都統制岳飛遣統領官張憲、王貴，分道擊虔寇彭友、李滿，獲之。飛自至虔州，日破一寨，賊徒震恐。友等先據龍泉，至是乃敗。」

《宋史》卷二七《高宗紀》：「（紹興三年四月壬辰）岳飛軍次虔州。」「丁未，岳飛遣統領張憲、王貴擊彭友，禽斬之。」

《皇宋十朝綱要校正》卷二二：「（紹興三年四月）丙午，岳飛遣統領張憲破吉州賊彭友、李滿兵，殺獲其衆，生擒友及滿。」

《金佗稡編》卷一九《虔賊捷報申省狀》：「到吉州。有彭大名友等作過，飛先差人招安，不肯聽從。分布軍馬，與賊鬬敵，殺死賊徒不知其數，捉到彭鐵大并以次首領李動天。又往虔州，分遣統領官説諭諸寨頭首，並不肯聽從。遂行進兵，於興國縣衣錦鄉一帶，節次逢賊見陣，大獲勝捷。并攻破山寨數百餘座，生擒賊首王彦、鍾超、吕添、羅閑十、陳顒、藍細禾、謝敵、鍾大牙、劉八大五、盧高，處置訖，委是盡静，別無未獲賊徒。」據此狀，則岳飛在吉州得手後，再移兵虔州，《行實編年》和《要録》將虔、吉兩州「賊」混爲一談，係誤。

又同書卷二〇《奏審虔州賊首奏》：「恭奉聖旨，措置虔賊。今已節次生擒殺降到虔州諸縣界山寨賊首羅誠等二百餘人，見拘管在寨。未審令臣一面處置，唯復申解朝廷，伏望聖慈速賜指揮，以憑遵禀施行。」

餘酋復退保固石洞。洞之山特高，四環皆水，登山僅止一徑，勢甚險阻。先臣頓兵瑞金縣，領千餘騎至固石洞。復遣辯士説之曰：「汝誠阻險，〔一〕能保不敗耶？敗而後降，吾不汝貰矣！降即亟降，毋自速辜。」賊衆不聽，曰：「苟能破山寨，吾黨雖死，尚何憾！」〔二〕先臣乃列馬軍於山下，皆重鎧持滿。黎明，遣死士三百，疾馳登山，賊衆大亂。山下鳴鼓呼噪，賊莫測多寡，棄山而下，見山下皆爲列騎所圍，於是疾呼丐命，倉卒投墜而死者甚衆。〔三〕先臣乃令軍中毋殺一人。賊衆悉下山投降，或曰：「説之不我聽，何以貸爲！請盡戮之。」先臣蹙然良久，曰：「此輩雖兇頑，然本愚民耳，殺之何益！且主上既赦其人矣，不然，何以成主上之美。」命籍其金、帛之藏，盡入備邊、激賞庫，擇降民之勇鋭者隸諸軍，餘悉縱之田里。下令使各安業耕種，逃民盡還。遣徐慶等將兵，授以方略，捕諸郡賊，以次敗降。〔四〕是役也，擒賊大小首領五百餘人，一無遺類。〔五〕

〔一〕汝誠阻險　「阻」，原作「衆且」，嘉靖本同，據《紀事實録》改。

〔二〕苟能破山寨吾黨雖死尚何憾　「山寨」之下，原有「而降」兩字，嘉靖本同，據《紀事實録》删。

〔三〕《金佗續編》卷二八《孫逌編鄂王事》：「虔州村民李滔者，長大有膂力，鄉人畏之。後彭鐵大與王彦、廖家姊妹三人唱亂，滔從之。衆以爲首領，號李洞天，占據固始洞，積糧洞上，金帛、婦女皆在其中。岳王爲招討數月，破江西賊大小百餘火，惟固始洞最後。蓋洞高而險，王用大木，先縛天橋八座，日使人上。諸賊檑木、礮石以下，官軍不能上者累日。王之爲天橋也，正欲其盡用檑木、礮石。俟其無備也，方以計激發火隊，以前後鼊心杷山而上，甲軍繼之，一戰盡獲，民復按堵。故湖之南，江之西，比屋繪像，事王如生。」

《三朝北盟會編》卷二〇七《岳侯傳》：「再奉命復收虔州山賊。侯遂先令人探察，其賊首係彭鐵大、廖八姑、王勝、李洞天等，約兵十餘萬，山寨百餘座。侯將王萬、寇成、徐慶首先破固石洞，又遣王貴、龐榮、張憲等分頭領兵，攻打賊寨。兩月之間，捉大小首領五百餘人，彭鐵大、廖八姑、王勝、李洞天等作過賊首。加鎮南軍承宣使、江西、湖南制置使、神武後軍統制。」

《獨醒雜志》卷七：「岳公飛之破固石洞也，賊砦據山之巔，懸崖百仞，登者躋攀而上，不勝其勞。官軍每登山，賊輒憑高據險，投刃轉石，士卒皆重傷而却。公既至，直入洞中，與賊砦相對而營。賊畏公威名，堅守不復下山。公一日令曰：『來日當破賊！』軍中不知所謂。明日凌晨，令諸軍陣于山下，與賊砦相距甚近。既成列，公臨後登高以望之。賊在上，見官軍逼近，亦整頓以待戰。其酋長乃一女子，號廖小姑，持刃叫呼曰：『今日官軍要破我砦，除是飛來！』公聞其言，顧左右曰：『飛即我也！』擊鼓進師。鼓聲方合，有衆先登，公望其旗曰：『此前軍第三隊也，當作奇功！』諸軍競進，遂破賊砦，生擒其酋而歸。」「異時嘗見其提兵征贛之固石洞，軍行之地，秋毫無擾。至今父老語其名，輒感泣焉。」虔州後改名贛州，可知固石洞在虔州。《讀史方輿紀要》卷八八贛州府雩都縣：「固石洞在縣東北百里。宋紹興三年，岳飛討羣盜於虔州。賊彭南悉衆至雩都迎戰，飛擒之，餘黨退保固石洞。洞高峻環水，止一徑可入。飛列騎山下，令皆持滿。黎明，遣死士疾馳登山，賊衆擾亂，棄山而下，騎兵就圍之，賊窘乞降。」固石洞如在雩都縣東北，則距吉州龍泉縣甚遠。據《金佗稡編》卷一九《虔（應爲「吉」）州捷報申省狀》，李滿既在龍泉縣剳寨並被俘，則固石洞不應是其基地，李洵和李滿可能是兩人。

〔四〕《建炎以來繫年要録》卷八五：「（紹興五年二月壬辰）侍御史張致遠言：『……至如郴、虔、廣東，乍起乍息，略無寧歲。往者岳飛至，所遣徐慶日破一寨，羣賊假息村落，殄滅可期，慶遽追還，餘黨遂復熾矣。……』」徐慶於此次軍事行動中甚爲得力，可參《金佗續編》卷五《收捕虔吉州盜賊王貴以下推恩省劄》第一三一七頁。

〔五〕《金佗稡編》卷一七《再論虔州平盜賞申省劄子》：「首領雖衆，並就生擒，一無遺類。」關於虔、吉州變亂首領人數，其説各異。此件公文説，光虔州即有「四百餘黨」。又《金佗稡編》卷二〇《措置虔賊奏》説：「虔、吉州界見今作過賊首共三百一人。」《行實編年》之説當採自《三朝北盟會編》卷二〇七《岳侯傳》。

《金佗續編》卷二八《吴拯編鄂王事》：「又平虔州山賊數十萬，來朝，加鎮南軍承宣使、江西制置使、神武後軍統制。」

《三朝北盟會編》卷二〇八《林泉野記》：「平虔州山賊數萬，來朝，加鎮南軍承宣使、江西制置使、神武後軍統制。」

《建炎以來繫年要録》卷六八：「（紹興三年九月甲戌）（劉）大中又言：『秘閣修撰、權知虔州侯延慶守正特立，近岳飛平寇，賴其協濟，得以成功。……』……詔神武副軍統領官、武功郎、閤門宣贊舍人張憲，武顯大夫、閤門宣贊舍人王貴，正將、武功郎姚政，副將、承節郎楊再興等二十四人，並陞帶陝西諸路副將至准備差使有差。憲尋以捕虔寇功，遷武略大夫、吉州刺史，而貴亦進階官、遥郡二官。（二人進官，在此月庚辰。）」

《周益國文忠公集·省齋文稿》卷二八《忠義李君傳》：「李君名靚，字彦和。……聞大將軍岳飛銜命平虔寇，即挺身從之。會奔母喪，不竟其功。」

《宋史》卷四五三《李靚傳》：「李靚，字彦和，吉州龍泉縣人。……岳飛督師平虔寇，挺身從之。未行，奔母喪。」

《建炎以來繫年要録》卷七六：「（紹興四年五月甲戌）詔神武右軍選精鋭軍馬三千人戍虔州，專一措置虔、吉一帶盜賊，權聽江西帥司節制。先是，岳飛出師，已破賊首鍾十四等十餘寨。至是其徒周十隆等出没未已，遂命將官趙祥、李昇以所部往討之。」

《毘陵集》卷三《論措置虔賊劄子》：「朝廷連年發遣兵將，討蕩虔賊，宜其稍有懲艾，漸安隴畝。

近乃復有鍾十四與郭四閑等嘯聚于瑞金、會昌之間，往來福建、廣東境上。……臣愚欲乞密下江西帥司，乘岳飛未回朝廷，及大兵見在三路界首，凡盜賊所在，如可討捕，則合兵併力蕩平。如或四散藏伏，勢難追捕，及緣失業嘯聚，非其本意者，竝許從宜招收。仍將應干境内曾爲頭領人，補以名目，遣隨大軍使喚。」

《斐然集》卷一七《寄張德遠》：「民叛與兵叛不同，如虔賊向來岳飛非不討殺，亦有已見淨盡之言，終不能絶，尚跨四路出没，何也？ 州縣非其人，歸業不可，寧爲寇耳！」

《中興小紀》卷一六：「（紹興四年三月）江西制置使岳飛奏：『虔州盜發，已遣兵討蕩。』甲戌，上曰：『盜發不免加兵，然皆理其末也，不若〔治〕其本。 如守令得人，能奉行詔旨，無以擾之，即民自安業，盜何自而作耶？』」此段文字以《皇朝中興紀事本末》卷二八參校。

《梁谿全集》卷八五《乞差兵將討捕虔吉盜賊及存留李山彈壓奏狀》：「虔州管下依舊盜賊出没作過，本處只有岳飛下統制官李山軍兵一千餘人在彼討捕，今准都督行府指揮，許令岳飛抽回。竊慮官兵起發之後，兇徒愈更嘯聚，與吉州羣賊相應，猝難剿除。 伏望聖慈特降睿旨，且存留李山在虔州彈壓措置。」李綱此奏上於紹興六年四月出任江南西路安撫制置大使、洪州知州之後。

又同書卷一〇三《與宰相乞兵劄子》：「如虔州元有李山一項軍馬，賊勢稍息。 李山近爲岳飛勾回，賊盜遂復猖獗。」

《建炎以來繫年要録》卷一〇二：「（紹興六年六月戊午）忠翊郎、湖南制置大使司親兵左部統領軍馬裴鐸遷一官，兼閤門祗候，用呂頤浩奏也。先是，郴、衡、桂陽草盜紛起，頤浩遣鐸與統制官步諒招捕，悉平之。吉州盜王權既受岳飛招安，復自軍中亡命，聚衆數百人爲寇，鐸擊破之，權棄仗遁去。」

初，廟堂以隆祐震驚之故，有密旨，令屠虔城。先臣既平諸寇，乃駐軍三十里外，上疏請誅首惡，而赦脅從，不許。連請不已，上乃爲之曲宥，就詔先臣裁決。六月，先臣始入城論囚，即諸酋罪之尤者數人，各置之法，餘悉稱詔貰之。〔一〕市不易肆，虔人懽聲如雷。至今父老家家繪而祀之，〔二〕遇諱日，則裒金飯僧於梵舍，以爲常。雖更權臣之禍，亦不變。

〔一〕《建炎以來繫年要録》卷六六：「（紹興三年六月）己酉，神武副軍都統制岳飛自虔州班師。（此以紹興四年四月二十五日大理寺劄子修入。）」

《宋史》卷二七《高宗紀》：「（紹興三年六月）己酉，岳飛自虔州班師。」

《忠正德文集》卷二《乞曲赦虔寇》：「虔州自從衛軍民交變以來，凡十縣之間，失業之民率聚爲寇。雖聖恩寬厚，貸其脅從，亦既累年，而猶家藏兵器，未嘗輸官。……昨遣岳飛再已平定，而前日怨仇之訟，紛紛猶未已也。臣區區愚見，欲望聖慈依昨來建州平范汝爲體例，特降曲赦，或止降詔書，貸其往咎，及應干優卹等事，並檢舉施行。如此則人獲安業，盜賊潛消矣。」《金佗續編》卷一高宗宸翰四：「具奏省，卿殄滅羣寇，安靖一方，應無遺類，爲異日之患也。朕甚嘉之。已詔卿赴行在，可即日就道，勿憚暑行。紀律嚴明，秋毫不犯，卿之所能也。朕不多及。七月十二日。」

〔二〕繪而祀之 「祀」，原作「事」，嘉靖本同，據《紀事實録》改。

時又有劉忠之將高聚犯袁州。先臣遣王貴擊之，擒高聚及其徒二百餘人，降其衆三千，殺其僞統制方（失其名）。〔一〕

〔一〕《宋史》卷二七《高宗紀》：「（紹興二年十二月）丁酉，岳飛遣統領徐慶、王貴討禽萍鄉賊高聚。」《宋史》之年代與《行實編年》有異。

張成亦以三萬人犯袁州，陷萍鄉，復遣王貴擊之。成敗走，王貴奪其寨，焚之，殺死甚衆，俘五〔一〕百餘人。明日，復戰，遂擒成，而降其衆。

〔一〕本段自「五」之下，原缺，嘉靖本同，據《紀事實録》補。

秋七月，召赴行在。趙鼎奏：「虔州民習兇頑，累年爲患。岳飛雖已破蕩巢穴，恐大兵起行之後，復爾嘯聚，請留五千人屯虔州。」〔一〕又以密院之請，分三千人屯廣州，〔二〕一萬人屯江州。〔三〕

〔一〕《宋會要輯稿》兵五之一六——一七：「紹興三年五月十八日，提舉江南西路茶鹽公事趙伯瑜言：『洪州分寧、武寧兩縣歲趂茶課五百三十餘萬。此縣去州六百里，地界湖〔南〕、北鄂、岳、潭州，三路之間，皆盜賊棲止之地，民不敢歸業。安撫司雖差兵捉殺，既退，其賊復出。望下帥司，或於岳飛下摘那有紀律兵將，前去逐處屯駐彈壓。』詔令本路帥司選差官兵一千人，委有材武統領官統率，於分寧、武寧可以相照應去處駐劄彈壓。」

《建炎以來繫年要録》卷六五：「（紹興三年五月）庚辰，江西安撫大使趙鼎言：『岳、鄂爲沿江上流，控扼要害。鄂州雖有帥臣及軍萬餘，其間大半皆烏合之衆，以至器械未備，萬一有警，難以枝梧。欲候虔賊既平，令岳飛以全軍往岳、鄂屯駐，不惟江西藉其聲援，可保無虞，而湖南、二廣亦獲安妥。』詔俟飛平江西、湖、廣賊畢，聽旨。」趙鼎此奏即《金佗續編》卷二九《乞於岳鄂屯駐人馬》之節略。

《忠正德文集》卷二《乞下鄰路防托虔寇》：「虔、吉之民，素號頑狡，平日不事生産，至秋冬收成之後，即結集徒黨，出没侵掠。累年以來，朝廷方事外寇，未暇掃除，由是患害日滋，根株益固，上勞聖慮，遣發王師。今雖破蕩巢穴，使之著業，而渠魁間有竄逸者。雖苟目下少安，冬春之間，不能保其無事。臣只候岳飛班師，即分那人馬，逐處彈壓。竊慮積習未悛，再有嘯聚，定須侵擾鄰路州軍。伏望聖慈特降睿旨，下福建、廣南相接本路虔、吉州、南安軍界，添屯人馬，聲援相應。使兇惡之黨，知所至有兵，不敢妄動。」

《宋會要輯稿》兵一三之一三：「（紹興三年七月）二十一日，江南西路安撫大使趙鼎言：『虔州管下賊火不一，今來岳飛雖已破蕩巢穴，竊慮大兵起離之後，復行嘯聚，合要一項軍馬彈壓措置。除已牒岳飛量留軍馬五千人，權就虔州駐劄，自餘軍馬發往吉州歇泊，量帶親兵并劉僅人馬赴行在。』從之。」

〔二〕《建炎以來繫年要録》卷六七：「（紹興三年七月乙亥）詔神武副軍都統制岳飛選兵三千人，移戍廣州。」

《宋史》卷二七《高宗紀》：「（紹興三年六月）己酉，岳飛自虔州班師。辛亥，發兵屯駐虔、廣二州，彈壓盜賊，州各三千人。」

《宋會要輯稿》兵五之一七：「（紹興三年）七月二十二日，樞密院言：『得旨，選差統兵官，帶領官兵前去廣州駐劄，彈壓盜賊。契勘江西見有岳飛一軍二萬餘人，理宜就便差撥。』詔令岳飛就便差官兵三千人并家小，前去廣州屯戍，候及一年，各與轉一官資。仰精選可以委任統領官，具姓名奏差發遣。」

〔三〕《建炎以來繫年要録》卷六七：「（紹興三年八月）己丑，命神武副軍都統制岳飛赴行在，仍命飛以精卒萬人留戍江州。輔臣因論分屯軍馬遠近輕重，吕頤浩曰：『但恐無糧。』上曰：『撫國家，給饋餉，自古亦須運糧，豈有無糧之理。』乃命出撫州樁管錢九萬餘緡，江西折帛錢易糧萬斛，以餉飛軍。」

《宋史》卷二七《高宗紀》：「（紹興三年）八月己丑，詔岳飛赴行在，留精兵萬人戍江州。」

《忠正德文集》卷二《乞支降岳飛軍馬錢糧狀》：「其岳飛一軍，月支錢一十二萬三千餘貫，米一萬四千五百餘石，數目浩大。近蒙朝廷差撥岳飛軍兵一萬人，往江州駐劄。岳飛止差五千餘人前去，未敢盡數起發。蓋緣去年本軍在彼屯泊之日，錢糧闕乏，轉運司應副不繼，有誤指準。致本軍殺馬，剪髮，賣鬻妻、子，博易米斛，幾致生事。」

又同書卷二《奏乞節制岳飛狀》：「臣契勘神武副軍都統制岳飛先奉聖旨，於本路駐劄，彈壓盜賊，係聽本司節制。續奉朝旨赴行在，未起發間，再奉聖旨，令李回協和岳飛，敦遣措置虔州管下盜賊。今來本軍招捕虔賊了當，蒙朝廷分屯江州防秋。欲望特降睿旨，許依舊聽本司節制，所貴緩急集事。」

《宋史》卷一九六《兵志》：「紹興之初，羣盜四起，有若岳飛、劉光世諸大將領兵，尤重隨宜調發，屯泊要害，控制捍蔽，是亦權宜之利矣。」

本段原缺，嘉靖本同，據《紀事實録》補。趙鼎奏中之「岳飛」，《紀事實録》原作「岳某」，乃避名諱，今改。

九月，至行在，〔一〕上預使人諭先臣，令繫金帶上殿。〔二〕十三日，入見，上慰撫再三，先臣頓首謝而退，卒不言其功。〔三〕上以其長者，益重敬之，賜衣甲、馬鎧、〔四〕弓箭各一副，撚金線戰袍、金帶、手刀、銀纏槍、戰馬、海馬皮鞍各一。賜宸翰于旗上，曰「精忠岳飛」，令先師行之次建之。〔五〕又賜先伯父〔六〕雲弓箭一副，及戰袍、銀纏槍各一。〔七〕犒勞官兵甚厚。〔八〕

〔一〕南宋行在於紹興二年正月由紹興府遷臨安府。

〔二〕令繫金帶上殿　「令」，《紀事實録》原作「許」，據浙本和《金佗續編》卷一八改。

〔三〕《三朝北盟會編》卷一六一：「先是，岳飛軍中有校尉王大節者，川人，飛待以爲客。李成退走，歸劉豫也，上語飛曰：『如李成歸國，朕當以節度使待之。』飛即遣大節詐僞投降，招成歸國。」《建炎以來繫年要録》卷八〇：「（紹興四年九月壬申）淮東宣撫使韓世忠自承州退保鎮江府。（趙甡之《遺史》：『先是，岳飛軍中有校尉王大節者，蜀人，飛待以爲客。李成退走，歸劉豫也，上語飛曰：如李成歸國，朕當以節度使待之。飛即遣大節招成歸國。……』）」自紹興元年到四年冬，岳飛僅赴宋廷一次，宋高宗當在召見時有此語。

〔四〕馬鎧　《紀事實録》原作「鎧馬」，據《金佗續編》卷一八改。

〔五〕《建炎以來繫年要録》卷六八：「（紹興三年九月庚申）神武副軍都統制岳飛自江州來朝，賜飛金帶、器甲。飛養子雲年尚少，上亦以戰袍、戎器賜之。（賜甲帶在此月甲子，今併書之。）」可知朝見在九日庚申，賜兵器、衣甲等在十三日甲子，《行實編年》一併作十三日，稍誤。《宋會要輯稿》禮六二之五六—五七：「（紹興三年）九月十三日，賜岳飛金帶一條，衣甲金（全）裝一副，撚金線戰袍一領，手刀一口，銀纏笴槍一條，戰馬一匹，海馬皮鞍并弓箭一副，馬甲一副，飛子雲戰袍一領。」《宋史》卷二七《高宗紀》：「（紹興三年九月）庚申，岳飛自江州來朝。」又同書卷一五〇《輿服志》：「建炎三年，表韓世忠之旗曰『忠勇』。紹興三年，表岳飛之旗曰『精忠』。」

〔六〕先伯父　《紀事實録》原作「王之子」，據浙本改。

〔七〕《建炎以來繫年要録》卷六八：「（紹興三年九月戊辰）以岳雲爲保義郎、閤門祗候。」時岳雲十五歲。《金佗稡編》卷一三《辭男雲特除保義郎閤門祗候奏》：「臣今月十七日准樞密院劄子，奉聖旨，除臣男雲保義郎、閤門祗候者。……況臣男雲俾從戎伍，未立寸效，豈足仰副異眷，實不遑安。」

〔八〕本段原缺，嘉靖本同，據《紀事實録》補。「精忠岳飛」，《紀事實録》原作「精忠岳某」，乃避名諱，今改。

十五日，特旨〔一〕落階官，〔二〕授鎮南軍承宣使，依前神武副軍都統制，江南西路沿江制置使，〔三〕制辭有「千里行師，見秋毫之無犯；百城按堵，聞夜吠之不驚」〔四〕之語。又賜詔曰：「卿殄寇之功，馭軍之略，表見於時，爲後來名將。江、湖之間，尤所欣賴，兒童識其姓字，草木聞其〔五〕威聲。」〔六〕

〔一〕特旨　浙本作「詔先臣」。

〔二〕落階官　《紀事實録》無「官」字，據浙本和《金佗續編》卷一八補。

〔三〕《建炎以來繫年要録》卷六八：「（紹興三年九月丙寅）中衛大夫、武安軍承宣使、神武副軍都統制岳飛落階官，爲鎮南軍承宣使、江西沿江制置使，戍江州。尋詔飛落『沿江』二字。」《鶴林玉露》甲編卷四《制置用武臣》：「祖宗朝，制置使多用名將。紹興間，不獨張、韓、劉、岳嘗爲之，楊沂中、吴玠、吴〔拱〕、劉錡、王𤫉、成閔、李顯〔忠〕諸人亦爲之。」

〔四〕夜吠之不驚　「夜」，《金佗續編》卷二《鎮南軍承宣使充江南西路沿江制置使告》作「犬」。

〔五〕本段自「其」之上，原缺，嘉靖本同，據《紀事實録》補。

〔六〕此詔見《金佗續編》卷三《辭免鎮南軍承宣使不允詔》第一二八〇頁。

十八日，有旨諭先臣，其目有三：

一、令先臣於江州、興國、南康一帶駐劄。〔一〕江西諸屯軍馬許遇緩急抽差。

一、江上有軍期急速，與制置會議不及，許一面隨宜措置。〔二〕

一、舒、蘄兩州增隸先臣節制。〔三〕

二十日，賜銀二千兩，犒所部將士。二十一日，改除江南西路制置使。〔四〕二十四日，除江南西路、舒、蘄州制置使。〔五〕二十七日，以李山軍馬隸先臣。〔六〕二十九日，改差神武後軍統制，依前制置使。〔七〕冬十一月，令王瓔、折彦質遣吴全、吴錫兩軍，並聽先臣節制。〔八〕十二月，以李横、牛皐隸先臣。〔九〕

〔一〕駐劄　「駐」，原作「住」，嘉靖本同，據《紀事實録》和《金佗續編》卷一八改。

〔二〕隨宜措置　「措」，原作「指」，嘉靖本同，據《紀事實録》和《金佗續編》卷一八改。

〔三〕《建炎以來繫年要録》卷六八：「（紹興三年九月丙寅）端明殿學士、江南西路安撫大使、兼知洪州趙鼎爲江南西路安撫制置大使、兼知洪州。中衛大夫、武安軍承宣使、神武副軍都統制岳飛落階官，爲鎮南軍承宣使、江西沿江制置使，戍江州。尋詔飛落『沿江』二字。樞密院言：『欲令飛於江州、興國、南康軍一帶駐軍。其江西見管諸頭項軍馬，雖隸帥司，如遇緩急，許飛抽差使喚，鼎發遣應副，務要内外相應，共濟國事。若江上有軍期急速，會議不及，許飛一面隨宜措置施行訖，報鼎照應。江北對岸，係舒、蘄兩州，可令岳飛節制。合用錢糧，令鼎督所屬監司、州、縣應辦。』從之。飛言：『本路兵久不訓習，乞留五千人屯洪州，二千人屯虔州、南安軍，餘並隨軍訓習。』詔飛、鼎同議。」

《宋會要輯稿》職官四〇之五—六：「（紹興三年九月）十八日，樞密院〔言〕：『已降指揮，除趙鼎江南西路安撫制置大使，岳飛江南西路沿江制置使，今措置事件：

一、令岳飛於江州、興國、南康軍一帶駐軍。其江西見管諸處軍馬，雖隸使司，如遇緩急，許岳飛抽差使喚，趙鼎發遣應副，務要内外相應，共濟國事。

一、今來制置大使趙鼎係洪州置司，若江上有軍期急速，會議不及，許岳飛一面隨宜措置施行〔訖〕，報趙鼎照應。

一、江北對岸，係舒、蘄兩州，可令隸岳飛節制。合用錢糧，令趙鼎催督所屬監司、州、縣應辦。如違，按劾聞奏，當議重置典憲。』詔並依，仍劄都督府并淮南宣撫司照會。」

〔四〕《宋會要輯稿》職官四〇之六：「（紹興三年九月）二十一日，詔：『岳飛落沿江二字，充江南西路制置使，江州駐劄。其沿江興國、南康軍一帶江面，仰多方措置隄備。及本路州軍緩急賊馬侵犯去處，亦仰分撥軍馬遮護，無致疏虞。餘依已降指揮。』」

又同書職官四一之一〇六：「（紹興三年）十月十二日，三省言：『江州守臣見帶沿江安撫，今來岳飛充本路制置使，江州駐劄，其守臣難以更帶安撫使。』詔：『江州守臣銜内權不帶沿江安撫，候岳飛班師日，申取朝廷指揮。』」

〔五〕《建炎以來繫年要録》卷六八：「（紹興三年九月乙亥）神武副軍都統制、江西制置使岳飛爲江南西路、舒、蘄州制置使，置司江州。」

《宋史》卷二七《高宗紀》：「（紹興三年九月乙亥）岳飛爲江南西路、舒、蘄州制置使，置司江州。」

〔六〕《三朝北盟會編》卷一五五：「（紹興三年九月）岳飛來朝，加鎮南軍承宣使、江西制置使、神武後軍統制。先是，飛駐軍於洪州也，趙秉淵爲江南西路兵馬鈐轄，洪州駐劄。飛因飲酒，大醉，毆擊秉淵幾死。安撫使李回奏劾之。至是上戒飛飲酒，飛自此不飲。初有旨，任士安交軍馬與飛，士安授江西總管，洪州駐劄。飛支犒設：帶甲人五千，輕騎人三千，不帶甲人二千。士安有隱匿入己，飛決之一百，士安以病瘡卒。郝晸乃其統制也。士安在湖南，所部乃辛企宗之兵也。交兵與飛，而統制毛同禮反，飛撫定之。李回帥江西也，傅選駐劄于江州，李山駐劄于蘄州，聽回節制。飛皆乞爲統制，亦乞秉淵爲統制，於是飛始能成軍。」按任士安撥隸岳飛應於紹興五年鎮壓楊么後，其剋扣犒賞事是否屬實，見《金佗稡編》卷九《遺事》第八四三頁考證。

又同書卷一一二《林泉野記》：「楊惟忠驍勇，善騎射，少爲將。……改江西副總管。……卒年六十六，以其軍隸岳飛。」按傅選曾任楊惟忠部屬。《建炎以來繫年要録》卷六八：「（紹興三年九月丙寅）先是，飛在洪州，與江〔西〕兵馬鈐轄趙秉淵飲，大醉，擊秉淵幾死。帥臣李回奏劾之。及是上戒飛止酒，飛遂不飲。始統制官傅選屯江州，李山知蘄州，皆受回節度。飛受命，奏乞選、山皆爲本司統制，於是飛始能成軍。江東宣撫使劉光世與秉淵素厚，奏秉淵還建康以避之。時飛軍月費錢十二萬二千餘緡，米萬四千五百餘斛。（此據十月十八日趙鼎所奏。）詔漕臣曾紆津致錢糧，爲軍中五月之費，而鼎督趣之。回與飛不協，至鼎推誠待之，飛亦心服。（飛節制舒、蘄州及隨宜措置，在此月己巳。落『沿江』字，在壬申。光世奏秉淵部轄歸附人，在癸酉。飛乞分兵，在甲戌。詔李山兵馬令飛收管，在戊寅。令曾紆椿管五月錢糧，在十月己亥。選、山充統制，在十二月乙未，今牽聯書之。）」《忠正德文集》卷二《乞支降岳飛軍馬錢糧狀》：「臣今月二十六日準樞密院劄子，三省、樞密院同奉聖旨，除臣江西安撫制置大使，岳飛除本路沿江制置使，所以防秋合行事件，令同共商議，疾速措置，條具聞奏。臣除已遵奉施行，及候岳飛到日，別行條具外。契勘本路江州、興國、南康軍並係沿江控扼，合屯軍馬去處。其岳飛一軍，月支錢一十二萬三千餘貫，米一萬四千五百餘石，數目浩大。……臣見將岳飛一軍逐月所用糧食，催督轉運司接運本路米斛起發外，唯是全闕見錢支遣，若不控告朝廷給降應副，將來定致闕絶，有誤軍事。」趙鼎此奏即《金佗續編》卷二九《乞支降軍馬錢糧》，當寫於九月二十六日後，於十月十八日遞至宋廷。

〔七〕《建炎以來繫年要録》卷六八：「（紹興三年九月庚辰）詔神武副軍都統制、江西制置使岳飛所部改稱神武後軍，以飛爲統制。」「（乙亥）始諸將雖擁重兵，而無分定路分，故無所任責。朱勝非再相，始議分遣諸帥，各據要會，某帥當某路，一定不復易。已而江西制置大使趙鼎言：『舒、蘄、黄三州，先得旨分隸〔本〕路。後有旨，軍期事聽江州沿江安撫司約束。又令遇盜賊竊發，聽淮西帥司約束。最後令舒、蘄二州聽岳飛節制。三州殘破之餘，事力單弱，凡受四司節制，不知號令何所適從。』乃詔舒、蘄州隸岳飛，黄州隸王𤫉節制。」關於岳飛各項任命，還可參《金佗續編》卷五《改充江南西路制置使省劄》、《除江南西路舒蘄州制置使省劄》、《改差充神武後軍統制省劄》第一三一六頁至一三一八頁。

〔八〕《建炎以來繫年要録》卷七〇：「（紹興三年十一月乙亥）命荆、潭制置司統制官吴全，湖南制置司統制官吴錫以所部屯武昌。時江北屢有警報，知黄州鮑貽遜徙治樊口，權知漢陽軍呼延虎渡江走鄂州，知興國軍徐璋亦以捍寇爲辭，棄城而去。至是乃命二將移屯，受岳飛節度，而全已死矣。於是虎、璋皆坐貶秩。（二人貶秩，在四年二月乙未。）」

〔九〕《建炎以來繫年要録》卷七一：「（紹興三年十二月）甲午，詔李横、翟琮、董先、李道、牛皐並聽岳飛節制，以圖後效，仍令横等即江州屯駐。初，横之在襄陽也，岳飛遣統領官張憲招之，不從。及横自黄州渡江，飛聞之，疾馳往洪州，後横一日至，横已參趙鼎矣。飛責横不相從之意，横引罪而已。於是，道、臯已在江州，飛皆用爲統制，就將其軍，惟横等留南昌如故。（熊克《小曆》於今年七月書詔横駐洪州。按《日曆》，十一月庚午，詔横等江北擇地爲寨。十二月壬午，詔横權於舒、蘄州界屯駐，至此始命移屯江州，不知克何所據而云爾也。）」

又同書卷七五：「（紹興四年四月）戊子，神武左副軍統制李横以襄陽失守，於國門待罪，詔放罪。横與蔡、唐州、信陽軍鎮撫使牛臯，商、虢、陝州鎮撫使董先自南昌隨趙鼎赴行在。詔以其軍萬五千人屬神武右軍都統制張俊，尋以錢萬五千緡、絹萬匹賜之。上念横等遠歸，各賜白金千兩。臯見上，因陳僞齊必滅之理，中原可復之計。乃命臯復往江州，聽岳飛節制。」

「（辛丑）利州觀察使、河南、汝、鄭州鎮撫使翟琮充江南東路兵馬鈐轄，宣州駐劄。琮自南昌與所部百餘人入朝，上聞其貧，賚以銀、帛百匹、兩，後四日，乃有是命。」

《三朝北盟會編》卷一五五：「（紹興三年十月）二十二日癸卯，李横棄襄陽府，僞齊陷襄陽府。……横在襄陽也，岳飛遣張憲招之，不從。至是横自黄州渡江，徑往洪州，投安撫使趙鼎。飛知之，馳往洪州，後横一日至，横已參鼎矣。飛責横不相從之意，横戰慄伏罪而後已。鼎發遣横赴行在，分其軍。明年，岳飛乞董先爲統制官。又有李進者，小名號李僧兒，軍中呼爲入洞鬼。初爲桑仲統制官時，王俊乃李進下第三人也，亦在軍中。」

《宋史》卷三六八《牛臯傳》：「會岳飛制置江西、湖北，將由襄漢規中原，命臯隸飛軍。飛喜甚，即辟爲唐、鄧、襄、郢州安撫使，尋改神武後軍中部統領。」

又同書卷四五三《張玘傳》：「張玘，字伯玉，世居河南澠池。……詔先一行並聽神武後軍統制，玘從岳飛復京西六州。」張玘乃董先副手。

又同書卷四六五《李道傳》：「李道，字行之，相州人。……會李成入寇，鎮撫使李横棄襄陽去，道亦棄隨南歸，至江州。詔道屬岳飛，爲選鋒軍統制。」襄漢之敗將中，李横和翟琮後並未隸屬岳飛，隸屬者有牛臯、董先、李道、張玘等，關於此事，可參《金佗稡編》卷一〇《措置李横等軍奏》，《奏審李道牛臯軍奏》第九二六頁至九二七頁，《金佗續編》卷二九趙鼎《乞支錢糧贍給李横軍兵》第一七六四頁。

《建炎以來繫年要録》卷七一：「（紹興三年十二月戊申）初，江西統制官傅樞赴行在，而所部在虔州，制置使岳飛移其軍往江州屯駐。樞與飛故有隙，其弟統領官機與飛軍統領官王貴亦不平。機單騎赴洪州，軍行至長步，其右軍部將元通率其徒千餘人遁去。進犯英州，掠范瓊女而去，又圍南雄州。事聞，詔本路帥司招捕。趙鼎奏戮機，詔貸死，送飛軍前自效。（四年四月乙巳。）」

是時，僞齊使李成合北虜兵五十萬，大舉南寇，攻陷襄陽府及唐、鄧、隨、郢州、信陽軍，〔二〕故鎮撫、刺史，如李横、李道、翟琮、〔三〕董先、牛臯等俱失守。僞齊於每郡俱置僞將。又有湖寇楊么與僞齊交結，欲分車船五十艘，攻岳、鄂、漢陽、蘄、黄，順流而下。李成以兵

三萬益楊么舟師，自提兵〔三〕十七萬，由江西陸行趨兩浙，與么會合。〔四〕

〔一〕《三朝北盟會編》卷二〇七《岳侯傳》：「僞齊劉豫遣劉麟并大將李成等兵五十萬衆，占據均、襄、隨、郢，爲久駐之計。」按五十萬大軍顯屬誇張，均州亦未被李成攻佔。

〔二〕李道翟琮　「道」之下，《紀事實録》有「與」字。

〔三〕自提兵　「兵」，據《金佗續編》卷一八補。

〔四〕趨兩浙與么會合　「與」，原作「楊」，嘉靖本同，據《紀事實録》和《金佗續編》卷一八改。關於楊么軍和僞齊關係，可參《金佗續編》卷五《再據劉愿申楊么賊徒結連作過省劄》及其注釋，見第一三二二頁至第一三二八頁。

朝廷患之，始命於江南北岸水陸戰備處，常爲待敵計。〔一〕又命於興國、大冶通洪州之路，措置隄備，多遣間探，日具事宜以聞。又命防拓鄂、黄等州及漢陽軍，又於下流鄂、岳備賊營之潛渡爲寇者（據紹興四年四月四日權知岳州劉愿申事宜狀）。〔二〕一日，先臣與幕中人語，論及二寇，或問將何先？先臣曰：「先襄漢，襄漢既復，李成喪師而逃，楊么失援矣。第申嚴下流之兵以備之，然後鼓行。」〔三〕

〔二〕《金佗續編》卷二九趙鼎《措置防秋事宜》：「臣契勘即日防秋是時。……江西今日利害安危，豈不重且急乎？臣計本司見管軍馬共一萬六千餘人，皆是招收烏合之衆，除輜重、火頭等外，可使出戰，僅及萬人，才足以屯防近裏州縣，隄備盜賊，豈堪前當大敵。近奉聖旨，留岳飛全軍，先分萬兵駐九江，士馬精勁，似可倚仗。臣愚見尚有二患：邊面闊而僞境近，則師不可不益；師旅增而贍給廣，則財不可不聚。

謂如江州、興國軍西抵岳、鄂，皆據大江上游，曲折千里，控扼要害，受敵處多。自湓浦以上，江漸狹隘，至霜降水落，則一箭可及，一葦可航，非若下流深闊多阻，未易侵越也。今計岳飛兵數二萬一千有餘，除火頭、輜重、守寨、疾病人外，實得戰士一萬五、六千人。忽有警急，迎敵保城，臨時應機，猶恐分布不給。兼岳、鄂人馬無多，安能使犄角應援。臣欲乞朝廷更摘那數頭項堪任出入將兵，時暫付臣相兼使用。

又本路州縣屢經兵火殘毀，繼以連歲討賊，大兵往來，民力凋弊，官用空虛。今既留岳飛全軍，復丐益師，則軍儲愈窘。若止仰漕計，必致闕誤。臣欲乞朝廷廣行支降錢物，及就撥本路應干諸司上供錢帛，并榷貨務見在及日後收椿之數，並行付臣斡旋，相兼支遣。」趙鼎此奏又見《忠正德文集》卷二和《歷代名臣奏議》卷三三四，當上於紹興三年八、九月間，時岳家軍已分撥三千人去廣州，故剩二萬一千多人。

《忠正德文集》卷一《乞下湖北帥司防托武昌等處狀》：「昨來金人自黃州張家渡渡江，由湖北路鄂州武昌縣上岸，方入興國軍大冶縣界，取山路以犯江西。臣今相度，如本路興國軍大冶、通山等處，見候岳飛到，擺布防托外，有武昌縣尤爲上流要害之地，與大冶縣相去不遠。欲乞朝廷指揮湖北路帥臣速行措置，選發將兵，於武昌縣等處分布屯守。」趙鼎此奏當寫於岳飛去臨安，尚未回江州之時。

《金佗續編》卷二九趙鼎《乞少寬憂顧》：「臣於今月初九日，準金字牌降到親筆手詔，以臣在郡之久，無甚罪戾，曲加獎諭，仍戒飭防秋等事。……近岳飛到，已發兵屯駐江上，凡軍中事務，一一商量措置。飛久在江西，人情地利，素所習熟。今陛下委付如此，必能感激奮勵，向前立功。臣謹當委曲協濟，以圖報稱。」

《忠正德文集》卷一《乞下湖北帥司隄備賊馬狀》：「臣昨據本路制置使岳飛申：『諸處探報，李成、劉麟會合金寇，有直趨蘄、黄渡江之計。』……自十一月二十日以後，探報少緩，而臣不即以聞者，以賊情不測，萬一所傳不審，有失隄防，或致衝突之患。當料其有，不料其無；勿恃其不來，恃吾有以待之也。

今李成尚留漢上，雖未聞追襲之耗，而經營襄、鄧，用意不淺。蓋輕兵追襲，爲患速而小；占據上流，爲患緩而大。計朝廷已有措置，非臣愚慮所及。緣上流既失，即自漢陽而下，沿江諸郡皆順流可至之地，不可一日弛備，非特防秋而已。……

臣除不住移文制置使岳飛及本司所遣兵馬，遠布耳目，益嚴防守，并召募硬探，直往襄陽已來，伺察賊情外，所有漢陽、沌口，係漢江下流，湖北帥司所隸，更望聖慈特降睿旨，嚴切戒約，過爲隄備，庶免意外不虞之患。」趙鼎此奏又見《歷代名臣奏議》卷三三四和《金佗續編》卷二九《乞下湖北帥司隄備賊馬》。

〔二〕《宋會要輯稿》兵一〇之三六：「（紹興三年）十二月十四日，詔：『大軍討蕩，已累破賊寨。訪聞其間有西北無歸之人，爲賊誘脅，竊慮一例殺戮，有旨降旗、榜五副，付王𤩽曉諭招收。今來王𤩽見在上流鼎江一帶，慮逼逐賊徒，奔衝岳、鄂州界，可令制置使岳飛、劉洪道同共遣兵掩殺，毋令走透。』上因諭輔臣曰：『王𤩽令復往鼎州，岳飛繼回岳、鄂，兩軍上下重湖，楊么早得平蕩。若歸過自新，必令招懷樓舡、棹卒，上流之備，不勝用也。』」按宋時習慣稱呼今長江中游鄂州一帶爲「上流」，《行實編年》稱「下流鄂、岳」，「下」字疑誤，亦或爲與「上流鼎江」相對而言者。

〔三〕《三朝北盟會編》卷一五九：「（紹興四年七月）辛炳爲御史中丞，屢言宰執大臣之罪，而罷黜之。朱夢説見當時尚禽色之樂，多無用之物，二聖播遷而未還，中原陷没而未復，萬民塗炭而不安，上無良相，朝乏賢臣，乃貽書於炳，責炳不諫。炳惶恐，袖夢説之書，上殿奏陳，上不悦。時夢説爲岳飛軍中幹辦公事，乃諭飛罷之。飛厚賮夢説，而謝遣之。……夢説，字肖隱，嚴州人。徽宗時屢獻直言，後登進士第，累遷泰州軍事推官。飛聞其賢，辟爲幹辦公事。」《中興姓氏録》曰：『朱夢説，字肖隱，嚴州人，博學，有爲國憂民之心。……累遷泰州軍事推官。湖北、京西宣撫使岳飛聞其賢，辟爲幹辦公事。隨飛入朝，復見時尚禽色之荒，多無用之物，二聖播遷未還，中原陷没未復，上無良相，朝乏賢臣，上書於御史中丞辛炳，責其不諫。炳携書奏上，上不悦，諭飛罷之。飛厚贈夢説，而謝遣之。』」

《建炎以來繫年要録》卷七八：「（紹興四年七月戊辰）初，江西制置使岳飛之入覲也，以泰州軍事判官朱夢説偕行。夢説，宣和間以布衣上書切直，故飛辟之。夢説嘗遺（辛）炳書，言時尚禽色之荒，多無用之物，二聖播遷未還，中原陷没未復，上無賢相，朝乏賢臣，因責其不諫。炳攜書以奏，飛乃厚贐夢説，而謝遣之。（此據《中興姓氏録》附入。……《姓氏録》又云：『炳攜書以奏，上不喜，諭飛罷之。』趙甡之《遺史》云：『炳亦請外補，除知漳州。』按飛入朝在今春，去此已久。……《日曆》，今年八月二十七日甲辰，韓世忠狀，泰州軍事判官朱夢説體究到知承州劉唐不法，則夢説還任，必在春夏之間。）」《會編》説朱夢説爲「軍事推官」，《要録》作「軍事判官」，稍異。按岳飛入朝在紹興三年九月，紹興四年春未入朝，今姑附本年歲末。

鄂國金佗稡編卷第六

經進鄂王行實編年卷之三

紹興四年，甲寅歲，年三十二。

兼荆南、鄂、岳州。復郢州，斬京超、劉楫。復隨州，斬王嵩。戰襄江。復襄陽府。戰新野市。起營田。敗劉合孛堇，降楊得勝。復鄧州，擒高仲。賜銀合茶、藥。復唐州。復信陽軍。屯鄂州。除清遠軍節度使。戰廬州。〔一〕

〔一〕廬州　原作「唐州」，今改正。《紀事實録》的紹興四年節要與底本和嘉靖本異，今抄録於下：「兼荆南、鄂、岳州。詔王收復襄陽六郡。除黄、復州、漢陽、德安制置使。復郢州，斬京超、劉楫。復隨州，斬王嵩。領軍趨襄陽。指授王貴、牛皐戰襄江。復襄陽府。僞齊益李成兵，屯襄江。遣王萬兵清水河。戰新野市，敗之。賜札問守禦策，奏行營田。進兵鄧州，敗劉合孛堇，降楊得勝。擒高仲，復鄧州。賜銀合茶、藥。復唐州。復信陽軍。襄漢平。辭制置使，賜詔不許。屯鄂州。除清遠軍節度使。賜金束帶一。奉詔出師池州，提舉趨廬州。」

春三月，除兼荆南、鄂、岳州制置使。〔一〕先臣乃奏，乞復襄陽六郡，以爲今欲規恢，不可不争此土，宜及時攻取，以除心膂之病。〔二〕

〔一〕《宋會要輯稿》職官四一之一〇六：「（紹興）四年正月十五日，都省言：『江西安撫大使司昨來置司日，屯養官兵數廣，遂降指揮，歲支二十萬石，應副本司支遣。近本司已有撥隸軍馬，今將去年九月十日申到兵帳，見管一萬五千七百人，除將佐、使臣係破券，不該支米外，且以見在効用、將校兵級，民、義兵，篙、〔艄〕手一萬四千五百一十三人，約度一歲共合支米一十二萬五千五百三十三石八斗，理合據實用數寬剩支撥。』詔令江西漕司據本司合用米數，每歲支撥十五萬〔石〕應副。其權撥赴岳飛下官兵，如内有岳飛見管認錢糧數目，却於本司今來合得米内，計數除豁施行。」《金佗續編》卷五《朝省行下事件省劄》：「今差岳飛兼制置荆南、鄂、岳。……紹興四年三月十三日。」

《宋會要輯稿》職官四〇之六—七：「（紹興四年）四月十八日，鎮南軍承宣使、神武後軍統制、充江南西路、舒、蘄州制置使岳飛言：『胡世將除知洪州、兼江南西路安撫使兼制置使。契勘自來行移，係用狀申江南西路安撫制置大使司。今來胡世將充本路安撫制置使，未審依舊用申狀，唯復用公牒。』詔行移文字許用公牒。」《建炎以來繫年要録》卷七五：「（紹興四年四月丁酉）初，趙鼎之爲江西制置大使也，制置使岳飛行移用申狀。至是徽猷閣直學士胡世將爲制置使，飛審於朝。尚書省言：『世將無許節制指揮。』乃詔用公牒。」

〔二〕《金佗稡編》卷一〇《乞復襄陽劄子》：「今外有北虜之寇攘，内有楊么之竊發，俱爲大患，上軫宸襟。然以臣觀之，楊么雖近爲腹心之憂，其實外假李成，以爲唇齒之援。今日之計，正當進兵襄陽，先取六郡，李成不就縶縛，則亦喪師遠逃。於是加兵湖湘，以殄羣盜，要不爲難。而況襄陽六郡，地爲險要，恢復中原，此爲基本。臣今已厲兵飭士，惟竢報可，指期北向。伏乞睿斷，速賜施行，庶幾上流早見平定，中興之功次第而致，不勝天下之幸。」在紹興四、五年間，岳飛之軍事行動即按此奏計劃進行。據《金佗續編》卷五《朝省行下事件省劄》：「岳飛累有奏陳，措畫收復，備見盡忠體國。」可知他上奏應有幾份，今僅存此奏。

上以諭輔臣，趙鼎奏曰：「知上流利害，無如飛者。」〔一〕於是即以親札報之曰：「今從卿所請，〔二〕已降畫一，令卿收復襄陽六郡。〔三〕惟是服者舍之，拒者伐之，追奔之際，（孝宗皇帝嫌諱)〔四〕無出李横舊界。」〔五〕畫一之目：以湖北帥司統制官顔孝恭、崔邦弼兩軍，并荆南鎮撫使司軍馬，〔六〕並隸節制；及諸州既復，並許隨宜措置，差官防守，如城壁不堪守禦，則移治山寨，或用土豪，或用舊將牛皐等主之。〔七〕

〔一〕《建炎以來繫年要録》卷七五：「（紹興四年四月）庚子，詔江東宣撫使劉光世遣兵巡邊。初，襄陽既爲僞齊將李成所據，川、陝路絶，湖湘之民亦不奠居。一日，宰執奏事，朱勝非言：『襄陽上流，襟帶吴、蜀。我若得之，則進可以蹙賊，退可以保境。今陷於寇，所當先取。』上曰：『今便可議，就委岳飛如何？』參知政事趙鼎曰：『知上流利害，無如飛者。』簽書樞密院事徐俯獨以爲不然，上不聽。鼎因奏，令淮東宣撫使韓世忠以萬人屯泗上，爲疑兵，令光世選精兵出陳、蔡，庶幾兵勢相接。」

《宋史》卷三六〇《趙鼎傳》：「召拜參知政事，宰相朱勝非言：『襄陽國之上流，不可不急取。』上問：『岳飛可使否？』鼎曰：『知上流利害，無如飛者。』簽樞徐俯不以爲然。飛出師，竟復襄陽。」

又同書卷三七二《徐俯傳》：「俄擢端明殿學士、簽書樞密院事。四年，兼權參知政事。宰相朱勝非言：『襄陽上流，所當先取。』帝曰：『盍就委岳飛？』參政趙鼎曰：『知上流利害，無如飛者。』俯獨持不可，帝不聽。……論曰：『……徐俯末與趙鼎争辨，沮抑岳飛，異哉！……』」《要録》將宋廷討論繫於四月，按三月十三日已向岳飛發令，估計對復襄陽等六郡戰事，必反覆討論多次。

《金佗續編》卷二九趙鼎《乞賜御筆》：「臣今日得岳飛書，已定今月十九日出師。臣竊惟大軍一舉，所係非輕。臣願陛下以收復境土，拯救生靈爲念，誠心默禱，克享成功。仍乞親筆賜飛，勉以盡忠體國之義，使之激厲將士，共立功名。」此奏即《忠正德文集》卷三《乞賜岳飛親筆》。

又同書卷二九趙鼎《乞遣中使訓諭諸帥應援》：「臣昨日具奏，岳飛已定今月十九日出師。竊惟陛下渡江以來，每遣兵將，止是討蕩盜賊，未嘗與敵國交鋒。飛之此舉，利害甚重，或少有蹉跌，則使僞境益有輕慢朝廷之意。臣願陛下曲留聖意，凡有可以牽制應援，助其聲勢，及饋餉、錢糧等事，督責有司，速爲應副。頻以親筆敦獎激勵，且使諸路帥臣協力共濟，庶使萬全。一、乞遣中使，齎親筆賜劉光世，遣發王德、酈瓊，共以萬人屯舒、蘄間，各將帶一、兩月錢糧。或岳飛關報會合，即令兼程前去，併力攻討。仍行下岳飛照會。一、乞以親筆賜岳、鄂劉洪道，江西胡世將，荆南解潛等，各務盡忠體國。應岳飛報到遣發援兵，資助糧食，及應干軍須等事，一一應辦，不得輒分彼此，致失機會。」此奏即《永樂大典》卷八四一三《趙元鎮文集·乞遣中使訓諭諸帥應援岳飛劄》。

《金佗稡編》卷一高宗宸翰七：「近劉光世乞行措置荆、襄，朕已命卿，豈易前制。但令光世嚴整步騎，以爲卿援，緩急動息，可行關報也。亦當令卿將佐等知，庶可益壯軍心，鼓勇士氣，所向無前，孰能禦哉！」

〔二〕今從卿所請　「今」之下，《金佗稡編》卷一高宗宸翰五有「朝廷」兩字。

〔三〕襄陽六郡　「六」，《金佗稡編》卷一高宗宸翰五作「數」。

〔四〕孝宗皇帝嫌諱　《金佗稡編》卷一高宗宸翰五作「慎」。

〔五〕李横舊界　「李横」之下，《金佗稡編》卷一高宗宸翰五有「所守」兩字。

《金佗稡編》卷一高宗宸翰五：「追犇之際，慎無出李横所守舊界，卻致引惹，有悮大計。雖立奇功，必加爾罰，務在遵禀號令而已。」宋高宗此件御札寫於三月「十四日」。

《金佗續編》卷五《朝省行下事件省劄》：「一、今來出兵，止爲自通使議和後來，朝廷約束諸路，並不得出兵，僞齊乘隙侵犯，李成等輒敢占據；須着遣兵收襄陽府、唐、鄧、隨、郢州、信陽軍六郡地土，即不得輒出上件州軍界分。所至州縣，務在宣布德意，存恤百姓。如賊兵抗拒王師，自合攻討；若逃遁出界，不須遠追。應官吏、軍、民來歸附者，不得殺戮，一面招收存恤。亦不得張皇事勢，誇大過當，或稱提兵北伐，或言收復汴京之類，卻致引惹。務要收復前件州軍實利，仍使僞齊無以藉口。」此件省劄，即《行實編年》所説之「畫一」，發於三月十三日，比宋高宗御札早一日。宋廷之意圖，只在於收復襄漢六郡，以彌補長江防線巨大缺口。不求統一，只圖偏安，故對岳飛軍事行動嚴加限制。

《建炎以來繫年要録》卷六四：「（紹興三年四月甲午）賜知唐州胡安中敕書撫諭。先是，安中以勢孤援絶，附於僞齊。至是知隨州李道招來之，故有是賜。」

《宋會要輯稿》兵一五之二：「（紹興三年二月）二十四日，李横奏：『……今有淮〔康〕軍承宣使、提點京西北路刑獄公事牛臯乞差蔡、唐州、信陽軍鎮撫使、知蔡州。臣已牒牛臯先次繫銜，庶得新邊有人彈治。并差武經大夫、達州刺史趙起知信陽軍，武功郎、閤門宣贊舍人朱全知唐州，武義大夫、閤門宣贊舍人牛寶充南陽縣界巡綽盜賊，武翼郎、閤門祗候朱萬成充南陽縣界把隘官，武功大夫、吉州團練使彭玘知汝州。逐官係初來歸附，若待奏報，恐失機會。臣已牒令管幹上件職事訖，乞賜給降告敕。……』」據《要録》卷六二，李横的官職是襄陽府、鄧、隨、郢州鎮撫使。唐州、信陽軍和鄧州南陽縣原由僞齊控制，由於牛臯等僞齊將領主動投誠，這些州縣成爲「新邊」。可見宋廷規定岳家軍的攻擊區域，比李横的「舊界」略大。

《三朝北盟會編》卷一六二《紹興甲寅通和録》：「（李）聿興云：『江南第一不是處，爲不合思量要復故地。如襄漢州縣，皆是大齊已有之地，何故却令岳飛侵奪？』某等云：『襄漢之地，王倫回日係屬江南。後李成爲劉齊所用，遂來侵擾。是時方遣韓肖胄等奉使大國，其事曾約束邊境，不欲深擾。自後李成侵擾不已，既招誘德安，又結楊么，欲裂地而王之。江南恐其包藏禍心，侵陵不已，實恐難以立國，遂遣岳飛收復襄、鄧等州故地。即非本朝生事相侵，亦須相察。』」宋使在金朝官員面前，不敢自稱國號「宋」，而用敵方的蔑視稱呼——「江南」，足見其卑躬屈節。

《建炎以來繫年要録》卷八一：「（紹興四年十月己丑）聿興云：『襄漢州縣，皆大齊已有之地，何爲乃令岳飛侵奪？』（魏）良臣云：『襄漢之地，王倫回日係屬江南。後李成爲劉齊所用，遂來侵擾。又結楊么，欲裂地而王之。江南恐其包藏禍心，難以立國，遂遣岳飛收復，即非生事。』」

〔六〕荆南鎮撫使司軍馬　「軍馬」，原作「馬軍」，據《金佗續編》卷五《朝省行下事件省劄》改。

〔七〕《金佗續編》卷五《朝省行下事件省劄》共計五條，《行實編年》節略其第一和第五條。省劄的第二條規定軍事攻擊的時間：「一、李横退師，據諸處探報，叛賊李成、孔彦舟等占據襄陽府，唐、鄧、隨、郢州、信陽軍，候麥熟，聚兵南來作過。岳飛累有奏陳，措畫收復，備見盡忠體國。今差本官統率所部軍馬，於麥熟以前措置收復上件州軍。」第三條注〔五〕已全部摘録。第四條乃關於調撥岳家軍錢糧供應。

《建炎以來繫年要録》卷七五：「（紹興四年四月）乙未，右中奉大夫、直顯謨閣、江西轉運副使曾紆貶秩一等。初，命紆以錢、米六萬貫、石，餉江西制置使岳飛軍，爲三月之費。至是飛言：『芻粟皆竭，綱運未到，深恐有誤事機。』故責之。」

「（丙午）召龍圖閣直學士、知廬州陳規，直秘閣、知德安府韓之美赴行在。……仍令江西制置使岳飛選官權德安府。」

《宋會要輯稿》職官七〇之一三一一四：「（紹興四年四月）十六日，右中奉大夫、直顯謨閣、江南西路轉運副使曾紆降一官，以江南西路、荆南等州制置使岳飛言其漕運不繼故也。」

夏四月，令神武右軍、中軍各選堪披帶馬百匹，遣使臣、兵級部付先臣。〔一〕二十五日，上以金束帶三賜先臣將佐。〔二〕

〔一〕遣使臣兵級部付先臣 「部」之下，疑脱「押」字。

〔二〕《建炎以來繫年要録》卷七五：「（紹興四年四月）乙酉，江西制置使岳飛奏川、陝戰捷事。飛奏中頗有輕敵之意，上謂朱勝非曰：『用兵當持重，宜深戒飛。』」今家集已無岳飛此奏，《金佗續編》卷六《報仙人關獲捷省劄》僅存此奏節略，已看不到如何「輕敵」。《宋會要輯稿》禮六二之五八：「（紹興四年）四月十二日，詔：『岳飛下將佐王貴、張憲、徐慶各賜戰袍一領，金束帶一條。』」《金佗稡編》卷二高宗宸翰六：「朕嘗聞卿奏，稱王貴、張憲、徐慶數立戰效，深可倚辦。方今正賴將佐竭力奮死，助卿報國，以濟事功，理宜先有以旌賞之。其王貴等各賜撚金線戰袍一領，金束帶一條，至可給付也。十二日。」岳珂將此詔誤繫於紹興十年，今改正。《金佗續編》卷二九趙鼎《乞賜御筆》：「臣今日得岳飛書，已定今月十九日出師。臣竊惟大軍一舉，所係非輕。……仍乞親筆賜飛，勉以盡忠體國之義，使之激厲將士，共立功名。」此奏即《忠正德文集》卷三《乞賜岳飛親筆》，按五月六日破郢州日期推算，「今月十九日」，應爲四月十九日。

又同書卷二九趙鼎《乞遣中使訓諭諸帥應援》：「臣昨日具奏，岳飛已定今月十九日出師。竊惟陛下渡江以來，每遣兵將，止是討蕩盜賊，未嘗與敵國交鋒。飛之此舉，利害甚重，或少有蹉跌，則使僞境益有輕慢朝廷之意。臣願陛下曲留聖意，凡有可以牽制應援，助其聲勢，及饋餉、錢糧等事，督責有司，速爲應副。頻以親筆敦奬激勵，且使諸路帥臣協力共濟，庶使萬全。

一、乞遣中使，齎親筆賜劉光世，遣發王德、酈瓊，共以萬人屯舒、蘄間，各將帶一、兩月錢糧。或岳飛關報會合，即令兼程前去，併力攻討。仍行下岳飛照會。

一、乞以親筆賜岳、鄂劉洪道，江西胡世將，荆南解潛等，各務盡忠體國。應岳飛報到遣發援兵，資助糧食，及應干軍須等事，一一應辦，不得輒分彼此，致失機會。

一、乞並以金字牌先次發行，仍諭光世已遣中使諭旨，使先知陛下丁寧之意。」此奏即《永樂大典》卷八四一三《趙元鎮文集·乞遣中使訓諭諸帥應援岳飛劄》。

五月，除黄、復州、漢陽軍、德安府制置使。〔一〕提兵至郢州。僞將京超驍勇武悍，號萬人敵，雜蕃、漢萬餘人，軍勢大張。先臣渡江，至中流，顧幕屬曰：「飛不擒賊帥，復舊境，〔二〕不涉此江！」初五日，抵城下，先臣躍馬環城，以策指東北敵樓，顧謂衆曰：「可賀我也！」超乘城拒敵，先臣使張憲就問之，曰：「爾曹本受聖朝厚恩，何得叛從劉豫？」超謀主劉楫出，應之曰：「今日各事其主，毋多言也！」先臣怒甚，時軍正告糧乏，先臣問：「糧所餘幾何？」曰：「可再飯。」先臣曰：「可矣，吾以翌日巳時破賊！」〔三〕黎明，鼓衆薄城，一麾並進，衆皆累肩而升。超迫於亂兵，投崖而死。殺虜卒七千人，積屍與天王樓俱高。劉楫就縛至前，先臣責以大義，南鄉斬之。遂復郢州。〔四〕

〔一〕《金佗稡編》卷一高宗宸翰七：「朕具省出師奏，以卿智勇，必遂克敵，更在竭力致身，早見平定。近劉光世乞行措置荆、襄，朕已命卿，豈易前制。但令光世嚴整步騎，以爲卿援，緩急動息，可行關報也。亦當令卿將佐等知，庶可益壯軍心，鼓勇士氣，所向無前，孰能禦哉！廿一日。」此札應發於四月廿一日。

《金佗續編》卷六《差兼黄州復州漢陽軍德安府制置使省劄》：「三省、樞密院同奉聖旨，岳飛差兼黄州、復州、漢陽軍、德安府制置使，餘依舊。……紹興四年五月一日。」

《建炎以來繫年要録》卷七六：「（紹興四年五月庚戌朔）鎮南軍承宣使、江南西路、舒、蘄州制置使岳飛兼黄、復州、漢陽軍、德安府制置使，以飛出師也。」

《宋史》卷二七《高宗紀》：「（紹興四年）五月庚戌朔，以岳飛兼黄、復二州、漢陽軍、德安府制置使。」

以下介紹岳飛攻襄漢的兵力。

《金佗稡編》卷一八《措置襄漢乞兵申省狀》：「飛今見管軍馬，兼撥到牛皐、董先兩項，共一千餘人，合飛本軍都計二萬八千六百一十八人，輜重、火頭占破在內。」

《三朝北盟會編》卷一七六：「呂頤浩《十論劄子》：『……臣自離朝廷，不知諸將〔下〕見管人兵之數，遥計崔邦弼下有兵三千人。……』」此條記載又見《歷代名臣奏議》卷九〇。

《建炎以來繫年要録》卷六四：「（紹興三年四月戊戌）湖北統制官顔孝恭亦以千九百人至鼎州之城外。」可知崔、顔兩軍約近五千人。

又同書卷七九：「岳飛之復襄、郢也，上命荆南鎮撫使解潛遣兵助之，潛令（辛）太將鄉兵千二百人赴襄陽。」

〔二〕不擒賊帥復舊境　「復」之上，《紀事實録》有「不」字。

〔三〕吾以翌日巳時破賊　「吾」，《金佗續編》卷一八作「當」。

〔四〕《三朝北盟會編》卷一五九：「（紹興四年五月）五日甲寅，岳飛克郢州。朱勝非自再爲宰相，首建議遣諸大帥分屯淮南等路，各據要害，以經略淮北、荆、襄。又奏：『襄陽上流，襟帶吴、蜀。我若得之，則進可以蹙賊，而退可以保境。今陷于寇，所當先取者。』乃除岳飛江西、舒、蘄及湖北諸州制置使，俾自漢、沔以趨賊。又使淮西軍合勢並進，以犄角之。始諸將雖擁重兵，而無分定路分，無所責任。勝非修法度，嚴紀律，明號令，某帥當某路，一定不復易，皆授廟筭，成師以出。又命司農卿沈昭遠往總軍餉，士衆素飽，故皆賈勇以進。

於是，朝廷以牛臯習知漢上地利，遂俾從飛。飛即辟臯爲唐、鄧、襄、郢安撫副使，兼統踏白軍。

皐自歸朝，朝廷授以蔡、唐州、信陽軍鎮撫使、兼知蔡州，未到治所，番、僞沓至，戰無虚日。朝廷恐皐終困僞地，即詔歸行在。皐見上，因陳僞齊滅亡之道，中原可復之計。有進士郭良、馬驥、姚時行者，皆補文資。至是飛得皐，甚喜，知大功必成，改皐爲神武後軍中部統領、兼制置司中軍統制。

軍既發，飛命不得踐民禾稼，皆秋毫不敢犯。至郢州，令荆超降，超不從。有僞知長壽縣劉某者登城，發言不順。飛怒，令軍中，城破必生致劉某。既得城，超已投崖而死，生擒劉某至，飛令凌遲斬之。」

《建炎以來繫年要録》卷七六：「（紹興四年五月甲寅）江西制置使岳飛復郢州。初，飛既出師，詔淮西宣撫使劉光世發精兵萬餘人援之。飛率統制官王萬（按：《中興小紀》卷一六作『王貴』）等自鄂渚趨襄陽。右僕射朱勝非許飛訖事建節，且命户部員外郎沈昭遠往總軍餉。參知政事趙鼎請上親筆詔監司、帥守，餉飛軍無闕，庶幾必濟。飛將發，命軍士毋得踐民禾稼，皆秋毫不敢犯。至郢州，諭僞守荆超，令降，超不從。有僞知長壽縣劉某者登城，發言不順。飛怒，令軍士曰：『城即破，必生致之！』城陷，超投崖而死，獲劉某，磔之。遂引兵攻襄陽，軍聲大振。（熊克《小曆》、徐夢莘《北盟會編》稱命司農少卿沈昭遠總其糧餉，皆承誤也。昭遠此時實以郎總餉，此月乙亥，方有旨，復置司農、太府二少卿，克等不詳考耳。）」

《宋史》卷二七《高宗紀》：「（紹興四年五月甲寅）岳飛復郢州，斬僞齊守荆超。」

《金佗續編》卷六《除清遠軍節度使湖北荆襄潭州制置使依前神武後軍統制省劄》：「節次據岳飛奏，進發軍馬，掩擊番、僞賊馬，於五月六日收復郢州。」復郢州日期應以省劄爲準，《會編》、《要録》和《宋史》差誤一日。

又同書卷五《照會僞齊已差人占據州郡省劄》：「權發遣復州軍州事韓遹等申：『州司近差人探得，襄陽府見繫僞齊差李成據占，郢州繫僞齊差荆全據占，隨州繫僞齊差王嵩據占，鄧州繫僞齊差一姓高人據占。逐處人多不過千人，少止有五、六百人；馬多不過一、二百疋，少止有五、六十疋。糧食逐旋令人去唐州界何、劉家寨般取，其處號爲新唐州。逐州見今團集鄉兵，各置鋪寨，及不住添修樓櫓，置造器具。兼逐州各有李横等種下大、小二麥不少，切慮將來二麥成熟，修葺成就，難以收復。……』……紹興四年三月十八日。」韓遹公文，當反映紹興三年和四年冬末春初之情况。因襄漢六郡屢經兵燹，無論僞齊佔據時，或岳飛克復後，因糧餉供應困難，都不可能長期屯駐重兵。《行實編年》説郢州守軍「萬餘人」，當是僞齊爲麥熟後大舉進攻而增添軍馬。

《三朝北盟會編》卷一五五：「（劉）豫令荆超僞知郢州，超，班直也，豫謂有才而用之。」《建炎以來繫年要録》卷六九：「劉豫以荆超僞知郢州，超，班直也，豫才而用之。」「班直」爲宋時皇宮宿衛。

《金佗稡編》卷九《遺事》：「攻郢州城，建旗偃蓋而坐，忽一砲石墮其前，左右驚避，先臣獨不移足。」

《金佗續編》卷三〇《郢州忠烈行祠記》：「當是時，僞齊方張，安陸已爲齊守。公之引而西也，實始破郢。兵薄郢，虜馮壘自豪。公一麾之，衆皆累肩而升，殺虜卒七千人，積其尸與天王樓相高。還故民之離散者。」

於是，遣張憲、徐慶復隨州。僞將王嵩聞憲、慶至，不戰而遁，退保隨城，未下。先臣遣牛皋裹三日糧往，糧未盡而城已拔。執嵩，斬之，得士卒五千人，遂復隨州。〔一〕

〔一〕《三朝北盟會編》卷一五九：「（紹興四年六月）岳飛克隨州。初，岳飛命張憲引兵攻隨州，月餘不能下。牛皋請行，乃裹三日糧往，衆皆笑之。既而糧未盡而城拔，悉推其功與憲，且曰：『吾之存心者，國事耳，功何争爲！』君子多皋之不伐。生執僞知州王嵩，送襄陽府，凌遲處斬。飛取京西數州，董先頗有功。先以紹興三年來降飛，飛用爲選鋒軍統制。」

《建炎以來繫年要録》卷七七：「（紹興四年六月）是月，江西制置使岳飛復隨州。初，飛令前軍統制張憲引兵攻之，月餘不能下。神武後軍中部統領、兼制置司中軍統制牛皋請行，乃裹三日糧往，衆皆笑之。糧未盡而城拔，生執僞知州王嵩，送襄陽府，磔於市。飛之復襄、郢也，選鋒軍統制董先頗有功。先、皋皆久在京西，故飛以爲將。」

《宋史》卷二七《高宗紀》：「(紹興四年六月)是月，……岳飛將牛臯復隨州，執僞齊守王嵩，磔之。」

《金佗稡編》卷一六《復三州奏》：「於五月六日收復隨州。」

《金佗續編》卷六《除清遠軍節度使湖北荆襄潭州制置使依前神武後軍統制省劄》：「節次據岳飛奏，進發軍馬，掩擊番、僞賊馬，於五月六日收復郢州，十七日收復襄陽府，十八日收復隨州。」按五月六日乃復郢州之日期，《復三州奏》顯然刊誤。《會編》、《要録》和《宋史》記載隨州復於六月，張憲等「月餘不能下」，亦誤。

《金佗稡編》卷九《諸子遺事》：「雲，年十二，從張憲戰，憲得其力，……京西之役，手握兩鐵鎚，重八十斤，先諸軍登城，攻下鄧州，又攻破隨州。」按此處破隨、鄧兩州之次序顛倒。

《金佗續編》卷二七黄元振編岳飛事迹：「公奏戰功必以實，未嘗徇私，而寄名虚奏。公之子宣贊雲勇冠三軍，攻隨州，手持兩錐，首先登城，公乃奏其功。與妄將私㬥竄名戰士之中，以冒官爵者異哉。」

《宋史》卷三六八《張憲傳》：「飛遣憲復隨州，敵將王嵩不戰而遁。」

又同書卷三六八《牛臯傳》：「敵將王嵩在隨州，飛遣臯行，裹三日糧。糧未盡，城已拔，執嵩，斬之，得卒五千，遂復隨州。」

《三朝北盟會編》卷一五五：「(劉)豫以王嵩僞知隨州。嵩本桑仲後軍統制，背仲歸豫，故豫用之。」按桑仲即襄陽府、鄧、隨、郢州鎮撫使李横之前任，曾與岳飛同爲杜充部屬。

先臣領軍趨襄陽。李成聞先臣至，引軍出城四十里迎戰，左臨襄江。王貴、牛臯等欲即赴賊，先臣笑謂貴等曰：「且止，〔一〕此賊屢敗吾手，吾意其更事頗多，必差練習，今其踈暗如故。夫步卒之利在阻險，騎兵之利在平曠；成乃左列騎兵於江岸，右列步卒於平地，雖言有衆十萬，何能爲！」於是舉鞭指貴曰：「爾以長槍步卒，由成之右擊騎兵。」指臯曰：「爾以騎兵，由成之左擊步卒。」遂合戰，馬應槍而斃，後騎皆不能支，退擁入江，人馬俱墜，激水高丈餘。步卒之僨死者無數。成軍夜遁，復襄陽府，駐軍城中。〔二〕

〔一〕謂貴等曰且止　「且」，據《金佗續編》卷一八補。

〔二〕《金佗續編》卷六《除清遠軍節度使湖北荆襄潭州制置使依前神武後軍統制省劄》：「節次據岳飛奏，進發軍馬，掩擊番、僞賊馬，於五月六日收復郢州，十七日收復襄陽府。」《金佗稡編》卷一高宗宸翰八：「朕具聞卿已到襄陽，李成望風而退。朕雖有慰于心，而深恐難善其後。此賊不戰而歸，其理有二：一以卿紀律素嚴，士皆效死，故軍聲遠振，其鋒不可當；一乃包藏禍心，俟卿班師，彼稍就緒，復來擾劫，前功遂廢。卿當用心籌畫全盡之策來上。」又同書卷一高宗宸翰九：「具省卿奏，李成益兵而來，我師大獲勝捷，乃卿無輕敵之心，有勇戰之氣之所致也。」既然「望風而退」，「不戰而歸」，可知是兵不血刃入襄陽。《行實編年》關於岳飛指揮王貴和牛臯大敗李成之叙事，時間有誤，應爲「李成益兵而來」時之事。

《三朝北盟會編》卷一五九：「（紹興四年五月）岳飛克襄陽府。僞知襄陽府李成聞已失郢州，荆超投崖死，乃棄城而去。王師遂入襄陽，又進復唐州。」

《建炎以來繫年要録》卷七六：「（紹興四年五月）是月，江南西路、舒、蘄、黄、復州、漢陽軍、德安府制置使岳飛引兵復襄陽府。初，僞齊將李成聞郢州失守，乃棄襄陽去。飛進軍據守，遂復唐州。」

《宋史》卷二七《高宗紀》：「（紹興四年五月）丙寅，李成棄襄陽去，岳飛復取之。」按五月丙寅即十七日。

又同書卷三六八《牛臯傳》：「李成在襄陽，飛遣臯以騎兵擊破之，復襄陽。」

僞齊益李成兵，屯襄江北新野市，號三十萬，欲復求戰。〔一〕先臣先遣王萬提兵駐清水河，以餌之，先臣繼往。六月五日，賊悉其衆，衝突官軍，萬與先臣兵夾擊，敗之。六日，復戰，又敗之，使萬追擊，横屍二十餘里。〔二〕

〔一〕《金佗稡編》卷一七《襄陽探報申省狀》：「據探到僞齊添差番賊并簽軍，見在新野、龍陂、胡陽、棗陽縣并唐、鄧州一帶屯駐，大段數多。」

〔二〕《建炎以來繫年要録》卷七九：「（紹興四年八月丙申）荆南鎮撫司統制官辛太貸死，除名，令本鎮自效。岳飛之復襄、郢也，上命荆南鎮撫使解潛遣兵助之，潛令太將鄉兵千二百人赴襄陽。飛命太駐清水河以掩賊，太不聽命，自鄧城擅歸宜都。潛不即遣，反妄申太先復襄陽。飛怒，乞押太赴軍前，與免罪責以自效。詔太罪當誅戮，特貸死，令潛分析。言者論曲直未判，刑罰無章，乞令潛押太赴行在，聽區處，庶幾軍律稍振，且免二人更有論辯，漸成仇隙。潛坐降横行一官。（潛降官在九月癸丑，熊克《小曆》稱湖北制置使岳飛劾辛太，又云太擅歸荆南，皆誤也。飛此月壬寅始除湖北制置，此時但爲江西、安、復等州制置耳。潛自建炎末寓治宜都，至今未歸荆南。蓋飛按章有云：『太擅往荆南鎮撫使解潛處。』克遂誤也。）」

《宋會要輯稿》職官四〇之七—八：「（紹興四年八月）十九日，江南西路、舒、蘄州、兼荆南、鄂、岳、黄、復州、漢陽軍、德安府制置使岳飛奏劾統制官辛太不聽節制，擅自將兵回歸本鎮。詔：『辛太有誤軍期，罪當誅戮，特貸命，除名，勒停，令本鎮自効。』是時，岳飛率將佐王萬收復襄陽府。又令萬同辛太等於清水河屯駐，掩殺僞齊賊馬。而太不聽節制，并荆南鎮撫使解潛不即發遣，及妄申收復襄陽，爲岳飛所劾。已責太訖，就令解潛分析因依奏聞，故有是命。」

《中興小紀》卷一六：「（紹興四年八月）先是，湖北制置使岳飛令統制官王萬、辛太駐清水河，以掩〔賊〕。太不聽命，擅歸荆南。而鎮撫使解潛不即遣太，反妄申太先復襄陽，皆爲飛所劾。丙申，詔太特貸命，除名，令自効。」此段文字以《皇朝中興紀事本末》卷三〇參校。《宋史》卷二七《高宗紀》：「（紹興四年五月癸酉）僞齊收李成餘衆，益兵駐新野，岳飛與別將王萬夾擊，復大敗之。」癸酉爲五月二十四日，其日期與《行實編年》異。按《金佗稡編》卷一高宗宸翰九，「李成益兵而來，我師大獲勝捷」，又稱「此月九日，嘗降親筆，令卿條畫守禦全盡之策」。可知在兵不血刃入襄陽後，確有大戰。同書卷一七《襄陽探報申省狀》報告敵方集結兵力，當發於大戰前。據《金佗續編》卷六《措置防守襄陽隨郢等州省劄》，宋廷回覆省劄發於六月二十三日。依後來《鄧州捷奏》「自鄧州二十二日至行在」（《要録》卷七九）的行程估計，《襄陽探報申省狀》當發於六月初，則大戰日期應以《行實編年》的六月五日、六日爲準。高宗宸翰九中之「此月」，應爲六月。宸翰八發於六月九日，宸翰九應發於六月下旬。

上賜札曰：「李成益兵而來，我師大獲勝捷，乃卿無輕敵之心，有勇戰之氣之所致也。因以見賊志之小小耳！朕甚慰焉。嘗降親札，〔二〕令卿條具守禦全盡之策。〔三〕若少留將兵，〔三〕恐復爲賊有；若師徒衆多，則饋餉疲勞，乃自困之道。卿必有以處焉。」

〔一〕嘗降親札　「札」，《金佗稡編》卷一高宗宸翰九作「筆」。

〔二〕令卿條具守禦全盡之策　「具」，《金佗稡編》卷一高宗宸翰九作「畫」。

〔三〕少留將兵　「將」，原作「騎」，據《金佗稡編》卷一高宗宸翰九改。

先臣奏曰：「臣竊觀金賊、劉豫皆有可取之理。金賊累年之間，貪婪橫逆，無所不至，今所愛惟金帛、子女，志已驕墮。劉豫僭臣賊子，雖以儉約結民，而人心終不忘宋德。攻討之謀，正不宜緩。苟歲月遷延，使得修治城壁，添兵聚糧，而後取之，必倍費力。陛下淵謀遠略，非臣所知，以臣自料，如及此時，以精兵二十萬直擣中原，恢復故疆，民心效順，誠易爲力。此則國家長久之策也，在陛下睿斷耳。

若姑以目前論之，襄陽、隨、郢地皆膏腴，民力不支，若行營田之法，其利爲厚。即今將已七月，未能耕墾，來春即可措畫。陛下欲駐大兵於鄂州，則襄陽、隨、郢量留軍馬，又於安、復、漢陽亦量駐兵。兵勢相援，漕運相繼，荆門、荆南聲援亦已相接，江、淮、荆湖皆可奠安。六州之屯，宜且以正兵六萬，〔一〕爲固守之計。就撥江西、湖南糧斛，朝廷支降券錢，〔二〕爲一年支遣。候營田就緒，軍儲既成，則朝廷無餽餉之憂，進攻退守，皆兼利也。惟是葺治之初，未免艱難，必仰朝廷微有以資之。基本既立，後之利源無有窮已。又此地秋夏則江水漲隔，外可以禦寇，〔三〕內足以運糧；至冬後春初，江水淺澀，吾資糧已備，可以坐待矣。於今所先，在乎速備糧食，斟量屯守之兵，可善其後。臣今只候糧食稍足，〔四〕即過江北，雖番、僞賊勢衆多，臣誓當竭力勦戮，不敢少負陛下。」時方重深入之舉，而王躞以大兵討楊么，六萬之兵亦未及抽摘。然營田之議自是興矣。

〔一〕宜且以正兵六萬　「宜」，據《金佗續編》卷六《照會措置防守已收復州郡省劄》補。

〔二〕《宋史》卷一九四《兵志》：「凡軍士邊外，率分口券，或折月糧，或從别給。」又同書卷一九三《兵志》：「宣和二年，手詔：『逃卒頗多，仰宣撫司措置以聞。』童貫言：『……凡逃軍係在京住營，依限於在京首身者，令所隸軍司當日押赴本營；若見出戍者，即破口券，轉押赴本路駐泊州軍，並依前項指揮免罪，依舊收管。……』」北宋時，對出戍的軍士往往增發口券，憑券支錢，作爲加俸。此制沿襲到南宋，岳家軍以鄂州作大本營，則出戍襄漢六郡者，亦須「支降券錢」。《歷代名臣奏議》卷三三七袁燮奏：「自秦檜當國，陰與虜結，沿邊不宿重兵。故大軍屯於江上，有急出戍，給之生券。」《可齋續稿》後卷三《救蜀楮密奏》：「屯駐〔軍〕熟券見月支第一料四百貫，屯戍軍生券見月支第一料六百貫。」岳飛生前，只有「口券」之稱。岳飛身後，「口券」又演變爲「熟券」和「生券」，對屯駐者用「熟券」，對出戍者用「生券」。

〔三〕外可以禦寇 「以」，據《金佗稡編》卷一〇《畫守襄陽等郡劄子》補。

〔四〕臣今只候糧食稍足 「只」，原作「亦」，據《金佗稡編》卷一〇《畫守襄陽等郡劄子》改。

秋七月，遂進兵鄧州。聞李成與金賊劉合孛堇、陝西番、僞賊兵會聚于州西北，置寨三十餘所，以拒官軍。先臣遣王貴等由光化路，張憲等由橫林路，〔一〕會合掩擊。貴、憲至鄧城〔二〕外三十里，遇賊兵數萬迎戰，王萬、董先各以兵出奇突擊，賊衆大潰。降執番官楊德勝等〔三〕二百餘人，得兵仗、甲、馬以萬計，劉合孛堇僅以身免。賊將高仲以餘卒走，退保鄧城，閉門堅守。十七日，先臣引兵攻城，將士皆不顧矢石，蟻附而上，一鼓拔之，生擒高仲，遂復鄧州。〔四〕

〔一〕《宋會要輯稿》方域一二之一九：「（紹興元年）十一月二十二日，襄陽府、鄧、隨、郢州鎮撫使桑仲言：『襄陽府至鄧州相去一百八十里，路當衝要，其鄧城縣橫林市係在兩州中路，乞將橫林市改爲橫林鎮，專差監鎮官一員兼巡檢，招集商賈，往來巡警。』從之。」

〔二〕貴憲至鄧城 「貴」，據《金佗續編》卷二二補。

〔三〕番官楊德勝等 楊德勝既稱「番官」，應非漢人。據《三朝北盟會編》卷三和《金史》卷一三五，女真人的漢姓中，並無楊姓。又據《松漠記聞》卷上，叙述渤海人的姓説：「其王舊以大爲姓，右姓曰高、張、楊、竇、烏、李，不過數種。部曲、奴婢無姓者，皆從其主。」楊德勝可能是渤海人。

「等」，據《金佗續編》卷一八補。

〔四〕《金佗續編》卷六《措置防守襄陽隨郢等州省劄》：「近據岳飛申奏：『已收復隨、郢州、襄陽府了當，統率軍馬，見在襄陽下營。』……今續據岳飛申：『探到僞齊添差番賊并簽軍，見在新野、龍陂、胡陽、棗陽縣并唐、鄧州一帶屯駐，大段數多。見竭力措置，乞詳察所申，特降指揮施行。』右三省、樞密院同奉聖旨，令岳飛詳度事機，審料敵情，唐、鄧、信陽決可攻取，即行進兵；如未可攻，先次措置襄陽、隨、郢如何防守，務在持重，終保成功。……紹興四年六月二十三日。」宋廷發此省劄時，尚未得六月五日、六日，岳家軍在襄陽敗李成捷報。所謂「持重」，無非是示意岳飛放棄繼續攻取唐、鄧、信陽三州軍計劃。

又同書卷六《照會措置防守已收復州郡省劄》：「勘會已降指揮，岳飛收復襄陽一帶，功績可嘉。如委的探得番、僞賊馬厚重，勢未可以進討，仰將已收復州郡隨宜措置，或差舊將董先、牛臯、李道，或用土豪主管。大軍回就鄂州歇泊，別聽指揮。務在保守前功，不得乘勝輕敵，慮致落賊姦便。……紹興四年七月十八日。」在岳家軍克復鄧州之翌日，宋廷仍然發出可停止「進討」的指令。

《金佗稡編》卷一六《鄧州捷奏》：「叛賊李成與金賊劉合孛堇、陝西番、僞賊兵，併聚於鄧州西北，劄三十餘寨。臣遣發王貴等由光化路，張憲等由横林路，前去掩殺。據統制王貴、張憲等申：『七月十五日，離鄧州三十餘里，逢賊兵共數萬接戰，分遣王萬、董先軍兵，出奇突擊，其賊大潰。降到番官楊德勝等二百餘人，奪馬二百餘疋，衣甲不知其數。内高仲將一項殘零人馬，走入鄧州，閉門堅守。十七日，攻鄧州，將士不顧矢石，蟻附而上。破鄧州，殺死番、僞賊馬，鏖戰大獲勝捷。』」

又同書卷一八《措置襄漢乞兵申省狀》：「初者恢復之時，賊徒固守，倍費攻取。繼又金賊劉合孛堇、僞齊李成合陜西、河北番、僞之兵，多至數萬，併屯鄧州，力拒官軍。仰賴君、相之祐，成此薄效。」

《建炎以來繫年要録》卷七八：「（紹興四年七月甲子）江西、安、復等州制置使岳飛復鄧州。時李成既遁去，與金、僞合兵屯鄧州之西北。飛遣統制官王貴出光化，張憲出横林，前二日至城下。賊兵來戰，統制官董先出奇要擊，大敗之。賊將高仲入城據守，將士蟻附而上，遂克之。飛移屯德安府。」《要録》所載缺略宋將王萬與金將劉合孛堇。

《宋史》卷二七《高宗紀》：「（紹興四年七月）壬戌，岳飛遣統制王貴、張憲，擊敗李成及金兵于鄧州之西，復鄧州，禽其將高仲。」壬戌爲十五日，甲子爲十七日。

《宋會要輯稿》兵一四之二五：「（紹興四年）八月六日，辛執言：『岳飛分遣統制官王貴、張憲等，勦殺金賊劉合孛堇、僞齊李成賊馬，已收鄧州。』」

《皇宋十朝綱要校正》卷二二：「（紹興四年七月）壬戌，李成復與金酋劉合孛堇合兵入寇，岳飛遣統制王貴、張憲，分道合擊於鄧州西，大敗之。癸亥，再戰於城下，又敗之。甲子，復鄧州，生擒其將高仲。」

《宋史》卷三六八《張憲傳》：「進兵鄧州，距城三十里，遇賊兵數萬迎戰。與王萬、董先各出騎突擊，賊衆大潰，遂復鄧州。」

《金佗稡編》卷九《遺事》：「臣雲從戰，數立奇功，乃常匿之，所遷擢皆朝廷舉察，上所特命。襄漢功第一，不上逾年，銓曹辨之，始遷武翼郎。」《諸子遺事》：「京西之役，手握兩鐵鎚，重八十斤，先諸軍登城，攻下鄧州。」

《宋會要輯稿》職官三四之五：「（紹興五年二月二十二日）忠訓郎、閤門祗候岳雲以收復襄陽府等處有功，未承增賞指揮，已特除閤門宣贊舍人。今來增賞，轉武翼郎。」

上聞之喜，謂胡松年曰：「朕雖素聞岳飛行軍極有紀律，未知能破敵如此。」松年對曰：「惟其有紀律，所以能破賊。」及捷奏至後殿，進呈，上曰：「岳飛籌略，頗如人意。」令學士院降詔獎諭，仍遣中使傳宣撫問，賜銀合茶、藥，〔一〕并問勞將佐，犒賞有差。〔二〕

〔一〕《梁谿全集》卷一七四《建炎進退志總叙》：「次會亭，上遣中使王嗣昌傳宣撫問，賜茶、藥各一銀合，奉表以謝。」賜茶與藥各一銀盒，爲宋時皇帝對臣僚之優禮。

〔二〕《建炎以來繫年要録》卷七七：「（紹興四年六月）丙午，執政奏事，上顧謂曰：『岳飛已復襄、郢，粘罕聞之必怒。況今正是六月下旬，便可講究防秋。儻虜人尚敢南來，朕當親率諸軍迎敵，使之無遺類，即中原可復也。若復遠避，爲泛海計，何以立國耶？』」

又同書卷七九：「（紹興四年八月）癸未，左朝請大夫、知江州陳子卿報岳飛已復鄧州，上曰：『朕素聞飛行軍極有紀律，未知能破敵如此。』胡松年曰：『惟其有紀律，所以能破賊。若號令不明，士卒不整，方自治不暇，緩急豈能成功邪？』後二日，飛捷奏至。上大喜，遣中使持詔書獎諭，促令第賞將士，且賜銀合茶、藥。（捷奏自鄧州二十二日至行在。）」

《宋會要輯稿》兵一四之二五：「（紹興四年）八月六日，宰執言：『岳飛分遣統制官王貴、張憲等，勦殺金賊劉合孛堇、僞齊李成賊馬，已收鄧州。』上曰：『朕素聞岳飛行軍極有紀律，未知能破敵如此。』胡松年對曰：『惟其有紀律，所以能破賊。若號令不明，士卒不整，方自治不暇，緩急安能成功？』是月九日，岳飛奏到。於是詔令學士院降詔獎諭，仍遣中使傳宣撫問，賜銀合茶、藥，并撫問將士，喝賜犒設，第賞以聞。」八月六日即癸未，岳飛《鄧州捷奏》自七月十七日發出，至八月八日抵臨安，共「二十二日」，《宋會要》記載比《要録》晚一日，爲二十三日。

《宋史》卷三七九《胡松年傳》：「岳飛收復襄漢，令松年籌度守禦事。松年奏：『乞飛班師，徐窺劉豫意向。若豫置不問，其情叵測，當飭將士謹疆埸可也。』」

二十三日，復唐州。尋又復信陽軍。〔一〕擒僞知、通凡五十人，〔二〕襄漢悉平。川、陝貢賦、綱馬道路，至是始通行無阻焉。〔三〕

〔一〕《金佗稡編》卷一六《復三州奏》：「七月十七日收復鄧州，二十三日收復唐州，并已收復信陽軍。」《金佗續編》卷六《除清遠軍節度使湖北荆襄潭州制置使依前神武後軍統制省劄》所載日期與此奏相同。

又同書卷一一《乞先推劉光世軍掎角賞奏》：「臣於七月二十三日收復信陽軍六郡了畢。」可知復信陽軍與唐州爲同一天。

又同書卷一一《乞赴行在奏稟邊防奏》：「除已措置收復隨、郢、襄陽、唐、鄧了當，只有信陽軍，已調發軍馬前去收復，尅日可下。」

又同書卷一八《措置襄漢乞兵申省狀》：「今已克平五郡，惟信陽未下，已調發軍馬收復，可以旦夕成功。」《乞赴行在奏稟邊防奏》寫於紹興四年七月二十三日復唐州後，《措置襄漢乞兵申省狀》寫於八月七日後。據《要録》卷七八，宋廷接《乞先推劉光世軍掎角賞奏》日期爲「九月十一日」，依《鄧州捷奏》傳遞速度二十二日計，岳飛發此奏時間至早在八月十五日後。大約因岳飛接到信陽軍捷報爲時較晚，故前兩奏與此奏有異。

《宋史》卷二七《高宗紀》：「（紹興四年七月）庚午，王貴、張憲破金、齊兵，復唐州及信陽軍，襄漢悉平。」

《皇宋十朝綱要校正》卷二二：「（紹興四年七月）庚午，王貴、張憲復與金、齊之衆戰於唐州北三十里，敗之，遂復唐州及信陽軍，襄漢悉平。」七月庚午即二十三日。

《三朝北盟會編》卷一五九：「（紹興四年五月）王師遂入襄陽，又進復唐州。」

《建炎以來繫年要録》卷七六：「（紹興四年五月）是月，江南西路、舒、蘄、黄、復州、漢陽軍、德安府制置使岳飛引兵復襄陽府。初，僞齊將李成聞郢州失守，乃棄襄陽去。飛進軍據守，遂復唐州。」《會編》和《要録》記載克復唐州的時間顯然錯誤。

《宋史》卷四六五《李道傳》：「詔道屬岳飛，爲選鋒軍統制，入唐州，擒僞將。除唐、鄧、郢州、襄陽都統制，從飛收復襄陽等郡。」

《建炎以來繫年要録》卷八五：「（紹興五年二月癸巳）賜荆、襄制置司統制官李道、崔邦弼金束帶各一，録襄漢之功也。」按在襄漢之戰立功的將領中，李道和崔邦弼不是出衆者，而單賞兩人金束帶，可能因爲復唐州和信陽軍的戰功。在賞金束帶時，崔邦弼已由原荆湖北路安撫司統制正式改任岳飛部屬。據《梁谿全集》卷九二《乞遣兵策應岳飛奏狀》，在紹興六年，崔邦弼軍就是在信陽軍一帶防守。

〔二〕此處的「五十人」當是指僞齊唐州知州、通判、信陽軍知軍、通判等五十人。

〔三〕《金佗續編》卷一四《武穆覆議》：「因博詢公平生之所以著威望，繫安危，與夫立功之實，其非常可喜之大略，雖所習聞，而國史秘内，無所攷質。獨得之於舊在行陣間者云，紹興之初，劉豫寇京西，列城失守，襄、鄧莽爲盜區，公獨明賞罰，練士卒，百戰百勝，所向易於破竹，六郡賴以復平，而役不再籍。」

又同書卷二八《吴拯編鄂王事》：「四年，劉豫使李成寇京西，侯與成戰於郢州，敗之，又克鄧、隨、唐三州，加清遠軍節度使、湖北、京襄制置使。」

《三朝北盟會編》卷二〇七《岳侯傳》：「侯奉敕回軍，徑往漢上，與李成戰於郢州，遂擒斬荆超，成退走襄陽。侯先復郢州，至襄陽，成整兵再戰，又敗，走鄧州。侯進兵，成棄鄧州，走潁昌府。侯三戰，復漢上六州，加侯清遠軍節度使。」

又同書卷二〇八《林泉野記》：「四年，劉豫將李成寇京西，飛敗之，復郢州，進復襄陽、鄧、隨、唐等州，又復潁昌，遷清遠軍節度使、湖北、荆、襄制置使。」

又同書卷二一三朱勝非行狀：「四年，又奏言：『襄陽上游，襟帶吴、蜀，我若得之，進可以蹙賊而退可以保境。今陷於寇，所當先取者。』即命大將自沔鄂以趨，又使淮西軍合勢並進，以犄角之。始諸將雖擁重兵，而無分定路分，故無所責成。公在朝廷，修法度，嚴紀律，明號令，某帥當某路，一定不復易，皆授廟算，成師以出。又命司農卿沈昭遠往總軍饟，士衆素飽，皆賈勇以前。豫求救於虜，與僞兵俱來，遇我師於襄、鄧間，連戰，大破之，遂復襄陽、隨、郢〔六〕州之地，軍聲及汝、潁、京、洛大震。」

《斐然集》卷一七《寄趙相》：「頃者廷議燕安江、沱，但欲南趨，不圖北向，荆、襄要地，僅若荒餘。自岳飛奉揚天威，稟受指蹤，而援師不繼，復輕召還。」

又同書卷一八《寄參政》：「近聞王師克復襄、郢，國威稍振，志士增氣。恐須及時收還湖北一路，不以分鎮，置帥司于荆南，改付才望重臣。」胡寅此信建議乘岳飛克復襄漢之機，取消荆湖北路各州軍的鎮撫使。

《金佗稡編》卷九《遺事》：「始受襄漢之命，朝廷令劉光世遣軍馬五千人爲牽制。六郡盡復，光世之軍始至。及論賞，乃奏乞先賞光世功。」

又同書卷一一《乞先推劉光世軍掎角賞奏》：「續蒙朝廷令劉光世遣差軍馬五千人，以爲牽制。臣於七月二十三日收復信陽軍六郡了畢，光世遣酈瓊軍馬於二十六日到襄陽府臣軍前。雖其至不及期，然臣之軍士知有後援，所以能成薄效。卒使不霑寸賞，恐咈人情。伏望聖慈將劉光世所差官兵，特降睿旨，先次推賞。」

《建炎以來繫年要録》卷七八：「（紹興四年七月癸酉）是日，淮西宣撫司統制官酈瓊以所部至襄陽府。初，岳飛之出師也，上命光世遣兵五千爲之援，及是始至焉。（此據岳飛九月十一日所奏。）」

《胡澹庵先生文集》卷二七《貴州防禦使陽曲伯張公墓誌銘》：「（紹興）四年，以所部應援制置使岳飛，攻襄陽府，收復唐、鄧、隨、郢州、信陽軍，特轉武德郎。」張寧爲劉光世部將，當隨酈瓊前往應援。

《宋史》卷四五三《張玘傳》：「玘從岳飛復京西六州。」

《周益國文忠公集·平園續稿》卷三七《龍洲居士嚴君（致堯）墓碣》：「其後定鼎、澧，安襄漢，取唐、鄧，復郢、隨，全合肥，君皆在焉，屢委以事。」

《金佗續編》卷三〇《郢州忠烈行祠記》：「舉入郢之師，以臨襄沔，定南陽，毋敢膺其鋒者。」

《建炎以來繫年要録》卷八二：「（紹興四年十一月壬子）是日，川、陝宣撫司統制官楊從儀敗敵于臘家城。岳飛之取襄陽也，朝廷命宣撫副使吴玠乘機牽制，玠遣從儀以兵入僞地，遇敵，勝之。」

襄漢既平，先臣辭制置使，乞「委任重臣，經畫荆、襄」。〔二〕上賜詔不許。趙鼎奏：「湖北鄂、岳，最爲沿江上流控扼要害之所，乞令飛〔三〕鄂、岳州屯駐。不惟淮西〔三〕藉其聲援，可保無虞，而湖南、二廣、江、浙亦獲安妥。」〔四〕上乃以襄陽、隨、郢、唐、鄧、信陽並作襄陽府路，隸之先臣，尋移屯鄂州。〔五〕

〔一〕見《金佗稡編》卷一三《乞罷制置職事奏》第九六九頁。

〔二〕鄂岳最爲沿江上流控扼要害之所乞令飛 此十七字原脱，據《金佗續編》卷一八補。

〔三〕淮西 原作「江西」，嘉靖本同，據《紀事實録》改。

〔四〕可參《金佗續編》卷二九《乞於岳鄂屯駐人馬》，據《建炎以來繫年要録》卷六五，宋廷接此奏日期爲紹興三年五月二十六日庚辰。《行實編年》於紹興四年載此説大約是另一口奏。

〔五〕《梁谿全集》卷八一《論襄陽形勝劄子》：「惟襄陽地接中原，西通川、陝，東引吴、越，如行於弓弦之上，地里省半；而又前臨京畿，密邇故都，後負歸、峽，蔽障上流。遣大帥率師以鎮之，如置子於局心，真所謂欲近四旁，莫如中央者也。既逼僭僞巢穴，賊有忌憚，必不敢窺伺東南。將來王師大舉，收京東、西及陝西五路，又不敢出兵應援。則是以一路之兵，禁其四出，因利乘便，進取京師，乃扼其喉，拊其背，制其死命之策也。朝廷近拜岳飛爲荆、襄招討使，其計得矣。然駐軍岳、鄂，未聞前進。豈不以自兵火以來，襄陽焚毁尤甚，野無耕農，市無販商，城郭隳廢，邑屋蕩盡，而糧餉難於運漕故耶？」李綱此奏上於紹興六年春，此奏又見《歷代名臣奏議》卷八五。

又同書卷一二一《與呂安老龍圖書》（九月二十二日）：「數日前得岳侯書，已退師岳、鄂。不知新復之地，以何人守之，秖付之數偏裨，果足恃否？」

《夷堅支景》卷一《王宣樂工》：「紹興初，岳少保制閫於荆、襄。是時，墟落尤蕭條。虎狼肆暴，雖軍行結隊伍，亦爲所虐。」

又同書卷一《陽臺虎精》：「自鄂渚至襄陽七百里，經亂離之後，長途莽莽，杳無居民。唯屯駐諸軍每二十里置流星馬鋪，轉達文書。七、八十里間，則治驛舍，以爲兵帥往來宿頓處。」

《湖北金石志》卷一一《大洪山遂禪師塔銘》：「紹興乙卯，師退居東堂，未數月，宣撫使司命居大洪。時以襄漢才復，百里絶人，荆榛塞路，虎狼交跡。」紹興乙卯五年時，岳飛尚未任宣撫使。此文也反映隨州一帶戰亂後之荒凉。按此文即《湖北通志》卷一〇三《净嚴大師塔銘》。

《金佗稡編》卷一高宗宸翰八：「卿當用心籌畫全盡之策來上。若多留將兵，唯俟朝廷千里饋糧，徒成自困，終莫能守，適足以爲朕憂。」高宗宸翰九：「若少留將兵，恐復爲賊有；若師徒衆多，則饋餉疲勞，乃自困之道也。卿必有以處焉。」

又同書卷一〇《條具荆襄相度移治及差官奏》：「臣收復到襄陽、隨、郢三州，即時逐急權行差官，葺治州事。實以此三州止有空城，公吏、軍民自緣久罹兵火，或被驅虜，或遭殺戮，甚爲荒殘，全藉有心力官撫綏葺治、招誘人户。」

《金佗續編》卷六《檢會前劄》：「岳飛奏：『臣近措置遣發軍馬，掩殺番、僞賊衆，收復鄧州了當外，有唐州、信陽軍，臣已調發軍馬前去收復，及繼差官前去葺治。所有唐、鄧州、信陽軍累經殘毁，城壁損壞，久不修治，切慮日後難以保守。臣已相度，如逐州軍不堪防守，即令移治穩便山寨。如有賊馬侵犯，即更切相度，前來襄陽府保聚。……』」

《建炎以來繫年要録》卷七八：「（紹興四年七月丁丑）武功大夫、神武後軍幹辦官張旦爲左武大夫、唐、鄧、郢州、襄陽府安撫使、知襄陽府，親衛大夫、安州觀察使、神武後軍中部統領牛皐爲安撫副使，武義大夫、榮州團練使李道充四（州）都統制，承信郎、神武後軍準備差遣周識爲右承奉郎、知郢州，承信郎、神武後軍準備差遣孫革爲右承務郎、簽書襄陽府判官廳公事，皆用江西、荆南等州制置使岳飛奏也。」

《金佗稡編》卷一〇《條具荆襄相度移治及差官奏》：「一、……所有襄陽府，已差武功大夫、本軍幹辦官張旦借左武大夫、權唐、鄧、郢州、襄陽府安撫使、兼知襄陽軍府事，親衛大夫、安州觀察使牛皐權唐、鄧、郢州、襄陽府安撫副使，武義大夫、榮州團練使李道充唐、鄧、郢州、襄陽府四州都統制，承信郎、本軍准備差遣孫革借右承務郎、權簽書襄陽府判官廳公事訖，今來葺治漸成次第。

一、郢州已差承節郎、本軍准備差遣周識借右承奉郎、權知郢州，右迪功郎、本軍准備差遣李旦借承奉郎、權本州通判訖。

一、隨州已差右將仕郎、本軍准備差遣孫翬借承奉郎、權知隨州，下州文學蔣庭俊借右修職郎、權本州節度推官訖。近訪聞逐州官葺治漸成次第。」據此，則《要録》遺漏了隨州州官之正式任命。

《建炎以來繫年要録》卷七九：「（紹興四年八月癸卯）樞密院奏，以襄陽府、隨、郢、唐、鄧州、信陽軍爲襄陽府路，本府置帥司。緣收復之初，事務不多，未置監司，止委制置使岳飛措置，仍隸都督府。從之。」

〔(甲辰)右朝請大夫、權荆南制置司參議官盧宗訓知德安府，武翼郎、閤門宣贊舍人張應知鄧州，修武郎高青知唐州，承節郎舒繼明爲成忠郎、閤門祇候、知信陽軍，左文林郎李尚義爲左承事郎、通判襄陽府，右承直郎黨尚友爲右宣教郎、通判鄧州，皆用制置使岳飛奏也。繼明，羅山人，身長七尺，善騎射，矢不虚發，故飛薦用之。既而侍御史魏矼言：『飛新立功，朝廷當成就其美，不宜使輕儇之徒爲其屬郡。昔郭子儀以奏請不行，爲人主所厚，願以臣章示諸將，因事機以善其後。』宗訓之命遂寢。(尚義奏辟在九月辛亥，今併書之。)」

《金佗稡編》卷一一《收復唐鄧信陽差官奏》：「一、唐州二員：修武郎、權知州事高青，借通直郎、權通判單藻。

一、鄧州三員：武翼郎、閤門宣贊舍人、權知州事張應，右承直郎借宣教郎、權通判黨尚友，忠訓郎借秉義郎、權簽判邵俅。

一、信陽軍二員：承節郎借成忠郎、閤門祇候、權知軍事舒繼明，承信郎、權簽判訾諧。」

又同書卷一一《襄陽差職官奏》：「借保義郎、襄陽府兵馬監押王昪，借迪功郎、襄陽府觀察推官李霖，借迪功郎、襄陽府司理參軍周冲翼，忠翊郎、襄陽府司法參軍姚禾，成忠郎借忠翊郎、監襄陽府在城酒税李文，承節郎、同監襄陽府在城酒税程安國，全州文學借從政郎、襄陽縣知縣李俤，進義校尉借承信郎、襄陽縣主簿汪介然，借迪功郎、唐州録事參軍葛緯。」《斐然集》卷一五《再論朱勝非》：「盧宗訓者，以盧益累薦，堂吏之族也。其人汙穢苟賤，不爲士人所齒。得淮西提舉，爲臺章言罷。勝非必欲主持之，遂送與岳飛，使辟爲官屬。意藉外兵權，脅制衆口，使不敢言。飛大鄙宗訓之爲人，不得已受之，俾權德安府，果以贓盜自敗。」此奏又見《历代名臣奏議》卷一八二。

《金佗稡編》卷九《遺事》：「初，襄漢平，諸郡彫瘵，州縣官率瓜時不上，詔先臣得自專辟置、臧否之權。先臣詮擇人物，以能安集百姓爲先。張旦守襄陽，兼四州安撫使，牛皋爲副使，李尚義通判襄陽府事，李道爲四州都統制，周識攝郢，孫翬攝隨，舒繼明攝信陽，高青攝唐，單藻貳之，張應攝鄧，黨尚友貳之，郡幕則孫革、蔣廷俊、邵俅、訾諧等，多由小吏識拔。人樂於赴功，期月之間，咸以最聞。」

《金佗續編》卷六《檢會前劄》：「臣已差撥二千人，付安撫使張旦，在襄陽府屯駐。及令襄陽安撫司量行分遣軍馬，前去唐、鄧等州，以爲斥堠，招集官吏、軍、民。并差一百五十人往郢州，二百人往隨州駐劄。」

《宋會要輯稿》職官四〇之八：「（紹興四年八月）二十六日，樞密院言：『襄陽府、隨、郢、唐、鄧、金、均、房州舊係京西南路，信陽軍舊係京西北路，除金、均、房三州見差鎮撫使外，欲將襄陽府、隨、郢、唐、鄧州、信陽軍六郡並作襄陽府路，本府置帥司。緣收復之初，事務不多，未差監司，止依□一降指揮，委制置使岳飛措置，仍隸屬都督府。』從之。」

《金佗稡編》卷九《遺事》：「及京西、湖北之地始平，即募民營田。凡流逋失業及歸正百姓，給以耕牛、糧種，輟大軍之儲萬石，貸其口食，俾安集田里，一意耕耨。分委官吏，責成大功。」按「輟大軍之儲萬石，貸其口食」乃紹興七年初事，可參此卷第八二九頁注〔二〕。

《建炎以來繫年要録》卷八二：「（紹興四年十一月）乙丑，湖北、荆、襄、潭州制置使岳飛言：『襄陽等六州歸業人户全闕牛、種，乞量借官錢，俟起税日，分四〔料〕隨税送納。又乞支降錢米，養贍官兵，修葺城壁樓櫓。應官私欠負，並行蠲放。州縣官到罷，各轉一官，選人改合入官，仍以招集流亡多寡爲殿最。』詔賜飛度牒二百道，爲贍軍、修城之費，其餘皆從之。」岳飛此奏爲《金佗稡編》卷一一《荆襄寬恤畫一奏》的摘録。

《歷代名臣奏議》卷二四一吴昌裔奏：「漢水峴城，金湯堅壯，軍儲守具，根本富强，蓋自紹興名將岳飛營屯。」

《宋史》卷四一七《趙范傳》：「於是北軍王旻内叛，李伯淵繼之，焚襄陽北去。……蓋自岳飛收復百三十年，生聚繁庶，城高池深，甲於西陲，一旦灰燼，禍至慘也。」按自岳飛紹興四年復襄陽，至端平三年趙范失守，爲時一百零三年。

《輿地紀勝》卷八〇《信陽軍》：「舒繼明：信陽軍羅山人，時人以金剛目之，善射。紹興間，知信陽軍，僞齊襲軍城，繼明轉戰，矢盡被擒。賊誘以美官，繼明罵曰：『吾寧爲大宋鬼，汙逆賊耶！』遂遇害。」

《建炎以來繫年要録》卷八五：「（紹興五年二月）僞齊將商元率衆千餘襲信陽軍。成忠郎、閤門祇候、知軍事舒繼明率麾下十三人轉戰，登師陽門，矢盡被擒。賊誘以美官，繼明駡曰：『吾寧爲大宋鬼，豈汙逆賊耶，汝速殺我！』驅行至軍北史陂，竟不降，遂遇害。後贈修武郎，官其家一人。荆、襄制置使岳飛聞敵退，乃以忠訓郎、閤門祇候、權隨州兵馬都監李迪知軍事，就成之。（舒繼明事，以《信陽圖經》修入。《日曆》：繼明四月己巳贈官，李迪三月乙未正差。）」

《宋史》卷二八《高宗紀》：「（紹興五年二月）是月，僞齊商元寇信陽軍，守臣舒繼明被禽，死之。」

《建炎以來繫年要録》卷九一：「（紹興五年七月壬午）是日，僞齊遣兵犯湖陽縣，執武經郎、知唐州高青及其孥以歸。劉麟見青，諭之曰：『朝廷與諸將議定，見陣掠獲人，即時放回。』青復將其孥而返。事聞，詔降青二官，責赴襄陽帥府自效。（青九月丙申降官。）」

《宋史》卷二八《高宗紀》：「（紹興五年七月壬午）僞齊兵寇湖陽縣，執唐州守臣高青，復釋之。」

以上兩次失利發生於岳飛去臨安與鎮壓楊么時。

《建炎以來繫年要録》卷一〇〇：「（紹興六年四月）甲辰，僞齊將王威攻唐州，陷之，團練判官扈舉臣、推官張從之皆死。詔各贈一官，録舉臣子初品文階，從之子進義校尉。（九月丙戌贈官。）」

《宋史》卷二八《高宗紀》：「（紹興六年四月）甲辰，僞齊兵陷唐州，團練判官扈舉臣、推官張從之等皆死。岳飛以母喪去官。」此次失利發生於岳飛守喪期間。據《金佗稡編》卷九《遺事》第八七五頁，扈舉臣作扈從舉，張從之作張漢之，與《要録》和《宋史》稍異。

《建炎以來繫年要録》卷一一一：「（紹興七年五月）僞齊陷隨州。」

《宋史》卷二八《高宗紀》：「（紹興七年五月）丙戌，僞齊陷隨州。」此次失利發生於岳飛辭職上廬山期間。以少量兵力防守荒蕪之襄漢六郡，甚爲不易。然而在岳飛生前，襄漢六郡仍歸南宋所有，直至宋高宗殺岳飛，將唐、鄧二州割讓金朝爲止。

《宋會要輯稿》方域五之一八—一九：「紹興五年七月二十五日，鄧州言：『乞廢順陽縣爲順陽鎮，隸穰縣；廢淅川縣爲淅川鎮，隸内鄉縣。各差監官一員，兼管酒税、烟火、盜賊公事。』是日，襄陽府言：『乞廢鄧城縣，併入襄陽縣；廢中廬縣，併入南漳縣。並差監鎮一員，管幹烟火公事，兼監酒税。』從之。」

又同書方域五之一九—二〇：「紹興五年九月十九日，襄陽府安撫、都總管司言：『唐州桐柏縣在州之東，與倚郭泌陽縣連接，即目不及百户，一年二税贍養本縣官吏不足。乞廢爲鎮，差監鎮一員，兼酒税、烟火公事，隸泌陽縣。』從之。」

二十五日，〔一〕除清遠軍節度使、〔二〕湖北路、荆、襄、潭州制置使，依前神武後軍統制，特封武昌縣開國子、食邑五百户、食實封二百户。〔三〕制詞略云：「身先百戰之鋒，氣蓋萬夫之敵。機權果達，謀成而動則有功；威信著明，師行而耕者不變」。「振王旅如飛之怒，月三捷以奏功；率寧人有指之疆，日百里而辟土。慰我后雲霓之望，拯斯民塗炭之中」。〔四〕辭意甚寵，又賜金束帶一。〔五〕

〔一〕二十五日 「二」之上，應脱「八月」兩字。

〔二〕《卻掃編》卷上：「唐之方鎮得專制一方，甲兵、錢穀、生殺予奪皆屬焉；權任之重，自宰相之外，它官蓋無與比。故其始拜也，降麻告廷，與宰相同，而賜節、鑄印之禮又爲特異。誠以其任重，故寵之。

本朝既削方鎮之權，節度使不必赴鎮，但爲武官之秩。間以寵文臣之勳舊，內則爲宮觀使，外則别領州府而已。至宗室、戚里又止於奉朝請，無復職掌。而告廷、賜節、鑄印之禮，猶踵故事，至于今循之不革。」

《宋史》卷一五〇《輿服志》：「宋凡命節度使，有司給門旗二，龍、虎各一，旌一，節一，麾槍二，豹尾二。

旗以紅繒九幅，上設耀篦鐵鑽，髹杠，緋纛。

旌用塗金銅螭頭，髹杠，綢以紅繒，畫白虎，頂設髹木盤，周用塗金飾。

節亦用髹杠，飾以金塗銅葉，上設髹圓盤三層，以紅〔絲〕裝釘爲旄，並綢以紫綾複囊，又加碧油絹袋。

麾槍設髹木盤，綢以紫繒複囊，又加碧油絹袋。

豹尾製以赤黄布，畫豹文，並髹杠。」據《宋會要》輿服六之二一，「髹杠」即是「黑漆杠」，「麾槍」亦用「黑漆杠」。「髹木盤」、「髹圓盤」即是「黑漆圓盤」。

又同書卷一五〇《輿服志》：「神宗熙寧五年詔：『新建節并移鎮，並降敕太常寺，排比旌節，下左右金吾街仗司、騏驥院給執擎人員、鞍馬。』中興因之。」

又同書卷四七四《賈似道傳》：「甫葬理宗，即棄官去。使吕文德報北兵攻下沱急，朝中大駭，帝與太后手爲詔起之。似道至，欲以經筵拜太師，以典故須建節，授鎮東軍節度使。似道怒曰：『節度使，粗人之極致爾！』遂命出節，都人聚觀。節已出，復曰：『時日不利。』亟命返之。宋制，節出，有撤關壞屋，無倒節理，以示不屈。至是人皆駭歎。」宋朝節度使已成武將榮譽頭銜，類似現代一些國家授元帥軍銜。至於一套五類八件之「旌節」，别致之授節典禮，更顯示了「建節」之隆重，爲其他高官所無。

宋承唐制，於重要州府設置節鎮。

又同書卷九〇《地理志》：「廣南西路。……融州，融水郡，清遠軍節度。」

又同書卷八六《地理志》：「(河北)東路。……開德府，上，澶淵郡，鎮寧軍節度。」

又同書卷八五《地理志》：「(京西)南路。……隨州，上，漢東郡，崇信軍節度。」

又同書卷八五《地理志》：「（京西）南路。……鄧州，望，南陽郡，武勝軍節度。」

又同書卷八七《地理志》：「永興軍路。……同州，望，馮翊郡，定國軍節度。」岳飛前後五任節度使，只有崇信軍和武勝軍兩節鎮在其轄區内，因節度使已成虛銜，「不必赴鎮」。

又同書卷一六六《職官志》：「中興，諸州升改節鎮，凡十有二。是時，諸將勳名有兼兩鎮、三鎮者，實爲希闊之典。（宋朝元臣拜兩鎮節度使者才三人，韓琦、文彦博、中興後吕頤浩是也，三公卒辭之。而諸大將若韓、張、吴、岳、楊、劉之流，率至兩鎮節度使。其後加至三鎮者三人，韓世忠鎮南、武安、寧國，張俊静江、寧武、静海，劉〔光世〕護國、寧武、保静。）」據《宋史》卷三六九《劉光世傳》，寧武應爲鎮安。

《建炎以來朝野雜記》甲集卷一二《兩鎮三鎮節度使》：「國朝元臣拜兩鎮節度使者才三人，熙寧初韓魏公，元豐中文潞公，紹興中吕誠公是也，然三公卒辭之。渡江以來，諸大將若韓、張、吴、岳、楊、劉之流，率至兩鎮節度使。其後加至三鎮者三人，韓蘄王鎮南、武安、寧國，張循王静江、寧武、静海，劉安城王護國、鎮安、保静。」據《宋史》卷三三《孝宗紀》和卷三六七《楊存中傳》，楊存中於宋孝宗乾道元年致仕時，授兩鎮節度使，以爲優禮。故宋高宗時最終任兩鎮節度使，僅有吴玠與岳飛兩人。

《金佗稡編》卷一五《辭除兩鎮在京宫觀第二劄子》：「竊以兩鎮節旄，國朝盛典，非有大勳，豈容輕授。」

《建炎以來繫年要録》卷一八九：「侍御史汪澈言：『……節度以移鎮爲恩寵，舊制也。……』」後岳飛自鎮寧、崇信軍節度使「移鎮」，改武勝、定國軍節度使，亦爲「恩寵」之典。

〔三〕《金佗稡編》卷九《遺事》：「復襄漢時，宰臣朱勝非使人諭之，以飲至日建節旄。先臣愕然，曰：『丞相待我何薄耶！』乃謝使者曰：『爲飛善辭丞相，岳飛可以義責，不可以利驅。襄陽之役，君事也，使訖事不授節，將坐視不爲乎？拔一城而予一爵者，所以待衆人，而非所以待國士也。』及建節，力辭，不得已乃受。」關於岳飛新命，可參《金佗續編》卷六《除湖北荆襄潭州制置使省劄》和《除清遠軍節度使湖北荆襄潭州制置使依前神武後軍統制省劄》第一三三五頁至一三三七頁。

《三朝北盟會編》卷一六一：「（紹興四年八月三日庚辰）岳飛清遠軍節度使、湖北、荆、襄制置使。朝廷欲取荆、襄，議已定，一日下詔，趣諸將入覲。宰相朱勝非授岳飛以攻取之計，許以師還授節旄，又戒諸將，咸使戮力。又飭飛惟當勞來還定，以慰吾民來蘇之望，無得屠掠。凡得州，始奏捷，止言某人收復平定某州，不得輒言殺戮。飛一舉復襄陽、隨、郢之地，既班師，授飛節旄，及諸將受賞有差，如初約也。朝廷欲行獻捷之禮，勝非謂本吾家堂奥，不足言，俟中原盡復，大駕還汴，乃可。」

「（九月二十四日庚午）岳飛湖北、荆、襄、潭州制置使。朝廷以爲王璦制置無功，遂罷之。乃命岳飛爲湖北、荆、襄、潭州制置使，措置討捕湖賊楊么，令程昌寓上流進兵，以候師期。」

又同書卷二一三朱勝非行狀：「先是分屯才定，即議進討，而荆、襄正岳飛所當取。一日下詔，趣諸將入覲。公既授飛以攻取之畫，以迄事建節，又戒諸將，咸使戮力，捷至，等級授賞，其或違戾，罰如軍政。即日奏上，罷都督府，故諸將得自奮勵。復飭飛，當勞來還定，以慰吾民來蘇之望，無得屠掠。凡得州，始奏捷，止言某人收復平定某州，不得輒言殺戮。規模先定，故一舉而成功。既班師，授飛節旄，及諸將授賞有差，如初約也。朝廷欲行獻捷之禮，公謂本吾家堂奥，不足言，俟中原盡復，大駕還汴，乃可。自用兵以來，諸將强悍，艱于號令，公威信素有以服其心，賞罰甚明，故莫不聽順樂爲，公用之皆能成功。」

《建炎以來繫年要録》卷七九：「（紹興四年八月）壬寅，鎮南軍承宣使、神武後軍統制、充江南西路、舒、蘄州、兼荆南、鄂、岳、黄、復州、漢陽軍、德安府制置使岳飛爲清遠軍節度使、湖北路、荆、襄、潭州制置使。先是，神武前軍統制王𤫊在湖北，連年不能討賊。會飛襄陽賞功，樞密院因言：『楊太等作過日久。先因張浚奏乞招安，特與放罪，許令出首；而遷延累月，終無悛心，理難容貸。𤫊出師踰歲，不能成功，與潭、鼎帥守每事忿争，不務協心，致一方受弊。』乃詔專委飛措畫討捕，仍令知鼎州程昌寓自上流進兵，湖南制置大使司遣馬準、步諒兩軍，聽昌寓節制，荆南鎮撫使解潛亦遣兵、船，約期進討。命𤫊將所部還江州。飛時年三十二，自中興後，諸將建節，未有如飛之年少者。（朱勝非行述云：『岳飛復襄、郢之地，朝廷欲行獻捷之禮，勝非謂本吾家堂奥，不足言，俟中原盡復，大駕還汴，乃可。』今附此，更須詳之也。）」

又同書卷七八：「（紹興四年七月）乙卯，祠部員外郎范同言：『師克在和，大抵剛果豪健之士，以氣相高，始由小嫌，寖成大釁。然古之賢將，皆急公家，棄私讎，捨怨忘憤，終成令名者，蓋不乏人。……』詔劄與諸將帥。先是，劉光世、韓世忠久不協，而岳飛自列校拔起，頗爲世忠與張俊所忌，故同及之。」

《宋史》卷二七《高宗紀》：「（紹興四年八月壬寅）以岳飛爲清遠軍節度使、湖北、荆、襄、潭州制置使，代王𤫉討湖賊。」

《建炎以來朝野雜記》乙集卷一二《將相四十以下建節者》：「李君錫（顯忠），年三十。岳鵬舉（飛），三十二。楊正甫（存中），三十五。張魏公（浚），三十六。吴寶臣（揔），三十七。吴唐卿（璘），三十八。吴晉卿（玠），三十九。韓良臣（世忠）及吴曦皆年四十。」據《琬琰集删存》卷三《故太尉威武軍節度使提舉萬壽觀食邑六千一百户食實封貳千户隴西郡開國公致仕贈開府儀同三司李公行狀》和《要録》卷一四七，紹興十二年十二月，李顯忠應爲三十三歲授節度使。另據《琬琰集删存》卷一《吴武順王璘安民保蜀定功同德之碑》，《隴右金石録》卷四《世功保蜀忠德碑》，《建炎以來朝野雜記》甲集卷九《渡江後父子兄弟建節數》和《宋史》卷三四《孝宗紀》，卷三六《光宗紀》，卷三六六《吴挺傳》，吴璘四子吴揔未嘗任節度使，建節者乃五子吴挺，時淳熙元年，三十七歲。

《金佗稡編》卷二四《張憲辨》：「董先之下吏，其供説已謂『曾見岳飛説：我三十二歲上建節，自古少有，……』」

《歷代名臣奏議》卷八八李邴奏：「陛下即位之初，韓世忠、劉光世、張俊威名隱然爲大將，今又有吴玠、岳飛者出矣。」此奏又見《會編》卷一七三，《要録》卷八七，《宋史》卷三七五《李邴傳》，此奏上於紹興五年，時以吴玠和岳飛爲後起之秀。事實上，劉光世、韓世忠和張俊之建節，皆並非因抗金戰功。岳飛乃因抗金戰功而建節之第二大將，其軍功暫時尚不如吴玠，却已超越劉光世、韓世忠和張俊之上。

〔四〕見《金佗續編》卷二《清遠軍節度使湖北路荆襄潭州制置使特封武昌縣開國子食邑五百户食實封貳伯户制》（八月二十五日）第一二六四頁。

〔五〕《建炎以來繫年要録》卷七九：「（紹興四年八月戊戌）賜岳飛金束帶。」

《宋會要輯稿》禮六二之五八—五九：「紹興四年八月二十一日，詔賜岳飛五十兩金束帶一條。」又同書兵一八之三五：「（紹興五年二月）十九日，詔：『收復襄陽府等處六州軍立功官兵，將第一等立功異衆之人，各更轉一官資，于正名目上收使。』」

《建炎以來繫年要録》卷八〇：「（紹興四年）九月丁未朔，直徽猷閣、主管臨安府洞霄宫李謨爲江南西路轉運副使，應副岳飛大軍錢糧。先是，轉運副使曾紆除司農少卿，而殿中侍御史張致遠論紆媚附中人，自絶清議，遂罷去，乃改命謨。」

又同書卷八四：「（紹興五年正月乙丑）直顯謨閣曾紆陞職一等，尚書户部員外郎沈昭遠再進一官。岳飛之復襄、鄧也，二人以餽餉愆期貶秩。上手詔二人：『若應辦足備飛成功，當不次除擢；如依前違慢，有誤軍期，邦有常刑，朕不汝赦。』」

又同書卷八一：「（紹興四年十月戊戌）湖北制置使岳飛遣屬官孔戊來奏事，詔特改京官。」

《可齋雜稿》卷一九《奏襄樊經久五事》：「昔者岳飛纔復襄陽，朝廷即命沈昭遠應辦糧餉。」

《永樂大典》卷八四一三趙鼎《趙元鎮文集·乞降睿旨訓飭岳飛劄》：「臣被命西行，雖總數路，而隨行兵馬，僅能防護行李，或有警報，實無以應援。竊見岳飛屯軍岳、鄂，制置襄漢，而襄、鄧等處所置兵將，又皆飛之部曲，勢足以相及，力足以相濟。今雖專令捕討湖寇，而襄漢衝要之地，尤不可忽。臣願陛下速降睿旨，訓飭岳飛明遠斥候，常如寇至，斟量事勢，資助兵威，庶幾不廢前功，以圖善後。唯襄漢既能堅守，則么寇不日自平，然後移湖南兵食，益壯上流之勢，俾川、陝增重，吴、越鎮安。遠邇無睽阻之虞，緩急有首尾之應，經營之漸，當始於此。」趙鼎此奏上於紹興四年任都督川、陝諸軍事時。

九月，兀朮、劉豫稱兵七十餘萬，（林貴報：山東二萬，兀朮一部不計數。趙進報：劉豫起發十萬。陳香、于經等報：宿遷縣兩次見一萬四千。張斌報：三太子〔二〕與兀朮所領共十萬五千。密院所奏：諜報三萬，又報馬安撫二千，郭觀察七千，三大王〔三〕□四十萬。積而計之，共當七十餘萬，並據堂劄指揮。）〔三〕聚糧入寇，諜報警急。〔四〕二十一日，令備軍馬、舟船，於衝要控扼之地分布防托，時具諜探動息及備禦次第聞奏。二十五日，令照應荆、襄，控扼武昌一帶，仍措置楊么。二十七日，令體探的實，嚴切隄備。二十九日，令凡控扼處，分遣官兵，嚴密把截。如有警急，則鼓率將士，極力捍禦掩殺，毋令透漏。冬十月五日，令疾速措置，更遣諜探，日一具奏。

〔一〕《三朝北盟會編》卷一八：「《松漠記聞》曰：『阿骨打八子：……第三曰三太子，爲左〔副〕元帥，與四太子同母。四太子即兀术，……』」

《神麓記》曰：『太祖九子：……賢妃生元帥三太子宗堯（乃哀父），德妃生元帥四太子兀术，名宗弼，……』

《節要》曰：『阿骨打有子十餘人，今記其八：……五曰窩里嗢（人呼作三太子），六曰兀术（人呼作四太子），……』」

《金史》卷一九《世紀補》：「睿宗立德顯仁啟聖廣運文武簡肅皇帝，諱宗堯，初諱宗輔，本諱訛里朵，大定上尊謚，追上今諱。」訛里朵與窩里嗢同爲漢文音譯。完顏訛里朵乃金世宗之父，故於大定年間追謚時，又改名宗堯，其實此名在生前從未使用。

又同書卷一三五《金國語解》：「其臣僚之小字，或以賤，或以疾，猶有古人尚質之風，不可文也。」「兀术曰頭，粘罕，心也。」女真民族勃興之初，人名都以「賤」、「疾」相稱。如完顏粘罕、完顔兀术等小名是漢文音譯，其女真語意乃是心、頭之類。接觸漢文明後，始感舊姓舊名不雅，又改用漢姓漢名。如完顔用漢姓王，粘罕漢名爲宗翰，訛里朶漢名爲宗輔，兀术漢名爲宗弼，撻懶漢名爲昌。宋朝一些軍事文件，往往不稱呼女真酋領的名字，而以「三太子」、「四太子」等相稱。可參《金佗稡編》卷一六《龍虎等軍捷奏》第一〇二六頁，《王貴潁昌捷奏》第一〇三二頁。

〔二〕《宋會要輯稿》兵一八之三八：「飛近遣（王）貴等總領官（兵），掩殺逆賊五大王劉復。」《三朝北盟會編》卷一八一：「劉觀、劉復、劉益皆豫之弟，猊乃觀之子。悉務聚斂，皆乏遠圖，唯益屈己待士，疏財重義，頗得士卒歡心。」又同書卷一八一《僞豫傳》：「劉觀、劉益、劉復皆豫之堂弟，猊爲觀之子。」劉復既稱五大王，三大王應爲劉觀或劉益。

〔三〕時金、齊聯軍兵力，應大大少於七十多萬之數。劉豫如「起發十萬」，「三大王」就不可能另有「四十萬」。岳珂以各探報數字「積而計之」，係誤，而相加總數也僅有六十七萬八千。

〔四〕《三朝北盟會編》卷一六一：「先是，岳飛軍中有校尉王大節者，川人，飛待以爲客。李成退走，歸劉豫也，上語飛曰：『如李成歸國，朕當以節度使待之。』飛即遣大節詐僞投降，招成歸國。是時，劉豫方招接江南衣冠，大節遂投劉麟。麟待之甚厚，授承務郎，爲皇子府屬官。麟問征江南之策，大節言：『四川百姓以宣撫司征擾不已，供億重困，思得大齊以重兵臨關，則人皆響應。

既得四川，然後發蜀江之舟，鼓櫂而下，江南屯戍之兵魂喪膽裂矣。』麟曰：『不然，大金有命，會本國之兵，趨淮甸，渡長江，直擣吴會，汝以爲如何？』大節曰：『其謀非不善，但恐南兵扼長江，未可渡，則吾師挫鋭矣。不若攻四川必取之地，以圖萬全，雖若遲而迂，然大功可以必成。』麟不聽。大節既得敵人之情，乃脱身走，歸報飛。飛大喜，送大節於行在。上令引見，大節具以奏聞，且請淮南爲防江之備，授大節承節郎、閤門祗候。至是僞齊與金人果合兵犯淮甸。」

《建炎以來繫年要録》卷七八：「（紹興四年七月丁丑）初，僞齊劉豫聞岳飛復襄陽，遣使乞師於金主晟，以求入寇。金主以方遣韓肖胄、章誼來聘，未可起兵。僞奉議郎羅誘上《南征議》於豫。」

又同書卷八〇：「（紹興四年九月乙丑）初，僞齊劉豫既納其臣羅誘《南征議》，乃遣知樞密院事盧偉卿見金主晟，具言國家自大梁五遷，皆失其土。若假兵五萬下兩淮，南逐五百里，則吴、越又將棄而失之，貨財、子女，不求自得。然後擇金國賢王或有德者，立爲淮王，王盱眙，使山東唇齒之勢成，晏然無南顧之憂，則兩河自定矣。青、冀之地，古稱上土，耕桑以時，富庶可待，則宋之微賂，又何足較其得失。

金主晟命諸將議之，左副元帥宗維、〔右〕監軍希尹以爲難，右副元帥宗輔以爲可。於是以宗輔權左副元帥，〔左〕監軍昌權右副元帥，調渤海、漢兒軍五萬人以應豫。宗維、希尹繇是失兵柄。又以左都監宗弼嘗過江，知地險易，使將前軍。宗輔下令：燕、雲諸路漢軍並令親行，毋得募人充役。

豫遂命其子僞諸路大總管、尚書左丞相、梁國公麟領東南道行臺尚書令，合兵來寇。始議自順昌取合淝，犯歷陽，由采石以濟。簽軍都制置使李成謂所簽民兵盡除山東，餉道遼遠，又慮岳飛之軍自襄陽出攻其背，不如沿汴直犯泗州，渡淮，以大軍扼盱眙，據其津要。分兵下滁、和、揚州，大治舟檝，西自采石以攻金陵，南自瓜洲以攻京口，仍分兵東下，掠海、楚之糧，庶獲大利。」據《金史》卷七四《宗翰傳》，《要録》之「宗維」即完顔粘罕，漢名宗翰，宗維之漢名係宋方誤傳。

「（壬申）是日，金人及僞齊之兵分道渡淮，知楚州、武功大夫、和州防禦使樊序棄城去，淮東宣撫使韓世忠自承州退保鎮江府。（趙甡之《遺史》：『先是，岳飛軍中有校尉王大節者，蜀人，飛待以爲客。李成退走，歸劉豫也，上語飛曰：如李成歸國，朕當以節度使待之。飛即遣大節招成歸國。是時，豫方招接江南衣冠，大節遂投劉麟。麟待之甚厚，授承務郎，爲皇子府屬官。麟問征江南之策，大節言：四川百姓以宣撫司征擾不已，供億重困，思得大齊以重兵臨關，則人皆嚮應。既得四川，然後發江之舟，鼓擢而下，江南屯戍之兵魂散膽裂矣。麟曰：不然，大金有命，會本國之兵，趨淮甸，渡長江，直擣吴會，汝以爲如何？大節曰：其謀非不善，但恐南兵扼長江，未可渡，則我師挫鋭矣。不若攻四川必取之地，以圖萬全，雖若遲而迂，然大功可以必成。麟不聽。大節既得敵人之情，乃脱身走，歸報飛。飛大喜，送大節於行在。上令引見，具以奏聞，且請淮南爲防江之備，授大節承節郎、閤門祇候。至是僞齊與金果合兵犯淮甸。』今且附此，更求他書參考。）」

《金史》卷七七《劉豫傳》：「宋主閤門宣贊舍人徐文將大小船六十隻，軍兵七百餘人來奔，至密州界中，率將佐至汴。豫與元帥府書曰：『徐文一行久在海中，盡知江南利害。文言：宋主在杭州，其候潮門外，錢塘江内，有船二百隻。宋主初走入海時，於此上船，過錢塘江，别有河入越州，向明州定海口，迤邐前去昌國縣。其縣在海中，宋人聚船積糧之處。今大軍可先往昌國縣，攻取船糧。還趨明州城下，奪取宋主御船，直抵錢塘江口。今自密州上船，如風勢順，可五日夜到昌國縣，或風勢稍慢，十日或半月可至。』初，宗弼自江南北還，宗翰將入朝，再議以伐宋事。宗翰堅執以爲可伐，宗弼曰：『江南卑濕，今士馬困憊，糧儲未豐足，恐無成功。』宗翰曰：『都監務偷安爾！』及豫以書報，而睿宗亦不肯用豫策，使撻懶帥師至瓜洲而還。」《金史》記載與《要録》有異。海道和陸路之爭，標誌着完顔粘罕派系失勢。金軍攻淮南之首領，在完顔兀术之上，尚有完顔訛里朵與完顔撻懶。《行實編年》只提完顔兀术，係誤。

《宋史》卷四七五《劉豫傳》：「舒、蘄等州制置使岳飛復襄陽，李成遁，尋復唐州。六月，復隨州，磔僞守王嵩于襄陽市。七月，復鄧州，語在飛傳。豫聞岳飛取襄、鄧，遂乞師於金人。僞奉議郎羅誘上《南征策》，豫大喜。奪民舟五百，載戰具，以徐文爲前軍，聲言攻定海。九月，豫下僞詔，有『混一六合』之言，遣子麟入寇，及誘金人宗輔、撻辣、兀术分道南侵。」

虜人侵淮，急圍廬州。上賜札曰：「近來淮上探報緊急，朕甚憂之，已降指揮，督卿全軍東下。卿夙有憂國愛君之心，可即日引道，兼程前來。朕非卿到，終不安心，卿宜悉之。」〔一〕先臣奉詔，出師池州，先遣牛皋渡江。

〔一〕《建炎以來繫年要録》卷八〇：「（紹興四年九月）辛酉，合祀天地於明堂。……三〔衙〕、班直、宿衛、忠佐、忠鋭將兵，神武右軍、中軍七萬二千八百餘人，共支錢二百三十一萬餘緡；劉光世、韓世忠、岳飛、王瓔四軍十二萬一千六百餘人，共支錢二十八萬餘緡。」

《宋會要輯稿》禮二五之二〇：「（紹興四年）九月九日，户部侍郎梁汝嘉言：『將來大禮，除已降指揮，宰執、百官、諸司等給賜並權行住支外，有内外馬、步諸軍並合依赦賞給。今將紹興元年比例措置下項：應行在殿前、馬、步軍、諸班〔直〕、宿衛親兵、御前忠佐、忠鋭將兵及神武右軍、中軍等，並係衛扈車駕行禮人，依在京例賞給。……應在外諸軍前次賞給，例各不同。……劉光世、韓世忠、岳飛、王〔瓔〕四軍共一十二萬一千六百餘人，賞給約支見錢二十八萬六百餘貫。……』」

《建炎以來朝野雜記》甲集卷一八《紹興内外大軍數》：「紹興初，内外大軍凡十九萬四千餘，而川、陝不與。宿衛、神武右軍、中軍七萬二千八百（張俊將右軍，楊沂中中軍），江東劉光世、淮東韓世忠、湖北岳飛、湖南王瓔四軍共十二萬一千六百。」岳飛兵力爲二萬八千六百多人，王瓔兵力，據《要録》卷五二、卷八六，爲一萬五千人，則聚集東南的韓世忠、劉光世、張俊三大將，外加楊沂中等軍，總計達十五萬以上兵力。宋高宗畏敵如虎，仍命岳飛東援。

《三朝北盟會編》卷一七六：「吕頤浩《十論劄子》：『臣竊料劉光世、韓世忠、張俊、楊沂中、岳飛、王𤫩下兵數約二十萬人，除輜重、火頭外，戰士不下十五萬。』」《歷代名臣奏議》卷九〇吕頤浩奏缺此段文字，此奏《會編》繫於紹興七年正月十五日，《要録》卷八七爲紹興五年三月，時間應以《要録》爲準。「約二十萬」，《要録》作「得二十萬」。

又同書卷一六一《紹興甲寅通和録》：「紹興壬子秋，虜人遣先奉使王倫歸，且道息兵講和之意，須使人往議，遂以潘致堯、韓肖胄、章誼等三往，所議未定。紹興甲寅，又遣魏良臣、王繪副之以行。……上曰：『卿等此行，切不須與虜人計較言語。卑辭厚禮，朕且不憚，如歲幣、歲貢之類，不須較。更爲説宇文虚中久在金國，渠有父母，日望渠歸，見粘罕可説及，教早放還。更説襄陽諸郡皆故地，只因李成侵犯不已，遂命岳飛收復。……』」

《建炎以來繫年要録》卷八〇：「（紹興四年九月乙丑）是日，吏部員外郎魏良臣、閤門宣贊舍人王繪辭，往金國軍前通問，上曰：『卿等此行，不須與虜人計較言語。卑辭厚禮，朕且不憚，如歲幣、歲貢之類，不須較。見粘罕，爲言宇文虚中久在金國，其父母老，日望其歸，令早放還。』又言：『襄陽諸郡皆故地，因李成侵犯不已，遂命岳飛收復。』」

又同書卷八三：「（紹興四年十二月乙亥朔）侍御史魏矼亦言：『朝廷前此三遣和使，而大金繼有報聘，禮意周旋，信言可考。頃復專使尋好，未有釁隙，兹乃僞劉父子造兵端，本謀窺江，初無和意。使人未見，國相報書來自近甸，此而可信，覆轍未遠。今大兵坐扼天險，援師艤舟上流，精鋭無慮十萬。彼僞劉挾虜爲重，簽軍本吾赤子，人心向背，久當自携。持重以待之，輕兵以擾之，吾計得矣。昔曹操降劉琮，得其水軍人船合八十萬，……獨周瑜引兵與劉備并力以逆操，敗之赤壁。今劉豫挾虜以叛，視操孰順；虜衆深入澤國，視操孰强；而岳飛在江西，吴玠在秦、隴，形勢又孰得？更欲聽其詭計，〔墮〕喪士氣，拱手以受其弊，非臣所喻也。昔新垣衍説趙帝秦，魯仲連折之，有曰：是使三晉之大臣，不如鄒、魯之僕妾。秦軍聞之，爲却五十里。臣久誦斯語，不勝憤懣。惟陛下爲宗社生靈之重，仰順天意，俯從人欲，飭勵諸將，力圖攻守。』上甚納其言。（砡疏不得其日，且附良臣入見之後。……）」此奏以《會編》卷一七〇參校。

《梁谿全集》卷七七《陳捍禦賊馬奏狀》：「岳飛新立功於襄漢，其威名已振，亦既班師，屯於武昌，僞齊必不虞其再至也。陛下倘降明詔，遣岳飛以全軍間道疾趨襄陽，更摘湖南、北驍將鋭兵爲之繼援，命信臣總統，乘此機會，擣潁昌以臨畿甸，電發霆擊，出其不意，則僞齊必大震懼，呼還醜類，以自營救，王師追躡，必有可勝之理。此舉非惟牽制南牧之兵，亦有恢復中原之兆，此上策也。朝廷或以兹事體大，饋餉之費，調發之煩，倉卒未能辦集。則鑾輿駐蹕江上，勢須號召上流之兵，如岳飛、王瓔及湖南、北諸將部曲。除留屯外，各摘精鋭軍馬，盡集官私舟船，逐路應副錢糧，命將統率，順流而下，旌旗金鼓，千里相望，以助聲勢，則敵人雖衆，豈敢南渡。」

《建炎以來繫年要録》卷八一：「（紹興四年十月丁酉）沈與求曰：『諸將之兵，分屯江岸，而敵騎逡巡淮甸之間，恐久或生變。當遣岳飛自上流取間道，乘虚擊之，敵騎必有反顧之患。』上曰：『當如此措置，兵貴拙速，不宜巧遲，機事一失，恐成後悔，宜速諭之。』」

《宋史》卷三七二《沈與求傳》：「與求曰：『和親乃金人屢試之策，不足信也。』因奏：『諸將分屯江岸，而敵人往來淮甸。當遣岳飛自上流取間道，乘虚擊之，彼必有反顧之憂。』上曰：『當如此措置。』」

又同書卷三七九《胡松年傳》：「諜報劉豫於登、萊、海、密具舟楫，淮陽、順昌積芻粟，欲憑藉金人，侵我邊鄙。議者謂韓、劉、岳各當一面，可保無虞。松年奏：『三人聲勢初不相屬，緩急必不相救。況海道闊遠，蘇、秀、明、越最爲要衝，乞選精兵萬人，命一大臣往駐建康，親督世忠、光世守采石、馬家渡，以張兩軍之勢，仍以兵五千屯明州、平江，控禦江海。或無人可遣，臣願疾馳，以赴其急。』詔遣松年往江上，與諸將會議進討，因覘賊情。」

《建炎以來繫年要録》卷八二：「（紹興四年十一月）己未，資政殿學士、提舉萬壽觀、兼侍讀張浚知樞密院事。浚之未至也，左宣教郎喻樗説趙鼎除浚閩、浙、江、淮宣撫使，以爲後圖，鼎大以爲然。及入奏，上曰：『且在經筵亦可。』浚請遣岳飛渡江入淮西，以牽制虜兵之在淮東者，上從之。」

《朱文公文集》卷九五上《少師保信軍節度使魏國公致仕贈太保張公行狀上》：「九月，劉豫之子麟果引虜大兵，繇數路入寇，騰言侮慢，上下恟懼。上思公前言之驗，罷宰相朱勝非，而參知政事趙鼎亦建請車駕幸平江，召公任事。遂以資政殿學士、提舉萬壽觀、兼侍讀召，不許辭免，日下起發。手書賜公曰：『卿去國累月，未嘗弭忘，考言詢事，簡在朕心。想卿志在王室，益紓籌策，毋庸固辭，便可就道，夙夜造朝。嘉謀嘉猷，佇公入告。』金書疾置，絡繹於道。公即日行，中途條具戰守之宜甚悉，且乞先遣岳飛渡江入淮西，張聲勢，以牽制虜大兵在淮東者。」李綱等「上策」，是圍魏救趙之計。但宋高宗只圖偏安，故命岳飛「全軍東下」。宋高宗給岳飛手詔見《金佗稡編》卷一高宗宸翰十第七頁。

《建炎以來繫年要録》卷八一：「（紹興四年十月癸卯）淮東宣撫使韓世忠奏：『準金部員外郎張成憲公文，支給本軍大禮賞，本司未敢幇請，乞依張俊下官兵體例支給。』許之。舊例，俊與楊沂中内二軍賞給人三十千，世忠與劉光世、王𤫉、岳飛外四軍人給二千有奇而已。至是俊出爲宣撫使，故世忠援以爲言。」

又同書卷八二：「（紹興四年十一月）丙寅，遣内侍李肖往劉光世、岳飛軍，汪浩往韓世忠、張俊、王𤫉軍，撫問將士家屬，仍賜錢有差。（三宣撫軍各萬緡，岳飛三千緡，王𤫉二千緡。）」

《宋會要輯稿》禮六二之五九：「（紹興四年）十一月二十一日，入内内侍省言：『樞密院得旨，差内侍官詣劉光世、韓世忠、張俊、岳飛、王𤫉老小寨，傳宣撫問安泊去處，暴露及疾病死亡之家，仍賜錢付逐軍，内劉光世、韓世忠、張俊各一萬貫，岳飛五千貫，王𤫉三〔千〕貫，並支撥輕齎。

令逐軍差屬官、將官各一員。如有病患身亡闕乏，仰即時隨宜周恤，開具數申樞密院。』詔劉光世、岳飛差李肖，韓世忠、張俊、王瓊差汪浩。」此處記載岳家軍「賜錢」「五千貫」，與《要録》「三千緡」有異。

《建炎以來繫年要録》卷八一：「（紹興四年十月丁酉）右宣義郎裴祖德除名。祖德以濫賞改官，居憂中冒覃轉及章服，又妄稱職名，爲言者所論，下大理，祖德具伏。又嘗從統制官王進、岳飛、王民得空名告身，給賣富民入己，刑寺當徒三年，特責之。」

十二月，自提其軍趨廬州，與皐會。上遣李庭幹賜先臣香、藥，且賜札撫問。時僞齊已驅甲騎五千被城，〔一〕皐以所從騎，遥謂虜衆曰：「牛皐在此，爾輩胡爲見犯！」虜衆已愕然相視。及展「岳」字幟〔二〕與「精忠」旗示之，虜衆不戰而潰。先臣謂皐曰：「必追之，去而復來，無益也。」皐追擊三十餘里，虜衆相踐及殺死者相半，殺其都統之副，及僞千户長五人，百户長數十人，〔三〕擒番、僞兵八十餘人，得馬八十餘匹，旗鼓、兵仗無數。軍聲大振，廬州遂平。〔四〕

〔一〕被城　「被」，《金佗續編》卷一八作「逼」。

〔二〕岳字幟　原脱「岳」字，嘉靖本同，據《紀事實録》補。

〔三〕千户長五人百户長數十人　「五人，百户長」，原脱「人」字，據《宋史》卷三六八《牛臯傳》補。金軍編制，猛安（千户長）之下，即爲謀克（百户長），一般無五百户長之稱。

〔四〕《金佗稡編》卷一九《廬州捷報申省狀》：「據統制官徐慶、牛臯申：『部押人馬，前來廬州。到本州安泊未定間，有番、僞賊兵逼近州城，遂躬親率所統人馬出城，迎捍鬬敵。自申時轉戰至酉時，其賊敗走，大獲勝捷，殺戮賊兵三十餘里。除殺死并斬首級外，活擒到番、僞賊兵八十餘人，奪到馬八十餘匹，槍、刀不知其數目，賊馬走透前去。』飛契勘元差徐慶、牛臯等將帶官兵二千餘人，前去廬、壽、濠州、天長軍以來，掩擊賊馬。今到廬州城下，逢賊戰鬬。除在城内及在城南下寨官兵更不開具外，今具接戰實立功官兵五百四十六人，分爲等第，謹具申尚書省并樞密院。」《金佗續編》卷二八《吴拯編鄂王事》：「會劉豫入寇廬州，侯遣統制牛臯、徐慶救之，會合張琦，及豫軍戰於廬州。豫軍畏牛臯之勇，不戰先走，遂大敗之。」《三朝北盟會編》卷一六四：「（紹興四年十月十三日戊子）牛臯、徐慶敗金人於廬州城下。金人與僞齊連兵犯淮西，安撫使仇悆盡發宣司戍軍一千以拒之，既而敗亡，無一還者。即乞師於湖北岳飛，飛遣腹心將徐慶、牛臯爲援。臯、慶引十三騎先至城下，入城謁悆。坐未定，斥堠報金人五〔千〕餘騎將逼城。時湖北軍馬未到，悆色動不安。臯曰：『無畏也，爲公退之。』即與慶出城。迎見敵軍，遥謂之曰：『牛臯在此，爾等安敢來！』番酋曰：『我知牛公在湖北路，已赴詔命,此中安得牛公?』臯乃免冑,張旗幟,敵人相視失色。臯察其有懼意,舞矟先登,敵人奔潰,臯以十三騎追襲五十里。是時,番、僞大軍十餘萬,去廬州百里而屯,一夕皆遁。悆駭歎,且親書保明,贊其威望神勇,謝於岳飛。飛不悦,而移其功以畀慶。臯亦無慊色,淮西人以爲恨。」

又同書卷二〇七《岳侯傳》:「僞齊劉豫遣劉猊、王爪角、孔彦舟、李師雄、商元等兵二十萬,攻廬州,委侯回軍解圍。侯先遣牛臯、徐慶、李山救應,又會合劉錡,與僞齊接戰於廬州。孔彦舟認是牛臯、徐慶等兵至,遂不戰,起寨而走,回京師。加侯鎮寧、崇信軍節度使,湖北、京西路招討使。」

又同書卷二〇八《林泉野記》:「豫欲攻廬州,飛遣統制牛臯、徐慶會劉錡軍,擊敗豫衆。」

《建炎以來繫年要録》卷八三:「(紹興四年十二月)壬辰,湖北制置司統制官牛臯、徐慶敗虜於廬州。時虜增兵,復犯淮右,仇悆盡發戍軍千人拒之,既而敗北,無一還者。遂求救於湖北制置使岳飛,遣臯、慶率二千人往援。慶,飛愛將也。是日,臯、慶以從騎數十人先至,坐未定,斥堠報金人五千騎將逼城。時湖北軍未集,悆色動不安。臯曰:『無畏也,當爲公退之。』即與慶以徒騎出城。謂虜衆曰:『牛臯在此,爾輩胡爲見犯!』乃展幟示之,敵兵失色。臯舞矟徑前,賊疑有伏,即奔潰。臯率騎追之,虜自相踐死,餘皆遁去。時淮西宣撫使劉光世亦遣統制官張琦至廬州城下,又遣統制官靳賽至慎縣而還。悆歎臯之功,以書謝飛,盛稱其勇。飛不悦,移其功以畀慶。後慶以奇功自武功郎徑遷武功大夫、開州刺史,而臯止進二官。(此以徐夢莘

《北盟會編》，熊克《小曆》參修。但夢莘所云：『臯以十三騎襲敵軍五十里。』又云：『番、僞大軍十餘萬，去廬州百餘里而屯，一夕皆遁。』此則未足據也。番、僞軍退，自是糧乏不支，非因廬州之敗。據岳飛奏功狀稱：『實接戰立功官兵五百四十六人。』雖未免泛濫在其中，然亦不止於十三騎，明矣。狀又稱『追逐〔賊〕兵三十餘里』，今但云率騎追之，庶得其實。臯、慶明年二月乙酉推恩。）」

又同書卷八九：「（紹興五年五月）戊戌，殿中侍御史張絢言：『伏見今年正月指揮：應沿江諸帥捍禦戰敵金人大軍，立到奇功，及統制官等内有未曾給到料錢文曆之人，並令户部特行出給。今後因戰敵金人，立到奇功人亦依此。然比來諸軍保明到奇功之人，止是開姓列名，不曾詳具立功之狀。雖朝廷依所申出給文曆，往往輿議不平，多謂冒濫，甚非陛下激勸戰士之本意。謂宜依倣古制，凡將士立功，有卓然奇偉者，並令逐軍着實申奏朝廷，指其出戰之處，叙其鬬捷之功，所獲俘馘之數實有多寡，所獲器甲鎧仗實有幾何。大小輕重，纖悉圖狀，先經聖覽，即下有司。或差密院檢詳，或委檢正、都司，各令親加參考，而吏輩勿預其事。差別高下，等第優劣，拔其尤異者，具名申於三省，取旨付之户部。然後出給文曆，以寵其勞，則賞當其功，人人知所激勸矣。臣取會太府寺給過奇功文曆，除劉光世下靳賽等七人，岳飛下徐慶等二十一人，係已給曆外，見有光世下再保明到劉琪等六十三人，張俊下保明到張宏等四十人，見到本寺出曆，未曾給付，欲望俯采臣言，立爲定制。……』疏奏，詔三省委都司、檢正，樞密院委檢詳，如絢請。」

《宋史》卷二七《高宗紀》：「（紹興四年十二月）壬辰，金、齊兵逼廬州，仇悆嬰城固守。岳飛所遣統制徐慶、牛皋援兵適至，敗走之。劉光世亦遣統制靳賽戰于慎縣。」

又同書卷三六八《牛皋傳》：「金人攻淮西，飛遣皋渡江，自提兵與皋會。時僞齊驅甲騎五千薄廬州，皋遥謂金將曰：『牛皋在此，爾輩胡爲見犯！』衆皆愕然，不戰而潰。飛謂皋曰：『必追之，去而復來，無益也。』皋追擊三十餘里，金人相踐及殺死者相半，斬其副都統及千户五人，百户數十人，軍聲大振。廬州平，進中侍大夫。」時牛皋已四十八歲。這段記載與《行實編年》相同。

又同書卷三九九《仇悆傳》：「以淮西〔安〕撫知廬州。劉豫子麟合金兵大入，民情洶懼。宣撫司統制張琦者，冀乘危爲亂，驅居民越江南走。欲先脅悆出，擁甲士數千突入，露刃登樓，揚白麾，左右驚潰，迫悆上馬。悆徐謂曰：『若輩無守土責，吾當以死徇國！寇未至而逃，人何賴焉！』堅不爲動，神色無少異。琦等錯愕，遽散其徒，人心遂定。時金人出入近境，悆求援于宣撫司，不報。又遣其子自間道赴朝廷告急，雖旌其子以官，而援卒不至。帝方下詔親征，而詔亦不至淮甸，喧言將棄兩淮，爲保江計。悆録詔語，揭之郡縣，讀者至流涕，咸思自奮。監押閻僅死于賊，餘衆來歸，州帑匱竭，無以爲賞。悆悉引班坐，犒以酒食，慰勞之，衆皆感勵。募廬、壽兵，得數百，益鄉兵二千，出奇直抵壽春城下，敵三戰皆北，却走渡淮。其後麟復增兵來寇，僉復壽春，俘馘甚衆，獲旗械數千，焚糧船百餘艘，降渤海首領二人。初，金人圍濠州，旬日未下，屬天寒，馬多僵死，乃悉衆向淮東。樞密使張浚方視師金陵，僉以策説之曰：『金重兵在淮東，師老食匱。若以精兵二萬，一自壽陽，一自漢上，徑趨舊京，當不戰而退；繼以大軍尾擊，蔑有不濟者。昔人謂一日縱敵，數世之患，願無失時之悔。』浚不能用。麟復以步騎數千至合肥，諜言兀术爲之殿，人心恟駭，不知所爲。會京西制置使遣牛皋統兵適至，僉顧左右曰：『召牛觀察來，擊賊！』皋既至，以忠義撼之。皋素勇甚，以二千餘騎馳出，短兵相接，所向披靡。敵稍懾，散而復集者三。其副徐慶忽墜馬，敵競赴之，皋掖以上，手剸數人，因免胄大呼曰：『我牛皋也，嘗四敗兀术，可來决死！』寇畏其名，遂自潰。以僉克復守禦功，加徽猷閣待制。明年，宣撫司始遣大將王德來。時寇已去，德謂其伍曰：『當事急時，吾屬無一人渡江擊賊。今事平方至，何面目見仇公耶！』德麾下多女真、渤海歸附者，見僉像，不覺以手加額。初，宣撫司既不以一卒援諸郡，但令焚積聚，棄城退保，文移不絶于道。又請浚督行之，浚檄僉度其宜處之。僉謂殘破之餘，兵食不給，誠不能支敵。然帥臣任一路之責，誓當死守。今若委城，使金人有淮西，治兵艦於巢湖，必貽朝廷憂。力陳不可，浚韙其言，而卒全活數州之衆。」

又同書卷四七五《劉豫傳》：「十二月壬辰，岳飛遣將牛皋、徐慶敗金人於廬州。庚子，金人退師，遣使告麟，麟棄輜重宵遁。」

《宋會要輯稿》兵一八之三四—三五：「（紹興五年）二月十一日，詔：『荆湖南、北、襄陽府路制置使岳飛下統制官徐慶、牛皐人馬，廬州以來與蕃賊鬭敵勝捷，奇功各與轉五官，第一等各與轉三官資，第二等各與轉兩官資，第三等各與轉一官資，並於正名目上收使。選人比類施行，白身人依陝西效用法補授。』」

《皇宋十朝綱要校正》卷二三：「（紹興四年十二月壬辰）金、齊之衆合圍廬州，知州仇〔悆〕固守。岳飛遣統制牛皐、徐慶，劉光世遣統制張琦會兵赴救，破之於城下。癸巳，虜益兵來攻，飛親以大軍鏖戰，復大破之，虜解圍去。」

《相山集》卷二一《選將戍合肥劄子》：「合肥西北距淮二百四十里，東南距江亦二百四十里，在今最爲控扼敵人要害之地。然而城大兵弱，不能獨守。今年春，僞齊來寇，偶朝廷所遣岳節使兵至，〔適〕與寇會，賊駭不意，遂却。不然，合肥之民與河梁等無噍類矣。」按「今年春」疑爲「去年冬」之誤，迄今並無旁證，説明岳家軍另有一次援廬州之戰。

又同書卷二二《論廬帥久任狀》：「伏見淮西安撫使仇悆沈静有謀，剛方不屈。當去年冬，敵入寇，諸將逗留，莫肯赴援，羣吏睥睨，咸欲逃遁；而悆乃能死守孤城，至統制官張奇劫之以兵，曾不少變。」關於廬州之戰，衆説各異，應以《金佗稡編》卷一九《廬州捷報申省狀》和《宋史・仇悆傳》較可信。岳飛顯然未「全軍東下」援淮西，《金佗續編》卷二《兩鎮節度使加食邑制》有「萬騎鼓行」之語，《金佗稡編》卷九《遺事》載，當時岳飛「所部兵二萬餘人，守禦者半，攻討者半」，估計岳飛援淮兵力應有一萬幾千，而徐慶、牛皐率二千多騎爲前鋒。牛皐與徐慶不可能以十多騎或幾十騎嚇退敵軍。唯有《皇宋十朝綱要》卷二二記載，岳飛於十二月十九日癸巳又「親以大軍鏖戰」，但岳飛和統制李山等應未參加初戰。《行實編年》說岳家軍此戰「殺其都統之副，及僞千户長五人，百户長數十人」，亦爲孤證。《仇悆傳》說牛皋是主將，徐慶是副將，係誤，應以岳飛捷報和《宋會要》爲準。《會編》，特别是《要録》記述岳飛賞功不公之事，而《行實編年》不提徐慶之名，曲爲隱諱。至於劉光世派兵救援廬州之説，乃來自事後謊報，應以《仇悆傳》和《相山集》爲準。

《金佗稡編》卷一高宗宸翰十一：「卿義勇之氣，震怒無前，長驅濟江，威聲遠暢。宜奮揚於我武，務深得於敵情。既見可乘之機，即爲擣虚之計。眷兹忠略，豈俟訓言，深念勤勞，往加撫問。」

《建炎以來繫年要録》卷八三：「（紹興四年十二月）丁丑，左朝請大夫、知江州陳子卿爲湖北制置使司參議官，用岳飛奏也。」

紹興五年，乙卯歲，年三十三。

入覲。賜銀、絹等。除鎮寧、崇信軍節度使，充湖北、荆、襄、潭州制置使。除荆湖南、北、襄陽府路制置使，陞都統制。大破楊么。降黄佐、楊欽。擒陳貴等。斬楊么、鍾儀。

擒黃誠、劉衡。賜銀合茶、藥。加檢校少保。除湖南、北、襄陽府路招討使。賜銀合茶、藥。

春二月，先臣入覲。上賜銀、絹二千匹、兩，承信郎恩命一，母封國夫人，孺人封號二，冠帔三，眷禮甚厚。賜諸將金束帶，及牛皋以下二十九人，并立功官兵五百四十六人各轉資，受賞有差。授鎮寧、崇信軍節度使，依前神武後軍統制，充荆湖北路、荆、襄、潭州制置使，加食邑五百户、食實封二百户，進封武昌郡開國侯。〔一〕制詞有曰：「閲禮樂而厲廉隅，德遜有君子之操；援桴鼓而先士卒，忠蹇匪王臣之躬。」又曰：「于疆于理，威行襄漢之山川；如飛如翰，名動江淮之草木。」又曰：「萬騎鼓行，震天聲於不測；千里轉戰，奪勇氣於方張。力捍孤城，系俘羣醜。」〔二〕又以明堂恩加食邑五百户、食實封二百户。

〔一〕《建炎以來繫年要録》卷八五：「（紹興五年二月）丙子，清遠軍節度使、神武後軍統制、充湖北路、荆、襄、潭州制置使岳飛爲鎮寧、崇信軍節度使。岳飛自池州入朝，前一日，御筆賜岳飛銀、帛二千匹、兩，封其母榮國太夫人姚氏爲福國太夫人，親屬爲承信郎者一人，封孺人者二人，賜冠帔三道，賞淮西之功也。既而飛言母見係太恭人，乃詔福國告令吏部修洗改正，榮國告拘收中省毁抹。(改正告身,在此月癸巳。)」

「(乙酉)忠訓郎、閤門祗候岳雲爲閤門宣贊舍人,忠訓郎岳雷爲閤門祗候。」

《宋會要輯稿》禮六二之六〇:「(紹興五年)二月一日,詔賜岳飛銀、絹二千匹、兩,令户部支給本色。」宋高宗賜銀、絹等,可參《金佗續編》卷一高宗宸翰十二第二四六頁。

又同書職官三四之五:「(紹興)五年二月二十二日,詔:『岳雲依舊帶閤職。』先是,吏部勘會:『忠訓郎、閤門祗候岳雲以收復襄陽府等處有功,未承增賞指揮,已特除閤門宣贊舍人。今來增賞,轉武翼郎。緣不係閤門見供職之人,依條合罷閤職。』故有是命。」

《建炎以來繫年要録》卷八四:「(紹興五年正月)乙丑,罷淮南茶鹽、提刑司,置提點兩路公事官一員,兼領刑獄、茶鹽、漕運、市易等事,應合行事,如發運使例。以直秘閣、江南西路轉運副使張澄提點淮南東、西兩路公事,填剏置闕,仍命赴都堂稟議訖,之任。尋以澄應副岳飛軍儲之勞,進職一等。(澄除職在二月丙子。)」

「直顯謨閣曾紆陞職一等,尚書户部員外郎沈昭遠再進一官。岳飛之復襄、鄧也,二人以餽餉愆期貶秩。上手詔二人:『若應辦足備飛成功,當不次除擢;如依前違慢,有誤軍期,邦有常刑,朕不汝赦。』二人惶恐受命。暨飛奏功,乃復其秩,又例進一官。中書、門下省言賞未酬勞,故有是命。」

又同書卷八五:「(紹興五年二月癸巳)賜荆、襄制置司統制官李道、崔邦弼金束帶各一,録襄漢之功也。飛承制以其將武功郎姚政、于鵬並爲武顯大夫，至是申命。」

《宋史》卷二八《高宗紀》：「（紹興五年）岳飛自池州入朝，二月丙子，以飛爲鎮寧、崇信軍節度使。」

《宋會要輯稿》選舉三四之五：「（紹興五年）二月二日，詔江西漕臣、直秘閣張澄隨岳飛軍，應副錢糧無闕，與進職一等。」

〔三〕制詞可參《金佗續編》卷二《兩鎮節度使加食邑制》第一二六六頁。

十二日，除荆湖南、北、襄陽府路制置使，神武後軍都統制，招捕楊么。〔一〕楊么者，鼎州鍾相之餘黨。楚人謂幼爲「么」，故稱么云。

〔一〕《中興小紀》卷一六：「（紹興四年正月）時殿中侍御史常同論制置使王𤫉討賊，久未有功。壬戌，上謂宰執曰：『王𤫉使據上流，可令岳飛自下流進兵，賊無所逃矣。今賊恃險與水，嘯聚甚久，譬如人病，若淹歲月，必生他疾，宜速除之。』」

《三朝北盟會編》卷一六二：「（紹興四年九月二十四日庚午）岳飛湖北、荆、襄、潭州制置使。朝廷以爲王𤫉制置無功，遂罷之。乃命岳飛爲湖北、荆、襄、潭州制置使，措置討捕湖賊楊么，令程昌寓上流進兵，以候師期。」

《建炎以來繫年要録》卷七九：「（紹興四年八月壬寅）先是，神武前軍統制王𤫉在湖北，連年不能討賊。會飛襄陽賞功，樞密院因言：『楊太等作過日久。先因張浚奏乞招安，特與放罪，許令出首；而遷延累月，終無悛心，理難容貸。𤫉出師踰歲，不能成功，與潭、鼎帥守每事忿争，不務協心，致一方受弊。』乃詔專委飛措畫討捕，仍令知鼎州程昌㝢自上流進兵，湖南制置大使司遣馬準、步諒兩軍，聽昌㝢節制，荆南鎮撫使解潛亦遣兵、船，約期進討。命𤫉將所部還江州。」《宋史》卷二七《高宗紀》：「（紹興四年八月壬寅）以岳飛爲清遠軍節度使、湖北、荆、襄、潭州制置使，代王𤫉討湖賊。」由岳飛負責鎮壓楊么軍，於克復襄漢六郡後即已決定。《金佗稡編》卷一一《措置楊么水寇事宜奏》即此時所上。因紹興四年冬金、齊聯軍大舉進攻，延遲半年。

《建炎以來繫年要録》卷八五：「（紹興五年二月丙戌）神武後軍統制、湖北路、荆、襄、潭州制置使岳飛爲荆湖南、北、襄陽府路制置使，充神武後軍都統制，將所部平湖賊楊么。賜錢十萬緡、帛五千匹，爲犒軍之費，以湖北轉運判官劉延年充隨軍轉運，及令湖南、江西漕臣薛弼、范振應副隨軍錢糧。」「（丙申）賜荆、襄制置使岳飛金字牌、旗、榜十副，充招安使用，從飛請也。」

《宋史》卷二八《高宗紀》：「（紹興五年二月丙戌）岳飛爲荆湖南、北、襄陽府路制置使，將兵平湖賊楊太。」

《宋會要輯稿》職官四〇之八：「（紹興）五年二月十二日，詔：『岳飛除荆湖南、北、襄陽府路制置使、神武後軍都統制，前去荆湖南、北路招捕盜賊，其錢糧江西委范振，湖南委薛弼，湖北委劉延年充隨軍轉運。』」

高老虎〔一〕自建炎末，相敗死，么率其餘部居湖湘間，其徒有楊欽、劉衡、周倫、黄佐、黄誠、夏誠、名號、車服儀衛，並擬王者居，〔三〕有三衙大軍，所居之室稱曰「内」，文書行移，不奉正朔。〔四〕蹂踐鼎、澧，窺覦上流。程〔五〕昌禹以車船拒之，盡爲所獲。水軍吴全、崔增一戰不返，兵力益强。根據龍陽、武陵、沅江、湘陰、安鄉、華容諸縣，水陸千里，操舫出没。東犯岳陽，至臨湘縣；西犯江陵之石首，至枝江縣；北犯江陵，至荆門；南犯潭州，至巴溪，爲患不一。官軍陸襲則入湖，水攻則登岸。〔六〕大將王𤫊出師兩年，屢戰不効，賊氣愈驕。〔七〕

〔一〕高老虎　《金佗續編》卷一八作「高虎」。

〔二〕《中興小紀》卷一四：「（紹興三年四月）時鼎寇楊么衆至數萬，僭號稱『大聖天王』，旗幟亦書此字，且用以紀年。」

「（己酉）鼎寇楊么拒官軍累年，賊徒亦多被殺。至是以諸處會兵來討，人心頗摇，乃僞肆赦，立鍾相之幼子子義爲太子，自么與黄誠以下，皆盡臣禮（事）之，以固其黨之心。」此段文字以《皇朝中興紀事本末》卷二五參校。

〔三〕並擬王者居　《金佗續編》卷一八無「居」字。

〔四〕《梁谿全集》卷七三《乞發遣水軍吴全等付本司招捉楊么奏狀》：「楊么元係鍾相殘黨，以妖術鼓惑愚民，其立説謂從之者無税賦差科，無官司法令，愚民樂從。」又同書卷七五《楊么占據洞庭係湖北路本司已遣軍馬把截奏狀》：「土賊楊么、黄誠等占據洞庭、青草、三江之險，聚衆數萬，出没鼎、澧、潭、岳、荆南、峽州數千里之地，爲荆湖腹心之大患，臣已嘗奏聞去訖。近來賊寨數出榜文，訛言指斥，自稱『爺爺』，不奉正朔，殺戮招安使臣，誘脅近地民户，兇悖不遜，大肆猖獗。」又同書卷一一六《與吕相公第八書别幅》：「楊么最爲劇寇，擁衆數萬，占據重湖，綿亘千里，爲鼎、澧、潭、岳數州之患。憑恃險阻、舟楫之利，出没作過，官軍罕得其便。又以妖説惑衆，愚民樂從，其勢滋長。雖已遣使臣齎勅榜、黄旗招之，决未肯聽從。近得榜文數道，詞語不遜尤甚。非用兵討蕩，其患未已。」

〔五〕本段自「程」之下，原缺，嘉靖本同，據《紀事實録》補。

〔六〕《中興小紀》卷一八與《皇朝中興紀事本末》卷三三引李龜年《記楊么本末》：「賊自恃其險，官軍陸襲則入湖，水攻則登岸。」

《朱文公文集》卷九五上《少師保信軍節度使魏國公致仕贈太保張公行狀上》：「寇阻重湖，春夏則耕耘，秋冬水落，則收糧于湖寨，載老小于泊中，而盡驅其衆，四出爲暴。」

《水心文集》卷二二《故知廣州敷文閣待制薛公墓誌銘》：「王𤫊捕揚么，久無功，更命岳飛。么據洞庭，陸耕水戰，樓船十餘丈，官軍徒仰視，不得近。」

《宋史》卷三八〇《薛弼傳》：「楊么據洞庭，寇鼎州，王𤫊久不能平，更命岳飛討之。么陸耕水戰，樓船十餘丈，官軍徒仰視，不得近。」「陸耕水戰」，「陸襲則入湖，水攻則登岸」，乃楊么軍對付宋軍之戰略。

〔七〕《梁谿全集》卷七〇《開具錢糧兵馬盜賊人數乞指揮施行奏狀》：「一、本司據福建等路宣撫司及湖南、北路諸處申，探報荆湖南、北兩路見今盜賊人數及作過去處：

曹成約有十萬餘人，自道州侵犯賀州及封、連等州，爲岳飛殺敗。見今分作數項，在全、邵州、武岡軍、道州、永州等處屯泊作過，即未曾就福建等路宣撫司招撫了當。

馬友約有十萬餘人，元占據潭州，分撥徒衆，於外縣及衡州等處就糧。近爲李宏殺併，目今徒黨爲李宏招收者，依舊團聚潭州，及不伏招收之人四散虜掠作過。

劉忠約有三萬餘人，元在岳州平江、潭州瀏陽等處據險出没作過。近聞福建等路宣撫司大兵到來，集聚舟船，於岳州君山屯泊。訪聞曾遣人至福建等路宣撫司，願就招撫。緣本人自知罪大不赦，決難保信。

李宏約有一萬餘人，元係馬友下統制官，引兵叛去，占據岳州。近聞與潭州通判張掞合謀，殺戮馬友，併其軍馬，未見詣寔因依，見在潭州。

楊華約有一萬餘人，見在鼎州及潭州益陽縣界出没作過。

雷進約有八千餘人，見在鼎、澧州及潭州界上出没作過。

楊么郎約有五千餘人，見在潭州界上出没作過。

鍾相殘黨約有一萬餘人，見在鼎州、澧州界上出没作過。

鄧裝約有三千餘人，見在郴、連州界上出没作過。

彭鐵大約有數千人，見在桂陽縣界上出没作過。

契勘前項劇賊十餘頭項，衆數十萬，皆是累年占據湖南、〔北〕州縣作過之人。其餘不得名字，於洞庭、青草湖藏泊出没作過，及諸處小盜千百爲羣，不可勝數。」紹興二年夏，鍾相軍幾支餘部分散作戰，楊么軍力不强。後因曹成、馬友、李宏、劉忠等四股土匪被消滅，楊么軍則愈戰愈强，成爲宋廷關注中心。

《浪語集》卷三三《先大夫行狀》：「楊么僭皇太子，憑藉湖水爲亂。羣盜散處山谷，土寇、游寇更出侵掠，如尹花八、張成、蕭尚十、蕭小四、田行者、陳道、王盈、鄧裝、彭鐵大、賀聰、賀佐、李詢、賀全、劉仕才之屬，强者數萬，弱者三、二千人。君過江西，知岳侯忠略可任，奏請借以討賊，必可肅清湖外。朝廷方督帥司以幺賊事，君奏：『賊中乏食，必因漲水侵肆。已與帥臣（折）彥質定議，屯兵要津，使其進不得掠，退無所給，一、兩月間，其勢必窮。然後鼎州攻其前，本軍制其後，計窮而來，不戰而屈，此上策也。使賊不離平原，官軍四合，其平已久，正以波濤浩渺，水勢已漲，賊軍輕利，飄去猋來，初無定止，官舟不葺，又無水軍，較彼己之短長，計時勢之利害，私憂過計，願毋欲速。且請精擇岳守，量事應副，以張潭、鼎犄角，水勢已落，可以必取。』又奏：『比發本路荆南兵援鼎州，師次城下，不給之糧，各引而歸，實無所補。止付岳飛以賊，可保成功。』朝廷已遣王璦之師，君知璦不知舟楫間事，歸對，密請委璦荆、襄備禦。又奏：『賊軍舟楫便利，善長鈎，貫泅没，與之從事于波濤間，恐非官軍之便。』璦軍竟以水戰，困於搭鈎致敗。卒用岳侯，以陸道取之，他盗亦平，悉如君策。」

又同書卷三三《書先右史遺編》：「王太尉璦討楊幺，君知王不知舟楫間事，上奏委璦邊塞。時岳相以偏將成洪、吉，君一見，知其人，表飛可清湖湘，後成敗如君策。」薛徽言舉薦岳飛，爲紹興三年事。

《金佗續編》卷二七黄元振編岳飛事迹：「紹興乙卯，岳武穆公受命討楊幺。初，幺盗據三苗、洞庭之險，衆十餘萬，湖南、北大被其害。而又北連劉豫，遥相應和，待虜騎臨江，謀欲席卷東下。官軍屢衄，朝廷命公討之。」

一時將帥皆謂不可以歲月成功。爲宵旰憂，又甚於邊寇。時先臣所部皆西北人，不習水戰。先臣獨曰：「兵亦何常，惟用之如何耳。今國勢如此，而心腹之憂未除，豈臣子辭難時耶！」〔一〕

〔一〕本段原缺，嘉靖本同，據《紀事實録》補。

三月，奉詔，自池進兵于潭。遇天久雨，〔二〕泥淖没膝，士徒艱涉。先臣躬自塗足，霑漬衣體，以示勸，皆奮躍忘勞。所過肅然，民不知軍旅之往來。上聞之，曰：「岳飛〔二〕移軍潭州，經過無毫髮搔擾，村民私遺士卒酒食，即時還價，所至懽悦。」賜詔奬諭，有曰：「〔三〕連萬騎之衆，而桴鼓不驚；涉千里之塗，而樵蘇無犯。至發行齎之泉貨，〔四〕用酬迎〔五〕道之壺漿。所至得其懽心，斯以寬予憂顧。」〔六〕

〔一〕遇天久雨　「久」，《金佗續編》卷一八作「大」。

〔二〕岳飛　「飛」，《紀事實録》原作「某」，據《金佗續編》卷一八改。

〔三〕賜詔奬諭有曰　「曰」之下，浙本有「遠提貔虎，往戍潭、湘」八字。

〔四〕行齋之泉貨　「齋」，《金佗續編》卷三《自池州移軍潭州奬諭詔》作「賞」。

〔五〕本段自「迎」之上，原缺，嘉靖本同，據《紀事實録》補。

〔六〕《建炎以來繫年要録》卷八八：「（紹興五年四月）庚申，詔：『韓世忠紀律嚴明，岳飛治軍有法，並令學士院降詔奬諭。』時世忠移屯淮甸，軍行整肅，秋毫無犯；飛移軍潭州，所過不擾，鄉民私遺士卒酒食，即時償直。上聞之，故有是詔。」按《行實編年》和《要録》所述的奬諭詔，即《金佗續編》卷三《自池州移軍潭州奬諭詔》第一二八五頁。

《後村先生大全集》卷一六二《墓誌銘·直寶章閣羅公（必元）》：「祖諱俊臣。武穆岳公討楊么，過師豫章。後軍裨將道斃，衆散，亟以便宜招集，歸之行營。武穆壯之，將留置帳下，以親老辭。」

《誠齋集》卷一二二《羅元亨墓表》：「始元亨丞武岡軍武岡縣，時大寇楊么窟穴洞庭，狠然有窺湖南意，朝廷命大將岳飛討焉。元亨以飛檄督饟於諸郡。至全州，通判范寅秩挾家閥，心輕士大夫。元亨屢撼不動，一日，往哀懇之。范盛氣大駡曰：『公少年，不曉事，錢糧不可得也！』抗言責之曰：『寇在心腹，王師遠來，不宿飽，公忍坐視邪？臣子之義，當如是耶？』范怒，且愧其坐人，即發帑廩以應。然用是銜元亨，元亨不顧也。」據墓表，羅元亨名上行。

將至潭，〔一〕先遣使持檄，至賊中招之。先是，鼎州太守程昌禹遣劉醇，荆湖南、北宣撫使孟庾遣朱寔，湖、廣宣撫使李綱遣朱詢，荆南鎮撫使解潛遣史安，湖南及諸軍遣晁遇十七人，邵州太守和璟亦累遣人招安，皆爲賊所殺。至是所遣之使叩頭伏地，曰：「節使遣某，猶以肉餧飢虎也。寧受節使劍，不忍受逆賊辱。」先臣叱之起，曰：「吾遣汝，汝决不死。」使者起，受命以行。至其境，望見賊巢，即厲聲呼曰：「岳節使遣我來！」諸寨開門延之，使者以檄授賊，賊捧檄欽誦，〔二〕或問：「岳節使安否？」雖叛服之志未齊，然皆不敢萌異意。〔三〕

〔一〕《金佗稡編》卷一高宗宸翰十三説明詞：「夏四月，奉詔平湖寇楊么，至長沙。」岳飛至潭州應於四月上旬，黄佐旋即投降，於當月十四日破周倫寨。

〔二〕捧檄欽誦　「欽」，《金佗續編》卷一八作「跪」。

〔三〕《三朝北盟會編》卷一六七：「（紹興五年四月）岳飛進軍鼎州。張浚以都督剿楊么，先遣岳飛軍於鼎州，吳錫軍於橋口，浚即欲進兵，或説浚曰：『不可，進而勝，則捕一漁人耳；如有不勝，則都督爲諸將輕矣！』浚曰：『奈何？』或曰：『不如先張聲，言諸軍人馬各已差官犒設矣，唯岳制置之軍，當躬詣軍中。是以犒設而進也，或不勝，猶有説焉。』浚從之。未幾，以輔逵代吳錫，浚駐潭州。」

《建炎以來繫年要録》卷八五：「（紹興五年二月戊子）詔黄誠、楊太等如率衆出首，當議與湖南、北路知州差遣。先是，張浚以湖寇爲腹心害，欲招來之。會誠之黨周倫自稱統管鄉社水陸兵馬，以狀抵岳州，乞保奏，且以鍾相作亂事歸罪於孔彦舟。詔以黄榜放罪，令誠等一行人船，趁此春水，順流赴張浚行府，或劉光世軍前，當議優與轉官，仍舊專充水軍。若有願乞外任之人，許乞本鄉或鄰近州軍鈐轄、都監差遣。願歸農人於鼎、澧州支撥閑田養贍，仍免五年税役。倫又言：『劉豫遣來招誘使臣，前後十人，已行斬首，乞下邊界幾察。』詔誠等忠節顯著，深可嘉尚。制置使岳飛又乞以荆湖一郡授二人，故有是命。」

又同書卷八六：「（紹興五年閏二月）辛酉，都督行府奏招捕水賊楊太等約束。時張浚以建康東南都會，而洞庭實據上流。今寇日滋，壅遏漕運，格塞形勢，爲腹心害，不先去之，無以立國。然寇阻重湖，春夏則耕耘，秋冬水落，則收糧于湖寨，載老小于泊中，而盡驅其衆，四出爲暴。前日朝廷反謂夏多水潦，屢以冬用師，故寇得併力，而我不得志。今乘其怠，盛夏討之，彼衆既散，一旦合之，固已疲於奔命，又不得守其田畝，禾稼蹂踐，則有秋冬絶食之憂，黨與攜離，必可招來。乃以便宜命荆、潭、鼎、澧、岳州將逐寨先出首人多方存恤，首領申行府授官，餘人給以閒田，貸之種子。又命湖南安撫司統制官任士安以兵三千屯湘陰，保護湘江糧道，統制官郝晸屯橋口，王俊屯益陽舊縣，吴錫屯公安，崔邦弼屯南陽渡，馬準、步諒留潭州。其鼎州官兵，令程千秋分撥緊要屯駐。應諸校招收到人數，比附出戰獲級例推賞。其招收人報所屬給種授田，務令安業。候黄誠、楊太、周倫公參了日，當議蠲免租税，補授官資。仍給黄榜，下任士安等軍及岳、潭、鼎州撫諭。」

又同書卷八七：「（紹興五年三月乙未）尚書右僕射張浚言：『臣被旨暫往江上，措置邊防。臣近到鎮江、建康府，以相去行在所地理未遠，即不敢一面施行，節次關報，動經旬月，竊慮誤事。臣將來到上江日，如有似此事件，欲並依先降指揮施行訖，具奏。』從之。初，浚既定招來湖寇之計，乃命荆湖制置使岳飛先以兵往。浚又慮諸將未諭此意，或逞兵殺戮，則失勝算，傷國體，遂具奏請行，上許焉。」

《金佗稡編》卷一高宗宸翰十三：「朕以湖湘之寇，逋誅累年，故特委卿，爲且招且捕之計，欲使恩威並濟，綏靖一方。」

又同書卷一八《乞田明添差申都督府狀》：「其王太尉先與水戰見陣，少卻之後，有首領田明率衆前來荆湖南、北路安撫司出首。雖蒙朝廷將田明補武義大夫、榮州刺史、兼閤門宣贊舍人，然至今未霑寸禄。深慮無以勸誘自新之人，伏望特賜指揮，添差田明充衡州兵馬鈐轄一次，庶幾改過之人得以安衈。」這是王𤫉時遺留問題的處理。

又同書卷一一《招楊欽奏》：「恭奉聖旨，措置荆湖南、北路盜賊。臣遂先分遣軍馬，扼賊要路，斷其糧道，嚴行禁止博易，使賊乏食。尋遣軍分頭賫執旗、榜，諭以禍福，説諭招安，潰其腹心，并欲誘致桀黠，以爲鄉導。」

《金佗續編》卷二六《楊么事迹》：「程殿撰爲申朝廷，蒙樞密院備奉聖旨，褒賞周倫忠義。特降黄榜一道，差二使臣賫至岳州，令差人送入水軍張掛，安慰人民，候事定日，應首領人並重賜推賞。榜到岳州，則程殿撰已移知鼎州，到任已數月。二使臣卻賫榜來程殿撰處投下，時乃紹興五年五月初一日。本州方發遣水軍計議效士楊迪知，往澧州慈利縣前江雞翁栅、前後江五十八栅鍾相下都首領雷德進處，投文字招諭。德進下栅，就令將帶黄榜安慰山寨徒衆。仍令德進差人，送黄榜入水寨曉諭。榜先至夏誠寨，夏誠招諸首領看榜，諸人俱來，獨楊么不肯來，餘人各有悔過之心。」

《朱文公文集》卷九五上《少師保信軍節度使魏國公致仕贈太保張公行狀上》：「時巨寇楊么據洞庭重湖，朝廷屢命將討之，不克。公念建康東南都會，而洞庭實據上流。今寇日滋，壅遏漕運，格塞形勢，爲腹心害，不先去之，無以立國。然寇阻重湖，春夏則耕耘，秋冬水落，則收糧于湖寨，載老小于泊中，而盡驅其衆，四出爲暴。前日朝廷反謂夏多水潦，屢以冬用師，故寇得併力，而我不得志。今乘其怠，盛夏討之，彼衆既散，一旦合之，固已疲於奔命，又不得守其田畝，禾稼蹂踐，則有秋冬絶食之憂，黨與必携，可招來也。雖已命岳飛往，而兵將未必諭此意，或〔逞〕兵殺戮，則失勝算，傷國體，遂具奏請行，上許焉。」

《浪語集》卷三三《先大夫行狀》：「除湖南轉運判官。楊么方熾，詔張相都督，岳侯爲制置使，討之。賊便水戰，樓船如大德勝、小德勝、望三州等，高過十丈，其多不可計。二公亦作大艦當之。伯父知舟楫非我所長，不敢明告，因燕白曰：『適觀兒戲摸魚，而得一理。』呼吏立取盆魚於前，損益盆水示之，水寬則縱饕去，而魚不可執也。」岳侯睨旁微笑，自此不復言水戰矣。」

《水心文集》卷二二《故知廣州敷文閣待制薛公墓誌銘》：「王璦捕揚么，久無功，更命岳飛。么據洞庭，陸耕水戰，樓船十餘丈，官軍徒仰視，不得近。飛謀益造大舟，公曰：『若是，則未可以歲月勝矣。且彼之所長，可避而不可鬬也。幸今大旱，湖水落洪，若重購舟首，勿與戰逐，筏斷江路，藁其上流，使彼之長坐廢，而以精騎直擣其壘，則破壞在目前矣。』飛曰：『善！』兼旬，積寇盡平。」

《宋史》卷三八〇《薛弼傳》：「改湖南運判。楊么據洞庭，寇鼎州，王璦久不能平，更命岳飛討之。么陸耕水戰，樓船十餘丈，官軍徒仰視，不得近。飛謀益造大舟，弼曰：『若是，則未可以歲月勝矣。且彼之所長，可避而不可鬬也。今大旱，湖水落洪，若重購舟首，勿與戰逐，筏斷江路，藁其上流，使彼之長坐廢，而精騎直擣其壘，則破壞在目前矣。』飛曰：『善！』兼旬，積寇盡平。」張浚和岳飛吸取宋軍過去的失敗教訓，改變策略：第一，破壞陸耕，迴避水戰，長圍久困，以瓦解鬬志；第二，實行「且招且捕」，以政治誘降爲主，軍事進攻爲輔。在軍事進攻方面，則實行所謂「以水寇攻水寇」。

《金佗續編》卷二八《吳拯編鄂王事》：「率兵八萬，至鼎州，以討湖賊楊太。」

又同書卷三《自池州移軍潭州獎諭詔》：「連萬騎之衆，而桴鼓不驚。」

《金佗稡編》卷九《遺事》：「當復襄漢、平楊么之時，諸將碌碌不足恃，朝廷憂顧之責，萃於先臣。

州郡之所告急，密諜之所探聞，朝徹宸旒，暮馳幕府。一日之間，既命圖襄漢，又命圖楊么，交至沓集，先臣隨事酬應，未嘗憚煩。所部兵二萬餘人，守禦者半，攻討者半，東西調役，略無乏事。」據《金佗稡編》卷一八《措置襄漢乞兵申省狀》，紹興四年，岳飛「本軍都計二萬八千六百一十八人」，加上荆湖北路安撫司崔邦弼、顔孝恭兩統制所部，應有三萬餘人。估計能抽調往洞庭湖濱者，實有一萬至一萬五千人之數，另一半兵力須屯駐鄂州，戍守襄漢。

《金佗續編》卷二八《吴拯編鄂王事》：「先是，湖南統制任士安、王俊、郝晸等領兵二萬餘，慢王𤫉，不禀其令，是致于敗。」

《三朝北盟會編》卷一六八：「先是，湖南統制任士安、王俊、郝晸等領兵二萬餘，不禀王𤫉號令，遂致放賊。」

《建炎以來繫年要録》卷九〇：「先是，湖南統制官任士安、王俊、郝晸等領兵二萬餘，不禀王𤫉號令，遂至於敗。」可知歸岳飛節制者，尚有荆湖南路安撫司諸統制軍二萬餘人。

《梁谿全集》卷六九《乞撥還韓京等及胡友等兩項軍馬奏狀》：「勘會昨據程昌禹申，杜湛下人兵只計二千餘人，元係蔡州將兵，隨逐程昌禹前來鼎州。後來隨逐招到劉超下彭筠一頭項軍馬五千餘人，共計約八千人。」

《建炎以來繫年要録》卷七一：「武翼大夫、吉州刺史、統制鼎州軍馬杜湛爲湖北路兵馬副都監，修武郎、閤門祇候、添差統制軍馬彭筠充東南第八將。……(程)昌寓有戰士、鄉兵合九千餘人，用湛爲總帥。至是昌寓奏湛屢立奇功，筠臨敵宣力，故皆擢之。」又同書卷八五：「（紹興五年二月辛卯）徽猷閣待制、都督府參議官程昌寓知江州，昌寓守鼎州六年，賊不能犯，至是就用之。後數月，新守程千秋始至鼎州。時湖北兵馬都監杜湛亦改爲都督府左軍統制，千秋因留湛所將蔡兵捍賊。」可知歸岳飛節制者，尚有杜湛部兵幾千人。《梁谿全集》卷八二《論江西軍馬劄子》：「朝廷昨降江南西路安撫制置大使畫一指揮，差兵二萬人。紹興三年分有兵一萬八千人，後來節次撥隸都督府、韓世忠、岳飛等軍。四年分有兵一萬五百人。五年二月内指揮，除存留丘贇一軍外，自餘軍馬並撥付岳飛。今來本司所管丘贇軍馬不滿二千人，馬一百餘匹。」可知紹興五年二月時，爲鎮壓楊么，江南西路撥八千五百人歸岳飛節制。又同書卷八七《措置招軍畫一奏狀》：「本路帥司以前自造器甲，昨係本司統制官祁超等軍馬關借披帶使用，其逐項官兵節次抽摘赴都督府、岳飛軍前，盡數將帶前去。」《斐然集》卷一七《寄張德遠》：「今聞祁超一軍又爲岳飛所併，而任士安、吴錫、郝晸、王宗（俊）等，飛盡欲得之。飛本忠義自立，初不若是，有所效而爲之也。昨來王瓊討賊無狀，其軍併之韓世忠。夫主將不善，易之可也，何乃與其衆而分之。祁、任之事，則又甚于此矣。」可知祁超等率江南西路安撫制置使司八千五百人歸岳飛節制，後又正式併入岳家軍。總計以上各部約有五萬左右兵力，並不比楊么軍佔多少優勢。但因宋朝改换策略，加之天旱湖淺，使楊么軍處境困難。

於是，么之部將黄佐謂其屬曰：「吾聞岳節使號令如山，不可玩也。若與之敵，我曹萬無生全理，不若速往就降。岳節使，誠人也，必善遇我。」率其所部，詣潭城降。皆再拜，先臣釋其罪，慰勞之。即日聞于朝，擢佐武義大夫、閤門宣贊舍人，賞予特厚。佐出，復單騎按其部，撫問甚至。〔一〕

〔一〕《建炎以來繫年要録》卷八九：「（紹興五年五月甲申）是日，張浚至潭州。初，浚自建康西上，而樞密副都承旨、沿江制置副使馬擴自武昌召歸，乃以爲都督行府都統制。浚行至醴陵，獄犴數百人，盡揚太遣爲間探者，安撫使席益傳致遠縣，囚之。浚召問，盡釋其縛，給以文書，俾分示諸寨曰：『今既不得保田畝，秋冬必乏食，且餒死矣；不若早降，即赦爾死。』數百人懽呼而往。浚至長沙，賊首黄誠、周倫先請受約束，然誠等屢嘗殺招安吏士，猶自疑不安。浚遣制置使岳飛分兵屯鼎、澧、益陽，壓以兵勢，賊大驚，遂定出降之計。」《朱文公文集》卷九五上《少師保信軍節度使魏國公致仕贈太保張公行狀上》：「行至醴陵，獄犴數百人，盡楊么遣爲間探者，帥席益傳自遠縣，囚之。公召問，盡釋其縛，給以文書，俾分示諸寨曰：『爾今既不得保田畝，秋冬必乏食，且餒死矣；不若早降，即赦爾死。』數百人驩呼而往。

五月十一日，至潭州。於是，賊寨首領黄誠、周倫先請受約束，然誠等屢嘗殺招安使命，猶自疑不安。公遣岳飛分兵屯鼎、澧、益陽，壓以兵勢，其黨大恐，相繼約日來降。」

《金佗續編》卷二七黄元振編岳飛事迹：「公討楊么，官軍有以交易誘賊，遂俘數百人以獻。公會屬官於教場，問：『何以處之？』皆曰：『彼殘害官軍多矣，宜盡戮之。』先父獨無言，公曰：『機密以爲何如？』先父曰：『誘而執之，不武，此正是兵機。』公曰：『會得，會得。』即問賊曰：『汝爲盜，殘害一方久矣，今當死，不足以償。』衆賊皆請死，公曰：『主上聖明，以汝曹本皆良民，不幸罹亂，驅脅至此。今命我來，正欲救汝輩耳。』又問：『汝在賊寨中有何可樂？』賊皆言寨中荒索愁苦。公乃厚犒之，俾之買市物，以歸遺老小，陰戒市人賤取其直，而自償之。賊歸，相告語，知外之豐樂如此，爲之歡動，皆有願歸之心。一日，楊么驅衆出戰，官軍敗之，復擒數百人。諸屬官皆言：『前日釋之，已有願歸之心，今亦宜釋之。』先父曰：『前日不殺，爲其誘也。今敢出戰，必有兇渠在其中。』公頷之，遂親閲視，戮其兇惡者數人，餘皆釋之。賊既感恩而畏威，迫於渠魁，而未得出。公乃遣黄佐賫旗、榜，入楊欽水寨，諭之降。欽雖聽命，而畏么，未果即出。先是，黄佐乃欽遣來納降者，既而欽復叛，故拘佐於獄。公既至，乃釋其縶，贈之以金，復遣招欽。」黄元振關於黄佐降宋之記述，與《行實編年》有異。

明日，召佐，使坐，命具酒與飲。酒酣，撫佐背，謂曰：「子真丈夫，知逆順禍福者無如子。子姿力雄鷙，不在時輩下，果能爲朝廷立功名，一封侯豈足道哉！吾欲遣子復至湖中，視有便利可乘者，擒之；可以言語勸者，招之。子能卒任吾事否？」佐感激至泣，再拜謝先臣，曰：「佐受節使厚恩，雖以死報，佐不辭，惟節使命！」乃遣佐歸湖中。又有戰士三百餘人來降，先臣皆委曲慰勞，命其首領以官，優給銀絹。縱之，聽其所往，有復入湖者，亦弗問。居數日，又有二千餘人來降，先臣待之如初。

時張浚以都督軍事至潭州。參政席益[一]與浚備語先臣所爲，謂浚曰：「岳侯得無有他意，故玩此寇。益欲預以奏聞，如何？」浚笑曰：「岳侯，忠孝人也，足下何獨不知？用兵有深機，胡可易測！」益慚而止。

〔一〕《建炎以來繫年要録》卷八九：「（紹興五年五月丁酉）左中大夫、知潭州、充荆湖南路安撫使席益爲端明殿學士、荆湖南路制置大使、兼知潭州。益既以罪黜，至是岳飛爲荆湖制置使，中書乃言：『湖南見屯大軍，全賴帥臣協濟，理宜增重事權。』故有是命。」據《要録》卷六三和卷七三，席益於紹興三年二月至四年二月任參知政事。

夏四月，黄佐襲周倫寨，擊之，倫大敗走，殺死及掩入湖者甚衆。擒其統制陳貴等九人，奪衣甲、器仗無數，寨柵、糧、船焚毁無遺者。佐遣人馳報先臣，先臣即上佐功，轉武經大夫，〔一〕仍撫勞所遣將士，第功以聞。〔二〕

〔一〕武經大夫　《金佗續編》卷一九作「武功大夫」，「功」字疑誤，參見《金佗續編》卷一九第一五五九頁。

〔二〕《金佗稡編》卷一八《增補黄佐官申都督府狀》：「近遣武義大夫、閤門宣贊舍人黄佐將帶人船，前去攻劫水賊周倫寨柵去後。今據黄佐申：『今年四月十四日到周倫寨，與賊鬬敵，除當下殺死及掩入湖賊徒甚衆，并投到統制陳貴等九人，奪到衣甲不算，掩取寨柵、糧、船了當。』契勘黄佐首先掩殺周倫賊徒獲捷，委是忠義勇敢，理宜旌賞，已將朝廷降到空名告，依便宜指揮書填武經大夫，依前閤門宣贊舍人，給付黄佐祇領外，謹具申都督府，伏候指揮。」

統制任士安慢王𤪌令，不戰。先臣鞭士安一百，使餌賊，曰：「三日不平賊，斬之！」士安乃揚言：「岳太尉〔一〕兵二十萬至矣！」及所見，止士安等軍耳。賊乃併兵永安寨，攻之。先臣遣兵設伏，士安等戰垂困，伏兵乃起，四合擊之，賊衆敗走，獲戰馬、器甲無數。又追襲過荀陂山，所殺獲不可勝計。士安復移軍，與牛臯屯龍陽舊縣之南，逼近賊巢。賊出攻之，官軍迎擊，賊又敗走。〔二〕

〔一〕時岳飛尚未授太尉之虚銜，宋時「太尉」一詞又往往用於對武將尊稱。

〔二〕《金佗粹編》卷一六《湖寇捷奏》：「近差統制官任士安部押軍馬，前去□□□□□□，措置把截黄誠等賊馬去後。據任士安申：『五月五□□□□□□僞太子、渠魁黄誠等節次前來侵犯永安寨，其賊□□□□□□□匹、步軍二萬餘人，擺拽十餘里，與官兵相拒鬬敵。□□□□□□□率親兵，并武功郎、統領陳照人馬，分路會合，至永□□□□□□陣，前來迎敵。任士安引兵當頭衝擊，賊徒敗走，奪□□□□□，黏蹤追襲，過苟陂山，殺死甚多。奪到衣甲、器械，捉到賊人馬，見別具狀供申外，委是大獲勝捷。』」

《金佗續編》卷二八《吴拯編鄂王事》：「先是，湖南統制任士安、王俊、郝晸等領兵二萬餘，慢王璦，不禀其令，是致於敗。侯始至，鞭士安及俊、晸，以折其氣，使其餌賊，曰：『限三日，不平賊，皆斬汝輩！』初，揚言岳太尉兵二十萬至矣，至是不見一人，止見士安等軍，故賊併兵攻士安，三日兩困之。侯伏大兵四合，一戰殺賊略盡。乘其備仗無心，是夜，舟師徑掩其營，擣其巢穴，遂俘楊欽等。」

《三朝北盟會編》卷一六八：「先是，湖南統制任士安、王俊、郝晸等領兵二萬餘，不禀王璦號令，遂致放賊。及飛始至，鞭任士安及孫議，以泄其氣，使爲賊餌。賊併兵攻任士安，戰三日，兩困之。飛乃以伏兵四合，一戰破賊衆，賊盡乘其舟，以入水寨。楊欽等迎降。」

又同書卷二〇七《岳侯傳》：「湖南安撫司差任士安、王俊等領兵二萬，與飛同共調發。侯方欲料敵，次第委任士安、王俊、孫議等，不稟前進，爲賊所敗。侯急下令諸將曰：『限三日，不平楊么等賊，定斬汝輩！立功者重賞。』湖賊楊么等曰：『吾聞岳宣撫領兵二十萬，已入潭州、鼎州。至今多日，不見到來，豈不詐也？想任士安等懼吾，佯言岳軍至。』遂令楊欽、黄佐領兵五萬，前赴士安，十里到金橋山，忽遇飛伏兵四面合，大破賊衆。楊欽、黄佐等見兵敗走，覩委是岳兵至，楊欽等料不能敵，遂降。」

又同書卷二〇八《林泉野記》：「先是，湖南統制任士安、王俊、郝晸等不稟帥王𤫉命，故屢致敗。飛至，鞭士安及孫議，使先餌賊，告曰：『三日不能平賊，皆斬！』初，揚言岳太尉兵二十萬至矣，賊見士安等衆少，併力來戰。飛俟其困，率大兵四面伏發，賊衆殲盡。奪舟，入據水寨，欽等窘服，相率出降。」

《建炎以來繫年要録》卷九〇：「（紹興五年六月甲辰）是日，洞庭賊楊欽將所部三千人，詣岳飛降。……先是，湖南統制官任士安、王俊、郝晸等領兵二萬餘，不稟王𤫉號令，遂至於敗。及飛始至，鞭士安，以折其氣，使爲賊餌，令曰：『三日不能平賊，皆斬！』先揚言岳太尉兵二十萬至矣，及是止見士安等軍，賊併力拒之。三日，飛乃以大兵四合，一戰破賊衆殆盡。乘其舟，以入水寨，欽等迎降。……（……欽以六月二日降，……）」按紹興五年六月癸卯朔，甲辰爲二日。據《湖寇捷奏》，任士安等擊敗楊么軍乃五月上旬事，而楊欽投降爲六月二日。可知各書關於楊欽在被任士安等戰敗後，當即被俘或投降之叙事，係誤，而應以《行實編年》爲準。

《斐然集》卷一二《任仕安立功轉一官仍貴州刺史》：「朕不愛官爵，以待有功，矧時戰多，豈復稽賞。以爾勇力自奮，久總師旅，頃在閩、粵，嘗建奇績，及戍湘、楚，亦稱勤勞。元戎露章，請從褒序，進加名秩，仍分州棨，克底樓船之績，尚推杕杜之恩。」又同書卷一三《郝晸遥郡刺史》：「洞庭之寇，爲南國患久矣，比命大將，往蕩平之。爾協心招徠，不待討殺。刺史之任，古人所榮，今寓武聯，非功不授。予用嘉爾，以勸有勞，勉竭乃心，毋怠報國。」

上賜札諭之曰：「朕以湖湘之寇，逋誅累年，故特委卿，爲且招且捕之計，欲使恩威並濟，綏靖一方。聞卿措畫得宜，〔一〕朕甚嘉之。」

〔一〕聞卿措畫得宜　「卿」之下，《金佗稡編》卷一高宗宸翰十三有「到彼」兩字。

五月，有旨召張浚還。浚得詔，謂先臣曰：「浚將還矣，節使經營湖寇，已有定畫否？」先臣袖出小圖，以示浚曰：「有定畫矣。」浚按圖熟視，移時，謂先臣曰：「浚視此寇，阻險窮絶，殆未有可投之隙。朝廷方召浚歸，議防秋。盍且罷兵，規畫上流，俟來歲徐議之。」先臣曰：「何待來年，都督第能爲飛少留，不八日，可破賊。都督還朝，在旬日後耳。」

浚正色曰：「君何言之易耶？王四廂〔一〕兩年尚不能成功，乃欲以八日破賊，〔二〕君何言之易耶！」先臣曰：「王四廂以王師攻水寇，則難；飛以水寇攻水寇，則易。」浚曰：「何謂以水寇攻水寇？」先臣曰：「湖寇之巢，艱險莫測，舟師水戰，我短彼長，入其巢而無鄉導，以所短而犯所長，此成功所以難也。若因敵人之將，用敵人之兵，奪其手足之助，離其腹心之援，〔三〕使桀黠孤立，而後以王師乘之，覆亡猶反手耳。〔四〕飛請除來往三程，〔五〕以八日之內，俘諸囚於都督之庭。」浚亦未信，乃奏曰：「臣只候六月上旬，若見得水賊未下，即召飛前來潭州，分屯潭、鼎人馬，規畫上流軍事訖，赴行在。」先臣遂如鼎州。〔六〕

〔一〕《建炎以來繫年要録》卷七九：「捧日、天武四廂都指揮使、慶遠軍承宣使、神武前軍統制、充荆南府、潭、鼎、澧、鄂、岳等州制置使王𤫉降授龍、神衛四廂都指揮使、光州觀察使。」據《宋史》卷一九四《兵志》，捧日、天武、龍衛和神衛爲北宋禁兵最高等「上四軍」。據《武經總要》前集卷一《軍制》，「廂」爲北宋前期最高一級軍事編制單位，「大凡百人爲都，五都爲營，五營爲軍，十軍爲廂」。南宋時，上四軍的編制僅存空名，四廂都指揮使亦是虚銜。

〔二〕欲以八日破賊　「賊」，據《金佗續編》卷二三補。

〔三〕腹心之援　「援」，《金佗續編》卷一九作「托」。

〔四〕覆亡猶反手耳　「猶」，原作「由」，《紀事實録》同，據嘉靖本和浙本改。

〔五〕來往三程「三」，《三朝北盟會編》卷一六八和《建炎以來繫年要録》卷九〇作「之」，應以「之」字爲準。

〔六〕《金佗續編》卷二八《吴拯編鄂王事》：「時都督諸〔路〕軍事張浚出征，往湖觀之，知其未可攻，乃歸潭州。急詔還朝，謀防秋之計，會侯來，浚語之。侯乃出小圖，以示其攻討出入之要處，且語浚曰：『此易擒耳。』浚曰『恐阻防秋之期，侯明年再來討之，如何？』侯請除來往三程，限八日擒之，曲留浚，姑遲其行以待。浚從之，乃遣侯往。」

《三朝北盟會編》卷一六八：「張浚臨湖觀之，知未可攻，乃歸潭州。有急詔召浚還朝，謀防秋之計。會岳飛至潭州，出圖示攻討出入之要，且曰：『擒之易耳。』浚曰：『恐誤防秋之期，侯明年再來討之，如何？』飛請除往來之程，限八日破賊，請浚曲留以俟之，浚然之。」

又同書卷二〇七《岳侯傳》：「再委侯同張浚督諸軍出征。時賊勢甚鋭，浚懼，曰：『此賊非可易圖，欲候明年與公討之。』侯謂丞相曰：『未可，若論來歲，賊勢大張。以某所見，不過旬日，擒捉賊衆。』浚見侯忠勇驍雄，於是從之。浚往，湖南安撫司差任士安、王俊等領兵二萬，與飛同共調發。」《岳侯傳》叙事乃是在出兵荆湖之前，與各書有異。

又同書卷二〇八《林泉野記》：「會有詔召都督張浚防秋，欲侯再舉。乃出一小圖，指示浚攻賊出入之要，請除來往之程，期以八日擒賊，浚從其言。」

《建炎以來繫年要録》卷九〇：「初，張浚至長沙，親臨湖以觀賊勢，疑未可攻。會有急詔，召浚還朝，謀防秋之計。飛至潭州，出圖示攻討出入之要，且曰：『擒之易耳。』浚曰：『恐誤防秋之期，俟明年再來討之，如何？』飛請除往來之程，限八日破賊，請浚曲留以俟之，浚然之。……（熊克《小曆》載浚欲歸防秋，在（楊）欽降之後，蓋誤。今依《林泉野記》，附在其前。《日曆》載浚奏狀有云：『臣比欲便依聖訓起發，恐將士懷疑，欲俟六月上旬，見得水賊未下，即兼程前去行在。』又云：『飛約程，今月二十五日可到鼎州。』而欽以六月二日降，足見克所書差誤也。……）」

又同書卷八九：「（紹興五年五月戊戌）是日，岳飛至鼎州之城外，置寨列艦。飛素有威望，而軍律甚嚴，乃先遣潭州兵馬鈐轄楊華入賊招安。華未降時，爲賊魁，以寬厚得衆，遂與故部曲潛結楊太黨，謀殺太以降。時大旱，湖水涸如深冬，賊益懼。」

《宋史》卷二八《高宗紀》：「（紹興五年五月）己亥，岳飛軍次鼎州。」五月戊戌爲二十五日，己亥爲二十六日。

六月二日，楊欽受黃佐之招，率三千餘人，乘船四百餘艘，〔一〕詣先臣降。先臣喜，私謂左右曰：「黃佐可任也。〔二〕楊欽，驍悍之尤者，欽今乃降，賊之腹心潰矣。」〔三〕欽自束縛，至庭。先臣命解其縛，以所賜金束帶、戰袍予之，即日聞奏，授武義大夫。又命具酒，使王貴主之，禮遇甚厚，及所部犒賞有差。欽感激不自勝，所部皆喜躍，恨降晚。先臣乃復遣欽歸湖中，諸將皆力諫，先臣不答。越兩日，欽盡説全琮、劉詵等降。未降者尚數萬，先臣詭罵曰：「賊不盡降，何來也！」杖之，復令入湖。是夜，以舟師掩其營，併俘欽等，其餘黨殺獲略盡。〔四〕

〔一〕《金佗稡編》卷一八《招安楊欽等申都督行府狀》：「六月二日，據武義大夫、閤門宣贊舍人黄佐招安到水寨首領楊欽，將帶到本寨徒衆，並到軍前。」又同書卷一一《招楊欽奏》：「今據武義大夫、閤門宣贊舍人黄佐等招安水寨首領楊欽，將帶到本寨徒衆老小約一萬餘人、大小舟船八百餘隻、牛五百餘頭、馬四十餘疋，並到軍前。」《行實編年》之「三千餘人」應是指壯年男子，不包括家眷。舟船數量，則「四百」與「八百」必有一誤。

〔二〕私謂左右曰黄佐可任也　「私謂左右」，《紀事實録》作「謂佐」。《紀事實録》無「黄佐」兩字。

〔三〕《金佗稡編》卷一一《招楊欽奏》：「契勘楊欽係賊之密黨，今已服從，正宜乘機掩覆巢穴。」

〔四〕《金佗續編》卷二六《楊么事迹》：「當年六月，岳樞相節制司大軍已至鼎州，方議進兵，平蕩水寨，即有龍陽縣汎州村大寨首領楊欽，首先將合寨徒衆老小萬人、舟船千隻，來投節制司出首，以就招安。岳樞相親至城東鄰善灣觀老小、舟船，次到報恩光孝寺基寨，受楊欽降拜。岳樞相喜楊欽率先出降，乃恕其罪，申稟都督行府，特命以官，并一行首領各次第推賞，補授名目。犒設了畢，即揀選强壯人充水軍，其餘老弱人並給公據，放令歸汎州村本業住坐，耕種田土，供了二稅，復爲良民。衆皆欣躍，感戴得全生路。於是，其餘大寨首領夏誠、劉衡、全琮、劉詵、黄佐等諸寨，悉來出首招安，不敢抵拒。」

又同書卷二七黄元振編岳飛事迹：「公乃遣黄佐賫旗、榜，入楊欽水寨，諭之降。欽雖聽命，而畏么，未果即出。先是，黄佐乃欽遣來納降者，既而欽復叛，故拘佐於獄。公既至，乃釋其縶，贈之以金，復遣招欽，故多疑其難信。公乃命先父再往撫諭之，且曰：『至前涂，更自看事勢如何，以爲進退。』先父曰：『彼正危疑，正當速往以定之。』乃以二弊卒從行，徑入欽寨。欽出迎，欲庭參，先父執其手，與敍同官之歡，曰：『此見宣撫禮也。』欽猶以慮楊么寨聞之，須遣兵防托，未可即出。先父測其意，尚未決，乃曰：『宣撫命某遍撫諭諸寨。』乃巡歷其寨，而察其形勢，見其茅竹爲舍，密比如櫛，一火箭可焚蕩，乃謂欽曰：『宣撫與太守、監司待於城上，立表下漏，以俟公來，過期即進兵，董統制已列强弩、火箭以俟命。公今遲回未往，某固一死，公軍亦無噍類矣。』欽即時與諸將、一行徒衆二萬人，隨先父同渡來參。」

《文定集》卷二二《黄君墓誌》：「楊么據湖湘累年，丞相張公出視師，以公偕行。官軍遣人往賊所，輒被害，無敢往者。公獨度賊勢窮蹙，自請行。賊自驚喜致恭，然意尚猶豫。公徧見其黨，諭以朝廷好生之意，且賀其得爲平人，衆皆歡呼，賊首乃隨公出降。湖湘平，奏功，授公昌州文學。」

《三朝北盟會編》卷一六八：「楊欽等迎降，尚有餘衆數萬，飛杖欽等各一百，遣回。是夜，用師徑掩其營，破其賊而執欽等。」

又同書卷二〇八《林泉野記》：「餘衆尚數萬，飛杖欽等各一百，遣回。乘其被杖，未及爲計，夜襲其營，殺戮甚衆，俘欽等還。」

《建炎以來繫年要録》卷九〇：「（紹興五年六月甲辰）是日，洞庭賊楊欽將所部三千人，詣岳飛降。……欽在賊中最悍，所至常先諸賊，楊太恃以爲强。飛厚待之，賊愈喪氣。於是，浚承制授欽武略大夫。（……《野記》又云：『飛杖欽等各一百，遣還水寨。』恐未必然，今不取。）」

《宋史》卷二八《高宗紀》：「（紹興五年六月甲辰）湖賊楊欽、全琮、劉詵相繼率衆詣岳飛降。」

《三朝北盟會編》卷一六八《中興遺史》：「欽駔獪狙詐，最桀黠，既授以官，公論皆不與之。欽書出身脚色曰：『鍾相、楊么作亂，欽等聚集强壯，保守鄉村。候官軍到鼎州，乃同共破賊有功。』見之者無不大笑。」

惟楊么負固不服，方浮遊湖上，夸逞神速，其舟有所謂望三州、和州載、五樓、九樓、大德山、小德山、大海鰍頭、小海鰍頭，以數百計。舟以輪激水，疾駃如羽，〔一〕左右前後俱置撞竿，官舟犯之，輒破。又官舟淺小，而賊舟高大，賊矢石自上而下，〔二〕而官軍仰面攻之，見其舟而不見其人。〔三〕

〔一〕疾駃如羽　「駃」，浙本作「駛」。

〔二〕賊矢石自上而下　「石」之下，《紀事實録》有「常」字。

〔三〕《中興小紀》卷一三：「時鼎寇楊么、黄誠聚衆至數萬，么主誅殺，誠主謀畫，據江湖以爲巢穴，其下又有周倫、楊欽、夏誠、劉（衡）分布遠近。共有車船（李龜年《記楊么本末》曰：『車船者，置人於前後踏車，進退皆可，其名大德山、小德山、望三州及渾江龍之類，皆兩重或三重，載千餘人。又設（拍）竿，其制如大桅，長十餘丈，上置巨石，下作轆轤貫其顛。遇官軍船近，即倒（拍）竿擊碎之。渾江龍則爲龍首，每水鬬，楊么多自乘此。（原闕）及海鰍船多數百隻（海鰍者，鰍頭船也）。』蓋車船如陸戰之陣兵，海鰍船如陸戰之輕兵，而官軍船不能近，每戰輒敗。」此段文字以《皇朝中興紀事本末》卷二三參校。

《金佗續編》卷二五《楊么事迹》：「其楊么等爲見楊華不歸，心生疑慮，乃率諸水寨首領、妖徒羣衆，揚言與鍾老爺報讎。於府東德山採斫松、杉萬株，及往澧州欽山、藥山、夾山倒伐松、杉、樟、楠木萬本，又發掘所在墳墓，取板材，打造海鰍、櫂艫等船，出没重湖，恣行劫掠作過，勢燄愈熾。

水賊初未有車船。奈以程吏部兵力單弱，又未有水軍戰船，但坐視楊么等在江湖跳梁，莫之或制，姑且保守城壁，徐圖平滅之計。當時因言事者詆闕論列分鎮不便事，遂有詔命，罷鼎、澧鎮撫使，改爲湖西路安撫司（使）。程吏部失鎮撫使所得聖旨便宜行事，世襲錫爵之命，頗生怨望，怏怏常不平。又無策可以剿除水賊，惟恐無功罷去，日逐焦燥，不能自安。偶得一隨軍人，元是都水監白波輦運司黄河埽岸水手、木匠都料高宣者，獻車船樣，可以制賊。是時，本州有虔州客人賴九郎，自靖州山場所買文溪杉板條片甚多，在桃源縣上甕子洞下湫小水牌筏梢泊，於是差官盡行拘收，打駕下來。打造八車船樣一隻，數日併工而成。令人夫踏車，於江流上下往來，極爲快利。船兩邊有護車板，不見其車，但見船行如龍，觀者以爲神異。乃漸增廣車數，至造二十至二十三車大船，能載戰士二、三百人。凡賊之櫂艫小舟，皆莫能當。」

「其船竟爲賊有。當時更帶高都料在船，恐船或損，要他修整，不及走脱，賊亦擒虜。止是海鰍船出沚口回州。

自此水賊得車船之樣，又獲都料、匠手，於是楊么打造和州載二十四車大樓船，楊欽打大德山二十二車船，夏誠打大藥山船，劉衡打大欽山船，周倫打大夾山船，高癩打小德山船，劉詵打小藥山船，黄佐打小欽山船，全琮打小夾山船。兩月之間，水寨大小車樓船十餘，製樣愈益雄壯。」

《老學庵筆記》卷一：「鼎、澧羣盜如鍾相、楊么（鄉語謂幼爲么），戰舡有車船，有槳船，有海鰍頭，軍器有拏子（其語謂拏爲鐃），有魚叉，有木老鴉。拏子、魚叉以竹竿爲柄，長二、三丈，短兵所不能敵。程昌禹部曲雖蔡州人，亦習用拏子等，遂屢捷。木老鴉一名不藉木，取堅重木爲之，長纔三尺許，鋭其兩端，戰船用之，尤爲便習。官軍乃更作灰礮，用極脆薄瓦罐，置毒藥、石灰、鐵蒺藜於其中，臨陣以擊賊船，灰飛如煙霧，賊兵不能開目。欲效官軍爲之，則賊地無窑户，不能造也，遂大敗。官軍戰船，亦倣賊車船而增大，有長三十六丈，廣四丈一尺，高七丈二尺五寸，未及用，而岳飛以步兵平賊。」

《陳書》卷一三《徐世譜傳》：「世譜乃別造樓船、拍艦、火舫、水車，以益軍勢。」水車應即後世之車船。

《舊唐書》卷一三一《李皋傳》：「常運心巧思，爲戰艦，挾二輪蹈之，翔風鼓浪，疾若挂帆席，所造省易而久固。」

《梁谿全集》卷一〇三《與宰相論捍賊劄子》：「荆湖間車船乃唐嗣曹王皋遺制，其大有至三、四十車者，挾以雙輪，鼓蹈而進，駛於陣馬。」卷一一二《與吕安老龍圖書》：「來諭恐車船重大，不可用，是不然。此乃嗣曹王皋所製，見於本傳，非鼎人所能爲也。頃嘗試之，運動輕快，施於大江重湖，以破長風巨浪，乃其所宜。……然此船正可爲水軍之家，計每一船須以海鰍之類數十隻副之。」後世認爲車船是唐朝李皋發明，恐並不確實，可提前至南北朝時。

《建炎以來繫年要録》卷五六：「（王）彦恢所制飛虎戰艦，傍設四輪，每輪八楫，四人旋斡，日行千里。」車船以翼輪推進，一車「雙輪」，用人力「鼓蹈」。

先臣取君山之木，多爲巨筏，塞湖中諸港。又以腐爛草木，自上流浮而下。擇視水淺之地，遣口伐者二千人挑之，且行且詈。賊聞詈，不勝憤，爭揮瓦石，追而投之。俄而草木坌積舟輪下，膠滯不行。先臣亟遣軍攻之，賊奔港中，爲筏所拒。官軍乘筏，張牛革以拒矢石，舉巨木撞賊舟，舟爲之碎。〔一〕楊么舉鍾儀投于水，繼乃自仆。牛皋投水，擒么至先臣前，斬首，函送都督行府。〔二〕僞統制陳瑫等亦劫鍾儀之舟，獲金交床、金鞍、龍鳳簟以獻，率所部降。先臣亟領黃佐、楊欽等軍入賊營，餘酋大驚，曰：「是何神也！」夏誠、劉衡俱就擒。〔三〕黃誠大懼，不知所爲，亟與周倫等首領三百人〔四〕俱降。〔五〕

〔一〕《金佗續編》卷二八《孫逌編鄂王事》：「王乃致楊欽，結以恩信，欽樂爲用，獻策云：『么所恃者舟檝，如望三州、大、小德山之類，非一丈水不可行。洞庭湖水舊不及丈，么置堰閘，十餘年間，所以瀰漫。欽本任閉塞之責，盡知其詳。乞二十人往開堰，水入大江，使舟船不能動。又么船皆用車輪，乞以青草數千百萬束散之湖中，其輪必有窒礙。』王從之，兩月果破賊。」此段記載不足全信，鍾相、楊么變亂先後僅六年，而非「十餘年」。

《水心文集》卷二二《故知廣州敷文閣待制薛公墓誌銘》：「飛謀益造大舟，公曰：『若是，則未可以歲月勝矣。且彼之所長，可避而不可鬭也。幸今大旱，湖水落洪，若重購舟首，勿與戰逐，筏斷江路，藁其上流，使彼之長坐廢，而以精騎直擣其壘，則破壞在目前矣。』飛曰：『善！』兼旬，積寇盡平。」《宋史》卷三八〇《薛弼傳》的記載相同。

《浪語集》卷三三《先大夫行狀》：「會天旱湖涸，陰以厚募，招取賊舟。寇至，則强弩據水當之，不與接刃。大造巨筏，斷賊江路，又於上游亂投芻藁，賊舟挾輪，不可復運。酋豪勢屈多降，岳以步騎直擣其營，賊軍因以潰敗。」據薛弼姪薛季宣之叙事，則「筏斷江路，藁其上流」等戰術應非薛弼建議。

〔二〕《金佗續編》卷二八《吴拯編鄂王事》：「率兵八萬，至鼎州，以討湖賊楊太。太爲其下所殺，楊欽等領其衆數十萬以拒命。」

《三朝北盟會編》卷一六八：「湖賊楊么爲其下所殺也，其黨楊欽、夏誠等各領其餘衆拒命。」此爲楊么之死的第一説，與岳飛對陣者已非楊么。

《中興小紀》卷一八：「飛素有威望，而軍律甚嚴，乃遣先出降人楊華入賊招安。華未降時，爲賊魁，以寬厚得衆，遂與故部曲潛結么黨，殺么以降。」此爲楊么之死的第二説。《要録》卷八九叙事抄《中興小紀》，而卷九〇又另採投水自殺一説，前後矛盾。

《建炎以來繫年要録》卷九〇注：「按《日曆》，太乃其徒所殺。」此爲《高宗日曆》之記載。

《皇宋十朝綱要校正》卷二二：「（紹興五年六月）丁巳，賊首黄誠殺楊么，挾僞太子鍾子儀，與周倫詣都督府降。」

《宋史》卷二八《高宗紀》：「（紹興五年六月）丁巳，湖賊黄誠斬楊太首，挾鍾子儀、周倫，詣都督府降。」此兩書之記述當來源於《高宗日曆》，爲楊么之死的第三説。《宋史·高宗紀》之記述又與另一處自相矛盾。

《金佗續編》卷二八《孫逌編鄂王事》：「么赴水以死，遂斬子義、白德等，自餘附和，願充刺之外，聽其復業，湖〔湘〕賴以安靖。」

《建炎以來繫年要録》卷九〇：「（紹興五年六月癸丑）飛既降楊欽，率統制官牛臯、傅選、王剛乘勝急攻水寨，賊將陳瑫内變，劫僞太子鍾子儀舡，獲金龍交床與龍鳳簟等，詣飛降。楊太窮蹙，赴水死。……黄誠斬太首，挾子儀奔都督行府。」

《宋史》卷二八《高宗紀》：「（紹興五年六月癸丑）岳飛急攻湖賊水砦，賊將陳瑫降，楊太赴水死，餘黨劉衡等皆降。」此爲楊么之死的第四説。

《三朝北盟會編》卷二〇七《岳侯傳》：「楊欽獻計曰：『楊么可擒，容欽令人報楊么，今任士安兵敗困走，又聞後有救兵至，吾兄急將士卒，速來助欽，擒士安等，以除禍根。楊么聞之，必自領兵前來，相公多用伏兵，捉楊么不爲難也。』遣牛臯、傅選、王綱等各領兵伏於道側，楊么果自領兵前來應援，牛臯、傅選、王綱等伏兵四發，楊么乘舟走入水寨。侯親臨大湖，當山峻險處，隔水令人罵之，率衆搬運草木於水中。賊營中聞罵聲，争用磚瓦石抛擊，上流放草木，爲瓦石填平，人騎往來，並無阻隔。侯遂將兵衆，長驅深入水寨，擒楊么、夏成、鍾子義等，并斬之，殺降賊首周倫、周亮、張百通等，并戰船百隻，前後八日，平盪盡净。」此爲楊么之死的第五説。

《金佗續編》卷二六《楊么事迹》：「惟楊么兇狠，乃擁鍾相之子，領妖徒緊戀寨柵、車船，不伏出首。致蒙岳樞相親提帳下精兵虎旅，并覃統制水軍車船，前往龍陽縣江北岸，直擣楊么巢穴。楊么猶執迷，在車船回惶不決。見岳樞相旌棨已至，尚不肯拜降，卻自船頭先提鍾相之子郎君入水，次提夫人小心奴入水。楊么次跳入水，被水軍搭材水手孟安没水挾起，次是牛觀察臯用抓子拖上，有餘氣未死。押到岳樞相前，尤叫數聲『老爺』，梟其首級，函送都督行府告捷，奏聞朝廷。」

又同書卷二七黄元振編岳飛事迹：「楊欽既出降，官軍進據其寨。楊么驅衆登舟，衆莫爲用，么乃投水，鈎出而斬之，羣盜盡平。」

《宋史》卷三六八《牛臯傳》：「從平楊么，破之。么技窮，舉鍾子儀投于水，繼乃自仆。臯投水擒么，飛斬首，函送都督行府。」此爲楊么之死的第六説，《行實編年》即同此説。

《宋會要輯稿》兵一〇之三七：「都統（督）張浚言：『么等屢行招撫，妄作遷延。今來岳飛親提大兵，分屯要害，及尅日進攻賊寨，致黄誠等畏懼失措，束手請降。除楊么已就殺戮外，招接到楊欽、劉衡、夏誠、楊壽、楊收、黄進等二十餘頭項，徒衆二十餘萬，破蕩巢穴，並已了當，湖湘於是底平。』」此奏説明楊么確被官軍「殺戮」。

〔三〕《中興小紀》卷一三：「大率倫、欽雖各有寨，而專恃船以爲强；誠、〔衡〕雖各有船，而專恃寨以爲固。誠寨南據芷江，東、北阻湖，惟西有陸路，又設重城、〔重〕濠及陷馬坑。〔衡〕寨北據〔芷〕江，東、西、南皆阻湖。誠、〔衡〕每詫曰：『地險如此，除是飛來！』」此段文字以《山堂先生羣書考索》後集卷四五與《皇朝中興紀事本末》卷二三參校。

《建炎以來繫年要録》卷六三：「知鼎州程昌寓遣將攻夏城（誠）寨。寨據芷江，東、西、北各阻陂湖，惟西南半面有平地。賊設重城、重壕，其外設陷馬坑。官軍屯於寨下以守之。」

《金佗續編》卷二八《吴拯編鄂王事》：「唯夏成營三面臨太湖，背山勢□，不降。侯親往測其水淺處，令善罵者二千人往罵之，又悉衆運草木，放上流。賊營中聞罵，怒甚，争揮瓦石擊之，而遇所放順流草木乘之。一旦填滿，遂長驅入其營，擒夏成以獻。湖南悉平，會其所約，止八日矣。」

《三朝北盟會編》卷一六八：「（紹興五年）六月，岳飛大破湖賊，擒楊欽、夏誠等，湖賊悉平。……惟誠寨三面臨大江，北恃峻山，不降。飛親往測其淺處，悉衆運草木，放之上流，至淺處，則棄瓦石壓之。一日填滿，長驅入其寨，遂擒誠。湖賊悉平，果不過八日。」

又同書卷二〇八《林泉野記》：「唯夏誠一寨，背山，三面臨湖，恃險不下。飛親臨，測水淺處，遣善駡者二千人，隔水駡賊，賊争擲瓦石以擊之。飛先令人伐草木，投之上流，瓦石遇草相積壓。良久，淤塞可涉，遂長驅進擒其衆。湖南平，止八日。」

《建炎以來繫年要録》卷九〇：「（紹興五年六月癸丑）是日，荆湖制置使岳飛破湖賊夏誠。……楊太窮蹙，赴水死。餘黨劉衡等相繼皆降。飛入水寨，殺賊衆殆盡。惟夏誠寨固守，寨三面臨大江，背倚峻山，官軍陸攻則入湖，水攻則登岸。至是飛親往測其淺處，乃擇善駡者二十人，夜往罵之，且悉衆運草木，放之上流。賊聞罵聲，争擲瓦石擊之，草木爲瓦石所壓。一旦填滿，飛長驅入寨，遂執誠，湖寇悉平。」

《金佗續編》卷二六《楊么事迹》：「於是，其餘大寨首領夏誠、劉衡、全琮、劉詵、黄佐等諸寨，悉來出首招安，不敢抵拒。」

《金佗稡編》卷一九《平湖寇申省狀》：「飛近招捉到水寨劉衡、夏誠、楊收、楊壽、石顆等。」

《宋會要輯稿》兵一〇之三七：「都統（督）張浚言：『……除楊么已就殺戮外，招接到楊欽、劉衡、夏誠、楊壽、楊收、黄進等二十餘頭項，……』」

《皇宋十朝綱要校正》卷二二：「（紹興五年六月）丙申，賊首夏誠、劉衡率所部來降，飛乘其怠，遣輕師夜擣其壘，奪其樓船等。」

《三朝北盟會編》卷二〇七《岳侯傳》：「擒楊么、夏成、鍾子儀等，并斬之。」

《宋史》卷二八《高宗紀》：「（紹興五年六月癸丑）飛急擊夏誠，斬之。」關於夏誠，各書記述歧異，不外被俘、被殺和投降三説。《建炎以來繫年要録》卷九一載：「進士蕭清臣以撫諭劉衡、夏誠有勞。」參以《平湖寇申省狀》和《宋會要》所載的張浚奏，似以投降之説較可信。

〔四〕首領三百人　「三」，《金佗續編》卷一九作「二」。

〔五〕《中興小紀》卷一八：「黄誠、周倫遂挾〔太子〕子義，奔潭州都督府降。」此段文字以《皇朝中興紀事本末》卷三三參校。

《建炎以來繫年要録》卷九二：「（紹興五年八月癸亥）都督行府言：『以見管湖南水軍及周倫等所部，置十指揮，並於手背上刺横江水軍四字。』從之。」周倫等降後，另編横江水軍，未充岳飛部屬。

牛皋請曰：「此寇逋誅，罪不容數，勞民動衆，亦且累年。若不略行勦殺，牛皋不知何以示軍威？」〔一〕先臣曰：「彼皆田里匹夫耳，先惑於鍾相妖巫之術，故相聚以爲姦；其後乃沮於程吏部欲盡誅雪恥〔二〕之意，故恐懼而不降。日往月來，養成元惡，其實但欲求全性命而已。今楊么已被顯誅，鍾儀且死，其餘皆國家赤子，苟徒殺之，非主上好生之意也。」連聲呼，謂官軍曰：「勿殺！勿殺！」牛皋敬服其言而退。〔三〕

〔一〕牛皋不知何以示軍威　原脱「牛皋不知」四字，嘉靖本同，據《紀事實録》補。

〔二〕程吏部欲盡誅雪恥　「欲」，據《金佗續編》卷一九補。

〔三〕《金佗續編》卷二六《楊么事迹》：「當時牛皋稟覆岳樞相，言：『許大楊么，占據重湖作過，致煩朝廷之憂。雖一王四廂大軍數萬人，猶自敗折了空回。今節使太尉提大兵來，討蕩巢穴，賊衆畏伏虎威，盡已出降，獨遮楊么抗拒，已行擒戮。若不將其手下徒黨少加勦殺，何以示我軍威？欲乞略行洗蕩，使後人知所怕懼。』岳樞相曰：『楊么之徒，本是村民，先被鍾相以妖怪誑惑，次又緣程吏部懷鼎江劫虜之辱，不復存恤，須要殺盡，以雪前耻，致養得賊勢張大。其實只是苟全性命，聚衆逃生。今既諸寨出降，又渠魁楊么已被顯誅，其餘徒黨並是國家赤子，殺之豈不傷恩，有何利益？況不戰屈人之兵，而全軍爲上，自是兵家所貴，若屠戮斬馘，不是好事。但得大事已了，仰副朝廷好生之意，上寬聖君賢相之憂，則自家門不負重責，於職事亦自無慚也。』連道數聲：『不得殺！不得殺！』於是牛臯無辭而退，遂行撫定諸寨，一時了當。」

先臣親行諸寨，〔一〕慰撫之。命少壯强有力者籍爲軍，老弱不堪役者各給米糧，令歸田。有自請歸業者二萬七千餘户，先臣皆給據而遣之。又命悉賊寨之物，盡散之諸軍，而縱火焚寨，凡焚三十餘所。〔二〕揭牓於青草、洞庭湖上，不數日，行旅之往來，居民之耕種，頓若無事之時然。湖湘悉平。是役也，獲賊舟凡千餘，鄂渚水軍之盛，遂爲沿江之冠。〔三〕

〔一〕先臣親行諸寨　「親」，原作「請」，嘉靖本同，據《紀事實録》改。

〔二〕《金佗稡編》卷一九《平湖寇申省狀》：「飛近招捉到水寨劉衡、夏誠、楊收、楊壽、石顆等及諸路頭領小寨二十餘座，并黄誠、楊太、周倫下徒衆。節次取問得願歸業人，於六月十八日終出給公據，放散二萬七千餘户，各量支米糧歸業。」

《金佗續編》卷二七黄元振編岳飛事迹：「賊衆十餘萬，擇其老弱疲軟者給據爲民，取其彊壯者爲軍。命屬官輪日給據，復輪至先父，認得老弱數人，前已請據者，今乃代人來請，其人不伏而喧。公聞之，謂先父曰：『人衆如此，何以辨之審也？』先父曰：『此曹慣於爲盜久矣，故每放一人，必再三相視，果不堪爲軍，乃放之。不然，大軍去後，復聚而爲盜矣。』公乃親詰其人，而終不伏，先父請試搜其身，果得已給之據。公大喜，盡以委先父，不復輪日矣。先父縶盜請給者，將斬以徇，其餘僞者紛紛遁去。既給畢，陰釋盜請者，俾逸去，自後無敢盜請據者。於是，得彊壯者數萬人以充軍，而軍益壯矣。

軍將還，先父言於公曰：『孔明所以七擒孟獲者，慮軍回而復叛，將以此服南人之心也。故孟獲曰：公，天威也，自是南人不復反矣！今日不血刃而平大寇，散匿於湖山者亦多矣。賊見德而未見威，甚懼其復反也，宜耀兵振旅而歸。』公乃大閲，軍律嚴整，旗幟精明，觀者無不咨嗟歎息，知王師之有律也。」

《建炎以來繫年要録》卷九〇：「（紹興五年六月丁巳）是日，湖賊黄誠以鍾子儀至潭州都督行府。湖寇既平，得丁壯五、六萬人，老弱不下十餘萬，張浚一以誠信撫之。乃更易郡縣姦贓吏，宣布寬恩，命岳飛進軍屯荆、襄，以圖中原，浚率官屬泛洞庭而下。（張浚行狀云：『湖寇盡平，老弱不下二十萬。』而《日曆》云：『降賊二萬七千户。』不言人數，今且云不下十餘萬，庶不失實。）時淮東宣撫使韓世忠、江東宣撫使張俊皆已立功，而飛以列校拔起，世忠、俊不能平。先是，飛皆屈己下之，數通書，俱不答。及飛破楊太，獻樓船各一，兵徒、戰守之械畢備，世忠始大悅，而俊益忌之。」

又同書卷九一：「（紹興五年七月丙子）都督行府奏：『移鼎州龍陽縣於黃誠寨地建立，仍陞爲軍，以持服人黃與權起復左奉議郎，充龍陽軍使、兼知縣事。』又言：『潭、鼎諸縣因水賊侵擾，多有移治去處，並令移歸舊治。如係選人知縣，俟任滿，與改合入官，京官與轉一官。應水寨出首之人，令制置司量事體輕重，擬定合補官資申行府，願歸業及充水軍者聽。』又請免澧州上供錢三年，皆從之。既而制置使岳飛言：『水寨願歸業者二萬七千餘家。』詔州郡存恤之，無得騷擾。（七月戊子行下。）然黃誠寨地低而迫湖，土人不以爲便，仍命如舊焉。（岳飛奏歸業人數在戊子；龍陽軍還舊治，在八月丙辰，今牽連書之。）」

《宋史》卷二八《高宗紀》：「（紹興五年六月）丁巳，湖賊黃誠斬楊太首，挾鍾子儀、周倫，詣都督府降。湖湘悉平，得户二萬七千，悉遣歸業。」

《宋會要輯稿》兵一〇之三七：「都統（督）張浚言：『……招接到楊欽、劉衡、夏誠、楊壽、楊收、黃進等二十餘頭項，徒衆二十餘萬，……』」

《朱文公文集》卷九五上《少師保信軍節度使魏國公致仕贈太保張公行狀上》：「其黨大恐，相繼約日來降，丁壯至五、〔六〕萬，老弱不下二十萬，公一切以誠信撫之。六月，湖寇盡平，乃更易郡縣姦贓吏，宣布寬恩。上手書賜公曰：『覽奏，知湖寇已平，非卿孜孜憂國，不憚勤勞，誰能寬朕憂顧。奏到之日，中外歡賀，萬口一詞，謂上流既定，而川、陝、荆、襄形勢接連，事力增倍。天其以中興之功付之卿乎！』於是，公奏遣岳飛之軍屯荆、襄，圖中原，遂率官屬、吏兵，泛洞庭而下。」此段文字以《名臣碑傳琬琰之集》中編卷五五《張忠獻公浚行狀》參校。

《誠齋集》卷一一五《張魏公傳》：「遣岳飛分兵屯鼎、澧、益陽，賊魁相繼請降，衆二十餘萬。」

《宋史》卷三六一《張浚傳》：「至潭，賊衆二十餘萬相繼來降，湖寇盡平。上賜浚書，謂：『上流既定，則川、陝、荆、襄形勢接連，事力增倍。天其以中興之功付卿乎！』浚遂奏遣岳飛屯荆、襄，以圖中原。」

《嘉定鎮江志》卷四《軍田》：「建炎間，洞庭楊太最爲劇盜，太年幼爲么，故曰楊么。其後張浚、岳飛平之，收伏楊么等殘敗之軍，無所歸著，遂以逃荒之田，令其力農，時號楊么子軍，因名軍莊。後軍兵撥附大軍，其田召農民爲之耕種。今東、西兩莊，共田七千六百一十四畝。」

《浪語集》卷三三《先大夫行狀》：「參謀京西、湖北，有王缺子者（忘其名），故楊么賊中殿帥，岳侯用爲水軍統制，乘岳行邊爲亂。部勒已定，其母使僮告之，伯父密諭諸將，爲邂逅入王舟中，索飲。伯父馳至江步，呼曰：『行府適有軍事，盍相從議之。』諸將强王登舟，即共縛之，付吏，一軍震讋，無敢動。」按《金佗續編》卷二八《孫逌編鄂王事》中之「黄缺子」，應即此人。楊么軍之三衙「殿帥」，《孫逌編鄂王事》作劉行（衡？）。

〔三〕《歷代名臣奏議》卷二二一趙鼎奏：「沿江制置使岳飛屯駐大軍，列戍江上，亦以戰船闕少爲慮。

雖先奉聖旨，令江西轉運司和雇收買二百隻應副。……本司今相度，欲計置打造戰船二百隻，以爲沿江控扼之備。」

《宋會要輯稿》食貨五〇之一四—一五：「（紹興三年）九月二十五日，岳飛奏：『本軍即目並無舟船，若遇緩急，乞於本路州縣沿江，不以官私舟船，和雇、權借使用，事畢給還。』詔令岳飛常切明遠斥堠，如探報外敵侵犯，委是緊急，即將本路州縣江道港汊，不以官私舟船，盡行拘收，隨軍使用，事息給還。即不得無事便行拘收，却致搔擾。」

《金佗稡編》卷一一《措置楊么水寇事宜奏》：「切緣臣所管軍馬，並係西北之人，不習水戰，今蒙聖旨驅使，不敢辭免。……今來討捕湖賊，正賴舟船使用，欲乞將王𤫉隨軍舟船，除海船及有餘船外，只乞戰船并海湖船，權暫盡數借撥付本軍，候事畢日歸還。臣訪聞湖南州郡係出産材木去處，欲乞行下本路，一就并釘線工匠，應副添修本軍舟船。」以上記載説明在紹興三、四年間，岳飛並無水軍，真正建立沿江一支最强大的水軍，是在鎮壓楊么之後。

《勉齋先生黄文肅公文集》卷七《與綦總郎書（奎）》：「蓋漢陽郡城，自紹興之初殘破之後，並無居民。岳侯屯兵武昌，遂佔郡城荒地爲水軍寨，所佔之地，居郡城三分之一也。」

自其與浚言，至賊平，果八日。〔一〕浚歎曰：「岳侯殆神算也！」即日上之朝。〔二〕上遣内侍一員，至先臣軍前，傳宣撫問，仍賜銀合茶、藥，及撫勞將士。〔三〕賜詔褒諭，有曰：「湖湘阻深，姦宄嘯聚，曩命往伐，用非其人，輕敵寡謀，傷威損重，遂令孽寇，久稽靈誅。卿勇略冠軍，忠義絶俗，〔四〕肅將王命，隃集長沙。威稜所加，已聞聲而震疊；恩信既著，宜傳檄而屈降。消時内侮之虞，亶予不殺之武。」〔五〕又賜札曰：「非卿威名冠世，忠義濟時，〔六〕先聲所臨，人自信服，則何以平積年嘯聚之黨，於旬朝指顧之間。不煩誅夷，坐獲嘉靖，使朕恩威兼暢，厥功茂焉！」〔七〕

〔一〕據前注所引史料，岳飛自五月二十六日己亥至鼎州，紹興五年之五月共二十九日，就二十六日或二十七日起算，至六月十一日癸丑破夏誠寨，前後爲時十四、五日，並非八日。

〔二〕《建炎以來繫年要録》卷九○：「浚之初被詔還也，上奏言：『水寨闕食，徒衆頗離，據飛稱：旬日之間，可見次第。臣欲更依聖訓起發，慮賊勢轉熾，將士懷疑。欲俟六月上旬，見得水賊未下，即詔（招）飛來潭州訖，兼程赴行在。』許之，而賊已破矣。（浚奏狀以六月十五日丁巳行下，即黄誠等到潭州之日。）」

〔三〕《建炎以來繫年要録》卷九一：「（紹興五年七月）戊寅，詔趣張浚赴行在，遣内侍迎勞，賜以銀合茶、藥。又遣内侍往軍中，勞荆湖制置使岳飛，亦以茶、藥賜之。」

〔四〕忠義絶俗 「俗」，《紀事實録》作「倫」。《宋史》卷二八《高宗紀》：「（紹興五年七月）戊寅，獎諭岳飛，撫勞將士，趣張浚還朝。」

〔五〕奬諭詔見《金佗續編》卷三《殺楊么賜詔奬諭》第一二八六頁。

〔六〕忠義濟時 「義」，《金佗稡編》卷一高宗宸翰十四作「略」。

〔七〕高宗宸翰十四全文見《金佗稡編》卷一第九頁，《三朝北盟會編》卷一六八和《龜溪集》卷五《賜岳飛詔》，可知由參知政事沈與求起草。時皇帝親筆手詔常由大臣起草，皇帝手抄。

《金佗稡編》卷九《遺事》：「轉餉之臣，於軍須無闕者，皆上之朝。如曾紆、薛弼、劉延年、程千秋、徐與可、張運之屬，皆以勞遷，或得職名。何子端、陳進等雖小吏，亦以功進二階。下及游説有助，如進士蕭清臣、趙淍、陶著等，皆命之以官。」

「臣雲從戰，數立奇功，乃常匿之，……平楊么亦第一，又不上。張浚廉得其實，曰：『岳侯避寵榮一至此，廉則廉矣，然未得爲公也。』乃奏云：『湖湘之役，岳雲實爲奇功，以雲乃飛子，不曾保明，乞與特推異數。』先臣猶辭不受。」

又同書卷一八《辭男雲奇功賞申都督行府狀》：「都督行府劄子：『勘會制置使司近差官兵平蕩湖賊了當，内奇功、第一等人並已推恩訖，其武翼郎、閤門宣贊舍人岳雲亦係奇功，緣雲係岳飛之子，不曾保明。除已具奏，乞優與推恩外，劄付飛照會。』契勘今來平蕩湖賊，並係將士戮力用命之功；男雲雖曾隨軍前去，即不曾立到顯效。所有前項行府照劄，飛即不敢令男雲祗受，今隨狀繳納，乞不施行。」

《建炎以來繫年要録》卷九一：「（紹興五年七月丙戌）左朝散大夫、荆湖南路轉運判官薛弼，左朝散郎、荆湖北路轉運判官劉延年並直秘閣，起復右朝散郎、秘閣修撰、新知岳州程千秋，左朝請郎、荆湖南路轉運判官徐與可，左奉議郎、通判鼎州張運並進一官，以都督行府言，與平湖寇有勞也。既而荆、襄制置使岳飛言弼、延年賞薄，乃又進一官。制曰：『爾等分使兩湖，軍興不乏，列職中秘，亦既疏恩。載閱將臣之章，以是爲未足也。維慶賞予奪，皆自朕出，進官一等，益務靖共。』（弼等再遷官，在八月辛亥。）進士蕭清臣以撫諭劉衡、夏誠有勞，補忠州文學。後旬日，都督行府又言：『鄭州鄉貢進士聞人耆、進士趙倜、陶青皆嘗入賊寨。』於是悉以文學命之。（耆補官在七月甲午，倜、青補官在七月丁酉。）」趙倜、陶青，前引《金佗稡編》卷九《遺事》作「趙澗、陶著」。

《宋會要輯稿》職官六二之九：「（紹興五年七月）二十三日，諸路軍事都督行府言：『免解進士聞人耆招到水寨張百通、楊奴、楊壽，兼本貫係今上皇帝封收舊鎮，拜表稱賀，合該免省恩例。今乞將招安功賞、拜表恩例一併推恩。』詔：『特與補下州文學。』」

《斐然集》卷一三《湖南漕薛弼湖北漕劉延年並直秘閣》：「屬者臨遣輔臣，督視師旅，盪平湖寇，不日告功。亦惟輸將之臣，克舉餽餉之事。進直中秘，是爲異恩，悅于見知，當益自勵。」

又同書卷一三《薛弼劉延年轉官》：「爾等分使兩湖，軍興不乏，列職中秘，亦既疏恩。載閱將臣之章，以是爲未足也。維慶賞予奪，皆自朕出，進官一等，益務靖共。」

又同書卷一二《崔邦弼轉一官》：「良民之心，畏兵爲甚；勇將之烈，殺賊爲賢。爾久提師徒，頗有紀律，往捕反寇，克奏成功。序進一官，用爲勸賞，益思自奮，以取寵榮。」

《宋史》卷二四七《趙不尤傳》：「不尤有武力，靖康之難，與王明募義兵，與金人戰，雄張河南、北。盜皆避其鋒，曰：『此小使軍也。』高宗即位，引衆歸，補武翼郎。從岳飛平湖寇。飛死，檜奪其兵，遣守橫州而卒。」

《水心文集》卷二二《中大夫直敷文閣兩浙運副趙公墓誌銘》：「公名善悉，字壽卿。父不尤，知橫州。……橫州初入宗學，以文占上舍，而有武力。靖康之難，走相州，與岳飛善。聚兵萬人，將迎二聖，雄張河南、北。巨盜皆避之，曰：『此小使軍也。』高宗立，以衆歸御營。復從飛武昌。飛死，秦檜奪其兵，抑守嶺外而歿。」

《宋史》卷三六八《胡閎休傳》：「湖湘盜起，或曰招之便，或曰討之便，閎休作《致寇》、《禦寇》二篇，言天地之氣，先春後秋，招之不伏，則討之。於是以岳飛爲招討使，飛辟閎休爲主管機宜文字，以誅鍾子儀功，進成忠郎。飛被誣死，閎休發憤，杜門佯疾，十年卒，有《勤王忠義集》藏于家。」

又同書卷三八一《張闡傳》：「李回帥江西，席益帥湖南，皆辟置幕下。羣盜據洞庭，官軍多西北人，不閑水戰。闡建策造戰艦，以大艦爲營，小艦出戰，乘水涸直擣賊巢，賊勢以衰。」

又同書卷四〇四《張運傳》：「紹興五年，通判鼎州。賊楊么、黄誠擁衆數萬，殘破城邑，跳梁湖北。高宗遣張浚以都督董師，岳飛以招討舉兵擊之。賊率輕鋭，徑趨武溪、南興，以臨鼎州，城中大震。運與太守程昌寓（應爲程千秋）勒兵登城，控扼上下，以張其勢，賊宵潰。」

又同書卷四五三《張玘傳》：「玘從岳飛復京西六州，平湖賊鍾子義等，累功進拱衛大夫。」

《新安文獻志》卷七七胡升《胡制機閎休傳》：「鼎州鍾相爲亂，相亡，餘黨楊么率其徒居湖湘，聚兵數萬，立相子儀，僞號太子。或曰招之便，或曰討之便，閎休作《致寇》、《禦寇》二篇，言天地之氣，先春後秋，招之不伏，則討之。於是以岳飛爲招討使，飛辟閎休爲主管機宜文字，以誅么功，進成忠郎，兼正將，鄂州駐劄。飛被誣死，閎休發憤，杜門佯疾，十年卒，有《勤王忠義集》藏于家。」

《説郛》卷三七《摭青雜説》：「賀羞愧，〔白〕吕監曰：『某建州人也，實姓范。宗人范汝爲者〔昔爲〕叛逆，某陷在賊中。既而大軍來討，城破，舉黄旂招安。某〔遂〕投降，恐以賊之宗族，一併誅夷，遂改姓賀，出就招安。後撥在岳承宣軍下，收楊么時，某以南人便水，常〔在〕前鋒，每戰某尤盡力，主將知之。賊平之後，遂特與某解由，初任和州指使，第二任合受監官，當以闕遠，遂只受此廣州指使。』」此段文字以《説郛》弓一八參校，又見《全宋筆記》第六編第二册《摭青雜説·守節》。

初，有唐生居鼎州，嘗與程昌禹論湖寇之險，曰：「他人寨柵，猶或可入，如楊么寨，則雖虎豹不可入也。」昌禹曰：「然則奈何？」唐生作俚語應之曰：「除是飛，便會入去。」昌禹大笑曰：「世間豈有生肉翅人可使耶！」顧謂僚屬曰：「兹事當且止也。」〔一〕又夏誠、劉衡等嘗自詫〔二〕曰：「吾城池樓櫓如此，欲犯我，除是飛來。」至是始驗。〔三〕時有盧奎者，作《鼎澧聞見録》，述其事，其末曰：「半月之間，談笑以平羣賊，使有船者不能遠去，有寨者不能堅守，幾於不戰屈人。」紀其實也。〔四〕

〔一〕《金佗續編》卷二六《楊么事迹》：「程吏部以兵力不加楊么，乃謀密募人入水寨，圖刺楊么，未得其人。於紹興三年五月內青黃不交之時，水寨人飢困，本州所集沅南漁户甲頭蘇成，招誘到楊欽小寨下不係出戰人唐教書等五户，共老小二十餘口，歸投就食，內唐教書頗能道賊寨中事。程吏部一日與盧撫幹奎坐於齊武堂，呼唐教書來，問楊么寨去處，可以使人去得也無？唐曰：『如別箇寨栅，猶自通人來往。唯是楊么寨大段緊密，水泄不通。日逐離寨二十里，陸路使人巡邏，遇夜伏路，水路日夜使船巡綽，寨門外令羣刀手把定，使大蟲、豹子也則入去不得。』程吏部曰：『若恁地，卻有箇甚道理去得？』唐教書曰：『除是飛，便能入去得。』於是程吏部大笑曰：『那箇生肉翅人，使之以去耶？』乃顧謂盧撫幹曰：『兹事當且止也。』」

〔二〕自詫　「詫」，《金佗續編》卷一九作「誇」。

〔三〕《中興小紀》卷一三：「誠、〔衡〕每詫曰：『地險如此，除是飛來！』」此段文字以《皇朝中興紀事本末》卷二三參校。

《老學庵筆記》卷一：「鼎、澧羣盜，惟夏誠、劉衡二砦據險不可破，二人每自咤曰：『除是飛過洞庭湖。』其後卒爲岳飛所破。」

《鶴林玉露》丙編卷六《用兵吉兆》：「岳飛討楊么，時么據洞庭，出没不可測。偶獲一諜者，問其巢穴，對曰：『險阻安可入，惟飛乃能入耳！』飛大笑，曰：『天遣汝爲此言，吾必破其巢穴。』三軍大喜，迄平之。」

〔四〕《建炎以來繫年要録》卷九〇：「（紹興五年六月丁卯）詔：『沿湖人户紹興三年以後未納租税、雜錢之類，並閣三年。』」

又同書卷九一：「（紹興五年七月丙戌）時張浚遣行府主管機宜文字熊彦詩先還奏事，浚奏：『潭、岳、鼎、澧、荆南歸業之民，其田已爲他人請佃者，以鄰近閑田與之，仍免三年租税。即原無産業，願受閑田者，亦予之。俟及半年，比較諸縣歸業人數，取旨推賞。』」

又同書卷九二：「（紹興五年八月）丙寅，以平湖賊及虔州諸盜，德音降湖、廣、江西二十一州，死罪已下囚，徒、杖並放。時潭、郴、鼎、澧、岳、復、循、梅、惠、英、廣、虔、吉、撫、汀、南雄州、荆南府、南安、臨江軍，皆寇所蹂踐，及軍行所經歷州被賊之家，驗實與免科差及拖欠、積欠各二年。虔州强盜並依格追納賞錢，免拘籍田産。其已籍田産，除已出賣外，如子孫見存，驗實給還。應民田官中見拘作營田者，許請認歸業。應緣捕捉防托，團結海船人户，實曾立功之人，並量度推恩。」

又同書卷九八：「（紹興六年二月庚戌）荆湖南路轉運判官、權安撫司公事薛弼言：『近以朝廷催趣應副岳飛月樁錢九萬貫，并撥上供米十萬石往鄂州，又撥四等折錢餘米應副岳飛，又撥二萬石應副荆南王彦，又撥一萬石應副鼎州。臣愚兼管潭州，備見帥、漕兩司虛實，本路因旱甚民流，檢放之餘，通不及三分，税米内仍有五等下户折錢之數，委無可以支給。本路大軍并將兵自十一月折半支錢，尚自拖欠一月。及口食等米無可指準，逐旋守等諸縣催趣殘零放不盡税，㪷升支散，惴惴有旦暮之憂。今來十二月，積陰雨雪不止，自下旬雪霰交作，間有雷電，冰凝不解，深厚及尺。州城内外，飢凍僵仆，不可勝數。除用度牒招募僧行，隨即瘞埋，旬日之間，閲實剃度僧行不少。自仲冬闕食，城内白晝剽劫，城外十室九空。盜賊迫於飢窮，十數爲羣，持杖剽奪行旅、舟船，道路幾於阻絶。除散遣緝捕官晝夜巡察，遇有發露，隨即擒獲，斬決、流配殆無虚日，近方少戢。流移漸歸，墾治田畝，遭此凍雪，寒餓死者枕籍道路。雖自席益在任，分置三場，給粥以濟，日近數目加增。至市里居民、逐軍營婦不憚愧恥，與乞丐隨逐仰給。觀此災沴，正宜倍加賑恤，以副陛下仁民愛物之意。況本路州縣累經敵馬，殘壞尤甚，遺黎九死之餘，去歲一年備兼五大：大兵、大火、大旱、大飢、大雪。若通融一路所有，極力救濟，或恐不能延及秋熟，蓋去麥熟尚四月，禾熟尚七月。若更撥錢九萬，及撥米應副四處，非唯上供已無可支移，其錢亦何由辦足，定見州縣剥膚搥髓，百姓愈不聊生。臣昨嘗以帥司激賞有備，屢乞責辦，相兼應副湖南軍馬。及席益移鎮，罄竭所有，祗了迎新送故之費。今帥、漕兩司空虛，無一月之儲，而大軍諸兵有拖欠之積。萬一雨雪不止，移運不繼，飢寒併至，或生他虞，雖誅責臣身，無救於事。亦知朝廷費廣，不敢别覬支降，唯望特降睿旨，將應副諸處錢米速賜蠲免。』詔弼將節次降到米斛，疾速措置賑濟。仍具去年上供苗米正色及折錢實數，申尚書省。」

《宋史》卷二八《高宗紀》：「（紹興五年七月）丙申，蠲湖南路上供米三年及秋租之半。」「（八月）丙寅，以諸盜平，減湖、廣、江西二十二州雜犯死罪，釋徒、杖以下囚。」

《宋會要輯稿》刑法三之四七：「（紹興）五年八月二十四日，德音：『應潭、郴、鼎、澧、岳、復州、荆南（府）、龍陽軍、循、梅、潮、惠、英、廣、韶、南雄、虔、吉、撫州、南安、臨江軍、汀州管内，訪聞昨來作過首領，多是占據民田，或雖不占據，而令田主出納租課。今來既已出首公參，尚慮依舊拘占，人户畏懼，不敢争訟。仰州縣多出文榜曉諭，限一月陳首，退還元主。如依前占吝，許人户陳訴，官爲斷遣。』」

又同書刑法三之四八：「（紹興）十九年十二月十三日，權尚書户部侍郎宋貺言：『湖湘、江、淮之間，昨經寇盜，多有百姓遺棄田産，比年以來，各思復業，而形勢户侵奪地界，不許耕鑿，欲望立法誡飭。』户部措置：『欲下江南東、西，荆湖南、北，淮南東、西路安撫、轉運、提刑司，檢坐見行條法，出榜曉諭。如被上户侵奪田土之人，仰赴官陳訴。若幹當人係白身或軍人，即仰依條重行斷遣；如有官人，即同形勢、官户人家，並具情犯、姓名申朝廷，依法重作施行。州縣觀望，不爲受理，仰監司按劾。其四川、兩浙東、西、二廣、福建、京西路，亦乞依此。』從之。」

《斐然集》卷一七《寄張德遠》：「民叛與兵叛不同，如虔賊向來岳飛非不討殺，亦有已見浄盡之言，終不能絶，尚跨四路出没，何也？州縣非其人，歸業不可，寧爲寇耳！水寇本緣政煩賦重，加以任人速之，一日兩郡響應。所欲殺者五等人，以官吏爲最，獨免執耒之夫，其心可見矣。一叛之後，梗塞數路，首尾六年，塗炭良民，失陷歲入，及行師用兵之費，不知幾何。若州縣自初一一得人，豈其至此？已往不可及，來者猶可追，願相公加意而圖之。」

又同書卷一五《繳户部乞拘收湖南應副岳飛錢糧》：「湖南累年屯駐軍馬，並係朝廷指揮，令轉運司撥支上供錢斛應副，尚猶不足，則帥臣不免多方措置，僅能給遣。昨來岳飛一軍入境，支費浩瀚，遂至均科田畝錢，竭一路民力，不足充三月之用。所幸水寇已平，大軍移駐。然本路重斂之後，加以大旱，民間困急，坐待溝壑，所以都督行〔府〕減放租税，多方存恤，猶懼無以善後。豈可將岳飛每月合用錢數，便令湖南漕司〔另〕項樁管，將安使從出哉？」

又同書卷一八《寄張相》（其七）：「湖南緣大兵、大旱之後，繼以月樁重斂，又州郡、縣道鮮得人，故民力大段困乏，怨咨日甚。村落窮民有私製緋衣巾，以俟盜起者。今道州之永明有寇未平，桂陽之藍山爲賊所據，郴州之永興羣盜方作，已犯衡之安仁，安仁距衡百二十里耳。帥司所遣兵折北不支，遂避賊鋒，過别縣。帥司緣近年例不得兵，州郡緣無錢粮，招軍不得，憲司憂恐，計無所出。若更無以善後，加有桀黠者誘之，鼓行而前，直至長沙非難事。」

有旨，兼蘄、黄州制置使，以目疾乞解軍事，上不許。既而疾稍瘳，先臣不復請，强起視事。〔一〕又有旨，令先臣軍以三十將爲額。〔二〕八月二十二日，〔三〕有旨，令先臣於襄陽府路、復州、漢陽軍鄉村民社置山城水寨處，疾速措置備禦事務，具已施行狀聞奏。

〔一〕《金佗稡編》卷一三《乞宫祠劄子》：「比具誠懇，冒犯天聰，以荆、襄三路目今盜賊屏息，乞罷制置使職事，以安愚分，未蒙俞允。竊念臣自收復建康，相繼六年，正當大暑，討捕寇攘。雖臣子義當捐軀效命，報稱之時，固不應復有披陳。然臣自收捕曹成入廣，漸染瘴癘，後來屢中暑毒，每至夏月，疾間發作，兩目赤昏，飯食不進。加之老母别無兼侍，病既在身，母且垂白。若臣貪冒寵榮，不知進退，非惟臣所不安，又以臣所統軍馬不少，方陛下恢復故疆，奉迎二聖，宜選賢能，建圖事功；而臣至愚極陋，豈可久濫兵權，以妨豪傑之路。情至迫切，實非緣飾誕妄，上欺天聽。欲望聖慈察臣之心，本非避事，除臣一在外宫觀差遣。」岳飛此奏參見第九七八頁注。據同卷《乞宫祠第二劄子》：「臣於六月十八日嘗具奏劄，冒犯天聰。」可知岳飛於鎮壓楊么後，立即上奏辭職。

又同書卷一三《乞宫祠第三劄子》：「實緣臣老母垂白多病，又臣漸染瘴疾，四肢墮廢，兩目昏赤，而臣職掌兵戎，繫國利害，莫大於此。臣若貪冒榮寵，昧於進退，不哀鳴控告於君父，在臣一身，固不足惜；重念朝廷付以上流，責任不輕，恐致顛隮，有悮委寄。」

《金佗續編》卷三《乞罷制置使畀以祠禄不允詔》：「卿肅持將鉞，勤宣王靈，北定荆、襄，南清湖、嶺，恩信甚洽，威名益彰。欲資帥閫之雄，增重上游之勢，忽覽奏牘，祈解使權。屬兹艱虞，方深注倚，遽求閒逸，殊駭聽聞。俾朕貽用才不盡之譏，在卿乖圖功攸終之義，揆之於理，夫豈宜爲。卿當厲忠憤之素心，雪國家之積耻，勉副朕志，助成大勳，往體眷懷，勿復有請。」

〔二〕《金佗續編》卷六《照會添置將分省劄》：「岳飛劄子：『契勘本軍昨准朝廷指揮，置立拾將。今來人數稍增，欲望□賜指揮，添置將分，候指揮。』右已劄下岳飛，共以叁拾將爲額。……紹興五年八月三日。」關於岳飛鎮壓楊么後之擴軍與岳家軍編制情況，可參《金佗稡編》卷九第八四六頁。

〔三〕二十二日 《紀事實録》作「二十三日」。

秋〔一〕九月，加檢校少保、食邑五百户、食實封〔二〕二百户，進封開國公。〔三〕制詞有曰：「得好生於朕志，新舊染於吾民。支黨内攜，〔四〕爭掀狡窟；渠魁面縛，自至和門。服矢弢弓，盡散潢池之嘯聚；帶牛佩犢，悉歸田里之流逋。清湖湘累歲蕩泊之菑，〔五〕增秦蜀千里貫通之勢。」還軍鄂州，益自奮厲，日率將士，閲習師徒，軍容甚整。張浚按視，〔六〕還朝以聞。冬十月，上賜詔褒諭。十二月，除荆湖南、北、襄陽府路招討使。〔七〕十五日，遣賜臘藥。二十一日，遣使傳宣撫問，賜銀合茶、藥。〔八〕

〔一〕秋　「秋」字疑衍，因爲在此段之前，已有秋季的叙事。

〔二〕食實封　「食」，據《金佗續編》卷二《檢校少保加食邑制》補。

〔三〕開國公　「開」，原作「鄂」，嘉靖本同，據《紀事實録》改。

《建炎以來繫年要録》卷九三：「（紹興五年九月壬午）鎮寧、崇信軍節度使、神武後軍都統制、荆湖南、北、襄陽府路、蘄、黄州制置使岳飛檢校少保，賞功也。」

《宋史》卷二八《高宗紀》：「（紹興五年九月）壬午，加岳飛檢校少保。」

《三朝北盟會編》卷一六八：「（紹興五年九月）岳飛加檢校少保。」

〔四〕支黨内攜　「攜」，原作「擒」，嘉靖本同，據《紀事實録》和《金佗續編》卷二《檢校少保加食邑制》改。

〔五〕蕩泊之菑　「泊」，《紀事實録》和《金佗續編》卷二《檢校少保加食邑制》作「汨」。

〔六〕張浚按視　「按視」，《紀事實録》作「視師」。

〔七〕《建炎以來繫年要録》卷九六：「（紹興五年）十二月己亥朔，檢校少保、鎮寧、〔崇〕信軍節度使、神武後軍都統制、荆湖南、北、襄陽府路、蘄、黄州制置使岳飛遷招討使。」

《宋史》卷二八《高宗紀》：「（紹興五年）十二月己亥朔，以岳飛爲荆湖南、北、襄陽府路、蘄、黄州招討使。」

又同書卷一六七《職官志》：「（招討使）定位在宣撫使之下，制置使之上，著爲定制。……紹興五年，岳飛爲湖北、襄陽招討使，請州縣不法害民者，許一面對移或放罷以聞，從之。」《金佗續編》卷六《除湖北襄陽招討使省劄》：「樞密院奏：『勘會岳飛已除檢校少保，理宜增重使名。』右三省、樞密院同奉聖旨，岳飛除湖北、襄陽府路招討使。……紹興五年十二月一日。」《宋會要輯稿》職官四二之六四：「紹興五年，詔岳飛招討，飛先任制置使，已除檢校少保，增重使名故也。」按岳飛招討司轄區已無荆湖南路，應以前引省劄爲準。《梁谿全集》卷八一《論襄陽形勝劄子》：「朝廷近拜岳飛爲荆、襄招討使，其計得矣。然駐軍岳、鄂，未聞前進。豈不以自兵火以來，襄陽焚毁尤甚，野無耕農，市無販商，城郭隳廢，邑屋蕩盡，而糧餉難於運漕故耶？」《建炎以來朝野雜記》甲集卷一一《招討使》：「紹興五年，以岳鵬舉爲湖北、襄陽招討使，鵬舉請州縣官不法害民者，許移罷，從之。」

〔八〕《三朝北盟會編》卷一六八：「（紹興五年十二月）改神武五軍，名行營護軍。張俊軍爲中護軍，岳飛軍爲右護軍，韓世忠軍爲前護軍，劉光世軍爲左護軍，吴玠軍爲後護軍。」《建炎以來繫年要録》卷九六：「（紹興五年十二月庚子）詔：『神武係北齊軍號，久欲釐正，宜以行營護軍爲名。神武（右）軍改稱中護軍，左軍稱前護軍，後軍稱後護軍，劉光世所部人馬稱左護軍，吴玠所部人馬稱右護軍，並聽本路宣撫、招討司節制。王彦所部人馬稱前護副軍，聽荆南安撫司節制。應統制官已下請給、資任、軍分如舊。』

中護軍者，本張俊所將信德府部曲，後以忠鋭諸將及張俊親兵，與張用、李横、閻臯之衆隸之。前護軍者，本韓世忠所將慶源府部曲，後以張遇、曹成、馬友、李宏、巨師古、王瓔、崔增之衆隸之。後護軍者，本岳飛所將河北部曲，後以韓京、吴錫、李山、趙秉淵、任士安之衆隸之。左護軍者，本劉光世鄜延部曲，其後王德、酈瓊、靳賽自以其衆隸之。右護軍者，本吴玠涇原部曲，後得秦鳳散卒及劉子羽、關師古之衆隸之。前護副軍者，本王彦河北所招部曲，其後稍以金州禁卒隸之。至是俊與世忠、光世軍最多，玠次之，飛又次之，彦兵視諸將最少。」岳家軍之最後番號，《會編》記載錯誤，應以《要録》爲準。當時五大將中，岳飛已成兵力最多最强之統帥，詳見《金佗稡編》卷九第八五〇頁。《要録》説岳飛兵力最少，顯屬錯謬。韓京和吴錫兩部只在紹興二年破曹成時，有一部份併入岳家軍，他們本人從未當岳家軍統制。趙秉淵撥屬岳飛，爲紹興六年後事。

《宋會要輯稿》禮六二之六〇：「（紹興五年）十二月十八日，詔曰：『時雪天寒，戍邊士卒暴露不易，可特賜柴炭錢，韓世忠、劉光世、張俊、岳飛軍各一萬五千貫，楊沂中軍八千貫。仰逐軍逐隊支散，仍各就本軍見椿排月錢内日前先次借撥給散。内韓世忠、劉光世、張俊、楊沂中軍借過錢，却令建康府権貨務依數撥還。』」

《建炎以來繫年要録》卷九七：「（紹興六年正月）辛卯，内侍衛茂恂降一官，送吏部。茂恂往岳飛軍前撫問，受餽過數，内批降黜，輔臣進呈，上曰：『受餽送過數，宜坐以贓罪，今降官，已是寬典。須當逐之，使爲外任。』沈與求曰：『陛下罰此一人，可以爲後來之戒。』上曰：『有罪則罰，何但此一人。』趙鼎曰：『陛下懲戒如此，後人必不敢犯。』」

《朱子語類》卷一二七：「記得岳飛初勵兵於鄂渚，有旨令移鎮江陵。飛大會諸將與謀，徧問諸將，皆以爲可，獨任士安不應。飛頗怒之，任曰：『大將所以移鎮江陵，若是時，某安敢不説。某爲見移鎮不是，所以不敢言。據某看，這裏已自成規摹，已自好了。此地可以阻險而守，若往江陵，則失長江之利，非某之所敢知。』飛遂與申奏，乞止留軍鄂渚。」任士安紹興五年隸屬岳飛，紹興六年又調任江南西路安撫制置大使司都統制，隸屬李綱。此段記事應在紹興五、六年間。

《浪語集》卷二〇《上成馬帥論屯軍》：「江夏之屯，乃岳飛所以制湖賊，西臨襄漢，阻水實多，進退江、淮，以全制虜之後，取道神速，遠不逮於武昌，吳、蜀之衝，固已無急於此。」

中國史學基本典籍叢刊

鄂國金佗稡編續編校注

二

〔宋〕岳珂 編
王曾瑜 校注

中華書局

鄂國金佗稡編卷第七

經進鄂王行實編年卷之四

紹興六年，丙辰歲，年三十四。

梁興來。兼營田使。入覲。賜金器。移屯襄陽。易武勝、定國軍節度使，除宣撫副使。周國夫人姚氏薨，起復。攻虢州寄治盧氏縣。復商州。復長水縣。〔一〕戰業陽，斬孫都統，擒滿在。戰孫洪澗。焚蔡州。援淮西。戰何家寨，擒薛亨、郭德等。戰白塔。戰牛蹄。賜銀合茶、藥。賜鞍、簡、香、茶。〔二〕

〔一〕復長水縣 「復」，原作「被」，嘉靖本同，據《紀事實録》改。

〔二〕本段底本和嘉靖本大部缺佚，據《紀事實録》補。

春正月，太行山忠義保社梁興等百餘人，奪河徑渡，至先臣軍前。先臣以聞，〔一〕上曰：「果爾，〔二〕當優與官，以勸來者。〔三〕若此等人來歸，方見敵情。」遂詔先臣接納。〔四〕

〔一〕先臣以聞　「以聞」，原缺三格，嘉靖本同，據《紀事實録》，應補「以聞」兩字。

〔二〕果爾　「果」，原作「杲」，嘉靖本同，據《紀事實録》改。

〔三〕以勸來者　「來」，原作「功」，嘉靖本同，據《紀事實録》改。

〔四〕詔先臣接納　「接納」，原缺，嘉靖本同，據《紀事實録》補。

《金佗續編》卷一〇《令措置河北河東京東三路忠義軍馬省劄》：「紹興十年十月十三日，左承議郎、守司農少卿、差充湖北、京西路宣撫使司參議官高穎劄子奏：『……如臣言可用，即委臣措置河北、河東、京東三路忠義軍馬。所有文劄，乞降付宣撫使岳飛，庶幾可以裨贊岳飛十年連結河朔之謀。……』」

又同書卷一一《令遣發參議官高穎措置三路忠義軍馬省劄》：「樞密院奏：『勘會近據左承議郎、守司農少卿、差充湖北、京西路宣撫使司參議官高穎劄子奏：乞委臣措置河北、河東、京東三路忠義軍馬，庶幾可以裨贊岳飛十年連結河朔之謀。已降指揮，劄與岳飛措置。』……紹興十年十二月六日。」岳飛「連結河朔之謀」之制訂，應於紹興元年，而付諸實施，則在紹興四年復襄漢後。

《紫微集》卷一九《梁興、趙雲、李進先於靖康，因金人攻破太原以南侵犯，不肯順番，首先率本府及絳州管界忠義人兵，措置收復河東懷、澤州、隆德、平陽府。渡河尋歸本朝，有僞齊占據黄河以南，隔絶前來不得。復渡河北，與番賊大軍戰鬭一十餘年，大小數百陣，前後約殺頭目三百餘人。堅守忠節，永不順番。自後思本朝，於紹興五年内前來歸朝。梁興武經郎、閤門宣贊舍人，趙雲敦武郎，李進修武郎制》：「勑：『朕惟河朔諸郡，間淪陷於干戈俶擾之餘，忠義遺民，終不諼乎國家涵養之德。爾等轉徙十年之後，間關百戰之餘，脱身歸來，深用嘉歎。俾躋榮於秩序，且風示於邇遐，益勵遠圖，以卒前志。』可。」

《建炎以來繫年要録》卷八二：「（紹興四年十一月丙寅）初，河東忠義軍將趙雲嘗出兵與敵戰。至是敵執其父福及母張氏，以招之，且許雲平陽府路副總管。雲不顧，遂殺福，因張氏於絳州。久之，雲間道奔岳飛軍中。既而飛遣雲渡河，雲因擊垣曲縣，復取其母。飛以爲小將。（此據紹興十二年六月丁丑雲自叙狀增入，蓋今年十一月二十一日事，故附於此。）」

《宋會要輯稿》儀制一〇之三三：「（紹興十二年）六月十六日，詔：『左武大夫、忠州刺史、特差充環慶路第一將、御前同副統制趙雲母加封。』以雲言，與金虜戰，虜囚其母於絳州垣曲縣獄，今已數年，比以京西、湖北宣撫司差往河北幹事，攻破其縣，救出之，乞減削見授官資，加封其母，故有是命。」

《建炎以來繫年要録》卷九七：「（紹興六年正月癸酉）荆、襄招討使岳飛言：『太行山忠義社梁興百餘人，欲徑渡河，自襄陽來歸。』時金虜併力攻興，故興以精騎突而至飛軍前。上曰：『果爾，當優與官，以勸來者。諜言固未可信，若此等人來歸，方見敵情。』沈與求曰：『若虜誠衰，來者衆，則敵情審矣。』（紹興十二年六月十一日，親衛大夫、忠州刺史梁興狀：『四年十月，與烏瑪喇太師接戰。至次年，奪路渡大河，歸本朝。』則興至飛軍前，當在去冬，今因奏到附此。）」

《宋會要輯稿》兵二之五九—六〇：「（紹興）六年正月五日，宰執進呈岳飛言，太行山忠義保社梁興等百有餘人，奪河徑渡，欲自襄陽府至飛軍前。上曰：『果如此，則梁興當與優轉官資，以勸來者。朕固知諜者之言未可盡信，若此等人來歸，方見敵情。』沈與求曰：『若虜誠衰，則此等人皆相繼來歸，何但梁興，來歸者衆，則敵情寡（審）矣。』」

又同書儀制一〇之二〇：「（紹興十二年）六月十一日，河南府路兵馬副都監、御前同副統制梁興言：『家世農業，自金人犯順，與之百戰，父母爲賊殺戮。乞將見任親衛大夫、忠州刺史減削別贈。』詔特與加贈。」

《東窗集》卷七《親衛大夫忠州刺史權發遣河南府路兵馬副都監御前同副統制梁興父建贈武翼郎制》：「勑：『盡臣節者，求諸孝子之門；蹈義方者，必本嚴君之訓。儻有士能自奮立，則於親安可弭忘。具官故父某，由閭閻而興，識逆順之理，親詔乃子，糾合義兵。雖間關同厄於百罹，然忠憤獨先於一死。迨此策勳之際，難從常典之拘，其超贈於武階，以申恩於幽壤。營魂未泯，尚克歆承。』」

又同書卷七《母喬氏贈恭人制》：「勑：『盡臣節者，求諸孝子之門；蹈義方者，必本慈母之訓。儻有士能自奮立，則於親安可弭忘。具官故母某氏，起由隱微，早識逆順，是爲烈婦，生此奇男。雖間關同厄於百罹，然忠憤何辭於一死。逮此策勳之際，難從常典之拘，其增封號之華，以示襚恩之厚。營魂未泯，尚克歆承。』」

《金佗稡編》卷一八《梁興奪河渡申省狀》：「飛先來結約太行山忠義保社，密爲内應。今據頭領梁興等一百餘人，奪河徑渡，欲自襄陽府至飛軍前。除已一面招納外，謹具申尚書省并樞密院，伏候指揮。」

《金佗續編》卷七《進發至京西路添入河東及節制河北路字劄》：「飛契勘河東、河北兩路，近除有梁興等前來之後外，别無前來之人。……紹興六年七月二日。」

《忠正德文集》卷八《丙辰筆録》：「〔張〕浚奏曰：『飛之措置甚大，今既至伊、洛間，如河陽、太行一帶山寨，必有通耗者。自梁青之來，常有往來之人，其意甚堅確。青，懷、衛間人，嘗聚衆依太行，數出擾磁、相間。金人頗患之，今年春，併兵力攻。青以精騎數百突出，渡河，由襄漢來歸岳侯。〔青〕，兩河人呼爲梁小哥。』」

《中興小紀》卷一九：「〔紹興五年冬〕自靖康以來，中原之民不〔臣〕金〔虜〕者，〔皆〕於太行山相保聚。初，太原張横者有衆二〔千人〕，往來嵐、憲之境。嵐、憲知州、同知領兵一千五百人，入山捕之，爲横所敗，兩同知俱被執。又梁小哥者，有衆四千，破神山縣。神山距平陽帥府百里而近，本府遣兵三千，付總管判官鄧奭，將而討之。〔虜〕軍遥見小哥旗幟，不敢進。既而有都統馬五者，領契丹鐵騎五百至。責奭逗遛，併將其軍，與小哥戰，亦敗而死。小哥名青，懷、衛間人也。」此段文字以《皇朝中興紀事本末》卷三五參校。《要録》卷九三爲是年秋。《金佗稡編》卷八：「先是，先臣自紹興五年遣義士梁興，敗金人於太行，殺其僞馬五太師及萬户耿光禄，破平陽府神山縣。遣張横敗金人於憲州，擒嵐、憲兩州同知及岢嵐軍軍事判官。」《大金國志校證》卷一一：「（皇統二年）太原義士張横敗國兵於憲州，擒嵐、憲兩州同知及岢嵐軍判官。平陽義士梁小哥敗國兵於太行，殺契丹都統馬五太師。張横有衆一十八人，嘯聚於嵐、憲之境，大金捕之，往往失利。至是帥府遣兩州同知及判官，領太原兵千五百人追捕。既與張横相遇，望風而潰，多墜崖死，兩州同知與判官盡爲横所擒。梁小哥有衆四十人，時破平陽府神山縣，去帥府無百里遠。總管判官鄧奭以三千人討之。奭軍常與梁小哥相去五、六里，方敢行，遥見梁旗幟則止。遇夜，相去十餘里方敢下營，多置火炬巡警，以備衝劫，營中〔傳〕箭唱號，不敢少眠。三夕之間，兩次〔驚〕潰。至第四日，有契丹都統馬五太師領契丹鐵騎五百，與奭軍會，大誚其怯，併奭之軍，率衆先登而戰，爲梁小哥首殺之，五百餘衆盡皆犇散。」皇統二年乃紹興十二年，《大金國志》記事之時間有誤。《金史》卷八〇《阿離補傳》有「金吾衛上將軍耶律馬五」，可知馬五姓耶律。《永樂大典》誤將「馬五」顛倒爲「五馬」，《要録》之「烏瑪喇」，乃是修《四庫全書》時，對「五馬」之改譯。

二月，兼營田使。〔一〕以都督行府議事，至平江府，自陳〔二〕去行在所〔三〕不遠，願一見天顏。九日，得旨引見。〔四〕面奏：「襄陽、唐、鄧、隨、郢、金、房、均州、信陽軍舊隸〔五〕京西南路，乞改正如舊制。」〔六〕又奏〔七〕：「襄陽自收復後，〔八〕未置監司，州縣無以按察。」〔九〕上皆納之，〔一〇〕以李若虛爲京西南路提舉兼轉運、提刑公事。〔一一〕又令湖北、襄陽府路如有闕官，自知、通以下，許先臣自擇强明清幹者任之，及得薦舉改官，〔一二〕陞擢差遣，其有蠹政害民、贓污不法者，得自對移放罷。〔一三〕十九日，陛辭，上賜酒器金二百兩，〔一四〕士卒犒賞有差。〔一五〕

〔一〕二月兼營田使　「二」，原作「三」，嘉靖本同，據《紀事實録》改。

《建炎以來繫年要録》卷九八：「（紹興六年二月己亥朔）詔江西轉運司於去年上供米内，共撥二萬石，付帥司爲賑濟之用，即不得有妨應副岳飛一軍米數。

庚子，江西制置大使李綱、湖南制置大使呂頤浩並兼本路營田大使。翌日，詔淮西宣撫使劉光世，淮東宣撫使韓世忠，江東宣撫使張俊，湖北、襄陽府路招討使岳飛，川、陝宣撫副使吳玠亦如之。飛、玠惟不帶『大』字。」

《宋會要輯稿》食貨六三之一〇二：「（紹興六年）二月三日，詔：『淮南西路、兼太平州宣撫使劉光世，淮南東路、兼鎮江府宣撫使韓世忠，江南東路宣撫使張俊並兼營田大使，荆湖北路、襄陽府路招討使岳飛，川、陝宣撫副使吴玠並兼營田使。』」《金佗續編》卷六《兼營田使省劄》：「三省同奉聖旨，荆湖北路、襄陽府路招討使岳飛，川、陝宣撫副使吴玠並兼營田使。……紹興六年二月四日。」《宋史》卷一七六《食貨志》：「（紹興）六年，都督張浚奏改江、淮屯田爲營田，……尋命五大將劉光世、韓世忠、張俊、岳飛、吴玠及江、淮、荆、襄、利路帥悉領營田使。」

〔二〕至平江府自陳　「江府，自」，原缺，嘉靖本同，據《紀事實録》補。

〔三〕行在所　「行」，據《金佗續編》卷六《催赴行在奏事省劄》和《宋朝南渡十將傳》卷二《岳飛傳》補。

〔四〕《金佗續編》卷六《催赴行在奏事省劄》：「岳飛申：『於今月初九日晚到常州，迤邐前去平江府以來，聽候指揮外，申聞事。』檢會諸路軍事都督府關尚書右僕射張浚劄子奏：『勘會岳飛議事已畢，令取道衢、信，去行在不遠，欲一見天顔，少慰臣子瞻戀之心。欲望聖慈特令内殿引見。取進止。』二月九日，奉聖旨依，候引見奏事畢，免朝辭，疾速還鄂州。」

〔五〕信陽軍舊隸　「隸」，原缺，嘉靖本同，據《紀事實録》補。

〔六〕《金佗稡編》卷一八《乞襄陽府路仍作京西路申都督府劄子》：「契勘襄陽、唐、鄧、隨、郢、金、房、均州、信陽軍元係京西南路，今來收復已久，合仍舊貫。欲乞改襄陽府路依舊只作京西南路，庶得路分速歸舊制，以稱朝廷正名責實，不忘中原之意。」

《建炎以來繫年要録》卷九八：「（紹興六年二月）戊申，湖北、襄陽府路招討使岳飛請復以襄陽府路爲京西南路，唐、鄧、隨、郢、金、均、房州、信陽軍並爲所隸，從之。」《宋史》卷二八《高宗紀》：「（紹興六年二月）戊申，岳飛入見，復以襄陽府路爲京西南路。」《宋會要輯稿》方域五之一八：「紹興六年二月十日，都督行府言：『襄陽、唐、鄧、隨、郢、金、房、均州、信陽軍元係京西南路，欲乞改襄陽府路依舊爲京西南路。』從之。」

〔七〕又奏　「奏」，原缺，嘉靖本同，據《紀事實録》補。

〔八〕襄陽自收復後　「自」，原缺，嘉靖本同，據《紀事實録》補。

〔九〕《金佗稡編》卷一八《乞置監司申都督府劄子》：「契勘襄陽府自收復以來，未曾差置監司。切慮無以按察州縣，欲望鈞慈詳酌，除監司一員，兼諸司事務，庶得官吏勤於職事，不致苟簡，以稱朝廷厲精核實之意。」《宋會要輯稿》職官四五之一九：「（紹興）六年二月四日，神武副軍都統制岳飛言：『〔收〕復襄陽府路，未曾差置監司。』許置監司一員，兼領諸司事務。」此條「六年」原作「六月」，又岳飛之官銜係誤。

〔一〇〕上皆納之　「上皆」，原缺，嘉靖本同，據《紀事實録》補。

〔一一〕提刑公事　「提」，原作「使」，嘉靖本同，據《紀事實録》改。《建炎以來繫年要録》卷九八：「（紹興六年二月辛亥）右宣義郎、湖北、京西招討使司參議官李若虛提舉京西南路常平、茶鹽公事，兼權轉運，提刑司公事，以招討使岳飛言，自收復後來，未曾差置監司，慮無以檢察州縣故也。」

又同書卷一〇八：「（紹興七年正月乙酉）福建路轉運判官蘇良治、荆湖北路轉運判官李若虛、兩浙東路提舉常平、茶鹽公事鄭績、提舉兩浙路市舶王時並罷。先是，朝論欲重監司之選，而侍御史周秘奏良治、時貪鄙無行，又言若虛止嘗歷秀州司户一考，績自提轄文思院徑除監司，二人尤爲超躐，故並罷。仍以若虛爲湖北、京西宣撫司參議官。」

〔一二〕强明清幹者任之及得薦舉改官　「任之，及得」，原缺，嘉靖本同，據《紀事實録》補。

〔一三〕贓污不法者得自對移放罷　「贓污不法者，得」，原缺，嘉靖本同，據《紀事實録》補。「污」，《紀事實録》原作「汙」，據《金佗稡編》卷一八《乞便宜黜贓吏申省劄子》和《金佗續編》卷一九改。

《金佗續編》卷六《督府照會有闕官去處知通以下許自踏逐令先次供職申奏給降付身劄》：「岳飛劄子：『契勘湖北、襄陽府路如有闕官去處，自知、通并州縣官，許自踏逐强明清幹官，令先次供職外，申奏朝廷，給降付身。仍許薦舉改官，及陞擢差遣任使。候指揮。』二月十一日奉聖旨，依所乞，其薦舉改官，許以見闕監司員數合用舉狀，薦舉一次。」另可參《金佗續編》卷七《照會踏逐辟差官先次供職省劄》第一三四三頁。

《金佗稡編》卷一八《乞便宜黜贓吏申省劄子》：「管下州縣例經殘破，正賴撫綏，切慮州縣官或有蠹政害民、贓污不法之人，當此安集之初，易以搔擾，若不稍加振厲，則民户難以安業。欲望特降指揮，如有似此之人，許本司一面對移，事理重者放罷，仍具情犯職名奏聞。所貴官吏修舉職事，不敢苟簡。」另可參《金佗續編》卷七《從申刺舉本路州縣官省劄》第一三四四頁。

《建炎以來繫年要録》卷九八：「（紹興六年二月壬戌）湖北、京西招討使岳飛言：『兩路州縣官有蠹政害民、贓污不法之人，乞許本司一面對移，事重者放罷，具事聞奏。』從之。」

〔一四〕陛辭上賜酒器金二百兩　「陛辭，上」和「酒器金」，原缺，嘉靖本同，據《紀事實録》補。

〔一五〕《金佗續編》卷六《督府令赴行在奏事訖還鄂州本司劄》：「勘會岳飛已到行在奏事畢，二月十九日奏聖旨，令岳飛於今月二十日就内殿辭訖，日下回歸本司。」

《建炎以來繫年要録》卷九八：「（紹興六年二月）丙辰，右武大夫、達州團練使、知襄陽府張旦復舊官，充荆湖北路兵馬鈐轄，用湖北、京西招討使岳飛請也。先是，飛赴都督行府計事，遂自鎮江入朝。上召對於内殿，賜飛金酒器，遣還。（岳飛入朝，《日曆》不載，但於二月丁未書『張浚乞令内殿引見』，及於此日書『有旨，左藏庫進金二百兩，賜岳飛酒器使用』，不知何日引見也。）」

「（丁巳）詔湖北、京西帥司於招討使岳飛並用申狀。」

《金佗續編》卷七《任招討使申明行移用公牒劄》：「岳飛劄子：『准諸路軍事都督府劄子：勘會岳飛昨充湖南、北、襄陽府路制置使日，依第二等奉使條例，發運、監司並用申狀。兼契勘昨張俊任江南東路招討使日，除安撫大使司用公牒外，其餘帥司並用申狀。今來岳飛已改除湖北、京西南路招討使，理合申明。二月十九日奉聖旨，並依例施行。飛即未審本司行移本路安撫、監司，用公牒，唯復用劄子，伏乞明賜指揮。』取到武節郎、充江南東路宣撫使司幹辦官高淮狀，契勘張開府昨任江、淮路招討使日，於監司、發運、帥司行移並用公牒，所供是實。」《宋會要輯稿》職官四二之六四：「（紹興）六年二月十九日，樞密院言：『岳飛昨充湖南、北、襄陽府路制置使日，依第二等奉使條例，發運、監司並用申狀外，兼張俊任江南東、西路招討使日，除安撫大使司公牒外，其餘帥司並用申狀。今來岳飛已改除湖北、京西南路招討使，理合申明。』詔並依條例施行。」

都督張浚至江上，會諸大帥，〔一〕浚於座中獨稱先臣可倚以大事。乃命韓世忠屯承、楚，〔二〕以圖淮陽，劉光世屯廬州，〔三〕以招北軍，張俊屯盱眙，楊沂中爲俊後翼。特命先臣屯襄陽，〔四〕以窺中原，謂先臣曰：「此事，君之素志也，惟君勉之！」先臣奉命，遂移屯京西。〔五〕

〔一〕張浚至江上會諸大帥　「至江上，會」，原缺，嘉靖本同，據《紀事實録》補。

〔二〕獨稱先臣可倚以大事乃命韓世忠屯承楚　「可」和「以大事。乃」，原缺，嘉靖本同，據《紀事實録》補。

〔三〕劉光世屯廬州　「屯廬」，原缺，嘉靖本同，據《紀事實録》補。

〔四〕先臣屯襄陽　「屯」，原缺，嘉靖本同，據《紀事實録》補。

〔五〕《建炎以來繫年要録》卷九七：「（紹興六年正月）丙戌，尚書右僕射張浚辭往荆、襄視師。浚以虜勢未衰，而劉豫復據中原，爲謀叵測，奏請親行邊塞，部分諸將，以觀機會，上許焉。浚即張榜，聲豫叛逆之罪。時淮東宣撫使韓世忠駐軍承、楚，淮西宣撫使劉光世屯太平州，江東宣撫使張俊屯建康府，而湖北、京西招討使岳飛在鄂州，朝論以爲邊防未備，空闕之處尚多。浚獨謂楚、漢交兵之際，漢駐兵殽、澠間，則楚不敢越境而西。蓋大軍在前，雖有他岐捷徑，敵人畏我之議其後，不敢踰越而深入。故太原未陷，則粘罕之兵不復濟河，亦以此耳。論者多以前後空闕爲疑，曾不議其糧食所自來，師徒所自歸。不然，必環數千里之地盡以兵守之，然後可安乎？浚既白于上，又以告之同列，惟上深以爲然。」

又同書卷九八：「（紹興六年二月）辛亥，詔張浚暫赴行在所奏事。浚遂命京東宣撫使韓世忠自承、楚以圖淮陽，命淮西宣撫使劉光世屯合肥，以招北軍，命江東宣撫使張俊練兵建康，進屯盱眙，又請權主管殿前司公事楊沂中領中軍爲後翼，命湖北、京西招討使岳飛屯襄陽，以圖中原。於是國威大振，上自書《裴度傳》賜浚。」

《朱文公文集》卷九五上《少師保信軍節度使魏國公致仕贈太保張公行狀上》：「公以虜勢未衰，而叛臣劉豫復據中原，爲謀叵測，不敢皇寧處於朝，奏請親行邊塞，部分諸將，以觀機會，上許焉。即張榜，聲豫僭逆之罪，以是月中旬啟行。公謂楚、漢交兵之際，漢駐兵殽、澠間，則楚不敢越境而西。蓋大軍在前，雖有它岐捷徑，敵人畏我之議其後，不敢踰越而深入也。故太原未陷，則粘罕之兵不復濟河，亦以此耳。論者多以前後空闕，虜出它道爲憂，曾不議其糧食所自來，師徒所自歸。不然，必環數千里之地盡以兵守之，然後爲可安乎？既以此告於上，又以此言於同列，惟上深以公言爲然。至江上，會諸帥議事，命韓世忠據承、楚，以圖淮陽，命劉光世屯合淝，以招北軍，命張俊練兵建康，進屯盱眙，命楊沂中領精兵爲後翼，佐俊，命岳飛進屯襄陽，以窺中原。形勢既立，國威大振。上遣使賜公御書《裴度傳》，以示至意。公於諸將中尤稱韓世忠之忠勇，岳飛之沉鷙，可倚以大事。」張浚之部署，表明其戰略指導之低劣，亦爲遷就怯戰之張俊與劉光世之所致。兩軍取攻勢，兩軍取守勢，而川、陝吴玠大軍則又在軍事計劃之外。所謂「國威大振」之説，乃朱熹對張浚之虚美。一不集中兵力，二無各軍協同配合，決定了紹興六年宋軍戰績。

《誠齋集》卷一一五《張魏公傳》：「六年正月，至江上，牓豫僭逆之罪。命韓世忠據承、楚，以圖淮陽，命劉光世屯合肥，以招北軍，命張俊練兵建康，進屯盱眙，命楊沂中領精兵爲後翼，以佐俊，命岳飛進屯襄陽，以窺中原。」

《宋史》卷三六一《張浚傳》：「六年，會諸將，議事江上，榜豫僭逆之罪。命韓世忠據承、楚，以圖淮陽，命劉光世屯合肥，以招北軍，命張俊練兵建康，進屯盱眙，命楊沂中領精兵爲後翼，以佐俊，命岳飛進屯襄陽，以窺中原。」

《金佗稡編》卷一一《李通歸順奏》：「檢校少保、鎮寧、崇信軍節度使、充湖北、襄陽府路招討使、兼本路營田使臣岳飛狀奏：『……今有虢州欒川知縣、修武郎李通將帶五百餘人，首倡歸順，已到鄧州。……』」依此奏中岳飛的官銜，應爲紹興六年二月事，李通投誠，爲爾後秋季的北伐作了準備。

《皇宋十朝綱要校正》卷二三：「（紹興六年三月）戊子，岳飛言：『虢州欒川僞知縣李通率五百人來歸，至鄧州。』詔飛存恤犒勞之。」

《金佗續編》卷二九趙鼎《奏王彦移軍事宜》：「臣等適蒙宣諭王彦移軍事。臣中間與張浚議及此事。浚言，彦病甚，其次無可委之人，萬一彦死，其衆無所統屬，所以有併歸岳飛之意。儻如早來聖諭，召彦赴闕，則荆南錢糧不足，其次既無可以倚仗之人，切慮別致生事。臣等商量，欲作書與岳飛，候飛移軍襄陽，駐劄定，然後行下王彦除命，及一面召彦前來，則其衆已在襄陽，部内不能轉動矣。」關於王彦軍移屯事見本卷第四一三頁。

三月，易武勝、定國兩鎮之節，除宣撫副使，置司襄陽，加食邑五百户、食實封二百户。制詞有曰：「洛都甫邇，王氣猶在於伊瀍；陵寢具存，廟貌未移於鐘虡。」〔一〕所以寓責望之意深矣。先臣以宣撫重名，自非廊廟近臣及勳伐高世者不可委授，上章力辭。〔二〕上賜詔曰：「漢高帝一日得韓信，齋戒築壇，拜爲大將，授數萬之衆。雖舉軍盡驚，而高帝不以爲過，與待絳、灌、樊、酈輩計級受賞者，蓋有間矣。〔三〕豈非用人傑之才，固自有體耶？卿智勇兼資，忠義尤篤，計無遺策，動必有成，勳伐之盛，焜耀一時，豈止與淮陰侯初遇高帝比哉！」〔四〕

〔一〕《金佗續編》卷二《武勝定國軍節度使充湖北京西路宣撫副使置司襄陽加食邑制》第一二六九頁。

〔二〕《金佗稡編》卷一四《辭宣撫副使劄子》：「顧土宇恢復之迹，未見尺寸，而厚恩醲賞，涯分已踰。且以宣撫之重名，實寄專征之大事，自非廊廟近臣、勳伐高世者，豈當冒躐而居。」《宋會要輯稿》職官四一之二四—二五：「（紹興二年）五月十六日，荆湖、廣南路宣撫使、兼知潭州、充湖南路安撫使李綱言：『竊見祖宗以來，所置使名莫重於宣撫，多以見任執政官充使。』」《宋史》卷一六七《職官志》：「宣撫副使不常置，掌貳使事。……亦有不置使而置副，如胡世將之於川、陝，岳飛之於荆、襄，楊沂中之於淮北，皆止以副使爲名。飛後以功，始落『副』字。」《建炎以來朝野雜記》甲集卷一一《宣撫副使》：「紹興中，胡承公、鄭亨仲在川、陝，岳鵬舉在荆、襄，楊存中在淮北，皆不置宣撫使，而數人者第以副使爲名，蓋靳之也。久之，鵬舉落『副』字，其餘則否。」

〔三〕蓋有間矣　「蓋」，據《金佗續編》卷三《辭免易武勝定國軍節度使宣撫副使加食邑五百户食實封貳伯户不允詔》補。

〔四〕初遇高帝比哉　「帝」，《金佗續編》卷三《辭免易武勝定國軍節度使宣撫副使加食邑五百户食實封貳伯户不允詔》作「祖爲」。

《建炎以來繫年要録》卷九九：「（紹興六年三月戊辰朔）右通直郎、知撫州劉子翼特遷一官，以江西諸司言，子翼自到任後，發過岳飛軍糧五萬餘斛，錢二十四萬餘緡，又勸誘人户椿備賑糴米三萬餘斛，故有是命。」

《宋會要輯稿》食貨四〇之二一：「（紹興六年）三月一日，詔權發遣撫州劉子翼與轉一官，以江南西路安撫制置司、都轉運、提舉茶鹽常平司公事言：『子翼自到任，節次共起發過糧米五萬三千八百碩，錢二十四萬八千八百貫，往岳飛軍前。及常州應付糴買，又勸誘人户椿補，措置收糴到賑糴米計三萬一千石。流離之人，往往復業。』故有是命。」

《建炎以來繫年要録》卷九九：「（紹興六年三月）己巳，少保、武成、感德軍節度使、淮南東路、兼鎮江府宣撫使韓世忠爲京東、淮東宣撫處置使，兼節制鎮江府，徙鎮武寧、安化，楚州置司，檢校少保、鎮寧、崇信軍節度使、湖北、京西南路招討使岳飛爲湖北、京西宣撫副使，徙鎮武勝、定國，襄陽府置司。時朝廷鋭意大舉，都督張浚於諸將中每稱世忠之忠勇，飛之沉鷙，可以倚辦大事，故並用之。」

是日，李綱入辭，退，上疏言：『今日主兵者之失，大略有四：兵貴精，不貴多，多而不精，反以爲累；將貴謀，不貴勇，勇而不謀，適爲敵擒；陣貴分合，合而不能分，分而不能合，皆非善置陣者；戰貴設伏而直前，使敵無中斷邀擊之虞，皆非善戰者。願明詔之，使知古人用兵之深意，非小補也。朝廷近來措置恢復，有未盡善者五，有宜預備者三，有當善後者二。今降官告，給度牒，賣户帖，理積欠，以至折帛、博糴、預借、和買，名雖不同，其取於民則一，而不能生財節用，覈實懋遷，一也。議者欲因糧於敵，不知官軍抄掠，甚於寇盜，恐失民心，二也。金人專以鐵騎勝中國，而吾不務求所以制之，三也。今朝廷與諸路之兵，盡付諸將，外重内輕，四也。兵家之事行詭道，今以韓世忠、岳飛爲京東、京西宣撫，未有其實，而以先聲臨之，五也。且中軍既行，宿衛單弱，肘腋之變不可不虞，則行在當預備。江南、荆湖之衆盡出，敵或乘間擣虚，則上流當預備。海道去京東不遠，乘風而來，一日千里，而蘇、秀、明、越全無水軍，則海道當預備。假使異時王師能復京東、西地，則當屯以何兵，守以何將，金人來援，何以待之。萬一不能保，則兩路生靈虚就屠戮，而兩河之民絶望於本朝，勝猶如此，當益思善後之計。』」按李綱此奏即後引《梁谿全集》卷八四《論進兵劄子》之節略。

《宋史》卷二八《高宗紀》：「（紹興六年三月）己巳，以韓世忠爲京東、淮東路宣撫處置使，岳飛爲京西、湖北路宣撫副使。」

《三朝北盟會編》卷一六九：「（紹興六年）三月，韓世忠加少保、武寧、安化軍節度使、京東、淮東宣撫處置使，軍楚州。岳飛加檢校少保、武勝、定國軍節度使，湖北、京西宣撫使，軍襄陽府。」

按《會編》關於岳飛加檢校少保和宣撫使的記載顯屬差訛。

《梁谿全集》卷八四《論進兵劄子》：「臣於陛辭日，竊聞麻制，以韓世忠、岳飛爲京東、京西路宣撫使，聖意可謂斷矣。然兵家之事，多行詭道；鷙鳥之搏，必戢其翼；猛獸之攫，必匿其爪，藏殺機也。今者不得已而用兵，不知欲敵人之知乎，欲敵人之不知乎？欲敵人之爲備乎，欲敵人之不爲備乎？事固有先聲而後實者，然既有其實，乃可先其聲。昔韓信虜魏王，禽夏說，不旬朝，破趙二十萬衆，誅成安君於泜水上，故能發一乘之使，奉咫尺之書，使燕、齊從風而靡，有其實故也。今吾軍初未嘗有其實，而遽以先聲臨之，其可乎？此未盡善者五也。」

「夫山東，天下之陸海也，賊豫賴之，以爲根本之地，與吾淮南境土相接，河渠相通，士馬易行，糧餉易致。宜令韓世忠率師先臨，繼遣劉光世爲之策應，張〔俊〕分兵以防江，岳飛重兵且屯襄陽，勿輕動，以牽制其師，使不得應援。募敢死將士，由海道以擣其腹心，擇要害之地控扼，以斷金人來援之路，京東郡縣必有起而應者。撫綏料理，務盡其術，京東可保，乃可徐事京西。此今日之至計也。」此奏又見《歷代名臣奏議》卷二三二。

《歷代名臣奏議》卷二三九李光奏：「今陛下所與圖中興，摧大敵者，不在張、韓、劉、岳、吴玠等數大將乎？……臣觀諸將各有所長，不可偏任。如張、劉之持重，韓、岳之驍勇，政在陛下區處駕御之耳。韓世忠、岳飛其實未立尺寸之功，寵任之專、恩數之隆、錫賚之厚，莫與爲比；而陰拱傍觀者惟幸其不成功，其勢不得不重。彼重而我輕，一旦有急，勢必偃蹇。」

《梁谿全集》卷九三《乞沿淮漢修築城壘劄子》：「今大將既已移屯矣，營田既已施行矣，楚、泗既已修築城壘矣，惟是沿淮如廬、壽，沿漢江如襄、鄧等處，尚未措畫。臣願陛下降詔劉光世、岳飛，乘士卒之暇，以漸修築，如韓世忠之於楚，張俊之於盱眙，楊沂中之於泗。使名城堅壘，綿亘相望，以張國勢，以讋敵心。」此奏又見《歷代名臣奏議》卷三三四。

《金佗續編》卷七《督府令將帶精兵前去襄陽劄》：「三月十二日奉聖旨，令岳飛依議定事理，將帶精兵，疾速起發，前去襄陽，仍具已起發月日聞奏。」

又同書卷七《除湖北京西路宣撫副使省劄》：「樞密院奏：『勘會已降指揮，岳飛除湖北、京西路宣撫副使。』右奉聖旨，令岳飛疾速兼程前去鄂州，措置軍事。……紹興六年三月十二日。」

《建炎以來繫年要録》卷九九：「（紹興六年三月己卯）詔岳飛疾速兼程之鄂州，措置軍馬。」

《宋史》卷二八《高宗紀》：「（紹興六年三月）己卯，趣岳飛如鄂州，措置軍事。」

《宋會要輯稿》職官三九之九：「（紹興）六年三月二十六日，張浚言：『諸路州縣出賣户帖錢，元降指揮令都督府拘收，非奉聖旨指揮，不得支使。竊緣方今軍事之際，合用錢數浩瀚，兼措置屯田，般發岳飛糧米等，所費益廣，若一一奏請處分，竊慮待報不及，却成留滯。除已逐急取撥應副使用外，欲望許臣候支使了畢，具實數奏請除破。』從之。」

夏四月，上命至武昌調軍。丁周國夫人姚氏憂。上遣使撫問，即日降制起復，敕本司官屬、將佐，本路監司、守臣躬請視事，賻贈常典外，加賜銀、絹千匹、兩，襄奉之事，鄂守主之。先臣扶櫬至廬山，連表懇辭，乞守終喪之志。上悉封還，親札慰諭，又累詔促起，乃勉奉命，復屯襄漢。〔一〕

〔一〕《金佗稡編》卷九《遺事》：「先臣雖身服王事，軍旅應酬無虛刻，嘗以昏莫竊暇至親所，嘗藥進餌。衣服器用，視燥濕寒煖之節。語欬、行履未嘗有聲。遇出師，必嚴飭家人謹侍養，微有不至，詈罰自妻始。及母薨，水漿不入口者三日，每慟如初，毀瘠幾滅性。自與臣雲跣足扶櫬歸葬，不避塗潦蒸暑。諸將佐有願代其役者，先臣謝之，路人無不涕泣。既葬，廬于墓，朝夕號慟。又刻木爲像，行温清定省之禮如生時。連表哀訴，願終三年喪。上三詔不起，敕監司、守臣請之，又不起。責其官屬以重憲，使之以死請，乃勉强奉詔，終制不忍棄衰絰。」關於姚氏病逝後喪葬、起復等事，可參《金佗稡編》卷一高宗宸翰十九第一二頁，卷一四《辭母亡格外賻贈及應辦喪事奏》第九八五頁，《乞終制劄子》，《辭格外賻贈銀絹劄子》，《乞終制第二劄子》，《乞終制第三劄子》，《金佗續編》卷三《辭免起復不允詔》第一二八九頁，卷七《内艱賜銀絹省劄》第一三四七頁，《令鄂州應辦葬事省劄》，《特起復日下主管軍馬不得辭免省劄》，《起復第二省劄》，《辭免起復不允省劄》。

《金佗續編》卷二九趙鼎《乞起復》：「臣等契勘，今日據岳飛下參謀（議）官李若虚申：『岳飛於三月二十六日丁母憂，乞別差官主管人馬。』臣等檢會大將丁憂，例合起復。緣初八日歇泊假，欲從密院先降旨揮，照會起復，令日下依舊主管人馬，措置渡江。於初八日進熟狀，鎖院，初九日降制。」

《建炎以來繫年要録》卷一〇〇：「（紹興六年四月）壬寅，遣帶御器械韓世良往楚州軍前撫問，以淮陽之捷故也，仍以兩鎮節度使印賜世忠。且賜張浚手書曰：『世忠既捷，整軍還屯，進退合宜，不失事機，亦卿指授之方。卿更審虛實，徐爲後圖，或遣岳飛一窺陳、蔡，使賊枝梧之不暇也。』」

「乙巳，詔：『湖北、京西宣撫（副）使岳飛丁母憂，已擇日降制起復。緣見措置進兵渡江，不可等待，令飛日下主管軍馬，措置邊事，不得辭免。』先是，飛母慶國太夫人姚氏卒於軍，飛不竢報，乃解官而去。上聞之，詔飛起復，遣東頭供奉官鄧琮持告撫諭，賜銀、帛千匹、兩，令官屬、將佐、本路監司、本州守臣日下敦請治事。翌日降制。已而琮見飛於廬山寺，飛欲以衰服謝恩，琮不聽，飛再辭，上不許。詔飛速往措置調發，毋得少失機會，飛奉詔歸屯。（《日曆》：飛奏以四月六日扶護來廬山卜葬。十二日至江州瑞昌縣，被受密劄起復。二十七日甲子，降詔不允。五月壬申再降詔。今併附書之。諸書稱飛與張浚議不合，乞持服，乃紹興七年事，詳見本年四月丁未并注。）」

《宋會要輯稿》禮四四之二〇：「武勝、定國軍節度使、檢校少保、湖北、京西路〔宣〕撫副使岳飛四月以母亡，贈銀、絹一千匹、兩。」

《宋史》卷二八《高宗紀》：「（紹興六年四月甲辰）岳飛以母喪去官。丙午，詔飛起復。」

《朱文公文集》卷九五上《少師保信軍節度使魏國公致仕贈太保張公行狀上》：「世忠在楚州，時入僞地，叛賊頗聚兵，世忠渡淮，擊敗之，直引兵至淮陽而還，士氣百倍。上手書賜公曰：『世忠既捷，整軍還屯，進退合宜，中外忻悅。每患世忠發憤直前，奮身不顧，今乃審擇利便，不失事機，亦卿指授之方。卿宜明審虛實，徐爲後圖，或遣岳飛一窺陳、蔡，使賊支吾不暇，以逸待勞。』時飛母死，扶護葬廬山，公乞御筆敦趣其行，飛奉詔歸屯。」

《梁谿全集》卷八六《乞催起岳飛軍馬劄子》：「臣訪聞岳飛已丁母憂，飛孝於其親，將來朝廷起復、辭免，往來必費日月，伏乞早降處分。兼諸路錢糧多起發往郢州交卸，勢須先屯重兵，及措置倉庫安頓去處。又自漢、沔至郢州千有餘里，與僞境相隣，須有軍馬防護糧道，方可無虞。」

又同書卷一二八《與岳少保第一書》：「中夏溽暑，不審邇來動静何似？伏惟哀慕之餘，孝履支福，竊承有旨起復，再降指揮，不許復有陳請。宣撫少保以天性過人，孝思罔極，銜哀抱恤，猶未祇受，雖士論歎仰，而某深竊疑之。何則？君、親之分，一也，孝於親，忠於君，勢難兩全。古人執親之喪，而有墨以即戎，經而從政者，不敢以私害公也。上眷倚之隆，以方面之重，奪情視事，固有常制。豈可稽留明命，以私恩而廢公義哉！誠願幡然而起，總戎就道，建不世之勳，助成中興之業，上以副委任之意，下以慰士夫之望，方所以爲達孝也。」《揮麈三録》卷三：「紹興庚申歲，明清侍親居山陰，方總角，有學者張堯叟唐老，自九江來從先人。適聞岳侯父子伏誅，堯叟云：『僕去歲在羌廬，正覩岳侯葬母，儀衛甚盛，觀者填塞，山間如市。……』」庚申乃紹興十年，岳飛被害在紹興十一年，可知《揮麈録》年代有誤。《周益國文忠公集·雜著述》卷七《泛舟遊山録》：「由石門側出官路稍前，即岳家市，（岳飛葬母於此，故爲市。）自此可上化城。」《嘉靖九江府志》卷三《丘墓·德化縣》：「岳飛母墓：在白鶴鄉株嶺之麓，去府治五十里，層峯疊翠，如堆螺狀。飛鎮江州時，母死，葬於此。後夫人李氏亦附葬焉。」

秋七月，上命先臣，凡移文僞境，於宣撫職位中增「河東」二字及「節制河北路」五字。〔一〕

〔一〕關於在岳飛職位中增「河東」與「節制河北路」之事，可參《金佗續編》卷七《進發至京西路添入河東及節制河北路字劄》第一三五〇頁。
《三朝北盟會編》卷一六九：「（紹興六年二月十八日丙辰）王彦保康軍承宣使、京西南路安撫使、兼知襄陽府。王彦除京西安撫使，是時，岳飛爲京西、〔湖〕北宣撫使，當受飛節制。彦昔爲招撫使司都統制，新鄉之役，飛違節度，彦欲斬而恕之。以此引嫌，辭免不赴。」又同書卷一九八：「續彙爲公行狀曰：『王彦，字子才。……紹興六年，制授公保康軍承宣使、京西南路安撫使。時岳飛爲京西、湖北宣撫使，當受飛節制。公昔爲招撫使司都統制日，飛實以偏將從。新鄉之役，違公節度，飛輒以其所部别爲一寨。……及公爲制置使，飛終不自安，即檄使赴滎河把隘，自爾復睽。及是公上章，引嫌辭免。』」

《建炎以來繫年要録》卷九八：「（紹興六年二月丙辰）洪州觀察使、荆南府、歸、峽州、荆門軍安撫使王彦爲保康軍承宣使、知襄陽府，充京西南路安撫使，朝議以襄陽重地，故命彦以所部鎮之。」

又同書卷一〇〇：「（紹興六年四月己未）寶文閣直學士、新知揚州劉洪道爲寶文閣學士、知襄陽府，賜銀、帛三百匹、兩。先是，新除保康軍承宣使、知襄陽（府）王彦以岳飛嫌，辭不赴。都督行府奏，令彦以前護副軍都統制兼本府參議軍事，遂命洪道代行。張浚因奏洪道兼行府參謀軍事，仍以江東户帖錢十萬緡，通、泰鹽三千袋爲回易本。」

「（丙寅）詔岳飛仍舊兼節制蘄、黄州。」

《宋會要輯稿》職官四〇之九：「（紹興六年四月）二十九日，諸路軍事都督行府言：『岳飛昨充荆湖南、北、襄陽府路、兼蘄、黄州制置使，今來已除湖北、京西路宣撫副使，其蘄、黄州自合依舊兼行節制。』從之。」

《建炎以來繫年要録》卷一〇一：「（紹興六年五月）庚午，武功大夫、忠州刺史、行營中護軍右軍統領劉紹先知隨州，武功大夫、忠州刺史、閤門宣贊舍人、江南東路宣撫使司統領軍馬楊伯孫知郢州。（按此又是以張俊偏裨屬岳飛，未知有無將帶所部之任，當考。）」

又同書卷一〇二：「（紹興六年六月乙巳）直徽猷閣、知荆南府薛弼爲湖北、京西宣撫司參謀官，武顯大夫、湖北、京西宣撫司幹辦公事于鵬知鄂州，皆用岳飛奏也。」

「（戊午）遣金部員外郎霍蠡往岳飛軍前催督錢糧，以飛言本軍糧乏故也。」

又同書卷一〇三：「（紹興六年七月辛巳）是日，行營前護副軍都統制王彦發荆南，以所部八字軍萬人赴行在，統制官焦文通、準備將趙樽等偕從焉。彦未至鄂州，湖北、京西宣撫副使岳飛使人邀請，艤舟相見，彦許之。而俟風順，即解纜張帆下鄂渚，其疾如飛，飛岸觀其過舟，歎服久之而去。」

《宋史》卷三六八《王彦傳》：「（紹興）六年二月，知襄陽府、京西南路安撫使，彦以岳飛嫌辭。浚奏彦爲行營前護副軍都統制、督府參謀軍事。」

《梁谿全集》卷八七《乞兵於舒蘄黄州駐劄奏狀》：「勘會淮西（舒）、蘄、黄三州昨奉聖旨，聽本司節制，其逐州係在江西大江之北，各與僞齊地分鄰接，正是緊要重地，先蒙朝廷除岳飛兼節制逐州，緩急有以捍禦。本司近爲岳飛已奉聖旨，改授湖北、京西路宣撫副使，即上項三州并本路沿江興國軍、江州並未有措置隄備，竊慮賊情不測，别生窺伺，遂具狀申朝廷，乞速降睿旨，措置施行。續准都督行府、樞密院劄子，備奉聖旨，令岳飛依舊兼行節制蘄、黄三〔二〕州。本司照對，除蘄、黄州係岳飛兼行節制外，所有舒州元係淮西宣撫使司地分，逐州即〔目〕並無軍馬防託。緣防秋在近，唯江西沿江一帶接連舒、蘄、黄等州，全然未有兵備。今來岳飛大軍將行起發往襄陽府，劉光世大軍將行起發往廬州，即舒、蘄、黄州愈更空虚矣。若不預行措置，深慮外寇乘間侵軼，緩急無可支吾，所繫利害非輕。欲望聖慈詳酌，特降睿旨，下岳飛分撥軍馬四千人，差近上統制官於蘄、黄兩州駐劄，劉光世分撥二千人，差近上統制官於舒州駐劄。將來防秋有警，並許聽臣節制使唤。」

又同書卷八八《催差軍馬劄子》：「臣契勘近具劄子奏陳，乞差元所請本路軍馬一萬人，及於劉光世、岳飛軍中摘那軍馬，於舒、蘄、黄州駐劄，未奉回降指揮。近聞劉光世軍馬已起發往廬州，岳飛軍馬已起發往襄陽府。本路所乞軍馬，未蒙都督行府差到，沿江一帶並無控扼。竊慮賊情狡獪，或有窺伺，乘間擣虚，無兵應援，深爲可慮。兼契勘岳飛大軍移屯襄陽，所有錢粮並係本路應副，經由蘄、黄等州，自沔、鄂以趨襄漢，實以本路爲根本，以蘄、黄等州爲咽喉之地。萬一本路爲賊所擾，蘄、黄等州爲賊占據，無兵捍禦；即根本之路動摇，錢糧無自而取，咽喉之地阻塞，糧道無自以通，襄漢之軍坐見困乏，爲害不細。」

又同書卷一〇三《與右相條具事宜劄子》：「綱竊見諸路應副岳飛錢米，並津般至鄂州交卸，勢須先有重兵屯駐，及修蓋倉庫安頓去處。又自漢、沔至鄂州千有餘里，密邇僞境，須得軍馬防護糧道，乃可無虞。綱竊以爲不若且於鄂州椿管。候將來大軍進發，沿漢、江有備，乃可旋次措置津般，實爲得策。」

八月，遣王貴、郝政、董先攻虢州寄治盧氏縣，下之，殲其守兵，獲糧十五萬石，降其衆數萬。上聞之，以語張浚等，浚曰：「飛措畫甚大，今已至伊、洛，則太行山一帶山寨，必有通謀者。自梁興之來，飛意甚堅。」十三日，遣楊再興進兵至西京長水縣之業陽，僞順州安撫張宣贊（失其名）命孫都統（失其名）及其後軍統制滿在，以兵數千拒官軍。再興出戰，斬孫都統，擒滿在，殺五百餘人，俘將吏百餘人，餘黨奔潰。明日，再戰于孫洪澗，破其衆二千。復長水縣，得糧二萬餘石，以給百姓、官兵。於是，西京險要之地盡復，又得僞齊所留馬萬匹，芻粟數十萬，中原響應。先臣又遣人至蔡州，〔一〕焚賊糗糧。〔二〕上賜詔褒之，有曰，「進貔虎以憑陵」，「戮鯨鯢於頃刻」。又曰：「長驅將入於三川，震響傍驚於五路。」〔三〕

〔一〕又遣人至蔡州　「人」，據《金佗續編》卷一九補。

〔二〕《建炎以來繫年要録》卷一〇二：「（紹興六年六月己酉）遣内侍往淮南撫問右僕射張浚，仍賜銀合茶、藥，以浚將渡江巡按故也。浚以爲東南形勢，莫重於建康，實爲中興根本。且使人主居此，則北望中原，常懷憤惕，不敢自暇自逸。而臨安僻居一隅，内則易生安肆，外則不足以號召遠近，繫中原之心。遂奏請聖駕以秋冬臨建康，撫三軍而圖恢復。浚又渡江，撫淮上諸屯，屬方盛暑，浚不憚勞，人皆感悦。時防秋不遠，浚以方略喻諸帥，大抵先圖自守，以致其師，而後乘機擊之。遂命淮西宣撫使劉光世自當塗進屯廬州，與韓世忠、張俊鼎立，又遣權主管殿前司公事楊沂中進屯泗州。」

《朱文公文集》卷九五上《少師保信軍節度使魏國公致仕贈太保張公行狀上》：「公又渡江，遍撫淮上諸屯。屬方盛暑，公不憚勞，人人感悦。時防秋不遠，公以方略諭諸帥，大抵先圖自守，以致其師，而乘幾擊之。」

《宋史》卷二八《高宗紀》：「（紹興六年六月）甲寅，張浚渡江，撫淮上諸屯。命劉光世自當塗進屯廬州，岳飛自九江進屯襄陽，楊沂中屯泗州。」《宋史》之「九江」係誤。因韓世忠攻淮陽軍不克，張浚遂停止紹興六年之攻勢，改爲「防秋」。岳飛第二次北伐即在此種形勢下舉行。

《梁谿全集》卷一二四《與張相公第五書》（十八日）：「竊聞諸大將近已渡江，分戍淮上，岳侯已趨襄陽。臂指之勢既成，首尾之應必至，敵雖未戰，勝負之計已決矣。」

《金佗續編》卷三〇陳公輔《論已破汝潁商虢伊陽長水乞豫防虜叛會合之計奏劄》：「京西岳飛先已蕩平汝、潁，既而連破商、虢，又取伊陽、長水，捷音五至，中外稱快。」

《梁谿全集》卷八九《乞降詔諸帥持重用兵劄子》：「臣近嘗具奏，論諸帥重兵盡屯淮上，虜、僞亦必聚其犬羊之衆，以抗王師。則京西一帶，必有力不暇及之處，宜詔岳飛進兵，可以得志。近據岳飛公文，分遣兵將，收復鎮汝軍、商、虢等州，殺獲甚衆，所得糧儲不貲，頗如臣之所料。」岳家軍第二次北伐，因秦檜父子篡改歷史，各書記録殘缺不全。岳飛向朝廷發「捷音五」，僅存《金佗稡編》卷一六《復西京長水縣捷奏》，鎮汝軍、虢州、商州和伊陽縣四「捷音」已佚。《行實編年》僅載虢州與長水縣兩戰。今據陳公輔、李綱奏與《忠正德文集》卷八《丙辰筆録》，仍可知二次北伐之梗概。

《三朝北盟會編》卷一六九：「（紹興六年）八月，岳飛克鎮汝軍、商、虢二州。是役也，僞〔鎮〕汝軍薛亨素號驍勇，岳飛以牛臯當之。臯請生擒以獻，果獲亨以歸，飛大奇之。」

又同書卷二〇八《林泉野記》：「六年，加檢校少傅、武勝、定國軍節度使，湖北、京西宣撫使，征劉豫，克鎮汝軍。」

《建炎以來繫年要録》卷一〇四：「（紹興六年八月甲辰）時張浚自江上來歸，（浚到行在，未見本日。《日曆》：『八月九日甲辰，張浚放告謝。』蓋浚以内引，故修注官不書也。）力陳建康之行爲不可緩，朝論不同，上獨從其計。先是，三大帥既移屯，而湖北、京西宣撫副使岳飛亦遣兵入僞地。僞知鎮汝軍薛亨素號驍勇，飛命統制官牛臯擊之，擒亨以獻，引兵至蔡州，焚其積聚。」

《宋史》卷二八《高宗紀》：「（紹興六年八月）甲辰，詔諭將士，將親征。岳飛遣統制牛臯破僞齊鎮汝軍，禽其守薛亨。」

「是月，……岳飛及僞齊李成、孔彦舟連戰，至蔡州，克之，僞守劉永壽舉城降。」按劉永壽降係誤，參見本卷第五〇三頁。

《皇宋十朝綱要校正》卷二三：「（紹興六年八月甲子）岳飛遣統制董先擊敗僞齊都統制薛亨，生擒之。又遣統制王貴、牛臯攻鎮汝軍，焚其積聚。」

《朱文公文集》卷九五上《少師保信軍節度使魏國公致仕贈太保張公行狀上》：「八月，至行在。時張俊軍已進屯盱眙，三帥鼎立。而岳飛遣兵入僞地，直至蔡州，焚其積聚，時有俘獲。」

《誠齋集》卷一一五《張魏公傳》：「八月，至行在所。時張俊軍已進屯盱眙。岳飛遣兵入僞地，至蔡州。」

《宋史》卷三六一《張浚傳》：「浚渡江，徧撫淮上諸戍。時張俊軍進屯盱眙。岳飛遣兵，入至蔡州。」克鎮汝軍爲第一戰。關於此戰地點，李綱奏與各史書皆爲鎮汝軍，而陳公輔奏中則用「汝、潁」，即汝州與潁昌府。因鎮汝軍爲僞齊新設地名，故陳公輔避諱不用。朱熹之張浚行狀又説兵臨蔡州，爲《要録》、《宋史》與《行實編年》所轉録。估計岳飛聲東擊西，以牛臯等偏師攻克鎮汝軍，東向掃蕩潁昌府和蔡州，而掩蔽大軍主攻方向。以下考證鎮汝軍之位置。

《金佗稡編》卷七：「僞齊於唐州北何家寨置鎮汝軍。」此説有誤。

《金佗續編》卷五《照會僞齊已差人占據州郡省劄》：「糧食逐旋令人去唐州界何、劉家寨般取，其處號爲新唐州。」

《梁谿全集》卷九二《乞遣兵策應岳飛奏狀》：「又據統制官王貴十一月初四日申：『何家寨僞五大王聚集蕃、僞賊馬重厚，亦有在舊唐州下寨，侵犯襄陽界分。并鎮汝軍賊勢重厚，見侵犯鄧州界作過。』」

《建炎以來繫年要録》卷一二七：「（紹興九年三月）丁未，詔歸德府復爲應天府，平涼府復舊州名，陳、許、潁、壽、曹、延、慶州復舊府名，順州、臨汝、鎮汝、潁順軍復舊縣名，皆僞齊所改也。」鎮汝軍既爲「舊縣」，又距鄧州最近，應爲汝州魯山縣，乃牛皋故鄉。

又同書卷一〇六「（紹興六年十一月）庚寅，湖北、京西宣撫司參議官李若虛以所擒僞知鎮汝軍薛亨等赴行在，上引對，進若虛官，賜章服。仍釋亨罪，命以官，付飛軍中使喚。後四日，擢若虛荆湖北路轉運判官。（若虛除漕，在十二月甲午，今聯書之。其遷官、賜服，《日曆》不書。又《日曆》止云：『薛亨放罪。』而《岳侯傳》云：『上赦薛亨等，賜銀、絹，并各人官資上更賜一官，付侯軍中使喚。』故附此。若虛遷官、賜服，以周秘劾疏修入。）」

《宋會要輯稿》兵一五之八：「（紹興二十八年）五月十一日，田師中奏：『中軍准備統領薛亨充領領（兵？）官二十年，職事修舉，實可倚仗，乞將廢齊從義郎已下付身，并本朝立功挨排换給真命。今吏部將見存付身，兩資與補一資，減折補正保義郎，官職未稱，乞與免減。』詔薛亨特與補正秉義郎，餘人不得援例。」

《忠正德文集》卷八《丙辰筆録》：「九月初一日，車駕發臨安。是日，先詣上天竺燒香，爲二聖祈福。……是日，駕過中竺，有卒執黄旗道左，即岳侯却敵虢州寄治盧氏縣捷奏也。至上竺，黄旗進入。岳遣將王貴、郝政、董先引兵破之，獲糧十五萬斛。

初二日，發北郭亭，晚泊臨平鎮，奏事舟中。方論奏岳飛之捷，上顧謂右揆浚曰：『岳捷固可喜，但淮上諸將各據要害，雖爲必守之計。然兵家不慮勝，唯慮敗耳。萬一小有蹉跌，不知後段如何？』復顧某曰：『卿等更熟慮。』某等奉命而退。」

「初五日，發皂林店，晚泊秀州，奏事河亭，因及岳飛兩捷俘獲之物。上曰：『兵家不無緣飾，此不足道。卿等因通書飛幕屬，叩問子細。非爲核實，有吝賞典，但欲知事宜形勢、措畫之方耳。』浚奏曰：『飛之措置甚大，今既至伊、洛間，如河陽、太行一帶山寨，必有通耗者。自梁青之來，常有往來之人，其意甚堅確。青，懷、衛間人，嘗聚衆依太行，數出擾磁、相間。金人頗患之，今年春，併兵力攻。青以精騎數百突出，渡河，由襄漢來歸岳侯。〔青〕，兩河人呼爲梁小哥。』某奏曰：『河東山寨如韋詮忠輩，今雖屈力就招，然未嘗下山，隊伍、器甲如舊，據險自保，耕種自如，唯不出兵耳。金人亦無如之何，但羈縻之而已。一旦王師渡河，此曹必爲我用。』」

《建炎以來繫年要録》卷一〇五：「（紹興六年）九月丙寅朔，上發臨安府，先詣上天竺寺焚香。道遇執黄旗報捷者，乃湖北、京西宣撫副使岳飛所遣武翼郎李遇。先是，飛遣統制官王貴、郝政、董先引兵攻虢州盧氏縣，下之，獲糧十五萬斛。上已登舟，召守臣李謨即舟中奏事，遂宿北郭之税亭。

丁卯，御舟宿臨平鎮。上於舟中與宰執論：『岳飛之捷固可喜，淮上諸將各據要害，雖爲必守計。然兵家不慮勝，惟慮敗爾。萬一小跌，不知如何？更宜熟慮。』趙鼎等奉命而退。」

「己巳，次皂林。上謂宰執曰：『岳飛之捷，兵家不無緣飾。宜通書細問，非吝賞典，欲得措置之方爾。』張浚曰：『飛措置甚大，今已至伊、洛，則太行一帶山寨，必有通謀者。自梁青之來，彼意甚堅。』趙鼎曰：『河東山寨如韋銓輩，雖力屈就金虜招，而據險自保如舊，虜亦無如之何，羈縻而已。一旦王師渡河，此輩必爲我用。』」

《三朝北盟會編》卷一六九：「（紹興六年）八月，岳飛克鎮汝軍、商、虢二州。」

又同書卷二〇八《林泉野記》：「征劉豫，克鎮汝軍、商、虢州。」

《宋史》卷二八《高宗紀》：「（紹興六年）九月丙寅朔，帝發臨安。岳飛遣統制王貴、郝晸、董先復虢州盧氏縣。」《宋史》將宋廷得捷奏之日期，誤爲攻佔盧氏縣之日期。

《皇宋十朝綱要校正》卷二三：「（紹興六年八月甲子）復盧氏縣及商、虢州。」

《金佗續編》卷二八《吴拯編鄂王事》：「六年，加檢校少傅、武勝、定國軍節度使、湖北、京西宣撫使。敗劉豫，克虢州。」克虢州爲第二戰。

《忠正德文集》卷八《丙辰筆録》：「初七日，登平望。是日，岳飛捷奏至，遣偏將收復商州，且乞催已差知商州邵隆速來之任。隆，解之安邑人。敵犯河、解，隆與其兄糾率鄉民，屢與敵戰。兄爲敵獲，大駡而死。隆收殘衆，轉戰入蜀，隸吴玠麾下，數立功。且遣人赴闕陳奏：商州要害得之矣。」

之地，不可不力取，得商則可以經營關中。尋命知商州，俾與金守郭浩經營收復。今則岳飛先

《三朝北盟會編》卷二〇八《林泉野記》：「克鎮汝軍、商、虢州、西京長水縣，慨然有清中原之志，而諸將養寇不進，飛乃退軍鄂州。統制王貴敗豫軍於商州等處。」

《金佗續編》卷二八《吴拯編鄂王事》：「敗劉豫，克虢州，又克西京長水縣，慨然有平中原之志，而諸帥養寇不進，侯以孤軍獨進，自知無援，乃退軍虢州。復遣統制王貴及豫軍戰於商州，敗之。又戰於京西路，敗之。」

又同書卷三《復商虢二州及僞鎮汝軍撫問詔》：「遂復商於之地，盡收虢略之城。」可知虢州盧氏、虢略、朱陽、欒川四縣，商州上洛、商洛、洛南、豐陽、上津五縣已全部攻佔。克商州爲第三戰。

《忠正德文集》卷八《丙辰筆録》：「初十日，詣天寧寺，開啟行香，得收復順州捷奏。順州，昔之伊陽縣也。縣有弓手翟興，勇於捕寇，弟進尤爲驍鋭，邑人號爲小翟，以獲寇補官。後任熙河將，會熙帥劉法出兵總（統）安城，深入敵境，爲人所誤，置寨不得地。敵自四山下逼，日且暮，舉軍潰亂，失法所在。諸將逃死不暇，而進獨策馬大呼，衝犯敵圍，來往再三，求法不獲，時法已墮崖死矣。進由是知名。靖康初，金人犯伊、洛，進時爲京西將，河南尹王襄遠遁，進以洛兵保伊陽自固，洛之士民避難者多依之。進死，兄興代之，兄弟相繼累歲，一方寇盜爲之屏息，固

護陵寢，爲有功焉。劉豫僭逆，數遣兵攻之。興介處一隅，與朝廷隔絶，寡援糧乏，退保太和鎮。興死，其子琮代之，數遣人間道告於朝廷，求兵、糧爲助，而地遠不能及也。琮勢益弱，遂以餘衆歸襄陽，依李横，由是伊陽、太和一帶險要盡棄之賊境矣。岳飛至襄陽，遣將王貴直擣盧氏，據之，乃分兵西取商州，東由欒川縣，西碧潭、太和鎮以取伊陽也。伊陽去洛才百餘里。是日，韓世忠入門，晚赴内殿入見。」克伊陽縣爲第四戰。

《金佗稡編》卷一六《復西京長水縣捷奏》：「據統制官王貴申：『遵依指揮，差武經郎、第四副將楊再興等統率軍馬，前去收復西京長水縣去後。今據申：八月十三日進兵到長水縣界業陽，逢僞齊順州安撫張宣贊下孫都統，并後軍統制滿在，擁賊兵數千人拒敵。當時分布軍馬，掩擊賊衆，殺死五百餘人，生擒後軍統制滿在并徒衆一百餘人，及當陣殺獲孫都統首級，其餘殘黨盡皆奔潰。再興遂再進兵，於今月十四日到本縣界孫洪澗，再逢張宣贊親率賊馬二千餘人，隔河相射，遂鼓率人馬鬬敵殺散。至次日二更已來，收復長水縣了當，奪到諸色糧斛二萬餘石，給散百姓、官兵食用，即時招撫，並與安業，別無分毫搔擾，申乞照會。』」

《三朝北盟會編》卷一六九：「（紹興六年八月）岳飛復西京長水縣。」

《建炎以來繫年要録》卷一〇四：「（紹興六年八月戊申）是日，湖北、京西宣撫司第四副將、武經郎楊再興引兵復西京之長水縣。」按戊申爲十三日。

《宋史》卷二八《高宗紀》：「（紹興六年八月）戊申，岳飛遣將楊再興復西京長水縣。」

又同書卷三六八《楊再興傳》：「飛屯襄陽，以圖中原。遣再興至西京長水縣之業陽，殺孫都統及統制滿在，斬五百餘人，俘將吏百人，餘黨奔潰。明日，再戰于孫洪澗，破其衆二千。復長水，得糧二萬石，以給軍民。盡復西京險要，又得僞齊所留馬萬匹，芻粟數十萬，中原響應。復至蔡州，焚賊糧。」按自「盡復西京險要」以下，應爲南宋《中興四朝國史》之《岳飛傳》原文，元人修《宋史》，將此傳分拆爲兩卷，而失於剪裁，誤編入《楊再興傳》，而同書卷三六五《岳飛傳》反而脱漏此段文字。

《皇宋十朝綱要校正》卷二三：「（紹興六年九月）岳飛進兵臨宛、葉，遣統制楊再興復西京長水縣，與賊兵連戰於業陽、洪澗，皆破之。」

《宋會要輯稿》兵一四之二七：「（紹興）六年九月十四日，湖北、京西路宣撫副使岳飛言：『副將楊再興等統率軍馬前去，收復西京長水縣了當，即時招撫安業。』詔令岳飛撫存一行將士，開具實有功官兵保明聞奏。」

《忠正德文集》卷八《丙辰筆録》：「十二日，後殿常朝，自上即位以來，止御後殿，更不行前殿之禮，以二聖未還，意有所避也。留身奏，世忠之來，計當奏陳邊事方略。上曰：『世忠無他語，但云欲與宰執議定，乞與宰執同對，卿與更子細詰問如何也。』某曰：『世忠之意，不欲張俊築城，便欲令向前，勾引金人近前，我得地利，合軍一擊，便見得失。今日得城，明日得縣，無益也。竊恐勞役之久，別有事生耳。臣之愚見若初議，遣俊等渡江，徑之淮北，或攻宿，或取徐，得則進，否則退歸，出入不常，使敵罔測，是亦一策，不如止屯淮上。初云築山寨，亦復不知修城工役如此之大。臣深恐城未及就，敵已有動息，欲守則無地可歸，欲戰則不保必勝。臣已嘗與張浚等商量，若只築一小堡，可屯萬人，選精鋭守之，劫寨、腰截、斷糧道等皆可爲之。大軍依舊坐據長江之險，敵既不能遽渡，則不無回顧之慮，如此似爲穩當。』上以爲然，乃曰：『浚意如何？』某曰：『浚初有商量之意，徐徐議論，但以岳飛牽制於後，敵若抽兵稍迴，山東空缺，則世忠必再爲淮、徐之舉，敵且自救不暇，安能窺吾淮甸。使俊築一堅城池，屯軍淮上，臨宿、亳，敵且疲於奔命，此恢復之端也。浚此策甚善，但臣之所慮，今冬防托數月之事。俟來春更築一堡，不失爲此計耳。自古用兵，變化不同，初無定論，然先議守，而後論戰，乃保萬全也。』上然之。

是晚同右揆、西樞謁韓世忠，就其後圃，置酒七行。……坐間，右揆屢叩世忠進取方略，世忠終不盡言，但云與相公屢言之，而其意不過欲令張俊先爲一著，渠欲乘隙而動，即易爲功也。但恐俊等揣知其意，不肯合謀耳。金字遞備坐探報，檄岳飛明遠斥堠，擇利進退，以世忠言：『近探者自河北回，言龍虎軍由李固渡過河，凡渡四晝夜，精兵三萬餘人，内分騎兵一萬之京西，以應岳飛也。』

十三日，……晚得岳飛收復西京長水縣捷報，仍云已收兵復回鄂州，以糧不繼也。」

「十四日，……右相云：『諸處探報淮陽軍等處往往抽迴人馬，歸京師，以備岳兵。』」

「十七日，進呈岳飛乞終制，某等先議定奏禀，以飛累有陳請，亦屢降指揮，而其請不已，欲上親筆批回劄子，上曰：『惟宰執有此禮，他人不可，卿等可作書，但云得旨封回可也。』」克長水縣爲第五戰，時八月十五日，而捷奏抵達行在平江府，爲九月十三日晚，遞送爲時近一月。依此推算，第二戰佔虢州盧氏縣捷奏九月一日至行在臨安府，則攻佔時間應爲八月初，而第一戰破鎮汝軍之時應爲七月末或八月初。

《梁谿全集》卷九二《乞遣兵策應岳飛奏狀》：「臣十一月十九日據岳飛公文：『今月十二日，據統制官寇成等四狀申，稱自虢州獲捷之後，再撫存商、虢、西京長水、福昌、永寧、伊陽一帶百姓了當。……』」

《金史》卷二五《地理志》：「嵩州，中，刺史，舊名順州，天德三年更，户二萬六千六百四十九。縣四，鎮四：伊陽，鎮一；永寧，鎮一；福昌，鎮二；長水。」可知僞齊順州四縣全被岳家軍攻佔。

《三朝北盟會編》卷一七〇：「（紹興六年九月十日乙亥）岳飛退軍鄂州。」

《建炎以來繫年要録》卷一〇五：「（紹興六年九月壬午）岳飛以孤軍無援，復還鄂州。」

《宋史》卷二八《高宗紀》：「（紹興六年九月）壬午，岳飛以孤軍無援，復還鄂州。」

《建炎以來繫年要録》卷一〇四：「（紹興六年八月壬戌）是日，僞齊遣兵掠鄧州之高安鎮，於是守臣武德郎、閤門宣贊舍人韓遹坐降一官。」

《梁谿全集》卷九〇《乞撥那軍馬奏狀》：「八月二十二日，僞齊人馬侵犯德安府應山縣作過，戰敗官兵，殺死趙將。」

「臣近據岳飛公文，稱敵强兵少，錢糧不繼，已勾回幹事軍馬。臣竊慮近降指揮，令岳飛摘那一項人兵，前來江州屯駐，照應防守，亦未必可以指準，伏乞聖察。」

又同書卷一二八《與岳少保第二書》（十月初二日）：「屢承移文，垂示捷音，十餘年來所未曾有，良用欣快。伊、雒、商、虢間不見漢官威儀久矣，王靈乍及，所以撫循之者無所不至，想見人情之懽悦也。繼聞駐軍襄、鄧，其所摹畫，想益宏遠。朝廷遣使臣降賜輕齎者，絡繹於道，本路漕司亦竭力辦集錢糧，轉達郢、鄂，比來想不至匱乏。所願上體眷注，乘此機會，早建不世之勳，輔成中興之業，深所望於左右也。」

《金佗續編》卷一紹興七年出師疏：「今臣部曲遠在上流，去朝廷數千里，平時每有糧食不足之憂。是以去秋臣兵深入陝、洛，而在寨卒伍有饑餓閃走，故臣急還，不遂前功。致使賊地陷僞，忠義之人旋被屠殺，皆臣之罪。」此奏乃岳飛「手奏出師疏真蹟」，文字與《金佗稡編》卷一一《乞出師劄子》有異。「在寨卒伍有饑餓閃走」一句，《乞出師劄子》作「在寨卒伍有飢餓而死者」。

又同書卷二七黄元振編岳飛事迹：「先父曰：『當以取汝、潁爲失計，而改圖之。既取之，不可守而復失之，亦徒勞爾。』」

《建炎以來繫年要録》卷一〇八：「（紹興七年正月己巳）詔：『京西、陝西來歸之民，已命湖北、京西宣撫司授田給種，其令岳飛以軍儲米萬斛付諸州，賑給之。』」

《宋會要輯稿》兵一五之六：「（紹興）七年正月七日，中書、門下省言：『京西、陝西路歸正百姓，已令岳飛同霍蠡撥牛借種，召募耕種，尚慮失所。』詔：『岳飛於大軍糧斛内支米一萬石，撥付諸州，專充賑濟，仍多出文榜曉諭。』」岳飛二次北伐後，部份地區得而復失，而商州全境和虢州部份地區尚由宋軍扼守。

《三朝北盟會編》卷一七〇：「（紹興六年十二月五日戊戌）邵隆復知商州。」

又同書卷二〇八：「（紹興十二年正月）割泗、唐、鄧、商州入於金國。和議既定，畫淮河中流爲界，故泗州與唐、鄧、商州皆係割還金人之地，遣工部尚書莫將、刑部侍郎周聿往京西割地。是時，邵隆在商州始終幾十年，披荆榛、瓦礫以爲治，招徠離散，皆得其心。自金人敗盟之後，屢與金人戰，雖嘗暫棄其城，俄即收復，終不肯離商而去。至是割付金人，隆常怏怏不已。」

又同書卷二一四：「（紹興十五年，知叙州邵隆卒。初，邵隆知商州幾十年，值和議已定，割商州爲外境。隆不悦，常密遣兵馬（爲）盜，以劫之。金人報於秦檜，檜心恨憤，復以隆爲金、房、開、達州安撫司統制，除知辰州，未赴，改知叙州。在叙州三年，至是因飲酒暴卒，年五十一，或云檜密使人酖殺之。叙人皆悲哭，爲之罷市。」

《建炎以來繫年要録》卷一四六：「（紹興十二年八月）先是，左武大夫、榮州防禦使邵隆在商州幾十年，披荆棘，立官府，招徠離散，各得其心。自金人敗盟之後，屢與敵戰，雖嘗暫棄其城，俄即收復，終不肯去。至是割畀金人，以隆爲陝西節制司統制。隆怏怏不已，常密遣兵爲盜，以劫之。秦檜怒，久之，以隆知辰州。」

又同書卷一五三：「（紹興十五年四月庚寅）成州團練使、知叙州邵隆卒。隆在金州，數以兵出虜境，秦檜恨之。至是因飲酒暴卒，年五十一，或謂檜密使人酖殺之。叙人皆悲哭，爲之罷市。」邵隆任商州知州，自紹興六年至十二年，共爲七年，故《會編》和《要録》謂「幾十年」，即近十年。

《三餘集》卷二《歡喜口號》（其五）：「占著商山接華山，兩京渾在笑談間。樵蘇按堵人甘寢，別隊官軍入武關。」按黄彦平此詩當寫於紹興六年秋冬。

《宋會要輯稿》職官七〇之一七：「（紹興六年）七月五日，左朝請郎、知臨江軍趙充之，右奉議郎、通判張昌並降一官，以江西運司言，充之等不裝發岳飛大軍歲計米綱故也。」

《建炎以來繫年要録》卷一〇五：「（紹興六年九月戊子）命户部員外郎霍蠡就鄂州置司，專一總領岳飛一軍錢糧。」

《宋會要輯稿》職官四一之四五：「（紹興六年）九月二十三日，詔令户部郎官霍蠡前去鄂州置司，專一總領岳飛軍錢糧。」

《宋史》卷二八《高宗紀》：「（紹興六年九月）戊子，以户部郎官霍蠡總領岳飛軍錢糧。」

《建炎以來繫年要録》卷一〇五：「（紹興六年九月）己丑，徽猷閣直學士、江南西路都轉運使趙子湞陞寶文閣直學士，以中書言，子湞應副岳飛大軍及行府官兵錢糧無闕故也。轉運判官逄汝霖令再任。」

又同書卷一〇九：「（紹興七年三月庚寅）僞武義郎、監盧氏縣酒税楊茂特補正，岳飛之出師也，茂挺身歸附，故録之。」

《三朝北盟會編》卷二一八《林泉野記》：「公諱世忠，字良臣。……六年，改武寧、安化軍節度使、京東、淮東宣撫處置使。敗虜於宿遷，圍虜淮陽軍，不能克。加横海、武寧、安化軍節度使，賜揚武翊運功臣。岳飛進軍京西，命世忠爲援，遷延數月，方至淮陽。」

〔三〕可參《金佗續編》卷三《復商虢二州及僞鎮汝軍撫問詔》第一二八九頁。

九月，劉豫遣子麟、姪猊、許清臣、李鄴、馮長寧，以叛將李成、孔彦舟、關師古合兵七十萬，分道犯淮西。諸將皆大恐，劉光世欲舍廬州，張俊欲棄盱眙，同奏乞召先臣以兵東下，欲令先臣獨攖其鋒，而己得退保，中外大震。都督張浚聞之，以書戒俊曰：「賊豫之兵，以逆犯順，若不剿除，何以立國，平日亦安用養兵爲？今日之事，有進擊，無退保！」遂言於上曰：「岳飛一動，則襄漢有警，復何所制。」力沮其議。光世竟舍廬州，退保采石。上憂之，乃以親札付浚曰：「不用命者，以軍法從事！」俊、光世始聽命，還戰。上猶慮其不足任，復召先臣。〔一〕

〔一〕《建炎以來繫年要録》卷一〇五：「（紹興六年九月庚寅）是日，張浚復往鎮江視師。初，僞齊劉豫因金領三省事、晉國王宗維，尚書左丞、參知政事高慶裔在兵間而得立，故每歲皆有厚賂，而蔑視其他諸酋。左副元帥、魯王昌初在山東，回易、屯田徧於諸郡，每認山東爲己有。及宗維以封豫，昌不能平，屢言於金太宗晟，以爲割膏腴之地以予人，非計，晟不從。及是豫聞上將親征，遣人告急於金主亶，求兵爲援，且乞先寇江上。亶使諸將相議之，領三省事、宋國王宗磐言曰：『先帝所以立豫者，欲豫闢疆保境，我得安民息兵也。今豫進不能取，又不能守，兵連禍結，愈無休息。從之則豫受其利，敗則我受其弊。況前年因豫乞兵，嘗不利於江上矣，奈何許之。』金主乃聽豫自行，遣右副元帥、瀋王宗弼提兵黎陽以觀釁。於是豫以其子僞尚書左丞相、梁國公麟領東南道行臺尚書令，改封淮西王，又以主管殿前司公事、兼開封尹許清臣權諸路兵馬大總管，尚書右丞李鄴爲行臺右丞，講議軍事，户部侍郎馮長寧爲行臺户部侍郎、兼行軍參議，又以故叛將李成、（據李大諒《征蒙記》，成此時爲僞中侍大夫、安化軍承宣使、知鄭州。）孔彦舟、關師古爲將，簽鄉兵三十萬，號七十萬，分三路入寇。中路由壽春犯合肥，麟統之。東路由紫荆山出渦口，犯定遠縣，以趨宣、徽，姪猊統之。西路由光州犯六安，彦舟統之。僞詔榜示，指斥鑾輿，尤甚於〔四〕年淮、泗之役。諜報豫挾虜兵來寇，主管殿前司公事楊沂中在淮壖，先以二百騎馳至盱眙，觀形勢，還奏事，留宿内殿三日，條上禦寇之策。於是分遣諸將，以備要害。時江東宣撫使張俊軍盱眙，沂中軍泗上，京東、淮東宣撫處置使韓世忠在楚，湖北、京西宣撫副使岳飛在鄂，聲勢了不相及。獨淮西宣撫使劉光世在當塗，光世遣輕騎據盧，而沿江一帶皆無軍馬。左僕射趙鼎甚憂之，浚乞先往江上視師，至是發行在。」

又同書卷一〇六（紹興六年十月）丁酉，吏部侍郎、都督府參議軍事呂祉還行府供職。先是，劉麟等令鄉兵僞胡服，于河南諸處千百爲羣，人皆疑之，以虜、僞合兵而至。淮西宣撫使劉光世奏禦賊事宜，謂廬州難守，且密干左僕射趙鼎，欲還太平州。又江東宣撫使張俊方駐軍泗州。都督張浚奏：「虜方疲于奔命，決不能悉大衆復來，此必皆豫兵。」而邊報不一，俊、光世皆請益兵。衆情洶懼，議欲移盱眙之屯，退合肥之戍，召岳飛盡以兵東下。浚獨以爲不然，乃以書戒俊及光世曰：『賊豫之兵，以逆犯順，若不剿除，何以立國，平日亦安用養兵爲？今日之事，有進擊，無退保！』而鼎及簽書樞密院事折彥質皆移書抵浚，欲飛軍速下。且擬條畫項目，請上親書付浚，大略欲退師還江南，爲保江之計，不必守前議。於是，淮東宣撫使韓世忠統兵過淮，遇虜騎，與訛里也孛堇等力戰，既而亦還楚州。或請上回臨安，且追諸將守江防海。浚奏：『若諸將渡江，則無淮南，而長江之險與虜共。淮南之屯，正所以屏蔽大江。使賊得淮南，因糧就運，以爲家計，江南其可保乎？今淮西之寇，正當合兵掩擊，況士氣甚振，可保必勝。若一有退意，則大事去矣。又岳飛一動，則襄漢有〔警〕，復何所制。願朝廷勿專制于中，使諸將不敢觀望。』上乃手書報浚：『近以邊防所疑事咨卿，今覽所奏甚明，俾朕釋然無憂。非卿識高慮遠，出人意表，何以臻此。』祉亦言：『士氣當振，賊鋒可挫。』榻前力爭，至于再四。彥質密奏：『異時誤國，雖斬晁錯以謝天下，亦將何及。』上不聽，乃命祉馳往光世軍中督師。時劉猊將東路兵至淮東，阻世忠承、楚之兵，不敢進，復還順昌。麟乃從淮西繫三浮橋而渡。於是，賊衆十萬已次於濠、壽之間，江東宣撫使張俊拒之，即詔併以淮西屬俊。主管殿前司楊沂中爲〔俊〕統制官，浚遣沂中至泗州，與俊合，且使謂之曰：『上待統制厚，宜及時立大功，取節鉞。或有差跌，浚不敢私。』諸將皆聽命。

戊戌，沂中至濠州，會劉光世已舍廬州而退，（趙甡之《遺史》云：『劉光世軍廬州，聞劉麟入寇，其勢甚熾，密申宰相趙鼎，乞降樞密院指揮，退保太平州。簽書樞密院事折彦質助爲之請，遂檄光世退軍。張浚大怒，遣向子諲等督光世復還廬州。』《林泉野記》所書亦同。按光世但私請于鼎，無緣便降密劄，許其退保，此所云恐誤。然《張浚行狀》稱鼎欲退合肥之戍，召岳飛之軍東下。而《日曆》十一月九日癸酉：『岳飛奏：依奉處分，往江州屯駐。』則是果嘗降此指揮也。甡之或有所據，姑附著之，更俟參考。）浚甚怪之，即星馳至采石，遣人喻光世之衆曰：『若有一人渡江，即斬以徇！』且督光世復還廬州。右司諫王縉亦言：『主將有慢令不赴期會者，請奮周世宗、我太祖之英斷，以厲其餘。』上親筆付沂中：『若不進兵，當行軍法！』（《趙鼎事實》曰：『時鼎又督沂中徑趣合肥，以援光世，而張〔浚〕謂楊軍新戰勝，當少休。然劉麟已逼合肥，光世輜重已回江北，人情大懼。浚急以書屬鼎曰：欲上親幸江上，先作一指揮行下，庶諸將用命。鼎慮行府號令不行，有失機事，即白上：今者軍事已急，萬一少有差跌，利害不細，須自朝廷主張其事，庶使張浚事有骨肋。上深以爲然，乃擬呈親筆付浚云：有不用命，當依軍法從事！浚乃使人懷此御筆，馳往合肥，見光世，〔微〕出示之。光世驚駭，大呼諸將曰：汝輩且向前，救取吾首級！即躍馬而出，諸將帥其部曲，倉皇追之。麟兵方大集，光世適與之遇，血戰終日，麟遂大敗。是時，非朝廷措置以御筆督之，勝負殊未定。鼎之誠心恊濟如此，而議者謂沮軍事，可謂厚誣矣。』按《日曆》，明年五月丁丑載上語：『不進軍者，當行軍法！』乃指謂楊沂中，與鼎《事實》差不同。）光世不得已，乃駐兵，與沂中相應。遣統制官王德、酈瓊將精卒，自安豐出謝步，遇賊將崔皐於霍丘，賈澤於正陽，王遇於前羊市，皆敗之。是日，賊攻壽春府寄治芍陂水寨，守臣閤門祗候孫暉夜劫其寨，又敗之。初，光世言糧乏，詔轉運使向子諲濟其軍。子諲晝夜併行，至廬州，而光世兵已出東門。子諲直入城，見光世，具言綱船至岸次，光世乃止。」

「丁未，左宣教郎、江西制置大使司幹辦公事羅薦可進秩一等。先是，觀文殿大學士、江西制置大使李綱聞上巡幸，遣薦可奉表問起居，且言：『自古用兵，相持既久，則非出奇不足以取勝。願速遣得力兵將，自淮南前來蘄、黄間，約岳飛兵相爲掎角，以夾擊之，大功可成。』」

《朱文公文集》卷九五上《少師保信軍節度使魏國公致仕贈太保張公行狀上》：「諜報叛賊劉豫及其姪猊挾虜來寇，公奏：『虜疲於奔命，決不能悉大衆復來，此必皆豫兵。』公既行，而邊遽不一，大將張俊、劉光世皆張大賊勢，争請益兵。自趙鼎而下，莫不恟懼，至欲移盱眙之屯，退合淝之師，召岳飛盡以兵東下。公獨以爲不然，以書戒俊、光世曰：『賊豫之兵，以逆犯順，若不盡剿，何以立國，平日亦安用養兵爲？今日之事，有進擊，無退保！』時楊沂中爲張俊軍統制，公令沂中往屯濠梁，且使謂之曰：『上待統制厚，宜及時立大功，取節鉞。或有差跌，某不敢私。』諸將悚懼聽命。公至江上，知來爲寇者，實劉麟兄弟，豫封麟淮西王，兵凡六萬人。寇已渡淮南，涉壽春，逼合淝。公調度既已定矣，而張俊請益兵之書日上，劉光世亦欲引兵退保。劉豫又令鄉兵僞胡服，於河南諸州十百爲羣，由此間者皆言處處有虜騎。趙鼎及簽書樞密院事折彥質惑之，移書抵公至七、八，堅欲飛兵速下。又擬條畫項目，乞上親書付公，大略欲俊、光世、沂中等退師善還，爲保江之計，不必守前議。公奏：『俊等渡江，則無淮南，而長江之險與虜共矣。淮南之屯，正所以屏蔽大江。向若叛賊得據淮西，因糧就運，以爲家計，江南其可保乎？陛下其能復遣諸將渡江擊賊乎？淮西之寇，正當合兵掩擊，令士氣益振，可保必勝。若一有退意，則大事去矣。又岳飛一動，則襄漢有警，復何所制。願陛下勿專制於中，使諸將不敢觀望。』上手書報公曰：『朕近以邊防所疑事咨問於卿，今覽卿奏，措置方略，審料敵情，條理明甚，俾朕釋然，無復憂顧。非卿識慮高遠，出人意表，何以臻此。』是時内則廟堂，外則諸將，人人畏怯，務爲退避自全之計。雖公遠策之忠，始終不貳，然握兵在外，間隙易生，向非主上見幾之明，不惑羣議，則諸將必引而南，大勢傾矣。及奉此詔，異議乃息，而諸將亦始爲固守計。」

《誠齋集》卷一一五《張魏公傳》：「劉豫及其姪猊挾虜來寇，浚以書戒俊、光世，令進擊，又令楊沂中往屯濠梁。劉麟渡淮南，涉壽春，逼合肥。張俊請益兵，劉光世欲引兵退保。趙鼎及簽書樞密院事折彥質移書抵浚，欲召岳飛兵速東下。又乞高宗親書付浚，欲俊、光世、沂中等退師，爲保江之計。浚奏：『俊等渡江，則無淮南，而長江之險與虜共矣。淮南之屯，正所以屏蔽大江。向若叛賊得據淮西，江南其可保乎？又岳飛一動，則襄漢有警，復何所制。』高宗手書聽。」

《歷代名臣奏議》卷二三二張浚奏：「今岳飛之軍控制上流，利害至大。倘使之全軍而來，萬一虜、叛出没此處，何以支梧？其爲患害與淮西同。」

《宋史》卷三六〇《趙鼎傳》：「劉豫遣子麟、猊分路入寇。時張俊屯盱眙，楊沂中屯泗，韓世忠屯楚，岳飛駐鄂，劉光世駐廬，沿江上下無兵。上與鼎以爲憂，鼎移書浚，欲令俊與沂中合兵剿敵。光世乞捨廬，還太平，又乞退保采石，鼎奏曰：『豫，逆賊也，官軍與豫戰，而不能勝，或更退守，何以立國？今賊已渡淮，當亟遣張俊合光世之軍，盡掃淮南之寇，然後議去留。』上善其策，詔二將進兵。俊軍至藕塘，與猊戰，大破之。鼎命沂中趨合肥，以援光世。光世已棄廬，回江北，浚以書告鼎，鼎白上詔浚：『有不用命者，聽以軍法從事！』光世大駭，復進至淝河，與麟戰，破之。麟、猊拔柵遁去。」此傳應照抄南宋《中興四朝國史》之《趙鼎傳》，曲意掩諱趙鼎之失措，又稱張俊勝於藕塘，亦誤。

又同書卷三六一《張浚傳》：「諜報劉豫與姪猊挾金人入攻。浚奏：『金人不敢悉衆而來，此必豫兵也。』邊遽不一，俊、光世皆張大敵勢。浚謂賊豫以逆犯順，不剿除，何以爲國，今日之事，有進無退，且命楊沂中往屯濠州。劉麟逼合肥，張俊請益兵，劉光世欲退師。趙鼎及簽書折彦質欲召岳飛兵東下，御書付浚，令俊、光世、沂中等還保江。浚奏：『俊等渡江，則無淮南，而長江之險與敵共矣。且岳飛一動，襄漢有警，復何所恃乎？』詔書從之。沂中兵抵濠州，光世舍廬州而南，淮西洶動。浚聞，疾馳至采石，令其衆曰：『有一人渡江者斬！』光世復駐軍，與沂中接。劉猊攻沂中，沂中大破之。猊、麟皆拔栅遁。」

《梁谿全集》卷九〇《乞撥那軍馬奏狀》：「右臣近據舒、蘄、黄等州探報，僞齊淮河北州郡，順昌府、陳、蔡等州，遂平、褒信等縣皆有人馬駐劄。及八月二十二日，僞齊人馬侵犯德安府應山縣作過，戰敗官兵，殺死趙將。又據興國軍申：『京西宣撫司劄付黄州，八月二十六日，准都督行府劄子指揮，令管下黄州預先踏逐險固移治去處，緩急遷移保守，不管少有誤事。仍令密切施行，不得張皇，致人民警擾。』又據轉運判官逄汝霖公文，今月二十四日，准金字牌降到御寶封下樞密院劄子：『九月十九日，樞密院奏：勘會岳飛見提大兵，於襄陽、岳、鄂一帶措置邊事，其本軍合用錢糧，係江西及朝廷應副，皆取道九江，方至鄂渚。日近據探報，虜、僞賊馬聚兵陳州、順昌府，意欲侵犯淮西。其江州最係緊切控扼去處，兼慮緩急阻遏糧道，理宜措置。右奉聖旨，令岳飛摘那一項軍馬，疾速順流前來江州，屯駐照應，措置控守。仍具所差統兵官職位、姓名、起發日時申樞密院。其合用糧料，委逄汝霖應副。』臣契勘近累具奏聞，本路當上流重地，沿江一帶要害去處並無兵將控扼，深慮虜、僞窺伺間隙，衝突侵犯，乞自朝廷遣發本司合得軍馬，應副防秋，分布使喚。雖蒙關送都督行府，至今未曾差撥。今據前項逐州探報，及都督行府、樞密院劄子，其探報賊馬事件，類皆符合，如臣平時所料。本路事宜委是緊急，雖有指揮，令岳飛摘那一項軍馬，前來江州屯駐。緣岳飛大軍見在襄陽府，道路遥遠，未必能如期前來。及雖遣發，元無限定人數，勢須鮮少，有誤指準。若不别行措置，決致上誤國事。」

「臣近據岳飛公文，稱敵强兵少，錢糧不繼，已勾回幹事軍馬。臣竊慮近降指揮，令岳飛摘那一項人兵，前來江州屯駐，照應防守，亦未必可以指準，伏乞聖察。」

又同書卷九一《論擊賊劄子》：「前日岳飛之舉，我出奇也，惜乎以錢糧不繼，而勾回幹事軍馬，未能成功。今日賊馬渡淮，彼出奇也，若能設策破之，則奇反在我。臣願陛下速遣得力兵將，自淮南前來蘄、黄間，約岳飛兵相爲犄角，以夾擊之，期於必勝，以復陳、蔡，則淮、泗之師亦自當解，大功可成。」《梁谿全集》附録李綱行狀，《歷代名臣奏議》卷二三二與《宋史》卷三五九《李綱傳》亦載此奏。

又同書卷一二八《與岳少保第二書》（十月初二日）：「朝廷遣使臣降賜輕齎者，絡繹於道，本路漕司亦竭力辦集錢糧，轉達郢、鄂，比來想不至匱乏。所願上體眷注，乘此機會，早建不世之勳，輔成中興之業，深所望於左右也。累日來探報紛紛，皆謂虜、僞聚兵陳、潁，有窺伺淮西、江右之意。聞朝廷已劄下使司，摘那一項軍馬，順流前來九江，措置防守，必已頤旨遣發。本路以朝廷不曾撥到兵將，沿江要害去處，並無控扼，方以爲憂，今得依芘，爲幸多矣。更冀選擇精鋭，早與調發，辱照素厚，想不待喋喋也。適間又得蘄春報，賊馬已渡淮而南，其意非淺。願遣諸將邀擊之，可以成功。少保大軍所臨，無不摧滅者，此寇乃送死耳。然蜂蠆有毒，亦不可忽，幸冀留意。」

又同書卷一二八《與岳少保第三書》：「前書嘗以朝廷探報，虜、僞於陳、潁間聚兵三萬人，有窺伺淮西、江右之意。得旨於使司分撥一項軍馬，前來江州屯駐，拜懇早賜差撥，未奉來報。近據蘄、黄州探報，賊馬已渡淮，攻圍光州，今已半月餘日，人數厚重。萬一光州失守，即定犯蘄、黄。沿江一帶，如興國軍、九江，皆是要害去處，並無兵將控扼，勢已危迫，日夕顒望使司遣兵前來屯九江。敢冀垂念，選擇精鋭軍馬，得萬人左右，可以分布沿江控扼，保全一路，實受大賜。素辱知照，必蒙應副也。聞使司軍馬屯駐武昌者尚多，如得就便差撥，順流前來，釋此憂懷，良深感戢。仍先得公文，示及所差將佐、使臣、軍兵等姓名、人數爲幸。昨蒙諭欲還武昌，近殊不聞動静，必是且爲屯駐襄陽之計。艱難危急之秋，切望益勵壯猷，仰寬主上西顧之憂。」

《中興小紀》卷二〇引《趙鼎事實》：「聖駕至平江，未浹日，已報賊至，右相張浚遂出。時劉麟一項趨合肥，麟弟猊一項侵及滁、和，淮甸大擾。是時張俊駐盱眙，楊沂中屯泗上，韓世忠在楚，岳飛在鄂，聲勢了不相及。獨劉光世大兵在太平，光世遣輕騎據廬，而沿江一帶更無軍馬，朝廷甚憂之。」

初，先臣自收曹成至平楊么，凡六年，〔一〕皆以盛夏行師，爲炎瘴所侵，遂成目疾。重以母喪，哭泣太過，及是疾逾甚。所居用重帟蔽明，不勝楚痛，然聞詔，即日啟行。上聞之，遣醫官皇甫知常及僧中印，以馹騎相繼至軍療治。會麟敗，先臣至江州，不違元詔。冬十一月十九日，奏至，〔二〕上語趙鼎，喜其尊朝廷，誦司馬光《通鑑》名分之説以稱之，賜札曰：「聞卿目疾小愈，即提兵東下，委身徇國，竭節事君，於卿見之，良用嘉歎。今淮西賊遁，未有他警，已諭張浚從長措置，卿更不須進發。其或襄、鄧、陳、蔡有機可乘，即依張浚已行事理，從長措置，亦卿平日之志也。」〔三〕先臣奉詔，遂還軍。〔四〕

〔一〕先臣自收曹成至平楊么凡六年　「收曹成」應爲「復建康」之誤，自建炎四年至紹興五年，「凡六年」。如自紹興二年收曹成始，僅有四年。《金佗稡編》卷一三《乞宫祠劄子》：「臣自收復建康，相繼六年，正當大暑，討捕寇攘。……然臣自收捕曹成入廣，漸染瘴癘，後來屢中暑毒。」

〔二〕據《建炎以來繫年要録》卷一〇六載，岳飛奏至平江府，爲十一月九日癸酉，與《行實編年》相差十日。

〔三〕此札見《金佗稡編》卷一高宗宸翰二十四，其中「淮西賊遁，未有他警，已諭張浚從長措置」一句，則爲同卷高宗宸翰二十三之語，被岳珂摻入。

〔四〕《金佗稡編》卷一四《目疾乞解軍務劄子》：「臣先爲目疾昏痛，不能視物，在假服藥醫治，累奏乞致仕，將宣撫司事務權令參謀官薛弼、參議官李若虛管幹。已申奏朝廷，聽候指揮去訖，未蒙回降指揮。十月十五日夜，據參謀官薛弼傳到御前劄子一封，付岳飛，係金字牌降到，内係黄紙。臣遂拆開，認是宸翰，臣即時遥拜跪領，不覺感激涕淚。臣平日切切思報陛下之心，惟冀當此大敵，少展區區。適以病目，轉覺昏暗，臣私心不勝痛憤。又於十六日據薛弼申，累准金字牌降到御封樞密院劄子，催促全軍人馬前去江、池州，稱已勾抽襄陽等處軍馬前來，猶恐遲緩，已整齪在寨軍馬，止候兜請錢糧，俵散衣賜了當，先次起發。臣比在假，每日連併服藥，全未見效。伏望睿慈檢會臣累奏事理，速賜施行，庶幾不悮國事。」

又同書卷一高宗宸翰二十一：「近張浚奏，知卿病目，已差醫官爲卿醫治。然戎務至繁，邊報甚急，累降詔旨，促卿提兵東下。卿宜體朕至懷，善自調攝，其他細務委之僚佐，而軍中大計須卿決之。如兵之在遠者，自當日下抽還，赴此期會。想卿不以微疾，遂忘國事。」

《金佗續編》卷七《目疾令不妨本職治事省劄》：「湖北、京西路宣撫使司參謀官薛弼等申：『契勘宣撫岳少保於九月二十八日巡邊回到鄂州軍前，緣爲眼疾昏暗，未能治事，准劄子，令弼等權行管幹宣撫司事務。已累具利害事因取稟，乞不妨本職治事，服藥調護目疾。堅謂目痛昏暗，有妨書押。除已逐急行移，及將軍馬事務，移文守寨同提舉一行事務張憲管幹施行外，伏望朝廷詳酌，速賜指揮施行。伏候指揮。』右勘會近緣賊馬侵犯淮西，累降指揮，令岳飛總率全軍，星夜兼程，起發前來。都督行府今據前項所申，除已降指揮，差眼科皇甫知常日下起發，差使臣伴送，由江、池州路前去岳飛軍前醫治外，今來邊事急切，正賴主帥親提軍馬，共濟國事。奉聖旨，令岳飛日下不妨本職治事。餘依累降指揮施行。先具已治事日時聞奏。……紹興六年十月十六日。」岳飛「於九月二十八日巡邊回到鄂州軍前」，得眼病。當時鄂州到宋廷公文往返，一個來回約須二十日。《目疾令不妨本職治事省劄》與高宗宸翰二十一之頒發日期應相近，大致在「十月十六日」前後遞發，則岳飛自然不可能在「十月十五日夜」就收到。參據前兩件内容，高宗宸翰二十一應非岳飛「十月十五日夜」所得之宸翰，可知岳飛自十月十五日前後所得之「累降詔旨」，今已佚失。

《建炎以來繫年要録》卷一〇六：「（紹興六年十一月）癸酉，湖北、京西宣撫副使岳飛奏：『依奉處分，往江州屯駐。』上曰：『淮西既無事，飛自不須更來。』趙鼎曰：『此有以見諸將知尊朝廷，凡所命令，不敢不從。』上曰：『劉麟敗北，朕不足喜；而諸將知尊朝廷，爲可喜也。』（熊克《小曆》：『先是，詔湖北、京西招討使岳飛駐江州。癸酉，飛奏已至。』按此止是飛起發，未至江州也。上語云：『飛自不須更來。』則必止其行矣，當考。）」

《梁谿全集》卷九一《乞令岳飛兵前來江州仍許聽本司節制奏狀》：「續據湖北宣撫司簽廳公文，稱宣撫岳少保見爲目疾在假，本司見調發官兵五千人，并車戰船前去蘄陽屯駐，請照會。契勘蘄陽係江北岸，屬蘄州管内，去江州地里寫遠。其江州係江南岸最爲要害去處，沿江渡口並無軍馬控扼，緩急難以相照。伏望聖慈特降睿旨，下湖北路宣撫司，依元降聖旨指揮，別差一項軍馬前來江州屯駐，與蘄陽軍馬照應，相爲表裏。」

又同書卷九二《乞降旨岳飛遵依聖旨差兵屯戍江州奏狀》：「近降指揮，令岳飛分一項軍馬屯駐江州，至今亦未到來，止是差到兵將，於蘄陽駐劄，人數不多。竊緣僞齊賊馬比來侵犯淮西，雖爲諸將殺敗，遁歸淮北，然賊情狡獪，防冬日月尚遠，沿江一帶合行控扼去處理宜隄備。今來不敢更望朝廷遣兵，只乞降旨岳飛，遵依元降聖旨，差撥軍馬於江州屯戍，與蘄陽水軍相應。……契勘今月十二日，據蘄州申：『岳少保自江州復回鄂州，所有元差將官王瑩在蘄口屯泊一項水軍，並已帶回。』即是沿江一帶並無軍馬屯駐，緩急深慮誤事，伏望聖察，早降睿旨施行。」

又同書卷一二八《與陳國佐司諫第二書》（十月初一日）：「朝廷雖近降指揮，令岳飛摘那一項軍馬，來屯九江，然飛方駐軍襄陽，相去遼遠，何時可到。自非朝廷遣兵，爲本路防守之具，別擇驍將鋭兵，與岳飛相夾擊渡淮賊馬，則邪氣深入之患，未易言也。」

又同書卷一二八《與岳少保第四書》（十月十六日）：「竊承目疾爲梗，邇來計已痊復。戎事方興，朝廷以荆、襄大計仰成少保，願言益勵壯猷，早建大勳，爲中興功臣之首，誠所望於左右也。」

「得轉運司公文關報，使司已遣發官兵五千人，併車戰船等前來蘄陽屯駐。方本路闕兵控扼之時，乃蒙調發軍馬，隔江照應，豈勝感戢。但九江最爲本路要害去處，與舒、蘄對境，沿流一帶，並無防守，皆係使司錢糧經由之地，不可無兵，以備不虞。如得更遣發三、五千人屯駐九江，庶幾一路可賴以保全，受賜非淺淺也。荷照之厚，必蒙應副。」

《金佗續編》卷二七黄元振編岳飛事迹：「漢上報虜騎大至。公移檄本路，備五萬人軍資，所遣止二百人耳。虜素懾公之威名，望風而遁。先父言於公曰：『宣撫威名已震，虜那敢犯我，特大張其勢以動我，實不敢深入。我復以虛聲應之，正得其情矣。然我軍仰給於江西，虜避彊擊弱，他日必大入淮西，以輕兵襲江西，而焚蕩之。我軍乏供，則自坐困。宜置一軍於江州，沿江往來，以爲回易，可得利以益軍資，又可以開拓形勢，以絶其窺伺之心。』公於是立江州一軍。」此段記載應爲紹興五、六年事，然叙事有誤，據《梁谿全集》紹興七年所載（見本卷第四九〇至四九一頁），岳飛並未專置江州一軍。

時僞齊於唐州北何家寨置鎮汝軍，屯兵聚糧，爲窺唐計。〔一〕先臣遣王貴、董先等攻毁之，有僞五大王劉復擁兵出城迎敵。初十日，貴等遇之于大標木，依山而陣，衆幾十倍，一戰俱北，横屍蔽野。直抵鎮汝軍，焚其營而有其糧。僞都統薛亨以衆十萬，掠唐、鄧來援。貴、先嚴兵待之，既戰，陽北，命馮賽以奇兵繞出其後。亨果來追，先回兵夾擊，賊大敗，生擒薛亨及僞河南府中軍統制郭德等，凡七人，殺獲萬計，俘獻行在所。〔二〕五大王以匹馬逃。〔三〕

〔二〕關於「何家寨置鎮汝軍」之誤，交待岳飛本年七、八月間第二次北伐時，已有説明。《梁谿全集》卷九二《乞遣兵策應岳飛奏狀》：「臣十一月十九日據岳飛公文：『今月十二日，據統制官寇成等四狀申，稱自虢州獲捷之後，再撫存商、虢、西京長水、福昌、永寧、伊陽一帶百姓了當。於十月二十七日探報蕃、僞賊馬侵犯鐵嶺關，其守隘鄉兵統領申，稱賊馬厚重，支吾不住。成等所統人馬不多，遂移寨前來横澗，設伏隄備。於二十九日，有馬軍千餘疋前來見陣，掩擊敗走，殺死賊兵百餘人，奪馬二十餘疋，内辨認得有蕃人三二十人。至三十日，有軍馬二千餘騎再來衝突，成等鼓率官兵向前，迎敵掩殺，賊徒退走，殺死數十人，活捉八人。内七人係蕃人，重傷，相繼皆死，問不得蕃人頭領姓名。一名係劉豫人高收通，説得蕃人有一萬五千餘人，馬有三千餘疋；劉豫有二萬餘人，馬有二千餘疋，依舊係僞王太尉、韓觀察、傅安撫、成大尹等統率。當時追趕間，其賊衆埋伏數路，分頭一布前來。成等爲見賊馬勢重，即時拽領軍馬，於朱陽五里川擇利下寨。伏乞使司火速星夜差撥軍馬，前來救援。同日，又據商州駐劄准備將賈彦十一月初一日申：蕃、僞賊馬一萬餘人，已犯商洛縣。又據統制官王貴十一月初四日申：何家寨僞五大王聚集蕃、僞賊馬重厚，亦有在舊唐州下寨，侵犯襄陽界分。并鎮汝軍賊勢重厚，見侵犯鄧州界作過。貴雖已遵依使司差到幹辦于大夫備傳指揮，措置事宜，更乞疾速差撥軍馬前來，同共掩擊。并於十一月十一日，據統制官崔邦弼今月初六日申：賊馬侵犯信陽軍作過，遣發將官秦祐，於長臺鎮殺散賊馬，追趕至望明港大寨。爲見賊馬衆多，卻拽領軍馬回信陽軍下寨。伏乞使司疾速差添軍馬前來，同共掩殺。

飛契勘諸處申，賊馬分路前來侵犯，意欲決圖上流。飛雖目疾未安，不免將帶在寨軍馬，過江措置外，申本司照會。』

臣契勘虜、僞併力侵犯襄、鄧、信陽軍等處，兵勢厚重，謀慮非淺。今來岳飛雖已前去措置掩殺，緣荆湖接連江西一帶，地里闊遠，竊慮孤軍緩急難以捍禦。伏望聖慈速降睿旨，令劉光世遣發軍馬，前來策應，及命重臣統大兵屯駐九江督戰。庶幾上流重地不致疏虞，再獲大捷，天聲益振，恢復之功，在此一舉。」因秦檜父子篡改歷史，宋朝史書往往誇張淮西之勝，似乎此捷已結束紹興六年戰事。其實，僞齊在淮西尚非一敗塗地，劉光世、張俊和楊沂中軍追擊與反攻亦遭挫敗。李綱此奏轉引「岳飛公文」，反映僞齊又一次攻勢之概況。

又同書卷一二五《與張相公第十四書》（十二月七日）：「得岳帥報，虜、僞相兼侵犯襄、鄧、信陽，兵勢重厚，意欲窺圖上流，所謀不淺。緣荆湖接連江西一帶，地里闊遠，别無軍馬屯駐，深慮岳帥孤軍，難以獨力支吾。欲望朝廷遣發策應之師，庶幾可以捍禦，决收奇功。……今者僞、虜侵擾上流，雖岳帥勇鋭，深慮孤軍難以獨抗不測之虜，所係不細。相公以身任天下安危，如不憚數千里之遠，一臨九江、武昌，大其聲援，將士用命，決有成功之理。四海之望，實在此舉，幸望深留鈞念。自昔窺覦東南，未有不從上流者。今虜、僞以重兵侵犯襄漢，其勢恐非淮西之比，包藏禍心，必有所在。願相公深慮之。如劉光世之兵，非得相公統大兵以督師，又得楊沂中爲之策應，豈能既退而復進，變敗而爲成。岳飛孤軍獨當荆湖，又與江、淮接境，並無軍馬捍賊，實皆上流重地，勢須摘那諸將應援，相爲犄角，乃可倚仗。如蒙鈞旆親臨，一號令，尤事之善者也。」

〔二〕行在所　原脱「所」字，嘉靖本同，據《紀事實録》補。

〔三〕《金佗稡編》卷一八《進兵渡江申省狀》：「今據諸處申到，番、僞賊馬厚重，欲分路前來侵犯。飛比來目疾雖昏痛愈甚，深惟國事之重，義當忘身，遂不免於十一月十五日躬親渡江，星夜前去措置賊馬外，謹具申尚書省并樞密院。」

又同書卷九《遺事》：「裨將寇成嘗殺降，即劾其罪。是以信義著敵人不疑。」

《金佗續編》卷三《寇成等擅殺賊兵宣諭戒勵諸軍詔》：「蓋念中原之民，皆吾赤子，迫於暴虐之故，來犯王師，自非交鋒，何忍輕戮。庶幾廣列聖好生之德，開皇天悔禍之衷。卿其明體朕懷，深戒將士，務恢遠馭，不必專威，凡有俘擒，悉加存撫。將使戴商之舊，益堅思漢之心，蚤致中興，是爲偉績。毋或貪殺，失朕訓言。」

《建炎以來繫年要録》卷一〇七：「（紹興六年十二月）己亥，賜劉光世、岳飛詔曰：『國家以叛逆不道，狂狡亂常，遂至行師，本非得已。並用威懷之略，不專誅伐之圖。蓋念中原之民，皆吾赤子，迫於暴虐之故，來犯王師，自非交鋒，何忍輕戮。庶幾廣列聖好生之德，開皇天悔禍之衷。

卿其明體朕懷，深戒將士，務恢遠馭，不專尚威，凡有俘擒，悉加存撫。將使戴商之舊，益堅思漢之心，蚤致中興，是爲偉績。毋或貪殺，負朕訓言。』樞密院奏，光世之將馬欽，飛之將寇成等捕掠各五百人，並行處斬，已詰問欽、成。故有是詔。」可知寇成反擊獲勝。

《金佗稡編》卷一九《何家寨捷報申省狀》：「據王貴申：『僞五大王擁賊兵前來，離何家寨四十里，地名大標木，依山勢擺布，迎敵官軍。於十一月初十日與賊交戰，大獲勝捷。』」可知岳飛統兵渡江前五日，王貴率部反擊，已獲大勝。

《三朝北盟會編》卷二〇七《岳侯傳》：「紹興六年，加侯爲少師、武勝、定國軍節度使、湖北、京西路宣撫使，江夏駐劄。時金賊兀朮與僞齊劉麟率大將賈潭、商元、崔臯、李成、孔彦舟、王爪角等，剋鎮汝、蔡、商、虢、唐、鄧，京西大震，有南下之意。

諸帥養寇不進，侯遣王貴、董先、傅選等將兵騎二萬，於唐州北（比）陽牛蹄、白石、何家寨遇番、僞賊衆。李成、王爪角、王大捷、李序、商元等兵約十萬迎戰，自辰至申，賊衆敗走。連夜進兵，追至蔡州遂平縣，擒王大捷、李勤、郭安、李序等，奪馬千餘匹，降士卒三千餘衆，權暫屯北（比）陽歇泊。

僞鎮汝軍總管薛亨、馬汝翼等兵五萬犯方城縣，侯遣牛臯、王綱以步卒八千，往方城東北二十里，地名昭福。遇僞總管薛亨，數戰，亨兵敗走。牛臯等追至和尚寨，禽薛亨，斬馬汝翼，奪馬三百餘匹，降士卒千人，屯兵方城。

僞西京竇留守統制郭德、魏汝弼、施富、任安中等兵騎五萬，犯鄧州界。侯又遣張憲、郝晸、楊再興，共兵一萬，前去迎賊。至内鄉，相拒二日，憲與郝晸、楊再興議曰：『賊勢甚鋭，必欺敵。我以輕兵迎戰，佯退敗走。賊見，必來追我，我即伏兵取勝。』衆曰：『善！』遂發兵，於來日早使輕兵迎戰，佯敗走。僞兵果來追，伏兵發，前後夾擊，擒郭德、施富，奪馬五百餘匹，降士卒千人。魏汝弼收殘軍，走歸洛陽。侯自慮雖獲捷，然金賊兀朮僞兵百萬，糧食千里，緩急難保，又見諸路按兵不舉，遂收軍，復戍鄂州。將擒到僞大總管薛亨并郭德等一十七人，奪到馬二千餘匹，降卒五千餘人，解押赴行在。上赦薛亨等，賜銀、絹，并各人官資上更賜一官，付侯軍中使喚。』《岳侯傳》記述甚有疏謬。此時與岳家軍交鋒者，乃五大王劉復，而非完顔兀朮與劉麟。按當時慣例，降兵與馬匹亦無須押赴行在。擒薛亨之日期，據《行實編年》與《岳侯傳》所載，應爲十一月十日或稍後，而據《要録》載，薛亨於十一月庚寅（二十六日），由參議官李若虚押至行在平江府，按宋時交通條件，十餘日之行程無此可能。擒薛亨，應爲紹興六年秋事，可參本卷第四一八頁，《行實編年》與《岳侯傳》繫於是年冬，亦誤。

先臣即奏云，已至蔡境，欲遂圖蔡，以規取中原。上恐僞齊有重兵繼援，未可與戰，不許。然貴等已至蔡城，閉拒未下，先臣使人返之。〔一〕貴等回至白塔，李成率劉復、李序、商元、孔彦舟、王爪角、〔二〕王大節、賈關索〔三〕等併兵來，絶貴歸路。貴以馬軍迎擊，〔四〕賊兵盡敗，追殺五里餘。還至牛蹄，賊復益兵追及之，有數千騎，方渡澗，爲董先所擊，盡擁入澗中，積屍填谷。得馬二千餘匹及衣甲、器仗等，降騎兵三千餘人。賊兵之繼來〔五〕者，望見官軍，皆引遁。〔六〕

〔一〕《金佗稡編》卷一九《何家寨捷報申省狀》：「小貼子：飛契勘僞五大王擁番、僞重兵，侵犯唐、鄧州、漢上一帶作過，飛遂遣發軍馬措置。今雖獲大捷，緣已至蔡州界，去京城大段比近，勢未能便行深討。飛見星夜前去相度，若蔡州可下，即行收復，差官主管州事畢，班師，別聽朝廷指揮。伏乞照會。」

《金佗續編》卷七《僞五大王至蔡州令審料敵情省劄》：「檢會近據岳少保奏，十一月十二日，統制官寇成等申，虜、叛賊兵侵犯京西一帶事宜。十一月二十七日奉聖旨，令岳飛更切審料敵情，擇利進止，務取全功。除合遵依前項聖旨指揮施行，及應干軍事自合明審事機，便宜措置外。右行府契勘，今來已破何家寨等處，如彼處及蔡州一帶糧料有餘，可以劄立硬寨，分遣輕騎，追引虜、叛賊兵前來，擇利取勝，即合隨宜經畫，遲以旬月，因立大功。如□問得大河南北別有番賊重兵相繼應援，未須與之輕戰，即遵依已降聖旨指揮，及行府累劄下便宜指揮施行。……紹興六年十二月一日。」

又同書卷八《番僞分路前來令更切審料賊情省劄》：「檢會岳飛奏，諸處申賊馬分路前來侵犯，已將帶軍馬過江措置。十一月二十七日奉聖旨，令岳飛更切審料賊情，擇利進止，務取全功，已劄下去訖。今劄送湖北、京西路宣撫副使、檢校岳少保照會，准此。紹興六年十二月三日。」又同書卷二七黄元振編岳飛事迹：「紹興六年冬，公親提兵，往取蔡州。二更令下，三更即行。至蔡州，其濠水深闊，城上惟植黑旗，並無守者。每進攻，則黑旗動，然後一隊兵上城相禦，退則復下。勢不可攻，乃歸。」按宋廷「審料敵情，擇利進止」之令發於十一月二十七日至十二月初，抵達前沿時，應爲十二月上中旬，故對岳家軍之進退並無影響。岳飛認爲「雖獲大捷」，也「未能便行深討」，親至蔡州「相度」後，決定退師。《行實編年》叙事稱宋高宗「恐僞齊有重兵繼援」，岳飛受命班師，乃誇張戰績，不合史實。

〔二〕《三朝北盟會編》卷二〇一《順昌戰勝破賊録》：「有王彦先者，劉豫時曾知亳州，號王爪角。」可知王爪角係綽號。

〔三〕賈關索疑爲綽號，前引《三朝北盟會編》卷二〇七《岳侯傳》之賈潭疑爲真名。

〔四〕貴以馬軍迎擊　原脱「貴」字，嘉靖本同，據《紀事實録》補。

〔五〕賊兵之繼來　「繼來」，原作「在蔡」，嘉靖本同，據《紀事實録》改。

〔六〕《金佗續編》卷二七黄元振編岳飛事迹：「董先爲殿，劉豫伏兵俟我軍退，則追而掩之。我之後軍逢彼踏白者，爲親戚，且素聞公之德，遂泄其計曰：『汝宣撫自來，有兵二萬人，七分披帶，持十日糧，今糧盡而歸。劉豫遣李成等十大將，各將萬人，先各賜宅一區、宮女十人，徑來掩彼軍。約盡擒之，直造鄂州。我軍人持一繩，得南軍，穿其手心，每十人作一串，鼓行東下，今即至矣。』

董先見賊悉得我軍之實，馳報公。董先遂擇險地，伏其軍於林莽中，獨據河橋以待之。須臾，李成等至，見董先，舉繩以告之，悉如踏白者之言，謂董先曰：『汝勿走，我今先擒汝！』先答曰：『我定不走，只恐汝走耳！』賊見董先待之閑暇，疑有伏，不敢徑進。每遣兵來戰，董先則旋出林中兵一、二隊以應之；彼退，則又歸於林中，賊益疑。

相持久之，公領大軍復回。李成等望見如銀山擁出於衆山中，即遽奔潰。公渡河追之，三十里而止，擒其將數十人，俘其軍數千人而歸。

公厚以錢布勞所俘之軍，告之曰：『汝皆中原百姓，國家赤子也，不幸爲劉豫驅而至此。今釋汝，見中原之民，悉告以朝廷恩德。俟大軍前進恢復，各率豪傑，來應官軍。』其俘皆歡呼而反。公乃貽書與蔡之守者，蔡人感公釋其俘，遂請降。所擒之將獻於行在所。其後講和，復割蔡州與虜，有通判者不肯臣虜，自縊而死。」

又同書卷二八《孫逌編鄂王事》：「虜人犯漢上，岳王遣董先、牛皐、李建、傅選將數千人迎戰，臨遣，令聽先節制。先深入，逢虜騎萬餘，先一麾軍退。皐輩告先曰：『不戰便退，不惟虜人相輕，歸則宣撫不赦。既如此，不須深入。』先不從，退百餘里，始劄寨。其晚虜亦駐軍。黎明，先領軍又退百里。虜人每襲人，至散方擊，及百里，又劄寨。次日復如前。先遂與牛臯等議曰：『諸君要與虜戰，今日正當效力，須死戰可矣。』既擊虜，先身插數小旗，用小鼓、小鑼與虜騎對壘，使步人皆坐。先出戰，走馬覘軍畢，候虜騎近，出小旗，軍起立，再旗，鋋定，鳴小鼓，前擊。虜衆不動，鋪槍作走勢。虜騎方向前，再鳴鼓向敵，又未動。如此者三，虜騎動，分四頭項擊。虜騎歸至唐州界牛蹄、白石，方飯，伏起，旗幟遍山，虜實驚怖，俘獲甚衆，得馬三千疋，騎兵千餘人。王得此馬三千疋，軍勢大壯。先除軍職、正任承宣使。」白塔地名，《孫逌編鄂王事》與《會編·岳侯傳》作白石。

又同書卷二《起復太尉加食邑制》：「曩者分遣將士，深入賊巢，薦聞斬馘之奇，盡據山川之險。至於牛蹄之役，尤嘉虎鬭之强，積獲齊山，俘纍載道。令行塞外，已觀奮擊之無前；響震關中，將使覆亡之不暇。」

《梁谿全集》卷一二五《與張相公第十五書》（十二月十八日）：「近得岳帥報，以偏師屢敗敵人，然置蔡不取，已遂斂兵，豈有深意耶？本謂虜、僞相兼，窺伺上流，勢須煩鈞旆一到，督諸將犄角應援，可成大功。今既如此，願且當軸處中，以觀機會，徐爲後圖。」

又同書卷一二五《與張相公第十六書》（十二月十八日）：「自淮上王師屢捷之後，邊境寧謐。惟襄漢之間，尚有出没，岳帥累挫其鋒，防冬遂可無虞。」

《建炎以來繫年要録》卷一〇九：「（紹興七年三月甲子）拱衛大夫、和州防禦使、湖北、京西宣撫司都統制王貴落階官，爲棣州防禦使、龍、神衛四廂都指揮使，賞功也。統制官、中侍大夫、武泰軍承宣使牛皋亦落階官，爲建州觀察使。」

《宋會要輯稿》兵一八之三八：「（紹興）七年三月二日，詔湖北、〔京〕西路宣撫副使岳飛下統制官王貴特除正任防禦使、龍、神衛四廂都指揮使，牛皋特除正任觀察使，以樞密院言，飛近遣貴等總領官〔兵〕，掩殺逆賊五大王劉復、李成等，累立奇功故也。」

《金佗續編》卷三《辭免起復太尉仍加食邑不允詔》：「卿爲國爪牙，董茲貔虎，功收江、漢之表，聲震河、洛之郊。大破逆徒，進臨要地。秋毫亡害，既昭布於上恩；壺漿以迎，遂撫寧於舊俗。佇戡大憝，亟靖中原。」

又同書卷三《再辭免起復太尉仍加食邑不允詔》：「淮、蔡之戰，王命將通於洛邑；商、虢之役，威聲已振於秦川。」以上兩詔是概述岳家軍紹興六年秋季和冬季的戰績。

《金佗稡編》卷一四《辭太尉第三劄子》：「臣頃以目疾，廢事日久，近者商、虢、潁、蔡之戰，皆由仰遵聖訓，遂致將士竭力，在臣實無寸功。」

上聞捷，大悅，賜札獎諭曰：「卿學深籌略，動中事機，加兵宛、葉之間，奪險松栢之塞。仍俘甲馬，就食糗糧，登聞三捷之功，實冠萬人之勇。」〔一〕蓋申述商、虢等戰效也。〔二〕又遣內侍傳宣撫問，賜銀合茶、藥。〔三〕

〔一〕見《金佗稡編》卷二高宗宸翰二十七第一六頁。

《建炎以來繫年要録》卷一〇七：「（紹興六年十二月丙午）崇信、奉寧軍節度使、開府儀同三司、江南東路宣撫使張俊加少保、鎮洮、崇信、奉寧軍節度使，仍舊宣撫使，龍、神衛四廂都指揮使、密州觀察使、權主管殿前司公事楊沂中爲保成軍節度使、殿前都虞候、主管殿前司公事。先是，〔左〕司諫陳公輔言：『前日賊犯淮西，諸將用命，捷音屢上，邊土稍寧，蓋廟社之靈，而陛下威德所至。然行賞當不踰時，廟堂必有定議。臣聞濠梁之急，浚遣楊沂中來援，遂破賊兵，此功固不可掩。劉光世不守廬州，而濠梁戍兵輒便抽回，如渦口要地更無人防守，若非沂中兵至，淮西焉可保哉。光世豈得無罪，此昭然無可疑者。又沂中之勝，以吳錫先登；光世追賊，王德尤爲有力。是二人當有崇奬，以爲諸軍之勸。若韓世忠屯淮東，賊不敢犯；岳飛進破商、虢，擾賊腹脅。二人雖無淮西之功，宜特優寵。使有功見知，則終能爲陛下建中興之業。』朝廷以俊、沂中功尤著，遂優賞之。」

〔二〕申述商虢等戰效也　「虢」，原作「元」，嘉靖本同，據《紀事實録》改。

〔三〕《建炎以來繫年要録》卷一〇七：「（紹興六年十二月乙未）右宣義郎、通判鄧州黨尚友充湖北、京西宣撫司幹辦公事，用岳飛奏也。」「（丙辰）新荆湖北路兵馬鈐轄張旦仍舊知襄陽府。」

十二月，大雪苦寒，上以先臣方按邊暴露，手詔撫勞，有曰：「非我忠臣，莫雪大耻。」〔一〕又遣賜馬鞍四、鐵簡二、香、茶、藥等，傳宣撫問，〔二〕召赴行在所。〔三〕

〔一〕《金佗續編》卷三《行軍襄漢正當雪寒撫諭將士詔》：「惟爾一軍，備經百戰，遥聞征殺，頗犯雪寒。以予露蓋之勞，知爾執戈之苦。眷言體國，良極歎嘉；重念忘身，又興惻怛。」可參《金佗續編》卷八《雪寒撫諭將士黄榜》第一三五六頁。《建炎以來繫年要録》卷一〇七：「（紹興六年十二月）癸卯，詔岳飛行軍襄漢，正當雪寒，令學士院降詔，撫諭一行將士。」

〔二〕可見《金佗稡編》卷一高宗宸翰二十六：「卿志存憂國，義專報君，式總兵戎，再臨襄漢。顧霜露之冒犯，想徒御之勤勞。深副簡知，自宜神相。朕當食而歎，中夜以思，非我忠臣，莫雪大恥。所祈勉力，用究遠圖。」可知宋高宗此札爲岳飛再次北伐而發，並非「大雪苦寒」的「撫勞」。

〔三〕行在所　原脱「所」字，嘉靖本同，據《紀事實録》補。

《金佗續編》卷八《令赴行在奏事省劄》：「十二月二十一日，三省、樞密院同奉聖旨，岳飛候指揮到，如别無緊切事宜，量帶親兵，前來行在所奏事。……紹興六年十二月二十四日。」

紹興七年，丁巳歲，年三十五。

入覲。論馬。扈從至建康。除太尉，陞宣撫使，〔一〕陞營田大使。論恢復大計。論劉光世軍。解兵柄。復軍。乞以本軍討劉豫。論建都。乞進屯淮甸。計廢劉豫。賜燕及茶、藥等。

〔一〕陞宣撫使　「陞」，原作「除」，嘉靖本同，據《紀事實録》改。

春正月，入見，〔二〕上從容與談用兵之要，因問先臣曰：「卿在軍中得良馬否？」先臣曰：「驥不稱其力，稱其德也。臣有二馬，故常奇之。日噉芻豆至數㪷，飲泉一斛，〔三〕然非精潔，則寧餓死不受。介冑而馳，其初若不甚疾，比行百餘里，始振鬣長鳴，奮迅示駿，自午至酉，猶可二百里。褫鞍甲而不息不汗，若無事然。此其爲馬，受大而不苟取，力裕而不求逞，致遠之材也。值復襄陽，平楊么，不幸相繼以死。今所乘者不然，日所受不過數升，而秣不擇粟，飲不擇泉。攬轡未安，踴躍疾驅，甫百里，力竭汗喘，殆欲斃然。此其爲馬，寡取易盈，好逞易窮，駑鈍之材也。」上稱善久之，曰：「卿今議論極進。」〔三〕

〔一〕《金佗續編》卷八《再令疾速赴行在奏事省劄》：「正月三日，三省、樞密院同奉聖旨，令岳飛依已降指揮，如别無緊切事宜，令疾速起發，赴行在所奏事。」《建炎以來繫年要録》卷一〇九：「（紹興七年二月庚子）起復湖北、京西宣撫副使岳飛以親兵赴行在。翌日，内殿引對。」《宋史》卷二八《高宗紀》：「（紹興七年二月庚子）岳飛入見。」可知岳飛應爲正月啟程，二月八日庚子抵行在平江府。《行實編年》稍誤。

〔二〕飲泉一斛　「飲泉」之下，《金佗續編》卷一九有「至」字。《紀事實録》作「泉飲一斛」。

〔三〕《建炎以來繫年要録》卷一〇九：「（紹興七年二月）己酉，上與輔臣論兵器，因曰：『前日岳飛入對，朕問有良馬否？飛奏：舊有兩馬，已而亡之，今所乘不過馳百餘里，力便乏。此乃未識馬故也，大抵馴而易乘者乃駑馬，故不耐騎而易乏。若就鞍之初，不可制御，此乃馬之逸羣者，馳驟既遠，則馬力始生。』張浚曰：『人材亦猶是也，但當駕御用之耳。』上曰：『人材若只取庸常易悦者，何以濟天下之事。』浚曰：『既知其可用，則當不責近效，以待有成。苟爲不然，則其材終無以自見。』上又曰：『飛今見（識極）進，論議皆可取，朕（嘗）諭之，國家禍變非常，唯賴將相協力，以圖大業。不可時時規取小利，遂以奏功，徒費朝廷爵賞。須各任方面之責，期於恢復中原，乃副朕委寄之意。昨張俊來覲，亦以此戒之。』」此段記載以《皇宋中興兩朝聖政》卷二一與《宋史全文》卷二〇參校，似可與岳飛之良馬對並行而不悖。

二月，除起復太尉，加食邑五百户、食實封〔一〕二百户。制詞有「積獲齊山，俘累載道」，「令行塞外」，「響震關中」等語，賞商、虢等功也。繼除宣撫使、兼營田大使。〔二〕

〔一〕食實封　「食」，據《金佗續編》卷二《起復太尉加食邑制》補。

〔二〕《建炎以來繫年要録》卷一〇九：「（紹興七年二月）丁巳，起復檢校少保、武勝、定國軍節度使、湖北、京西宣撫副使岳飛爲太尉，賞商、虢之功也。翌日，陞宣撫使。飛威名日著，淮西（應爲『江東』）宣撫使張俊益忌之。參謀官薛弼每勸飛調護，而幕中之輕鋭者復教飛勿苦降意，於是飛與俊隙始深矣。飛時留行在未去，遂衛上如建康。」

「武功大夫、忠州團練使、知黄州杜湛降一官，放罷。初，湛與通判州事葉介不協，介率其僚七人走鄂州，訴湛語言不順。朝廷聞之，命岳飛究實。飛奏：『湛忠勞，今來止是語言疑似，别無跡狀。』乃兩罷之，介乃鐫二秩。」

「（庚申）武德郎、閤門宣贊舍人、湖北、京西宣撫使司書寫機宜文字岳雲爲武德大夫，飛再辭不受。」

《宋史》卷二八《高宗紀》：「（紹興七年二月）丁巳，以岳飛爲太尉、湖北、京西宣撫使。」

《三朝北盟會編》卷一七七：「（紹興七年二月二十四日丙辰）岳飛加太尉。」

《宋會要輯稿》職官一之一三：「（紹興）七年二月二十六日，檢校少保、武勝、定國軍節度使、充湖北、京西路宣撫副使岳飛起復太尉，充湖北、京西宣撫使。」又同書職官四一之三三：「紹興七年二月二十六日，三省言：『岳飛任檢校少保、武勝、定國軍節度使，係充湖北、京西路宣撫副使、兼營田使。今來以降制除太尉，依前武勝、定國軍節度使，理合增重使名。』詔岳飛充湖北、京西宣撫使、兼營田大使。」《宋史》卷一六七《職官志》：「宣撫使不常置，掌宣布威靈，撫綏邊境及統護將帥，督視軍旅之事，以二府大臣充。……紹興元年，詔以淮南守臣多闕，百姓未能復業，分命呂頤浩、朱勝非、劉光世皆以安撫大使兼宣撫使，武臣非執政而爲宣撫使，實自光世始。二年，李光又以吏部尚書加端明殿學士，爲壽春等州宣撫使。自是韓世忠、張俊、吴玠、岳飛、吴璘皆以武臣充使。」《建炎以來朝野雜記》甲集卷一一《宣撫使》：「宣撫使，祖宗時不常置，有軍旅大事，則命執政大臣爲之。……然自紹興至嘉泰，武臣止劉光世、韓世忠、張俊、吴玠、岳飛、吴璘六人，從官止李泰發、王伯召二人，蓋重之也。」宣撫使與招討使、制置使實職相類，而品位最高，同參知政事、樞密院長官等執政大臣平列，參見本卷第四〇四頁。岳飛獲宣撫使任命後，其地位已超越尚任宣撫副使之吴玠，與韓世忠、劉光世、張俊平列。

三月，扈從至建康。〔一〕十四日，以劉光世所統王德、酈瓊等兵五萬二千三百一十二人、馬三千一十九匹隸先臣。且詔王德等曰：「聽飛號令，如朕親行。」〔二〕

〔一〕《金佗續編》卷八《令扈車駕幸建康省劄》：「岳飛劄子：『契勘飛累准朝廷指揮催促，令前來行在所奏事。飛已到行朝，適值國恤，隨班入臨，欲候除服日，即乞朝辭。候指揮。』勘會車駕巡幸建康，進發在近，二月十八日，三省、樞密院同奉聖旨，令岳飛扈從前去，其見將帶馬軍於禁衛從行。……紹興七年二月十九日。」此劄發於岳飛陞太尉、宣撫使前。

《宋史》卷二八《高宗紀》：「（紹興七年二月）己未，帝發平江。三月癸亥朔，次丹陽，韓世忠入見，命世忠扈從，岳飛次之。……辛未，帝至建康。」

《建炎以來繫年要録》卷一〇九：「（紹興七年三月丙子）僞成忠郎、閤門祗候李清詣岳飛降，詔補正，仍進二官。」

「（庚辰）武功大夫、辰州刺史、兼閤門宣贊舍人于鵬令後省策試，降等换文資，用岳飛薦也。（明年二月庚辰，换右朝散大夫。）」

《宋會要輯稿》兵一五之六：「（紹興七年）三月十五日，樞密院言：『岳飛申：先有僞界官兵李清等不肯順僞，率衆歸正。内秉義郎、閤門祗候李清係頭領，乞與正補成忠郎，依舊閤門祗候。』從之。」

〔二〕《三朝北盟會編》卷一七〇《中興遺史》：「劉豫兵馬遁走，張浚獨對，乞乘勝取河南地，擒劉豫父子，又言：『劉光世驕惰不戰，不可爲大帥，請罷之，以勵諸將。』上問：『曾與趙鼎議否？』曰：『未也。』上曰：『可與趙鼎議之。』浚見鼎，具道其故，鼎曰：『不可，劉豫，几上肉耳，然劉豫常倚金人爲重輕，不知擒滅劉豫，得河南故地，可保金人不侵入乎？ 如其侵入，何以禦之？ 且劉光世軍下統制、將轄、士校多出其門，若無故罷之，恐其士卒懼而不安。』浚由是不悅。 浚見上，請幸建康。 鼎諫未便，遂罷鼎宰相，以觀文殿大學士知紹興府，安撫浙東，而下移蹕之詔。」岳飛至行在平江府時，劉光世罷兵權業已內定。 關於劉光世所率淮西軍轉隸岳飛事，《行實編年》叙事時間次序顛倒錯亂，今將有關記述於後注中按時間次序重新排列。

先臣乃數見上，論恢復之略，以爲劉豫者，金人之屏蔽，必先去之，然後可圖。 因慷慨手疏言：「臣伏自國家變故以來，〔一〕起於白屋，〔二〕從陛下於戎伍，〔三〕實有致身報國、〔四〕復讎雪恥之心，幸憑社稷威靈，前後粗立薄效。 陛下録臣微勞，擢自布衣，曾未十年，官至太尉，品秩比三公，恩數視二府，又增重使名，宣撫諸路。 臣一介賤微，寵榮超躐，有踰涯分；今者又蒙益臣軍馬，使濟恢圖。 臣實何人，〔五〕誤蒙〔六〕神聖之知如此，敢不晝度夜思，以圖報稱。

臣竊揣敵情，所以立劉豫於河南，而付之齊、秦之地，蓋欲荼毒中原，〔七〕以中國而攻中國。 粘罕因得休兵養馬，觀釁乘隙，包藏不淺。 臣謂不以此時〔八〕稟陛下睿算妙略，以伐其謀，使劉豫父子隔絶，五路叛將還歸，兩河故地漸復，則金人之詭計〔九〕日生，浸益難

圖。〔一〇〕

然臣愚欲望陛下假臣日月，勿拘其淹速，〔一一〕使敵莫測臣之舉措。萬一得便可入，則提兵直趨京、洛，據河陽、陝府、潼關，以號召五路之叛將。叛將既還，王師前進，彼必棄汴都，而走河北，京畿、陝右可以盡復。至於京東諸郡，陛下付之韓世忠、張俊，亦可便下。臣然後分兵濬、滑，經略兩河，如此則劉豫父子斷必成擒。大遼有可立之形，金人〔一二〕有破滅之理，〔一三〕爲陛下社稷長久無窮之計，實在此舉。

假令汝、潁、陳、蔡堅壁清野，商於、虢略分屯要害，進或無糧可因，攻或難於餽運，臣須斂兵，退保上流。賊必追襲而南，〔一四〕臣俟其來，當率諸將或挫其鋭，或待其疲。賊利速戰，不得所欲，勢必復還。臣當設伏，邀其歸路，小入則小勝，〔一五〕大入則大勝，然後徐圖再舉。設若賊見上流進兵，併力來侵淮上，〔一六〕或分兵攻犯四川，臣即長驅，擣其巢穴。賊困於奔命，勢窮力殫，縱今年未終平殄，來歲必得所欲。〔一七〕陛下還歸舊京，或進都襄陽、關中，唯陛下所擇也。

臣聞興師十萬，日費千金，邦内〔一八〕騷動七十萬家，此豈細事。然古者命將出師，民不再役，糧不再籍，蓋慮周而用足也。今臣部曲遠在上流，去朝廷數千里，平時每有糧食不足之憂。是以去秋臣兵深入陝、洛，而在寨卒伍有飢餓而死者，〔一九〕臣故亟還，前功不遂。

致使賊地陷僞，忠義之人旋被屠殺，〔二〇〕皆臣之罪。今日唯賴陛下戒敕有司，廣爲儲備，〔二一〕俾臣得一意静慮，不以兵食亂其方寸，則謀定計審，〔二二〕必能濟此大事。〔二三〕異時迎還太上皇帝、寧德皇后梓宫，奉邀天眷，以歸故國，〔二四〕使宗廟再安，萬姓同歡，陛下高枕萬年，無北顧之憂，臣之志願畢矣。然後乞身歸田里，此臣夙夜所自許者。」〔二五〕

〔一〕伏自國家變故以來　「伏」，據《金佗續編》卷一補。

〔二〕起於白屋　據《金佗稡編》卷一一《乞出師劄子》和《金佗續編》卷一補。

〔三〕從陛下於戎伍　《金佗續編》卷一無此句。

〔四〕實有致身報國　「有致身」，《金佗續編》卷一作「懷捐軀」。

〔五〕臣實何人　「人」，《金佗稡編》卷一一《乞出師劄子》作「能」。

〔六〕誤蒙　「蒙」，《金佗稡編》卷一一《乞出師劄子》和《金佗續編》卷一作「辱」。

〔七〕荼毒中原　「中原」之下，《金佗續編》卷一有「生靈」兩字。

〔八〕不以此時　「以」，《金佗續編》卷一作「及」。

〔九〕金人之詭計　「人之」，《金佗續編》卷一作「賊」。

〔一〇〕浸益難圖　「浸」之上，《金佗續編》卷一有「它時」兩字。

〔一一〕勿拘其淹速　「拘其」，《金佗續編》卷一作「復拘臣」。

〔一二〕金人　「人」，《金佗續編》卷一作「賊」。

〔一三〕破滅之理　「理」之下，《金佗續編》卷一有「四夷可以平定」六字。

〔一四〕必追襲而南　「追」，據《金佗稡編》卷一一《乞出師劄子》和《金佗續編》卷一補。

〔一五〕小入則小勝　「則」，《金佗續編》卷一作「必」。

〔一六〕併力來侵淮上　「來」，據《金佗續編》卷一補，《金佗稡編》卷一一《乞出師劄子》作「以」。

〔一七〕來歲必得所欲　「欲」之下，《金佗續編》卷一有「亦不過三、二年間，可以盡復故地」十三字。

〔一八〕邦内　原作「内外」，據《金佗續編》卷一改。

〔一九〕有飢餓而死者　「而死者」，《金佗續編》卷一作「閃走」。

〔二〇〕旋被屠殺　「屠」，原作「刧」，嘉靖本作「剏」，據《紀事實録》、《金佗稡編》卷一一《乞出師劄子》和《金佗續編》卷一改。

〔二一〕廣爲儲備　原作「恪恭迺事」，嘉靖本同，據《紀事實録》、《金佗稡編》卷一一《乞出師劄子》和《金佗續編》卷一改。

〔二二〕謀定計審　「審」之下，《金佗續編》卷一有「仰遵陛下成算」六字。

〔二三〕必能濟此大事　「必」，原作「方」，嘉靖本同，據《紀事實録》和《金佗續編》卷一改。

〔二四〕以歸故國　「以」之下，原有「得」字，嘉靖本同，據《紀事實録》和《金佗稡編》卷一一《乞出師劄子》删。「以歸故國」，《金佗續編》卷一作「歸國」。

〔三五〕岳珂於嘉泰三年（一二〇三年）編纂《行實編年》完稿，二十餘年後，即寶慶元年（一二二五年），方得岳飛「手奏出師疏真蹟」。據《寶真齋法書贊》卷二八《鄂國傳家帖》載，此奏爲「楷書四十三行，御批四行」。岳珂又將此奏編入《金佗續編》卷一。其文字與《金佗稡編》卷七、卷一一《乞出師劄子》頗有出入，應以手蹟爲準。由此奏可知，岳飛已被授任全權負責北伐，內定「宣撫諸路」之頭銜，僅京東兩路，劃爲韓世忠和張俊兩軍戰區。《金佗續編》卷二七黃元振編岳飛事迹載宋高宗授權岳飛：「中興之事，朕一以委卿，除張俊、韓世忠不受節制外，其餘並受卿節制。」可與此奏印證。

疏奏，上以親札答之曰：「有臣如此，顧復何憂。進止之機，朕不中制。」復召至寢閤，命之曰：「中興之事，朕一以委卿。」又賜親札曰：「前議已決」，「進止之機，委卿自專，先發制人，正在今日，不可失也」。先臣復奏，申述前志，賜札報曰：「覽卿近奏，毅然以恢復爲請，豈天實啟之，將以輔成朕志，行遂中興耶！」又令節制光州。〔一〕

〔一〕今將宋高宗授任岳飛指揮南宋大部兵力，全權負責北伐之史料，依時間順序，排列於下：《金佗續編》卷八《令入內內侍省引對省劄》：「三月三日，三省同奉聖旨，岳飛令入內內侍省今月四日引對。」據《要録》和《宋史·高宗紀》，宋高宗自紹興七年二月己未（二十七日）離平江府，三月辛未（九日）至建康府。可知此次「引對」，是在途中。

又同書卷二七黄元振編岳飛事迹：「先是，朝廷罷劉光世軍，欲以公代之，併軍大舉。公既扈從至建康，太上知公之可大任也，獨召公至寢閤，命之曰：『中興之事，朕一以委卿，除張俊、韓世忠不受節制外，其餘並受卿節制。』」太上即宋高宗，黄元振之追述寫於宋孝宗在位，宋高宗當太上皇時。岳飛再次被召見，應於九日後。按宋高宗授權岳飛「節制」之範圍，除劉光世軍外，應尚有川、陝之吴玠軍，楊沂中、劉錡指揮之「三衙」部隊。授權一人指揮大部兵力，在以猜忌武將著稱之宋朝無此先例。

《金佗稡編》卷一二《乞本軍進討劉豫劄子》：「陛下比者寢閤之命，聖斷已堅；咸謂恢復之功，指日可冀。」即是指此次召見。

又同書卷一高宗宸翰三十二：「朕惟兵家之事，勢合則雄。卿等久各宣勞，朕所眷倚。今委岳飛盡護卿等，蓋將雪國家之恥，拯海内之窮。天意昭然，時不可失，所宜同心協力，勉赴功名，行賞答勳，當從優厚。聽飛號令，如朕親行，儻違斯言，邦有常憲。

付王德等。御押」

此手詔爲準備岳飛赴淮西，接管劉光世軍所用。又據《金佗續編》卷一高宗宸翰三十三，岳飛「三月十一日」上《乞出師劄子》後，宋高宗御批：「覽奏，事理明甚，有臣如此，顧復何憂。進止之機，朕不中制。惟敕諸將廣布寬恩，無或輕殺，拂朕至意。」

《建炎以來繫年要録》卷一〇九：「（紹興七年三月）乙亥，中書言：『湖北、京西宣撫使岳飛已朝辭，所降立功將佐告命，乞免進入。』詔趣行給付。……（飛朝辭不見本日，今因中書所奏附此，當即是其辭日也。……）」乙亥爲十三日。

《宋會要輯稿》職官一一之七〇：「（紹興）七年三月十三日，詔湖北、京西宣撫使岳飛，所有立奇功，除正任及轉横行、遥郡官告，日下給付，免進入，以飛朝辭，恐妨起發故也。」

《金佗續編》卷八《詔諭靖康叛臣能束身以歸當復爵秩省劄》：「亦惟爾士大夫蒙祖宗休澤，服在周行，其肯失身僞廷，事非其主，顧驅脅使然，有不得已者，朕甚痛之。故若張孝純、李鄴、李儔等内外親族，不廢禄仕，每飭有司，常加存恤。朕之於爾厚矣，爾尚忍忘之耶？其能洗心易慮，束身以歸，當復其爵秩，待遇如初。……紹興七年三月十四日。」

又同書卷八《許令便宜行事省劄》：「三月十四日奉聖旨，岳飛如行軍入賊境，有軍期事務申奏，待報不及，依已降指揮，許便宜施行訖，具事因聞奏及申都督府。……紹興七年三月十四日。」

又同書卷八《督府令收掌劉少保下官兵劄》：「諸路軍事都督府：勘會淮西宣撫劉少保下官兵等，共五萬二千三百一十二人，馬三千一十九匹，須至指揮。……右劄送湖北、京西路宣撫使岳太尉照會，密切收掌，仍不得下司，准此。紹興七年三月十四日。」岳飛三月九日至建康府，大約在三月十四日即倉促離去，故部份立功將士官告，未按正規手續批發。三月十四日所接三個劄子，都爲大舉北伐作準備。時劉光世免職尚未公開，都督府規定第三份督府劄由岳飛個人掌握，不下發宣撫司。

又同書卷一高宗宸翰三十四：「前議已決，不久令宰臣浚至淮西視師，因召卿議事。進止之幾，委卿自專，先發制人，正在今日，不可失也。所宜深悉。」

又同書卷一高宗宸翰三十五：「覽卿近奏，毅然以恢復爲請，豈天實啟之，將以輔成朕志，行遂中興邪！嘉歎不忘，至於數四。自餘令相臣浚作書具道。惟卿精忠有素，朕所簡知，謀議之間，要須委曲協濟，庶定禍亂。卿目疾邇來必好安。故兹親諭，所宜悉之。」「謀議之間，要須委曲協濟」，微露收回成命之意。「覽卿近奏，毅然以恢復爲請」，「近奏」當即是《乞出師劄子》，《行實編年》説「先臣復奏，申述前志」，却無上另一奏之證據，似誤。

方率厲將士，將合師大舉，進圖中原；會秦檜主和議，忌其成功，沮之，其議遂寢，王德、酈瓊之兵亦不復畀之矣。〔一〕

〔一〕《金佗續編》卷二七黃元振編岳飛事迹：「已而有忌公者，沮止之。公忽召先父，出示張都督簡板，乃卻公宮祠之請。公曰：『某所條具交軍事件，一日可辦。今乃令某先行，留屬官以待命，此必事已中變，故令某先行。今功不成矣，某所以丐祠也。』公不樂而行。」

《金佗稡編》卷一高宗宸翰三十六：「覽奏備悉，俟卿出師有日，別降處分。淮西合軍，頗有曲折。前所降王德等親筆，須得朝廷指揮，許卿節制淮西之兵，方可給付。仍具知禀奏來。」此手詔應爲宋高宗對岳飛一份今已佚失奏章之回覆。對宋高宗君臣之出爾反爾，秦檜父子主持修撰之《高宗日曆》，諱莫如深。《金佗稡編》問世後，方使部份真相得以大白。《建炎以來繫年要録》卷一〇九注引《趙鼎事實》：「駕至建康，當軸者以光世不足仗，遣其腹心吕祉誘脅之，俾請宫祠，罷兵柄，欲以此兵付岳飛，爲北向之舉。」《金佗稡編》問世前，《趙鼎事實》雖涉及此事，而所説不確。「當軸者」乃指張浚。《宋史》卷二八《高宗紀》：「（紹興七年三月癸酉）岳飛乞併統淮西兵，以復京畿、陝右，許之，命飛盡護王德等諸將軍。既而秦檜等以合兵爲疑，事遂寢。」

夏，奉詔詣都督府，與張浚議軍事。時王德、酈瓊之兵猶未有所付，浚意屬吕祉，乃謂先臣曰：「王德之爲將，淮西軍之所服也。浚欲以爲都統制，而命吕祉以都督府參謀領之，如何？」先臣曰：「淮西一軍多叛亡盜賊，變亂反掌間耳。〔一〕王德與酈瓊故等夷，素不相下，一旦揠之在上，則必争。吕尚書雖通才，然書生不習軍旅，不足以服其衆。飛謂必擇諸大將之可任者付之，然後可定，不然，此曹未可測也。」浚曰：「張宣撫如何？」先臣曰：「張宣撫宿將，飛之舊帥也。然其爲人暴而寡謀，且酈瓊之素所不服，〔二〕或未能安反側。」浚又曰：「然則楊沂中耳。」先臣曰：「沂中之視德等爾，豈能御此軍哉。」〔三〕浚艴然曰：「浚固知非太尉不可也！」先臣曰：「都督以正問，飛不敢不盡其愚，然豈以得兵爲計耶！」〔四〕即日上章，乞解兵柄。步歸廬山，廬於周國夫人姚氏墓側。〔五〕

〔一〕變亂反掌間耳　「間」，據《金佗續編》卷一九補。

〔二〕素所不服　原脱「所」字，嘉靖本同，據《紀事實録》補。

〔三〕豈能御此軍哉　「哉」，原作「事」，嘉靖本同，據《紀事實録》和《金佗續編》卷一九改。

〔四〕豈以得兵爲計耶　「兵」，底本字跡模糊，嘉靖本作「失」，據《紀事實録》改。「計」，《紀事實録》作「念」。

〔五〕《齊東野語》卷二《張魏公三戰本末略》：「紹興七年三月，浚奏劉光世在淮西，軍無紀律，罷爲少師、萬壽觀使，以其兵隸都督府。命參謀、兵部尚書吕祉往廬州節制，且以王德爲都統制，酈瓊副之。瓊與靳賽皆故羣盜，與德素不相能。德威聲素著，軍中號爲王夜叉。都承旨張宗元深以爲不可，謂浚曰：『瓊等畏德如虎，今乃使臨其上，是速其叛也。』浚不以爲然，復謀之岳飛曰：『王德，淮西軍所服，浚欲以爲都統制，而命吕祉爲督府參謀領之，如何？』飛曰：『德與瓊素不相下，一旦使揠之在上，勢所必争。吕尚書雖通才，然書生不習軍旅，恐不足以服之。』浚曰：『張宣撫何如？』飛曰：『暴而寡謀，且瓊輩素不服。』浚曰：『然則楊沂中耳。』飛曰：『沂中視德等耳，豈能馭之。』浚艴然曰：『浚固知非太尉不可！』飛曰：『都督以正問飛，飛不敢不盡其愚，豈以得兵爲念哉！』即日乞解兵柄，持餘服，而浚訖行之。瓊輩懼不敢喘。及德視事教場，諸將執楇，用軍禮謁拜。瓊登而言曰：『尋常伏事太尉不周，今日乞做一牀錦被遮蓋。』德素獷勇自任，竟不解出一語慰撫之，遂索馬去。」此段記載部份應採自《金佗稡編》。

《三朝北盟會編》卷一七七：「（紹興七年）四月，張浚往淮西視師。先是，張浚欲征劉豫，會四大將於龜山，問之曰：『欲大舉以取劉豫，克復中原，如何？』劉光世請守，韓世忠請進兵，張俊曰：『都督欲戰則戰，欲守則守。』惟岳飛獨以爲不可用兵。浚再三問之，飛堅執不可之説，浚以飛爲玩寇，議不協而罷。至是浚往視師，以淮西之軍新易大帥也。」此段記載荒誕無稽。龜山在泗州，當運河入洪澤湖口，逼近前沿，似不應在此會議。

《齊東野語》卷一三《岳武穆逸事》：「張魏公之出督也，陛辭之日，與高宗約曰：『臣當先驅清道，望陛下六龍夙駕，約至汴京，作天下主。』飛聞之曰：『相公得非睡語乎？』於是魏公憾之終身。」

《三朝北盟會編》卷一七八：「（紹興七年五月九日庚午）岳飛居江州，乞持餘服。岳飛與張浚議事不合，既回鎮，即上言將相議事不協，乞罷兵，守餘服。不候報，即往江州，入廬山廬墓。上遣使宣諭之，猶不起。」

又同書卷二〇七《岳侯傳》：「時秦檜當國，方主和議，忌侯。申奏乞持母服，棄軍權居江州廬山。檜遂舉張宗元爲宣撫判官，監軍事，詔侯赴行在。」

《建炎以來繫年要録》卷一〇九：「（紹興七年三月）乙亥，中書言：『湖北、京西宣撫使岳飛已朝辭，所降立功將佐告命，乞免進入。』詔趣行給付。時中原遺民有自汴京來者，言：『劉豫自猊、麟敗後，意沮氣喪，其黨與皆攜貳。虜中謂豫必不能立國，而民心日望王師之來。』朝廷因是遂謀北伐。飛謂豫不足平，要當以十萬衆橫截虜境，使虜不能援，勢孤自敗，則中原可復。張浚不以爲然。會劉光世乞奉祠，飛乃見上，請由商、虢取關陝，欲併統淮右之兵而行。上問：『何時可畢？』飛言：『期以三年。』上曰：『朕駐蹕於此，以淮甸爲屏蔽。若輟淮甸之兵，便能平定中原，朕亦何惜。第恐中原未復，而淮甸失守，則行朝未得奠枕而卧也。』飛無以對。（飛朝辭不見本日，今因中書所奏附此，當即是其辭日也。奏乞取陝右等語，見《日曆》今年四月丁未。）」

又同書卷一一〇：「（紹興七年四月）丁未，起復太尉、湖北、京西宣撫使岳飛乞解官，持餘服。飛與宰相張浚異論，歸過江州，上疏自言與宰相議不合，求解帥事，遂棄軍而廬墓。上不許。（《日曆》止書進呈岳飛求解帥事，更無他語，今以諸書參考增入。熊克《小曆》稱：『張浚與飛議不合，飛喪母，乞持服，乃棄軍去，居江州廬山。』誤也。飛丁憂在去年四月，此行蓋自建康西上，道過江州，因入廬山耳。《岳侯傳》云：『秦檜當國，方主和議。侯申奏乞持母服，棄軍權居廬山。檜遂舉張宗元爲宣撫判官，監軍事，詔侯赴行在。』此益誤。檜明年冬方獨相，十一年夏飛方赴行在，今不取。）」

《中興小紀》卷二一：「（紹興七年四月）丁未，上與宰執言飛求解帥事，上曰：『飛頃入對，請由商、虢取關陝，欲併統淮（右）之兵而行。朕問：何時可畢？對曰：期以三年。朕諭飛駐蹕於此，以淮甸爲屏蔽。若輟淮甸之兵，便能定中原，朕亦何惜。第恐中原未復，而淮甸失守，則行朝未得奠枕而卧也。飛無以對。』飛既復任，宗元乃還。

左司諫陳公輔言：『昨（今月初四日上殿）親奉聖語，説及岳飛。臣前此採諸人言，皆謂飛忠義可用，不應近日便敢如此。恐别無他意，秖是所見有異，望陛下加察。然飛本麤人，凡事終少委曲。臣度其心，往往謂其餘大將或以兵爲樂，坐延歲月，我必欲勝之。又以劉豫爲不足平，要當以十萬横截（虜）境，使（虜）不能援，勢孤自敗，則中原必得，此亦是一説。陛下且當示以不疑，與之反復詰難，俟其無辭，然後令之曰：朝廷但欲先取河南，今淮東、淮西已有措置，而京西（一）面，緩急賴卿。飛豈敢拒命。前此朝綱不振，諸將皆有易心，習以爲常，此飛所以敢言與宰相議不合也。今日正宜思所以制之。如劉光世雖罷，而更寵以少師，坐享富貴，諸將皆謂朝廷賞罰不明。臣乞俟張浚自淮西歸，若見得光世懦怯不法，當明著其罪，使天下知之，亦可以警諸將也。』」此段文字以《皇朝中興紀事本末》卷四〇參校。

《建炎以來繫年要録》卷一一〇：「（紹興七年四月）壬子，張浚辭，往太平州、淮西視師。浚因論劉光世以八千人爲回易，沈與求奏：『臣聞光世之去，嘗語人以陶朱公自比，是誠可以致富矣。』

浚等論范蠡之賢，人所難及，上曰：『蠡固賢，朕謂於君臣之義，猶有所未盡也。』（熊克《小曆》載浚出行淮上，撫諭諸軍，在今年三月劉光世未罷之前，蓋誤。）先是，左司諫陳公輔請對，上因語及岳飛事。公輔退，上疏言：『昨親奉聖語，説及岳飛。前此採諸人言，皆謂飛忠義可用，不應近日便敢如此。恐別無他意，祇是所見有異，望陛下加察。然飛本麄人，凡事終少委曲。臣度其心，往往謂其餘大將或以兵爲樂，坐延歲月，我必欲勝之。又以劉豫不足平，要當以十萬橫截虜境，使虜不能援，勢孤自敗，則中原必得，此亦是一説。陛下且當示以不疑，與之反復詰難，俟其無辭，然後令之曰：朝廷但欲先取河南，今淮東、淮西已有措置，而京西一面，緩急賴卿。飛豈敢拒命。前此朝綱不振，諸將皆有易心，習以爲常，此飛所以敢言與宰相議不合也。今日正宜思所以制之。如劉光世雖罷，而更寵以少師，坐享富貴，諸將皆謂朝廷賞罰不明。臣乞俟張浚自淮西歸，若見得光世怯懦不法，當明著其罪，使天下知之，亦可以警諸將也。』（公輔此疏不得其日，按此疏首云『昨親奉聖語』，而其末云乞俟張浚淮西視師歸，則必浚未還時所上。《日曆》〔四〕月十八日己酉，左司諫陳公輔本職進對，在此前三日。自後至浚還朝，公輔更無對班，則知所云『親奉聖語』，即己酉之日也。熊克《小曆》繫之此月丁未岳飛乞解帥之後，按是時公輔未對，浚亦未往淮西。今宜附浚行之後，庶不牴牾。……）」《中興小紀》四月丁未記事，大致保存《高宗日曆》原貌。《要録》弄巧成拙，將《高宗日曆》「上曰」一段移至三月乙亥，説岳飛十三日朝辭前，宋高宗已否決其「併統淮右之兵」，「平定中原」之要求，與本卷前引高宗御札和三月十四日《督府令收掌劉少保下官兵劄》互相牴牾。可知李心傳不明岳飛辭職真相，故承襲秦熺《高宗日曆》之曲筆。又陳公輔奏議表明，宋高宗接岳飛辭呈後兩日，即四月十八日陳公輔「進對」之際，掩飾自己出爾反爾之真情，歪曲事實，諉過岳飛。

《宋史》卷二八《高宗紀》：「（紹興七年四月）丁未，岳飛乞解官，持餘服，遂棄軍去，詔不許。」岳飛大約三月十四日離建康府，四月十六日，宋廷接其第一份今已佚失之辭職奏，應如李心傳之推斷，岳飛「蓋自建康西上，道過江州，因入廬山」。岳珂於本段記事中並未交待岳飛與張浚爭議之地點，時間爲「夏」，似爲岳飛返回鄂州，「率厲將士」，又再至都督府，亦屬錯謬。然據陳公輔奏，岳飛「言與宰相議不合」，兩人爭議，當有其事。

《金佗稡編》卷九《遺事》：「劉光世之兵，上初以畀先臣。秦檜知其有大舉北征意，沮之，寢其命，略無慍色。」此乃岳珂故作曲筆，其實，岳飛大有「慍色」，不候皇帝批准，擅自離職上廬山，此乃違背宋時禮法之越軌行爲。

浚怒，以兵部侍郎張宗元爲湖北、京西宣撫判官，監其軍。〔一〕宗元日閲部伍，乃心服先臣之能。上時連詔促先臣還軍，先臣力辭。詔屬吏造廬，以死請，不得已，乃趨朝。既見，猶請待罪，上知其故，優詔答之，俾復其位，而還宗元。〔二〕宗元歸，復於上曰：「將帥輯和，軍旅精鋭。上則稟承朝廷命令，人懷忠孝；下則訓習武伎，衆和而勇，此皆宣撫岳飛

訓養之所致。」上大悦，賜褒詔〔三〕曰：「想鉅鹿李齊之賢，未嘗忘也；聞細柳亞夫之令，稱善久之。」〔四〕

〔二〕《三朝北盟會編》卷一七八：「(紹興七年六月)張宗元爲湖北、京西路宣撫判官，以監岳飛軍。」又同書卷一九九《秀水閒居録》：「七年春，鼎、浚争權，浚自謂有卻敵之功，興復之策，當獨任國事，諷侍從、臺諫及其黨與攻鼎，出之會稽。逐大將劉光世，以吕祉代帥其軍，屯於合肥。捃荆、襄帥岳飛過失，以張宗元監其軍。謀取内外兵柄，天下寒心。」《中興小紀》卷二一注引《秀水閒居録》：「(朱)勝非又曰：『時張浚捃摭岳飛之過，以張宗元監其軍。蓋浚方謀收内外兵柄，天下寒心。』」《建炎以來繫年要録》卷一一〇：「(紹興七年四月)庚戌，命權兵部侍郎、兼都督府參議軍事張宗元權湖北、京西宣撫判官，往鄂州，監岳飛軍。(宗元爲宣判，《日曆》無一字及之，但於四月十九日書兵部侍郎張宗元朝辭進對，八月四日甲午書張宗元先次引見，初六日丙申書宗元薦士劄子，帶權宣撫判官銜，而云『臣出使湖北，所過郡縣』云云，則使還時所上也。今依《林泉野記》、《岳侯傳》、朱勝非《閒居録》修入，以補史闕。餘見今年七月丁卯、八月乙未并注。)」《宋史》卷二八《高宗紀》：「(紹興七年四月)庚戌，以張浚累陳，『岳飛積慮，專在併兵，奏牘求去，意在要君』，遂命兵部侍郎、兼都督府參議軍事張宗元權湖北、京西宣撫判官，實監其軍。」

〔二〕《金佗稡編》卷一高宗宸翰三十八：「再覽來奏，欲持餘服，良用憮然。卿忠勇冠世，志在國家，朕方倚卿以恢復之事。近者探報，賊計狂狡，將窺我兩淮，正賴日夕措置，有以待之。卿乃欲求閑自便，豈所望哉！張浚已過淮西視師，卿可亟往，商議軍事，勿復再有陳請。今封還元奏。」此乃對岳飛第二奏之回覆。對第一奏之回覆見同卷高宗宸翰三十七。

又同書卷一高宗宸翰三十九：「比降親筆，喻朕至意。再覽卿奏，以渾瑊自期，正朕所望於卿者，良深嘉歎。國家多事之際，卿爲大臣，所當同恤。見遣中使，宣卿赴張浚處詳議軍事。《傳》曰：『將相和，則士豫附。』卿其勿事形迹，以濟功勳。今再封還來奏，勿復有請。」此乃對岳飛第三奏之回覆。張浚力主乘機解除岳飛軍權，而宋高宗權衡利害得失，仍强令岳飛出山復職。

《三朝北盟會編》卷一七八：「(紹興七年八月五日乙未)岳飛復赴行在。初，岳飛解兵，往江州廬山，持餘服也。累召敦促，不肯起。朝廷劄下宣撫司參議官李若虛、統制王貴，同去敦請飛依舊管軍，如違，若虛等並行軍法。若虛等既至廬山東林寺，見飛，道朝廷之意敦請，飛堅執不肯出。若虛曰：『是欲反耶？此非美事！若堅執不從，朝廷豈不疑宣撫。且宣撫乃河北一農夫耳！受天子之委任，付以兵柄，宣撫謂可與朝廷相抗乎？宣撫若堅執不從，若虛等受刑而死，何負於宣撫？宣撫亦豈不愧若虛等受刑而死？』凡六日，飛乃受詔，赴行在。張浚道上所以眷念之意，且責其不候報，即棄軍而廬墓。飛辭窮，曰：『却如何作主？』張浚曰：『待罪可也。』飛然之，遂具表待罪。樞密使見飛舉止，已有忿忿之意矣。」樞密使即秦檜。

又同書卷二〇八《林泉野記》：「七年，進太尉。與宰相張浚議事不合，乞持母服，居江州廬山。浚命張宗元爲宣撫判官，撫其衆。詔飛赴行在，諭遣還軍。」

《建炎以來繫年要録》卷一一二：「（紹興七年七月）丁卯，起復太尉、湖北、京西宣撫使岳飛遣屬官王敏求來奏事。初，飛請解官，未報，乃以本軍事務官張憲攝軍事。憲在告，而權宣撫判官張宗元命下，軍中籍籍曰：『張侍郎來，我公不復還矣！』直寶文閣、新知襄陽府薛弼在武昌未上，請憲强出臨軍。憲諭羣校曰：『我公心事，參〔謀〕必知，盍往問之。』羣校至，曰：『張侍郎來，由宣撫請也。宣撫解軍政未久，汝輩乃如此，宣撫聞之且不樂。今朝廷已遣勅使起復宣撫矣，張非久留者。』衆遂安。（此段熊克《小曆》繫之於今年四月丁未以前，蓋誤。是時張宗元未權宣判，今移附此。又薛弼今年三月已除襄陽，今稍修潤其文，令不牴牾。）上命參議官李若虛、統制官王貴詣江州，敦請飛依舊管軍，如違，並行軍法。若虛等至東林寺，見飛，具道朝廷之意，飛堅執不肯出。若虛曰：『相公欲反耶？且相公河北一農夫耳！受天子之委任，付以兵柄，相公謂可與朝廷相抗乎？公若堅執不從，若虛等受刑而死，何負於公？』凡六日，飛乃受詔，（此段並據徐夢莘《北盟會編》修入。但《日曆》所載降旨參佐、將校敦請，乃去年四月事，今年全不見指揮。且繫此，更當求他書參考。）赴行在。張浚見飛，具道上所以眷遇之意，且責其不俟報，棄軍而廬墓。飛詞窮，曰：『奈何？』浚曰：『待罪可也。』飛然之，遂具表待罪。（此亦據徐夢莘所記修入。據《林泉野記》、《中興遺史》、《岳侯傳》，皆稱上詔飛赴行在，諭遣還軍，而《日曆》全無之。按此月戊辰，上宣諭輔臣，有云『飛臨行時，朕明諭之』云云，則飛嘗入朝審矣。據陳公輔四月間所奏，亦云：『陛下且當與飛反復詰難。』又云：『俟張浚自淮西歸，當明著劉光世之罪，以警諸將。』以事攷之，則詔飛赴行在，當在張浚未往淮西之前；飛還武昌，當在張浚既回建康之後，但未見本日耳。今因王敏求奏事，遂併書之，當求他書參攷。）上慰遣之。將行，上謂飛曰：『卿前日奏陳輕率，朕實不怒卿。若怒卿，則必有行遣。太祖所謂犯吾法者，惟有劍耳！所以復令卿典軍，任卿以恢復之事者，可以知朕無怒卿之意也。』飛得上語，意乃安。至是遣敏求來奏事，委曲感恩云：『非官家保全，何以有今日。』翌日，上以其語諭輔臣。秦檜見飛舉止，已有忿忿之意矣。」宋高宗之語已隱伏殺機。此後岳飛和宋高宗裂痕日深。

《中興小紀》卷二二：「（紹興七年七月）丁卯，湖北、〔京西〕宣撫使岳飛遣其屬官王敏求來奏事，委曲感恩。戊辰，上語宰執曰：『飛臨行時，朕明諭之云：前日陳奏輕率，朕實不怒卿。若怒卿，則必有行譴。太祖所謂若犯吾法，惟有劍爾！所以復令卿典軍，而任以恢復之事，可以知朕無怒卿之意也。飛得朕語，胸中無疑故耳。』張浚曰：『陛下御將之道，可謂有餘矣。』」「譴」，《皇朝中興紀事本末》卷四一作「遣」。

《建炎以來繫年要録》卷一一三：「（紹興七年八月乙未）權尚書兵部侍郎、兼都督府參議軍事、權湖北、京西路宣撫判官張宗元爲徽猷閣待制、樞密都承旨。岳飛復任，宗元乃還，既對，遂有是命。」

「丙申，尚書户部員外郎霍蠡轉一官，用權湖北、京西宣撫判官張宗元奏也。（《日曆》惟此日宗元繫宣判銜。）蠡在鄂州，應副岳飛軍錢糧，宗元言其奉公守正，故特遷焉。先是，飛數言軍中糧乏，乃命蠡按視。至是蠡言：『飛軍中每歲統制、統領、將官、使臣三百五十餘員，多請過錢十四萬餘緡；軍兵八千餘人，多請過一〔萬〕三百餘緡，總計一十五萬餘緡。』於是，右正言李誼言：『蠡職在出納，理當究心。然慮點檢苛細，若行改正，却合支券錢六萬餘貫，才省九萬緡而已。望令依舊勘支，務存大體，以副陛下優恤將士之意。』（蠡奏不得其日，今因其轉官，遂書之。熊克《小曆》繫之去年八月戊子蠡初受命時，誤矣。是時李誼止爲監察御史，今年七月方除正言。此段或可移附今年十月戊戌，蠡入對之日。但是時乃淮西軍變後，恐不應議裁減，更須詳攷。）」

《宋史》卷二八《高宗紀》：「（紹興七年六月辛卯朔）岳飛入見。……丁酉，岳飛引過自劾，詔放罪，慰諭之。……丙辰，……岳飛復職。」

《金佗續編》卷三《上章乞骸有旨不允繼赴行在入見待罪降詔慰諭》（六月）：「敕岳飛：『省劄子奏：臣妄有奏陳乞骸之罪，明正典刑，以示天下，臣待罪。事具悉。朕究觀自昔之將帥，罔不歸重於朝廷。蓋將既尊君，則下知從令，協致爪牙之利，用成社稷之功。此所以名書鼎彝，慶流孫子，而君臣並受其福者也。卿識洞韜鈐，天資忠孝，龍驤虎視，聲動四方，眷遇之隆，超越今昔，而乃誤於聞聽，輕有奏陳。及承命而造朝，能抗章而引咎，深達君臣之義，尤知名分之嚴。維石慶之以謹聞，吳漢之自譴責，質之古道，何以加諸。夫有志者事必成，無咎者善補過。本無瑕吝，何以謝爲，三復忱辭，不忘嘉歎。故茲詔示，想宜知悉。』」可知有三份「待罪」劄子。

《容齋四筆》卷四《兩道出師》：「紹興七年，淮西大帥劉少師罷，湖北岳少保以母憂去，累辭起復之命。朝廷以兵部尚書呂安老、侍郎張淵道分使兩部，已而正除宣撫，遂掌其軍。岳在九江，憂兵柄一失，不容再得，亟兼程至鄂，有旨復故任，而召淵道爲樞密都承旨。安老在廬遭變，言者論罷張魏公，淵道亦繼坐斥。」此説謬訛，無須另行辨析。

《浪語集》卷三三《先大夫行狀》：「開府岳帥方以議論不合，棄軍，請終喪廬山。君（按：指薛徽言）遺書，爲陳大義勸諭，岳幡然感動，即日莅軍。其他建白彌縫，有補於時，多此類。遺岳侯書亡。」

「岳侯丁母憂，去，張憲以提舉一行事務領軍。憲病，在告中。張侍郎宗元除書至，軍士籍籍曰：『朝廷使張侍郎代公，公不復還矣！張太尉以此辭疾。』諸將往往或效之。伯父諭憲强出臨軍。憲勒諸軍各安營部，偶語者斬，謂羣校曰：『我公心腹間事，參謀獨知之，欲知其詳，問之可也。』伯父因某請問，謂曰：『張侍郎來，由公之請，汝輩豈不聞乎？公解軍幾何時，汝輩敗壞軍法如此，公聞之且不樂。今朝廷已遣敕使，强公起復，張侍郎非久留者。』羣校還白，憲曰：『吾爲汝言，參謀知公心腹間事，果然。』軍中遂安。岳侯聞，亦大服。會先君移書請岳，岳不自安，乃起。」

《水心文集》卷二二《故知廣州敷文閣待制薛公墓誌銘》：「除岳飛參謀。飛母死，遁於廬山，張宗元攝飛事。飛將張憲因辭疾，下多效之，洶洶生異語。公强邀憲行軍，謂諸將曰：『太尉力乞張公，而詔使隨至。岳家軍馬素齊整，無故忽諠鬨，是汝輩累太尉也。』諸將以告憲，憲佯悟曰：『相公心腹，惟參謀知耶！』飛尋起復。時去鄜瓊才一月，人謂非公，此軍亦亂矣。」

《宋史》卷三八〇《薛弼傳》：「除岳飛參謀官。飛母死，遁於廬山，張宗元攝飛事。飛將張憲移疾，部曲洶洶生異語。弼謂諸將曰：『太尉力乞張公，而詔使隨至。岳軍素整，今而譁閧，是汝曹累太尉也。』諸將以諗憲，憲佯悟曰：『相公腹心，惟參謀知之。』衆乃定。」

〔三〕賜褒詔　「褒」，原作「裒」，嘉靖本同，據《紀事實録》改。

〔四〕《金佗續編》卷三《張宗元奏軍旅精鋭獎諭詔》：「茹苦分甘，與下同欲；裹糧坐甲，唯敵是求。旗甲精明，卒乘輯睦，士聞金鼓而樂奮，人懷忠孝而易從。動焉如飄風，固可以深入；延之如長刃，何畏乎横行。」反映岳家軍準備北伐之情形。

先臣遂上疏曰：「逆豫逋誅，尚穴中土，陵寢乏祀，皇圖偏安，陛下六飛時巡，越在海際。天下之愚夫愚婦莫不疾首痛心，〔一〕咸願伸鋤奮梃，以致死於敵。而陛下審重此舉，累年於兹，雖嘗分命將臣，鼎峙江、漢，僅令自守以待敵，不敢遠攻而求勝。是以天下忠憤之氣，日以沮喪；中原來蘇之望，日以衰息。歲月益久，汙染漸深，趨向一背，不復可以轉移。此其利害，誠爲易見。

臣待罪閫外，不能宣國威靈，克殄小醜，〔二〕致神州隔於王化，虜、僞穴於宮闕，死有餘罪，敢逃司敗之誅！陛下比者寢閤之命，〔三〕聖斷已堅；咸謂恢復之功，指日可冀。〔四〕何至今日，尚未決策北向。臣願因此時，上稟陛下睿算，〔五〕不煩濟師，只以本軍進討，庶少塞瘝官之責，以成陛下寤寐中興之志。順天之道，因人之情，以曲直爲壯老，以逆順爲强弱，萬全之效，茲焉可必。惟陛下力斷而行之！」

〔一〕莫不疾首痛心　據《金佗稡編》卷一二《乞本軍進討劉豫劄子》補。

〔二〕克殄小醜　據《金佗稡編》卷一二《乞本軍進討劉豫劄子》補。

〔三〕《金佗續編》卷二七黄元振編岳飛事迹：「公既扈從至建康，太上知公之可大任也，獨召公至寢閤，命之曰：『中興之事，朕一以委卿，除張俊、韓世忠不受節制外，其餘並受卿節制。』」「寢閤之命」應指此事。

〔四〕聖斷已堅咸謂恢復之功指日可冀　原作「咸謂聖斷已堅」，據《金佗稡編》卷一二《乞本軍進討劉豫劄子》改。

〔五〕陛下睿算　「陛下睿」，《金佗稡編》卷一二《乞本軍進討劉豫劄子》作「成」，《紀事實録》無「陛下」兩字。

疏奏，御札報曰：「覽卿來奏，備見忠誠，深用嘉歎。恢復之事，朕未嘗一日敢忘于心，正賴卿等乘機料敵，力圖大功。如卿一軍士馬精鋭，紀律修明，鼓而用之，可保全勝，卿其勉之，副朕注意。」〔一〕

〔一〕見《金佗稡編》卷一高宗宸翰四十第二三頁。

先臣奉詔將行，乃復奏，以爲「錢塘僻在海隅，非用武之地。臣願陛下建都上游，用漢光武故事，親帥六軍，往來督戰。庶將士知聖意之所向，人人用命。臣當仗國威靈，鼓行北向。」〔一〕未報，而酈瓊叛。

〔一〕《金佗稡編》卷一二《乞移都奏略》文字略異，見第九四九頁。時建康府爲行在，此奏文字疑誤。

初，先臣既還軍，張浚竟用吕祉爲宣撫判官，〔一〕王德爲都統制，護其軍。瓊果大譟不服，訟德於浚。浚懼，乃更以張俊爲宣撫使，楊沂中爲制置使，吕祉爲安撫使，而召德以本軍還，爲都督府都統制。〔二〕瓊益不服，擁兵詣祉，執而斬之，盡其衆七萬走僞齊。〔三〕報至，中外大震，浚始悔不用先臣言。〔四〕

〔一〕《建炎以來繫年要録》卷一一一：「（紹興七年五月壬午）時（張）浚自淮西還行在，留參謀軍事、兵部尚書吕祉居廬州，以護諸將。」《宋史》卷三七〇《吕祉傳》：「（紹興）七年，遷兵部尚書，陞督府參謀軍事，往淮西撫諭諸軍。」可知《行實編年》説吕祉「爲宣撫判官」，係誤。

〔二〕《建炎以來繫年要録》卷一一七：「（紹興七年十一月甲午）先是，都督府既罷，左護軍都統制王德未有所屬，（張）俊每以厚幣結之，德遂以其軍八千歸於俊。」可知《行實編年》説王德「爲都督府都統制」，係誤。蓋王德爲酈瓊等所訟，宋廷命他率本軍移屯建康府，仍保留了行營左護軍都統制的官銜。

〔三〕《金佗稡編》卷一高宗宸翰四十一：「國家以疆埸多虞，已及防秋，比降指揮，除張俊爲淮西宣撫使，楊沂中爲制置使。而廬州統制官酈瓊意謂朝廷欲分其兵馬，遂懷反側，不能自安，於八日脅衆叛去。朕已降詔開諭招撫，兼遣大兵，如無歸意，即行掩捕。卿宜知悉。」《建炎以來繫年要録》卷一一三：「（紹興七年八月戊戌）是日，中侍大夫、武泰軍承宣使、行營左護軍副都統制酈瓊叛，執兵部尚書呂祉。祉簡倨自處，將士之情不達。淮西轉運判官韓璡舊在劉光世幕中，光世待之不以禮。至是諸校或以罪去，祉聞瓊等反側，奏乞殿前司摧鋒軍統制吴錫一軍屯廬州，以備緩急，又遣璡詣建康趣之。瓊聞，頗有異志。統制官康淵曰：『朝廷素輕武臣，多受屈辱。聞齊皇帝折節下士，士皆爲之用。』衆皆不應，猶相視以目。先是，統制官王師晟戍壽春，挈營妓去，其家訟於祉。時將士方不安祉之政，師晟乃與瓊及統領官王世忠、張全等謀作亂。祉之乞罷瓊與靳賽也，其書吏朱照漏語於瓊。瓊令人遮祉所遣置郵，盡得祉所言軍官之罪，瓊等大怨怒。前一日，被旨易置分屯，康淵曰：『歸事中原則安矣。』詰朝，諸將晨謁。祉坐定，瓊袖出文書，示中軍統制官張景曰：『諸兵官有何罪，張統制乃以如許事聞之朝廷邪？』祉見之，大驚，欲退走，不及，爲瓊所執。有瓊之黄衣卒者以刀斫瓊，中背，瓊大呼曰：『何敢爾！』顧見有執鐵檛者，瓊取以擊卒，斃於堦下。瓊親校已殺景於廳事，又殺都督府同提舉一行事務喬仲福及其子武略大夫嗣古、統制官劉永、衡友，遂執閤門祇候劉光時，率全軍長驅以行。至州東樓下，祉謂瓊曰：『若祉有過失，當任其咎，奈何乃如此負朝廷！』軍士縱掠城中而去。時直徽猷閣、前知廬州趙康直，秘閣修撰、知廬州趙不羣皆爲所執，既而釋不羣歸，蓋不羣至官未旬日，無怨憾於軍中故也。瓊遂以所部四萬人渡淮，降劉豫。（熊克《小曆》云：『瓊以全軍七萬人北走，降劉豫。』《趙鼎事實》云：『瓊以全軍五萬之衆歸於豫。』張戒奏上語云：『淮西失精甲四萬。』《日曆》云：『失三萬人。』數皆不同。按光世一軍，王德所部八千人已還建康，其餘必無此數。趙甡之《遺史》亦云『四萬人』，似得其實，今從之。）」《行實編年》採用《中興小紀》之數，作七萬人。據《金佗續編》卷八《督府令收掌劉少保下官兵劄》：「劉少保下官兵等，共五萬二千三百一十二人。」減去王德移屯建康府八千人，應以四萬之數較可信。

〔四〕《金佗續編》卷一九《鄂王傳》：「虜人懼豫得兵多，頗分散其兵，糧廩亦不厚，去降者皆有悔意。」《金佗續編》卷一高宗宸翰四十二：「近日酈瓊領軍北去，止緣除楊沂中爲淮西制置使，衆情疑慮。雖瓊忠義有素，而不能自信，倉卒之間，遂成大變。朕降親筆，與瓊委曲喻之，使知朝廷本意，乃已不及。聞瓊與卿同鄉里，又素服卿之威望，卿宜爲朕選一、二可委人，持書與瓊，曉以朕意：若能率衆還歸，不特已前罪犯一切不問，當優授官爵，更加於前。朕已復召劉光世，不晚到行在。瓊之田産布在淮、淛諸郡，已降指揮，令元佃人看守，以待瓊歸。卿是國之大將，朕所倚注，凡朕素懷，卿之所悉，可子細喻瓊，使其洞然無疑，復爲忠義，在卿一言也。」據《金史》卷七九《酈瓊傳》，酈瓊爲相州臨漳縣人。紹興四年岳飛復襄漢時，酈瓊奉令應援，雖未立寸功，而岳飛上奏，請求優先行賞。酈瓊「素服卿之威望」，應亦敬佩岳飛之用兵。

《忠正德文集》卷八《丁巳筆録》：「（紹興七年十月二十五日）余又曰：『昨日進呈劉麟以酈瓊書送岳飛，瓊書云：昨在合淝，已聞大齊政事修明，奉法向公，人民安業。今既到此，目自見之，投身効命，合得其所。賊爲夸大之言，不無緣飾，然聞刑法極嚴整，人亦畏憚，官吏上下委無毫髮之擾。』」

《金佗續編》卷二七黃元振編岳飛事迹：「朝廷乃以吕祉代劉光世，遂致酈瓊之叛。蓋光世之軍，多陝西之盜賊，最爲揉雜而難治。西人重世族，光世乃世將，故僅能總統之。酈瓊、王德，皆光世之愛將也。二人平日不相下，若得威名之將以代之，則可以駕馭而立功。朝廷始以公代光世，得之矣。已而中變，易以吕祉，故二將無所忌憚而鬬，瓊懼而謀叛，劉豫又以高官重禄以誘之，所以喪淮西之一軍。不然，公成恢復之功矣。今天下庸人孺子皆知公之威名，至於公之大計，與夫功之所以不遂者，士大夫蓋未知也。」

《宋史》卷二八《高宗紀》：「（紹興七年八月）乙卯，賜岳飛軍錢十萬緡，招歸正復業人耕湖北、京西閒田。」

《金佗稡編》卷二高宗宸翰四十四：「卿盛秋之際，提兵按邊，風霜已寒，征馭良苦。如是別有事宜，可密奏來。朝廷以淮西軍叛之後，每加過慮。長江上流一帶，緩急之際，全藉卿軍照管。可更戒飭所留軍馬，訓練整齊，常若寇至。蘄陽、江州兩處水軍，亦宜遣發，以防意外。」

《梁谿全集》卷一〇〇《奏陳利害劄子》：「且今日朝廷之勢，固自若也，襟帶江、淮，保據荆、襄，連接川峽，韓世忠、張俊、岳飛、吴玠之軍分屯要害，不下數十萬人，兵未爲弱。去冬敗劉麟、劉猊之徒甚衆，用兵未爲不利。倘因淮西之變，益自懲創，審號令，明紀律，徙諸軍家屬於江南，以便糧餉，教戰艦水軍於沿江，以備不虞。姑輟進取之謀，且爲固守之計，和協輯睦，靜以待之，使國勢漸定，人心漸安，士氣漸振，乃可徐議恢復。……臣近據岳飛公文，今月十九日部率軍馬前去襄漢。臣契勘淮西兵將新叛之後，藩籬疎缺，並無控扼。朝廷近降指揮，令飛分兵屯駐江、池等州，事理正宜如此。今乃前去襄漢，上流空虚，緩急何以應援？伏望聖慈詳酌，特降睿旨，令飛屯兵照應江、池及淮西一帶，候過防冬，措置襄漢未晚。伏乞睿察。」又同書卷一〇〇《奏陳車駕不宜輕動劄子》：「臣愚竊思所以爲今日計，願陛下深體漢祖之用心，堅忍而勿輕變，非有大警急，姑少安之。丁寧訓戒三、四大臣，益圖所以自固之策。遣張俊全軍進屯廬、壽，而存其家屬於建康，以便糧餉；命韓世忠兼保盱眙，而留楊沂中以衛行在；詔岳飛分屯江、池，以保上流。沿江有備，則國勢亦粗定矣。」

又同書卷一〇〇《乞令湖北京西宣撫司差兵控扼江州奏狀》：「九月二十四日，准樞密院九月十四日劄子節文，本司申：『契勘酈瓊、靳賽等率淮西兵將，全軍反叛，驅擁官吏、軍、民歸附僞齊，竊慮不測前來沿江諸處作過。其江州委是要害去處，並無軍馬控扼，欲望朝廷檢會本司近奏事理，速降指揮，行下湖北、京西宣撫使司，差撥軍馬前來興國軍、江州駐劄，以備不虞。』右檢會八月二十一日奉聖旨，令岳飛差撥水軍三、五千人，乘駕戰艦，委近上統制官統率，順流於蘄陽鎮擺泊，仍令差先鋒人船前來江州屯駐，照應控扼。近據岳飛奏：『緣淮甸即日别無探報，如稍有警急，自當量其賊勢輕重，即時調發軍馬，前往蘄陽或江州照應。』劄本司照會。契勘本路係抵接淮西界分，去僞境不遠，近廬州酈瓊等反叛之後，日有探報以北事宜。緣今歲防秋事體即與以前年分不同，其本路沿江一帶及蘄、黄等州緊要控扼去處，並未有軍馬防捍。

兼本司見管官兵人數不多，又緣諸州縣管下有未獲盜賊殘黨，各已分差前去捉殺。所有江州等處合屯軍馬，若候有警，方遣前來，竊恐後時，却致遲誤。欲望朝廷特賜詳酌，行下湖北、京西宣撫使司，先次遣發軍馬，前來江州一帶屯駐，預行措置控扼防托，庶免臨時誤事。」據宋高宗御札與李綱奏，岳飛提兵前往襄漢，當是依原計劃準備北伐。又同書卷一二九《與薛直老寶文書》：「承諭分屯九江，殊荷留念。近得太尉書，亦道此意，但欲候有警急，乃始遣兵，深恐後時。九江於今爲上流重地，秋氣之高，又近有酈瓊淮西之變，豈得不過爲備？」此爲李綱致岳飛參謀官薛弼書信，信中之「太尉」即是指岳飛。

於是，上詔報先臣，以兵叛之後，事既異前，遷都之舉，宜俟機會。〔一〕先臣復上奏云：「叛將負國，臣竊憤之，願進屯淮甸，伺番、僞機便奮擊，期於破滅。」〔二〕降詔獎諭，而不之許。〔三〕先臣奉詔，以舟師駐于江州，爲淮、浙聲援。〔四〕得報，虜已廢僞齊。〔五〕

〔一〕《金佗稡編》卷二高宗宸翰四十三：「覽卿來奏，備見愛君忠義之誠。朕懷國家之大恥，竭盡民力，以養兵訓戎，恢復之事，未嘗一日少忘于心。但以近者張浚謀之不臧，淮西兵叛，事既異前，未遑亟舉。而議者謂朕當不常厥居，使敵人莫測，建康、臨安，以時往來，固不害爲恢復之圖也。」淮西兵變後，張浚引咎罷相，宋高宗乘機制止岳飛北伐，將行在自建康後撤臨安，其實已終止「恢復之圖」。

〔二〕此奏當爲《金佗稡編》卷一二《乞進屯淮甸劄子》概要，見第九四九頁，故文字有異。

〔三〕《建炎以來繫年要録》卷一一四：「（紹興七年九月癸酉）湖北、京西宣撫使岳飛言：『伏覩陛下移蹕建康，將遂恢圖之計。近忽傳淮西軍馬潰叛，酈瓊等迫脅軍民，事出倉卒，實非士衆本心。亦聞半道逃歸人數不少，於國計未有所損，不足上軫淵衷。然度今日事勢，恐未能便有舉動。襄陽上流，即日未有敵馬侵犯。臣願提全軍進屯淮甸，萬一蕃、僞窺伺，臣當竭力奮擊，期於破滅。』詔獎之。」岳飛此奏即《金佗稡編》卷一二《乞進屯淮甸劄子》，清朝修《四庫全書》時，篡改《要録》文字。岳飛原奏爲「臣度今日事勢，彼必未能便有舉動」。經清人改爲似宋朝不能「便有舉動」。「賊馬」亦改爲「敵馬」。

〔四〕《三朝北盟會編》卷一八〇：「（紹興七年十一月）岳飛退軍江州。」

《金佗稡編》卷二高宗宸翰四十五：「比降旨，令卿領兵應援淮、浙，庶幾王室尊安，中外寧謐。聞卿即日就道，已屯九江，憫勞跋履之勤，良用嘉歎。」以下附注岳飛提議建儲之事。

《中興小紀》卷二一注引張戒《默記》：「薛弼以甲子正月，道由建昌，謂戒曰：『弼之免於禍，天也。往者丁巳歲，被旨從鵬入覲，與鵬遇於九江之舟中。鵬說曰：某此行將陳大計。弼請之，鵬云：近諜報，虜酋以丙午元子入京闕。爲朝廷計，莫若正資宗之名，則虜謀沮矣。弼不敢應。抵建康，與弼同日對，鵬第一班，弼次之。鵬下殿，面如死灰。弼造膝，上曰：飛適來奏，乞正資宗之名。朕諭以卿雖忠，然握重兵於外，此事非卿所當與也。弼曰：臣雖在其幕中，然初不與聞。昨到九江，但見飛習小楷，凡密奏皆飛自書耳。上曰：飛意似不悦，卿自以意開諭之。弼受旨而退。』嗟夫！鵬爲大將，而越職及此，其取死宜哉！弼又云：『不知若箇書生教之耳。』」此段記載以《金佗稡編》卷二一《建儲辨》和《皇朝中興紀事本末》卷四〇參校。熊克於《中興小紀》注中説：「岳飛字鵬舉，故戒隱其語，但曰『鵬』云。」所謂「丙午元子」，靖康元年爲丙午年，故以此爲宋欽宗之子的隱語。「資宗」，是資善堂宗子簡稱。宋高宗喪失生育能力後，遂選宗室趙瑗，於紹興五年設資善堂，命范沖和朱震教書，然又未正式立爲太子。薛弼與張戒言及此事，爲紹興十四年甲子歲，時岳飛已被害。岳珂爲曲意彌縫岳飛和宋高宗矛盾，故在《建儲辨》中竭力否認此事，説爲薛弼捏造。

《浪語集》卷三三《先大夫行狀》：「岳之詣闕，已具衣冠入對，伯父疏一機事，教岳敷奏。岳意未之，伯父曰：『姑持以行，不問則已。』及見，不暇他語，上先及之。他日，請與伯父偕入奏事，岳出手疏，以儲貳爲言。衝風吹紙動摇，岳聲戰掉，讀不能句，上睨伯父色動。岳退，伯父進曰：『臣來在道，常怪岳飛習寫細書，窮詰端倪，乃作此奏，雖其子弟無知者。臣嘗規以大將不當預國家事，飛謂臣子一體，不當形迹是顧。欲臣同對，明臣獨與聞之。』上色定，曰：『朕固疑飛之欲引卿對也，微卿之言，將不之察。』」

《忠正德文集》卷九《辯誣筆録》：「某丁巳秋再相，適岳飛入朝奏事。翌日，上曰：『飛昨日奏乞立皇子，此事非飛所宜與。』某奏曰：『飛不循分守，乃至於此。』退，召飛隨軍運使薛弼，諭之曰：『大將總兵在外，豈可干與朝廷大事，寧不避嫌。飛武人，不知爲此，殆幕中村秀才教之。公歸，語幕中毋令作此態，非保全功名終始之理。』弼深以爲然，曰：『當子細諭飛，且語幕中諸人也。』若謂某結飛，使之爲此，寧肯使人諭止之。」此段記載證明，岳飛於紹興七年提議建儲，確有其事。他遇害後，秦檜仍將此事作爲謀逆罪名，企圖株連政敵趙鼎，故趙鼎須行「辯誣」。

《寶真齋法書贊》卷二七《朱文公儲議帖》：「薛虔州弼直老以甲子正月，道由建昌，謂戒曰：『弼之免于禍，天也。往者丁巳歲，被旨從鵬入覲，與鵬遇于九江之舟中。鵬詫曰：某此行將陳大計。弼請問，鵬曰：近諜報，敵人以丙午元子入京闕。爲朝廷計，莫若正資宗之名，則敵謀沮矣。弼不敢應。抵建康，與弼同日對，鵬第一班，弼次之。鵬下殿，面如死灰。弼造膝，上曰：鵬適奏，乞正資宗之名。朕諭以卿雖忠，然握重兵于外，此事非卿所當預也。弼曰：臣雖在其幕中，然初不預聞。昨到九江，但見鵬習小楷，凡密奏皆鵬自書耳。上曰：鵬意似不悦，卿自以意開喻之。弼受旨而退。』此故殿院張公定夫戒所記。所謂資宗者，上時以宗子讀書資善堂也。又得薛公行狀，亦記此事，偶尋未見，恐永嘉士人家必有本可尋訪。但不知忠穆公此奏今尚有傳本否耳。」此處忠穆乃武穆之誤。

《朱子語類》卷一二七：「岳飛嘗面奏，虜人欲立欽宗子來南京，欲以變換南人耳目。乞皇子出閤，以定民心。時孝宗方十餘歲。高宗云：『卿將兵在外，此事非卿所當預。』是時，有參議姓王者在候班，見飛呈劄子時手震。及飛退，上謂王曰：『岳飛將兵在外，却來干與此等事！卿緣路來，見他曾與甚麼人交？』王曰：『但見飛沿路學小書，甚密，無人得知。』但以此推脱了。但此等事甚緊切，不知上何故恁地説。如飛武人，能慮及此，亦大故是有見識。」朱熹得知岳飛提議建儲，應得自張戒《默記》。

《金佗續編》卷三〇朱熹《擬建儲劄》：「又聞故將岳飛亦嘗有請，故殿中侍御史張戒私記其事。」

《建炎以來繫年要録》卷二〇〇附録吕中《大事記》：「歷觀高宗之所以立孝宗者，雖出於范宗尹之造端，岳飛之密疏，張浚之建請，趙鼎之贊决，然以藝祖之後爲嗣，必本於選人婁寅亮之一言。」

又同書卷一〇九：「（紹興七年二月庚子）起復湖北、京西宣撫副使岳飛以親兵赴行在。翌日，内殿引對，飛密奏，請正建國公皇子之位，人無知者。及對，風動紙摇，飛聲戰，不能句。上諭曰：『卿言雖忠，然握重兵於外，此事非卿所當預也。』飛色落而退。參謀官薛弼繼進，上語之故，且曰：『飛意似不悦，卿自以意開諭之。』（此以熊克《小曆》、張戒《默記》及薛季宣所録參修。《默記》又曰：『……』但克記此事，繫於今年四月丁未飛求解帥事時，則恐誤。飛與弼此時同入對，四月間未嘗再至行在也。《日曆》二月庚子：『勘會岳飛已到行在，奉聖旨，令入内内侍省引對。』自後更無對班，而當月二十八日乙卯，降出弼劄子，乞爲靖康以來死節之臣立廟，故知弼與飛繼對在此日也。飛三月乙亥已朝辭，弼三月丙子除京西帥，替張旦，過（候）滿闕，便當赴任，安得四月半間尚與飛對乎？克考不詳，是以差誤。然亦以《日曆》不載内引之故，難以稽考，須反覆參究，乃見本末耳。）」李心傳將岳飛提議建儲的日期定爲二月，係誤。據《要録》和《宋史·高宗紀》，趙鼎於紹興七年九月十七日丙子，即淮西兵變後，重新拜相。「某丁巳秋再相，適岳飛入朝奏事」。

《金佗稡編》卷二一《建儲辨》：「夫丁巳歲，紹興之七年也。先臣奉詔至督府，與張浚議劉光世軍不合，遂疑先臣有自營得軍意。即日上章，乞解兵柄，璽書召還，復畀以兵。則與弼同對，蓋是年之六月也。至冬十一月，而劉豫始廢，則先臣召還之時，豫未嘗廢也。豫方據汴，虜何自而有挾以入京之謀。夫正資宗之名，何預於虜，使先臣謂有益於國本則可，而謂以沮虜謀，固不若是其疏也。」按岳飛風聞「虜酋以丙午元子入京闕」，並非必定在劉豫被廢之時，而岳珂以六月的時限否認趙鼎再相後之朝見，亦誤。

《愧郯録》卷一三《紹興儲議》：「大父鄂王飛紹興十年出師北征，密疏建儲議，高宗賜御札有曰：『覽卿親書奏，深用歎嘉，非忱誠忠讜，則言不及此。』今宸章藏于家，可考而見。一時張戒作《默記》，誤載於七年，而有衝風吹紙之謗。珂所上《籲天辨誣》一書，固首辨之矣。然或者以爲勳舊握兵在外，不當與大計，故足以致媢忌。珂謂不然，謹按漢武帝三王之封，霍去病實發其議。」

《後村先生大全集》卷一四二《神道碑·虚齋資政趙公》：「陛辭，援張浚、岳飛事，乞早定儲。」此爲趙以夫於宋理宗時提議建儲。

《建炎以來繫年要録》卷一一五：「（紹興七年十月丙午）直寶文閣、湖北、京西宣撫〔司〕參謀官薛弼行户部員外郎。」

《宋會要輯稿》職官四一之四五：「（紹興）七年十月十七日，詔薛弼、霍蠡同共總領措置五路應干財賦，仍常留一員在鄂州本司，拘催本軍合得錢糧，應副支用。以中書、門下省言，霍蠡總領岳飛軍錢糧，二廣、荆湖、江西五路錢物浩瀚，恐有失陷留滯，合差官措置拘催，故有是命。」

《宋史》卷二八《高宗紀》：「（紹興七年十月）丙午，命户部郎官薛弼、霍蠡同總領江西、湖、廣五路財賦。」薛弼時任岳家軍總領，趙鼎記載爲「隨軍運使」，稍誤。薛弼應於紹興七年秋冬沿江東下，與駐兵江州之岳飛相會，共赴行在建康府。自併統淮西軍一事産生裂痕後，岳飛提議建儲，更加深宋高宗之猜忌。人們往往强調岳飛與宋高宗之矛盾，集中於迎還二聖。其實，迎還二聖本由宋高宗提出。紹興七年，宋徽宗死耗傳來，女真貴族又不斷揚言，要以宋欽宗或宋欽宗之子當傀儡，廢劉豫時，對開封城百姓説：「請爾舊主人來此坐，教爾瀟快活。」（《三朝北盟會編》卷一八一）故岳飛自紹興七年後，不再沿用迎還二聖之説，他在三月《乞出師劄子》中説：「迎還太上皇帝、寧德皇后梓宫，奉邀天眷歸國，使宗廟再安，萬姓同歡，陛下高枕無北顧憂，臣之志願畢矣。」不再單獨提出宋欽宗，只統稱「天眷」，他北伐成功，只爲宋高宗「高枕」無憂當皇帝，而非擁護宋欽宗復辟。後紹興八年宋、金和談，宋高宗仍以還母兄爲藉口，金朝也「許還梓宫、母、兄、親族」（《建炎以來繫年要録》卷一二四紹興八年十二月丁丑）。宋高宗已準備宋欽宗歸來後之安置，「手詔：『淵圣皇帝宫殿令臨安府計度修建。』」（《建炎以來繫年要録》卷一二五紹興九年正月丁酉）

〔五〕虜已廢僞齊　「已」，原作「以」，嘉靖本同，據《紀事實録》改。

先是，六年，先臣在襄漢，豫兵連衄，其爪牙心腹之將或擒或叛，屢不自振，然依金人之勢，尚稽靈誅。先臣知粘罕主豫，而兀术常不快於粘罕，可以間而動。是年十月，諜報兀术欲與豫分兵自清河來，上令先臣激厲將士以備。俄兀术遣諜者，至先臣軍，爲邏卒所獲，縛至前，吏請斬之。先臣愕視曰：「汝非張斌耶？本吾軍中人也。」引至私室，責之曰：「吾鄉者遣汝以蠟書至齊，約誘致四太子，而共殺之。汝往，不復來。吾繼遣人問，齊帝已許我，今年冬以會合寇江爲名，致四太子于清河矣。然汝所持書竟不至，何背我耶？」諜冀緩死，即詭服。乃作蠟書，言與僞齊同謀誅兀术事，曰：「八月交鋒，我窮力相擊，彼已不疑，江上之約其遂矣。事濟，宋與齊爲兄弟國。」因謂諜者曰：「汝罪萬死，吾今貸汝，復遣至齊，問舉兵期，宜以死報。」刲股納書，厚幣丁寧，戒勿泄，諜唯唯，拜謝而出。復召之還，益以幣，重諭之，乃遣，至於再三。諜徑抵兀术所，出書示之。兀术大驚，馳白

其主，於是清河之警不復聞。豫以故得罪，遂見廢奪。〔一〕

〔一〕《三朝北盟會編》卷一八二《金虜節要》：「豫之立也，高慶裔推之，粘罕主之，虜主吳乞買從之。豫知恩悉出三人，又三人虜之最用事者，豫每歲厚有饋獻，蔑視其他酋長。故餘者無不憾之，以謂吾等衝冒矢石，拓闢地土，皆爲慶裔輩所賣矣。豫雖有此怨謗，而未至廢逐者，以吳乞買在位，粘罕當權，慶裔用事耳。至是吳乞買已死，慶裔伏誅，粘罕繼亡，則豫之廢也必矣。」劉豫原爲完顔撻懶物色之傀儡政權人選，完顔粘罕及其心腹渤海人高慶裔搶先立爲金朝「子皇帝」。劉豫登基後，不願對完顔撻懶行「拜禮」（《三朝北盟會編》卷一八二《金虜節要》），又佔取了完顔撻懶認爲「己有」之山東（《建炎以來繫年要録》卷一〇五），故嫌隙尤深。紹興七年七月，完顔粘罕因争權鬭争失敗，恚悶而死，一説被縊殺，完顔撻懶掌金朝大權，力主廢劉豫。完顔兀术此時之地位尚次於完顔撻懶。岳飛用反間計一事，宋朝其他史書全無記載。按紹興六年冬，正值僞齊敗於淮西，岳飛率軍援淮西，又舉行第三次北伐。清河爲黄河改道入淮處，韓世忠軍屯楚州，控扼清河口。岳珂此説疑取自道聽途説。即使岳飛曾施行反間，也不會在劉豫之廢立中有多少作用。

《金佗續編》卷一九《鄂王傳》：「初，豫之未廢也，本朝使人張邵留虜中久，嘗上其元帥阿盧五書，以景延廣之事感動之。時又有謂虜之謀齊也久矣，豫既立，歲遣將數百騎來巡邊，豫必出郊迓之，所以習之，使不疑也。豫厚斂，以行賂自固，而失人心，自以爲太山之安，而不知身已在其掌股間久矣。及其廢也，以一羸馬負之以往，而人莫哀之。瓊之叛，飛之間，亦速之也。」章穎之補充實爲糾正岳珂之説。

先臣於是上奏，謂宜乘廢立之際，擣其不備，長驅以取中原，不報。〔一〕上又遣江諮至江州，就賜茶、藥、酒、果，及錫燕宣勞，且賜御札嘉獎。〔二〕

〔一〕《金佗稡編》卷一二《奏審已條具曲折未准指揮劄子》：「臣自去冬聞金賊廢劉豫，有可乘之機，是以屢貢管見，塵瀆天聽。」可知岳飛幾份上奏，今已佚失。《金佗續編》卷一九《鄂王傳》：「豫之廢也，虜懼中原有變，乃紿謂人曰：『且迎少帝來矣。』謂欽宗皇帝也。百姓日夕延頸以傒，久而不然，而勢且定矣。虜假手於豫，以撫定梁、宋、齊、魯之地。豫竭力結粘罕，兀术惡之。又鄺瓊之叛，虜懼其有衆。因飛之用間，兀术得以藉口，而行其謀。豫之廢，蓋一機會也。」

〔二〕《建炎以來繫年要録》卷一一六：「（紹興七年閏十月）癸未，復漢陽縣爲軍，用湖北、京西宣撫使岳飛奏也。尋以右奉議郎、通判鄂州孔戊知軍事。（戊之除，在是月丁亥。）」《宋會要輯稿》方域六之三七：「紹興七年閏十月二十五日，湖北、京西路宣撫使岳飛言：『漢陽軍元管漢陽、漢川兩縣，最是控扼去處。後來湖北安撫司一時申請，廢軍爲縣，隸鄂州。乞復爲漢陽〔軍〕，漢川復爲縣，依舊將漢陽、漢川兩縣撥隸本軍。』從之。」《三朝北盟會編》卷一八二：「（紹興七年十一月十八日丙午）劉豫知臨汝軍崔虎來降。」《建炎以來繫年要録》卷一一七：「（紹興七年十一月）僞知臨汝軍崔虎詣湖北、京西宣撫使岳飛降。（此據徐夢莘《北盟會編》增入，《日曆》無之。按岳飛〔八〕年十一月八日申，『先次到歸正人崔虎、劉永壽、孟皋、華旺等將帶官兵，已供申朝廷外』云云，則知果有此事，但《日曆》脱落耳。）先是，劉豫建新蔡縣爲軍，後使虎守之。」《要録》注可參見《金佗稡編》卷一九第一一〇頁。

《宋史》卷二八《高宗紀》：「（紹興七年十一月）是月，僞齊知臨汝軍崔虎詣岳飛降。」《建炎以來繫年要録》卷一一七：「（紹興七年十二月庚午）樞密院進呈，先得旨，令京東宣撫處置使韓世忠移司鎮江府，留兵以守楚州。秦檜奏曰：『諸軍老小既處置得宜，萬一警急，諸帥當盡力捍寇。』時已命張俊、岳飛皆留屯江内，故檜奏及之。」賜宴事見《金佗稡編》卷二高宗宸翰四十五。

紹興八年，戊午歲，年三十六。

還軍鄂州，備金人。入覲。論和議非計。

春二月，還軍鄂州。復累請于朝，秦檜難之，令條具曲折，先臣歷述利害以聞，不報。〔一〕

〔一〕《三朝北盟會編》卷一八三：「（紹興八年正月）十四日辛丑，僞知蔡州劉永壽殺兀魯孛堇，率城中老小來降。劉永壽僞知蔡州，爲淮西安撫使，兀魯孛堇爲副。永壽以小隙劾兀魯之罪，金人移兀魯爲德州同知。未幾，忽報兀魯孛堇以女真兵三千，走馬來蔡州。提轄白安時請備，永壽不從，曰：『若朝廷賜我死，當死之。』安時恐其謀泄，即拘永壽，勒蔡州兵以待之。兀魯孛堇以其衆入城，不爲備，安時乘勢盡殺之，遂驅城中老小，來歸朝廷。岳飛遣張憲等往接納之，老小多有復回不來者。授安時武功大夫、高州刺史。是時，僞知亳州宋超亦來降。又中原士庶以金人廢齊之後，多有挈老小來江南，兼酈瓊叛兵復有回歸〔者〕，沿淮諸州皆招納接應之不暇矣。」

《建炎以來繫年要録》卷一一八：「（紹興八年正月辛丑）是日，僞知蔡州劉永壽殺兀魯孛堇，率城中遺民來降。永壽爲淮西安撫使，兀魯副之。永壽以小隙劾其罪，金人移兀魯同知德州。未幾，忽報兀魯以女真兵三千來蔡者。提轄白安時請永壽南歸，永壽不從，曰：『朝廷若賜我死，當死之。』安時恐其謀泄，即拘永壽，勒兵以待之。兀魯引衆入城，不爲備，安時乘勢盡殺之，遂驅城中軍民來歸。湖北、京西宣撫使岳飛遣統制官張憲等往接納之，城中人往往有還北者。（此據徐夢莘所編，夢莘又云：『安時授武功大夫、高州刺史。』《日曆》未見，且闕之。今年八月戊辰，張節夫以招誘永壽之故，改京官。）」

又同書卷一二一：「（紹興八年八月戊辰）左迪功郎、德安府節度推官張節夫以招諭劉永壽之勞，特改左承務郎。」

《宋會要輯稿》兵一五之六：「（紹興八年）八月十五日，德安府奏：『左迪功郎、本府節度推官張節夫以書招誘劉永壽率衆來歸。』詔張節夫特與改承務郎。」

《宋史》卷二九《高宗紀》：「（紹興八年正月）辛丑，僞齊知壽州宋超率兵民來歸。蔡州提轄白安時殺金將兀魯，執其守劉永壽來降。詔以方議和好，禁沿海（淮）州郡遣人過淮招納。」

《金佗續編》卷八《令於江州統率官兵回鄂州省劄》：「樞密院奏：『勘會昨降指揮，令岳飛將帶官兵、水軍人舡，前來江州駐劄，今來已過防秋。』

右三省、樞密院同奉聖旨，令岳飛審度，如别無緊切事宜，即統率一行官兵、人舡回歸鄂州，本司具已起發日時申樞密院。今劄送湖北、京西路宣撫使岳太尉。

紹興八年二月十三日。」

《建炎以來繫年要録》卷一一八：「（紹興八年二月）戊午，右武大夫、開州團練使、知廬州、主管淮西安撫司公事劉錡對於内殿，錡言：『淮北兵歸正者不絶，今歲合淝度可得四、五萬衆。』翌日，上謂趙鼎等曰：『朕每慮江上諸將控扼之勢未備，若上流有警，岳飛不可下，則江、池數百里邊面空虚。得錡一軍,遂可補此闕矣。』鼎曰:『更須措置荆南,事若就緒,則沿流上下形勢相接,不同前日矣。』上曰:『如此經營,人事既盡,若功有不成,則天也。』」

《宋會要輯稿》兵二九之二八:「(紹興)八年二月三日,上謂輔臣曰:『昨日劉〔錡〕説淮北兵歸正者不絶,廬州今歲度可成四、五萬衆。朕常慮江上諸將控扼之勢未備,若上流有探報,岳〔飛〕不可下來江、池,則數百里邊面虚而可慮。將來錡一軍遂可補此闕矣。』趙鼎奏曰:『他日更措置荆南事就緒,則沿邊形勢上下相接,不同前日。』上曰:『如此經營,人事既盡,若功有成,不成,則天也。』」

《三朝北盟會編》卷一八三:「(紹興八年二月七日癸亥)韓世忠、岳飛來朝。」

《建炎以來繫年要録》卷一一八:「(紹興八年二月)壬戌,湖北、京西宣撫使岳飛乞增兵,上曰:『上流地分誠闊遠,寧與減地分,不可添兵。今日諸將之兵,已患難於分合。末大必折,尾大不掉,古人所戒。今之事勢雖未至此,然與其添與大將,不若别置數項軍馬,庶幾緩急之際,易爲分合也。』飛又奏爲荆湖北路轉運判官夏珙陞職,鄂州守臣趙士瑗、鄧州守將韓〔遹〕、均州守將格禧進官,上曰:『可作直旨行下,監司、守臣朝廷所用,不當令盡歸大將。』乃詔珙、士瑗職事修舉,珙陞副使,再任,士瑗直秘閣,〔遹〕、禧措置宣力,皆進一官。(徐夢莘《北盟會編》八年〔二〕月,韓世忠、岳飛來朝,《日曆》全不見。恐此即飛來朝所請,當求他書參考。)」

《宋史》卷二九《高宗紀》:「(紹興八年二月)壬戌,岳飛乞增兵,不許。」

《建炎以來繫年要録》卷一一九：「（紹興八年五月）戊子，監察御史張戒入對，因言諸將權太重，上曰：『若言跋扈則無迹。兵雖多，然聚則强，分則弱，雖欲分，未可也。』戒曰：『去歲罷劉光世，致淮西之變。今雖有善爲計者，陛下必不信，然要須有術。』上曰：『朕今有術，惟撫循偏裨耳。』戒曰：『陛下得之矣，得偏裨心，則大將之勢分。』上曰：『一、二年間自可了。』戒曰：『陛下既留意，臣言贅矣。』」

《中興小紀》卷二四：「（紹興八年）五月戊子，監察御史張戒入對，因言諸將權太重，上曰：『若言跋扈則無迹。兵雖多，然聚則强，分則弱，雖欲分，未可也。』戒曰：『去歲罷劉光世，以致淮西之變。今雖有善爲計者，陛下必不信，然要須有術。』上曰：『朕今有術，惟撫循偏裨耳。』戒曰：『陛下得之矣，得偏裨心，則大將之勢分。』上曰：『一、二年間自可了。』戒曰：『陛下既留意，臣言贅矣。』（張戒《默記》曰：『初，淮西之變時，秘書省在臨安。一日，校書郎范如圭謂戒曰：諸大將不可制耶？戒曰：此自張丞相之失。且劉光世一軍，偏裨無慮十數，不知此曹果欲大將壓己否？若使各得自達，豈復思光世。如圭曰：善。是秋，戒新除福建提舉官，待次嚴陵，待制常同因過戒，問曰：諸將權太重，張丞相既失，今當何以處之？戒曰：茲甚不難，但當擢偏裨耳。吴玠既失（立？），而曲端受死；楊沂中建節，而張俊勢分，自然之理也。同大喜，曰：此論可行。既而同被召，首薦戒焉。』）」

《三朝北盟會編》卷一八〇：「上皇帝書（闕姓氏）：『……陛下在九重之中，又豈知諸將帥臣所統軍馬，曾無一言以念及陛下者乎？且如泗州之兵，事無大小，則知有張俊；楚州一軍，則知有韓世忠；襄陽一軍，則知有岳飛；殿前一司，則知有楊沂中。一旦緩急之際，人皆各爲其主，誰復知有陛下者乎！……

臣願陛下應諸路軍馬，各置都督一員，使諸路帥臣副之。如淮西一路，願陛下除呂頤浩爲都督，以張俊副之，以楊沂中屬焉，詔傅崧卿爲參謀，復以史願爲參議。何以言之？頤浩及俊，所謂股肱，頤浩臨事有斷，崧卿詳審，而願亦有謀。如淮東一路，願陛下除孟庾爲都督，以韓世忠副之，詔劉寧止爲參謀，復以韓求爲參議。何以言之？庾與世忠有湖南、福建之舊，庾既委曲通情，而寧止與求勇於敢爲。如襄陽一路，願陛下除秦檜爲都督，以岳飛副之，詔劉岑爲參謀，復以蔣粲爲參議。何以言之？檜見任樞密，寬而有容，岑與粲才術過人，善于立事，觀其應變，亦善與人同。如趙鼎、劉光世二人也，在大臣中位望尤重，願陛下除鼎爲川、陝都督，以光世副之，詔折彦質爲參贊軍政，以王瓊、馬擴爲參謀、議官。如樊序、孟涓之徒，皆先朝邊人，諳曉陝西利害，鼎可置之幕府。仍以王德爲都統制，將帶光世現存軍馬，乘以北風，泝流而上。……

陛下又豈知某人（按：指張俊）一軍，號曰自在軍也，平居無事，未嘗閱習，其甚至於白晝殺人，而劫其財者。惟某人、某人兩軍（韓、岳），人馬整肅，其失又傷於太嚴。至如近下軍兵，有請一百食錢，二升半米，而贍三、四口者。日逐上教，或至晚方罷，及回本營，欲得一盃熱水，以沃肺腑，亦不能得。夫何？自申牌前後，打滅火燭，不許復爨，其情可知。及其所請食錢，非獨欲贍數口，一月之内，仍欲買皮條，買磁末，買弓弦，至於修理弓箭，種種費耗，不過此一百食錢而已。及晚上教其妻刷甲，其子積薪。縱緣陰雨，得少休息，又不免修葺營寨。此特步人之勞，至於馬軍，又有甚於此者矣。臣願陛下備臣所陳，以詔寬之。……』」李心傳將此書概略載於《要録》卷一一四。

又同書卷二〇二：「王之道上皇帝書：『……今日之兵，分隸張俊者，則曰張家軍；分隸岳飛者，則曰岳家軍；分隸楊沂中者，則曰楊家軍；分隸韓世忠者，則曰韓家軍。相視如仇讎，相防如盜賊。自不能奉公，惴惴然惟恐他人之奉公，而名譽賢於己也；自不能立功，惴惴然惟恐他人之立功，而官爵軼於己也。且其平日猶或矛盾若此，使其臨大利害，想其中心，必不能效相如之屈於廉頗，寇恂之不仇賈復，先國家之難，而後其私怨。安能保其不自爲敵國，而以刃相向耶？……』」李心傳將此書概略載於《要録》卷一三七。

《鶴林玉露》甲編卷五《格天閣》：「會諸將稍恣肆，各以其姓爲軍號，曰張家軍、韓家軍。檜乘間密奏，以爲『諸軍但知有將軍，不知有天子，跋扈有萌，不可不慮』。上爲之動，遂決意和戎。」

《金佗稡編》卷一二《奏審已條具曲折未准指揮劄子》：「臣自去冬聞金賊廢劉豫，有可乘之機，是以屢貢管見，塵瀆天聽。三月二十六日，領樞密院劄子，奉聖旨，令臣條具曲折以聞。臣喜而不寐，以謂陛下慨然英斷，將欲興王師，舉大事，以雪積年之耻。故臣輒忘淺陋，周述利害，仰紊睿明，覬或采納。今月初七日，臣所差人回，未蒙朝廷處分。伏望早降指揮，俯賜俞允。」

自紹興七年後，宋高宗和岳飛嫌隙日深，「岳家軍」等民間習慣稱呼，犯趙宋家天下之大忌。宋高宗圖謀降金，罷岳飛兵權，故不准岳飛北伐。

《宋論》卷一〇：「高宗之爲計也，以解兵權而急於和；而檜之爲計也，則以欲堅和議而必解諸將之兵，交相用而曲相成。」

《建炎以來繫年要録》卷一二四：「（紹興八年十二月己巳）湖北、京西宣撫使岳飛乞差胡邦用知靖州，上曰：『郡守，牧民之官，亦藩屏所寄。當自朝廷選差，若皆由將帥辟置，非臂指之勢也。』」岳珂對《高宗日曆》中反映宋高宗猜忌岳飛，力圖限制和削除其權力之記載，概予諱避。

五月，諜報金人駐兵京師、順昌、淮陽、陳、蔡、徐、宿等郡，期以秋冬大舉南寇。又分三路兵，聲言欲迎敵岳太尉。朝廷第令隄備，命先臣明遠斥堠，習水戰，練閱軍實，爲待敵計，不發兵深入。先臣亦日夜訓閲，更迭調軍屯襄漢，備守而已。〔一〕

〔一〕《建炎以來繫年要録》卷一一九：「（紹興八年四月）是月，徽猷閣直學士王倫見金左副元帥、魯王昌於祁州。時韓世忠、岳飛、吴玠軍各遣間招誘中原民，虜得其蠟彈旗、牓，出以語倫曰：『議和之使既來，而暗遣姦諜如此，君相紿，且不測進兵耳！』倫言：『所議靖民，乃主上之意。邊臣見久而無成，或乘時希尺寸爲己勞，則不可保，主上決不之知。若上國孚其誠意，確許之平，則朝廷一言戒之，誰敢爾者！』諸帥相視無語。（熊克《小曆》附此事於今年春末。又云撻懶、兀朮皆在祁州。按張匯《節要》，紹興八年夏，撻懶自東京北歸祁州，留兀朮、大撻不也守東京，克所云差不同。今移附四月，仍去兀朮字，更當求它書參考。）」

《三朝北盟會編》卷一八三：「（紹興八年）四月十四日己巳，詔遣王庶按行營壘，察州縣弛慢失職者。……岳飛聞庶視師淮上，與庶書曰：『今歲若不舉兵，當納節請閑！』庶稱其壯節。」

又同書卷一八六：「（紹興八年十一月二十五日丁未）王庶論和議劄子。……第二劄子：『……岳飛近日與臣咨目，稱今歲若不乘機會舉兵，要納節乞閑。韓世忠亦以爲然。……』……第五劄子：『……臣頃與邊帥及諸大將議論，皆云：若失今日機會，他日勞師費財，決無補於事功！至於抵掌擊節，皆云：今年不用兵，乞納節致仕。觀此則人情思奮，皆願爲陛下一戰，望陛下英斷而力行之。……』」王庶所説「邊帥及諸大將」應指岳飛、韓世忠等，張俊則擁護宋高宗降金乞和。

《建炎以來繫年要録》卷一一九：「（紹興八年五月丁未）樞密副使王庶條上淮南耕種等事，上曰：『淮南利源甚博，平時一路上供内藏紬絹九十餘萬，其他可知。』劉大中曰：『淮南桑麻之富，不減京東；而魚鹽之利，他處莫比，今荒殘可惜。』上曰：『以此知淮甸不可不措置葺理。』湖北、京西宣撫使岳飛聞庶行邊，遺庶書曰：『今歲若不出師，當納節請閑！』庶稱其壯節。」

又同書卷一二〇：「（紹興八年六月戊辰）庶又言：『臣聞虜中自廢豫之後，遼人與漢人上下不安，日夕思變，前此歸正者甚衆，其驗可見。彼知其屯戍不足，又旋起簽軍，以實疆埸。其所起之人，又非昔日簽軍之比，老弱盡行，人心乖離，抑又甚焉。緣此岳飛近與臣咨目，稱今歲若不舉兵，要納節請祠。韓世忠亦以爲然。……』」

《宋史》卷三六五《岳飛傳》：「八年，還軍鄂州。王庶視師江、淮，飛與庶書：『今歲若不舉兵，當納節請閑！』庶甚壯之。」

又同書卷三七二《王庶傳》：「拜樞密副使，議者乞遣重臣行邊，遂命庶措置江、淮邊防。京、湖宣撫使岳飛聞庶行邊，遺書曰：『今歲若不出師，當納節請閑！』庶壯之。庶還朝，論金人變詐，自渝海上之盟，因及飛納節之語。」岳飛「納節之語」，最早載於《會編》，而爲岳珂《行實編年》所略，元時修《宋史》，今見增補於《岳飛傳》中，大致應是照抄南宋《中興四朝國史》之《岳飛傳》。

又同書卷三七六《常同傳》：「遣樞密（副）使王庶視師，……（常同）又言：『國家養兵，不爲不多，患在於偏聚而不同力，自用而不同心。今韓世忠在楚，張俊在建康，岳飛在江州，吳玠在蜀，相去隔遠，情不相通。今陛下遣樞臣王庶措置邊防，宜令庶會集將帥，諭以國體，協心共議禦敵。常令諸軍相接以常山蛇勢，一意國家，無分彼此，緩急應援，皆有素定之術。』詔付王庶出示諸將。」按常同此奏當上於得知岳飛還軍鄂州之前。

《建炎以來繫年要録》卷一二〇：「（紹興八年六月丙子）左奉議郎馮時行特轉一官。時行知丹

〔稜〕縣，以楊晨薦，得召對。時行見上言：『金人議和，何足深信，必緣初廢僞齊，人心未固，深恐陛下乘其機會，殄滅有期。如奉迎梓宫，在陛下之心，至切至痛，故以爲辭，延引歲月，待其撫循既定，狡計既生，然後〔率〕其醜類，送死〔遠來〕。陛下可否逆炤其情，深爲之備。臣切見以前備禦，尚爲疏闊。自建康以屬海道，臣非親見，不敢妄陳。自西蜀以至江東，臣請論之。吴玠一軍在梁、洋之間，凡五千餘里至鄂州，始有岳飛；又三千餘里至建康，始有張俊。陛下雖以淮爲屏障，然東南形勝，實在長江。今岳飛屯鄂渚，實欲兼備江、池。襄陽有警，比岳飛得聞，往返三千里，束裝辦嚴，非一月不至〔襄陽〕。而〔醜類〕近在京〔師〕，輕軍疾馳，不數日而遂涉江、漢。萬一舉偏師向江、池，連綴岳飛，而以大軍向襄陽，中斷吴、蜀；當是時，吴玠不能〔離〕梁、洋而下，岳飛不能捨江、池而上。〔醜類〕盤泊荆南，可以控據上流，震驚吴會，或徑趨潭、鼎，横涉饒、信，可以直乘空虚，擾我心腹。備禦如此，似亦疏矣。臣願陛下先事制勝，選知兵大臣，分重兵以鎮荆、襄。〔使〕倉卒有警，荆、襄事力足當一面，而岳飛得專力於江、池之間。若兵有統〔屬〕，不可遽分，亦宜嚴戒岳飛，及兹無事，預思方略，〔審度事宜，重益荆、襄之戍〕。』上諭以爲親屈己之意，時行引漢祖故事言之。上慘然曰：『杯羹之語，朕不忍聞！』因顰蹙而起。」按《歷代名臣奏議》卷三三五亦載馮時行此奏，文字多異，今據以參校。原奏「醜類」兩字，清人修《四庫全書》時改爲「敵騎」。

秋，召赴行在。〔一〕金人遣使議和，將歸我河南地。先臣入對，上諭之，先臣曰：「夷狄不可信，和好不可恃，相臣謀國不臧，恐貽後世譏議。」上默然，宰相秦檜聞而銜之。〔二〕

〔一〕《金佗續編》卷九《乞致仕不允仍令前來行在奏事省劄》：「岳飛奏：『臣今月初八日，准御前金字牌遞到樞密院劄子：奉聖旨，令韓世忠、張俊、岳飛如別無警急事宜，各量帶親兵，暫赴行在奏事。臣除已恭依處分外，契勘臣累具奏聞，乞歸田野，以養殘軀，未賜俞允。伏望聖慈檢會臣前後所奏，速降睿旨，許臣致仕，庶幾不致上誤國計。臣已擇今月十二日起發，於江、池州以來，聽候指揮。臣不勝懇切之至，取進止。』

右奉聖旨，□乞□□仍依已降指揮，疾速起發，前來行在奏事。……紹興八年八月二十二日。」

又同書卷九《辭免赴行在奏事不允省劄》：「岳飛奏：『臣近在路，於江、池州兩具劄子，冒瀆天聽，乞致仕者。退循戰懼，莫知所爲。臣迤邐將次廣德軍界，尚未准指揮。顧臣螻蟻懇迫之誠，上賴天地函容始終之賜，唯祈昭鑒，曲示眷憐。伏望早降睿旨，許臣屏跡山林，以養微軀。區區之詞，備在前奏，臣更不叨叨，紊煩聖聽。臣除於廣德軍以來聽候指揮外，取進止。』

右三省、樞密院同奉聖旨，依已降詔旨不允，不得再有陳請。仍依已降指揮，疾速兼程前來，赴行在奏事。……紹興八年九月二日。」

又同書卷九《同前第二劄》：「九月二日奉聖旨，依已降詔旨不允，不得再有陳請。仍依已降指揮，疾速兼程前來，赴行在奏事。除已劄下外，至今未到。右再劄送湖北、京西路宣撫使岳太尉，遵依累降指揮，疾速施行，准此。紹興八年九月四日。」又同書卷九《再乞致仕不允省劄》：「岳飛奏：『臣椎鈍之資，過蒙眷注，近累乞致仕，又蒙聖慈降詔不允，及催督赴行朝奏事。臣不敢固違召命，即遂就道。伏念臣遭遇陛下，實千載一時□□□，豈欲頻具奏聞，上瀆天聽，重貽罪戾，徒自取之。緣臣不唯眼目腳疾時時發動，深恐才不逮人，緩急有誤陛下委付。覬就安閑，保養賤軀，跡其狂率，別無他腸。俟臣異日痊可，陛下尚欲使令，願盡駑蹇，仰受指縱。伏望淵衷俯垂洞照，早賜允臣所請，不勝幸甚。干冒斧鉞，退惟戰懼，取進止。』右奉聖旨，依累降詔旨不允，不許再有陳請。今劄送湖北、京西路宣撫使岳太尉。紹興八年九月六日。」岳飛知宋高宗乞和大計已定，無可挽回，故不願赴臨安朝見，只望履踐「若不舉兵，當納節請閑」之約言。

《三朝北盟會編》卷一八四：「（紹興八年）九月，韓世忠、張俊、岳飛來朝。」《會編》所載可信，秦熺主編《高宗日曆》，却將此段史實斧削無餘。李心傳撰寫《要録》時，雖參考《會編》，却依然遵從《高宗日曆》，不載此次朝見。

〔二〕《金佗續編》卷二八《吴拯編鄂王事》：「八年，來朝。金人遣使來講和，侯議以爲不可，宰相秦檜憾之。」

《三朝北盟會編》卷二〇七《岳侯傳》：「侯方欲計議用兵，有深入虜界北伐之意。紹興八年秋九月，胡虜講和，侯奏議曰：『不可與和，緣虜人犬羊之性，國事隙深，何日可忘！臣乞整兵復三京、陵寢，事畢，然後謀河朔，復取舊疆，臣之願也。臣受陛下深恩厚禄，無一時敢忘。』因此與秦檜有隙。」《岳侯傳》所載疑爲岳飛一奏，而《行實編年》不載，今已無從考其真僞。

又同書卷二〇八《林泉野記》：「八年，入朝，與宰相秦檜議和不協。」

《宋史》卷三六四《韓世忠傳》：「秦檜主和議，命世忠徙屯鎮江，世忠言：『金人詭詐，恐以計緩我師，乞留此軍，蔽遮江、淮。』又力陳和議之非，願效死節，率先迎敵，若不勝，從之未晚。又言：『王倫、藍公佐交河南地界，乞令明具無反覆文狀，爲後證。』章十數上，皆慷慨激切。且請單騎詣闕面奏，帝率優詔褒答。後金果渝盟，咸如其言。金使蕭哲之來，以詔諭爲名，世忠聞之，凡四上疏，言：『不可許，願舉兵決戰，兵勢最重處，臣請當之！』又言：『金人欲以劉豫相待，舉國士大夫盡爲陪臣，恐人心離散，士氣凋沮。』且請馳驛面奏，不許。既而伏兵洪澤鎮，將殺金使，不克。」韓世忠與岳飛反對降金乞和，而張俊則附和宋高宗與秦檜。

《建炎以來繫年要録》卷一一九：「(紹興八年四月丙寅)自酈瓊叛，張俊擅棄盱眙而歸，諸將稍肆。」

《朱文公文集》卷九七《皇考左承議郎守尚書吏部員外郎兼史館校勘累贈通議大夫朱公行狀》：「張俊守盱眙，方撤戍時，猶命分兵留屯，而俊不受命，悉衆以歸，朝廷亦不能詰。」張俊雖棄地逃遁，然直至紹興八年春，因不明宋高宗意向，爲免於棄盱眙之被責，仍以力主抗金自詡。

《建炎以來繫年要録》卷一一八：「（紹興八年二月壬戌）上召淮西宣撫使張俊至宫中，從容與論邊事，俊曰：『臣當與岳飛、楊沂中大合軍勢，期於破敵，以報國家。』」

又同書卷一六七：「（紹興二十四年七月癸丑）安民靖難功臣、太師、静江、寧武、靖海軍節度使、醴泉觀使、清河郡王張俊薨於行在，年六十九。翌日，輔臣進呈，上曰：『張俊遽亡，曩者張通古來，俊極宣力，與韓世忠等不同。恩數宜從優厚。』遂賜貂冠、朝服以斂，命内侍省押班張去爲護葬事。俊晚年主和議，與秦檜意合，上厚眷之。」

「（八月）丙午，禮部擬定故太師、清河郡王張俊贈典，乞依韓世忠例。先是，上諭秦檜曰：『武臣中無如張俊者，比韓世忠相去萬萬！贈典宜令有司檢討祖宗故事，務從優厚。』（七月丁巳）及是進呈，上曰：『俊在明受間，有兵八千，屯吴江。朱勝非降指揮，與秦州差遣，俊不受，進兵破賊，實爲有功。可與贈小國一字王，令禮部擬定。』於是特封循王，國朝淳化以後，異姓不封真王，其追封蓋自俊始。」

《渭南文集》卷一六《德勳廟碑》：「高宗亦每謂之腹心舊將，又曰：『從來待卿如家人。』又曰：『是人與他功臣相去萬萬！』」岳飛曾爲宋高宗最信用之武將，然自紹興七年淮西兵變前後，雙方關係每況愈下。張俊贊助宋高宗降金乞和，自紹興八年始，遂最受偏愛。「張通古來，俊極宣力」，乃當年金使張通古「詔諭江南」（《金史》卷八三《張通古傳》），宋高宗向殺父之仇屈膝稱臣事。因秦檜父子恣意篡改歷史，岳飛、韓世忠與張俊九月朝見之詳情，張俊如何「宣力」，已不得而知。

《建炎以來繫年要録》卷一二二：「（紹興八年九月）庚子，武經大夫、閤門宣贊舍人、知襄陽府武糾進秩一等，用岳飛請也。」庚子爲十七日，當爲岳飛朝見時之奏請。

又同書卷一二三：「（紹興八年十月）辛酉，湖北、京西宣撫使岳飛言：『續收到僞知鎮〔汝〕軍胡清等官兵千一百八人。』詔歸正官並補正。」

《金佗稡編》卷一八《收到胡清等申省狀》：「今具節次收到歸正僞統制、統領官等下項：

一、統制官：右武大夫、成州團練使、知潁順軍、權知鎮汝軍、馬軍統制官胡清。

一、統領官一十員：武翼郎劉遇，修武郎劉德，宗迪，從義郎、閤門宣贊舍人游臯，從義郎韓青，秉義郎杜彦，楊宣，楊珍，成忠郎吕榮，借補武翼大夫、閤門宣贊舍人李忠。

一、使臣一十員：修武郎王賓、保義郎薛密、承節郎王進、承信郎黄欽、進武校尉郭進、張彦、鄭德、進武副尉荆成、周真、借承信郎張立。」

《宋會要輯稿》兵一五之六—七：「（紹興八年）十月八日，湖北、京西路宣撫使岳飛奏：『節次收接到歸正人崔虎等，已供申朝廷外，今續收到歸正僞知潁順軍、權知鎮〔汝〕軍府、統制官胡清等官兵一千一百八人，委官取索逐人真本付身點對，計四百六十三道，乞給降付身。』詔胡清等下歸正官兵内有僞補付身人，特與補正。董道聖與正補敦武郎、閤門祇候，靳師顔、邊俊、鄭宣並正補承節郎。」此奏可參《金佗稡編》卷一九第一一一〇頁。《金史》九〇《張九思傳》：「清池令雙申自陳：『父虔，天眷初，知永安軍，遇叛寇孟邦傑，執而脅之，不從，遂被害。乞正班用廕。』」據《皇宋十朝綱要校正》卷二二和《金石萃編》卷一五九《孟邦雄墓誌》，孟邦傑乃僞齊西京留守孟邦雄之弟。孟邦雄於紹興三年初，被抗金義軍所殺，孟邦傑「權河南尹」。《金史·張九思傳》説「天眷初」，當爲紹興八年。紹興十年岳飛北伐時，孟邦傑已任忠義軍馬統制。

已而金使至，和議決，上復親札，歸功於先臣「戮力練兵」，「扶顛持危」之效。〔一〕先臣不樂，謂幕中人曰：「犬羊安得有盟信耶！」〔二〕

〔一〕《建炎以來繫年要録》卷一二三：「（紹興八年十一月壬寅）權吏部侍郎魏矼言：『臣素不熟虜情，不知使人所須者何禮，陛下所謂屈己者何事。聞諸道路之言，謂金人頃立僞齊，使之屈膝，〔令受〕北面之禮，靡所不至，歲時之貢，靡所不取。今雖於我未必盡然，以事料之，其間必有不可從者。如屈膝受〔命〕，則大不可從者也。……惟三軍之心，未知所向，和戎，國之大事，豈可不訪之兵將乎？欲望聖慈速召大將，各帶所部近上統制官數人同來，以屈己事目廣加訪問，以塞他日意外之憂。彼或以爲不可，亦能鼓作其氣，益堅守禦之備。』時諸將韓世忠、岳飛皆以議和爲非計，故矼有是言。」魏矼此奏以《三朝北盟會編》卷一八五校勘。

又同書卷一二四：「（紹興八年十二月）庚午，御史中丞勾龍如淵入對。先是，主管殿前司公事楊沂中、權主管馬軍司公事解潛、權主管步軍司公事韓世良至都堂，見秦檜曰：『以主上受虜書，欲行屈己之禮，萬一軍民洶洶，將若之何？』退至御史臺，以其副上如淵，且言：『今三大將在外，他日見責，以爾等爲宿衛之臣，乃令上行此禮，不知何詞以對？』如淵告以『諸公不須爾，他日第令計議，使取虜書，納入禁中，必不行其他禮數』。沂中等以手加額，曰：『若得如此，天下萬幸。』如淵具以其言入奏，且言：『今日和議，實陛下以徽宗、顯肅皇后梓宮與母兄之重，在人國中，宸心朝夕不遑寧處，遂遣王倫奉使請和。今日金人既遣報使，賫書而來，儻若不受，必至歸曲于我。一日興師，彼則有辭。此和議固不可壞，而禮文之間，動輒過當，若不度利害，勉而從之，則堂堂中國，一旦遂爲虜人屈己。如臣管見，必遣王倫與使人反復商議，取得虜書，納入禁中，則禮不行而事定矣。』上曰：『果如此，即無以加，俟以此而付之。』（此並據如淵《退朝録》修入。如淵所記又曰：『如淵請對，條取虜書之策，曰：昨日三衙楊沂中、韓世良、解潛來見臣云：某等昨詣都堂，覆宰執説，聞官家受虜書，必欲行屈己之禮，萬一軍民洶洶，即某等彈壓不得。有一劄子，今將副本來呈中丞。此亦非某等生事，蓋緣有大底三箇在外，他日問某等云：爾等爲宿衛之臣，如何却使官家行此禮數？不知使某等如何辭對。其所説大底三箇，蓋謂韓世忠、張〔俊〕、岳飛也。此言雖似挾持，然亦此事涉大利害，誠不可輕議。臣告以諸公不須如此，他日只是令王倫取虜書，納入禁中，必不行其他禮數。三人者以手加額，曰：若得如此，天下萬幸。臣所見，惟是令倫早開諭使人，取得虜書納入，最爲良策。』」）「戊寅，如淵與李誼入對，上曰：『士大夫但爲身謀，向使在明州時，朕雖百拜，亦不復問矣！』上辭色俱厲，如淵曰：『今日事勢，與在明州時不同。』誼曰：『此事莫須召三大將來，與之商議，取具穩當乃可。』上不答，久之，曰：『王倫本奉使，至此亦持兩端。秦檜素主此議，今亦來求去。去則無害，他日金人只來求朕，豈來求秦檜。』二十七日己卯，上召倫入對，責以取書事。是晚，倫見使人商議，以一二策動之，使人惶恐，遂許。明日，上詔宰執就館見使人，受虜書納入，人情始安。」

《金佗稡編》卷二高宗宸翰四十六：「朕昨與卿等面議金國講和事，今金人已差張通古、蕭哲前來議和。朕以梓宫未還，母、兄、宗族在遠，夙夜痛心，不免屈意商量。然皆卿等戮力練兵，國威稍振，是致敵人革心如此。卿等之功，朕豈可忘。」

又同書卷二高宗宸翰四十七：「今月二十七日，已得大金國書，朕在諒陰中，難行吉禮，止是宰執代受。書中無一須索，止是割還河南諸路州城。此皆卿等扶危持顛之效，功有所歸，朕其可忘。」宋高宗是否對金使下跪受國書，各書記述不一，應以此御札爲準。《宋史》卷四七三《秦檜傳》叙述秦檜「攝冢宰受書」，「又降御札賜三大將」。以上兩御札都寫明付「卿等」，可知應爲一式三份，而同時賜韓世忠、張俊和岳飛「三大將」。

《敬鄉録》卷五賈廷佐（子野）《上高宗論遣使書》：「十二月十四日，左迪功郎、嚴州桐廬縣主簿臣賈廷佐昧死百拜，獻書皇帝陛下。……陛下二、三將，如岳飛、韓世忠，皆忠義可使。師之曲直，又不待言而喻，若決意於戰，則陛下以少破衆，成光武之烈，直易事耳。所謂初若磊磊難合，有志者，事終成也。臣不勝大願，陛下念祖宗創業之不易，思後世清議之可畏，斷然有意於撥亂，振不測之怒，行不測之威，誅王倫，拘虜使，以快天下之心，以振士民之氣。然後下令，決意用兵，以雪大耻，以復境土。遂選任大臣，爲大夫種以治於内，召還王庶，以監督諸將，爲范蠡以治於外，則中興之業，指日可成。與效尤石晉之計，萬萬不侔也。臣聞王庶忠勇有謀，將士無不服其威名，此亦陛下中興二十八人之一也，其可舍諸？」

〔二〕《夷堅甲志》卷一五《辛中丞》：「辛企李（次膺）紹興八年自右正言出爲湖南提刑。舟到武昌，大將岳飛來江亭通謁。辛以道上不見賓客爲辭，岳不肯去。良久，不獲已見之，即欲以明日具食，意殊懇切，不得辭。既宴，酒三行，延辛入小閣。盡出平生所被宸翰，凡數百紙，具言眷遇之渥，執辛手曰：『前夕夢爲棘寺逮，對獄，獄吏曰：辛中丞被旨推勘。驚寤，遍體流汗。方疑懼，不敢以告人，而津吏報公至。公自諫官補外，他日必爲獨坐。飛或不幸下獄，願公救護之。』辛悚然，不知所對，纔罷酒，即解維。後數年，飛罷副樞，奉朝請。故部將王貴迎時相意，告其謀叛，繫大理獄。命新除御史中丞何伯壽（鑄）治其事，方悟昨夢乃新中丞也。何公後辭避不就，乃以付万俟丞相云。（二事劉襄子思説。）」據《宋史》卷三八三《辛次膺傳》，辛次膺字起季。

《三朝北盟會編》卷二二一《中興遺史》：「先是，辛次膺爲湖南提刑，聞金人遣使張通古來，詔諭江南，曾上書言：『父母之讎不與共戴天，兄弟之讎不反兵，豈有降萬乘之尊，屈己稱藩者乎！』書奏，不報，即丐祠，遂主管台州崇道觀。紹興十年，金人敗盟，次膺有故人將漕湖北者，擬寄居鄂渚而依焉。及見岳飛，待遇甚厚，力留次膺寓居。次膺亟歸，語兄弟曰：『岳飛握重兵，昧保身之策，禍將及矣。』飛厚賂其行，次膺不受。」《文史》第二六輯第二六四頁辛次膺墓誌有類似記載。

《建炎以來繫年要録》卷一七一：「（紹興二十六年二月甲午）左朝請大夫、直秘閣辛次膺知婺州。虜使張通古之議和也，次膺提點荆湖南路刑獄，上疏言：『父之仇不與共天，兄弟之仇不反兵，豈有降萬乘之尊，屈己稱藩者乎！』書奏，不報，即奉祠。及金人敗盟，次膺有故人將漕湖北者，擬寄居鄂渚而依焉。岳飛時爲宣撫使，待遇甚厚。既而延入小閣，盡出所被宸翰，具言上眷之渥，且執次膺手曰：『前日夢爲棘寺逮，對獄，獄吏曰：辛中丞被旨推勘。飛方懼，不敢告人，而公適至。公自諫官補外，他日必爲獨坐。飛或不幸下獄，願公救之。』次膺悚然，不知所對。既歸，語兄弟曰：『飛握重兵，昧保身之策，禍將作矣。』飛厚贐其行，次膺不受。」《要録》此段記載據《夷堅志》和《中興遺史》參修，然失於剪裁。《夷堅志》叙事爲紹興八年，故有「諫官補外」之語。《中興遺史》叙事爲紹興十年，辛次膺已「奉祠」而「寄居鄂渚」，仍用「諫官補外」之語，係誤。《夷堅志》所述反映岳飛和宋高宗矛盾日深，今姑附於紹興八年末。

紹興九年，己未歲，年三十七。

講和。授開府儀同三司。論虜情。

春正月，〔一〕以復河南，赦天下。先臣表謝，寓和議未便之意，有曰：「婁欽〔二〕獻言於漢帝，魏絳發策於晉公，皆盟墨未乾，顧口血猶在，俄驅南牧之馬，旋興北伐之師。蓋夷虜不情，而犬羊無信，莫守金石之約，難充谿壑之求。圖暫安而解倒垂，猶之可也；顧長慮而尊中國，豈其然乎！」末曰：「臣幸遇明時，獲觀盛事。身居將閫，功無補於涓埃；口誦詔書，面有慚於軍旅。尚作聰明而過慮，徒懷猶豫以致疑：謂無事而請和者謀，恐卑辭而益幣者進。願定謀於全勝，期收地於兩河。唾手燕雲，終欲復讎而報國；誓心天地，當令稽首以稱藩！」〔三〕

〔一〕春正月　「正」，原作「三」，嘉靖本同，據《金佗續編》卷一九改。

〔二〕宋時避宋太祖趙匡胤祖父趙敬名諱，故改婁敬爲婁欽。

〔三〕可參《金佗稡編》卷一〇《謝講和赦表》第九一七頁，文字稍異。

《三朝北盟會編》卷一九二：「（紹興九年正月）湖北、京西宣撫使岳飛上表謝赦。得三京、河南地肆赦，湖北、〔京西〕宣撫使岳飛具表陳慶曰：『覩時制變，仰聖哲之宏規；善勝不争，實帝王之妙算。念此艱難之久，姑從和好之宜，睿澤誕敷，輿情胥悦。竊以婁敬獻言於漢帝，魏絳發策於晉侯，皆盟墨未乾，歃血猶濕，俄驅南牧之馬，旋興北伐之師。蓋夷虜不情，而犬羊無信，莫守金石之約，難充溪壑之求。圖苟安而解倒垂，猶之可也；欲長慮而尊中國，豈其然乎！恭惟皇帝陛下大德有容，神武不殺，體乾之健，行巽之權，務和衆以安民，迺講信而修睦，已漸還於境土，想喜見其威儀。臣幸遇昌時，復覩盛事。身居將閫，功無補於涓埃；口誦詔書，面有慚於師旅。尚作聰明而過慮，徒懷猶豫以致疑：謂無事而請和者謀，恐卑辭而益幣者進。願定謀而全勝，期收地於兩河。唾手燕雲，正欲復讎而報國；誓心天地，當令稽首以稱藩！』《遺史》曰：『表詞，飛幕屬張節夫之文也。節夫字子亨，河朔人，豪邁尚氣節。秦檜讀之切齒。』」

《建炎以來繫年要録》卷一二五：「（紹興九年正月）丙戌，以金人來和，大赦天下，赦文曰：『乃上穹開悔禍之期，而大金報許和之約。割河南之境土，歸我輿圖；戢宇内之干戈，用全民命。』給事中、直學士院樓炤所草也。應河南新復路分見任文武官各安職守，並不易置，山寨土豪等優與推恩。應陝西掌兵官昨緣撫御失宜，致有離散，非其本心，今來既已歸還，各仰安職。應進士諸科曾因劉豫僞命得解者，並與理爲舉數。應新復州縣放免苗税三年，差徭五年。應兩淮、荆、襄、川、陝新舊宣撫使及三衙管軍，並特取旨，優異第賞，統兵官等第推恩，内外諸軍並與犒設。張邦昌、劉豫僭號背國，原其本心，實非得已，其子孫親屬並令依舊參注，無官者仍許應舉。軍興以來，州縣失守、投降之人不以存亡，並與叙復，子孫依無過人例。靖康圍城僞命及因苗傅、劉正彦名在罪籍，見今拘管、編置者，並放逐便，未經叙用者與收叙。紹興八年特奏名進士試入第五等人，並特依下州文學恩例。江、浙諸路今年和預買紬絹，每匹特免一貫文。江西、湖、廣等路見有盜賊嘯聚去處，並許自新，前罪一切不問。（《日曆》全不載此赦書條件，今以《紹興請和録》修入。）

端明殿學士、提舉臨安府洞霄宫徐俯上表賀曰：『禍福倚伏，情僞多端，恐未盡於事機，當復勞於聖慮。』湖北、京西宣撫使岳飛表曰：『救暫急而解倒垂，猶之可也；欲長慮而尊中國，豈其然乎！』又曰：『謂無事而請和者謀，恐卑辭而益幣者進。願定謀於全勝，期收地於兩河。唾手燕雲，終欲復讎而報國；誓心天地，尚令稽首以稱藩！』飛幕客左承務郎張節夫之文也。秦檜讀之大怒。行營右護軍都統制吴璘時兼知熙州，其幕客擬爲表以賀，璘愀然曰：『在朝廷休兵息民，誠天下慶；璘等叨竊，不能宣國威靈，亦可愧矣！但當待罪稱謝則可。』客謝不及。」據《要録》卷四九紹興元年十一月壬戌載，張節夫乃安陽人，與岳飛的鄉貫同州異縣。

《藏一話腴》甲集卷下：「岳鄂王飛謝收復河南赦及罷兵表，略曰：『夷狄不情，犬羊無信，莫守金石之約，難充谿壑之求。暫圖安而解倒垂，猶云可也；欲長慮而尊中國，豈其然乎！』又曰：『身居將閫，功無補於涓埃；口誦詔書，面有慚於軍旅。』又曰：『尚作聰明而過慮，徒懷猶豫以致疑：與無事而請和者謀，恐卑辭而厚幣者進。願定規於一勝，期收地於兩河。唾手幽燕，終欲復讎而報國；誓心天地，當令稽首以稱藩！』未幾，虜渝盟，河南復陷。

後六十年，得虜之《南遷録》，見當時諸酋議論，鋭意爲取江南之計，歸三京，以誘吾歸兵於平地。吾保河南，則江防必虚；若吾不守河南，則是彼嘗見歸，吾自委棄。在遺民當自歸曲於吾矣。虜謀若此，岳武穆之料敵，信不妄云。」

《金佗續編》卷二八《孫逌編鄂王事》：「紹興講和，湖、廣、京西宣撫使岳王謝表有云：『身居將閫，蹟無補於纖埃；口誦詔書，面有慚於軍旅。』檜怒，便有陷王之意。」

又同書卷二八《鄂武穆王岳公真讚》：「當諸將皆賀和，而公表獨曰：『求暫安而解倒垂，猶之可也；欲長慮而尊中國，豈其然乎！』又曰：『身居將閫，蹟無補於涓埃；口誦詔音，面有慙於軍旅。』此公誓不與虜俱存之名言也。」

《宋史》卷四七三《秦檜傳》：「徐俯守上饒，連南夫帥廣東，岳飛宣撫淮西，皆因賀表寓諷。俯曰：『禍福倚伏，情僞多端。』南夫曰：『不信亦信，其然豈然。雖虞舜之十二州，皆歸王化；然商於之六百里，當念爾欺。』飛曰：『救暫急而解倒懸，猶之可也；欲長慮而尊中國，豈其然乎！』」

徐俯官守和岳飛「宣撫淮西」，係誤。

十一日，〔一〕授開府儀同三司，加食邑五百户、食實封三百户。時三大帥皆以和議成，進秩一等。先臣獨力辭，且於貼黄陳情曰：「臣待罪二府，理有當言，不敢緘默。夫虜情姦詐，臣於面對，已嘗奏陳。竊惟今日之事，可危而不可安，可憂而不可賀。可以訓兵飭士，謹備不虞；不可以行賞論功，取笑夷狄。事關國政，不容不陳，初非立異於衆人，實欲盡忠於王室。欲望速行追寢，示四夷以不可測之意。萬一臣冒昧而受，將來虜寇叛盟，似傷朝廷之體。」〔二〕上三詔猶不受，復温言奬激，至以「郤縠守學」、「祭遵〔三〕克己」爲稱，不得已，乃拜。〔四〕

〔一〕十一日　「日」，原作「月」，據《金佗續編》卷一九改。

〔二〕可參《金佗稡編》卷一四《辭開府劄子》第九九五頁，文字稍異。

〔三〕祭遵　原作「祭公」，據《金佗續編》卷四《第四辭免同前不允詔》改。

〔四〕《三朝北盟會編》卷一九二：「（紹興九年正月）韓世忠加少師、揚武翊運功臣；劉光世加和衆輔國功臣，進封雍國公，爲陝西五路宣撫使；張俊加少傅、安民靖難功臣；吴玠加開府儀同三司、四川宣撫使；岳飛加開府儀同三司；楊沂中加太尉、保成軍節度使。劉光世懇辭陝西宣撫使，許之。」

《建炎以來繫年要録》卷一二五：「（紹興九年正月）壬辰，太尉、武勝、定國軍節度使、湖北、京西宣撫使岳飛，保平、静難軍節度使、川、陝宣撫副使吴玠並開府儀同三司。殿前都虞候、保成軍節度（使）、主管殿前司公事楊沂中爲太尉、殿前副都指揮使、主管都指揮使公事。飛以議和非計，累表辭所進官，不從。」

又同書卷一二六：「（紹興九年二月）己巳，詔韓世忠、張俊、岳飛所部統制、統領、將官八百十三員，各進秩一等，（淮東：統制十一，統領十三，正、副、準備將一百八十九。淮西：統制十，統領十四，正、副、準備將二百九十七。京、湖：統制二十二，統領五，正、副、準備將二百五十二。）用講和赦書推恩也。其四川宣撫司將佐令本司具名，給降付身。」

《宋史》卷二九《高宗紀》：「（紹興九年正月）壬辰，加岳飛、吴玠並開府儀同三司，楊沂中太尉。」岳飛辭免劄子，可見《金佗續編》卷四第一二九七頁。

詔，可見《金佗稡編》卷一四第九九五頁，原有四份，今存其二。宋高宗四份不允詔，可見《金佗續編》卷四第一二九七頁。

《三朝北盟會編》卷一九一：「（紹興九年正月五日丙戌）韓肖胄同簽書樞密院事，爲大金國信報謝使，錢愐副之。金國遣張通古、蕭哲來議和，許還三京地，故遣韓肖胄、錢愐爲報謝使、副，與之偕行。韓世忠聞和議已成，不喜，伏兵洪澤，令詐爲紅巾，欲候通古等回至楚州，使劫而殺之，壞其和議。南、北使已行過揚州，世忠軍有將官郝卞者，詣轉運使胡昉，密告其事。昉大驚，白於肖胄，肖胄遂具奏，乞改途，自真、和、廬州取道淮西而去。昉字元顯，建炎三年知〔江〕陰軍，世忠駐軍江陰，昉厚奉之，後辟昉淮東宣撫處置使司參議。紹興五年，除知楚州、兼主管沿淮安撫司公事。八年，除直秘閣、淮東轉運副使，皆世忠成就之力。使人改途事，世忠深怒昉背已，知郝卞漏其謀，追卞，欲殺之。卞棄家，奔鄂州，投故人李啟，啟納而藏之。啟者，岳飛軍中回易官，有心計，能斡旋財賦，惟著布衣、草鞋，雨中自執蓋步行，佐飛軍用甚多。」

《建炎以來繫年要録》卷一二五：「（紹興九年正月）己丑，詔以黄金一千兩，附北使張通古，進納兩宫。時通古與報謝使韓肖胄先行，而京東、淮東宣撫處置使韓世忠伏兵洪澤鎮，詐令爲紅巾，俟通古過則劫之，以壞和議。肖胄至揚州，世忠將郝抃密以告直秘閣、淮東轉運副使胡紡。紡白之肖胄，故通古自真、和由淮西以去。世忠怒，追抃，欲殺之。抃棄家，依岳飛軍中。世忠奏知鄂州范漴縱之，漴坐奪官，編管汀州，仍命鄂州拘漴，俟獲抃訖，赴貶所。（《日曆》無此，今以紹興十一年五月二十九日世忠乞放范漴狀修入。）」

《三朝北盟會編》卷一九三：「（紹興九年二月）吉州布衣周南仲上書，書曰：『……兵之有將，猶臂之使指；將之有帥，猶身之使臂。故能百將一心，三軍同力，父詔其子，兄詔其弟。今之諸軍將帥，相視若冰炭，相疾如仇讎。假使一軍深入，其誰爲應？一軍陷陣，其誰爲援？劉光世竊琳館之清名，張俊負跋扈之大惡，岳飛、吴玠、韓世忠之流，裹糧坐甲，首鼠兩端。所以然者，無主帥故也。陛下曩年躬擐甲胄，親冒烟塵，詔書具在，誰不聞知。未收尺寸之功，退守浙西；

徒以巡幸之言，近慕光武。蓋光武起於河内，征王郎，征赤眉，征五校，征隗囂，身自將兵，戮力數十戰，肯爲空言欺天下後世哉！臣不敢遠引異世爲證，陛下知有祖宗故事否乎？太祖嘗謂宰相曰：朕指使將帥，如偏裨列校。蓋抑其權勢，不使過制〔爾〕。今日諸將尾大不掉，陛下已失於初矣，尚此不決，何耶？澶淵之役，章聖一舉，而契丹請命，成憲具在，陛下何憚而不爲也！陛下既不鑑太祖馭將之方，又不爲章聖親征之行，豈中興明主所爲哉！欲馭諸軍，不可不將將，此臣所以又爲陛下謀也。……』」《要録》卷一二六亦載周南仲上書之「大旨」，上書指責南宋各支大軍戰不相援，敗不相救，確爲一針見血。

《金佗稡編》卷一五《乞解軍務劄子》：「武勝、定國軍節度使、開府儀同三司、湖北、京西路宣撫使、兼營田大使臣岳飛劄子奏：『……然臣叨冒已踰十載，而所施設，未效寸長，不惟曠職之可羞，況乃微軀之負病。……比者修盟漠北，割地河南，既不復於用兵，且無嫌於避事。伏望陛下俯昭誠悃，曲賜矜從，令臣解罷兵務，退處林泉，以歌詠陛下聖德，爲太平之散民，……』」又同書卷一五《乞解軍務第二劄子》：「今講好已定，兩宫天眷不日可還，偃武休兵，可期歲月，臣之所請，無避事之謗。」據宋、金和議，金朝將歸還包括宋欽宗在内的「兩宫天眷」，可見本卷第四九八頁「迎還二聖」的説明。

先臣益率士卒，訓兵嚴備，以虞旦夕之警，分遣質信材辯者，往伺虜情。上方遣齊安郡王士㒟等謁諸陵，先臣自請以輕騎從士㒟洒掃，其實欲觀敵人之釁，以誅其謀，且上奏言：「虜人以和款我者十餘年矣，不悟其姦，受禍至此。今復無事請和，此殆必有肘腋之虞，未能攻犯邊境。又劉豫初廢，藩籬空虚，故詭爲此耳。名以地歸我，然實寄之也。」〔一〕秦檜知其旨，即奏新復故地之初，正賴大將撫存軍旅，賜詔褒諭而止之。〔二〕又敕先臣軍：凡新界軍、民，毋得接納，其自北而來者，皆送還之。所遣渡河之士，悉令收隸，毋得往來。〔三〕

〔一〕可參《金佗稡編》卷一二《論虜情奏略》第九五三頁，文字稍異。

〔二〕《建炎以來繫年要録》卷一二六：「（紹興九年二月己巳）是日，光山軍節度使、開府儀同三司、判大宗正事士㒟，兵部侍郎張燾辭，往西京朝謁陵寢。上命士㒟修奉諸陵，令京西、湖北宣撫使岳飛濟其工費。士㒟遂自武昌、信陽由蔡、潁以往。」《金佗續編》卷九《同判宗士㒟等前去祗謁陵寢省劄》：「岳飛奏：『臣伏覩正月十二日降到赦書，交割河南州縣，内西京河南府係臣所管地分。自劉豫盜據以來，祖宗陵寢久廢嚴奉，臣不勝臣子區區之情，欲乞量帶官兵，躬詣洒掃。伏候敕旨。』右勘會已降指揮，差同判大宗正事士㒟、兵部侍郎張燾前去祗謁陵寢。三省、樞密院同奉聖旨，劄與岳飛照會，候逐官起發，申取朝廷指揮，量帶親兵，同共前去祗謁。……紹興九年二月三日。」岳飛此奏即《金佗稡編》卷一二《乞祇謁陵寢奏》。趙士㒟的差遣，《要録》和《宋史》卷二四七《趙士㒟傳》作「判大宗正事」，省劄作「同判大宗正事」，應以省劄爲準。宋朝官銜加一「同」字，或爲副職，或爲地位較低之正職。

又同書卷九《合用修工費用令王良存於大軍錢内支省劄》：「勘會祇謁陵寢官、同判大宗正事士㒟已得聖旨，修奉諸陵，合專委官應副。二月二十一日，三省同奉聖旨，劄與岳飛照會，與士㒟商議，應副人工修奉，其費用令王良存於大軍錢内支。……紹興九年二月二十三日。」

又同書卷九《免親往祇謁陵寢省劄》：「樞密院奏：『勘會已降指揮，令岳飛量帶親兵，同士㒟、張燾前去祇謁陵寢。緣今來新復故地之初，正要大將撫存軍旅。』右三省、樞密院同奉聖旨，令岳飛更不須親往。止選差將官壹、兩員，部押壕寨人匠、軍馬，共壹阡人，隨逐士㒟、張燾前去祇謁陵寢。其一行合用錢糧，令王良存隨逐應辦。……紹興九年四月十一日。」宋廷接岳飛的《論虜情奏》（《行實編年》和《金佗稡編》卷一二僅存此奏概略），即發省劄，制止其親往洛陽。

又同書卷九《照會免去祇謁陵寢省劄》：「岳飛劄子奏：『今日祇謁陵寢使、同判大宗正事士㒟、兵部侍郎張燾到鄂州。臣見辦集行役，只俟得士㒟、張燾關報行期，便同起發。或恐陛下别有使令，願賜一一訓敕。謹具奏知。』

檢會紹興九年四月十一日敕：『樞密院劄子：樞密院奏：勘會已降指揮，令岳飛量帶親兵，同士儴、張燾前去祗謁陵寢。緣今來新復故地之初，正要大將撫存軍旅。奉聖旨，令岳飛更不須親往。止選差將官壹、兩員，部押壕寨人匠、軍馬，共壹阡人，隨逐士儴、張燾前去祗謁陵寢。……』紹興九年四月十四日。」岳飛此奏即《金佗稡編》卷一二《奏審謁陵寢行期劄子》，上奏時，尚不知宋廷已發省劄，制止其親往洛陽。宋廷接此奏，忙於四月十五日又發《同前第二劄》：「切慮在路遺滯，今再劄送湖北、京西路宣撫使岳開府，遵依已降指揮施行。」

又同書卷四《乞同齊安郡王士儴等祗謁陵寢因以往觀敵釁詔以將閫不可久虚不須親往詔》（四月十四日）：「朕以伊、瀍頃隔於照臨，陵寢久稽於汛掃，逮兹恢復之日，亟修謁款之儀。卿慨然陳情，請爲朕往，雖王事固先於盡瘁，然將閫不可以久虚。殆難輟於撫綏，徒有懷於忠藎，寤寐于是，嘉歎不忘。已降指揮，止差將官一、兩員，部押壕寨人匠、軍馬，共一千人，隨士儴、張燾前去，卿不須親往。故兹詔示，想宜知悉。」

《寶真齋法書贊》卷三《高宗皇帝御筆臨王操之舊京帖》：「贊曰：『建炎之初，國步方傾，維先臣飛，實從間勍，勍之使，蓋以保護陵寢名。後紹興中，北人來盟，首命先臣，祗謁八陵。權臣沮之，託于撫循，抗疏再請，卒尼于行。』」岳珂此説爲宋高宗避諱，將罪責諉諸「權臣」秦檜一人。

《宋史》卷三八二《張燾傳》：「和議成，范如圭請遣使朝八陵，遂命判大宗正士儴與燾偕行，且命修奉，令荆湖帥臣岳飛濟其役。燾與士儴道武昌，出蔡、潁，河南百姓懽迎夾道，以喜以泣曰：『久隔王化，不圖今日復爲宋民。』九年五月，至永安諸陵，朝謁如禮。」

使蜀道間筆録也。

《山房集》卷五《跋鞏洛行記後》：「右《鞏洛行記》一卷，妻外氏洪公吉壽紹興九年辟祗謁陵寢，始，余竊從好事，訪以南渡舊聞，則先老已無存者。慶元丁巳，前籍田令岳侯震艤舟秋浦亭下，往納謁焉。因語岳事本末，籍田愧謝，方患難時，齒幼不盡知。又問紹興十一年齊安士儇坐交書藩鎮，罷大宗司，斥居外，復傾身請以百口辨詔獄之寃誣，是何相知之深，相與盡力之如是耶？籍田泣謂余：『先公孤，起軍旅，豈識宗室近屬。曩者齊安偕張公燾銜命謁省橋陵，道過武昌時，始識〔先〕公。先公素意卿士大夫，一見即握手引坐深語。既諜知敵情動息，實無意斂兵，因力言敵無信，且二公此行關國體，盍少緩，未害也。齊安年少，固激昂喜事，方日夜企而望歸，謂〔先〕公不主和，實曼辭邀留，不爲之動。且誼不當以王事憚行，遂馳去。既去〔不〕數舍，塵氛倏起，囂呼動地，導從股栗，復馳而南。無幾何，則兵巘已壓其前，先公在行，且怒且喜，迎呼二公，固謂君毋遽，今董御帶、牛觀察已前交鋒矣。頃之，兩將捷書尾而至。其後，齊安坐論救〔先〕公謫，慨然有烈士風，實激於所嘗目覩，誼知〔先〕公，非但德〔先〕公深也。』余奇偉籍田所聞，謂世必有私識於簡策者，每以未及盡見野記、小史爲恨。丁卯，再適越，知妻外氏實壻齊安，且用齊安表上其才，得仕，又嘗身預使從，亟求得此卷考之。按趙、張以是年二月二十四日出國北門王事，沿道有程，獨至鄂罷，就舍二十許日。洎再得金字信督趣，始治行，皆無所謂倉卒道遇兵事。但既行，命張憲以兵護之而往而已。是書距今七十有三年，當時豈有所諱隱闕略而不著耶？抑非其使行時事，而傳之誤耶？然在武昌，所抄多竄定不盡存。其赴岳軍燕設，與岳帥致饋問，亦多塗抹，偶其字畫濃淡，尚餘髣髴。使實遇兵，又蒙岳力，其不敢形筆墨以賈禍，决矣。要之，無故不應淹泊武昌如此其久。非嘗有意外，又不應嚴兵輟愛將爲衛，其不止於道梗，備它盜明甚。則籍田之言爲不謬，决矣。惜乎！劫於告密羅織之威，雖奧渫寒士篋牘私小文字，家人所不可得而見者，亦畏避刪除，而不敢盡存。故雖七十三年敗笈之所藏復出，而曾不足以考證之也。」按趙士㒟時年五十六歲，不可謂之「年少」。

又同書卷八《雜記》：「紹興和議初，金人以河南地歸於我。士㒟銜命，道荆、襄、宛、洛，祗謁鞏原。過南鄧，大將岳飛曰：『敵無信，君道路宜緩。』士㒟以上命有程，辭去。不數舍，塵起，聲甚囂，導從相顧失色，南向而奔。力未盡，鼓聲相聞，皆謂弗脱矣。忽報有王師至，望之，岳幟也。馳就之，飛在焉，恚曰：『固謂君毋行，今董御帶、牛觀察已前交鋒矣。兵勝敗無常，君王人，且近屬，吾以兵自裹送君爾。』行數里，少憩，兩將以捷書至，蓋士㒟未至前一日出師也。」

《齊東野語》卷一三《岳武穆逸事》：「紹興和議初成，金人以河南歸我。判宗正事士㒟銜命，道荆、襄、宛、洛，祗謁鞏襄原。道過南鄧，岳飛止之曰：『金虜無信，君宜少駐。』㒟以上命有程，辭去。不數舍，煙塵四起，軍聲囂然，於是失色南奔。忽遇大軍，望之，岳幟也。遂馳就之，飛笑曰：『固謂君勿行，正恐此耳。然已遣董御帶、牛觀察在前與之交鋒矣。兵勝敗無常，君王人，且近屬，吾當以自己兵衛送君。』行數里，兩將捷書至，蓋㒟未行前一日出師也。」《山房集》與

《齊東野語》所載岳飛救趙士㒟事，來源於岳家子孫之説，而《行實編年》不載。《金史》卷八二《僕散渾坦傳》：「天眷二年，與宋岳飛相拒。渾坦領六十騎，深入覘伺，至鄢陵，敗宋護糧餉軍七百餘人，多所俘獲。」天眷二年即紹興九年，此條記載反映金朝割讓河南地區後，仍出兵襲擾，故岳飛救趙士㒟之説，非絶無可能。

〔三〕《建炎以來繫年要録》卷一二九：「（紹興九年六月辛亥）湖北、京西宣撫使岳飛言：『已復河南故地，其兩路並是腹心州縣，所有知、通已下官屬，今後欲望朝廷差注。』奏可，仍賜詔奬諭。」《宋會要輯稿》選舉三一之六：「（紹興九年）六月四日，太尉、武勝、定國軍節度使、湖北、京西〔宣〕撫使岳飛言：『湖北、京西路先爲累經殘破，其州縣官無人願就，蒙朝廷許臣辟差。今已復河南，其兩路並係内地，自〔後〕差官，欲乞朝廷差注。』從之。」《金佗稡編》卷一二《乞免便宜辟置劄子》：「臣契勘湖北、京西路頃以累經□□，殘破甚至。一時州縣之官，往往無人願□□，蒙朝廷指揮，許臣自知、通并州縣□□□辟差。今來已復河南故地，其兩路并是腹心州縣，前弊已除，而名器予奪之權，非□□所當久假。所有今後差官，欲乞逕自朝廷差注施行。」《金佗續編》卷四《先以湖北京西路累經殘破州縣官無人願就許令自知通以下辟差今來已復河南故地其兩路並是腹心所有州縣差官乞自朝廷差注得旨依奏仍賜奬諭詔》：「昨者干戈未戢，道路不通，襄漢之間，凋弊尤甚。故州縣之吏，上自守宰，下至寮屬，權時之宜，委卿辟置。今既臻綏靖，遠邇如一，銓擇之柄，當在朝廷。卿所抗章，殊合事體，自非思慮之審，謙恭之至，何以及此。古人不遠，嘉歎亘忘，所請宜允。故茲獎諭，想宜知悉。」

《金佗稡編》卷九《遺事》：「迨其稍還舊觀，即上章乞還辟置之權。上降詔，援衛青不與招賢事稱之，且曰：『自非思慮之審，謙謹之至，何以及此。』其遠權勢蓋如是。」紹興八年，岳飛奏差胡邦用任靖州知州，宋高宗已明確表示：「當自朝廷選差，若皆由將帥辟置，非臂指之勢也。」（見本卷第五〇九頁）可見岳飛之「遠權勢」，正反映與宋高宗嫌隙甚深。

《攻媿集》卷九五《簽書樞密院事贈資政殿大學士謚節愍王公神道碑》：「九年春，真除端明殿學士、簽書樞密院事，賜進士出身，充迎護梓宮、奉還兩宮、交割地界使、兼東京留守。公既交河南，寬恤疲民，大發倉庾，以賑窮乏。兀朮留數百人，取僞齊留貲，名落後司。公聞其紛擾，盡逐之，民始安堵。兀朮一親信人見公，若欲有言，公屏人問之，遂言兀朮有害撻辣之意。公厚遣之，即密奏，乞令張俊守東京，韓世忠守南京，岳飛守西京，吴玠守長安，張浚建督府，盡護諸將，以備不虞。上以示大臣，持不行，連促北去。六月渡河，北至會寧府，聞向之主和者盡爲兀朮所屠，事皆變矣。」據《要録》卷一二九和《宋史》卷三七一《王倫傳》，向王倫密告者，爲王倫「故吏」。宋廷於金朝毁約南進之一年前，已悉敵情，却不願作任何軍事部署。

《金佗續編》卷九《令赴行在奏事省劄》：「岳飛劄子奏：『臣欲乞赴行在奏事，伏望聖慈特降指揮。取進止。』」

右三省、樞密院同奉聖旨依奏。今劄送湖北、京西路宣撫使岳開府疾速施行。

紹興九年八月二十三日。」

《三朝北盟會編》卷一九七：「（紹興九年九月）岳飛來朝。」按當時的郵遞速度估計，岳飛接到省劄，自鄂州啟程，應是九月的事。

又同書卷二〇〇：「李寶，興仁府乘氏人也，少無賴，尚氣節，鄉人號爲潑李三。京東陷僞地，金人爲濮州知州，寶聚衆三十餘人，謀殺知州歸南，不捷，脱身走。至濠州，知州寇宏接引，差人伴送往行在。朝廷以方議和，不用寶，欲送於韓世忠軍中，寶不願。會岳飛來朝，寶以鄉曲之故，往見飛，願歸。飛遂令寶同歸鄂州，以爲馬軍，猶未見賞。寶怏怏，時思鄉中忠義之人，遂有歸北心。乃結連四十餘人，各持一大杴，約日就江下奪船，以杴爲櫂，濟渡。前期敗露，捉獲盡，立堦下。唯寶言：『乃寶之罪，衆皆不預。』飛奇之。送入獄，拘繫三十九日，有北報金人將擾邊，出寶於獄，問北方事。寶言：『願歸京東，會合忠義人立功。』飛差承局李成贈銀一錠，令越僞界。得忠義人，發遣八百餘人赴飛軍。飛壯其志，遂給付武翼大夫、閤門宣贊舍人、充河北路統領忠義軍馬，依舊黄河駐劄，並付空頭文牒，令以次補官，時紹興九年也。」

《建炎以來繫年要録》卷一三二：「（紹興九年十月）是月，湖北、京西宣撫使岳飛來朝。初，乘氏人李寶少無賴，尚節氣，鄉人號爲潑李三。山東陷，寶聚衆數百人，謀殺濮州守，不克，脱身南歸。朝廷以方議和，不之用。會飛入朝，寶以鄉曲之故，願歸軍中。飛以爲馬軍，未之奇也。

寶怏怏，乃與其徒四十餘人，約日渡江北歸。事露，飛盡斬之，寶抗言：『欲歸者寶也，衆皆不預。』飛奇之。繫於獄凡三十九日，會得邊報，飛釋寶，問以北事。寶願歸山東，會合忠義人立功，飛許之。寶還僞地，募得八百人，赴飛軍。飛乃假寶閤門宣贊舍人、統領忠義軍馬，屯襲城。」

《宋史》卷二九《高宗紀》：「（紹興九年十月）是月，岳飛入見。」

《金佗稡編》卷一五《辭男雲特轉恩命劄子》：「臣今月十五日准尚書省劄子，十四日三省同奉聖旨，岳雲可落閤職，與轉武顯大夫、遥郡刺史。」

又同書卷一五《辭男雲特轉恩命第三劄子》：「臣以辭免開府恩命，重蒙玉音戒諭丁寧，又不敢固違天意，跼蹐拜命，已切悚惶。」以上爲朝見時事。

《金史》卷八四《昂傳》：「天眷元年，授鎮國上將軍，除東平尹。明年夏，宋將岳飛以兵十萬，號稱百萬，來攻東平。東平有兵五千，倉卒出禦之。時桑柘方茂，昂使多張旗幟於林間，以爲疑兵，自以精兵陣于前。飛不敢動，相持數日而退。昂勒兵襲之，至清口，飛衆泛舟逆水而去。時霖雨晝夜不止，昂乃附水屯營。夜將半，忽促衆北行，諸將諫曰：『軍士遠涉泥淖，饑憊未食，恐難遽行。』昂怒，不應，鳴鼓督之，下令曰：『鼓聲絶而敢後者斬！』遂棄營去，幾二十里而止。是夜，宋人來劫營，無所得而去。諸將入賀，且問其故，昂曰：『沿流而下者，走也。泝流而上者，誘我必追也。今大雨泥淖，彼舟行安，我陸行勞。士卒饑乏，弓矢敗弱，我軍居其下流，勢不便利，其襲我必矣。』衆皆稱善。岳飛以兵十萬圍邳州甚急，城中兵才千餘，守將懼，遣人求救。昂曰：『爲我語守將，我嘗至下邳，城中西南隅有塹深丈餘，可速實之。』守將如其教，填之。岳飛果自此穴地以入，知有備，遂止。昂舉兵以爲聲援，飛乃退。」岳飛未率主力攻京東路，此地乃是韓世忠軍戰區。天眷二年，即紹興九年時，宋金並無戰事。《金史·昂傳》所述，當爲京東一兩支用岳家軍旗號之人民抗金武裝，且人數不多。十萬大軍，「泛舟逆水而去」，須得千艘以上船隻，不會如此靈便。

《建炎以來繫年要録》卷一三三：「（紹興九年冬）太行義士又攻懷州萬善鎮，破之。」《金佗稡編》卷八：「遣高岫、魏浩等破懷州萬善鎮。」又同書卷二高宗宸翰四十八：「朕委任卿嚴飭邊備。唯是過界招納，得少失多，已累行約束，丁寧詳盡。今後雖有三省、密院文字，亦須繳奏，不得遣發。」

《建炎以來繫年要録》卷一三二：「（紹興九年九月）己亥，太尉、東京同留守郭仲荀言：『所帶在京人馬，已至鎮江。』先是，上召仲荀赴行在，仲荀因與劉豫之衆五千七百餘人南歸。上謂秦檜曰：『仲荀，善人也，但馭衆非所長，姑令駐彼，别選人代之。』檜曰：『孰可當者？』上曰：『極難其人，欲於二、三大將統制官中選之。』檜等言董先、牛臯才具，上曰：『二人誠驍勇，然先好貨，臯嗜酒，未可馭衆。』」

《中興小紀》卷二七：「（紹興九年十月）戊午，宰執奏統制官雷仲管鎮江府軍馬。上曰：『岳飛軍中偏裨，如董先、牛臯頗驍勇可用，但先好貨，臯嗜酒，皆有所短，未可統衆。』秦檜等退而竊歎上知人善任使，雖軍中偏裨，性行才否，無不洞察。」

《建炎以來繫年要録》卷一三三：「（紹興九年十一月己卯）上又言：『前日議移岳飛屯於襄陽，深慮饋運費力。不若先移萬人於江西，既省饋運，亦可以彈壓盜賊。』」

又同書卷一三九：「（紹興十一年三月）丁卯，右宣教郎宋汝爲添差通判處州。先是，汝爲自北境間行，投岳飛軍中，飛遣赴行在。汝爲具言金人情僞，且曰：『今和好雖定，計必背盟，不可遽弛武備。』秦檜聞之，不樂。」宋汝爲投奔岳飛，言金朝情僞，應爲紹興九年事，今附於此。《宋史》卷三九九《宋汝爲傳》説「紹興十三年，汝爲亡歸，作《恢復方略》，獻于朝」云云，「紹興十三年」時間亦誤。

又同書卷一三三：「（紹興九年十一月）乙巳，右朝散大夫曾慥行尚書户部員外郎、總領應辦湖北、京西路宣撫使司大軍錢糧。時户部員外郎邵相在鄂州，以乏軍儲，爲宣撫使岳飛所劾，言者亦論相到官以來，追催積欠，侵奪榷酤，故以慥代之。中書舍人又劾相坐視諸路違欠數多，並不按劾。後二日，奪相直祕閣，令吏部與遠小監當。（言者論相罷總領，在此月乙酉日，今聯書之。相爲岳飛劾奏，據洪邁《夷堅志》所言，今以臣僚所劾行下者，蓋不欲令出於將帥之意云耳。）」

《宋會要輯稿》職官七〇之二二:「(紹興九年)十一月八日,户部郎官、湖北總領邵相罷總領職事,未幾落職,令吏部與遠小處監當。先是,臣僚論相到官已來,追催積欠,侵奪榷酤。至是三省又言:『相職在總領,應副大軍錢糧,坐視違戾,並不按劾。』故再責之。」

鄂國金佗稡編卷第八

經進鄂王行實編年卷之五

紹興十年，庚申歲，年三十八。

金人叛盟。援劉錡。議建儲。加少保、河南府、陝西、河東、河北路招討使。改河南、北諸路招討使。分遣諸將。復西京、曹、陳、鄭、趙州、潁昌府、永安、南城軍等。復垣曲、沁水、翼城縣等。戰曹州宛亭縣、渤海廟、中牟縣、京西、黄河上、西京河南府、臨潁縣、劭原、曲陽、永安軍等。殺鶻旋郎君、王太保、阿波那千户、李孛堇、萬户、千户等，擒劉來孫等。駐郾城，大破兀术，敗拐子馬。戰五里店，〔一〕斬阿李朵孛堇。賜金合茶、藥。賜金千兩、銀五萬兩、錢十萬緡。賜錢二十萬緡。戰小商橋，斬撒八孛堇及千户等。大戰潁昌府城西，斬夏金吾及千户等，擒王松壽、張來孫、千户阿黎不、田瓘等。賜錢二十萬緡。駐朱仙鎮，以背嵬破兀术。兀术奔京師。輯諸陵。兀术棄京師。班師。乞致仕。入覲。

〔一〕戰五里店　原脱「戰」字，嘉靖本同，據《紀事實録》補。

夏，金人果叛盟，犯拱、亳〔二〕諸州。〔三〕上大感先臣言，以爲忠。五月下詔，命先臣竭忠力，圖大計，須奇功不次之賞，崇戰士捐軀之典，開諭兩河忠義之人，結約招納。〔三〕賜御札曰：「金人過河，侵犯東京，復來占據已割舊疆。卿素藴忠義，想深憤激。凡對境事宜，可以乘機取勝，結約招納等事，可悉從便措置。若事體稍重，合稟議者，即具奏來。」〔四〕

〔二〕拱州和亳州並非金軍此次南進之極限，又金軍所佔之州府甚多，「拱、亳」疑爲河南。

〔三〕《中興小紀》卷二八：「（紹興十年五月）時吏部差鄂州巡檢，而湖北宣撫司不許其上。御史中丞王次翁奏劾之。壬辰，上曰：『天下之事，當謹其小，小之不圖，積習寖久，將有大於此者。次翁所論，深明國體。』乃令詰問宣撫司。」

《金佗稡編》卷二高宗宸翰五十：「昨因虜使至，慮傳播不審，妄謂朝廷專意議和，是用累降旨，嚴飭邊備。近據諸路探報，虜人舉措，似欲侵犯。卿智謀精審，不在多訓，更須曲盡關防，爲不可勝之計，斯乃萬全。」金朝毁約南下前夕，宋高宗僅令岳飛「曲盡關防」，而不願急速調遣重兵，守護河南，故金軍輕而易舉佔據此基本上不設防之地。

《建炎以來繫年要録》卷一三五注：「張戒《默記》：『敵犯東京，在五月十三日。』《日曆》劉錡奏狀及《順昌破敵録》並在五月十二日，趙甡之《遺史》在十一日，諸書不同。按費士戣《蜀口用兵録》有岳飛牒胡世將公文云：『蔡州傳到汴京留守司文字，備舉都元帥府劄子：行府奉皇帝命，興師問罪，盡復疆土。今月十三日到汴京，撫諭了當。』十三日，丙戌也。」

《三朝北盟會編》卷二〇〇：「（紹興十年）三月，韓世忠、張俊、岳飛來朝。」金朝毀約前兩月之召見，無任何旁證，姑附於此。

〔三〕《三朝北盟會編》卷二〇〇：「（紹興十年五月）二十五日戊戌，詔諭諸路大將，各竭忠力，以圖大計。詔曰：『昨者金〔國〕許歸河南諸路，及還梓宮、母、兄。朕念爲人子弟，當伸孝悌之誠；爲民父母，當興拯救之恩。是以不憚屈己，連遣信使，奉表稱臣，禮意備厚。雖未盡復故疆，已許歲輸銀、絹至五十萬。所遣信使，有被拘留，有遭拒却，皆忍恥不問，相繼再遣。不謂設爲詭計，方接使人，便復興兵。今河南百姓休息未久，又遭侵擾，朕晝然痛傷，何以爲懷。仰諸路大帥各竭忠力，以圖國家大計，以慰遐邇不忘本朝之心，以副朕委任之意。』金人敗盟，報到行在，乃降是詔。

賞格曰：『兩國罷兵，南北生靈方得休息。兀术不道，戕殺其叔，舉兵無名，首爲亂階。將帥、軍、民有能擒殺兀术者，見任節度使以上，授以樞柄，未至節度使以上，授以〔節度〕使，官高者除使相，見統兵者仍除宣撫使，餘人仍賜銀、絹五萬匹、兩，田一千頃，第宅一區」這段記載以

《金佗續編》卷四《金人叛盟兀朮再犯河南令諸路進討詔》，卷一二《報諭北官軍如能擒殺兀朮者除節度使省劄》和《要録》卷一三五參校。《金佗續編》作「田一百頃」，無「奉表稱臣」四字。《建炎以來繫年要録》卷一三五注：「此詔旨，《日曆》全不載，蜀中刊行《絲綸集》中有之，今掇入，以補史闕：『三省、樞密院同奉聖旨，金人侵犯中原，兵革不息，已逾一紀。天下忠臣義士，雖在淪陷之中，乃心不忘國家。今兀朮無名再起兵端，南北雲擾，未知休息之日。凡爾懷忠抱義，鄉里豪傑之士，有能殺戮首惡，或生擒來獻者，並與除節度使，仍加不次任使。其餘能取一路者，即付以一路，取一州者，即付以一州，便令久任。應府庫所有金帛，並留賞給兵士。其餘忠力自奮，隨功大小，高爵重禄，朕無所隱。』」

〔四〕見《金佗稡編》卷二高宗宸翰五十一第三一頁。此手詔又見《琬琰集删存》卷一《韓忠武王世忠中興佐命定國元勳之碑》，也發付韓世忠，文字稍略，可能是碑文作者趙雄所删。《石林奏議》卷一〇《奏金賊敗盟乞下三大將措置捍禦劄子》：「今大兵所恃，惟韓世忠、張俊、岳飛三將，臣欲乞朝廷先定大計，更命三將各具所見。如何則守，如何則戰，守以何道，戰以何術，孰當鋒居前，孰勒兵殿後，如何以爲聲援，如何以爲策應，一一條上，取所可行者，就以付之。各盡其謀，更相究知，以責功效。仍下詔慰勉，俾務輯睦，苟無同異，躬率部曲，一以社稷爲心。」葉夢得此奏又載《歷代名臣奏議》卷三三四，今附此。

時先臣亦以得警報，奏乞詣行在所〔一〕陳機密。〔二〕會劉錡據順昌抗虜，告急於朝，上亟命先臣馳援。先臣奉詔，即遣張憲、姚政赴順昌，復奏請覲。〔三〕上遣李若虚至軍，賜札曰：「金人再犯東京，賊方在境，難以召卿還來面議。〔四〕今遣李若虚前去，就卿商量。」又曰：「施設之方，則委任卿，朕不可以遥度也。」〔五〕

〔一〕行在所　原脱「行」字，嘉靖本與《紀事實録》同，據浙本補。

〔二〕《金佗稡編》卷二高宗宸翰五十三：「覽卿來奏，欲赴行在奏事，深所嘉歎，況以戎事之重，極欲與卿相見。但虜酋在近，事機可乘，已委卿發騎兵至陳、許、光、蔡，出奇制變，因以應援劉錡，及遣舟師至江州屯泊。候卿出軍在近，輕騎一來，庶不廢事。卿憂國康時，謀深慮遠，必有投機不可淹緩之策，可親書密封，急置來上，朕所虚佇也。」御札所指之岳飛奏今已佚失。

〔三〕岳飛遣張憲、姚政援順昌，參見《金佗稡編》卷二高宗宸翰五十四至六十第三一頁至三八頁，宸翰五十九發於六月十二日，與劉錡順昌大捷爲同日。

〔四〕召卿還來面議　「還」，《金佗稡編》卷二高宗宸翰五十二作「遠」。

〔五〕《金佗稡編》卷二高宗宸翰五十二：「金人再犯東京，賊方在境，難以召卿遠來面議。今遣李若虚前去，就卿商量。凡今日可以乘機禦敵之事，卿可一一籌畫措置，先入急遞奏來。據事勢，莫須重兵持守，輕兵擇利。其施設之方，則委任卿，朕不可以遥度也。盛夏我兵所宜，至秋則彼必猖獗，機會之間，尤宜審處。」

《三朝北盟會編》卷二〇二：「（紹興十年六月）二十二日乙丑，司農少卿李若虚與岳飛計議軍事。金人敗盟，朝廷遣李若虚往鄂州軍，周聿往建康府軍，周矼往楚州軍，各計議軍事。若虚到鄂州日，飛已進發。是日，若虚追至德安府，見飛，言：『兵不可輕動，宜班師！』飛不從。是時諸軍皆已進發，若虚曰：『面得上旨，不可輕動，既已進發，若見不可進，則當以詔還。矯詔之罪，若虚當任之。』飛許諾，遂進兵。」

《建炎以來繫年要録》卷一三六：「（紹興十年六月乙丑）初，命司農少卿李若虚往湖北、京西宣撫使岳飛軍前計議。至是若虚見飛於德安府，諭以面得上旨：『兵不可輕動，宜且班師！』飛不聽，若虚曰：『事既爾，勢不可還，矯詔之罪，若虚當任之。』飛許諾，遂進兵。」

《宋史》卷二九《高宗紀》：「（紹興十年六月甲子）遣司農少卿李若虚詣岳飛軍，諭指班師，飛不聽。」李若虚於六月下旬，始至德安府會岳飛，則宋高宗發手詔，遣李若虚應爲五月。宋廷發宣戰詔書，出高價懸賞完顔兀术首級，實則仍欲棄河南之地，佔奪數州而後休兵。岳珂修《行實編年》，諱避岳飛違令北伐之事，亦不載宋高宗御札中「重兵持守，輕兵擇利」之基本戰略方針。將史實篡改爲宋高宗贊助岳飛北伐，唯獨秦檜從中破壞。

《金佗稡編》卷二高宗宸翰六十一：「覽卿六月二十二日奏，得順昌府陳規所申，見親提兵前去措置。可見卿忠義許國之誠，嘉歎不已。今虜兵雖退，若不乘時措置，恐他時愈見費力。已令張俊措置亳州，韓世忠措置宿州、淮陽軍，卿可乘機進取陳、蔡，就閏六月終，一切了畢。候措置就緒，卿可輕騎一來相見也。」岳飛六月二十二日奏今已佚失，估計應爲會李若虛之日，上奏申述己見，力主大舉北伐。宋高宗之回覆仍爲佔據亳州、宿州、淮陽軍、陳州（淮寧府）與蔡州後，至「閏六月終，一切了畢」，終止戰事。

《建炎以來繫年要録》卷一四四：「（紹興十二年正月戊申）敷文閣待制、知徽州朱芾，秘閣修撰李若虛並落職，芾仍罷郡。右諫議大夫羅汝檝論二人『頃嘗爲岳飛謀、議官，主帥有異志，而不能諫。至於若虛，則又公肆欺罔，昨飛方用師於京西，若虛遽自軍前還朝，謂敵人不日授首矣，而所憂者他將不相爲援。伏望並賜黜責』。故有是命。」李若虛返回臨安時之説，其實乃轉述岳飛對第四次北伐之形勢估計。

《金佗稡編》卷一九《寄浮圖慧海》：「溢浦廬山幾度秋，長江萬折向東流。男兒立志扶王室，聖主專師滅虜酋。功業要刊燕石上，歸休終伴赤松遊。丁寧寄語東林老，蓮社從今着力修。」此詩應爲北伐前夕，寄廬山東林寺高僧慧海者，反映岳飛對此次出師之必勝信念，並請慧海爲之籌辦功成身退事宜。

《永樂大典》卷八四一四馮時行《馮縉雲先生集·上岳相公書》：「虜人敗盟，五月間渡大河，徑趍長安。六月初，叩鳳翔石壁堡，其意直欲俯拾四川。〔川〕口屯戍，非復前數年之比，自吳侯不幸之後，分屯略盡。今者倉卒調發，使還舊處，暑中遷徙，人豈樂從。又去年移居，猶未定帖，今復摇動，必失軍心。縱其統帥制馭有方，莫敢不來，猶恐中路散亡，比到舊關，十無四、五。昨者朝廷新除諸帥只在關上，不敢赴官，五路之兵已復爲虜人所有，而胡宣撫雖致命許國，然軍旅之事，素非所習。川蜀之在今冬，彼有必取之勢，我有必敗之象。

朝廷自渡江以來，十餘年間，虜人竭力相圖，終不得志者，蓋相公及一、二大將爲長江重鎮，而吴侯一軍作上流屏翰，勢如柱石相扶，首尾相應。設使此虜今冬遂得川蜀，控帶上流，俯視吴、楚，是猶一柱已摧，而餘柱皆側，其首已斷，其尾可知。不謂相公及一、二大將必賴川蜀以爲强雄，論其形勢自然如此，此社稷存亡之大憂也。凡數大軍，獨相公一軍前當其衝，然則今日川蜀之事，即相公之事耳。與其形迫勢蹙，仰而拒之於荆楚之間；孰若長計遠算，舉而擲之於數千里之外。以相公之威望，虜人素所畏服，若能以數萬之衆，徑趍商、虢，使必聞聲股慄，望風破膽，豈徒保衛川蜀，必能據有關陜。蓋虜之敢冒大暑，交鋒刃者，直謂川口無備，意欲直造成都，如入無人之境。今相公大張聲勢，直以鋭師衝其腰脇，虜人倉皇出於意外，氣奪神駭，有必敗之勢。五路之衆及南北山潰散軍伍，方其無所適從，心志未定，以相公素望臨之，壠畝之民皆可爲兵，招納叛亡，百萬之衆長嘯可集，人盡爲用，則其勢百倍。吴侯舊軍分在秦州者，凡萬餘人，全軍不動，今在鳳翔與敵相當。分在熙河者，惟親兵數千，隨主帥來，與鳳翔并力，其次稍稍歸附。及仙人關所存者，共有帶甲三萬以上。相公若出軍商、虢，與之合并，則氣勢復全，猶病而復壯，老而復少，背劍門，倚商嶺，西嚮争敵，有萬全之理。

此虜窮凶極毒，反復變詐，不爲人鬼所容。方今朝廷有勁旅三十萬，謀臣猛將撫髀扼腕，争欲斃敵。虜方極其姦凶，必欲覆我宗社，殄我邦家，朝廷之勢不得與之俱存，出不得已，當一大舉而決之，是未必不爲此虜滅亡之日，朝廷興復之辰也。自今至冬，尚餘數月，相公慷慨上章，攘袂奮發，率先諸軍，首啟戎行，功業成於一時，名聲昭於無窮。其與日復一日，奄奄待盡者，豈可同年而語哉！

虜之本志力圖川蜀，必遣餘兵羈制江、淮，若朝廷緣此不肯分力以助川、陝，止屬書生用其見衆，以當大敵，則四川决非我有。四川一失，東南利害愈重，不待言而可知。昔王濬之破吴，楊素之破陳，李靖之破蕭銑，正用此勢，前事之明驗也。若謂東南大駕所在，如相公全軍不可暫輟，亦願具此利害，聞之朝廷，遣知兵大臣、陝西素所畏服者，於數大軍中各分萬兵，輕裝疾馳，與川關見衆并力。庶幾依山阻險，足以翰蔽上流之地，少寬東南追蹙之憂。蓋思其上者不得，又思其次也。

伏惟相公忠勇壯烈，柱石本朝，德望威名，夷夏充滿。古語有之，行百里者半九十里，蓋言始之爲易，中之爲難。今日正當社稷安危存亡之機，成則家國俱榮，敗則前功俱廢，豈宜循常守舊，不一振發，以身任天下哉！某卑賤暗劣，無用於世，但有區區憤激之心，日夜之所冀望以尊主庇民者，如相公之賢，獨一、二數耳。故敢陳其狂愚，冒瀆嚴重，諒蒙推古人採擇芻蕘之心，少加裁納，天下幸甚。」

先臣於是乃命王貴、牛臯、董先、楊再興、孟邦傑、李寶〔一〕等提兵，自陝以東，西京、汝、鄭、潁昌、陳、曹、光、蔡諸郡分布經略。又遣梁興渡河，會合忠義社，取河東、北州縣。調兵之日，命各語其家人，〔二〕期以河北平，乃相見。又遣官軍東援劉錡，西援郭浩，控金、商之要，應川、陝之師。而自以其軍長驅，以闞中原。〔三〕

〔一〕李寶　「寶」，原作「實」，嘉靖本同，據《紀事實録》改。

〔二〕命各語其家人　「家」，原作「衆」，嘉靖本同，據《紀事實録》改。

〔三〕《行實編年》叙事介紹岳家軍全線出擊概況，今將陝西與長江江防附注於後。

《金佗稡編》卷一二《乞號令歸一奏》：「岳飛狀奏：『契勘武功大夫、果州團練使、知陝州軍州事吴琦，本司於今年六月十三日差兼京西、湖北宣撫使、河南、北諸路招討使司選鋒軍副統制，後來於閏六月二十六日改差兼撞軍統制軍馬，令團集忠義人兵，與本司差去統制官措置掩殺金賊，收復州縣。……吴琦見糾集忠義軍兵，據險保聚，捍敵金賊；……兼虢州亦元屬陝西，欲望聖慈特降睿旨，將虢州依舊撥隸川、陝宣撫司，其知虢州武赳并元帶去軍馬，卻乞發還本司，應副使喚。』」可知統制武赳率軍會合吴琦之「忠義人兵」，攻克陝、虢等州。

《紫微集》卷一二《郝義等一十人爲收復商虢等州並各與轉兩官制》：「勅：『某等，迺者第功行賞，以勞戰士，宜若無遺。而大將繼言爾等未被甄獎，用攽賚命，俾服官榮。益勵壯心，以圖稱塞。』可。」郝義等十人當爲武赳部屬。

《三朝北盟會編》卷二〇四：「（紹興十年八月）八日己卯，陝西統制吴琦統領侯信敗金人於河北中條山栢梯谷。

十日辛巳，侯信敗金人於解州界，殺其將乞可。」

《建炎以來繫年要録》卷一三七：「（紹興十年八月戊寅）是日，知陝州吴錡遣統制官侯信渡河，劫金人中條山寨，敗之，獲馬二十匹。翌日，又戰於解州境上，敗之，殺其將、毛〔毛〕罕。」

《宋會要輯稿》兵一四之三二—三三：「（紹興十年）十月一日，知陝州、兼節制陝西諸路軍馬統制吴琦言：『遣統制官侯信統押忠義水軍并諸項官兵，前去河〔北〕經營賊寨。八月七日，過河，於中條山劄寨，探得山北栢梯谷口有金賊大寨，正當河、解兩州要路。初八日夜，劫破上件賊寨，殺死蕃賊二百餘人，捉到女真、漢軍二百餘人，奪到鞍馬二十餘匹。至天明，探得有解州同知女真親作天使，會起河、解兩州及諸處蕃賊，共約七千餘人騎，於初十日早擺拽三頭項前來。侯信率本部官兵向前迎敵，血戰數十合，當陣殺死千户一名，毛毛罕頭領數人，其賊退走。活捉到五百餘人，戰馬五十餘匹，器甲七百餘副，弓、箭、旗、槍甚衆。』」

《紫微集》卷二二《侯信爲河北劫破金人大寨等忠義奮果立奇功特轉武義大夫遥郡刺史制》：「勅：『爾忠勇自奮，絶河津而北，直抵敵營，撓亂其衆。載觀獻狀，深嘉爾勞。進陟武階，遥分符竹。欽承恩命，更立尤功。』可。」

《金佗稡編》卷二高宗宸翰五十三：「已委卿發騎兵至陳、許、光、蔡，出奇制變，因以應援劉錡，及遣舟師至江州屯泊。」

《永樂大典》卷三五八六張守《毘陵集・乞屯兵江州劄子》：「臣今月二十九日酉時，據江州申，承以北官司次第關報，五月十三日，有番人軍馬入東京。契勘本州係江西一帶衝要門户，兼對江舒、蘄州並無人馬防托，竊恐有緊急探報，無以枝梧，申乞差撥軍馬，前來本州駐劄。臣伏見虜人觸熱行師，乘我不備，駐軍京師，其意之所屬，未易測知，要當過爲隄防。臣契勘行朝所恃以爲藩翰者，韓世忠、張俊、岳飛三大將之兵。世忠駐淮東，俊駐建康，飛駐武昌，其勢必不可輕動。惟是淮西雖係張俊宣撫地分，朝廷不過令分兵廬州守禦，竊恐未必能控扼賊路，保其不能南也。萬一賊騎透漏渡淮，由光、黄、舒、蘄入江州，取饒、信、衢州，而趨行闕，如入無人之境，其勢甚易。臣頃見防秋之際，嘗令岳飛分兵萬人屯江州，若自鄂州順流而下，不過數日，聲援相接，長江之險可保無虞。伏望聖慈詳酌，早賜施行。」

《石林奏議》卷一一《奏措畫防江八事狀》：「今來張俊雖屯太平州，近者又聞岳飛分兵下守池州。」可知岳飛水軍順江東下，部署遠至江州、池州之防務。

又同書卷一二《奏論漢高帝破秦項三策劄子》：「自淮而東，韓世忠主之；自淮而西，張俊主之；劉錡、王德、李世輔、雷仲之徒，擇形勢利便，往来游擊於兩間。虜兵分則不能並立，合則我四面俱至。即使岳飛出漢上，以擣陳、蔡之虚。賊兵若盡窺兩淮，飛繞出其後，期同會於京師。

虜腹背受敵，欲當前則後必困，欲拒後則前必弱，指日可使坐斃。」葉夢得奏今附於此。

將發，熏衣盥沐，閉齋閤，手書密奏，〔一〕言儲貳事，其略曰：「今欲恢復，必先正國本，以安人心。然後不常厥居，以示不忘復讎之志。」〔二〕初，八年秋，先臣因召對，議講和事，〔三〕得詣資善堂，見孝宗皇帝英明雄偉，退而歎喜曰：「中興基本，其在是乎！」家人問其所以喜，先臣曰：「獲見聖子，社稷得人矣！」其乞詣行在也，蓋欲面陳大計。及李若虛來，先臣亦以機會不可失，不復敢乞覲，乃上疏言之。〔四〕上得奏，歎其忠，御札報曰：「非忱誠忠讜，則言不及此。」〔五〕

〔一〕手書密奏　原作「子書上奏」，嘉靖本同，據《紀事實録》改。

〔二〕可參《金佗稡編》卷一二《乞定儲嗣奏略》第九五七頁，文字稍異。

〔三〕議講和事　「講和」，原作「建儲」，嘉靖本同，據《紀事實録》改。

〔四〕乃上疏言之　「上」，據《金佗續編》卷二〇補。

〔五〕《金佗稡編》卷九《遺事》：「視國事猶其家常，以國步多艱，主上春秋鼎盛，而皇嗣未育，聖統未續，對家人私泣，聞者或相與竊迂笑之。十年北征，首抗建儲之議，援古今，陳利害，雖犯權臣之忌而不顧，天下聞而壯之。」

又同書卷二一《建儲辨》：「按《野史》等書載，皆謂先臣當時因召對罷，詣資善堂，見孝宗皇帝英明雄偉，退而歎曰：『中興基本，其在是乎！』至紹興十年，虜再叛盟，先臣灑泣厲衆，即日北討。將行，數請面陳，冀以感動上聽。會詔趣進兵，不許，乃密爲親書奏上之，大略以爲：『今欲恢復，必先正國本，以安人心。然後不常厥居，以示不忘復讎之志。』奏至，宸衷感悟，賜御札褒諭，有『非忱誠忠讜，則言不及此』之語。臣嘗竊攷《野史》與弼之説，而見其時日之不同，亦竊有疑焉。及伏觀臣家之藏詔，究其次第，而後知《野史》之載爲可據，而弼之説，蓋甚誣也。

謹按虜人寇河南之初，先臣得警，即乞詣行在所奏事，御札報曰：『覽卿來奏，欲赴行在所奏事，深所嘉歎。』既又曰：『俟卿出師在近，輕騎一來，庶不廢事。』及先臣奏，已遣張憲、姚政軍，御札復報曰：『覽卿奏，已差發張憲、姚政軍馬至順昌、光、蔡，深中機會。卿乞赴行在所奏事，甚欲與卿相見。』既又曰：『措置有緒，輕騎前來奏事，副朕虚竚也。』先臣未及覲，上遣李若虛至軍，御札報曰：『金人再犯東京，賊方在境，難以召卿遠來面議。今遣李若虛前去，就卿商量。』則是先臣累請面陳而不獲也，然後親書建儲之請，密以奏，上御札報曰：『覽卿親書奏，深用嘉歎，非忱誠忠讜，則言不及此。』即天語而觀之，決非區區具文之奏，而其褒諭之語，深切著明，蓋直爲先臣建儲之議設也。御札之連文曰：『卿識慮精深，爲一時智謀之將，非他人比。兹者河南復陷，日夕愴然。』攷之時事，則其爲紹興十年之詔也甚明。

是先臣嘗密疏言於紹興十年之後，而未嘗面對言於七年之前；是先臣因興師，請覲不獲，而後抗疏，未嘗因諜報而欲立此，以沮虜謀也。」可知《行實編年》此段叙事，主要是依據《野史》。但《野史》並未明確説時爲紹興八年，「得詣資善堂，見孝宗皇帝」，則《行實編年》之繫年可疑。岳飛提議建儲，應有紹興七年與紹興十年兩次。岳珂以宋高宗紹興十年之「褒諭」，而否認紹興七年之呵斥，乃誤。

《建炎以來朝野雜記》乙集卷一《壬午内禪志》：「十年五月，金人畔盟。京西、湖北宣撫使岳飛密奏：『今日欲圖恢復，必先正國本，以安人心。然後陛下不常厥居，以示不忘復讎之意。』先是，飛入對，得詣資善堂，見建國公英明俊偉，退語家人，遂上此奏。（張戒《默記》以飛請建儲，爲紹興七年事，而飛孫監鎮江府大軍庫珂作飛《行實》，係之此年，且辨《默記》之誤甚悉。今移附此，更須詳考也。）十一年，飛爲檜所誣，以十二月晦賜死大理寺獄。（《日曆》）」李心傳撰《建炎以來朝野雜記》，又修改《要録》卷一〇九將岳飛請建儲係於紹興七年之前説。

《齊東野語》卷二〇《岳武穆御軍》：「周洪道爲追復制詞，有云：『事上以忠，至不嫌於辰告；行師有律，幾不犯於秋毫。』蓋實録也。『辰告』者，謂岳嘗上疏請建儲云。」周洪道爲周必大字。

六月，授少保、兼河南府路、陝西、河東、河北路招討使。制詞有曰：「氣吞强虜，壯自比於票姚；志清中原，誓有同於祖逖。」〔一〕又曰：「舉素定之成謀，攄久懷之宿憤。」嘉先臣之志在戰不在和也。先臣益以無功，辭不受。上詔諭之曰：「卿陳義甚高，朕所嘉歎。第惟同時並拜二、三大帥，皆以次受命，卿欲終辭，異乎蘧伯玉之用心也。」〔二〕先臣乃不敢辭，尋改河南、北諸路招討使。〔三〕

〔一〕《金佗續編》卷二《少保兼河南府路陝西河東河北路招討使加食邑制》：「氣吞彊虜，壯哉漢將之威稜；志清中原，奮若晉臣之忠概。」與《行實編年》引文頗異。

〔二〕可參《金佗續編》卷四《再辭免同前不允詔》第一三〇三頁，文字略異。

〔三〕《三朝北盟會編》卷二〇〇：「（紹興十年六月）韓世忠加太保、兼河南、北諸路招討使，封英國公；張俊加少師、兼河南、北諸路招討使，封濟國公；岳飛加少保、兼河南、北諸路招討使」

《建炎以來繫年要録》卷一三六：「（紹興十年六月甲辰朔）少師、京東、淮東宣撫處置使韓世忠爲太保，封英國公，少傅、淮西宣撫使張俊爲少師，封濟國公，武勝、定國軍節度使、開府儀同三司、湖北、京西宣撫使岳飛爲少保，並兼河南、北諸路招討使。（《日曆》獨不載岳飛除命，蓋秦熺削之也。今以《會要》及《玉堂制草》增入。）」

《宋史》卷二九《高宗紀》：「（紹興十年）六月甲辰朔，以韓世忠太保，張俊少師，岳飛少保，並兼河南、北諸路招討使。」

又同書卷一六七《職官志》：「（紹興）十年，金人犯三京，以韓世忠、岳飛、張俊並兼河南、北招討使以禦之。」

《宋會要輯稿》職官一之四：「（紹興十年）六月一日，少師、横海、武寧、安化軍節度使、充京東路、淮南東路宣撫處置使韓世忠除太保。

同日，少傅、鎮洮、崇信、奉寧軍節度使、充淮南西路〔宣〕撫使張俊除少師，武勝、定國軍節度使、開府儀同三司、充〔湖〕北、京西路宣撫使岳飛除少保。」

又同書職官四二之六四：「（紹興）十年六月，制以少師、兼節制鎮江府韓世忠特授太保、兼河南、北諸路招討使，封英國公；少傅、鎮洮、崇信、奉寧軍節度使、充淮南西路宣撫使、兼營田大使張俊特授少師、兼河南、北諸路招討使，封濟國公；武勝、定國軍節度使、開府儀同三司、充湖北、京西路宣撫使、兼營田大使岳飛特授少保、兼河南、〔北〕諸路招討使如故。」此段記載顯然脱落韓世忠「横海、武寧、安化軍節度使、充京東、淮南東路宣撫處置使」和「兼營田大使」之官銜。「如故」之前也應脱「封」字之類。按《行實編年》記述，岳飛任河南府路、陝西、河東、河北路招討使，「尋改河南、北諸路招討使」，而各書都不載此事，疑誤。

《金佗續編》卷二《少保兼河南府路陝西河東河北路招討使加食邑制》（六月一日）：「勉爾壯猷，欽予時命。可特授少保，依前武勝、定國軍節度使、充湖北、京西路宣撫使、兼河南、北諸路招討使、兼營田大使，加食邑七百户、食實封叁伯户，封如故。」可知制詞之行文與標題不符，制詞標題應爲《少保兼河南北諸路招討使加食邑制》。

未幾，所遣諸將及會合之士皆響應，相繼奏功。〔一〕李寶捷于曹州，又捷于宛亭縣荆堽，殺其千户三人并大將鶻旋郎君，〔二〕又捷於渤海廟。〔三〕閏六月，張憲敗虜于潁昌府，二十日，復潁昌府。〔四〕先臣親帥大軍去蔡而北。上以先臣身先士卒，忠義許國，賜札獎諭。〔五〕張憲遂進兵陳州，二十四日，破其三千餘騎，翟將軍益兵以來，復敗之，獲其將王太保，復陳州。〔六〕韓常及鎮國大王、邪也孛堇再以六千騎寇潁昌，二十五日，董先、姚政敗之。〔七〕是日，王貴之將楊成破賊帥漫獨化五千餘人于鄭州，復鄭州。〔八〕二十九日，劉政復劫之于中牟縣，獲馬三百五十餘匹，驢、騾百頭，漫獨化不知存亡。〔九〕秋七月一日，張應、韓清復西京，破其衆數千。〔一〇〕牛皋、傅選捷于京西，又捷于黄河上。孟邦傑復永安軍。初二日，其將楊遇復南城軍。〔一一〕又與劉政捷于西京，〔一二〕僞守李成、王勝等以兵十餘萬走，棄洛陽，歸懷、孟。〔一三〕

〔一〕此注説明完顔兀术自順昌大敗後之軍事部署。

《三朝北盟會編》卷二〇一《順昌戰勝破賊録》：「尋以三路都統守南京，韓將軍守潁昌，翟將軍守陳州，四太子、龍虎大王各以所轄人馬同之東京。」

《宋朝南渡十將傳》卷一《劉錡傳》：「既敗，乃以三路都統守南京，韓將軍守潁昌，翟將軍守陳州，兀述與龍虎各以其兵之東京。」據宋方記載，完顏兀朮順昌敗後，取守勢，以韓常守潁昌府，翟將軍守陳州（淮寧府），三路都統守南京應天府，拱護東京開封府。「三路都統」一説爲完顏阿魯補（《會編》卷一八一作阿魯波，卷一八二《金虜節要》作阿魯保），另一説爲葛王完顏裒（後改名雍，即金世宗，見《會編》卷二〇〇，《要録》卷一一七，卷一三五，卷一三六）。完顏裒之名，諸書或作褎、褒，參見拙作《遼、宋、金三史校讀劄記》八、金世宗漢名小考，載《點滴編》。《金史》卷六《世宗紀》：「皇統間，以宗室子例授光禄大夫，封葛王，爲兵部尚書。」可知完顏裒封葛王爲天眷三年，即紹興十年後的事。

又同書卷六八《阿魯補傳》：「齊國建，阿魯補屯兵於汴城外。天會十五年，詔廢齊國，已執劉麟，阿魯補先入汴京備變。明年，除歸德尹。割河南地與宋，入爲燕京内省使。宗弼復河南，阿魯補先濟河，撫定諸都，再爲歸德尹、河南路都統。宋兵來取河南地，宗弼召阿魯補與許州韓常、潁州大臭、陳州赤盞暉，皆會於汴，阿魯補以敵在近，獨不赴。而宋將岳飛、劉光世等果乘間襲取許、潁、陳三州，旁郡皆響應。其兵犯歸德者，阿魯補連擊敗之，復取亳、宿等州，河南平，阿魯補功最。」

又同書卷八〇《赤盞暉傳》：「天眷三年，復河南，宋人乘間陷海州，帥府以登、萊、沂、密四州委暉經畫，敵無敢窺其境者。」

又同書卷八〇《大臭傳》：「天眷三年，罷漢、渤海千户、謀克，以臭舊臣，獨命依舊世襲千户。是歲，拜元帥右監軍。宗弼再伐宋，宋人稱臣乞和，遂班師。臬獨留汴，行元帥府事。」《金史》列傳所載自相矛盾。除守許州（潁昌府）之韓常與宋方記載相同外，守陳州（淮寧府）者顯然非赤盞暉，而潁州（順昌府）則由劉錡八字軍堅守，金軍並未奪取。劉光世雖拜三京招撫處置使，其實並未與金軍交鋒。岳家軍亦無攻南京應天府（金朝稱歸德府）之記載。完顔兀朮順昌敗後之軍事部署，大致以宋方記載較可信。

〔二〕《三朝北盟會編》卷三：「其宗室皆謂之郎君，事無大小，必以郎君總之，雖卿相盡拜於馬前，郎君不爲禮，役使如奴隸。」

又同書卷二三一：「郎主駕（郎主謂完顔亮）在汝州界，叛了護衛契丹軍約三百餘人。」郎主與郎君爲女真語之漢譯。

〔三〕《金佗稡編》卷一九《鶻旋郎君捷報申省狀》：「本司統領官李寶、孫彦申：『探得金賊四太子前軍四箇千户，將領馬軍大隊四千餘騎，前來宛亭縣界荆堽下寨。寶等於五月二十四日晚，部領人船前去，一更以來，劫殺金賊大寨。殺死并擁掩入黄河，不知數目，殺死千户三人并鶻旋郎君。奪到白旗一面，上寫都元帥越國王前軍四千户字，奪到馬一千匹。

六月二日，有番賊金牌郎君會起東京以北番賊大隊前來。寶等統率人兵，向前掩殺，賊兵敗走，望南逃遁。追殺二十餘里，殺死、擁掩入黄河，不知其數，奪到器甲不少，委是大獲勝捷。』」

《三朝北盟會編》卷二〇〇：「（紹興十年五月）十八日辛卯，李寶敗金人於渤海廟。……十年，金人敗盟。是時，實在河上滑州境内，梁興在太行山，實約興，欲同舉事，興探得金人兵重，不從。金人渡沙店，寇京師，留守孟庾投拜，既而知興仁府李師雄亦投拜。實方在共城西山上，具聞其詳，乃率衆沿河奪舟，順流而下，漸至興仁府。是時，兀术欲南侵，而慮實在河上，遂復回至荆岡，人馬困乏，皆熟寢。實探聞荆岡之東二十里渤海廟下有金人，尤不整，亦熟寢。乃與其次孫定、王靖約夜半襲殺之。遂分兩路，各率衆乘舟，分上、下水而進。實與曹洋作一路，至渤海廟，見金人馬果困乏，熟寢不覺，乃次第以刀斧擊殺數百人。定與靖亦至，併力殺之。金人漸有覺而起者，已不能整，不及乘馬，皆走，墮於金堤下，死者無數。然遺馬甚多，岸高船低，馬不能下，實令殺馬，載之以行，爲糧食。由是一馬活斫爲四、五段，自岸推下，盡載而去，蓋五月之辛卯也。質明，金人以精騎來援，已無及，積其屍而焚之。兀术聚河南、河北兵捉實，不獲，守之半月餘，乃南侵順昌。

有樞密院准備差使丘延世者，先差在興仁府刺探，以金人復取河南，方圖南歸。備聞實等在荆岡擊殺金人事，延世慚，隱名覓路歸朝廷，具言實之克捷事。故朝廷知實在河上擊殺金人，恨未能得實用之也。」《會編》叙事與《鶻旋郎君捷報申省狀》頗有出入，應以後者爲準。《會編》載梁興於太行山，「探得金人兵重」，不敢「同舉事」，亦不符史實。時梁興乃與岳飛大軍分道北上，並未先至太行山，見本卷第六一二頁。岳珂應參考《會編》此段記述，故於《行實編年》中增補渤海廟之戰。從李實捷奏看，他雖未與完顏兀术大軍交鋒，仍策應劉錡順昌之戰。

又同書卷二〇七《岳侯傳》：「紹興十年，金賊兀术侵犯河南，朝廷詔諸路再舉。侯遣李寶、孫彦戰於曹州，又周彦、楊再興、牛臯策應，與李寶、孫彦合兵再戰，大破虜軍二十萬，兀术領潰兵走往汴京。」

又同書卷二〇八《林泉野記》：「十年，虜叛盟，飛遣統制李寶、孫彦敗之曹州及宛亭縣。進少保、河南、北路招討使。寶又敗虜於宛亭。」

《建炎以來繫年要録》卷一三五：「（紹興十年五月辛卯）是日，統領忠義軍馬李寶與金人戰於興仁府境上，殺數百人，獲其馬甚衆。寶，岳飛所遣也。」

《金佗續編》卷二八《吴拯編鄂王事》：「十年，金人叛盟，侯遣將李寶、孫彦與金人戰于曹州，屢敗之。又戰于宛亭縣，敗之。」

《宋史》卷二九《高宗紀》：「（紹興十年五月辛卯）京、湖宣撫司忠義統領李寶敗金人於興仁府境上。」以下介紹岳家軍六月之戰績。

又同書卷二九《高宗紀》：「（紹興十年六月）是月，金人圍慶陽府，權守臣宋萬年固守，金人不能下。岳飛領兵援劉錡，與金人戰於蔡州，敗之，復蔡州。」

《皇宋十朝綱要校正》卷二三：「（紹興十年六月戊辰）金人率兵圍慶陽府，權知府宋萬年固守，虜不能下。岳飛領兵援劉錡，與金人戰於蔡州，敗之，遂復蔡州。」戊辰爲六月二十五日。

《金佗稡編》卷九《遺事》：「如以馬羽守蔡，蘇堅守西京，趙秉淵守淮寧，皆有干城牧衆之功。」岳飛之蔡州捷奏今已佚失。順昌之戰於六月中旬告捷。張憲與姚政本奉命解順昌之圍，估計於順昌之勝前後，襲取蔡州，時爲六月上旬或中旬。按岳家軍統領孫顯六月二十三日丙寅已於蔡州和陳州之間破金兵，克蔡州不應反而晚至六月二十五日。《皇宋十朝綱要》與《宋史·高宗紀》同爲六月最末之記事，文字近似，估計《皇宋十朝綱要》在此條記事之上，脱「是月」兩字。《三朝北盟會編》卷二〇五《淮西從軍記》：「閏六月至七月，世忠取海州，俊取亳州，又取宿州，飛取蔡州，又取陳州。」按《淮西從軍記》所載取蔡州時間係誤。

又同書卷二〇二：「（紹興十年六月）十三日丙辰，岳飛統制牛皐敗金人於京西。」《建炎以來繫年要録》卷一三六：「（紹興十年六月丙辰）是日，湖北、京西宣撫司統制官牛皐及金人戰於京西，敗之。」《宋史》卷二九《高宗紀》：「（紹興十年六月）丙辰，岳飛將牛皐及金人戰於京西，敗之。」《三朝北盟會編》卷二〇八《林泉野記》：「牛皐敗之京西，又敗之河上。」《金佗續編》卷二八《吴拯編鄂王事》：「又遣牛皐戰于京西，敗之。進戰于黄河上，又敗之。」各書所載未指明牛皐戰於京西之何地。從岳家軍之北伐方向看，西之虢州由武赳負責，東之順昌府、光州、蔡州一帶由張憲、姚政等負責，牛皐之出兵方向似應往故鄉汝州一帶。《行實編年》將「牛皐、傅選捷于京西，又捷于黄河上」繫於七月，與《會編》、《要録》和《宋史·高宗紀》有異。牛皐捷奏今已佚失。

《三朝北盟會編》卷二〇二：「（紹興十年六月）二十三日丙寅，岳飛軍統領孫顯大破金人排蠻千户於陳、蔡州界。」

《建炎以來繫年要録》卷一三六：「（紹興十年六月丙寅）湖北、京西宣撫司統領官孫顯及金人戰於陳、蔡間，敗之。」孫顯捷奏今已佚失。據《金史拾補五種》第八三頁，排蠻爲姓，即裴滿之岐譯。

〔四〕《金佗稡編》卷一六《復潁昌府奏》：「據前軍統制、同提舉一行事務張憲申：『統率軍馬，前去措置賊馬，除於閏六月十九日離潁昌府四十里，與番賊見陣獲捷外，憲復統率軍馬，追襲賊帥韓常，其賊大敗，於當月二十日收復潁昌府了當。』」

《三朝北盟會編》卷二〇四：「（紹興十年閏六月）二十日壬辰，張憲克潁昌府。」

《建炎以來繫年要録》卷一三六：「（紹興十年閏六月）壬辰，湖北、京西宣撫司統制官張憲、傅選及金將韓常戰於潁昌府，敗之，復潁昌。」

《宋史》卷二九《高宗紀》：「（紹興十年閏月）壬辰，岳飛遣統制張憲擊金將韓常於潁昌府，敗之，復潁昌。」

《三朝北盟會編》卷二〇七《岳侯傳》：「侯又遣張憲、傅選與韓常戰於潁昌，常軍大敗，退走陳州，求救兀术。」韓常並未「退走陳州」，《岳侯傳》記述有誤。

又同書卷二〇八《林泉野記》：「張憲復潁昌府。」

《金佗續編》卷二八《吴拯編鄂王事》：「又遣統制張憲戰于潁昌府，敗之，復潁昌府。」《宋史》卷三六八《張憲傳》：「十年，金人渝盟，入侵。憲戰潁昌，戰陳州，皆大捷，復其城。」張憲攻破潁昌府，使完顏兀术拱護開封之重鎮，三喪其一。

〔五〕《金佗續編》卷四《復蔡州因奏賊虜之計大合上意獎諭詔》：「敕：『具悉。比以虜寇猖獗，我師尅捷，懼或狃於屢勝，忽被不虞。乃申飭於戎臣，俾各嚴於武備，過爲待敵之計，用收全勝之功。今覽奏陳，大契朕意，有以見卿料事精審，爲國深謀，披採以還，良多嘉歎。故兹獎諭，想宜知悉。』」此爲岳飛六月復蔡州奏之回詔。

《金佗稡編》卷二高宗宸翰六十三：「覽卿奏，提兵已至蔡州，暑行勞勩，益見忠誠許國，嘉歎無已。朕意初欲擒取孽酋，庶幾羣醜自潰，兩國生民有息肩之期。然賊情敵勢，必已在卿目中，遲速進退，卿當審處所宜。廿八日。」

《金佗續編》卷一〇《到蔡州給賜犒軍銀絹省劄》：「三省、樞密院同奉聖旨，岳飛調發軍馬，已到蔡州，可令户部給銀、絹伍千匹、兩，充犒軍支用，令賜夏藥内侍一就押賜。……紹興十年閏六月二十八日。」宋高宗御札和頒賜犒軍銀絹省劄當於同日頒發，爲岳飛親率大兵至蔡州後，另一次上奏之回覆。岳飛兩奏今已佚失，從宋高宗獎諭詔看，前一奏大約是主張如何持重用兵。孫顯破裴滿千夫長爲六月二十三日，張憲攻潁昌府爲閏六月十九日、二十日，近一月之内，不見岳家軍行動之記載，當有某種原因，而今存史料有所疏略，失於交待。從岳家軍前沿傳送奏報至臨安，雖用急遞，爲時須十日以上（見本注最後考證）。岳飛本人六月二十二日已至德安府，估計閏六月中旬方抵達蔡州，向宋高宗上後一奏，而宋高宗則於閏六月二十八日得此奏。又同書卷一〇《收復潁昌令開具立功人等第省劄》：「湖北、京西路宣撫使司奏：『據前軍統制、同提舉一行事務張憲申：……於當月二十日收復潁昌府了當。』奏聞事。

右三省、樞密院同奉聖旨，令岳飛開具立功人等第，疾速保明聞奏。……紹興十年七月二日。」《金佗稡編》卷二高宗宸翰六十四：「覽卿奏，克復潁昌，已離蔡州，向北措置。大帥身先士卒，忠義許國，深所嘉歎。然須過爲計慮，虜懷蠆毒，恐至高秋馬肥，不測豕突，當使許、蔡遺民前期保聚。大軍進退之宜，輕重緩急，盡以委卿，朕不從中御也。初三日。」岳飛發《復潁昌府奏》應爲閏六月二十一、二十二日，此月共二十九天，七月二日與三日，臨安即回覆省劄與御札，可見路程爲時十日以上。岳飛一份報告離蔡州奏，今已佚失。從本注所引兩份宋高宗御札看，他對岳飛北伐憂心忡忡。

〔六〕《金佗稡編》卷一六《陳州潁昌捷奏》：「據前軍統制張憲申：『將帶諸統制、將官前去措置陳州。閏六月二十四日午時，離陳州十五里，逢賊馬軍三千餘騎見陣掩殺，其衆望城奔走。遂分諸頭項並進，離城數里，有番賊翟將軍等，并添到東京一帶差來賊馬，擺布大陣。憲遂鼓率將士，分頭入陣掩擊，其賊敗走，已收復陳州了當。除殺死外，生擒到番賊王太保等，并奪到鞍馬等，委獲勝捷。』」此戰金軍「擺布大陣」，可知乃岳家軍第四次北伐時，雙方初次大規模會戰。據此捷奏，守陳州者確爲翟將軍，而非《金史》卷六八《阿魯補傳》所載之赤盞暉。

《三朝北盟會編》卷二〇四：「（紹興十年閏六月）二十四日丙申，張憲及金人戰於陳州。張憲克陳州，岳飛令統制趙秉淵知軍州事。」

《建炎以來繫年要録》卷一三六：「（紹興十年閏六月）丙申，張憲復淮寧府。先是，韓常既敗走，宣撫使岳飛遣統制官牛臯、徐慶等與憲會，憲等與常戰於淮寧府，又敗之，常引去。飛以勝捷軍統制趙秉淵知府事。」《要録》載守陳州（淮寧府）金將仍爲韓常，係誤，而應以捷奏爲準。趙秉淵任知府乃七月二十三日後事，可見本卷第六五一頁。

《宋史》卷二九《高宗紀》：「（紹興十年閏月）丙申，張憲復淮寧府。」

《三朝北盟會編》卷二〇七《岳侯傳》：「侯遣牛臯、徐慶、崔虎、王蘭助張憲、傅選，與兀朮、韓常大戰於淮寧，虜軍敗，走汴京。張憲屯兵陳州。」從張憲捷奏看，有「東京一帶差來賊馬」，完顏兀朮本人並未參戰。

又同書卷二〇八《林泉野記》：「張憲復潁昌府、陳州。」

《金佗續編》卷二八《吴拯編鄂王事》：「憲又戰于陳州界，敗之，復陳州。」

《宋史》卷三六八《張憲傳》：「憲戰潁昌，戰陳州，皆大捷，復其城。」張憲攻破陳州（淮寧府），使完顏兀朮拱護開封之重鎮，三喪其二。

〔七〕《金佗稡編》卷一六《陳州潁昌捷奏》：「據踏白軍統制董先、遊奕軍統制姚政等申：『統率軍馬，在潁昌府駐劄。閏六月二十五日辰時，有番賊取長葛縣路前來。先即時同姚政等統率軍馬，出城迎敵。到城北七里店，逢鎮國大王并韓將軍、邪也孛堇賊馬六千餘騎，擺布成陣。先與姚政等分頭項徑入賊陣，戰鬬及一時辰，其賊敗走，追殺三十餘里。除殺死外，擒到人并奪到鞍馬等，委獲勝捷。』」

《三朝北盟會編》卷二〇八《林泉野記》：「董先、姚政敗之潁昌。」

《金佗續編》卷二八《吴拯編鄂王事》：「又遣統制董先、姚政戰潁昌府，敗之。」

〔八〕《金佗稡編》卷一六《鄭州捷奏》：「據中軍統制王貴申：『先次遣將楊成等統率軍馬，前去措置鄭州。今據楊成等申：於閏六月二十五日到鄭州南，逢番賊頭領漫獨化等部領賊馬五千餘人見陣。成等遂鼓率將士，與賊見陣，掩殺賊馬敗走，收鄭州，撫定了當，委獲勝捷。』」

《三朝北盟會編》卷二〇四：「（紹興十年閏六月）二十五日丁酉，岳飛將楊成及金人戰於鄭州，克鄭州。」

《建炎以來繫年要録》卷一三六：「（紹興十年閏六月丁酉）湖北、京西宣撫使司統制官郝晸、張應、韓清克鄭州。」《要録》所載克鄭州之將領係誤，應爲沿用《岳侯傳》之説所致。

《宋史》卷二九《高宗紀》：「（紹興十年閏月丁酉）岳飛遣統制郝晸等與金人戰於鄭州北，復鄭州。」

《三朝北盟會編》卷二〇七《岳侯傳》：「又分兵攻戰諸州，遣郝晸、張應、韓清取鄭州。」

又同書卷二〇八《林泉野記》：「將楊成復鄭州。」

《金佗續編》卷二八《吴拯編鄂王事》：「又遣將楊成戰鄭州，敗之，復鄭州。」

〔九〕《金佗稡編》卷一六《漫獨化捷奏》：「據本司中軍統制王貴申：『據准備將劉政等申：將帶人兵，於閏六月二十九日夜，劫破中牟縣金賊萬户漫獨化賊寨。殺死賊兵不知數目，奪到馬三百五十餘匹，驢、騾一百餘頭，衣物、器甲等不計數目，即未知萬户漫獨化存亡。委獲勝捷，申乞照會。』」

《金佗續編》卷二八《吴拯編鄂王事》：「至夜，遣其將劉政劫之于中牟縣，敗之。」中牟縣屬開封府。

〔一〇〕《三朝北盟會編》卷二〇〇：「（紹興十年五月十一日甲申）西京留守李利用棄城走。初，金人再有復取河南之意，河外豪傑密以報河南府兵馬鈐轄李興。興告於留守李利用、總管孫暉，謂洛陽實居衝要重地，西連關陝，東接王畿，南通巴蜀，北控大河，可以屏衛襄漢，况國家陵寢所在，不可不注意也。利用令興招集忠義，欲密爲防禦計，不數日，得萬餘人。暉大驚而懼之，欲以非其罪害興。會報金人渝盟，已渡河，利用得報，即望風潛遁。興初聽翟興節制，屯於商州。劉豫得襄漢，其勢漸盛，乃附於劉豫。豫令興爲鄜延路兵馬鈐轄，後改爲河南路兵馬鈐轄。國家得三京，命興爲河南府兵馬鈐轄，特换授武翼大夫、兼閤門宣贊舍人。河南府路總管孫暉棄河南府，金人陷河南府。金人以鐵騎數千，據天津橋，將薄城下。鈐轄李興領七騎逆擊之，金人罔測，遂退卻。於是總管孫暉得南奔而去。興自天津橋轉戰至定鼎門，已侵夜矣，額被重傷，昏仆於地。夜半復甦，省記舊路，復走外邑聚兵。是時金人已入城，以李成爲僞知河南府。」

《建炎以來繫年要録》卷一三五：「（紹興十年五月己丑）是日，金人陷西京。初，金人有渝盟意，河外豪傑以告河南府兵馬鈐轄李興。興告於轉運判官、權留守李利用，副總管孫暉，謂雒陽實居衝要地，東接王畿，南通巴蜀，北控大河，可以屏衛襄漢，況陵寢所在，不可不注意也。利用然之，令興招集忠義民兵，密爲防禦計，不數日，得萬餘人。暉大懼，欲殺之。會報敵已渡河，利用聞之，即棄城遁走。李成以鐵騎數千，據天津橋，興令七騎逆擊之，成罔測，遂退。暉棄城走。興轉戰至定鼎門，傷重，仆於地。夜半復甦，乃走外邑聚兵。敵引兵入城，以成知河南府。時朝廷以利用有治最，除直祕閣以寵之，而利用已遁矣。（趙甡之《遺史》載，金人入兩（西）京，在此月己丑。《日曆》孫暉申：『五月十六日，敵兵到河南府城下。』己丑，十六日也，甡之所云與此蓋合，從之。）」

《金佗稡編》卷一二《李興吴琦轉官告乞付軍前給降奏》：「本司近據統領官梁興申：『差人探報得河南府見被金賊占據。本府有番人七千餘人、馬五千餘匹，食糧軍三千餘人，知府係叛賊、僞奉國上將軍、安武軍節度使李成，并差番人同知。其本府管下福昌、永寧、伊陽三縣，番賊不曾前去，止有河南府鈐轄李興人兵往來，私掠財物。』及據伊陽縣申，亦爲上件李興事理。臣已差秉義郎加借武翼郎、閤門宣贊舍人、本司中軍統領軍馬蘇堅權河南府事，令擇一縣，寄治府事，招收軍馬，措置事宜，及拘收李興一行前來軍前使喚外，伏望聖慈特降睿旨，付臣照會施行。」

又同書卷一六《復西京奏》：「據本司中軍統制、提舉一行事務王貴申：『尋差中軍副統制郝晸等統押軍馬，前去措置收復西京去後。今據郝晸等申：進發至離西京六十里下寨。於七月初一日，有金賊馬軍數千騎前來，即時差將官張應、韓清將帶馬軍，於賊來路把截。其賊前來迎敵官軍，張應等即時掩殺，賊馬敗走。晸進發軍馬，當日酉時直湊西京城下。其金賊爲已敗衄，當夜棄城逃遁。於初二日早，收復西京了當，已撫存官吏、居民，各安職業。委獲勝捷。』」

《三朝北盟會編》卷二〇四：「（紹興十年）七月二日癸卯，岳飛將張應、韓清克西京。六日丁未，李興知河南府，兼主管本路安撫司公事，特轉右武大夫、忠州團練使。初，金人犯西京，河南兵馬鈐轄李興聚兵迎擊，收復伊陽等八縣，又敗金人於河清縣，奪到藝祖皇帝御容，乘勝收復鄭、汝州。僞河南尹李成棄西京，遁走於孟州。興遂申朝廷，乞差帥臣、官吏。湖北、京西宣撫使岳飛差兵官郝晸、焦元、蘇堅方來會合。至是詔下，就除興知河南府、兼主管本路安撫司公事，仍特轉右武大夫、忠州團練使，訓辭褒美，仍給真俸，皆出異恩也。先是，翟興嘗鎮撫河南，許以便宜行事，許李興依翟興例。是時，張應、韓清亦報收復西京矣。」

《建炎以來繫年要録》卷一三七：「（紹興十年七月癸卯）是日，湖北、京西宣撫使司將官張應、韓清入西京。初，河南府兵馬鈐轄李興既聚兵，先復伊陽等八縣，又復汝州，僞河南尹李成棄城，遁走河陽。宣撫使岳飛遣應、清與之會，遂復永安軍。」「（丙午）武節大夫、閤門宣贊舍人、河南府兵馬鈐轄李興爲右武大夫、忠州團練使、知河南府，右承奉郎、知汝州劉全咨爲右承事郎。興既得西京，言於朝，乞命帥守，遂就除之，仍給真俸，許便宜行事。全咨亦以驛報屢通，故特遷之。（二）人皆林待聘行詞，今《日曆》獨無李興除命，蓋秦熺所不取也。）」丙午爲七月五日，與《會編》差一天。李興「特轉右武大夫，忠州團練使」，而《金佗稡編》卷一二《乞號令歸一奏》則作「寄理武功大夫、博州刺史、河南府兵馬鈐轄李興」。「寄理」爲避父祖諱，如《金佗稡編》卷四説岳飛「轉成忠郎，以曾大父諱，寄理保義郎」，實與成忠郎同階。但刺史與團練使仍差一官。

《宋史》卷二九《高宗紀》：「（紹興十年閏月丁酉）李興復汝州，與金人戰於河清縣，敗之，復伊陽等八縣，李成遁去。」「秋七月癸卯，岳飛遣將張應、韓清入西京。會李興，復永安軍。」

《三朝北盟會編》卷二〇八《林泉野記》：「張（應）、韓清敗之河南府，軍將楊遇復河南府。」

《金佗續編》卷二八《吴拯編鄂王事》：「又遣將張應、韓青戰于河南府，敗之。遣將楊遇戰南城軍，敗之，復南城軍。」

〔一一〕《金佗稡編》卷一六《復南城軍捷奏》：「據本司統制忠義軍馬孟邦傑申：『遵依指揮，令措置收復南城軍。邦傑尋遣差將官楊遇等將帶人馬收復。據楊遇等申：七月初四日夜二更以來，南城軍北角與金賊交陣，擁掩落水溺死賊衆不知其數，并殺死賊兵三千餘人。所有奪到鞍馬、舟船、器甲、弓、箭、旗、槍等别具狀供申外，逼逐賊兵出城，上船渡河。至初七日收復南城軍了當，已撫存官吏、居民，各安職業。委獲勝捷，申乞照會。』」此奏爲七日復南城軍，而《行實編年》爲二日，稍異。

《三朝北盟會編》卷二〇八《林泉野記》：「統制孟邦傑復永安軍，張〔應〕、韓清敗之河南府，軍將楊遇復河南府、南城軍。」

《金佗續編》卷二八《吴拯編鄂王事》：「又遣統制孟邦傑復永安軍。……遣將楊遇戰南城軍，敗之，復南城軍。」南城軍由楊遇克復，而永安軍之攻却有兩説。注〔一〇〕引《要録》和《宋史·高宗紀》所述，由李興攻佔。《行實編年》此處載「孟邦傑復永安軍」，後又説：「李興捷于河南府，又捷于永安軍。」自相矛盾。

《金石萃編》卷一五九《孟邦雄墓誌》：「公諱邦雄，字彦國，西京永安人也。……七月二十日癸酉葬於永安軍芝田鄉蘇村之原。」

《三朝北盟會編》卷二三一：「（紹興三十一年）先是六月二十九日，郎主𩣺（郎主謂完顔亮）在汝州界，叛了護衛契丹軍約三百餘人，往西京永安軍山内住泊。」

《金史》卷二五《地理志》：「芝田：宋名永安，貞元元年更。」

〔二〕西京　《金佗續編》卷二〇作「京西」。

〔三〕《三朝北盟會編》卷二〇七《岳侯傳》：「孟邦傑、劉政攻永安軍，郝晸、張應與孟邦傑併兵攻戰河南府，李成、王勝等兵十餘萬敗走，棄洛陽，歸懷、孟。」《行實編年》載孟邦傑、劉政「捷于西京，僞守李成、王勝等以兵十餘萬走，棄洛陽，歸懷、孟」，估計取材於此，又與「張應、韓清復西京」之記述自相矛盾。總結至七月初之戰績，可知岳飛之部署應爲掃清開封外圍。

時大軍在潁昌，諸將分路出戰，先臣自以輕騎駐于郾城縣，方日進未已。兀术大懼，會龍虎大王于東京，議以爲諸帥皆易與，獨先臣孤軍深入，將勇而兵精，且有河北忠義響應之援，其鋒不可當，欲誘致其師，併力一戰。朝廷聞之，大以先臣一軍爲慮，賜札報先臣，俾「占穩自固」。〔一〕先臣曰：「虜之技窮矣，使誠如諜言，亦不足畏也。」乃日出一軍挑虜，且罵之。〔二〕

〔一〕《金佗稡編》卷二高宗宸翰六十二：「近據諸處探報及降虜面奏，皆云兀术與龍虎議定，欲誘致王師，相近汴都，併力一戰。卿切須占穩自固，同爲進止。虜或時遣輕騎來相誘引，但挫其鋒，勿貪小利，墮其詭計。俟有可乘之隙，約定期日，合力並舉，以保萬全。二十七日。」參見《金佗稡編》卷二第四三頁考證，此詔當發於閏六月二十七日或七月二十七日。若發於閏六月二十七日，雖以金字牌傳遞，抵達岳家軍前沿，應爲七月上旬，估計應於七月八日郾城之戰前夕。《行實編年》所謂「諸帥皆易與」云云，乃岳珂爲誇張祖父戰功而杜撰者，不符御札原意。岳家軍正式大舉北伐，乃自閏六月二十日張憲破潁昌府始，完顔兀术和龍虎大王等之計劃，於此月二十七日前已傳至臨安，則應於破潁昌府前一些時日，當時尚無岳飛「孤軍深入」等問題。若發於七月二十七日，則又在郾城之戰後，與《行實編年》本段叙事無關。

《中興小紀》卷二八：「（紹興十年閏六月）戊戌，賜諸帥詔曰：『狂〔虜〕不道，薦肆凶殘。王師所臨，無往弗克，捷奏繼至，俘獲踵廷。尚慮狃吾屢勝之威，忽彼不虞之戒。天下本吾一家，豈貪尺寸之利。〔孽胡〕亡在朝夕，必滅爲期。咨爾六軍，咸體朕意。』」此段文字以《皇朝中興紀事本末》卷五二參校。二十六日戊戌詔與二十七日御札意思相同。《要録》卷一三六載，《高宗日曆》將此詔繫於十四日丙戌。

〔二〕岳家軍七月初二日復西京洛陽後，未向金軍巢穴東京開封繼續進軍，其原因不外有二：一爲「孤軍深入」，二爲兵力分散。

《三朝北盟會編》卷二〇一《順昌戰勝破賊録》：「方金賊在城下，得遞到御筆，劉某擇利班師。太尉以方禦敵，未敢輕爲進止。既且賊退十日後又被旨，先發老小往鎮江府駐劄。遂津遣老小、輜重并被傷將士，船載而行，以左軍統制杜杞、右軍統制焦文通兩軍防護東下。」據《順昌戰勝破賊録》記述，劉錡「領兵不滿二萬」，分前、右、中、左、後、遊奕、選鋒七軍。左、右兩軍往鎮江府後，僅剩一萬數千人，又徘徊於順昌府，並未北上配合岳家軍作戰。

《建炎以來繫年要録》卷一三六：「（紹興十年閏六月丙戌）是日，淮西宣撫司都統制王德復宿州。初，張俊既至合肥，聞敵在宿、亳間，命統制官趙密出西路。密引衆經蘇村，時水漲三尺，涉六晝夜，乃達宿城，與虜遇，敗之。而德率衆自壽春趨宿州，夜半破賊營，降其守武翼大夫、閤門宣贊舍人馬秦。」

「（戊戌）是日，淮西宣撫使張俊克亳州。初，三京招撫使劉光世聞酈瓊在亳州，遣使臣趙立、南京進士蔡輔世同往招之。及門，門者問故，立鄙人，無謀，乃言：『劉相公遣我持書來，招酈太尉。』守者以白，瓊不啟書而焚之。械送獄，既而縱之。至是光世引軍還太平州，而俊以大軍至城下，都統制王德已下宿州，即乘勝趨亳州，與俊會。瓊聞之，謂葛王裒曰（《中興遺史》但云三路都統，即葛王也。）：『夜叉公來矣，其鋒未易當，請避之。』遂率衆遁去。俊軍至城下，父老列香花迎軍，俊引兵入城。時俊軍威甚盛，而智謀勇敢，賴德爲多，德亦先計後戰，故未嘗敗。」

「（庚子）淮西宣撫使張俊既破亳州，遇大雨，士皆坐於水中。俊遂引軍還壽春，留雄勝軍統制官宋超守亳州，以兵千人與之，民皆失望。」

《紫微集》卷二五《爲張俊乞賞繳奏狀》：「臣竊見今年夏敵人攻順昌之時，陛下屢降宸翰，使俊援劉錡。俊但奏起發，初無引道之意。朝廷於是遣雷仲、王德援順昌，俊苛留不遣。逮敵人既退，然後徐徐渡江，全軍而出，僅能取已降之宿、亳，又不能經理。復不俟命而擅退師，使岳飛軍孤，敵人復振，此俊之罪也。……

臣竊聞向者敵人之來，分爲數部，如烏珠（兀术）、韓將軍、龍虎大王、三路都統，此敵人之大隊也。今俊所與戰既無主名，則是宿、亳城中小小頭項耳，此何足言。而上功至於四萬餘人，何其所用者衆，所當者寡也。……按俊所上有功之士，踰四萬人，向使人人用命，兩人殺敵一級，猶足以得二萬級，不知俊軍所得幾級耶？」據《金佗稡編》本卷紹興十一年第六六五頁記事，《會編》卷二一九《林泉野記》、《中興小紀》卷二九，張俊有兵「八萬」，依火頭、輜重兵等佔全軍四分之一計，則上報之「有功之士」，佔戰士之三分之二。

又同書卷二二五《爲王德田師中除正任承宣使繳奏狀》：「臣竊聞前者王德從大軍至宿、亳之日，正岳飛與敵人鏖兵於京西之時也。成師以出，僅能收復兩郡，乃擅退軍，遂使岳飛軍孤，敵勢猖獗。議者莫不歸咎，至今國言未已。」

《宋史》卷四四五《張嵲傳》：「十年，擢中書舍人，升實録院同修撰。論王德〔等〕收復宿、亳兩郡，乃擅退軍，使岳飛勢孤，金人猖獗，授承宣、防禦使，何應罰而反賞。封還詞頭，乞罷已降轉官指揮。」指責張俊、王德等擅自退兵，亦可謂之寃枉。據前引高宗宸翰六十一：「已令張俊措置亳州，韓世忠措置宿州、淮陽軍，卿可乘機進取陳、蔡，就閏六月終，一切了畢。」則張俊於閏六月終撤兵，乃宋高宗旨意。時淮東之韓世忠部和陝西之吴璘、楊政、郭浩三部雖努力作戰，然皆非主戰場，又不能與岳飛直接協同。在主戰場上，因張俊之撤兵，劉錡之徘徊，岳飛孤軍獨戰，遂成定局。

《金佗稡編》卷一二《乞劉錡依舊屯順昌奏》：「近淮樞密院劄子節文：『奉聖旨，順昌府舊屬京西，合撥屬本路。並要岳飛分撥兵將，嚴爲守備。劉錡候岳飛差到兵馬，將所部起發，前去鎮江府，聽候指揮使喚。』本司契勘所管軍馬，已分布調發前去陝、虢、西京、陳、蔡、潁昌、汝、鄭州一帶，并已有差往河東、河北措置事宜。已兩次申奏，乞將劉錡一軍且令於順昌府屯駐，庶幾緩急可以照應去訖。伏望聖慈特降睿旨，依臣已申奏事理施行。」這份奏議詳述了岳飛兵力分散的情況。

又同書卷一二《乞號令歸一奏》：「臣契勘川、陝宣撫使司差吴琦前項職事，委是與本司交互，事不歸一。兼虢州亦元屬陝西，欲望聖慈特降睿旨，將虢州依舊撥隸川、陝宣撫司，其知虢州武赳并元帶去軍馬，卻乞發還本司，應副使喚。

及寄理武功大夫、博州刺史、河南府兵馬鈐轄李興，本司先次依已得聖旨便宜指揮，差兼本司左軍統制。今據李興申，准朝廷指揮，差知河南府，兼本路安撫使。今來措置事宜之間，照應不一，切恐有悞指蹤。并蔡州、汝州近淮朝廷撥隸京西南路，欲乞將逐州依舊撥隸河南府路，別差帥臣。

并蘄、黄、光州元屬淮西，亦乞並撥隸本路，庶幾歸一，緩急不致悞事。

只乞令臣依舊爲朝廷守湖北、京西兩路，以備緩急使令。」按前第五七四頁引《要録》卷一三七，李興知河南府發表於七月五日丙午，依公文正常往返估計，此奏當發於七月十五日後數日間，應在潁昌大捷後。這兩份奏議都反映岳飛急於減少防守的負擔，以求集中兵力，對付開封的完顔兀术大軍。

《建炎以來繫年要録》卷一二七：「（紹興九年三月己亥）詔分河南爲三路，京畿路治東京，河南府路治西京，應天府路治南京。」時以河南之地分三路，李興任河南府路安撫使，即管轄其中一路，其轄區包括汝州與蔡州。岳家軍克復廣大地區後，應面臨嚴峻形勢，岳珂《行實編年》却失於交待。

《金佗稡編》卷一二《乞乘機進兵劄子》：「臣比得衛州忠義統制趙俊差人賫到申狀，自閏六月二十七日起離本州，於今月初四日到臣軍前報，比遣兵過河，會合忠義統制喬握堅等，已收復趙州了當。又遣本司統制梁興、董榮兩軍過河，河北州縣往往自亂，民心皆願歸朝廷，乞遣發大兵，前來措置。臣契勘金賊近累敗衄，其虜酋四太子等皆令老小渡河。惟是賊衆尚徘徊於京城南壁一帶，近卻發八千人過河北。此正是陛下中興之機，乃金賊必亡之日，若不乘勢殄滅，恐貽後患。伏望速降指揮，令諸路之兵火急並進，庶幾早見成功。」《金佗續編》卷一〇《收復趙州獲捷照會楊沂中除淮北宣撫劉錡除宣撫判官》即爲對岳飛此奏之回覆，發於「紹興十年七月十六日」。另據《金佗稡編》卷二高宗宸翰六十七：「覽卿七月五日及八日兩奏。」七月五日一奏即《乞乘機進兵劄子》，岳飛四日得趙俊「申狀」，五日發此奏，宋廷於七月十六日回覆，行程亦爲十一日。岳飛此奏發於郾城之戰前夕，請求「諸路之兵火急並進」。完顔兀术「近累敗衄」之餘，「皆令老小渡河」，作撤離河南之準備，又集中兵力，尋求與岳飛孤軍決戰。

《石林奏議》卷一二《奏乞諸將休兵養鋭劄子》：「今劉錡首能以順昌孤城，拒兀术數萬衆，前後五戰，無不勝，兀术即敗走，軍聲遂大振。相繼淮東、西、湖北三大將捷書繼上，凡從僞州縣，或殺或降，以次效順。自中興以來，未有今日之舉也。兇焰既挫，其技已窮，理宜遁伏。然詭詐不測，竊恐尚懷姦謀，以圖後舉。今暑氣方盛，去秋涼尚遠。我師雖屢捷，不無暴露傷殘之困，若更乘勝，攻取不已，竊恐賊得暫休，撫養其衆，濟師於國，七、八月之間，盡力復來，則我師勞疲，或恐不能相當。……臣愚願詔諸將，亦且令還屯，益勵士卒。今夏多雨，暑濕之餘，乘此秋氣，瘧痢將作。使過爲調護，明遠斥堠，當度機會，預爲定計，相爲掎角。因時乘間，一舉直前，役不再籍，仰稱陛下恢復土宇，報雪深讎之意。」

《永樂大典》卷一〇八七六張浚《張魏公奏議·奏虜情及捍禦之策》：「虜人逆天，用兵取敗固宜，尚慮秋高馬健，大爲點集。臣愚見以爲乘此勝鋭，正須蓄養，外示進討，内實安静，更觀其變。若併犯陝、蜀，則襄陽、承、楚之兵攻其後；若大窺淮、浙，則岳飛、吴璘、楊政之兵擊其中。儻或虜勢稍虧，未能辦此，在我徐議征伐，固未爲晚。」

兀术怒其敗，初八日，果合龍虎大王、〔一〕蓋天大王〔二〕及僞昭武大將軍韓常之兵，逼郾城。先臣遣臣雲領背嵬、遊奕馬軍，直貫虜陣，謂之曰：「必勝而後返，如不用命，吾先斬汝矣！」鏖戰數十合，賊屍布野，得馬數百匹。楊再興以單騎入其軍，擒兀术不獲，手殺數百人而還。初，兀术有勁軍，皆重鎧，貫以韋索，凡三人爲聯，號「拐子馬」，又號「鐵浮圖」，堵牆而進，官軍不能當，所至屢勝。是戰也，以萬五千騎來。諸將懼，先臣笑曰：「易爾！」乃命步人以麻扎刀〔三〕入陣，勿仰視，第斫馬足。拐子馬既相聯合，一馬僨，二馬皆不能行，坐而待斃，官軍奮擊，僵屍如丘。兀术大慟曰：「自海上起兵，皆以此勝，今已矣！」拐子馬由是遂廢。〔四〕

〔一〕《中興小紀》卷八：「龍虎大王者，乃僞封王爵而監龍虎軍，〔兀术〕之壻也。」此段文字以《皇朝中興紀事本末》卷一三參校。

《金佗續編》卷一一《照會四太子勾諸處軍馬攻打楚州省劄》：「今月五日，據金賊漢兒軍蔡鶻突、李添兒并帶到馬二疋，前來投拜。據逐人分析，一名蔡鶻突，係監軍龍虎大王下千户秦明郎下毛毛可，隨秦明郎相合得監軍前來，至正月十四日夜，到壽春府。……紹興十一年二月九日。」

《金史》卷八〇《突合速傳》：「突合速，宗室子。……天眷初，除彰德軍節度使。三年，爲元帥左監軍。」

又同書卷八〇《大㚖傳》：「天眷三年，罷漢、渤海千户、謀克，以㚖舊臣，獨命依舊世襲千户。是歲，拜元帥右監軍。」據《金史》卷四《熙宗紀》，天眷三年，即紹興十年十二月，完顔阿離補與完顔撒離喝自元帥左、右監軍升任左、右副元帥，完顔突合速和大㚖當爲依次遞遷。宋方記載一般稱大㚖爲渤海萬户大撻不也，《金佗續編》既稱「監軍龍虎大王」，則龍虎大王即完顔突合速。金人稱「大王」並非「封王爵」，完顔突合速亦非完顔兀术之婿。據宋方記載，建炎四年，龍虎大王參加黄天蕩之戰（見《會編》卷二一七韓世忠神道碑，《中興小紀》卷八），後與完顔撻懶在淮東作戰，攻打楚州（見《金佗稡編》卷五第一五八頁）。

〔二〕《青宫譯語》：「蓋天大王（名完顔賽里）。」

《呻吟語》：「柔福帝姬歸蓋天大王賽里，名完顔宗賢。」

《宋俘記》：「蓋天大王賽里（名宗賢）。」

《金史》卷七〇《宗賢傳》：「宗賢本名賽里，習不失之孫也。」

《石林奏議》卷一二《奏乞立賞格募人擒捕兀术等用事首領十三人劄子》：「見主兵侵我者，不過十三人。兀术等八人則在京師，以窺淮、浙；撒哩褐等三人則在關中，以擾隴、蜀；僞蓋天大王等二人則在濬、滑，以主簽軍。」可知蓋天大王由河北路南下，增援完顔兀术。據《金史》卷一三五《金國語解》，「賽里」意爲「安樂」。

〔三〕麻扎刀　「扎」，原作「札」，據《金佗續編》卷二〇改。

《鶴林集》卷二〇《邊備劄子》：「中國所以制馬之具，亦豈無策。如宗澤軍以戰車當其衝，韓世忠軍以長斧斫其足，劉錡軍以竹筒盛熟豆亂其羣。近世畢再遇、扈再興之徒猶能募敢死軍，用麻扎刀以截其脛。」

《三朝北盟會編》卷二一五《征蒙記》：「（完顔兀术自述）吾昔南征，目見宋用軍器，大妙者不過神臂弓，次者重斧，外無所畏。」麻扎刀與大斧時爲以步擊騎之利器，岳家軍於郾城之戰中都曾使用。

〔四〕《金佗稡編》卷一六《龍虎等軍捷奏》：「今月初八日，探得有番賊酋首四太子、龍虎、蓋天大王、韓將軍親領馬軍一萬五千餘騎，例各鮮明衣甲，取徑路，離郾城縣北二十餘里。尋遣發背嵬、遊奕馬軍，自申時後，與賊戰鬭。將士各持麻扎刀、提刀、大斧，與賊手拽厮劈。鏖戰數十合，殺死賊兵滿野，不計其數。至天色昏黑，方始賊兵退，那奪到馬二百餘匹，委獲大捷。」

《宋會要輯稿》兵一四之三〇：「（紹興十年七月）十八日，湖北、京西路宣撫使司言：『今月初八日，有番賊酋首四太子、龍虎、蓋天大王、韓將軍親領軍馬一萬五千餘騎，取徑路，離郾城縣北二十餘里。尋遣背嵬、遊奕馬軍，自申時後，與賊鏖戰數十合，殺死賊兵滿野。天色昏黑，賊兵方退，奪到馬二百餘匹。』」

《金佗稡編》卷二高宗宸翰六十七：「覽卿七月五日及八日兩奏，聞虜併兵東京，及賊酋率衆侵犯，已獲勝捷。卿以忠義之氣，獨當强敵，志在殄滅賊衆，朕心深所傾屬。」

又同書卷二高宗宸翰六十八：「覽卿奏，八日之戰，虜以精騎衝堅，自謂奇計。卿遣背嵬、游奕迎破賊鋒，戕其酋領，實爲雋功。然大敵在近，卿以一軍，獨與決戰，忠義所奮，神明助之，再三嘉歎，不忘于懷。」今存郾城捷奏乃「八日」晚遞發，《宋會要》記載至臨安之日期，爲「十八日」，行程亦爲十一日。八日捷奏叙事簡略，言語含混，因「天色昏黑」，對戰果尚不及統計，只説「殺死賊兵滿野，不計其數」。宋高宗對此奏之結論爲「已獲勝捷」。此後，岳飛應另有一補充捷奏，今已佚失，然於宋高宗後一御札中業已提及。例如「戕其酋領」，已不知所殺之金朝「酋領」爲何人。宋高宗對第二奏之評價，謂之「雋功」。

《金佗續編》卷一〇《郾城獲捷支犒士卒省劄》：「樞密院奏：『勘會岳飛一軍於郾城縣，獨與番寇全軍接戰，大獲勝捷。』」如金方僅一萬五千騎兵，便不能謂之「全軍」，可知此一萬五千騎乃前鋒，後尚有大軍繼援，時完顔兀术之「全軍」應有十餘萬。《行實編年》説：「先臣自以輕騎駐于郾城縣。」從捷奏看，岳飛駐郾城縣僅有背嵬、遊奕兩軍。遊奕軍统制姚政駐守潁昌府，故在郾城縣僅有此軍之一部份。以岳家軍共十萬人，分十二軍估計(見《金佗稡編》卷九《遺事》第八五五頁)，則駐郾城縣至多不過一萬幾千人，除火頭、輜重兵、守城兵外，參戰兵力顯然不多。可知應爲以寡擊衆之惡戰與硬仗。

《紫微集》卷一二《梁吉等爲與烏珠(兀术)接戰獲捷各轉一官制》：「勑：『向者大將鏖戰郾城，爾等實豫戎行，皆克致命。譬如捕鹿，或角其前，或掎其側，用能使敵人之强，不得逞志於我。

宜頒顯賞，以酬爾庸。益圖尤功，嗣有褒陟。』可。」時立戰功者可遷「兩官」以上（見《宋會要》兵一八），梁吉等人顯然尚非戰功卓著者。

又同書卷一一三《楊光凝係左修職郎湖北京西宣撫司准備差遣節次與烏珠（兀朮）等見陣皆獲勝捷合循兩資吳師中事同前循左承直郎制》：「敕：『朕推轂將帥，以宣閫外之威；佐其發興，亦賴幕中之士。乃者郾城之役，爾預有勞。秩以官榮，用示勸獎。』可。」文士楊光凝和吳師中爲岳飛幕僚中之立功者。按其官銜有「左」字，可知乃科舉進士出身。依《宋史》卷一六九《職官志》所載推算，兩人分别陞兩官和五官。

《三朝北盟會編》卷二〇四：「（紹興十年七月）八日己酉，岳飛及金人兀朮戰於郾城縣，敗之。楊再興單騎入虜陣，欲直擒兀朮，不獲，殺數十百人而還，身被數十創。」

《建炎以來繫年要録》卷一三七：「（紹興十年七月己酉）是日，湖北、京西宣撫使岳飛自與越國王宗弼戰於郾城縣，敗之，殺其裨將。是役也，統制官楊再興單騎入虜陣，欲擒宗弼，不獲，身被數十創，猶殺數百人而退。」

《宋史》卷二九《高宗紀》：「（紹興十年七月）己酉，岳飛及兀朮戰于郾城縣，敗之。」

又同書卷三六八《楊再興傳》：「飛敗金人於郾城，兀朮怒，合龍虎大王、蓋天大王及韓常兵逼之。飛遣子雲當敵，鏖戰數十合，敵不支。再興以單騎入其軍，擒兀朮不獲，手殺數百人而還。」以下就「拐子馬」、「鐵浮圖」等另作説明。

《續資治通鑑長編》卷五六：「(景德元年七月乙未)詔北面都部署，自今與敵鬬，陣既成列，除東、西拐子馬及無地分馬外，更募使臣、軍校拳勇者，量地形遠近，押輕騎以備應援。先是，以大陣步、騎相半，敵諜知王師不敢擅離本處，多盡力偏攻一面，既衆寡不敵，罕能成功，故有是詔。」

《宋史》卷一七〇《職官志》注：「又有拐子馬，無地〔分〕馬，選武幹者別領之。」

《武經總要》前集卷七：「東、西拐子馬陣，爲大陣之左、右翼也。大宋〔西〕、北面行營拐子陣，並選精騎。夷狄用兵，每弓騎暴集，偏攻大陣一面，捍禦不及，則有奔突之患。因置拐子陣，以爲救援，其兵量大陣之數，臨時抽揀。」《武經總要》前集卷一〇尚有攻城之「頭車」圖，其中一插入車轅，兩旁突出之横木，名「拐子木」。

《攻媿集》卷九五《簽書樞密院事贈資政殿大學士謚節愍王公神道碑》：「靖康寇犯京城，公以太平日久，官軍驕惰不可用，于是上書言民兵之利，欲使貧富相資，以弭内憂。書奏，召對，翼日，授迪功郎，充都大提舉守禦使司幹辦公事。敵先攻通津門拐子城，公説統制官鄭建雄選健卒，縋而出戰，敵失利，小却。」可知「拐子馬」、「拐子陣」、「拐子木」、「拐子城」等，乃宋時漢人口語，其含義與今「拐杖」之「拐」字相近，而非女真語。

《三朝北盟會編》卷二〇一《順昌戰勝破賊録》：「四太子披白袍，〔乘〕甲馬，往來指呼，以渠自將牙兵三千策應，皆重鎧全裝，虜號『鐵浮圖』，又號『扢叉千户』。其精鋭特甚，自用兵以來，所向無前，至是亦爲官軍殺傷。……方其接戰時，酈瓊、孔彦舟、趙提刀等皆單騎列於陣外，有河北簽軍告官軍曰：『我輩元是左護軍，本無鬭志，所可殺者，止是兩拐子馬。』故官軍力爲破之，皆四太子平日所倚仗者，十損七、八。」左護軍即原劉光世部，由酈瓊裹脅降僞齊者。

又同書卷二〇二汪若海劄子：「其所將攻城士卒，號『鐵浮屠』，又曰『鐵塔兵』，被兩重鐵兜牟，周匝皆綴長簷，其下乃有氈枕。三人爲伍，以皮索相連，後用拒馬子；人進一步，移馬子一步，示不反顧。以鐵騎爲左、右翼，號『拐子馬』，皆是女真充之。自用兵以來，所不能攻之城，即勾集此軍。……兀朮大怒，親擁三千餘騎，直扣東門，射城上人，〔矢〕著城上礮架皆滿，又被城上軍以勁弩射走。」女真語之「扢叉千户」，即是漢語的「牙兵」（見本卷第六二二頁）。楊汝翼《順昌戰勝破賊録》只提及「兩拐子馬」，汪若海劄子則明確説即爲「左、右翼」騎兵，與前引北宋《武經總要》和《續資治通鑑長編》之記載相合。所異者，則爲鐵浮圖。依楊汝翼之説，即完顔兀朮之「牙兵」，汪若海則説爲另一種「三人爲伍，以皮索相連」之「攻城」兵，應非騎兵，或是騎兵步戰。鐵浮圖應爲形容女真兵披戴重甲，猶如鐵塔一般，故又稱「鐵塔兵」。至於戰鬭中用於什麽部位，應是另一回事，可充正兵，亦可充兩翼奇兵，即所謂「兩拐子馬」，又可充完顔兀朮牙兵。由此可知，楊汝翼和汪若海之記述未必互相矛盾。《行實編年》將鐵浮圖與拐子馬混爲一談，係誤。

《宋朝南渡十將傳》卷一《劉錡傳》：「方大戰時，兀述被白袍，乘甲馬，以所將牙兵三千人出入陣間，往來督戰。虜兵皆重鎧，號『鐵浮圖』，又曰『扢叉千户』，戴鐵兜牟，周匝綴長簷，其下有氊枕。三人爲伍，貫以皮索，後以拒馬擁之；人進一步，拒馬亦進，進不可却。官軍以槍標去其兜牟，大斧斷其臂，碎其首。虜人又以鐵騎爲左、右翼，號『拐子馬』，皆以女真爲之，號『長勝軍』，攻堅或戰酣，然後用之。自用兵以來，所向無前，至是亦爲我師所殺。……有河北僉軍告官軍曰：『我輩元是左護軍，本無鬬志，所可殺者，兩翼拐子馬爾。』故我師力擊之，兀述平日恃以爲强者，什損七、八。」章穎《劉錡傳》兼採楊汝翼和汪若海有關鐵浮圖之記述，却又弄巧成拙。在其筆下，三千鐵浮圖「牙兵」既隨完顏兀术「往來督戰」，而作爲「牙兵」同義語之「扢叉千户」，又「三人爲伍，貫以皮索」，動轉不靈，自相牴牾。《要録》卷一三六所述順昌戰役之謬誤亦同。

《宋史》卷三七七《陳規傳》：「兀术下令，晨飯府庭，且折箭爲誓，并兵十餘萬攻城，自將鐵浮屠軍三千遊擊。規與錡行城，勉激諸將，流矢及衣，無懼色。」此爲紹興十年順昌之戰時另一有關「鐵浮屠」之記載。

《石林居士建康集》卷一《聞兀术將過淮再遣晁公昂覘師》：「狂酋屢慣騁長驅，未省新軍有被廬。快飲勿辭金鑿落，先聲須破鐵浮圖（虜將下親兵皆精練，號『鐵浮圖』）。」這是紹興十一年初的記載。

《三朝北盟會編》卷二四三《煬王江上録》：「擇日遷都燕山府，以護駕軍三十萬、鐵浮圖一十萬，紫茸細軍一萬爲先鋒。」可知順昌、郾城等戰十餘年後，金朝仍有鐵浮圖軍，但不作完顏亮親兵，完顏亮親兵爲紫茸軍。

又同書卷二〇五：「（紹興十一年二月）十八日丁亥，張俊、楊沂中、劉錡及金人戰於柘皋鎮，大破其軍。……金人以拐子馬兩翼而進，（王）德率衆鏖戰，大破之。」此爲順昌、郾城之戰翌年，金軍仍以左、右翼「拐子馬」軍作戰之記録，《要録》卷一三九，《宋朝南渡十將傳》卷一《劉錡傳》，《宋史》卷三六七《楊存中傳》所載相同。

《琬琰集删存》卷三《故太尉威武軍節度使提舉萬壽觀食邑六千一百户食實封貳千户隴西郡開國公致仕贈開府儀同三司李公行狀》：「（隆興元年）五月甲午，渡淮。丙申，僞都統蕭錡領兵拒戰于陡溝，張左、右翼，公（李顯忠）指謂諸將曰：『此所謂拐子馬，虜之長技也。』張榮請爲先鋒，公授以方略，一鼓而虜騎奔潰。」

《水心别集》卷一六《後總》注：「虜已越淮，復阻廣塹，兵少則不能攻，兵多則不能布陣。拐子馬，虜之長技，無所用也。」

《昌谷集》卷一三《上荆湖宣諭薛侍郎劄子》：「弩法之有番次，陣法之有駐隊，使之騎之不足以敵步，拐子馬之不足以敵陣脚。」上引兩條記載皆於宋寧宗時，《昌谷集》大致與《行實編年》同時，《水心别集》所載更在《行實編年》後十餘年。《行實編年》「拐子馬由是遂廢」之説，全然訛謬。無論鐵浮圖一類重甲騎兵，抑或「以拐子馬兩翼而進」之戰術，皆未於郾城戰後廢除。以下介紹金軍戰術特長。

《琬琰集删存》卷一《吴武順王璘安民保蜀定功同德之碑》：「嘗自著《兵法》二篇，上篇《兵要》，下篇《陣圖》。大略以謂虜有四長，我有四短，當反我之短，制彼之長。虜之四長曰騎兵，曰堅忍，曰甲重，曰弓矢。」「甲重」，《宋史》卷三六六《吴璘傳》作「重甲」。

《三朝北盟會編》卷一九五吴玠墓銘：「後胡世將爲川、陝宣撫使，公弟吴璘適在軍中，一日，從容問公所以戰，則曰：『璘與先兄束髮從軍，屢戰西戎，不過一進卻之間，勝負決矣。至金人則勝不追，敗不亂，整軍在後，更進迭卻，堅忍持久，令酷而下必死，每戰非累日不決，蓋自昔用兵所未嘗見。勝之之道，非屢與之角者，莫能盡知，然其要在用所長，去所短而已。蓋金人之弓矢，不若中國之勁利；而中國之士卒，不若金人之堅忍。盡吾長技，洞中重甲數百步外，則彼固不能及我。據其形便，更出鋭卒，與之爲無窮，以沮其堅忍之勢，則我固有以制彼。至于決機兩陣之間，變化如神，默運乎心術之微，則璘有不能言者。』」

《雲麓漫鈔》卷四：「紹興初，嘗獲北方探事人，云：『虜用兵多用鋭陣，一陣退，復一陣來，每一陣重如一陣。重兵既多，即作圓陣以旋敵人；若敵人復作圓陣外向，即下馬步戰，待其敗走，上馬追之。自用兵以來如此。』」

《三朝北盟會編》卷二四四《金虜圖經》：「虜人用兵專尚騎，間有步者，乃簽差漢兒，悉非真虜人。取勝全不責於步，惟運薪水，掘壕塹，張虛勢，搬糧草而已。騎不以多寡，約五十騎爲一隊，相去百步而行。居常以兩騎自隨，戰騎則閑牽之，待敵而後用。又有一貼軍，曰阿里喜，如遇正軍病，即以貼軍代行。……其臨大敵也，必以步軍當先，精騎兩翼之，或進或退，見可而前，弓矢亦不妄發。虜流有言曰：『不能打一百餘箇回合，何以謂馬軍！』蓋騎善乎往來衝突而已。遇敗亦不散，去則逐隊徐徐而退。弓力止七斗，箭極長，刀劍亦不取其快利。甲止半身，護膝微存，馬甲亦甚輕。」

《歷代名臣奏議》卷九〇呂頤浩奏：「虜人遇中國之兵，往往以鐵騎張兩翼，前來圍掩。」金和西夏皆以騎兵爲主，據吴玠經驗之談，西夏騎兵「一進卻之間」，即可定勝負。女真騎兵則極富堅忍性，「敗不亂」，「善乎往來衝突」，「更進迭卻」。故郾城之戰時，雙方「鏖戰數十合」，方決勝負。女真用兵之戰術，常以步兵作正兵，而倚仗左、右翼騎兵，即拐子馬迂迴側擊。故直至宋寧宗時，葉適《水心別集》仍稱「拐子馬，虜之長技」。郾城之戰時，女真騎兵亦應以兩翼拐子馬，「更進迭卻」，作「數十合」之鏖鬭。前引《紫微集》梁吉等轉官制，「或角其前，或掎其側」，可資旁證。

《晉書》卷一〇七《石季龍載記》：「（慕容）恪乃以鐵鎖連馬，簡善射鮮卑勇而無剛者五千，方陣而前。」晉朝記載證明，金軍偶而採用「三人爲聯」，「貫以韋索」戰術，非絶無可能，而必爲岳珂杜撰。然使用此動轉不靈之戰術，應爲正面衝擊，而不應爲兩翼拐子馬之迂迴側擊。前引宋高宗御札：「覽卿奏，八日之戰，虜以精騎衝堅，自謂奇計。」似可作「三人爲聯」，「貫以韋索」戰術理解。如金軍僅使用兩翼拐子馬交鋒，乃是慣伎，而非「奇計」。

兀术復益兵，至郾城北五里店。初十日，背嵬部將王剛〔一〕以五十騎出覘虜，遇之，奮身先入，斬其將阿李朵孛堇，賊大駭。先臣時出踏戰地，〔二〕望見黄塵蔽天，衆欲少卻，先臣曰：「不可，汝等封侯取賞之機，正在此舉，豈可後時！」自以四十騎馳出，都訓練霍堅者扣馬諫曰：「相公爲國重臣，安危所係，奈何輕敵！」先臣鞭堅手，麾之曰：「非爾所知！」乃突戰賊陣前，左右馳射，士氣增倍，無不一當百，呼聲動地，一鼓敗之。〔三〕

〔一〕王剛　「剛」，原作「綱」，據《金佗稡編》卷一六《郾城縣北并垣曲縣等捷奏》改。

〔二〕出踏戰地　「踏」，原作「路」，嘉靖本同，據《紀事實録》改，浙本作「視」。

〔三〕一鼓敗之　「敗」，原作「攻」，嘉靖本同，據《紀事實録》改。

《金佗稡編》卷一六《郾城縣北并垣曲縣等捷奏》：「今月初十日申時，據巡綽馬報覆，有番賊馬軍一千餘騎，徑來侵犯郾城縣北五里店，在後塵頭不絶，不知數目。臣躬親提領軍馬，出城迎敵。遣差背嵬將官王剛等，將帶背嵬使臣五十餘人騎，前去探賊。據王剛等稱，於五里店見賊擺一字陣，内見一名甲上着紫袍，認是頭領。遂一齊入賊軍，併手斫下上件頭領，其餘賊衆一發退走。今於斫下屍首上并馬鬃上，取到紅漆牌子二箇，上題寫『阿李朵孛堇』。追趕賊馬二十餘里。」可知十日之戰，是五十騎迎敵千餘騎之小戰，殺金將一員。《行實編年》岳飛「突戰賊陣前，左右馳射」等記事，非十日戰況。如屬「訪於遺卒」之回憶，應爲八日戰況。

《三朝北盟會編》卷二〇四：「（紹興十年七月）十日辛亥，岳飛敗金人於郾城縣。是日，殺金人將阿李朵孛堇。」

又同書卷二〇八《林泉野記》：「飛再破兀术於郾城縣，殺其將阿李朵孛堇。」

《金佗續編》卷二八《吴拯編鄂王事》：「侯與兀术戰郾城縣，敗之；再戰，又敗之。」

《皇宋十朝綱要校正》卷二三：「（紹興十年七月）飛駐兵郾城縣，丙午，金人來攻，飛出，與戰，破之。

己酉，兀术、龍虎大王復舉兵來攻，戰於縣北二十餘里，又敗之。……

辛亥，金人再犯郾城，諸軍戰少却，岳飛遣其子雲率兵進戰，破之。」此書記述與諸書不同，又增五日丙午一戰，十日之戰況亦異。

《金佗續編》卷四《郾城斬賊將阿李朵孛堇大獲勝捷賜詔獎諭仍降關子錢犒賞戰士》：「敕：『自羯胡入寇，今十五年，我師臨陣，何啻百戰。曾未聞遠以孤軍，當兹巨孽，抗犬羊並集之衆，於平原曠野之中，如今日之用命者也。蓋卿忠義貫於神明，威惠孚於士卒，暨爾在行之旅，感懷克敵之心，陷陣摧堅，計不反顧，鏖鬭屢合，醜類敗衄。念兹鋒鏑之交，重有傷夷之苦，俾爾至此，時予之辜。惟虜勢之已窮，而吾軍之方振，尚效功名之志，亟聞殄滅之期。載想忠勤，彌深嘉歎，降關子錢二十萬貫，犒賞戰士。……』」此獎諭詔應指七月八日大戰，而非七月十日小捷，反映宋廷當時對郾城一戰之絶高評價。岳飛遇害後，宋高宗和秦檜竭力抹煞岳家軍戰功，故宋人談紹興十年與十一年戰事，一般只提順昌和柘皋兩捷，而不提郾城與數日後之潁昌兩捷。據《金佗續編》卷一〇《獎諭郾城獲捷省劄》，此獎諭詔應發於七月二十二日或稍後。《紫微集》卷一二《韓之美係湖北京西宣撫司幹辦公事累與烏珠（兀术）等見大陣獲捷轉右朝議大夫依前直秘閣制》：「敕：『爾贊畫大將，遏寇有庸。既疇爾勞，以行賞典，載稽故事，更錫命書。特越録於彝章，俾進秩於少列，上還故印，往服新褒。深惟絶異之施，無效衆人之報。』可。」

捷聞，上賜札曰：「覽卿奏，八日之戰，虜以精騎衝堅，自謂奇計。卿遣背嵬、遊奕迎破賊鋒，戕其酋領，實爲雋功。然大敵在近，卿以一軍，獨與決戰，忠義所奮，神明助之，再三嘉歎，不忘于懷。」時上又遣内侍李世良詣先臣軍，傳宣撫問，賜金合茶、藥，金千兩，銀五萬兩，錢十萬緡。〔一〕尋又賜錢二十萬緡，半以賞復鄭州兵，半以予宣撫司非時支使。〔二〕

〔一〕《金佗續編》卷一〇《賜金帶金椀等省劄》：「三省、樞密院同奉聖旨，岳飛提兵已至蔡州，遣發官兵，收復潁昌府。可差内侍黄彦節前去傳宣撫問，仍賜金合茶、藥，及支降金帶、金椀壹千兩，其已支犒軍銀并折絹銀可共添賜作伍萬兩。令彦節管押赴軍前，委岳飛將立功官兵等第給賜。……紹興十年七月四日。」

又同書卷一〇《改差内侍李世良管押御賜金帶金椀等省劄》：「三省、樞密院同奉聖旨，岳飛提兵至蔡州，連捷收復潁昌、淮寧府。可差内侍李世良前去傳宣撫問，仍賜金合茶、藥，及支降金帶、金椀壹千兩，銀伍萬兩，見錢關子拾萬貫。令世良一就管押前去，赴軍前，委岳飛將立功官兵等第給賜。其先差黄彦節更不遣行。……紹興十年七月六日。」張憲於閏六月二十四日收復陳州（淮寧府），與二十五日董先潁昌之戰合爲一奏，閏月計二十九日，宋廷於七月六日發省劄，可知捷奏至臨安之行程爲十一日。

〔三〕《金佗續編》卷一〇《照會支撥收復鄭州激賞錢省劄》：「勘會岳飛遣發官兵，收復鄭州，并日後所用激賞合行支降。七月八日，三省同奉聖旨，令行在榷貨務限叁日，更行印造見錢關子貳拾萬貫，付岳飛。内壹拾萬貫激賞收復鄭州得功官兵，餘壹拾萬貫充宣撫司非時支使。其錢仰鄂州總領司疾速樁垛，候到照驗，即時支給。……紹興十年七月八日。」楊成收復鄭州亦於閏六月二十五日，因王貴申報抵達岳飛宣撫司，尚須時日，故宋廷回覆省劄遲至七月八日，計行程十三日。

又同書卷一〇《李供奉押賜收復鄭州支犒錢省劄》：「勘會續降指揮，岳宣撫遣發官兵，收復鄭州，并日後所用激賞，令榷貨務限叁日，更行印造見錢關子貳拾萬貫，内壹拾萬貫激賞收復鄭州得功官兵，餘壹拾萬貫充宣撫司非時支使。今據榷貨務供到，今月初九日可以印造了當。

須議指揮。

右已劄下睿思殿祗候、入内李供奉，一就押賜前去。……紹興十年七月九日。」可知郾城七月八日大戰之翌日，李世良尚未啟程。

兀术又率其衆併力復來，頓兵十二萬于臨潁縣。十三日，楊再興以三百騎至小商橋，與賊遇。再興驟與之戰，殺虜二千餘人，并萬户撒八孛堇、〔一〕千户、百人長、毛毛可百餘人，〔二〕再興死之。〔三〕張憲繼至，破其潰兵八千，兀术夜遁。〔四〕

〔一〕《金史》卷一三五《國語解》：「撒八，迅速之義。」

〔二〕據《金佗稡編》卷四第一〇二頁注〔四〕引《金史》卷四四《兵志》和《三朝北盟會編》卷三，卷二四四《金虜圖經》所載，「其部長曰孛堇，行兵則稱曰猛安、謀克，從其多寡以爲號。猛安者，千夫長也；謀克者，百夫長也。謀克之副曰蒲里衍」。「萌眼」爲「猛安」之歧譯，「毛毛可」爲「謀克」之歧譯。按萬夫長、千夫長之類，女真語全稱應爲忒母、猛安等孛堇，「萬户撒八孛堇」、「萬户少主孛堇」等即是全稱。但有時或可省略「孛堇」一詞。據民族研究所劉鳳翥同志説，「猛安」在女真語中意爲「千」，另有音「湯古」一詞，意爲「百」，而「謀克」在女真語中却爲「氏族」或「部落」之意，後轉用於猛安之下一級軍事編制單位。《行實編年》之「百人長、毛毛可」，無疑爲同一詞之重複。所以出現此種混亂，是否可從「謀克」一詞之原義，「孛堇」一詞之時或省略，作一些推測或解釋。

《宋會要輯稿》兵一四之三四：「（紹興十一年二月）十九日，三京等路招撫使劉光世言：『前軍都統制李顯忠、吴錫過江，掩殺金賊。……捉到活人五十六人，内一名係千户，五人係毛毛可，一人係百人長。……』」據此，則毛毛可與百人長在其他宋人記載中亦或並不等同。《行實編年》載殺金朝軍官「百餘人」，似應包括五十夫長蒲輦在内。

〔三〕《金佗續編》卷二〇《鄂王傳》：「再興，賊曹成將也。戰敗被執，飛釋縛用之，戒以盡忠報國，卒能盡力。焚其屍，得箭鏃二升，蓋堅忍不畏死，不死不止也。」

〔四〕《紫微集》卷一九《楊再興、王蘭、高林、羅彦等爲與番兵接戰，陣歿，各贈五官制》：「捐軀徇義者，臣子之極忠；隱恤崇終者，國家之盛典。其敷錫於名命，以風示於邇遐。具官某拔由閭伍之中，奮迹戎行之右，秉懷壯烈，挺志沉雄。比隨票姚之師，深入强敵之境。方幸金吾之擊鄙，屢以勝聞；復悲國子之歸元，遂推閔典。俾進階於横列，用追賁於營魂，豈徒章死事之褒，亦以爲在列之勸。惟其英爽，尚識哀榮。」

又同書卷一九《楊再興、高林、王蘭、羅彦、姚侑、李德爲岳飛奏，已蒙贈五官，今乞贈七官，恩澤六資。姚侑、李德各贈六官，恩澤依舊。羅彦依舊制》：「敕：『朕閔死事之臣，既加追賁，慮未盡於隱恤，肆申錫於命書。具官某捐軀百戰之餘，殞命鋒刃之下，原其積志，悼痛不忘。深陋齊人尚稽溕聚之賞，遠師漢武更字羽林之孤，俾再刻於密章，示極隆於閟策。精爽未泯，尚服哀榮。』可。」

《金佗稡編》卷九《遺事》：「御衆得其死力，楊再興歿于虜，焚其屍，得矢鏃二升，蓋不債不止也。」

又同書卷一六《小商橋捷奏》：「本司前軍統制、同提舉一行事務張憲申：『今月十三日，統率背嵬、遊奕并諸軍人馬，起發前來小商橋北一帶，至臨潁縣，措置掩殺金賊。於今月十四日天明，據綽路馬報，臨潁縣南逢金賊，綽路馬遂追趕過縣三十餘里，殺死賊兵不知數目，其賊望潁昌府、尉氏縣路前去。委獲勝捷。』」完顏兀术郾城戰敗後，以全軍十餘萬兵力佔據臨潁縣，企圖切斷潁昌府和郾城縣兩支岳家軍之聯繫。張憲前軍等，應於十日郾城再戰之後，方前往郾城縣會師。他率前軍、背嵬軍、遊奕軍與「諸軍人馬」，組成較雄厚之兵力，應是尋求與完顏兀术大軍決戰。十三日，楊再興三百騎至小商橋一帶，猝然與完顏兀术大軍遭遇，英勇戰死。至十四日天明，張憲大軍抵達時，完顏兀术大軍已轉攻潁昌府。故張憲軍輕而易舉地擊潰完顏兀术剩餘之八千金軍，重佔臨潁縣。

《三朝北盟會編》卷二〇五《淮西從軍記》：「六月，錡大破金人於順昌，兀术狼狽敗還。朝廷之威遂振，於是下命，以韓世忠、張俊、岳飛各以本路宣撫兼河南、北招討使，並進兵。閏六月至七月，世忠取海州，俊取亳州，又取宿州，飛取蔡州，又取陳州，京東、西皆響應。既而三帥相繼班師。先是，飛方至陳州，而俊已定宿、亳，遂還壽春，引兵南渡而歸。金人探知，於是併力出兵以禦飛。飛兵不能支，幾敗，告急於錡。錡爲出兵牽制，抵太康，金人乃退，飛軍得還。」《宋朝南渡十將傳》卷一《劉錡傳》：「命韓世忠、張俊、岳飛各以本路宣撫兼〔河〕南、北招討使，並進兵。自閏六月至七月，世忠取海州，俊取亳州、宿州，飛取蔡州、陳州，京東、西響應。岳飛軍屯潁昌，別軍屯郾城，兵斷不得合。遣驍將楊再興擊賊，不利，再興戰殁。飛以急告錡，或言：『當言於朝，而後發兵。』錡曰：『皆王事也，待報則無及矣。』遂往助之，即遣別將雷仲、柳倪直趨太康縣。諸將曰：『賊在沙河，而詣太康，非路也。』錡曰：『第如言，我軍至太康，彼必退矣。』其夜，軍至太康，虜果解去。」此兩條記載誇張劉錡戰績而失實。岳飛向劉錡求援，應反映自郾城之戰至潁昌之戰六、七日間，岳家軍所處之嚴峻形勢，而爲岳珂《行實編年》所諱言。然岳家軍乃於孤軍無援之情勢下，獨力擊破完顏兀术之大舉反撲。楊再興戰死之翌日，張憲復臨潁縣，王貴、岳雲等軍又於潁昌府大捷，完顏兀术遂逃歸開封。劉錡撥左、右兩軍返鎮江府後，僅餘一萬數千人，其前往開封府太康縣之偏師，估計不過幾千人。劉錡軍爲步兵，僅有「騎數百」（《會編》卷二〇五《淮西從軍記》），故行動並不快速。其偏師至開封府東南太康縣，未遇金兵，乃岳家軍破敵之故，而對戰局並無影響。或者如《皇宋十朝綱要校正》卷二三所載：「（七月）庚申，劉錡遣統制雷仲掩襲金人千户樂也孛堇於太康縣圍鎮，連敗之。」只是與一金軍千夫長交鋒，且於十四日乙卯潁昌之戰後五天，即十九日庚申，显然未对岳家軍自郾城至潁昌之戰局起何作用。《淮西從軍記》和《宋朝南渡十將傳》卷一《劉錡傳》固然褒贊劉錡，其實，他未能趁岳家軍與完顔兀术大軍決戰之機，直擣舊京，確是真實地反映劉錡之抗金積極性和將略的水準。

《三朝北盟會編》卷二〇四：「（紹興十年七月）十四日乙卯，岳飛統制王貴、姚政敗兀术於潁昌府。楊再興、王蘭、高林殁於陣。楊再興、王蘭以五百騎直入虜陣，殺數千人，再興與蘭皆陣殁，高林亦戰死，聞者惜之。獲再興之屍，焚之，得箭頭二升。天大雨，溪澗皆滿溢，虜騎不得進，官軍乃得還。」

《建炎以來繫年要録》卷一三七：「（紹興十年七月乙卯）湖北、京西宣撫司都統制王貴、統制官姚政及金人戰於潁昌府，敗之。初，岳飛以重兵駐潁昌，欲爲久駐之計。會張俊自亳州南歸，金人諜知飛孤軍無援，於是併兵以禦飛。飛不能支吾，告急於淮北宣撫判官劉錡。錡遣統制官雷仲出兵牽制，抵太康縣。是役也，飛將官楊再興、王蘭、高林皆戰死。獲再興之屍，焚之，得箭鏃二升。會天大雨，溪澗皆溢，虜騎不得前，官軍乃退。（此以趙甡之《遺史》、《岳侯傳》、《淮西從軍記》參修。）」《會編》與《要録》將楊再興等戰死繫於潁昌之戰時，係誤。《宋史》卷二九《高宗紀》：「（紹興十年七月）甲寅，岳飛遣統制楊再興、王蘭等擊金人於小商橋，皆戰死。」楊再興之實職，《要録》説爲「將官」，即正將、副將、準備將之類，《要録》同卷己酉條載郾城之戰，又稱「統制官」，《宋史·高宗紀》亦同。《金佗稡編》卷二高宗宸翰六十九岳珂説明詞則稱「小校楊再興」。楊再興於紹興六年北伐時爲副將，此時估計至多陞正將。如爲統率一軍之統制，不會僅率三百騎往小商橋巡綽。

《三朝北盟會編》卷二〇七《岳侯傳》：「兀朮并龍虎大王、威武將軍韓常兵十二萬屯臨潁。侯在郾城，遣楊再興、李璋將騎軍三百，爲一隊，至近臨潁，遇兀朮大軍戰，楊再興、王蘭戰歿。侯整齪軍馬，連夜起發，於次日早拂明，至小商橋，離臨潁二十里下寨，有探騎報曰：『夜來三更，兀朮并韓將軍等人馬起寨退走，前去汴京。』」

又同書卷二〇八《林泉野記》：「張憲敗之臨潁縣。」

《宋史》卷三六八《張憲傳》：「兀朮頓兵十二萬於臨潁縣，楊再興與戰，死之。憲繼至，破其潰兵八千，兀朮夜遁。」

又同書卷三六八《楊再興傳》：「兀朮憤甚，併力復來，頓兵十二萬於臨潁。再興以三百騎遇敵於小商橋，驟與之戰，殺二千餘人，及萬户撒八孛堇、千户百人，再興戰死。後獲其屍，焚之，得箭鏃二升。」

郾城方再捷，先臣謂臣雲曰：「賊犯郾城，屢失利，必回鋒以攻潁昌，汝宜速以背嵬援王貴。」既而兀朮果以兵十萬、騎三萬來。於是，貴將遊奕，雲將背嵬，戰于城西。虜陣自舞陽橋以南，橫亘十餘里，金鼓振天，城堞爲搖。臣雲令諸軍勿牽馬執俘，視梆而發，以騎兵八百，挺前決戰，步軍張左右翼繼進。自辰至午，戰方酣，董先、胡清繼之。虜大敗，死者五千餘人，〔一〕殺其統軍、上將軍夏金吾（失其名），〔二〕并千户五人，擒渤海、漢兒王松壽，女真、漢兒都提點、千户張來孫，〔三〕千户阿黎不，左班祗候承制田瓘以下七十八人，小番二千餘人，獲馬三千餘匹及雪護闌馬一匹，〔四〕金印七枚〔五〕以獻。兀术狼狽遁去，副統軍粘汗孛堇重創，輿至京師而死。〔六〕

〔一〕五千餘人　《金佗稡編》卷一六《王貴潁昌捷奏》原作「五百餘人」，一次激烈之鏖戰，不可能僅殺敵五百人，完顏兀术十多萬人即可全軍潰敗，「狼狽遁去」，應以「五千餘人」爲準，「百」字應係刊誤。

〔二〕《金史》卷五五《百官志》：「正三品：上曰龍虎衛上將軍，中曰金吾衛上將軍，下曰驃騎衛上將軍。從三品：上曰奉國上將軍，中曰輔國上將軍，下曰鎮國上將軍。正四品：上曰昭武大將軍，中曰昭毅大將軍，下曰昭勇大將軍。」金熙宗時，已頒行此「漢官之制」。據《金佗稡編》卷一六《李興吴琦轉官告乞付軍前給降奏》，李成爲從三品之「奉國上將軍」，又《金佗稡編》卷一六《王貴潁昌捷奏》載，韓常爲正四品之「昭武大將軍」。「上將軍夏金吾」即爲正三品之金吾衛上將軍，其官位高於李成和韓常。

又同書卷五七《百官志》：「統軍司（河南、山西、陝西、益都）：使一員，正三品，督領軍馬，鎮攝封陲，分營衛，視察姦。副統軍一員，正四品。」可知夏姓金吾衛上將軍之實職爲統軍使，虚階和實職之官品一致。副統軍即是《行實編年》往後所載之粘汗。今存文獻中，無女真人用夏姓之例證，夏金吾疑非女真人。《王貴穎昌捷奏》載「殺死萬戶一人」，疑即夏金吾。

〔三〕張來孫官銜爲「女真、漢兒都提點、千户」，而王松壽官銜却爲「渤海、漢兒」，應脱「都提點、千户」五字。估計王松壽之部伍乃渤海人與原遼朝統治區漢人混合編組，張來孫之部伍乃女真人與原遼朝統治區漢人混合編組。

〔四〕據民族研究所劉鳳翥同志説，《女真譯語》中無「雪護闌」一詞。與「雪護闌」音相近者，有「撒哈良」，意爲黑。此外，女真語「塞革」，意爲好，音與「雪」相近。「兀魯」，意爲棗；「弗剌江」，意爲紅色，「弗剌」爲紅，「江」爲色；「弗剌江」或「兀魯」，音亦與「護闌」相近。故雪護闌馬應爲黑馬、紅色之駿馬或棗紅色之駿馬。

《酉陽雜俎》前集卷一六《毛篇》：「馬：虜中護蘭馬五，白馬也，亦曰玉面諳真馬，十三歲馬也。以十三歲以下可以留種。舊種馬：戎馬八尺，田馬七尺，駑馬六尺。」

《可書》：「宣和天駟中，有一馬，名烏護蘭，艱於銜勒。徽宗每乘，以幸金明池，賜名龍驤將軍。」另據《宋會要輯稿》兵二四之四，《山堂先生羣書考索》後集卷四四，當時馬的毛色多有「護蘭」之名，如「青之別二：純青、護蘭」，「烏之別五：純烏、釣星、歷面、白腳、護蘭；赤之別五：純赤、釣星、歷面、白腳、護蘭；紫之別六：純紫、釣星、歷面、白腳、緑鬃、護蘭」等。又《濟南集》卷三

《作塞上射獵行》：「紫髯將軍柳葉甲，銀騣護闌白玉勒。鐵林子弟八九千，飲馬渡橋過河北。」依上引記載，「護闌」難解其詞義，疑與「雪護闌馬」詞義相通，則「雪護闌馬」未必是女真語。

〔五〕七枚　底本，《紀事實録》和《金佗續編》卷二〇爲「七枚」，嘉靖本爲「十枚」。

〔六〕《金佗稡編》卷一六《王貴潁昌捷奏》：「據本司中軍統制、提舉一行事務王貴申：『依准指揮，統率諸軍人馬，於潁昌府屯駐。今月十四日辰時以來，有番賊四太子、鎮國大王、并昭武大將軍韓常及番賊萬户四人，親領番兵馬軍三萬餘騎，直抵潁昌府西門外擺列。貴遂令踏白軍統制董先、選鋒軍副統制胡清守城。貴親統中軍、遊奕軍人馬，并機宜岳雲將帶到背嵬軍出城迎戰。自辰時至午時，血戰數十合，當陣殺死萬户一人，千户五人。賊兵横屍滿野，約五千餘人，重傷番賊不知數目。其奪到戰馬、金、鼓、旗、槍、器甲等不計其數，見行根刷，續具數目供申次。委是大獲勝捷。』」據捷奏，王貴當「續具」捷奏上報，然另一補充捷奏今已佚失。《行實編年》叙述戰績，甚爲具體，當另有所據，估計應來源於另一補充捷奏。

《金佗續編》卷二七黄元振編岳飛事迹：「潁昌之戰，人爲血人，馬爲血馬，無一人肯回顧者，復中原有日矣。」

《金佗稡編》卷八：「王貴嘗以潁昌怯戰之故，爲臣雲所折責。比其凱旋，先臣猶怒不止，欲斬之，以諸將懇請，獲免。」

又同書卷九《諸子遺事》：「潁昌之役，大戰無慮十數合，出入虜陣，甲裳爲赤，體被百餘創。然每戰捷，先臣獨不上，故其功多不聞。」《遺事》：「潁昌之戰，功先諸將。」

《紫微集》卷一六《岳雲爲與番人接戰大獲勝捷除左武大夫遥郡防禦使制》：「勑：『師以勝歸，策勳於廟，禮也。若夫成功行封，猶有遺者，何以爲勞臣之勸哉！具官某，大帥之子，能以勇聞。比從偏師，親與敵角，刈旗斬將，厥功爲多。顯賞未行，殊非國典，其陞庸於横列，且遥領於捍防。益務忠勤，無墮乃力。』可。」此爲岳雲身前最後之陞官左武大夫、忠州防禦使制詞。

《金佗稡編》卷一五《辭男雲特轉恩命劄子》：「臣於今月二十六日准告，授臣男雲左武大夫、忠州防禦使。臣聞君之馭臣，固不吝於厚賞；父之教子，豈可責以近功。臣昨恭依睿算，與虜賊決戰於陳、潁之間，雲隨行迎敵，雖有薄效，殊未曾立到大功。遽超横列，仍領郡防，賞典過優，義不遑處。」

《三朝北盟會編》卷二〇四：「（紹興十年七月）十四日乙卯，岳飛統制王貴、姚政敗兀术於潁昌府。楊再興、王蘭、高林殁於陣。……天大雨，溪澗皆滿溢，虜騎不得進，官軍乃得還。」楊再興等戰死於潁昌府，因「天大雨」，「官軍乃得還」，係誤，但姚政應參加了潁昌大戰。

《建炎以來繫年要録》卷一三七：「（紹興十年七月乙卯）湖北、京西宣撫司都統制王貴、統制官姚政及金人戰於潁昌府，敗之。」

《宋史》卷二九《高宗紀》：「（紹興十年七月）乙卯，金人攻潁昌，岳飛遣將王貴、姚政合兵力戰，敗之。」

《三朝北盟會編》卷二〇七《岳侯傳》:「侯兵自屯郾城縣,又遣王貴、董先、姚政、馮賽、岳雲等兵三萬,占據潁昌,爲久駐之計。」《岳侯傳》不載潁昌之戰。據《王貴潁昌捷奏》,岳家軍參戰者應有王貴中軍、姚政遊奕軍、董先踏白軍、胡清選鋒軍和岳雲背嵬軍。踏白軍可能爲全軍參戰,其餘四軍則爲全軍之一部份參戰,兵力雖多於郾城之戰時,然與金軍相較,仍是以少擊衆,故戰事頗爲艱難,以至宿將王貴亦不免「怯戰」。

又同書卷二〇八《林泉野記》:「王貴、姚政敗兀术於潁昌。」

《金佗續編》卷二八《吴拯編鄂王事》:「王貴、姚政與兀术戰于潁昌府,敗之。」

《皇宋十朝綱要校正》卷二三:「(紹興十年七月)乙卯,金酋兀术率兵復攻潁昌,岳雲率統制王貴拒戰甚力,岳飛繼遣董先率兵來援,與雲等合攻,又大敗之。」

《金佗續編》卷三〇《鄧州忠烈行祠記》:「猝遇敵,不爲摇動,敵以爲『撼山易,撼岳家軍難』。」

《金佗稡編》卷九《遺事》:「臨事定,猝遇敵,不爲摇動,敵以爲『撼山易,撼岳家軍難』。」紹興四年與六年,岳家軍尚未與金軍主力交鋒,故金軍「撼山易,撼岳家軍難」之説,應乃紹興十年戰事,尤爲郾城和潁昌兩次大戰之經驗談。

《皇宋中興兩朝聖政》卷二七引何俌《中興龜鑑》:「(虜酋)相告,謂『撼山易,撼岳飛兵難』。」

《呻吟語》引《燕人麈》:「兀术尤驕横,所向無敵。自韓世忠敗之黄天蕩,吴璘敗之和尚原,岳少保敗之潁昌,鋭氣漸消。」按和尚原之戰主將乃吴玠,而非吴璘。

十八日，張憲之將徐慶、李山等復捷于臨潁之東北，破其衆六千，〔一〕獲馬百匹，追奔十五里。〔二〕

〔一〕破其衆六千　「六」，《金佗稡編》卷一六《臨潁捷奏》作「五」。

〔二〕《金佗稡編》卷一六《臨潁捷奏》：「本司前軍統制、同提舉一行事務張憲申：『今月十八日，到臨潁縣東北，逢金賊馬軍約五千騎。分遣統制徐慶、李山、寇成、傅選等馬軍一布向前，入陣與賊戰鬭，其賊敗走，追趕十五餘里。殺死賊兵横屍滿野，奪到器甲等無數，輕騎牽到馬一百餘匹，委是大獲勝捷。』」

《三朝北盟會編》卷二〇八《林泉野記》：「張憲、傅選、寇成敗之臨潁。」

《金佗續編》卷二八《吴拯編鄂王事》：「又命張憲、傅選、寇成戰臨潁縣，敗之。」

《宋史》卷三六八《張憲傳》：「憲將徐慶、李山復捷於臨潁東北，破其衆六千，獲馬百匹，追奔十五里。」

《皇宋中興兩朝聖政》卷二七引何俌《中興龜鑑》：「且飛之將略，亦嘗聞其大略乎？……而又倡率三軍，指示方略，自李寶曹州之戰，以至張憲臨潁之戰，凡十五戰，每戰必捷。〔虜酋〕相告，謂『撼山易，撼岳飛兵難』。」《宋史全文續資治通鑑》卷二一所載同。《要録》卷一四三所附《中興龜鑑》文字略異，作「凡五十戰」，當爲刊誤。按《金佗稡編》卷一六、卷一九所載諸捷奏和捷報，共計十七戰，其中《鵲旋郎君捷報申省狀》、《陳州潁昌捷奏》、《郾城縣北并垣曲縣等捷奏》和《河北潁昌諸捷奏》所報各爲兩戰，如蔡州之戰、牛皋京西之戰、黄河之戰、孫顯破裴滿（排蠻）千夫長之戰、孟邦傑復永安軍之戰、楊再興小商橋之戰、牛皋「戰汴、許間」（《宋史》卷三六八《牛皋傳》）及最後的朱仙鎮之戰等，都未有奏報傳世，「凡十五戰」肯定不止，而「凡五十戰」也肯定太多。《要録》卷一四九載，紹興十三年，「何俌獻《中興龜鑑》十卷，詔遷一官」。《玉海》卷五五《紹興中興龜鑑》所載相同。當時進史書而受奬，必貶岳飛，褒秦檜而無疑。今《要録》卷六所附《龜鑑》稱朱熹爲朱文公，《要録》卷一四三所附《龜鑑》稱岳飛爲岳武穆。岳飛謚「武穆」爲宋孝宗淳熙時，朱熹謚「文」於宋寧宗嘉定時，可知《要録》等書附録之《中興龜鑑》，乃南宋後期人所僞託。對研究岳飛，並無史料價值。

《紫微集》卷一二《王良存朱芾爲隨岳飛應辦錢糧有勞效各轉一官内王良存除直徽猷閣朱芾爲係參謀官措置殺敵馬有勞制》：「勅：『具官某，古人嘗怪持文墨議論者與戰功同賞，而不知行軍用師之道，必賴政事謀獲之助，然後能有濟也。爾等或董將輸於漕輓，師不乏興；或參機略於中權，慮無遺策。并與其佐，皆讐有功。並寵秩於階資，用褒優於績效。益思勵勉，無廢前勞。』」

又同書卷一二《鞏濛〔爲〕岳飛申契勘掩殺金人收復州縣累獲勝捷今將隨軍轉運使官屬應副錢糧官欲轉兩官奉旨並依制》：「勅：『向遣大帥，出修封疆，饋餉不乏，爾實有司焉。可無恩奬，以報勞勤。祇服官榮，益茂乃職。』可。」

先臣上郾城諸捷，上大喜，賜詔稱述其事，曰：「自羯胡入寇，今十五年，我師臨陣，何啻百戰。曾未聞遠以孤軍，當茲臣孽，抗犬羊並集之衆，於平原曠野之中，如今日之用命者也。」復詔賜錢二十萬緡以犒軍。〔一〕

〔一〕《金佗續編》卷一〇《郾城獲捷支犒士卒省劄》：「三省、樞密院同奉聖旨，令户部支降見錢關子貳拾萬貫，付岳飛等第犒賞。」

是月，梁興會太行忠義及兩河豪傑趙雲、李進、董榮、牛顯、張峪等，破賊于絳州垣曲縣。虜入城，復拔之，擒其千户劉來孫等一十四人，獲馬百餘匹及器甲等。又捷于沁水縣，復之，斬賊將阿波那千户、李孛堇，死者無數。〔二〕又追至于孟州王屋縣之邵原，漢兒軍張太保、成太保〔三〕等以所部六十餘人降。又追至東陽，賊棄營而去，追殺三十人，獲其所遺馬八匹、衣、甲、刀、槍、旗幟無數。又至濟源縣之曲陽，破高太尉之兵五千餘騎，屍布十里，獲器械、槍、刀、旗、鼓甚衆，擒者八十餘人。高太尉引懷、孟、衛等州之兵萬餘人再戰，又破之，賊死者十之八，〔三〕擒者百餘人，得馬、驢、騾二百餘頭。高太尉以餘卒逃。〔四〕又敗之于翼城縣，復翼城縣。〔五〕又會喬握堅等復趙州。〔六〕李興捷于河南府，又捷于永安軍。〔七〕中原大震。

〔一〕《金佗稡編》卷一六《河北潁昌諸捷奏》：「興等除已於七月初二日收復絳州垣曲縣了當，已行供申外，興等統押軍馬，至七月初四日到孟州王屋縣界。」王屋縣在垣曲縣之東，沁水縣在垣曲縣之東北，屬澤州，兩地相距不近。據梁興戰報，二日復垣曲縣，四日即至王屋縣，未至沁水縣。《三朝北盟會編》卷二〇七《岳侯傳》：「梁興、趙鬼火等軍戰絳州、沁水縣，賊退走濟源，斬番將阿波那千户孛堇。」可知《行實編年》叙事乃取材於《岳侯傳》，《岳侯傳》所載之真僞，今無從審核，然《行實編年》將此段記載繫於復垣曲縣與戰王屋縣之間，係誤。

〔二〕成太保　《金佗稡編》卷一六《河北潁昌諸捷奏》，《金佗續編》卷二〇無「成太保」，疑爲衍字。

〔三〕賊死者十之八　《金佗稡編》卷一六《河北潁昌諸捷奏》作「勦殺金賊步軍八分已上」，可知不包括馬軍，《行實編年》叙事不確。

〔四〕《金史》卷七九《徐文傳》：「天眷元年，破太行賊梁小哥。」估計梁興在紹興八年因遭徐文圍攻，而返鄂州。

《金佗稡編》卷一二《李興吴琦轉官告乞付軍前給降奏》：「本司近據統領官梁興申：『差人探報

得河南府見被金賊占據。……其本府管下福昌、永寧、伊陽三縣，番賊不曾前去，止有河南府鈐轄李興人兵往來，……』」岳飛此奏上於七月一日出兵復西京前，可知梁興和董榮兩部，應途經洛陽一帶，渡黄河北上。

又同書卷一六《鄜城縣北并垣曲縣等捷奏》：「當日（按：指七月十日）又據本司統領忠義軍馬梁興、董榮申：『依准指揮，統押軍馬前來，過大河勦殺金賊，占奪州縣。興等於今月初一日晚，到黄河南岸，措置濟河。其黄河北岸有金賊三十餘人騎，於岸口擺列陣勢，守備人馬。興等於初二日早領兵，與統領董榮等人馬渡河，到北岸。賊馬就岸交戰，其賊敗走，追趕入絳州垣曲縣，閉門拒敵。興等遂行張榜説諭，不肯歸降。至午時，興等領兵，與統領董榮等人馬措置絞縛雲梯，一齊上城接戰。殺死番賊不知數目，活捉到千户劉來孫等一十四人，并奪到戰馬一百餘匹、器仗等，見行撫存人户安業，依舊種作外，申乞照會。』」

又同書卷一六《河北潁昌諸捷奏》：「今月十五日，據本司統領忠義軍馬梁興、趙雲、李進并董榮、牛顯、張峪申：『依准指揮，將帶人馬過河，占奪州縣，掩殺金賊。興等除已於七月初二日收復絳州垣曲縣了當，已行供申外，興等統押軍馬，至七月初四日到孟州王屋縣界，地名西陽、邵源，駐劄兩寨。漢兒軍張太保等部押手下漢軍人馬六十餘人，前來投降。至初五日辰時，到王屋縣西，地名東陽，有駐劄北軍一寨。爲興等統兵前去，其賊棄寨逃走。當日午時，統率軍馬到王屋縣，賊馬爲興等人馬逼近，並已棄城逃走。興等人馬不曾入城，乘勢追趕賊馬二十餘里，奪到戰馬八匹，殺死賊兵三十餘人，并奪到衣、甲、刀、槍、旗幟無數。興等差人招誘王屋縣百姓首領王璋等五十餘人，當面出給旗、牓，招集本縣逃走軍民着業去訖。

至初六日，統兵到孟州濟源縣西，地名曲陽二十里以來，逢金賊高太尉賊馬五千餘人騎前來。興等躬親統押人馬，分頭前去迎敵，與賊血戰，自辰時及午時，其賊大敗。殺死金賊，一十餘里横屍遍野，并奪到器械、槍、刀、旗、鼓等無數，及活捉到金賊八十餘人。興等收兵歇泊下寨間，至未時以來，有高太尉再將到懷、孟、衛等州界發來賊馬一萬餘人騎，分布前來，興等對面擺陣相拒。興等即時分布軍馬，併力與賊迎敵，不顧死生血戰。自未至酉時，勦殺金賊步軍八分已上，奪到戰馬、驢、騾二百餘頭匹，活捉到金賊一百餘人。追襲至縣西門，其高太尉將帶殘零賊馬退走。興等爲官軍盡日見陣，傷中數多，遂統押軍馬，前去本縣北十餘里，地名燕川，歇泊下寨。委是大獲勝捷。』」

《三朝北盟會編》卷二〇八《林泉野記》：「將梁興、董榮敗之絳州垣曲縣、孟州王屋縣、濟源縣等處。」

《金佗續編》卷二八《吴拯編鄂王事》：「又遣將梁興、董成戰絳州垣曲縣，敗之。興又戰孟州王屋縣，敗之。又戰孟州濟源縣，敗之。」

〔五〕《三朝北盟會編》卷二〇八《林泉野記》：「飛乘勢欲深入，而秦檜議和，累詔班師，乃還，尋失所復州縣。梁興又敗之絳州翼城縣。」《行實編年》將復翼城縣繫於岳飛班師前，疑不妥。

〔六〕《金佗稡編》卷一二《乞乘機進兵劄子》：「比得衛州忠義統制趙俊差人賫到申狀，自閏六月二十七日起離本州，於今月初四日到臣軍前報，比遣兵過河，會合忠義統制喬握堅等，已收復趙州了當。」據此，則《行實編年》「又會喬握堅等復趙州」之上當脱「趙俊」兩字。

〔七〕關於「李興捷于河南府，又捷于永安軍」之記載，見本卷第五七五頁。

先臣上奏，以謂「趙俊、喬握堅、梁興、董榮等過河之後，河北人心往往自亂，願歸朝廷。臣契勘金賊近累敗衄，虜酋四太子等皆令老小渡河，惟是賊衆尚徘徊於京城南壁，近卻遣八千人過河北。此正是陛下中興之機，金賊必亡之日，苟不乘時，必貽後患」。〔一〕檜沮之，第報楊沂中、劉錡新除，而不言所遣。〔二〕

〔一〕此奏即《金佗稡編》卷一二《乞乘機進兵劄子》摘要，文字多異，應以《乞乘機進兵劄子》爲準，見本書第九五六頁。

〔二〕《金佗續編》卷一〇《收復趙州獲捷照會楊沂中除淮北宣撫劉錡除宣撫判官》：「岳飛奏：『臣今得衛州忠義統制趙俊差人賫到申狀，自閏六月二十七日起離本州，於今月初四日到臣軍前報臣，比遣兵過河，會合忠義統制喬握堅等，已收復趙州了當。又遣本司統制梁興、董榮兩頭項過河，河北州縣往往自亂，民心皆願歸朝廷，乞遣發大兵，前來措置。臣見措置外，臣契勘金賊近累敗衄，其虜酋四太子等皆令老小過河。唯是賊衆尚徘徊於京城南壁一帶，近卻發八千人過河北。此正是陛下中興之時，乃金賊滅亡之日，若不乘勢殄滅，恐貽後患。伏望速降指揮，令諸路之兵火急並進，庶幾早見成功。取進止。』

右勘會已降指揮，楊沂中除淮北宣撫副使，於今月二十五日起發，劉錡除淮北宣撫判官。三省、樞密院同奉聖旨，劄與岳飛照會。……紹興十年七月十六日。」岳飛於郾城大戰前三天，即七月五日發《乞乘機進兵劄子》（見本卷第五八一頁），宋廷於七月十六日發回覆省劄，這份省劄抵達前沿時，岳飛已班師。

先臣獨以其軍進至朱仙鎮，距京師纔四十五里。兀术復聚兵，且悉京師兵十萬來敵，對壘而陳。先臣按兵不動，遣驍將以背嵬騎五百奮擊，大破之。兀术奔還京師。〔二〕

〔二〕《皇宋中興兩朝聖政》卷二六引吕中《中興大事記》：「岳飛捷于郾城，乘勝逐北，兵至朱仙鎮，距東京四十五里。」《皇宋中興兩朝聖政》卷二七引吕中《中興大事記》：「其戰兀术也，於潁昌則以背嵬八百，於朱仙鎮則以背嵬五百，皆破其衆十餘萬。」據《要録》卷一二四引吕中《中興大事記》，有「南渡百年」之語，可知此書出於南宋晚期。按今存吕中《宋大事記講義》評史，至宋欽宗時截止，有的版本截止於宋高宗建炎時。《千頃堂書目》卷九載吕中另有《中興大事記》六卷。《續宋中興編年資治通鑑》卷五：「（紹興十年秋）岳飛遣將梁興等率兵渡河，連破金人，復趙州及垣曲、王屋縣。飛等親提兵與兀术戰，以背嵬五百破其衆十餘萬。背嵬之名，始於西蕃，飛度用之，皆一當百。軍至朱仙鎮，距東京四十五里。詔班師。」此書作者爲「國史院編修官劉時舉」，寫至宋寧宗末年，應爲南宋晚期之作。

《皇宋十朝綱要校正》卷二三：「（紹興十年）是秋，岳飛遣將梁興等率兵渡河，連破金人，復趙州及垣曲、王屋縣。飛尋親提兵繼進，與兀术戰，又破之，軍至朱仙鎮，距東京四十五里。被旨班師。」

《大金國志校證》卷一一：「（天眷三年）是秋，兀术再提兵，與宋將岳飛戰，連敗。飛兵至朱仙鎮，得宋朝班師詔而還。明年，改元皇統。」

飛遣將梁興等率兵渡河，連破金人，復趙州及垣曲、王屋縣。飛等親提兵繼進，與兀术戰，又破之，軍至朱仙鎮，距東京四十五里。詔班師。」

《文獻通考》卷三一五《輿地考》：「十年，虜分四道入寇，劉錡敗之於順昌。是秋，岳飛兵至朱仙鎮，距東京四十五里。詔班師。」《行實編年》問世前，不見有朱仙鎮之戰記述，亦無此戰之捷奏傳世，上引記載皆晚於《行實編年》，不能作爲有朱仙鎮一戰之確證。然宋高宗和秦檜父子大興文字獄，篡改歷史之餘，各書對岳飛事迹之記述既殘缺錯訛，岳飛捷奏亦或存或亡。即以紹興十年而論，克蔡州，孫顯破裴滿（排蠻）千夫長等戰，亦無捷奏傳世。岳珂撰《行實編年》時，曾參據《野史》。又《行實編年》之草稿，爲岳霖委託國子博士顧杞所撰，寫作時亦「攷於聞見，訪於遺卒」。疑顧杞草稿或《野史》已記録此戰，而未必出自岳珂揑造。

《北山文集》卷一《良嗣述與北官分畫疆界事》：「朝廷再與金虜約和，就委先君（按：『先君』即是指鄭剛中）見北官分畫地界。……先君曰：『尚書（按：指金使、行臺刑部尚書兀林答贊謨）却是論行兵，不是論疆界也。兵鋒到處，豈有便是自家州縣。且如往時，岳飛兵至郾州（城），韓世忠兵入山東，不成許多州縣皆是朝廷退還上國也。』」鄭剛中此處僅爲舉例説明，即以現存捷奏而論，郾城縣之北尚有潁昌府，潁昌府之北尚有鄭州與洛陽，皆爲岳家軍攻佔之地。則鄭剛中只提郾城，不提朱仙鎮，似亦不足爲否定朱仙鎮一戰之證據。

《宋史》卷三六八《牛臯傳》：「金人渝盟，飛命臯出師，戰汴、許間，以功最，除捧日、天武四廂都指揮使、成德軍承宣使。」「汴、許間」，即開封府與潁昌府之間。估計自潁昌大捷後，張憲等自臨潁縣，王貴等自潁昌府向開封進兵，張憲等於臨潁東北之遭遇戰，已有捷奏傳世。牛臯自潁昌向開封推進，戰功最大，却無捷奏傳世。依《牛臯傳》所述，岳家軍最後直抵朱仙鎮，仍有此可能。

《金佗續編》卷一四岳霖等《賜謚謝表》：「鼓行將入於京都，聲勢殆震乎河朔。誓破虜而後朝食，擬清道以迎乘輿。」

《嘉靖尉氏縣志》卷二《游寓》注：「尉氏去朱仙鎮四十五里，岳飛自夏入秋，雖分布諸將，經略河南、北，而岳寨則在尉氏也。南有南營，北有北營，東有小寨，西有大營，此實其制勝之地。迨今岳寨保、南營保、北營保名入册籍，與尉氏縣名同爲不朽矣。」同書卷一《保分》有此三地名。據《金佗稡編》卷一六《小商橋捷奏》，七月十四日張憲統各軍重新奪據臨潁縣時，「殺死賊兵不知數目，其賊望潁昌府、尉氏縣路前去」，可知岳家軍攻佔開封府尉氏縣，應在七月十四日潁昌大捷之後，岳家軍在距離朱仙鎮四十五里之尉氏縣劄營，下一個進攻目標正是朱仙鎮。

先臣遂令李興檄陵臺令朱正甫行視諸陵，葺永安、永昌、永熙等陵神臺，枳、橘、栢株之廢伐者，補而全之。

先是，先臣自紹興五年遣義士梁興，敗金人於太行，殺其僞馬五太師及萬户耿光禄，破平陽府神山縣。遣張横敗金人於憲州，擒嵐、憲兩州同知及岢嵐軍〔一〕軍事判官。〔二〕遣高岫、魏浩等破懷州萬善鎮。〔三〕又密遣梁興等宣布朝廷德意，招結兩河忠義豪傑之人，相與掎角破賊。又遣邊俊、李喜等渡河撫諭，申固其約。河東山寨韋詮〔四〕等皆歛兵固堡，以待王師。烏陵思謀，虜之黠酋也，亦不能制其下，但諭百姓曰：「毋輕動，俟岳家軍來，當迎降。」〔五〕

〔一〕岢嵐軍　「軍」，據《金佗續編》卷二〇補。

〔二〕關於梁興與張横紹興五年之抗金，見《金佗稡編》卷七第三九三頁。

〔三〕關於高岫與魏浩紹興九年破懷州萬善鎮，見《金佗稡編》卷七第五四〇頁。

〔四〕韋詮　《忠正德文集》卷八《丙辰笔録》作韋詮忠，《建炎以來繫年要録》卷一〇五作韋銓，見《金佗稡編》卷七第四二一頁。《三朝北盟會編》卷一四八作韋壽佺，《建炎以來繫年要録》卷三六和《宋史》卷二六《高宗紀》作韋忠佺。此人爲建炎時北方抗金首領，後降金。《行實編年》所載依據《忠正德文集》，然於紹興十年岳飛北伐時，並無此人抗金記述。

〔五〕《三朝北盟會編》卷一七八《金虜節要》：「自粘罕死，穹廬内亂，太行嘯聚蜂起。（烏陵）思謀每夜展轉無寐，或披衣而坐，喟然而歎曰：『可惜官人備歷險阻，以取天下，而今爲數小子壞之，我未知其死所矣！（粘罕之家，呼粘罕爲官人。思謀，粘罕家人也。數小子者，謂今虜主亶之輩也。思謀妻曹氏，乃彬之裔也，曹氏常語於臣，故得知之。）』改官制，授寧遠大將軍，遷沁南軍節度使、知懷州。太行義士破懷州萬善鎮，思謀率兵民保城，集父老諭之曰：『爾等各撫諭子弟，無得扇摇，南朝軍來，吾開門納王師。』其奸詐如此。」

《建炎以來繫年要録》卷一三三：「（紹興九年冬）太行義士又攻懷州萬善鎮，破之。守臣烏陵思謀率軍民城守。思謀自金國内亂，每夜披衣而坐，喟然嘆曰：『可惜官人備歷艱險，以取天下，而今爲數小子壞之，我未知其死所矣！』官人謂粘罕也。」《行實編年》將《會編》之「南朝軍」改爲「岳家軍」，顯屬虚飾。烏陵思謀又有兀林答贊謨、烏林答贊謨等歧譯。

或率其部伍，舉兵來歸。李通之衆五百餘人，〔一〕胡清之衆一千一百八人，〔二〕李寶之衆八千，李興之衆二千，懷、衛州張恩等九人，相繼而至。白馬山寨首領孫淇等，僞統制王鎮、統領崔慶、將官李覲、〔三〕秉義郎李清及崔虎、〔四〕劉永壽、〔五〕孟皐、華旺等，〔六〕皆全率所部至麾下。〔七〕以至虜酋之腹心禁衛，如龍虎大王下忔查千户〔八〕高勇〔九〕之屬及張仔、楊進等，亦密受先臣旗、榜，率其衆自北方來降。韓常又以潁昌之敗，失夏金吾，金吾，兀术子婿也，畏罪不敢還，屯于長葛，密遣使，願以其衆五萬降。先臣遣賈興報，許之。

〔一〕李通紹興六年投誠，見《金佗稡編》卷七第四〇三頁。

〔二〕胡清紹興八年投誠，見《金佗稡編》卷七第五一七頁。

〔三〕李覲　傅本、《金佗續編》卷二〇作「李覬」。

〔四〕李清和崔虎紹興七年投誠，見《金佗稡編》卷七第四六二頁、第五〇二頁。

〔五〕劉永壽紹興八年投誠，見《金佗稡編》卷七第五〇三頁。

〔六〕孟皐和華旺投誠，應於紹興七年，見《金佗稡編》卷七第五〇二頁引《建炎以來繫年要録》卷一一七注引《高宗日曆》。

〔七〕以上追述張恩、孫淇、王鎮、崔慶、李覲等投岳家軍，已不見其他記載，岳珂撰《行實編年》時應有所據。

〔八〕《金史》卷四四《兵志》：「禁軍之制　本於合扎謀克。合扎者，言親軍也，以近親所領，故以名焉。貞元遷都，更以太祖、遼王宗幹、秦王宗翰之軍爲合扎猛安，謂之侍衛親軍，故立侍衛親軍司以統之。」

《三朝北盟會編》卷二〇一《順昌戰勝破賊録》：「四太子披白袍，〔乘〕甲馬，往來指呼，以渠自將牙兵三千策應，皆重鎧全裝，虜號『鐵浮圖』，又號『扢叉千户』。」「扢叉」、「合扎」和「忔查」爲女真語之歧譯，「牙兵」與「侍衛親軍」亦含義相同。《會編》與《行實編年》所載證明，「忔查千户」即「合扎猛安」，乃金朝前期所設，爲龍虎大王等大將之親軍。

〔九〕高勇　《金佗續編》卷二〇作「高勇之」。

《金史》卷一三五《金國語解》：「紇石烈曰高。」

《三朝北盟會編》卷三：「那懶謂高。」高勇屬合扎猛安編制，必女真人無疑，降岳飛時，顯然改用漢姓漢名，其女真姓應爲紇石烈或那懶。《宋會要》兵一六有女真人等降宋改用漢姓漢名之記述。

是時，虜酋動息及其山川險隘，先臣盡得其實。自磁、相、開德、澤、潞、晉、絳、汾、隰，豪傑期日興兵，衆所揭旗，皆以「岳」爲號，聞風響應。及是朱仙鎮之捷，先臣欲乘勝深入。兩河忠義百萬，聞先臣不日渡河，奔命如恐不及，各賫兵仗、糧食，團結以徯先臣。父老百姓争挽車牽牛，載糗糧，以饋義軍。頂盆焚香，迎拜而候之者，充滿道路。虜所置守、令熟視，莫敢誰何，自燕以南，號令不復行。兀术以敗，故復簽軍，以抗先臣，河北諸郡無一人從者，乃自嘆曰：「自我起北方以來，未有如今日之挫衄！」先臣亦喜，語其下曰：「這回殺番人，直到黄龍府，當與諸君痛飲！」〔一〕

〔一〕《金佗續編》卷二七黄元振編岳飛事迹：「紹興七年，車駕親征，幸建康，公來扈蹕，問先父曰：『某將入覲，以何爲先？』先父曰：『當以取汝、潁爲失計，而改圖之。既取之，不可守而復失之，亦徒勞爾。』公曰：『安坐而不進，則中原何時可復？』先父曰：『取中原非奇兵不可。』公曰：『何謂奇兵？』先父曰：『宣撫之兵，衆之所可知可見者，皆正兵也。奇兵乃在河北。』公大喜曰：『此正吾之計也。相州之衆，盡結之矣。關渡口之舟車與夫宿食之店，皆吾人也，往來無礙，宿食有所。至於綵帛之鋪，亦我之人，一朝衆起，則爲旗幟也。今將大舉，河北響應，一戰而中原復矣！』」又同書卷一四《忠愍謚議》：「既而被命招討河北，蔡人來迎，亦如之，唯恐公至之晚。遂進屯潁昌，又進取曹、濮。時太行有魁領梁小哥者，亦樂爲先驅，捷書至幕府曰：『河北忠義四十餘萬，皆以岳字號旗幟，願公早渡河。』虜酋雖簽軍，無一從者，乃自歎曰：『我起北方以來，未有如今日屢見挫衄！』公至是喜甚，語其下曰：『今次殺金人，直到黃龍府，當與諸君痛飲！』」黃龍府即今吉林農安，爲金朝建國後，首先攻破之遼朝重鎮。岳飛此語乃犂庭掃穴之意，參見《金佗稡編》卷四第七四頁《雲麓漫鈔》卷一四引李清照詩，反映宋人一般將黃龍城作爲金朝首都。又同書卷一四《武穆謚議》：「公被命招討河北，蔡、曹、濮等州望風相率歸附，威聲大暢。河北忠義聞公至，以岳公姓識旗幟，徯公渡河。咸謂公御軍得士，雖古名將無以加也。」《行實編年》叙事，部份乃摘自淳熙五年謚議，然亦有所增飾，如「河北忠義四十餘萬」改爲「兩河忠義百萬」。

《三朝北盟會編》卷二〇二汪若海劄子：「入東京，欲往河北簽人。有王山者言：『河北無正兵可簽，只有百姓耳。』」可知完顔兀术不能在北方强徵漢人當簽軍，乃始於順昌戰後。

時方畫受降之策，指日渡河。秦檜私于金人，〔一〕力主和議，欲畫淮以北棄之。聞先臣將成功，大懼，遂力請于上，下詔班師。先臣上疏曰：「虜人巢穴盡聚東京，屢戰屢奔，鋭氣沮喪。得間探報，虜欲棄其輜重，疾走渡河。〔二〕況今豪傑向風，士卒用命，天時人事，强弱已見，時不再來，機難輕失。臣日夜料之熟矣，惟陛下圖之。」疏累千百言。上亦鋭意恢復，欲觀成效，以御札報之曰：「得卿十八日奏，言措置班師，〔三〕機會誠爲可惜。卿忠義許國，言詞激切，朕心不忘。卿且少駐近便得地利處，報楊沂中、劉錡同共相度，如有機會可乘，即約期並進。」檜聞之，益懼，知先臣之志鋭不可返，〔四〕乃先詔韓世忠、張俊、楊沂中、劉錡各以本軍歸，而後言於上，以先臣孤軍不可留，乞姑令班師。一日而奉金書字牌〔五〕者十有二，先臣不勝憤，〔六〕嗟惋至泣，東向再拜曰：「臣十年之力，廢於一旦！非臣不稱職，權臣秦檜實誤陛下也。」諸軍既先退，先臣孤軍深在敵境，懼兀术知之，斷其歸路，乃聲言將翌日舉兵渡河。兀术疑京城之民應先臣，〔七〕夜棄而出，北遁百里。〔八〕先臣始班師。〔九〕

〔一〕私于金人　「于」，《紀事實録》作「干」。

〔二〕欲棄其輜重疾走渡河　「欲棄其」，原作「已盡棄」，據《金佗稡編》卷一二《乞止班師詔奏略》改。岳飛此奏發於七月十八日，爲張憲、徐慶臨潁之戰同日，時金軍並未放棄開封。

〔三〕言措置班師　「措置」，據《金佗稡編》卷三高宗宸翰七十和《紀事實録》補。

〔四〕志鋭不可返　此五字原缺，嘉靖本同，據《紀事實録》補。

〔五〕《夢溪筆談》卷一一：「驛傳舊有三等，曰步遞、馬遞、急脚遞。急脚遞最遽，日行四百里，唯軍興則用之。熙寧中，又有金字牌急脚遞，如古之羽檄也。以木牌朱漆黄金字，光明眩目，過如飛電，望之者無不避路，日行五百餘里。有軍前機速處分，則自御前發下，三省、樞密院莫得與也。」

《宋會要輯稿》方域一〇之五二：「（紹興三年）七月四日，江南東路提刑張匯言：『……所有道路千里以下通快去處公案，依法已許入急遞，日行四百里。……』」

又同書方域一一之一七：「紹興三十二年十一月三日，兵部言：『……欲除金字牌日行五百里外，餘日行三百里。……』」

又同書方域一一之二〇：「（乾道）四年正月二十四日，兵部侍郎王炎言：『郵傳之乖違，無甚於近時。至若去年十一月二日郊祀肆赦，行在至襄陽府三千一百里，合行六日二時，稽十日方至。荆南二千六百四十里，合行五日三時，稽九日方至。餘类此，不可悉陳。……』」

《建炎以來朝野雜記》乙集卷九《金字牌》：「近歲郵置之最速者，莫若金字牌遞，凡赦書及軍機要務則用之，仍自内侍省遣撥。自行在至成都，率十八日而至，蓋日行四百餘里。」

《宋史》卷一五四《輿服志》：「金字牌者，日行四百里，郵置之最速遞也。凡赦書及軍機要切則用之，由内侍省發遣焉。」後世戲劇小説將金字牌誤認爲令牌，金字牌乃古代交通技術落後條件下之最快速郵遞。據《夢溪筆談》與《宋會要》所載，金字牌規定應日行五百里，然常傳遞稽時。《建炎以來朝野雜記》所述應爲實際速度，「日行四百餘里」。《宋史》照抄《建炎以來朝野雜記》，失於考核，將「餘」字删去，便成「日行四百里」。

《宋會要輯稿》方域一〇之二五：「（元豐）六年九月二十五日，詔鄜延路，令毋輒出兵。令樞密院更不送門下省，止用金字牌發下，牌長尺餘，朱漆，刻以金書：『御前文字，不得入鋪。』〔尤〕速於急遞。」《續資治通鑑長編》卷三三九元豐六年九月丁卯記載大致相同，「刻以金書」，作「刻金字書」。

《建炎以來繫年要録》卷八六：「（紹興五年閏二月戊辰）宣慶使、康州防禦使、入內內侍省都知梁邦彦，武功大夫、文州刺史、入內內侍省押班陳永錫各進遥郡一官，以樞密院言，自敵犯淮甸，至車駕回臨安府，本省計發過金字牌文字一千二十三封，即無稽滯，理宜推恩故也。」自紹興四年九月到五年二月，共發金字牌遞一千餘封，足見爲數之多。

又同書卷八三：「（紹興四年十二月）辛丑，詔葬祭〔淮〕西、江東二軍之死事者，如淮東軍，趙鼎因言：『比張浚遣使臣來説，諸大將每得金字牌，則踴躍奔命，無敢不虔，由陛下素有以結其心也。』」金字牌雖非令牌，然由金字牌遞發文件却有緊要之意義。

《金佗稡編》卷二高宗宸翰五十二：「凡今日可以乘機禦敵之事，卿可一一籌畫措置，先入急遞奏來。」可知岳飛發往宋廷之公文，乃用「日行四百里」之「急遞」。按臨安距襄陽三千一百里，急遞似無須八日行程。然而在實際上，岳家軍發往宋廷之公文，約爲時十日，方能抵達臨安（見本卷第五六八頁、第五八一頁、第五八六頁、第五九七頁）。

《紫微集》卷一九《王處仁爲岳飛申自紹興七年承受本司往來軍期機速文字到今別無稽遲伏乞指揮依一般進奏官邢子文蘇公亮體例先次補授合得出職名目依舊在院祇應奉聖旨補承節郎

制》：「勅：『爾爲邸吏，隸大將幕府積年矣。羽書往來，道路無壅。俾登武列，用勸勤勞。是爲異恩，益殫爾力。』可。」宋時吏升爲官，謂之「出職」。《宋會要輯稿》職官二之三一—三二：「（紹興）十一年五月十九日，臣僚言：『臣聞綱紀正則朝廷尊，朝廷尊則中外服，此必然之理也。向者兩淮、湖北宣撫司奏報軍期文字，進奏院不以時進，故各置承受文字官者，權一時之宜也。今韓世忠、張俊、岳飛既除樞密使、副，各已治事，稽之典故，朝廷大臣投進文字，自有通進司，而承受文字官未罷。臣恐綱紀不正，失朝廷之尊，中外有所不服也。望減罷承受文字官，則綱紀正，朝廷尊，而中外服矣。』從之。」紹興六年岳飛二次北伐時，楊再興克長水縣捷奏，行程近一月，方傳送至行在（見《金佗稡編》卷七第四二七頁）。王處仁自紹興七年爲承受文字官後，改變傳遞「稽遲」之狀況。可見急遞速度達日行三百餘里，已不算「稽遲」。《乾道臨安志》卷二：「去兩京地里：東京二千二百里，西京二千五百里。」「日行四百里」之「急遞」，應爲時五、六天，「日行五百里」之金字牌，應爲時四、五天，即可自臨安遞送至開封與洛陽。然自宋廷發往岳飛宣撫司之急件，即使以金字牌遞，亦須十日（見本卷第六六八頁），故岳飛上一奏後，約需二十日左右，方能得宋廷之回覆。

〔六〕先臣不勝憤　原脱「不勝憤」三字，嘉靖本同，據《紀事實録》補。

〔七〕京城之民應先臣　「應」，原作「爲」，嘉靖本同，據《紀事實録》改。

〔八〕《金史》卷七七《宗弼傳》：「遂命元帥府復河南疆土，詔中外。宗弼由黎陽趨汴，右監軍撒離喝出河中，趨陝西。宋岳飛、韓世忠分據河南州郡要害，復出兵涉河東，駐嵐、石、保德之境，以相牽制。宗弼遣孔彦舟下汴、鄭兩州。」完顔兀术五月出兵，即佔據開封，此傳謂「孔彦舟下汴」，既在岳飛出兵後，當爲撤出開封後卷土重來，與《行實編年》完顔兀术撤離開封之説互爲印證。又同書七九《孔彦舟傳》：「從宗弼取河南，克鄭州。」此傳不載「下汴」之事。

〔九〕《三朝北盟會編》卷二〇四：「（紹興十年七月）十四日乙卯，岳飛統制王貴、姚政敗兀术於潁昌府。楊再興、王蘭、高林歿於陣。楊再興、王蘭以五百騎直入虜陣，殺數千人，再興與蘭皆陣歿，高林亦戰死，聞者惜之。獲再興之屍，焚之，得箭頭二升。天大雨，溪澗皆滿溢，虜騎不得進，官軍乃得還。」「二十一日壬戌，岳飛自郾城回軍。岳飛在郾城，衆請回軍，飛亦以〔爲〕不可留，乃傳令回軍。而軍士應時皆南嚮，旗靡轍亂不整，飛望之，口呿而不能合，良久，曰：『豈非天乎！』」《中興小紀》卷二八：「（紹興十年閏六月）戊戌，賜諸帥詔曰：『狂〔虜〕不道，薦肆凶殘。王師所臨，無往弗克，捷奏繼至，俘獲踵廷。尚慮狃吾屢勝之威，忽彼不虞之戒。天下本吾一家，豈貪尺寸之利。〔孽胡〕亡在朝夕，必滅爲期。咨爾六軍，咸體朕意。』湖北宣撫、兼招討使岳飛時屢獲捷，至是詔書不許深入，飛遂班師，而所取州縣旋復失之（《野記》）。」此段文字以《皇朝中興紀事本末》卷五二參校。按此詔並非班師詔，可參本卷第五七七頁，熊克記載班師日期亦有差誤。

《建炎以來繫年要録》卷一三七：「（紹興十年七月乙卯）湖北、京西宣撫司都統制王貴、統制官姚政及金人戰於潁昌府，敗之。初，岳飛以重兵駐潁昌，欲爲久駐之計。會張俊自亳州南歸，金人諜知飛孤軍無援，於是併兵以禦飛。飛不能支吾，告急於淮北宣撫判官劉錡。錡遣統制官雷仲出兵牽制，抵太康縣。是役也，飛將官楊再興、王蘭、高林皆戰死。獲再興之屍，焚之，得箭鏃二升。會天大雨，溪澗皆溢，虜騎不得前，官軍乃退。（此以趙甡之《遺史》、《岳侯傳》、《淮西從軍記》參修。）」

「（壬戌）是日，湖北、京西宣撫使岳飛自郾城班師。飛既得京西諸郡，會詔書不許深入，其下請還，飛亦以爲不可留。然恐金人邀其後，乃宣言進兵深入，逮敵已遠，始傳令回軍。軍士應時皆南鄉，旗靡轍亂，飛望之，口呿而不能合，良久，曰：『豈非天乎！』金人聞飛棄潁昌去，遣騎追之。時飛之將梁興渡河，趨絳州，統制官趙秉淵知淮寧府，飛還至蔡州，命統制官李山、史貴以兵援之，遂遣諸將還武昌。飛以親兵二千，自順昌渡淮，赴行在。於是潁昌、淮寧、蔡、鄭諸州皆復爲金人所取，議者惜之。（《岳侯傳》云：『侯在郾城，聞兀朮并韓將軍等人馬退走汴京，侯欲乘勢追擊，奏曰：臣聞漢有韓信，項羽〔授〕首，蜀有諸葛，〔先〕主復興，臣雖不才，所望比此。乞與陛下深入虜境，復取舊疆，報前日之恥。伏望陛下察臣肝膽，表臣精忠。表到，秦檜大怒，忌侯功高，常用間〔譖〕於上，又與張俊、楊沂中謀，乃遣臺官羅振奏：兵微將少，民困國乏，岳某若深入，豈不危也！願陛下降旨，且令班師。將來兵强將衆，糧食得濟，興師北征，一舉可定，雪耻未晚，此萬全之計。時侯屯軍於潁昌府、陳、蔡、汝州、西京、永安，前不能進，後不能退。忽一日，詔書十〔二〕道，令班師，赴闕奏事。』按羅汝檝此時爲殿中侍御史，傳所謂臺官，乃汝檝也。）」

又同書卷一三七：「（紹興十年）九月壬寅朔，遣起居舍人李易赴韓世忠軍前議事。宰相秦檜主罷兵，召湖北、京西宣撫使岳飛赴行在，遂命易見世忠諭旨。時淮西宣撫副使楊沂中還師鎮江府，三京招撫處置使劉光世還池州，淮北宣撫判官劉錡還太平州，自是不復出師矣。」

《皇宋中興兩朝聖政》卷二六：「（紹興十年七月）壬戌，湖北、京西宣撫使岳飛自郾城班師。飛既得京西諸郡，會詔書不許深入，始傳令回軍。軍士應時皆南鄉，旗靡轍亂，飛望之，口呿而不能合，良久，曰：『豈非天乎！』飛以親兵二千，自順昌渡淮，赴行在。於是潁昌、淮寧、蔡、鄭諸州皆復爲金人所取，議者惜之。」此段文字與《宋史全文續資治通鑑》卷二〇全同。

《三朝北盟會編》卷二〇七《岳侯傳》：「侯在郾城，遣楊再興、李璋將騎軍三百，爲一隊，至近臨潁，遇兀朮大軍戰，楊再興、王蘭戰歿。侯整龊軍馬，連夜起發，於次日早拂明，至小商橋，離臨潁二十里下寨，有探騎報曰：『夜來三更，兀朮并韓將軍等人馬起寨退走，前去汴京。』侯欲乘勢追趕，遂申奏朝廷曰：『臣聞漢有韓信，項羽授首，蜀有諸葛，先主復興，臣雖不才，竊望比此。乞與陛下深入虜境，復取舊疆，報前日之耻。伏望陛下察臣肝膽，表臣精忠，竭力以報，臣之願也。』表到，秦檜大怒，忌侯功高，常用間譖於上，又與張俊、楊沂中謀，乃遣臺官羅振奏：『兵微將少，民困國乏，岳某若深入，豈不危也！願陛下降詔，且令班師。將來兵强將衆，糧食得濟，興師北征，一舉可定，雪恥未晚，此萬全之計。』時侯屯軍於潁昌府，陳、蔡、汝州、西京、永安，前不能進，後不能退。忽一日，詔書一十二道，令班師，赴闕奏事，令諸路軍馬并回師。侯承宣詔，又不敢便行收兵，恐兀术聞知，斷我軍路，故虚張其聲，科買布帛，造戰牌，言進兵北討。兀术使人探聽，聞知侯有北討之意，引兵夜遁一百餘里，我兵亦退四十五里。至襄城，先令牛皐備戰。時有人報兀术曰：『南家兵奔走，已棄潁昌。』兀术提兵復追侯軍，侯屯於蔡州。時梁興在河北絳州，尚未得知，侯謂諸將曰：『梁興見在河北，與金人決戰，退走翼城縣。趙秉淵戰守淮寧，亦不知南歸。』侯遣李山、史貴將兵救梁興、趙秉淵等回蔡州。兀术不敢進兵，侯將諸軍人馬依次調發歸江夏，自將二千騎取順昌，入淮赴詔。加侯樞密副使，侯曰：『所得諸郡，一旦都休！社稷江山，難以中興！乾坤世界，無由再復！』有人密報秦檜，檜轉惡之。」

又同書卷二〇八《林泉野記》：「飛乘勢欲深入，而秦檜議和，累詔班師，乃還，尋失所復州縣。」

又同書卷二二〇《中興姓氏録》：「次年五月，大金背盟入寇，復陷河南州縣，士民歸咎於檜。檜傲然不肯退，上亦眷之不衰。檜欲慰人心，乃命諸大帥出。岳飛、韓世忠、張俊、劉錡皆奏追還，不使深入。又懼諸將怨，濫賞以官。」

《朱子語類》卷一三六：「紹興初，岳軍已向汴都，秦相從中制之。」

《金佗續編》卷二八《吴拯編鄂王事》：「侯屢獲捷，方欲深入，盡復故境，而宰相秦檜勸上累詔班師，憤恨而還，所復州縣復失之。」上引記載，或早於《行實編年》，或大致同時。《會編》載岳家軍於潁昌失利而班師，此爲一説。然楊再興等戰殁於小商橋，乃郾城與潁昌兩次大捷間之小衄，況且予金軍以重創。潁昌戰後，岳家軍因大破金軍主力之反攻，其聲威更盛於郾城戰前，而並非處於不班師即喪師之險境。《吴拯編鄂王事》等載岳飛因「累詔班師」，則爲另一説。《要録》所述實爲兩説並存。按《要録》、《皇宋中興兩朝聖政》、《宋史全文續資治通鑑》等書應參據秦熺《高宗日曆》，疑《高宗日曆》中亦已承認岳飛奉詔班師之史實。

又同書卷二八《鄂武穆王岳公真讚》：「至紹興之八年，虜以河南、陝西歸我，以怠我軍。至十年而奄至，而我之諸將受命四出，所在捷奏，而武穆克復州縣之功，爲諸將冠。蓋自建炎用兵以來，而我之諸將始皆精熟，老者如百鍊之鋼，少者如發硎之刃，縱横捷出，無不如意。此正天人合一之機，千載一時之會也。其如和議之説行，而班師之詔屢下何？」

《宋史》卷二九《高宗紀》：「（紹興十年七月）壬戌，飛以累奉詔班師，遂自郾城還，軍皆潰，金人追之不及。潁昌、蔡、鄭諸州皆復爲金有。」

又同書卷四七三《秦檜傳》：「時張俊克亳州，王勝克海州，岳飛克郾城，幾獲兀术，〔王俊〕戰勝於長安，韓世忠勝於泇口鎮，諸將所向皆奏捷，而檜力主班師。九月，詔飛還行在，沂中還鎮江，光世還池州，錡還太平。飛軍聞詔，旗靡轍亂，飛口呿不能合。於是淮寧、蔡、鄭復爲金人有。」古語中之「旗靡轍亂」常作潰散之意，《宋史·高宗紀》則爲「軍皆潰」。《會編》記載作「旗靡轍亂不整」，形容士氣沮喪，行伍不整，尚有此可能。然岳家軍顯然並未潰散，而喪失戰鬭力。《宋史》之「軍皆潰」疑來源於秦熺《高宗日曆》之詆誣。

《金佗稡編》卷一二《乞止班師詔奏略》：「契勘金虜重兵盡聚東京，屢經敗衄，鋭氣沮喪，内外震駭。聞之諜者，虜欲棄其輜重，疾走渡河。況今豪傑嚮風，士卒用命，天時人事，强弱已見，功及垂成，時不再來，機難輕失。臣日夜料之熟矣，惟陛下圖之。」據岳珂説，此奏「累千百言」，今僅剩概略。

又同書卷三高宗宸翰七十：「得卿十八日奏，言措置班師，機會誠爲可惜。卿忠義許國，言詞激切，朕心不忘。卿且少駐近便得地利處，報楊沂中、劉錡同共相度，如有機會可乘，約期並進。如且休止，以觀敵釁，亦須聲援相及。楊沂中已於今月二十五日起發，卿可照知。」

又同書卷一二《赴行在劄子》：「臣於七月二十七日取順昌府，由淮南路，恭依累降御筆處分，前赴行在奏事。」以上三份有關岳飛班師之原始文件證明，岳飛確爲「恭依累降御筆處分」而班師。七月十八日，即張憲、徐慶等進行臨潁之戰之同日，岳飛上奏反對班師，宋高宗亦承認此奏「言詞激切」。三日後，各書記載爲二十一日，岳家軍即行班師，岳飛本人二十七日已退至順昌府。岳飛奏至臨安，應爲二十七日後，宋高宗御札載「楊沂中已於今月二十五日起發」，可作佐證。宋高宗勉强應允其暫緩班師，然須與楊沂中、劉錡「同共」進退之御札，當動筆之際，已成一紙廢文。

岳飛官高權重，秦檜以三省、樞密院名義發省劄，並無太大約束力，須藉宋高宗「御筆」。宋高宗御札非個人所作，乃與宰執大臣共議，往往由大臣起草。《朱文公文集》卷九五張浚行狀載：「賜諸將詔旨，往往命公擬進，未嘗易一字。」岳飛鎮壓楊么後，宋高宗賜御札，即由參知政事沈與求起草（見《金佗稡編》卷六第三七四頁）。《要録》卷一三六載順昌之戰時：「秦檜奏，俾錡擇利班師，（此據郭喬年《順昌破敵録》修入，喬年云『遞到御筆』云云，其實宰相所擬也。）錡得詔不動。」則迫令岳飛班師之宋高宗「御筆」，應爲秦檜所草。《岳侯傳》載「忽一日，詔書一十二道」，《行實編年》則有「一日而奉金書字牌者十有二」之説，然今存八十六件宋高宗御札中，十二道班師詔尚無一道。按宋高宗授岳飛之「御筆手詔」，原有「無慮數百章」，岳飛被害後，「悉被拘没」，已大部佚失（見《金佗稡編》卷三第六三頁）。岳飛七月十八日奏，應爲同日所得之班師詔而發，然此御札亦已佚失。據岳飛七月十八日奏看，若無宋廷嚴令，應無班師之理。故一日得十二道金字牌遞發御札之説，應頗有可能。宋時因交通條件限制，有時需重複發令。例如《金佗續編》卷九《照會免去祇謁陵寢省劄》和《同前第二劄》，内容相同，因「切慮在路遺滯」，故於翌日再發一劄。按岳飛宣撫司和宋廷之公文往返，約需二十日，单程約需十日，宋高宗發十二道班師詔，應於七月十日前後。當時臨安應不知八日郾城大戰之訊，至多已接七月二日復洛陽捷報。

《建炎以來繫年要録》卷一三七：「(紹興十年七月)丁未，司農少卿李若虚自岳飛軍前計議還，入見。」李若虚六月二十二日於德安府會見岳飛，至七月六日於臨安朝見，行程爲時一月半。

又同書卷一四四：「(紹興十二年正月戊申)敷文閣待制、知徽州朱芾，秘閣修撰李若虚並落職，芾仍罷郡。右諫議大夫羅汝楫論二人『頃嘗爲岳飛謀、議官，主帥有異志，而不能諫。至於若虚，則又公肆欺罔，昨飛方用師於京西，若虚遽自軍前還朝，謂敵人不日授首矣，而所憂者他將不相爲援。伏望並賜黜責』。故有是命。」按宋高宗對岳飛之用兵，既忌全勝，亦懼大敗，故李若虚返臨安之説，應反而促使其下班師令。

《金佗稡編》卷二高宗宸翰六十五：「得卿奏，提兵在道，暑行勞勩，朕念之不忘。狂虜尚在近境，今已入秋，預當嚴備，以防豕突。蔡、潁舊隸京西，今專付卿措置，當分兵將屯守防捍，并謀絶其糧道，使虜有腹背之顧。在卿方略，隨宜處畫。朕久欲與卿相見，事畢，輕騎一來爲佳。餘候面議。」

又同書卷二高宗宸翰六十六：「覽卿奏，知已遣兵下鄭州，自許、陳、蔡一帶，形勢皆爲我有。又大軍去賊寨止百餘里，想卿忠義許國之心，必期殄滅殘虜，嘉歎無已。然賊計素挾狙詐，雖其姦謀不能出卿所料，要在明斥堠，謹間諜，乘機擇利，必保萬全。兵事難以隃度，遲速進退，朕專付之卿也。已差中使勞卿一軍，未到間，卿有所欲，前期奏來。入覲無早晚，但軍事可以委之僚屬，即便就途。」據《金佗續編》卷一〇《照會支撥收復鄭州激賞錢省劄》和《李供奉押賜收復鄭州支犒錢省劄》，此御札應發於七月八日、九日左右，與前札皆有令班師「入覲」之意。

又同書卷二高宗宸翰六十七：「覽卿七月五日及八日兩奏，聞虜併兵東京，及賊酋率衆侵犯，已獲勝捷。卿以忠義之氣，獨當强敵，志在殄滅賊衆，朕心深所傾屬。已遣楊沂中悉軍起發，自宿、亳前去牽制，聞劉錡亦已進至項城。卿當審料事機，擇利進退，全軍爲上，不妨圖賊，又不墮彼姦計也。」此爲宋高宗得知趙俊、喬握堅復趙州，岳飛郾城之戰之回覆御札。今前有復鄭州回覆御札，後有此札，其間獨無七月二日復西京洛陽之回覆御札。估計岳飛七月十八日所接之班師御札，爾後一日内所接之十二道班師御札，應發於宸翰六十六與六十七之間，大致即於宋高宗得知復西京之前後。高宗宸翰六十七應發於七月十八日後，雖改令岳飛「擇利進退」，然遞至前沿時，岳飛已班師。《行實編年》稱岳飛七月十八日奏抵臨安，宋高宗下詔允許後，秦檜「乃先詔韓世忠、張俊、楊沂中、劉錡各以本軍歸」，「以先臣孤軍不可留，乞姑令班師」。其實，岳飛班師僅晚於張俊，而早於韓世忠與劉錡，楊沂中一軍更於岳飛班師後，方赴前沿。依《行實編年》叙事，岳飛班師亦須延至八月，足見其錯謬。岳珂故作曲筆，稱「上亦鋭意恢復」，而將罪責諉諸秦檜一人。所謂「孤軍不可留」，實乃指岳飛孤軍進至開封外圍之形勢。然宋高宗與秦檜迫令岳飛班師，確爲其他各軍相繼班師之關鍵。

又同書卷二高宗宸翰六十八：「覽卿奏，八日之戰，虜以精騎衝堅，自謂奇計。卿遣背嵬、游奕迎破賊鋒，戕其酋領，實爲儁功。然大敵在近，卿以一軍，獨與決戰，忠義所奮，神明助之，再三嘉歎，不忘于懷。比已遣楊沂中全軍自宿、泗前去，韓世忠亦出兵東向。卿料敵素無遺策，進退緩急之間，可隨機審處，仍與劉錡相約同之。屢已喻卿，不從中御，軍前凡有所須，一一奏來。七月廿二日。」宋高宗此札發於岳飛班師之翌日。

又同書卷二高宗宸翰六十九：「覽卿奏，兀术見聚兵對壘，卿欲乘時破滅渠魁。備見忠義之氣，通于神明，卻敵興邦，唯卿是賴。已令張俊自淮西，韓世忠自京東，擇利並進。若虜勢窮蹙，便當乘機殄滅，如姦謀詭計尚有包藏，諒卿亦能料敵，有以應之。」又岳珂此札説明詞：「先臣乘勝進兵朱仙鎮，兀术收潰兵對壘而陳。先臣亟奏，乞乘機破滅渠魁，以復故壤。賜御札報諭。」據上引二御札，自郾城大捷後，宋高宗本人略有改變，業已班師之張俊，亦重新發遣北上。後接岳飛七月十八日《乞止班師詔奏》，亦回札勉强應允，然爲時已晚。

又同書卷三高宗宸翰七十一：「比聞卿已趣裝入覲，甚慰朕虚佇欲見之意。但以卿昨在京西，與虜接戰，遂遣諸軍掎角並進。今韓世忠在淮陽城下，楊沂中已往徐州，卿當且留京西，伺賊意向，爲牽制之勢。俟諸處同爲進止，大計無虞，然後相見未晚也。」宋高宗同意岳飛班師，然懼怕韓世忠與楊沂中兩部受挫，又令岳飛「且留京西」，與各部共同撤兵。

又同書卷三高宗宸翰七十二：「昨以韓世忠出軍淮陽，委卿留京西，爲牽制之勢。今聞卿已至廬州，世忠卻已歸楚。卿當疾馳入覲，以副朕佇見之切，軍事足得面議。」以上二御札應寫於八月。

《金佗續編》卷一○《令疾速赴行在奏事省劄》：「岳飛劄子奏：『臣於七月二十七日取順昌府，由淮南路，恭依累降御筆處分，前赴行在奏事。』右三省、樞密院同奉聖旨，令岳飛疾速前來，赴行在奏事。……紹興十年八月八日。」省劄所引岳飛奏即前引《金佗稡編》卷一二《赴行在劄子》。

《鐵網珊瑚》書品卷二《宋兩朝御札墨本》引宋高宗賜楊沂中手詔：「岳飛近奏，留王貴等在蔡州，已過順昌，由淮西前來奏事。俟有定議，即報卿知。特遣親札，諒宜體悉。」可知岳飛班師時，「留王貴等在蔡州」奏今已佚失。

又：「得岳飛奏，措置班師。劉錡奏，復入順昌。已令各且駐軍近便去處，報卿同共相度。如機會可乘，即約期並進。如未可，亦可駐軍相近，聲援相接，勿致爲賊所窺。卿可急遣人與飛、〔錡〕議，定卿一軍所向，庶幾不失期會也。」按時間推測，此手詔當在前一手詔之前，岳飛最初的「措置班師」奏今已佚失，應早於前上引七月二十七日《赴行在劄子》。

又：「得韓世忠初七日奏，見駐軍淮陽城下，并捉獲淮陽告急天使，稱已乞兵東京、南京，極力來援。卿可與世忠期約，擇利策應，毋失機會。初遣卿行，與岳飛合力。今飛〔方〕赴行在奏事，世忠見已出師，國事一也，不得輒分彼此。遣此親札，諒宜體悉。」

《金佗續編》卷三○《郢州忠烈行祠記》：「舉入郢之師，以臨襄沔，定南陽，毋敢膺其鋒者。其後一出而平虢略，下商於，再出遂取許昌，以瞰陳留。夷人畏遠北遁，中原百姓牛酒日至，謂旦夕天下可定。不幸謀未及展，事忽中變。」陳留在宋時爲開封之別名。

《周益國文忠公集·平園續稿》卷三七《龍洲居士嚴君（致堯）墓碣》：「方向宛、洛，擣趙、魏，而虜人求成，武穆公罷兵柄，獲罪矣。」

父老人民大失望，遮先臣馬首，慟哭而訴曰：「我等頂香盆，運糧草，以迎官軍，虜人悉知之。今日相公去此，某等不遺噍類矣！」先臣亦立馬悲咽，命左右取詔書以示，曰：「朝廷有詔，吾不得擅留！」勞苦再四而遣之，哭聲震野。及至蔡，有進士數百輩及僧道、父老、百姓坌集于庭，進士一人相帥叩頭曰：「某等淪陷腥羶，將逾一紀。伏聞宣相整軍北來，志在恢復，某等跂望車馬之音，以日爲歲。今先聲所至，故疆漸復，醜虜獸奔，〔一〕民方室家胥慶，以謂幸脱左衽。忽聞宣相班師，誠所未諭，宣相縱不以中原赤子爲心，其亦忍棄垂成之功耶？」先臣謝之曰：「今日之事，豈予所欲哉！」命出詔書置几上，進士等相帥歷階視之，皆大哭，相顧曰：「然則將奈何？」先臣不得已，乃曰：「吾今爲汝圖矣。」乃以漢上六郡之閒田處之，且留軍五日，待其徙從而遷者，道路不絶，今襄漢間多是焉。〔二〕

〔一〕醜虜獸奔 「獸」，原作「鳥」，據《金佗續編》卷二〇改。

〔二〕襄漢間多是焉 「間」，據《金佗續編》卷二〇補。《三朝北盟會編》卷二〇七：「先是，飛自郾〔城〕回軍也，在一村寺中，與王貴、張憲、董先、王俊夜坐，移時不語，忽作聲曰：『天下事竟如何？』衆皆不敢應，惟憲徐言曰：『在相公處置耳！』既退，俊握先及貴手，曰：『太尉！太尉！聞適來相公之言及張太尉之對否？』先與貴曰：『然。』」據《要録》卷一四三注，《會編》此段記載乃抄録趙甡之《中興遺史》所載。

方兀术夜棄京師，將遂渡河，有太學生〔一〕叩馬諫曰：「太子毋走，京城可守也，岳少保兵且退矣。」兀术曰：「岳少保以五百騎破吾精兵十萬，京師中外日夜望其來，何謂可守？」生曰：「不然，自古未有權臣在內，而大將能立功於外者。以愚觀之，岳少保禍且不免，況欲成功乎！」生蓋陰知檜與兀术事，故以爲言。兀术亦悟其說，乃卒留居，翌日，果聞班師。議者謂使先臣得乘是機也以往，北虜雖强，不足平也；故土雖失，不足復也。一簣虧成，萬古遺恨。〔二〕

〔一〕太學生 《紀事實録》作「國朝舊日諸生」。

〔二〕《金佗續編》卷二〇無「一簣虧成，萬古遺恨」八字。時岳家軍克復京西路之大部，河北、河東、京東等路僅由游擊軍佔領部份州縣。完顏兀术大軍於順昌、郾城、潁昌等戰後，仍未被殲滅。所謂「一簣虧成」，乃誇張失實。

《鄱陽集》拾遺《使金上母書》：「及聞莫將北来，所請皆不從，大怒，起兵向河南。及順昌之敗，岳帥之來，此間震恐。未幾而岳帥軍回，吴璘兵大敗，河南、關西故地一朝復盡得。」此爲金朝扣押之宋使洪皓，介紹金朝之情況。

《浪語集》卷二二《與汪參政明遠論岳侯恩數》：「逆亮南寇，胡人自爲『岳飛不死，大金滅矣』之語。」此爲岳飛死後二十年，金朝完顏亮大舉攻宋時事。

《金佗續編》卷二〇《鄂王傳》：「時北方有上書以休兵勸虜酋者，謂南方今日之兵，乃北朝向來初起之兵。兵至是而始精，所向無前，恢復之機，誠在於此，此飛之所以拳拳也。」

《絜齋集》卷七《邊防質言論十事·論戰》：「我朝中興之初，數與敵戰，良將輩出，王師屢捷。岳飛、韓世忠、劉錡、吴玠之徒，勳烈表表於紹興間。非秦檜沮之，復故疆，刷國恥，端可必矣。」

《黄氏日抄》卷六八《始議》：「靖康而後，中原尚有可復之機者三：宗忠簡肅清宫禁，結山東、河北義勇，以請聖駕還京，此一機也，中原可不煩兵而復；岳鄂王收復〔兩〕京，所向無前，此一機也，中原可乘勝而復；逆亮速禍，京東、西等處響應思歸，此一機也，中原可乘機而復。」

先臣既還，虜人得伺其實，無所忌憚，兵勢漸振，向之已復州縣，又稍稍侵寇。〔一〕先臣抑鬱不自得，自知爲檜所忌，終不得行其所志。用兵動衆，恢拓土宇，今日得之，明日棄之，養寇殘民，無補國事，乃上章，力請解兵柄，致仕。上賜詔，謂其「方資長算，〔二〕助予遠圖，未有息戈之期，而有告老之請」，不許。奉詔自廬入覲，上問之，先臣第再拜謝。〔三〕

〔一〕《金史》卷七七《宗弼傳》：「遂命元帥府復河南疆土，詔中外。宗弼由黎陽趨汴，右監軍撒離喝出河中，趨陝西。宋岳飛、韓世忠分據河南州郡要害，復出兵涉河東，駐嵐、石、保德之境，以相牽制。宗弼遣孔彦舟下汴、鄭兩州，王伯龍取陳州，李成取洛陽，自率衆取亳州及順昌府，嵩、汝等州相次皆下。時暑，宗弼還軍于汴，岳飛等軍皆退去，河南平，時天眷三年也。上使使勞問宗弼以下將士，凡有功軍士三千，並加忠勇校尉。攻嵐、石、保德，皆克之。」《金史》所載岳飛「出兵」後金軍攻佔州府事，應爲岳飛班師後，金軍重佔河南之地。岳家軍未至嵐州、石州一帶，據《紫微集》卷一八追贈王忠植制詞，《宋史》卷四四八《王忠植傳》載，王忠植爲「河東步佛山忠義人」，曾佔取「石州等十一郡」，然此軍未歸岳飛節制，而由川、陝宣撫司指揮。因岳家軍爲南宋抗金之重心，故金方常將與岳飛無關之軍事行動，亦歸之於岳飛。

又同書卷七九《孔彦舟傳》：「從宗弼取河南，克鄭州，擒其守劉政，破孟邦傑於登封。」據《會編》卷二〇二汪若海劄子，金軍初下河南，攻順昌時，「孔彦舟、酈瓊、趙榮之徒，只是單馬隨軍，並無兵權」。此傳所載乃岳飛班師後事。劉政即夜襲中牟縣漫獨化營寨之準備將。

又同書卷七九《徐文傳》：「宗弼復取河南，文破宋將李寶於濮陽，孟邦傑於登封。宋蔣知軍據河陽，文遲明至其城下，使别將攻城東北，自將精鋭潛師襲南門。城中悉衆救東北，文乃自南門斬關入城。宋軍潰去，追擊敗之。破郭清、郭遠於汝州。鄭州叛，復取之，擊走宋將戚方。河南既平，宗弼勞賞將士，賞文銀幣、鞍馬。」戚方自被岳飛降服後，充張俊部屬，並未攻至鄭州。

又同書卷八一《王伯龍傳》：「從元帥府復收河南，權武定軍節度使、兼本路都統。宋兵據許州，伯龍擊走之，招復其人民。」

又同書卷七九《李成傳》：「宗弼再取河南，宋李興據河南府。成引軍入孟津，興率衆薄城，鼓譟請戰，成不應。日下昃，興士卒倦且飢，成開門急擊，大破之。興走漢南，成遂取洛陽、嵩、汝等。」

《三朝北盟會編》卷二〇四：「（紹興十年八月）十一日壬午，李成攻河南府，李興擊敗之。李成自孟州率金人五千餘騎，犯河南府，李興開城門以待之，成果疑，不敢進。興遣鋭士由他門出擊，敗之。」

「（九月）七日戊申，知河南府李興移治於白馬山。李成以累敗於李興，乞兵於金國，得番、漢軍十餘萬。興聞之，度衆寡不敵，即移治於永寧白馬山。」

「（十二月）李興與李成相拒於白馬山。知河南府李興九月退保於永寧白馬山。李成親率番、僞首領，衆十餘萬，四面攻圍，晝夜不息，鼓聲震山谷，凡兩月，聲不絶。興親臨隘口，撫恤士卒，盡力禦之，成不能施其技。先是，留守李利用、總管孫暉棄城南歸也，興與金人接戰。興之家屬散亡兩、三處。暉度興必陷没，遂擁其妻周氏至襄陽，奪其鞍馬，掠其財物。朝廷知之，降詔俾本州存恤，別給優廪。興移治白馬山寨，日唯有幼子在側，方虜勢圍急，人心頗搖。興召將士徧諭之，曰：『今雖圍急，當與諸公誓以死守，毋或二心。萬一山寨有失，我豈污於賊者，當抱此子南嚮投崖，以謝天子。諸公欲出降者，請自便！』諸將皆感泣，由是諸隘益堅。僞金國遣使齎黄榜，招興以奉國上將軍官，俾依舊尹西京，其餘將佐官屬，賞各有差。興得檄不啟，立斬來使，以其檄繳赴朝廷。白馬受圍久，方深冬，泉源枯涸，軍民乏水，衆皆病渴。興焚香默禱，一夕大雪，泉脈湧溢，將士皆以爲興之精忠感應。興雖在圍中，至歲時伏臘，專遣將士賫書，取間道詣永安，酌獻諸陵。李成知興不可屈，乃斂諸處攻隘圍兵於山下駐，積芻峙糧，爲久守之計。興潛遣將士夜出，焚刦營寨，掩殺過洛水北十八里，至三鄉鎮，連戰克捷。自是成大挫，徑歸西京。」

又同書卷二〇六：「（紹興十一年六月）十七日甲申，李興自白馬山班師，至鄂州。李興知河南府事，據白馬山，與李成相持，凡數月，成不能攻，遂歸西京。朝廷以興糧餉不繼，孤軍難守，即詔班師。興統率軍民幾萬人，南歸，至大章谷，逢金人數千騎邀路，興擊敗之。金人既退，方得路南行，以是日至鄂州。宣撫使岳飛已除樞密副使，於是都統王貴申請樞府，乞留興鄂州，遂就差左軍同統制。」

《建炎以來繫年要録》卷一三七：「（紹興十年八月）壬午，李成自河陽以五千騎犯西京，知河南府李興命開城門以待之，成疑不進。興遣鋭士自它門出擊之，成敗走。」「（九月）戊申，金人復入西京。先是，李成數爲知河南府李興所敗，乞師於都元帥宗弼，得蕃、漢軍數萬。興聞之，度衆寡不敵，棄城去，寓治於永寧之白馬山。」

又同書卷一三八：「（紹興十年十二月）初，知河南府李興既屯白馬山寨，李成以蕃、漢數萬衆圍之。時興妻周氏與其子居襄陽，惟幼子在側。虜圍益急，士心頗摇。興聞，謂諸將曰：『興與諸君當以死守，毋有二志。苟或不敵，吾豈爲虜污者，當抱是兒南向投崖，以謝天子！』諸將皆感泣，由是守益堅。虜遣使賫黄榜，招興以奉國上將軍、河南尹。興得檄不啟，立斬其使，以檄聞于朝。白馬受圍久，方冬泉涸，軍民乏絶。興焚香默禱，一夕大雪，泉源皆溢。成知興志不可屈，乃即山下屯兵積糧，爲久居之計。興潛遣將士夜焚之，成大挫，徑歸西京。」

又同書卷一四〇：「（紹興十一年六月）甲申，右武大夫、忠州團練使、知河南府李興以所部至鄂州。興據白馬山，與李成相拒，凡數月。朝廷以興糧餉道梗，孤軍難守，乃命班師。興率軍民僅萬人，南歸，至大章谷，遇金人數千要路，興擊退之。至鄂州，都統制王貴言於朝，遂以興爲左軍同統制。」

《石林奏議》卷一二《奏乞下諸大將遇賊戰敵過爲隄備劄子》：「臣伏見虜人□□□，岳飛殺敗

□□□□京師，已幾一月，別無動□，傷殘既多，理宜遁伏。然今□□□□□□狂蹶。」

《建炎以來繫年要録》卷一三七：「（紹興十年七月庚午）武功大夫、忠州團練使、兼閤門宣贊舍人、新知辰州柴斌移知唐州。」

《紫微集》卷一三《柴斌係武功大夫忠州團練使新知辰州特改差知唐州岳飛奏斌遷延不赴特降三官制》：「敕：『夫平居無事時，工爲好言以眩衆，一旦有警，則畏愞無趨事之意，此鼠黠之尤者也，斌之謂矣。褫官三列，薄示創懲，毋狃爾爲，更干重劾。』」

〔二〕謂其方資長算　《金佗續編》卷二〇無「其」字。

〔三〕《金佗續編》卷四《潁昌捷後俄詔班師上章力請解兵柄致仕不允詔》：「敕：『具悉。卿勇略冠時，威名服衆。分鎮一道，使敵人無侵侮之虞；盡節本朝，致將士有忠誠之效。方資長算，助予遠圖，未有息戈之期，而有告老之請。雖卿所志，固嘗在於山林；而臣事君，可遽忘於王室？所請宜不允。』」

《三朝北盟會編》卷二〇四：「（紹興十年八月十一日壬午）岳飛、劉光世來朝。」

《金佗稡編》卷一五《辭少保第五劄子》：「臣已四具劄子辭免。八月三十日准尚書省劄子，三省同奉聖旨，不允，令日下祗受，仍依累降詔旨，不得再有陳請者。臣之事君，義無有己，若夫貪慕爵禄，務榮一身，而不以國家爲念，則非臣之所忍爲也。比者羯胡敗盟，再犯河南之地，肆爲殘忍，人神共憤。臣方將策駑礪鈍，冀效尺寸，以報陛下天地生成之德。今則虜騎寇邊，未見殄滅，區區之志，未效一、二。臣復以身爲謀，惟貪爵禄，則誠恐不足爲將士之勸，而報恩無所，萬誅何贖！伏望睿慈追寢成命，特賜俞音，姑詔有司，留以爲臣異時涓埃之賞。」

《建炎以來繫年要録》卷一三七：「（紹興十年九月）己酉，上諭大臣曰：『朕昨面諭岳飛，凡爲大將者，當以天下安危自任，不當較功賞。彼以功賞存心者，乃士卒所爲。至於朝廷待大將，亦自有禮，如前日邊報之初，除諸將便加師、保，豈必待有功乎？若必待有功而後進官，所以待士卒輩也。』時飛已至行在，故上訓及之。」

「乙卯，尚書工部員外郎高穎試司農少卿、兼湖北、京西宣撫司參議官，岳飛請之也。（《日曆》不書兼參議，此據本寺題名。）」

《金佗續編》卷一〇《令措置河北河東京東三路忠義軍馬省劄》：「紹興十年十月十三日，左承議郎、守司農少卿、差充湖北、京西路宣撫使司參議官高穎劄子奏：『臣嘗謂兵之取勝，以謀爲主；謀之發用，以時爲宜。臣自建炎三年春不幸陷於番域，切觀大河之北，士人非不衆也。而能專心詢訪所謂酋長之趣向，兵卒之彊弱，屯戍之虚實，以爲我國家計者，世鮮其人。間有高志不羣之士，往往晦迹隱伏，杜門不出，而時事未嘗過而問焉。臣自紹興九年秋，被命召赴行在，切觀大江之南，人非不衆也。而能專心詢訪所謂將帥之才，守禦之備，攻取之術，以爲我國家計者，亦鮮其人。間有畫策獻謀之士，往往風聲氣俗，不歷邊事，而謀慮有所不周矣。今也，臣合南北之所得長短，以究其利害，臣雖愚蠢，所得者亦多矣。

臣所以敢將河北忠義之士，爲攻取計，始終不易其言者，相其今日所宜，是爲決取之謀，是爲適可之時。曾無漕運之勞，器甲之需，激賞之費，借曰萬一敗失，亦不傷乎國體。用事於金賊腹心之中，而收功於疆埸千里之外，夫何憚而不爲。臣誤蒙陛下擢置卿列，可謂安佚矣。而臣區區願預軍事，非厭安佚而樂煩劇，蓋以謂臣子之心，苟有寸長，當戮力以爲國家用。儻能建功立事，以圖報稱，是爲臣之忠；立身揚名，以顯父母，是爲子之孝。忠孝所係，故一身之安佚煩劇，曾不足較也。臣之言大可以獻諸天地，幽可以質諸鬼神。伏望陛下特賜睿察，如臣言可用，即委臣措置河北、河東、京東三路忠義軍馬。所有文劄，乞降付宣撫使岳飛，庶幾可以裨贊岳飛十年連結河朔之謀。仍乞降三路賞功聖詔，然後臣當將命請行。取進止。』

右三省、樞密院同奉聖旨，劄與岳飛措置，不下司。……紹興十年十月十三日。」宋廷不准此件省劄發下岳飛的宣撫司，當別有原委。

又同書卷一一《令遣發參議官高穎措置三路忠義軍馬省劄》：「樞密院奏：『勘會近據左承議郎、守司農少卿、差充湖北、京西路宣撫使司參議官高穎劄子奏：乞委臣措置河北、河東、京東三路忠義軍馬，庶幾可以裨贊岳飛十年連結河朔之謀。已降指揮，劄與岳飛措置。』

右三省、樞密院同奉聖旨，令岳飛疾速措置遣發，具已施行聞奏。……紹興十年十二月六日。」

虜人大擾河南，分兵趨川、陝，上命先臣應之，以王貴行。〔一〕八月，以趙秉淵知淮寧府，虜犯淮寧，爲秉淵所敗。又悉其衆圍秉淵，先臣復命李山、史貴解其圍。〔二〕虜再攻潁昌，上命津發人民，於新復州軍據險保聚。韓世忠捷於千秋湖，命以蔡州軍牽制。九月，虜犯宿、亳，〔三〕命控扼九江。又付空名告身，自正任承宣使以下，凡四百八十一道，以激戰功。〔四〕冬十月，川、陝告急，復請益兵，以董先行。又命廣設間諜，誘契丹諸國之不附兀术者。〔五〕十一月，命益光州兵，援田邦直。〔六〕虜聚糧順昌，將寇唐、鄧，入比陽、舞陽、伊陽諸縣，命捍禦隄備。〔七〕是冬，梁興在河北，不肯還，取懷、衛二州，大破兀术之軍，斷山東、河北金、帛、馬綱之路，金人大擾。〔八〕

〔一〕《建炎以來繫年要録》卷一三七：「（紹興十年八月壬辰）直徽猷閣、秦鳳等路提點刑獄公事宋萬年陞直顯謨閣、知慶陽府。金人之犯慶陽也，帥臣范綜未赴，而萬年攝守事，率厲軍民，爲固守計。宣撫副使胡世將言於朝，故有是命。時直秘閣、潼川府路轉運副使喻汝礪以書遺世將，言：『金人貪戾猜禍之國，屬者竊聞敵積粟於鞏，又積粟於岐，其所以爲此者，蓋欲以謀蜀也。今敵已窺慶臺之疆，兼雍州之地，則蜀之於敵，壤近而患急矣。望急遣一介之使，請於朝廷，詔岳少保與蜀相首尾。萬一敵騎陵忽，則使荆、鄂走精鋭，出襄漢，薄金、洋，以壓敵後。彼敵雖悍，又安敢睨蜀。』世將以爲然。」

又同書卷一三八：「（紹興十年十一月）乙卯，川、陝宣撫副使胡世將奏，已遣兵解慶陽之圍，乞詔湖北、京西宣撫使岳飛出兵牽制。上曰：『此未易輕議，凡事有緩急先後，必思而後動，乃可以成功也。』」《要録》所載與《行實編年》異，王貴與董先先後增援川、陝，諸書俱不載。

〔二〕《金佗稡編》卷一八《論劉永壽等棄淮寧府申省狀》：「契勘權知淮寧府劉永壽并史貴將帶人兵，棄城前來，顯是退怯。除已依軍法行遣外，其淮寧府別行差官措置。伏望特降指揮，將劉永壽、史貴更賜行遣，以爲臨敵不用命者之戒。」

又同書卷一八《差趙秉淵知淮寧府申省狀》：「飛近爲權知淮寧府劉永壽、史貴擅棄淮寧府城，已將逐官依軍法行遣，及申奏朝廷，乞將逐官更賜行遣外，飛遂差統制官趙秉淵將帶軍馬，前去措置占守去後。今據趙秉淵申，已於七月二十三日軍馬入淮寧府城，安貼官吏、居民訖，申乞照會。所有淮寧府伏望特降指揮，下淮北宣撫司差官施行。」七月二十三日前，淮寧知府乃劉永壽，而非趙秉淵。《會編》卷二〇四和《要録》卷一三六載張憲閏六月二十四日復淮寧府後，即由趙秉淵任知府，係誤。估計張憲自復淮寧府後，即駐守該府，至七月十日後，率軍增援郾城，參加臨潁等戰，留劉永壽與史貴屯戍。劉永壽和史貴大約得知班師之訊，即擅棄淮寧府，岳飛又命趙秉淵接替鎮守，趙秉淵進駐府城於岳飛班師後兩日。

又同書卷九《遺事》：「如以馬羽守蔡，蘇堅守西京，趙秉淵守淮寧，皆有干城牧衆之功。」

《三朝北盟會編》卷二〇四：「（紹興十年八月）六日丁丑，李山、史貴、韓直敗金人於陳州。初，張憲得陳州也，岳飛令統制趙秉淵守之。金人圍陳州，飛統制李山、史貴與劉錡軍統制韓直及金人戰於城下，敗之。」

《建炎以來繫年要録》卷一三七：「（紹興十年七月壬戌）統制官趙秉淵知淮寧府，飛還至蔡州，命統制官李山、史貴以兵援之。」

「（乙丑）是日，金人遣翟將軍圍趙秉淵於淮寧府，李山、史貴及劉錡軍統制官韓直共擊退之。秉淵聞岳飛已去，遂棄城南歸。（《日曆》八月六日丁丑申刻，趙甡之《遺史》亦以爲丁丑日事，恐誤。）」

《宋史》卷二九《高宗紀》：「（紹興十年七月乙丑）金人圍淮寧府，趙秉淵棄城南歸。」趙秉淵七月二十三日進駐淮寧府，又有「干城牧衆之功」，不可能二十四日乙丑即「棄城南歸」。《要録》和《宋史》日期差誤，應以《高宗日曆》、《中興遺史》、《行實編年》等爲準。

《三朝北盟會編》卷二〇七《岳侯傳》：「侯謂諸將曰：『梁興見在河北，與金人決戰，退走翼城縣。趙秉淵戰守淮寧，亦不知南歸。』侯遣李山、史貴將兵救梁興、趙秉淵等回蔡州。」

又同書卷二〇八《林泉野記》：「飛乘勢欲深入，而秦檜議和，累詔班師，乃還，尋失所復州縣。梁興又敗之絳州翼城縣，趙秉淵敗之淮寧府。」

《金史》卷七七《宗弼傳》：「宗弼遣孔彦舟下汴、鄭兩州，王伯龍取陳州。」

又同書卷八一《王伯龍傳》：「從元帥府復收河南，權武定軍節度使、兼本路都統。宋兵據許州，伯龍擊走之，招復其人民。」金方記載自相矛盾，攻陳州者大約應爲翟將軍，而非王伯龍，《宗弼傳》所載不確。又據該書卷二四《地理志》，武定軍爲金西京路奉聖州節鎮名，《王伯龍傳》疑誤。

《紫微集》卷一七《楊興爲岳飛奏，部領官兵數十人，於淮寧府沿河與金人鐵騎數百騎鬭敵。自辰時至申時，殺敵退走，殺死金兵數人，傷中數多。其楊興雖左臂中六箭入骨，猶堅力向前，並不退却，委是出力。轉武翼郎、兼閤門宣贊舍人制》：「淮寧之役，爾與寇確，短兵既接而方奮，金鏃次骨而不言。既懷徇國之心，寧復旋踵之計。有士如此，敵何足虞！原致汝之夷傷，諒由予之不德。載觀獻狀，良所歎咨，雖嘉衛社之忠，重軫納隍之愧。其峻陟於武爵，用昭示於恩光，往其欽承，益思蹈厲。」

〔三〕《金史》卷六六《宗秀傳》：「宗弼復取河南，宗秀與海陵俱赴軍前任使。宋將岳飛軍於亳、宿之間，宗秀率步騎三千扼其衝要，遂與諸軍逆擊敗之。」宿州與亳州乃張俊軍防區，岳飛並未在這兩州駐軍，《宗秀傳》所載係誤。

〔四〕可參《金佗續編》卷一〇《給降空名告命省劄》第一三八七頁，總計有空名告身一千六百二十一道，《行實編年》的數字係誤。

〔五〕可參《金佗續編》卷一〇《密詔諸將廣設間諜契丹等國誘率來歸省劄》第一三九〇頁，宋廷不准此件省劄發下岳飛宣撫司，當別有原委。

〔六〕《金佗續編》卷一一《令相度光州修城增兵省劄》：「臣寮上言：『竊以光州與敵對壘，了無防遏，從來城壁不存。伏聞近差田邦直軍馬，深恐虜寇稍多，不足以禦之，正當隨宜增給甲兵，相兼守禦。乞下本路宣撫日下措置。取進止。』

右三省、樞密院同奉聖旨，令岳飛相度修城增兵，務在寇至必守，具的確措置事狀聞奏。……紹興十年十二月一日。」此劄發於十二月，《行實編年》稱「十一月」，當以守唐州比陽等事，一併敘述。

〔七〕《金佗續編》卷一一《措置蔡州虜賊孟千户省劄》：「樞密院奏：『據探報，蔡州番賊孟千户領人馬前去唐州及管下比陽作過。』

右三省、樞密院同奉聖旨，令岳飛嚴切措置捍禦，不管疏虞，仍具已措置事狀聞奏。……紹興十年十一月十七日。」

又同書卷一一《再令疾速措置孟千户省劄》：「樞密院奏：『勘會近據探報，蔡州番賊孟千户領人馬前去唐州及管下比陽作過。已降指揮，令岳飛嚴切措置捍禦，不管疏虞，仍具措置事狀聞奏。今又據京西南路安撫司申：唐州責據百姓文九狀，十月二十四日到比陽縣西，見本縣人民走出縣來，稱有番人來到本縣下寨。切慮賊馬不測，侵犯京西一帶州縣，理宜嚴備。』

右三省、樞密院同奉聖旨，令岳飛依累降指揮，疾速嚴切措置捍禦，不管少有疏虞，仍具已措置事狀聞奏。……紹興十年十一月十九日。」

又同書卷一一《令嚴切措置捍御虜賊省劄》：「據探報，兀朮十月初八日只將六騎入東京。初十日，有兵馬十五隊入宋門。十三日，打毬，議事侵掠唐、鄧。右劄送湖北、京西路宣撫使、兼河南、北諸路招討使岳少保，依累降指揮，嚴切措置捍禦，不管疏虞，仍具已措置事狀聞奏。紹興十年十一月二十六日。」上引省劄有金軍「議事侵掠唐、鄧」和到比陽縣的記載，而佔據潁昌府舞陽縣、西京伊陽縣等，應爲岳飛班師後不久之事。

〔八〕《金佗續編》卷一《令契勘梁興見今措置事宜開具申聞省劄》：「樞密院奏：『據探報下項：

一、光州奏：歸正人陳興供，本朝梁統制人馬取卻懷、衛兩州，四太子去滑州策應。

一、前燕山府工曹掾方喜自虜中脱身回，探得大名、開德府界梁小哥人馬截了山東路金、帛綱、河北馬綱。

一、泗州申：幹事人王德回，供稱十一月九日出徐州東門外，見清河岸貼城立砲座，河内有廠槽船，船上有番人棹船教閲，恐梁小哥從梁山濼内乘船下來。』

右三省、樞密院同奉聖旨，令岳飛契勘梁興見今措置，并本司所委事宜，開具申樞密院。如有立到功效，即具聞奏，優與陞擢。……紹興十年十二月六日。」宋廷得三處探報，而梁興軍作戰地點各異。因梁興名聲頗大，北方抗金武裝常使用其旗號。估計梁山濼應爲另一支抗金武裝，而梁興本人未去。故《行實編年》叙事只取前兩份探報，而不取王德之説。《三朝北盟會編》卷二〇七《岳侯傳》：「時梁興在河北絳州，尚未得知，侯謂諸將曰：『梁興見在河北，與金人决戰，退走翼城縣。趙秉淵戰守淮寧，亦不知南歸。』侯遣李山、史貴將兵救梁興、趙秉淵等回蔡州。」救梁興回蔡州之説，應與史實不符。

又同書卷二〇八《林泉野記》：「累詔班師，乃還，尋失所復州縣。梁興又敗之絳州翼城縣。」

《北山文集》卷一《勘襄陽府疏》：「臣契勘襄陽府城池深固，三面阻水，一面依山，新作山寨，並已畢備。今係統制李道、梁興等戍守，上下安帖，不煩聖慮。」鄭剛中在紹興十一年十月任川陜宣諭使，明年正月到任。「又適因岳飛死，慮江、鄂諸軍有所未喻，因慰撫焉」（《勘襄陽府疏》説明詞）。可知梁興應於紹興十一年、十二年間返鄂州。時李道任選鋒軍統制，估計梁興此後一直於選鋒軍任統制。紹興十二年六月，又與趙雲分别上狀，自叙平生經歷。

《建炎以來繫年要録》卷九七注：「紹興十二年六月十一日，親衛大夫、忠州刺史梁興狀：『四年十月，與烏瑪喇（馬五）太師接戰。至次年，奪路渡大河，歸本朝。』」

又同書卷八二：「初，河東忠義軍將趙雲嘗出兵與敵戰。至是敵執其父福及母張氏，以招之，且許雲平陽府路副總管。雲不顧，遂殺福，因張氏於絳州。久之，雲間道奔岳飛軍中。既而飛遣雲渡河，雲因擊垣曲縣，復取其母。飛以爲小將。（此據紹興十二年六月丁丑雲自叙狀增入。……）」

又同書卷一五八：「（紹興十八年閏八月庚申）親衛大夫、忠州刺史、鄂州駐劄御前選鋒軍同副統制梁興卒。興自太行山率其徒奔岳飛於江夏，從軍凡十年。」自紹興五年至十八年，應爲「從軍」十四年。

《三朝北盟會編》卷二〇四：「（紹興十年）十月十五日丙戌，李寶以其衆歸於淮東宣撫司。李寶自五月在渤海廟克捷，即放船越廣濟軍，遇金人綱船，得銀、絹、錢、米甚多。將抵徐州，與金人兵船相遇，乃來戍徐州者。寶方欲嚴備過徐州，曹洋曰：『我有備矣，金人不知我至，必無備，當掩擊之。』金人果無備，皆不及持仗，爲寶所殺。生擒七十餘人，寶欲殺之，洋曰：『不可，我方欲歸朝廷，何不留金人生口，以爲實驗。』寶然之。已過淮陽軍，知軍賈舍人乘馬率人從數十追及，叩岸呼曰：『爾爲誰？』時寶之衆皆緋襭頭巾、緋襭袍爲號，寶應曰：『我曹州潑李三也，欲歸朝廷耳！』言訖，引弓一發，賈舍人中矢墮馬，船已行矣。出清河口，渡南岸，而見胡深作一寨，聚居民養種。深乃具申宣撫使韓世忠，差許世安、王權來接引。丙戌，寶到楚州，世忠犒勞甚厚。寶以生口七十餘人解赴世忠，世忠大喜。」《金史》卷七九《徐文傳》載：「文破宋將李寶於濮陽。」自岳飛班師後，李寶亦因受挫而返回南宋。

《金佗稡編》卷九《遺事》：「李寶結約山東豪傑數千人，屢請以曹州率衆來之。先臣以黄金五百兩遺之，俾壯士四人偕行。寶果領衆五千，趨楚、泗以歸，爲韓世忠奏留之。寶截髮慟哭，願還先臣戲下。世忠以書來諗，先臣答曰：『是皆爲國家報虜，何分彼此。』世忠歎服。」

《紫微集》卷一二《趙雲李寶各轉左武大夫樊貴李儀劉深各轉拱衛大夫秦祐除遥郡刺史並係掩殺金人立功制》：「勑：『朕記人之功，嘗思於厚報；故賞國之典，無避於過優。宜錫命書，申褒虎士。具官某，固吾之圉，既久積於功伐；退敵於陳，比更立於戰多。既茂恩光，俾正班於横列，載稽典故，宜辭職與帝宸。復進一階，併章異數，祗服休命，益勵遠圖。』可。」此制既有李寶、趙雲等游擊軍將領，亦有其他立功將領。秦祐見於紹興六年十一月信陽軍之戰，樊貴、李儀、劉深三人當亦爲岳飛部屬。今姑附於此。

又同書卷一二《李寶係義兵統制將帶京東忠義兵馬與金人鬬敵同逐人老小轉清河前來歸投本朝與轉兩官仍除遥郡刺史制》：「勑：『朝廷崇尚武勇，所以勵三軍之心；褒表忠義，所以爲四海之勸。況於二者，實所兼資。以爾糾率義旅，出入兩河，式遏寇鋒，間關百戰，自拔歸國，忠壯可旌。俾亟進於武階，且遥分於符竹。尚俟可爲之會，更立昭明之功。立勵爾心，毋墜乃力。』可。」

《建炎以來繫年要録》卷一三八：「（紹興十年十月）丙戌，武翼大夫、忠州刺史、河北路統制軍馬李寶至楚州。先是，寶與其徒曹洋等自興仁泛舟來歸，過徐州，捕金之戍卒七十餘人。及淮陽軍，爲守將所逐，寶射却之。時韓世忠在楚州，寶與其徒歸之，世忠大悦。」

《金史》卷四《熙宗紀》：「（天眷三年）十二月乙亥，都元帥宗弼上言，宋將岳飛、張俊、韓世忠率衆渡江，詔命擊之。」按宋軍紹興十年冬並未渡江，《金史》所載係誤。

紹興十一年，辛酉歲，年三十九。

援淮西。召赴行在。除樞密副使。賜金帶、魚袋、銀、絹、鞍馬等。帶本職按閱御前軍。還兵柄。還兩鎮節，充萬壽觀使，奉朝請。證張憲事，歿。

十春正月，諜報虜分路渡淮。〔一〕先臣得警報，即上疏，請合諸帥之兵破敵，〔二〕未報。十五日，兀朮、韓常果以重兵陷壽春府。二十日，韓常與僞龍虎大王先驅渡淮。二十五日，駐廬州界。邊報至行在，上賜御札曰：「虜人已在廬州界上，卿可星夜前來江州，乘機照應，出其賊後。」〔三〕詔未至，先臣竊念虜既舉國來寇，巢穴必虛，若長驅京、洛，虜必奔命，可以坐制其斃。二月四日，既遣奏，復恐上急於退虜，又上奏曰：「今虜在淮西，臣若擣虛，勢必得利。萬一以爲寇方在近，未暇遠圖，欲乞親至蘄、黄，相度形勢利害，以議攻卻。且虜知荆、鄂宿師必自九江進援，今若出此，貴得不拘，使敵罔測。」〔四〕至是上得乞會兵奏，大喜。〔五〕及得擣虛奏，果令緩行。是日又得出蘄、黄之請，益喜，手札報諭，以爲「中興基業，在此一舉」。〔六〕

〔一〕《金佗續編》卷一一《令措置四太子人馬分路作過省劄》：「濠州申：『十二月二十九日，據北來人李穩到州供析，係三京招撫司使臣，差往東京，探金人動息。十二月初六日，到東京，探得四太子十二月初一日自燕京起發到東京，安下處不定。穩於初七日到蔡河上何太尉宅前，見有番人并老小於五岳觀至南薰門街上人家内住滿，并宣德門正西至大佛寺，及封丘門并百王宮各有番人安下。在京番人并老小共有數十萬人，内正軍止有約五、六萬人騎，多有河北簽軍。

及於十二月初十日，穩見四太子犒設在京番人銀、絹，及散乾糧并箭鑿，不住點檢，及每人要附帶糧三㪷。及見東京人及番軍説，待於正月初五日會合諸路軍馬，連老小一發起奔，向南前來。及説一路兵取廬州，奔馬家渡過江，一路取泗州、濠州，要來揚州屯大寨，取潤州過江，一路取海州，一路奔漢上去。及見説四太子指揮，每一箇千户要閼葫蘆三千箇，要過淮南。虜人過淮後，降底人便虜，不降底都殺。

穩爲知得番人準備起發，遂於十五日早，出東京宋門前來。沿路見山東、河北人民不絶般運糧斛，往拱州、亳州、順昌府前去，稱積聚準備般向南來，與軍喫。及所般糧斛人車，路上千萬無數。申聞事。

并小貼子，續據本州差出探事人寧青在壽春府探得，番賊見在壽春府界地名蘇村、鬭團下寨。并十二月二十七日晚，又問得番賊船數十隻，在惠公渡住泊。及番賊四太子人馬起離陳州，前來順昌府。及見今壽春府并雷統制人馬，各上城分地分守禦。伏乞照會。』

右檢會諸處探報，番賊要分路過淮作過。正月九日奉聖旨，劄下韓世忠、張俊、劉錡照會，緊切措置隄備，仍行下所隸州縣，保聚人民，以防抄掠。及劄下岳飛照應措置，如探得賊馬果來渡淮，即遣發精鋭軍馬，腹背掩殺牽制。各具知稟聞奏。今劄送湖北、京西路宣撫使、兼河南、北諸路招討使岳少保，依已降指揮施行。紹興十一年正月十日。」此省劄遞至鄂州，應爲正月二十日左右。

《北山文集》卷一《定謀齊力疏》：「夫以虜人輕視中國，無謀妄動，宜其一跌塗地，尽斃犬羊而不返。然猶能收拾餘衆，欺有大河之民者，無他。蓋去年修還地之好，今年報敗盟之警，長驅之馬觸盛夏而甘暍死。顧吾猝遽之間，謀既不得素定，諸將之戰力亦未能齊一，此宜渠酋之誅尚以頃刻淹也。雖然，今兹仲冬，歲之杪日無幾，朝廷所以爲來年計者，盍亦蚤正而先定乎！……

又爲宰相言曰：『……今日之計，張俊渡江，與劉錡合軍而進，爲上策。若俊未渡，分精兵萬人，暫聽劉錡使喚，仍督錡進保廬州，此爲中策。若謾遣一軍，以援劉錡爲名，顧望而進，節制不一，定無成功。仍更須督岳飛下上流之師，詔世忠分精兵之騎，更爲掎角，乃爲盡善。』」鄭剛中此奏上於紹興十年冬，而「爲宰相言」，即向秦檜進言，則在紹興十一年金軍進犯淮西後。

〔二〕《金佗稡編》卷一二《乞會諸帥兵破敵奏》：「近據探報，虜酋將自壽春等處入寇淮西。臣契勘目即上流未有賊馬侵犯，欲乞聖慈令臣提軍前去，會合諸帥，同共掩擊，兵力既合，必成大功。」此奏當上於紹興十一年正月，時岳飛只是「近據探報」，而尚未得金軍侵淮西之確訊。

《石林奏議》卷一三《奏乞下張俊等軍隨機備禦金賊并下韓世忠岳飛進兵牽制劄子》：「今不過

有二策。若淮西與淮北宣撫司委是□□□外，別無重兵後援在廬、和間者，軍馬不多，即張俊當急渡□，與劉錡、關師古合謀，腹背夾擊，可必成功。廬、和間兵馬既敗，淮外豈敢再進，則江上不保自固。若廬、和間兵重，淮外相繼有趲過人，未可争鋒，則雖劉錡、關師古亦當速還。江南依前詔旨，分定地分，火急合州縣兵民，同心協力，共圖固守，不使一人一騎透漏，亦可保萬全。仍乞亟下韓世忠、岳飛兩處進兵擣虚，示以形勢，以爲牽制。」

又同書卷一三《奏乞下諸大帥臨陣審度賊情無落姦便劄子》：「臣昨嘗僭議，韓世忠、岳飛兩軍繞出其後，正可伐謀。」

又同書卷一三《奏論張俊已渡江乞令韓世忠岳飛進兵牽制劄子》：「臣契勘賊兵在廬、和之間，未肯退遁。今來劉錡一軍見在滁州界東關，對壘把截。張俊一軍亦已起發，迤邐前去和州，得便必須相與進擊。若淮東、湖北兩路韓世忠、岳飛火急進兵，擣虚牽制，絶其後援，即目今淮南賊徒必可撲滅成功。」

又同書卷一三《奏乞分命諸將審度敵形併力討擊狀》：「臣伏見虜騎以前月二十二日渡淮，得廬州而不守，乃聚師廬、和之間，已二十日。張俊今月初四日渡江，守和州，楊沂中繼之，亦將幾旬。虜但以游騎數來衝突，或間道傍出，終不引兵前進。遠來之師，利於速戰，其勢不應如此。蓋自王威震疊，不敢妄動，第恐逗引我師輕舉，別爲詭計，以圖小利。今已師老，雖諜言自淮北津運糧食前來，理亦難繼，或聞已相食人，勢豈能久。若諸將能察知敵形，張俊、楊沂中自和州進擊於前，劉錡與劉光世之師出巢縣，由昭關山旁擣其脅，韓世忠出泗州、真（濠？）□、□春，斷其浮橋，岳飛□□黃，出蔡州、順昌府，絶其歸路，必可使隻輪單馬不迴。」又同書卷一三《奏乞乘勢收復壽春順昌府宿州狀》：「臣准淮西宣撫使張俊等公文，今月十五日，節次分路殺退虜騎，并據諸處探報，番兵已暗有遁走，大軍迤邐前去追襲。竊惟狂寇狃於常勝，輒敢輕入重地，雖醜類猥衆，桀黠頭領竭國遠來，然士馬疲困，糧饋不繼，震以王威，理宜破滅，實中外之慶。今若張俊等追擊於後，韓世忠、岳飛等邀阻於前，自可盡行掃滅，永絶後患。」葉夢得前引各奏上於岳飛出師前後，今一併附此。

〔三〕《金佗稡編》卷三高宗宸翰七十三：「據探報，虜人自壽春府遣兵渡淮，已在廬州界上，張俊、劉錡等見合力措置掩殺。卿可星夜前來江州，乘機照應，出其前後，使賊腹背受敵，不能枝梧。投機之會，正在今日，以卿忠勇，志吞此賊，當即就道。」此爲宋高宗第一份御札，時間參見注〔六〕。《行實編年》乃録其摘要。「出其賊後」應爲「出其前後」。

〔四〕可參《金佗稡編》卷一二《乞出蘄黃奏略》第九六四頁，文字稍異。

〔五〕《金佗稡編》卷三高宗宸翰七十七：「昨得卿奏，欲合諸帥兵破敵，備見忠誼許國之意，嘉歎不已。今虜犯淮西，張俊、楊沂中、劉錡已併力與賊相拒。卿若乘此機會，亟提兵會合，必成大功。以朕所見，若卿兵自蘄、黃繞出其後，腹背擊賊，似爲良策。卿更審度，兵貴神速，不可失機會也。」

又同書卷三高宗宸翰七十八：「今據歸正人備説，金賊桀黠頭首皆在淮西。朕度破敵成功，非卿不可。若一舉奏功，庶朕去年宥密之詔，不爲虚言。况朕素以社稷之計，倚重於卿，今機會在此，曉夕以佇出師之報。再遣此札，卿宜體悉。十五日。」宋高宗發此手詔爲二月十五日，時岳飛已出兵四日。此札用盡甘言美語，也反映在軍情緊切之際，岳飛仍爲宋高宗最急需之武將。

〔六〕《金佗稡編》卷三高宗宸翰七十九：「覽二月四日奏，備悉卿意，然事有輕重，今江、浙駐蹕，賊馬近在淮西，勢所當先。兼韓世忠、張俊、楊沂中、劉錡、李顯忠等皆已與賊對壘，卿須親提勁兵，星夜前來蘄、黄，徑趨壽春，出其賊後，合力勦除凶渠，則天下定矣。」這是對岳飛「長驅京、洛」議之否定，體現了宋高宗一貫消極防禦戰略方針。

又同書卷三高宗宸翰八十：「得卿奏，欲躬親前去蘄、黄州，相度形勢利害，貴得不拘於九江。以卿天資忠義，乃心王室，諒惟蚤夜籌畫，必思有以濟國家之急。若得卿出蘄、黄，徑擣壽春，與韓世忠、張俊相應，大事何患不濟。中興基業，在此一舉，覽奏不勝嘉歎。再遣親札，卿宜體悉。十七日未時。」岳飛二月四日奏，宋高宗至二月十七日回覆，行程達十四天。岳飛已於二月十一日出師，尚早於宋高宗回詔七日。

《宋史》卷二九《高宗紀》：「（紹興十一年正月）己巳，命楊沂中引兵赴淮西，岳飛進兵江州。……

（二月）丙子，趣岳飛會兵蘄、黄。」正月己巳爲二十九日，二月丙子爲七日。可知宋高宗正月二十九日發第一份御札。

初九日，先臣始奉初詔，時方苦寒嗽，力疾戒行，以十一日引道。先臣猶謂大軍行緩，親以背嵬先驅。〔一〕十九日，上聞先臣力疾出師，賜札曰：「聞卿見苦寒嗽，乃能勉爲朕行，國爾忘身，誰如卿者！」〔二〕師至廬州，兀朮聞先臣之師將至，與韓常等俱懲潁昌之敗，望風遽遁。〔三〕遂還兵於舒，以竢命。上賜札，以先臣「小心恭（孝宗皇帝嫌諱）」，〔四〕不敢專輒進退」「爲得體」。兀朮用酈瓊計，復窺濠州。〔五〕三月初四日，先臣不俟詔，麾兵救之，次定遠縣。兀朮先以初八日破濠州，張俊以全軍八萬〔六〕駐於黄連鎮，去濠六十里，不能救。〔七〕楊沂中趨城，遇伏，僅以身免，殿前之兵殲焉。〔八〕虜方據濠自雄，聞先臣至，又遁，夜踰淮，不能軍。〔九〕

〔一〕《金佗稡編》卷二二《淮西辨》：「先臣淮西之誣，其目有四：……三曰不擕重兵，……先臣奉詔出師，以大軍爲緩，親以背嵬騎兵爲之先驅。其赴援之急，亦可知也，而俊乃譖先臣以擕兵爲寡。曾不知南薰門之戰，以八百人破王善五十萬者，先臣也；朱仙鎮之對壘，以五百騎破兀朮十萬者，亦先臣也。况背嵬之士，先臣之親軍也，潁昌、朱仙，皆以是軍取勝，而八千餘騎亦不可謂寡矣。」

〔二〕《金佗稡編》卷三高宗宸翰八十一：「得卿九日奏，已擇定十一日起發，往蘄、黄、舒州界。聞卿見苦寒嗽，乃能勉爲朕行，國爾忘身，誰如卿者！覽奏再三，嘉歎無斁。以卿素志殄虜，常苦諸軍難合。今兀术與諸頭領盡在廬州，接連南侵。張俊、楊沂中、劉錡等共力攻破其營，退卻百里之外。韓世忠已至濠上，出鋭師要其歸路。劉光世悉其兵力，委李顯忠、吴錫、張琦等奪回老小、孳畜。若得卿出自舒州，與韓世忠、張俊等相應，可望如卿素志。惟貴神速，恐彼已爲遁計，一失機會，徒有後時之悔。江西漕臣至江州，與王良存應副錢糧，已如所請，委趙伯牛，以伯牛舊嘗守官湖外，與卿一軍相諳妥也。春深，寒暄不常，卿宜慎疾，以濟國事。付此親札，卿須體悉。十九日二更。」岳飛二月九日上奏，十九日抵達臨安，行程十一日。

《石林奏議》卷一四《奏遵禀分定逐路漕臣應副張俊等軍馬錢糧草料狀》：「三月十九日巳時，准御前金字牌降到御寶封送下樞密院三月十七日劄子：『樞密院奏：勘會已降指揮，專委葉某分定漕臣應副逐項軍馬糧料。右三省、樞密院同奉聖旨，連見今應副逐軍漕臣姓名，劄下葉某，據即今事勢，一面隨宜分委隨軍應副，具已分定職位姓名聞奏。今劄送江南東路安撫制置大使葉大資疾速施行。』

臣今分委應副逐軍錢、糧、草料漕臣下項，須至奏聞者：

一、宣撫張俊軍前：淮西轉運副使李仲孺；調發：江東轉運判官張杲。

一、宣撫楊沂中軍前：淮東轉運副使胡紡；調發：兩浙轉運副使張匯。

一、宣撫劉錡軍前：江東轉運副使陳敏識；調發：江東轉運判官張杲。

一、宣撫岳飛軍前：京西轉運副使王良存；調發：江西轉運副使趙伯牛、淮西轉運判官劉景真。

右臣契勘自來軍興，漕臣應副糧草，多是併在一處，或赴軍前，或止留本司，不曾分定管幹事務緩急，因致首尾不相照應。今來相度，合以一員隨逐在軍前，主管已發到糧草支遣，一員於糧草所在去處往來，將軍前的實合支數目，計定水陸運路，或差舟船，或起人夫，逐日裝發，周而復始，方不悞事。」

《金佗續編》卷一二《照會張俊會戰及駐兵去處省劄》：「湖北、京西路宣撫使、兼河南、北諸路招討使岳飛奏：『臣今月十一日，准御前金字牌遞到親劄一通，臣即時拜恩跪領訖。伏讀聖訓，以金賊侵犯淮西，已在廬州，張俊等併力與賊相拒，令臣提兵合擊。或來江州，或出蘄、黄，繞出其後。臣敢不仰體睿眷，殫竭愚陋。今日臣已抵黄州，見前去舒、蘄州界，相度形勢利害，看賊意向，别行措置。不知張俊等會戰在甚日，庶幾臣得以照應。奏聞事。』

右三省、樞密院同奉聖旨，檢坐張俊渡江，與賊見陣獲捷，并見今駐兵去處，報岳飛照會并檢會。今劄送湖北、京西路宣撫使、兼河南、北諸路招討使岳少保。紹興十一年二月二十一日。」

省劄所引岳飛奏，即《金佗稡編》卷一二《乞檢坐張俊等會戰去處奏》。以岳飛此奏對照《金佗稡編》卷三高宗宸翰七十四，可知二月十一日出師時，始接第二份援淮西詔。宋高宗御札原文如下：「比以金賊侵犯淮西，已在廬州，張俊、楊沂中、劉錡見併力與賊相拒。已親札喻卿，乘此機會，提兵合擊，必成大功，副卿素志。卿可星夜倍道來江州，或從蘄、黄繞出其後，腹背擊賊。」岳飛援淮西至此應有五奏，今僅剩第一份《乞會諸帥兵破敵奏》和第五份《乞檢坐張俊等會戰去處奏》，第二、三份《乞出京洛奏》和《乞出蘄黄奏》僅存節略，第四份二月九日奏已佚。

《金佗稡編》卷三高宗宸翰七十六岳珂説明詞：「九日戊寅，先臣始奉出兵江州之詔，下令以十一日庚辰就道，且以奏聞。」依岳飛二月十一日第五奏推斷，其二月九日第四奏，確爲對宋高宗正月二十九日援淮西第一詔之回覆。當年正月爲二十九天，以金字牌遞送，行程十日遞至鄂州。

《宋史》卷二九《高宗紀》：「（紹興十一年二月）庚辰，岳飛發鄂州。」

《三朝北盟會編》卷二〇五：「（紹興十一年二月六日乙亥）韓世忠、岳飛以兵援淮西。」

〔三〕《建炎以來繫年要録》卷一三九：「（紹興十一年二月）丙子，上謂大臣曰：『中外議論紛然，以虜逼江爲憂。殊不知今日之勢，與建炎不同。建炎之間，我軍皆退保江南，杜充書生，遣偏將輕與虜戰，故虜得乘間猖獗。今韓世忠屯淮東，劉錡屯淮西，岳飛屯上流，張俊方自建康進兵前渡。虜窺江，則我兵皆乘其後，今虚鎮江一路，以檄呼虜渡江，亦不敢來。』」按此條記事又見《絜齋集》卷二《輪對紹興十一年高宗料敵劄子》。

「丁亥，淮北宣撫副使楊沂中、判官劉錡、淮西宣撫司都統制王德、統制官田師中、張子蓋及金人戰於柘皋鎮，敗之。」「己丑，官軍復廬州。」岳家軍未至戰場，二月十八日，宋軍於柘皋得勝，二十日，乘勝復廬州。《行實編年》說完顏兀朮「聞先臣之師將至」，「望風遽遁」，乃是曲筆。

「乙未，賜劉光世、韓世忠、張俊、岳飛、楊沂中、劉錡詔書，以『捷書累至，軍聲大張，蓋自軍興以來，未有今日之盛』，仍戒以『尚思困獸之鬬，務保全功』。其詞給事中、兼直學士院林待聘所草也。」

《金佗續編》卷四《師至定遠兀朮等望風退遁解圍廬州賜獎諭詔》（二月二十三日）：「蠢彼狂胡，輕犯淮右。惟爾將士，忠憤一心，執鋭争先，刻期並進，誓敵王愾，用殲世讎。既逆遏其姦鋒，遂屢摧其醜類。捷書累至，軍聲大張，蓋自兵興以來，未有今日之盛也。況淮東之軍且出其後，沔鄂之衆復來自南，合吾仁義之師，當彼殘暴之寇。天時人事，理若相符，靖亂息民，其在兹舉。尚思困獸之鬬，務保全功；罔俾隻輪之還，庶殄遺育。」此獎諭詔爲宋廷得悉柘皋戰勝，廬州克復而發，而非爲岳家軍三月「十二日辛亥至定遠縣」（《金佗稡編》卷三高宗宸翰八十六岳珂説明詞）而發，詳見《金佗續編》卷四第一三〇六頁考證。

〔四〕孝宗皇帝嫌諱《金佗稡編》卷三高宗宸翰八十四原作「慎」，宋孝宗名趙昚，慎乃昚之異體字。

〔五〕《金佗稡編》卷八：「是歲淮西之役，先臣聞命即行。途中得俊咨目，甚言前途糧乏，不可行師。」

又同書卷二二《淮西辨》：「俊蓋初以前途糧乏誤先臣，而先臣不聽，鼓行而進。及御劄有『不復顧問』之語，俊意先臣漏其書之言於上，而譖害之意成矣。當時先臣得罪，尚書省敕牒之全文，固出於一時酷吏之手；而俊之遺先臣書，稱前途乏糧，以誤先臣者，亦備載不遺，蓋亦自有不能揜也。」

又同書卷三高宗宸翰八十四：「得卿奏，知卿屬官自張俊處歸報，虜已渡淮，卿只在舒州聽候朝廷指揮。此以見卿小心恭慎，不敢專輒進退，深爲得體，朕所嘉歎。據報，兀朮用酈瓊計，復來窺伺濠州。韓世忠已與張俊、楊沂中會于濠上，劉錡在廬州、柘臯一帶屯軍。卿可星夜提精兵，裹糧起發，前來廬州就糧，直趨壽春，與韓世忠等夾擊，可望擒殺兀朮，以定大功。此一機會，不可失也。廬州通水運，有諸路漕臣在彼運糧。急遣親札，卿切體悉。十日二更。」

又同書卷三高宗宸翰八十五：「兀朮再窺濠州，韓世忠、張俊、楊沂中、劉錡皆已提軍到淮上。以卿忠智許國，聞之必即日引道。切須徑赴廬州，審度事勢，以圖壽春。廬通水運，而諸路漕臣皆萃于彼，卿軍至，糧草不乏，又因以屏蔽江上，軍國兩濟，計無出此。已行下諸漕，爲卿一軍辦糧草，不管闕乏。付此親札，卿須體悉。十一日未時。」

《金佗續編》卷一二《照會韓世忠前去壽春府措置番賊省劄》：「淮南東路宣撫處置使韓世忠申：『恭依聖訓，將帶軍馬，水路並進，已取三月初三日起發，前去壽春府以來，措置掩殺番賊去訖。伏乞照會。申聞事。』

右劄送湖北、京西路宣撫使、兼河南、北諸路招討使岳少保照會。紹興十一年三月五日。」

又同書卷一二《韓世忠與四太子兵會戰令諸帥同共措置省劄》：「淮東宣撫處置使韓太保申：『世忠初六日早，已次招信縣界。據濠州申，稱今月四日晚，番賊馬軍并戰船，水陸已到本州，離城一十五里下寨，乞速賜遣發軍馬前來救援。伏望詳酌，指揮劄下諸大帥，火急前來與世忠會合，併力破賊。并小貼子稱，世忠見親提軍馬、戰船，水陸並進，旦夕與四太子等大兵見陣外，伏望速降處分，下張俊、楊沂中、劉錡等，星夜兼程前來，乘虛先占壽春府，與世忠夾擊，併力破賊。伏候指揮。并據濠州申，今來番賊劄浮橋，見渡人馬過淮南岸，乞速賜遣發軍馬應援施行。』

右檢會三月九日已奉聖旨，劄下韓世忠、張俊、岳飛、楊沂中、劉錡，依已降指揮，疾速提兵前去，同共措置掩殺，已劄下去訖。今據前項所申，今再劄送湖北、京西路宣撫使、兼河南、北諸路招討使岳少保，依已降指揮，疾速施行。紹興十一年三月九日。」

又同書卷一二《將帥軍民如能擒殺兀术者除官並賜銀絹田宅省劄》：「樞密院奏：『勘會兀术見領賊衆侵犯濠州，已委逐路宣撫會合措置，共力破賊。今檢會紹興十年六月十一日奉聖旨：將帥、軍、民有能擒殺兀术者，見任節使以上，授以樞柄，未至節使者，雖庶官亦除節度使，官高者除使相，見統兵者仍除宣撫使，並賜銀、絹五萬匹、兩，田一百頃，第宅一區。』

右三省、樞密院同奉聖旨，給降黄榜，付逐路宣撫司，曉諭諸軍將士。今劄送湖北、京西路宣撫使、兼河南、北諸路招討使岳少保疾速施行。紹興十一年三月十一日。」又同書卷一二《令提兵與張俊等腹背破賊省劄》：「據探報，賊馬見留大軍在亳州。今來廬州張宣撫等大軍併進，前去濠州。目即津運錢糧，並是經由巢縣、柘皋、廬州地分前去。慮恐賊兵窺伺，徑直復犯廬州以來，不惟邀截糧道，兼至大信江口並無阻隔。右檢會三月十日奉聖旨，劄下岳飛，令星夜提兵前來廬州，審度事勢，前去壽春會合，與張俊、韓世忠腹背破賊。已累劄下去訖，今再劄送湖北、京西路宣撫使、兼河南、北諸路招討使岳少保，依已降指揮，疾速施行。紹興十一年三月十二日。」《建炎以來繫年要録》卷一三九：「（紹興十一年三月）庚戌，秦檜奏：『近報韓世忠距濠三十里，張俊等亦至濠州五十里，又岳飛已離池州，渡江去會師矣。』」庚戌爲三月十一日。張俊於柘皋戰勝後，欲獨占戰功，發遣劉錡軍南歸，將與楊沂中「耀兵淮上」（《三朝北盟會編》卷二〇五《淮西從軍記》）。張俊寄岳飛「咨目」，稱金軍已退，「前途糧乏」，實爲下逐客令。岳飛洞悉宋廷之意圖，張俊之用心，遂退兵待命。《行實編年》之説爲退至舒州，有前引高宗宸翰八十四爲據，又《金佗稡編》卷三高宗宸翰八十七説：「累得卿奏，往來廬、舒間，想極勞勤。」此爲援淮西最後之手詔，根本未提及池州。故《要録》過江退至池州之説，係誤。不料金軍又轉攻濠州，宋高宗慌忙命岳飛馳援。韓世忠晚至三月三日發兵，比岳飛遲二十餘日，却早於岳飛，進援濠州。

〔六〕時張俊兵八萬，楊沂中兵三萬（《三朝北盟會編》卷二〇五），劉錡兵二萬（《三朝北盟會編》卷二〇五《淮西從軍記》)，共十三萬人，《行實編年》尚未將另外兩軍之五萬兵力一併合計。

〔七〕《三朝北盟會編》卷二〇五：「諸軍趨黃連埠，而城已陷。」《行實編年》應轉録此說，故稱「不能救」。

《宋朝南渡十將傳》卷一《劉錡傳》：「至黃蓮埠，距濠六十里，頓兵不進，濠州失守。」章穎爲與自撰之《劉錡傳》不致牴牾，故於《金佗續編》卷二〇《鄂王傳》中改寫爲「不往救」。

〔八〕楊沂中趨城遇伏僅以身免殿前之兵殲焉　《金佗續編》卷二〇作「楊沂中趨濠州城外，遇伏而敗」。

《宋朝南渡十將傳》卷一《劉錡傳》：「濠州失守，錡謂俊曰：『我軍乏食，不如退師就糧。』俊不從，意虜兵且退，欲以收復濠州爲功。錡曰：『賊得一州而遽退，必有謀也，宜嚴備之。』俊不從，俾沂中將神勇步騎六萬人，直趨濠州，果遇〔伏〕而敗還。」

《三朝北盟會編》卷二〇五：「韓世忠以舟師淮東宣撫司舟船數百艘，載甲卒，泝淮而上，欲解圍濠州。金人覺之，先遣人於下流赤龍洲。告之曰：『赤龍洲水淺可涉，大金已遣人伐木，欲塞河扼舟船，請宣撫速歸，我趙榮也。』諸軍聞之，皆以其言有理，世忠亦命舟船速回。而金人以鐵騎追及，沿淮岸以良弓勁弩，且行且射，於是矢著船如蝟毛。及至赤龍洲，金人已伐木，漸運至淮岸，未及扼淮，而舟船已順流而下，幾爲所扼。金人自此遂歸黃連埠屯駐，諸軍亦班師。」

〔九〕《三朝北盟會編》卷二〇五：「是役也，岳飛不出兵爲聲援，朝廷憾之。」

《金佗稡編》卷二二《淮西辨》：「紹興十一年八月九日甲戌，臣寮上言：『伏見樞密副使岳飛蚤稱敢毅，亟蒙獎拔，不十年間，致位三孤；且復使之握重兵，居上游，其所委付，可謂重矣。而飛爵高禄厚，志滿意得，平昔功名之念，日以頽墮。今春虜寇大入，疆埸騷然，陛下趣飛出師，以爲掎角，璽書絡繹，使者相繼於道，而乃稽違詔旨，不以時發。久之，一至舒、蘄，忽卒復還。所幸諸帥兵力自能卻賊，不然，則其敗撓國事，可勝言哉！厥後諸帥凱旋，飛獨無功。聖恩寬大，例有樞筦之拜，寵數優渥，義當感激圖報，而飛方事矯飾，有識之士已譏其僞。』又言：『竊見樞密副使岳飛頃由簡拔，委以節制，慨然似有功名之志，人亦以此稱之。數年之間，寵數頻仍，官兼兩鎮，秩視二府，乃始安於榮利，不復爲國遠圖矣。故昨來被旨起兵，則固稽嚴詔，略至龍舒而不進；兹者銜命出使，則堅執偏見，欲棄山陽而不守。以飛平昔不應至是，豈其忠衰於君，誠如古人之謂耶？臣又聞飛自登樞筦，鬱鬱不樂，日謀引去，以就安閑，每對士大夫但言山林之適。其誠與僞固不得而知，然以陛下眷待之隆，委任之峻，不思報稱，遽爲是計，亦憂國愛君者所不忍爲也。』又言：『臣比論列樞密副使岳飛之罪，章已三上。陛下尊寵樞臣，眷眷然惟恐傷之，姑示優容，未加譴斥。臣謬當言責，安可但已。況其間一、二事，大虧忠節。若堅拒明詔，不肯出師，以玩合肥之寇。』又言：『今春虜犯淮西，張俊既全師遇敵，朝廷連降聖旨，趣飛來援；而逗遛不進，輒以道遠乏餉爲辭。大將之體國，固如是乎？陛下新命樞臣，處飛爲副，超踰甚峻。正欲感勵其心，使飛改意激昂，尚蓋前失，而外爲恭遜，情實飾姦。』又言：『頃者淮西之役，俊方力戰，而飛乃按兵不動。飛當是時豈以謂虜去國遠鬭，其鋒不可當，而欲避之乎？豈以謂坐觀成敗，而效卞莊刺虎之説乎？殆皆不然也。其意不過專務保江之計，而嫉淮西之成功耳！』

熊克《中興小曆》曰：『初，上詔湖北宣撫使岳飛以兵援淮西。飛念前此每勝，復被詔還，乃以糧乏爲辭。至是濠州已破，飛始以兵來援，張俊、秦檜皆恨之。』

《王次翁敍紀》（王伯庠撰）曰：『紹興辛酉，虜人有飲馬大江之謀，大將張俊、韓世忠欲先事深入，惟岳飛駐兵淮西，不肯動。上以親札趣其行者，凡十有七，飛偃蹇如故，最後又降親札曰：社稷存亡，在卿此舉！飛奉詔，移軍三十里而止，上始有誅飛意。』

《野史》傳曰：『紹興十一年，兀朮重兵攻淮西。飛念前此每勝，復被詔還，壯心已闌，且軋於和議，辭以乏糧。及濠梁已破，方以兵來援，張俊、秦檜皆恨之。』」《淮西辨》徵引之四條記載，第一條應録自《高宗日曆》，今熊克《中興小紀》卷二九文字與《淮西辨》所引稍異，且有自注：「此據《野史》。」《野史》傳即《野史》之《岳飛傳》。

《建炎以來繫年要録》卷一三九：「（紹興十一年三月）庚戌，秦檜奏：『近報韓世忠距濠三十里，張俊等亦至濠州五十里，又岳飛已離池州，渡江去會師矣。』上曰：『首禍者惟兀朮，戒諸將無務多殺，惟取兀朮可也。澶淵之役，撻攬既死，真宗詔諸將按兵縱契丹，勿邀其歸路，此朕家法也。朕兼愛南北之民，豈忍以多殺爲意乎！』初，虜之入寇也，上命飛以兵來援。飛念前此每勝，復被詔還，乃以乏糧爲詞。最後上御劄付飛云：『社稷存亡，在卿此舉！』飛奉詔，移兵三十里而止。及濠州已破，飛始以兵至舒、蘄境上，故張俊與秦檜皆恨之。（御劄以《王次翁叙紀》所載修入。）」

又同書卷一四一：「（紹興十一年七月）壬子，右諫議大夫万俟卨言：『伏見樞密副使岳飛爵高禄厚，志滿意得，平昔功名之念，日以頽墮。今春虜寇大入，疆埸騷然，陛下趣飛出師，以爲犄角，璽書絡繹，使者相繼於道，而乃稽違詔旨，不以時發。久之，一至舒、蘄，匆卒復還。所幸諸帥兵力自能却賊，不然，則其敗撓國事，可勝言哉！……』」

「（甲寅）張俊深忌錡與岳飛，每言飛赴援遲，而錡戰不力也。」

「（八月甲戌）右諫議大夫万俟卨既劾飛罪，未報，御史中丞何鑄、殿中侍御史羅汝檝復交疏論之，大略謂飛被旨起兵，則略至龍舒而不進；銜命出使，則欲棄山陽而不守。……」

又同書卷一四六：「史臣秦熺等曰：『……十一年，果竭衆以犯淮西，必欲以全取勝。時遣三大將領兵進擊，而岳飛陰有異謀，遷延顧望，拒命不進。韓世忠、張俊皆屢與之戰，殺獲不勝計。敵知我不易攻也，率衆退走。……』」

《金佗稡編》卷九《遺事》：「十一年，虜入壽春，踰淮而來。先臣初得警，即上奏乞出師。繼又念虜既入寇，巢穴必虚，乞出京、洛，以制其弊。復恐上急於退虜，是日復奏，乞出蘄、黄相度，先議攻卻，皆未有詔也。至援濠州，亦不待詔而行。其切於謀國如此。」

《金佗續編》卷二一《鄂王傳》:「俊與沂中不用劉錡之言,墮虜計中,遇伏而敗,非無飛之助,以致敗也。時有詔札付沂中曰:『兀术復窺濠州,已降手詔,與韓世忠、張俊皆於濠州附近,尅期同日出戰。』則是役也,軍事專任世忠、俊、沂中,而飛特助之耳,況又非飛所分地分也。」章穎引宋高宗付楊沂中手詔,爲《行實編年》所無。

《金佗稡編》卷八:「淮西之役,先臣聞命即行。途中得俊咨目,甚言前途糧乏,不可行師。先臣不復問,鼓行而進,故賜札曰:『卿聞命,即往廬州。遵陸勤勞,轉餉艱阻,卿不復顧問,必遄其行。非一意許國,誰肯如此。』俊聞之,疑先臣漏其書之言於上。歸則倡言於朝,謂先臣逗遛不進,以乏餉爲辭。或勸先臣與俊廷辨,先臣曰:『吾所無愧者,此心耳,何必辨。』」

《宋史》卷三六六《劉錡傳》:「俊、沂中還朝,每言岳飛不赴援,而錡戰不力。秦檜主其説。」

《建炎以來朝野雜記》乙集卷一二《岳少保誣證斷案》:「勘證得前少保、武勝、定國軍節度使、充萬壽觀使岳飛所犯。内岳飛爲因探報得金人侵犯淮南,前後一十五次受親劄指揮,令策應措置戰事,而坐觀勝負,逗遛不進。及因董先、張憲問張俊軍馬怎生的?言道都敗了回去也,便乃指斥乘輿。及向張憲、董先道,張家、韓家人馬,你只將一萬人,已蹉踏了。」

《金佗稡編》卷二四《張憲辨》:「跎踏兩軍之誣,以威脅董先而成之;比並建節之誣,以獄逼張憲而成之。環諸將而會議,而昌言曰:『國家了不得也,官家又不修德!』此豈廣坐之言哉!既又謂先臣指張憲而曰:『似張家人,張太尉爾將一萬人去跎踏了。』指董先而曰:『似韓家人,董太尉不消得一萬人去跎踏了。』嗚呼！蘊異謀者固如此乎！此狂者、醉者之不爲也，而謂先臣爲之乎？万俟卨之奏亦自知其無以欺人矣，故曰：『張憲理會得岳飛所説，只是欺負逐軍人馬不中用。』」岳飛生前身後，因紹興十一年援淮西受謗，已至衆口鑠金，積毁銷骨之地步。《王次翁叙紀》通篇造謡，却被《要録》等書奉爲信史。據《朝野雜記》之岳飛刑案，宋高宗御札僅十五份，而非十七份，今存於《金佗稡編》卷三，並無「社稷存亡，在卿此舉」一語。岳飛赴援不及時，應怪罪張俊。岳珂稱岳飛三月四日，即金軍攻濠州之同日，「聞警」，「夜發舒州進援」（《金佗稡編》卷三高宗宸翰八十五説明詞），然並無旁證。據前引宋高宗御札與宋廷省劄，宋廷命岳飛馳援濠州，時爲三月九日、十日與十一日。又據《要録》，秦檜三月十一日庚戌已接岳飛「離池州，渡江」之申報。可知岳飛未接宋廷之令，已率部馳援濠州。因路途遥遠，岳家軍抵達定遠縣時，張俊、楊沂中、劉錡三軍與韓世忠軍皆已敗退，金軍亦乘機退兵。岳飛氣憤已極，「官家又不修德」等語，非無可能。然「環諸將而會議，而昌言」，不知岳珂出自何據，按岳飛刑案，岳飛此語僅對張憲和董先兩人所説，宋廷亦未廣追「諸將」作證。

又同書卷三高宗宸翰八十六：「得卿奏，卿聞命，即往廬州。遵陸勤勞，轉餉艱阻，卿不復顧問，必遄其行。非一意許國，誰肯如此。據探報，兀术復窺濠州，韓世忠八日乘捷至城下，張俊、楊沂中、劉錡先兩日盡統所部，前去會合。更得卿一軍同力，此賊不足平也。中興勳業，在此一舉，卿之此行，適中機會。覽奏再三，嘉歎不已，遣此奬諭，卿宜悉之。」宋高宗既已得知韓世忠三月八日的行踪，又得知岳飛「往廬州」，則此札必在三月中旬無疑。關鍵是在「卿聞命，即往廬州」，應如何理解。據公文往返的行程估計，岳飛這份今已佚失的奏應發於三月上旬，顯然尚不知宋廷自三月九日後發出的救援濠州的命令。故宋高宗又説：「卿之此行，適中機會。」又同書卷三高宗宸翰八十二：「聞虜人已過壽春，卿可與張俊會合，率楊沂中、劉錡並往剋復。得之，則盡行平蕩，使賊不得停迹，以除後患，則卿此來不爲徒行也。有所措置，開具奏來。一日。」依來往時日推算，岳飛「聞命」「往廬州」，並上奏回覆，可能即是因接到這份三月一日的御札。

又同書卷二二《淮西辨》：「三月初四日，先臣聞警，不竢詔，麾兵救之。兀术蓋以初八日破濠，而先臣先四日已赴援矣，則警報国未上聞，而詔命亦未至，其時日之序，又可攷也。」

又同書卷三高宗宸翰八十七：「累得卿奏，往來廬、舒間，想極勞勩。一行將士日夜暴露之苦，道路登涉之勤，朕心念之不忘。比以韓世忠尚在濠州，與賊相拒，獨力恐難支梧，累奏告急。卿智略有餘，可爲朕籌度，擇利提師，一出濠、壽間，牽制賊勢，以援世忠。想卿忠義體國，必以宗社大計爲念，無分彼此。劉錡一軍，已專令間道先行，張俊、楊沂中亦遣兵前去，并欲卿知。十七日。」可知岳飛「以十二日辛亥至定遠縣」（《金佗稡編》卷三高宗宸翰八十六説明詞）後五日，宋高宗尚未接張俊與韓世忠敗報。

《宋史》卷二九《高宗紀》：「（紹興十一年三月癸卯）金人圍濠州，岳飛發舒州。……

丁未，金人陷濠州，執守臣王進，夷其城，鈐轄邵青死之。

戊申，張俊遣楊沂中、王德入濠州，遇金伏兵，敗還。

己酉，韓世忠至濠州，不利而退。

辛亥，岳飛次定遠縣，聞金兵退，還屯舒州。楊沂中歸行在。」《高宗紀》記述岳飛進兵日程與岳珂之説同。然據《要録》卷一三九與《宋會要》兵一四之三五，韓世忠軍與金軍交戰日期也應爲三月十二日辛亥。

《宋朝南渡十將傳》卷一《劉錡傳》：「順昌之役，虜亮年十八，以萬户從軍。錡之勝，兀述之敗，亮所親見也。故其出師也，欲自當錡，而卒不果。且亮爲東京留守日，嘗語人曰：『張、韓、劉、岳謀略智勇皆不在兀述下，但一時議論不協和，故其功少虧爾。』」

《三朝北盟會編》卷二一五《征蒙記》：「（完顏兀术自述）南宋近年軍勢雄鋭，有心争戰，聞韓、張、岳、楊各有不協，國朝之幸。」

《歷代名臣奏議》卷九四辛棄疾《美芹十論》：「曩者兀术之死，固嘗囑其徒，使與我和，曰：『韓、張、劉、岳，近皆習兵，恐非若輩所敵。』」

《鄮峰真隱漫録》卷七《論未可北伐劄子》：「當時以張、韓、劉、岳各領兵數十萬，皆西北勇士、燕冀良馬，然與之角勝負於十五、六載之間，猶不能復尺寸地。今乃欲以李顯忠之輕率，邵宏淵之寡謀，而取全勝，豈不難哉！」此爲史浩於宋孝宗隆興時奏，《齊東野語》卷二《張魏公三戰本末略》亦引此奏，文字稍異。
《臞軒集》卷二《乙未閏七月輪對第一劄》：「中興之初，張〔俊〕、岳飛、劉光世、韓世忠皆善將兵，惟不相能，遂誤大計。」

夏四月，遣兵捕郴賊駱科。〔一〕又遣兵援光州。〔二〕自朱仙鎮之機一失，虜勢浸横，暫卻遽進，不可復圖，隄防攻討，皆無預於恢復之計。柘皋之戰，第能拒敵人之鋒〔三〕而已。中原之事，未可議也。十年冬，司農少卿高穎慷慨自陳，欲「裨贊岳飛十年連結河朔之謀」，措置兩河、京東忠義軍馬，爲攻取計。〔四〕梁興不肯南還，復懷、衛二州，絶山東、河北金、帛、馬綱之路，然竟亦無所就，〔五〕虜人之强自若。

〔一〕鎮壓駱科事，可參《金佗續編》卷一二《令差二項軍兵前去郴州討捕駱科省劄》第一四一七頁。《建炎以來繫年要録》卷一四二：「（紹興十一年十月）丁亥，江西兵馬都監程師回引兵至桂陽監，之臨武峒，討賊徒歐幼四等，破之。先是，宜章峒民駱科反，朝廷命統制官郝晸以所部討科，降之。其徒歐幼四復率餘黨數千人，據藍山縣，掠連、道二州。樞密行府遣參議官史愿將師回往捕，至是始平。」可知岳飛命中軍副統制郝晸前往鎮壓駱科。
《宋史》卷二九《高宗紀》：「（紹興十年十一月）是月，宜章洞民駱科叛，犯桂陽、郴、道、連、賀諸州，命發大兵討之。」「（紹興十一年九月乙丑）郝晸討禽駱科，斬之。」

〔二〕援光州事，可參《金佗續編》卷一二《令體探賊馬侵犯光州速差兵應援省劄》、《令措置應援光州省劄》第一四一八頁。

〔三〕第能拒敵人之鋒　「第」，據《金佗續編》卷二〇補。

〔四〕高穎任岳飛參議官事，可參本卷第六四八頁。

〔五〕梁興事，可參本卷第六五〇頁，與此處重複，另見第六五五頁注〔八〕。

既而秦檜竟欲就和議，患諸將不同己，用范同〔一〕策，召三大將論功行賞。先臣至行在，二十四日，授樞密副使，加食邑七百户、食實封〔二〕三百户，特旨位在參知政事上，〔三〕賜金帶、魚袋、銀、絹等，視宰臣初除禮。〔四〕先臣奏請還兵。二十七日，罷宣撫司，諸軍皆冠以「御前」字。〔五〕

〔一〕范同　「范同」之上，《金佗續編》卷二〇有「蜀士」兩字。據《宋史》卷三八〇《范同傳》，范同爲建康人。

〔二〕食實封　「食」，據《金佗續編》卷二《樞密副使加食邑制》補。

〔三〕岳飛爲樞密副使，而序位於參知政事王次翁之上，可參《金佗稡編》卷一五《乞敍立王次翁下劄子》，《乞敘立王次翁下第二劄子》第一〇〇九頁，《金佗續編》卷四《辭序位在參知政事之上不允詔》第一三〇八頁。

《宋會要輯稿》儀制三之四八：「（紹興十一年）四月二十五日，參知政事王次翁言：『近例，王庶任樞密副使，叙位在參知政事之下。今岳飛階官係少保，與王庶事體不同。』詔叙位在岳飛之下。」

〔四〕岳飛被賜金帶等物，「視宰臣初除禮」，可參《金佗稡編》卷一五《辭衣帶劄子》，《辭初除銀絹劄子》，《辭初除銀絹第三劄子》第一〇一〇頁至第一〇一三頁。

〔五〕罷宣撫司諸軍皆冠以御前字　「諸軍」，據《金佗續編》卷二〇補。

《金佗續編》卷二《樞密副使加食邑制》：「岳飛果毅而明，深沉以武。奇謀秘計，蚤推韜略之高；英概雄姿，凛有威名之盛。自服勤於邊圉，實修捍于邦家。作鎮上流，屹若金湯之勢；宣威遐俗，震於羊犬之羣。功屢紀於旂常，任實同於柱石。念提兵百戰，已深料敵制勝之方；而授任一隅，未究折衝消難之略。鬱雄圖而弗展，慨平世之何時。是用蔽自朕心，付以國柄，參畀事樞之重，仍班孤棘之榮。近資發縱指示之奇，遠輯摧陷廓清之績，庶極用人之効，亟成戡亂之圖。」

又同書卷四《辭免樞密副使不允詔》：「朕以虜寇未平，中原未復，更定大計，登用樞臣。惟吾制閫之良，宜有籌帷之略，俾參密席，庶協廟謨。當思注意之隆，遂展濟時之志。守謙避寵，非予望焉。」

又同書卷四《再辭免同前不允詔》：「朕焦心勞思，宵衣旰食，所願訓武厲兵，一洒讎耻。寤寐賢佐，協濟良圖。卿忠勇自奮，材智有餘，是宜左右贊襄，以輔不逮，蔽自朕意，擢貳樞廷。尚體異知，勉攄素藴，毋稽成命，固執謙辭。」

又同書卷一二《改所管制領將副軍兵充御前省劄》：「三省、樞密院同奉聖旨，韓世忠、張俊、岳飛已除樞密使、副，其舊領宣撫等司合罷，遇出師，臨時取旨。逐司見今所管統制、統領官、將、副已下，並改充御前統制、統領官、將、副等，隸樞密院，仍各帶『御前』字入銜，及令有司鑄印，逐一給付。且令依舊駐劄，將來調發，並三省、樞密院同奉聖旨施行。仍令逐司統制官等各以職次高下，輪替入見。及委賞功司將未了功賞，疾速取旨推恩，以俟給付。

右關送樞密副使岳少保。紹興十一年四月二十七日。」

又同書卷一二《罷逐路宣司省劄》：「三省同奉聖旨，已降指揮，韓世忠、張俊、岳飛除樞密使、副，其逐路宣撫等司合罷，所有司屬並優與陞擢差遣。統制官等既帶『御前』入銜，下及軍兵，並隸密院，不得撥屬他處。日前或有負犯，一切不問，並不許相告言。令三省疾速行下。

右劄送樞密副使岳少保。紹興十一年四月二十七日。」

又同書卷一二《照會發回所帶人馬歸本處防拓把截依奏省劄》：「樞密副使岳飛劄子奏：『臣契勘諸路軍馬已撥屬御前，今來臣有將帶到親兵等，除量留當直人從，其餘盡數欲乞發遣卻歸本處。所有鄂州及襄漢等州軍有以前發去防托把截人馬，及淮東、西軍馬，伏望睿慈早賜措置。庶使緩急賊馬侵犯，有所統攝，不致誤事。取進止。』四月二十九日，三省同奉聖旨依奏，將帶到親兵等量留當直人從外，餘並日下發遣歸本處。其鄂州及襄漢等州軍以前防托把截人馬，及淮東、西軍馬，自合依舊駐劄，聽候御前使喚。

右劄送樞密副使岳少保。紹興十一年四月二十九日。」岳飛此奏即《金佗稡編》卷一二《乞發回親兵劄子》。

《宋會要輯稿》職官四一之三四：「紹興十一年四月二十七日，詔：『韓世忠、張俊、岳飛已除樞密使、副，其舊領宣撫等司合罷，遇出師，臨時取旨。逐司見今所管統制、統領官、將、副已下，並改充御前統制、統領官、將、副等，隸樞密院，仍各帶御前字入銜，及令有司鑄印，逐一給付。且令依舊駐劄，將來調發，並三省、樞密院取旨施行。仍令逐司統制官等各以職次高下，輪替入見。及委賞功司將未了功賞，疾速取旨推恩。』」此條以《宋會要輯稿》職官三二之三七參校。又同書職官四一之三五：「（紹興十一年四月）二十八日，詔：『韓世忠、張俊、岳飛宣撫〔司〕官屬並優與陞等差遣。』」

《三朝北盟會編》卷二〇六：「（紹興十一年四月）韓世忠、張俊、岳飛來朝。……二十四日壬辰，韓世忠、張俊除樞密使，岳飛爲樞密副使。范同獻議於秦檜曰：『諸路久握重兵，難制，當以三大帥皆除樞密使、副，罷其兵。』檜喜，遂奏其事，上從之。世忠、俊皆除樞密使，賜俊玉帶，飛樞密副使。世忠既拜，乃製一字巾，入都堂則裹之，出則以親兵自衛，檜頗不喜。飛披襟作雍容之狀，檜亦忌之。唯俊任其自然，故檜不致深疑。

二十七日乙未，罷淮東、西，湖北、京西宣撫司，諸軍以『御前』爲名。罷淮東、西，湖北、京西宣撫司，止用逐軍統制、領、將，以『御前』爲名，謂之『御前諸軍』。宣撫司並結局，官屬各轉兩官。張俊獨留提點諸房文字王應求一名，餘並發歸本軍。

五月七日甲辰，詔諭諸軍。詔曰：『朕昨命虎臣，各當閫寄。雖相望列戍，已大暢於軍聲；而專統一隅，顧猶分於兵力。爰思更制，庶集全功，延登秉鉞之元勳，並任本兵之大計。凡爾有衆，朕親統臨，肆其偏裨，咸得專達。尚慮令行之始，或隳素習之規，其當勵於乃心，以務肅於所部，簡閱無廢其舊，精鋭有加於初。異績殊庸，人苟自懋；高爵重禄，朕豈遐遺。尚攄忠義之誠，共赴功名之會。咨爾任事，咸服訓言！』更制之初，人心未定，故降是詔。」

又同書卷二〇八《林泉野記》：「既而虜取濠州，檜忌飛，乃罷其兵，除樞密副使。」

又同書卷二一七《韓忠武王中興佐命定國元勳之碑》：「已而盡撤邊備，召諸大將還闕，王及張俊、岳飛除樞密使、副。王上表，乞解樞務，避寵丐閑，時論高之，時紹興十一年也。」

《建炎以來繫年要録》卷一四〇：「（紹興十一年四月庚寅）右文殿修撰、湖北、京西宣撫司參謀官朱芾充敷文閣待制、知鎮江府，司農卿李若虛充秘閣修撰、知宣州。二人皆岳飛幕客也，自軍中隨飛赴行在，上將罷飛兵柄，故先出之。

辛卯，詔給事中、直學士院范同令入對。初，張浚在相位，以諸大將久握重兵，難制，欲漸取其兵屬督府，而以儒臣將之。會淮西軍叛，浚坐謫去。趙鼎繼相，王庶在樞府，復議用偏裨，以分其勢，張俊覺之，然亦終不能得其柄。至是同獻計於秦檜，請皆除樞府，而罷其兵權。檜納之，乃密奏於上，以柘皋之捷，召韓世忠、張俊、岳飛並赴行在，論功行賞。時世忠、俊已至，而飛獨後，檜與參知政事王次翁憂之。謀以明日率三大將置酒湖上，欲出，則語直省官曰：『姑待岳少保來。』益令堂廚豐其燕具。如此展期以待，至六、七日，及是飛乃至。上即召同入對，諭旨，令其與給事中、兼直學士院林待聘分草三制。是夕，鎖院。

壬辰，揚武翊運功臣、太保、京東、淮東宣撫處置使、兼河南、北諸路招討使、節制鎮江府、英國公韓世忠，安民静難功臣、少師、淮南西路宣撫使、兼河南、北諸路招討使、濟國公張俊並爲樞密使，少保、湖北、京西路宣撫使、兼河南、北諸路招討使岳飛爲樞密副使，並宣押赴本院治事。世忠既拜，乃製一字巾，入都堂則裹之，出則以親兵自衛，檜頗不喜。飛披襟作雍容狀，檜亦忌之。（《中興聖政》、何俌《龜鑑》曰：『謬哉！范同之爲檜畫計也。同之議曰：諸將俱握重兵，必甚難制，莫若皆除樞密，而罷其兵權。此范同但求以助和議而然也，檜乃用之，詔罷宣撫，兵隸樞院。附和則保富貴，是故張俊先至，則除美官；韓世忠、劉錡不言和，則傷於讒；岳飛最後至，被禍最慘矣！』）詔三省、樞密院官依東京舊例，分班奏事。

癸巳，詔參知政事王次翁序位在岳飛之下，以飛階官爲少保故也。飛請班次翁之下，不許。上謂大臣曰：『昔三宣撫之兵，分爲三軍，故有此軍作過，而往投彼軍者。今合爲一，則前日之弊革矣。』」

「乙未，樞密使張俊言：『臣已到院治事，見管軍馬伏望撥屬御前使唤。』時俊與秦檜意合，故力贊議和，且覺朝廷欲罷兵權，即首納所統兵。上從其請，復召范同入對，命林待聘草詔書奬諭，詔詞略曰：『李、郭在唐，俱稱名將，有大功於王室。然光弼負不釋位之釁，陷於嫌隙；而子儀聞命就道，以勳名福禄自終。是則功臣去就趨舍之際，是非利害之端，豈不較然著明。』意蓋有所指也。上謂韓世忠、張俊、岳飛曰：『朕昔付卿等以一路宣撫之權尚小，今付卿等以樞府本兵之權甚大。卿等宜共爲一心，勿分彼此，則兵力全而莫之能禦，顧如兀术，何足掃除乎！』是日，詔宣撫司並罷，遇出師，臨時取旨。逐司統制官已下，各帶『御前』字入銜，令有司鑄印給付。且依舊駐劄，將來調發，並三省、樞密院取旨施行。仍令統制官等各以職次高下，輪替入見。（王伯庠撰《王次翁叙記》云：『紹興辛酉，虜人有飲馬大江之謀，大將張俊、韓世忠皆欲先事深入，惟岳飛駐兵淮西，不肯動。上以親劄促其行者，凡十有七，飛偃蹇如故，最後又降親劄曰：社稷存亡，在卿此舉！飛奉詔，移軍三十里而止，上始有誅飛意。又世忠軍中親校温濟者，以世忠陰事來告，朝廷置濟於湖南，世忠連上章，乞遣濟至軍中，語甚不遜。是時，三大將皆握重兵，輕視朝廷。其年柘皐之捷，有旨令大將入朝，論功行賞，俊、世忠已到，而飛獨未來。秦檜爲相，先臣參知政事，大臣止二人，檜憂之甚。先臣爲之謀，以明日率三大將置酒湖上，欲出，則語直省官曰：姑待岳少保來。益令堂廚豐其燕具。如此展期以待者六、七日，飛既到，以明日鎖院，皆除樞密使，趣令入院供職，罷其兵柄。晡時，有旨鎖院，明日宣麻。是夜〔將〕半，復以制分命三大帥軍中列校，使各統所部，自爲一軍，更其銜曰統制御前軍馬。凡其所統，陞黜賞罰，得專達之。諸校喜於自便，莫不欣然受命。明日，三大帥入，授元樞之制，既出，則其所部皆已散去，導從盡以密院之人。上之此謀，惟先臣與秦檜預之，天下歎服。三帥既罷兵柄，先臣語伯庠曰：吾與秦相謀之久矣，雖外示閒暇，而終夕未嘗交睫，脱致紛紜，滅族非所憂，所憂宗社而已。事幸而成，上之英斷與天合也，吾何力之有。』按此所云，夜半以制分命列校，更其銜爲統制御前軍馬一節，與《日曆》所書不同。《日曆》：鎖院在辛卯，降制在壬辰，張俊歸部曲及諸將帶『御前』字在乙未，前後凡五日，不知伯庠何以云然，姑附此，更須詳考。）於是，禮部侍郎鄭剛中言於檜曰：『前〔日天下〕所共憂者，一旦變爲平安之道。廟堂不動聲色，而三大將惟恐奉上兵籍之不先。彼曲士不通世務，挾口舌以議政者，已皆言塞意順，謂此非常之舉。』因爲檜陳善後之策，凡七事。大概以沿邊倚兵爲重，今大帥去，則人心懼。昔日三帥兵律不同，今合而用之，固有以更易爲便，亦有念舊而不能忘者。又三帥分地而守，各任其責，今統制官在外，有如塵〔高敵厚〕，使誰糾合。又諸軍係宣司按月勘請，今既罷，合漸立法，庶無冒請之弊。《傳》曰：『平亂責武臣。』望以數事悉付右府，俾經畫之，而酌其可否。他日攻守進退，彼不得爲言矣。』《王次翁叙記》乃集謡諑與訛謬之大成。諸統制軍以「御前」入銜，時爲四月二十七日，而非二十三日夜半，三大將親兵亦未撤换，前引《金佗續編》卷一二之三件省劄足以糾正其訛謬。岳飛等大帥年年往臨安朝見，岳飛僅遲到數日，王次翁又何至「終夕未嘗交睫」，以備「滅族」。

《北山文集》卷一《定謀齊力疏》注：「韓世忠、張俊、岳飛各以宣撫使久握兵於外，上一日命爲樞臣，而收其權。先君爲宰相言曰：『竊見降制除三宣撫爲樞密〔使、副〕，以其兵歸樞密院，合朝廷中外之勢，通諸帥彼我之心。凡前日天下以爲憂，以爲難者，一旦變爲平易安强之道。廟堂之上，聲色如故，三大帥惟恐奉上兵籍之不允，一何盛也。雖然，利害得失，常對倚而不廢，遇事更變，則激發而復起。就其利，不忘其害，見其得，愈憂其失，而後可以大有爲。伏願相公周思熟計，益善其後。其試以所見條列于左方。

沿邊州縣倚兵爲安，比自淮甸蹂踐之後，人情往往憂危。大帥又捨之而去，給罷之初，傳聞或失實，遠地何知，一家狼顧，餘皆相和而驚矣。俾知本末，不可無告喻之文。

三宣撫之兵，紀律不同，平日分而用之，各安其所主。他日合而用之，固有以更屯易帥爲便者，亦有顧恩念舊而不能忘者。安慰人心，當有混一之道。

三宣撫所分之地，平日有警，便各任責。今既只是統制、將官在外，有如塵高敵厚，使誰糾合而前。必待飛檄告急，然後朝廷遣發，晚矣。豫爲期約，當有應卒之策。

宣撫司諸將首領，盡是收拾散亡，與殺降劇賊。其間悍狠虐下、頑鈍嗜財、蕩淫縱慾者，色色皆有，平時畏大帥，不得逞。一旦釋去，其陵損士卒、交相貨利、藏匿子女之弊，豈得無之。彈壓整齊，當有畫一之政。

君子可以義勸，小人可以利誘。前日諸帥恐其下有見利而逸者，故或質其文書，屬其妻、子，以係累其心。今一旦去其統帥，敵人朝暮伺之，垂鈞設餌，寧無貪啗之人。然則察視防閑，當有杜絶之計。

宣撫司教閱之法，最號嚴肅，垂賞示勸，人人精進。今既分立頭項，其淬礪思奮、立功自拔者，必多有之；至荒廢燕安、苟且自便者，安得無也。訓練作成，當有勸沮之術。

諸軍錢糧，專係總領司應辦，宣司按月勘請。所有器甲，盡係朝廷頒降，宣司量事分給。今宣司既罷，合漸就法制，使無冒請之弊，立爲准程，使無損闕之患。

傳曰：平亂責武臣。相公以道佐人主，提綱振領，而收其成功。軍旅之事，宜盡以責右府，經畫曲折，一一使之思慮。相公酌其可否，裁其議論，付之使行。他日進退攻守，彼皆不得以爲言矣。』」

《宋宰輔編年録校補》卷一五：「和議之初，宰相秦檜欲撤武備，盡奪諸將兵權。（李）光曰：『戎狄狼子野心，和不可恃，備不可撤。』檜惡之。」紹興九年，秦檜即圖謀「盡奪諸將兵權」，然未及實施。

《金佗續編》卷四《潁昌捷後俄詔班師上章力請解兵柄致仕不允詔》：「方資長算，助予遠圖，未有息戈之期，而有告老之請。……所請宜不允。」紹興十年秋，岳飛上奏，「請解兵柄」，宋高宗「不允」。時隔半年，岳飛未上辭呈，宋高宗又急於罷三大將兵柄。蓋宋廷對「息戈之期」已有把握，故於宋金尚處交兵之際，敢爲自壞長城之舉。宋高宗稱罷兵權乃爲「訓武厲兵，一洒讎耻」，純屬欺人之談。

又同書卷二八《鄂武穆王岳公真讚》：「夫朝廷欲議和，而有一大帥誾誾然不肯和，言必與之俱斃而後已，是其可置而不問乎？故爲當時計，不去公，則和議不成。一日召三大帥，首相置酒迓之，韓、張已至，而公以道遠差後，飭堂廚，必待公至而後飲。至則並除樞密使、副，未幾，言者至而祠命下矣。」

又同書卷二八《孫逌編鄂王事》：「淮東宣撫使韓世忠、淮西宣撫使張俊並除樞密使，荆湖南、北等路宣撫使岳飛除樞密副使。是時，汪藻彦章知徽州，以啟賀三樞云：『累歲賢勞，蟣虱幾生於甲胄；一朝醲賞，貂蟬果出於兜鍪。』時論稱之。」

《新安文獻志》卷四二汪藻《賀張韓岳三帥加樞密使副啟》：「伏審誕告明廷，延登近弼。運籌決勝，久分疆埸之憂；當軸處中，遂正廟堂之位。折衝雖舊，注意惟新。恭以某官稟氣雄剛，受材英特，任心膂爪牙之寄，積旂常鼎鼐之勳，惟文武以兼資，故君臣而默契。昨屬羽書之急，親煩幕府之行，軍容一陳，士氣百倍，殄萬里憑陵之寇，安兩淮震擾之民。累歲賢勞，蟣蝨幾生於甲胄；一朝醲賞，貂蟬果出於兜鍪。」此啟《浮溪集》卷二三作《賀三帥加樞密啟》。

《山房集》卷八《雜記》：「初，韓、張入覲，左僕射檜承詔集都堂，問克復之期，曰：『上驅馳霜露十餘年，似厭兵矣。兵決在何時？遲速進退之計當若何？』兩將對：『前提兵直趨某地，請糧若干，率裁量不盡得；而退兵出某所，某將皆坐視，不肯併力相牽衄。或申請，輒不報，嘗苦不能專力。如令文儒生不愛錢，武將一意輕生命，欲了即了爾！』檜曰：『有是乎？諸公今不過帶行一職事，足以誰何士大夫者，朝廷不靳也。』岳最後至，意大略同，而語微峻，檜頷之。於是三樞密拜矣。三人者累表辭謝，檜與上約，答詔視常時，率遲留一、二日不下，諸禮例恩賜，爲目倍多。檜別下詔，三大屯皆改御前軍矣。

始諸校苦鬬積戰，已爲廉車正任，然皆起卒伍，父事大將，常不得舉首，或溷其家室。岳師律尤嚴，將校有犯，大則誅殺，小亦撻鞭痛毒，用能役使，深入如意。命既下，諸校新免所隸事，或許自結知天子，人人便寬，喜供命。報應已略定，三人者擾擾，未暇問也。得稍從容，見檜，始以置銜漏奪兵職爲請，檜笑曰：『諸君知宣撫、制置使乎？此邊兵官耳，今爲樞庭子司，顧不能役屬耶？』三人者退，悵悵然，始悟失兵柄矣。（韓仲通尚書，檜時從官，嘗爲人言。）」此條以《永樂大典》卷一八二〇七《山房集·書三將罷兵》參校。

《齊東野語》卷一三《秦會之收諸將兵柄》：「秦會之既主和，懼諸將不從命，於是詔三大將入覲。一日，至都堂，問以克復之期，曰：『上驅馳霜露十餘年，似厭兵矣。今決在何時可了？遲速進退之計當若何？』張、韓對曰：『前者提兵直趨某地，請糧若干，率裁量不盡得；而退兵出某所，某人坐視，不肯併力。或申請，輒不報，常苦不能專力』云云。檜曰：『有是乎？諸公今不過欲帶行一職事，足以誰何士大夫者，朝廷不靳也。』岳最後至，意大略同，而語加峻，曰：『如今文臣不愛錢，武臣不惜命，欲了即了耳！』檜頷之。

於是三樞密拜矣。三人累表辭謝，檜與上約，答詔視常時，率遲留一、二日，凡諸禮例恩賜，各自倍多。檜別下詔，三大屯皆改隸御前矣。

始諸將苦鬬積職，已爲廉車正任，然皆起卒伍，父事大將，常不得舉首，或溷其家室。岳師律尤嚴，將校有犯，大則誅殺，小亦鞭撻痛毒，用能役使，深入如意。命既下，諸校新免所隸，可自結知〔天子〕，人人便寬，喜〔供〕命。報應已略定，三人擾擾，未暇問也。稍從容，見檜，始以置銜漏掛兵權爲請，檜笑曰：『諸君知宣撫、制置使乎？此邊官爾，諸公今爲樞庭官，顧不役屬耶？』三人者悵悵而退，始悟失兵柄焉。」

《宋史》卷二九《高宗紀》：「（紹興十一年四月）韓世忠、張俊、岳飛相繼入覲。壬辰，以世忠、俊並爲樞密使，飛樞密副使。命三省、樞密院官復分班奏事。

乙未，張俊請以所部兵隸御前。罷三宣撫司，改統制官爲御前統制官，各屯駐舊所。」

又同書卷三八〇《王次翁傳》：「檜召三大將論功行賞，岳飛未至。檜與次翁謀，以明日率世忠、俊置酒湖上，欲出，則語直省官曰：『姑待岳少保來。』益令堂廚豐其燕具。如此展期以待者六、七日，飛既至，皆除樞密使，罷兵柄。次翁歸，語其子伯庠曰：『吾與秦相謀之久矣。』」

又同書卷三八〇《范同傳》：「十一年，檜再主和議，患諸將難制。同獻計於檜，請皆除樞府，罷其兵權。檜喜，乃密奏，以柘臯之捷，召三大將赴行在，論功行賞。同入對，帝命與林待聘分草三制，世忠、俊樞密使，飛副使，並宣押赴樞府治事。張俊與檜意合，且覺朝廷欲罷兵權，即首納所統兵。」

又同書卷四七三《秦檜傳》：「四月，檜欲盡收諸將兵權，給事中范同獻策，檜納之，密奏，召三大將論功行賞。韓世忠、張俊並爲樞密使，岳飛爲副使，以宣撫司軍隸樞密院。」

《周益國文忠公集·平園續稿》卷二九《寶文閣學士通奉大夫贈少師梁〔公〕（汝嘉）神道碑》：「（紹興十一年，時知明州）又奏：『用張俊、韓世忠、岳飛於西府，劉錡守荆南，皆奪其兵，無復進取之計。』」

《建炎以來繫年要録》卷一六九：「（紹興二十五年十月丙申）韓世忠、張俊、岳飛方擅兵，檜與俊密約議和，而以兵權歸俊。飛既誅，世忠亦罷，俊居位不去，檜乃使江邈論罷之。由是中外大權盡歸於檜。……然自渡江後，諸大將皆握重兵，難制，張浚、趙鼎爲相，屢欲有所更張，而終不得其柄。檜用范同策，悉留之樞府，而收其部曲，以爲御前諸軍。息兵以來，諸郡守臣有至十年不易者。又以僧道太冗，乃不鬻度牒，暗消其弊，使民知務本。由是中外少安。」

《水心别集》卷一二《四屯駐大兵》：「自靖康破壞，維揚倉卒，海道艱難，杭、越草創，天下遠者命令不通，近者横潰莫制。國家無明具之威信，以驅使强悍，而諸將自誇雄豪。劉光世、張俊、吴玠兄弟、韓世忠、岳飛各以成軍，雄視海内。其玩寇養尊，無若劉光世；其任數避事，無若張俊。當是時也，廩稍惟其所賦，功勳惟其所奏，將校之禄多於兵卒之數，朝廷以轉運使主餽餉，隨意誅剥，無復顧惜。志意盛滿，仇疾互生，而上下同以爲患矣。及張浚收光世兵柄，制馭無策，吕祉以疎俊趣之，一旦殺帥，卷甲而遁。其後秦檜慮不及遠，急於求和，以屈辱爲安者，蓋憂諸將之兵未易收，浸成疽贅，則非特北方不可取，而南方亦未易定也。故約諸軍支遣之數，分天下之財，特命朝臣以總領之，以爲喉舌出〔納〕之要。諸將之兵盡隸御前，將帥雖出於軍中，而易置皆由於人主，以示臂指相使之勢。向之大將，或殺或廢，惕息俟命，而後江左得以少安。」李心傳與葉適對宋高宗和秦檜罷岳飛等大將兵權，顯然持某種肯定之評價。

《羅氏識遺》卷二《三大處置》：「漢初，病於諸侯强大，主父偃建分王諸侯子弟之説，諸侯遂弱。唐衰，病於藩鎮跋扈，趙普建收其精兵，制其錢穀之計，藩鎮遂消。宋南渡息兵，張、韓、劉、岳擁兵方面不釋，秦檜各除樞密使召之，由是兵權去手。偃之説，賈誼發之；普之説，烏重允發之；檜之策，范〔同〕言之。但偃、普忠謀，檜則奸謀也。」「烏重允」，應爲「烏重胤」，蓋宋時避宋太祖趙匡胤名諱，故改。

《朱子語類》卷一二八：「總領一司，乃趙忠簡所置，當時之意甚重。蓋緣韓、岳統兵權重，方欲置副貳；又恐啟他之疑，故特置此一司，以總制財賦爲名，却專切報發御前兵馬文字，蓋欲陰察之也。」

《文獻通考》卷六二《職官考·總領》：「總領財賦，古無其官。宋靖康末，高宗以大元帥駐軍濟州，命隨軍轉運使梁揚祖總領措置財用，然未以官名也。南渡初，嘗命朝臣總領都督府、宣撫司財賦。建炎末，張浚用趙開總領四川財賦，始置所繫銜，總領官自此始。紹興三年，差户部侍郎姚舜明往建康，總領應干都督府錢物、糧斛。六年，都督諸路軍馬張浚言：『三宣撫司錢糧，漕司互相占恡，因至闕乏，乞於户部長、貳內差一員，來鎮江府置司，專一總領。』詔差户部侍郎劉寧止。七年，令户部郎官霍蠡前往鄂州置局，專一總領岳飛軍錢糧。其後，大軍在江上，間遣版曹或太府、司農卿、少調其錢糧，皆暫以總領爲名。而四川改置都轉運司，故總領又廢。紹興十一年，諸將既罷兵，乃收諸帥之兵，以爲御前軍，屯駐諸處皆置總領，以朝臣爲之，仍帶專一報發御前軍馬文字。蓋又使之與聞軍政，不獨職餽餉而已。……諸軍不聽節制。」霍蠡於紹興六年九月任岳飛總領，而非紹興七年，可參《金佗稡編》卷七第四三〇頁。

《建炎以來繫年要録》卷一四〇：「（紹興十一年五月）辛丑，直秘閣、淮東轉運副使胡紡爲司農少卿、總領淮東軍馬錢糧，置司楚州，尚書度支員外郎、總領提舉大軍錢糧等事吴彦璋爲太府少卿、總領淮西、江東軍馬錢糧，置司建康府，太府少卿、總領湖、廣、江西財賦曾慥爲太府卿、總領湖、廣、江西財賦、京、湖軍馬錢糧，置司鄂州。各專一報發御前軍馬文字，諸軍並聽節制。蓋使之與聞軍事，不獨職餽餉云。總領官正名自此始。」「諸軍並聽節制」，《宋會要輯稿》職官四一之四六，《文獻通考》卷六二，《山堂先生羣書考索》後集卷一三，《玉海》卷一三二，《景定建康志》卷二六等作「諸軍不聽節制」，疑以「不」字爲準。

又同書卷一四〇：「（紹興十一年六月壬申）太府卿、總領湖、廣、江西財賦曾慥充秘閣修撰、提舉洪州玉隆觀，以疾自請也。左朝請郎林大聲爲尚書度支員外郎、總領湖、廣、江西財賦、湖北、京西軍馬錢糧。大聲，侯官人，初爲永嘉丞，用章誼薦，擢守建昌。秦檜寓居永嘉，與之厚，遂驟用之。」岳飛罷兵權後，其副王貴與張憲分別任鄂州大軍都統制與副都統制，宋廷特命林大聲監視。

《宋史》卷四七四《万俟卨傳》：「時檜謀收諸將兵權，卨力助之，言：『諸大將起行伍，知利不知義，畏死不畏法，高官大職，子女玉帛，已極其欲。盍示以逗遛之罰，敗亡之誅，不用命之戮，使知所懼。』」

《建炎以來繫年要録》卷一四六：「史臣秦熺等曰：『……主上聖明，察見兵柄之分，無所統一。凡有號召，多託故不至，於出師之際，又不能協力徇國家，恐有緩急，必致誤國大事。乃密與檜謀，削尾大之勢，以革積歲倒持之患。一日，大廷宣制，除張俊、韓世忠、岳飛三師爲樞密使、副。由是天下兵柄盡歸朝廷矣。然是舉也，孰不以爲善，前此獨無敢睥睨者。有識之士方懼金人之平，四方底定，而此輩跋扈自肆，意外事有叵測者。今一旦悉屏聽命，如玩嬰兒於股掌之上，銷禍於未然。既已協諸軍之公願，謂自此願盡死力。遠近歡呼，切歎睿斷英果，措意弘遠，知敵不足憂，而太平可指日待也。……』」

《宋史》卷一八七《兵志》：「紹興十一年，范同以諸將握兵難制，獻謀秦檜，且以柘臯之捷言於上，召張俊、韓世忠、岳飛入覲。張俊首納所部兵，分命三帥副校各統所部，自爲一軍，更銜曰『統制御前軍馬』。罷宣撫司，遇出師，取旨，兵皆隸樞密院，屯駐仍舊。」

五月十一日，詔韓世忠留院供職，俊與先臣並以本職按閲軍馬，措置戰守。同以樞密行府爲名，撫定韓世忠軍于楚州。〔一〕

〔一〕《金佗續編》卷四《帶樞密本職前去按閲御前軍馬措置戰守詔》：「連百萬虎貔之旅，自我翕張；擇一二股肱之良，爲予奔犇奏。卿勳在社稷，名震華戎，謙退踵征西之風，廉約蹈祭遵之節，比從人望，入贊樞庭。方國步之多艱，念寇讎之尚肆，未反采薇之戍，將親細柳之軍。諒匪忠賢，孰膺寄委。當令行陣之習有素，戰守之策無遺，伐彼姦謀，成茲善計。尚體眷注，無憚勤勞。」又同書卷一二《令前去按閲專一任責省劄》：「勘會已降指揮，張俊帶本職前去按閲御前軍馬，專一措置戰守，岳飛帶本職前去同按閲御前軍馬，專一同措置戰守。五月十一日，三省同奉聖旨，俊、飛以樞密職事前去，與宣撫使事體不同，令隨宜措置，專一任責，節次具已措置事目聞奏。

右劄送樞密副使岳少保。紹興十一年五月十一日。」

《三朝北盟會編》卷二〇六：「（紹興十一年五月）張俊、岳飛往淮東，撫定韓世忠之兵。更軍制之初，諸軍未悉朝廷之意，將士不安，乃命張俊、岳飛拊循之。」

《建炎以來繫年要録》卷一四〇：「（紹興十一年五月）丁未，詔韓世忠聽候御前委使，張俊、岳飛帶本職前去按閱御前軍馬，專一措置戰守。時秦檜將議和，故遣俊、飛往楚州，總淮東一路全軍還駐鎮江府。（二樞密出使，未見降旨之日。今年六月二十日耿著款狀云：『五月上旬有指揮，韓世忠聽候御前委使，張俊、岳飛出外按閱軍馬。』丁未，初十日也，故附於此日。又按《日曆》，此月十一日戊申，韓世忠獻錢糧之在楚州者，宜與此相關。權附此，須求他書參考本日。）」據《要録》注，岳飛與張俊往楚州之「指揮」，應頒於五月上旬。《金佗續編》卷一二之五月十一日省劄，乃補充規定「隨宜措置，專一任責」。省劄稱前有「已降指揮」，可與耿著款狀互相印證。《行實編年》載宋廷命岳飛往楚州乃五月十一日，時間稍誤。

《宋史》卷二九《高宗紀》：「（紹興十一年五月）丁未，遣張俊、岳飛於楚州巡視邊防。」

《建炎以來繫年要録》卷一四〇：「（紹興十一年五月）壬寅，右文殿修撰陳桷充敷文閣待制、知池州，蘄州防禦使辛永宗爲明州觀察使、提舉亳州明道宫，右武大夫、欽州刺史王敏求爲左武大夫、添差兩浙西（東？）路兵馬鈐轄，仍釐務。桷，韓世忠幕客；永宗、敏求，張俊、岳飛親校也。以罷從軍，故遷之。」

「（戊申）左武大夫、忠州刺史王剛，武功大夫、果州團練使、知襄陽府、御前遊奕軍統制武糾並進横行一官，二人皆岳飛部曲也。」

「壬子，上謂宰執曰：『士大夫言恢復者，皆虚辭，非實用也。用兵自有次第。朕比遣二樞使按閲軍馬，措置戰守，蓋按閲於先，則兵皆可戰，兵既可戰，則能守矣。待彼有釁，然後可進討，以圖恢復。此用兵之序也。』」

先是，先臣少俊等十餘歲，〔一〕事俊甚勤。紹興改元，有李成之役，俊既叨先臣之功，得逭其責，甚德先臣，且服其忠略，屢稱薦於上。其後二、三年間，蕩湖、廣、江西之勍寇，〔二〕復襄陽六郡之故疆，不淹時而大功立。時論許予，寘諸將右。上亦自謂得人傑，行賞不計其等，擢之不次之位，俊頗不平。四年，虜犯淮西，乃俊分地也，〔三〕怯敵不肯行。宰臣趙鼎責而遣之，至平江府，又辭以墜馬傷臂。鼎怒，命一急足領之出關，〔四〕且奏請誅俊，以警不用命者，既又以無功還。先臣渡江，一戰大捷，〔五〕解廬州圍。上奇其功，畀以鎮寧、崇信兩鎮之節，俊益恥之。及先臣位二府，正專征，天下稱三大帥，與俊體敵，俊忿疾，見於辭色。先臣益屈己下之，數以卑辭致書於俊，俊皆不答。楊么平，先臣又致書，獻俊樓船一，兵械畢備。俊受船，復不答書。〔六〕先臣事之愈恭，俊横逆自若。〔七〕至七年，恢復之請大合上意，札書面命，皆以中興之事專畀先臣。又所賜褒詞每有表異之語，如曰，

「非我忠臣，莫雪大恥」；「卿爲一時智謀之將，非他人比」；「朕非卿到，終不安心」；甚者謂「聽飛號令，如朕親行」。俊見之，常憾其軋己，有意傾之。

〔一〕先是先臣少俊等十餘歲　《金佗續編》卷二〇作「初，飛在諸將中年最少，俊長飛十餘歲」。按張俊比岳飛年長十七歲。

〔二〕蕩湖廣江西之勍寇　「湖」，原作「二」，據《金佗續編》卷二〇改。

〔三〕虜犯淮西乃俊分地也　「乃」，據《金佗續編》卷二〇補。紹興四年冬，張俊爲浙西、江東路宣撫使，淮西路乃淮西、江東路宣撫使劉光世「分地」，而非張俊之「分地」，《行實編年》所載有誤。

〔四〕命一急足領之出關　《金佗續編》卷二〇作「遣一卒隨之，視其必行」。

〔五〕先臣渡江一戰大捷　「江」，原作「師」，嘉靖本同，據《紀事實録》改。

〔六〕俊受船復不答書　原脱「書」字，嘉靖本同，據《紀事實録》補。

〔七〕《建炎以來繫年要録》卷九〇：「（紹興五年六月丁巳）時淮東宣撫使韓世忠、江東宣撫使張俊皆已立功，而飛以列校拔起，世忠、俊不能平。先是，飛皆屈己下之，數通書，俱不答。及飛破楊太，獻樓船各一，兵徒、戰守之械畢備，世忠始大悦，而俊益忌之。」又同書卷一〇九：「（紹興七年二月丁巳）飛威名日著，淮西（應爲『江東』）宣撫使張俊益忌之。

參謀官薛弼每勸飛調護，而幕中之輕鋭者復教飛勿苦降意，於是飛與俊隙始深矣。」《浪語集》卷三三《先大夫行狀》：「初，岳侯以列將拔起，時張俊、韓世忠等已皆建立功效，至大官，内不能平。伯父勸岳屈己下之，書凡三十七通，俱不之答。岳破么賊，遣大將俘獻樓船各一，卒徒、戰守之具畢備，韓始大説，定交，而張忌之益甚。岳名日盛，幕中之輕脱者教岳勿苦降下，於是始隙。」

是歲淮西之役，先臣聞命即行。途中得俊咨目，甚言前途糧乏，不可行師。先臣不復問，鼓行而進，故賜札曰：「卿聞命，即往廬州。遵陸勤勞，轉餉艱阻，卿不復顧問，必遄其行。非一意許國，誰肯如此。」俊聞之，疑先臣漏其書之言於上。歸則倡言於朝，謂先臣逗遛不進，以乏餉爲辭。或勸先臣與俊廷辨，先臣曰：「吾所無愧者，此心耳，何必辨。」

及是視世忠軍，俊知世忠嘗以謀劫虜使，敗和議，忤檜，承檜風旨，欲分其背嵬，謂先臣曰：「上留世忠，而使吾曹分其軍，朝廷意可知也。」先臣曰：「不然，國家所賴以圖恢復者，唯自家三、四輩。萬一主上復令韓太保典軍，吾儕將何顔以見之？」俊大不樂。比至楚州，乘城行視，俊顧先臣曰：「當修城以爲守備計。」先臣曰：「吾曹所當戮力，以圖尅復，豈可爲退保計耶！」俊艴然變色，遷怒於二候兵，以微罪斬之。韓世忠軍吏耿著〔一〕與總領胡紡言：「二樞密來楚州，必分世忠之軍。」且曰：「本要無事，卻是生事。」紡上之朝，檜捕著下大理，擇酷吏治獄，將以扇摇誣世忠。先臣歎曰：「吾與世忠同王事，而使之以不辜被罪，吾爲負世忠！」乃馳書告以檜意。世忠大懼，亟奏乞見，投地自明，上驚，諭之曰：「安有是！」明日，宰執奏事，上以詰檜，且促具著獄。於是，著止坐妄言，追官，杖脊，黥流吉陽軍，而分軍之事不復究矣。〔二〕

〔一〕韓世忠軍吏耿著　「吏」，原作「更」，嘉靖本同，據《紀事實録》改。

〔二〕《金佗稡編》卷二〇《籲天辨誣通敍》：「韓世忠謀劫使者，敗和議，得罪於檜。檜命先臣使山陽，以捃摭世忠軍事，且戒令備反側，托以上意，先臣曰：『主上幸以世忠陞宥府，楚之軍，則朝廷軍也。公相命飛以自衛，果何爲者？若使飛捃摭同列之私，尤非所望於公相者。』及興耿著獄，將究分軍之説，連及世忠，先臣歎曰：『飛與世忠同王事，而使之不辜被罪，吾爲負世忠！』乃馳書告以檜意。世忠亟奏求見，上驚，諭之曰：『安有是！』既而以詰檜，且促具著獄，著得減死。」《金佗續編》卷二一《鄂王傳》：「初，飛與張俊承詔視世忠軍，往辭檜，檜謂之曰：『且備反側！』世忠軍初無反側意，檜爲此語，欲激其軍，使爲變，因得以罪世忠耳。飛答之曰：『世忠歸朝，則楚州之軍，即朝廷之軍也。』檜色變，惡飛語直。獨張俊承檜意，欲分其軍，賴飛一言而止，而檜益怨飛矣。飛慷慨自任，不復顧忌。」按當時宋高宗和秦檜準備對金媾和，故依金朝早就提出

「淮南不得屯駐軍馬」(《三朝北盟會編》卷一六三《紹興甲寅通和録》)之邀脅，將原韓世忠軍自淮南楚州後撤江南鎮江府，並「分其軍」。張俊忠實執行此令，而岳飛身爲副職，無法制止。所謂「欲分其軍，賴飛一言而止」，不合史實。《行實編年》與《鄂王傳》之叙事皆諱言宋高宗和秦檜之合謀。

《寶真齋法書贊》卷二《高宗皇帝親隨手札御書》：「韓世忠下親隨人，有三十餘人未曾發遣前去，并王權見在此。可令王權管押，速起發前去楚州，此三十餘人不係合留人。

右高宗皇帝御書親隨手札真蹟一卷。始秦檜將議和，以蘄王韓世忠初謀劫北使張通古於洪澤，指爲首罪，密命胡紡告捕世忠親校耿著，寘之獄。時先臣飛與張俊實以宥府出分楚軍。謂著倡言以撼軍心，圖叛逆，且謀還世忠掌兵柄，將遂以左證上逮世忠，而甘心焉。出使之際，召先臣與俊，諭之中堂，授以羅織之説，僞託以上意，議已定矣。先臣不忍世忠之以忠被禍，而告之，世忠號泣，以愬於上，上驚而詰檜。故著既減死，遂又移所以誣著者，而誣張憲，蓋出一轍焉。方三樞密並命，而世忠獨留，先臣與俊不惟不釋兵柄，且將分總淮東軍，是出使也，非罷兵也，其意瞭然可見矣。檜之屬先臣與俊以陷世忠，是亦猶後日屬張俊以陷先臣也。二人受命，而先臣獨不肯從，則先臣獨歸班，而留俊於外。著既出，而憲之獄遂一力成於俊之手。遷怒之本末，指授之次序，固應然爾。

不然，則世忠異時之死，上將臨奠，檜命中書吏韓瓛出危語，以撼其家，何以亦出於此一意度。

而檜於《紹興時政記》所書：『敷陳之際，曾得聖訓，褒張俊之功，謂與世忠萬萬不侔。』又何以專及俊於通古來宣力之一說。終始本末乃若是，其不可渝耶！今之談者不察，顧謂展燕具以待勞還，初謀專爲先臣之後至，是皆目睫之論，而未嘗攷夫二使並出，與夫一使獨留之本意也。

臣嘉定庚辰歲三月在建康，於檜家偶得此札，計其月日，正在行府將出之時。檜之譖忠臣，蓋深矣！臣既重悲家禍，將以著檜之用心，故表之，使與《辨誣》互見。」《辨誣》指《金佗稡編》之《籲天辨誣》。岳珂分析秦檜陷害韓世忠、岳飛之「次序」與手法，然稱岳飛與張俊出使，「且將分總淮東軍」，「非罷兵也」，與史實不符。秦檜謀害韓世忠而未遂，岳飛雖有救援之力，然宋高宗亦只求張俊與韓世忠罷職賦閒，而殺岳飛一人。張俊雖甘當鷹犬，宋高宗與秦檜後亦不容其掌兵。

《金佗稡編》卷二三《山陽辨》：「《野史》傳曰：『紹興十一年，奉詔按兵楚州。行次鎮江時，韓世忠人馬入教場，俊欲分其背嵬，飛曰：不可，今國家唯自家三、四輩，以圖恢復。萬一官家復使之典軍，吾曹將何顏以見之？俊大不樂。及至楚州，俊謂飛曰：當修城守。飛不答者久之，俊屢強問，亦勉答曰：吾曹蒙國家厚恩，當相與戮力復中原，若今爲退保計，何以激勵將士？又不樂，語頗侵飛。遂遷怒於二候兵，以微罪斬之，飛懇救數四，不從。……』」

《三朝北盟會編》卷二〇六：「（紹興十一年六月十六日癸未）張俊、岳飛至楚州，撫諭韓世忠兵。

張俊與岳飛既到楚州，飛居於州治，俊乃在城外。而中軍統制王勝引甲軍而來，曰呈點軍馬。或告俊曰：『王勝有害樞密意。』俊亦懼之，問勝曰：『將士何故擐甲？』勝曰：『樞密來點軍馬，不敢不帶甲。』俊下令卸甲，即卸甲，俊猶憾之。飛點簿，方知世忠止有三萬餘人，乃在楚州十年餘，金人不敢犯，猶有餘力以侵山東，可謂奇特之士也。飛回，駐於鎮江府，知泗州劉綱詣行府稟議，綱曰：『泗州在淮河之北，城郭不固，無兵無食，如有緩急，守乎？棄乎？』飛徐徐言曰：『此是潤州，更有何名？』綱曰：『京口。』飛再問之，綱曰：『丹徒。』飛三問之，綱曰：『南徐。』飛曰：『只此是矣。』綱退，大歎服，曰：『岳鵬舉果有過人！』」初，李寶歸於韓世忠也，世忠令寶戍海州。飛到楚州，即呼寶至楚州，慰勞甚周至。使下海，往登州以來牽制，寶焚登州及文登縣而還。」按韓世忠於紹興五年出屯楚州，至此七年，非「十年餘」，後《要錄》作「十餘年」，皆誤。

「（十七日甲申）遷海州民於鎮江府。張俊以海州在淮北，恐爲金人所得，因命毀其城，遷其民於鎮江府，人不樂遷居，莫不垂涕。並命遷楚州軍馬、錢糧於鎮江府。」

「七月，詔張俊沿江視師。初，岳飛與張俊同至楚州，撫諭韓世忠軍，飛與俊議事不合，歸至行在。飛請獨留，不復出掌兵，其寮屬皆乞宫祠而去。俊獨在沿江視師。」

又同書卷二〇八《林泉野記》：「除樞密副使。未幾，同張俊往楚州，護韓世忠軍歸鎮江。」

又同書卷二一二：「先是，張俊、岳飛以樞密使、副往楚州撫諭諸軍也，王勝爲中軍統制，或有譖於俊者，謂勝欲殺俊，俊憾之。俊還至鎮江府，以事責勝，送建康軍中自効。是時，王德權管諸軍事，俊謂德與勝素不協，必殺勝。至是德見勝而喜曰：『我爲王夜叉，汝爲王黑龍，非我二人，誰可以相親者？』乃厚待之。」

又同書卷二一八《林泉野記》（韓世忠）：「來朝，除樞密使，罷兵柄。世忠獻錢一百萬緡、米九十萬石及鎮江、淮東諸庫於朝。加兄世良奉國軍承宣使、提舉醴泉觀。命張俊、岳飛遷其軍於鎮江。」

又同書卷二一九《林泉野記》（張俊）：「復令同飛往楚州，領韓世忠軍歸於鎮江府，飛罷，而俊獨在鎮江以爲備。」

《建炎以來繫年要録》卷一四〇：「（紹興十一年六月癸未）是日，張俊、岳飛至楚州，飛居城中，俊居於城外。中軍統制王勝引甲軍而來，或告俊曰：『王勝有害樞使意。（俊父名密，四月甲午得旨，以樞使稱呼。）』俊亦懼，問：『何故擐甲？』勝曰：『樞使來點軍，不敢不貫甲耳。』俊乃命卸甲，然終憾之。飛視兵籍，始知韓世忠止有衆三萬，而在楚州十餘年，金人不敢犯，猶有餘力以侵山東，可謂奇特之士也。時統制河北軍馬李寶戍海州，飛呼至山陽，慰勞甚悉。使下海往山東牽制，寶焚登州及文登縣而還。俊以海州在淮北，恐爲金人所得，因命毀其城，遷其民於鎮江府，人不樂遷，莫不垂涕。俊遂總世忠之軍還鎮江，惟背嵬一軍赴行在。」張俊放棄淮北之海州，實爲準備對金媾和，以淮水爲界，向金朝示好。他又執行宋廷「分其軍」之令，而另將原韓世忠親軍「背嵬一軍赴行在」。

又同書卷一四一：「（紹興十一年七月壬寅）左武大夫耿著杖脊，刺配吉陽軍牢城。先是，韓世忠既罷兵，遣著先之山陽。著與總領財賦官胡紡有舊，爲紡言：『朝廷令二樞密來分撥軍馬。』紡言：『嘗與諸軍議，欲開落走死逃亡之在籍者。』著又言：『軍中弊倖，雖郭子儀、李光弼不能無，若一日頓革，未必不生事。吕祉之戒，不可不慮。』紡奏著鼓惑衆聽，事下大理，故有是命。紡始媚事著等，故亟爲世忠所薦。及世忠罷，紡首訐其過焉。」

「是月，樞密使張俊復往鎮江措置事務，副使岳飛留行在，以二人議事不協故也。」

又同書卷一四一紹興十一年八月甲戌注：「熊克《小曆》云，張俊、岳飛皆在鎮江府，而万俟卨等論飛罪，於是飛上章丐罷，以爲萬壽觀使。飛既罷，而俊獨留鎮江爲備。按趙甡之《遺史》，今年七月初，俊、飛自楚州俱還，而本月俊再出使，飛不行。故此月己卯，諫疏有云：『岳飛官屬盡辟充行府差遣，飛既不行，遂各請宫祠，平居無事，聚於門下。比緣臺諫繳納副本，一夕散去。』以此考之，蓋知飛不在鎮江無疑也，克實甚誤。」

《宋史》卷二九《高宗紀》：「（紹興十一年六月）癸未，張俊、岳飛至楚州。俊以海州城不可守，毁之，遷其民。統韓世忠軍還鎮江，惟背嵬一軍赴行在。」

「（七月）是月，命張俊復如鎮江措置軍務，留岳飛行在。」

《金佗稡編》卷二三《山陽辨》：「紹興十一年八月九日甲戌，臣寮上言：『……兹者入覲行朝，力辭使命，雖已勉徇所請，而充位廟堂，自若也。……』」

《金佗續編》卷四《乞罷樞密副使仍別選異能同張俊措置戰守不允詔》：「朕以前日兵力分，不足以禦敵，故命合而爲一，悉聽於卿。朕以二、三大帥各當一隅，不足以展其才，故命登于樞機之府，以極吾委任之意。凡爲此者，而豈徒哉。戰守之事，固將付之卿也。今卿授任甫及旬浹，乃求去位，行府之命，措置之責，乃辭不能。舉措如此，朕所未喻。夫有其時，有其位，有其權，而謂不可以有爲，人固弗之信也。毋煩費辭，稽我成命。所請宜不允。」今《金佗稡編》卷一五僅有乞解樞柄第一、第三劄子，然據宋高宗此詔，可推知第一劄子之時間與某些内容。宋高宗於不允詔中仍以冠冕堂皇之辭，而施展帝王之權術。

俊於是大憾先臣。及歸，倡言於朝，謂先臣議棄山陽，專欲保江，且密以先臣報世忠事告檜。檜聞之，益怒，使諫臣羅汝楫彈其事。〔一〕

〔一〕《金佗稡編》卷二三《山陽辨》：「紹興十一年八月九日甲戌，臣寮上言：『伏見樞密副使岳飛比與同列，按兵淮上，公對將佐謂山陽爲不可守，沮喪士氣，動摇民心，遠近聞之，無不失望。此邦於邊面最爲要害，蓋捍禦所當先者，而其議論乃爾，莫曉所謂。他日見士大夫，則又二三其辭，忠於謀國者，固如是乎？兹者入覲行朝，力辭使命，雖已勉徇所請，而充位廟堂，自若也。夫廟堂，算略所從出，使飛所爲，悉如山陽之事，豈不上誤注倚。』又言：『臣近者嘗抗章論列樞密副使岳飛，過咎不一，乞行罷免。陛下眷遇大臣，務全終始，至今寂然，未聞處分。臣待罪言路，有不得而已者。其他不復縷陳，姑以近日一事言之。楚州外扼賊營，内藩王室，實淮上襟要之地，所當悉力捍禦，不可忽也。前此大帥是臨，爲備頗嚴，虜不得犯，民以安處。迺者帥臣入登廟堂，而城郭、兵革固自若也。陛下軫念邊疆，宵旰以之，亟命飛等出使，措置其事，自應仰體淵衷，過爲之防，而乃宣言於衆，以楚爲不可守。夫所謂不可守者，城不堅乎？兵不衆乎？地利不足恃乎？城之不堅，葺之可也；兵之不衆，益之可也；若以地利爲不足恃，則相持累年，了無疏虞，其效明甚。質之以三説，飛之所言妄矣。況吾之所恃以爲險者，大江而已。若不守楚，使虜得以衝突，則大江之險，遂與彼共之，朝廷雖欲一日奠枕，其可得乎？飛任隆兵樞，安危所賴，而謀國不令，乃至於此。尚俾參贊廟謨，其不誤事者幾希。』又言：『飛昨來被旨起兵，則固稽嚴詔，略至龍舒而不進；兹者銜命出使，則妄執偏見，欲棄山陽而守江。以飛平昔不應至是，豈其忠衰於君，誠如古人之謂耶？』又言：『臣比論列樞密副使岳飛之罪，章已三上。陛下尊寵樞臣，眷眷然惟恐傷之，姑示優容，未加譴斥。臣謬當言責，安可但已。況其間一、二事，大虧忠節。若堅拒明詔，不肯出師，以玩合肥之寇；首爲異議，不務保城，以捐山陽之地。』又言：『聞飛近同張俊，往淮東措置軍事。飛嘗倡言山陽之不可守，軍民摇惑，致喧外議，以謂朝廷欲棄山陽。所幸俊止其言，紛紛遂定。不然，使飛言遂行，則幾失山陽，後雖斬飛，何益也。豈非飛之意可以誤國乎？夫謀國不忠者，其效必至於誤國，飛實有焉。若使尚贊樞機，終恐有誤委任。物論籍籍，其失人之望如此。』又言：『臣嘗論楚州不可不固守，又論岳飛等不和，各植黨與，有違陛下更制之初意。臣初止聞時議欲不守兩淮，而不知主其議者爲何人；止聞岳飛不和，不知所以致不和之由者爲何事。於是力採輿論，而後知其原，皆出於岳飛一人而已。何則？飛自去秋入覲，便爲保江之説，且欲移屯於九江，置兩淮於度外。有識聞之，莫不嗟駭。暨擢登宥密，與張俊同之楚州，措置軍事。陛下深思遠慮，其付託顧亦重矣。方俊欲繕治楚之城也，而飛輒沮之；欲經營兩淮要害之郡也，而飛又以爲不可。臣不知飛之意果何如，而至於是耶？』」《山陽辨》此段記述當録自《高宗日曆》。

又同書卷一三《山陽辨》：「《野史》傳曰：『紹興十一年，奉詔按兵楚州。行次鎮江時，韓世忠人馬入教場，俊欲分其背嵬，飛曰：不可，今國家唯自家三、四輩，以圖恢復。萬一官家復使之典軍，吾曹將何顔以見之？俊大不樂。及至楚州，俊謂飛曰：當修城守。飛不答者久之，俊屢强問，亦勉答曰：吾曹蒙國家厚恩，當相與戮力復中原，若今爲退保計，何以激勵將士？又不樂，語頗侵飛。遂遷怒於二候兵，以微罪斬之，飛懇救數四，不從。俊歸，遂倡言飛議棄山陽，專欲保江。檜風諫臣羅汝楫彈之，會飛亦自請解兵柄，遂爲萬壽觀使。』」「《野史》傳」即《野史》之《岳飛傳》。

《建炎以來繫年要録》卷一四二：「（紹興十一年十月乙亥）是日，金國都元帥宗弼遣劉光遠等還。宗弼之入犯也，首破泗、楚二郡，樞密使張俊在鎮江，遣其姪統制官子蓋以輕兵於維揚、盱眙之間，伺賊進止。俊不以兵渡江，恐妨和議，謂人曰：『南北將和，虜謂吾怠，欲擄柘皋之岔爾，勿與交鋒，則虜當自退。』」如前交待，宋高宗、秦檜與張俊肢解原韓世忠軍，又將此軍自江北楚州撤至江南鎮江府，蓋爲對金「和議」準備。所謂「修城守」，實爲撤軍之託辭。故金軍於秋季再次進攻時，宋廷遂聽任佔領已無重兵駐守之楚州。岳飛反對宋廷之措置，而被反誣。《三朝北盟會編》卷二一九《林泉野記》：「大金再陷楚、泗、濠、揚州，俊不出兵渡江，以堅和議。」可知万俟卨、羅汝楫之流所謂「楚州外扼賊營，内藩王室，實淮上襟要之地，所當悉力捍禦」，「兵之不衆，益之可也」云云，無非是恣肆如簧之舌。

初，檜不欲宗强，先臣乃建資善之請。〔一〕檜擠趙鼎而黜之，先臣獨對衆歎惜，與檜意俱不合，已深惡之。及檜私金虜，主和議，先臣慷慨屢上平戎之策，以恢復爲己任。入覲論和議，則斥「相臣謀國不臧」；表謝新復河南赦，則有「唾手燕雲」等語，旨意大異。上賜以手書諸葛亮、曹操、羊祜〔二〕三事，先臣恭書其後，鄙曹操之爲人「酷虐變詐」，且曰：「若夫鞭撻四夷，尊中國，〔三〕安宗社，〔四〕輔明天子，以享萬世無疆之休，臣竊有區區之志，不知得伸歟否也？」至虜人渝盟，上劄付檜奏於先臣，先臣讀之，見「德無常師，主善爲師」之說，惡其言飾姦罔上，則又恚罵曰：「君臣大倫，比之天性，大臣秉國政，忍面謾其主耶！」檜自是既憾先臣之非己，又懼其終梗和議，忤金人意，謂先臣不死，己必及禍，遂有必殺先臣之念，日夜求所以誣陷之者。先臣亦自知不爲檜、俊所容，屢請解兵避之，不許。

〔一〕初檜不欲宗强先臣乃建資善之請　《金佗續編》卷二一作「趙鼎議崇建二國公典禮，與檜意殊」。

〔二〕羊祜　「祜」，原作「祐」，嘉靖本同，據《紀事實録》和《金佗續編》卷一高宗宸翰四十九改。

〔三〕尊中國　「尊」之下，《金佗稡編》卷一〇《御書屯田三事跋》有「强」字。

〔四〕安宗社　《金佗稡編》卷一〇《御書屯田三事跋》作「扶宗社於再安」。

始，檜議和，諸將皆以爲不便，檜知張俊貪，可以利動，乃許以罷諸將兵，專以付俊，俾贊其議。俊果利其言，背同列，而自歸於檜，檜深感之。〔一〕至是得俊語，復投其所甚欲，乃日召俊，與謀共危先臣。以万俟卨在湖北，嘗與先臣有怨，故風卨彈之。卨尤喜附檜，願效鷹犬，章再上，不報。又風羅汝楫章六上，又不報。〔二〕會先臣亦累抗章，請罷樞柄，〔三〕上惜其去，以詔慰之曰：「曾居位之日幾何，而丐閒之章踵至，無亦過矣。〔四〕爲之憮然。」〔五〕先臣力辭，八月，還兩鎮節，〔六〕充萬壽觀使，奉朝請，恩禮如舊。制詞有「奮身許國，彰趙士之曼纓；勵志圖功，撫臧宫之鳴劍。」表先臣之志始終不替也。〔七〕

〔一〕《三朝北盟會編》卷二一九《林泉野記》：「初，秦檜約俊主和議，盡罷諸大將，悉以兵權歸俊，故俊力助其謀。及諸將皆罷，檜乃令侍御史江邈屢言俊罪，罷爲醴泉觀使，復還三鎮節鉞，封清河郡王。」

《建炎以來繫年要録》卷一四七：「（紹興十二年十一月）癸巳，太傅、樞密使、益國公張俊爲鎮洮、寧武、奉寧軍節度使，充醴泉觀使，奉朝請，進封清河郡王。初，太師秦檜與俊同主和議，約盡罷諸將，獨以兵權歸俊，故俊力助其謀。及諸將已罷，而俊居位歲餘，無請去之意。檜乃令殿中侍御史江邈論其罪，邈言：『俊據清河坊以應讖兆，占承天寺以爲宅基。大男楊存中握兵於行在，小男田師中擁兵於上流。他日變生，禍不可測。』上曰：『俊有復辟功，無謀反之事，皆不可言。』會樞密使孟忠厚竣事還朝，而邈又言俊之過，俊乃求去位，遂有是命。」又同書卷一六九：「（紹興二十五年十月丙申）韓世忠、張俊、岳飛方擅兵，檜與俊密約議和，而以兵權歸俊。飛既誅，世忠亦罷，俊居位不去，檜乃使江邈論罷之。由是中外大權盡歸於檜。」

〔二〕岳珂於《金佗稡編》卷二二《建儲辨》第一二二九頁，卷二二《淮西辨》第一一四一頁，卷二三《山陽辨》第一一五三頁，共抄録應爲《高宗日曆》紹興十一年八月九日甲戌，万俟卨、何鑄與羅汝楫彈劾岳飛十奏，其中有兩奏在《淮西辨》與《山陽辨》互相重複。因何鑄後主審詔獄時，力辨岳飛無辜，故《行實編年》僅載另外兩人之八奏。

《鴻慶居士集》卷三六《宋故特進觀文殿大學士河南郡開國公致仕贈少師万俟公墓誌銘》：「岳

飛議棄兩淮地，專守大江以南，公言：『飛提重兵十餘萬，無横草之勞。〔倡〕言棄兩淮，以動朝廷，此不臣之漸。』」

《中興小紀》卷二九：「（紹興十一年七月癸丑）右諫議大夫万俟卨言：『樞密副使岳飛議棄兩淮地，專守大江以南。且飛提重兵十餘萬，無捍禦之勞。倡言棄兩淮，以動朝廷，此不臣之漸也。』」「捍禦」，《皇朝中興紀事本末》卷五七作「横草」。《金佗稡編》卷二三《山陽辨》之引文，與此文字稍異。

《建炎以來繫年要録》卷一四一：「（紹興十一年七月）壬子，右諫議大夫万俟卨言：『伏見樞密副使岳飛爵高禄厚，志滿意得，平昔功名之念，日以頹墮。今春虜寇大入，疆埸騷然，陛下趣飛出師，以爲犄角，璽書絡繹，使者相繼於道，而乃稽違詔旨，不以時發。久之，一至舒、蘄，匆卒復還。所幸諸帥兵力自能却賊，不然，則其敗撓國事，可勝言哉！比與同列，按兵淮上，公對將佐謂山陽爲不可守，沮喪士氣，動揺民心，遠近聞之，無不失望。伏望免飛副樞職事，出之於外，以伸邦憲。』」

癸丑，上謂大臣曰：『山陽要地，屏蔽淮東，無山陽，則通、泰不能固，賊來徑趨蘇、常，豈不摇動，其事甚明。比遣張俊、岳飛往彼措置戰守，二人登城行視，飛於衆中倡言：楚不可守，城安用修。蓋將士戍山陽厭久，欲棄而之他，飛意在附下以要譽，故其言如此，朕何賴焉！』秦檜曰：『飛對人之言乃至是，中外或未知也。』先是，飛數言和議非計，檜大惡之。（《岳侯傳》云：『紹興十一年，大金約和，上令議講和事便與不便，侯奏曰：金虜無故約和，必探我國之虛實。竊如建炎中，正約和間，併兵盡舉，張浚不能迎遏，其軍大潰，失陷川、陜。兀术、韓常重兵攻淮西，是時韓世忠在楚州，亦無所措，遂求救於朝廷。後無旬日，盡失淮、楚，退兵回往鎮江，以拒江爲險，更無前進之意。大概行兵無方略，料敵無智識，賞罰不明，信令不行，兵無鬭志，是以戰之不尅，攻之不拔，則敗之由也。如臣提兵深入虜境，潁昌之戰，我兵大捷，虜衆奔潰，潛入汴京。當時若得戮力齊心，上下相副，併兵一舉，大事可成。今日兀术見我班師，有何懼而來約和？豈不僞詐。據臣所見，見爲害，不見爲利也。』此奏不見於他書，按飛自郾城歸後，兀术未嘗求和。又其詞拙樸，疑亦未真，姑附著於此，存其意可也。）及是飛自楚州歸，乃令禼論其罪，始有殺飛意矣。（熊克《小曆》稱，禼言飛『倡言棄兩淮，以動朝廷，此不臣之漸也』。蓋孫覿撰禼墓誌云耳。今《日曆》載禼三章，乃無此語，克又不考，而遂因之。今仍載其本文，庶不失實。）」《要録》轉載《岳侯傳》經清人篡改，今以《三朝北盟會編》卷二〇七參校。李心傳説：「飛自郾城歸後，兀术未嘗求和。」按宋、金雙方明使往返始於紹興十一年秋，然暗使應早有交往。

又同書卷一四一：「（紹興十一年八月甲戌）右諫議大夫万俟禼既劾飛罪，未報，御史中丞何鑄、殿中侍御史羅汝檝復交疏論之，大略謂飛『被旨起兵，則略至龍舒而不進；銜命出使，則欲棄山陽而不守。以飛平日不應至是，豈非忠衰於君邪？自登樞筦，鬱鬱不樂，日謀引去。嘗對人言，此官職數年前執政欲除某，而某不願爲者。妄自尊大，略無忌憚。近嘗倡言山陽之不可守，軍民搖惑。使飛言遂行，則幾失山陽，後雖斬飛，何益。伏乞速賜處分，俾就閑祠，以爲不忠之戒』。」卨章四上，又録其副示之。」前引《要録》注爲「《日曆》載卨三章」，此處又爲「章四上」，自相牴牾。《行實編年》則説万俟卨「章再上」，「羅汝楫章六上」，與《要録》異。《宋史》卷三八〇《羅汝楫傳》：「遷殿中侍御史，與中丞何鑄交章論岳飛，罷其樞筦。」又同書卷四七四《万俟卨傳》：「除湖北轉運判官，改提點湖北刑獄。岳飛宣撫荆湖，遇卨不以禮，卨憾之。卨入覲，調湖南轉運判官。陛辭，希秦檜意，譖飛于朝，留爲監察御史。……張俊歸自楚州，與檜合謀擠飛，令卨劾飛對將佐言山陽不可守。」

〔三〕《金佗稡編》卷一五《乞解樞柄第二劄子》：「臣性識疏闇，昧於事機，立功無毫髮之微，論罪有丘山之積。加以望輕任重，德薄寵殊，荷聖眷之兼容，在孤忠而益畏。煩言沓至，私義奚安，欲免累於明恩，理合圖於亟去。」又同書卷一五《乞解樞柄第三劄子》：「臣濫廁樞庭，誤陪國論，貪榮滋甚，補報蔑然，豈惟曠職之可虞，抑亦妨賢之是懼，冀保全於終始，宜遠引於山林。」

〔四〕丐閒之章踵至無亦過矣「矣」，原作「意」，據《金佗續編》卷四《再乞檢會前陳還印樞庭投身散地不允詔》改。

〔五〕《金佗續編》卷四《再乞檢會前陳還印樞庭投身散地不允詔》尚有以下文字：「朕登用元勳，圖回密務，方賴同心之助，式恢馭遠之規。」可知宋高宗在不允詔中仍詭稱欲「恢馭遠之規」。

〔六〕岳飛任樞密副使時，不再兼兩鎮節度使，因罷官而重兼兩鎮節度使，故稱「還兩鎮節」。

〔七〕《金佗續編》卷二《武勝定國軍節度使萬壽觀使奉朝請制》：「聯樞筦而贊廟謨，式重股肱之寄；擁節旄而奉朝請，益隆體貌之恩。乃睠勳臣，方居密席，遽瀝退身之懇，盍推從欲之仁。爰告大廷，用孚爾衆。少保、樞密副使、武昌郡開國公、食邑六千一百户、食實封貳阡陸伯户岳飛稟資肅毅，挺質沉雄，方略得古良將之風，忠勇有烈丈夫之操。奮身許國，彯趙士之曼纓；勵志圖功，撫臧宫之鳴劍。自總幹方之任，久專制閫之權，惟績用之殊尤，亦恩褒之備至。戎騂導節，既疊組於大邦；孤棘位朝，遂進班於亞保。兹圖茂閥，俾翊洪樞，庶資籌幄之奇，以輯平戎之略。欻煩言之薦至，摘深釁以交攻，有駭予聞，良乖衆望。朕方記功掩過，事將抑而不揚；爾乃引咎自言，章既卻而復上。諒忱誠之已確，雖敦諭而莫回，是用崇使範於殊庭，畀齋壇於舊服。留以自近，示不遐遺，以全終始之宜，以盡君臣之契。於戲！寵以寬科全禄，光武所以保功臣之終；曾無貳色猜情，鄧公所以得君子之致。朕方監此以御下，爾尚念兹而事君。往哉惟欽，服我明訓。可特授武勝、定國軍節度使，依前少保，充萬壽觀使，仍奉朝請。主者施行。」岳珂爲掩飾宋高宗與其祖父之嫌隙，於《行實編年》僅録趙士曼纓，臧宫鳴劍兩句。宋高宗此制之主旨，實爲指斥岳飛之「深釁」，「良乖衆望」，自詡「記功掩過」，又引東漢光武帝與鄧禹故事，詭稱欲「保功臣之終」，而岳飛須「無貳色猜情」，於「監此以御下」一句，埋伏殺機。《三朝北盟會編》卷二〇六：「（紹興十一年八月）九日甲戌，樞密副使岳飛罷爲少保、武勝、定國軍節度使、醴泉觀使。」

又同書卷二〇八《林泉野記》：「時檜與俊、楊沂中譖罷劉錡，飛乞還其兵，不允。飛子雲帶御器械。檜諷臣僚言飛不援淮西事，以少保、武勝、定國軍節度使、醴泉觀使罷。」

《建炎以來繫年要録》卷一四一紹興十一年七月庚戌注：「（梁）邦彦除正任，《日曆》不書，林待聘《内制集》有除充詔書云：『屬者祇嚴寶册，勒成信書，皆一時大典。而爾庀職其間，咸有績用。』則蓋即此賞也。答詔在張俊辭太傅，胡世將乞奉親，孟忠厚辭少保之後，岳飛乞罷樞副，張中孚辭起復之前。以《日曆》考之，忠厚除少保，在此月丁酉，世將乞奉親，在丁未，俊除太傅，在己未，中孚起復，在八月戊辰，飛罷樞副，在甲戌，則邦彦除命，必在此時。」

「（八月）癸酉，左承議郎高穎添差福建路安撫大使司參議官，限三日之任，令湖、廣總領官林大聲優與津發。

甲戌，少保、樞密副使岳飛復爲武勝、定國軍節度使，充萬壽觀使。右諫議大夫万俟卨既劾飛罪，未報，御史中丞何鑄、殿中侍御史羅汝檝復交疏論之。……卨章四上，又録其副示之。飛乃丐免，故有是命。（……故此月己卯，諫疏有云：『岳飛官屬盡辟充行府差遣，飛既不行，遂各請宫祠，平居無事，聚於門下。比緣臺諫繳納副本，一夕散去。』……）」

「己卯，右朝議大夫、直秘閣于鵬爲廣南東路安撫司參議官，右奉議郎黨尚友爲廣南西路安撫司參議官，右朝奉郎孔〔戊〕爲江南西路安撫司參議官，〔右〕朝散郎孫革通判興化軍，左宣教郎行收糴。時已令度支員外郎李椿年拘收岳飛軍中錢物，乃詔以上供經制錢收糴，俟椿年拘到撥還。」

張節夫通判南劍州。岳飛之罷也，鵬等十一人皆奉祠居行在。及臺諫以劾疏遺飛，鵬等聞之，一夕散去。事聞，詔並添差江、湖、閩、廣諸州，趣令之任。言者論湖南米斗百錢，請令漕司廣

《宋會要輯稿》職官五四之一四：「（紹興十一年）八月九日，少保、樞密副使岳飛充醴泉觀使。」

又同書職官七八之四一：「（紹興十一年）八月九日，少保、樞密副使岳飛罷爲武勝、定國軍節度使，依前少保，充萬壽觀使，仍奉朝請。臣僚累章論飛，大率謂『昨來被旨起兵，則固稽嚴詔，略至龍舒而不進；玆者銜命出使，則堅執偏見，欲棄山陽而不守』。飛以故累上章乞罷，始降詔不允，再請，遂有是命。」岳飛罷樞密副使後，是任萬壽觀使，而非醴泉觀使。罷官日期是八月九日甲戌，八日乃是癸酉。

《宋史》卷二九《高宗紀》：「（紹興十一年八月）甲戌，罷岳飛。」

《三朝北盟會編》卷二〇六：「（紹興十一年五月）劉錡罷淮北宣撫判官。張俊、楊沂中屢言淮西之戰，劉錡不力，謂其怯懦。至是罷錡淮北宣撫判官，岳飛乞且留錡掌兵。」

又同書卷二一九《林泉野記》：「（張俊）忌劉錡、岳飛，以錡戰不力，飛不赴援，每譖於主相，二人坐是獲罪。」

《建炎以來繫年要録》卷一四一：「（紹興十一年七月）甲寅，侍衛親軍馬軍都虞候、武泰軍節度

使劉錡知荆南府，罷其兵。張俊深忌錡與岳飛，每言飛赴援遲，而錡戰不力也。飛請留錡掌兵，不許。時有處士孫元濟者，聞除錡荆南，竊謂比之奕棋，此最高着也。人問其故，元濟曰：『陝、蜀諸軍，但知吴氏；襄漢諸軍，尚思岳家。江陵在蜀、漢之間，而錡有威名，爲諸將所服。且聞有詔，或遇緩急，旁郡之兵許之調發，銷患未形，此妙算也。非吾君大聖，其孰能與此。』元濟，江陰人也。」

《宋朝南渡十將傳》卷一《劉錡傳》：「俊、沂中既還朝，言淮西事。時秦檜爲相，主其説，罷錡宣撫判官。岳飛奏乞留錡掌兵。初，飛與俊同至楚州，撫諭韓世忠軍，飛與俊議不協，歸至行在。飛請獨留，自是不掌兵，其僚屬皆奉祠而去。金人亦遣莫將還，持兀述書來，詔劉光遠、曹勛使於兀述，凡三、四遣使往返。韓世忠、張俊除樞密使，飛副樞密使。未幾，臣僚言世忠之罪，上留章不出，世忠亦〔奏〕檜陰謀，丐罷而奉祠。飛以張憲事下棘寺。……錡之罷宣撫判官也，岳飛言於朝，欲留之掌兵。錡與飛同功一體者也，錡退而飛誅，飛誅而議和成矣，非天乎！」

《宋史》卷三六六《劉錡傳》：「俊、沂中還朝，每言岳飛不赴援，而錡戰不力。秦檜主其説，遂罷宣撫判官，命知荆南府。岳飛奏留錡掌兵，不許。」

《寓簡》卷八：「秦會之既主和議，大帥皆罷兵權，賜田宅。予爲岳侯作謝表，有云：『功狀蔑聞，敢遂良田之請；謗書狎至，猶存息壤之盟。』會之讀不樂。」

《山堂先生羣書考索》後集卷五《樞密院》：「副使自岳飛罷後，無有除者。」

《容齋三筆》卷五《樞密名稱更易》：「國朝樞密之名，其長爲使，則其貳爲副使，其長爲知院，則其貳爲同知院。……紹興以來，唯韓世忠、張俊爲使，岳飛爲副使。此後除使固多，而其貳只爲同知，亦非故事也。」

《梁谿漫志》卷一《樞密置使》：「紹興丁巳正月詔：『宥密本兵之地，用武之際，事權宜重。可依祖宗故事，置樞密使、副使，其知樞密院事、同知院、簽書並仍舊。』於是秦忠獻以宰相入爲樞密使。自後除使者，多自知院而遷。至於副使，則八年除王敏節（庶），十一年除岳武穆（飛），自是久不除授矣。」

於是檜、俊之忿未已，密誘先臣之部曲，以能告先臣事者，寵以優賞，卒無應命。又遣人伺其下與先臣有微怨者，輒引致之，使附其黨，否者脅之以禍。聞王貴嘗以潁昌怯戰之故，爲臣雲所折責。比其凱旋，先臣猶怒不止，欲斬之，以諸將懇請，獲免。又因民居火，貴帳下卒盜取民蘆筏，以蔽其家，先臣偶見之，即斬以徇，杖貴一百。檜、俊意貴必憾先臣父子，使人誘之。貴不欲，曰：「相公爲大將，寧免以賞罰用人，苟以爲怨，將不勝其怨矣！」檜、俊不能屈，乃求得貴家私事以劫之，貴懼而從。〔一〕

〔一〕《建炎以來繫年要録》卷一四一紹興十一年九月癸卯注：「趙甡之《遺史》云：『……都統制王貴

赴鎮江府，詣樞密行府稟議，方回到鄂州，前軍副統制王俊以其事告之，貴大驚。……』」時「統制官等各以職次高下，輪替入見」。張憲身爲鄂州大軍副都統制，於「九月初一日」，「起發赴樞密行府」（《揮麈録餘話》卷二）。王貴之「入見」，應早於張憲，而在七、八月間。估計即於「入見」時，秦檜與張俊脅「貴懼而從」。

《揮麈録餘話》卷二王俊誣告狀：「次日天曉二十三日早，衆統制官到張太尉衙前，張太尉未坐衙。」可知王貴八月二十三日尚未返鄂州，而由張憲「坐衙」。王貴應於八月末自鎮江府歸鄂州，而張憲又於九月一日啟程往鎮江府。

《宋史》卷三六八《張憲傳》：「檜與張俊謀殺飛，密誘飛部曲，以能告飛事者，寵以優賞，卒無人應。聞飛嘗欲斬王貴，又杖之，誘貴告飛。貴不肯，曰：『爲大將，寧免以賞罰用人，苟以爲怨，將不勝其怨。』檜、俊不能屈，俊劫貴以私事，貴懼而從。」

時又得王俊者，嘗以從戰無功，歲久不遷，頗怨先臣。且位副張憲，屢以姦貪爲憲所裁，與憲有隙。〔一〕俊本一黠卒，始在東平府，告其徒呼千〔二〕等罪，得爲都頭。〔三〕自是以告訐爲利，不問是否。自出身以來，無非以告訐得者，軍中號曰「王鵰兒」，鵰兒者，擊搏無義之稱也。檜、俊使人諭之，輒從。〔四〕

〔一〕《梁谿全集》卷七三《收降到馬友下潰兵步諒等奏狀》：「差本司統制官、武顯大夫任仕安，武功大夫、康州刺史王俊，武功大夫、閤門宣贊舍人吴錫，統領官馬準、陳照、湯尚之等統率將佐、軍馬，前去招捕。」王俊在紹興二年，已在李綱的荆湖、廣南宣撫司任統制官。《建炎以來繫年要録》卷九〇：「（紹興五年六月甲辰）先是，湖南統制官任士安、王俊、郝晸等領兵二萬餘，不稟王𤫉號令，遂至於敗。及飛始至，鞭士安，以折其氣，使爲賊餌，令曰：『三日不能平賊，皆斬！』」王俊應於鎮壓楊么後，撥隸岳飛。郝晸任中軍副統制，爲王貴之副；王俊任前軍副統制，爲張憲之副。

《揮麈録餘話》卷二：「明清壬子歲仕寧國，得王俊所首岳侯狀于其家云：『左武大夫、果州防禦使、差充京東東路兵馬鈐轄、御前前軍副統制王俊。……』」王俊之官銜，自紹興二年至十一年，由遥郡刺史陞遥郡防禦使，官品自正七品陞正六品。可知「從戰無功，歲久不遷」，確爲事實。張憲紹興三年初尚爲從七品之武功郎（《建炎以來繫年要録》卷六八紹興三年九月甲戌），至紹興十一年，已陞正五品之正任觀察使。

〔二〕呼千　底本，《紀事實録》，《金佗續編》卷二一，《金佗稡編》卷二四《張憲辨》，《揮麈録餘話》卷二和《建炎以來繫年要録》卷一四三注作「呼千」，嘉靖本作「呼于」。

〔三〕《揮麈録餘話》卷二：「重念俊元係東平府雄威第八長行日，本府闕糧，諸營軍兵呼千等結連俊，欲劫東平府作過。當時俊食禄本營，不敢負於國家，又不忍棄老母，遂經安撫司告首。奉聖旨，補本營副都頭。」

〔四〕《揮麈録餘話》卷二：「今來張太尉結連俊起事，俊不敢負於國家。欲伺候將來赴樞密行府日，面詣張相公前告首。」可知王俊按「職次高下」，尚未往樞密行府參見張俊。《行實編年》説「檜、俊使人諭之」，疑爲新任湖、廣總領林大聲。《宋史》卷三六八《張憲傳》：「時又有王俊者，善告訐，號『鵰兒』，以姦貪屢爲憲所裁。檜使人諭之，俊輒從。」

於是檜、俊相與謀，以爲張憲、貴、俊等皆先臣之部將，使其徒自相攻發，而因及其父子，庶主上不疑。張俊乃自爲文狀付王俊，妄言張憲謀還先臣兵，使告之王貴，乃使貴執憲，以歸于己。是時，俊附檜黨，檜方專國，擅權威，動人主，風旨所向，無敢違忤。是非黑白，在檜呼吸間，自非守道不屈之士，未有不折而從之者，故貴等唯其所使。〔一〕憲未至，張俊預爲獄待之。屬吏王應求請於俊，以爲密院無推勘法，恐壞亂祖宗之制。俊不從，親行鞫煉，使憲自誣，謂得臣雲手書，命憲營還兵計。憲被血無全膚，〔二〕竟不伏。俊手自具獄，以獄之成告于檜。〔三〕

〔一〕貴等唯其所使　《金佗續編》卷二一《鄂王傳》：「俊時以樞密使，視師在建康。」疑此句原爲《行實編年》「貴等唯其所使」之下一句，刊印時脱漏。按時張俊在鎮江府，不在建康府，《鄂王傳》誤。

〔二〕被血無全膚　「血」，《宋史》卷三六八《張憲傳》作「掠」。

〔三〕《揮麈録餘話》卷二：「明清壬子歲仕寧國，得王俊所首岳侯狀於其家云：『左武大夫、果州防禦使、差充京東東路兵馬鈐轄、御前前軍副統制王俊。右俊於八月二十二日夜二更以來，張太尉使奴厮兒慶童來，請俊去説話。俊到張太尉衙，令虞候報覆，請俊入宅。在蓮花池東面一亭子上，張太尉先與一和尚澤一點着燭，對面坐地説話。俊到時，澤一更不與俊相揖，便起向燈影黑處潛去。俊於張太尉面前唱喏，坐間，張太尉不作聲，良久，問道：你早睡也，那裏睡得着！俊道：太尉有甚事睡不着？張太尉道：你不知自家相公得出也！俊道：相公得出，那裏去？張太尉道：得衢、婺州。俊道：既得衢、婺州，則無事也，有甚煩惱？張太尉道：恐有後命。俊道：有後命如何？張太尉道：你理會不得，我與相公從微相隨，朝廷必疑我也。朝廷教更番朝見，我去則必不來也！俊道：向日范將軍被罪，朝廷賜死。俊與范將軍從微相隨，俊元是雄威副都頭，轉至正使，皆是范將軍，兼係右軍統制，同提舉一行事務。心懷忠義，到今朝廷何曾賜罪？太尉不須別生疑慮。張太尉道：更説與你，我相公處有人來，教我救他。俊道：如何救他？張太尉道：我這人馬動，則便是救他也。俊道：動後甚意思？張太尉道：這裏將人馬、老小盡底移去襄陽府不動，只在那裏駐劄。朝廷知後，必使岳相公來彈壓撫諭。俊道：太尉不得動人馬，若太尉動人馬，朝廷必疑，岳相公越被罪也。張太尉道：你理會不得，若朝廷使岳相公來時，便是我救他也。若朝廷不肯教岳相公來時，我將人馬分布，自據襄陽府。俊道：諸軍人馬如何起發得？張太尉道：我虜劫舟船，盡裝載步人、老小，令馬軍便陸路前去。俊道：且看國家患難之際，且更消停。張太尉道：我待做，則須做。你安排着，待我教你下手做時，你便聽我言語。俊道：恐軍中不伏者多。張太尉道：誰敢不伏？傅選道伏我不伏？俊道：傅統制慷慨之人，丈夫剛氣，必不肯伏。張太尉道：待有不伏者，都與勦殺。俊道：這軍馬做甚名目起發？張太尉道：你問得我是，我假做一件朝廷文字教起發，我須教人不疑。俊道：太尉去襄陽府，後面張相公遣人馬來追襲，如何？張太尉道：必不敢來趕我，設他人馬來到這裏時，我已到襄陽府了也。俊道：且如到襄陽府，張相公必不肯休，繼續前來收捕，如何？張太尉道：我又何懼！俊道：若番人探得知，必來夾攻。太尉南面有張相公人馬，北面有番人，太尉如何處置？張太尉冷笑：我别有道理，待我這裏兵纔動時，先使人將文字去與番人。萬一支吾不前，教番人發人馬助我。俊道：諸軍人馬、老小數十萬，襄陽府糧少，如何？張太尉道：這裏糧盡數着船裝載前去，郢州也有糧，襄陽府也有糧，可喫得一年。俊道：這裏數路應副錢糧，尚有不前，那裏些小糧，一年已後無糧，如何？張太尉道：我那裏一年已外不别做轉動？我那裏不一年，教番人必退。我遲則遲動，疾則疾動，你安排着。張太尉又道：我如今動後，背嵬、遊奕伏我不伏？俊道：不伏底多。張太尉道：遊奕姚觀察，背嵬王剛、張應、李璋伏不伏？俊道：不知如何。張太尉道：明日來，我這裏聚廳時，你請姚觀察、王剛、張應、李璋去你衙裏喫飯，説與我這言語。説道張太尉一夜不曾得睡，知得相公得出，恐有後命。今自家懣都出岳相公門下，若諸軍人馬有語言，教我怎生制禦？我東西隨他人，我又不是都統制，朝廷又不曾有文字教我管，他懣有事，都不能管得。至三更後，俊歸來本家。次日天曉二十三日早，衆統制官到張太尉衙前，張太尉未坐衙。俊叫起姚觀察，於教場内亭子西邊坐地。姚觀察道：有甚事，大哥？俊道：張太尉一夜不曾睡，知得相公得出，大段煩惱。道破言語，教俊來問觀察如何？姚觀察道：既相公不來時，張太尉管軍，事節都在張太尉也。俊問觀察道：將來諸軍亂後，如何？姚觀察道：與他彈壓，不可教亂，恐壞了這軍人馬。你做我覆知太尉，緩緩地，且看國家患難面。道罷，各散去，更不曾説張太尉所言事節。俊去見張太尉，唱喏，張太尉道：夜來所言事如何？俊道：不曾去請王剛等，只與姚觀察説話。教來覆太尉道，恐兵亂後，不可不彈壓。我遊奕一軍鈐束得整齊，必不到得生事。張太尉道：既姚觀察賣弄，道他人馬整齊，我做得尤穩也。你安排着。俊便唱喏出來。自後不曾説話。

九月初一日，張太尉起發赴樞密行府。俊去辭，張太尉道：王統制，你後面麤重物事轉换了着，我去後，將來必不共將這懣一處。你收拾，等我來叫你。

重念俊元係東平府雄威第八長行日，本府闕糧，諸營軍兵呼千等結連俊，欲劫東平府作過。當時俊食禄本營，不敢負於國家，又不忍棄老母，遂經安撫司告首。奉聖旨，補本營副都頭。後來繼而金人侵犯中原，俊自靖康元年，首從軍旅於京城下，與金人相敵，斬首。及俊口内中箭，射落二齒，奉聖旨，特換授成忠郎。後來並係立戰功，轉至今來官資。俊盡節仰報朝廷，今來張太尉結連俊起事，俊不敢負於國家。欲伺候將來赴樞密行府日，面詣張相公前告首，又恐都統王太尉別有出入，張太尉後面別起事背叛，臨時力所不及，使俊陷於不義。俊已於初七日面覆都統王太尉訖，今月初八日納狀告首。如有一事一件分毫不是，乞依軍法施行。兼俊自出官已來，立到戰功，轉至今來官資，即不曾有分毫過犯。所有俊應干告、敕、宣、劄在家收存外，有告首呼千等補副都頭宣繳申外，庶曉俊忠義，不曾作過，不敢負於國家。謹具狀披告，伏候指揮。』……

王俊者，初以小兵徒中告反而轉資，晚以裨將而妄訐主帥，遂饕富貴。駔卒鈐奴，一時傾險，不足比數。考其終始之間，可謂怪矣。首狀雖甚爲鄙俚之言，然不可更一字也。」上引文字據《金佗稡編》卷二四《張憲辨》與《建炎以來繫年要録》卷一四三參校，可參《張憲辨》注。王俊於張憲離鄂州七日後誣告，顯屬精心設計。王貴明知其誣妄，亦只能將狀紙轉遞總領林大聲，以急遞發往鎮江府。張憲晝行夜宿，行程遲緩，至鎮江樞密行府，恰好自投羅網。誣告狀中提及傅選和姚政（姚觀察）兩人，都附會寃獄，然未共同誣告。

《揮麈後録》卷一一：「榮茂世嶷爲湖北漕，置司鄂州。有都統司統制官王俊，以其舊主帥岳飛父子不軌狀，詣茂世陳首，茂世云：『我職掌漕計，它無所預。』却之。俊遂從總領汪叔詹陳其事，汪即日上聞。秦會之得之，藉以興羅織之獄，殺岳飛父子。知茂世不受理，深怨之，而高宗於茂世有霸府之舊，秦屢加害而不從。秦死，榮竟登從班。汪許岳之後，獄方竟而殂，豈非命歟！（榮次新云）」此段文字以《要録》卷一四一注参校。

《三朝北盟會編》卷二〇六：「（紹興十一年八月）鄂州軍統制張憲謀爲亂，都統制王貴執之，送於樞密行府。張憲以前軍統制爲提舉一行事務，得岳飛之子雲書，遂欲刦諸軍爲亂，且曰：『率諸軍徑赴行在，乞岳少保復統軍。』或曰：『不若渡江往京西，朝廷必遣岳少保來撫諭，得〔岳〕少保復統軍，則無事矣。』〔語〕漸泄露，百姓皆晝夜不安，官司亦無所措置，惟憂懼而已。都統制王貴赴鎮江府，詣樞密行府禀議，方回到鄂州，前軍副統制王俊以其事告之，貴大驚。諸統制入謁貴，貴遂就執憲，送於樞密行府。

是時，張俊以樞密使視師在鎮江、建康也。俊令就行府取勘，王應求請樞密院職級嚴師孟、令〔史〕劉興仁推勘。師孟、興仁以樞密院吏無推勘法，恐壞亂祖宗之制，力辯。俊從之，遂命應求推勘，獄成，送大理寺。俊小名喜兒，濟南府人，范瓊領兵在京東，俊爲劊子。」

又同書卷二〇八《林泉野記》：「統制張憲謀亂，冀朝廷還飛軍，而已爲副，統制王俊發其姦。」

《中興小紀》卷二九：「先是，少保岳飛舊所部統制官、節制鄂州兵馬張憲陰謀，冀朝廷還飛復掌兵，而已爲之副。未發間，爲御前都統制王貴所告。……（此據《野史》修入。）」《野史》，《皇朝中興紀事本末》卷五八作《野録》。

《建炎以來繫年要録》卷一四一：「（紹興十一年九月）癸卯，命軍器少監鮑琚往鄂州，根括宣撫司錢物。先是，湖北轉運判官汪叔詹以書白秦檜，言岳飛頃於鄂渚置酒庫，日售數百緡。襄陽置通貨場，利復不貲。自飛罷，未有所付，乞令副都統制張憲主之，庶杜欺弊。前二日，詔都統制王貴與憲同掌。上謂檜：『聞飛軍中有錢二千萬緡，昨遣人問之，飛對，所有之數蓋十之九，人言固不妄也。今遣琚往，縱不能盡，若得其半，亦不少矣。又歲計所入，供軍之餘，小約亦數百萬緡。比之頭會箕斂，不知幾多，民力何以辦此！』檜曰：『軍興以來，間有取於民者，皆非得已。今無横賦，而上朝夕軫念。蓋務稍廣儲蓄，以備緩急，不待取於民而自足耳。』叔詹，婺源人也。（熊克《小曆》：『時有上殿官鮑琚頗疏通，上因命琚往軍前根括〔錢〕物，歲入幾何？諸路月樁以贍本軍，有名無實而斂於民者幾何？當議省之。』按琚紹興九年十二月除軍器監丞，去年四月遷少監，克謂之『上殿官』，蓋不審也。考之《日曆》，琚是行專爲根括岳飛軍中見在錢物，詳見十二年三月庚戌。）

是日，鄂州前軍副統制王俊詣都統制王貴，告副都統制張憲謀據襄陽爲變。先是，朝廷命諸將更朝行在，憲懼不得還，乃妄言金人侵犯上流，冀朝廷還岳飛復掌兵，而己爲之副。會憲詣樞密行府白事，俊具所謀告之，以統制官傅選爲證。貴即日以聞。張俊在行府，聞之，遂收憲屬吏。俊，東平人，初爲雄威率，後從范瓊爲右軍統制者是也。（王俊首狀全文，見今年十二月癸已注，此不别出。趙甡之《遺史》云：『張憲以前軍統制爲提舉一行事務，得岳飛之子雲書，遂欲劫諸軍爲〔亂〕，且曰：率諸軍徑赴行在，乞岳少保復統軍。或曰：不若渡江往京西，朝廷必遣岳少保來撫諭，得岳少保復統軍，則無事。語漸漏露，百姓皆晝夜不安，官司亦無所措置，惟憂懼而已。都統制王貴赴鎮江府，詣樞密行府稟議，方回到鄂州，前軍副統制王俊以其事告之，貴大驚。諸統制入謁貴，貴遂就執憲，送於行府。張俊令就行府取〔勘〕，獄成，送大理寺。俊，濟南人，范瓊領兵在京東，俊爲劊子。』此所云差不同。按俊首狀，稱『九月初一日，張太尉起發赴樞密行府』，則憲此時固不在鄂州，甡之小誤也。王明清《揮麈後録》云：『榮茂世薿爲湖北漕，置司鄂州。有都統司統制官王俊，以其舊主帥岳飛不軌狀，詣茂世陳首，茂世云：我職掌漕計，他無所預。却之，俊遂從總領汪叔詹陳其事，汪即日上聞。秦檜得之，藉以興羅織之獄，殺岳飛父子。知茂世不受理，深怨之，而高宗於茂世有霸府之舊，秦屢加害而不從。秦死，榮竟登從班。汪訐岳之後，獄方竟而殂，豈非命歟！』按叔詹此時與薿同爲湖北漕，或是新除總領林大聲未到，而暫權也。姑附此，當考。）」《行實編年》依《中興遺史》和《三朝北盟會編》所載，説「貴執憲」，係誤，《要録》注中已有考證。諸書載張憲謀叛，已爲路人皆知，然而即使據王俊誣告狀，張憲唯與王俊一人商量，王俊亦未告知傅選與姚政。《要録》注説，「或是新除總領林大聲未到」，按林大聲六月五日壬申發表爲湖、廣總領，依行程一月半計，亦應於七月下旬赴任。又據《要録》卷一四一紹興十一年八月癸酉：「左承議郎高穎添差福建路安撫大使司參議官，限三日之任，令湖、廣總領官林大聲優與津發。」此爲對岳飛參議官之處置，可作林大聲赴任之證明。

《建炎以來朝野雜記》乙集卷一二《岳少保誣證斷案》：「刑部、大理寺狀：『準尚書省劄子，張俊奏，張憲供通，爲收岳飛處文字後謀反，行府已有供到文狀。……』」

《金佗稡編》卷二四《張憲辨》：「況俊之告憲也，其狀有曰：『如有一事一件分毫不是，乞依軍法施行。』可謂確矣。而行府鍛鍊之案有曰：『是張憲即不曾對王俊言：岳相公得衢、婺州。亦不曾言：我理會得，朝廷教更番朝見，我去則不來也！是張憲亦不曾道：我待做，則須做。你安排着，待我教你下手做時，你便聽我言語。并張憲不曾道：待有不伏者，都與勦殺。亦不曾道：遲則遲動，疾則疾動，你安排着。及不曾於九月初一日赴樞密行府時，言向王俊道：你後面麤重物事都轉換了着，我去後，將來必不共將這濿一處。你收拾，等我來叫你等語言，憲委不曾對王俊言説。已蒙樞密行府勒憲與王俊對證得，張憲不曾有上項語言，已供狀了當。』此蓋先臣被罪，尚書省敕牒之全文也。嗚呼！以當時之酷，而太甚之妄已不能自揜矣。自甘軍法之詞，於此乎何施？非檜、俊力肆陷誣，喻之風旨，則王俊之駑賤，敢爾欺天哉！」

《宋史》卷二九《高宗紀》：「（紹興十一年）九月癸卯，命軍器少監鮑琚如鄂州，根括宣撫司錢穀。鄂州前軍副統制王俊告副都統制張憲謀據襄陽爲變，張俊收憲屬吏以聞。」

又同書卷三六八《張憲傳》：「檜、俊謀，以憲、貴、俊皆飛將，使其徒自相攻發，因及飛父子，庶主上不疑。俊自爲狀付王俊，妄言憲謀還飛兵，令告王貴，使貴執憲。憲未至，俊預爲獄以待之。屬吏王應求白張俊，以爲密院無推勘法。俊不聽，親行鞫煉，使憲自誣，謂得雲書，命憲營還兵計。憲被掠無全膚，竟不伏。俊手自具獄成，告檜。」據前引《會編》所載，應爲樞密院吏嚴師孟、劉興仁反對於樞密院進行刑訊，而張俊遂命親吏王應求「推勘」。《行實編年》和《張憲傳》記事稍誤。按前引《會編》卷二〇六載，撤銷三大將宣撫司時，「張俊獨留提點諸房文字王應求一名」，可知王應求乃其親信。蓋《金佗稡編》卷二四《張憲辨》抄録《三朝北盟會編》時，脱漏「樞密院職級嚴師孟、令史劉興仁推勘。師孟、興仁以」二十字，而致《行實編年》和《張憲傳》記事之誤，參見此卷第一一七〇頁與第一一八二頁注〔四六〕。

十月，械憲至行在，下之棘寺。十三日，檜奏，乞召先臣父子證張憲事，上曰：「刑所以止亂，若妄有追證，動摇人心。」不許。檜不復請，十三日矯詔召先臣入，臣雲亦逮至（據《三朝北盟集》先臣飛傳）。〔一〕前一夕，有以檜謀語先臣，使自辨，先臣曰：「使天有目，必不使忠臣陷不義；萬一不幸，亦何所逃！」〔二〕明日，使者至，笑曰：「皇天后土，可表飛心耳！」〔三〕

〔一〕《揮麈録餘話》卷二：「明清壬子歲仕寧國，得王俊所首岳侯狀于其家云：『……張太尉道：更説與你，我相公處有人來，教我救他。……』」

《金佗稡編》卷二四《張憲辨》：「至於謂先臣令孫革、于鵬致書於憲、貴，令之虚申探報，而謂先伯臣雲致書於憲、貴，令之擘畫措置，其爲不根，尤爲著明。臣請不求證於它人，而惟以王俊之首狀詰之。尚書省敕牒之備俊詞，既與明清所載爲無異，而敕牒又載俊之小貼子有曰：『契勘張太尉説岳相公處人來，教救他，俊即不曾見有人來，亦不曾見張太尉使人去相公處。張太尉發此言，故要激怒衆人背叛朝廷。』其狀末又書云：『初八日隨狀陳首。』則是通書之無跡，俊之首狀既已自言之矣。而行府之獄乃謂先臣因書以誘之，何前後之背馳也。」按自臨安發往鄂州之急件，縱使發金字牌，以驛馬晝夜兼程傳遞，亦須十日左右。岳飛八月九日罷官，如派人馳馬送信，則須晝行夜宿，八月二十二日肯定不能抵達鄂州。據王俊誣告狀，張憲與其交談，時爲八月二十二日夜。

《三朝北盟會編》卷二〇六：「（紹興十一年十月）十三日戊寅，岳飛送大理寺。王貴解押張憲至樞密行府，張俊送憲於行在，遂下大理寺。秦檜奏：『請以岳飛同下大理寺，鞫勘反狀。』於是飛坐大理獄。……飛初對吏，立身不正而撒其手。旁有卒執杖子，擊杖子，作聲而叱曰：『叉手正立！』飛竦然聲喏，而叉手矣，既而曰：『吾嘗統十萬軍，今日乃知獄吏之貴也！』」

又同書卷二〇七《岳侯傳》：「檜密遣王俊同王貴前去謀陷侯。王俊、王貴等觀望，奏張憲、岳雲欲謀反等事，俄將張憲、岳雲杻械，送大理寺根勘。上聞，驚駭。秦檜奏：『乞將張憲、岳雲與飛同證，明其事。』是時，侯尚不知，良久，秦檜密遣左右傳宣：『請相公略到朝廷，别聽聖旨。』侯既〔聞〕宣詔，即時前去，却引到大理寺。侯駭然曰：『吾何到此？』纔入門到廳，下轎不見一人，止見四面垂簾。纔坐少時，忽見官吏數人，向前云：『這裏不是相公坐處，後面有中丞，請相公略來照對數事。』侯點頭云：『吾與國家宣力，今日到此，何也！』道罷，隨獄吏前行，至一處，見張憲、岳雲露頭赤體，各人杻械，渾身盡皆血染，痛苦呻吟。又見羅振等將王俊、王貴首張憲、岳雲并侯反叛罪狀前來，云：『國家有何虧負，汝三人〔却〕要反背？』侯向万俟卨、羅振曰：『對天盟誓，吾無負於國家。汝等既掌正法，且不可損陷忠臣。吾到冥府，與汝等面對不休。』衆人聞其説，羅振并御史中丞万俟卨等曰：『相公既不反，記得遊天竺日，壁上留題曰，寒門何日得載富貴乎？』衆人曰：『既書此題，豈不是要反也！』侯知衆人皆是秦檜門下，既見不容理訴，長吁一聲，云：『吾方知既落秦檜國賊之手，使吾爲國忠心，一旦都休！』道罷，合眼，任其拷掠。」《要録》卷一四二紹興十一年十月戊寅注引《岳侯傳》此段文字，並作考證：「按此時羅汝檝已不爲御史，万俟卨亦未爲中丞，其後卨遷中司，汝檝遷諫議。然汝檝不與此獄，傳所云恐誤。姑附此，更須詳考。」

《中興小紀》卷二九：「（紹興十一年十月）先是，少保岳飛舊所部統制官、節制鄂州兵馬張憲陰謀，冀朝廷還飛復掌兵，而已爲之副。未發間，爲御前都統制王貴所告。時樞密使張俊在鎮江府，亦奏其事。右僕射秦檜乘此治飛。詔委俊收憲，送大理寺，命中丞何鑄、大理卿周三畏鞫之。

戊子，宰執奏：『制勘院乞追人證張憲公事。』上曰：『刑所以止亂，若妄有追證，動摇人心，非用刑之本意。至於兵亦然，王者兵以仁義爲本，故惡夫人之害仁敗義者。若兵出無名，反致害敗，亦豈惡人之意哉。』（此據《野史》修入。）」

《金佗稡編》卷二三《山陽辨》：「又如克所載，紹興十一年十月戊子，秦檜乞追人證張憲事，而玉音有曰：『刑所以止亂，若妄有追證，摇動人心，非用刑本意。』紹興二十二年四月癸亥，秦檜奏，以王俊彈壓先臣軍有功，乞改差總管，而玉音又曰：『岳飛當時欲具舟入川，有統制官説諭諸軍，乃止。』……《三朝北盟集》之載，謂先臣下吏，上初不許，檜實矯詔，輿致大理。而《野史》之載，戊子玉音乃在戊寅。蓋制勘院之請，欲召先臣父子對吏，上疑其不然而弗許，故有此玉音也。臣按先臣之下吏，實十月之十三日，其日則戊寅也。《野史》、《北盟》之載，若合符契，則檜之矯詔信矣。而檜乃易『寅』之一字爲『子』，而移之於十日之後，且復以乞追人爲辭，而不明言其爲何人，是豈非遷就以自蓋其罪乎？」按十月戊子乃二十三日。岳珂取《野史》和《岳侯傳》記載，編入《行實編年》，又杜撰「不許」兩字，用以諱避宋高宗罪責。

《三朝北盟會編》卷二〇八《林泉野記》：「統制張憲謀亂，冀朝廷還飛軍，而己爲副，統制王俊發其姦。張俊亦以爲言。檜因譖飛令雲作書與憲，下飛大理寺。」

《建炎以來繫年要録》卷一四二：「（紹興十一年十月戊寅）少保、醴泉觀使岳飛下大理寺。先是，樞密使張俊言：『張憲供通，爲收岳飛處文字後謀反，行府已有供到文狀。』左僕射秦檜乘此欲誅飛，乃送飛父子於大理獄，命御史中丞何鑄、大理卿周三畏鞫之。」按醴泉觀使係誤，據岳飛刑案，其萬壽觀使之銜未改。

又同書卷一六三：「（紹興二十二年四月）壬辰，秦檜奏：『廬州觀察使王俊往在岳飛軍中，彈壓有勞，以爲浙東馬、步軍副都總管。』上曰：『飛當時欲具舟船入川，有統制官説諭諸軍，乃止。』」按今《中興小紀》無此段記載，而《要録》的日期亦非「癸亥」，癸亥日在三月。

《宋史》卷二九《高宗紀》：「（紹興十一年十月戊寅）下岳飛、張憲大理獄，命御史中丞何鑄、大理卿周三畏鞫之。」

又同書卷三六八《張憲傳》：「械憲至行在，下大理寺。檜奏召飛父子證憲事，帝曰：『刑所以止亂，勿妄追證，動摇人心。』檜矯詔召飛父子至。」

又同書卷四七三《秦檜傳》：「十月，興岳飛之獄。檜使諫官万俟卨論其罪，張俊又誣飛舊將張憲謀反，於是飛及子雲俱送大理寺，命御史中丞何鑄、大理卿周三畏鞫之。」按《要録》等書應取材於秦熺之《高宗日曆》，《高宗日曆》不載宋高宗「刑所以止亂，若妄有追證，動摇人心」等語，尚可諉諸秦熺篡改官史。然據《建炎以來朝野雜記》乙集卷一二《岳少保誣證斷案》所引岳飛刑案，有「奉聖旨，就大理寺置司根勘聞奏」之語，可知宋高宗「不許」，秦檜「矯詔」之説不足憑信。如岳飛之高官，無宋高宗首肯，秦檜斷不能擅自下獄。

《金佗續編》卷三〇范澄之《南劍州布衣上皇帝書》:「昨覩榜示,遽以樞密行府見勘張憲,其謀有累於岳飛,遂逮繫詔獄,連及妻、子。」據《宋史》卷二〇〇《刑法志》,宋時之「詔獄」,乃「承詔置推」,並特設「制勘院」。岳飛入獄,既已公開榜示,更足見秦檜並非隱瞞宋高宗,私自爲之。《汪文定公集》卷七《答毛季中》:「岳侯比赴棘寺,又傳已出,不詳所以。再遣使介至索虜,邊鄙其遂少安乎?」

〔二〕岳飛自八月九日罷官,至十月十三日入獄,爲時兩月。關於此兩月内之行蹤,有兩種記載。《金佗續編》卷二《武勝定國軍節度使萬壽觀使奉朝請制》:「可特授武勝、定國軍節度使,依前少保,充萬壽觀使,仍奉朝請。」

又同書卷四《辭免武勝定國節度使依前少保充萬壽觀使仍奉朝請乞一在外宫觀差遣不允詔》:「具悉。卿登翊樞筦,曾未淹時,乃以人言,遽求釋位。惟去就之義,卿之所敦;顧終始之恩,朕安敢廢。兹用寵以節旄之舊,畀之祠禄之優,君臣之間,庶幾無愧。令弗惟反,又何辭焉。所請宜不允。」岳飛「奉朝請」,似不準外出。

又同書卷一二《添造臨安府所居屋宇省劄》:「八月二十四日,三省同奉聖旨,岳飛所居屋宇不足,令臨安府應副添造。

右劄送萬壽觀使岳少保。紹興十一年八月二十四日。」

又同書卷三〇范澄之《南劍州布衣上皇帝書》:「昨覩榜示,遽以樞密行府見勘張憲,其謀有累於岳飛，遂逮繫詔獄，連及妻、子。……彼飛以匹夫之心，十年之間，取陛下三公，於其志蓋亦足矣。且身居陛下禁城之中，去荊、襄數千里之遠，而又無權以制之。彼偏裨者，又豈能奉承其命，如平昔者也。」

《金佗稡編》卷二三《山陽辨》：「先臣在淮西，被詔入朝，蓋未嘗至鄂，而徑趨行在所，遂拜樞筦。出按楚州，又未嘗至鄂，而徑還西府，遂奉內祠。至十月，而後有張憲復主軍之謗。然則先臣身在轂下，何繇而有具舟入川之謀乎？」據以上記載，岳飛於兩月之內，仍居於臨安。

《建炎以來繫年要録》卷一四一：「（紹興十一年九月癸卯）上謂檜：『聞飛軍中有錢二千萬緡，昨遣人問之，飛對，所有之數蓋十之九，人言固不妄也。……』」宋時之「昨」，與現代語之「昨日」異，乃指往時，時限頗寬。

《金佗稡編》卷二四《張憲辨》：「如謂先臣丐祠罷政，泊舟小堰，而得張憲申綱馬之狀，以乞出而不接。謂先伯臣雲諭智浹，以吴玠奏乞赦張浚之例，而使託統制等告朝廷，以免後責。此皆當時吹毛之已甚，而求釁之無所，故及於此。」

《揮麈録餘話》卷二：「明清壬子歲仕寧國，得王俊所首岳侯狀于其家云：『……張太尉道：你不知自家相公得出也！俊道：相公得出，那裏去？張太尉道：得衢、婺州。……』」

《金佗稡編》卷二四《張憲辨》：「行府鍛鍊之案有曰：『是張憲即不曾對王俊言：岳相公得衢、婺州。……』」張憲固然不知岳飛外出，然王俊於誣告狀中交待岳飛外出情節，疑有所據。

《金佗續編》卷二八《鄂武穆王岳公真讚》：「余嘗聞永嘉陳止齋云：『往見石天民言：其父嘗赴上江巡檢官，夕投宿縣驛。忽呵導岳少保來，急急般疊出，而少保已至，問：此何官？是間無旅館，可只就門房駐。巡檢如言。迨夜，堂上張燭，諸將會坐。巡檢從壁隙窺之，諸將起稟事，密語，公正色而言曰：只得前邁！諸將退而起稟者三，而公三答之，如初言。』嗚呼！公豈不知此行之必死哉！其鼎鼎數千里而來者，非赴嘉召也，直趨死如歸耳！」宋時稱今長江中游爲「上流」，「上江」即是指長江「上流」。陳止齋即陳傅良。岳飛於江州購置田地房産，原準備功成身退，至廬山東林寺誦經念佛。他罷官後告假，取道婺州、衢州，前往江州，亦非無此可能。

〔三〕《建炎以來朝野雜記》乙集卷一二《岳少保誣證斷案》：「承節郎、進奏官王處仁，從義郎、新授福州專管巡捉私鹽蔣世雄。……王處仁爲知王貴申奏朝廷張憲背叛，漏泄供申岳飛，并説與蔣世雄。……蔣世雄爲見王處仁説王貴申奏朝廷張憲待背叛事，於岳飛處覆。」《行實編年》載「有以檜謀語先臣」，應爲王處仁與蔣世雄。疑蔣世雄自鄂州往福州赴任，順路經江州，告知岳飛。按岳飛罷官後，居住臨安抑或前去江州，難以核實，姑兩説並存。

《金佗續編》卷二八《鄂武穆王岳公真讚》：「近有士夫，得楊武恭王之孫伯喦者言曰：『武恭一日蒙首相呼召，至則不出見，但直省官持一堂牒來，云委逮岳飛赴大理。又傳旨：要活底岳飛來。武恭袖牒往見公，公呵呵大聲而出，曰：十哥，汝來何爲？武恭曰：無事，叫哥哥。蓋時諸將結爲兄弟行，自一至楊，十也。公曰：我看汝今日來，意思不好。即抽身入。武恭亦以牒傳進。頃之，有小環出，捧盃酒勸。武恭意公必於内引決，要我同死，遂飲。飲竟，公出，笑而言曰：此酒無藥，我今日方見汝是真兄弟，我爲汝往。遂肩輿赴對。』」據《宋史》卷三六七《楊存中傳》、《建炎以來朝野雜記》乙集卷一一《將相四十以下建節者》推算，楊沂中（時尚未改名存中）較岳飛年長一歲。楊伯嵒之説當有美化祖父之成份。楊沂中實爲追隨秦檜與張俊者，後監斬張憲與岳雲。

《建炎以來繫年要録》卷一四二：「（紹興十一年十一月）壬戌，左朝奉大夫、荆湖北路轉運判官汪叔詹直祕閣、知鄂州，右朝請大夫、知韶州邵相爲荆湖北路轉運判官、兼京西路轉運、提刑、提舉茶鹽公事。王俊之告變也，叔詹與聞之（此據王明清《揮麈後録》）。相嘗爲岳飛所劾（此據洪邁《夷堅志》），謫嶺南，至是復起。」

初命何鑄典獄，鑄明其無辜，改命万俟卨。〔一〕卨不知所問，第諱言先臣父子與憲有異謀。又誣先臣使于鵬、孫革致書于憲、貴，令之虚申探報，以動朝廷；臣雲以書與憲、貴，令之擘畫措置。而其書皆無之，乃妄稱憲、貴已焚其書，無可證者。〔二〕自十三日以後，坐繫兩月，無一問及先臣。卨等皆憂，懼無辭以竟其獄。或告卨曰：「淮西之事，使如臺評，則固可罪也。」卨喜，遽以白檜，十二月十八日，始劄下寺，命以此詰先臣。卨先令簿録先臣家，取當時御札，束之左藏南庫，欲以滅跡。逼孫革等使證先臣逗遛，而往來月日甚明，竟不能紊，乃命大理評事〔三〕元龜年雜定之，以傅會其獄。〔四〕

〔一〕《宋史》卷三八〇《何鑄傳》：「尋拜御史中丞。先是，秦檜力主和議，大將岳飛有戰功，金人所深忌。檜惡其異己，欲除之，脅飛故將王貴上變，逮飛繫大理獄。先命鑄鞫之，鑄引飛至庭，詰其反狀。飛袒而示之背，背有舊涅『盡忠報國』四大字，深入膚理。既而閲實，俱無驗。鑄察其寃，白之檜，檜不悦，曰：『此上意也！』鑄曰：『鑄豈區區爲一岳飛者，强敵未滅，無故戮一大將，失士卒心，非社稷之長計。』檜語塞，改命万俟卨。飛死獄中，子雲斬於市。」何鑄原爲秦檜親信，數月前彈劾岳飛，故命他主審。因何鑄力辨岳飛無辜，秦檜遂一語道破：「此上意也！」

〔二〕《金佗稡編》卷二四《張憲辨》：「制勘之命，遷就以合於一檜，尤擠崖之嶮者。而尚書省敕牒所備通書之辭，前後不一，難以徧舉，而皆不過曰，某日遣某人，而先臣以書與憲、貴，當時焚燒了當。又不過曰，某日遣某人，先伯臣雲以書與憲、貴，當時焚燒了當。嗚呼！書既焚矣，是果有書乎？此不待臣之辨也。」

《寶真齋法書贊》卷二四《何恭敏料理帖》：「予家被秦禍，公獨首明其寃，其特立之操可想矣！」

〔三〕乃命大理評事　「大理」，據《金佗續編》卷二一補。

〔四〕《金佗稡編》卷二二《淮西辨》：「張憲之獄，在行府鍛鍊極矣，而無一語以及先臣，所誣以通書者，先伯臣雲也。張俊一紙之奏方上，而秦檜遽下先臣於獄，初無可證之事也。按坐兩月，廷尉不知所問，反而思之，栢臺嘗有是六奏也。又其中逗遛之説，或可以致其罪也。乃劄下制獄，令以此語詰先臣，雖先臣之辨甚明，而莫之省也。王俊所告，非此也；張憲自誣，亦非此也。即初揆終，了不相涉，先臣何罪而至此哉？先臣之就逮，乃十月之十三日，而此劄之下，乃十二月之十八日。其間相距兩月，秦檜之所以旁求而成其罪者，蓋無所不至矣，而僅能得此。」

《建炎以來朝野雜記》乙集卷一二《岳少保誣證斷案》：「勘證得前少保、武勝、定國軍節度使、充萬壽觀使岳飛所犯。内岳飛爲因探報得金人侵犯淮南，前後一十五次受親劄指揮，令策應措置戰事，而坐觀勝負，逗遛不進。及因董先、張憲問張俊軍馬怎生的？言道都敗了回去也，便乃指斥乘輿。及向張憲、董先道，張家、韓家人馬，你只將一萬人，已蹉踏了。及因罷兵權後，又令孫革寫書與張憲，令措置別作擘畫，又令看訖焚之。及令張憲虚申，探得四太子大兵前來侵犯上流。自是之後，張憲商議待反背，而據守襄陽，及把截江岸兩頭，盡刼官、私舟船。又累次令孫革奏報不實，及制勘虚妄等罪。除罪輕外，法寺稱：『律有臨軍征討，稽期三日者，斬；及指斥乘輿，情理切害者，斬，係罪重。其岳飛合依斬刑私罪上定斷，合決重杖處死。』看詳岳飛坐擁重兵於兩軍未解之間，十五次被受御筆，并遣中使督兵，逗遛不進。及於此時輒對張憲、董先指斥乘輿，情理切害者。又説與張憲、董先，要蹉踏張俊、韓世忠人馬。及移書與張憲，令措置別作擘畫，致張憲意待謀反，據守襄陽等處作過。委是情理深重，敕：『罪人情重法輕，奏裁。』

張憲爲收岳飛（按：《要録》卷一四三注作『岳雲』）書，令憲別作擘畫，因此張憲謀反，要提兵占（按：《要録》卷一四三注作『僭』）據襄陽，投拜金人。因王俊不允順，方有無意作過之言。并知岳飛指斥切害，不告。并依隨岳飛虚申無糧，進兵不得。及依于鵬書申岳飛之意，令妄申探報不實，及制勘虚妄。除罪輕外，法寺稱：『律：謀叛，絞。其張憲合依絞刑私罪上定斷，合決重杖處死。仍合依例追毁出身以來告敕文字，除名。』本人犯私罪絞，舉官見行取會，候到，別具施行。

岳雲爲寫諮目與張憲，稱可與得心腹兵官商議擘畫，因此致張憲謀叛。除罪輕及等外，法寺稱：『敕：傳報朝廷機密事，流三千里，配千里，不以蔭論。敕：刺配比徒三年，本罪徒以上通比，滿六年，比加役流。律：官五品犯流以下減一等。其岳雲合比加役流私罪斷，官減外，徒三年。追一官，罰銅二十斤入官，勒停。』

看詳岳雲因父罷兵權，輒敢交通主兵官張憲，節次催令得與心腹兵官擘畫，因此致張憲要提兵謀叛。及傳報朝廷機密，惑亂軍心。情重，奏裁。岳雲犯私罪徒，舉官見行取會，候到，別具施行。

于鵬爲所犯虚妄，并依隨岳飛寫諮目與張憲等，妄説岳飛出使事。并令張憲妄供探報。除罪輕外，法寺稱：『敕：爲從不配。律：五品犯流罪，減一等。其于鵬合徒三年私罪，官減外，徒二年半。追一官，罰銅十斤入官，勒停。』情重，奏裁。于鵬犯私罪徒，舉官見行取會，候到，別具施行。

孫革爲依隨岳飛寫諮目與張憲，稱措置擘畫等語言。并節次依隨岳飛申奏朝廷不實。除罪輕外，法寺稱：『律：奏事不實，以違制論，徒二年。律：共犯罪，從，減一等。其孫革合徒一年半私罪，官減外，徒一年。合追見任右朝散郎一官官告文字，當徒一年，勒停。』情重，奏裁。孫革犯私罪徒，舉官見行會問，候到，別具施行。

王處仁爲知王貴申奏朝廷張憲背叛，漏泄供申岳飛，并説與蔣世雄。法寺稱：『敕：傳報漏泄朝廷機密事，流三千里，配千里。應比罪，刺配，比徒三年，本罪徒以上通比，滿六年，比加役流。官當，準徒六年。其王處仁合於比加役流私罪上斷，合追見任承節郎，并歷任承信郎共兩官官告文字，當徒二年。據案別無官當，更合罰銅八十斤入官，勒停。』情重，奏裁。王處仁犯私罪流，舉官見行會問，候到，別具施行。

蔣世雄爲見王處仁説王貴申奏朝廷張憲待背叛事，於岳飛處覆。除罪輕外，法寺稱：『律：傳報漏泄朝廷機密事，流二千五百里，從，減一等。其蔣世雄合徒三年私罪上斷，官減外，徒二年半。合追從義郎、秉義郎兩官官告文字，當徒二年。餘徒半年，更罰銅十斤入官，勒停。』情重，奏裁。蔣世雄犯私罪徒，舉官見行會問，候到，別具施行。

僧澤一爲制勘虚妄，并見張憲等待背叛，向張憲言：『不如先差兩隊甲軍防守總領、運使衙門。』

并欲爲張憲詐作樞密院劄子，發兵過江，及要摹搨樞密院印文。除罪輕外，法寺稱：『律：謀叛者，絞，從，減一等。其僧澤一合流三千里私罪斷，合決脊杖二十，本處居作一年，役滿日放。仍合下本處，照僧人犯私罪流還俗條施行。』情重，奏裁。

智浹爲承岳雲使令，要將書與張憲等，并受岳雲金、茶、馬，令智浹將書與張憲等，共估錢三百二貫足。除罪輕外，法寺稱：『律：坐贓致罪，十四徒一年，十四加一等，罪止徒三年。謂非監臨主司，因事受財。七品官子孫犯流罪以下，聽贖。其智浹合徒三年贓罪，贖銅六十斤。』情重，奏裁。」據刑部、大理寺上報刑案，岳飛主要罪狀有三：一爲淮西之役逗遛不進，二爲「指斥乘輿」，三爲策動張憲「反背」。本書所引《朝野雜記》岳飛獄案文字皆以《要録》卷一四三參校。此段文字之校點，又參考了《大陸雜誌史學叢書》第五輯第三册巨焕武《岳飛獄案與宋代的法律》。

《揮麈録餘話》卷二：「次歲，明清入朝，始得詔獄全案觀之。岳侯之坐死，迺以嘗自言與太祖俱以三十歲爲節度使，以爲指斥乘輿，情理切害。及握兵之日，受庚牌不即出師者，凡十〔五〕次，以爲抗拒詔命，初不究『將在軍，君命有所不受』之義。又云岳雲與張憲書，通謀爲亂。所供雖嘗移緘，既不曾達，繼復焚〔之〕，亦不知其詞云何，且與元首狀了無干涉。鍛錬雖極，而不得實情，的見誣罔，孰所爲據，而遽皆處極典，覽之拂膺。儻非後來詔書湔洗追褒，則没地銜寃於無窮。所可恨者，使當時推鞫酷吏漏網，不正刑典耳！」此段文字以《要録》卷一四三紹興十一年十二月癸巳注參校。

《金佗稡編》卷二四《張憲辨》：「跎踏兩軍之誣，以威脅董先而成之；比並建節之誣，以獄逼張憲而成之。環諸將而會議，而昌言曰：『國家了不得也，官家又不修德！』此豈廣坐之言哉！既又謂先臣指張憲而曰：『似張家人，張太尉爾將一萬人去跎踏了。』指董先而曰：『似韓家人，董太尉不消得一萬人去跎踏了。』嗚呼！蘊異謀者固如此乎！此狂者、醉者之不爲也，而謂先臣爲之乎？万俟卨之奏亦自知其無以欺人矣，故曰：『張憲理會得岳飛所說，只是欺負逐軍人馬不中用。』又以比並之語爲指斥乘輿，跎踏之語爲陵轢同列，則是語也，卨固知其不近人情矣。

張憲之妄供，以鍛鍊也；董先之妄證，以恐脅也。趙甡之《中興遺史》之載，謂董先之至也，檜召之至堂，曰：『止是有一句言語，要爾爲證，證了只今日便可出。』仍差大程官二人，送先赴大理，并命證畢，就今日摘出。繇是先下大理，對吏即伏。嗚呼！會合以成此誣，檜已諭之矣，故先之至，一證而出，曾不淹刻。則是證也，又豈無所自哉。第甡之以爲郾城，而所載之語，又非當時所誣之説，爲直誤耳。設使誠如尚書省敕牒之所備，則先臣當時發跎踏之語，董先□□對先臣竊笑不應，而又有後言於憲曰：『相公道恁言語，莫是待胡做。』既謂憲爲先臣之心腹，則憲豈不以告先臣；而先臣聞先之語，亦肯貰先哉？嗚呼！亦明矣。

如以建節之年，上方藝祖，則董先之下吏，其供説已謂『曾見岳飛説：我三十二歲上建節，自古少有，即不曾見岳飛比並語言』矣，此固不待臣之辨也。」

《金佗續編》卷二一《鄂王傳》：「國朝著令，劾輕罪，因得重罪，原之，蓋不欲求情於事外也。王俊初告張憲，言欲經營復飛管軍，兩造既至，閱實無是言，則又求之書。飛與憲、貴書，雲與憲書既無之矣，則又求之飛平日之言。飛所言建節於三十二歲，實未嘗言與藝祖同，董先獄辭已證其無是語，最後乃及於淮西違詔。一時寺官如李若樸、何彦猷固心知其不可，而争之。」

《建炎以來繫年要録》卷一四三紹興十一年十二月癸巳注：「趙甡之《遺史》云：『先是，飛自鄂城回軍也，在一〔村〕寺中，與王貴、張憲、董先、王俊夜坐，移時不語，忽作聲曰：天下事竟如何？衆皆不敢應，憲徐言曰：在相公處置耳！既退，俊握先及貴手，曰：太尉！太尉！適來聞相公之言及張太尉之對否？先與貴曰：然。及俊告飛使子雲〔通書軍中〕事，因言鄂城路中之語，追先赴行在。時雲與憲已伏誅矣。秦檜語先曰：止有一句言語，要爾爲證，〔證〕了只今〔日〕便可出。仍差大程官二人，送先赴大理寺，并命證畢，就今日摘出。由是先下大理寺，對吏即伏。……』此云鄂城路中之語，據俊元首狀，乃無之，不知何故。又云雲、憲已伏誅，董先方下大理寺，與飛對辨，恐亦誤。今併附此，更須參考也。」《中興遺史》之誤，《要録》注中也已辨明，《張憲辨》亦稱「所載之語，又非當時所誣之説，爲直誤耳」。以下摘録岳飛獄中表現之記載。

《建炎以來朝野雜記》乙集卷一二《岳少保誣證斷案》：「契勘岳飛次男岳雷係同岳飛一處送下，

今來照證得岳雷别無干涉罪犯，緣爲岳飛故節飲食成病，依律合召家人入侍，已就令岳雷入侍看覷。候斷下案内人日，所有岳雷亦乞一就處分降下。」

《建炎以來繫年要録》卷一四三：「（紹興十一年十二月癸巳）飛久不伏，因不食求死，命其子閤門祗候雷視之。」

《三朝北盟會編》卷二〇七《岳侯傳》：「隨獄吏前行，至一處，見張憲、岳雲露頭赤體，各人杻械，渾身盡皆血染，痛苦呻吟。又見羅振等將王俊、王貴首張憲、岳雲并侯反叛罪狀前來，云：『國家有何虧負，汝三人（却）要反背？』侯向万俟卨、羅振曰：『對天盟誓，吾無負於國家。汝等既掌正法，且不可損陷忠臣。吾到冥府，與汝等面對不休。』衆人聞其説，羅振并御史中丞万俟卨等曰：『相公既不反，記得遊天竺日，壁上留題曰，寒門何日得載富貴乎？』衆人曰：『既書此題，豈不是要反也！』侯知衆人皆是秦檜門下，既見不容理訴，長吁一聲，云：『吾方知既落秦檜國賊之手，使吾爲國忠心，一旦都休！』道罷，合眼，任其拷掠。案牘圓備，先將張憲、岳雲處斬。」

《説郛》卷一九曾三異《因話録》：「岳武穆獄案，今在莆陽陳魯公家。始者無獄辭也，但大書『天日昭昭！天日昭昭』八字。是罪案乃是細書，與前筆跡不同，不知後來如何黏成一卷也。鄭棐之姪親見之。」此段記述以《説郛》弓二三參校。「陳魯公」即是宋高宗和宋孝宗兩朝宰相陳康伯，據《宋史》卷三八四《陳康伯傳》，他最終「進封魯國公」。以上記述證明岳飛並未自誣。

《三朝北盟會編》卷二〇七：「岳飛在大理寺獄，未肯招狀。先是，飛自鄂〔城〕回軍也，在一村寺中，與王貴、張憲、董先、王俊夜坐，移時不語，忽作聲曰：『天下事竟如何？』衆皆不敢應，惟憲徐言曰：『在相公處置耳！』既退，俊握先及貴手，曰：『太尉！太尉！聞適來相公之言及張太尉之對否？』先與貴曰：『然。』及俊告飛使子雲通書軍中事，因言鄂〔城〕路中之語，追先赴行在。時雲與憲已伏誅矣。秦檜語先曰：『止有一句言語，要爾爲證，證了只今日便可出。』仍差大理官二人，送先赴大理寺，并命證畢，就今日摘出。由是先下大理寺，對吏即伏。吏問飛，飛猶不伏。

有獄子，事飛甚謹，至是獄子倚門斜立，無恭謹之狀，飛異之。獄子忽然而言曰：『我平生以岳飛爲忠臣，故伏侍甚謹，不敢少慢，今乃逆臣耳！』飛聞之，請問其故，獄子曰：『君臣不可疑，疑則爲亂，故君疑臣則誅，臣疑君則反。若臣疑於君而不反，復爲君疑而誅之；若君疑於臣而不誅，則復疑於君而必反。君今疑臣矣，故送下棘寺，豈有復出之理！死固無疑矣。少保若不死，出獄，則復疑於君，安得不反！反既明甚，此所以爲逆臣也。』飛感動，仰天移時，索筆著押。獄子復事之恭謹如初。」「大理官」，本卷第七八一頁與《要録》卷一四三紹興十一年十二月癸巳注引趙甡之《中興遺史》作「大程官」，疑是。《要録》有的版本亦作「大理官」。

《浪語集》卷七《周將軍廟觀岳侯石像（侯祠初毁，道士不忍壞侯像，沈荆溪中，因得不壞。）二首》（其一）：「萬死何知獄吏尊，威名蓋代古難存。（侯初下大理獄，吏執筆請辭，大書其紙尾，而脅之曰：『汝觀今世爲有大臣繫獄而生者？趣具成案，吾爲汝書！』〕二桃豈以功高賜，一舸不容身退論。幾見飲江思道濟，繆爲圖像削王敦。沈碑千古蛟川恨，留與無窮客斷魂。」以上記述載岳飛「索筆著押」，以求速死。按《行實編年》後文載：「其具獄但稱以衆證結案，而先臣竟無服辭云。」《要録》卷一四三亦稱「飛以衆證」，「久不伏」。可知《會編》所載不確。《宋史》卷三六八《張憲傳》：「万俟卨誣飛使于鵬、孫革致書憲、貴，令虛申警報，以動朝廷；雲與憲書，規還飛軍。其書皆無有，乃妄稱憲、貴已焚之矣。但以衆證具獄，語在飛傳。憲坐死，籍家貲。」

會歲暮，竟不成，檜一日自都堂出，徑入小閤，危坐終日。已而食柑，以爪畫其皮幾盡。良久，手書小紙，令老吏付獄中，遂報先臣死矣，蓋十二月二十九日也，年三十有九。〔一〕其具獄但稱以衆證結案，而先臣竟無服辭云。憲與臣雲俱坐死，〔二〕原幕屬、賓客于鵬等坐者六人。獨參謀薛弼，嘗有德於卨爲憲湖北時，檜在永嘉日，又嘗從檜遊，且恭奴事，得其歡心。及在幕中，知檜惡先臣，動息輒報，得不坐。〔三〕遷先臣家族於嶺南，與張憲並籍没貲産。〔四〕檜使親黨王會〔五〕搜括，家無儋石之儲，器用惟存尚方所賜，之外無有也。〔六〕

〔三〕《金佗稡編》卷二四《張憲辨》：「按《野史》，方獄之未成也，秦檜自都堂退入小閣，食柑，以手書柑皮者竟日。俄以小紙付老兵，持至寺，而先臣遂報死。初未有旨也。嗚呼！檜其欺君哉！」

《朝野遺記·秦檜妻》：「秦檜妻王氏素陰險，出其夫上。方岳飛獄具，一日，檜獨居書室，食柑玩皮，以爪劃之，若有思者。王窺見，笑曰：『老漢何一無決耶？捉虎易，放虎難！』檜掣然，當心致片紙入獄。是日，岳王薨於棘寺。」此條又見《説郛》卷二九《朝野遺記·秦檜妻》，而文字稍異。可知《野史》所述與此條相似，而無王氏語。

《山堂肆考》角集卷四二《誤國之報》：「《夷堅志》：『秦檜矯詔，逮岳飛父子下棘寺獄，遣万俟卨鍛鍊之，拷掠無全膚，終無服辭。一日，檜於東廂窗下，畫灰密謀，其妻王夫人贊成之，曰：擒虎易，放虎難！飛遂死獄中，張憲、岳雲戮於市，流徙兩家妻帑，貲産皆没官。金人聞之，酌酒相賀曰：莫予毒也！後檜挈家遊西湖，舟中得暴疾，昏悶之際，見一人披髮瞋目，厲聲責曰：汝誤國害民，殺害忠良，我已訴於天矣！汝當受鐵杖於太祖皇帝殿下。檜自此怏怏不懌以死。未幾，其子熺亦死。方士伏章，見熺荷鐵枷，因問：秦太師何在？熺泣曰：吾父見在酆都，方士如其言以往，果見檜與万俟卨俱荷鐵枷，備受諸苦。檜囑方士曰：可煩傳語夫人，東窗事發矣！卨在鐵籠下，與檜争辯殺岳飛事。』」此爲《夷堅志》佚文，但只説「王夫人贊成之」。

《建炎以來朝野雜記》乙集卷一二《岳少保誣證斷案》：「紹興十一年十二月二十九日，刑部、大理寺狀：『……奉聖旨，就大理寺置司根勘聞奏。今勘到龍、神衛四廂都指揮使、閬州觀察使、高陽關路馬、步軍副都總管、御前前軍統制、權副都統、節制鄂州軍馬張憲，僧澤一，右朝議大夫、直秘閣、添差廣南東路安撫司參議官于鵬，右朝散郎、添差通判興化軍孫革，左武大夫、忠州防禦使、提舉醴泉觀岳雲，有蔭人智浹，承節郎、進奏官王處仁，從義郎、新授福州專管巡捉私鹽蔣世雄，及勘證得前少保、武勝、定國軍節度使、充萬壽觀使岳飛所犯。……看詳岳飛等所犯，内岳飛私罪斬，張憲私罪絞，並係情理〔深〕重。王處仁私罪流，岳雲私罪徒，並係情理重。蔣世雄、孫革、于鵬私罪徒，並係情理稍重。無一般例，今奉聖旨根勘，合取旨裁斷。』

有旨：岳飛特賜死。張憲、岳雲並依軍法施行，令楊沂中監斬，仍多差兵將防護。餘並依斷，于鵬、孫革、王處仁、蔣世雄除名，内于鵬、孫革永不收敍。于鵬送萬安軍，孫革送潯州，王處仁送連州，蔣世雄送梧州，並編管。僧澤一決脊杖二十，刺面，配三千里外州軍牢城小分收管。智浹決臀杖二十，送二千里外州軍編管。」此件準確記録宋高宗對殺害岳飛之決定作用。秦檜和万俟卨原擬岳雲判徒刑，保留性命，實則「追一官，罰銅二十斤入官，勒停」。據《慶元條法事類》卷七六《罰贖》：「贖銅：每斤一百二十文足。」宋高宗改爲與張憲一併處斬。宋高宗並將其他人也一律不依原擬，法外加刑。《野史》與《朝野遺記》載秦檜以一紙條，即殺害岳飛，係訛。岳珂所以擇取《野史》之説，寫入《行實編年》，乃爲諱避宋高宗罪責。

《三朝北盟會編》卷二〇七：「（紹興十一年）十二月二十九日癸巳，岳飛死於大理寺獄中，誅岳雲、張憲。」

又同書卷二〇七《岳侯傳》：「案牘圓備，先將張憲、岳雲處斬。紹興十一年冬十二月二十七日，侯中毒而卒，葬於臨安菜園内。」

又同書卷二〇八《林泉野記》：「張俊亦以爲言，檜因諧飛令雲作書與憲，下飛大理寺，命御史中丞万俟卨訊鞫歸罪。雲、憲坐斬，并賜飛死，年三十九，妻、子遷嶺外，天下寃之。飛略知書傳，禮士恤民，所至秋毫無犯，民不知兵。」

又同書卷二三〇《中興姓氏録》：「（秦檜）忌岳飛忠勇，亦與張俊不協，罷其政。又誣其反，殺之於大理寺，天下怨之，三軍解體。」

《中興小紀》卷二九：「（紹興十一年十二月）中丞万俟卨、大理卿周三畏同勘岳飛等，獄成。飛坐金人侵（淮南），受親札凡十五，逗遛不赴援，及指斥乘輿。又因罷兵權，令右朝散郎孫革作書與（張）憲，令措置擘畫，看畢焚之。又令憲虚申，探得四太子兵犯上流。雲又與憲咨目，稱可與得心腹兵官商議。憲爲收飛及雲書，遂謀反。僧澤一向憲言：『宜先以兵兩隊守總領、轉運司。』

癸巳，詔賜飛死，斬憲、雲於市，令殿前都指揮使楊沂中莅其刑，家屬竝遷廣南，且籍其家資，而配澤一。……飛知書而得士，且濟人之貧。用兵秋毫無犯，民皆安堵，不知有軍。先計後戰，屢勝强敵，號爲良將。其死也，天下寃之，後謚曰武穆。（此據《野史》）」此段文字以《皇朝中興紀事本末》卷五八參校。按《中興小紀》並未取《野史》説秦檜食柑玩皮一段。由「後謚曰武穆」一句，可知《野史》應是宋孝宗淳熙五年給岳飛定謚後的作品。

《建炎以來繫年要録》卷一四三紹興十一年十二月癸巳注引趙甡之《（中興）遺史》：「癸巳，飛死於獄中，梟其首。」

又同書卷一四三：「（紹興十一年十二月）癸巳，岳飛賜死於大理寺。飛既屬吏，何鑄以中執法，與大理卿周三畏同鞫之。飛久不伏，因不食求死，命其子閤門祗候雷視之。至是万俟卨入臺月餘，獄遂上。及聚斷，大理寺丞李若樸、何彦猷言飛不應死，衆不從。於是飛以衆證，坐嘗自言己與太祖俱以三十歲除節度使，爲指斥乘輿，情理切害。及虜犯淮西，前後受親札十〔五〕次，不即策應，爲擁兵逗遛，當斬。閬州觀察使、御前前軍統制、權副都統張憲坐收飛、雲書，謀以襄陽叛，當絞。飛長子左武大夫、忠州防禦使、提舉醴泉觀雲坐與憲書，稱可與得心腹兵官商議，爲傳報朝廷機密事，當追一官，罰金。詔飛賜死，命領殿前都指揮使職事楊沂中莅其刑，誅憲、雲於都市。參議官、直祕閣于鵬除名，送萬安軍，右朝散郎孫革送〔潯〕州，並編管。仍藉其貲，流家屬於嶺南。天下寃之。飛死年三十九。……飛知書，善待士，且濟人之貧。用兵秋毫無犯，民皆安堵，不知有軍。至今號爲賢將。」《要録》此段記事載岳雲原擬「追一官，罰金」，不完全準確，脱「勒停」。對岳飛之評價，應録自《中興小紀》，而删去「先計後戰，屢勝强敵」一句，將「良將」改爲「賢將」。

《南宋文範》卷一五石公揆《彈秦檜第二章》：「至若劉錡、韓世忠、岳飛等忠勤勇敢，奮義恢復，而或貶或刑，烏乎其任將！趙鼎、張燾、李光諸人忠憤激烈，志存雪耻，乃落職遭逐，烏乎其用賢！近日罷宣府三司，罷諸路援兵，頓弛武備，罔意邊防，烏乎其爲國！」按此奏摘自《石氏家乘》。

《朱子語類》卷一三一：「諸將驕横，張與韓較與高宗密，故二人得全；岳飛較疏，高宗又忌之，遂爲秦所誅，而韓世忠破膽矣。」「殺岳飛，范同謀也。」

《朝野遺記·岳王卒葬》：「其斃於獄也，實請具浴，拉脅而殂。獄卒隗順負其屍出，逾城，至九曲叢祠中。故至今九曲五顯廟尚靈（舊在大理寺牆下）。順葬之北山之湄，身素有一玉環，順亦殉之腰下，樹雙橘於上識焉。及其死也，謂其子曰：『異時朝廷求而不獲，必懸官賞。汝告言，曰棺上一鉛筩，有棘寺勒字，吾埋殯之符也。』後果購其（瘞）不得，以一班職爲賞，其子始上告官。悉如所言，而屍色如生，尚可更斂禮服也。」

《説郛》卷二九《朝野遺記·岳王卒葬》：「其斃於獄也，實請具浴，拉脅而殂。獄卒隗順負其屍出，踰城，至九曲藂祠中。故至今九曲五顯廟尚靈（舊在大理寺牆下）。順葬之北山之湄，身素有一玉環，順亦殉之腰下，樹雙橘其上誌焉。及其死也，謂其子曰：『異時朝家必求，求而不獲，必懸官賞。及是汝告曰，棺上一鉛筩，有棘寺勒字，吾埋殯之符也。』後果購其瘞不得，以一班行爲賞，隗之子始上告官。悉如所言，時無它珠玉爲殯，而尸色如生，尚可更斂禮服也。」

《周益國文忠公集・雜著述》卷二《龍飛録》：「（紹興三十二年七月）丙辰，臨安訪求岳飛墳，在錢塘門外，當時私號賈宜人墳，今將以一品禮葬之。」

《寶慶四明志》卷九《史浩傳》：「岳飛忤秦檜，死於棘寺，藁葬牆角。浩請追復元官，以禮改葬，録用其後。」

《羅氏識遺》卷五《西北豪傑所産》：「宗澤與汴爲終始，岳飛恢復不已，金主役檜死之。」

《宋史》卷二九《高宗紀》：「（紹興十一年十二月）癸巳，賜岳飛死於大理寺，斬其子雲及張憲于市，家屬徙廣南，官屬于鵬等論罪有差。」

又同書卷二〇〇《刑法志》：「（紹興）十一年，樞密使張俊使人誣張憲，謂收岳飛文字，謀爲變。秦檜欲乘此誅飛，命万俟卨鍛鍊成之。飛賜死，誅其子雲及憲於市。汾州進士智浹上書，訟飛寃，决杖，編管袁州。……飛與（胡）舜陟死，檜權愈熾，屢興大獄，以中異己者，名曰詔獄，實非詔旨也。」此段文字估計爲元朝史官抄自南宋《中興四朝國史》之《刑法志》。從語意上看，似並非説岳飛和胡舜陟兩獄「名曰詔獄，實非詔旨」，而是説岳飛與胡舜陟死後，秦檜「屢興大獄」，「名曰詔獄，實非詔旨」。此亦非事實，而乃南宋史官之曲筆，爲宋高宗諱惡，而諉罪秦檜。故《文獻通考》卷一六七不取「名曰詔獄，實非詔旨」之説。

又同書卷四七三《秦檜傳》：「十二月，殺岳飛。檜以飛屢言和議失計，且嘗奏請定國本，俱與檜大異，必欲殺之。鑄、三畏初鞫，久不伏。卨入臺，獄遂上，誣飛嘗自言己與太祖皆三十歲建節，爲指斥乘輿，受詔不救淮西罪，賜死獄中，子雲及張憲殺于都市。天下寃之，聞者流涕。飛之死，張俊有力焉。」

又同書卷四七四《万俟卨傳》：「命中丞何鑄治飛獄，鑄明其無辜。檜怒，以卨代治，遂誣飛與其子雲致書張憲，令虚申警報，以動朝廷，及令憲措置，使還飛軍。獄不成，又誣以淮西逗遛之事。飛父子與憲俱死，天下寃之。」

〔二〕憲與臣雲俱坐死　原脱「死」字，嘉靖本同，據《紀事實録》補。

《金佗續編》卷二一《鄂王傳》：「憲、雲戮於市。張俊、楊存中涖之，稍出兵衛諸門。且俾俊、存中遣卒送兩家之孥，徙之遠方。行路之人見者，爲之隕涕。」

〔三〕《浪語集》卷三三《先大夫行狀》：「張（按：指張俊）謂伯父實主岳府謀議，百計傾岳，欲并中伯父。樞府簡取虔卒，張以不應等格，急責其使，使即讕言虔帥占留精卒，不簡，伯父因被劾罷。岳侯事起，張求伯父在虔通書尺簿，有遺岳侯書處，指爲反迹。秦相徐擿其下文曰：『此復有遺秦相書。』伯父用免。而張憲、岳雲之獄，止以交關書問，并憲謀進退爲反具云。」「万俟治岳侯獄，不以一辭見累。」

《建炎以來繫年要録》卷一四四：「（紹興十二年正月戊申）先是，秘閣修撰、提舉洪州玉隆觀薛弼爲飛參謀官，與飛厚。秦檜之閒居永嘉也，弼舊遊其門。万俟卨又善之。由是無一詞累及。」

《水心文集》卷二一《故知廣州敷文閣待制薛公墓誌銘》：「然檜嘗欲引公爲户部侍郎，公耻以言利進，不答，頗怒，故止於外藩，將死，乃得待制。則公之爲檜用，自其資所喜，而非利之也。公既爲岳飛參謀，飛與其徒妄臣反，寃氣貫日月。獨公幸免，其子弟或以咎公。嗚呼！巨浸大疫，殺人成丘，死者之家不怨免者，知不以己之所遭同於人也。檜果於殺飛，而不忍害公，天誘之也，岳氏何尤焉！」

《宋史》卷三八〇《薛弼傳》：「初，秦檜居永嘉，弼游其門。弼在湖北除盜，歸功于万俟卨。檜誣岳飛下吏，卨以中司鞫獄，飛父子及憲皆死，朱芾、李若虚亦坐嘗爲飛謀，議，奪職。惟弼得免，且爲檜用，屢更事任，通籍從官。世以此少之。」

《金佗稡編》卷二一《建儲辨》：「按弼之在先臣幕爲最久，及先臣得罪，僚佐皆下吏遠徙，獨弼不與，偃然如故。公議皆謂弼舊居永嘉，秦檜方罷相里居，弼足恭奴事，以儌後福。及在先臣幕，知檜惡先臣，覘望風旨，動息輒報，以是獲免於戾。天下固知之矣。」薛弼任岳飛參謀官與總領，乃於紹興六年六月至八年三月，後改任荆南知府、兼荆湖北路安撫使，即離鄂州。秦檜再次掌政，紹興七年正月爲樞密使，八年三月任右相，然逐左相趙鼎，獨攬大政，更在此後。薛弼任岳飛幕僚時，秦檜與岳飛矛盾尚不突出，「動息輒報」之説，言過其實。薛弼雖與秦檜和万俟卨有舊，却未出賣岳飛，其言岳飛提議建儲事，亦屬事實。其姪薛季宣由薛弼撫養成人，一力推崇岳飛，無疑乃受伯父影響。

〔四〕《建炎以來朝野雜記》乙集卷一二《岳少保誣證斷案》：「有旨：……岳飛、張憲家屬分送廣南、福建路州軍拘管，月具存亡奏聞。編配人并岳飛家屬，並令楊沂中、俞俟，其張憲家屬令王貴、汪叔詹多差得力人兵，防送前去，不得一併上路。岳飛、張憲家業籍没入官，委俞俟、汪叔詹逐一抄劄，具數申尚書省。」《建炎以來繫年要録》卷一四七：「（紹興十二年十月壬戌）詔張憲妻、子分送封州、程江、興化軍居住。」據《記纂淵海》卷一五，程江乃廣南東路梅州之郡號别名。《建炎以來繫年要録》卷一九三：「（紹興三十一年十月丁卯）詔蔡京、童貫、岳飛、張憲子孫家屬令見拘管州軍並放令逐便，用中書、門下省請也。於是飛妻（李）氏與其子霖等皆得生還焉。」直至金海陵王完顔亮大舉攻宋時，岳飛和張憲家屬仍與蔡京和童貫家屬同等待遇。

〔五〕《建炎以來繫年要録》卷一五三：「（紹興十五年五月癸亥）司農寺丞王會守尚書比部員外郎。會，唤弟也」按王唤、王會等爲秦檜妻王氏兄弟。

〔六〕《金佗稡編》卷九《遺事》：「樂施踈財，不殖資産，不計生事有無。所得錫賚，率以激犒將士，兵食不給，則資糧於私廪。九江有宅一區，聚家族之北來者，有田數頃，盡以贍守家者。張俊貪，占田徧天下，而家積鉅萬，嘗謂其形跡己，故憾之。卒之日，雖王會極力搜刮，家無餘貲。秦檜猶疑之，謂所藏不止是，興大獄數年，盡捕家吏，逮治有死者，而卒不得錙銖云。上知其屢空，欲擇第於行都，欲以出師日，自任其家事，先臣辭曰：『北虜未滅，臣何以家爲！』起復制詞亦有『厲票姚辭第之志』之語。」

《金佗續編》卷一三《天定別録序》：「及考隆興之初，詔還簿録，有司會直，僅共得緡錢萬。當寧惻然歎其貧，詔以見緡賜償之。先兄甫請遺墅于朝，得之傳聞曰，家故田四萬畝，在廬山之陽，詔有司併給，則實止二千畝。其視夫同時之鄙夫，金錢鉅億，見於郿塢之積姦；租六十萬斛，見於阜陵之聖語。冰炭判如，遂有以自別於萬世之下。」據《要録》卷一三五紹興十年四月乙丑載，租六十萬斛乃指張俊。

又同書卷一三《户部復田宅符》：「今來江州申到見在岳飛田產、屋宇等，今開具下項：

一、開具到見在田產，計錢叁阡捌百貳拾貳貫捌伯陸拾叁文省，田柒頃捌拾捌畝壹角壹步，地壹拾壹頃玖拾陸畝叁角，水磨伍所，房廊、草、瓦屋肆百玖拾捌間。

見有人承佃田叁頃壹畝叁角玖步，地玖拾壹畝叁角伍拾玖步，水磨貳所，房廊、草、瓦屋共壹伯伍拾壹間。未有人承佃田肆頃捌拾陸畝壹角伍拾貳步，水磨叁所，荒雜地肆頃捌拾陸畝壹角壹拾伍步，荒親地陸頃壹拾捌畝壹角肆拾步。岳家市見今只存陸拾間，地基、屋宇共貳百玖拾間。……

隆興元年八月四日。」

《宋會要輯稿》崇儒二之三四：「（紹興十二年）九月十三日，詔：『江州城南甘棠湖一所，每年菱、魚之利，及郡庠前地上岳飛造到房廊三十八間，每日收賃屋錢一貫四百三十文，撥充本州養士久遠支用，仍委通判拘收。』從本州請也。」

又同書方域四之二五：「（隆興元年七月）二十九日，追復少保、武勝、定國軍節度使岳飛孫岳甫狀，陳乞將先祖生前置到江州田地、房廊給還事，送户部勘當，本部下江州開具。據江州申：『岳飛見在田産、屋宇等下項：一、見在田産計錢三千八百二十二貫八十三文省，田七頃八十八畝一角一步，地一十一頃九十六畝三角，水磨五所，房廊、草、瓦屋四百九十八間。見有人承佃田三頃一畝三角五十九步，水礳二所，房廊、草、瓦屋共一百五十一間。未有人承買田四頃八十六畝一角五十二步，水礳三所，地四頃八十六畝一角二十一步，荒雜地六頃一十八畝一角四十步。岳家市見今只存六十間，地基、屋宇共二百九十間。』本部今看詳江州申到岳飛上件田産、屋宇等，取朝廷旨揮。詔令給還。」

《朝野遺記·岳王卒葬》：「孝廟追復岳飛官爵，收召其子孫，使給還元貲帑，主者具當時所得，止九千緡物耳。飛握重兵許久，家無賸財，自是賢矣。」此條據《説郛》卷二九《岳王卒葬》校補。

《楓窗小牘》卷下：「岳少保既死獄，籍其家，僅金、玉、犀帶數條，及鎖鎧、兜鍪、南蠻銅弩、鑌刀、弓、劍、鞍轡，布、絹三千餘匹，粟、麥五千餘斛，錢十餘萬，書籍數千卷而已。視同時諸將，如某某輩，莫不寶玩滿堂寢，田園佔畿縣，享樂壽考，妻、兒滿前，禍福頓懸。」此條亦可參見《説郛》卷三〇。

《建炎以來繫年要録》卷一四八：「（紹興十三年正月癸卯）詔以錢塘縣西岳飛宅爲國子監太學。舊太學七十七齋，今爲齋十有二，曰褆身、服膺、守約、習是、允蹈、存心、持志、養正、誠意、率履、循理、時中。（高閌擬齋名，在二月乙酉，今併書之。）」

《宋會要輯稿》方域二之一七：「（紹興）十三年正月十五日，知臨安府王㬇言：『踏逐得錢塘縣西岳飛宅子，地步可造太學并國子監。』從之。」

《玉海》卷一一二《紹興太學》：「（紹興）十三年正月癸卯，以岳飛第爲國子監太學（前洋街），堂一，曰崇化（淳熙十六年二月，改今名），齋十有二（褆身至時中，高閌擬齋名，在二月乙酉。舊太學七十七齋）。」

《咸淳臨安志》卷一一《太學》：「在前洋街。……十三年六月，臨安守臣王㬇即岳飛宅建學成。」

《金佗續編》卷一四《武穆謚議》：「嗚乎！爲將而顧望畏避，保安富貴，養寇以自豐者多矣。公獨不然，平居潔廉，不殖貨産，雖賜金己俸，散予莫嗇，則不知有其家。」

初，先臣之獄，檜以忌怨成隙，待先臣以必死。何鑄既明先臣無辜，失檜意，遷鑄執政，而俾使虜，實奪其位。〔一〕卨自請任其責，乃擢之爲中丞，專主鍛錬。獄之未成也，大理丞李若樸、何彦猷以爲無罪，固與卨争。卨即日彈若樸，謂其黨庇先臣，與彦猷俱罷。大理卿〔二〕薛仁輔亦言其寃狀，卒以罪去。〔三〕知宗士㒟請以百口保先臣，卨劾之，竄死于

建州。〔四〕布衣劉允升上疏訟其寃，下棘寺以死。〔五〕

〔四〕《建炎以來繫年要録》卷一四六：「（紹興十二年八月丙寅）端明殿學士、簽書樞密院事何鑄依舊職提舉江州太平觀。時御史中丞万俟卨、右諫議大夫羅汝楫交章論鑄之罪，謂鑄『胥吏之子，素無聞望，初以廖剛薦爲臺屬，與孫近、范同締交，逮近、同之敗，自是迹不遑安，乃益令黨與傾摇國是。去春淮甸警報，日與儇薄之徒張皇敵勢，以爲朝廷自當遷避。岳飛反狀敗露，鑄首董其獄，亦無一言叙陳。偶因報聘乏人，陛下寘之樞庭，命之出疆。臨行，反使親舊騰播，以謂議獄不合，遂致遠行，廣坐語人，以脱此自幸。飛之負國，天下所同嫉者，鑄長御史，乃黨惡如此，罪將安逃』。章五上，鑄亦累章求去，乃有是命。」

又同書卷一四七：「（紹興十二年十月）庚辰，左朝奉大夫、提舉江州太平觀何鑄責授左朝奉郎、秘書少監，徽州居住。時殿中侍御史、兼權侍御史江邈論鑄之罪，謂鑄『日延過客，密議朝政，以欲緩岳飛之死，上誣聖政，以破和議爲能；以孫近、李光、范同之論爲是，而又以己在言路，未嘗論列數人之罪爲賢。嗚呼！岳飛反狀，中外共知，而可緩其死乎？和議爲今日明效大驗如此，嚮使陛下持論不堅，無一德之臣可以倚仗，而爲鑄等數人之所摇，則和議決不復講，而陛下豈復有色養之懽乎？伏望將鑄遠竄遐荒，使與同惡之人均其廢放』。故有是命。起居舍人、權中書舍人程敦厚草責詞，極其醜詆，至有『家本書佐，行同穿窬』之語云。」

《宋史》卷三〇《高宗紀》：「（紹興十二年十月）庚辰，以何鑄黨援岳飛，不主和議，責授秘書少監，徽州居住。」

又同書卷三八〇《何鑄傳》：「檜諷万俟卨，使論鑄私岳飛爲不反，欲竄諸嶺表。帝不從，止謫徽州。……遣鑄銜命，蓋檜之陰謀，以鑄嘗争岳飛之獄，而飛竟死，使金知之。……論曰：『……鑄能伸岳飛之枉，雖爲可尚，然又爲之使金而通問焉，蓋墮其術而不悟者，檜之計深哉！』」

〔二〕大理卿　應爲「大理少卿」之誤。

〔三〕《三朝北盟會編》卷二〇七：「（紹興十一年十二月二十九日癸巳）初，獄成，大理寺丞李若樸、何彦猷謂飛罪當徒二年，白於大理卿周三畏。三畏是日遂白於中丞万俟卨，卨不應，三畏曰：『當依法，三畏豈惜大理卿耶！』有王輔者，投書於秦檜，具言飛反狀已明。檜以書付獄，卨卒致飛於死。既而卨彈若樸，以其兄若虚嘗爲飛幕中參議，故欲黨庇之耳，彦猷附會若樸。是時，若虚方知宣州，乃送徽州羈管，而若樸、彦猷皆罷。」據《要録》卷一四三注，此段記載應照抄《中興遺史》。周三畏乃附會秦檜，而非反對冤獄者，《中興遺史》所載不確。

《金佗稡編》卷二〇《籲天辨誣通敍》：「何鑄、薛仁輔以不願推鞫而逐，李若樸、何彦猷以辨其非辜而罷。」

又同書卷二四《張憲辨》：「何彦猷堂白先臣之非辜，檜方錯愕，而堂吏或附耳曰：『何不告以（以下原闕）。」

《建炎以來繫年要録》卷一四四：「（紹興十二年正月）乙巳，詔：『大理少卿薛仁輔持心不平，用法反覆；秘閣修撰、知宣州李若虚附麗罪人，好惡自口，可並罷。』（仁輔之罷，必是議岳飛獄不合，當考。）

戊申，御史中丞万俟卨、大理卿周三畏同班入對，以鞫岳飛獄畢故也。尚書省乞以飛獄案令刑部鏤板，徧牒諸路。……大理寺丞何彦猷、李若樸並罷。右諫議大夫羅汝檝論『比〔聞〕岳飛之獄已具，朝廷召寺官聚斷，咸以飛之罪死有餘責。獨二人喧然，力以衆議爲非，務於從輕』。故黜之。（趙甡之《遺史》稱何彦猷、李若樸謂『飛罪當徒二年』，已見去年十二月癸巳注。甡之又稱周三畏有『豈惜大理卿』之語，然獄成之後，少卿薛仁輔罷去，而三畏遷刑部侍郎，後八、九年乃始被論，則此語未必有也，更須詳考。）」

《宋會要輯稿》職官七〇之二五：「（紹興十二年正月）十四日，大理寺丞李若樸、何彦猷並罷。岳飛之獄既具，寺官聚斷，若樸等喧然力争，以衆議爲非，務於從輕，以臣僚上言，故有是命。」

《建炎以來繫年要録》卷一六一：「（紹興二十年三月庚子）徽猷閣直學士、知平江府周三畏落職，與宫觀差遣。初，常同既卒，三畏遣通判府事蘇師德越境往祭，且賻錢二千緡，祭文有云：『姦人在位，公棄而死。』師德，同女（友）婿，祭文其子新遂安尉玭所草也。侍御史曹筠因奏：『三畏頃爲大理卿，鞫勘岳飛公事，猶豫半年不决。朝廷特加拔拭，終不懷安，乃與師德陰相交結。若不亟去，有害治道。』於是師德送汀州編管，而玭勒停。」

《宋會要輯稿》職官七〇之三五：「（紹興二十年三月）二十三日，右朝請大夫、充敷文閣待制、知平江府周三畏落職，與宮觀差遣，通判蘇師德勒停，送汀州編管。臣僚言：『三畏頃在大理卿，鞫勘岳飛公事，猶豫半年不決。比因罷黜，特加拔拭，終不懷安。蘇師德乃常同之友壻，方同任御史中丞日，師德乃招權金。二人同爲守、倅，比同之死，三畏遣師德賫錢二千緡，越境至海鹽縣，爲同致祭文云：姦人在位，公棄而死。』故有是命。其撰常同祭文官，亦委憲司具姓名申省取旨。」據《文定集》卷二〇《御史中丞常公墓誌銘》，《渭南文集》卷三九《吏部郎中蘇君墓誌銘》，常同之壻爲蘇玭，「常同，師德之友壻，且其子之婦翁」。

《建炎以來繫年要録》卷一六二：「（紹興二十一年閏四月）乙酉，右通直郎李若樸知德安府。若樸與何彦猷竝爲大理寺丞，坐議岳飛獄不合，斥去，至是十年，始守邊郡。彦猷尋通判洪州而卒。（彦猷五月丙辰除洪倅，未知卒在何年，隆興元年正月，以右奉〔議〕郎特贈二官。）」

又同書卷一七三：「（紹興二十六年七月）丁未，殿中侍御史周方崇言：『知撫州張子華目不識字，初以玩好結託時相，遂遷福建、廣南兩路市舶，貪污之聲，傳於化外。知武岡軍李若樸交通王會。其丞大理也，岳飛之獄既具，若樸獨以爲非，務於從輕。今復令守湖外，其異議如是，得不爲之慮乎？若樸貪污刻剥，通判方疇欲裁正之，若樸求疇之過，言於監司，疇遂坐深文貶責。』詔並罷。」

《宋史》卷三八〇《羅汝楫傳》：「又言：『飛獄具，寺官聚斷，咸謂死有餘罪。寺丞何彦猷、李若樸獨喧然，以衆議爲非，欲從輕典。』皆坐黜。」

又同書卷四七四《万俟卨傳》：「大理卿薛仁輔、寺丞李若樸、何彦猷言飛無罪，卨劾之。」

《周益國文忠公集·雜著述》卷六《泛舟遊山録》：「吴迪功淵相訪，其父寺丞君不主岳飛獄者。」

《負暄野録》卷上《蔣宣卿書》：「蔣宣卿待制燦，紹興中，以善書著名，因救解岳侯，遂忤秦相，諷言者論罷，閒廢十年。一日，忽報有中使至其家，時秦尚當國，老幼驚惶，慮有不測。蔣神色不變，徐言曰：『主上聖明，吾無大過咎，且既從罷免，縱有後命，不過符下州郡處分耳。亦何至遣中使，此必美意，不然，亦當任之。』」

《京口耆舊傳》卷二《許暘傳》：「秦宰相置大將岳飛於理，必欲文致反狀。暘不可，出知南劍州，以言者輟行。家食垂一紀，卒，年五十八。」

〔四〕知宗爲知大宗正事之簡稱，趙士㒟任官應簡稱「判宗」，《行實編年》稍誤。

《金佗稡編》卷二〇《籲天辨誣通敍》：「士㒟以百口保任，而幽之閩。」

《三朝北盟會編》卷二〇六：「判宗正司士㒟作文字，欲解救之，不密，漏其語。或聞之，以告檜。檜令臺官言士㒟有不軌心，責建州拘管，死於建州。」

《建炎以來繫年要録》卷一四二：「（紹興十一年十一月丁未）光山軍節度使、開府儀同三司、判大宗正事、齊安郡王士㒟提舉西京嵩山崇福宫，放謝辭。士㒟數言事，秦檜忌之。岳飛之下吏也，士㒟草奏，欲救之，語泄。檜乃使言者論『頃岳飛進兵於陳、蔡之間，乃密通書士㒟，叙其悃愊，蹤跡詭祕。范同頃爲浙東憲，與士㒟通家往還。或以他故，數日不克見，則必遣其屬邵大受往，傳導言語，窺伺國事。士㒟身爲近屬，在外則交結將帥，在内則交結執政，事有切於聖躬。望罷其宗司職事，庶幾助成中興之業』。故有是命。仍令刑部檢會宗室、戚里不得出謁接見賓客條法，申嚴行下。士㒟將行，上賜手劄勞問，且以白金千兩賜之。」

又同書卷一四四：「（紹興十二年三月辛亥）詔齊安郡王士㒟令建州居住。御史中丞万俟卨再論：『士㒟貪狡險忍，朋比姦邪。其初罷也，語人曰：士㒟於後宫有姻家之契，而於陛下爲近屬之尊。去闕之日，嘗蒙陛下賜銀千兩，又嘗密賜親劄，慰諭再三，以示不久復用之意。又語人曰：士㒟嘗薦李綱相矣，嘗薦趙鼎相矣，又嘗薦孫近執政矣。今居衢州，賓客日盈其門，談論之間，無不詆訕時政，使陛下不許交通之旨，徒爲虚文。伏望稍加黜責，以靖國論。』乃詔都省檢舉宗室謁禁行下，有犯，令御史臺、宗正司、按察官劾奏。（徐夢莘《北盟會編》云：『士㒟欲救解岳飛，漏其語。或聞之，以告秦檜。檜令臺臣言士㒟有不軌心，責建州拘管而死。』）」

《宋史》卷三〇《高宗紀》：「（紹興十二年三月）辛亥，以士㒟嘗營護岳飛，爲朋比，責建州居住。」

又同書卷二四七《趙士㒟傳》：「士㒟數言事，忤秦檜。及岳飛被誣，士㒟力辨曰：『中原未靖，禍及忠義，是忘二聖，不欲復中原也。臣以百口保飛無他。』檜大怒，諷言者論士㒟交通飛，蹤迹詭秘，事切聖躬，遂奪官。中丞万俟卨復希旨，連擊之。謫居于建，凡十二年而薨，年七十。」

又同書卷四七四《万俟卨傳》：「知宗正寺士㒟請以百口保飛，卨又劾之，士㒟竄死建州。」

《山房集》卷五《跋鞏洛行記後》：「其後，齊安坐論救〔先〕公譴，慨然有烈士風，實激於所嘗目覩，詎知〔先〕公，非但德〔先〕公深也。」

又同書卷八《雜記》：「十一年，臣寮上疏，論方飛進兵陳、蔡間，嘗密貽書于士㒟，欲朝廷遣使應援，今必將有所營救，身爲宗室，不應交結將帥。十一月，遂罷士㒟宗司，提舉崇福宮，申嚴宗室出謁賓客之禁。十二月，下飛棘寺，死獄中，子雲誅于市。或云士㒟嘗以百口明飛之無他，蓋親見其兵事之神速，不止德飛之深也。」

《齊東野語》卷一三《岳武穆逸事》：「其後飛得罪下獄，㒟極辯其無辜，且以百口保之，非惟感恩，蓋親見其用兵神速故耳。朝臣併論㒟身爲宗室，不應交結將帥，因指爲飛黨，遂罷宗司，與祠云。」

〔五〕《金佗稡編》卷二〇《籲天辨誣通敍》：「最後而劉允升以布衣扣閽，而坐極典矣。」

《金佗續編》卷三〇范澄之《南劍州布衣上皇帝書》：「天下之人不知岳飛之罪，又畏扇搖之誅，莫不顧盼相視，徬徨不能去。如病瘖之人，終日茹苦而不敢吐。何者？事出於疑似之間，而聖人難知者也。……況方當迅雷震霆之怒，勢不及於掩耳，而天下之民踈賤無知，不敢爲陛下言；百官有司各有攸職，不肯爲陛下言；宰輔之臣媚虜急和，又決不爲陛下言。是陛下卒不得而臨照之，此臣布衣之士，所以不敢不爲陛下言也。……況胡虜未滅，飛之力尚能戡定，陛下方鋭意於恢復祖宗之業，是豈可令將帥相屠，自爲逆賊報仇哉！春秋之時，子玉得罪於楚也，屢矣，成王殺之，而後晉侯之喜可知也；南北之時，檀道濟有功於宋也，亦屢矣，文帝殺之，而後魏人有飲馬長江之志也。此皆前代之鑑戒，不可不察。」范澄之上書營救岳飛，指斥秦檜等「媚虜急和」，當亦遭受迫害。《岳廟志略》卷一説他被「竄死」。

《三朝北盟會編》卷二〇八：「（紹興十二年正月十六日庚戌）〔智〕浹上書辨岳飛之冤，編管袁州。〔智〕浹字巨源，汾州人，知書，通《春秋左氏傳》，有識，性不喜阿隨，好直言。岳飛以賓客待之。飛死，浹上書辯飛之寃，事下中書。秦檜怒，送袁州編管。袁州官吏以浹取怒時相，全不少假，監繫甚嚴，浹不堪，死。」

《建炎以來繫年要録》卷一四四：「（紹興十二年正月戊申）有進士智浹者，汾州人，知書，通《春秋左氏傳》，好直言。飛以賓客待之。飛初下吏，浹上書訟其寃。秦檜怒，併送大理。獄成，浹坐決杖，送袁州編管云。（此以趙甡之《遺史》參修，但甡之稱『飛死，浹上書訟飛之寃』，則恐誤。蓋浹與飛同結案也。今略修潤，令不牴牾。浹降旨編管，在去年十二月晦日，其行遣當在此時。今〔因〕頒降獄案，附書之。）」以下摘録岳飛幕僚、部屬等受迫害記載。

又同書卷一四二：「（紹興十一年十一月辛酉）左承議郎、新福建安撫大使司參議官高穎除名，象州編管，以言者論春間敵騎犯邊，穎自軍前造朝，反爲張皇之説，以惑流俗故也。穎陷僞十年，固窮守節，故驟用之。及是以從岳飛被斥。」

又同書卷一四四：「（紹興十二年正月戊申）敷文閣待制、知徽州朱芾，秘閣修撰李若虚並落職，芾仍罷郡。右諫議大夫羅汝楫論二人『頃嘗爲岳飛謀、議官，主帥有異志，而不能諫。至於若虛，則又公肆欺罔，昨飛方用師於京西，若虛遽自軍前還朝，謂敵人不日授首矣，而所憂者他將不相爲援。伏望並賜黜責』。故有是命。」

《東窗集》卷一二《朱芾落敷文閣待制知徽州制》：「勅：『姦軌敗謀，既申邦憲；僉壬附會，難逭刑章。具官某早預選掄，屢更任使。意其詳練，俾參軍旅之謀；庶無詭隨，少副朝廷之委。而乃阿諛希寵，喑默保身，闕然裨補之勞，坐閱貫盈之惡。滋長稂莠，遂尋斧柯，致物論之沸騰，豈寵榮之冒據。其罷西清之職，仍還南國之符。服我寬恩，無忘内訟。』」可知宋廷命朱芾爲參謀官，原是企圖監視岳飛，而朱芾却贊助岳飛抗金。

又同書卷一四《李若虛落秘閣修撰制》：「勅：『具官某，姦人敗謀，即申邦憲；餘黨附會，難逭刑章。以爾凡陋，本無他能，每恣輕儇，殊乏素行。頃預軍諮之列，專爲利禄之圖。誕謾不根，好莠自口，甘奴隸之鄙態，曾市廛之弗爲。豢成狡兔之謀，卒陷鳴梟之惡。論譔之職，叨據何安，其從罷黜之科，以厭沸騰之議。服我寬典，益務省循。』」

《建炎以來繫年要録》卷一四四：「（紹興十二年）二月乙丑朔，直徽猷閣、添差夔州路安撫司參議官王良存先次放罷，以嘗爲岳飛隨軍漕故也。」

又同書卷一四五：「（紹興十二年五月甲辰）左中大夫朱芾責授左朝奉郎、軍器少監，邵武軍居住。〔右〕奉議郎李若虛勒停，徽州羈管。以御史中丞万俟卨言二人『偃居近地，竊議時政』故也。直徽猷閣王良存，直秘閣夏珙，右奉議郎、廣西安撫司參議官黨尚友，左宣教郎、通判南劍州張節夫等十人並勒停，送見居州軍鄰州羈管。內白身補授及因從軍換文資人，皆追奪之。」

《宋會要輯稿》職官七〇之二五：「（紹興）十二年正月十日，知徽州朱芾、前知宣州李若虛並落職，內芾放罷。後五月十三日，芾責授左朝奉郎、軍器少監、分司西京，邵武軍居住。若虛勒停，送徽州羈管。以臣僚言，芾等頃爲岳飛謀、議，不能贊其主帥，故有〔是〕命。其後臣僚又論芾等不自循省，唱爲浮言，乃再責之。」

《宋史》卷三八〇《薛弼傳》：「朱芾、李若虛亦坐嘗爲飛謀、議，奪職。」

又同書卷三八〇《羅汝楫傳》：「朱芾、李若虛嘗爲飛議曹，主帥有異意，而不能諫。……皆坐黜。」

《建炎以來繫年要録》卷一四五：「（紹興十二年六月）乙酉，邵武軍羈管人張節夫移送建昌軍。時責授軍器少監朱芾先至武陽，都省言：『二人皆岳飛官屬，難以同在一處居住。』故徙焉。」據《方輿勝覽》卷一〇，武陽乃邵武軍之郡號別名。

又同書卷一七〇：「（紹興二十五年十二月丁丑）詔除名、勒停前右朝散大夫、武岡軍編管人万俟止，除名、勒停前右朝請郎、直祕閣、南劍州編管人夏珙，勒停前右朝散大夫、直徽猷閣、大寧監羈管人王良存，除名、勒停前左承議郎、象州編管人高穎並放令逐便。」

《宋會要輯稿》職官七六之七一：「（乾道）三年二月七日，詔：『故〔右〕承議郎、充秘閣修撰、前知宣州李若虛特追復元官職，仍與一子文學恩澤。』先是，若虛嘗爲岳飛幕屬，飛死，言者指爲飛黨，坐落職，編管徽州，死於貶所。至是其孫機引飛已復官陳乞，故有是命。……（四年）十月五日，詔：『故（左）承議郎、試司農少卿高穎追復元官，與一子恩澤。』穎紹興初嘗爲岳飛幕屬，飛死，例坐竄責，歿於貶所。至是其妻引飛已復官陳乞，故有是命。」此處記載李若虛爲故承議郎，而前引《要録》所載爲奉議郎。除于鵬、孫革外，岳飛幕僚受處罰者至少有十三名。宋廷認爲幕僚乃出謀劃策者，故株連既廣，處罰亦重，而對部將之處罰較輕。

《建炎以來繫年要録》卷一四八：「（紹興十三年正月丁未）武功大夫、吉州刺史、閤門宣贊舍人、鄂州駐劄御前（勝捷）軍副將楊浩除名，昭州編管。浩，岳飛部曲，坐謗訕朝政，及私令人上書，詐不實也。」

又同書卷一五二：「（紹興十四年九月甲子）左武大夫、欽州刺史、浙東兵馬鈐轄王敏求勒停，南劍州編管。敏求，岳飛親校也。秦檜追論黄彦節事，以敏求爲彦節計囑飛，私求財物，法寺鞫實，乃有是命。」

《夷堅丁志》卷一三《邢舜舉》：「邢舜舉者，大觀間，由武舉入官，爲虢州巡檢。……暨南渡，出入岳少保之門，歷福建路鈐轄。坐岳事貶竄，不數年，併失三子，家道淪替。」

《揮麈三録》卷三：「王彦恭擢罷雷守，閑居全州。……王之鄰居有李將領者，坐岳侯事，編置於郡，與閭里通情。」此條記載爲後引《要録》所轉載。

《建炎以來繫年要録》卷一六七：「（紹興二十四年七月癸丑）有小校李某者，坐岳飛累，編置全州。」

又同書卷一四三：「（紹興十一年十二月）丁卯，徽猷閣待制、提舉江州太平觀劉洪道責授濠州團練副使，柳州安置。御史中丞万俟卨論洪道『汙穢貪墨，岳飛初爲制置使，洪道足恭以媚之。飛罷宣撫使，命下之日，洪道聞之失色，頓足抵掌，倡爲浮言，簧鼓將士，幾至變生』。故有是命。於是洪道得罪，而終身不復。」

《宋會要輯稿》職官七〇之二五：「（紹興十一年）十二月三日，左通奉大夫、充徽猷閣待制、提舉江州太平觀劉洪道可責授濠州團練副使，柳州安置。以臣僚言洪道與岳飛交結，故有是責。」

《宋史》卷四七四《万俟卨傳》：「劉洪道與飛有舊，卨劾其足恭媚飛，聞飛罷宣撫，抵掌流涕。於是洪道抵罪，終身不復。」

《周益國文忠公集·奏議》卷一〇《論劉洪道贈官》：「臣近見静江府申，奉議郎劉良弼乞依明堂赦，封贈父母。臣契勘本人父劉洪道，……累經太上擢用，遂至寶文閣學士、左通奉大夫。紹興十一年，秦檜欲誅岳飛，以洪道嘗與共事，諷言者彈擊，累數百言，皆指飛也。身没之後，子孫流落不振，未經牽復。」

《輿地紀勝》卷一一二《柳州》：「劉洪道，《中興遺史》云，洪道，山東人，岳飛辟洪道爲參謀。飛死，洪道責柳州，卒。」按劉洪道未任岳飛參謀。

《建炎以來繫年要録》卷一四七：「（紹興十二年十一月庚戌）左承事郎張戒特勒停。右諫議大夫羅汝檝論『異議之人，尚有偶逃憲綱者，張戒是也。按戒最爲趙鼎所厚，鼎既深詆和議，戒巧相迎合，苟可以沮是事者，無不爲也。未幾，鼎罷相，陛下灼見其姦，亟行罷黜。遂往依岳飛於江夏，則其趨操可知』。故黜之。」

《宋史》卷三〇《高宗紀》：「（紹興十二年十一月庚戌）左承事郎張戒坐黨趙鼎、岳飛，停官。」

《建炎以來繫年要録》卷一七五：「（紹興二十六年十一月辛巳）左朝散大夫、知江州范漴罷，以右正言凌哲論其嘗諂事岳飛也。」

又同書卷一四四：「（紹興十二年二月庚午）入内西頭供奉官黄彦節除名，枷項送容州編管。彦節嘗爲岳飛軍中承受，後轉歸吏部。飛憐其貧，遺錢三千緡，且薦爲睿思殿祗候，上不許。飛死，乃抵罪。」

《忠正德文集》卷九《辯誣筆録》：「一、某謫潮陽，岳飛自岳、鄂以金五萬貫賕行，某受之不辭，交結叛將，識者爲之寒心。

辯曰：『自渡江，諸大將與廟堂諸公並相往還。禮數唯遇生日，以功德疏、星香爲壽而已。岳飛後進，并生日禮數亦復不講。某謫潮陽，庚申七月初一日指揮也。初六日得明州公文繳到刑部牒，即日上道。時岳飛在鄂州，相去二千餘里，何由通問？至當年十二月間，得飛一書，謝轉官而已。來人云，因過福州張丞相處下書。蓋自福州至潮，由循、梅入江西，乃其歸路。某以通封公狀謝之，未嘗答一字。次年正月末間，又得一書，亦自福州經過，賀年節書也。某以謂既不答書，不必開看，亦以通封公狀謝之，并來書復付來人賫去，不曾開拆也。書且不留，何由有金五萬貫。以五萬貫之金，須用兩人擎擔，必不輕付，須有管押之人。今岳飛既死，無由考證，然天地鬼神實鑒臨之。又邸報坐到岳飛案款，在酉年春末，罷兵柄，入樞府之後。飛發書來潮陽，在申年冬末，時猶總兵鎮上流也。謂之交結叛將，可乎？况來書未嘗啟封，復還之邪！且諸將總兵在外，每因職事咨禀，廟堂諸公必有書答之。飛最遠，書辭最勤，已前有書往還者，皆謂之交結叛將，可乎？此不待辯而可明者，以事體頗重，不得不一言也。』

《建炎以來繫年要録》卷一四四：「（紹興十二年正月庚申）資政殿學士、提舉臨安府洞霄宫孫近落職。御史中丞万俟卨論近『頃帥紹興，與士㒟交通甚密。及近執政，或得禁中密語，往往漏之。方諸帥還朝，並寘右府，近遂唱爲議論不合之詞，欲深結將帥之私恩。及聞兀术屯泗之始，岳飛就鞫之初，則每對賓客，喜生面顔』。故有是命。」岳飛寃獄爲紹興時之最大寃獄，其屠戮之慘，株連之廣，皆屬僅有。

王俊以告訐，自左武大夫、果州防禦使超轉正任觀察使。姚政、龐榮、傅選等以傅會，遷轉有差。後王俊離軍，檜猶不忘之，授以副總管。〔一〕

〔一〕《建炎以來繫年要録》卷一六三：「（紹興二十二年四月）壬辰，秦檜奏：『廬州觀察使王俊往在岳飛軍中，彈壓有勞，以爲浙東馬、步軍副都總管。』上曰：『飛當時欲具舟船入川，有統制官説諭諸軍，乃止。』」

又同書卷一四五：「（紹興十二年六月戊辰）翊衛大夫、嚴州觀察使、御前背嵬軍同統制傅選言：『首先叙述張憲反狀，乞推恩。』後進一官，（《日曆》不見轉官指揮，程敦厚《外制集》，右武大夫、雄州防禦使傅選爲告捕岳飛下張憲等，除遥郡觀察使，與選陳乞狀内階銜不同，當考。）以爲殿前司副統制。（趙甡之《遺史》在此月庚寅。）」

《三朝北盟會編》卷二〇八：「（紹興十二年六月）二十九日庚寅，御前統制傅選爲殿前司副統制。」

《建炎以來繫年要録》卷一八一：「（紹興二十九年正月）丙寅，右武大夫、容州觀察使、荆湖南路馬、步軍副總管傅選責靖州團練副使，惠州安置，以帥臣魏良臣劾其貪暴也。選初以證岳飛得進，及是始斥。」

《宋會要輯稿》職官七〇之四八：「（紹興）二十九年正月十一日，右武大夫、容州觀察使、荆湖南路副總管傅選責授靖州團練副使，惠州安置。以選自到任以來，買銀、帛、什物不還價錢，專恃兇威，恣爲貪暴，以知潭州魏良臣按發也。」

《建炎以來繫年要録》卷一八三：「（紹興二十九年八月甲寅）詔：『責授靖州團練副使、惠州安置傳選嘗立戰功，理宜矜宥，可復右武大夫、容州觀察使、充兩浙東路馬、步軍副總管。』」

又同書卷一四四：「（紹興十二年正月戊申）飛之在鄂也，有左朝奉大夫王輔者，嘗知彭山縣，以贓敗，遂依飛軍中，飛亦厚待之。至是輔遣其子孝忠上書，指飛爲姦凶，陰合檜意。檜喜，由是脱罪籍，尋擢知普州。輔，上蔡人也。」

《玉照新志》卷五：「秦會之既殺岳氏父子，其子若孫皆徙重湖、閩、嶺，日賑錢米，以活其命。紹興間，有知名士知漳州者建言：『叛逆之後，不應存留。乞絶其所急，使盡殘年。』秦得其牘，令札付岳氏知而已。士大夫爲官爵所釣，用心至是，可謂狗彘不食其餘矣。不欲顯言其姓名，以爲薦紳之玷。」

從者賞，違者刑，苟知避禍，無不箝結奉承。時董先亦逮至，檜恐其有異辭，引先面諭，且甘言撫勞之，曰：「毋恐，第證一句語言，今日便出。」先唯唯。檜使大程官〔一〕二人，護先至獄中。先對吏，果即伏，遂釋之，不逾半刻（據趙甡之《中興遺史》）。〔二〕

〔一〕大程官《宋會要輯稿》職官三之四三載有「三省大程官」，可知大程官屬三省。

〔二〕《武漢文博》二〇一五年第二期武漢市文物考古研究所、武漢大學歷史學院《武漢蔡家嘴墓地發現南宋董先墓及墓誌銘考》引董先墓誌銘：「承樞密行府差同提舉一行事務，又□□□□□

背嵬□□□□□□旨，統所部軍馬，赴行在宿衛。既至，改充步軍司統制。」另據《宋史》卷三六八《牛皐傳》，張俊「樞密行府以皐兼提舉一行事務」，又董先亦「承樞密行府差同提舉一行事務」，此應爲岳飛罷樞密副使前後，王貴與張憲任鄂州駐劄御前諸軍都統制與副都統制時。宋廷將韓家軍與岳家軍先後予以肢解，其方式同是令兩人之親軍背嵬軍移屯臨安。

《京口耆舊傳》卷八《湯鵬舉傳》：「以直秘閣知江州，時朝廷囚大將岳飛於獄，其下反側不自安，有逆謀。鵬舉知其將董先忠義，直入軍，見先，使搜軍中，得首謀者，戮之。餘悉按堵。董先亦率其下拜且泣曰：『生我者父母，全我者公也。』」此當發生於董先率背嵬軍途經江州時。

《建炎以來繫年要録》卷一五八：「（紹興十八年十一月）丁未，龍、神衛四廂都指揮使、邕州觀察使董先添差兩浙西路馬、步軍副都總管，平江府駐劄。初，岳飛既死，先自武昌召還，爲步軍司統制。先與管軍趙密不協，於是離軍。領殿前都指揮使職事楊沂中憐其才，賵遺甚厚，具奏乞隸本司。朝廷以三衙不許互換，陳乞不許。」關於董先下大理寺，參見本卷第七四九頁至第七五二頁。

《三朝北盟會編》卷二一六：「（紹興十九年）十二月，董先爲鄂州駐劄御前左軍統制。董先初在鄂州宣撫司，爲背嵬軍統制，岳飛死後，召先赴行在，隸步軍司爲統制。先與步帥趙密不協，爲江東副總管，信州駐劄。殿司楊存中憐其才，常賵遺甚厚，具劄子乞隸殿司，以三衙不許互換，陳乞不許。鄂州都統制田師中乃乞先爲統制，遂爲左軍統制。」以下介紹宋廷對岳家軍之處置。

《輿地紀勝》卷六六《鄂州》：「都統制司：紹興四年，岳飛以神武後軍破李成，復漢上六州。五年，平湖寇，提師至鄂，因請駐之，置司於州治。十一年，和議成，召諸將入覲，以王貴權都統制，移司於城東黄鵠山之麓，即馮文簡公之舊宅也。又有副都統制廨舍在轉運司南十九將寨中。」據《宋史》卷三一七《馮京傳》，馮京「謚曰文簡」。

《北山文集》卷一《勘襄陽府疏》：「又適因岳飛死，慮江、鄂諸軍有所未喻，因慰撫焉。過襄陽奏曰：『臣契勘襄陽府城池深固，三面阻水，一面依山，新作山寨，並已畢備。今係統制李道、梁興等戍守，上下安帖，不煩聖慮。』」川、陝宣諭使鄭剛中途經江州、鄂州、襄陽府，體察軍情，進行「慰撫」，於紹興十二年正月至陝西前沿。

《三朝北盟會編》卷二〇六：「（紹興十一年五月二十七日甲子）田師中加定江軍節度使。田師中，字吉甫，以弓馬所子弟補官。……其妻乃（張）俊之子婦也，俊子亡，遂以其婦再適師中。師中極諂佞，呼俊爲『阿爹』，不啻如親父子。故每戰必有奇功，而天下之人皆不信其果戰也。至是賞柘臯之功，與王德皆授節鉞，人無智愚，皆以德爲當，而不稱師中。」

又同書卷二〇八：「（紹興十二年）三月八日辛丑，鄂州駐劄御前諸軍都統制王貴罷，爲特添差福建路馬、步軍副都總管，福州駐劄。……

田師中加殿前都虞候，爲鄂州駐劄御前諸軍都統制。張俊力薦田師中，除殿前都虞候、鄂州駐劄御前諸軍都統制，以統岳飛之軍。軍中初不伏，統制傅選、李山、郭青輩往往乞罷去。撫諭久之，稍定。師中專務結託内侍，以爲内助，故能久其權。」

又同書卷二一九《林泉野記》（張俊）：「十二年，還朝，薦其將田師中往鄂州，掌岳飛兵。」

《建炎以來繫年要録》卷一四四：「（紹興十二年三月）丁未，龍、神衛四廂都指揮使、定江軍節度使、御前統制田師中陞充殿前都虞候、鄂州駐劄御前諸軍都統制。張俊力薦師中代掌岳飛軍。先數日，上諭輔臣曰：『朕欲面委師中營田之事，儻區處得宜，地無遺利，便可使就糴，以充軍賦。軍賦既足，取不及民，則免催科之擾、輸送之費，可以稍寬民力。若乃規其入以供公上，非朕所欲也。』既又賜師中銀、帛萬匹、兩，爲犒軍之費。至是特降制命之。師中至武昌，軍中初不伏，統制官傅選、李山、郭青輩往往乞罷去。撫諭久之，稍定。（上諭輔臣語，在是月壬寅，賜激賞銀、絹，在甲辰，今並附此。徐夢莘《北盟會編》云：『師中專務結托内侍以爲助，故能久其權。』）」

武安軍承宣使、御前統制、權鄂州都統制王貴添差福建路馬、步軍副都總管，罷從軍。」

《東窗集》卷一四《王貴除侍衛親軍步軍〔副都〕指揮使添差福建路副都總管制》：「敕：『典禁旅之嚴，内則資其扈衛；總兵符之重，外則薄其威名。兼此異恩，屬吾驍將。具官某早親行陣，素習韜鈐。撫衆甚寬，列營馴其號令；臨機必果，彊敵避其鋒稜。屢收斬獲之功，方倚訓齊之政。

胡抗章而自列，遽引疾以爲辭。載疇盟府之戰多，參領甌閩之軍律。仍陞侍衛之職，以壯董兵之權。服我寵榮，毋忘報稱。』」王貴本爲岳飛之副，宋廷誣陷岳飛之寃案中，稱岳飛父子「以書與憲、貴」（《金佗稡編》卷二四《張憲辨》），已受牽連，僅因其轉發王俊誣告狀，方免於張憲之下場。王貴深悉所處之困境，故「引疾以爲辭」，猜忌已甚之宋廷順水推舟，命田師中取代。

《建炎以來繫年要録》卷一五三：「（紹興十五年五月）己酉，侍衛步軍副都指揮使、武〔安〕軍承宣使王貴爲福建路馬、步軍副都總管，上覽除目，曰：『此輩處之優穩如此，則見在軍者有所激勸矣。』秦檜曰：『聖慮及此。可謂深遠。』（熊克《小曆》云：『初，步軍副都指揮使王貴因告張憲、岳飛之事，擢爲管軍，至是除福建副總管。』按飛以紹興十一年誅死，明年三月，貴罷爲福建副總管，以田師中代之，未嘗除管軍。又按是時步帥乃韓世良，後改用趙密，蓋貴止是帶軍職，克誤以爲步帥也。）」王貴罷都統制時，據《東窗集》制詞，已有侍衛步軍副都指揮使之虚銜，紹興十五年應爲連任。

《性善堂稿》卷六《重慶府到任條奏便民五事》：「往時秦檜賣國市和，以私意殺欲復中原之岳飛，而使田師中領其衆。飛素得軍心，故令師中自關外帶蜀兵數千人自隨，以爲彈壓，而又分蜀賦以給之。」

《中興小紀》卷三一：「（紹興十三年六月壬辰）鄂州御前都統制田師中奏：『諸軍統制等官有老病者，已蒙朝廷與差遣離軍，今不可闕官。』乃詔選鋒軍統制李道爲前軍統制，餘以次陞焉。」

《建炎以來繫年要録》卷一四九：「（紹興十三年六月壬辰）中侍大夫、武勝軍承宣使、鄂州駐劄御前選鋒軍統制李道爲前軍統制。先是，軍官老病者皆授添差離軍，都統制田師中言：『本管軍馬不可闕官。』故有是命。於是中軍副統制郝晸陞權選鋒軍統制，後軍副統制李山遷中軍副統制，餘以次陞焉。（按前軍統制張憲以十一年十二月誅死，今且二年，不知何以始差正官，當考。）」

《三朝北盟會編》卷二一六：「紹興十七年三月四日丁卯，牛皋卒。丙寅，都統制田師中大會諸將，而統制官牛皋遇毒而歸，知其必斃，乃呼門下吏，及對家人語以後事。翌日丁卯，卒於正寢，故外人唯知皋無病而卒。既而聞其遇毒，或以爲秦檜密令師中毒之，莫不歎惜者。」

《建炎以來繫年要録》卷一五六：「紹興十七年三月丁卯）捧日、天武四廂都指揮使、寧國軍承宣使、鄂州駐劄御前左軍統制牛皋卒。前一日，都統制田師中大會諸將，皋遇毒而歸，知其必斃，乃呼親吏及家人，囑以後事，至是卒。或謂秦檜密令師中毒之，聞之者莫不歎恨。」

《宋史》卷三六八《牛皋傳》：「樞密行府以皋兼提舉一行事務。宣撫司罷，改鄂州駐劄御前左軍統制，升真定府路馬、步軍副（都）總管，轉寧國軍承宣使，荆湖南路馬、步軍副總管。紹興十七年上巳日，都統制田師中大會諸將，皋遇毒，亟歸，語所親曰：『皋年六十一，官至侍從，幸不啻足。所恨南北通和，不以馬革裹屍，顧死牖下耳！』明日卒。或言秦檜使師中毒皋云。」田師中陰謀排除異己，並縮編兵力。岳家軍原有十萬以上兵力，爲諸軍之冠。至紹興十八年，楊存中殿前司「總七萬餘人」，「兵籍爲天下冠」（《要録》卷一五八閏八月乙酉），可知鄂州大軍已少於七萬人。

又同書卷三六四《韓彦直傳》：「進對言：『頃自岳飛爲帥，身居鄂渚，遥領荆、襄。田師中繼之，始分鄂渚爲二軍，乞復舊。』」按荆南府都統司之設置，始於紹興三十年五月，乃出自楊存中建議，與田師中無關。荆南府御前諸軍兵力來自招募和各軍的抽調，並未「分鄂渚爲二軍」（《要録》卷一八五辛巳、乙酉）。

《浪語集》卷二〇《論屯戍》：「夫夏口之兵，岳侯所用以奮擊於匈奴中者，猶是人也，何不伸於今日？況兩軍不相統，一旦鏬生其間，一却一前，何以待敵？」

《南軒先生文集》卷二四《答朱元晦》（其十）：「荆、鄂大軍屯營在此者（按：指江陵府），亦萬五千餘人。非復岳侯向日規摹，近日曾喚來射，亦全不成次第。」

唯樞密使韓世忠不平，獄成，詣檜詰其實，檜曰：「飛子雲與張憲書不明，其事體莫須有。」〔二〕世忠曰：「相公言『莫須有』，何以服天下！」因力争，檜竟不納。〔三〕

〔一〕《永樂大典》卷一九七三五《曾公遺録》：「余因爲上言：『保甲固當教習，然陝西、河東連年進築城寨，調發未已，河北連併水災，流冗未復，以此未可督責訓練。』上云：『府界莫可先行？』」「府界莫可先行」一句，《宋史》卷一九二《兵志》作「府界豈不可先行」，可知「莫」應作「豈不」解。

《故宫週刊》第三六三、三六四期《蔡襄尺牘》：「澄心堂紙一幅，闊狹、厚薄、堅實皆類此，乃佳工者不願爲。又恐不能爲之，試與厚直，莫得之，見其楮細，似可作也。」

《金佗稡編》卷二高宗宸翰五十二：「凡今日可以乘機禦敵之事，卿可一一籌畫措置，先入急遞奏來。據事勢，莫須重兵持守，輕兵擇利。其施設之方，則委任卿，朕不可以遥度也。」

《三朝北盟會編》卷一二：「趙良嗣、周武仲至大金軍前，金人不許營、平、灤三州，并要燕地税賦，復遣李靖持書來。……良嗣對曰：『且如賦税之内，有諸般色數，若細豆碎雜之屬，地理相遠，如何搬運得？莫須計數折納。』」卷一三：「（王黼諭以）且如地税，自燕中計脚乘到貴國，如何搬運得？莫須别以銀絹代税賦。靖云：『如此則甚好，却是省力，不知待著多少銀絹代税賦？』」

《建炎以來繫年要録》卷八二：「（紹興四年十一月辛未）時金人於滁上造舟，有渡江之意。……主管殿前司公事劉錫、神武中軍統制楊沂中見（趙）鼎曰：『探報如此，駕莫須動。』鼎曰：『俟虜已渡江，方遣三君率兵趨常、潤，併力一戰，以决存亡，更無他術。』錫等同聲曰：『相公可謂大膽！』」

又同書卷一二四：「（紹興八年十二月戊寅）（李）誼曰：『此事莫須召三大將來，與之商議，取具穩當乃可。』上不答。」「莫須」乃宋時常用語彙，「莫須有」即是「豈不須有」，「莫」並非感歎詞，不應作「莫，須有」解。

〔二〕《琬琰集删存》卷一《韓忠武王世忠中興佐命定國元勳之碑》：「岳飛之獄，王不平，以問檜，檜曰：『飛子雲與張憲書雖不明，其事體莫須有。』王艴然變色曰：『相公！莫須有三字，何以服天下！』」《江蘇金石志》卷一二《韓蘄王碑》文字有殘缺。

《中興小紀》卷二九：「（紹興十一年十二月癸巳）先是，獄之成也，太傅韓世忠嘗以問秦檜，檜曰：『飛子雲與張憲書雖不明，其事體莫須有。』世忠曰：『相公言莫須有，此三字何以使人甘心！』固争之，檜不聽。……（此據《野史》）」

《建炎以來繫年要録》卷一四三：「（紹興十一年十二月癸巳）初，獄之成也，太傅、醴泉觀使韓世忠不能平，以問秦檜，檜曰：『飛子雲與張憲書雖不明，其事體莫須有。』世忠怫然曰：『相公！莫須有三字，何以服天下乎！』」

《宋史》卷三六四《韓世忠傳》：「岳飛冤獄，舉朝無敢出一語，世忠獨攖檜怒，語在檜傳。」按《宋史》卷四七三《秦檜傳》不載此語，乃修史者失於剪裁。

《金佗稡編》卷二〇《籲天辨誣通敍》：「韓世忠以『莫須有三字，何以服天下』爲問，而奪之柄。」又同書卷二四《張憲辨》：「其在當時，檜，力成此獄者也。而韓世忠不平之問，檜僅答以『莫須有』，世忠艴然曰：『相公！莫須有三字，何以服天下！』則是檜亦自知其無矣。」

《皇朝中興紀事本末》卷五八：「先是，獄之成也，太傅韓世忠嘗以問檜，檜曰：『飛子雲與張憲書不明，其事體必須有。』世忠曰：『相公言必須有，此三字何以使人甘心！』固争之，檜不聽。」此書作「必須有」，《宋宰輔編年録校補》卷一六記載相同，與前引諸書「莫須有」之説稍異。「必須有」比「莫須有」語氣較重。

先臣死，洪皓時在虜中，馳蠟書還奏，以爲虜所大畏服，不敢以名呼者唯先臣，號之爲岳爺爺。〔一〕諸酋聞其死，皆酌酒相賀曰：「和議自此堅矣！」〔二〕他日，皓還朝，論及先臣死，不覺爲慟。〔三〕上亦素愛先臣之忠，聞皓奏，益痛悔焉。死之日，天下知與不知，皆爲流涕，下至三尺童子，亦怨秦檜云。〔四〕

〔一〕《老學庵筆記》卷一：「予在南鄭，見西陲俚俗，謂父曰『老子』，雖年十七、八有子，亦稱『老子』。乃悟西人所謂『大范老子』、『小范老子』，蓋尊之以爲父也。建炎初，宗汝霖留守東京。羣盜降附者百餘萬，皆謂汝霖曰『宗爺爺』，蓋此比也。」《劍南詩稿》卷二七《書憤》：「劇盜曾從宗父命，遺民猶望岳家軍。……（宗澤守東都，巨盜來歸百萬，號宗爺。……）」女真人敬畏岳飛，不呼其名，蓋亦遵從漢人避名諱之習俗。

〔二〕《金佗續編》卷一四《忠愍謚議》：「初，忠宣洪公在虜，嘗遣蠟書至，太上以賜其家，言虜中所大畏服者，張浚與公而已。他日忠宣還，因奏事，論至公死，不覺爲慟。」

《金佗稡編》卷二〇《籲天辨誣通敍》："洪皓嘗奏事，而論及先臣，不覺爲慟，以爲虜中所大畏服，不敢以名稱者惟先臣，至號之爲岳爺爺。及先臣之死，虜之諸酋莫不酌酒相賀，以爲和議自是可堅。"

《山堂肆考》角集卷四二《誤國之報》引《夷堅志》："（岳）飛遂死獄中，張憲、岳雲戮於市，流徙兩家妻帑，貲産皆没官。金人聞之，酌酒相賀曰：『莫予毒也！』"此條記載應是《夷堅志》作者洪邁得自其父洪皓在金朝之見聞。

《説郛》卷一八葉寘《坦齋筆衡·岳飛》："紹興中，金人遣其秘書監劉祹來聘，因問：『岳飛以何罪而死？』館伴者無以對，但曰：『意欲謀叛，爲部將所告，以此抵誅。』祹笑曰：『江南忠臣善用兵者，止有岳飛，所至紀律甚嚴，秋毫無所犯。所謂項羽有一范增而不能用，所以爲我擒。如飛者，無亦江南之范增乎！』館伴者不敢發一語而止。秦檜約束勿以奏，即以不職貶其人。"

《説郛》弓四七趙葵《行營雜録》："紹興中，金人遣其秘書監劉陶來聘，因問：『岳飛以何罪而死？』館伴者無以對，但曰：『意欲謀叛，爲部將所告，以抵誅。』陶曰：『江南忠臣善用兵者，止有岳飛，所至紀律甚嚴，秋毫無犯。所謂項羽有一范增而不能用，所以爲我擒。如飛者，其亦江南之范增乎！』館伴者默不能對。秦檜聞之，約束勿奏，俄以不職貶其人。"據《要録》卷一四五，《宋史》卷三〇《高宗紀》，《金史》卷七九《王倫傳》，劉祹於紹興十二年出使宋朝。《宋史》與《金史》作"劉祹"，《要録》作"劉陶"，應以"祹"爲準。劉祹之官銜，《要録》爲秘書監，《金史》爲山東西路都轉運使。

《宋朝南渡十將傳》卷一《劉錡傳》：「且(完顏)亮爲東京留守日，嘗語人曰：『張、韓、劉、岳謀略智勇皆不在兀述下，但一時議論不協和，故其功少虧爾。』」

《浪語集》卷二二《與汪參政明遠論岳侯恩數》：「逆亮南寇，胡人自爲『岳飛不死，大金滅矣』之語。」

《金史》卷九八《完顏綱傳》：「其賜(吴)曦詔曰：『……且卿自視翼贊之功孰與岳飛？飛之威名戰功，暴於南北，一旦見忌，遂被叁夷之誅，可不畏哉！……』」

〔三〕所謂宋高宗「素愛先臣之忠」，「益痛悔焉」，乃岳珂故作曲筆。

〔四〕《老學庵筆記》卷一：「張德遠誅范瓊於建康獄中，都人皆鼓舞；秦會之殺岳飛於臨安獄中，都人皆涕泣。是非之公如此。」

《三朝北盟會編》卷二〇七：「飛死於獄中，梟其首。市人聞之，悽愴有墮淚者。」據《要録》卷一四三注，此條應抄自趙甡之《中興遺史》。

又同書卷二〇七《岳侯傳》：「侯中毒而卒，葬於臨安菜園内。天下聞者無不垂涕，下至三尺之童，皆怨秦檜云。」

《金佗續編》卷三〇杜莘老《乞昭雪奏劄》：「岳飛，良將也，以決意用兵，檜文致極法，家屬盡徙嶺表。至今人言其寃，往往爲之出涕。」此奏在宋高宗在位末期，宋、金重新開戰時所上。

又同書卷一四《湖北轉運司立廟牒》：「去此已三十年，遺風餘烈，邦人不忘，繪其像而祀者，十室而九，可見忠義能感人心如此。」「邦人」即鄂州人。

又同書卷一四《敕建忠烈廟省牒》：「武昌軍奏：『……百姓仰之，近遠之人，繪圖其像。……』」

又同書卷三〇《郢州忠烈行祠記》：「余浮九江，逾大别，循漢水而上，父老往往能道岳公事，至有垂涕者，曰：『微岳公，吾屬久爲虜矣。』……江、湖之民，至今繪其像，家家奉祀之。」

又同書卷二八《廬陵劉過題鄂王廟六州歌頭詞并跋》：「過舊時營壘，荆鄂有遺民，憶故將軍，淚如傾。」

《金佗稡編》卷二〇《籲天辨誣通敍》：「汪澈宣諭荆、襄，周行舊壘，見其萬竈鱗比，寂無讙譁，三軍雲屯，動有紀律，乃竦然嘆曰：『良將之遺烈蓋如此！』繼而列校造前，捧牘訟先臣之寃，澈遂喻之以當以奏知之意。此語一出，哭聲如雷，咸願各效死力，至有『爲岳公争氣』之語，澈慰諭久之，而啜泣者猶未止也。故先臣復官之旨，亦略敍其歸功之意。」

又同書卷九《昭雪廟謚》：「汪澈以御史中丞宣諭荆、襄，諸將與合軍陳牒，以訟先臣之寃，澈諭之曰：『當以奏知。』諸軍哭聲如雷，皆呼曰：『爲我岳公争氣，效一死！』都督張浚、參贊陳俊卿聞此語，皆悲感歎服。」

又同書卷九：「頃爲兒時，侍臣霖游宦四方，帥廣州日，道出章貢，見父老帥其子弟來迎，皆涕洟曰：『不圖今日復見相公之子。』時臣在侍側，感泣曰：『先公遺德猶在此。』臣霖亦泣曰：『豈特此地爲然，昔將漕湖北，武昌之軍士、百姓設香案，具酒牢，哭而迎。有一嫗哭尤哀，曰：相公今不復此來矣！家人念之者，呼而遺之食，問其夫何在？嫗舍食，哭曰：不善爲人，爲相公所斬矣。問其子若婿皆然。」」

《忠文王紀事實録》卷四：「先是，王薨一年前後年此日，諸將復之武昌騎戲，又一下卒忠義所激，自題一詩云：『自古忠臣帝主疑，全忠全義不全尸。武昌門外千株柳，不見楊花撲面飛。』聞者爲之悲泣，罷遊。」

《金佗續編》卷二八《孫逌編鄂王事》：「湖之南，江之西，比屋繪像，事王如生。」

《嘉靖邵武府志》卷一四《隱士》：「李安期，字泰伯，淹貫經史，援筆成文，尤以詩名遨遊江、湖間。四川宣撫使吳璘雅重之。岳飛死，作《表忠詩》百二十首吊之。」

《巽齋文集》卷二一《書崇岳集》：「岳忠武王之死，孰殺之？金人不能殺王於戰，能殺王於獄。蓋自遣檜來相，而金人之命行乎江南矣。其所欲殺，豈獨一岳王，檜方次第掃除以報，而藝祖在天，丕降罪疾，殛之，然後三、四忠賢幸免，中國再有生氣。王不幸，最先死，死且孥，哀哉！《崇岳集》者，陳君華叔之所集，而間以己作，率悼王也。」

查籥[二]嘗謂人曰：「虜自叛河南之盟，岳飛深入不已，檜私于金人，勸上班師。金人謂檜曰：『爾朝夕以和請，而岳飛方爲河北圖，且殺吾婿，不可以不報。必殺岳飛，而後和

可成也。』」檜於是殺先臣以爲信。〔三〕

〔一〕《建炎以來繫年要録》卷一八〇：「（紹興二十八年十二月壬辰）左從事郎查籥主管户部架閣文字。籥，江陵人也。」又同書卷一八二：「（紹興二十九年閏六月）丙子，左從事郎、新主管户部架閣文字查籥爲秘書省正字。」

〔二〕《宋會要輯稿》職官七六之七三：「淳熙元年七月二十五日，詔：『故降授左朝奉郎、直秘閣查籥特與追復朝散郎。』以籥乾道七年十月知台縣望（按：以上字有錯訛），具析總領所支錢物失實，降一官，放罷。至是遇赦，特與追復。」查籥比較傾向抗金，與王十朋、陸游等人頗有交往。

〔三〕《金佗稡編》卷二〇《籲天辨誣通敍》：「查籥嘗謂人曰，虜自叛河南之盟，先臣深入不已，檜私于金人，勸上班師。兀术遺檜書曰：『爾朝夕以和請，而岳飛方爲河北圖，且殺吾婿，不可以不報。必殺岳飛，而後和成也。』檜於是殺先臣以爲信。」岳家軍在紹興十年七月十四日潁昌大戰中，殺完顔兀术女婿、統軍使、夏姓金吾衛上將軍。完顔兀术此信應爲戰後不久所發。在號稱優禮臣僚之宋朝，宋高宗不顧宋太祖「誓不誅大臣」之誓約（《三朝北盟會編》卷九八曹勛《北狩聞見録》），以「莫須有」之罪殺岳飛，完顔兀术此信應起很大作用。查籥死後十餘年，岳珂方出生。《行實編年》此段記事應來源於岳霖委託顧杞起草之原稿。

沈尚書介〔一〕謂先臣霖曰，先臣之忤張俊也以廉，忤秦檜也以忠。俊方厚貲，而先臣獨清；檜方私虜，而先臣獨力戰，此所以不免也。時以爲名言。〔二〕

〔一〕沈尚書介　「介」，原作「亦」，嘉靖本同，據《紀事實録》改。《建炎以來繫年要録》卷一四四：「（紹興十二年二月）辛卯，給事中、知貢舉程克俊等言：『博學宏詞科，右（承）務郎洪遵，敕賜進士出身沈介、右從政郎洪适並合格。』遵，适弟，介，德清人也。」《南宋館閣録》卷七：「沈介，字德和，吴興人。」沈介在宋孝宗時任權兵部尚書、湖北、京西制置使，可見《盤洲文集》卷一四《賜沈介辭免權兵部尚書不允詔》，卷二一《沈介起復權兵部尚書湖北京西制置使制》。

〔二〕《建炎以來繫年要録》卷一四六：「史臣秦熺等曰：『……初，岳飛擁重兵，據上流者累年，稔成罪釁，日圖反叛，至是皆暴章，首告繼踵。逮核實於天獄，悉得其情，逆狀顯著，審讞無異，飛與子雲及其黨張憲皆賜死。於是天討有罪，故桀傲者懍懍知畏，咸奔走承命之不暇。……』」《鴻慶居士集》卷三六《宋故揚武翊運功臣太師鎮南武安寧國軍節度使充醴泉觀使咸安郡王致仕贈通義郡王韓公墓誌銘》：「主上英武，所以駕馭諸將，雖隆名顯號，極其尊榮；而干戈鈇鉞，亦未嘗有所私貸，故岳飛、范瓊輩皆以跋扈賜死。」

《玉照新志》卷四：「思陵興念疆埸生靈，久罹鋒鏑，亦厭佳兵。會之起帥浙東，入對之際，揣摩天意，適中機會，申講和之謀，遂爲己任焉。大契淵衷，繼命再相，以成其事。凡虜中按籍所取北客，悉以遣行。盡取兵權，殺岳飛父子，其議乃定。逮太母迴鑾，卧鼓滅烽逾二十年。此會之之功不可掩者也。」王明清此段評論與本卷第七四八頁引《揮麈録餘話》自相矛盾。

《朱文公文集》卷九九《除秦檜祠移文》：「竊見故相秦檜歸自虜庭，久專國柄，内忍事讎之恥，外張震主之威。以恣睢戮善良，銷沮人心忠義剛直之氣；以喜怒爲進退，崇奬天下佞諛偷惰之風。究其設心，何止誤國，岳侯既死於棘寺，魏公復竄於嶺隅。連逮趙汾之獄，蓋將掩衆正而盡誅；徘徊漢鼎之旁，已聞圖九錫而來獻。天不誅檜，誰其弱秦。」

《朱子語類》卷一一〇：「問選擇將帥之術，曰：『當無事之時，欲識得將，須是具大眼力，如蕭何識韓信，方得。不然，邊警之時，兩兵相抗，恁時人才自急。且如國家中興，張、韓、劉、岳突然而出，豈平時諸公所嘗識者，不過事期到此，厮拶出來耳。』」

又同書卷一二七：「曰：『高宗也無人，當時有許多有名底人，而今看也只如此。』問：『岳侯若做事，何如張、韓？』曰：『張、韓所不及，却是它識道理了。』又問：『岳侯以上者當時有誰？』曰：『次第無人。』」朱熹在前談及岳飛提議建儲，説：「如飛武人，能慮及此，亦大故是有見識。」所謂「識道理」可能即指此事。

又同書卷一三一：「僩問：『如張、韓、劉、岳之徒，富貴已極，如何責他死了，宜其不可用。若論數將之才，則岳飛爲勝，然飛亦横，只是他猶欲向前厮殺。』先生曰：『便是如此。有才者又有些毛病，然亦上面人不能駕馭他。若撞著周世宗、趙太祖，那裏怕他，駕馭起皆是名將。……』……又言：『諸將驕横，張與韓較與高宗密，故二人得全；岳飛較疏，高宗又忌之，遂爲秦所誅，而韓世忠破膽矣。』」

又同書卷一三二：「岳飛恃才不自晦。郭子儀晚節保身，甚闒冗，然當緊要處又不然，單騎見虜云云。飛作副樞，便直是要去做。張、韓知其謀，便只依違。然便不做亦不免，其用心如此，直是忠勇也。」朱熹對岳飛評價與後世統治者之宣傳有異，他不認爲岳飛乃忠君道德之楷模。

《浪語集》卷一九《上宣諭論淮西事宜十》（其五）：「有罪則闊略，行賞則從重。故張、韓之輩卒不能復中原尺寸之土，而遂享三公之封。獨一岳飛，頗有志于功名，然進退之機，或戾中旨，卒罹其禍。今之諸將見張、韓之貴，雖輕致敗衄，而益無所憚；懲岳飛之禍，若事當機會，亦不敢專。此當今之大患也。」

又同書卷二〇《上宣諭汪中丞書》：「紹興始元，皇上恢祖宗之略，士氣稍奮，江東以興。權臣柄朝，媢賢醜正。岳侯之死，世絶功名之望，趙、張之放，人莫敢有賢德，四方士氣至于今索然。」

又同書卷三二《袁先生傳》：「袁先生諱溉，字道潔，汝陰人也。……其出關至夏口，岳開府飛必欲延至幕下。先生一見而出，不辭而行，語所知曰：『岳公武人而泥古，幕府無圓機之士，難乎免矣！』未幾而及難。」

《誠齋集》卷六二《上壽皇論天變地震書》：「異時名相如趙鼎、張浚，名將如岳飛、韓世忠，此金虜所憚也。」

《宋史》卷四三三《楊萬里傳》：「淳熙十二年五月，以地震應詔上書曰：『……異時名相如趙鼎、張浚，名將如岳飛、韓世忠，此金人所憚也。……』」

《歷代名臣奏議》卷三三六趙汝愚奏：「方太上渡江時，長淮赤地千里，蓋無藩籬之衛。當時所恃以禦敵者，張、韓、劉、岳數大將而已。」

《龍川文集》卷一三《中興遺傳序》：「始欲纂集異聞，爲《中興遺傳》，然猶恨聞見單寡，欲從先生、故老詳求其事，故先爲之纂例，而以漸足之。其一曰大臣，若李綱、宗澤、吕頤浩、趙鼎、張浚；其二曰大將，若种師道、岳飛、韓世忠、吴玠、吴璘。」《陳亮集》（增訂本）卷二三《中興遺傳序》無「張浚」和「吴璘」兩個人名。

《金佗稡編》卷九《昭雪廟謚》：「淳熙五年五月五日，臣霖以知欽州召見，賜對便殿，上宣諭曰：『卿家紀律、用兵之法，張、韓遠不及。卿家寃枉，朕悉知之，天下共知其寃。』」

《金佗續編》卷一四《忠愍謚議》：「人謂中興論功行封，當居第一。」

《東園叢説》卷下《以少敗衆》：「紹興初，金人之勢方熾，僞齊父子戮力作難，歲爲邊患。然而兩淮、荆襄、四川皆足以防禦，僞齊終以無功被廢者，以韓世忠屯淮陰，劉光世屯合肥，岳飛屯夏口，吴玠屯河池，各不下一、二十萬人，足以控扼之也。」

又同書卷下《記時事》：「紹興六年間，既誅滅楊么，平定李成等，四方無虞，民庶安妥。高宗圖爲收復中原計，張魏公力贊之。其時吴玠鎮蜀漢，岳飛鎮鄂渚，韓世忠、劉光世分守兩淮。岳飛陰結宛、洛間豪傑，及招誘太行雄强，有請軍號而往者。飛慨然有掃清河朔之志，而韓世忠亦悉師攻下邳，以圖山東，國威甚震。金人稍懼，又僞齊劉麟等連年入寇，喪失軍實甚多，知進取之無益，由是有請和之議。秦檜在敵庭時，已熟知敵人之情，既自敵中脱歸，居中參預朝政，於是力主講和之議。自後南北安靖，北邊無烽火之警者垂三十載，人皆歸功於檜，而不知檜之所賴以濟和議之成者，乃高宗神武，而諸帥攘袂徇國之功居多也。和議之前，朝廷有親征之舉，詔書宣布，僕先人嘗有歡喜口號三首，謹録之於左，其詞曰：『諸將宣威正此時，一人神武萬軍知。無煩司馬誅莊賈，共笑隨侯侈少師。』又曰：『要將孝友求張仲，莫把魁梧望子房。神略廟籌歸變化，帝圖王業本雄强。』此篇主爲魏公也。又曰：『吴、岳川、襄百萬兵，韓、劉淮甸兩長城。頗聞時雨蘇諸路，更看壺漿走四京。』於時國勢方張，諸將往往不樂和議，岳飛力争之，父子被誅，而其議乃始堅定。」

《昌谷集》卷一七《中興四將贊》：「若夫智略足以料敵，鑒裁足以用人，紀律嚴而下不忍怨，糧運竭而衆不忍叛，身死八十年，聞風者猶且悦之，其惟岳飛乎！古之所謂大將，不過於此。然而南北分合，應有定時，忠邪〔生〕死，應有定數，豈權臣一日所能自爲之，哀哉！」

《西山先生真文忠公文集》卷一四《十一月癸亥後殿奏己見劄子一》：「諸將若韓世忠、岳飛、吴玠、張俊、楊沂中、劉錡之徒，分控要衝，敵至輒破，不惟憤虜，且欲吞虜，故能轉弱而爲强。」

《後村先生大全集》卷八六《進故事·丙午十二月初六》：「紹興元年，秦檜拜右相。……十一年，韓世忠、張俊、岳飛罷兵柄，飛坐誅。檜拜左相。十二年，拜太師。二十五年，檜薨（出《實録》及檜傳）。

臣恭惟高宗皇帝聰明聖武，侔德周宣、漢光，中興之英主也。初罷檜相，明斥其罪，形之親札，載之訓辭，榜之朝堂，又奪其職名。天下謂檜不復用矣。後五年，再入。又二年，再相。在位十九年，然後死。臣按遷蹕錢塘，本趙鼎之謀也，時和議已有萌矣。向使鼎與諸賢主謀於内，諸名將宣力於外，必不專恃和，雖和必不至於甚卑屈。於是檜用計逐鼎，挾虜自重。高宗始欲和約之堅，舉國以聽，然大柄一失，不可復收。甚眷鼎、浚，而鼎、浚不得不貶；甚眷世忠、俊，而世忠、俊不得不罷；甚眷飛，而飛不得不誅；甚惡熺，而熺爲執政。」

《臞軒集》卷一《丁丑廷對策》：「祖宗盛時，求之於偏校之中，可以得岳飛；求之於敢勇之中，可以得韓世忠。」

《許國公奏議》卷三《奏乞增兵萬人分屯瓜洲平江諸處防拓内外》：「竊攷韓世忠制置浙西，以八千之旅邀窘兀术於金、焦之下，可謂以少擊衆，以弱禦强。然其所將，皆西鄙勁卒，身經百戰之人；而又是時蜀有吴玠、吴璘控制上流，荆湖有岳飛以必視之軍虎視河、洛。」按建炎四年黄天蕩之戰時，岳飛、吴玠兩軍尚未部署於荆湖、蜀口，此説誤。

《宋史全文續資治通鑑》卷二一引何俌《中興龜鑑》：「且飛之將略，亦嘗聞其大略乎？飛，起於効用者也，平居憂國，無所不爲，征討出師，慷慨勇往。隆冬按邊，上有『非我忠臣，莫雪大恥』之諭；盛夏出師，上有『暑行勞勤，朕念之不忘』之語；東下赴援，而上有『委身徇國，竭節事君』之歎；力疾先馳，而上有『國爾忘身，誰如卿者』之褒。帥襄陽而克復襄陽，鎮湖北而坐制湖湘，焚蔡州之積，奪虢州之糧。而又倡率三軍，指示方略，自李寶曹州之戰，以至張憲臨潁之戰，凡十五戰，每戰必捷。虜酋相告，謂『撼山易，撼岳飛兵難』。吁！當時有如飛者數十輩，布置邊面，是真所謂萬里長城者。而檜乃屏棄之，曾不甚惜，何耶？綸音趣覲，彼之所以逗遛不進者，蓋亦以事機垂成爲可惜也。『莫須有』三字，强以傅會，欲加之罪，其無辭乎？千載而下，每念岳武穆之冤，直欲籲天而無從也。『鷙鳥盡，良弓藏；狡兔死，良狗烹』。此爲不能保全功臣者說也。況鷙鳥猶未盡，而狡兔猶未死者也！」

又同書卷二一引吕中《中興大事記》：「飛之死，尤不厭衆心。飛忠孝出於天性，自結髮從戎，凡歷數百戰，内平劇盜，外抗强胡。其用兵也，尤善以寡勝衆。其從杜充也，以八百人破羣盜五十萬衆於南薰門外；其破曹成也，以八千人破其十萬衆於桂嶺；其戰兀朮也，於潁昌則以背嵬八百，於朱仙鎮則以背嵬五百，皆破其衆十餘萬。虜人所畏服，不敢以名稱，至以父呼之。自兀朮有必殺飛而後可和之言，檜之心與虜合，而張俊之心又與檜合，媒孽横生，不置之死地不止。万俟卨以願備鍛鍊，自諫議而得中丞；王俊以希旨誣告，自遥防而得廉車；姚政、龐榮、傅選之徒亦以阿附，並沐累遷之寵。附會其事，無所不至，而『莫須有』三字，世忠終以爲無以服天下。飛死，世忠罷，中外大權盡歸於檜，於是盡逐君子，盡用小人矣。」

又同書卷二一引吕中《中興大事記》：「紹興十年，金人渝盟，軍民皆歸咎於秦檜，而檜傲然不動。順昌既捷之後，先竄趙鼎，而人無敢言矣；柘皐既捷之後，盡罷諸將，而兵隸御前矣。向者戰敗而求和，今則戰勝而求和矣；向者戰敗而棄地，今則戰勝而棄地矣；向者使命之費猶有限，今歲幣銀、帛各〔二〕十五萬匹、兩，而賀禮又有金器千兩、銀器萬兩、錦綺千匹矣。岳飛復唐、鄧，張俊（王俊？）、吴璘復商、秦，吴玠復方山、和尚原，皆間關百戰而後得。今吾不能有其地，反盡割入於虜，聽其分畫矣。世忠田金陵，岳飛田鄂，王之奇田兩淮，吴玠田梁、洋，樊賓、宗綱田荆州，皆累年經理而後成。今吾不能屯田，反使虜刱屯田軍於河南矣。吾國之民不肯入虜，殺之猶不從，而朝廷必以與虜，使遺黎飲泣内恨，而中原之人心失矣。李世輔不顧其親來歸，兀术畏避其忠勇，乃置之謫籍，而中原豪傑之心失矣。士大夫陷没虜中，家屬有在中國者，徇虜人之情，而悉還之，方其去時，如赴井〔阱〕，而吾國衣冠之氣沮矣。張俊深忌劉錡、岳飛，每言飛赴援遲，而錡戰不力，遂與檜謀，斥錡而殺飛，而天下忠憤之氣皆沮矣。」以上三條記載，以《皇宋中興兩朝聖政》卷二七、卷二八參校。

又同書卷二四：「（隆興元年十一月己酉）監察御史閻安中議曰：『虜人姦謀詭計，以和而陷我於機穽者屢矣。靖康之變，其痛不可勝言也。自翠華南渡以來，絶江航海，以掩我不備者，不遺餘力矣。其心豈欲與我和哉！彼見吾吴、岳、張、韓之軍，士氣少舒，兵威稍振，川、陝屢勝，順昌大捷，國勢駸駸乎强矣，彼其時亦有蒙國之難焉，恐吾積怨發憤，而遂夾攻之也。』」

《程端明公洺水集》卷一三《書岳王家所藏高宗御札録後》：「按飛新傳，在淮西日，被御札十有五，虜寇河南，詔助劉錡，兩月之間，被御札又二十有三。厥後秦檜録其家，悉歸左帑。孝宗即位，飛之子霖抗章匄賜，始復還之。今此軸唯二十二札而已。古者撫士以恩，御將以威，今觀此數札，則高宗之所以待飛者，可謂恩隆意縟，不啻父子，飛當不知死所矣。而飛亦激昂自任，圖所以報高宗者，不爲不力，始末十五年，不爲不久，而功業所就，卒不能如志。君子思當日之變，覽諸將之事，未嘗不起千古之恨。雖然，毋怪焉。今又百年矣，而狐鼠失穴，苟活一旦，可謂極矣。而罕术之尸，今猶未鞭，豈非天哉！又豈非人哉！」

《文山先生全集》卷六《回岳縣尉》：「惟中興之初，先武穆王手扶天戈，忠義與日月争光，名在旂常，功在社稷。天報勳勞，克昌厥後，雖百世可知也。」

《南遷録》引金孫大鼎奏：「南臣羈旅，秦檜獨穩足，一朝資以金寶，駕以海舟，挾孥而去。韓常懼南有疑，而忠獻（完顔粘罕）不聽。至彼大得權位，而所謀始行。順昌之戰，劉錡欲徑進，而召劉錡；商、虢之戰，岳飛欲徑進，而召岳飛。終于殺岳飛，廢韓世忠、張浚，貶趙鼎，而南北之勢定。」

《腳氣集》卷下：「秦檜議和，殺害名將，後人猶以爲愛東南。金國遷汴之時，其直學士孫大鼎奏疏明言：『……是時，南人羈困，檜獨温足。果至彼，得權位，而謀始行。廢劉〔錡〕、韓世忠、張浚、趙鼎，殺岳飛，而南北之勢定。忠烈王（完顔兀术）德之，誓書之中，必令不妄易首相，而檜亦陰發宇文虚中之逆以報德，表裏恐喝，一如忠獻所料。誅廢其喜事之將相，定南疆北界之畫。』秦檜自謂欺世，不料後日金人自言之《南遷録》甚詳。」按《南遷録》人稱僞書，而《腳氣集》中所引，文字亦有異同，今姑附録於此。

《古今合璧事類備要》續集卷一〇：「中興大將：韓世忠建炎初，與劉光世、岳飛、張俊爲中興四大將。」按建炎初之説誤，應爲紹興初。

《金臺集》卷二《岳墳行》注：「守墳觀禪師至京，請加封謚，徵賦此。宋將孟珙滅金，捷迴金陵，命軍士屎溺秦檜墓上。」此爲元人迺賢所述。

《宋史》卷三六五《岳飛傳》：「論曰：『西漢而下，若韓、彭、絳、灌之爲將，代不乏人，求其文武全器，仁智並施，如宋岳飛者，一代豈多見哉！史稱關雲長通《春秋左氏》學，然未嘗見其文章。飛北伐，軍至汴梁之朱仙鎮，有詔班師。飛自爲表答詔，忠義之言流出肺腑，真有諸葛孔明之風，而卒死於秦檜之手。蓋飛與檜勢不兩立，使飛得志，則金讎可復，宋耻可雪；檜得志，則飛有死而已。昔劉宋殺檀道濟，道濟下獄，嗔目曰：自壞汝萬里長城！高宗忍自棄其中原，故忍殺飛。嗚呼寃哉！嗚呼寃哉！』」

又同書卷三二《高宗紀》：「贊曰：『……其始惑於汪、黄，其終制於姦檜，恬墮猥懦，坐失事機。

甚而趙鼎、張浚相繼竄斥，岳飛父子竟死於大功垂成之秋，一時有志之士爲之扼腕切齒。帝方偷安忍耻，匿怨忘親，卒不免於來世之誚，悲夫！』」

又同書卷三六四《韓世忠傳》：「論曰：『……暮年退居行都，口不言兵，部曲舊將不與相見，蓋懲岳飛之事也。……』」

又同書卷三六八《張憲傳》、《楊再興傳》、《牛皐傳》、《胡閎休傳》：「論曰：『……張憲等五人皆岳飛部將，爲敵所畏，亦一時之傑也。然或以戰没，或以憤卒，而憲以不證飛獄寃死，悲夫！』」

又同書卷三六九《張俊傳》：「南渡後，俊握兵最早，屢立戰功，與韓世忠、劉錡、岳飛並爲名將，世稱張、韓、劉、岳。然濠、壽之役，俊與錡有隙，獨以楊沂中爲腹心，故有濠梁之劫。岳飛寃獄，韓世忠救之，俊獨助檜成其事，心術之殊也，遠哉！」

又同書卷三六九《劉光世傳》：「光世在諸將中最先進，律身不嚴，馭軍無法，不肯爲國任事，逋寇自資，見詆公論。……建炎初，結内侍康履以自固，又蚤解兵柄，與時浮沈，不爲秦檜所忌，故能竊寵榮，以終其身。方之韓、岳，遠矣！」

又同書卷三六九《張俊傳》、《劉光世傳》：「論曰：『南渡諸將，以張、韓、劉、岳並稱，而俊爲之冠，然夷考其行事，則有不然者。俊受心膂爪牙之寄，其平苗、劉，雖有勤王之績，然既不能守越，又棄四明，負亦不少。矧其附檜主和，謀殺岳飛，保全富貴，取媚人主，其負戾又如何哉？光世自恃宿將，選沮却畏，不用上命，師律不嚴，卒致酈瓊之叛。迎合檜意，首納軍權，雖得善終牖下，君子不貴也。二人方之韓、岳，益遠矣！……」按南宋初所謂「張、韓、劉、岳」，「劉」應是指劉光世，而非劉錡，劉錡當時的官位與兵權，尚不足與張、韓、岳平列，前引《宋史·張俊傳》之説蓋誤。《朱子語類》卷一三一提及「張、韓、劉、岳之徒」，即説「劉光世本無能」。又前引《古今合璧事類備要》亦可爲佐證。

又同書卷四五一《徐應鑣傳》：「德祐二年，宋亡，瀛國公入燕，三學生百餘人皆從行。應鑣不欲從，乃與其子琦、崧，女元娘誓共焚。子女皆喜從之。太學故岳飛第，有飛祠，應鑣具酒肉祀飛，曰：『天不祚宋，社稷爲墟，應鑣死以報國，誓不與諸生俱北。死已，將魂魄累王，作配神主，與王英靈，永永無斁。』」

今將有關岳飛部屬之記載附後：

《獨醒雜志》卷四：「岳將軍既死，部下多奇才，時既寢兵，稍稍引去。有何宗元者，積功至修武郎，一日棄官，竟入玉笥山，結屋數椽於山之三會峰上，蓋樵牧所不至。居五年，往來宫觀間，與道流頗相善。一日，忽謂之曰：『來日我居菴作少事，子來訪我，則先擊石，若菴中有聲相應，則不須來。』道流如其言，數日後，乃始訪之，擊石數四，寂無應者，懼而退。又數日，率衆再往，啟其户視之，則何被髪而逝。時方秋暑，不知其死已幾日，而面貌如生，亦可謂之不凡矣。」

《夷堅支甲》卷八《哮張二》：「鄂州大吏丁某死，妻年方三十，與屠者朱四通。其子二郎尚少，不能制。至於成立，朱略無忌憚，白晝宣淫，反怒丁子不揖，以爲見我無禮，蓋以假父自處也。丁憤懣，以母之故，且慮醜聲彰著，隱忍弗言。有嗜張二者，密州諸城人，遭亂南徙，亦以屠爲業，壯勇負氣。丁意其可〔屬〕此事，而每與儔輩詣市飲酒，張擔肉過前，輒呼買之，而厚酬厥價，久或至數倍。他日，邀之飲，問：『何以不作區肆，而行賈僕僕。』張曰：『非不能之，但赤手乏本耳。』丁乃付之數百緡。默念彼當感我恩誼，必可使，從容曰：『君知我心中有不平事乎？』曰：『不知也。』丁以乞毆朱爲請，張艴然曰：『訝汝貸我錢，蓋欲陷我於爭鬭。』奮衣而起。自後相遇，邈然如不相識，迨於絶交。衆哂丁不知人，而下交非類，丁亦銜之。未幾，張拉朱同渡江，買猪於漢陽，爭舟，相毆擊。既歸，夜入朱室，殺朱與男女并三人，自縛告官，終不及丁一詞。時岳少保領大兵駐鄂，嘉其志義，移檄取隸軍中，不問其罪。後以功補官。」

《絜齋集》卷一九《武翼大夫沈君墓誌銘》：「訪其家世，則武功大夫、成州團練使諱德之子也。武功嘗隸大將少保岳公麾下，親見其謀略勇鷙，禽敵決勝之方，以語其子，習聞舊矣。」

《後村先生大全集》卷一四三《神道碑·孟少保》：「孟氏之先，自絳徙唐，後徙隨之〔棗〕陽。公諱珙，字璞玉。高大父安嘗從岳王飛軍。曾大父立累贈太子太保。……大父林贈太子太傅。……父宗政。」

《宋史》卷四〇三《孟宗政傳》：「孟宗政，字德夫，絳州人。父林從岳飛至隨州，因家焉。」

又同書卷四一二《孟珙傳》：「孟珙，字璞玉，隨州棗陽人。四世祖安嘗從岳飛軍中，有功。」按《孟宗政傳》與《孟珙傳》記載有異，《金佗續編》卷二六《楊么事迹》有水手孟安，然尚不能確定即孟珙之四世祖。

《翠微先生北征録》卷八《治安藥石·器用小節·弩制》：「蹺蹬弩，牙裏一尺八寸五分，葫蘆頭四寸，木檐長五尺八寸，一名馬黄，一名克敵，一名破的，一名一滴油。張憲伏之於中林，而捉真珠；即時俊用之於射狐關，而敗四太子。」張憲捉真珠之事，諸書不載，姑附於此。據《宋俘記》：「真珠大王設野母（粘没喝長子）。」粘没喝爲完顏粘罕之名歧譯。

《朱子語類》一三一：「施全刺秦檜，或謂岳侯舊卒，非是。蓋舉世無忠義，這些正義忽然自他身上發出來。秦檜引問之曰：『你莫是心風否？』曰：『我不是心風，舉天下都要去殺番人，你獨不肯殺番人，我便要殺你！』」據《要録》卷一六一，施全時爲殿前司後軍使臣。

《周益國文忠公集·平園續稿》卷三七《龍洲居士嚴君（致堯）墓碣》：「嚴君致堯，字正之，吉州太和縣人。……君幼學敏茂，長精辭藝，一試舉場不中，慨然有四方之志，輕財重義，偉如也。……武穆公罷兵柄，獲罪矣。君恨無以白杜郵之寃，歸而放浪山水間，聚書教子，自號龍洲居士，有文集三十卷。年五十六，以（紹興）三十二年六月晦卒矣。」

《渭南文集》卷三八《朝奉大夫直秘閣張公墓誌銘》：「公諱瑄，字子律，寧州真寧縣人。……朝請大夫、通判永州事諱適，則公之考也，亦累贈至中奉大夫。中奉遭亂南渡，從大將岳少保飛，爲之屬，身先將士，屢與金虜鏖戰，走其名王大酋，策功進官。方慨然以功名自許，會朝廷與虜和，中奉去幕府，調知岳州巴陵縣，有異政。久之，佐永州以歿。……初，中奉公遭亂去秦，生公于襄陽，遂卜居宜春。」

《止齋先生文集》卷四七《胡少賓墓誌銘》：「少賓諱序，姓胡氏。胡氏繇婺徙温，至荆湖制置司幹辦公事君諱褒、通判滁州君諱褎、宗正少卿君諱襄，兄弟始著。……滁州君周氏安人無子，以幹辦君之子爲後，是爲少賓也。……幹辦君以布衣從大將岳飛定羣盜，僅得官以死。」

《舒文靖公類稿》附録卷中《宜州通判舒元質墓誌銘》：「大父宣議郎卞，文才武略名冠一時。建炎中，禦金有功。鵬舉岳公招而置之幕下，鄉人銘績焉。」

《新安文獻志》卷七七胡升《胡制機閎休傳》：「胡制機閎休，字良弼，婺源人。宣和初，入太學，與陳東、汪若海義氣相許，若海以女弟與閎休爲昏。時方諱兵，閎休著兵書二卷。……飛辟閎休爲主管機宜文字，以誅(楊)么功，進成忠郎，兼正將，鄂州駐劄。飛被誣死，閎休發憤，杜門佯疾，十年卒，有《勤王忠義集》藏于家。」據《宋史》卷三六八《胡閎休傳》，説他爲開封人。

《朱文公文集》卷八四《跋進賢傅君行實》：「從政進賢傅君既没，將葬，其子修抱其行實一通，不遠千里，辱以顧予。流涕言曰：『先人蚤歲有志功名之會，中間不幸，遭罹國難。蓋嘗解儒服，以事戎行，實從宣撫岳公，轉戰許、洛之間，屢以捷告。上功未報，而南北通和，岳公遂罹讒口，失兵柄，得奇禍。先人爲之感慨憤激，棄其官勳，以歸故里。復治家人生産，作業教子讀書，酌酒賦詩，以自排適，儵然不知其身之老也。晚值慶恩，三蒙錫命之寵，遂易文階，老壽康寧，閭里嗟嘆。』」

《勉齋先生黄文肅公文集》卷三五《篤孝傅公墓誌銘》：「公諱修，字子期，豫章進賢人也。曾祖俊，祖安民，建炎中，以收逆賊，補官進義校尉。父時中從政郎，爲宣撫岳公賓客，母胡氏。生於紹興己未，以開禧丁卯六月丙午，卒於正寢。」

《醫説》卷四《遇道人治傳勞方》：「袁州寄居武節郎李應，本相州法司，嘗以吏役事韓似夫樞密。兵火後，忽於宜春見之，云：『從岳侯軍得官，今閒居於此。』」據《宋史》卷三七九《韓肖胄傳》，韓肖胄字似夫。

中國史學基本典籍叢刊

鄂國金佗稡編續編校注

三

〔宋〕岳珂編

王曾瑜校注

中華書局

鄂國金佗稡編卷第九

經進鄂王行實編年卷之六

遺事

先臣天性至孝，自北境紛擾，母命以從戎報國，輒不忍。屢趣之，不得已，乃留妻養母，獨從高宗皇帝渡河。河北陷，淪失盜區，音問絶隔。〔一〕先臣日夕求訪，數年不獲。俄有自母所來者，謂之曰：「而母寄余言：『爲我語五郎，勉事聖天子，無以老媪爲念也。』」乃竊遣人迎之，阻於寇攘，往返者十有八，然後歸。先臣欣拜且泣，謝不孝。自歸，有痼疾。先臣雖身服王事，軍旅應酬無虛刻，嘗以昏莫竊暇至親所，嘗藥進餌。衣服器用，視燥濕寒煖之節。語欬、行履未嘗有聲。遇出師，必嚴飭家人謹侍養，微有不至，詈罰自妻始。〔二〕及母薨，水漿不入口者三日，每慟如初，毁瘠幾滅性。自與臣雲跣足扶櫬歸葬，不避塗潦蒸暑。諸將佐有願代其役者，先臣謝之，路人無不涕泣。既葬，廬于墓，朝夕號慟。

又刻木爲像，行温清定省之禮如生時。連表哀訴，願終三年喪。上三詔不起，敕監司、守臣請之，又不起。責其官屬以重憲，使之以死請，乃勉强奉詔，終制不忍棄哀絰。

〔一〕《建炎以來繫年要録》卷一八：「（建炎二年十一月癸未）初，汪伯彦既去相州，金人執其子軍器監丞似，女之夫都水監丞梁汝霖，使來割地。似等至相州，而守臣趙不試固守不下，遂拘以北，至是得歸。……（熊克《小曆》：『知樞密院汪伯彦有子曰似，與其女之壻梁汝霖者，嚮皆爲金虜掠去，拘於湯陰縣寨中一年矣。至是似、汝霖同日南遁，至河，偶得漁舟以濟。』）」可知自靖康元年冬，岳飛隨康王、汪伯彦離相州後，故鄉湯陰縣旋即失陷，金軍已於此縣立寨設營。《三朝北盟會編》卷一一一《金虜節要》：「女真副統蒙哥屯兵於磁、相。」又同書卷一一九：「（建炎二年十一月十五日乙未）金人陷相州，權知軍州事趙某同家屬皆赴井死。金人圍相州久，粮食皆盡，猶堅守未下。趙縣丞者，『不』字行宗室也，權知州事，人呼爲安撫者。趙安撫與軍民議曰：『食已盡，人相食啗，外無救援，安可久乎？某乃國家宗室，豈有順番，諸人當自爲計。』衆皆不應，趙安撫曰：『約降如何？』衆雖悽慘，然有唯唯者。趙安撫知其意，乃登城樓，遥謂金人曰：『請開門投拜，乞不殺。』金人許之。趙安撫乃具降書開門，而自推其家屬入一井中，然後身擲入井，先命提轄以土蓋覆，提轄遂實之以土，人皆哀之。」《建炎以來繫年要録》卷一八：「（建炎二年十一月乙未）時相州圍久，糧食皆絶，守臣直徽猷閣、兼主管真定府路經略安撫司公事趙不試謂軍民曰：『今城中食乏，外援不至。不試，宗子也，豈可順敵，諸人當自爲計。』衆不應，不試又曰：『約降如何？』衆雖悽慘，然亦有唯唯者。不試乃登城，遥謂金人，請開門投拜，乞勿殺，金人許之。不試乃具降書啟門，而納其家屬於井中，然後以身赴井，命提轄官實之以土，人皆哀之。（此據趙甡之《遺史》，但甡之謂權知相州趙縣丞乃『不』字行宗室，恐誤。按不試靖康元年十二月丙寅，自朝請郎、通判相州除直秘閣、權州事，建炎元年五月，升直徽猷閣、知相州，即此人也。……）」

《宋史》卷二五《高宗紀》：「（建炎二年十一月壬寅）金人陷相州，守臣趙不試死之。」又同書卷四四七《趙不試傳》：「趙不試，太宗六世孫。宣和末，通判相州，尋權州事、兼主管真定府路經略安撫公事。建炎元年，知相州。初，汪伯彦既去相，金人執其子似，遣來割地。似至相，不試固守不下。明年，金人大入，州久被圍，軍民無固志。不試謂之曰：『今城中食乏，外援不至。不試，宗子也，義不降，計將安出？』衆不應。不試知事不可爲，遂登城，與金人約勿殺，許之。既啟門，乃納其家井中，然後以身赴井，命提轄官實以土。州人皆免於死。」可知岳飛故鄉相州之全部失陷，乃於建炎二年十一月。

〔二〕《金佗稡編》卷一四《乞終制劄子》：「自從陛下渡河以來，而臣母淪陷河朔，凡遣人一十八次，始能般挈，得脱虜禍，驚悸致疾，遂以纏綿。臣以身服戎事，未嘗一日獲侍親側，躬致湯藥之奉。」又同書卷一三《乞侍親疾劄子》：「臣近者奉命收復襄漢，去家遠涉六月餘日。臣老母姚氏年幾七十，侵染疾病，連月未安。近復腿腳注痛，起止艱難，別無兼侍，以奉湯藥。人子之心，實難安處。伏望聖慈察臣悃愊，無他規避，暫乞許臣在假，以全侍奉之養。將本軍人馬，權暫令統制官王貴、張憲主管。候臣老母稍安，依舊管幹職事，恭聽驅策，結草銜環，誓圖報效。」

又同書卷一三《乞宮祠劄子》：「加之老母別無兼侍，病既在身，母且垂白。」

又同書卷一三《乞宮祠第二劄子》：「寔以臣垂白之親，別無兼侍，年來多病，頗覺羸瘠。」

又同書卷一三《乞宮祠第三劄子》：「實緣臣老母垂白多病，又臣漸染瘴疾，四肢墮廢，兩目昏赤，而臣職掌兵戎，繫國利害，莫大於此。」

自二聖北狩，夷狄猾夏，先臣每懷誓不與虜俱生之志。刺繡爲袍，有「誓作中興臣，必殄金賊主」之文。其後援筆爲詞詩，經行紀歲月，無不以取中原，滅逆虜爲念。手攘羣盜，如李成、曹成、馬友、彭友、虔、吉、湖湘之寇，皆同時諸將所不能爲之功。然大營驛等題，則每曰，此蜂蟻之羣也，豈足爲功，北踰沙漠，蹀血虜庭，盡屠夷種，復二聖，取故疆，使主上奠枕，則吾所志。至翠巖寺詩，又有「山林嘯聚何勞取，沙漠羣兇定破機」之句。每拜官，辭避之語亦然。於檢校少保則曰：「未能攘卻夷狄，掃除僭竊。」〔一〕宣撫副使則曰：「顧土宇恢復之迹，未見尺寸。」〔二〕太尉則曰：「腥羶叛逆之族，尚據中土，而臣官職歲遷月轉，實負初心。」〔三〕少保則曰，「羯胡敗盟」，「未見殄滅」，豈可「以身爲謀，貪冒爵祿」。〔四〕

又曰，俟臣「功績有成」，「將拜手稽首，祗承休命」。〔五〕其志可知矣。

〔一〕可參《金佗稡編》卷一三《辭檢校少保第二劄子》第九八〇頁。

〔二〕可參《金佗稡編》卷一四《辭宣撫副使劄子》第九八四頁。

〔三〕可參《金佗稡編》卷一四《辭太尉第二劄子》第九九〇頁，文字稍異。

〔四〕可參《金佗稡編》卷一五《辭少保第五劄子》第一〇〇六頁，文字稍異。

〔五〕可參《金佗稡編》卷一五《辭少保第三劄子》第一〇〇四頁。

小心事上，畏威咫尺，聞大駕所幸，未嘗背其方而坐。〔一〕上嘗稱其尊朝廷，及賜詔，屢有「小心恭慎，〔二〕不敢專輒」之褒。如紹興六年禦劉麟，至江州，十一年禦兀术，舒州俟命之類是也。視國事猶其家常，以國步多艱，主上春秋鼎盛，而皇嗣未育，聖統未續，對家人私泣，聞者或相與竊讦笑之。十年北征，首抗建儲之議，援古今，陳利害，雖犯權臣之忌而不顧，天下聞而壯之。

〔一〕《金佗續編》卷三〇《鄂州忠烈行祠記》：「聞大駕所幸，未嘗背其方而坐。」

〔二〕小心恭慎　「慎」，原作「謹」，乃避宋孝宗趙昚名諱，據《金佗稡編》卷三高宗宸翰八十四改。

奉身儉薄，不二截，居家惟御布素，服食器用，取足而已，不求華巧。〔一〕旁無姬妾，蜀帥吳玠素服先臣善用兵，欲以子女交驩。嘗得名姝，有國色，飾以金珠寶玉，資奩鉅萬，遣使遺先臣。次漢陽，使者先以書至，先臣讀之，甚不樂，即日報書，厚遺使者，而歸其女。諸將或請曰：「相公方圖關陝，何不留此以結好。」先臣曰：「吳少師於飛厚矣。然國恥未雪，聖上宵旰不寧，豈大將宴安取樂時耶！」左右莫敢言，玠見女歸，益敬服，以爲不可及。〔二〕少時飲酒，至數斗不亂，上嘗面戒曰：「卿異時到河朔，方可飲酒。」自是絶口不復飲，諸將佐有欲勸者，輒怒之。〔三〕見妻御繒帛，則曰：「吾聞后宮妃嬪在北方，尚多窶乏。汝既與吾同憂樂，則不宜衣此。」命易以布素。家人有擣練者，聞先臣歸，即遽止。〔四〕

〔一〕《金佗續編》卷二七黃元振編岳飛事迹：「公自奉甚菲薄，屯駐將郝最飲食□□□□其寨而食素，最以酸餡爲供，公食□□□□最曰：『此名何物？』曰：『酸餡。』公曰：『某平□□□□食此。』顧左右，留其餘以爲晚食，不□□□□甚愧。公性嚴重，語不輕發，於僚屬□□□□但語次間微見其端，而聞者悚然。□□□□屬官會食，惟煎豬肉、虀麪，未嘗兼□□□□人供雞，公曰：『何爲多殺物命？』庖人曰：『州中所送食也。』公命後勿復供。公與士卒同甘苦，不復以口腹自累，然亦出於仁心愛物者如此。」

《金佗稡編》卷一四《辭太尉第四劄子》：「竊念臣雖無他長，粗知義命，平居服食器用，每安於弊陋，正恐綿薄，不堪禄賜之厚，徒取釁眚。」

〔二〕《金佗續編》卷二七黄元振編岳飛事迹：「公家素無姬侍，先父被檄差出，遠方妄傳公納士族之女以爲妾。先父以告，公曰：『四川吴宣撫嘗遣屬官來議軍事，某飯之，彼驚訝某之冷落，歸言於吴宣撫。吴乃以二千緡買一士族女，遣兩使臣妻送來。某令其立於屏後，告之曰：某家上下所衣紬布耳，所食虀麪耳。女娘子若能如此同甘苦，乃可留，不然，不敢留。女乃吃然而笑，某曰：如此則不可留也。遂遣還之，初未嘗曾見其面也。』」公之不喜聲色，出於性之自然者如此。」

〔三〕《金佗續編》卷二七黄元振編岳飛事迹：「公指山問屬官曰：『諸公識黄龍□□□□□其下城如此山之高。某舊能飲□□□□□嘗有酒失，老母戒某不飲，主上□□□□自後不復飲。俟至黄龍城，大張樂□□□□以觀打城，城破，每人以兩橐駞金□□□□今日之勞。』」

《三朝北盟會編》卷一五五：「先是，飛駐軍於洪州也，趙秉淵爲江南西路兵馬鈐轄，洪州駐劄。飛因飲酒，大醉，毆擊秉淵幾死。安撫使李回奏劾之。至是上戒飛飲酒，飛自此不飲。」

《建炎以來繫年要録》卷六八：「先是，飛在洪州，與江〔西〕兵馬鈐轄趙秉淵飲，大醉，擊秉淵幾死。帥臣李回奏劾之。及是上戒飛止酒，飛遂不飲。」岳飛酒醉毆擊趙秉淵，應爲紹興元年七月至二年初屯駐洪州時事。宋高宗告誡岳飛不飲酒，乃於紹興三年九月朝見時。

〔四〕《宋史》卷一七一《職官志》：「奉禄：宰相、樞密使，月三百千。……節度使，四百千。……

禄粟：宰相，參知政事，樞密使、同中書門下平章事，樞密使、副使、知院事、同知院事，及宣徽使、簽書樞密院事，節度觀察留後、知樞密院事，及充樞密副使、同知樞密院事，并帶宣徽使簽書、檢校太保簽書，及三司使，中書、門下侍郎，尚書左、右丞，太尉，月各一百石。……節度使，一百五十石。……

元隨傔人衣糧：宰相并文臣充樞密使、同中書門下平章事及樞密使，七十人。……節度使，留後改承宣使，觀察使，五十人。」

又同書卷一七二《職官志》：「公用錢：……節度使，萬貫至三千貫，凡四等。」據《職官志》「公用錢」事目之注，可知應抄自宋太祖、宋太宗和宋真宗《三朝國史》之《職官志》。

《宋會要輯稿》禮六二之二三—三〇：「公用錢制：……節度使，五千貫。……節度使：初賜二千貫，加賜有至五千貫者。」《宋會要》並無確切的年代記載，然而據禮六二之二四載有『審官兩院』的公用錢額，可知應在宋神宗時。宋初削除藩鎮，以最高等俸禄作爲節度使等釋兵權之代價。公用錢實爲私用錢。南宋初財政拮据，又立「借減之法」。

又同書職官五七之八〇：「（紹興三十二年十月）二十日，户部侍郎向伯奮言：『契勘武臣正任以上，真俸甚厚。所立借減之法，謂如節度使真俸四百貫，米、麥通〔一〕百五十石，至借減只支錢二百貫，米、麥二十石，又元隨米支錢三十貫，其相去遼絶如此。惟統兵節度使則例支錢四百貫，米、麥四十五石，元隨米錢三十貫。要之，統兵官亦不得全真俸也。……』」據《金佗續編》卷八《照會依張俊例批勘請俸省劄》，自紹興七年，岳飛「並支真俸施行」，加之宋高宗不時重賞，收入甚豐，却自奉菲薄。

朝廷命先臣與韓世忠、張俊分地任責，虜畏先臣威名，獨不敢窺荆、襄，常出淮西侵寇。先臣守己地之外，又屢爲應援。十一年，虜入壽春，踰淮而來。先臣初得警，即上奏乞出師。繼又念虜既入寇，巢穴必虚，乞出京、洛，以制其弊。復恐上急於退虜，是日復奏，乞出蘄、黄相度，先議攻郤，皆未有詔也。至援濠州，亦不待詔而行。其切於謀國如此。

臨戎誓衆，言及國家之禍，仰天横泗，氣塞莫能語，士卒感愴，皆欷歔而聽命。〔一〕奮不顧身，臨敵必先士卒，摧精擊鋭，不破不止。〔二〕或人問：「天下何時太平？」先臣曰：「文官不愛錢，武官不惜命，則太平矣。」〔三〕與將校語，必勉忠孝節義，士皆願効死力。

〔一〕《金佗續編》卷三〇《鄂州忠烈行祠記》：「臨戎誓衆，言及國家之禍，仰天横泗，士皆欷歔而聽命。」

〔二〕《金佗續編》卷二七黄元振編岳飛事迹：「蓋公神勇，每戰嘗自爲旗頭，身先士卒，先父力諫曰：

『猾虜或識之，聚彊弓以射我，奈何？雖公忠義，神明相之，自不能傷，然非大將之事也。』」又同書卷一四《武穆謚議》：「臨戰親冒矢石，爲士卒先，摧精擊鋭，不勝不止，則不知有其身。」

〔三〕《金佗續編》卷二八《吴拯編鄂王事》：「居洪一年，下士好詢，而酬酢輒不苟答。或問侯：『何日爲太平？』侯抗聲曰：『文官不取錢，武官不打鹵，即太平矣。』其簡要多此類。」「打鹵」，嘉靖本作「怕死」。

《朱子語類》卷一一二：「過到温陵回，以所聞岳侯對高廟『天下未太平』之問，云『文臣不愛錢，武臣不惜命，天下當太平』，告之先生之前，只笑云：『後來武官也愛錢。』」

《齊東野語》卷一三《秦會之收諸將兵柄》：「岳最後至，意大略同，而語加峻，曰：『如今文臣不愛錢，武臣不惜命，欲了即了耳！』檜頷之。」岳飛「文官不愛錢，武官不惜命」之語，當曾説多次，而傳誦天下。

每征討出師，朝聞命，夕就道，祁寒大暑，不憚勞苦，雖疾亦不問。桀虜勍敵，衆人所避，先臣獨行。如隆冬按邊，而上有「非我忠臣，莫雪大恥」之諭；盛夏出師，而上有「暑行勞勩，朕念之不忘」之語；不顧目疾，東下赴援，而上有「委身徇國，竭節事君」之歎；自力寒嗽，疾馳先驅，而上有「國爾忘身，誰如卿者」之褒者，不一也。於事尤不避繁瑣，當復襄漢、平楊么之時，諸將碌碌不足恃，朝廷憂顧之責，萃於先臣。州郡之所告急，密諜之所探聞，朝徹宸旒，暮馳幕府。一日之間，既命圖襄漢，又命圖楊么，交至沓集，先臣隨事酬應，未嘗憚煩。所部兵二萬餘人，守禦者半，攻討者半，東西調役，略無乏事。平居憂國，知無不爲，諸大將率以兵爲樂，坐縻廩庾，漫不加卹。先臣獨常有憂色，每調軍食，必蹙頞，謂將士曰：「東南民力耗弊極矣！國家恃民以立國，使爾曹徒耗之，大功未成，何以報國？」〔一〕及京西、湖北之地始平，即募民營田。凡流逋失業及歸正百姓，給以耕牛、糧種，輟大軍之儲萬石，貸其口食，俾安集田里，一意耕耨。分委官吏，責成大功。〔二〕又爲屯田之法，使戎伍攻戰之暇，俱盡力南畝，無一人游閒者。其疆理溝洫之制，皆有條緒，然失其傳，不可復考。行之二、三年，流民盡歸，田野日辟，委積充溢，每歲餽運之數，頓省其半。〔三〕上嘗手書曹操、諸葛亮、羊祜三事賜之。守臣武赳等以營田功遷。〔四〕荊湖之民至今賴其利焉。

〔一〕《莊簡集》卷一〇《乞令漕臣應副岳飛錢糧等狀》：「臣契勘本州自軍興以來，偶免殘破，前後過軍萬數浩瀚，皆臣竭力應副，不敢毫髮仰干朝廷。今來巨師古、劉晏、岳飛大兵屯泊境上，應副錢糧，需索犒設，臣不敢辭避。竊緣官軍與戚賊相持，雖已出境，緣建平、溧水縣、廣德軍諸處並無官吏、人民，臣不免出界應副。臣見差官三員在廣德界上，及岳飛軍前專切運糧，委是費力。其本路漕臣亦合移檄傍近州縣，同共那移應副錢糧及犒設金銀等。況建康府已收復了畢，自合前來管幹職事，望聖慈憫察本州係是小郡，前後被害非一，速賜行下本路漕臣，應副岳飛一項人兵。（六月二十日奉旨，岳飛一行軍兵已降指揮，聽張俊節制，所有合用錢糧，自合張俊下隨軍轉運應副。仰隨軍轉運副使劉蒙疾速支撥應副，不得少有闕誤。）」李光此奏上於建炎四年任宣州知州時。

《南澗甲乙稿》卷二〇《秘閣修撰鄭公墓誌銘》：「宣撫岳太尉軍驟集，廩空無粟。公召四郊父老曰：『大軍之來，爲爾輩卻賊也。有粟宜以十三助我，與其餉軍，猶勝没于賊也。』衆感泣，得粟五百斛。岳軍少之，呼公至帳下，左右示以淫刑具。公不顧，對曰：『郡無粟，取于民也；今民力亦竭矣，請爲民受法。』岳公遽起，曰：『飛敢有此也！軍無食，且怨，欲與君議其策耳。』公曰：『米税未當輸，誠得幕府榜，俾先期輸，且得其贏，可足用也。』遂從之。民知公且被罪，凡輸米不復計其量。迄飛之平賀州，無乏，即以書謝曰：『當奏，厚酬公官。』宣諭使薛徽言薦爲容州。」岳飛紹興二年破曹成時，尚未任宣撫使，亦無太尉之虚銜。鄭思恭時任道州通判。

《梁谿全集》卷七六《乞降度牒撥還兩浙安撫大使司贍軍鹽錢奏狀》：「又岳飛一軍於本路支費，皆以軍期責認州縣剗刷倉庫，科斂疲民，公私罄匱。」李綱此奏亦反映紹興二年破曹成時情形。

《忠正德文集》卷二《知洪州乞支降錢米狀》：「臣契勘江西比年以來，自張俊、韓世忠相繼提領大兵，招捕盜賊，及目今屯駐岳飛二萬三千餘人，供億浩大，竭一路財力，僅能應副。蓋緣本路一十〔一〕州軍皆屢經兵火，百姓未盡歸業，財賦所入，比舊十分纔及二、三，而官用所出，比舊數幾十倍。積靡以至今日，承此末流之弊，財用愈窘，民力愈困，支吾不行。」趙鼎紹興三年三月任洪州知州、兼江南西路安撫大使，此奏乃當年所寫。

《宋會要輯稿》禮二五之二〇：「（紹興四年）九月九日，户部侍郎梁汝嘉言：『將來大禮，除已降指揮，宰執、百官、諸司等給賜並權行住支外，有内外馬、步諸軍並合依赦賞給。……應在外諸軍前次賞給，例各不同。紹興元年，劉光世軍支過見錢七萬三千四百餘貫，岳飛軍支過見錢一萬五千六百餘貫。今年在外諸軍欲依光世先來已得指揮，並依忠順軍增倍賞給，劉光世、韓世忠、岳飛、王〔𤫊〕四軍共一十一萬一千六百餘人，賞給約支見錢二十八萬六百餘貫。……』」

《水心文集》卷二二《故知廣州敷文閣待制薛公墓誌銘》：「是冬（按：指紹興五年冬），震電大雪，冰厚尺餘，席益煮粥於市。益去，尤甚，白晝剽劫羣行，而飛責月樁錢，鄂、鼎運分撥米甚峻。公具奏天災民窮，詞甚哀切。上惻然動，爲捐二十萬，出廣西常平貸之，潭、永間始復生理。」

《斐然集》卷一五《繳户部乞拘收湖南應副岳飛錢糧》：「准中書、門下省送到録黄一道，尚書省送到户部狀，吴錫軍馬已差往池州駐劄，其湖南安撫司舊支錢糧數目，已改撥應副岳飛支使。所〔有〕湖南安撫司每月見應副岳飛錢數，若本軍起離本路，即據每月合用錢數，〔令〕湖南轉運司拘收，〔另〕項樁管，聽候朝廷指揮，不得擅行支用。奉聖旨，依户部勘當到事理施行，令臣書行者。臣契勘湖南累年屯駐軍馬，並係朝廷指揮，令轉運司撥支上供錢斛應副，尚猶不足，則帥臣不免多方措置，僅能給遣。昨來岳飛一軍入境，支費浩瀚，遂至均科田畝錢，竭一路民力，不足充三月之用。所幸水寇已平，大軍移駐。然本路重斂之後，加以大旱，民間困急，坐待溝壑，所以都督行〔府〕減放租税，多方存恤，猶懼無以善後。豈可將岳飛每月合用錢數，便令湖南漕司〔另〕項樁管，將安使從出哉？若謂已將吴錫一軍之費改撥應副岳飛，只合明言候岳飛移軍日，即據吴錫元來每月合用錢數，令湖南安撫司拘收，不當海言岳飛所用錢數也。漕司以應辦爲職，若遂黽勉奉承，重有科斂，以候朝廷支遣，百姓狼顧，孰保其生，得財失民，亦將安用？欲乞别降指揮下湖南轉運使，取問每月應副岳飛錢數，支用是何窠名，或是上供錢斛，自合撥正，若緣軍期一時賦斂，即合蠲除，難爲立額拘收。庶幾盜平之後，旱歲之餘，民力少蘇，邦本以固。」胡寅此奏反映紹興五年鎮壓楊么前後之情形。

《宋會要輯稿》食貨六四之七九：「紹興七年正月六日，户部員外郎霍蠡言：『竊見方今軍事所須，而病民最甚者，莫如月樁錢。所謂月樁錢者，不問州郡有無，皆有定額，所樁窠名，曾不能給其額之什二、三，自餘則一切出於州縣之吏臨時措畫，銖銖而積，僅能充數。一月未畢，而後月之期已迫矣。願詔諸路守臣各條具逐州所樁之錢，寔有窠名者幾何，臨時措畫者若爲而辦。上之朝廷，召諸路漕臣稟決可否，而罷行之。兼勘會江西、湖南合認發岳飛軍月樁錢，各有立定許取撥資次窠名，通取撥支用名色錢數，竊慮隱匿。』詔令江西、湖南州軍專委通判，限十日開具。自紹興六年分正月爲始，至十二月終，本州每月經制、上供、係省、不係省、諸司諸色封樁、不封樁錢，各通共若干數目。於内取撥應副過岳飛軍月樁錢，係是何名色，若干錢數，支使外，逐色有無剩數，如何樁管，或作何支用了當。及有無所取窠名之外，别措置到錢數，係作何名目窠支，充月樁若干，有無見在數目。逐一開具詣寔文狀，申尚書省。及具一般狀申本路轉運司，仰本司官因巡歷所至州軍，取索文狀，與所申數目參照稽考。如有漏落，或不寔不盡，並具因依聞奏，取旨施行，即不得隱庇、觀望、滅裂。餘路分應副樁辦大軍月樁錢州軍依此施行。」

《毘陵集》卷三《措置江西善後劄子》：「紹興八年九月二十七日，樞密院劄子（節文）：『奉聖旨，數内江西今將紹興九年分本路十一州軍合起歲額上供軍器，下項物料徑赴轉運司交納，發赴岳飛軍，自造軍器：鐵甲葉六十九萬九千四百三十八片，牛角六千三百三十四隻，生黄牛皮九千一百八十三張，牛筋四千一十斤一十二兩，生羊皮一萬八千三百九十二張三十一尺三寸五分，箭笴一十八萬四千七百九十四隻，翎毛五十一萬二千九百八十二堵，各長四寸八分，條鐵七千六百九十四斤一十三兩一錢二分。』」

《梁谿全集》卷八七《措置招軍畫一奏狀》：「諸州所入財賦有限，並係轉運司括責扣撥，令認定月樁，應副岳飛等大軍支遣，除外别無贏餘窠名錢物。」卷九八《條具利害奏狀》：「契勘本路每月應副岳飛大軍月樁錢九萬餘貫，自來係以輕齎、金銀，相兼見錢起發。昨緣湖北隨軍運判劉延〔年〕移文，只令起發見錢。自後諸州不惟艱於應辦，其裝法縻費，亦不易出。自去年四月，臣到任以來，催督至今，共起發過一百七十餘萬貫。」卷一〇四《與李尚書措置畫一劄子》：「月椿錢最爲難辦，本州應副岳飛月六千餘緡。」本州即洪州。

《永樂大典》卷六五二四張守《毘陵集·乞蠲減月椿劄子》：「契勘本路州軍自金人蹂踐之後，饑饉相因，盜賊羣起，公私匱竭，不比他路。今月椿之數雖累蒙蠲減，而洪州、撫州尚自偏重。訪聞撫州昨隸江東，遂兼認兩路之數，洪州贍養申統制、安撫大使司丘贇下撥到親兵所費四千餘貫，亦係月椿，通計一月實合管認發錢一萬八千八百餘貫。本州將諸縣裏外極力收簇，不過得錢九千餘貫，其八千九百餘貫未有可以那撥去處，朝廷及宣〔撫〕司不見得申統制及親兵一項，只作一萬四千貫定數。況岳太尉軍前并申統制、親兵寨，皆係軍兵計日指準，不可稍有欠闕。伏望朝廷指揮，將本路月椿錢再賜詳酌，蠲減數目，或將撫州江東路錢除豁，却將洪州錢再行減數，與撫州均認。」

《建炎以來繫年要録》卷一三八：「（紹興十年十一月甲子）詔淮北宣撫判官劉錡募兵、效萬人。時錡軍及韓世忠、岳飛皆造軍器，所乞牛皮，至十餘萬張，郡邑往往殺牛以應命。」岳飛同情百姓疾苦，爲「頒降功賞，使人蒙恩」（《雲麓漫鈔》卷一），「庶使有以激勸兵將，緩急可以倚仗」（《金佗稡編》卷一七《再論虔州平盜賞申省劄子》），仍須「科斂疲民」，邀索軍餉、軍需與犒賞。

《僞齊録》卷上：「岳飛一行軍馬飯食，并是江南筠、袁、處、虔、吉、洪六州應副。官軍中缺糧，各於民間探借了稅賦。軍到湖南，又於民間户下應有地土，每畝先令納子田畝錢一百文，民甚難之。」按處州屬兩浙路，不可能負擔岳家軍錢糧。

〔二〕《建炎以來繫年要録》卷一〇八：「（紹興七年正月己巳）詔：『京西、陝西來歸之民，已命湖北、京西宣撫司授田給種，其令岳飛以軍儲米萬斛付諸州，賑給之。』」《宋會要輯稿》兵一五之六：「（紹興）七年正月七日，中書、門下省言：『京西、陝西路歸正百姓，已令岳飛同霍蠡撥牛借種，召募耕種，尚慮失所。』詔：『岳飛於大軍糧斛内支米一萬石，撥付諸州，專充賑濟，仍多出文榜曉諭。』」

〔三〕《宋會要輯稿》食貨六三之九六：「（紹興四年）九月二十六日，主管江州太平觀朱震言：『荆、襄之間，沔、漢上下，膏腴之田七百餘里。襄陽之北，土宜麻、麥，古謂之租中。若選用良將，民所信服者，領部曲駐漢上，招集流亡，務農重穀。寇至禦之，寇退則耕稼，不過三年，兵食自足。觀釁而動，復陵寢，清宗廟，以濁河爲限，傳檄兩河，則中興之業定，以逸待勞之道。』詔關與都督府。」關於岳飛復襄漢後，恢復生産，興辦營田，可參《金佗稡編》卷一〇《畫守襄陽等郡劄子》第九二九頁，卷一一《荆襄寬恤畫一奏》第九三九頁。

又同書食貨六三之九九：「（紹興五年十二月）十五日，中書、門下省言：『淮南東、西，川、陝，荆、襄等路已降詔旨，曉諭諸帥行屯田之制，其諸帥下屯田事務，未曾專委官措置。』詔：『淮南西路宣撫使司差李健，淮南東路宣撫使司差陳桷，江南東路宣撫使司差郄漸，川、陝宣撫使司差陳遠猷，湖北、襄陽府路招討使司差李若虛，荆南府、歸、峽州、荆門軍安撫使司差李侁，並兼提點本司屯田公事。』」

《建炎以來繫年要録》卷九六：「（紹興五年十二月）癸丑，詔：『淮東、西、川陝宣撫司，荆、襄招討司，荆南安撫司並以參謀官一員，兼提點本司屯田公事。』」

《宋會要輯稿》食貨六三之一〇二：「（紹興六年）二月三日，詔：『……荆湖北路、襄陽府路招討使岳飛，川、陝宣撫副使吴玠並兼營田使。』」

「（四日）詔：『……襄陽府路安撫使張旦，金、均、房州安撫使柴斌並兼營田使。』」

又同書食貨六三之一一二：「（紹興）十年二月十八日，臣寮言：『天下之費，莫甚於養兵，以其大利，所支甚費，非屯田則不可也。竊以荆州之賦仰給於營田者，歲省縣官之半。願詔諸大將取荆州已試之效，各於軍中籍不堪擐甲者，分撥屯駐於所屬州郡有曠土可耕之處，每五百人用一部將，元係良家（子）通曉稼穡者，爲之統率，官給耕牛，薄收租稅，假以歲月，責其成效。』詔令諸帥措置。」荆州指荆南府，時爲荆湖北路首府。

《中興小紀》卷二〇：「（紹興六年九月）時湖北岳飛軍初置總領錢糧，戊子，詔户部郎官霍蠡爲之，於鄂州置司。初，飛一軍每月費錢三十九萬緡，歲計四百六十萬緡餘。」《皇朝中興紀事本末》卷三八作「每月費錢三十九萬餘緡，歲計四百六十萬緡」。

《雞肋編》卷下：「紹興八年，余在鄂州，見岳侯軍月用錢五十六萬緡，米七萬餘石，比劉軍又加倍矣，而馬芻秣不預焉。」

《建炎以來繫年要録》卷一四四：「（紹興十二年三月庚戌）尚書右司員外郎鮑琚總領鄂州大軍錢糧。先是，琚奏岳飛軍中利源，鄂州并公使、激賞、備邊、回易十四庫，歲收息錢一百十六萬五千餘緡，鄂州關引、典庫、房錢、營田雜收錢，襄陽府酒庫、房錢、博易場，共收錢四十一萬五千餘緡，營田稻穀十八萬餘石。詔以鄂州七酒庫隸田師中爲軍須（每年收息錢共五十八萬餘緡），餘令總領所椿收，準備朝廷不時支遣，其營田仍委師中措置應副。」依「營田稻穀十八萬餘石」計，應可供岳家軍兩、三月之食用。

《後村先生大全集》卷一五六《墓誌銘・林經略》：「奏記時宰，言湖北義兵七萬餘人，徒供里胥、總首私役，宜修教閱法。紹興初，營田歲穫二十四萬斛，今僅及十之一。」林行知墓誌載，湖北一路「營田歲穫二十四萬斛」，尚不包括京西路之「營田歲穫」，與《要録》所載有異。

《建炎以來繫年要録》卷一八四：「（紹興三十年三月辛巳）自岳飛得罪，而湖北轉運司拘收前宣撫司庫務金幣、物斛，計直六百九十餘萬緡，有未輸者八十九萬緡，至是踰二十年，拘催不已，轉運判官王趯言：『此皆出軍支使及回易逃亡之數，即非欺盜，無所追償，望悉除放。』從之。」

《絜齋集》卷二《輪對熙寧三年太白晝見劄子》：「中興之初，岳飛、韓世忠之流皆有不可勝用之財，此所以能擒敵而制勝也。」

《東塘集》卷一一《進講故事》：「如韓世忠、岳飛、劉錡之所部，金帛賫及徒伍，米粟厭足於〔輿〕

卒，中雖變更，而後來所得，猶擅酒酤之利，回易之息，皆歲以萬計。利入若此，則士之藝且精者，諸將且有以賞之也，士之貧且悴者，諸將且有以賙之也。」

《三朝北盟會編》卷一九一：「（李）啟者，岳飛軍中回易官，有心計，能斡旋財賦，惟著布衣、草鞋，雨中自執蓋步行，佐飛軍用甚多。」岳飛除興辦營田、屯田，資助軍糧外，又以典庫、回易、釀酒、房錢等收入，補貼軍用。依《要録》卷一四四，其收入爲「月用錢五十六萬緡」之三倍。

《宋會要輯稿》食貨六三之一五九：「（嘉定）十五年七月十八日，臣僚言：『竊以營田之制，於今最爲急務，而非一日可成。紹興間，嘗專降江、淮營田指揮，若鄭剛中則行之關陝，若岳飛則行之荆、襄，若王權、李顯忠則行之江、淮，咸有規畫，歲收萬計。……』」

《盧溪文集》卷四七《故左奉直大夫直秘閣向公行狀》：「十年春，赴湖北，先聲入境，時姦吏望風解印綬者數十人。湖北營田舊以抑配百姓，人不聊生，有破産不能償者，日號訴于馬前。公爲詢究其便利可行者，使遵守之，罷一切抑配者，遠近鼓舞。時岳飛以兩鎮節度使兼營田大使，無敢忤其意者，至是飛亦喜，以爲當然。公按部所至，立大牓於前，云：『久負抑屈，州縣不理者，立其下。』於是積年無告之寃，咸得伸雪。會總領曾慥與薛弼素不悦於公，慥以職事誣奏，而弼方爲左司，表裏附會，公遂放罷。」

《建炎以來繫年要録》卷一三六：「（紹興十年六月乙丑）直秘閣、荆湖北路提點刑獄公事向子忞罷。先是，江西漕司負月樁錢，詔總領官曾慥劾罷。子忞行部，取漕吏釋之，慥言於朝，故罷。

既而子忞上疏，訟慥與新除左司郎官薛弼表裏中傷，子忞坐奪職。子忞再使湖北，先聲入境，姦吏望風解印綬者數十人。湖北營田舊以抑配百姓，人不聊生，有破産不能償者，日號訴於馬前。子忞爲詢究其便利可行者，使遵守之，罷一切抑配者，遠近鼓舞。時岳飛兼營田大使，無敢忤其意者，至是飛亦喜，以爲當然。」向子忞，《盧溪文集》向公行狀作向子恩。營田爲租佃制官田，弊病甚多，岳飛駐守之荆湖北路和京西南路亦不例外。

《浪語集》卷一六《召對劄子三》：「口奏：『德安租牛，蓋岳飛撫定羣盜所得。若諸將則固掩爲己有，飛以民間乏牛，故租與之，當時實受其利。此亦可知飛忠廉可尚。然事久未嘗無弊，今飛已死，牛亦無存，而民猶出舊租，其爲害可知矣。』」

〔四〕《建炎以來繫年要録》卷一二二：「（紹興八年九月）庚子，武經大夫、閤門宣贊舍人、知襄陽府武糾進秩一等，用岳飛請也。」

諸大將多養尊自肆，崇飾體貌。先臣獨以宣撫司官屬有冗員，蠹國害民，乞行裁減。其體國率如此。〔一〕

〔一〕《金佗稡編》卷一高宗宸翰四十一：「比覽裁減官吏奏狀，知卿體國愛民之意，深契朕心，嘉歎無已。」岳飛紹興七年此奏今已佚失。

上嘗亟稱其忠，見於詔札，則曰：「卿志存憂國，義專報君。」〔一〕又曰：「卿忠義之心，通于神明。」〔二〕又曰：「忠義出於天資，忱恂著於臣節。」〔三〕見於制詞，則曰：「秉誼忠純。」〔四〕又曰：「精忠許國。」〔五〕其類不可殫紀。

〔一〕可參《金佗稡編》卷一高宗宸翰二十六第一六頁。

〔二〕可參《金佗稡編》卷一高宗宸翰五第三頁。

〔三〕可參《金佗續編》卷三紹興四年《再辭免同前不允詔》第一二八二頁。

〔四〕可參《金佗續編》卷二《鎮南軍承宣使充江南西路沿江制置使告》第一二六四頁。

〔五〕可參《金佗續編》卷二《清遠軍節度使湖北路荆襄潭州制置使特封武昌縣開國子食邑五百户食實封貳伯户制》第一二六五頁。

樂施踈財，不殖資產，不計生事有無。所得錫賚，率以激犒將士，兵食不給，則資糧於私廩。〔一〕九江有宅一區，聚家族之北來者，有田數頃，盡以贍守家者。張俊貪，占田徧天下，而家積鉅萬，嘗謂其形跡己，故憾之。卒之日，雖王會極力搜刮，家無餘貲。秦檜猶疑之，謂所藏不止是，興大獄數年，盡捕家吏，逮治有死者，而卒不得錙銖云。上知其屢空，欲擇第於行都，欲以出師日，自任其家事，先臣辭曰：「北虜未滅，臣何以家爲！」起復制

詞亦有「厲票姚辭第之志」之語。〔二〕

〔一〕《金佗續編》卷二七黄元振編岳飛事迹：「公命宅庫，除宣賜金器存留外，餘物盡出貨，以付軍匠，造弓二千張。先父曰：『此軍器，當破官錢。』公曰：『幾個劄子乞得，某速欲用，故自爲之。』」

〔二〕可參《金佗續編》卷二《内艱起復制》第一二七一頁。

御軍之術，其大端有六。曰重蒐選：〔一〕貴精不貴多，背嵬所向，一皆當百。〔二〕上初以韓京、吴錫二軍付先臣，皆不習戰鬬，且多老弱。先臣擇其可用者，不滿千人，餘皆罷歸，數月遂爲精卒。上喜，賜報曰：「可見措置有方，忠誠體國。」〔三〕二曰謹訓習：止兵休舍，輒課其藝，暇日尤詳，至過門不入，視無事時如有事時。〔四〕如注坡、〔五〕跳壕等藝，皆被重鎧，精熟安習，人望之以爲神。三曰公賞罰：待千萬人如待一人。張憲之部卒郭進有功於莫邪關，頓解金束帶及所用銀器賞之，又補秉義郎。臣雲嘗以重鎧習注坡，馬躓而踣，先臣以其不素習，怒曰：「前驅大敵，亦如此耶？」遽命斬之，諸將叩頭祈免，猶杖之百，乃釋之。餘如傅慶以夸功誅，〔六〕辛太以違命免，〔七〕任士安以慢令受杖，〔八〕過無大小，必懲必戒。張俊嘗請問用兵之術，答曰：「仁、信、智、勇、嚴，五者不可闕一。」請問「嚴」，曰：「有功者重賞，無功者峻罰。」〔九〕四曰明號令：授兵指畫，約束明簡，使人易從，違者必罰。〔一〇〕五曰嚴紀律：行師用衆，秋毫不犯，有踐民稼，傷農功，市物售直不如民欲之類，其死不貸。卒有取民麻一縷，以束芻者，詰其所自得，立斬之。〔一一〕六曰同甘苦：待人以恩，常與士卒最下者同食。樽酒臠肉，必均及其下，酒少不能遍，則益之以水，人受一啜。出師野次，士卒露宿，雖館舍甚備，不獨入。〔一二〕詔詞有所謂「絶少分甘，與人同欲」，〔一三〕又云「甘苦同於士卒」，「雖萬衆而猶一心」〔一四〕者指此。諸將遠戍，則使妻至其家，問勞其妻妾，遺之金帛，申殷勤之歡，人感其誠，各勉君子以忠報。其有死事者，哭之盡哀，輟食數日。育其孤，或以子婚其女。士卒有疾，輒親造撫視，問所欲，至手爲調藥。朝廷每有頒犒，多者數十萬緡，少者數萬緡，付之有司分給，一錢不私藏。〔一五〕嘗命其將支犒：帶甲人五緡，輕騎人三緡，不帶甲者二緡。將裁其數，匿金歸己，杖而殺之。〔一六〕有是六者，用能恩威兼濟，人人畏愛，重犯法。部衆十數萬，〔一七〕本四方亡命、樂縱、嗜殺之徒，皆奉令承教，無敢違戾。夜宿民户外，民開門納之，莫敢先入。晨起去，草葦無亂者。〔一八〕所過民不知有兵，市井粥販如平時。湖口人項氏家粥薪自給，有卒市薪，項愛其不擾，欲自損其直一錢以售之，卒曰：「吾可以一錢易吾首領耶？」〔一九〕竟不敢從，盡償其直而去。雖甚飢寒，不變節，每相與自詑曰：「凍殺不拆屋，餓殺不打虜，是我軍中人也。」〔二〇〕民見他將兵，遁亡滅影，聞爲岳家軍〔二一〕過，則相帥共觀，舉手加額，感慕至泣。〔二二〕

〔一〕曰重蒐選　「曰」之上，疑脱「一」字。

〔二〕《金佗續編》卷三〇《鄂州忠烈行祠記》：「七曰選能：背嵬所向，一皆當百。」

〔三〕《金佗稡編》卷一七《分揀吴錫韓京兩軍訖申省狀》：「飛近奉聖旨，差權荆湖東路安撫、都總管，及統率馬友并本路李宏、吴錫、韓京諸頭項軍馬，前來措置掩殺曹成。飛尋依應起發，已到湖東界。其韓京元屯兵衡州茶陵縣，吴錫在郴州，兩項所管官兵多是老弱，及湖東土人在内充數，其實堪出戰人各不滿一千。又緣不經戰鬬，久在州縣屯泊，全無紀律。今來飛已將上件人馬，除揀選不堪披帶人給據放散外，將實堪披帶人數分撥付本軍諸將收管使喚訖。謹具申尚書省并樞密院，伏乞照會。」

《建炎以來繫年要録》卷五三：「（紹興二年閏四月己酉）初，武功大夫、榮州刺史、樞密院將領韓京以所部屯茶陵縣，而湖南安撫司統制軍馬吴錫在郴州，二人皆起於羣盜，所將多湖東〔土〕人。京本王以寧部曲，兵皆精鋭，聞以寧之廢，心常不平。會有前河東經略司幹辦公事王久中者，遺錫書，論京專權擅命，錫聞於朝。事下韓世忠，未達，神武副軍都統制岳飛并京、錫軍，自將之，至是以聞。」

《梁谿全集》卷一一六《與吕相公第七書别幅》：「兼韓京、吴全等以飛强奪其人馬，有隙，皆不願從之。抑使往，即復爲盜無疑。有乞回避狀，備録申密院。」又同書卷一一八《與秦相公第九書别幅》：「兼據吕祉申，韓京人兵隨逐岳飛，至道、賀間，飛利其甲馬，皆擇精壯者分隸將下，而聽其自便。此近年諸將習成之態也。京緣此悒悒抱病，以餘卒數百人留茶陵，不復在飛部下。吴錫人兵亦多散去者。吴全則元係水軍，正可施於重湖。」《與秦相公第十一書别幅》：「又緣岳飛强分韓京之兵，利其甲馬，多不安之，所分之兵，皆已潰去。」《斐然集》卷一八《寄張相》（其四）：「吴錫一軍自成次第，前年討曹成，嘗暫隸岳飛，壯士健馬、精兵堅甲頗見選取，故其心不樂爲飛用。今若俾聽飛節制，不獨無功而已。」

〔四〕《翠微先生北征録》卷八《治安藥石·器用小節·馬鎗制》：「臣聞呈試有四門：馬鎗揀指（一作『拍』），有馬上單鎗，岳飛教荆、襄之兵，有稽鎗射，李顯忠教關西之兵，令弓手帶鎗，鎗手帶（一作『有』）弓。馬軍之有鎗，尚矣。」

〔五〕注坡　「坡」，原作「城」，據《金佗續編》卷二一改。

〔六〕《三朝北盟會編》卷一四三：「（建炎四年十月十日己卯）岳飛斬其統制傅慶。傅慶，衛州窑户也，有勇力，善戰，屢立功。岳飛寵惜之，以爲前軍統制。慶恃其才，視飛爲平交，嘗曰：『岳丈所主張此一軍者，皆我出戰有功之力。』每有需索於飛，則曰：『岳丈，傅慶没錢使，可覓金若干，或錢若干。』飛亦屢與之，無忤色。及飛爲鎮撫使，持法嚴肅，尤不可犯，而慶不改其常。飛待之異，慶頗覺之，不喜。會劉光世遣王德來高郵，以當金人在高郵、楚州者。飛遣慶以前軍將士應援，德與慶交馬，而慶言：『欲復事劉相公。』德許之。統領張憲聞其言，告於飛，飛銜之，戒憲勿泄。至是飛令諸統制射遠箭，慶箭三籌皆及一百七十步，諸統制不過一百五十步。飛三賞慶，酒醉。飛取宣賜戰袍、金帶與王貴，慶曰：『賞有功者！』飛問：『有功者爲誰？』慶曰：『傅慶在清水亭有功，當賞傅慶。』飛大怒，叱慶下階，取戰袍焚之，槌毁其金帶，乃曰：『不斬傅慶，何以示衆！』遂令斬之。」「十日己卯」，一作「十（四）日癸未」。「欲復事劉相公」一句，或作「欲伏侍劉相公」，差别甚大，前一句表明，傅慶本劉光世部屬。此段記載顯然有不確之處：第一，岳飛建炎四年九月九日後出兵，屯承州（高郵）之東，王德已由承州之西撤兵；第二，岳飛出屯承州時，張憲並未前往，而留守泰州（《金佗稡編》卷一七《申劉光世乞兵馬糧食狀》）。可知王德與傅慶並非於承州相遇。

《建炎以來繫年要録》卷三八：「（建炎四年十月）通、泰鎮撫使岳飛在泰州，持法嚴，衆不敢犯。前軍統制官傅慶，衛州窑户也，有勇力，善戰，飛愛之。慶恃其才，視飛爲平交，飛亦無忤色。及飛爲鎮撫使，待之頗異，慶覺之，不悦。會劉光世遣王德來承州，飛命慶以兵會，慶與德交馬而語云：『願事劉公。』德許之。統領官張憲聞其語，以告，飛憾之，戒憲勿泄。至是飛令諸將射遠，慶獨至百七十步。既而飛取上所賜戰袍、金帶遺統制官王貴。慶醉，謂飛曰：『當賞有功者！』飛問：『有功者誰？』慶曰：『慶在清水亭有功。』飛大怒，焚袍毁帶，曰：『不斬傅慶，何以示衆！』遂斬之。」

〔七〕辛太「違命」，臨陣逃脱，乃紹興四年復襄漢時事，見《金佗稡編》卷六第二七九頁。

〔八〕任士安「慢令受杖」，乃紹興五年鎮壓楊么時事，見《金佗稡編》卷六第三四八頁。

〔九〕《三朝北盟會編》卷二〇七《岳侯傳》：「李成遣偏將馬進領兵二十萬，對壘於洪州，諸將不敢當其鋒。張招討請侯議曰：『俊與李成數戰不勝，公有何見？願求一計。』侯對曰：『某既蒙下問，不避僭越。用兵者無他，仁、信、智、勇、嚴五事，不可不用也。有功者重賞，無功者重罰，行令嚴者是也。……』」

《金佗續編》卷三〇《郢州忠烈行祠記》：「小善必賞，小過必罰，待數千萬人如待一人。」又同書卷二七黄元振編岳飛事迹：「公奏戰功必以實，未嘗徇私，而寄名虚奏。公之子宣贊雲勇冠三軍，攻隨州，手持兩錐，首先登城，公乃奏其功。與妄將私匿竄名戰士之中，以冒官爵者異哉。此士之所以樂於用命，而服其至公也。」

《獨醒雜志》卷七：「余嘗訪其士卒，以爲勤惰必分，功過有别，故能得人心。」

〔一〇〕《金佗續編》卷二七黄元振編岳飛事迹：「公謂先父曰：『戰陣既交，手執得槍住，口有唾得嚥，則已是勇也。機密儒生，未嘗歷戰陣，到中原，見大戰，則心動矣。先隨某入小陣以觀戰，某令機密立馬處，必無害也。若欲便溺，切勿離馬仄。蓋數十萬之軍，其目盡在某一旗上，機密若往來不定，則軍人一暗箭射殺之矣，蓋惡我亂其目也。大陣皆動，然後可隨衆動也。』」

〔二〕《金佗粹編》卷八：「民居火，（王）貴帳下卒盜取民蘆筏，以蔽其家，先臣偶見之，即斬以徇，杖貴一百。」

《金佗續編》卷二七黄元振編岳飛事迹：「一日，行軍至一店，見其屋新蓋茅而有少缺處，公呼店主人問之：『此必我軍士取汝茅乎？』店主曰：『宣撫之軍未嘗一毫擾人，此自偶缺茅耳。』公曰：『豈有汝新蓋店屋，而缺此一束茅。』立命刷之。須臾，刷到一馬軍，即欲斬之，軍曰：『非入取其茅也，下店飲食，繫馬於簷，忽聞宣撫來，急上馬來，不覺誤掣下。』店主舉家泣告，實不曾擾，猶杖之百而後行。」

「提轄官有杖士卒者，公曰：『且教訓之，勿輕笞辱也。』然取人一錢者，必斬，故士卒樂於用命，嘗謂先父曰：『某之士卒真可用矣！』」

又同書卷二八《吴拯編鄂王事》：「侯御士尤嚴，每屯數萬衆，而市不見一卒，惟閱試振旅，則人始幸觀之。」

《獨醒雜志》卷七：「異時嘗見其提兵征贛之固石洞，軍行之地，秋毫無擾，至今父老語其名，輒感泣焉。蓋其每駐軍，必自從十數騎周遭巡歷，惟恐有一不如紀律者。時裨將楊貴怒一卒擅離隊伍，遂臠而尸之，卒尚未死。飛見之，問其故，以爲不應死。顧左右求其生不可，則絶之，而解衣以殮焉。召貴詰曰：『擅離隊伍，罪未至是，汝當以死償之！』貴皇懼，不敢對，諸將羅拜祈免，乃已。猶以豫章境上有逋逃者，責使招降焉，不然，復其罪。貴後能致其人者，始獲免。」《梁谿全集》卷七二《奏知段恩招誘本司軍兵逃走奏狀》：「神武副軍都統制岳飛申：『契勘飛近恭奉聖旨指揮，收捕曹成賊馬，屢獲大捷，分遣軍馬，自廣西追趕至廣東連州并湖南界，往回數千里。今節次據本軍諸將申到，有逃走官兵四百七十八人，下項。契勘使臣、效用、軍兵見此暑月，披帶衣甲，艱辛勞苦，怯戰，輒敢棄甲，或將帶衣甲、鞍馬逃走，改易姓名，別投他軍。伏望朝廷重立賞格，遍行下神武諸軍并諸路帥臣，及逐頭項統兵官根緝收捉，差人押赴飛軍前，對衆依軍法號令。所貴帶甲忠勇將士不敢倣傚逃竄。

小帖子稱：契勘本軍逃走官軍往往輒投他處收留，若不嚴行約束，無以懲戒。伏望朝廷給降黃榜一道，付飛隨軍張掛，及乞止絶諸軍等不得誘引，擅便招收本軍官兵。』

右奉聖旨，依所乞，令樞密院給降勅牓，令檢會諸軍，逃走使臣依例立賞錢三百貫，效用、軍兵賞錢一百貫，劄付臣疾速施行。」岳家軍軍紀雖嚴，全藉刀斧棍棒維持。

〔一三〕《金佗續編》卷二八《孫逌編鄂王事》引邵緝建炎四年薦書：「資糧於官，身與下卒同食；而持軍嚴甚，民間無秋毫之擾。」

又同書卷一四《忠愍謚議》：「奉己至薄，與下士同甘苦；持軍至嚴，所過秋毫無敢犯。」

又同書卷一四《武穆謚議》：「駐師武昌，日謀進取，練軍實，選騎士，明紀律以馭之，同甘苦以懷之，凡隸公麾下者，人百其勇。」

又同書卷一四《武穆覆議》：「且平生用兵，紀律甚嚴，每與士卒同甘苦，而得其歡心。雖上賜累鉅萬，毫髮不以爲己私，故士卒用命，而所至無擾。」

〔一三〕絶少分甘與人同欲 《金佗續編》卷三《張宗元奏軍旅精鋭奬諭詔》作「茹苦分甘，與下同欲」。

〔一四〕《金佗續編》卷四《第四辭免同前不允詔》：「甘苦同於士卒，故雖萬衆而猶一心。」

〔一五〕《金佗續編》卷二七黄元振編岳飛事迹：「先父被檄在遠，公嘗遣一兵持書來，趣回。盛寒止一單布衫，先父問曰：『汝怨乎？』曰：『不怨也。他軍所得請給，則有減剋。又如科作納襖之類，自身雖暖，老小則凍餒矣。宣撫則不然，所請食錢若干，不減一錢，聽士自用之。某自因家累重而費之，非在上者有剋於我也，何怨之有。』」

又同書卷三〇《鄂州忠烈行祠記》：「廉：一錢不私藏。」

〔一六〕《三朝北盟會編》卷一五五：「（紹興三年九月）任士安交軍馬與飛，士安授江西總管，洪州駐劄。飛支犒設：帶甲人五千，輕騎人三千，不帶甲人二千。士安有隱匿入己，飛決之一百，士安以病瘡卒。」此段記載與《行實編年》類似，據《要録》和《梁谿全集》，任士安乃李綱由福建帶往荆湖之統制，紹興五年鎮壓楊么後，撥屬岳家軍。紹興六年，李綱又將任士安調江南西路任都統制。可知《會編》之記載不可信，《行實編年》所載當並非指任士安。

《建炎以來繫年要録》卷一一三：「（紹興七年八月）丙申，尚書户部員外郎霍蠡轉一官，用權湖北、京西宣撫判官張宗元奏也。（《日曆》惟此日宗元繫宣判銜。）蠡在鄂州，應副岳飛軍錢糧，宗元言其奉公守正，故特遷焉。先是，飛數言軍中糧乏，乃命蠡按視。至是蠡言：『飛軍中每歲統制、統領、將官、使臣三百五十餘員，多請過錢十四萬餘緡；軍兵八千餘人，多請過一〔萬〕三百餘緡，總計一十五萬餘緡。』於是，右正言李誼言：『蠡職在出納，理當究心。然慮點檢苛細，若行改正，却合支券錢六萬餘貫，才省九萬緡而已。望令依舊勘支，務存大體，以副陛下優恤將士之意。』」

《筠溪集》卷四《霍蠡總領荆〔襄〕財用轉一官》：「朕宿兵邊隅，坐制羌虜，預爲足食之計，曲盡理財之方。而吏或侵漁，軍多冗濫，致餽餉不繼於道，征求薦及於民，朕甚病之。爾以才猷，列于郎位，將命以往，知無不爲，力究弊原，不畏强禦。連營盡得其軍實，列郡悉知其吏姦。風力隱然，濟以心計，有臣如此，朕何慮焉。超進一官，姑以示勸，益恭乃事，朕不汝忘。」

《金佗稡編》卷八：「時又得王俊者，……且位副張憲，屢以姦貪爲憲所裁。」以上記載證明，岳飛雖治軍甚嚴，貪污舞弊之事仍不時發生。

〔一七〕以下介紹岳家軍兵力之擴充及其編制。

《金佗續編》卷二七黄元振編岳飛事迹：「公曰：『昔杜充留守京師，某有兵二千，來受充節制。……』」此爲建炎二年末和三年初岳飛之兵力。

《金佗稡編》卷一七《赴鎮畫一申省劄子》：「本軍頭口，老小、正兵七萬餘人口，……飛見帶軍馬萬餘，自春並不曾支給衣賜。」

《金佗續編》卷二八《孫逌編鄂王事》引邵緝建炎四年薦書：「今飛軍中精鋭能戰之士幾二萬人，老弱未壯者不在此數，勝甲之馬亦及千疋。朝廷諸將特然成軍如飛者，不過四、五人耳。飛又品秩最卑，此正易與時也。」此爲岳飛建炎四年克復建康，出任通、泰鎮撫使時之兵力。宋時實行募兵制，軍士拖帶家眷，一萬餘兵力，連同「老小」，共達「七萬餘人口」。

《金佗稡編》卷一〇《措置曹成事宜奏》：「臣所統本軍官兵一萬二千餘人，除存留二千人吉州看管老小，并隨軍輜重、火頭占破外，實出戰只有七千餘人。」此爲紹興二年夏之兵力。

《建炎以來繫年要録》卷六〇：「（紹興二年十一月己巳）尚書左僕射吕頤浩屢請因夏月舉兵北向，以復中原，且謂『人事天時，今皆可爲。……今張（俊）軍三萬，有全裝甲萬副，刀、槍、弓、箭皆備，韓世忠軍四萬，岳飛軍二萬三千，王瓊軍一萬三千，雖不如（俊）之軍，亦皆精鋭。劉光世軍四萬，老弱頗衆，然選之亦可得其半。……』」

又同書卷六二：「（紹興三年正月）初，神武副軍都統制岳飛在江州，軍中糧乏，江西安撫大使李回分其軍之半萬二千，屯於江、筠州、臨江、興國軍，而命飛以餘軍即吉州屯駐，言於朝。丁卯，詔飛即以兵赴行在。」

又同書卷六三：「（紹興三年三月辛未）初，命神武副軍都統制岳飛督捕虔寇，……於是飛有衆二萬四千餘人。」

《忠正德文集》卷二《知洪州乞支降錢米狀》：「目今屯駐岳飛二萬三千餘人，供億浩大，竭一路財力，僅能應副。」趙鼎於紹興三年三月任洪州知州、兼江南西路安撫大使。

《建炎以來繫年要録》卷六七：「（紹興三年七月乙亥）詔神武副軍都統制岳飛選兵三千人，移戍廣州。」

《宋會要輯稿》兵五之一七：「（紹興三年）七月二十二日，樞密院言：『得旨，選差統兵官，帶領官兵前去廣州駐劄，彈壓盜賊。契勘江西見有岳飛一軍二萬餘人，理宜就便差撥。』詔令岳飛就便差官兵三千人并家小，前去廣州屯戍，候及一年，各與轉一官資。仰精選可以委任統領官，具姓名奏差發遣。」

《忠正德文集》卷二《措置防秋事宜》：「今計岳飛兵數二萬一千有餘，除火頭、輜重、守寨、疾病人外，實得戰士一萬五（六）千人。」趙鼎此奏又見《歷代名臣奏議》卷三三四，《金佗續編》卷二九，乃岳飛分撥三千人戍廣州後所餘兵力。自紹興三年秋至紹興四年，因傅選、李山、牛皐、董先、李道等部相繼撥隸岳飛（見《金佗稡編》卷五第二四八頁至第二五四頁），兵力略有增加。

《金佗稡編》卷一八《措置襄漢乞兵申省狀》：「飛今見管軍馬，兼撥到牛皐、董先兩項，共一千餘人，合飛本軍都計二萬八千六百一十八人，輜重、火頭占破在內。」此爲岳飛紹興四年克復襄漢後之兵力。岳飛請求其部增兵至六萬，宋廷將荆湖北路安撫司統制崔邦弼、顔孝恭兩部撥歸岳飛，顔孝恭部兵爲一千九百人（《要録》卷六四紹興三年四月戊戌），崔邦弼部約三千人（《會編》卷一七六）。兩部併入，岳飛兵力增至三萬餘人。岳飛兵力之大增乃於鎮壓楊么後。

餘萬，張浚一以誠信撫之。」

《建炎以來繫年要録》卷九〇：「（紹興五年六月丁巳）湖寇既平，得丁壯五、六萬人，老弱不下十

萬丁壯並非全部撥充岳家軍，有送韓世忠、張俊當禮品者（《要録》卷九〇紹興五年六月丁巳，

《金佗續編》卷二七黄元振編岳飛事迹：「於是，得彊壯者數萬人以充軍，而軍益壯矣。」按五、六

江水軍十指揮（《要録》卷九二紹興五年八月癸亥）者，然大部應編入岳家軍。

《浪語集》卷三三《先大夫行狀》），有流放鎮江府墾荒者（《嘉定鎮江志》卷四《軍田》），有另編横

《梁谿全集》卷八二《論江西軍馬劄子》：「朝廷昨降江南西路安撫制置大使畫一指揮，差兵二萬

人。紹興三年分有兵一萬八千人，後來節次撥隸都督府、韓世忠、岳飛等軍。四年分有兵一萬

五百人。五年二月内指揮，除存留丘贇一軍外，自餘軍馬並撥付岳飛。今來本司所管丘贇軍

馬不滿二千人，馬二百餘匹。」

又同書卷八五《乞差兵將討捕虔吉盜賊及存留李山彈壓奏狀》：「臣據徽猷閣直學士、左朝散大

夫、充江南西路安撫制置使、兼馬、步軍都總管胡世將申，統領官丘贇人馬，本司已依奉聖旨發

遣，權聽岳招討前去使喚去訖。」

又同書卷八五《乞將丘贇下存留洪州軍兵充親兵奏狀》：「勘會本司舊管親兵兩軍，計八百餘

人，馬七十餘匹。内一項軍兵三百餘人、馬五十餘匹權撥隸統領官丘贇軍部轄，衮同教閲。并

有一項統領官高道所管五百人、馬二十餘匹，於去年二月内係岳飛權將帶前去湖南捉殺，後來

事畢，更不曾發還本司。今來丘贇一軍近奉聖旨指揮，撥付岳飛使喚，除見存留軍兵三百人在洪州外，自餘人馬并老小盡數將帶前去。」

又同書卷八七《措置招軍畫一奏狀》：「今來本司所管丘贇軍馬不滿二千人，馬一百餘匹，近又撥隨岳飛前去使喚。……契勘本路帥司以前自造器甲，昨係本司統制官祁超等軍馬關借披帶使用，其逐項官兵節次抽摘赴都督府、岳飛軍前，盡數將帶前去。」可知撥隸岳飛者，又有江南西路統制祁超、統領丘贇、高道等部，近萬人。

《斐然集》卷一七《寄張德遠》：「今聞祁超一軍又爲岳飛所併，而任士安、吴錫、郝晸、王宗（俊）等，飛盡欲得之。飛本忠義自立，初不若是，有所效而爲之也。昨來王𤫩討賊無狀，其軍併之韓世忠。夫主將不善，易之可也，何乃與其衆而分之。祁、任之事，則又甚于此矣。」

《建炎以來繫年要録》卷九〇：「（紹興五年六月甲辰）湖南統制官任士安、王俊、郝晸等領兵二萬餘。」

《斐然集》卷一七《寄趙相》：「吴錫一軍，六、七千人耳。」

又同書卷一五《繳户部乞拘收湖南應副岳飛錢糧》：「吴錫軍馬已差往池州駐劄。」可知吴錫一軍並未撥隸岳飛，他在紹興六年隨楊沂中參加藕塘之戰（《要録》卷一〇六紹興六年十月甲辰）。

《建炎以來繫年要録》卷一〇二：「（紹興六年六月戊午）忠翊郎、湖南制置大使司親兵左部統領軍馬裴鐸遷一官，兼閤門祗候，用吕頤浩奏也。先是，郴、衡、桂陽草盜紛起，頤浩遣鐸與統制官步諒招捕，悉平之。」可知步諒一部依舊留屯荆湖南路，亦未隸屬岳飛。隸屬岳飛者爲統制任士安、郝晸、王俊，統領陳照、馬準、李建、焦元等部，應有一萬餘人。

《梁谿全集》卷六五《乞撥還陳照等人兵奏狀》：「臣契勘任仕安下元係統領官三員：陳照、馬準、李建，共計人兵二千八百餘人，合成一軍，並是任仕安所部。」李綱此奏爲紹興二年率任士安自福建往荆湖時所寫，任士安至荆湖南路後，兵力應有擴大。

又同書卷九一《乞撥韓京等軍馬奏狀》：「今來已蒙朝廷許辟左武大夫、吉州團練使任仕安充本司都統制，韓京、李貴兵馬自合聽受節制。」此奏寫於紹興六年冬。

又同書卷一〇四《與李尚書措置畫一劄子》：「大使司元降畫一，撥兵二萬人。自近年以來，並撥付都督行府及岳飛下，去年春，乃無一人一騎留者。……大使司初有兵二萬人，至去年春，尚有數千人。朝廷撥與岳飛，遂無一人一騎留者。……蒙朝廷差到李貴、步諒軍馬各千餘人，今秋並勾赴本司教閲，以申世景將本軍爲前軍，賈和仲將諸州起發隸將、不隸將兵爲左軍，任仕安將洪州禁軍爲中軍，李貴、步諒各將本路兵爲右軍、後軍，共六千餘人。」此爲紹興七年與李光之劄子。可知任士安自紹興六年，又因李綱之請，赴任江南西路，然其業已併入岳家軍之部伍依然隸屬岳飛。

又同書卷六九《乞撥還韓京等及胡友等兩項軍馬奏狀》：「勘會昨據程昌禹申，杜湛下人兵只計二千餘人，元係蔡州將兵，隨逐程昌禹前來鼎州。後來隨逐招到劉超下彭筠一頭項軍馬五千餘人，共計約八千人。」

《建炎以來繫年要録》卷七一：「武翼大夫、吉州刺史、統制鼎州軍馬杜湛爲湖北路兵馬副都監，修武郎、閤門祗候、添差統制軍馬彭筠充東南第八將。……（程）昌寓有戰士、鄉兵合九千餘人，用湛爲總帥。至是昌寓奏湛屢立奇功，筠臨敵宣力，故皆擢之。」

又同書卷八五：「（紹興五年二月辛卯）時湖北兵馬都監杜湛亦改爲都督府左軍統制，（程）千秋因留湛所將蔡兵捍賊。」

又同書卷一〇九：「（紹興七年二月丁巳）武功大夫、忠州團練使、知黄州杜湛降一官，放罷。初，湛與通判州事葉介不協，介率其僚七人走鄂州，訴湛語言不順。朝廷聞之，命岳飛究實。飛奏：『湛忠勞，今來止是語言疑似，别無跡狀。』乃兩罷之，介乃鐫二秩。」可知杜湛幾千兵亦撥隸岳飛，杜湛改任岳家軍轄區武將知州。

《金佗續編》卷六《照會添置將分省劄》：「岳飛劄子：『契勘本軍昨准朝廷指揮，置立拾將。今來人數稍增，欲望□賜指揮，添置將分，候指揮。』右已劄下岳飛，共以叁拾將爲額。……紹興五年八月三日。」此件反映岳飛鎮壓楊么後，兵力約增二倍，由三萬餘人增至十萬餘人。

又同書卷一四《湖北轉運司立廟牒》：「故少保岳飛頃提十萬之衆，留屯沔、鄂，紀律嚴明，秋毫無犯，捐軀徇國，有百戰百勝之勳。」

又同書卷二八《孫逌編鄂王事》：「岳王在鄂州，爲宣撫使，紀律嚴明，路不拾遺，秋毫無犯，軍民皆樂，雖古名將無以加。邵緝公序上《滿庭芳》云：『日落旌旗，霜侵甲冑，塞角聲喚寒更。論兵慷慨，齒頰帶風生。坐擁貔貅十萬，銜枚勇，雲載交横。……』」

《三朝北盟會編》卷二〇六：「飛初對吏，立身不正而撒其手。旁有卒執杖子，擊杖子，作聲而叱曰：『叉手正立！』飛竦然聲喏，而叉手矣，既而曰：『吾嘗統十萬軍，今日乃知獄吏之貴也！』」

《獨醒雜志》卷七：「紹興六帥皆果毅忠勇，視古名將。岳公飛獨後出，而一時名聲幾冠諸公。身死之日，武昌之屯至十萬九百人，皆一可以當百。」

《鴻慶居士集》卷三六《宋故特進觀文殿大學士河南郡開國公致仕贈少師万俟公墓誌銘》：「公言：『飛提重兵十餘萬，無横草之勞。〔倡〕言棄兩淮，以動朝廷，此不臣之漸。』」

《中興小紀》卷二九：「（紹興十一年七月癸丑）右諫議大夫万俟卨言：『樞密副使岳飛議棄兩淮地，專守大江以南。且飛提重兵十餘萬，無捍禦之勞。倡言棄兩淮，以動朝廷，此不臣之漸也。』」「捍禦」，《皇朝中興紀事本末》卷五七作「横草」。

《金佗稡編》卷二三《山陽辨》：「熊克《中興小曆》曰：『紹興十一年秋七月，右諫議大夫万俟卨言：樞密副使岳飛議棄兩淮地，守大江以南。且飛提重兵十萬，無横草之勞。倡言棄兩淮，以動朝廷，此不臣之漸也。』」以上各書記載之岳家軍最後兵力，較爲一致，與《行實編年》相合。

《雞肋編》卷下：「劉太傅一軍在池陽，月費錢二十六萬七千六百九十貫三百文（一十萬四千貫係朝廷應副，餘仰漕司也），米二萬五千九百三十八石三斗，糧米七千九百六十六石八斗，草六萬四百八十束，料六千四十八石，而激賞、回易之費不在焉。……紹興八年，余在鄂州，見岳侯軍月用錢五十六萬緡，米七萬餘石，比劉軍又加倍矣，而馬芻秣不預焉。」據《金佗續編》卷八《督府令收掌劉少保下官兵劄》，劉光世軍爲五萬二千餘人，岳家軍月費錢糧爲劉軍之倍，亦應爲十萬人。以下再引一些歧異之記載。

《周益國文忠公集·書稿》卷一一《荆鄂郭都統（杲）》（淳熙十一年）：「紹興初，岳忠烈獨當一面，所統兵不滿六萬，尚未及今日荆、鄂兩軍之數。徒以將士賈勇，措置有方，遂使襄漢奠枕，宛、洛震動。」

又同書《書稿》卷一二《鄂州閻都統（世雄）》（淳熙十一年）：「岳忠烈兵不滿六萬，而能往來襄、鄂，内撫外禦，威望隱然。」據《金佗稡編》卷一八《措置襄漢乞兵申省狀》和《金佗續編》卷六《照會措置防守已收復州郡省劄》，岳飛克復襄漢後，求宋廷增撥兵力，「以足六萬之數」，宋廷回報，「黄誠、楊么未平，摘那未得」。周必大「不滿六萬」之説，疑即源於此。

《古今紀要逸編》：「京、湖兵在岳鄂王時額三十萬，史嵩之初爲帥時尚二十五萬，（賈）似道自爲帥時尚二十萬，李芝庭（庭芝）自淮東爲帥時尚十七萬，至（吕）文德減至七萬，而掩取六十四州養三十萬兵之賦入爲己有。」此爲宋末黄震之記載，不足憑信。當時其他各軍兵力如下：

韓世忠：三萬人（見《會編》卷二〇六，《要録》卷一四〇與《宋史》卷三六四《韓世忠傳》，《陳亮集》增訂本卷一《戊申再上孝宗皇帝書》作八萬人）。

張俊：八萬人（見《會編》卷二一九《林泉野記》，《中興小紀》卷二九，《皇朝中興紀事本末》卷五五與《金佗稡編》卷八）。

劉光世：五萬二千三百十二人（見《金佗續編》卷八《督府令收掌劉少保下官兵劄》）。

吴玠：六萬八千四百四十九人（見《要録》卷一一一與《宋史》卷三七四《李迨傳》，《建炎以來朝野雜記》甲集卷一八《關外軍馬錢糧數》作七萬人，《中興小紀》卷二七作七萬三千人，卷二八作七萬二千人，《皇朝中興紀事本末》卷四九，卷五二皆爲七萬三千人，《要録》卷一三〇作八萬餘人，卷一三三又作七萬餘人，《宋史》卷二九《高宗紀》紹興九年六月丙子計六萬六千人）。

楊沂中：所率殿前司軍，當岳飛在世時，應爲三萬人以上（《會編》卷二〇五，《要録》卷一三九與《宋史》卷三六七《楊存中傳》載紹興十一年，楊沂中率三萬人赴淮西）。

劉錡：不足二萬人（見《會編》卷二〇一《順昌戰勝破賊録》，卷二〇二汪若海劄子，卷二〇五《淮西從軍記》，《要録》卷一三六，卷一三九與《宋朝南渡十將傳》卷一《劉錡傳》）。

可知岳家軍兵力居南宋初諸軍之冠，處於舉足輕重之地位。以下介紹岳家軍之編制。

《武經總要》前集卷一《軍制》：「大凡百人爲都，五都爲營，五營爲軍，十軍爲廂，或隸殿前，或隸兩侍衛司。」此爲北宋時之禁兵編制，其實却並非如此整齊劃一，南宋初，屯駐大兵之軍事編制已主要改爲軍與將兩級。

《嘉定鎮江志》卷一〇：「乾道六年，鎮江都統制成閔奏：『……竊見鎮江軍馬，往年係遊奕、選鋒、前、右、中、左、後、水軍八軍，後來浸廢遊奕、選鋒，併作六軍。本路屯駐額管四萬七千人，除招填外，□□□□千人，其餘五軍，或多至九千人，或少止七千人，每將或多至三千人，或少止一千人，非特多寡不同，而亦隊伍不齊。臣今欲將水軍以五千人爲率，分作三將，餘每軍以七千人爲率，分作五將，每將各據所隸軍分均撥隊伍。將見隸諸軍親隨使臣、衙兵合併作一處，乞添置遊奕一軍。……臣欲乞每軍差統制官一員，統領官二員，每將差正將一員，副將一員，……每將欲差準備將二員。……』五月二十四日，奉旨，鎮江府駐劄御前諸軍以前、右、中、左、後、水、遊奕七軍稱呼。水軍以三將，餘軍以五將，共三十三將。統制官以七員，統領以一十三員，水軍止差統領一員，正、副、準備將各以三十三員爲額。」

《宋會要輯稿》兵六之二：「(淳熙四年)九月十四日，詔：『興州駐劄御前諸軍所管馬、步軍六萬人，作前、右、中、左、後、踏白、摧鋒、選鋒、策選鋒、遊奕〔軍〕爲名。每軍計六千人，差統制官一員，統領官一員。每將差正、副、準備將各一員。』」軍與將以下，尚有隊之編制。

《武經總要》前集卷六《營法》引唐李靖兵法：「凡五十人爲一隊。其隊内兵士，須結其心，每三人自相得意者，結爲一小隊。又合三小隊得意者，結爲一中隊。又合五中隊爲一大隊。餘少五人，押官一人，隊頭執旗一人，副隊頭一人，左、右傔旗二人，即五十人。」

《宋史》卷一九五《兵志》：「（熙寧七年）（趙）卨奏曰：『置陣之法，以結隊爲先。李靖以五十人爲一隊，每三人自相得者結爲一小隊，合三小隊爲一中隊，合五中隊爲一大隊，餘押官、隊頭、副隊頭、左、右傔旗五人，即充五十，並相依附。今聖制，每一大隊合五中隊，五十人爲之；中隊合三小隊，九人爲之；小隊合三人爲之，亦擇心意相得者。又選壯勇善槍者一人爲旗頭，令自擇如己藝，心相得者二人爲左、右傔，次選勇悍者一人爲引戰，又選軍校一人，執刀在後爲擁隊。……』」當時宋朝依李靖兵法，「新定結隊法」。

《三朝北盟會編》卷九八《避戎夜話》：「國家係五連法，行之舊矣。且如五人爲伍，積五十人爲隊，押隊引于前，擁隊驅于後，全伍勝，擁、押隊有賞，全伍負有誅。」

《建炎以來繫年要録》卷一一一：「（紹興七年五月甲申）上曰：『……每隊五十當增旗頭一人，常養之以待用。……』」

《三朝北盟會編》卷二三九：「官軍每隊五十人，一馬船猶不能載八隊。」岳家軍之編制無系統記載，至少應有十二軍。

一、背嵬軍：《雲麓漫鈔》卷七：「建炎中興，張、韓、劉、岳爲將，人自爲法，當時有張家軍、韓家軍之語。四帥之中，韓、岳兵尤精，常時於軍中角其勇健者，另爲之籍；每旗頭、押隊闕，於所籍中又角其勇力出衆者爲之；將、副有闕，則於諸隊旗頭、押隊内取之。別置親隨軍，謂之背嵬，悉於四等人内角其優者補之。一入背嵬，諸軍統制而下，與之亢禮，犒賞異常，勇健無比，凡有堅敵，遣背嵬軍，無有不破者。見范參政致能説：『燕北人呼酒瓶爲嵬，大將之酒瓶必令親信人負之。』范嘗使燕，見道中人有負罍者，則指云：『此背嵬也。』故韓兵用以名軍，嵬即罍，北人語訛，故云韓軍誤用字耳。」按范致能爲范成大之字。

《演繁露》卷九《背嵬》：「沈存中《筆談》載拱宸管樂之辭，曰：『銀裝背嵬打回回。』背嵬者，大將帳前驍勇人也。章氏《槁簡贅筆》曰：『背嵬即圓牌也，以皮爲之，朱漆金花，焕燿炳日。』予將漕時，都統郭綱者，韓蘄王背嵬也，讀嵬如崔嵬，蓋平聲也。如沈存中歌，則去聲也。予以背嵬之義問郭，郭不能言。惟章氏書號爲皮牌耳。」按沈存中爲沈括之字，《筆談》即《夢溪筆談》。另據《文獻通考》卷二一七，《槁簡贅筆》爲章淵所撰。

《金佗稡編》卷二三《淮西辨》：「背嵬之士，先臣之親軍也，潁昌、朱仙，皆以是軍取勝，而八千餘騎亦不可謂寡矣。」紹興十一年，背嵬馬軍已達八千餘人，尚不包括步軍。

《金佗續編》卷二一《鄂王傳》：「背嵬之名，始於西番，飛所用，皆一當百。」

又同書卷三〇《鄂州忠烈行祠記》：「選能：背嵬所向，一皆當百。」

《蒙齋集》二〇《岳忠武祠》（其三）：「背嵬軍馬戰無儔，壓盡當年幾列侯。」

《三朝北盟會編》卷二一六：「董先初在鄂州宣撫司，爲背嵬軍統制，岳飛死後，召先赴行在，隸步軍司爲統制。」據《揮麈録餘話》卷二王俊誣告狀，直到紹興十一年八月下旬，尚有「背嵬王剛、張應、李璋」之語，根本未提及董先，可知他乃此後任命，時宣撫司已罷，説他任宣撫司背嵬軍統制，不確。王剛、張應和李璋三人大約時任背嵬軍正將。

《建炎以來繫年要録》卷一四五：「（紹興十二年六月戊辰）翊衛大夫、嚴州觀察使、御前背嵬軍同統制傅選言：『首先叙述張憲反狀，乞推恩。』」按傅選任背嵬軍同統制，應爲岳飛遇害後事，時鄂州背嵬軍已移屯臨安。

二、前軍：《金佗稡編》卷一六《陳州潁昌捷奏》：「前軍統制張憲。」

《建炎以來繫年要録》卷一四一：「鄂州前軍副統制王俊。」

《金佗稡編》卷八：「時又得王俊者，嘗以從戰無功，歲久不遷，頗怨先臣。且位副張憲，屢以姦貪爲憲所裁，與憲有隙。」

三、右軍：《三朝北盟會編》卷一三七：「（扈）成死，統領龐榮率其衆，聞岳飛在宜興，乃以其衆歸飛，飛以榮爲右軍統制。」

四、中軍：《金佗稡編》卷一六《鄭州捷奏》：「中軍統制王貴。」

又同書卷一六《復西京奏》：「中軍副統制郝晸。」

又同書卷一二《李興吳琦轉官告乞付軍前給降奏》：「中軍統領軍馬蘇堅。」

五、左軍：《宋史》卷三六八《牛臯傳》：「除武泰軍承宣使，改行營護聖（軍）中軍統制，尋充湖北、京西宣撫司左軍統制，加龍、神衛四廂都指揮使。」據《牛臯傳》，牛臯任左軍統制應自紹興六年後。

六、後軍:《三朝北盟會編》卷一五一:「(紹興二年五月)〔後〕軍統制王經。」

七、游奕軍:《金佗稡編》卷一六《陳州潁昌捷奏》:「遊奕軍統制姚政。」《建炎以來繫年要録》卷一三九:「(紹興十一年)二月辛未,武功大夫、果州團練使、湖北、京西宣撫使司游奕軍統制武糾知襄陽府。」

八、踏白軍:《金佗稡編》卷一六《陳州潁昌捷奏》:「踏白軍統制董先。」《揮麈録餘話》卷二轉載王俊紹興十一年誣告狀:「遊奕姚觀察。」

九、選鋒軍:《宋史》卷四六五《李道傳》:「詔道屬岳飛,爲選鋒軍統制。」《金佗稡編》卷一六《王貴潁昌捷奏》:「選鋒軍副統制胡清。」

十、勝捷軍:《建炎以來繫年要録》卷一三六:「(紹興十年閏六月丙申)勝捷軍統制趙秉淵。」

十一、破敵軍:《建炎以來繫年要録》卷一六〇:「(紹興十九年七月甲辰)左武大夫、忠州團練使、鄂州駐劄御前破敵軍統制李山添差福建路馬、步軍副總管,罷從軍。」此爲岳飛死後八年之記載,其時田師中已對鄂州大軍縮編,估計岳飛生前,亦應有破敵軍編制。

十二、水軍:《金佗稡編》卷六:「湖湘悉平。是役也,獲賊舟凡千餘,鄂渚水軍之盛,遂爲沿江之冠。」以上介紹見於記載之十二軍,各軍之統制官,前後當有變動。

《建炎以來繫年要録》卷一二六:「(紹興九年二月)己巳,詔韓世忠、張俊、岳飛所部統制、統領、將官八百十三員,各進秩一等,(淮東:統制十一,統領十三,正、副、準備將一百八十九。淮西:統制十，統領十四，正、副、準備將二百九十七。京、湖：統制二十二，統領五，正、副、準備將二百五十二。）用講和赦書推恩也。」此可知岳家軍紹興九年時之統制、統領與將官數。依一將有正將、副將、準備將各一人計，岳家軍時應有八十四將，比紹興五年之三十將增一·八倍。時全軍兵員大致仍爲十萬人，各將兵額平均由三千三百餘人降爲一千二百餘人。

又同書卷一一一：「（紹興七年五月己丑）詔殿前司、行營右護軍、後護軍並許置都、副統制。」行營後護軍乃其時岳家軍之正式番號。

《金佗稡編》卷一六《復西京奏》：「中軍統制、提舉一行事務王貴。」

《金佗續編》卷七《目疾令不妨本職治事省劄》：「及將軍馬事務，移文守寨同提舉一行事務張憲管幹施行。」此乃紹興六年省劄，可知其時王貴與張憲已分别兼有提舉一行事務和同提舉一行事務兩銜，協助岳飛主持軍務，戰時亦可指揮其他統制。宋廷雖於紹興七年允許岳飛設都統制和副都統制，直至紹興十一年岳飛罷免宣撫使後，方由王貴和張憲分别任都統制和副都統制。

又同書卷一四《張憲復官旨揮》：「故龍、神衛四廂都指揮使、閬州觀察使、京西、湖北路馬、步軍副總管、鄂州駐劄御前前軍統制、提舉諸軍一行事務張憲。」可知「提舉一行事務」之全稱爲「提舉諸軍一行事務」，南宋時往往用簡稱。

《金佗稡編》卷二高宗宸翰六：「朕嘗聞卿奏，稱王貴、張憲、徐慶數立戰效，深可倚辦。」

《中興小紀》卷二七：「（紹興九年十月戊午）上曰：『岳飛軍中偏裨，如董先、牛皐頗驍勇可用，但先好貨，皐嗜酒，皆有所短，未可統衆。』」王貴、張憲、徐慶、牛皐與董先爲岳家軍諸統制的中堅。

〔一八〕《金佗續編》卷三〇《鄂州忠烈行祠記》：「整：兵所經，夜宿民户外，民開門納之，莫敢先入。晨起去，草葦無亂者。」

〔一九〕卒曰吾可以二錢易吾首領耶　「卒」，原缺，嘉靖本同，據《紀事實録》補。

〔二〇〕《忠正德文集》卷一《乞支降岳飛軍馬錢糧狀》：「近蒙朝廷差撥岳飛軍兵一萬人，往江州駐劄。岳飛止差五千餘人前去，未敢盡數起發。蓋緣去年本軍在彼屯泊之日，錢糧闕乏，轉運司應副不繼，有誤指準。致本軍殺馬，剪髮，賣鬻妻、子，博易米斛，幾致生事。」趙鼎此奏爲紹興三年所上，岳家軍紹興二年駐江州，「錢糧闕乏」而不「生事」，確乎不易。

〔二一〕《建炎以來繫年要録》卷四六：「（紹興元年七月庚子）詔通、泰鎮撫使岳飛一軍權留洪州，……遂以飛爲神武右副軍統制。」《金佗續編》卷五《除神武右副軍統制省劄》：「三省、樞密院同奉聖旨，顔孝恭改差充江南東路安撫大使司統制軍馬，岳飛罷通、泰州鎮撫使，差充神武右副軍統制。……紹興元年七月六日。」《建炎以來繫年要録》卷五〇：「（紹興元年十二月丁丑）親衛大夫、建州觀察使、神武右副軍統制岳飛爲神武副軍都統制，仍以所部屯洪州。」

又同書卷六八：「（紹興三年九月庚辰）詔神武副軍都統制、江西制置使岳飛所部改稱神武後軍，以飛爲統制。」

《金佗續編》卷五《改差充神武後軍統制省劄》：「奉聖旨，岳飛特改差充神武後軍統制，還闕，依前江南西路、舒、蘄州制置使，其見統官兵並改撥充神武後軍。……紹興三年九月二十九日。」

《建炎以來繫年要録》卷九六：「（紹興五年十二月庚子）詔：『神武係北齊軍號，久欲釐正，宜以行營護軍爲名。……』……後護軍者，本岳飛所將河北部曲，後以韓京、吴錫、李山、趙秉淵、任士安之衆隸之。」神武右副軍、神武副軍、神武後軍和行營後護軍爲岳飛軍先後四個正式番號。

《鶴林玉露》乙編卷二《旌忠莊》：「蓋當時諸將各以姓爲軍號，如張家軍、岳家軍之類，朝廷頗疑其跋扈。」

《三朝北盟會編》卷二〇二：「（紹興十年）閏六月十八日庚寅，王之道上皇帝書：『……今日之兵，分隸張俊者，則曰張家軍；分隸岳飛者，則曰岳家軍；分隸楊沂中者，則曰楊家軍；分隸韓世忠者，則曰韓家軍。相視如仇讎，相防如盜賊。自不能奉公，惴惴然惟恐他人之奉公，而名譽賢於己也；自不能立功，惴惴然惟恐他人之立功，而官爵軼於己也。……』」

《建炎以來繫年要録》卷一三七：「（紹興十年七月）乙卯，左宣義郎王之道降一官，送吏部，與遠小監當差遣。先是，之道見河南用兵，投匭上書言：『……今日之兵，隸張俊者，則曰張家軍；

隸岳飛者，則曰岳家軍；隸韓世忠者，則曰韓家軍。……』」

《雲麓漫鈔》卷七：「建炎中興，張、韓、劉、岳爲將，人自爲法，當時有張家軍、韓家軍之語。」

《止齋先生文集》卷一九《赴桂陽軍擬奏事劄子第三》：「所謂韓家軍者，今爲京口人矣；劉家軍者，今爲建康、池陽人矣；岳家軍者，今爲鄂渚、江陵人矣。」

《劍南詩稿》卷二七《書憤》：「山河自古有乖分，京洛腥膻實未聞。劇盜曾從宗父命，遺民猶望岳家軍。上天悔禍終平虜，公道何人肯散羣。白首自知疏報國，尚憑精意祝爐熏。（宗澤守東都，巨盜來歸百萬，號宗爺。岳家軍，蓋紹興初語。）」

《歷代名臣奏議》卷九六李椿奏：「昔年岳飛一軍，紀律最嚴，隱然如長城，今乃無異諸路廂、禁軍矣。」

《金佗續編》卷三〇《郢州忠烈行祠記》：「敵以爲『撼山易，撼岳家軍難』。」

《鶴山先生大全文集》卷七一《知南劍州洪公（秘）墓誌銘》：「襄漢、鄂渚之屯，舊隸岳飛，號岳家軍，無一不當十。」

《新安文獻志》卷五四吕午《和岳王廟壁上韻》：「當年惟説岳家軍，紀律森嚴孰與鄰。師過家家皆按堵，功成處處可鐫珉。威名千古更無敵，詞翰數行俱絶塵。擬取中原報明主，亦勞餘刃到黄巾。」此詩追述討李成時事。

《能改齋漫録》卷一一《曾郎中獻秦益公十絶句》：「紹興壬戌，朝廷既罷三大將，息兵議和，曾郎中惇時守黄州，獻書事十絶句于秦益公。秦繳進于上，上喜，與陞擢差遣，任滿除台州。詩云：……『連營貔虎氣如雲，聽詔人人願立勳。沔鄂蘄黄一千里，更無人説岳家軍。』……其五章云『岳家軍』者，蓋時江左三大將，皆以家稱之。」岳家軍爲當時民間習慣稱呼，而爲趙宋皇朝所深忌。

〔三〕今將岳飛治軍嚴整之記載摘録於下：

《金佗續編》卷二八《孫逌編鄂王事》引邵緝建炎四年薦書：「諸將潰爲羣盜，縱兵大略。飛獨頓兵廣德境中，資糧於官，身與下卒同食；而持軍嚴甚，民間無秋毫之擾。」

《三朝北盟會編》卷一四二：「（建炎四年九月四日癸卯）岳飛除通、泰州鎮撫使，至是以本部兵入泰州。飛治軍嚴整，將士畏之，禁止軍中不得騷擾，百姓室家安堵，尤得民情。」

又同書卷一四三：「及飛爲鎮撫使，持法嚴肅，尤不可犯。」

《建炎以來繫年要録》卷三八：「（建炎四年十月）通、泰鎮撫使岳飛在泰州，持法嚴，衆不敢犯。」

《金佗續編》卷一高宗宸翰二：「所至不擾，民不知有兵也。」以上爲建炎四年的記載。

《新安文獻志》卷五四吕午《和岳王廟壁上韻》詩注：「祁閶西一舍有菴，曰東松。紹興初，岳鄂王提兵經吾郡西上，士卒秋毫無犯，夜宿人門外，足不敢一越限内。嘗憩是菴，留題。」此注追述討李成時事。

《金佗稡編》卷九《遺事》：「（李）回乃奏云：『岳飛一軍自從討賊，服勤職事，忠勇之名聞於江右，紀律之嚴信於疲甿。……』」以上爲紹興元年的記載。

《金佗續編》卷二《中衛大夫武安軍承宣使告》：「神武副軍都統制岳飛爲時良將，統我鋭師，許國惟以忠誠，馭衆亦能訓整，同士卒之甘苦，致紀律以嚴明。」以上爲紹興二年的記載。

《建炎以來繫年要録》卷六三：「（紹興三年二月庚子）吏部員外郎、權監察御史、江南東、西路宣諭劉大中言：『昨岳飛提兵洪州，頗有紀律，人情恃以爲安業。……』」

《周益國文忠公集·平園續稿》卷三七《龍洲居士嚴君（致堯）墓碣》：「時岳武穆公飛爲神武副軍都統制，授鉞專征，道出廬陵。士卒托宿廛市，黎明，爲主人汛掃門宇，洗滌釜盎而去。」

《齊東野語》卷二〇《岳武穆御軍》：「岳鵬舉征羣盜，過廬陵。託宿廛市，質明，爲主人汛埽門宇，洗滌盆盎而去。」

《金佗續編》卷二高宗宸翰四：「紀律嚴明，秋毫不犯，卿之所能也。」

又同書卷二《鎮南軍承宣使充江南西路沿江制置使告》：「千里行師，見秋毫之無犯；百城按堵，聞犬吠之不驚。」以上爲紹興三年的記載。

《金佗稡編》卷一高宗宸翰五：「卿忠義之心，通于神明，故兵不犯令，民不厭兵。」

《建炎以來繫年要録》卷七九：「（紹興四年八月癸未）上曰：『朕素聞飛行軍極有紀律，未知能破敵如此。』胡松年曰：『惟其有紀律，所以能破賊。若號令不明，士卒不整，方自治不暇，緩急豈能成功邪？』」

《金佗續編》卷二《清遠軍節度使湖北路荆襄潭州制置使特封武昌縣開國子食邑五百户食實封

貳伯户制》：「機權果達，謀成而動則有功；威信著明，師行而耕者不變。」以上爲紹興四年的記載。

又同書卷三《自池州移軍潭州獎諭詔》：「連萬騎之衆，而桴鼓不驚；涉千里之塗，而樵蘇無犯。至發行賞之泉貨，用酬迎道之壺漿。」

《建炎以來繫年要録》卷八八：「（紹興五年四月）庚申，詔：『韓世忠紀律嚴明，岳飛治軍有法，並令學士院降詔獎諭。』時世忠移屯淮甸，軍行整肅，秋毫無犯；飛移軍潭州，所過不擾，鄉民私遺士卒酒食，即時償直。上聞之，故有是詔。」

《金佗續編》卷二《四年明堂加食邑五百户食實封貳伯户封如故制》：「治紀律以甚嚴，嘉師徒之逾整。」

又同書卷二《檢校少保加食邑制》：「鋒對無前，以征必克，師行有紀，所至孔安。」以上爲紹興五年的記載。

又同書卷二《武勝定國軍節度使充湖北京西路宣撫副使置司襄陽加食邑制》：「陳師鞠旅，其衆無譁。」以上爲紹興六年的記載。

《三朝北盟會編》卷一八〇：「上皇帝書（闕姓氏）：『……惟某人、某人兩軍（韓、岳），人馬整肅，其失又傷於太嚴。……』」以上爲紹興七年的記載。

《金佗續編》卷四《第四辭免同前不允詔》：「甘苦同於士卒，故雖萬衆而猶一心；號令行於師徒，故雖千里而如在目。」以上爲紹興九年的記載。《永樂大典》卷八四一四方岳《方秋崖集·與趙端明》：「不聞有軍行露宿，旦朝與民家掃門而去，如岳飛者。」此篇即《秋崖先生小稿》卷一八《與趙端明》。《新安文獻志》卷五四呂午《和岳王廟壁上韻》：「當年惟説岳家軍，紀律森嚴孰與鄰。師過家家皆按堵，功成處處可鐫珉。……」《雞肋編》卷中：「時軍卒多虜掠婦女，人有三、四，每隨軍而行，謂之老小。方韓、劉自建康、鎮江更戍，既而劉移屯池州，韓復分軍江寧。王瓊往湖南，岳飛自江外來行在，即至九江，郭仲荀赴明州，老小之行已數十萬人也。」按宋時「老小」一詞本義是指軍人家眷。莊綽載岳家軍亦「虜掠婦女」，未必可信。

御衆得其死力，楊再興殁于虜，焚其屍，得矢鏃二升，蓋不憤不止也。在合肥日，遣騎馳奏，至揚子江，風暴禁渡，典者力止之，騎曰：「寧爲水溺死，不敢違相公令！」自整小舟絶江，望者以爲神。

凡即戎，皆至寡敵至衆。如南薰門王善之戰，以八百人破五十萬；桂嶺曹成之戰，以八千人破十萬，不可殫舉。而最後以背嵬騎五百，大破兀朮十萬之衆。兀朮號善用兵，亦大懼，亟奔京師。其兵之精蓋如此。

用兵無奇正，臨機制勝，嘗自言：「爲將無謀，不足以搏匹夫。」故主於用謀。如紹興二年逸謀以破曹成，六年僞書以廢劉豫之類，不可概舉。故制詞嘗「有慮而後會之機」，〔一〕「謀成而動則有功」，〔二〕「有冠三軍之勇，而計然後戰」〔三〕等語。

〔一〕可參《金佗續編》卷二《起復太尉加食邑制》第一二七二頁。

〔二〕可參《金佗續編》卷二《清遠軍節度使湖北路荆襄潭州制置使特封武昌縣開國子食邑五百户食實封貳伯户制》第一二六五頁。

〔三〕可參《金佗續編》卷二《四年明堂加食邑五百户食實封貳伯户封如故制》第一二六七頁。

臨事定，猝遇敵，不爲摇動，敵以爲「撼山易，撼岳家軍難」。〔一〕攻郢州城，建旗偃蓋而坐，忽一砲石墮其前，左右驚避，先臣獨不移足。野次不設壕塹，路不設伏，而賊自不敢犯。兵雖常勝，無驕色，先計後戰，務出萬全。自結髮從軍，大小數百戰，〔二〕未嘗敗北以此。〔三〕

〔一〕《金佗續編》卷三〇《郢州忠烈行祠記》：「定：猝遇敵，不爲摇動，敵以爲『撼山易，撼岳家軍難』。」

〔二〕大小數百戰　「大小數」，底本字跡模糊，嘉靖本作「大約經」，今據《紀事實録》。

〔三〕《慈湖遺書》卷一六《論兵》：「岳飛用兵，有勝而無敗。聞其欲有所舉也，必盡召諸統制官，環坐飲食之，而與之謀。先謀夫敵之所以敗我者，至於六、七，備謀，詳慮，竭智，共攻而終於無敗也，乃行。故飛每戰無敗。」

《江湖長翁文集》卷二二《記岳侯事》：「張平爲盜湖南，岳樞使討之，遣李道往，平尅日與道戰。道之始發也，岳集諸校，置酒而嘆，問所以嘆，曰：『使道當平，能不憂乎！』張憲請行，許之。計授憲，臨陣就以道軍戰，平降者與俱來；又計授道，憲到，以兵授之而歸。平臨陣，求與道語，軍士以張告，平惕眙。既見憲，召左右議，遂降。岳意李威名出憲下，憲徑往，則平且逃去，臨陣投以所忌，則氣奪。識者以岳之料平，與李光弼降高暉、李日越不異。」「張平爲盜湖南」事，諸書俱不載，今姑附於此。

凡出兵，必以廣上德爲先，殲其渠魁，而釋其餘黨，不妄戮一人。裨將寇成嘗殺降，即劾其罪。是以信義著敵人不疑，恩結於人心，雖虜人、簽軍，〔一〕皆有親愛願附之意。如建炎三年在常州，紹興十年龍虎大王下忔查千户高勇〔二〕等之來，皆千里來奔。故制詞有「得仁人無敵之勇」，〔三〕「宣予不殺之武」，〔四〕「廣好生於朕志」〔五〕等語。

〔一〕虜人簽軍　「人」，原作「之」，據《金佗續編》卷二一改。

〔二〕高勇　《金佗續編》卷二一作「高勇之」。

〔三〕見《金佗續編》卷二《清遠軍節度使湖北路荆襄潭州制置使特封武昌縣開國子食邑五百户食實封貳伯户制》第一一二六四頁。

〔四〕「宣予不殺之武」一句，並非在制詞内，可參《金佗續編》卷三《殺楊么賜詔獎諭》第一一二八七頁。

〔五〕可參《金佗續編》卷二《檢校少保加食邑制》第一一二六八頁，文字稍異。

用人有方，舉劾各得其當。如以馬羽守蔡，蘇堅守西京，趙秉淵守淮寧，皆有干城牧衆之功。〔一〕知興國軍徐璋、漢陽軍呼延虎以不職，即日奏罷之。〔二〕

〔一〕馬羽守蔡州，蘇堅守西京河南府，趙秉淵守淮寧府，爲紹興十年北伐時事，見《金佗稡編》卷八第五六四頁，第五七三頁，第六四九頁。

〔二〕徐璋和呼延虎免職見《金佗稡編》卷五第二五二頁。

權雖專，莫敢擅輒。初，襄漢平，諸郡彫瘵，州縣官率瓜時不上，詔先臣得自專辟置、臧否之權。先臣詮擇人物，以能安集百姓爲先。張旦守襄陽，兼四州安撫使，牛皐爲副使，李尚義通判襄陽府事，李道爲四州都統制，周識攝郢，孫翬攝隨，舒繼明攝信陽，高青攝唐，單藻貳之，張應攝鄧，黨尚友貳之，郡幕則孫革、蔣廷俊、邵俅、訾諧等，多由小吏識拔。人樂於赴功，期月之間，咸以最聞。迨其稍還舊觀，即上章乞還辟置之權。上降詔，援衛青不與招賢事稱之，且曰：「自非思慮之審，謙謹之至，何以及此。」〔一〕其遠權勢蓋如是。

〔一〕可參《金佗續編》卷四《先以湖北京西路累經殘破州縣官無人願就許令自知通以下辟差今來已復河南故地其兩路並是腹心所有州縣差官乞自朝廷差注得旨依奏仍賜獎諭詔》第一三〇〇頁，文字稍異。

諸大將多貪功，先臣每被賞，輒以無功辭，甚至六、七辭，不肯妄受。上嘗賜詔曰〔一〕：「卿每拜官，必力懇避，誠知懷沖遜之實，非但爲禮文之虛也。」〔二〕復襄漢時，宰臣朱勝非使人諭之，以飲至〔三〕日建節旄。先臣愕然，曰：「丞相待我何薄耶！」乃謝使者曰：「爲飛善辭丞相，岳飛可以義責，不可以利驅。〔四〕襄陽之役，君事也，使訖事不授節，將坐視不爲乎？拔一城而予一爵者，所以待衆人，而非所以待國士也。」及建節，力辭，不得已乃受。劉光世之兵，上初以畀先臣。秦檜知其有大舉北征意，〔五〕沮之，寢其命，略無愠色。及復軍，首乞不假濟師，〔六〕以本軍進討，以除心腹患。酈瓊叛，又乞進屯淮甸，上賜詔獎之。兵隸李回日，授神武副軍都統制，已乃聞爲甥婿高澤民僞爲之請，而得之。先臣驚惕，即日自陳，乞正澤民罔上之誅，力辭不受。又數見回，白其事。回乃奏云：「岳飛一軍自從討賊，服勤職事，忠勇之名聞於江右，紀律之嚴信於疲甿。留屯洪州，聲勢甚遠，江、湖羣寇，率皆逃避。近遷神武副軍都統制，士論皆謂稱職。及得其外甥婿私書，乃知此除曾經樞密院陳乞，飛小心惶懼，累與臣言，實非本心所敢僥望。」上即報回曰：「岳飛勇於戰鬬，馭衆有方，昨除神武副軍都統制，出自朕意，非因陳乞，可令安職。」又力辭，回再三諭之，乃止。後幕屬劉康年亦爲之請，母封國夫人，次子雷授文資。先臣得其實，鞭康年五百，繫之，上章待罪，乞反恩汗。〔七〕

〔一〕上嘗賜詔曰「嘗」，原作「常」，嘉靖本同，據《紀事實録》改。
〔二〕可參《金佗續編》卷四《再辭免同前不允詔》第一三〇三頁，文字稍異。
〔三〕《春秋左傳正義》卷五桓公二年九月：「凡公行，告于宗廟；反行，飲至，舍爵，策勳焉，禮也。」
〔四〕不可以利驅「驅」，《紀事實録》作「誘」。

〔五〕知其有大舉北征意　原脱「其」字，嘉靖本同，據《紀事實録》補。

〔六〕乞不假濟師　「假」，原作「暇」，嘉靖本同，據《紀事實録》改。

〔七〕《金佗稡編》卷一三《劾劉康年僞奏乞恩澤奏》：「臣近讀池州送到朝報，内一項係臣畫一陳乞，臣母封國夫人，第二項次男雷乞授文資，第三項乞江州廬山東林禪寺住持僧慧海佛心禪師事。臣伏讀，不勝驚駭。蓋臣先於鄂州駐劄日，遣本軍提舉事務、武功大夫劉康年將收復襄漢等賞功文字，前去行在投進。臣以鄂州去行在遥遠，恐往復遲緩，又臣本軍軍器闕少，戰馬倒死者甚多，遂令劉康年齎空名印紙，因便將帶陳乞軍器、戰馬等事。不謂劉康年將前項印紙擅行書填，陳乞臣之私事。……乞將上件恩數早賜追寢。仍將劉康年妄行書填印紙情罪，明正朝典，所有臣不合令劉康年將帶空名印紙事理，見在本軍待罪，伏乞同賜黜責施行。」又同書卷一三《再乞寢罷劉康年僞乞恩澤劄子》：「臣近於正月初一日嘗具奏，聞爲本軍提舉一行事務官、武功大夫劉康年妄行書填印紙，乞母封國夫人，次男雷换文資，僧慧海禪師事，乞賜追寢。仍將劉康年妄行書填印紙情罪，明正朝典，所有臣不合令劉康年將帶印紙事理，臣見在本軍待罪，乞同賜黜責施行去後。今月十七日准尚書省劄子：『正月八日，三省同奉聖旨，岳飛放罪。劉康年罷神武後軍提舉一行事務，依衝替人例施行，係事理重，仍追奪收復襄漢等賞。岳飛母封號係是特恩，可依已降指揮，餘令改正。』……獨有臣母國夫人號，未蒙改正。竊惟國家封爵，自有彝制，豈可躐等超遷，有紊舊章。若因劉康年妄有陳請，陛下必欲以此封臣之母，不惟臣終不遑安，亦於公論不以爲允。伏望聖慈洞察，憐臣懃懇之誠，俯從所欲，將臣母特封國號事，速賜追還，以正名分。」

《建炎以來繫年要録》卷八二：「（紹興四年十一月庚午）詔：『岳飛母太恭人姚氏特封榮國太夫人，廬山東林寺僧慧海賜號佛心禪師。』初，飛遣本軍提舉事務、武功大夫劉康年來陳乞襄漢功賞，而康年用飛備紙，乞奏子雷文資等三事。朝論以奏文資爲不可，餘皆許之。其後飛言：『臣近蒙恩，以收襄漢功，寵加旌節，臣具懇辭，不敢祇受。敢謂康年於國家多事之際，輒以私門猥瑣，希求恩寵，望寢前命，仍將康年正朝典。』詔：『飛母封號係特恩，餘令改正。康年依衝替人例，其所得襄漢功賞仍奪之。』（飛奏至，在明年正月壬子。）」

《宋會要輯稿》儀制一〇之三二：「（紹興四年十一月）二十五日，神武後軍統制、江南西路、舒、蘄州、兼荆南、鄂、岳、黄、復州、漢陽軍、德安府制置使岳飛奏：『母姚氏以臣除節度使，依格上合封郡夫人，欲望特與封一國號。』從之。」

《建炎以來繫年要録》卷八四：「（紹興五年正月癸酉）時淮西宣撫使劉光世乞以所置淮東田於淮西對換，上許之。（晏）敦復言：『……光世先在淮東置田之時，其所遣幹當使臣等惟擇利便膏腴者取之，致民間多失舊業，此衆所共知，不審光世知與不知也。今又欲易淮西田，則其所遣幹當之人及州縣之吏夤緣爲奸，豈止取民三百頃而已耶！……比岳飛以其屬官輒以私事干請於朝，旋請加罪，中外翕然稱美，謂有古賢將之風。光世平日自處，必不在岳飛下，望以臣所言示光世。……』（劉光世乞换田事，《日曆》不見，岳飛劾劉康年在此月八日，故附月末。）」《宋史》卷三八一《晏敦復傳》：「淮西宣撫使劉光世請以淮東私田易淮西田，帝許之，敦復言：『光世帥一道，未聞爲朝廷措置毫髮，乃先易私畝。比者岳飛屬官以私事干朝廷，飛請加罪，中外稱美，謂有古賢將風。光世自處，必不在飛下，乞以臣言示光世。……』」

功成不居，盡推與同列及其下。〔一〕始受襄漢之命，朝廷令劉光世遣軍馬五千人〔二〕爲牽制。六郡盡復，光世之軍始至。及論賞，乃奏乞先賞光世功。李寶結約山東豪傑數千人，屢請以曹州率衆來之。先臣以黄金五百兩遣之，俾壯士四人偕行。寶果領衆五千，〔三〕趨楚、泗以歸，爲韓世忠奏留之。寶截髮慟哭，願還先臣戲下。世忠以書來諗，先臣答曰：「是皆爲國家報虜，何分彼此。」世忠歎服。每辭官，必云：「某所之戰，皆將士竭力，在臣何功。」辭少保之章曰：「臣方同士卒之甘苦，明將佐以恩威，〔四〕冀成尺寸之功，仰報君父之德。豈可身被厚寵，恝然不以當鋒刃、冒矢石者爲心。」上將士之功，絲毫必録，行賞於朝，惟恐不厚。或功優賞薄，不避再三之請，爲之開陳。然不當得，則一級不妄予。部將有正任廉車者數人，率積於此。轉餉之臣，於軍須無闕者，皆上之朝。如曾紆、薛弼、劉延年、程千秋、徐與可、張運之屬，皆以勞遷，或得職名。何子端、陳進等雖小吏，亦以功進二階。下及游説有助，如進士蕭清臣、趙澗、陶著等，皆命之以官。〔五〕尤嚴死事之典，朝没暮上，如舒繼明、扈從舉及張漢之、吴立等，皆蒐訪而得，不遺一人。〔六〕

〔一〕《金佗續編》卷三〇《郢州忠烈行祠記》：「不貪功：功率推與其下。」

〔二〕劉光世遣軍馬五千人　「軍馬」，原作「馬軍」，《金佗續編》卷八《督府令收掌劉少保下官兵劄》載，劉光世軍戰馬僅「三千一十九匹」，今據《金佗稡編》卷一一《乞先推劉光世軍掎角賞奏》改。

〔三〕領衆五千　「千」，原作「十」，據《金佗續編》卷二一改。

〔四〕明將佐以恩威　「佐」，原作「帥」，據《金佗稡編》卷一五《辭少保第三劄子》改。

〔五〕蕭清臣、趙澗、陶著等爲紹興五年鎮壓楊么時事，見《金佗稡編》卷六第三七四頁至第三七五頁。

〔六〕舒繼明、扈從舉、張漢之死難事，見《金佗稡編》卷六第二九八頁至第三〇〇頁，吴立死難事不見他書記載。

臣雲從戰，數立奇功，乃常匿之，所遷擢皆朝廷舉察，上所特命。襄漢功第一，不上逾年，銓曹辨之，始遷武翼郎。平楊么亦第一，又不上。張浚廉得其實，曰：「岳侯避寵榮一至此，廉則廉矣，然未得爲公也。」乃奏云：「湖湘之役，岳雲實爲奇功，以雲乃飛子，不曾保明，乞與特推異數。」先臣猶辭不受。嘗以特旨遷三資，先臣辭曰，「士卒冒犯矢石」，「斬將陷陣，立奇功者，臣始列上事狀，得霑一級」，「男雲無故遽躐崇資」，是「不能與士卒一律」，將何以服衆。又言：「非所以示將士大公至正之道。」〔一〕累表不受。上嘉其志，特俞其請。帶遥刺，則曰，「始就義方，尚存乳臭，雖屢經於行陣，曾未見於事功。比者」「驟進官聯，必令志氣怠惰」。「伏望」「追還成命，庶使粗知官爵之難，勉力學業，他日或能備效驅策」。〔二〕又曰：「使雲不知名器之重，或就驕溢，上則負陛下之恩，下則取縉紳之謗，并臣之罪，亦復難逃。」〔三〕又云，「正己而後可以正物，自治而後可以治人」，若使臣男「受無功之賞，則是臣已不能正己而自治，何以率人乎」？〔四〕至十年潁昌之戰，功先諸將，而辭忠州防禦，則曰，「君之馭臣，固不吝於厚賞；父之教子，豈可責以近功」。男「雲隨行迎敵，雖有薄效」，殊非「大功」，乞收成命。〔五〕帶御器械則又力辭，獲免而止。上嘗賜詔稱之曰，「卿力抗封章，推先將士」，「蓋不特固執謙避，耻同漢將之爭功，而使其自立勳勞，復見西平之有子」。〔六〕

〔一〕可參《金佗稡編》卷一四辭男雲轉三官兩個劄子第九九二、九九四頁，文字稍異。

〔二〕可參《金佗稡編》卷一五《辭男雲特轉恩命劄子》第一〇〇一頁，文字稍異。

〔三〕可參《金佗稡編》卷一五《辭男雲特轉恩命第二劄子》第一〇〇二頁。

〔四〕可參《金佗稡編》卷一五《辭男雲特轉恩命第四劄子》第一〇〇四頁，文字稍異。

〔五〕可參《金佗稡編》卷一五《辭男雲特轉恩命劄子》第一〇〇八頁。

〔六〕可參《金佗續編》卷三《辭男特轉三官授武略大夫所請宜允詔》第一二九三頁，文字稍異。

遇諸子尤嚴，平居不得近酒。爲學之暇，使操畚鍤，治農圃，曰：「稼穡艱難，不可不知也。」

重節誼，謹施報，死猶不忘。張所以謗謫行至長沙，賊酋劉忠者誘其附己以叛，所罵忠不從，竟遇害。其子宗本尚幼，先臣訪求鞠養，教以儒業，飲食起居，使處諸子右。〔一〕紹興七年，遇明堂恩，捨其子，而補宗本，奏曰：「臣昨建炎初，因論事，罪廢，聖造寬洪，偶幸逃死。于時孤孑一身，狼狽羈旅。因投招撫使張所，所一見，與臣云及兩河、燕雲利害，適偶契合。臣自白身借補修武郎」。「其後所軍次北京，未及渡河，貶謫南方，卒以節死」。「臣念」「張所實先意兩河，而身未北渡，已遭横議。今其身名彫喪，後嗣零落，臣竊痛之。使臣不言，臣則有負。欲望矜憐，將臣今歲奏薦恩例，補所男宗本。仍乞依張俊例，於文資內安排」。〔二〕又陳述所死難之由，乞追復舊職，仍乞優加褒異，以旌其忠。上俞之，復

特賜其家銀、絹百匹、兩，與一資恩澤。〔三〕

〔一〕使處諸子右　《紀事實録》作「使諸子相處」。

〔二〕可參《金佗稡編》卷二一《乞以明堂恩奏張所男宗本奏》第九四五頁，文字有異。

〔三〕《建炎以來繫年要録》卷八注：「《紹興日曆》（七）年九月二日辛酉，岳飛奏：『臣昨建炎初因論事，罪廢，偶幸免死，實出聖造。因投招撫使張所，一見與言及兩河利害，臣自白身借補修武郎、閤門宣贊舍人，充中軍統領，又陞充統制。』」

又同書卷九：「（建炎元年九月壬寅）直秘閣、河北西路招撫司參謀官王圭陞招撫判官，代張所也。於是所落直龍圖閣，嶺南安置，死貶所。（張所罷招撫月日及貶嶺南事，皆不見。此據岳飛奏狀修入，所紹興九年十月丙辰追復。）」

又同書卷一一四：「（紹興七年九月辛酉）起復太尉、湖北、京西宣撫使岳飛之爲效用也，張所爲河北招撫使，見而奇之，用爲中軍將。所以斥死，飛欲厚報之，至是請以明堂任子恩官其子宗本，仍依近例補文資。從之。」

又同書卷一三三：「（紹興九年十一月己丑）故追復左通直郎、直龍圖閣張所特與一子官，仍賜其家銀、絹百匹、兩。先是，湖北、京西宣撫使岳飛言所忠義，上命復舊官。（《日曆》不見，此據飛奏劄修入。）飛又言：『好生惡死，人之常情。所以忠許國，義不顧身，雖斧鉞在前，凜然不易其色。乞與旌加褒異，使天下忠義之士，皆知所勸。』故有是命。」

《宋史》卷三六三《張所傳》：「李綱已罷相，朝廷以王圭代之。所落直龍圖閣，嶺南安置，卒於貶所。子宗本，以岳飛奏補官。」《要録》與《宋史》不載張所死於土匪劉忠之手，顯屬疏謬。

《金佗續編》卷九《照會追復張所左通直郎直龍圖閣省劄》：「武勝、定國軍節度使、開府儀同三司、湖北、京西路宣撫使岳飛劄子奏：『臣竊見故左通直郎張所先任監察御史，除直龍圖閣、河北路招撫使。因謫官到潭州界内，爲凶賊劉忠驅虜，百端誘脅，終不肯從，遂至被害。累經恩赦，本家無人申陳，未曾牽復。如張所者本疎遠，仰蒙朝廷識擢，當艱危之際，奮不顧身，有志未就，能以節死。欲望聖慈矜憫，特賜牽復官職，以激忠義之風。取進止。』十月九日，三省同奉聖旨，張所特與追復舊官職。關送中書、門下省指揮，奉敕：『故前通直郎、直龍圖閣張所，士無節操，顧雖偷生，奄奄如九泉下人；若乃英風義槩，折而不沮，其人雖亡，凜然常有生氣。有臣如此，可無以表厲之哉！爾持論勁正，自喜功名，頃由御史，身任招撫之柄。毁譽交至，用舍不常，卒罹緑林，殞於非命。雄心誼烈，奮挺莫回，亦可以激懦夫之氣，而勸人臣之忠矣！兹因將臣以名來上，是用還爾通籍，仍直龍圖，魂而有知，毋忘結草。可特追復左通直郎、直龍圖閣。』……紹興九年十月十五日。」

又同書卷九《賜張所一資恩澤仍支銀絹省劄》：「武勝、定國軍節度使、開府儀同三司、湖北、京西路宣撫使、兼營田大使岳飛劄子：『飛聞好生惡死，天下常情，若臨大難而不變，視死如歸者，非忠義之士，有所不能。竊見左通直郎、直龍圖閣張所以忠許國，義不顧身，雖斧鉞在前，凜然不易其色，終能以全節自守而不屈。不惟飛知之，士大夫無不知之。今蒙朝廷已敍復元官，恩至渥也，欲望更賜特爲敷奏，乞與優加褒異，庶使天下忠義之士，皆知所勸。伏候指揮。』十一月十二日奉聖旨，張所特與壹資恩澤，仍支賜銀、絹各壹伯匹、兩，令所居州軍應副。……紹興九年十一月十三日。」岳飛劄子即《金佗稡編》卷一八《再乞褒贈張所申省劄子》第一〇五七頁。

議論持正，不善阿附人。年少未顯，見當路要人，未嘗有强顔攀附意，故卒以此賈禍。素無一介之助，致位通顯，皆上所親擢。上嘗褒其功，謂左右曰：「用將須擇孤寒忠勇，久經艱難，親冒矢石者。」

先臣得附竹帛之光，以此好禮下士。食客所至常滿，一時名人才士〔一〕皆萃幕府，商論古今，相究詰，切直無所違忤。或語至夜分，乃寢。出則戎服升首座，理軍務；入則峩冠褒衣，窮經傳。或雅歌投壺，持循禮瀵，恂恂如書生，〔二〕口未嘗言己功。〔三〕制詞所謂「廉約小心，得祭遵好禮之實」，〔四〕又云「有公孫謙退不伐之風」，〔五〕又云「卑以自牧，履馮異不伐之謙」，〔六〕其類可考。

〔一〕本段自「士」之下，原缺，嘉靖本同，據《紀事實録》補。

〔二〕《金佗續編》卷二八《孫逌編鄂王事》引邵緝建炎四年薦書：「岳飛驍武精悍，沉鷙有謀，臨財廉，與士信，循循如諸生，動合禮法。」又同書卷一四《忠愍謚議》：「禮賢至恭，一時名人皆萃于幕府；持循禮法，動合軌物，恂恂若一書生，兹又古名將所不可望者。」又同書卷三〇《鄂州忠烈行祠記》：「虚心：食客所至常滿，商論古今，相究詰，切直無所違忤。」又同書卷二七黄元振編岳飛事迹：「楊么未平時，士人來獻書者紛紛，先父請考其優劣，而爲禮之厚薄。有屯駐將郝最門客侯邦言利便可採，先父薦之，公命留之帳前聽候。最疑邦言己軍中陰事，遣人□□□□言己爲宣撫園子隊，最將邦數□□□□□畏公威名，不敢遽殺，乃以邦爲□□□□先父告於公曰：『士大夫多耻從軍，惟□□□天下士莫不歸心。侯邦，舊太學士□□□□□失身於最。今來獻利害，而一家□□□□□傷沮衆士之心，以干我之軍法。願□□□□怒曰：『郝最何人，敢殺士人！』即呼帳□□□□□治之。先父曰：『侯邦得鈞旨，在帳前□□□□難拘制其出入，故爲最所擒。今□□□□□某不可自安於軍中。』提轄至，公□□□□□人，而爲人所擒，汝不知乎？』提轄□□□□□先父之言，公即命移文於最，取□□□□□曰：『侯邦至，而一人一物有傷，則□□□□□皆行軍法！』及邦至，公命送歸本□□□□□領公文申，蓋慮最中路邀殺之□□□□□□士類如此。」按郝最應爲郝晸之誤。

「公再謂先父曰：『某被主上拔擢至此，儻有纖毫非是，被儒生寫在史書上，萬世揩改不得。某苟有過，機密必以見告。』」

《盧溪文集》卷二一《送周解元赴岳侯軍二絶句》：「將軍欲〔辦〕斬樓蘭，子欲從之路匪艱。十萬奇才并劍客，會看談笑定天山。　書生投筆未封侯，拔劍聊爲萬里遊。燕頷果能飛食肉，要令豹尾出兜鍪。」

《揮麈後録》卷一一：「秦會之爲相，高宗忽問：『陳桷好士人，今何在？可惜閒却，當與一差遣。』會之乃繆以元承爲對，云：『今從韓世忠，辟爲宣司參議官。』元承、季任，適同姓名。上笑云：『非也，好士人豈肯從軍耶？』」

《竹軒雜著》卷三《乞遴選諸將賓佐狀》：「近時文士鄙薄武人過甚，指其僚屬，無賢不肖，謂之『從軍』。雖有賢如（孔）戡者，往往未必屑就。」此段文字，又見《要録》卷八九，爲紹興五年五月戊子記事。「士大夫多耻從軍」，乃宋朝崇文抑武之陋習所致，岳飛却能使「一時名人皆萃于幕府」，更爲不易。

《浪語集》卷三三《袁先生傳》：「袁先生諱溉，字道潔，汝陰人也。……其出關至夏口，岳開府飛必欲延至幕下。先生一見而出，不辭而行，語所知曰：『岳公武人而泥古，幕府無圓機之士，難乎免矣！』未幾而及難。」

又同書卷三三《先大夫行狀》：「岳還自邊，列將賀舍人者，白其婦與僧亂。岳即便座按其事，辭連一寺僧，無非諸將家也。岳引伯父視其牘，曰：『飛出，營中至此，略不問，則飛負諸將。欲如柳公綽故事，盡納諸江，復不忍，奈何？』伯父曰：『發婦私者，但一賀，將衆何與？安知非讕辭分謗，小人之情邪？』岳意不解，伯父曰：『此曹類因亂離偶合，不以正者有之。今暴其私，人情念家者怨，恥過者忿，而公自謂無負，不摇三軍之衆乎？』岳曰：『請密之。』旋使夫人内集，視辭所污蠛類老矣，即已。賀婦獄決，賀即日恚死。岳謝伯父曰：『微君一言，幾得罪于諸公。』

《寶真齋法書贊》卷一五《黄魯直先王賜帖》：「始，先王在兵間，獨以垂意文藝稱，字尚蘇體，室有鄴架，故姦臣特忌之，不與他將比。當己未初定盟，時金人歸我河南地，高皇既議偃兵，徧賜諸侯大帥宸翰。先王始得喬潭《舞劍賦》，次得諸葛亮等屯田三事，皆寓隆指。珂幼聞之諸父言，他賜尚多，上亦聞先王好書帖，嘗因近璫宣諭，密賜蘇、黄等墨蹟，中更家禍，皆就散帙。」又同書卷二八《鄂國傳家帖》：「先王夙景仰蘇氏，筆法縱逸，大概祖其遺意。」岳飛延攬文士，留意翰墨，爲秦檜所惡，尤爲宋高宗所忌。

《鶴林玉露》乙編卷六《烏石題名》：「嚴州烏石寺在高山之上，有岳武穆飛、張循王俊、劉太尉光世題名。劉不能書，令侍兒意真代書。姜堯章題詩云：『諸老凋零極可哀，尚留名姓壓崔嵬。劉郎可是疎文墨，幾點胭脂涴緑苔。』」按姜堯章乃姜夔字。

《金佗續編》卷六《從申踏逐辟差官屬省劄》：「紹興六年二月十九日，諸路軍事都督府關行府送到岳飛劄子：『今來本司事務全藉官屬協力，欲乞差參謀、參議各一員，主管機宜文字一員，書寫機宜文字一員，幹辦公事六員，准備差使八員，點檢醫藥飰食二員。不以見任、寄居、待闕，許飛踏逐奏差，令先次供職，不得辭避。候指揮。』二月十一日奉聖旨，依所乞。……右劄送湖北、京西南路招討使、檢校岳少保。」以上爲岳飛招討使司幕僚機構的編制與名額，而制置使司或宣撫使司也大略相同。

《金佗稡編》卷一四《辭男雲轉三官劄子》：「臣男雲見充本司書寫機宜文字。」

《宋會要輯稿》刑法一之二〇：「帥臣子弟充書寫機宜文字，自有別條外，其餘辟置機宜官，依條並在剌舉之例。今若不避親嫌，則恐於薦辟剌舉，皆有妨礙。」岳雲爲武官，可知幕僚並非全由文官充任。

《至順鎮江志》卷一七引《武昌志》：「宋南渡後，岳飛軍屯武昌，韓世忠軍屯京口，均號重地。擢參兵謀，非由科第，則有功邊境者也。或以銓選，或以薦辟，中因多事，時或添差，由戎幕而秉州麾者有之。」

《浮溪集》卷一《行在越州條具時政》：「今一軍之中，非戰士者率三居其二。有詭名而請者，一人而挾數人之名是也。有以使臣之名而請者，一使臣之俸實兼十人戰士之費，而行伍中使臣大半，是養兵十萬，而止獲萬兵之用也。有借補官資而請者，異時借補，猶須申稟朝廷，謂之真命，今則一軍之出，四方游手者無不竄名軍中，既得主帥借補，便悉支行祿廩，與命官一同，無有限極。訪聞岳飛軍中如此類者幾數百人，州縣懼于憑陵，莫敢訶詰，其盜支之物，至不可勝計。」汪藻此奏又見《會編》卷一四五，《要録》卷四二，爲紹興元年二月所上，反映岳飛軍中「借補」數百人，疑即爲投軍之文士，今姑附於此。

〔三〕《金佗續編》卷二一《鄂王傳》：「恂恂如書生，口未嘗言功伐。其用兵未嘗敗，似韓淮陰，出師表與諸葛孔明相上下。」此爲章穎補充，將岳飛比擬韓信和諸葛亮。

〔四〕可參《金佗續編》卷二《檢校少保加食邑制》第一二六八頁。

〔五〕可參《金佗續編》卷二《清遠軍節度使湖北路荆襄潭州制置使特封武昌縣開國子食邑五百户食實封貳伯户制》第一二六五頁。

〔六〕不伐之謙 「謙」，原作「謀」，據《金佗續編》卷二《内艱起復制》改。

秦國夫人李氏遺事〔一〕

娶李氏，名娃，字孝娥。奉其姑有禮度，又能籌理軍事。先臣出軍，則必至諸將家，撫其妻、子，以恩結之，得其歡心。在宜興日，先臣嘗召至行在，部下謀叛，李氏得之，不言。一日，會諸將于門，即坐告之，捕斬叛者，一軍肅然。〔二〕

〔一〕本節原缺，嘉靖本同，據《紀事實録》補。

〔二〕《建炎以來繫年要録》卷八注引《紹興日曆》：「八年六月十三日丁卯，飛又奏，『臣始從陛下至北京，留妻劉氏侍臣老母』云云。」

又同書卷一二〇（紹興八年六月）初，湖北、京西宣撫使岳飛之在京師也，其妻劉氏與飛母留居相州。及飛母渡河，而劉改適。至是在淮東宣撫處置使韓世忠軍中，世忠諭飛復取之，飛遺劉錢三百千。丁卯，以其事聞，且奏：『臣不自言，恐有棄妻之謗。』詔答之。」

《三朝北盟會編》卷二〇七：「飛執兵權之日，遣使臣王忠臣往楚州韓世忠處下書，得回書，欲歸。臨行，世忠囑之曰：『傳語岳宣撫，宣撫有結髮之妻，見在此中嫁作一押隊之妻，可差人來取之。』忠臣回，密報飛以世忠語，飛不答。世忠上聞，飛奏言：『履冰渡河之日，留臣妻侍老母，不期妻兩經更嫁，臣切骨恨之。已差人送錢五百貫，以助其不足，恐天下不知其由也。』上令報行。」

《宋岳鄂王年譜》卷一：「《金佗宗譜·李夫人傳》：『名娃，字孝娥。年十八，歸於王，時政和八年戊戌也。』」

又同書卷六《李夫人傳》：「孝宗卹録時，年已六十餘，始由嶺海以言旋，再享從前之封號，諸子並與官補，孫枝競秀，門祚再興，制詞所云，皆紀實也。淳熙二年，壽終江西，賜葬江州。」岳飛前妻劉氏改嫁一事，《高宗日曆》既有岳飛奏，決非出自秦熺之流杜撰。時理學尚未流行，婦女改嫁，尚非失節大事。後世編纂之《金佗宗譜》顯然篡改史實，將李娃改爲元配夫人。李娃在建炎四年居宜興，生岳霖，則應在建炎二、三年間嫁岳飛。她比岳飛年長兩歲，嫁時已有二十八、九歲。

《金佗續編》卷一三《先祖妣李氏復楚國夫人告》：「前楚國夫人李氏柔潔以爲質，儉勤而自修，處安榮不聞驕妬之愆，居患難不改幽閑之操。」

諸子遺事

雲，〔一〕年十二，從張憲戰，憲得其力，大捷。號曰「嬴官人」，軍中皆呼焉。先臣征伐，未嘗不與。京西之役，手握兩鐵鎚，重八十斤，〔二〕先諸軍登城，攻下鄧州，又攻破隨州。潁昌之役，大戰無慮十數〔三〕合，出入虜陣，甲裳爲赤，體被百餘創。然每戰捷，先臣獨不上，故其功多不聞。歷任先臣機幕、帶御器械、提舉醴泉觀，官至左武大夫、忠州防禦使。〔四〕死之日，年二十三，贈安遠軍承宣使。

〔一〕《宋岳鄂王年譜》卷一：「（宣和元年）六月，長子繼忠侯雲生。《金佗宗譜》：『諱雲，字應祥，號會卿。』」

《建炎以來繫年要録》卷六八：「（紹興三年九月庚申）飛養子雲年尚少，上亦以戰袍、戎器賜之。」

《宋史》卷三六五《岳雲傳》：「雲，飛養子。」以上兩條爲岳雲是「養子」的記載。

《建炎以來繫年要録》卷一四三：「飛長子左武大夫、忠州防禦使、提舉醴泉觀雲坐與憲書，稱可與得心腹兵官商議，爲傳報朝廷機密事。」此處又稱岳雲爲「長子」。

《建炎以來朝野雜記》乙集卷一二《岳少保誣證斷案》：「岳飛次男岳雷係同岳飛一處送下。」據此刑案原件，岳雲亦應爲「長男」。

《金佗續編》卷一三《先兄甫等復官省劄》：「據故樞密岳飛男雲妻鞏氏狀：『……氏故夫雲見有男二人，甫二十五歲，申二十二歲，女大娘二十四歲，……見在潭州同居，並係阿翁樞密親孫。……』」可知岳雲確係岳飛親長子，然應爲劉氏所生，故或誤爲「養子」。岳飛遇害時，岳甫四歲，岳大娘三歲，岳申一歲。

〔二〕「鐵鎚」，《金佗續編》卷二一《鄂王傳》和《宋史》卷三六五《岳雲傳》作「鐵椎」，《金佗續編》卷二二《襄陽石刻事迹》作「鐵鎚」，《金佗續編》卷二七黄元振編岳飛事迹作「兩錐」，可知宋時「鎚」、「椎」和「錐」三字可通用。

《金史》卷七七《亨傳》：「每畋獵，持鐵連鎚擊狐兔。一日，與海陵同行道中，遇羣豕，亨曰：『吾能以鎚殺之。』即奮鎚遥擊，中其腹，穿入之。」

《遼史》卷三四《兵衛志》：「每正軍一名，馬三疋，打草穀、守營鋪家丁各一人。人鐵甲九事，馬轡韂，馬甲皮，鐵，視其力，弓四，箭四百，長短槍、鐗銤、斧鉞、小旗、鎚錐、火刀石、馬盂、粆一斗，粆袋、搭㲪傘各一，縻馬繩二百尺，皆自備。」京劇《八大鎚》中，岳雲之兵器雙鎚，宋代又稱「骨朵」，即《遼史》中之「鐗銤」，與「鎚錐」異。

《淳祐臨安志輯逸》卷三：「褒忠衍福寺：元係智果觀音院，嘉定十四年六月奉旨，充故少保、樞密副使、追封忠武鄂王岳飛功德院。……長子節使岳雲故在其左，所用鐵槍，尚存本寺。」

《武林舊事》卷五：「褒忠演福院：元係智果觀音院，後充岳鄂王香火，岳雲所用鐵鎗猶存。」

《岳廟志略》卷一《畫像》：「舊存畫像二，王像長五尺餘，幅巾、束帶、方袍，坐而觀書，氣象儒雅。王子繼忠侯像長不及半，兜鍪戎服，手攜兩銅錐，英氣勃勃。其椎形橢而鋭首，異於今之所謂銅椎者。無年代，亦不知何人所畫。」《武經總要》前集卷一三記載宋時有四棱之「錐槍」，可知岳雲之「鐵鎚」應是鐵錐槍。

〔三〕本節自「數」之上，原缺，嘉靖本同，據《紀事實録》補。

〔四〕《建炎以來繫年要録》卷六八：「（紹興三年九月庚申）神武副軍都統制岳飛自江州來朝，賜飛金帶、器甲。飛養子雲年尚少，上亦以戰袍、戎器賜之。」

「（戊辰）以岳雲爲保義郎、閤門祇候。」

又同書卷八五：「（紹興五年二月乙酉）忠訓郎、閤門祇候岳雲爲閤門宣贊舍人，忠訓郎岳雷爲閤門祇候。」

《宋會要輯稿》職官三四之五：「（紹興）五年二月二十二日，詔：『岳雲依舊帶閤職。』先是，吏部勘會：『忠訓郎、閤門祗候岳雲以收復襄陽府等處有功，未承增賞指揮，已特除閤門宣贊舍人。今來增賞，轉武翼郎。緣不係閤門見供職之人，依條合罷閤職。』故有是命。」《建炎以來繫年要録》卷一〇九：「（紹興七年二月庚申）武德郎、閤門宣贊舍人、湖北、京西宣撫使司書寫機宜文字岳雲爲武德大夫，飛再辭不受。」《紫微集》卷一六《岳雲爲與番人接戰大獲勝捷除左武大夫遥郡防禦使制》：「師以勝歸，策勳於廟，禮也。若夫成功行封，猶有遺者，何以爲勞臣之勸哉！ 具官某，大帥之子，能以勇聞。比從偏師，親與敵角，刈旗斬將，厥功爲多。 顯賞未行，殊非國典，其陞庸於橫列，且遥領於捍防。」此爲岳飛扣押岳雲戰功不報的一條旁證。關於岳飛上奏懇辭岳雲陞官之史實，可參《金佗稡編》卷一三至卷一八各奏。

雷，〔一〕故任忠訓郎、閤門祗候，贈武略郎。〔二〕

〔一〕《宋岳鄂王年譜》卷一：「（靖康元年）三月，王次子紹忠侯雷生。《金佗宗譜》：『諱雷，字發祥，又號聲甫。』」岳雷亦應爲劉氏所生。

〔二〕《建炎以來繫年要録》卷八五：「（紹興五年二月乙酉）忠訓郎岳雷爲閤門祗候。」

又同書卷一四三：「(紹興十一年十二月癸巳)飛久不伏，因不食求死，命其子閤門祗候雷視之。」

《建炎以來朝野雜記》乙集卷一二《岳少保誣證斷案》：「契勘岳飛次男岳雷係同岳飛一處送下，今來照證得岳雷別無干涉罪犯，緣爲岳飛故節飲食成病，依律合召家人入侍，已就令岳雷入侍看覰。」

《金佗稡編》卷二四《張憲辨》：「先伯臣雷當時以孩童之幼，亦下之獄，至於獄成，而曰，『今來照證得岳雷別無干涉罪犯』，『亦乞一就處分降下』。嗚呼！天狴何所，而妄逮人乎？既知其無犯，則何爲而逮之乎？豈其初瞢然不省，獄成而後始知之乎？」

《岳廟志略》卷一《繼忠祠》：「祀王長子忠州防禦使、繼忠侯雲，夫人鞏氏，以王諸子雷、霖、震、霆四侯，諸婦温、陳、劉、蕭四夫人配。」

《金佗續編》卷一三《先兄甫等復官省劄》：「據故樞密岳飛男雲妻鞏氏狀：『……故夫弟雷見有男四人，經二十一歲，緯二十歲，綱十四歲，紀十二歲，女二娘二十三歲，女三娘十七歲，見在潭州同居，並係阿翁樞密親孫。……』」岳雷於岳飛死時爲十六歲，已與温氏成婚，長女岳二娘亦有二歲，長子岳經則於明年出生。

又同書卷一三《先伯雷復忠訓郎閤門祗候告》：「敕：『故前忠訓郎、閤門祗候岳雷，前世流人多矣，亦有父子兄弟死則追褒，生則寵秩，如今日者乎？國家雨露之恩，與天通矣！靈如未泯，知享斯榮。可特追復忠訓郎、閤門祇候。』」岳雷於紹興三十二年宋孝宗宣佈平反前，已於嶺南流放地飲恨而終。據鞏氏上狀推測，其妻温氏似亦不在人世。《金佗稡編》卷九《遺事》：「其有死事者，哭之盡哀，輟食數日。育其孤，或以子婚其女。」則鞏氏或温氏之父爲「死事者」。

霖，〔一〕故任朝請大夫、敷文閣待制致仕，贈太中大夫，〔二〕自有傳。

〔一〕《宋岳鄂王年譜》卷一：「（建炎四年十一月）是月，王三子續忠侯生。《金佗宗譜》：『諱霖，字及時，號商卿。』」岳霖以下諸子，應爲李娃所生。岳霖於岳飛死時爲十二歲。

〔二〕太中大夫　《紀事實録》作「中大夫」。

震，〔一〕故任朝奉大夫、提舉江南東路常平茶鹽公事。

〔一〕《宋岳鄂王年譜》卷二：「（紹興五年）四月，王四子緝忠侯生。《金佗宗譜》：『侯諱震，字東卿。』」岳震於岳飛死時爲七歲。

霆，〔一〕故名靄，孝宗皇帝改賜今名，任修武郎、閤門祗候。〔二〕

〔一〕《宋岳鄂王年譜》卷四：「（紹興九年）三月，王五子績忠侯生。《金佗宗譜》：『侯本名靄，孝宗更名霆，字君錫。』」岳靄於岳飛死時爲三歲，反而比長孫岳甫小一歲。

〔二〕《金佗續編》卷一三《先兄琛等補官告》：「隆興元年四月二十三日三省同奉聖旨，岳飛孫琛并女安娘夫特與補承信郎。尋差人取索到本家供狀，稱女安娘夫係高祚，令依前項指揮，並補承信郎。」

《癸辛雜識》續集下《銀瓶娘子籤》：「太學忠文廟，相傳爲岳武穆王，并祠所謂銀瓶娘子者，其籤文與天竺一同。」相傳銀瓶娘子爲岳飛次女，岳飛遇難時，抱銀瓶投井而死。若確有此事，《金佗稡編》應不至於全無記載。

昭雪廟謚

紹興二十五年，秦檜薨于位，子熺勒令致仕。高宗皇帝厲精萬幾，首欲復先臣官，而時宰万俟卨嘗主先臣獄，力陳以爲虜方顧和，一旦録故將，疑天下心，不可。及紹興之末，虜益猖獗，朝廷始追咎和議。太學生程宏圖上書，其略曰：「今日之事，國家所以應之者，先務有四。其一曰下詔書以感南北之士。和議既行之後，爲故相秦檜所誤，沮天下忠臣義士之氣。一旦思得其死力，必有以感動其心而奮起之，故哀痛之詔不可不亟下。然詔不可徒下也，首當正秦檜之罪，復無辜之寃，以舒天下不平之心，而振其敢爲之氣。且檜所以失吾南北之心者，自趙鼎以不主和議，而竄海外，身滅家亡，則學士大夫忠憤之氣沮矣。自岳飛以決定用兵，〔一〕而誣致大逆，則三軍之士忠憤之氣沮矣。至如長告訐之風，起羅織之獄，一言及時事，不問是否，例置死所，使天下不知有陛下，而欲人呼己謂之聖臣，則天下匹夫匹婦忠憤之氣由此掃地矣。檜所以失吾中原之心者，亦有由矣。士大夫陷没虜中，而家屬有在中國者，和親之日，檜既不能庇其宗族，以結其心，而使之起義以報我，乃反徇虜人之請，而悉還之。方其去時，如赴死所，中原忠義，南望吞聲恨，其絶望於我也。今者要當正秦檜之罪，而籍其家財，雪趙鼎、岳飛之罪，〔二〕而復其官禄。然後下詔，臣將見其懽忻鼓舞，吐憤紓懷，朝讀詔書，而暮赴義矣。」〔三〕上深然其言，下詔諭中原及諸國等人，又詔燕北人，昨被遣歸者，蓋爲權臣所誤，追悔無及。又許先臣家自便，盡室生還。〔四〕竄檜黨于荒遠，削籍除名，示不復用。初，以岳陽與先臣之姓同，易爲純州，至是復仍舊號。〔五〕於是上意一孚，志士争奮。汪澈以御史中丞宣諭荆、襄，諸將與合軍陳牒，以訟先臣之寃，澈諭之曰：「當以奏知。」諸軍哭聲如雷，皆呼曰：「爲我岳公争氣，效一

死！」都督張浚、參贊陳俊卿聞此語，皆悲感歎服。〔六〕

〔一〕決定用兵　「定」，《三朝北盟會編》卷二三七作「意」。

〔二〕岳飛之罪　「罪」，《三朝北盟會編》卷二三七和《建炎以來繫年要録》卷一九〇作「冤」。

〔三〕《于湖居士文集》附録《宣城張氏信譜傳》：「先是，岳飛卒於獄，時廷臣畏禍，莫敢有言者。公方第，即上疏言：『岳飛忠勇，天下共聞，一朝被謗，不旬日而亡，則敵國慶幸，而將士解體，非國家之福也。』又云：『今朝廷寃之，天下寃之，陛下所不知也。當亟復其爵，厚恤其家，表其忠義，播告中外，俾忠魂瞑目于九原，公道昭明于天下。』帝特優容之。時公尚在期集所，猶未官也。秦相益忌之。」按張孝祥科舉及第在紹興二十四年，明年秦檜病死，張孝祥上疏疑於秦檜死後。

《金佗續編》卷三〇杜莘老《乞昭雪奏劄》：「臣竊見往者秦檜擅權，力主和議，沮天下忠臣義士之氣，使不得伸。是以胡銓，直臣也，以上書激切，檜遂貶之遠方，二十餘年不用。岳飛，良將也，以決意用兵，檜文致極法，家屬盡徙嶺表。至今人言其寃，往往爲之出涕。臣願陛下思咸感之義，霈涣號之恩，召還胡銓，亟賜擢用，昭雪岳飛，録其子孫，以激天下忠臣義士之氣；則在廷之臣必黽勉而盡忠，沿邊之將必踴躍而效命。臣鄰盡忠於内，將士效命於外，以此破敵，何敵不摧，以此建功，何功不立，誠帝王鼓動天下之至權也。」

《三朝北盟會編》卷二三六：「（紹興三十一年十月十九日戊午）太學生直學宋芑上葉樞密書，書曰：『……凡前日中外之臣誤我以和議者，無問存殁，悉正典刑。於是斵秦檜之棺，而戮其尸，貶竄其子孫，而籍其資産以助軍，以正其首唱和議、欺君誤國之罪；復岳飛之爵邑，而録用其子孫，以謝三軍之士，以激忠義之氣。詔下之日，使東南之民聞之，莫不怒髮衝冠；西北之民聞之，莫不感激流涕。如此則師出之日，吾之民將見人自爲戰，彼之民必有倒戈者矣。……』

又同書卷二三七：「（紹興三十一年十月二十九日戊辰）太學生程宏圖上書：『……自岳飛以決意用兵，而誣致大逆，身戮而族誅，則三軍將士忠憤之氣沮矣。……今者要當令有司正秦檜之罪，追奪官爵，而籍其家財，追贈宇文〔虚中〕之爵，而爲之立祠，雪趙鼎、岳飛之寃，而後詔書朝下而暮赴必矣。……』」

《建炎以來繫年要録》卷一九〇：「（紹興三十一年五月戊戌）太學生程宏圖等上書，言：『今日之事，國家所以應之者，其先務有四。一曰留使者以款虜人之謀，一曰下詔書以感南北之士，一曰先舉事以決進取之策，一曰用人望以激忠義之心。……國家自和議之後，爲故相秦檜所誤，沮天下忠臣義士之氣〔二〕十餘年矣。一旦思所以得其戮力，必有以感動其心而奮起之，可也，故哀痛之詔不可不亟下。然詔不可徒下也，要當首正秦檜之罪，追奪其官爵，而籍其家財，追賜宇文虚中之爵，而爲之立祠，雪趙鼎、岳飛之寃。而又下親征之詔，移蹕建康，則其氣固足以吞醜虜矣。……』宏圖，瑀弟子也。

太學生宋芑上葉義問書，言：『……凡前日中外之臣誤我國以和議者，無問存没，悉正典刑。於是斲秦檜之棺，而戮其尸，貶竄其子孫，而籍其資産以助軍，以正其首〔倡〕和議、欺君誤國之罪；復岳飛之爵邑，而録用其子孫，以謝三軍之士，以激忠義之氣。詔下之日，使東南之民聞之，莫不怒髮衝冠；而西北之民聞之，莫不感激流涕。如此則師出之日，吾之民將見人自爲戰，彼之民必有倒戈者矣。……』」宋芑，《會編》和《要録》有的版本作宋苞。《倪石陵書·擬上高宗皇帝書》：「臣聞故將岳飛，忠義無比，志清宇宙，一旦爲權臣所害，天下痛其寃，至今大小猶云云也。夫孝婦之寃不伸，猶歷年爲之不雨，況忠臣義士，勳烈炳天地，精忠貫日月，無尺寸之封，而反受大戮，其怨怒之氣，豈不充積於天地之間哉！……臣願復故將岳飛之封爵，録其子孫，以伸其寃抑之氣。」「寃抑」，有的版本或作「寃枉」。

〔四〕《建炎以來繫年要録》卷一九三：「（紹興三十一年十月丁卯）詔蔡京、童貫、岳飛、張憲子孫家屬令見拘管州軍並放令逐便，用中書、門下省請也。於是飛妻〔李〕氏與其子霖等皆得生還焉。」金海陵王完顔亮大舉攻宋，需收攬人心，振作士氣之際，宋高宗仍無意於爲岳飛昭雪，將岳飛、張憲家屬解除拘禁，也與蔡京、童貫之流並列。

《金佗續編》卷一三《先兄甫等復官省劄》：「今據兵馬司申：『尋行勘會得故樞密岳飛男雲妻鞏氏本家於今年四月初三日到潭州，見在北裏廂，故夫弟雷一房同居。鞏氏故夫雲有兒女三人，長男甫二十五歲，次男申二十二歲，女大娘二十四歲。鞏氏故夫弟雷有兒女六人，長男經二十一歲，次男緯二十歲，綱十四歲，紀十二歲，女二娘二十三歲，女三娘十七歲。已上兩房兒女共九人，别無詐冒，州司保明詣實，申聞事。』」宋廷解除拘管後，岳飛前妻劉氏所生岳雲和岳雷兩房家屬遷居潭州。

〔五〕《三朝北盟會編》卷二三四：「《遺史》曰：『姚岳，字崧卿，京兆人。陝西陷没，岳避地入蜀。……岳飛爲湖北、京西宣撫使，以身姓岳，母姓姚，一見姚岳，大喜，遂辟爲屬官。及飛被罪，自謂非飛之客，且乞改岳州州名，士論鄙之。……』」

《建炎以來繫年要録》卷一六八：「（紹興二十五年六月）癸卯，詔改岳州爲純州，岳陽軍爲華容軍。先是，左朝散郎姚岳獻言秦檜，謂『亂臣賊子侵叛王略，州郡不幸汙染其間，則當與之惟新。今夫岳飛躬爲叛亂，以干天誅，雖訖伏其辜，然湖、湘、漢、沔皆其生時提封之内，而巴陵郡猶爲岳州，以叛臣故地，又與其姓同，顧莫之或改』。事下本路諸司，於是，直祕閣、知荆南府孫汝翼等言：『按《水經》，汨水西逕羅縣，與純水合羅淵，即今巴陵郡是也。純之爲字，有純臣之義焉，其言純粹、純白、純常，皆静一不雜之義，足以洗叛臣之污。』故有是命。岳嘗爲飛幕屬，至是自謂非飛之客，且乞改州名，士論鄙之。（岳州改州名，《日曆》不書獻言者爲誰。紹興三十一年，汪澈乞復州名，亦止云白劄子。今以趙甡之《遺史》考之，則姚岳也。甡之又云：『岳飛以母姓姚，身姓岳，一見大喜，辟爲屬官。』岳，京兆人，初見紹興二年十二月。）」

《宋會要輯稿》方域六之三四—三五：「紹興二十五年六月二十七日，臣僚言：『岳州與岳飛姓同，顧莫之或改。按酈道元《水經》，汨水西逕羅縣，實本羅子之國，與純水合源，逕純山西北流，又西逕玉笥山，又西爲屈潭、羅淵，即今巴陵郡是也。純之爲〔字〕，有純一不雜之義，乞改岳爲純。』從之。」

《宋史》卷三一《高宗紀》：「（紹興二十五年六月）癸卯，以言者追譖岳飛，改岳州爲純州，岳陽軍爲華容軍。」

《建炎以來繫年要録》卷一九五：「（紹興三十一年十二月癸卯）御史中丞汪澈言：『紹興二十五年臣僚白劄子，謂岳飛既已伏誅，岳州與其姓同。本路諸司乞改岳州爲純。臣竊謂岳飛之叛，固自有公論，以姓名而改州名，尤悖於理。又光州、光化軍以避虜雛之名，易光爲蔣，光化爲通化，尤可切齒。乞改岳州、光州、光化軍名額，一依舊制。』從之。」

《宋會要輯稿》方域六之三五：「紹興三十一年十二月五日，御史中丞汪澈言：『紹興二十五年臣僚〔白〕劄子，謂岳飛既已伏誅，岳州與其姓同。本路諸司審度，妄引汨水與純水合源，乞改岳爲純，〔軍〕額爲華容。臣切謂岳飛之叛與不叛，固自有公論，以姓同而改州名，尤悖于理。恩、恭、嚴、徽、贛五郡易名，初非以姓同也。且岳之爲義，以南岳衡山相直而得名，自隋、唐至宋朝爲望郡。英宗皇帝初在潛邸，嘗領岳州團練使，及登寶位，陞軍額爲岳陽，岳州之名，其來久矣。若以同姓而改，則五岳、岳廟亦可改乎？又光州、光化軍以避虜〔雛〕之名，易光爲蔣，易光化爲通化，尤可切齒。乞改岳州、岳陽、光州、光化軍名額，一依舊制。』從之。」

《宋史》卷三二《高宗紀》：「（紹興三十一年十二月癸卯）復岳州舊名。」

《鐵庵方公文集》卷一七《書・劉子栗（縝）》：「因記曾伯祖（擴）紹興中得岳州，忽改爲知純州，以秦會之惡聞岳之名，秦死，仍舊名。然則岳之州與縣之名，每爲權臣所惡，何其不幸哉！」

〔六〕《金佗稡編》卷二〇《籲天辨誣通敍》：「汪澈宣諭荆、襄，周行舊壘，見其萬竈鱗比，寂無讙譁，三軍雲屯，動有紀律，乃竦然嘆曰：『良將之遺烈蓋如此！』繼而列校造前，捧牘訟先臣之寃，澈遂喻之以當以奏知之意。此語一出，哭聲如雷，咸願各效死力，至有『爲岳公争氣』之語，澈慰諭久之，而啜泣者猶未止也。」

《三朝北盟會編》卷二〇七《岳侯傳》：「紹興三十年，北虜犯邊，連年大舉，上思曰：『岳飛若在，虜軍豈容至此。』即時下令修廟宇云。」

又同書卷二三二：「（紹興三十一年十月五日）詔修故少保岳飛廟。先是，岳飛被秦檜陷害，死於獄中，軍民痛，爲立廟。至是金人犯邊，連年大舉，上思曰：『岳飛如在，金人豈敢至此。』下令即修廟宇。」此條光緒木活字本無，據上海古籍出版社影印本補。《會編》上述記載係誤。

暨孝宗皇帝涖祚〔一〕云初，首下詔曰：「故岳飛起自行伍，不踰數年，位至將相，而能事上以忠，御衆有法，屢立功效，不自矜夸，餘烈遺風，至今不泯。去冬出戍，鄂渚之衆師行不擾，動有紀律，道路之人歸功於飛。飛雖坐事以殁，太上皇帝念之不忘。今可仰承聖意，與追復元官，以禮改葬，訪求其後，特與録用。」〔二〕制詞有云：「事上以忠，至無嫌於辰告；行師有律，幾不犯於秋毫。外摧孔熾之强胡，内剪方張之劇盜，名之難揜，衆所共聞。會中原方議於櫜弓，而當路力成於投杼，坐急絳侯之繫，莫然内史之灰。逮更化之云初，示褒忠之有漸。思其姓氏，既仍節鉞於岳陽；念爾子孫，又復孤惸於嶺表。欲盡還其寵數，乃下屬於眇躬。是用峻升孤棘之班，疊畀齋壇之組。近畿禮葬，少酬魏闕之心；故邑追封，更慰轅門之望。豈獨發幽光於既往，庶幾鼓義氣於方來。」末云：「聞李牧之爲人，殆將拊髀；闕西平而未録，敢緩旌賢。」〔三〕其「辰告」之語，蓋指先臣建儲之議也。〔四〕臣雲復左武大夫、忠州防禦使，以禮祔葬。子孫襁褓以上，皆官之，女俟嫁，則官其夫。〔五〕張憲復龍、神衛四廂都指揮使、閬州觀察使，官憲子孫。〔六〕賜先臣家錢萬緡。建廟於鄂州，賜其號曰「忠烈」。〔七〕詔三省曰：「秦檜誣岳飛，舉世莫敢言，李若樸爲獄官，獨白其非。」令訪問甄録。〔八〕既而李若樸除郎。何彦猷妻劉氏經都堂具狀，乞比類李若樸除郎事理推恩。奉聖旨，何彦猷特贈兩官，與一子恩澤。〔九〕淳熙四年，前太常少卿顔度奏請定謚。太常議以「宗社再安，遠邇率服，猛虎在山，藜藿不採」爲「折衝禦侮」；「定亂安民，秋毫無犯，危身奉上，確然不移」爲「布德執義」，請謚曰「武穆」，詔依。〔一〇〕

〔一〕暨孝宗皇帝涖祚　「暨」，據《紀事實録》補。

〔二〕可參《金佗續編》卷一三《追復旨揮》第一四二七頁，文字稍異。《寶慶四明志》卷九《史浩傳》：「岳飛忤秦檜，死於棘寺，藁葬牆角。浩請追復元官，以禮改葬，録用其後。」《攻媿集》卷九三《純誠厚德元老之碑》：「公既相，益思所以報上者，首言前宰相趙鼎、參政李光之無罪，大將岳飛之久寃，宜復其官爵，録其子孫，凡坐廢者次第昭雪，悉從之。」《宋史》卷三九六《史浩傳》：「隆興元年，拜尚書右僕射，首言趙鼎、李光之無罪，岳飛之久寃，宜復其官爵，禄其子孫，悉從之。」按宋孝宗給岳飛追復乃紹興三十二年，而非史浩拜相後事，《攻媿集》和《宋史·史浩傳》記載，時間稍誤。《宋會要輯稿》職官七六之七〇：「孝宗紹興三十二年，未改元，七月十三日，詔岳飛特追復少保、武勝、定國軍節度使。先是有詔：『飛起自行伍，不踰數年，位至將相，而能事上以忠，御衆有法，屢立功效，不自矜誇，餘烈遺風，至今不〔泯〕。去冬出戍，鄂渚之衆師行不擾，動有紀律，道路之人歸功於飛。雖坐事已歿，而太上皇帝念之不忘。今可仰承聖意，追復元官，以禮改葬，訪求其後，特與録用。』故有是命。十一月三日，詔故追復少保、武勝、定國軍節度使岳飛妻、前楚國夫人李氏特與復楚國夫人，男前左武大夫、忠州防禦使雲追復舊官，前忠訓郎、閤門祇候〔雷〕追復舊官職。」《建炎以來繫年要録》卷二〇〇：「（紹興三十二年七月）戊申，詔追復岳飛元官，以禮改塟，訪求其後，特與録用。」

《宋史》卷三三《孝宗紀》：「（紹興三十二年七月戊申）追復岳飛元官，以禮改葬。……（十月）壬午，官岳飛孫六人。」

《周益國文忠公集・雜著述》卷二《龍飛録》：「（紹興三十二年七月）丙辰，臨安訪求岳飛墳，在錢塘門外，當時私號賈宜人墳，今將以一品禮葬之。」七月十三日戊申頒追復令，至二十一日丙辰，於八日内找到岳飛墳墓。錢塘門爲臨安府西城偏北第一門，據《咸淳臨安志》卷六，大理寺「中興初在錢塘門内」。

《咸淳臨安志》卷八七：「岳鄂王飛墓，在棲霞嶺下。」此爲岳飛改葬之地點，即保存至今之岳墳。

《鶴林玉露》乙編卷三《謝昭雪表》：「岳武穆家謝昭雪表云：『青編塵乙夜之觀，白簡悟壬人之譖。』甚工。」

《浪語集》卷二二《與汪參政明遠論岳侯恩數》：「恭惟皇上即位之始，首雪岳飛之寃，天下知與不知，無不稱慶。逮今數月，宜人人有報效之心，求諸軍情，乃反有紛紛之論，此議者過也。日者樊建以晉武帝知鄧艾之寃，而不能直，知其得諸葛亮而不能臣。推恩於飛，寧不類是。使飛果反，朝廷不當昭雪，爲之昭雪，是非真反。苟非真反，則亞保之禮不當有廢。國家縱不能歸其賵贈，追加封爵，猶當反其田宅，畀之恩數，親降黼座，臨奠其喪，會其子孫，以禮歸葬。使人知爲子孫之利，則爲善者，猶有所勸。今獨不然，惟復其封而已。改葬之禮，非復典彝，官其諸孫，僅同卒伍。今夫庶官之死，延賞猶世其家，而獨於飛偏有所靳，以求人心之感，不亦難哉！德壽中興之成，不過張俊、韓世忠、劉光世、秦檜四人而已。四人之終，禮有異數，今其子孫或位孤卿。飛之功勳，不已加於四子，斃於非命，自乎既往。追之來者，乃至於斯，人之多言，亦可畏也。

昔魏佛狸飲馬瓜步，宋文帝臨江而歎，以爲檀道濟不死，虜不至是，曾不能追録其後，識者有以卜其世祚之修短。逆亮南寇，胡人自爲『岳飛不死，大金滅矣』之語。然則所以激勸士伍者，安可不厚。

仰惟都督、參政相公以道事君，以誠體國，明飛不反，公議攸歸。恩禮不加，想當未愜於鈞重，建言宸極，在乎謦欬之間，使優孟不至咲人，則人知鄉善之利矣。某輒生晚進，不知政體，伏念先子薦飛爲將，伯父參其軍府，今日之事，不忍不爲一言。顧飛已死，何有遊説，徒爲國家惜此舉措，不厭人心。管仲所謂知善而不能賞之，與郭公之亡何異。是則雪飛之寃，而取衆怒，不若不爲之爲愈也。行府信能終始兹事，史策當不負人，人心之歸本朝，又安知不在兹舉也。況今行營將士，往往故飛部曲，求其死力，莫此爲善。惟鈞慈闊略鄙夫之妄，決而行之，不勝至幸。」

〔三〕可參《金佗續編》卷一三《追復少保兩鎮告》第一四二八頁，文字稍異。

〔四〕《齊東野語》卷二〇《岳武穆御軍》：「周洪道爲追復制詞，有云：『事上以忠，至不嫌於辰告；行師有律，幾不犯於秋毫。』蓋實録也。『辰告』者，謂岳嘗上疏請建儲云。」周洪道乃周必大字，《金佗續編》卷一三《追復少保兩鎮告》，即《周益國文忠公集·掖垣類稿》卷四《岳飛叙復元官》。

〔五〕岳飛子孫之復官補官，可參《金佗續編》卷一三第一四三一頁至第一四三九頁。

《宋會要輯稿》儀制一〇之三六：「（紹興三十二年）十一月三日，詔：『故追復左武大夫、忠州防禦使岳雲妻前恭人鞏氏特封恭人。』」

〔六〕張憲之追復，可參《金佗續編》卷一四《張憲復官旨揮》、《張憲復官告》第一四六三至第一四六五頁。

《宋會要輯稿》職官七六之七一：「乾道元年十一月二十六日，詔故龍、神衛四廂都指揮使、閬州觀察使、京西、湖北路馬、步軍〔副〕都總管、鄂州駐劄御前諸軍〔副〕都統制張憲特追復元官，四子各補承信郎。其子敵萬自陳，當建炎、紹興間，憲從岳飛，與金人戰，屢立奇功，中坐飛事身死。今飛已蒙朝廷褒恤，録及子孫。惟憲尚掛罪籍，乞援飛例，追復元官，給還恩數。故有是命。」

〔七〕鄂州建忠烈廟，可參《金佗續編》卷一四《湖北轉運司立廟牒》、《敕建忠烈廟省牒》第一四四七至第一四五〇頁。

《宋史》卷三四《孝宗紀》：「（乾道五年十一月）丙寅，爲岳飛立廟于鄂州。……（乾道六年七月辛丑）賜岳飛廟曰『忠烈』。」

《輿地紀勝》卷六六《鄂州》：「忠烈廟：在旌忠坊，州民乾道六年請於朝，岳飛保護上游，有功於國，請立廟，詔賜今額。」

〔八〕《建炎以來繫年要録》卷二〇〇：「（紹興三十二年十二月辛巳）上曰：『昨聞臣僚言，秦檜誣岳飛，舉世莫敢言，李若樸爲獄官，獨白其非罪。吕忱中發王晌，所司皆迎合，林待問爲勘官，獨直其寃狀。章傑捕趙鼎送葬洒，又搜其私書，欲傅致士大夫之罪，翁蒙之爲縣尉，毅然拒之。沈昭遠爲王鈇家治盗，欲鍛錬富民，多取其倍償，王正己爲司理，卒平反之。此皆不畏强禦，節概可稱。三省詳加訪問，其人如在，可與甄録。』」可參《金佗續編》卷一三《訪問李若樸等旨揮》第一四三四頁。

〔九〕《宋會要輯稿》儀制一一之一二：「右奉議郎何彦猷隆興元年正月贈朝奉郎。初，彦猷任大理丞，定岳飛獄事，不阿狥，爲言者論罷。至是其家有請，特贈之。」

〔一〇〕《宋史》卷三六四《韓彦直傳》：「進直龍圖閣、江西轉運、兼權知江州。時朝廷還岳飛家貲産，多在九江，歲久，業數易主，吏緣爲姦。彦直搜剔隱匿，盡還岳氏。……又乞追貶部曲曾誣陷岳飛者，以慰忠魂。」

《攻媿集》卷九八《龍圖閣待制趙公神道碑》：「（乾道）七年，（趙粹中）甫免喪，除太常寺主簿。……輪對，奏乞辨雪岳少保飛之寃，録功定謚，優恤其家，以激厲將士。」今將宋朝爲岳飛追封定謚的情況排列於下：

《金佗續編》卷一三《給還御札手詔省劄》：「霖照對本家屢承國史院、日曆所取索先父少傅忠烈行狀，及前後被受御筆手詔真本，應合干文字照使。……淳熙五年閏六月二十二日。」可知淳熙五年前，岳飛加贈少傅。

《建炎以來朝野雜記》甲集卷九《渡江後改謚》：「孝宗初立，命有司爲岳飛作謚。太常議，危身奉上曰『忠』，使民悲傷曰『愍』。孝宗以爲用『愍』字，則於上皇爲失政，却之，乃改爲『武穆』。」關於淳熙五年定謚，可見《金佗續編》卷一四第一四五三頁至第一四六一頁。

《宋史》卷三五《孝宗紀》：「（淳熙五年九月）戊寅，賜岳飛謚曰『武穆』。」「（六年三月）丙寅，録趙鼎、岳飛子孫，賜以京秩。」

《金佗稡編》卷二六《進高宗皇帝御劄石刻表》：「臣已於嘉泰三年十一月内刻石，緣臣所刻，未經進御，謹詣登聞檢院繳進者。……其所刻臣大父贈太師、謚武穆、先臣飛被受高宗、受命中興、全功至德、聖神武文、昭仁憲孝皇帝御劄手詔七十六軸，釐爲十卷，謹隨表上進以聞。」可知嘉泰三年前，岳飛加贈太師。

嘉泰四年，追封岳飛爲鄂王，可見《金佗稡編》卷二七《追封鄂王告》第一二一一頁。

《宋史》卷三八《寧宗紀》：「（嘉泰四年五月）癸未，追封岳飛爲鄂王。」

《四朝聞見録》戊集《岳侯追封》：「（引《追封鄂王告》原文，從略）嘉泰四年六月二十日，中書舍人李大異行。蓋韓氏興師恢復，故首封鄂王，以爲張本。制中故有『作三軍之氣』與『修車備器』之詞。

考異

此制乃《金佗稡編》第二十七卷所載。《金佗稡編》乃王孫珂所載，決不致誤。而紀聞者以李公大異爲顔棫，其誤甚矣。嘉泰間，岳侯之死僅〔六〕十年，故有『天下有公，是非豈待百年而定』之語。謂必待百年而定，何也？蓋紀聞者治賦，若如所載，僅一無用韻語起句耳。恐史官誤采其説，故載詳云。」

《宋會要輯稿》禮五八之七九：「少保、樞密副使、武勝、〔定國〕軍節度使、萬壽觀使，追封鄂王岳飛謚武穆。」

寶慶元年，岳飛改謚「忠武」。初擬定謚「忠穆」，宋理宗認爲「穆不如武」，遂定謚「忠武」。可見《金佗續編》卷一六第一四八七頁至第一四九五頁。

《宋史》卷四一《理宗紀》：「（寶慶元年）二月甲午，詔故太師、武勝、定國軍節度使、鄂王岳飛謚『忠武』。」

《岳廟志略》卷二：「按岳王始謚『武穆』，後改『忠武』，宋景定二年，又改稱『忠文』。」據《忠文王紀事實録》，景定二年並非改謚，《岳廟志略》之説稍誤。

《忠文王紀事實録》卷一：「太學土地，見係靈通廟正顯昭德文忠英濟侯。今國子監奏，稱今太學土地爲岳鄂王之故宅，乞超封王爵。於陳乞間，忽遇鄂州諸神顯績，並加封號，内一項，土神岳鄂王已擬封昭烈王。具申朝廷，遂奉寺官書判，欲照鄂州土神，一體稱呼。今準鈞判，送寺擬封申呈。奉寺官書判，太學，岳鄂王之故宅也，因以祀爲土神，朝廷累嘗封至八字侯。近因武昌之捷，陰有相焉，封爲昭烈王，太學遂亦有超封王爵之請。同一鄂王，豈宜兩謚。但『昭烈』二字，施之武昌之廟則可，施之孔堂之側之廟則不可。神生爲忠臣，豐功偉烈，焜燿今古，今血食上庠，英靈默佑，於斯文有關焉。謚以『忠文』，疇曰不宜。況『文忠』二字，昔以之封侯，恐與先聖相似，故先『忠』後『文』，示有别也。其神父、母、妻、子、婦并部將前此未有封謚，今準指揮，檢照條法，各合封二字侯、夫人，併擬于後。乞從建炎三年正月空日已降指揮，并淳熙十四年六月十九日已降指揮，各合擬封下項：

一、土地見係靈通廟爲額，乞改賜廟額，今欲擬忠顯廟爲額，合行降敕。

一、太學土地正顯昭德文忠英濟侯，乞超封王爵，合擬〔封〕二字王，今欲擬忠文王。

一、神父合擬封二字侯，今欲擬顯慶侯。

一、神母姚氏合擬封二字夫人，今欲擬淑美夫人。

一、神妻李氏合擬封二字夫人，今欲擬德正夫人。

一、神長子合擬封二字侯，今欲擬繼忠侯。

一、神次子合擬封二字侯，今欲擬紹忠侯。

一、神三子合擬封二字侯，今欲擬續忠侯。

一、神四子合擬封二字侯，今欲擬緝忠侯。
一、神五子合擬封二字侯，今欲擬纘忠侯。
一、神長子婦合擬封二字夫人，今欲擬相德夫人。
一、神次子婦合擬封二字夫人，今欲擬介德夫人。
一、神三子婦合擬封二字夫人，今欲擬助德夫人。
一、神四子婦合擬封二字夫人，今欲擬翊德夫人。
一、神五子婦合擬封二字夫人，今欲擬贊德夫人。
一、佐神張憲合擬封二字侯，今欲擬烈文侯。
一、佐神徐慶合擬封二字侯，今欲擬昌文侯。
一、佐神董先合擬封二字侯，今欲擬焕文侯。
一、佐神牛皐合擬封二字侯，今欲擬顯文侯。
一、佐神李寶合擬封二字侯，今欲擬崇文侯。
一、佐神王貴合擬封二字侯，今欲擬尚文侯。

已上各合命詞給告，伏乞朝廷取旨加封施行。」《紀事實録》所載乃景定元年太常寺申狀，景定二年，宋廷據此發佈敕命。《紀事實録》所載封忠文王事，又見《兩浙金石志》卷一二《宋敕賜忠顯廟牒碑》《宋封忠文王及佐神烈文侯等敕殘碑》。封爲佐神之六員部將，除李寶外，皆爲岳家軍中之名將。

《夢粱録》卷一五《學校》:「太學在紀家橋東,以岳鄂王第爲之,規模宏闊,舍宇壯麗。……太學内東南隅,設廟廷,奉后土神祇,即土地神,朝家敕封號曰正顯昭德孚忠英濟侯。按贊書,相傳爲中興名將,其英靈未泯,而應響甚著,蓋其故居也,理或然歟?自是遂明指爲岳忠武鄂王,況鄂國已極于隆名,宜廟食增崇於命祀,謹疏侯爵,未正王封,仍改廟額曰『忠顯』。神之父、母、妻、子,下逮將佐,皆有命秩,華以徽號。」

《兩浙金石志》卷一三《宋忠祐廟敕封告據碑》載,德祐元年正月,宋廷發佈敕命,「忠顯廟」「改擬忠祐廟爲額」,「太學土地忠文王赤心貫乎日月,勁節凌乎雲霄」,「忠則祖逖誓瀆之心,文則諸葛出師之表,英靈如在,炳乎昭昭之靈,氣概不磨,壯哉烈烈之勇」,「(可特封忠)文昭烈王」。

淳熙五年五月五日,臣霖以知欽州召見,賜對便殿,上宣諭曰:「卿家紀律、用兵之法,張、韓遠不及。卿家寃枉,朕悉知之,天下共知其寃。」臣霖對曰:「仰蒙聖察,撫念故家,臣不勝感激。」〔一〕

〔一〕《周益國文忠公集·雜著述》卷一一《思陵録》:「(淳熙十五年三月癸丑)侍從集議高廟配享四人,宜如明詔,批依。……衆論頗洶洶,又聞章森上書,乞用張浚、岳飛,楊萬里乞用浚,不報。」

《建炎以來朝野雜記》乙集卷四《高廟配饗議》：「是時，識者多謂吕元直不厭人望，當以趙、張兩公同配。又謂張俊晚附秦檜，力主和議，誣殺岳飛，不宜在預饗之列。」又同書乙集卷一二《岳少保誣證斷案》：「岳武穆飛之死，王仲言《揮麈録》載王俊告變狀甚詳，且云：『嘗得其全案觀之。』仲貫甫爲尚書郎，問諸棘寺，則云：『張俊、韓世忠二家争配饗時，俊家以厚賂，取其原案藏之，今不存矣。』」據同書乙集卷一〇《李季章所知多佳士》：「余弟仲貫甫亦與焉。」又同卷《淳熙至嘉定蜀帥薦士總記》：「楊嗣勛薦予弟仲貫甫及程叔達、趙信道。」又同書卷一四《隆興至嘉泰積考改官沿革》：「嘉定初，余弟仲貫甫自著廷補郡。」《宋史》卷四三六《李道傳傳》：「李道傳，字貫之。……兼權考功郎官，遷著作郎。……遂求補郡，於是出知真州。」《宋史》卷三五《孝宗紀》：「（淳熙十五年三月）癸丑，用洪邁議，以吕頤浩、趙鼎、韓世忠、張俊配饗高宗廟庭。吏部侍郎章森乞用張浚、岳飛，秘書少監楊萬里乞用浚，皆不報。」配饗之争反映宋孝宗爲岳飛昭雪之限度。

臣生最晚，然寔夙知先世事。自幼侍先臣霖膝下，聞有談其事之一、二者，輒强記本末，退而識之。故臣霖亦憐其有志，每爲臣盡言，不厭諄複。

在潭州時，今國子博士臣顧杞等嘗爲臣霖搜剔遺載，訂考舊聞，葺爲成書。會臣霖得疾，不克上。將死，執臣之手曰：「先公之忠未顯，寃未白，事實之在人耳目者，日就湮没。

幼罹大禍，漂泊縲囚。及仕，而攷於聞見，訪於遺卒，掇拾參合，必求其當。故姑竢搜摭，而未及上。苟能卒父志，死可以瞑目矣！」臣親承治命，號慟踊絶。自年十二、三，甫終喪制，即理舊編。

然臣思頃爲兒時，侍臣霖游宦四方，帥廣州日，道出章貢，見父老帥其子弟來迎，皆涕洟曰：「不圖今日復見相公之子。」時臣在侍側，感泣曰：「先公遺德猶在此。」臣霖亦泣曰：「豈特此地爲然，昔將漕湖北，武昌之軍士、百姓設香案，具酒牢，哭而迎。有一嫗哭尤哀，曰：『相公今不復此來矣！』家人念之者，呼而遺之食，問其夫何在？嫗舍食，哭曰：『不善爲人，爲相公所斬矣。』問其子若婿皆然。」當時特以爲老嫗之哭與章貢父老之情，等爲懷舊念恩耳。〔一〕曾未知匹夫匹婦之心，輕怨易怒，至於殺其夫、子若婿，而猶念之，非有大服其心者，疇克爾。因是微有所覺，竊意舊編所載，容有闕遺，故姑緩之。

逮臣束髮遊京師，出入故相京鏜門，始得大訪遺軼之文，博觀建炎、紹興以來紀述之事。下及野老所傳，故吏所録，一語涉其事，則筆之於册。積日纍月，博取而精覈之，因其已成，益其未備，其所據依，皆條列于篇首，而事之大者，則附其所出於下。蓋五年而僅成一書，上欲以明君父報功之誼，中欲以洗先臣致毁之疑，下欲以信後世無窮之傳，其敢忽諸。謹昧死上。

嘉泰三年冬十有一月乙丑朔，承務郎、新差監鎮江府户部大軍倉臣岳珂謹上。

〔一〕懷舊念恩耳　「恩」，原作「思」，據嘉靖本改。

鄂國金佗稡編卷第十

家集序

臣竊惟先臣飛刻意於學，涉獵經史，尤喜《春秋左氏傳》與孫、吴之書，不爲章句，不事華靡，直欲致之實用。故其將兵，以報君父之讎爲的，以達奇正之權爲弓，以奮決勝之勇爲矢，奠而後發，發無不中。自束髮從戎，未嘗一敗者，其中心之藴，謀略之所施，往往見於表奏題跋，吟詠之間，隨筆敷露。如出師一奏，謝赦一表，天下之士至今傳誦，以未見全文爲恨。

先父臣霖蓋嘗搜訪舊聞，參稽同異，或得於故吏之所録，或傳於遺藁之所存，或備於堂劄之文移，或紀於稗官之直筆，掇拾未備，嘗以命臣，俾終其志。臣謹彙次，凡三萬六千一百七十四言，釐爲十卷，闕其卷尾，以竢附益。曰表，曰跋，曰奏議，曰公牘，曰檄，曰律詩，〔一〕曰詞，曰題記，其目有八，而奏議、公牘復皆析而三。

夫題記非文也，所以著其所向之志；戎捷非文也，所以敍其垂成之功。或以參辯誣巇而存，或以照應事機而録。至於建炎投匭之疏，紹興建儲之議，則以親書而密封，焚藁而後奏，雖侍膝之子弟，入幕之僚屬，且不可見。特因記載，粗得其梗概焉耳。都上游之奏，止班師之疏，擣京、洛之策，出蘄、黄之請，亦僅詳其一、二。而散佚不可攷者，則蓋不能究知其幾也。異時苟未溘先犬馬，誓將搜訪，以補其闕，而備其遺，庶幾先臣之志有攷於萬世云爾。

臣竊觀高宗皇帝報先臣建儲之劄，有曰：「覽卿親書奏，深用嘉歎，〔二〕非忱誠忠讜，則言不及此。卿識慮精深，爲一時智謀之將，非他人比。」嗚呼！方中原雲擾，羣盜蝟興，先臣秘計大策，朝奏夕可，反復剴切，皆當帝心，至於嘉歎奬激，未易殫舉。此先臣之所以蒙被知遇，而見於題品者如此。苟不能掇拾，以俟來哲，則何以章先帝知人之明，敢援前詔，昧死上之秘府，以備采擇。嘉泰三年冬十有一月乙丑朔，承務郎、差監鎮江府户部大軍倉臣岳珂謹序。

〔一〕曰律詩　原脱「曰律詩」三字，嘉靖本同，據傅本補。

〔二〕深用嘉歎　「嘉歎」，原作「歎嘉」，據《金佗稡編》卷二高宗宸翰五十八改。

經進鄂王家集卷之一

表

謝講和赦表

武勝、定國軍節度使、開府儀同三司、湖北、京西路宣撫使、兼營田大使臣岳飛上表言：「今月十二日，准都進奏院〔一〕遞到赦書一道，臣已即躬率統制、統領、將佐、官屬等望闕宣讀訖。觀時制變，仰聖哲之宏規；善勝不爭，實帝王之妙算。念此艱難之久，姑從和好之宜，睿澤誕敷，輿情胥悦。臣飛誠歡誠抃，頓首頓首。

竊以婁欽〔二〕獻言於漢帝，魏絳發策於晉公，皆盟墨未乾，顧口血猶在，俄驅南牧之馬，旋興北伐之師。蓋夷虜不情，而犬羊無信，〔三〕莫守金石之約，難充谿壑之求。圖暫安而解倒垂，猶之可也；〔四〕顧長慮而尊中國，〔五〕豈其然乎！

恭惟皇帝陛下大德有容，神武不殺，體乾之健，行巽之權，務和衆以安民，〔六〕迺講信而修睦，已漸還於境土，想喜見於威儀。〔七〕臣幸遇明時，獲觀盛事。

身居將閫，功無補於涓埃；口誦詔書，面有慚於軍旅。尚作聰明而過慮，徒懷猶豫而致疑；〔八〕謂無事而請和者謀，〔九〕恐卑辭而益幣者進。臣願定謀於全勝，期收地於兩河。唾手燕雲，終欲復讎而報國；誓心天地，當令稽顙以稱藩！〔一〇〕臣無任瞻天望聖、激切屏營之至，謹奉表稱賀以聞。臣誠歡誠抃，頓首頓首，謹言。」〔一一〕

〔一〕准都進奏院　原脱「都」字，嘉靖本同，據《紀事實録》補。

〔二〕婁欽　《三朝北盟會編》卷一九二作「婁敬」，宋時避宋太祖趙匡胤祖父趙敬名諱，故改婁敬爲婁欽。

〔三〕而犬羊無信　「而」，據《金佗稡編》卷七與《三朝北盟會編》卷一九二補。

〔四〕圖暫安而解倒垂猶之可也　「圖暫安」，《三朝北盟會編》卷一九二作「圖苟安」，《建炎以來繫年要録》卷一二五與《宋史》卷四七三《秦檜傳》作「救暫急」，《藏一話腴》甲集卷下作「暫圖安」，《金佗續編》卷二八《鄂武穆王岳公真讚》作「求暫安」。「垂」，《紀事實録》與《宋史》卷四七三《秦檜傳》作「懸」。「之」，《紀事實錄》作「云」。

〔五〕顧長慮而尊中國　「顧」，《三朝北盟會編》卷一九二，《建炎以來繫年要録》卷一二五，《藏一話腴》甲集卷下，《金佗續編》卷二八《鄂武穆王岳公真讚》與《宋史》卷四七三《秦檜傳》作「欲」。

〔六〕務和衆以安民　「衆」，原缺，據《紀事實録》和《三朝北盟會編》卷一九二補。

〔七〕已漸還於境土想喜見於威儀　後一「於」字，《三朝北盟會編》卷一九二作「其」。

〔八〕尚作聰明而過慮徒懷猶豫而致疑　後一「而」字，《金佗稡編》卷七、《三朝北盟會編》卷一九二與《藏一話腴》甲集卷下作「以」。

〔九〕謂無事而請和者謀　「謂」，《藏一話腴》甲集卷下作「與」。

〔一〇〕當令稽顙以稱藩　「顙」，《金佗稡篇》卷七、《三朝北盟會編》卷一九二、《建炎以來繫年要錄》卷一二五與《藏一話腴》甲集卷下作「首」。

〔一一〕此表寫於紹興九年正月。《三朝北盟會編》卷一九二、《建炎以來繫年要録》卷一二五、《金佗續編》卷二八《孫逌編鄂王事》、《鄂武穆王岳公真讚》、《藏一話腴》甲集卷下與《宋史》卷四七三《秦檜傳》都載此表，文字各異。可參《金佗稡編》卷七第五二三頁。時岳飛陞開府儀同三司之新命尚未至鄂州，官銜應爲太尉。

跋

御書屯田三事跋

臣聞先正司馬光有言：「德勝才謂之君子，才勝德謂之小人。」論人者能審於才德之分，則無失人矣。

曹操募百姓，屯田許下，所在積粟。諸葛亮分兵屯田，而百姓安堵。羊祜懷遠近，得江、漢之心，亦以墾田獲利。若三子者，知重本務農，使兵無艱食，其謀猷術略，皆不在人下，才有足稱者。然操酷虐變詐，擥申、商之法術，雖號超世之傑，豈正直中和者所爲乎？許劭謂清平之姦賊，亂世之英雄，其德有貶云。亮開誠心，布公道，邦域之内，畏而愛之；祜增修德信，〔一〕以懷柔初附，則德過於操遠矣。觀亮素志，欲龍驤虎視，包括四海，以興漢室，天不假以年，遽有渭南之恨。祜輔晉武，慨然有并吞之心，後平吴，身不及見。二子有意於功名，而志弗克伸，惜哉！

臣庸德薄才，誠不敢妄論古人。伏蒙陛下親灑宸翰，鋪述二三子屯田足食之事，俯以賜臣，臣敢不策駑礪鈍，仰副聖意萬一。夫服田力穡，乃亦有秋，農夫職爾。用屯田以足兵食，誠不爲難。臣不揆，願遲之歲月，敢以奉詔。要使忠信以進德，不爲君子之棄，則臣將勉其所不逮焉。若夫鞭撻四夷，尊强中國，扶宗社於再安，輔明天子，以享萬世無疆之休，臣竊有區區之志，不知得伸歟否也？紹興十年正月初一日，武勝、定國軍節度使、開府儀同三司、湖北、京西路宣撫使、兼營田大使、武昌郡開國公、食邑四千户、食實封一千七百户臣岳飛謹書。

〔一〕增修德信　「信」，原作「言」，據《金佗續編》卷一改。

奏議上

南京上皇帝書略

陛下已登大寶，黎元有歸，社稷有主，已足以伐虜人之謀；而勤王御營之師日集，兵勢漸盛。彼方謂吾素弱，未必能敵，正宜乘其怠而擊之。而李綱、黄潛善、汪伯彦輩不能承陛下之意，恢復故疆，迎還二聖，奉車駕日益南，又令長安、維揚、襄陽准備巡幸。有苟安之漸，無遠大之略，恐不足以係中原之望，雖使將帥之臣戮力於外，終亡成功。爲今之計，莫若請車駕還京，罷三州巡幸之詔，乘二聖蒙塵未久，虜穴未固之際，親帥六軍，迤邐北渡。則天威所臨，將帥一心，士卒作氣，中原之地指期可復。〔一〕

〔一〕此文寫於建炎元年六、七月。岳飛在世時，此文原件當已佚失。今存概略乃岳霖或岳珂追述。

乞催湖州賜米奏

武功大夫、昌州防禦使、通、泰州鎮撫使、兼知泰州臣岳飛狀奏：「近奉聖旨，於湖州封樁米内支撥五千碩，應副本軍起發。臣與士卒同被如天之賜。昨所差般運人回，據本州知州趙子璘卻稱本州未曾承准朝廷指揮，不肯應副。即目新任所在，各有金人占據，切慮有失事機。伏望聖慈行下本州，依已降指揮裝發，庶幾即得前邁，以修疆埸之職。謹錄奏聞，伏候敕旨。」〔一〕

〔一〕此奏寫於建炎四年八、九月。

招曹成不服乞進兵劄子

親衛大夫、建州觀察使、神武副軍都統制、權知潭州、兼權荆湖東路安撫、都總管臣岳飛劄子奏：「臣竊惟内寇不除，何以攘外；近郊多壘，何以服遠。比年羣盜競作，朝廷務廣德意，多命招安；故盜亦玩威不畏，力強則肆暴，力屈則就招。苟不略加勦除，蠭起之衆未可遽殄。臣昨者被奉曹成之命，深以爲陛下好生之意如此，爲臣子者患不能推廣而行之，故先宣布上恩，以期改行。閲日雖久，扞格是聞。臣嘗累遣探報，知其賊馬已離道州，進趨廣西。此寇所爲，未肯遽屈，意欲侵犯二廣，肆毒生靈。竢其力盡勢殫，然後徐爲服降之計。〔一〕臣今進發，自郴州、桂陽監以往，即行措置用兵掩殺，務速除蕩，以綏彼民，取進止。」〔二〕

〔一〕竢其力盡勢殫然後徐爲服降之計　「竢其力盡勢殫，然後徐爲服降之計」，應在以下「即行措置用兵掩殺」之後。

〔二〕此奏寫於紹興二年三、四月。

措置曹成事宜奏

親衛大夫、建州觀察使、神武副軍都統制、權知潭州、兼權荆湖東路安撫、都總管臣岳飛狀奏：「四月初二日，准江南西路安撫大使司牒，三月二十三日〔一〕，准樞密院三月四日劄子：『奉聖旨，令岳飛到袁州，更切斟量賊勢。如賊兵衆，且於袁州駐劄，俟宣撫司人馬到，同共進兵。如曹成已受招安，起發赴行在，即與馬友會合，同共勦殺劉忠訖，續往潭州。飛素有謀略，毋致稍失機會，卻致賊兵破壞二廣。』

臣檢會紹興二年二月八日樞密院劄子節文：『曹成賊馬占據道、賀州作過。三省、樞密院同奉聖旨，令宣撫司催督高舉，星夜前去，應援二廣。及令荆湖東路安撫使岳飛統率副總管馬友，并本路李宏、吴錫、韓京諸頭項軍馬，火急前去，襲逐掩擊。其馬友等並聽帥臣岳飛節制，各務體國，共力破賊。仍仰廣東、西路帥臣起發逐路洞丁、刀弩手、將兵、土軍、弓手、民兵，疾速躬親統率前去逐路界首，與岳飛會合，併力夾擊，務要一舉萬全。』臣已即時關報會合馬友、吴錫、韓京等軍馬，及牒廣東、西路安撫使統率本路洞丁、刀弩手等，各前來界首會合照應，夾擊勦殺外，臣一行軍馬已到衡州茶陵縣，不住承准郴州、桂陽監等處關報，及臣亦差人體探得曹成發人馬，取三月十九日起發，往全、永州，侵犯廣西界分，并前軍人馬往賀州路前去。其曹成中軍見在道州，未有的實起發月日，不住放人四向虜掠，殺人放火。似此顯見曹成未肯便赴行在，意欲侵犯二廣作過。

今准前項江南西路安撫大使李回公牒，備奉前項聖旨指揮，一行官兵已過袁州，地里稍遠。兼續於四月初三日，准荆湖東路提刑司關報，曹成賊馬已起發，離道州，前去廣西。除已差人體探子細外，今已進發往郴州、桂陽監以來駐泊。如曹成不赴行在，及入廣西〔二〕，臣便行措置進兵掩殺。若曹成已入廣界，不審令臣一行軍馬如何施行？伏望聖慈特降睿旨付臣，貴憑遵依施行。謹録奏聞，伏候敕旨。

貼黄：照對臣所統本軍官兵一萬二千餘人，除存留二千人吉州看管老小，并隨軍輜重、火頭占破外，實出戰只有七千餘人。吴全二千人，除輜重、火頭外，實出戰一千五百人。韓京三千人，除留看寨、輜重、火頭外，堪出戰只有一千餘人。吴錫約二千餘人，堪出戰有一千人。張中彦人馬見在廣東未到。今來共計見有實出戰官兵一萬餘人，所有曹成賊寇僅十萬衆，臣已竭力措置外，伏望聖慈速令並進後援，庶使臣無反顧之憂，得以有濟。伏乞睿照。」〔三〕

〔一〕三月二十三日　《梁谿全集》卷六六《乞令韓世忠相度入廣西招捕曹成奏狀》作「三月二十二日」。

〔二〕及入廣西　「及」之上，《梁谿全集》卷六六《乞令韓世忠相度入廣西招捕曹成奏狀》有「未」字，文意較通順。

〔三〕此奏寫於紹興二年四月。

措置虔賊奏

中衛大夫、武安軍承宣使、神武副軍都統制臣岳飛狀奏：「恭奉聖旨，措置虔、吉州界等處盜賊。臣近准江西安撫大使司等處公文，契勘到虔、吉州界見今作過賊首共三百一人。臣已差人前去説諭禍福，詣寨安撫。如有不從招諭頭項，即別行措置外，伏乞睿照。謹録奏聞，伏候敕旨。」〔一〕

〔一〕此奏寫於紹興三年四月。

奏審虔州賊首奏

中衛大夫、武安軍承宣使、神武副軍都統制臣岳飛狀奏：「恭奉聖旨，措置虔賊。今已節次生擒殺降到虔州諸縣界山寨賊首羅誠等二百餘人，見拘管在寨。未審令臣一面處置，唯復申解朝廷，伏望聖慈速賜指揮，以憑遵稟施行。謹録奏聞，伏候敕旨。」〔一〕

〔一〕此奏寫於紹興三年四、五、六月。

措置李橫等軍奏

鎮南軍承宣使、神武後軍統制、江南西路、舒、蘄州制置使臣岳飛狀奏：「契勘襄陽府李橫、郢州李刺史、翟鎮撫、董先、隨州李道、牛臯等逐頭項軍馬例各失守，將帶到百姓隨行，見無所歸。臣雖非所職，緣事干國計，不敢隱默。伏望聖慈特降睿旨，令李橫、李刺史、翟鎮撫、董先人馬於漢陽軍屯駐，李道、牛臯人馬於黄州或依舊蘄州屯駐，且令安集。仍乞令李橫等將百姓放令逐便，庶免轉淪溝壑之患。候屯駐定，卻聽朝廷指揮施行。謹録奏聞，伏候敕旨。」〔一〕

〔一〕此奏寫於紹興三年十、十一月。參見《金佗續編》卷二九《乞支錢糧贍給李橫軍兵》第一七六四頁。

奏審李道牛臯軍奏

鎮南軍承宣使、神武後軍統制、江南西路、舒、蘄州制置使臣岳飛狀奏：「契勘李道、牛臯人馬累得申狀，乞聽臣節制。臣以未准朝旨，不敢拘收，見且令前來江州權行駐劄外，伏望特降睿旨，令係屬一處節制，庶幾軍律有歸。如蒙付臣拘收使喚，亦乞行下，恭依施行。謹録奏聞，伏候敕旨。」〔一〕

〔一〕此奏寫於紹興三年十、十一月。

乞復襄陽劄子

鎮南軍承宣使、神武後軍統制、江南西路、舒、蘄州制置使臣岳飛劄子奏：「臣竊惟善觀敵者，當逆知其所始；善制敵者，當先去其所恃。今外有北虜之寇攘，內有楊么之竊發，俱爲大患，上軫宸襟。然以臣觀之，楊么雖近爲腹心之憂，其實外假李成，以爲唇齒之援。今日之計，正當進兵襄陽，先取六郡，李成不就縶縛，則亦喪師遠逃。於是加兵湖湘，以殄羣盜，要不爲難。而況襄陽六郡，地爲險要，恢復中原，此爲基本。臣今已厲兵飭士，惟竢報可，指期北向。伏乞睿斷，速賜施行，庶幾上流早見平定，中興之功次第而致，不勝天下之幸。取進止。」〔一〕

〔一〕此奏寫於紹興三年冬或紹興四年春。

畫守襄陽等郡劄子

鎮南軍承宣使、神武後軍統制、江南西路、舒、蘄州、兼荆南、鄂、岳、黄、復州、漢陽軍、德安府制置使臣岳飛劄子奏：「臣六月二十三日酉時，准御前金字牌，伏蒙聖慈特降親札處分，令臣條具襄陽、隨、郢利害。

臣竊觀金賊、劉豫皆有可取之理。金賊累年之間，貪婪横逆，無所不至，今所愛惟金帛、子女，志已驕墮。劉豫僭臣賊子，雖以儉約結民，而人心終不忘宋德。攻討之謀，正不宜緩。苟歲月遷延，使得修治城壁，添兵聚糧，而後取之，必倍費力。陛下淵謀遠略，非臣所知，以臣自料，如及此時，以精兵二十萬直擣中原，恢復故疆，民心效順，誠易爲力。此則國家長久之策也，在陛下睿斷耳。

若姑以目前論之，襄陽、隨、郢地皆膏腴，民力不支，苟行營田之法，其利爲厚。然即今將已七月，未能耕墾，來年入春，即可措畫。陛下欲駐大兵於鄂州，則襄陽、隨、郢量留軍馬，又於安、復、漢陽亦量駐兵。兵勢相援，漕運相繼，荆門、荆南聲援亦已相接，江、淮、荆湖皆可奠安。六州之屯，宜且以正兵六萬，〔一〕爲固守之計。就撥江西、湖南糧斛，朝廷支降券錢，爲一年支遣。候營田就緒，軍儲既成，則朝廷無餽餉之憂，進攻退守，皆兼利也。惟是葺治之初，未免艱難，必仰朝廷微有以資之。基本既立，後之利源無有窮已。又此地夏秋則江水漲隔，外可以禦寇，内足以運糧；至冬後春初，江水淺澀，吾資糧已備，可以坐待矣。於今所先，在乎速備糧食，斟量屯守之兵，可善其後。

臣識闇不學，輒具管見，仰報聖問，辭拙事直，伏乞聖慈裁決。干冒天威，臣不勝屏營戰慄之至。取進止。

貼黄：臣見今只候糧食稍足，即便過江北，雖番、僞賊馬勢重，臣定竭力勦戮，不敢少負陛下。伏乞特寬宵旰之念，不勝慶幸。」〔二〕

〔一〕宜且以正兵六萬「宜」，據《金佗續編》卷六《照會措置防守已收復州郡省劄》補。

〔二〕此奏寫於紹興四年六月。

條具荆襄相度移治及差官奏

鎮南軍承宣使、神武後軍統制、江南西路、舒、蘄州、兼荆南、鄂、岳、黄、復州、漢陽軍、德安府制置使臣岳飛狀奏：「臣於六月二十八日，准御前金字牌遞到樞密院六月十六日劄子，備奉聖旨，令臣條具收復襄陽、隨、郢三郡防守，相度移治山寨等事。今條具畫一，開具下項：

一、臣收復到襄陽、隨、郢三州，即時逐急權行差官，葺治州事。實以此三州止有空城，公吏、軍民自緣久罹兵火，或被驅虜，或遭殺戮，甚爲荒殘，全藉有心力官撫綏葺治，招誘人户。所有襄陽府，已差武功大夫、本軍幹辦官張旦借左武大夫、權唐、鄧、郢州、襄陽府安撫使、兼知襄陽軍府事，親衛大夫、安州[一]觀察使牛臯權唐、鄧、郢州、襄陽府安撫副使，武義大夫、榮州團練使李道充唐、鄧、郢州、襄陽府四州都統制，承信郎、本軍准備差遣孫革借右承務郎、權簽書襄陽府判官廳公事訖，今來葺治漸成次第。

一、郢州已差承節郎、本軍准備差遣周識借右承奉郎、權知郢州，右迪功郎、本軍准備差遣李旦借承奉郎、權本州通判訖。

一、隨州已差右將仕郎、本軍准備差遣孫翬借承奉郎、權知隨州，下州文學蔣庭俊借右修職郎、權本州節度推官訖。近訪聞逐州官葺治漸成次第。

一、臣所奏差官等事理，更合取自指揮。如蒙俞允，乞降差劄施行。

一、臣蒙朝廷支撥糧三十三萬碩，水脚錢一十七萬貫，委沈昭遠等催督應副。今來臣自至襄陽已及月餘，止有糧五千七百餘碩至軍前。伏望特降睿旨施行。

右畫一開具在前，謹録奏聞，伏候敕旨。」〔二〕

〔一〕安州　原缺，據《建炎以來繫年要録》卷七八補。

〔二〕此奏寫於紹興四年六月。

鄂國金佗稡編卷第十一

經進鄂王家集卷之二

奏議上

乞赴行在奏稟邊防奏

鎮南軍承宣使、神武後軍統制、江南西路、舒、蘄州、兼荆南、鄂、岳、黄、復州、漢陽軍、德安府制置使臣岳飛狀奏：「准樞密院劄子，令臣依已降指揮，前去鄂州歇泊，聽候朝廷指揮。臣除已恭依外，所有臣先條具陳乞事理，未奉指揮施行。契勘臣先奉聖訓，收復襄陽府等處六州軍，除已措置收復隨、郢、襄陽、唐、鄧了當，只有信陽軍，已調發軍馬前去收復，尅日可下。臣今有邊防子細利害，欲量帶人從，赴行朝奏稟。伏望聖慈特降睿旨，依臣所乞施行。謹録奏聞，伏候敕旨。」〔一〕

〔二〕此奏寫於紹興四年七月二十三日復唐州後。

乞先推劉光世軍掎角賞奏

鎮南軍承宣使、神武後軍統制、〔一〕江南西路、舒、蘄州、兼荆南、鄂、岳、黄、復州、漢陽軍、德安府制置使臣岳飛狀奏：「臣先奉聖訓，收復襄陽府等處六郡，總率軍馬，節次見陣，掩殺番、僞賊馬，收復州軍了當。續蒙朝廷令劉光世遣差軍馬五千人，以爲牽制。臣於七月二十三日收復信陽軍六郡了畢，光世遣酈瓊軍馬於二十六日到襄陽府臣軍前。雖其至不及期，然臣之軍士知有後援，所以能成薄效。卒使不霑寸賞，恐咈人情。伏望聖慈將劉光世所差官兵，特降睿旨，先次推賞。謹録奏聞，伏候敕旨。」〔二〕

〔一〕統制　「制」，原作「置」，今改正。

〔二〕此奏寫於紹興四年八月。據《建炎以來繫年要録》卷七八，宋廷接此奏時爲九月十一日。

收復唐鄧信陽差官奏

鎮南軍承宣使、神武後軍統制、江南西路、舒、蘄州、兼荆南、鄂、岳、黄、復州、漢陽軍、德安府制置使臣岳飛狀奏：「契勘近恭奉聖訓，收復隨、郢等州軍了當，先差過知、通等葺治事務。除已開具隨、郢州、襄陽府知、通職次姓名奏聞外，今契勘唐、鄧州、信陽軍知、通、簽判職次姓名下項，其餘官臣行下逐處安撫司取會，别具奏聞次，今開具下項：

一、唐州二員：修武郎、權知州事高青，借通直郎、權通判單藻。

一、鄧州三員：武翼郎、閤門宣贊舍人、權知州事張應，右承直郎借宣教郎、權通判黨尚友，忠訓郎借秉義郎、權簽判邵俅。

一、信陽軍二員：承節郎借成忠郎、閤門祇〔一〕候、權知軍事舒繼明，承信郎、權簽判訾諧。

右晝一開具在前，謹録奏聞，伏候敕旨。」〔二〕

〔一〕此奏自「祇」之下，原缺，據《岳武穆年譜》補。

〔二〕此奏寫於紹興四年八月。

措置楊么水寇事宜奏

〔一〕九月初二日，御前金字牌遞到樞密院劄子，樞密院奏：『勘會湖賊黄誠、楊太等恃水險作過日久，先因張浚奏請，乞行招安，特與放罪，許令自首。遷延累月，妄有要索，殺害投下文字使臣，潛遣賊徒，侵犯沿湖州縣，終無悛心，理難容貸。王瓔出師踰年，不能成功，與潭、鼎帥守每事紛争，不務協心戮力，致一方受弊，久未平定。今已改差岳飛充湖北路、荆、襄、潭州制置使。右三省、樞密院同奉聖旨，〔二〕專委岳飛措置討捕。令程昌禹自上流進兵，如本州軍馬數少，於湖南帥司差撥馬準、步諒兩項官兵赴鼎州，聽昌禹〔三〕節制使唤，事畢遣還。荆南鎮撫司并湖南帥司各發兵、船，約期進討。下流合用軍兵，及會合諸頭項兵馬、舟船，并委飛措置施行。所有岳飛本軍合用錢糧，如所部州軍應副不足，依舊朝廷給降，及江西路支撥應副。』劄送臣疾速施行。

臣伏蒙新除恩命，已具奏辭免。所有措置討捕黄誠、楊太等賊徒事，切緣臣所管軍馬，並係西北之人，不習水戰，今蒙聖旨驅使，不敢辭免。謹已遵奉指揮外，臣契勘湖賊黄誠、楊太等占據重湖，猖獗累年，戰艦、舟船數目浩瀚，又賊衆多憑恃水險，出没作過。今來若以湖南帥司馬準、步諒兩項軍馬聽知鼎州程昌禹節制，以荆南鎮撫司并湖南帥司各發兵、船，約期進討，切慮如此事不專一，臨時難以措畫，有悞指蹤。臣愚欲望聖慈特降睿旨，令湖南帥司除留三千人在潭州彈壓外，并荆南鎮撫司都共有二千人，乞令臣量留一千人在鎮撫司外，將其餘軍馬、舟船，盡數並撥付臣相度分布使喚。兼馬準、步諒亦乞令付臣使喚，如鼎州緩急合要軍馬使用，乞令臣相度分遣，庶幾軍馬歸一，斟量調發，免致悞事。兼契勘王瓊〔四〕已降指揮，江州駐劄。今來討捕湖賊，正賴舟船使用，欲乞將王瓊隨軍舟船，除海船及有餘船外，只乞戰船并海湖船，權暫盡數借撥付本軍，候事畢日歸還。臣訪聞湖南州郡係出産材木去處，欲乞行下本路，一就并釘線工匠，應副添修本軍舟船。其合用錢糧，竊詳湖北路委是闕乏，無以樁辦，伏乞特降指揮，專一令江西路應副外，劵錢乞從朝廷寬剩支降，貴不有悞事機。〔五〕所陳利害，並係急切，伏望聖慈詳酌，依臣所乞，前去措畫，誓盡犬馬之勞，以圖報效。謹録奏聞，伏候敕旨。

貼黄：臣契勘湖賊先與僞賊結連，近探得陝府、長安見今點集人馬，東京亦已聚兵。今來襄漢諸州並係邊面，防秋是時，切慮不測，前來侵犯作過。伏乞添兵屯守，及更抽摘軍馬，付臣遣發巡邊照管，庶免悞事。乞速賜措置施行。」〔六〕

〔一〕此奏缺岳飛官銜，今難以斷定是依鎮南軍承宣使等銜上奏，抑或以清遠軍節度使等銜上奏。

〔二〕聖旨「聖」，原作「聖聖」，今删一衍字。
〔三〕此奏自「禹」之上，原缺，據《岳武穆年譜》補。
〔四〕王𤩪「𤩪」，原作「爕」，今改正。
〔五〕貴不有悮事機「貴」，嘉靖本作「庶」。
〔六〕此奏寫於紹興四年九月。據《建炎以來繫年要録》卷七九，宋廷於八月二十五日壬寅「詔專委飛措置討捕」楊么，又此奏稱「九月初二日」得樞密院劄子，則岳飛上奏應在九月。

襄陽差職官奏

清遠軍節度使、神武後軍統制、充湖北路、荆、襄、潭州制置使臣岳飛狀奏：「據襄陽府路安撫使司契勘，本路州縣係居極邊，全藉當職官協力措置。數内下項官並係收復之初，蒙本制置司并本司逐急差權。自管當事務以來，愛民無擾，治職有方，實堪倚仗。欲望詳酌申奏，差補施行。」今開具下項：

一、借保義郎、襄陽府兵馬監押王昇，借迪功郎、襄陽府觀察推官李霖，借迪功郎、襄陽府司理參軍周冲翼，忠翊郎、襄陽府司法參軍姚禾，成忠郎借忠翊郎、監〔一〕襄陽府在城酒税李文，承節郎、同監襄陽府在城酒税程安國，全州文學借從政郎、襄陽縣知縣李俤，進義校尉借承信郎、襄陽縣主簿汪介然，借迪功郎、唐州録事參軍葛緯。

右開具在前，謹録奏聞，伏候敕旨。」〔二〕

〔一〕此奏自「監」之下，原缺，據《岳武穆年譜》補。

〔二〕此奏寫於紹興四年秋冬。

荆襄寬恤畫一奏

〔一〕臣伏准紹興四年九月十五日明堂赦書内一項：『勘會襄陽府、唐、鄧、隨、郢州、信陽軍先因李成侵犯占據，殘虜尅剥，一方受弊。近遣偏師收復六郡，差官葺治，屯兵防守。或恐兵火之餘，人未歸業，仰都督府、制置使司講究措置，務在寬恤，招集流亡，速令安集，限一月條具聞奏。』今條具到下項：

一、契勘新復州軍人户歸業，除依已降赦文指揮，放免賦税外，如州縣輒敢别有〔二〕科率及差借夫、馬之類，許人户越訴，當職官吏乞賜施行。

一、契勘人户歸業之初，委是貧乏，全闕牛具、子種。欲乞量借官錢，應副收買，候將來合納税日，將所借官錢分四料，隨税送納。

一、契勘新復州軍，其税賦依赦降指揮，權放三年。所有養贍官兵錢糧，無所從出，若不給降，深恐因循，卻致擾民。伏乞朝廷支降錢米，應副收糴，并借貸耕牛、子種、本錢，所貴歸業之民得霑實惠。

一、契勘新復州軍城壁、樓櫓並合修葺，防城器具並合置造。所有合用錢糧，伏乞朝廷特賜支降，貴得應時辦集，軍民兩安，不致疏虞。

一、契勘人户未歸業以前，應欠官私債負，不以是何名色，乞並行蠲放。如州縣輒敢理索，乞重賜施行。

一、契勘新復州軍全藉官員葺治，若不稍加恩數，深恐無以勸諭。今相度欲乞幾年爲任，與轉一官，選人比類施行。任滿無遺闕，更與轉一官，選人改合入官。應權官權過月日，理爲實歷月日。

一、契勘新收復州軍自合體認朝廷惠養寬恤之意，用心存撫，務令安業。欲乞令逐一開具元管并後來歸業人户單甲、姓名、所住鄉村，開墾過田土頃畝帳狀，申本司審覆，詣實申奏。仍乞以召集多寡分數，立爲殿最。

一、契勘所收復州軍久經殘害，上下凋弊。州縣官如能用心召集流亡，勸課農桑，懷柔百姓，寛恤刑禁，從本司保明申奏，乞朝廷優異推恩。若職事不虔，亦乞重賜黜責。

右畫一條具在前，謹録奏聞，伏候敕旨。」〔三〕

〔一〕此奏缺岳飛官銜，應爲以「清遠軍節度使、神武後軍統制、充湖北路、荆、襄、潭州制置使臣岳飛」劄子或狀奏。

〔二〕此奏自「有」之上，原缺，據《岳武穆年譜》補。

〔三〕此奏寫於紹興四年十月、十一月，據《建炎以來繫年要録》卷八二，宋廷接此奏時爲十一月二十日乙丑。

招楊欽奏

鎮寧、崇信軍節度使、神武後軍都統制、荆湖南、北、襄陽府路制置使臣岳飛狀奏：

「恭奉聖旨，措置荆湖南、北路盜賊。臣遂先分遣軍馬，扼賊要路，斷其糧道，嚴行禁止博易，使賊乏食。尋遣軍分頭齎執旗、榜，諭以禍福，説諭招安，潰其腹心，并欲誘致桀黠，以爲鄉導。今據武義大夫、閤門宣贊舍人黄佐等招安水寨首領楊欽，將帶到本寨徒衆老小約一萬餘人、大小舟船八百餘隻、牛五百餘頭、馬四十餘疋，並到軍前。臣已優加存撫，及即時支破錢糧養贍，并先次將空名武義大夫告書填，給付楊欽了當，所有以次頭領亦見行取會。契勘楊欽係賊之密黨，今已服從，正宜乘機掩覆巢穴。臣一面措置進兵外，謹録奏聞，伏候敕旨。」〔一〕

〔一〕此奏寫於紹興五年六月。

李通〔一〕歸順奏

檢校少保、鎮寧、崇信軍節度使、充湖北、襄陽府路招討使、兼本路營田使臣岳飛狀奏：「契勘臣嘗以國難未除，虜禍方熾，竊有意於恢復之事。深籌逆計，以爲中原之士，性具五常，豈無忠義思報國家，特以身陷虜、僞之郊，未能奮發。於是多遣信實之人密行，宣布朝廷之德意，説諭約結，俾其磨濯一心，以待王師之舉，相爲應援。今有虢州欒川知縣、修武郎李通將帶五百餘人，首倡歸順，已到鄧州。除已差官前去引接、犒勞外，謹録奏聞，伏候敕旨。」〔二〕

〔一〕李通　「通」，原作「道」，據本卷目録改。

〔二〕此奏寫於紹興六年二月，參見《金佗稡編》卷七第四〇三頁。

乞出師劄子

起復太尉、武勝、定國軍節度使、湖北、京西路宣撫使、兼營田大使臣岳飛劄子奏：「臣自國家變故以來，起於白屋，從陛下於戎伍，實有致身報國、復讎雪耻之心，幸憑社稷威靈，前後粗立薄效。陛下録臣微勞，擢自布衣，曾未十年，官至太尉，品秩比三公，恩數視二府，又增重使名，宣撫諸路。臣一介賤微，寵榮超躐，有踰涯分；今者又蒙益臣軍馬，使濟恢圖。臣實何能，〔一〕誤辱〔二〕神聖之知如此，敢不晝度夜思，以圖報稱。

臣竊揣敵情，所以立劉豫於河南，而付之齊、秦之地，蓋欲荼毒中原，以中國而攻中國。粘罕因得休兵養馬，觀釁乘隙，包藏不淺。臣謂不以此時禀陛下睿算妙略，以伐其謀，使劉豫父子隔絶，五路叛將還歸，兩河故地漸復，則金人之詭計日生，浸益難圖。

然臣愚欲望陛下假臣日月，勿拘其淹速，使敵莫測臣之舉措。萬一得便可入，則提兵直趨京、洛，據河陽、陝府、潼關，以號召五路之叛將。叛將既還，王師前進，彼必捨汴都，而走河北，京畿、陝右可以盡復。至於京東諸郡，陛下付之韓世忠、張俊，亦可便下。臣然後分兵濬、滑，經略兩河，如此則劉豫父子斷必成擒。大遼有可立之形，金人有破滅之理，爲陛下社稷長久無窮之計，實在此舉。

假令汝、潁、陳、蔡堅壁清野，商於、虢略分屯要害，進或無糧可因，攻或難於餽運，臣須斂兵，還保上流。賊必追襲而南，臣俟其來，當率諸將或挫其鋭，或待其疲。賊利速戰，不得所欲，勢必復還。臣當設伏，邀其歸路，小入則小勝，大入則大勝，然後徐圖再舉。設若賊見上流進兵，併力以侵淮上，或分兵犯四川，臣即長驅，擣其巢穴。賊困於奔命，勢窮力殫，縱今年未終平殄，來歲必得所欲。陛下還歸舊京，或進都襄陽、關中，唯陛下所擇也。

臣聞興師十萬，日費千金，内外騷動七十萬家，此豈細事。然古者命將出師，民不再役，糧不再籍，蓋慮周而用足也。今臣部曲遠在上流，去朝廷數千里，平時每有糧食不足之憂。是以去秋臣兵深入陝、洛，而在寨卒伍有飢餓而死者，臣故亟還，前功不遂。致使賊地陷僞，忠義之人旋被屠殺，皆臣之罪。今日唯賴陛下戒敕有司，廣爲儲備，俾臣得一意静慮，不以兵食亂其方寸，則謀定計審，必能濟此大事。〔三〕

異時迎還太上皇帝、寧德皇后梓宫，奉邀天眷，以歸故國，使宗廟再安，萬姓同歡，陛下高枕萬年，無北顧之憂，臣之志願畢矣。然後乞身歸田里，此臣夙夜所自許者。臣不勝拳拳孤忠，昧死一言。取進止。」

〔一〕臣實何能 「能」，《紀事實録》作「人」。

〔二〕誤辱 「辱」，原缺，嘉靖本作「荷」，今據《紀事實録》。

〔三〕必能濟此大事 「必」，原作「方」，嘉靖本同，據《紀事實録》改。

〔四〕此奏寫於紹興七年三月十一日，文字與《金佗續編》卷一所載岳飛親筆原件頗異，應以親筆原件爲準，見第一二四八頁。

乞以明堂恩奏張所男宗本奏

起復太尉、武勝、定國軍節度使、湖北、京西路宣撫使、兼營田大使臣岳飛狀奏：「臣竊見張俊例，初除太尉，〔一〕陳乞奏薦男於文資内安排。臣技能蔑取，勳伐無聞，遭際聖明，承乏將帥。伏念臣昨於建炎初，因上書論事，罪廢，偶幸逃死，實出聖造。于時孤孑一身，狼狽羈旅。因詣招撫使張所，所一見，與臣言兩河、燕雲利害，適偶契合。臣自白身借補修武郎、閤門宣贊舍人，充中軍統領，尋又陞統制。其後張所軍次北京，蒙朝廷貶責南方，卒以節死。

臣念靖康以來，奮不顧身，爲國捍難者，不爲無人。而其間誤國敗事者，固亦不乏，然聖恩寬大，終於一切矜貸。若張所實先意兩河，而身未北渡，已遭橫議。今其身名凋喪，後嗣零落。〔二〕使臣不言，臣則有負。欲望矜憐，將臣今歲奏薦恩例，奏補張所男宗本。依張俊例，於文資内安排。謹録奏聞，伏候敕旨。」〔三〕

〔一〕太尉　「太」，原作「大」，今改正。
〔二〕後嗣零落　「零落」之下，《金佗稡編》卷九有「臣竊痛之」。
〔三〕此奏寫於紹興七年八月。據《建炎以來繫年要録》卷八和卷一一四，宋廷接此奏，時爲九月二日辛酉，則應寫於八月。

鄂國金佗稡編卷第十二

經進鄂王家集卷之三

奏議上

乞本軍進討劉豫劄子

太尉、武勝、定國軍節度使、湖北、京西路宣撫使、兼營田大使臣岳飛劄子奏：「賊豫逋誅，尚穴中土，陵寢乏祀，皇圖偏安，陛下六飛時巡，越在海際。天下之愚夫愚婦莫不疾首痛心，願得伸鋤奮梃，以致死於敵。而陛下審重此舉，累年於茲，雖嘗分命將臣，鼎峙江、漢，而皆僅令自守以待敵，不敢遠攻而求勝。是以天下忠憤之氣，日以沮喪；中原來蘇之望，日以衰息。歲月益久，汙染漸深，趨向一背，不復可以轉移。此其利害，誠爲易見。

臣待罪閫外，不能宣國威靈，克殄小醜，致神州隔於王化，虜、僞穴於宫闕，〔一〕死有餘罪，敢逃司敗之誅！陛下比者寢閤之命，聖斷已堅；咸謂恢復之功，指日可冀。何至今日，尚未決策北向。臣願因此時，〔二〕上稟成算，不煩濟師，只以本軍進討，庶少塞瘝官之咎，〔三〕以成陛下寤寐中興之志。順天之道，因民之情，以曲直爲壯老，以逆順爲强弱，萬全之效，兹焉可必。惟陛下力斷而行之！不勝大願，區區臣子下情，〔四〕昧死干冒天威，無任戰慄恐懼〔五〕之至。取進止。」〔六〕

〔一〕虜僞穴於宫闕　「虜」，《紀事實録》作「僭」。

〔二〕臣願因此時　「時」，據《紀事實録》補。

〔三〕瘝官之咎　「瘝」，原作「鰥」，兩字或可通用，據《金佗稡編》卷七和《岳集》卷五改。

〔四〕臣子下情　《紀事實録》作「愚忠」。

〔五〕昧死干冒天威無任戰慄恐懼　《紀事實録》作「畢罄於此，干冒天威，無任戰汗俟譴」。

〔六〕此奏寫於紹興七年六、七、八月。

乞移都奏略

錢塘僻在海隅，非用武之地。臣請陛下建都上游，用漢光武故事，親勒六軍，往來督戰。庶將士知聖意之所向，人人用命。臣當仗國威靈，鼓行北向，殄滅北虜，則中興之功即日可冀。〔一〕

〔一〕此奏寫於紹興七年七、八月。時行在所設於建康府，而非臨安府，此奏稱「錢塘」，文字疑誤。

乞進屯淮甸劄子

太尉、武勝、定國軍節度使、湖北、京西路宣撫使、兼營田大使臣岳飛劄子奏：「臣伏覩陛下移蹕建康，將遂恢圖之計。近忽傳淮西軍馬潰叛，酈瓊等迫脅軍民而去，然事出倉卒，實非士衆本心。亦聞半道逃歸人數不少，於國計未有所損，不足上軫淵衷。臣度今日事勢，彼必未能便有舉動。襄陽上流，目即亦無賊馬侵犯。唯是淮甸迫近行在，臣願提全軍進屯，萬一番、僞窺伺，臣當竭力奮擊，期於破滅。仍乞別遣軍馬，措置襄陽一帶。伏乞

睿斷詳酌施行。取進止。」〔一〕

〔一〕此奏寫於紹興七年九月。據《建炎以來繫年要録》卷一一四，宋廷接此奏，時爲九月十四日癸酉。《金佗續編》卷八《從奏進屯淮甸仍降詔奬諭省劄》即是此奏之回劄，日期與《要録》同。

奏審已條具曲折未准指揮劄子

太尉、武勝、定國軍節度使、湖北、京西路宣撫使、兼營田大使臣岳飛劄子奏：「臣自去冬聞金賊廢劉豫，有可乘之機，是以屢貢管見，塵瀆天聽。三月二十六日，領樞密院劄子，奉〔一〕聖旨，令臣條具曲折以聞。〔二〕臣喜而不寐，以謂陛下慨然英斷，〔三〕將欲興王師，〔四〕舉大事，以雪積年之耻。故臣輒忘淺陋，〔五〕周述利害，仰紊睿明，覬或采納。〔六〕今月初七日，臣所差人回，未蒙朝廷處分。伏望早降指揮，俯賜俞允。取進止。」〔八〕

〔一〕此奏自「奉」之下，原缺，嘉靖本同，據傅本補。

〔二〕條具曲折以聞　「曲折以」，傅本原缺五字，據《宋岳鄂王文集》補。

〔三〕英斷　傅本原缺三字，據《宋岳鄂王文集》補。

〔四〕將欲興王師　「興」之下，傅本原缺二字，今據《宋岳鄂王文集》，不留缺字空格。

〔五〕雪積年之耻故臣輒忘淺陋　「耻，故臣」，傅本缺佚，據《宋岳鄂王文集》補。

〔六〕覬或采納　「或采納」，傅本原缺四字，據《宋岳鄂王文集》補。

〔七〕未蒙朝廷處分　「朝廷處」，傅本原缺五字，據《宋岳鄂王文集》補。

〔八〕此奏寫於紹興八年五、六月。三月二十六日後上奏，奏中稱「今月初七日，臣所差人回」，依往返時日估計，「今月」不可能是四月。

乞免便宜辟置劄子〔一〕

太尉、武勝、定國軍節度使、湖北、京西路宣撫使、兼營田大使臣岳飛劄子奏：「臣契勘湖北、京西路頃以累經□□，殘破甚至。一時州縣之官，往往無人願□□，蒙朝廷指揮，許臣自知、通并州縣□□□辟差。今來已復河南故地，其兩路并是腹心〔二〕州縣，前弊已除，而名器予奪之權，非□□所當久假。所有今後差官，欲乞徑自朝廷差注〔三〕施行。取進止。」〔四〕

〔一〕此奏原缺，嘉靖本同，據傅本補。

〔二〕并是腹心　「是腹心」，傅本缺佚，據《建炎以來繫年要録》卷一二九補。

〔三〕徑自朝廷差注　「朝廷」，傅本缺佚，據《建炎以來繫年要録》卷一二九和《宋會要輯稿》選舉三一之六補。

〔四〕此奏寫於紹興九年五月。據《建炎以來繫年要録》卷一二九，宋廷接此奏，時爲六月三日辛亥，《宋會要輯稿》選舉三一之六爲六月四日，則應寫於五月。

乞祗謁陵寢奏

太尉、武勝、定國軍節度使、湖北、京西路宣撫使、兼營田大使臣岳飛狀奏：「臣伏覩正月十二〔一〕日降到赦書，交割河南州縣，内西京河南府〔二〕係臣所管地分。自劉豫盜據以來，祖宗陵寢久失嚴奉，臣不勝臣子區區之情，欲乞量帶官兵，躬詣洒掃。謹録奏聞，伏候敕旨。」〔三〕

〔一〕此奏自「二」之上，原缺，嘉靖本同，據傅本補。

〔二〕交割河南州縣内西京河南府　「河南州縣，内」，底本和嘉靖本殘缺錯訛，據傅本和《金佗續編》

卷九《同判宗士㒟等前去祗謁陵寢省劄》補正。

〔三〕此奏寫於紹興九年正月。據《金佗續編》卷九《同判宗士㒟等前去祗謁陵寢省劄》，宋廷回劄日期爲二月三日。

論虜情奏略

北虜自靖康以來，以和款我者十餘年矣，不悟其姦，受禍至此。今復無事請和，此殆必有肘腋之虞，未能攻犯邊境。又劉豫初廢，藩籬空虚，故詭爲此耳。名以地歸我，然實寄之也。臣請量帶輕騎，隨二使祗謁陵寢，因以往觀敵釁。〔一〕

〔一〕此奏寫於紹興九年三月或四月初。宋廷接到此奏，於四月十一日發《免親往祗謁陵寢省劄》，「令岳飛更不須親往」，見《金佗續編》卷九第一三七二頁。

奏審謁陵寢行期劄子

武勝、定國軍節度使、開府儀同三司、〔一〕湖北、京西路宣撫使、兼營田大使臣岳飛劄子奏：「契勘今日祇謁陵寢使、同判大宗正事士㒟、兵部侍郎張燾已到鄂州。臣見辨集行役，只候得士㒟、張燾關報行期，便同起發。或恐〔二〕陛下別有使令，願賜一一訓敕。謹具奏知。」〔三〕

〔一〕《金佗續編》卷九《照會免去祇謁陵寢省劄》中，岳飛仍用「太尉」官銜，而不用「開府儀同三司」官銜上此奏，而省劄卻稱「岳開府」。可知時因反對降金乞和，岳飛實際上尚未接受因和議而加官開府儀同三司。

〔二〕此奏自「恐」之下，原缺，據《金佗續編》卷九《照會免去祇謁陵寢省劄》補。

〔三〕此奏寫於紹興九年四月，據《金佗續編》卷九《照會免去祇謁陵寢省劄》，宋廷回劄日期爲四月十四日。

乞奏事劄子〔一〕

〔一〕此奏原缺，可參《金佗續編》卷九《令赴行在奏事省劄》第一三七五頁。

乞張所復官劄子〔一〕

〔一〕此奏原缺，可參《金佗續編》卷九《照會追復張所左通直郎直龍圖閣省劄》第一三七六頁。

李興吴琦轉官告乞付軍前給降奏

武勝、定國軍節度使、開府儀同三司、湖北、京西路宣撫使、兼營田大使、河南、北諸路招討使臣岳飛狀奏：「契勘本司近據統領官梁興申：『差人探報得河南府見被金賊占據。本府有番人七千餘人、馬五千餘匹，食糧軍〔二〕三千餘人，知府係叛賊、僞奉國上將軍、安武軍節度使李成，〔三〕并差番人同知。其本府管下福昌、永寧、伊陽三縣，番賊不曾前去，止有河南府鈐轄李興人兵往來，私掠財物。』及據伊陽縣申，亦爲上件李興事理。臣已差秉義郎加借武翼郎、閤門宣贊舍人、本司中軍統領軍馬蘇堅權河南府事，令擇一縣，寄治府事，招收軍馬，措置事宜，及拘收李興一行前來軍前使唤外，伏望聖慈特降睿旨，付臣照會施行。所有李興、吴琦轉官告，乞給降付臣，候再立微效日給付施行，庶得有以激動。謹録奏聞，伏候敕旨。」〔三〕

〔一〕《金史》卷四四《兵志》：「諸路所募射糧軍，五年一籍三十以下，十七以上强壯者，皆刺其□，所以兼充雜役者也。」食糧軍應即射糧軍。據《遼史》卷一一六《國語解》：「射糧軍：射，請也。」

〔二〕安武軍節度使李成　「安武」，原作「武安」，據《金史》卷二五《地理志》冀州條，卷七九《李成傳》改。

〔三〕此奏寫於紹興十年閏六月。

乞乘機進兵劄子

武勝、定國軍節度使、開府儀同三司、湖北、京西路宣撫使、兼營田大使、河南、北諸路招討使臣岳飛劄子奏：「臣比得衛州忠義統制趙俊差人賫到申狀，自閏六月二十七日起離本州，於今月初四日到臣軍前報，比遣兵過河，會合忠義統制喬握堅等，已收復趙州了當。又遣本司統制梁興、董榮兩軍過河，河北州縣往往自亂，民心皆願歸朝廷，乞遣發大兵，前來措置。臣契勘金賊近累敗衄，其虜酋四太子等皆令老小渡河。惟是賊衆尚徘徊於京城南壁一帶，近卻發八千人過河北。此正是陛下中興之機，乃金賊必亡之日，若不乘勢殄滅，恐貽後患。伏望速降指揮，令諸路之兵火急並進，庶幾早見成功。取進止。」〔一〕

〔一〕此奏寫於紹興十年七月五日。據《金佗續編》卷一〇《收復趙州獲捷照會楊沂中除淮北宣撫劉錡除宣撫判官》，宋廷回劄日期爲七月十六日。《金佗稡編》卷二高宗宸翰六十七：「覽卿七月五日及八日兩奏。」前一奏即此奏。《收復趙州獲捷照會楊沂中除淮北宣撫劉錡除宣撫判官》見第一三八四頁，文字稍異。

乞定儲嗣奏略

今欲恢復，必先正國本，以安人心。然後陛下不常厥居，以示不忘復讎之意。〔一〕

〔一〕此奏寫於紹興十年五月末或六月初。據《金佗稡編》卷二高宗宸翰五十八，高宗回覆手詔寫於六月十一日。據《金佗稡編》卷二一《建儲辨》，此奏節略乃録自《野史》。

乞劉錡依舊屯順昌奏

武勝、定國軍節度使、開府儀同三司、湖北、京西路宣撫使、兼營田大使、河南、北諸路招討使臣岳飛狀奏：「准樞密院劄子奏：『勘會已降指揮，順昌府分撥兵將，嚴爲守備，今來順昌府見闕守臣。右三省、樞密院同奉聖旨，令岳飛依已降指揮，辟差順昌府守臣，日下具名聞奏。』劄送臣疾速施行。

臣除已恭依前項聖旨指揮施行外，臣契勘近准樞密院劄子節文：『奉聖旨，順昌府舊屬京西，合撥屬本路。並要岳飛分撥兵將，嚴爲守備。劉錡候岳飛差到兵馬，將所部起發，前去鎮江府，聽候指揮使喚。』本司契勘所管軍馬，已分布調發前去陝、虢、西京、陳、蔡、潁昌、汝、鄭州一帶，并已有差往河東、河北措置事宜。已兩次申奏，乞將劉錡一軍且令於順昌府屯駐，庶幾緩急可以照應去訖。伏望聖慈特降睿旨，依臣已申奏事理施行。謹録奏聞，伏候敕旨。」〔一〕

〔一〕此奏寫於紹興十年七月。

乞號令歸一奏

武勝、定國軍節度使、開府儀同三司、湖北、京西路宣撫使、兼營田大使、河南、北諸路招討使臣岳飛狀奏：「契勘武功大夫、〔一〕果州團練使、知陜州軍州事〔二〕吴琦，本司於今年六月十三日差兼京西、湖北宣撫使、河南、北諸路招討使司選鋒軍副統制，後來於閏六月二十六日改差兼擅軍〔三〕統制軍馬，令團集忠義人兵，與本司差去統制官措置掩殺金賊，收復州縣。今據吴琦申：『淮川、陝宣撫使司劄子，恭依聖旨，便宜黜陟。勘會陝州最係極邊，其知州、武功大夫、果州團練使〔四〕吴琦見糾集忠義軍兵，據險保聚，捍敵金賊，理宜增重事權，今差兼管内安撫、統制忠義軍馬。除已奏聞外，仰准此。除已祗受外，申乞照會。』臣契勘川、陝宣撫使司差吴琦前項職事，委是與本司交互，事不歸一。兼虢州亦元屬陝西，欲望聖慈特降睿旨，將虢州依舊撥隸川、陝宣撫司，其知虢州武赳并元帶去軍馬，卻乞發還本司，應副使唤。

及寄理武功大夫、博州刺史、河南府兵馬鈐轄李興，本司先次依已得聖旨便宜指揮，差兼本司左軍統制。今據李興申，准朝廷指揮，差知河南府、兼本路安撫使。今來措置事宜之間，照應不一，切恐有悮指蹤。并蔡州、汝州近准朝廷撥隸京西南路，欲乞將逐州依舊撥隸河南府路，别差帥臣。

并蘄、黄、光州元屬淮西，亦乞並撥隸本路，庶幾歸一，緩急不致悮事。

只乞令臣依舊爲朝廷守湖北、京西兩路，以備緩急使令。謹録奏聞，伏候敕旨。」

〔一〕契勘武功大夫　原脱「契」字，應予增補。

〔二〕知陜州軍州事　原脱「事」字，應予增補。

〔三〕撞軍　「撞」應爲錯字，當時不會有「撞軍」之番號。

〔四〕果州團練使　「州」，原作「義」，今據前正文改。

〔五〕此奏寫於紹興十年七月。

乞止班師詔奏略

契勘金虜重兵盡聚東京，屢經敗衄，鋭氣沮喪，内外震駭。聞之諜者，虜欲棄其輜重，疾走渡河。況今豪傑嚮風，士卒用命，天時人事，强弱已見，功及垂成，時不再來，機難輕失。臣日夜料之熟矣，惟陛下圖之。〔一〕

〔一〕此奏寫於紹興十年七月十八日。據《金佗稡編》卷三高宗宸翰七十：「得卿十八日奏。」即指此奏。

赴行在劄子

少保、武勝、定國軍節度使、湖北、京西路宣撫使、兼營田大使、河南、北諸路招討使臣岳飛劄子奏：「臣於七月二十七日取順昌府，由淮南路，〔一〕恭依累降御筆處分，前赴行在奏事。伏乞睿照，取進止。」〔二〕

〔一〕由淮南路「由」，據《金佗續編》卷一〇《令疾速赴行在奏事省劄》補。

〔二〕此奏寫於紹興十年七月。

乞會諸帥兵破敵奏

少保、武勝、定國軍節度使、湖北、京西路宣撫使、兼營田大使、河南、北諸路招討使臣岳飛狀奏：「近據探報，虜酋將自壽春等處入寇淮西。臣契勘目即上流未有賊馬侵犯，欲乞聖慈令臣提軍前去，會合諸帥，同共掩擊，兵力既合，必成大功。伏望速賜指揮施行。謹録奏聞，伏候敕旨。」〔一〕

〔二〕此奏寫於紹興十一年正月。

乞檢坐張俊等會戰去處奏

少保、武勝、定國軍節度使、湖北、京西路宣撫〔一〕使、兼營田大使、河南、北諸路招討使臣岳飛狀奏：「臣今月十一日，准御前金字牌〔二〕遞到親札〔三〕一通，臣即時拜恩〔四〕跪領訖。伏讀聖訓，以金賊侵犯淮西，〔五〕已在廬州，〔六〕張俊等併力與賊相拒，〔七〕令臣提兵合擊。〔八〕或來江州，或出蘄、黄，〔九〕繞出其後。〔一〇〕臣敢不仰體睿眷，〔一一〕殫竭愚陋。今日臣已抵黄州，見前去舒、蘄州〔一二〕界，相度形勢利害，看賊意向，〔一三〕別行措置。不知張俊等會戰在甚日，庶幾臣得以照應。〔一四〕謹録奏聞，伏候敕旨。」〔一五〕

〔一〕此奏自「撫」之下，原缺，嘉靖本同，據傳本補。

〔二〕准御前金字牌　「准」，傳本缺佚，據《金佗續編》卷一二《照會張俊會戰及駐兵去處省劄》補。

〔三〕遞到親劄　「遞」，傳本缺佚，據《金佗續編》卷一二《照會張俊會戰及駐兵去處省劄》補。

〔四〕即時拜恩　「拜恩」，傳本缺佚，據《金佗續編》卷一二《照會張俊會戰及駐兵去處省劄》補。

〔五〕以金賊侵犯淮西　傳本作「金賊侵犯進□」，據《金佗續編》卷一二《照會張俊會戰及駐兵去處省劄》補正。

〔六〕已在廬州　「已」，傳本缺佚，據《金佗續編》卷一二《照會張俊會戰及駐兵去處省劄》補。

〔七〕與賊相拒　「賊」，傳本缺佚，據《金佗續編》卷一二《照會張俊會戰及駐兵去處省劄》補。

〔八〕提兵合擊　「兵合」，傳本缺佚，據《金佗續編》卷一二《照會張俊會戰及駐兵去處省劄》補。

〔九〕或出蘄黃　「黃」，傳本作「州」，據《金佗續編》卷一二《照會張俊會戰及駐兵去處省劄》改。

〔一〇〕繞出其後　「繞」，傳本缺佚，據《金佗續編》卷一二《照會張俊會戰及駐兵去處省劄》補。

〔一一〕敢不仰體睿眷　「不仰」，傳本缺佚，據《金佗續編》卷一二《照會張俊會戰及駐兵去處省劄》補。

〔一二〕見前去舒蘄州　「前」，傳本缺佚，據《金佗續編》卷一二《照會張俊會戰及駐兵去處省劄》補。

〔一三〕看賊意向　「看」，傳本缺佚，據《金佗續編》卷一二《照會張俊會戰及駐兵去處省劄》補。

〔一四〕得以照應　「以照」，傳本缺佚，據《金佗續編》卷一二《照會張俊會戰及駐兵去處省劄》補。

〔一五〕此奏寫於紹興十一年二月十一日。

乞出京洛奏略〔一〕

契勘虜既舉國來寇，巢穴必虛，〔二〕若長驅京、洛，虜必奔命，可以坐制其弊。〔三〕

〔一〕此奏原缺，嘉靖本同，據傳本補。

〔二〕舉國來寇巢穴必虚　「寇」、「巢穴」，傳本缺佚，據《金佗稡編》卷八補。

〔三〕坐制其弊　「制」，傳本缺佚，據《金佗稡編》卷八補。

此奏寫於紹興十一年二月四日。

乞出蘄黄奏略〔一〕

今虜犯淮西，臣若擣虚，〔二〕勢必得利。萬一以爲寇方在近，未暇遠圖，乞且親至蘄、黄，相度形勢利害，以議攻卻。且虜知荆、鄂宿師〔三〕必自九江進援，〔四〕今若出此，貴得不拘，〔五〕使敵罔測。〔六〕

〔一〕此奏原缺，嘉靖本同，據傳本補。

〔二〕臣若擣虚　「擣虚」，傳本缺佚，據《金佗稡編》卷八補。

〔三〕且虜知荆鄂宿師　「且」，傳本缺佚，據《金佗稡編》卷八補。

〔四〕自九江進援　「九江」，傳本缺佚，據《金佗稡編》卷八補。

〔五〕貴得不拘　「貴」，傳本缺佚，據《金佗稡編》卷八補。

〔六〕此奏寫於紹興十一年二月四日。

乞發回親兵劄子

少保、樞密副使臣岳飛劄子奏：「臣契勘諸路軍馬已撥屬御前，今來臣有將帶到親兵等，除量留當直人從，其餘盡數欲乞發遣卻歸本處。所有鄂州及襄陽府〔一〕等州軍有以前發去防隘把截人馬，及淮東、西軍馬，伏望睿慈早賜措置。庶幾使緩急賊馬侵犯，有所統攝，不致悮事。取進止。」〔二〕

〔一〕襄陽府《金佗續編》卷一二《照會發回所帶人馬歸本處防拓把截依奏省劄》作「襄漢」。

〔二〕此奏寫於紹興十一年四月。

乞般家劄子

少保、樞密副使臣岳飛劄子奏：「臣昨日嘗具奏劄，干冒聖聰，欲乞先次般妻、男雲一

房來行在。臣今欲乞盡數般妻家累〔一〕來行在居住。取進止。」〔二〕

〔一〕般妻家累　底本字跡模糊，嘉靖本作「勘契一同」，今據傅本。

〔二〕此奏寫於紹興十一年四月至八月。

鄂國金佗稡編卷第十三

經進鄂王家集卷之四

奏議中

辭鎮南軍承宣使第三奏

中衛大夫、武安軍承宣使、神武副軍都統制臣岳飛狀奏：「臣今月十五日准樞密院劄子，奉聖旨，除臣正任承宣使，充江南西路沿江制置使。臣已兩具辭免，伏蒙聖慈降詔不允者。榮命下頒，驚魂頓失，辭章上達，帝命不俞。雖臣受之不慙，恐輿情之未協。輒陳懇悃，方切憂惶，復蒙天語之丁寧，告戒備至，愈使臣心之感戴，進退靡安，敢事虚辭，仰違明詔。竊念臣將天威而遠討，致賊巢之一空，妙策奇謀，悉遵聖訓，破堅卻敵，咸得士心，臣實何能，輒膺殊賞，既慙過量，復付重權，是誠叨冒以踰勳，非謂謙辭而避寵。況九江乃控扼之重地，連武昌爲襟帶之要衝，用得其人，周瑜所以敗曹公於赤壁，御失其策，隋何所以取黥布於溢江，難使非才，濫膺此寄。伏望各此噤喉之付，以屬大臣；俯從螻蟻之誠，使安愚分。所有上件恩命，乞賜寢罷。干冒天威，死有餘罪。謹録奏聞，伏候敕旨。」〔一〕

〔一〕此奏寫於紹興三年九月。

辭男雲特除保義郎閤門祗候奏

鎮南軍承宣使、神武副軍都統制、江南西路沿江制置使臣岳飛狀奏：「臣今月十七日准樞密院劄子，奉聖旨，除臣男雲保義郎、閤門祗候者。伏念臣寒陋無堪，上感聖恩，備員軍事，未有涓埃之力，以報國家。況臣男雲俾從戎伍，未立寸效，豈足仰副異眷，實不遑安。伏望特賜寢罷，以安愚分。謹録奏聞，伏候敕旨。」〔一〕

〔一〕此奏寫於紹興三年九月。

乞罷制置職事奏

鎮南軍承宣使、神武後軍統制、江南西路、舒、蘄州、兼荆南、鄂、岳、黄、復州、漢陽軍、德安府制置使臣岳飛狀奏：「契勘飛昨蒙聖恩，除臣江南西路、舒、蘄州制置使，臣不敢辭免，伏恐朝廷别有使令，實不自安。方具陳控，繼蒙除臣荆南、鄂、岳、黄、復州、漢陽軍、德安府制置使，令臣收復襄陽等六郡。臣深體國事之急，憤激於懷，是以承命出征，不暇辭請，今來並已收復了當。竊念臣人微望輕，難任斯職，欲望特降睿旨，委任重臣，經畫荆、襄，令臣罷制置使職事，依舊充神武後軍統制，庶得少安愚分。謹録奏聞，伏候敕旨。」〔一〕

〔一〕此奏寫於紹興四年七、八月。岳家軍於七月下旬收復襄漢六郡，奏中稱「並已收復了當」，可知當在七月下旬至八月間。

辭建節劄子

鎮南軍承宣使、神武後軍統制、江南西路、舒、蘄州、兼荆南、鄂、岳、黄、復州、漢陽軍、德安府制置使臣岳飛劄子奏：「臣伏蒙聖恩，除臣清遠軍節度使、湖北路、荆、襄、潭州制置使，依前神武後軍統制，特封武昌縣開國子、食邑五百户。伏念臣賦資凡下，才不逮人，旄節之崇，實匪序遷之比，在於疏逖，尤非宜據。伏望聖慈追寢誤恩，以安微分，庶免顛躋之患，實出生成之賜。取進止。」〔一〕

〔一〕此奏寫於紹興四年九、十月。宋廷發表岳飛晉陞節度使爲八月二十五日，傳至岳飛軍中應爲九月。據本卷《辭建節第二劄子》，「臣於今月初二日即具辭免」，宋廷發表之任命九月初二日尚不可能傳至岳飛軍中，而十月初二日似嫌太遲。

乞侍親疾劄子

鎮南軍承宣使、神武後軍統制、江南西路、舒、蘄州、兼荆南、鄂、岳、黄、復州、漢陽軍、德安府制置使臣岳飛劄子奏：「臣輒具危懇，仰瀆睿聰。臣愚戇之跡，奮身單微，初無尺寸之先容，獨賴聖明之特眷，雖捐軀致命，曾不足以仰酬恩遇之絲毫，思報之心，寧有窮已。臣近者奉命收復襄漢，去家遠涉六月餘日。臣老母姚氏年幾七十，侵染疾病，連月未安。近復腿腳注痛，起止艱難，别無兼侍，以奉湯藥。人子之心，實難安處。伏望聖慈察臣悃愊，無他規避，暫乞許臣在假，以全侍奉之養。將本軍人馬，權暫令統制官王貴、張憲主管。候臣老母稍安，依舊管幹職事，恭聽驅策，結草銜環，誓圖報效。冒犯雷霆之威，臣無任戰懼激切之至。取進止。」〔一〕

〔一〕此奏寫於紹興四年八、九月。

辭建節第二劄子

鎮南軍承宣使、神武後軍統制、充江南西路、舒、蘄州、兼荆南、鄂、岳、黄、復州、漢陽軍、德安府制置使臣岳飛劄子奏：「臣契勘先具辭免江南西路、舒、蘄等州制置使，蒙恩降詔不允。續准省劄，除臣清遠軍節度使、湖北路、荆、襄、潭州制置使。臣於今月初二日即具辭免，干犯天聽，至今未蒙施行。伏念臣謭薄之資，無足比數，誤辱聖恩，備員軍事，雖竭疲駑，殊無補報，空糜饘饟，朝夕靡遑，若更貪戀寵榮，不惟取誚人言，亦於臣之冒濫，實所不安。伏望睿慈洞察，檢會臣前所奏，追寢成命，早降指揮，令臣依舊官資充神武後軍

統制。庶安愚分，未致顛隮，終圖報效。紊瀆天威，臣無任震汗之至。取進止。」〔一〕

〔一〕此奏寫於紹興四年九、十月。

繳節度告奏

鎮南軍承宣使、神武後軍統制、充江南西路、舒、蘄州、兼荆南、鄂、岳、黄、復州、漢陽軍、德安府制置使臣岳飛狀奏：「契勘近蒙降到臣清遠軍節度使、湖北路、荆、襄、潭州制置使告一軸。臣實有愚悃，已累行具奏，不敢祗受。伏望聖慈速賜追還，以安微分。謹録奏聞，伏候敕旨。」〔一〕

〔一〕此奏寫於紹興四年九、十月。

辭建節第三劄子

鎮南軍承宣使、神武後軍統制、充江南西路、舒、蘄州、兼荆南、鄂、岳、黄、復州、漢陽軍、德安府制置使臣岳飛劄子奏：「臣比具辭免清遠軍節度使，蒙恩降詔不允，遂再瀝肝膽〔一〕之誠，仰瀆天聽，乞賜追寢成命。今月十五日，伏蒙聖恩，再降詔不允。臣愚陋無堪，〔二〕才術凡下，區區武弁，不當輒具汎辭控免，惟是旄節之重，實匪所堪，事干國政，不容冒受，惟望早賜追還，以安愚分。取進止。」〔三〕

〔一〕遂再瀝肝膽「遂」，底本字跡模糊，嘉靖本作「之」，今據傳本。

〔二〕愚陋無堪「愚」，底本字跡模糊，嘉靖本作「寒」，今據傳本。

〔三〕此奏寫於紹興四年十月左右。

辭建節第四劄子

鎮南軍承宣使、神武後軍統制、充江南西路、舒、蘄州、兼荊南、鄂、岳、黄、復州、漢陽軍、德安府制置使臣岳飛劄子奏：「臣伏准尚書省劄子，以臣辭免清遠軍節度使，特降聖旨不允，不得再有辭免。伏念臣猥以不才，幸蒙委使，敢謂涓埃之效，遽叨旄節之榮，若不屢辭，干瀆天聽，不惟叨冒寵榮，不皇安處。方今戎馬侵擾，而誤恩若加於人，深慮名器不重，勸賞不實，何以厭服公議。臣雖三頁丹誠，宸衷未允，敢望聖慈察臣之愚，實非矯飾。所有告命，見在鄂州軍資庫寄納，伏乞特賜追還，以安愚分。取進止。」〔一〕

〔一〕此奏寫於紹興四年十月左右。

劾劉康年僞奏乞恩澤奏

清遠軍節度使、神武後軍統制、充湖北路、荆、襄、潭州制置使臣岳飛狀奏：「臣近讀池州送到朝報，内一項係臣畫一陳乞，臣母封國夫人，第二項次男雷乞授文資，第三項乞江州廬山東林禪寺住持僧慧海佛心禪師事。臣伏讀，不勝驚駭。蓋臣先於鄂州駐劄日，遣本軍提舉事務、武功大夫劉康年將收復襄漢等賞功文字，前去行在投進。臣以鄂州去行在遥遠，恐往復遲緩，又臣本軍軍器闕少，戰馬倒死者甚多，遂令劉康年齎空名印紙，因便將帶陳乞軍器、戰馬等事。不謂劉康年將前項印紙擅行書填，陳乞臣之私事。竊念臣冗賤凡才，誤蒙陛下擢任，兢兢旦夕，每虞不稱。如臣近者蒙恩以收復襄漢六州，寵加旄節，臣凡五具懇辭，不敢祗受，慮或取誚公論，有玷清朝，敢謂康年遽上此請。

方當國家多事之際，陛下宵衣旰食，親御六師，經理戎政。臣雖至愚極陋，豈不知捐身效命，少圖補報，況復敢以私門猥瑣，希求恩寵。臣若不披露肝膽，力爲辨雪，天下其謂臣何！伏望陛下察臣悃愊，實未嘗敢萌此意，乞將上件恩數早賜追寢。仍將劉康年妄行書填印紙情罪，明正朝典，所有臣不合令劉康年將帶空名印紙事理，見在本軍待罪，伏乞同賜黜責施行。謹録奏聞，伏候敕旨。」〔一〕

〔一〕此奏寫於紹興五年正月一日，見後《再乞寢罷劉康年僞乞恩澤劄子》。

再乞寢罷劉康年僞乞恩澤劄子

清遠軍節度使、神武後軍統制、充湖北路、荆、襄、潭州制置使臣岳飛劄子奏：「契勘臣近於正月初一日嘗具奏，聞爲本軍提舉一行事務官、武功大夫劉康年妄行書填印紙，乞母封國夫人，次男雷换文資，僧慧海禪師事，乞賜追寢。仍將劉康年妄行書填印紙情罪，明正朝典，所有臣不合令劉康年將帶印紙事理，臣見在本軍待罪，乞同賜黜責施行去後。今月十七日准尚書省劄子：『正月八日，三省同奉聖旨，岳飛放罪。劉康年罷神武後軍提舉一行事務，依衡替人例施行，係事理重，仍追奪收復襄漢等賞。飛母封號係是特恩，可依已降指揮，餘令改正。』

臣以猥瑣之資，曲荷天地廣大之恩，終不加罪，保全微臣，臣雖殞身，無以仰報聖德萬分之一。重念臣奮跡單微，今來濫廁承流，於法母已是當封淑人。遭際陛下，實爲榮幸，豈敢踰分，過有邀求。前三事上感睿照，特賜辨明，皆已施行。獨有臣母國夫人號，未蒙改正。竊惟國家封爵，自有彝制，豈可躐等超遷，有紊舊章。若因劉康年妄有陳請，陛下必欲以此封臣之母，不惟臣終不遑安，亦於公論不以爲允。伏望聖慈洞察，憐臣懃懇之誠，俯從所欲，將臣母特封國號事，速賜追還，以正名分。取進止。

貼黄：如以爲特恩不可復奪，乞將飛旄鉞恩數追寢，回授施行，庶幾不致濫受。伏乞睿照。」〔一〕

〔一〕此奏寫於紹興五年正月。

辭男雲雷除閤職劄子

清遠軍節度使、神武後軍統制、充湖北路、荆、襄、潭州制置使臣岳飛劄子奏：「臣今月十一日准尚書省劄子，奉聖旨，除臣男雲閤門宣贊舍人，雷閤門祗候。伏念臣寒陋之資，遭際聖明，恩紀過厚。比者入覲天光，薦叨異數，顧雖捐軀致命，莫報萬分。今者寵眷日來，又及賤息。念臣何功，冒兹優渥，成命初頒，驚悸失措。寔惟臣么麽賤微，凌躐已極，而父子僥冒，公議尤所不容。陛下如欲始終保全，願收還誤恩，俾安愚分，庶幾不犯貪進之戒，獲逭他日之譴。取進止。」〔一〕

〔一〕此奏寫於紹興五年二月。據《建炎以來繫年要録》卷八五，岳雲與岳雷陞官發表於二月十一日乙酉。

乞宫祠劄子

鎮寧、崇信軍節度使、神武後軍都統制、荆湖南、北、襄陽府路制置使臣岳飛劄子奏：

「比具誠墾，冒犯天聽，以荆、襄三路目今盜賊屏息，乞罷制置使職事，以安愚分，未蒙俞允。竊念臣自收復建康，相繼六年，正當大暑，討捕寇攘。雖臣子義當捐軀效命，報稱之時，固不應復有披陳。然臣自收捕曹成入廣，漸染瘴癘，後來屢中暑毒，每至夏月，疾間發作，兩目赤昏，飯食不進。加之老母别無兼侍，病既在身，母且垂白。若臣貪冒寵榮，不知進退，非惟臣所不安，又以臣所統軍馬不少，方陛下恢復故疆，奉迎二聖，宜選賢能，建圖事功；而臣至愚極陋，豈可久濫兵權，以妨豪傑之路。情至迫切，實非緣飾誕妄，上欺天聽。欲望聖慈察臣之心，本非避事，除臣一在外宫觀差遣。如犬馬之年未殞，他日尚可以備員邊面，以受驅策。伏乞俞允，早賜降付施行，不勝幸願。忝瀆宸扆，臣無任震汗激切之至。取進止。」〔一〕

〔一〕此奏寫於紹興五年七月。「比具誠墾」，「乞罷制置使職事」，「未蒙俞允」，可知在此奏前，另有一奏。又《乞宫祠第二劄子》：「臣於六月十八日嘗具奏劄。」可知上前一奏之時間。此奏實際上乃乞宫祠第三劄子，應在《乞宫祠第二劄子》之後。

乞宮祠第二劄子

鎮寧、崇信軍節度使、神武後軍都統制、荆湖南、北、襄陽府路制置使臣岳飛劄子奏：

「臣於六月十八日嘗具奏劄，冒犯天聰，惟切震懼，朝夕恭俟宸命。今月十九日准尚書省劄子，奉聖旨，岳飛已平湖湘，見措置上流事務，責任繁重，所請不允，仍不得再有陳請者。伏念臣起身田野，勢援孤單，荷陛下天地父母之恩，曲垂覆育，雖臣捐軀效死，豈足以圖報萬分之一。臣前所請，固非忍爲，亦非所願，寔以臣垂白之親，別無兼侍，年來多病，頗覺羸瘠，又臣先所染瘴，緣冒暑毒，今亦未瘥。雖平居無事，猶恐不能任責，況今日上流形勢，所繫至重，若非智謀宏遠、勇略過人者，安能分陛下宵旰之憂，仰副委寄。如臣不才，冒濫寵榮，加以抱疾而不知止，終恐有悮使令，上貽陛下憂顧。伏望聖慈察臣愚懇，不敢飾辭，早賜俞允，除臣一在外宫觀差遣，苟免顛隮，實出生成之賜。取進止。」〔一〕

〔一〕此奏寫於紹興五年七月。

乞宫祠第三劄子

鎮寧、崇信軍節度使、神武後軍都統制、荆湖南、北、襄陽府路制置使臣岳飛劄子奏：

「先具誠懇，冒瀆天聽，乞一在外宫觀差遣。准尚書省劄子，奉聖旨，不允，仍不得再有陳請者。伏念臣起自白丁，誤蒙器使，仰荷聖慈委曲異眷，雖父母之愛其子，何以復加；顧臣之事陛下，豈不願殫竭疲駑，以畢此生，仰圖報效。況今防秋是時，詎敢託以他事，覬安閑退。實緣臣老母垂白多病，又臣漸染瘴疾，四肢墮廢，兩目昏赤，而臣職掌兵戎，繫國利害，莫大於此。臣若貪冒榮寵，昧於進退，不哀鳴控告於君父，在臣一身，固不足惜；重念朝廷付以上流，責任不輕，恐致顛隮，有悮委寄。伏望睿照矜其愚悃，別無規避，特降指揮，檢會臣前所陳請，早賜俞允，不勝幸甚。取進止。」〔一〕

〔一〕此奏寫於紹興五年七、八月，實際上乃乞宫祠第四劄子。

辭檢校少保第二劄子

鎮寧、崇信軍節度使、神武後軍都統制、荆湖南、北、襄陽府路、蘄、黄州制置使臣岳飛劄子奏：「臣比具辭免檢校少保恩命事，今月十五日，伏蒙聖恩曲降詔諭，未賜俞允。臣義有未盡，跼蹐靡皇，輒敢再殫丹誠，仰干淵聽。伏念臣本無才術，誤膺眷渥，未能攘卻夷狄，掃除僭竊，以副陛下削平禍亂之（以下原闕）〔一〕

〔一〕此奏寫於紹興五年十月或稍後。據《建炎以來繫年要録》卷九三和《宋史》卷二八，岳飛陞檢校少保發表於九月十二日壬午，《金佗續編》卷二《檢校少保加食邑制》爲「九月十一日」。奏中既稱辭免後，宋廷又「曲降詔諭」，則「今月十五日」至早應爲十月十五日。

辭招討使劄子（闕）

辭招討使第三劄子

鎮寧、崇信軍節度使、神武後軍都統制、荆湖南、北、襄陽府路、蘄、黄州制置使臣岳飛劄子奏：「臣比兩具辭免招討使恩命。今月十六日准尚書省劄子，奉聖旨，依已降詔旨，不允，不得再有陳請者。伏念臣才術空疏，智識凡下，方懇辭檢校少保之恩，豈謂復進招討之任，薦膺眷渥，撫己驚惶。切惟閫外之重，責任非輕，自匪德望服人，韜略邁衆，何以仰副陛下遴選委寄之意，如臣不才，曷足當此。伏望聖慈察臣之衷，實欲少安分守，早賜追還成命，庶協師言。取進止。〔一〕

〔一〕此奏寫於紹興六年正月或稍後。據《建炎以來繫年要録》卷九六和《宋史》卷二八，岳飛遷招討使發表於紹興五年十二月己亥朔，奏中既稱「兩具辭免」後，宋廷「不允」，則「今月十六日」至早應爲紹興六年正月。

鄂國金佗稡編卷第十四

經進鄂王家集卷之五

奏議中

辭檢校少保第四劄子

鎮寧、崇信軍節度使、神武後軍都統制、荆湖南、北、襄陽府路、蘄、黄州制置使臣岳飛劄子奏：「臣比具辭免除臣檢校少保恩命。今月初一日再准尚書省劄子，奉聖旨，依已降詔旨，不允，不得再有陳請者。伏念臣已三貢辭章，出於誠悃，冒犯天威，罪不容赦，聖恩廣大，一賜温詔，兩降劄命，捫心揣分，感極涕零。伏念臣草芥固陋，備數戎昭，曾無尺寸之功，仰報天地之德。竊以亞保之位，實預三孤之貴，所以賞有功而進豪傑也。如臣何人，輒膺斯寵。是以心不自安，終難冒受，不避譴誅，再伸前懇，非敢徒爲辭遜。伏望聖慈

矜察愚衷，早還成命，庶令臣少安分守。臣不勝虔祈俟命之至。取進止。」〔一〕

〔一〕此奏寫於紹興五年十一月或稍後。奏中稱「今月初一日」至早應爲十一月一日。

辭宣撫副使劄子

檢校少保、鎮寧、崇信軍節度使、湖北、襄陽府路招討使、兼本路營田使臣岳飛劄子奏：「臣三月十八日，准御前金字牌遞到樞密院劄子，樞密院奏，勘會岳飛已降指揮，除湖北、京西南路宣撫副使，奉聖旨，疾速兼程前去鄂州，措置軍事者。臣聞命震驚，罔知所措，臣近叨受招討使，不容牢辭，又蒙聖恩授以前件差遣。切念臣一介寒賤，誤膺器使，顧土宇恢復之迹，未見尺寸，而厚恩醲賞，涯分已踰。且以宣撫之重名，實寄專征之大事，自非廊廟近臣、勳伐高世者，豈當冒躐而居。異時付託失人，或誤驅策，雖粉臣骨，曷足以謝陛下。兼招討使權不爲不重，若更加以甚高非常之寵，必起負乘斯奪之悔。所有宣撫副使恩命，實難祇受，伏望追寢誤恩，庶安愚分。臣無任悚懼恭聽宸命之至。取進止。」〔一〕

〔一〕此奏寫於紹興六年三月。

辭母亡格外賻贈及應辦喪事奏

草土臣岳飛狀奏：「臣准御前金字牌遞到尚書省劄子二道，奉聖旨，岳飛母身亡，已降指揮起復，於格外特賜銀、絹一千匹、兩，令户部支給。所有葬事，令鄂州協力措置施行。臣上荷聖恩，惟知感泣。契勘臣今般挈家屬，扶護母喪，已至江州瑞昌縣，擇定江州界營葬。臣以月俸之餘，粗足辦集，所有上件恩數并格外賻贈，伏望聖慈併賜寢罷，庶安愚分。謹録奏聞，伏候敕旨。」〔一〕

〔一〕此奏寫於紹興六年四月。據《金佗續編》卷二九趙鼎《乞起復》，「岳飛於三月二十六日丁母憂」，則岳飛接宋廷劄子應爲四月。

乞終制劄子

草土臣岳飛劄子奏：「臣今月十二日至江州瑞昌縣界，准樞密院奏：『勘會岳飛丁母憂，已擇日降制起復，緣目今人馬無人主管，及見措置進兵渡江，不可等待。奉聖旨，先次行下，岳飛特起復，仍日下主管軍馬，措置邊事，不得辭免。』伏念臣孤賤之迹，幼失所怙，鞠育訓導，皆自臣母。國家平燕雲之初，臣方束髮，從事軍旅，誓期盡瘁，不知有家。自從陛下渡河以來，而臣母淪陷河朔，凡遣人一十八次，始能般挈，得脱虜禍，驚悸致疾，遂以纏綿。臣以身服戎事，未嘗一日獲侍親側，躬致湯藥之奉。今者遭此大難，荼毒哀苦，每加追念，輒欲無生。而陛下恩眷有加，即命起復，在臣么微，固深銜戴。然臣重念爲人之子，生不能致菽水之歡，死不能終衰絰之制，面顔有靦，天地弗容。且以孝移忠，事有本末，若内不克盡事親之道，外豈復有愛主之忠。臣已般挈扶護前來，欲於江州或南康軍界營葬。伏望聖慈矜憐餘生，許終服制。取進止。」〔一〕

〔一〕此奏寫於紹興六年四月十二日，見後《乞終制第三劄子》。

辭格外賻贈銀絹劄子

草土臣岳飛劄子奏：「比蒙聖恩，以臣母身亡，特賜銀、絹一千匹、兩，即具懇免。今月初一日，准御前金字牌遞到尚書省劄子，奉聖旨，不允。伏念臣遭遇聖眷，過於山岳，感激之心，惟極涕泗。今已安葬了當，種種辦集，皆自陛下恩被之所及，所有前項銀、絹實難重疊祗拜，伏望特賜寢罷。取進止。」〔一〕

〔一〕此奏寫於紹興六年五月。奏中稱「今月初一日」，應爲五月一日。

乞終制第二劄子

草土臣岳飛劄子奏：「准樞密院劄子，勘會臣母魏國太夫人姚氏身故，已降指揮起復，仍日下主管軍馬職事，不得辭免，仍具已供職月日聞奏。臣契勘除已具辭免奏聞外，伏望聖慈檢會所奏，特許臣終制。取進止。」〔一〕

〔一〕此奏寫於紹興六年四、五月。參見《金佗續編》卷七《辭免起復不允省劄》第一三四九頁，文字有異。

乞終制第三劄子

草土臣岳飛劄子奏：「近於四月十二日具奏，辭免起復檢校少保、武勝、定國軍節度使、湖北、京西路宣撫副使。今月初一日，准御前金字牌遞到尚書省劄子，奉聖旨，不允，令學士院降詔，仍不得再有陳請。依已降指揮，日下主管軍馬，措置調發，不管少失機會者。伏念臣叨荷聖恩，實倍倫等，惟期盡忠，庶圖報稱。緣臣老母淪亡，憂苦號泣，兩目遂昏，方寸亦多健忘，自揆餘生，豈復尚堪器使。非敢獨孝於親，而於陛下不竭其忠，正謂災屯如此，不能任事。況臣一介右列，若學術稍優，謀略可取，亦當勉强措置調發。臣於二者俱乏所長，今既眼目昏眊，又不能身先士卒，賈作鋭氣。苟不罄瀝血誠，披告陛下，則他日必致顛隮，上辜委寄。伏望睿慈俯察孤衷，許臣終制。取進止。」〔一〕

〔一〕此奏寫於紹興六年五月。奏中稱「今月初一日」，應爲五月一日。

目疾乞解軍務劄子

起復檢校少保、武勝、定國軍節度使、湖北、京西路宣撫副使、兼營田使臣岳飛狀奏：「臣先爲目疾昏痛，不能視物，在假服藥醫治，累奏乞致仕，將宣撫司事務權令參謀官薛弼、參議官李若虚管幹。已申奏朝廷，聽候指揮去訖，未蒙回降指揮。十月十五日夜，據參謀官薛弼傳到御前劄子一封，付岳飛，係金字牌降到，内係黄紙。臣遂拆開，認是宸翰，臣即時遥拜跪領，不覺感激涕淚。臣平日切切思報陛下之心，惟冀當此大敵，少展區區。適以病目，轉覺昏暗，臣私心不勝痛憤。又於十六日據薛弼申，累准金字牌降到御封樞密院劄子，催促全軍人馬前去江、池州，稱已勾抽襄陽等處軍馬前來，猶恐遲緩，已整齪在寨軍馬，止候兜請錢糧，俵散衣賜了當，先次起發。臣比在假，每日連併服藥，全未見效。伏望睿慈檢會臣累奏事理，速賜施行，庶幾不悮國事。取進止。」〔一〕

〔一〕此奏寫於紹興六年十月。

辭太尉劄子

起復檢校少保、武勝、定國軍節度使、湖北、京西路宣撫副使、兼營田使臣岳飛劄子奏：「今月二十五日，進奏官報内降白麻一道，除臣起復太尉，依前武勝、定國軍節度使、充湖北、京西路宣撫副使、兼營田使，加食邑五百户、食實封〔一〕二百户。臣聞命震驚，莫知所措。伏念臣本無寸長，誤膺器使，且陛下方以太上梓宫未還，作興文武，雪耻羣狄，高名大爵，正當謹與，以激厲天下，而臣何功，率先濫及。伏望聖慈特垂天鑒，察臣悃愊，元非飾辭，追還大命，庶幾微分少安，不陷清議。臣仰冒天威，不勝惶懼隕越之至。取進止。」〔二〕

〔一〕食實封　原脱「食」字，應予增補。

〔二〕此奏寫於紹興七年二月。

辭太尉第二劄子

起復檢校少保、武勝、定國軍節度使、湖北、京西路宣撫副使、兼營田使〔一〕臣岳飛劄子奏：「臣昨已具奏，乞追寢太尉恩命。於今月二十六日，准右武郎、同知閤門事、兼客省四方館事、幹辦御前忠佐軍頭引見司潘永思齎賜到告命一軸。螻蟻之誠，未回天聽，不免再瀝忱懇。伏念臣頃自天下兵興時，實有志於奮張皇威，削平僭亂，以爲北虜不滅，臣死不瞑，初不敢萌覬覦高爵厚禄之念。既而誤蒙陛下使令，付以兵柄責任以來，荏苒積年，腥羶叛逆之族，尚據中土，而臣之官職歲遷月轉，豈不有負初心。兼臣見今官職不爲不崇，豈容一向叨竊，不自愧耻。伏望聖慈特賜哀矜，察臣愚衷，收還大命，庶令臣得勉力事功，以酬素抱，以報厚恩，不犯盈滿顛隮之戒。所有告命，臣未敢祗受，見寄納平江府軍資庫。取進止。」〔二〕

〔一〕營田使　原作「營田大使」，按岳飛尚未陞任營田大使，據辭太尉之其他劄子，「大」字應删。

〔二〕此奏寫於紹興七年二月。

乞免立新班劄子

起復檢校少保、武勝、定國軍節度使、湖北、京西路宣撫副使、兼營田使臣岳飛劄子奏：「據幹辦官于鵬申，准行在閤門關，已降制，岳飛除太尉，依前武勝、定國軍節度使、湖北、京西路宣撫副使，二月二十五日奉聖旨，不候正謝，令立新班。臣已辭免外，所有合赴朝殿起居，乞立舊班。取進止。」〔一〕

〔一〕此奏寫於紹興七年二月。

辭男雲轉三官劄子

起復檢校少保、武勝、定國軍節度使、湖北、京西路宣撫副使、兼營田使臣岳飛劄子奏：「臣伏覩聖旨，岳雲特轉三官。契勘臣男雲見充本司書寫機宜文字，自有本職功狀內合乞推恩等第。若更叨冒今來恩數，似出無名，非所以示將士大公至正之道也。所有上件恩命，實不敢令雲祗受。伏望聖慈特降睿旨，速賜收還，不勝幸甚。取進止。」〔一〕

〔一〕此奏寫於紹興七年二月。

辭太尉第三劄子

起復檢校少保、武勝、定國軍節度使、湖北、京西路宣撫副使、兼營田使臣岳飛劄子奏：「臣近兩具奏，乞追寢太尉恩命。今月二十九日准尚書省劄子，二月二十八日奉聖旨，依已降詔旨，不允，不得再有陳請，令日下祗受。臣一介么微，言語鄙淺，不能上格天聽，用敢不避再三，薦控誠悃。臣頃以目疾，廢事日久，近者商、虢、潁、蔡之戰，皆由仰遵聖訓，遂致將士竭力，在臣實無寸功。且太尉掌武之官，授非其人，則不足以爲今日右武之勸，臣若謬居不辭，是因臣一己而怠天下。伏望聖慈特回淵鑒，收還誤恩，令臣只以見官待罪軍旅，庶幾天下始知大官之爲可重，不累陛下立政惟人之明，天下幸甚。取進止。」〔一〕

〔一〕此奏寫於紹興七年二月。

辭太尉第四劄子

起復檢校少保、武勝、定國軍節度使、湖北、京西路宣撫副使、兼營田使臣岳飛劄子奏：「臣比三具奏，乞追寢恩命。今月二日准尚書省劄子，二月三十日三省同奉聖旨，依累降詔旨，不允，不得再有陳請。臣仰荷聖慈詔諭諄複，然臣實以私情迫切，不容冒進。竊念臣雖無他長，粗知義命，平居服食器用，每安於弊陋，正恐綿薄，不堪禄賜之厚，徒取釁眚。臣伏自去春丁家憂棘，不復敢有榮官之念，繼以目疾，就醫至今，其天賦之薄，即此可見。臣若復尚貪寵數，不自退省，將恐災疢之來，不特今日。伏望聖慈特回天聽，收此誤恩，全臣知止之節，臣實幸甚。臣疊犯天威，不勝惶懼顛越之至。取進止。」〔一〕

〔一〕此奏寫於紹興七年三月。

辭男雲轉三官第二劄子

起復檢校少保、武勝、定國軍節度使、湖北、京西路宣撫副使、兼營田使臣岳飛劄子奏：「臣近具奏辭免男雲特轉三官恩數。今月二日准尚書省劄子，奉聖旨，不允。伏念臣本以凡材，誤蒙陛下付以方面，若臣不能與士卒一律，則亦不能整齊其心。昨者之戰，士卒冒犯矢石，有斬將陷陣，立奇功者，臣方列上事狀，得霑一級，而男雲何從超進崇資。臣正恐士卒有無功之謗，陛下致濫予之譏。且陛下方謹惜名器，以磨厲天下，將紹復大業，而乃因臣私恩廢公議，臣誠不自安。伏望聖慈特降睿旨，收還上件恩命，臣父子幸甚。取進止。」〔一〕

〔一〕此奏寫於紹興七年三月。

辭開府劄子

太尉、武勝、定國軍節度使、湖北、京西路宣撫使、兼營田大使臣岳飛劄子奏：「臣正月二十四日准都進奏院遞到白麻一道，除臣開府儀同三司，加食邑五百户、食實封三百户者。臣初捧制文，尚懷疑惑，豈謂非常之典，遽及無功。又於二月十四日，准本司往來幹辦官王敏求差人齎到前件告一軸，乃知朝廷以逆虜歸疆，而將閫之寄例進優秩。不惟臣一己私分愈切驚惶，至於將士三軍亦皆有靦面目。伏念臣奮身疏逖，叨國顯榮，每懷尸素之憂，未效毫分之報，豈可因此霈澤，遂乃濫預褒陞。伏望聖慈特此睿斷，毋嫌反汗，亟寢誤恩。所有告命，臣不敢祇受，已令本司簽廳牒鄂州寄收，以待朝廷追取外，冒犯天威，不任激切俟命之至。取進止。

貼黄：臣待罪二府，〔一〕理有當言，不敢緘默。夫虜情姦詐，臣於面對，已嘗奏陳。切惟今日之事，可危而不可安，可憂而不可賀。可以訓兵飭士，謹備不虞；而不可以行賞論功，取笑夷狄。事關國政，不容不陳，初非立異於衆人，實欲盡忠於王室。欲望速行追寢，示四夷以不可測之意。萬一臣冒昧而受，將來虜寇叛盟，則似傷朝廷之體。仍望以此貼黄留中不出，保全臣節。臣不勝至情，伏乞睿照。」〔二〕

〔一〕《宋史》卷一六二《職官志》：「宋初，循唐、五代之制，置樞密院，與中書對持文武二柄，號爲『二府』。」

《朝野類要》卷二《兩府》：「樞密并直（一作『真』）太尉。」

《雲麓漫鈔》卷四：「宣、政間，改武官，又以太尉爲武階之長，爲真兩府，蓋比參政、樞密也。自五代以來，尚書省爲東府，樞密院爲西府，自是參、樞亦云兩府也，而太尉即呼爲兩府太尉云。」

《三朝北盟會編》卷一七《北征紀實》：「（郭）藥師以數騎出迓（童）貫於易州界，再拜帳下，貫曰：『汝今爲太尉，視兩府，與我等矣，此禮何也？』」

又同書卷二〇五《淮西從軍記》：「（劉）錡謂（楊）存中曰：『兩府何以處？』存中曰：『廝殺耳，相公與太尉在後，某當居前，有進無退。』」楊存中官至太尉，故劉錡以「兩府」相稱。時岳飛雖尚未任樞密副使，官至太尉，可稱「二府」。

《金佗稡編》卷八：「及先臣位二府，正專征，天下稱三大帥。」

又同書卷二一《建儲辨》：「先臣雖奮自畢平，然備位二府，任兼將相，國家之事，休戚是同。維時翠華南巡，國本未定，先臣激發忠義，首建大謀，密疏啟聞。」岳飛建請設皇儲，在任樞密副使前。

又同書卷二三《淮西辨》：「（臣寮）又言：『竊見樞密副使岳飛頃由簡拔，委以節制，慨然似有功名之志，人亦以此稱之。數年之間，寵數頻仍，官兼兩鎮，秩視二府，乃始安於榮利，不復爲國遠圖矣。』」

《金佗續編》卷一出師疏：「陛下録臣微勞，擢自布衣，曾未十年，官至太尉，品秩比三公，恩數視二府，又增重使名，宣撫諸路。」

又同書卷三《再辭免起復太尉仍加食邑不允詔》：「太尉古官，昔在三公之右，今同二府之列。……是用建爾久虚之位，崇以輔臣之禮。」

宋話本《碾玉觀音》：「這隻《鷓鴣天》詞是關西秦州雄武軍劉兩府所作。從順昌入（大）戰之後，閑在家中。」宋時口語，太尉往往作爲武人的尊稱；宋徽宗時另設「武階之長」的太尉，但人們卻習慣另呼爲「兩府」。前引楊存中説「相公與太尉」，是分别指張俊和劉錡，劉錡時任節度使，尊稱太尉，後官至太尉，則民間反而不稱太尉，而稱「劉兩府」。

〔二〕此奏寫於紹興九年二月。

辭開府第三劄子

太尉、武勝、定國軍節度使、湖北、京西路宣撫使、兼營田大使臣岳飛劄子奏：「臣契勘已具辭免除臣開府儀同三司，加食邑五百户、食實封三百户恩命，今月二十七日，蒙降到詔書不允者。臣近者累犯天威，力辭恩寵，庶幾陛下洞燭危懇，終賜矜從；而温詔諄諄，未回睿聽，跼地籲天，不知所措。夫爵賞者，人君所以爲厲世磨鈍之具，人臣得之，所以榮耀鄉里，而顯賁宗族也，誰不欲貪多而務得哉？然得所當得，固以爲榮；受所非受，反足爲辱。伏念臣奮迹羈單，被恩優腆，使臣終身只守此官，已踰涯量，豈可分外更冒顯榮，遂速顛隮。雖陛下推天地至寬之量，在所兼容；而微臣抱金石圖報之心，寧無自愧。所有臣爲將不效，獻言悖理之實，臣於累奏中固已縷陳，更不敢諄複，紊煩聖聽。伏望陛下檢會臣累次劄子，追寢成命，特降俞音，庶使微臣少安愚分。取進止。」〔一〕

〔一〕此奏寫於紹興九年二月。

鄂國金佗稡編卷第十五

經進鄂王家集卷之六

奏議中

乞解軍務劄子

武勝、定國軍節度使、開府儀同三司、湖北、京西路宣撫使、兼營田大使臣岳飛劄子奏：「臣竊謂事君者以能致其身爲忠，〔一〕居官者以知止不殆爲義。伏念臣受性愚戇，起家寒微，顧在身官爵之崇，皆陛下識拔之賜，苟非木石，寧不自知，每誓粉骨靡身，以圖報稱。然臣叨冒已踰十載，而所施設，未效寸長，不惟曠職之可羞，況乃微軀之負病。蓋自從事軍旅，疲耗精神，舊患目昏，新加腳弱，雖不辭於黽勉，恐有誤於使令，願乞身稍遂於退休，庶養痾漸獲於平愈。比者修盟漠北，割地河南，既不復於用兵，且無嫌於避事。伏望陛下俯昭誠悃，曲賜矜從，令臣解罷兵務，退處林泉，以歌詠陛下聖德，爲太平之散民，臣不勝幸甚。他日未填溝壑，復效犬馬之報，亦未爲晚。臣無任激切戰懼俟命之至。取進止。」〔二〕

〔一〕事君者以能致其身爲忠「者」，據文淵閣《四庫全書》本補。

〔二〕此奏寫於紹興九年三月後。

乞解軍務第二劄子

武勝、定國軍節度使、開府儀同三司、湖北、京西路宣撫使、兼營田大使臣岳飛劄子奏：「臣頃以多病易衰，仰瀆宸聽，乞退處丘壠，以便養痾。伏蒙陛下未忍棄去，尚閟俞音，不免控瀝肺肝，再攄悃愊。今賢能輩出，才智普臻，〔一〕干城腹心之士可付以軍旅者，類不乏人，則臣之所請，無邀君之嫌。今講好已定，兩宫天眷不日可還，偃武休兵，可期歲月，臣之所請，無避事之謗。臣不揆庸愚，幸免此二事，止以疾病餘生，恐悮任使，久享厚禄，坐費太倉，蚤夜以思，身不遑處，所以不避鈇鉞，至於再而不自已。伏望陛下垂博照之明，〔二〕回蓋高之聽，曲加仁惻，洞照愚衷，使一夫之微，終遂其欲，特許退休，就營醫藥。臣不勝感戴聖德願望之至。取進止。」〔三〕

〔一〕才智普臻　「普」，底本字跡模糊，嘉靖本作「駢」，今據傅本。

〔二〕垂博照之明　「博」，嘉靖本作「溥」。

〔三〕此奏寫於紹興九年三月後。

辭男雲特轉恩命劄子

武勝、定國軍節度使、開府儀同三司、湖北、京西路宣撫使、兼營田大使臣岳飛劄子奏：「臣今月十五日准尚書省劄子，十四日三省同奉聖旨，岳雲可落閤職，與轉武顯大夫、遥郡刺史。臣聞惟名與器不可以假人，故循守資格，自有常法，必有非常之功，而後有非常之賞。如臣男雲始就義方，尚存乳臭，雖累經於行陣，曾未見於事功。比者仰蒙聖恩，曲垂異眷，超資躐等，驟進官職，不惟使雲志氣怠惰，而臣益切滿盈之愧。況臣既已仰竊國恩，致身顯位，固有僥冒之名矣，今併與其子而僥冒，其可乎？伏望陛下揭離照之明，

體乾健之斷，特賜睿旨，追還告命，庶使雲粗知官爵之難，得勉力學業，他日或能備效驅策，受之未晚。取進止。」〔一〕

〔一〕此奏寫於紹興九年九、十月，應爲岳飛赴臨安朝見時，故宋廷「十四日」頒令，次日即收到朝命。

辭男雲特轉恩命第二劄子

武勝、定國軍節度使、開府儀同三司、湖北、京西路宣撫使、兼營田大使臣岳飛劄子奏：「臣今月三日准尚書省劄子，奉聖旨，以臣辭免男雲武顯大夫、遥郡刺史，不允，不得再有陳請者。伏念臣遭遇宸眷，倍於常倫，初無顯赫之功，以稱褒崇之典。又況臣男雲愚惷無知，涓埃未效，疊蒙優渥，以臣之故，冒濫爵禄，已爲過分。今若又寵以異數，使之叨據，不唯使雲不知名器之重，或就驕溢，上則負陛下之恩，下則取搢紳之謗，并臣之罪，亦復難逃。伏望聖慈俯回天聽，特賜追寢，實爲臣父子之幸。臣不勝激切震汗之至。取進止。」〔一〕

〔一〕此奏寫於紹興九年十、十一月，稱「今月三日」再得朝命，應比前奏至少晚一月。

辭男雲特轉恩命第三劄子

武勝、定國軍節度使、開府儀同三司、湖北、京西路宣撫使、兼營田大使臣岳飛劄子奏：「臣近兩具辭免臣男雲武顯大夫、遥郡刺史，准尚書省劄子，奉聖旨，依已降指揮，不允，不得再有陳請者。恭讀之際，愧汗交流。伏念臣叨荷聖恩，實倍倫等，曲折之辭，前已備述，不敢喋喋，上瀆天聽。臣以辭免開府恩命，重蒙玉音戒諭丁寧，又不敢固違天意，跼蹐拜命，已切悚惶。今若并臣男雲無功進職，是臣辭榮而益榮，避禄而邀禄也，恩雖至厚，公議謂何？伏望特簡淵衷，俯回洞照，特賜寢免，庶安愚分。取進止。」〔一〕

〔一〕此奏寫於紹興九年冬。「重蒙玉音戒諭丁寧」，可證明在朝見之後。

辭男雲特轉恩命第四劄子

武勝、定國軍節度使、開府儀同三司、湖北、京西路宣撫使、兼營田大使臣岳飛劄子奏：「臣先三具劄子，辭免臣男雲武顯大夫、遥郡刺史恩命事。今月二十一日准尚書省劄子，三省同奉聖旨，依已降指揮，不允，不得再有陳請。臣聞正己然後可以正物，自治然後可以治人。臣奮身疏逖，冒國寵榮，陛下誤恩，擢置重任，以孱陋之資，將軍旅之衆，顧惟匪稱，夙夜惶懼，惟恐檢飭修省，有所未至，不足以服衆。比者男雲未嘗立功，遽遷優秩，在臣私分，實不皇處。臣庸懦無能，方將勉竭駑鈍，仰圖報稱，而自使其子受無功之賞，則是臣不能正己而自治，將何以率人哉？伏望陛下憐臣拙直，察臣愚衷，早賜俞音，收還成命。容臣男他日大立戰功，然後命之以官，亦未爲晚。所有官告一軸，除已令本司簽廳牒鄂州，於軍資庫寄納外，取進止。」〔一〕

〔一〕此奏寫於紹興九年冬，時已回鄂州。

辭少保第三劄子

武勝、定國軍節度使、開府儀同三司、湖北、京西路宣撫使、兼營田大使、河南、北諸路招討使臣岳飛劄子奏：「臣伏蒙聖恩，除臣少保，加食邑七百户、食實封三百户，臣已兩具辭免，今月初十日，伏奉詔書不允者。臣聞忠臣之事君，計功而受賞，量力而受官，不爲苟得，以貪爵禄。況師旅方興，事功未著，臣方同士卒之甘苦，明將佐以恩威，冀成尺寸之功，仰報君父之德。豈可身被厚寵，而恝然不以當鋒刃、冒矢石者爲心哉？所有少保恩命，臣實不敢祗受。伏望陛下日月照臨，乾坤覆載，察臣肺腑，追寢異恩。臣願憑陛下雷霆之威，託宗廟山嶽之福，罄竭駑鈍，期效涓埃。候將來功績有成，臣將拜手稽首，祗承休命矣。誠懇迫切，至於再三，干冒天威，臣不任戰悸恐懼之至。取進止。」〔一〕

〔一〕此奏寫於紹興十年閏六月。據《建炎以來繫年要録》卷一三六和《宋史》卷二九，岳飛陞少保發表於紹興十年六月一日，既已「兩具辭免」，依公文往返時日估計，「今月初十日」，應爲閏六月十日。

辭少保第四劄子

武勝、定國軍節度使、開府儀同三司、湖北、京西路宣撫使、兼營田大使、河南、北諸路招討使臣岳飛劄子奏：「臣昨蒙聖恩，特降告命，除臣少保，加食邑七百户、食實封三百户，臣已三具劄子辭免。今月初九日伏奉詔書，不允，不得再有陳請者。臣聞爵以馭其貴，禄以馭其富，爵禄者，人君馭天下英豪，而使之貴富也。人孰不欣受，而願享之。然名器假人，爲《傳》所譏，無功受禄，爲《詩》所刺，則君不可以輕予，臣不可以妄受。臣性資樸魯，久叨寵榮，每懼滿盈，弗克負荷。况乃孤棘，實爲異恩，若更無功，輒有貪冒，臣賦分譾薄，竊恐別招譴責。伏望陛下憐臣懃懇，特降俞音，追還恩命，庶使臣稍安愚分，别效寸長，仰報陛下天地生成之德。干冒斧鉞，臣不任戰慄俯伏俟命之至。取進止。」〔一〕

〔一〕此奏寫於紹興十年七月，依公文往返時日估計，奏中稱「今月初九日」，應爲七月九日。

辭少保第五劄子

武勝、定國軍節度使、開府儀同三司、湖北、京西路宣撫使、兼營田大使、河南、北諸路招討使臣岳飛劄子奏：「臣伏蒙聖恩，特降告命，除臣少保，加食邑七百户、食實封三百户，臣已四具劄子辭免。八月三十日准尚書省劄子，三省同奉聖旨，不允，令日下祗受，仍依累降詔旨，不得再有陳請者。臣之事君，義無有己，若夫貪慕爵禄，務榮一身，而不以國家爲念，則非臣之所忍爲也。比者羯胡敗盟，再犯河南之地，肆爲殘忍，人神共憤。臣方將策駑礪鈍，冀效尺寸，以報陛下天地生成之德。今則虜騎寇邊，未見殄滅，區區之志，未效一二。臣復以身爲謀，惟貪爵禄，則誠恐不足爲將士之勸，而報恩無所，萬誅何贖！伏望睿慈追寢成命，特賜俞音，姑詔有司，留以爲臣異時涓埃之賞。取進止。」〔一〕

〔一〕此奏寫於紹興十年八月三十日或九月初。

辭册命劄子

少保、武勝、定國軍節度使、湖北、京西路宣撫使、河南、北諸路招討使、兼營田大使臣岳飛劄子奏：「臣比准制命，授臣少保，累具辭免，伏蒙聖慈降詔不允，不得再有陳請。臣不避斧鉞之誅，再露丹誠，仰干天聽，乞賜追寢。又於今月初一日奉聖旨指揮閤門，岳飛除少保，累具辭免，已降指揮不允，日下祇受，不得再有陳請，可令便立新班，特放告正謝。臣已於今月初二日望闕謝恩祇受訖，所有册命恩數，伏望睿旨許免，以安愚分。取進止。」〔一〕

〔一〕此奏寫於紹興十年九月。

辭男雲特轉恩命劄子

少保、武勝、定國軍節度使、湖北、京西路宣撫使、兼營田大使、河南、北諸路招討使臣岳飛劄子奏：「臣於今月二十六日准告，授臣男雲左武大夫、忠州防禦使。臣聞君之馭臣，固不吝於厚賞；父之教子，豈可責以近功。臣昨恭依睿算，與虜賊決戰於陳、潁之間，雲隨行迎敵，雖有薄效，殊未曾立到大功。遽超横列，仍領郡防，賞典過優，義不遑處。所有告命，臣不敢令雲祗受，伏望聖慈俯垂天鑒，追還異恩，庶使雲激勵懦庸，别圖報效。取進止。」〔一〕

〔一〕此奏寫於紹興十年九月後。據《紫微集》卷一六《岳雲爲與番人接戰大獲勝捷除左武大夫遥郡防禦使制》：「若夫成功行封，猶有遺者，何以爲勞臣之勸哉！」可知岳飛在八、九月朝見前後，並未爲岳雲報功。宋廷發表岳雲陞官與岳飛上奏辭免，應爲時較晚。

乞敍立王次翁下劄子

少保、樞密副使臣岳飛劄子奏：「臣近蒙恩除樞密副使，已具懇辭，未沐矜許。伏奉聖旨，令參知政事王次翁敍位在臣之下。臣契勘參知政事敍位，舊例在樞密副使之上，臣雖謬忝孤卿，豈得遽紊班列。欲望聖慈令臣只依舊例，敍位在參知政事之下，庶使邦儀不易，愚分可安。取進止。」〔一〕

〔一〕此奏寫於紹興十一年四月二十四日發表岳飛任樞密副使稍後。此奏又見《新安文獻志》卷二《賜少保樞密副使岳飛乞敍立參知政事王次翁之下不允批答》，可參《金佗續編》卷四《辭序位在參知政事之上不允詔》第一三〇八頁。

乞敍立王次翁下第二劄子

少保、樞密副使臣岳飛劄子奏：「臣契勘參政與樞副敍位，朝廷自有定例，豈可爲臣忝竊孤卿，敍位使在參知政事之上，不免再具誠懇，仰瀆聖聽。伏望睿慈曲垂昭鑒，許臣

只依近例，敍位在參知政事之下，庶使庸愚不致僭越。取進止。」〔一〕

〔一〕此奏寫於紹興十一年四月二十四日稍後。

辭衣帶劄子

少保、樞密副使臣岳飛劄子奏：「臣於今月二日正謝，伏蒙聖恩，依例賜臣對衣、金帶、魚袋、鞍馬。竊念臣一介么微，〔一〕遭遇宸眷之厚，近年累曾蒙恩賜金帶等物，今更循例賜予，在臣無能，實爲過分。伏望睿慈特賜寢罷，庶使惷愚不致冒濫。干瀆天聽，臣不勝惶懼之至。取進止。」〔二〕

〔一〕一介么微　「么」，原作「公」，據嘉靖本和傅本改。

〔二〕此奏寫於紹興十一年五月。

辭初除銀絹劄子

少保、樞密副使臣岳飛劄子奏：「今月初九日，御藥院官衛茂實奉六月十三日聖旨，以臣初除樞密副使，依宰臣例，支賜銀、絹各一千匹、兩。臣遭遇聖眷至厚至深，既擢任於樞庭，又錫賚以多物，内外情文，靡所不盡。陛下所以待人臣之禮，斯亦至矣。然臣稟生奇蹇，賦分寒薄，夙夜震驚，恐不足以當陛下錫予之厚。伏望聖慈俯垂睿照，收還所賜銀、絹，庶使稍安分量，不至盈滿。取進止。」〔一〕

〔一〕此奏寫於紹興十一年七月。

辭男雲除御帶劄子

少保、樞密副使臣岳飛劄子奏：「臣於今月初九日准尚書省劄子，七月初八日三省同奉聖旨，岳雲除帶御器械。伏念臣叨冒聖恩，擢寘樞府，靜思無補，已劇愧顔。臣男雲年少惷愚，未練官業，今輒處以御帶之職，實爲親近，在臣寒微，尤不遑處，兼恐於法或有妨

礙，不免控瀝危懇，仰瀆聖聰。伏望睿慈曲垂天鑒，追還已降指揮，庶得稍安愚分。取進止。」〔一〕

〔一〕此奏寫於紹興十一年七月。

辭男雲除御帶第二劄子

少保、樞密副使臣岳飛劄子奏：「臣今月十二日准尚書省劄子，奉聖旨，以臣辭免男雲除帶御器械差遣，不允。臣竊以御帶之職，至近冕旒，非有干城之才，可以任腹心之寄者，不足以當其選。臣男雲年少惷愚，殊未練達世務，一旦驟遷此職，實非騃幼所能。陛下爲官擇人，豈當出此，知子者父，誠不皇安，不免披露愚誠，再干天聽。伏望睿慈追還雲上件差遣，庶免人言，少安愚分。取進止。」〔一〕

〔一〕此奏寫於紹興十一年七月。

辭初除銀絹第三劄子

少保、樞密副使臣岳飛劄子奏：「臣近蒙指揮，依宰臣例，支賜銀、絹各一千匹、兩，臣已兩具劄子奏，乞賜蠲免。今月十二日准尚書省劄子，奉聖旨，不允。竊緣臣聚集口累，不至重大，逐月請俸，贍養有餘，若更叨冒賜予，至於無厭，則不知足之患，深可爲戒。臣不免再具誠懇，仰瀆聖聰。伏望睿慈俯垂天鑒，特賜蠲免施行。取進止。」〔一〕

〔一〕此奏寫於紹興十一年七月。

乞解樞柄第二劄子

少保、樞密副使臣岳飛劄子奏：「臣已具劄子，乞解罷樞密副使職事，至今累日，未蒙俞允。竊念臣性識疏闇，昧於事機，立功無毫髮之微，論罪有丘山之積。加以望輕任重，德薄寵殊，荷聖眷之兼容，在孤忠而益畏。煩言沓至，私義奚安，欲免累於明恩，理合圖於亟去。伏望睿慈察危情之難處，施天造之曲成，聽還印於樞庭，許投身於散地。欲乞檢會

臣前奏，早降處分施行。取進止。」〔一〕

〔一〕此奏寫於紹興十一年七月或八月初，於八月九日罷樞密副使前。

乞解樞柄第三劄子

少保、樞密副使臣岳飛劄子奏：「臣已累具劄子，乞解罷樞密副使職事，伏蒙聖恩降詔不允者。露章待罪，自驚寵數之過優；温詔示恩，猶閟俞音之下逮。再陳愚懇，仰瀆淵聰。伏念臣濫廁樞庭，誤陪國論，貪榮滋甚，補報蔑然，豈惟曠職之可虞，抑亦妨賢之是懼，冀保全於終始，宜遠引於山林。伏望聖慈察其誠心，實非矯飾，速降睿旨，許罷機政。取進止。」〔一〕

〔一〕此奏寫於紹興十一年七月或八月初，於八月九日罷樞密副使前。

辭除兩鎮在京宮觀第二劄子

少保臣岳飛劄子奏：「臣今月十二日[一]伏蒙聖恩，賜臣少保、武勝、定國軍節度使、充萬壽觀使告一軸，仍奉朝請。臣已謝恩外，緣臣見具劄子辭免，已將告命寄納臨安府，今月十四日伏奉詔命，不允。竊以兩鎮節旄，國朝盛典，非有大勳，豈容輕授。臣前此叨據，常懼弗稱，自惟智術短淺，坐糜歲月，攷其績用，初無絲毫，安可更爾冒榮。矧内祠之任，得侍清光，朝廷所以貴老尊尊，[二]用昭異數，在臣愚分，非所宜處。顧待遇之愈隆，夙夜以思，雖粉身碎骨，何以圖報萬一，愧深汗溢，感極涕横。重念臣才疏德薄，人微望輕，若不自列，濫當優寵，必致顛隮，上辜宸眷。欲望聖慈追寢成命，除臣一在外宮觀差遣。取進止。」[三]

〔一〕「二」，嘉靖本和傳本作「三」。

〔二〕貴老尊尊　後一「尊」字，浙本作「賢」。

〔三〕此奏寫於紹興十一年八月。

鄂國金佗稡編卷第十六

經進鄂王家集卷之七

奏議下

廣德捷奏

武德大夫、英州刺史、御營使司統制軍馬臣岳飛狀奏：「恭依聖旨，將帶所部人馬，邀擊金人，至廣德軍見陣，共斫到人頭一千二百一十六級，生擒到女真、漢兒王權等二十四人。并遣差兵馬，收復建康府溧陽縣，殺獲五百餘人，生擒女真、漢兒軍，僞同知溧陽縣事、渤海太師李撒八等一十二人。金人回犯常州，分遣兵馬等截邀擊掩殺，四次見陣，擁掩入河，棄頭不斫，生擒女真萬户少主孛堇、漢兒李渭等一十一人。委是屢獲勝捷。謹録奏聞，伏候敕旨。」〔一〕

〔三〕此奏寫於建炎四年四月。奏中未提建康之戰，大致應在四月二十五日清水亭之戰前。

鄧州捷奏

鎮南軍承宣使、神武後軍統制、江南西路、舒、蘄州、兼荆南、鄂、岳、黄、復州、漢陽軍、德安府制置使臣岳飛狀奏：「契勘叛賊李成與金賊劉合孛堇、陝西番、僞賊兵，併聚於鄧州西北，劄三十餘寨。臣遣發王貴等由光化路，張憲等由横林路，前去掩殺。據統制王貴、張憲等申：『七月十五日，離鄧州三十餘里，逢賊兵共數萬接戰，分遣王萬、董先軍兵，出奇突擊，其賊大潰。降到番官楊德勝等二百餘人，奪馬二百餘疋，衣甲不知其數。内高仲將一項殘零人馬，走入鄧州，閉門堅守。十七日，攻鄧州，將士不顧矢石，蟻附而上。破鄧州，殺死番、僞賊馬，鏖戰大獲勝捷。』爲暑月疲勞，見起發前去德安府歇泊，聽候朝廷指揮外，謹録奏聞，伏候敕旨。」〔一〕

〔一〕此奏寫於紹興四年七月。

復三州奏

鎮南軍承宣使、神武後軍統制、江南西路、舒、蘄州、兼荆南、鄂、岳、黄、復州、漢陽軍、德安府制置使臣岳飛狀奏：「近准指揮，遣飛進發軍馬，掩殺番、僞賊馬，於五月六日收復隨州，〔一〕七月十七日收復鄧州，二十三日收復唐州，并已收復信陽軍。並已差官葺治，屯兵防守，已班師江上歇泊。謹録奏聞，伏候敕旨。」〔二〕

〔一〕五月六日乃收復郢州日期，復隨州日期爲五月十八日，此處係誤，參見《金佗稡編》卷六第二七六頁。

〔二〕此奏寫於紹興四年八月。

湖寇捷奏

鎮寧、崇信軍節度使、神武後軍都統制、荆湖南、北、襄陽府路〔一〕制置使臣岳飛狀奏：「近差統制官任士安部押軍馬，前去□□□□□，措置把截黄誠等賊馬去後。據任士安申：『五月五□□□□□僞太子、渠魁黄誠等節次前來侵犯永安寨，其賊□□□□□四、步軍二萬餘人，擺拽十餘里，與官兵相拒鬬敵。□□□□□率親兵，并武功郎、統領陳照人馬，分路會合，至永□□□□□陣，前來迎敵。任士安引兵當頭衝擊，賊徒敗走，奪□□□□□，黏蹤追襲，過荀陂山，殺死甚多。奪到衣甲、器械，捉到賊人馬，〔二〕見別具狀供申外，委是大獲勝捷。』謹録奏聞，伏候敕旨。」

〔一〕襄陽府路　原脱「路」字，應予增補。

〔二〕捉到賊人馬　「到賊」，原缺，嘉靖本作「到□」，據傳本補。

〔三〕此奏寫於紹興五年五月。

復西京長水縣捷奏

起復檢校少保、武勝、定國軍節度使、湖北、京西路宣撫副使、兼營田使臣岳飛狀奏：

「據統制官王貴申：『遵依指揮，差武經郎、第四副將楊再興等統率軍馬，前去收復西京長水縣去後。今據申：八月十三日進兵到長水縣界業陽，逢僞齊順州安撫張宣贊下孫都統，并後軍統制滿在，擁賊兵數千人拒敵。當時分布軍馬，掩擊賊衆，殺死五百餘人，生擒後軍統制滿在并徒衆一百餘人，及當陣殺獲孫都統首級，其餘殘黨盡皆奔潰。再興遂再進兵，於今月十四日到本縣界孫洪澗，〔一〕再逢張宣贊親率賊馬二千餘人，隔河相射，〔二〕遂鼓率人馬鬪敵殺散。至次日〔三〕二更已來，〔四〕收復長水縣〔五〕了當，奪到諸色糧斛〔六〕二萬餘〔七〕石，給散百姓、官兵食用，即時招撫，並與安業，别無分毫搔擾，〔八〕申乞照會。』謹録奏聞，伏候敕旨。」〔九〕

〔一〕孫洪澗　「澗」，原缺，嘉靖本同，據傳本補。

〔二〕隔河相射　「相射」，原缺，嘉靖本同，據傳本補「相」字，據《宋岳鄂王文集》補「射」字。

〔三〕至次日　「至次」，原缺，嘉靖本和傳本同，據《宋岳鄂王文集》補。

〔四〕二更已來　「已」，原缺，嘉靖本同，據傳本補。

〔五〕收復長水縣　「收」，原缺，嘉靖本同，據傳本補。

〔六〕諸色糧斛　原缺，嘉靖本同，傳本可補「諸」和「糧」二字，今據《宋岳鄂王文集》補。

〔七〕二萬餘　原缺，嘉靖本同，據傳本補。

〔八〕即時招撫並與安業别無分毫搔擾　「招撫，並與安業，别」，原缺，嘉靖本和傳本同，據《宋岳鄂王文集》補。

〔九〕此奏寫於紹興六年八月。

復潁昌府奏

武勝、定國軍節度使、開府儀同三司、湖北、京西路宣撫使、兼營田大使、河南、北諸路招討使臣岳飛狀奏：「據前軍統制、同提舉一行事務張憲申：『統率軍馬，前去措置賊馬，〔一〕除於閏六月十九日離潁昌府四十里，與番賊見陣獲捷外，憲復統率軍馬，追襲賊帥韓常，其賊大敗，於當月二十日收復潁昌府了當。』謹録奏聞，伏候敕旨。」〔二〕

〔一〕賊馬 據《金佗續編》卷二〇《收復潁昌令開具立功人等第省劄》補。

〔二〕此奏寫於紹興十年閏六月。

陳州潁昌捷奏

武勝、定國軍節度使、開府儀同三司、湖北、京西路宣撫使、兼營田大使、河南、北諸路招討使臣岳飛狀奏：「今據諸軍申到收復下項：

一、據前軍統制張憲申：『將帶諸統制、將官前去措置陳州。閏六月二十四日午時，離陳州十五里，逢賊馬軍三千餘騎見陣掩殺，其衆望城奔走。遂分諸頭項並進，離城數里，有番賊翟將軍等，并添到東京一帶差來賊馬，擺布大陣。憲遂鼓率將士，分頭入陣掩擊，其賊敗走，已收復陳州了當。除殺死外，生擒到番賊王太保等，并奪到鞍馬等，委獲勝捷。』

一、據踏白軍〔一〕統制董先、遊奕軍〔二〕統制姚政等申：『統率軍馬，在潁昌府駐劄。閏六月二十五日辰時，有番賊取長葛縣路前來。先即時同姚政等統率軍馬，出城迎敵。到城北七里店，逢鎮國大王并韓將軍、邪也孛堇賊馬六千餘騎，擺布成陣。先與姚政等分頭項徑入賊陣，戰鬬及一時辰，其賊敗走，追殺三十餘里。除殺死外，擒到人并奪到鞍馬等，委獲勝捷。』

右謹録奏聞，伏候敕旨。」〔三〕

〔一〕《資治通鑑》卷二六四胡三省注：「凡軍行，前軍之前有踏白隊，所以踏伏，候望敵之遠近衆寡。」踏白用作軍名時，已無原來的詞義。

〔二〕《南史》卷六七《樊毅傳》：「毅弟猛。……時猛與左衛將軍蔣元遜領青龍八十艘，爲水軍，於白下游奕，以禦隋六合兵。」

《雲麓漫鈔》卷六：「契丹用兵，……差大首領三人，各率萬騎，分散游奕，百十里外，交相巡邏，謂之欄子馬。」游奕（或作遊奕）用作軍名時，已失原意。

〔三〕此奏寫於紹興十年閏六月。

鄭州捷奏

武勝、定國軍節度使、開府儀同三司、湖北、京西路宣撫使、兼營田大使、河南、北諸路招討使臣岳飛狀奏：「據中軍統制王貴申：『先次遣將楊成等統率軍馬，前去措置鄭州。今據楊成等申：於閏六月二十五日到鄭州南，逢番賊頭領漫獨化等部領賊馬五千餘人見陣。成等遂鼓率將士，與賊見陣，掩殺賊馬敗走，收鄭州，撫定了當，委獲勝捷。』謹録奏聞，伏候敕旨。」〔一〕

〔一〕此奏寫於紹興十年閏六月。

漫獨化捷奏

武勝、定國軍節度使、開府儀同三司、湖北、京西路宣撫使、兼營田大使、河南、北諸路招討使臣岳飛狀奏：「據本司中軍統制王貴申：『據准備將劉政等申：將帶人兵，於閏六月二十九日夜，劫破中牟縣金賊萬户漫獨化賊寨。殺死賊兵不知數目，奪到馬三百五十餘匹，驢、騾一百餘頭，衣物、器甲等不計數目，即未知萬户漫獨化存亡。委獲勝捷，申乞照會。』謹録奏聞，伏候敕旨。」〔一〕

〔一〕此奏寫於紹興十年七月初。

復西京奏

武勝、定國軍節度使、開府儀同三司、湖北、京西路宣撫使、兼營田大使、河南、北諸路招討使臣岳飛狀奏：「據本司中軍統制、提舉一行事務王貴申：『尋差中軍副統制郝晸等統押軍馬，前去措置收復西京去後。今據郝晸等申：進發至離西京六十里下寨。於七月初一日，有金賊馬軍數千騎前來，即時差將官張應、韓清將帶馬軍，於賊來路把截。其賊前來迎敵官軍，張應等即時掩殺，賊馬敗走。晸進發軍馬，當日酉時直湊西京城下。其金賊爲已敗衄，當夜棄城逃遁。於初二日早，收復西京了當，已撫存官吏、居民，各安職業。委獲勝捷。』謹録奏聞，伏候敕旨。」〔一〕

〔一〕此奏寫於紹興十年七月。

龍虎等軍捷奏

武勝、定國軍節度使、開府儀同三司、湖北、京西路宣撫使、兼營田大使、河南、北諸路招討使臣岳飛狀奏：「今月初八日，探得有番賊酋首四太子、龍虎、蓋天大王、韓將軍親領馬軍一萬五千餘騎，例各鮮明衣甲，取徑路，離郾城縣北二十餘里。尋遣發背嵬、遊奕馬軍，自申時後，與賊戰鬭。將士各持麻扎刀、提刀、大斧，與賊手拽厮劈。鏖戰數十合，殺死賊兵滿野，不計其數。至天色昏黑，方始賊兵退，那奪到馬二百餘匹，委獲大捷。〔一〕謹録奏聞，伏候敕旨。」〔二〕

〔一〕委獲大捷　「獲」，底本字跡模糊，嘉靖本作「戰」，據傳本改。

〔二〕此奏寫於紹興十年七月八日。《金佗稡編》卷二高宗宸翰六十七：「覽卿七月五日及八日兩奏。」八日奏即指此奏。

復南城軍捷奏

武勝、定國軍節度使、開府儀同三司、湖北、京西路宣撫使、兼營田大使、河南、北諸路招討使臣岳飛狀奏：「今月初十日，據本司統制忠義軍馬孟邦傑申：『遵依指揮，令措置收復南城軍。邦傑尋遣差將官楊遇等將帶人馬收復。據楊遇等申：七月初四日〔一〕夜二更以來，南城軍北角與金賊交陣，〔二〕擁掩落水溺死賊衆不知其數，并殺死賊兵三千餘人。所有奪到鞍馬、舟船、器甲、弓、箭、旗、槍等別具狀供申外，逼逐賊兵出城，上船渡河。至初七日〔三〕收復南城軍了當，已撫存官吏、居民，各安職業。委獲勝捷，申乞照會。』謹録奏聞，伏候敕旨。」〔四〕

〔一〕初四日　「四」，原缺，嘉靖本同，據傳本補。

〔二〕二更以來南城軍北角與金賊交陣　「南城軍」之上，當有「於」字。

〔三〕初七日　「七」，原缺，嘉靖本同，據傅本補。

〔四〕此奏寫於紹興十年七月。

郾城縣北并垣曲縣等捷奏

武勝、定國軍節度使、開府儀同三司、湖北、京西路宣撫使、兼營田大使、河南、北諸路招討使臣岳飛狀奏：「今月初十日申時，據巡綽馬報覆，有番賊馬軍一千餘騎，徑來侵犯郾城縣北五里店，在後塵頭不絶，不知數目。臣躬親提領軍馬，出城迎敵。遣差背嵬將官王剛等，將帶背嵬使臣五十餘人騎，〔一〕前去探賊。據王剛等稱，於五里店見賊擺一字陣，内見一名甲上着紫袍，認是頭領。遂一齊入賊軍，併手斫下上件頭領，其餘賊衆一發退走。今於斫下屍首上并馬鬃上，取到紅漆牌子二箇，上題寫『阿李朶孛堇』。追趕賊馬二十餘里。

當日又據本司統領忠義軍馬梁興、董榮申：『依准指揮，統押軍馬前來，過大河勦殺金賊，占奪州縣。興等於今月初一日晚，到黄河南岸，措置濟河。其黄河北岸有金賊三十餘人騎，於岸口擺列陣勢，守備人馬。興等於初二日早領兵，〔二〕與統領董榮等人馬渡河，到北岸。賊馬就岸交戰，其賊敗走，追趕入絳州垣曲縣，閉門拒敵。興等遂行張榜説諭，不肯歸降。至午時，興等領兵，與統領董榮等人馬措置絞縛雲梯，一齊上城接戰。殺死番賊不知數目，活捉到千户劉來孫等一十四人，并奪到戰馬一百餘匹、器仗等，見行撫存人户安業，依舊種作外，申乞照會。』謹録奏聞，伏候敕旨。」〔三〕

〔一〕《宋史》卷一六九《職官志》：「訓武郎、修武郎（以上爲大使臣）。從義郎、秉〔義〕郎、忠訓郎、忠翊郎、成忠郎、保義郎、承節郎、承信郎（以上爲小使臣）。」又據《宋史》卷一六八《職官志》，訓武郎（原名敦武郎）與修武郎爲正八品，從義郎與秉義郎爲從八品，忠訓郎、忠翊郎、成忠郎與保義郎爲正九品，承節郎與承信郎爲從九品。「使臣」即八、九品武階官。宋軍使臣未必皆爲統兵官。南宋初，大批軍士因戰功陞使臣，故戰士遂形成使臣、效用和軍兵三等，此處之「背嵬使臣」即可爲一例。

〔二〕初二日早領兵 「領」，原缺，據嘉靖本和傅本補。

〔三〕此奏寫於紹興十年七月。

小商橋捷奏

武勝、定國軍節度使、開府儀同三司、湖北、京西路宣撫使、兼營田大使、河南、北諸路招討使臣岳飛狀奏：「今月十四日，本司前軍統制、同提舉一行事務張憲申：『今月十三日，統率背嵬、遊奕并諸軍人馬，起發前來小商橋北一帶，至臨潁縣，措置掩殺金賊。於今月十四日天明，據綽路馬報，臨潁縣南逢金賊，綽路馬遂追趕過縣三十餘里，殺死賊兵不知數目，其賊望潁昌府、尉氏縣路前去。委獲勝捷。』謹録奏聞，伏候敕旨。」〔一〕

〔一〕此奏寫於紹興十年七月。

河北潁昌諸捷奏〔一〕

武勝、定國軍節度使、開府儀同三司、湖北、京西路宣撫使、兼營田大使、河南、北諸路招討使臣岳飛狀奏：「今月十五日，據本司統領忠義軍馬梁興、趙雲、李進并董榮、牛顯、張峪申：『依准指揮，將帶人馬過河，占奪州縣，掩殺金賊。興等除已於七月初二日收復絳州垣曲縣了當，已行供申外，興等統押軍馬，至七月初四日到孟州王屋縣界，地名西陽、邵源，駐劄兩寨。漢兒軍張太保等部押手下漢軍人馬六十餘人，前來投降。至初五日辰時，到王屋縣西，地名東陽，有駐劄北軍一寨。爲興等統兵前去，其賊棄寨逃走。當日午時，統率軍馬到王屋縣，賊馬爲興等人馬逼近，並已棄城逃走。興等人馬不曾入城，乘勢追趕賊馬二十餘里，奪到戰馬八匹，殺死賊兵三十餘人，并奪到衣、甲、刀、槍、旗幟無數。興等差人招誘王屋縣百姓首領王璋等五十餘人，當面出給旗、牓，招集本縣逃走軍民着業去訖。

至初六日，統兵到孟州濟源縣西，地名曲陽二十里以來，逢金賊高太尉賊馬五千餘人騎前來。興等躬親統押人馬，分頭前去迎敵，與賊血戰，自辰時及午時，其賊大敗。殺死金賊，一十餘里橫屍遍野，并奪到器械、槍、刀、旗、鼓等無數，及活捉到金賊八十餘人。興等收兵歇泊下寨間，至未時以來，有高太尉再將到懷、孟、衛等州界發來賊馬一萬餘人騎，分布前來，興等對面擺陣相拒。興等即時分布軍馬，併力與賊迎敵，不顧死生血戰。自未至酉時，勦殺金賊步軍八分已上，奪到戰馬、驢、騾二百餘頭匹，活捉到金賊一百餘人。追襲至縣西門，其高太尉將帶殘零賊馬退走。興等爲官軍盡日見陣，傷中數多，遂統押軍馬，前去本縣北十餘里，地名燕川，歇泊下寨。委是大獲勝捷。』謹録奏聞，伏候敕旨。」〔二〕

〔一〕據捷奏内容，標題之「潁昌」，乃「孟州」之誤。

〔二〕此奏寫於紹興十年七月。

王貴潁昌捷奏

武勝、定國軍節度使、開府儀同三司、湖北、京西路宣撫使、兼營田大使、河南、北諸路招討使臣岳飛狀奏：「今月十五日，據本司中軍統制、提舉一行事務王貴申：『依准指揮，統率諸軍人馬，於潁昌府屯駐。今月十四日辰時以來，有番賊四太子、鎮國大王、并昭武大將軍韓常及番賊萬户四人，親領番兵馬軍三萬餘騎，直抵潁昌府西門外擺列。貴遂令踏白軍統制董先、選鋒軍副統制胡清守城。貴親統中軍、遊奕軍人馬，并機宜岳雲將帶到背嵬軍出城迎戰。自辰時至午時，血戰數十合，當陣殺死萬户一人，千户五人。賊兵横屍滿野，約五千餘人，〔一〕重傷番賊不知數目。其奪到戰馬、金、鼓、旗、槍、器甲等不計其數，見行根刷，續具數目供申次。委是大獲勝捷。』謹録奏聞，伏候敕旨。」〔二〕

〔一〕五千餘人　「千」，原作「百」，一次激烈鏖戰，不可能只殺敵五百，據《金佗稡編》卷八和《金佗續編》卷二〇改。

〔二〕此奏寫於紹興十年七月。

臨潁捷奏

武勝、定國軍節度使、開府儀同三司、湖北、京西路宣撫使、兼營田大使、河南、北諸路招討使臣岳飛狀奏：「據本司前軍統制、同提舉一行事務張憲申：『今月十八日，到臨潁縣東北，逢金賊馬軍約五千騎。〔一〕分遣統制徐慶、李山、寇成、傅選等馬軍一布向前，入陣與賊戰鬬，其賊敗走，追趕十五餘里。殺死賊兵横屍滿野，奪到器甲等無數，輕騎牽到馬一百餘匹，委是大獲勝捷。』謹録奏聞，伏候敕旨。」〔二〕

〔一〕五千騎 「五」，《金佗稡編》卷八和《金佗續編》卷二〇作「六」，稍異。

〔二〕此奏寫於紹興十年七月。

鄂國金佗稡編卷第十七

經進鄂王家集卷之八

公牘上

乞淮東重難任使申省狀

武功大夫、昌州防禦使、通、泰州鎮撫使、兼知泰州岳飛狀申：「照得飛近准指揮，差飛充通、泰州鎮撫使，仰認朝廷使令之意，除已一面起發，前赴新任外。契勘金賊侵寇虔劉，其志未艾。要當速行勦殺，殄滅静盡，收復諸路，不然則歲月滋久，爲患益深。若蒙朝廷允飛今來所乞，乞將飛母、妻并二子爲質，〔一〕免充通、泰州鎮撫使，止除一淮南東路重難任使。令飛招集兵馬，掩殺金賊，收復本路州郡，伺便迤邐收復山東、河北、河東、京畿等路故地。庶使飛平生之志得以少快，且以盡臣子報君之節。謹具申尚書省，伏乞鈞慈詳察，特賜敷奏，指揮施行，謹狀。

小貼子：飛今來所管官兵一面催發前赴新任，如蒙指允〔二〕飛所乞，即乞速賜指揮，亦不敢仰干朝廷，別求添益軍馬。伏乞鈞照。」〔三〕

〔一〕乞將飛母妻并二子爲質「并二子」，據《金佗稡編》卷五與《金佗續編》卷一四《忠愍諡議》補。

〔二〕如蒙指允「指」，疑爲衍字。

〔三〕此狀寫於建炎四年七、八月。

赴鎮畫一申省劄子

武功大夫、昌州防禦使、通、泰州鎮撫使、兼知泰州岳飛劄子：「契勘飛承尚書省劄子，三省、樞密院同奉聖旨，除授通、泰州鎮撫使、兼知泰州，今具條畫到合行事件下項：

一、飛所統人馬見在常州宜興縣駐泊，其本縣已是闕乏錢糧，無可應副。飛見擇日起發，前去之任。竊聞江陰、鎮江見今全闕濟渡舟船，兼飛所管官兵老小數多，若以見有舟船裝載，半月不能渡絶。切慮軍兵闕食失所，欲乞於平江府、常州、江陰軍等處支撥糧米三、二萬碩，應副即目未渡江以前食用。

一、泰州全藉興化縣在水鄉，多收稻穀，以贍兵卒，今蒙已降指揮，從薛慶所乞，隸屬承州。泰興縣又已割屬揚州。兼契勘泰州舊有四縣，内倚郭海陵附近州城，累遭賊火蹂踐，全無所收，如皐一縣臨於大路，所收不廣。今來泰州一小郡，難以卻將兩縣屬別州，顯於軍民妨闕。伏望詳酌，將上件兩縣依舊隸屬本州，所貴軍民通便。如蒙許允，乞作特旨行下，恐於人情未便，有妨應援。

一、本軍頭口，老小、正兵七萬餘人口，飛差人前去體探得通、泰二州即目並無糧斛，況糧斛猝急難以擘畫。飛體國，不敢過有陳乞支給錢糧，欲乞借支兩浙、淮南路鹽鈔一百萬貫，逐旋還納鹽事司，准充鹽本。

一、飛見帶軍馬萬餘，自春並不曾支給衣賜。今來合給冬衣之時，〔一〕今體訪得通、泰州即目錢帛闕少，本州人兵尚無可支散，切慮因此失所。伏望詳酌體念，特賜於有錢絹官司或別州軍去處支給冬衣一次，貴免官兵赤露失所。

右謹具申尚書省并樞密院，伏候指揮。」〔二〕

〔一〕給冬衣之時　「時」，原缺，據嘉靖本補。

〔二〕此劄子寫於建炎四年八月。

申劉光世乞兵馬糧食狀

武功大夫、昌州防禦使、通、泰州鎮撫使、兼知泰州岳飛狀申：「飛昨奉聖旨指揮，差充前件差遣。於八月十五日還至常州宜興縣，於十八日起發前來，祗赴新任。二十二日至江陰軍歇泊。據探報，金人見圍楚州，飛遂逐急權差統制王貴管押兵馬，等船濟渡。切慮遲滯，有失事機，不免躬親先入泰州，於二十六日夜二更到泰州城外。承准八月十九日指揮，令飛與趙鎮撫立掎角，飛遂措置調發兵夫、糧食，并不住差人勾喚王貴等軍馬。實緣舟船數少，今月初九日，方盡到泰州。

飛已差張憲權行守城，見今大軍屯駐三墩，〔一〕與金人大寨不遠。惟是新復建康之後，所有士馬瘡痍尚新，羸弊方甚，兼自到任未及一旬，芻茭、糗糧一一窘乏。本未能即從王事，重以承、楚之急，甚於倒垂，不可以頃刻安居，理宜前進。欲望鈞慈捐一、二千之衆，假十餘日之糧，令飛得激厲士卒，徑赴賊壘，解二州之圍，掃犬羊之迹。下以裨相公之盛烈，上以寬主上之深憂，不勝幸甚。謹具申安撫相公使司，伏候指揮。」〔二〕

〔一〕三墩　「墩」，原作「光宗皇帝嫌諱」，嘉靖本和傅本同，據浙本改。岳飛上狀時，尚不存在爲趙惇避諱之問題。

〔二〕此狀寫於建炎四年九月十五日。據本卷《申劉光世乞進兵狀》：「飛已於今月十五日具申使司去訖。」

申劉光世乞進兵狀

武功大夫、昌州防禦使、通、泰州鎮撫使、兼知泰州岳飛狀申：「竊念飛以行伍賤隸，辱知朝廷，蒙被厚恩，殞没難報。每以爲國家之難，雖非所命，猶當戮力；矧承、楚之事，危迫如許，累准朝廷指揮催督，此正飛等捐身徇義之秋。切緣王鎮撫林、郭鎮撫仲威等並不見差撥軍馬前來，使司王統制雖聞已起發，即目尚未知屯駐去處，使飛孤軍委實難以支梧。

今月十二日，准本州遞到今月六日指揮。飛除已遵禀外，契勘金賊盤泊日久，連破諸鎮，王鎮撫、郭鎮撫等各斂兵自保，其志已驕，目即承、楚一帶民户逃死，别無鹵掠，易於攻卻。據探報，虜人急攻楚州，切恐萬一疏虞，於淮南諸鎮利害不細。飛已於今月十五日具申使司去訖。飛一面起發，前往承州以來，措置勦殺外；伏乞鈞慈特捐一、二千之衆，別差統制官一員前來犄角，庶立大功，不致上誤國事。謹具申安撫相公使司，伏候指揮。」〔一〕

〔一〕此狀寫於建炎四年九月。

申審招安申省狀

親衛大夫、建州觀察使、神武副軍都統制、權知潭州、兼權荆湖東路安撫、都總管岳飛申：「契勘湖東路見今盜賊嘯聚，動以數萬，李宏在岳州，劉忠在湘陰，曹成在道州作過，其餘寇盜不少。除見措置勦殺外，其間若有能改行自新之人，未委合與不合招安？如許飛招安，欲望給降金字牌、黄旗十副，仍乞差使臣管押，付飛交割。謹具申尚書省并樞密院，伏候指揮。」〔一〕

〔一〕此狀寫於紹興二年二、三月。

乞措置進兵入廣申省狀

親衛大夫、建州觀察使、神武副軍都統制、權知潭州、兼權荆湖東路安撫、都總管岳飛申：「契勘飛承樞密院劄子，奉聖旨指揮，統率軍馬前來湖東，措置收捕曹成賊馬。飛尋依時起發，及沿路不住差信實人到道州以來，體探上件曹成作爲次第。至三月三十日，游兵到衡州茶陵縣，承諸處探報，曹成已於三月二十七日起離道州，望全、永州路前去。緣茶陵縣至道州尚有六百餘里，飛未敢信憑，遂領一行軍馬前來郴州、桂陽監，體度賊馬的實動息，於四月初八日到郴州管下永興界，地名橘水郊，承郴州并桂陽監公文，探知曹成賊馬分路逃遁，前去全、永、賀州界去訖，至三月二十七日並已起離道州盡絶。本軍亦差人探得，與諸處關報一同。

飛今部領軍馬，前去道州，如到彼賊兵未遠，即便尾襲追趕，若逃遁程途已遠，其賊聞飛兵到，必不敢前來拒敵。飛欲深往追趕，又恐二廣不曾得朝廷指揮，不肯應辦錢糧，必致闕誤。兼近據潭州申，劉忠掩殺馬友下統制王成大潰。竊恐馬友見飛已入湖東，及曹成遁走，又不能捍禦劉忠賊馬，以此心懷疑惑，别致生事。飛欲徑往潭州，安撫馬友訖，先次措置勦殺劉忠等賊了當，即乞前去收捕曹成。除已具録奏聞外，伏望特降指揮，付飛遵依施行。謹具申尚書省并樞密院，伏候指揮。

小貼子：飛契勘曹成賊馬經由全、永、賀州界逃遁，已不住關報廣東、西安撫使，請爲統率逐路軍馬，照應把截，無致侵入二廣外，伏望特降指揮，下逐路帥臣，更切火急嚴緊把截施行。伏候指揮。

又小貼子：契勘湖東事體非輕，飛出自寒微，望輕材薄，今令權一路，切恐不能稱任，止乞依舊統制名目，前去追殺曹成。仍乞先次行下二廣路，令應副一行錢糧。仍乞一才幹官，充隨軍運使，專一措置錢糧，庶得常不闕誤。」〔一〕

〔一〕此狀寫於紹興二年四月。

分揀吴錫韓京兩軍訖申省狀

親衛大夫、建州觀察使、神武副軍都統制、權知潭州、兼權荆湖東路安撫、都總管岳飛申：「契勘飛近奉聖旨，差權荆湖東路安撫、都總管，及統率馬友并本路李宏、吴錫、韓京諸頭項軍馬，前來措置掩殺曹成。飛尋依應起發，已到湖東界。其韓京元屯兵衡州茶陵縣，吴錫在郴州，兩項所管官兵多是老弱，及湖東土人在内充數，其實堪出戰人各不滿一千。又緣不經戰鬬，久在州縣屯泊，全無紀律。今來飛已將上件人馬，除揀選不堪披帶人給據放散外，將實堪披帶人數分撥付本軍諸將收管使唤訖。謹具申尚書省并樞密院，伏乞照會，謹狀。」〔一〕

〔一〕此狀寫於紹興二年四月。據《建炎以來繫年要録》卷五三，此狀遞到臨安，時爲閏四月十九日己酉。

乞廣西戰馬申省狀

親衛大夫、建州觀察使、神武副軍都統制、權知潭州、兼權荆湖東路安撫、都總管岳飛狀申：「恭奉聖旨指揮，差撥飛軍馬前來，措置收捕曹成賊馬。其曹成近自道州起發，部領賊衆，於賀州界深山桂嶺剳立巢穴，占據嶮峻，備敵官軍。飛提兵到北藏嶺下寨，其賊嚴備守隘。飛料曹成騎兵頗多，緣飛所管戰馬，比之曹成，數目十不及一，遂逐急於廣西經略司省馬内借到三百匹，乘騎出戰。與曹成下王淵賊馬見陣，約及數時，殺散王淵了當。其所借省馬爲自廣西遠來，料食不足，例皆疲瘦。及見陣，往來馳逐，落崖倒死者一百八十匹。伏望特降指揮，將上件見管未還廣西馬數特許存留，充神武副軍出戰，及更乞下廣西經略司支撥堪好馬五百匹，付飛使用。謹具申尚書省并樞密院，伏候指揮。」〔一〕

〔一〕此狀寫於紹興二年閏四月。

再論虔州平盜賞申省劄子

鎮南軍承宣使、神武後軍統制、充江南西路、舒、蘄州制置使岳飛劄子：「契勘今年討捕虔、吉州界盜賊，山寨計數百餘座。其吉盜如彭鐵大、李動天兩寨，結連肆毒，其徒多至數萬，侵犯江西、湖南，及以次首領〔一〕號爲十大王，桀黠爲甚。虔盜如陳顒、羅閑十等四百餘黨，自爲頭首，各成寨栅。其徒十餘萬衆，結爲表裏，拒敵官軍，尤爲猖獗。恃賴山險，侵犯數路，廣東則循、梅、潮、惠、英、韶、南雄，以至廣州，江西則虔州、南安之雩都，江東則建昌軍，福建則汀州、邵武等，皆爲所攻劫，縱横往來者數年。飛頃奉聖旨，提兵討之，雖正當盛夏，炎瘴交侵，而一時將士奮不顧身，争先用命，以獲平蕩。首領雖衆，並就生擒，一無遺類。向非賞罰明均，何以使人盡力如此。伏望朝廷特賜詳酌，將今來功賞，依去年韓開府收捉福建范汝爲恩例施行，庶使有以激勸兵將，緩急可以倚仗。謹具申尚書省并樞密院，伏候指揮。

小貼子：契勘飛近蒙朝廷褒擢，飛累具辭免，不蒙俞允。即非欲夸大微勞，以謀身計，蓋恐朝廷將來別有使喚，庶得將士盡力。區區之愚，畢盡於此，伏乞鈞慈特賜詳察。」〔二〕

〔一〕及以次首領　「次」，據《金佗稡編》卷五補。

〔二〕此劄子寫於紹興三年九月後。岳飛陞遷鎮南軍承宣使，改任神武後軍統制和江南西路、舒、蘄州制置使皆於九月。

襄陽探報申省狀

鎮南軍承宣使、神武後軍統制、江南西路、舒、蘄州、兼荆南、鄂、岳、黄、復州、漢陽軍、德安府制置使〔一〕岳飛狀申：「據探到僞齊添差番賊并簽軍，見在新野、龍陂、胡陽、棗陽縣

并唐、鄧州一帶屯駐，大段數多。見一面竭力措置外，謹具申尚書省并樞密院，伏乞照會，謹狀。」〔二〕

〔一〕兼荆南鄂岳黄復州漢陽軍德安府制置使　此處原脱「黄、復州、漢陽軍、德安府」，據《金佗稡編》卷一〇《晝守襄陽等郡劄子》補。

〔二〕此狀寫於紹興四年六月。據《金佗續編》卷六《措置防守襄陽隨郢等州省劄》，宋廷回劄發於六月二十三日。

鄂國金佗稡編卷第十八

經進鄂王家集卷之九

公牘中

措置襄漢乞兵申省狀

鎮南軍承宣使、神武後軍統制、江南西路、舒、蘄州、兼荆南、鄂、岳、黄、復州、漢陽軍、德安府制置使岳飛狀申：「恭奉聖旨，恢復襄漢。仰遵廟謨，今已克平五郡，惟信陽未下，已調發軍馬收復，可以旦夕成功。

累准御前處分，令飛條具利害防守之策來上，飛已具管見奏聞去訖。今月初七日再奉指揮，飛之所陳，皆蒙俞允。然今防守之策，正在乎分屯勁兵，控扼要害。飛雖已據數量差軍馬，於逐處屯駐，然其勢力單寡，難以善後。況今已近九月，天氣向寒，邊面尤當嚴備，比聞諜探，虜意猶不可測，飛朝夕計慮，不敢少懈。且以初者恢復之時，賊徒固守，倍費攻取。繼又金賊劉合孛堇、僞齊李成合陝西、河北番、僞之兵，多至數萬，併屯郢州，力拒官軍。仰賴君、相之祐，成此薄效。今既得之，實控上流，國勢所資，尤宜謹守，不可失也。

飛所乞六萬之兵，雖蒙朝廷俞允，然必待楊么賊平，然後抽摘，第恐水勢未減，江湖浩漲，楊么未可措手。縱待十二月與正月間，湖水減落，便能平治邊面，備禦已失機會。飛今見管軍馬，兼撥到牛皐、董先兩項，共一千餘人，合飛本軍都計二萬八千六百一十八人，輜重、火頭占破在内。欲望詳酌，令湖南留韓京、郝晸兩軍在潭州彈壓外，將任士安、吴錫軍馬盡數起發，及江西軍馬内令選擇成頭項者，勾撥三千人，湖北帥司崔邦弼、顔孝恭並撥付飛，相度分守。計此五項，止是二萬人，内有不堪披帶輜重、火頭之數，不下三、五千人。餘乞朝廷摘那，以足六萬之數，速賜遣發前來，布列諸郡，以爲久安之計。利害至重，恐不宜緩，伏望早降指揮施行。謹具申尚書省并樞密院，伏候指揮。

小貼子：飛被命於鄂州歇泊，別聽指揮，謹已遵依外，契勘兵將暴露日久，例皆赤露，天氣向寒，衣裝未備。欲望速降指揮，令飛本軍老小於一處駐劄施行。」〔一〕

〔一〕此狀寫於紹興四年八月七日後。

乞田明添差申都督府狀

鎮寧、崇信軍節度使、神武後軍都統制、荆湖南、北、襄陽府路制置使岳飛狀申：「恭奉聖旨，措置招捕荆湖南、北路盜賊。其王太尉先與水戰見陣，少卻之後，有首領田明率衆前來荆湖南、北路安撫司出首。雖蒙朝廷將田明補武義大夫、榮州刺史、兼閤門宣贊舍人，然至今未霑寸禄。深慮無以勸誘自新之人，伏望特賜指揮，添差田明充衡州兵馬鈐轄一次，庶幾改過之人得以安衈。謹具申都督府，伏候指揮。」〔一〕

〔一〕此狀寫於紹興五年四、五月。

增補黄佐官申都督府狀

鎮寧、崇信軍節度使、神武後軍都統制、荆湖南、北、襄陽府路制置使岳飛狀申：「奉聖旨，措置招捕荆湖南、北路盜賊。近遣武義大夫、閤門宣贊舍人黄佐〔一〕將帶人船，前去攻劫水賊周倫寨柵去後。今據黄佐申：『今年四月十四日到周倫寨，與賊鬭敵，〔二〕除當下殺死及掩入湖賊徒甚衆，并投到統制陳貴等九人，奪到衣甲不筭，掩取寨柵、糧、船了當。』契勘黄佐首先掩殺周倫賊徒獲捷，〔三〕委是忠義勇敢，理宜旌賞，已將朝廷降到空名告，〔四〕依便宜指揮書填武經大夫，依前閤門宣贊舍人，給付黄佐祗領外，謹具申都督府，伏候指揮。」〔五〕

〔一〕閤門宣贊舍人黄佐　「舍人黄佐」，原缺，嘉靖本缺前三字，「佐」，嘉靖本作「仕」，據傅本改補。

〔二〕到周倫寨與賊鬭敵　「寨」、「鬭」兩字，原缺，嘉靖本同，據傅本補，「與賊」兩字原缺，據《宋岳鄂王文集》補。

〔三〕賊徒獲捷　「賊」，原缺，嘉靖本同，傅本作「非」，今據《宋岳鄂王文集》。

〔四〕朝廷降到空名告　「朝廷」，原缺，嘉靖本同，據傅本補。

〔五〕此狀寫於紹興五年四月。底本缺字不少，據《宋岳鄂王文集》補。

招安楊欽等申都督行府狀

鎮寧、崇信軍節度使、神武後軍都統制、荆湖南、北、襄陽府路制置使岳飛狀申：「六月二日，據武義大夫、閤門宣贊舍人黄佐招安到水寨首領楊欽，將帶到本寨徒衆，並到軍前。除已優加存恤外，謹具申都督行府，伏乞照會，謹狀。」〔一〕

〔一〕此狀寫於紹興五年六月。

梁興奪河渡〔一〕申省狀

檢校少保、鎮寧、崇信軍節度使、荆湖南、〔二〕北、襄陽府路招討使岳飛狀申：「契勘飛先來結約太行山忠義保社，密爲内應。今據頭領梁興等一百餘人，奪河徑渡，欲自襄陽府至飛軍前。除已一面招納外，謹具申尚書省并樞密院，伏候指揮。」〔三〕

〔一〕奪河渡 「渡」，據本卷目録補。

〔二〕據《金佗續編》卷六《除湖北襄陽招討使省劄》，岳飛陞招討使時，已不再轄荆湖南路，此狀與後兩劄子官銜疑衍「南」字。

〔三〕據《建炎以來繫年要録》卷九七紹興六年正月癸酉注，此狀應寫於紹興五年十二月。

乞襄陽府路〔一〕仍作京西路申都督府劄子

檢校少保、鎮寧、崇信軍節度使、荆湖南、北、襄陽府路招討使岳飛劄子：「契勘襄陽、唐、鄧、隨、郢、金、房、均州、信陽軍元係京西南路，今來收復已久，合仍舊貫。欲乞改襄陽府路依舊只作京西南路，庶得路分速歸舊制，以稱朝廷正名責實，不忘中原之意。伏候鈞旨。」〔二〕

〔一〕襄陽府路　「府」，據本卷目録補。

〔二〕此劄子寫於紹興六年二月。據《建炎以來繫年要録》卷九八，《宋史》卷二八與《宋會要輯稿》方域五之一八，宋廷於二月十日戊申，改襄陽府路爲京西南路。

乞置監司申都督府劄子

檢校少保、鎮寧、崇信軍節度使、荆湖南、北、襄陽府路招討使岳飛劄子：「契勘襄陽府自收復以來，未曾差置監司。切慮無以按察州縣，欲望鈞慈詳酌，除監司一員，兼諸司事務，庶得官吏勤於職事，不致苟簡，以稱朝廷厲精核實之意。伏候鈞旨。」〔一〕

〔一〕此劄子寫於紹興六年二月。

乞便宜黜贓吏申省劄子

檢校少保、鎮寧、崇信軍節度使、充湖北、京西路招討使、兼本路營田使岳飛劄子：「飛一介寒微，誤蒙朝廷委寄兩路，不敢不竭愚鈍，以圖報稱。契勘管下州縣例經殘破，正賴撫綏，切慮州縣官或有蠹政害民、贓污不法之人，當此安集之初，易以搔擾，若不稍加振厲，則民户難以安業。欲望特降指揮，如有似此之人，許本司一面對移，事理重者放罷，仍具情犯職名奏聞。所貴官吏修舉職事，不敢苟簡。伏候鈞旨。」〔一〕

〔一〕此劄子寫於紹興六年二月。據《金佗續編》卷七《從申剌舉本路州縣官省劄》，宋廷回劄日期爲二月二十一日，《建炎以來繫年要録》卷九八載，宋廷批准日期爲二月二十四日壬戌。

進兵渡江申省狀

起復檢校少保、武勝、定國軍節度使、湖北、京西路宣撫副使、兼營田使岳飛狀申：

「今據諸處申到，番、僞賊馬厚重，欲分路前來侵犯。飛比來目疾雖昏痛愈甚，〔一〕深惟國事之重，義當忘身，遂不免於十一月十五日躬親渡江，星夜前去措置賊馬外，謹具申尚書省并樞密院，伏乞照會，謹狀。」〔二〕

〔一〕目疾雖昏痛愈甚　「愈甚」，《金佗續編》卷八《番僞分路前來令更切審料賊情省劄》作「未痊」。

〔二〕此狀寫於紹興六年十一月。

乞朝辭申省劄子

起復檢校少保、武勝、定國軍節度使、湖北、京西路宣撫副使、兼營田使岳飛劄子：

「契勘飛累准朝廷指揮催促，〔一〕令前來行在所奏事。飛已到行朝，適值國恤，隨班入臨，欲候除服日，即乞朝辭。伏候指揮。」〔二〕

〔一〕累准朝廷指揮催促　「累」和「催促」，據《金佗續編》卷八《令扈車駕幸建康省劄》補。

〔二〕此劄子寫於紹興七年二月。據《金佗續編》卷八《令扈車駕幸建康省劄》，宋廷回劄日期爲二月十九日。

申審馬軍行次申省狀

起復檢校少保、武勝、定國軍節度使、湖北、京西路宣撫副使、兼營田使岳飛狀申：

「契勘近准指揮，令本司馬軍於扇筏船前行。續准指揮，爲扇筏船在後隔遠，令次趙密軍馬後行。緣所管步人在前，馬軍在後，難以照會。伏乞指揮，將馬軍、步人同前行。謹具申尚書省并樞密院，伏候指揮。」〔一〕

〔一〕此狀寫於紹興七年二月。

收到胡清等申省狀

太尉、武勝、定國軍節度使、湖北、京西路宣撫使、兼營田大使岳飛狀申：「今具節次收到歸正僞統制、統領官等下項：

一、統制官：右武大夫、成州團練使、知潁順軍、權知鎮汝軍、馬軍統制官胡清。

一、統領官〔一〕一十員：武翼郎劉遇，修武郎劉德，宗迪，從義郎、閤門宣贊舍人游皐，從義郎韓青，秉義郎杜彦，楊宣，楊珍，成忠郎吕榮，借補武翼大夫、閤門宣贊舍人李忠。

一、使臣一十員：修武郎王賓、保義郎薛密、承節郎王進、承信郎黄欽、進武校尉郭進、張彦、鄭德、進武副尉荆成、周真、借承信郎張立。

右開具在前，謹具申尚書省并樞密院，伏乞照會施行。謹狀。」〔二〕

〔一〕統領官　「領」，原作「制」，今據前文「收到歸正僞統制、統領官等」改。

〔二〕此狀寫於紹興八年九、十月。據《建炎以來繫年要録》卷一二二與《宋會要輯稿》兵一五之六—七，宋廷接岳飛另一内容略同之奏，日期爲十月八日辛酉。

再乞褒贈張所申省劄子

武勝、定國軍節度使、開府儀同三司、湖北、京西路宣撫使、兼營田大使岳飛劄子：「飛竊聞好生惡死，天下常情，若臨大難而不變，視死如歸，則非忠義之士，有所不能。伏見左通直郎、直龍圖閣張所以忠許國，義不顧身，雖斧鉞在前，凜然不易其色，終能以全節自守而不屈。不惟飛知之，士大夫無不知之。今蒙朝廷已敍復元官，恩至渥矣，然區區之心欲望更賜敷奏，特與優加褒異，庶使天下忠義之士，皆知所勸。冒瀆鈞嚴，飛不勝皇懼待罪之至。」〔一〕

〔一〕此劄子寫於紹興九年十、十一月。據《金佗續編》卷九《賜張所一資恩澤仍支銀絹省劄》，宋廷回劄日期爲十一月十三日。

論劉永壽等棄淮寧府〔一〕申省狀

少保、武勝、定國軍節度使、湖北、京西路宣撫使、兼營田大使、河南、北諸路招討使〔二〕岳飛狀申：「契勘權知淮寧府劉永壽并史貴將帶人兵，棄城前來，顯是退怯。除已依軍法行遣外，其淮寧府別行差官措置。伏望特降指揮，將劉永壽、史貴更賜行遣，以爲臨敵不用命者之戒。謹具申尚書省并樞密院，伏候指揮。」〔三〕

〔一〕淮寧府　「府」，據本卷目録補。

〔二〕兼營田大使河南北諸路招討使　「大使」之下，原有「兼」字，據後一狀删。

〔三〕此狀寫於紹興十年七月。

差趙秉淵知淮寧府申省狀

少保、武勝、定國軍節度使、湖北、京西路宣撫使、兼營田大使、河南、北諸路招討使岳飛狀申：「契勘飛近爲權知淮寧府劉永壽、史貴擅棄淮寧府城，已將逐官依軍法行遣，及申奏朝廷，乞將逐官更賜行遣外，飛遂差統制官趙秉淵將帶軍馬，前去措置占守去後。今據趙秉淵申，已於七月二十三日軍馬入淮寧府城，安貼官吏、居民訖，申乞照會。所有淮寧府伏望特降指揮，下淮北宣撫司差官施行。謹具申尚書省并樞密院，伏候指揮。」〔一〕

〔一〕此狀寫於紹興十年七月。

乞照應母姚氏封號申省狀

鎮寧、崇信軍節度使、神武後軍統制、充湖北路、荆、襄、潭州制置使岳飛狀申：「二月一日奉親筆，賜飛母特封國夫人，尋具辭免，奉聖旨，不允。今月十七日，蒙降封母姚氏福國太夫人告軸。契勘飛母姚氏見係太恭人，其前件告命，卻係榮國太夫人上擬封，所有榮國太夫人告，即不曾祗受。今來降到福國太夫人告軸，隨狀繳納前去。謹具申尚書省并樞密院，伏候指揮。」〔二〕

〔二〕此狀寫於紹興五年二月。《建炎以來繫年要録》卷八五記載宋廷因岳飛上狀，而修改福國告，毀抹榮國告之事。

辭男雲奇功賞申都督行府狀

鎮寧、崇信軍節度使、神武後軍都統制、荆湖南、北、〔三〕襄陽府路制置使岳飛狀申：

「准都督行府劄子：『勘會制置使司近差官兵平蕩湖賊了當，内奇功、第一等人並已推恩訖，其武翼郎、閤門宣贊舍人岳雲亦係奇功，緣雲係岳飛之子，不曾保明。除已具奏，乞優與推恩外，劄付飛照會。』契勘今來平蕩湖賊，並係將士戮力用命之功；男雲雖曾隨軍前去，即不曾立到顯效。所有前項行府照劄，飛即不敢令男雲祗受，今隨狀繳納，乞不施行。謹具申都督行府，伏候指揮。」〔二〕

〔一〕湖南北　原脱「南」字，據本卷《乞田明添差申都督府狀》增補。

〔二〕此狀寫於紹興五年六、七月。

乞免帶河東宣撫申都督府狀

起復檢校少保、武勝、定國軍節度使、湖北、京西路宣撫副使、兼本路營田使岳飛狀申：「准都督行府劄子：『勘會行府恭被聖訓，應措置軍事，一面相度施行。契勘岳少保已除湖北、京西路宣撫副使，所有將來進發至京西路分行下僞界文字，合添入河東一字，以湖北、京西、河東宣撫副使繫階。其行移湖北以襄州軍，及關申朝廷并行府等文字，自合依舊。已於三月三十日劄下岳少保照會施行去訖，須議指揮。右勘會若將來有河北申到本司軍前文字，即聽行節制，仍於階内添入節制河北路五字，餘依已劄下事理施行。』除已遵依指揮施行外，契勘河東、河北兩路，[二]近除有梁興等前來之後外，别無前來之人。所有前項所准指揮，令飛階内添入河東及節制河北路字，伏乞行府特賜指揮，寢罷施行。伏候指揮。」[一]

〔一〕此狀自「路」之下，原缺，據《金佗續編》卷七《進發至京西路添入河東及節制河北路字劄》補。

〔二〕此狀寫於紹興六年六月。據《金佗續編》卷七《進發至京西路添入河東及節制河北路字劄》，宋廷回劄日期爲七月二日。

乞致仕養疾申省狀[一]

起復檢校少保、武勝、定國軍節度使、湖北、京西路宣撫副使、兼營田使岳飛狀申：「契勘飛近巡按邊面，措置事宜，[二]緣爲目疾昏痛，遂勾收軍馬，於襄陽府等處屯駐，累具申聞，乞令致仕養疾，未蒙施行。九月二十八日還至鄂州，其目疾愈覺昏暗，不能視物，遂時暫在假，今參謀官薛弼、參議官李若虛權行管幹宣撫司事務。今來所苦眼疾昏暗，甚於日前。方此賊馬侵優，主上親臨視師，聖慮焦勞，稍能勉强，豈敢託疾，以求身便。所有累中事理，伏望速賜施行，伏候指揮。」〔三〕

〔一〕此狀原缺，據《宋岳鄂王文集》補，今又據《岳武穆年譜》補葺缺字。

〔二〕措置事宜　「措置」，《宋岳鄂王文集》原作「指揮」，據《岳武穆年譜》改。

〔三〕此狀寫於紹興六年十月。

鄂國金佗稡編卷第十九

經進鄂王家集卷之十

公牘下

建康捷報申省狀

武德大夫、英州刺史、御營使下統制〔一〕岳飛狀申：「照對飛自建炎三年十一月二十二日起離建康府，至廣德軍界，與金賊六次見陣。收復溧陽縣，及於常州界以來邀擊金賊，襲逐至鎮江府。恭依聖旨，親提重兵，至建康府，與金賊戰鬭，追殺過江，收復了當。其生擒到僞同知溧陽縣事、〔二〕渤海太師李撒八，千户留哥及女真、漢兒等，今差使臣管押申解前去。謹具申尚書省并樞密院，伏候指揮。」〔三〕

〔一〕御營使下統制　「下」之下原有「都」字，據《金佗稡編》卷一六《廣德捷奏》與《金佗續編》卷二八《孫逌編鄂王事》引邵緝建炎四年薦書删。杜充任御營使、兼江、淮宣撫使時，陳淬任宣撫司都統制，岳飛任右軍統制。杜充降金後，宣撫司事實上撤銷，故岳飛改任御營司統制。

〔二〕僞同知溧陽縣事　「同」，據《金佗稡編》卷一六《廣德捷奏》補。

〔三〕此狀寫於建炎四年五月。

承州捷報申省狀

武功大夫、昌州防禦使、通、泰州鎮撫使、兼知泰州岳飛狀申：「恭依指揮，選精鋭分頭會合，及率人馬直抵承州，掩殺金賊，三次見陣〔一〕獲捷。所有逐次生擒女真、契丹、渤海、漢兒軍高太保等，除身死外，見管女真三人：阿主里孛堇、白打里、蒲速里；渤海一名：李用；契丹一名：毛毛可湿；奚人三人：王哥、合主、留哥；漢兒一十二人：李延壽、趙月一、張大、李興門、侯孝興、解德、小兒、麻大、曹黑兒、楊四兒、楊章兒、孫公儀。今差使臣某人管押申解前去。謹具申尚書省并樞密院，伏候指揮。」〔二〕

〔一〕三次見陣「三」，原缺，據嘉靖本補。

〔二〕此狀寫於建炎四年九、十月。

賀州捷報申省狀

親衛大夫、建州觀察使、神武副軍都統制、權知潭州、兼權荆湖東路安撫、都總管岳飛狀申：「閏四月〔一〕六日，飛進兵離賀州二十餘里，曹成賊兵三萬餘人占據山險，迎敵官軍。即時鼓率士卒掩殺，賊兵敗走。飛又率兵追至賀州城東江岸，其賊望桂嶺路逃遁前去。飛尋勾本軍離賀州二十餘里下寨，並不曾放人入城。賀州錢糧係廣西經略安撫許中下統制歐陽臨、羅選等差丁兵占守。所有飛一行軍馬只沿路就賊糧斛食用。飛見行進兵，前去桂嶺縣，破滅曹成大隊次。謹具申尚書省并樞密院，伏乞照會，謹狀。」〔二〕

〔一〕閏四月「四」，原作「三」，嘉靖本同，據傅本改。

〔二〕此狀寫於紹興二年閏四月。據《宋會要輯稿》兵一〇之三二，宋廷於五月十一日接到此狀。《宋會要輯稿》兵一〇之三二文字稍異。

大破曹成捷報申省狀

親衛大夫、建州觀察使、神武副軍都統制、權知潭州、兼權荆湖東路安撫、都總管岳飛狀申：「准樞密院劄子，奉聖旨，收捕曹成。除於今年閏四月五日，自遶嶺路下手，掩殺曹成下把隘并遊掠賊兵，破蕩州界太平塲賊寨。當月六日，離賀州二十餘里，殺散曹成下賊兵三萬人。十二日，殺散北藏嶺、上梧關守隘賊兵，占奪關口。十三日，殺散曹成發來照應北藏嶺，夾擊官軍賊兵一萬五千餘人。除已具殺獲次第，捉殺人數，奪到弓、箭、槍、刀等申樞密院外，飛契勘曹成自桂嶺縣劄立大寨，至北藏嶺約六十餘里，盡是山險、河澗，唯狹路往來，人馬不得並行，兼北藏嶺、上梧關、蓬嶺三隘所阻。已取奪北藏嶺、上梧關兩隘了當，至閏四月十五日，進兵蓬嶺。其賊嚴備隘口，把截官軍。飛於當日未時以來，分布兵將，一擁上嶺，與賊戰敵。其賊大敗，四向奔潰，殺死及掩擁入河不知其數。十六日，取桂嶺縣，取奪大寨了當。其曹成帶領殘零潰賊，望連州路逃竄。奪到槍、刀、金、鼓、旗幟不計數目，及奪到被虜人民數萬人，放令歸業。飛見遣四向搜邏勦戮，追襲殺捕，并關報廣東經略把截，乘勢掩殺外，謹具申尚書省并樞密院，伏乞照會，謹狀。」〔一〕

〔一〕此狀寫於紹興二年閏四月。

追趕曹成捷報申省狀

親衛大夫、建州觀察使、神武副軍都統制、權知潭州、兼權荆湖東路安撫、都總管岳飛狀申：「恭奉聖旨，收捕曹成賊馬，於今年閏四月五日遶嶺沿路掩殺，破蕩巢穴了當。其曹成奔竄廣東連州，遂遣本司統制官張憲追趕掩殺，收復連州了當。曹成已入湖南，望江西逃竄，并曹成先發都統領王淵賊馬望桂陽監路前去，尋遣本司統制官王貴追趕殺散。其餘徒黨望江西散走，賊勢大段窮蹙。

飛除已躬親提兵勦殺招收外，飛契勘捉到曹成下將官張全等通説，曹成軍中實有河北、河東、山東、京畿、陝西等七萬餘人。飛自今年閏四月五日後來，節次殺戮，約及太半，平蕩指日。伏恐廟堂過憂，上勤宵旰，謹具申尚書省并樞密院，伏乞敷奏施行。伏候指揮。」〔一〕

〔一〕此狀寫於紹興二年夏。

虔州[一]捷報申省狀

中衛大夫、武安軍承宣使、神武副軍都統制岳飛狀申：「契勘恭奉親札處分，措置虔州等處盜賊。飛准江南宣諭牒，據吉州龍泉縣申：『本縣被賊人彭友、李動天結集頭領兇賊，僞稱十大王，已經四年，攻破八縣，大段猖獗。其彭友等賊徒見在本縣界武陵、烈源、陳田三處劄寨。』飛恭依聖旨，先差使臣齎文字前去招諭，其僞十大王彭友等八頭項並不肯聽從，又結集永新縣界羣賊尹花八等二項賊徒三千餘人等，迎敵官軍。飛分遣統領官張憲取一路，王貴取一路，飛躬親統率軍馬取一路，約期會合迎敵。其賊沿山擺布，飛遂率將士戰鬭，當日賊衆敗走下山，奪到隘口數處。飛躬親督率軍馬，分頭下山，與賊戰鬭，殺死賊徒遍滿山谷，并槍、牌、衣、甲等，[二]及奪救到被虜老小二萬餘人，已放令逐便。具録奏聞外，飛續遣兵於山村搜殺不盡殘黨。捉到賊魁僞十大王彭友、李滿并以次頭領，隨軍監防外，謹具申尚書省并樞密院，伏候指揮。」[三]

〔一〕虔州　應爲「吉州」之誤。

〔二〕殺死賊徒遍滿山谷并槍牌衣甲等　「并」之下，應有缺字。

〔三〕此狀寫於紹興三年夏。

虔賊捷報申省狀

鎮南軍承宣使、神武副軍都統制、江南西路、舒、蘄州制置使岳飛狀申：「准樞密院劄子，奉聖旨，令飛躬親前去虔州，討捕盜賊。飛恭依指揮，起離到吉州。有彭大名友等作過，飛先差人招安，不肯聽從。分布軍馬，與賊鬭敵，殺死賊徒不知其數，捉到彭鐵大并以次首領李動天。

又往虔州，分遣統領官説諭諸寨頭首，並不肯聽從。遂行進兵，於興國縣衣錦鄉一帶，節次逢賊見陣，大獲勝捷。并攻破山寨數百餘座，生擒賊首王彦、鍾超、吕添、羅閑十、陳顒、藍細禾、謝敵、鍾大牙、劉八大五、盧高，處置訖，委是盡静，別無未獲賊徒。今依指揮，將實有功將士，開具等第。謹具申尚書省并樞密院，伏乞照會施行，謹狀。」〔一〕

〔一〕此狀寫於紹興三年九月。據《建炎以來繫年要録》卷六八與《金佗續編》卷五《除江南西路舒蘄州制置使省劄》、《改差充神武後軍統制省劄》，岳飛時於臨安朝見，九月二十四日乙亥任江南西路、舒、蘄州制置使，九月二十九日庚辰由神武副軍都統制改任神武後軍統制，據此狀岳飛官銜，當寫於二十四日至二十九日之間。

廬州捷報申省狀

清遠軍節度使、湖北路、荆、襄、潭州制置使岳飛狀申：「據統制官徐慶、牛臯申：『部押人馬，前來廬州。到本州安泊未定間，有番、僞賊兵逼近州城，遂躬親率所統人馬出城，迎捍鬭敵。自申時轉戰至酉時，其賊敗走，大獲勝捷，殺戮賊兵三十餘里。除殺死并斬首級外，活擒到番、僞賊兵八十餘人，奪到馬八十餘匹，槍、刀不知其數目，賊馬走透前去。』飛契勘元差徐慶、牛臯等將帶官兵二千餘人，前去廬、壽、濠州、天長軍以來，掩擊賊馬。今到廬州城下，逢賊戰鬭。除在城内及在城南下寨官兵更不開具外，今具接戰實立功官兵五百四十六人，分爲等第，謹具申尚書省并樞密院，伏乞照會施行，謹狀。」〔一〕

〔一〕此狀寫於紹興四年十二月或紹興五年正月。

平湖寇申省狀

鎮寧、崇信軍節度使、神武後軍都統制、荆湖南、北、襄陽府路制置使岳飛狀申：「飛近招捉到水寨劉衡、夏誠、楊收、楊壽、石顆等及諸路頭領小寨二十餘座，并黄誠、楊太、周倫下徒衆。節次取問得願歸業人，於六月十八日終出給公據，放散二萬七千餘户，各量支米糧歸業外，謹具申尚書省并樞密院，伏乞照會，謹狀。」〔一〕

〔一〕此狀寫於紹興五年六月。《建炎以來繫年要録》卷九一所載紹興五年七月戊子（十七日）爲宋廷收到此狀後下詔之日期。

何家寨捷報申省狀

起復檢校少保、武勝、定國軍節度使、湖北、京西路宣撫副使、兼營田使岳飛狀申：「據王貴申：『僞五大王擁賊兵前來，離何家寨四十里，地名大標木，依山勢擺布，〔一〕迎敵官軍。於十一月初十日與賊交戰，大獲勝捷。』謹具申尚書省并樞密院，伏乞照會，謹狀。

小貼子：飛契勘僞五大王擁番、僞重兵，侵犯唐、鄧州、漢上一帶作過，飛遂遣發軍馬措置。今雖獲大捷，緣已至蔡州界，去京城大段比近，勢未能便行深討。飛見星夜前去相度，若蔡州可下，即行收復，差官主管州事畢，班師，別聽朝廷指揮。伏乞照會。」〔二〕

〔一〕依山勢擺布　「依」之下，《金佗續編》卷七《僞五大王至蔡州令審料敵情省劄》有「靠」字。

〔二〕此狀寫於紹興六年十一月。

鶻旋郎君捷報申省狀

少保、武勝、定國軍節度使、湖北、京西路宣撫使、兼營田大使、河南、北諸路招討使岳飛狀申：「據本司統領官李寶、孫彦申：『探得金賊四太子前軍四箇千户，將領馬軍大隊四千餘騎，前來宛亭縣界荆堽下寨。寶等於五月二十四日晚，部領人船前去，一更以來，劫殺金賊大寨。殺死并擁掩入黄河，不知數目，殺死千户三人并鶻旋郎君。奪到白旗一面，上寫都元帥越國王前軍四千户字，奪到馬一千匹。

六月二日，有番賊金牌郎君〔一〕會起東京以北番賊大隊前來。寶等統率人兵，向前掩殺，賊兵敗走，望南逃遁。追殺二十餘里，殺死、擁掩入黃河，不知其數，奪到器甲不少，委是大獲勝捷。』謹具申尚書省并樞密院，伏乞照會，謹狀。」

〔一〕《金史》卷五八《百官志》：「收國二年九月，始製金牌，後又有銀牌、木牌之制，蓋金牌以授萬户，銀牌以授猛安，木牌則謀克、蒲輦所佩者也。故國初與空名宣頭付軍帥，以爲功賞。」

《容齋三筆》卷四《銀牌使者》：「金國每遣使出外，貴者佩金牌，次佩銀牌，俗呼爲金牌、銀牌郎君。」郎君一詞見《金佗稡編》卷八第五六二頁。

《金史》卷八四《昂傳》：「太祖喜曰：『汝，吾宗弟也，自今勿遠左右。』居數日，賜金牌，令佩以侍。……宗望伐宋，承制以爲河南諸路兵馬都統，稱金牌郎君。」

又同書卷八七《僕散忠義傳》：「增都元帥金牌一，銀牌二十，左、右副元帥金牌各一，銀牌各十，左、右監軍金牌各一，銀牌各六，左、右都監金牌各一，銀牌各四，三路都統府銀牌各二。」

又同書卷八八《紇石烈良弼傳》：「窩斡敗於陷泉，入奚中，詔良弼佩金牌及銀牌四，往北京招撫奚、契丹。」

又同書卷一三二《完顔元宜傳》：「海陵增置浙西道都統制，使元宜領之，督諸軍渡江，佩金牌，賜衣一襲。」

〔二〕此狀寫於紹興十年六月。

檄

奉詔移僞齊檄

契勘僞齊僭號，竊據汴都。舊忝臺臣，累蒙任使，是宜執節效死，圖報國恩，〔一〕乃敢背棄君父，無天而行。以祖宗涵養之澤，〔二〕翻爲仇怨；率華夏禮義之俗，甘事腥羶。紫色餘分，擬亂正統，想其面目，何以臨人？方且妄圖襄漢之行，欲窺川蜀之路，專犯不韙，自速誅夷。

我國家厄運已銷，〔三〕中興在即，天時既順，人意悉諧，所在皆賈勇之夫，思共快不平之忿。今王師已盡壓淮、泗，東過海、沂，驲騎交馳，羽檄疊至。故我得兼收南陽智謀之士，提大河忠孝之人，仗義以行，乘時而動。金、洋之兵出其西，荆湖之師繼其後。雖同心一德，足以吞彼國之梟羣；〔四〕然三令五申，豈忍殘吾宋之赤子。爾應陷没州縣官吏、兵、民等，元非本意，諒皆脅從，〔五〕屈於賊威，歸逃無路。我今奉辭伐罪，拯溺蘇枯，〔六〕惟務安集，秋毫無犯。儻能開門納款，肉袒迎降，或願倒戈以前驅，或列壺漿而在道，自應悉仍舊貫，不改職業，盡除戎索，咸用漢條。如或執迷不悟，甘爲叛人，嗾桀犬以吠堯，〔七〕罾獵師而哭虎；議當躬行天罰，玉石俱焚，〔八〕禍並宗親，辱及父祖，掛今日之逆黨，連千載之惡名。〔九〕順逆二途，蚤宜擇處，兵戈既逼，雖悔何追。謹連黄榜在前，各令知悉。〔一〇〕

〔一〕契勘僞齊僭號竊據汴都舊忝臺臣累蒙任使是宜執節效死圖報國恩　此段《新安文獻志》卷四〇《代岳制使飛移河南郡縣討劉豫檄》作「契勘劉豫竊據汴都，僭稱僞號，舊蒙任使，累忝臺臣，是宜圖報國家，執節效死」。

〔二〕涵養之澤　「澤」，《新安文獻志》卷四〇《代岳制使飛移河南郡縣討劉豫檄》作「恩」。

〔三〕我國家厄運已銷　「國家」，《新安文獻志》卷四〇《代岳制使飛移河南郡縣討劉豫檄》作「聖朝」。

〔四〕彼國之梟羣　「國」，《新安文獻志》卷四〇《代岳制使飛移河南郡縣討劉豫檄》作「圉」，疑是。

〔五〕諒皆脅從　「脅」，原作「協」，據《新安文獻志》卷四〇《代岳制使飛移河南郡縣討劉豫檄》改。

〔六〕拯溺蘇枯　「枯」，原作「秙」，嘉靖本同，據傅本和《新安文獻志》卷四〇《代岳制使飛移河南郡縣討劉豫檄》改。

〔七〕嗾桀犬以吠堯　「桀」，《新安文獻志》卷四〇《代岳制使飛移河南郡縣討劉豫檄》作「跖」。

〔八〕玉石俱焚　《新安文獻志》卷四〇《代岳制使飛移河南郡縣討劉豫檄》作「迅掃兇頑」。

〔九〕連千載之惡名　「連」，《新安文獻志》卷四〇《代岳制使飛移河南郡縣討劉豫檄》作「遺」。

〔一〇〕各令知悉　「令」，原作「今」，據嘉靖本、傅本和《新安文獻志》卷四〇《代岳制使飛移河南郡縣討劉豫檄》改。

按此檄據《新安文獻志》卷四〇，爲幕僚胡閎休之作，寫於紹興六年二月，時岳飛任招討使，「制使」係誤。

律詩

題翠巖寺

秋風江上駐王師，暫向雲山躡翠微。忠義必期清塞水，功名直欲鎮邊圻。山林嘯聚何勞取，〔一〕沙漠羣兇定破機。行復三關迎二聖，金酋席卷盡擒歸。〔二〕

〔一〕山林嘯聚何勞取　「取」，原作「敢」，嘉靖本同，據《金佗稡編》卷九《遺事》和傅本改。

〔二〕據中州古籍出版社一九九七年郭光《岳飛集輯注》第四三六頁引清黄邦寧編《岳忠武王文集》卷八此詩注：「寺在南昌府治之西山，去府五十里。」又引《大清一統志》卷三〇九《江西・南昌府二・寺觀》，清劉坤一等編《江西通志》卷一二一爲證，將此詩繫於紹興元年討李成，降張用之後，駐兵洪州時。按從「秋風江上駐王師」之句看，似以紹興二、三年駐兵江州，而到洪州之翠巖寺題詩，可能性較大。

寄浮圖慧海〔一〕

湓浦廬山幾度秋，長江萬折向東流。男兒立志扶王室，聖主專師滅虜酋。功業要刊燕石上，歸休終伴赤松遊。丁寧寄語東林老，蓮社從今着力修。〔二〕

〔一〕《宋會要輯稿》道釋一之七：「（紹興）四年十一月二十五日，神武後軍統制、充江南西路、舒、蘄州制置使岳飛言：『臣駐軍江州，請到禪僧〔慧〕海住持江州廬山東林禪寺。本僧禪學精通，戒行孤潔，欲望特與一佛心禪師師號。』從之。」此奏乃劉康年僞奏，可參《金佗稡編》卷九第八七二頁，然亦證明岳飛與慧海之關係。兩人應於紹興二年，即岳飛率軍屯駐江州前後結識。因岳飛紹興五年初上奏力辭，宋廷又同意取消佛心禪師師號。紹興六年，岳飛因母亡守喪，紹興七年，因宋廷取消併統淮西等軍之成命，憤而辭職，先後居於慧海之東林寺。《渭南文集》卷四五《入蜀記》：「（乾道六年八月四日，時至江州）遊天慶觀，李太白詩所謂『潯陽紫極宫』也。……見觀主李守智，問玉芝，亦不能答。……李守智者，滁州來安人，自言家故富饒，遇亂棄家爲道人，大將岳飛以度牒與之，始爲道士。至今畫岳氏父子事之。」又同書卷四六《入蜀記》：「至富池昭勇廟，以壺酒、特豕謁昭毅武惠遺愛靈顯王神。神，吴大帝時折衝將軍甘興霸也。……岳飛爲宣撫使，大葺祠宇，江上神祠皆不及也。」可知岳飛對釋道皆有所耽溺。

〔二〕此詩應寫於紹興十年五、六月北伐前。岳飛具有必勝信念，請慧海爲其準備功成身退事宜。廬山東林寺爲佛教名寺，東晉慧遠曾於此結白蓮社。

《賓退録》卷一：「紹興癸丑，岳武穆提兵平虔、吉羣盜，道出新淦，題詩青泥市蕭寺壁間云：『雄氣堂堂貫斗牛，誓將直節報君讎。斬除頑惡還車駕，不問登壇萬户侯。』淳熙間，林令（梓）欲摹刻於石，會罷去，不果。今寺廢壁亡矣，其孫類《家集》，惜未有告之者。」可知岳珂編《家集》確有遺落者。然而今存《家集》以外之岳飛詩詞亦有明顯之僞作。如《岳集》卷五《送紫巖張先生北伐》一詩，岳飛稱張浚，可呼張相、張相公或張都督之類，斷無呼紫巖先生之理。此外，亦並無文臣張浚北伐，而有勞武將岳飛相送之史實。

詞

小重山

昨夜寒蛩不住鳴，驚回千里夢，已三更。起來獨自遶階行，人悄悄，簾外月籠明。白首爲功名，舊山松竹老，阻歸程。欲將心事付瑶琴，知音少，弦斷有誰聽。〔一〕

〔一〕此詞當寫於紹興八、九或十一年秋，反映岳飛反對降金乞和，有志莫伸之苦悶。明嘉靖刻本《桯史》附録載岳飛《滿江紅》詞：「怒髪沖冠，凭闌處，瀟瀟雨歇。擡望眼，仰天長嘯，壯懷激烈。三十功名塵與土，八千里路雲和月。莫等閑白了少年頭，空悲切！靖康耻，猶未雪；臣子恨，何時滅？駕長車踏破，賀蘭山缺。壯志饑餐胡虜肉，笑談渴飲匈奴血。待從頭收拾舊山河，朝天闕。」明嘉靖刻本《岳集》卷五亦載此詞，「饑餐」作「饑飡」，稍異。又今存湯陰縣明天順二年王熙書《滿江紅》詞碑，尾句作「朝金闕」。此詞近人或疑爲僞作。《鄧廣銘全集》第八卷《再論岳飛的〈滿江紅〉詞不是僞作》和郭光先生《岳飛集輯注》的《岳飛的〈滿江紅〉是贋品嗎？》，辨析最詳。

題記

五嶽祠盟記

自中原板蕩，夷狄交侵，余發憤河朔，起自相臺，總髮從軍，歷二百餘戰。雖未能遠入夷荒，洗蕩巢穴，亦且快國讎之萬一。今又提一旅孤軍，振起宜興，建康之城，一鼓敗虜，恨未能使匹馬不回耳！故且養兵休卒，蓄鋭待敵，嗣當激厲士卒，〔一〕功期再戰，北逾沙漠，蹀血虜廷，盡屠夷種。迎二聖，歸京闕，取故地，上版圖，朝廷無虞，主上奠枕，余之願也。河朔岳飛題。〔二〕

〔一〕激厲士卒　「厲」，原作「屬」，據嘉靖本改。

〔二〕此記寫於建炎四年五月復建康後。

《雲麓漫鈔》卷一：「常州宜興縣張渚鎮臨溪，有山水之勝，乃過廣德大路。鎮有張氏，名大年，臨澗爲圃，號桃溪。嘗倅黄，藏書教子，一子登第，一恩科。

岳侯嘗館於其家，題其廳事之屏云：『近中原〔板〕蕩，金賊長驅，如入無人之境；將帥無能，不及長城之壯。余發憤河朔，起自相臺，總髮從軍，小大歷二百餘戰。雖未及遠涉夷荒，討蕩巢穴，亦且快國讎之萬一。今又提一壘孤軍，振起宜〔興〕，建康之城，一舉而復，賊擁入江，倉皇宵遁，所恨不能匹馬不回耳！

今且休兵養卒，蓄鋭待敵。如或朝廷見念，賜予器甲，使之完備，頒降功賞，使人蒙恩；即當深入虜庭，縛賊主蹀血馬前，盡屠夷種，迎二聖復還京師，取故地再上版籍。他時過此，勒功金石，豈不快哉！此心一發，天地知之，知我者知之。建炎四年六月望日，河朔岳飛書。』

後陷入罪，其家洗去之，今尚有遺蹟隱然。

按《小曆》，右僕射杜充在建康，方欲討李成，而虜掩至。遣統制官陳淬、同統制岳飛等領兵二萬，與賊戰。前軍統制王〔瓔〕，引軍先遁，飛等敗，建康失守，通判楊邦〔乂〕罵賊而死。充下諸將潰去，多行〔剽〕掠。獨飛屯宜興，不擾居民，晉陵士大夫避寇者賴飛以全，時譽翕然稱之。〔江、浙〕制置使張俊薦飛爲通、泰鎮撫使。飛獻金人之俘囚，上呼問得實，付軍中磔之。乃此時也。」岳飛於張大年家題記，當爲《五嶽祠盟記》外之另一篇，其文字内容與《五嶽祠盟記》大同小異，而爲《家集》所遺落。

廣德軍金沙寺壁題記

余駐大兵宜興，緣幹王事過此，〔一〕陪僧僚謁金僊，徘徊暫憩，遂擁鐵騎千餘長驅而往。然俟立奇功，殄醜虜，復三關，迎二聖，使宋朝再振，中國安强，〔二〕他時過此，得勒金石，不勝快哉！建炎四年四月十二日，河朔岳飛題。〔三〕

〔一〕緣幹王事過此　「緣」，原作「沿」，據《咸淳毗陵志》卷一四改，又《八瓊室金石補正》卷一一二明嘉靖刻《岳武穆忠義碑》作「沿途」。

〔二〕中國安强　「安强」，《咸淳毗陵志》卷一四作「宴安」。

〔三〕據《金佗續編》卷三〇《宜興縣鄂王廟記》第一七八四頁，《咸淳毗陵志》卷一四和本卷第一〇八八頁引周必大《泛舟遊山録》所載，或疑本篇題記之「廣德軍」爲「宜興縣」之誤。此説似不能排除廣德軍另有金沙寺之可能。

東松寺題記

余自江陰軍提兵起發，前赴饒郡，與張招討會合。崎嶇山路，殆及千里，過祁門西約一舍餘，當途有庵一所。問其僧，曰「東松」，遂邀後軍王團練并幕屬隨嬉焉。觀其基址，乃鑿山開地，創立廊廡，三山環聳，勢凌碧落，萬木森鬱，密掩煙甍，勝景瀟洒，實爲可愛。所恨不能款曲，進程遄速。俟他日殄滅盜賊，凱旋回歸，復得至此，即當聊結善緣，以慰庵僧。紹興改元仲春十有四日，河朔岳飛題。〔一〕

〔一〕《秋崖先生小稿》卷四三《跋岳武穆帖》：「王之討楊么也，過師吾里，留題東松庵壁上。老墨飛動，忠義之氣燁如。所謂因『邀後軍王團練』者，蓋後來告變之王貴，號王鵰兒者也。天兵濯征，偏裨之在行者多矣，獨邀斯人者飯，其愛之必異於餘子，孰謂其報知己一至此極哉！……淳祐九年六月朔，敬觀於廬山郡圃之愛蓮堂，附此歎息。」王俊（即王鵰兒）此時尚未隸屬岳飛，此文將王貴誤作王鵰兒。據《金佗續編》卷五《收捕虔吉州盜賊王貴以下推恩省劄》，紹興三年九月，王貴方由武顯大夫、閤門宣贊舍人陞任遥郡刺史，官位尚低於團練使，「後軍王團練」疑爲後軍統制王經。又此文稱「討楊么」，亦爲討李成之誤。

永州祁陽縣大營驛題記

權湖南帥岳飛被旨討賊曹成，自桂嶺平蕩巢穴，二廣、湖湘悉皆安妥。痛念二聖遠狩沙漠，天下靡寧，誓竭忠孝。賴社稷威靈，君相賢聖，他日掃清胡虜，復歸故國，迎兩宮還朝，寬天子宵旰之憂，此所志也。顧蜂蟻之羣，豈足爲功。過此，因留于壁。紹興二年七月初七日。

《寶真齋法書贊》卷二八《鄂國傳家帖·鄂忠武王書簡帖》（十一帖，内十帖行書，第三帖楷書。第一、第三、第四、第十一帖各八行，第二、第八帖各三行，第五帖六行，有内外封各一，第六帖十二行，第七帖九行，第九、第十帖各七行。第九帖首數行紙爛不存。）：「飛惶恐再拜。飛愚陋，無堪備數，兹者仰遵聖算，招捕湖寇，幸於期月之間平静，亦賴餘芘所及耳。遽辱寵問，過蒙推借，秖益感慚而已，伏惟幸察。飛惶恐再拜。」此簡寫於紹興五年。

「台閎寶眷，伏惟上下萬福，飛僭易上問。」

「飛頓首再拜，上啟安撫制置、侍郎台座。即日伏惟坐鎮之暇，陰有神相，萬福千禄，來護興寢。謹拜啟，承候不宣。飛頓首再拜，上啟安撫制置、侍郎台座。」據《建炎以來繫年要録》卷七四和卷九四，胡世將自紹興四年三月，由刑部侍郎改任洪州知州、兼江南西路安撫制置使，至紹興五年十月離任。由此簡之稱呼推斷，大約是寄胡世將者。

「飛咨目，再拜知縣、宣教。即日伏惟裁剸多暇，尊候萬福，末（未）由後晤，願言加嗇，以俟殊顯，不宣。飛咨目，再拜知縣、宣教執事。」

「飛再拜。承惠翰，感慰。比得元樞劄子，令回師貴池，至建康議事。撥冗奉謝崖略，幸冀照諒。飛再拜。

咨目，再拜知縣、宣教，飛謹封。

咨目，上無爲知縣、宣教。鎮南軍承宣使、充湖北路、荆、襄、潭州制置使岳飛謹外封。」此簡應寫於紹興五年初，援淮西獲捷後，回師池州，「元樞」即知樞密院事張浚。紹興四年八月，岳飛由鎮南軍承宣使陞任清遠軍節度使、湖北路、荆、襄、潭州制置使。此處既有湖北路、荆、襄、潭州制置使新職，又用承宣使舊銜，難以解釋。

「飛咨目，啟上。即日伏惟倅貳多暇，神相有休，尊履禔福。承惠翰，感慰，飛始生之日，遠辱爲禮，益荷勤意也。襄陽邊城，全務撫蘇彫瘵，戢姦吏也。凡事勉力，以赴功名，至望至望。餘希加愛，不宣。飛咨目，再拜襄陽通判、學士。」

「飛咨目，啟上通判、學士。即日伏惟尊候萬福介來。承惠翰，感慰之至。飛前日還自行朝，乍歸迫行，冗不可言。襄陽葺治，想成次第，尚冀勉力，甚善。餘惟眠食加重，不宣。」

「飛咨目，再拜通判、學士閣下。公改承務郎告，今專人送去，希睎之。飛再拜。」此三簡應寄送一襄陽府通判者。

「鈞候動止萬福，末（未）由參晤，伏冀爲國倍保崇重。前膺召還，以副中外之望。謹拜狀，承詢，不宣。飛咨目，頓首再拜，上啟大安撫、參政相公鈞座。」李回曾任參知政事，據《建炎以來繫年要録》卷四八和卷六三，自紹興元年十月至三年三月，李回罷參知政事後，任江西安撫大使、知洪州。此簡應爲寄李回者。

「飛頓首再拜。飛受寄上流，區區無補，過辱謙光，特貽教翰，佩服鈞意，何以爲喻。使旋裁報，不究所藴，伏冀高明，有以照察，幸甚！幸甚！飛頓首再拜。」

「飛頓首再拜。奉違鈞範，倏爾許時，瞻念之懷，未嘗少忘。伏蒙鈞諭趨朝，飛未得指揮，尚冀欲聞。他有所委，幸乞示下。飛頓首再拜。」

「右大父鄂忠武王書簡十一帖，真蹟一卷。珂既以出師奏疏併紹興宸章列於傳家之首，復歷訪尺牘於前朝士夫子孫遺落之餘，僅存此帖。先王夙景仰蘇氏，筆法縱逸，大概祖其遺意。奏疏則小楷，而此則行書也。心正筆正，觀者於是可得其藴焉。珂自幼歲網羅放失，首一帖得之家藏，次一帖得之嘉興，又一帖得之維揚，又八帖得之京江。皆故家所畿，以歸於我，不復編繫歲月。

贊曰：昔李西平之在鳳翔，嘗以直道致主，慕魏鄭公雖叔度之進言，猶毅然而弗從，謂幸備於將相，詎愛身而苟容。猗歟！先王亦師文忠，凡引筆而行墨，皆刻志而比蹤。今觀碑刻之在天下，雖小、大、真、行之異工，視此帖之所傳，蓋不約而皆同。然則有犯無隱，挺焉直躬，唾當道之豺狼，嬰九淵之神龍，蓋當心摹手追之時，已有之死不顧之遺風矣。」

《鳳墅帖》續帖卷四：「飛咨目，啟上通判、學士。即日伏惟起居佳勝，承惠翰，慰感。尚阻披晤，願言加嗇，以俟寵渥。凡百切幾，勉力王事爲望，不宣。飛咨目，再拜。」

「通判、學士閣下：飛已至洪井累日，只俟營寨了，便如長沙矣。此有所需，示及。飛再拜。」岳飛「如長沙」，即潭州，應在紹興二年或紹興五年。

「《平虜亭記》甚佳，可勒誌石，但過情之譽爲多，豈踈拙所宜當。悚仄！悚仄！飛再拜。」《鳳墅帖》是一部南宋後期彙編的名人書法真蹟，其中有三份岳飛書簡，今珍藏於上海圖書館。《文物》一九六一年第八期刊登其影印件，並發表徐森玉先生《鬱孤臺帖和鳳墅帖》一文，文中肯定「《鳳墅帖》中岳飛的筆跡是道地的蘇東坡體」。但鄧廣銘先生對此採取了更爲謹慎的説法，《鄧廣銘全集》第二卷《岳飛傳》（增訂本）第一〇五頁中説：「岳飛青少年期内未結翰墨因緣，其軍營所發書簡，必多由幕僚代筆。也許這書簡中的三處簽名是岳飛親筆所寫。」岳珂《寶真齋法書贊》卷一五《黄魯直先王賜帖》説祖父「字尚蘇體」，而徐森玉先生既已鑒定此筆跡是蘇東坡體，似可認定此三份書簡是岳飛親筆。有《鳳墅帖》之真蹟，就易於辨認傳世岳飛墨蹟之真僞。如所謂由岳飛書寫之諸葛亮《前、後出師表》與「還我河山」等，爲後人僞託無疑。

今存《家集》殘缺不全，除已在前注中摘録《滿江紅》等一詞一詩一文外，今將缺漏之可稽者開列於後。

〔一〕建炎四年，《周益國文忠公集·雜著述》卷五《泛舟遊山録》：「（乾道丁亥四月）乙未，早過湖洑鎮。……飯於金沙寺。……寺有岳飛己酉歲留題刻石，詞甚壯。」按建炎三年己酉岳飛未至宜興縣，湖洑鎮附近金沙寺之題記，應爲建炎四年所寫，而至昭雪後「刻石」。

〔二〕建炎四年十一月，《建炎以來繫年要録》卷三九建炎四年十一月丙午注：「《日曆》：『飛奏：十一月七日，自柴墟鎮渡江。』」又《建炎以來繫年要録》卷三九：「（建炎四年十一月庚申）通、泰鎮撫使岳飛以失守待罪。」按此兩條記事應爲同一奏。

〔三〕紹興元年六、七月，《金佗稡編》卷五：「相州人張用勇力絶羣，號張莽蕩。其妻勇在用右，帶甲上馬，敵千人，自號一丈青。以兵五萬寇江西，……先臣至金牛，頓兵，遣一卒持書諭之曰：『吾與汝同里人，忠以告汝，南薰門、鐵路步之戰，皆汝所悉也。今吾自將在此，汝欲戰則出戰，不欲戰則降。降則國家録用，各受寵榮；不降則身隕鋒鏑，或係累歸朝廷，雖悔不可及矣。』」

〔四〕紹興元年十月，《金佗續編》卷五《乞科撥錢糧照會從申省劄》「武功大夫、昌州防禦使、充神武右副軍統制岳飛申：『契勘飛於紹興元年八月十三日，准樞密院劄子，備奉聖旨指揮，令飛一行官兵權留洪州駐劄，彈壓盜賊。續奉聖旨指揮，般取本軍昨存留徽州官兵老小，前來洪州一處屯泊，合用錢糧令江西轉運司應副。尋不住移牒本司，據本軍合用錢糧，恭依已降聖旨指揮，應副施行去後，並不見措置科撥催發到來。

況本軍方到洪州駐劄一月餘日，累承本州公文，止稱闕乏，應辦不足。其合勘請十月初五日至初九日錢米，除已支請外，少錢五千四百九十六貫七百五十文，米七百四十一石三斗一升五合，支遣不足，所有初九日已後錢米亦無指準。念飛所部軍兵唯仰官給錢糧，養贍過日，方免失所。似此洪州並不掛意，着緊措畫，移那應副，及江西轉運司又不見預行寬剩計置，取撥赴洪州，相續支用，致得闕誤。不唯軍兵自即已見闕食，兼日後又無指准批請。自今年九月二十三日後來，不住申明朝廷，乞賜行下本路轉運司，疾早措置，支移合用錢糧，起發前來洪州，應副支遣去訖。至今未蒙回降指揮。

除已具録奏聞，伏望聖慈特降睿旨，下江西轉運司，將本軍合用錢糧，着緊催發，相繼津般前來，以濟急闕支用。及令洪州更切多方計置，移那應副施行，庶免冬月官兵闕食失所外，伏候指揮。』」可知岳飛爲錢糧供應而上朝廷申狀，不止於此一份。

〔五〕紹興元年十二月或二年正月，《金佗稡編》卷九《遺事》：「兵隸李回日，授神武副軍都統制，已乃聞爲甥婿高澤民僞爲之請，而得之。先臣驚惕，即日自陳，乞正澤民罔上之誅，力辭不受。」岳飛辭神武副軍都統制奏今已佚失。

〔六〕紹興二年四月，《梁谿全集》卷七六《乞全州免聽廣西節制奏狀》：「去年六月，曹成侵犯桂州，事勢危急，賴湖南路安撫使司遣發張憲、吴錫兩項軍馬，自全州徑入桂州界，方始解圍。」此爲李綱紹興三年奏，「六月」應乃「四月」之誤，曹成至五月已降韓世忠。桂州解圍，應有捷奏上報，今已佚失。

〔七〕紹興二年閏四月，《金佗稡編》卷一九《大破曹成捷報申省狀》：「除已具殺獲次第，捉殺人數，奪到弓、箭、槍、刀等申樞密院外，……」可知另有一申樞密院狀，今已佚失。

〔八〕紹興二年夏，《南澗甲乙稿》卷二〇《秘閣修撰鄭公墓誌銘》：「迄飛之平賀州，無乏，即以書謝曰：『當奏，厚酬公官。』」岳飛遺鄭思恭書信今已佚失。

〔九〕紹興二年七月，《梁谿全集》卷七二《開具本司差到任仕安等兵馬人數留韓京等軍馬奏狀》：「今據右武大夫、文州團練使、樞密院將領韓京申：『得岳飛公文，八月十一日准八月五日樞密院劄子，樞密院奏：勘會已降指揮，且留湖南等路措置盜賊。今據岳飛奏，曹成賊衆並已破滅，招收淨盡，湖南、二廣別無曹成潰賊。兼韓世忠大軍已到潭州，撫定李宏、馬友人兵，及已破劉忠大寨。……』」八月五日樞密院劄子應爲接岳飛七月上奏而發，此奏今已佚失。

〔一〇〕紹興二年夏、秋，《梁谿全集》卷七二《奏知段恩招誘本司軍兵逃走奏狀》：「神武副軍都統制岳飛申：『契勘飛近恭奉聖旨指揮，收捕曹成賊馬，屢獲大捷，分遣軍馬，自廣西追趕至廣東連州并湖南界，往回數千里。今節次據本軍諸將申到，有逃走官兵四百七十八人，下項。契勘使臣、效用、軍兵見此暑月，披帶衣甲，艱辛勞苦，怯戰，輒敢棄甲，或將帶衣甲、鞍馬逃走，改易姓名，别投他軍。伏望朝廷重立賞格，遍行下神武諸軍并諸路帥臣，及逐頭項統兵官根緝收捉，差人押赴飛軍前，對衆依軍法號令。所貴帶甲忠勇將士不敢倣傚逃竄。契勘本軍逃走官軍往往輒投他處收留，若不嚴行約束，無以懲戒。伏望朝廷給降黄小帖子稱：

榜一道，付飛隨軍張掛，及乞止絶諸軍等不得誘引，擅便招收本軍官兵。』」

〔一一〕紹興二年六、七、八月，《金佗稡編》卷五：「令先臣將帶本部并韓京、吴錫軍屯于江州。比入江西界，准本路安撫大使李回牒，令招殺馬友下郝通賊馬。先臣遂至筠州，降之，除揀放外，得精兵一萬八千人。因奏所得兵可以防江，其韓京、吴錫軍更不須起發。」岳飛此奏今已佚失。

〔一二〕紹興三年二、三月，《建炎以來繫年要録》卷六三：「（紹興三年三月辛未）初，命神武副軍都統制岳飛督捕虔寇，而飛言軍無春衣。」岳飛此奏今已佚失。

〔一三〕紹興三年六月，《金佗稡編》卷五：「初，廟堂以隆祐震驚之故，有密旨，令屠虔城。先臣既平諸寇，乃駐軍三十里外，上疏請誅首惡，而赦脅從，不許。連請不已，上乃爲之曲宥，就詔先臣裁決。」

〔一四〕紹興三年六月後，《金佗稡編》卷一七《再論虔州平盜賞申省劄子》，可知此前已有一劄子，今已佚失。

《金佗續編》卷一高宗宸翰四：「具奏省，卿殄滅羣寇，安靖一方……」岳飛數奏今已佚失。

〔一五〕紹興三年九月，《建炎以來繫年要録》卷六八：「（紹興三年九月丙寅）飛言：『本路兵久不訓習，乞留五千人屯洪州，二千人屯虔州、南安軍，餘並隨軍訓習。』」

〔一六〕紹興三年九月，《建炎以來繫年要録》卷六八：「（紹興三年九月丙寅）始統制官傅選屯江州，李山知蘄州，皆受回節度。飛受命，奏乞選、山皆爲本司統制。」岳飛此奏今已佚失。

〔一七〕紹興三年九月，《宋會要輯稿》食貨五〇之一四：「（紹興三年）九月二十五日，岳飛奏：『本軍即目並無舟船，若遇緩急，乞於本路州縣沿江，不以官私舟船，和雇、權借使用，事畢給還。』」

〔一八〕紹興三年九月，《金佗續編》卷五《收捕虔吉州盜賊王貴以下推恩省劄》：「岳飛奏：『收捕虔、吉州盜賊，逐人屢次見陣，率衆當先，掩殺賊徒，各立奇功，乞推恩。今具下項：武顯大夫、閤門宣贊舍人、統領官王貴，欲王貴與轉叅官，内壹官除遥郡刺史，壹官依條回授。武功郎、閤門宣贊舍人、統領官張憲，欲張憲與轉叅官，内壹官除遥郡刺史。敦武郎、統領官徐慶，欲徐慶與轉叅官，内壹官除閤門宣贊舍人。』」

〔一九〕紹興三年九月，《金佗稡編》卷一三《辭鎮南軍承宣使第三奏》：「臣已兩具辭免。」《辭鎮南軍承宣使奏》今已佚失。

〔二〇〕紹興三年九月，《辭鎮南軍承宣使第二奏》今已佚失。

〔二一〕紹興三年十月，《金佗續編》卷二九趙鼎《乞支錢糧贍給李横軍兵》：「續承岳飛諮目，李横等已至蘄、黄州。」岳飛諮目今已佚失。

〔二二〕紹興三年十月，《金佗續編》卷二九趙鼎《乞支錢糧贍給李横軍兵》：「今月二十八日，承岳飛公文，探聞李横等人馬被番、僞賊兵潰散前來，各無鬬志，見有作過之人。李道、牛皐兩項，共有人兵千餘人，已到江北岸張家渡。及李横、翟琮、董先等共約有五千餘人，已起發漢陽軍。其李道、牛皐再來申告，乞聽岳飛節制，内李道單騎已到江州。」

〔二三〕紹興三年十一月，《忠正德文集》卷一《乞下湖北帥司隄備賊馬狀》：「臣昨據本路制置使岳飛申：『諸處探報，李成、劉麟會合金寇，有直趨蘄、黄渡江之計。』」

〔二四〕紹興四年三月，《中興小紀》卷一六：「（紹興四年三月）江西制置使岳飛奏：『虔州盜發，已遣兵討蕩。』」

〔二五〕紹興四年春，《金佗續編》卷五《朝省行下事件省劄》：「李横退師，據諸處探報，叛賊李成、孔彦舟等占據襄陽府、唐、鄧、隨、郢州、信陽軍，候麥熟，聚兵南來作過。岳飛累有奏陳，措畫收復，備見盡忠體國。」岳飛「累有奏陳」，今僅剩《金佗稡編》卷一〇《乞復襄陽劄子》一奏。

〔二六〕紹興四年三月，《金佗續編》卷六《報仙人關獲捷省劄》：「岳飛奏：『四年三月十七日，有川、陝宣撫司使臣楊祖雲齎捷報旗前赴行在，稱於興州界仙人關殺金平野，與番賊四太子、皇弟郎君見大陣，獲捷。乞更量進兵等事。候敕旨。』」

《建炎以來繫年要録》卷七五：「（紹興四年四月）乙酉，江西制置使岳飛奏川、陝戰捷事，飛奏中頗有輕敵之意，上謂朱勝非曰：『用兵當持重，宜深戒飛。』」

〔二七〕紹興四年三、四月，《建炎以來繫年要録》卷七五：「（紹興四年四月）乙未，右中奉大夫、直顯謨閣、江西轉運副使曾紆貶秩一等。初，命紆以錢、米六萬貫、石，餉江西制置使岳飛軍，爲三月之費。至是飛言：『芻粟皆竭，綱運未到，深恐有誤事機。』故責之。」

〔二八〕紹興四年三、四月，《宋會要輯稿》職官四〇之六—七：「（紹興四年）四月十八日，鎮南軍承宣使、神武後軍統制、充江南西路、舒、蘄州制置使岳飛言：『胡世將除知洪州、兼江南西路安撫使兼制置使。契勘自來行移，係用狀申江南西路安撫制置大使司。今來胡世將充本路安撫制置使，未審依舊用申狀，唯復用公牒。』」

〔二九〕紹興四年四月前，《宋會要輯稿》禮六二之五八：「（紹興四年）四月十二日，詔：『岳飛下將佐王貴、張憲、徐慶各賜戰袍一領，金束帶一條。』」《金佗稡編》卷二高宗宸翰六：「朕嘗聞卿奏，稱王貴、張憲、徐慶數立戰效，深可倚辦。……其王貴等各賜撚金線戰袍一領，金束帶一條，至可給付也。十二日。」岳飛薦王貴、張憲、徐慶奏今已佚失。

〔三〇〕紹興四年四月，《金佗稡編》卷一高宗宸翰七：「朕具省出師奏，以卿智勇，必遂克敵，更在竭力致身，早見平定。」岳飛第一次北伐出師奏今已佚失。

〔三一〕紹興四年四月，《金佗續編》卷二九趙鼎《乞賜御筆》：「臣今日得岳飛書，已定今月十九日出師。」岳飛此信今已佚失。

〔三二〕紹興四年五月，復郢州捷奏今已佚失。

〔三三〕紹興四年五月，《金佗稡編》卷一高宗宸翰八：「朕具聞卿已到襄陽，李成望風而退。」五月復襄陽捷奏今已佚失。

〔三四〕紹興四年六月，《金佗稡編》卷一高宗宸翰九：「具省卿奏，李成益兵而來，我師大獲勝捷。」岳飛此奏今已佚失。

〔三五〕紹興四年五月，復隨州捷奏今已佚失。

〔三六〕紹興四年五、六月，《金佗續編》卷六《措置防守襄陽隨郢等州省劄》：「近據岳飛申奏：『已收復隨、郢州、襄陽府了當，統率軍馬，見在襄陽下營。』」岳飛此奏今已佚失。

〔三七〕紹興四年六、七月，《宋會要輯稿》職官四〇之七：「（紹興四年八月）十九日，江南西路、舒、蘄州、兼荆南、鄂、岳、黄、復州、漢陽軍、德安府制置使岳飛奏劾統制官辛太不聽節制，擅自將兵回歸本鎮。」岳飛劾荆南鎮撫使司統制官辛太奏，今已佚失。

《建炎以來繫年要録》卷七九紹興四年八月丙申注：「飛按章有云：『太擅往荆南鎮撫使解潛處。』」

〔三八〕紹興四年六、七月，《金佗續編》卷六《照會措置防守已收復州郡省劄》：「岳飛奏：『契勘荆南有解潛兵三千餘人，若朝廷令重兵駐鄂，其荆南、襄陽、隨、郢、德安等州，臣當斟量事勢，分兵防守，甚爲利便。臣先所乞以精兵六萬屯於鄂州，就撥江西、湖南糧斛，及朝廷支降券錢一週年應副，伏望特賜指揮施行。』」

〔三九〕紹興四年七月，《金佗續編》卷六《檢會前劄》：「江南西路、舒、蘄州、兼荆南、鄂、岳、黄、復州、漢陽軍、德安府制置使岳飛奏：『臣近措置遣發軍馬，掩殺番、僞賊衆，收復鄧州了當外，有唐州、信陽軍，臣已調發軍馬前去收復，及繼差官前去葺治。所有唐、鄧州、信陽軍累經殘毁，城壁損壞，久不修治，切慮日後難以保守。臣已相度，如逐州軍不堪防守，即令移治穩便山寨。如有賊馬侵犯，即更切相度，前來襄陽府保聚。臣已差撥二千人，付安撫使張旦，在襄陽府屯駐。及令襄陽安撫司量行分遣軍馬，前去唐、鄧等州，以爲斥堠，招集官吏、軍、民。并差一百五十人往郢州，二百人往隨州駐劄。臣只候先所陳乞軍馬到來，即更行量添，撥付逐州府防守，措置捍禦外，臣緣所統軍馬道路日久，委是疲勞，除已統率起發前去德安府歇泊，聽候朝廷指揮。候敕旨。貼黄稱，臣先條具荆、襄等利害，所乞軍馬等事，伏乞速降指揮施行。』」除此奏外，復唐州與信陽軍兩捷奏今已佚失。

〔四〇〕紹興四年七、八月，《建炎以來繫年要録》卷七九：「（紹興四年八月甲辰）右朝請大夫、權荆南制置司參議官盧宗訓知德安府，……皆用制置使岳飛奏也。」岳飛薦用盧宗訓奏今已佚失。

〔四一〕紹興四年八月，《建炎以來繫年要録》卷七九：「（紹興四年八月甲辰）左文林郎李尚義爲左承事郎、通判襄陽府，……皆用制置使岳飛奏也。……（尚義奏辟在九月辛亥，今併書之。）」岳飛薦用李尚義奏今已佚失。

〔四二〕紹興四年秋，《梁谿全集》卷一二一《與吕安老龍圖書》（九月二十二日）：「數日前得岳侯書，已退師岳、鄂。不知新復之地，以何人守之，秪付之數偏裨，果足恃否？」岳飛此書今已佚失。

〔四三〕紹興五年二月，《金佗續編》卷三《辭免鎮寧崇信軍節度使進封武昌郡開國侯加食邑五百户食實封貳伯户不允詔》：「朕載披輿圖，惟鎮寧、崇信爲時重鎮，併是兩節，肆以命卿。迺復逡巡懇避，形於奏牘，德遜之美，功成弗居，雍容可觀，士論稱歎。雖謙終可以保吉，然信賞所以示公。朕命不移，往其祗服。所請宜不允。」岳飛辭免鎮寧、崇信軍節度使奏今已佚失。

〔四四〕紹興五年二月後，《金佗續編》卷三《再辭免同前不允詔》：「卿當堅忠義之素節，念恢復之遠圖，迄觀厥成，以稱朕命。思其大者，毋事小廉。所請宜不允。」岳飛辭免鎮寧、崇信軍節度使第二奏今已佚失。

〔四五〕紹興五年二月後，《金佗續編》卷三《第三辭免同前不允詔》：「有功不賞，朕將何以使能；無言不酬，卿亦思所以報上。苟曰無愧，豈必固辭。所請宜不允，仍不許再有陳請。」岳飛辭免鎮寧、崇信軍節度使第三奏今已佚失。

〔四六〕紹興五年二月，《建炎以來繫年要録》卷八五：「（紹興五年二月戊子）詔黄誠、楊太等如率衆出首，當議與湖南、北路知州差遣。……制置使岳飛又乞以荆湖一郡授二人，故有是命。」岳飛此奏今已佚失。

〔四七〕紹興五年四月，《金佗稡編》卷一高宗宸翰十三：「近得奏，知卿已至潭州。」岳飛此奏今已佚失。

〔四八〕紹興五年七月，《建炎以來繫年要録》卷九一：「（紹興五年七月丙戌）左朝散大夫、荆湖南路轉運判官薛弼，左朝散郎、荆湖北路轉運判官劉延年並直秘閣，……既而荆、襄制置使岳飛言弼、延年賞薄，乃又進一官。制曰：『爾等分使兩湖，軍興不乏，列職中秘，亦既疏恩。載閲將臣之章，以是爲未足也。維慶賞予奪，皆自朕出，進官一等，益務靖共。』（弼等再遷官，在八月辛亥。〕」岳飛保舉薛弼和劉延年奏今已佚失。

〔四九〕紹興五年夏，《斐然集》卷一二《任仕安立功轉一官仍貴州刺史》：「元戎露章，請從褒序，進加名秩，仍分州棨。」岳飛保舉任士安陞官奏今已佚失。

〔五〇〕紹興五年七月，《金佗續編》卷六《照會添置將分省劄》：「岳飛劄子：『契勘本軍昨准朝廷指揮，置立拾將。今來人數稍增，欲望□賜指揮，添置將分，候指揮。』右已劄下岳飛，共以叁拾將爲額。……紹興五年八月三日。」

〔五一〕紹興五年六月，《金佗稡編》卷一三《乞宫祠劄子》：「比具誠懇，冒犯天聰，以荆、襄三路目今盗賊屏息，乞罷制置使職事，以安愚分，未蒙俞允。」可知在此奏前，尚有一奏，今已佚失。

〔五二〕紹興五年九月，《金佗稡編》卷一三《辭檢校少保第二劄子》：「臣比具辭免檢校少保恩命事。」可知《辭檢校少保劄子》今已佚失。

〔五三〕紹興五年十二月或紹興六年正月，《金佗稡編》卷一三《辭招討使第三劄子》：「臣比兩具辭免招討使恩命。」《辭招討使第二劄子》今已佚失。

〔五四〕紹興六年二月，《金佗續編》卷六《督府照會有闕官去處知通以下許自踏逐令先次供職申奏給降付身劄》：「湖北、襄陽府路招討使岳飛劄子：『契勘湖北、襄陽府路如有闕官去處，自知、通并州縣官，許自踏逐强明清幹官，令先次供職外，申奏朝廷，給降付身。仍許薦舉改官，及陞擢差遣任使。候指揮。』」

〔五五〕紹興六年二月，《金佗續編》卷六《催赴行在奏事省劄》：「湖北、襄陽府路招討使岳飛申：『於今月初九日晚到常州，迤邐前去平江府以來，聽候指揮外，申聞事。』」

〔五六〕紹興六年二月，《金佗續編》卷六《從申踏逐辟差官屬省劄》：「紹興六年二月十九日，諸路軍事都督府關行府送到岳飛劄子：『今來本司事務全藉官屬協力，欲乞差參謀、參議各一員，主管機宜文字一員，書寫機宜文字一員，幹辦公事六員，准備差使八員，點檢醫藥飰食二員。不以見任、寄居、待闕，許飛踏逐奏差，令先次供職，不得辭避。候指揮。』」

〔五七〕紹興六年二月，《金佗續編》卷七《督府從申書填空告劄》：「湖北、京西南路招討使岳飛劄子：『契勘今來蒙朝廷給降到空名告劄，如日後書填，飛欲於告劄背後題寫階銜，押字用印，以爲照憑。候書填訖，具職位姓名，立功因依，供申朝廷。仍乞劄下，付飛照會。伏候指揮。』」

〔五八〕紹興六年二月，《金佗續編》卷七《任招討使申明行移用公牒劄》：「鎮寧、崇信軍節度使、湖北、京西南路招討使岳飛劄子：『准諸路軍事都督府劄子：勘會岳飛昨充湖南、北、襄陽府路制置使日，依第二等奉使條例，發運、監司並用申狀。兼契勘昨張俊任江南東路招討使日，除安撫大使司用公牒外，其餘帥司並用申狀。今來岳飛已改除湖北、京西南路招討使，理合申明。二月十九日奉聖旨，並依例施行。飛即未審本司行移本路安撫、監司，用公牒，唯復用劄子，伏乞明賜指揮。』」

〔五九〕紹興六年四月，《建炎以來繫年要録》卷一〇〇紹興六年四月乙巳注：「《日曆》：飛奏以四月六日扶護來廬山卜葬。十二日至江州瑞昌縣，被受密劄起復。」按四月十二日至江州瑞昌縣一奏，可參《金佗稡編》卷一四《乞終制劄子》，而前一「四月六日扶護來廬山卜葬」之奏今已佚失。

〔六〇〕紹興六年五、六月，《建炎以來繫年要録》卷一〇二：「（紹興六年六月乙巳）直徽猷閣、知荆南府薛弼爲湖北、京西宣撫司參謀官，武顯大夫、湖北、京西宣撫司幹辦公事于鵬知鄧州，皆用岳飛奏也。」岳飛薦薛弼與于鵬奏今已佚失。

〔六一〕紹興六年五、六月，《建炎以來繫年要録》卷一〇二：「（紹興六年六月戊午）遣金部員外郎霍蠡往岳飛軍前催督錢糧，以飛言本軍糧乏故也。」岳飛此奏今已佚失。

〔六二〕紹興六年七、八月，《梁谿全集》卷八九《乞降詔諸帥持重用兵劄子》：「近據岳飛公文，分遣兵將，收復鎮汝軍、商、虢等州，殺獲甚衆，所得糧儲不貲。」岳家軍第二次北伐，克鎮汝軍捷奏今已佚失。

〔六三〕紹興六年八月，《忠正德文集》卷八《丙辰筆録》：「九月初一日，車駕發臨安。……是日，駕過中竺，有卒執黄旗道左，即岳侯却敵虢州寄治盧氏縣捷奏也。至上竺，黄旗進入。岳遣將王貴、郝政、董先引兵破之，獲糧十五萬斛。」克虢州捷奏今已佚失。

〔六四〕紹興六年八月，《忠正德文集》卷八《丙辰筆録》：「（九月）初七日，登平望。是日，岳飛捷奏至，遣偏將收復商州，且乞催已差知商州邵隆速來之任。」克商州捷奏今已佚失。

〔六五〕紹興六年八月，《忠正德文集》卷八《丙辰筆録》：「（九月）初十日，詣天寧寺，開啟行香，得收復順州捷奏。順州，昔之伊陽縣也。……岳飛至襄陽，遣將王貴直擣盧氏，據之，乃分兵西取商州，東由欒川縣、西碧潭、太和鎮以取伊陽也。」克伊陽捷奏今已佚失。

〔六六〕紹興六年八月，《忠正德文集》卷八《丙辰筆録》：「（九月）十三日，……晚得岳飛收復西京長水縣捷報，仍云已收兵復回鄂州，以糧不繼也。」岳飛收兵回鄂州奏今已佚失。

〔六七〕紹興六年八月，《梁谿全集》卷八九《乞降詔諸帥持重用兵劄子》：「近據岳飛公文，分遣兵將，收復鎮汝軍、商、虢等州，殺獲甚衆，所得糧儲不貲。」岳飛此件或數件公文今已佚失。

〔六八〕紹興六年八月，《梁谿全集》卷九〇《乞撥那軍馬奏狀》：「臣近據岳飛公文，稱敵强兵少，錢糧不繼，已勾回幹事軍馬。」岳飛此件公文今已佚失。

〔六九〕紹興六年九月，《梁谿全集》卷一二八《與岳少保第三書》：「昨蒙諭欲還武昌，近殊不聞動静，必是且爲屯駐襄陽之計。」據《金佗稡編》卷一八《乞致仕養疾申省狀》和《金佗續編》卷七《目疾令不妨本職治事省劄》，「宣撫岳少保於九月二十八日巡邊回到鄂州軍前」，則岳飛九月回鄂州前致李綱信今已佚失。

〔七〇〕紹興六年九、十月，《金佗稡編》卷一四《目疾乞解軍務劄子》：「臣先爲目疾昏痛，不能視物，在假服藥醫治，累奏乞致仕，將宣撫司事務權令參謀官薛弼、參議官李若虚管幹。」岳飛之「累奏」今已佚失。

〔七一〕紹興六年十月，《建炎以來繫年要録》卷一〇六注：「《（高宗）日曆》十一月九日癸酉：『岳飛奏：

依奉處分，往江州屯駐。』」岳飛此奏今已佚失。按宋廷十一月九日得奏，則此奏當發於十月。

〔七二〕紹興六年十一月，《梁谿全集》卷九二《乞遣兵策應岳飛奏狀》：「臣十一月十九日據岳飛公文：『今月十二日，據統制官寇成等四狀申，稱自虢州獲捷之後，再撫存商、虢、西京長水、福昌、永寧、伊陽一帶百姓了當。於十月二十七日探報蕃、僞賊馬侵犯鐵嶺關，其守隘鄉兵統領申，稱賊馬厚重，支吾不住。成等所統人馬不多，遂移寨前來横澗，設伏隄備。於二十九日，有馬軍千餘疋前來見陣，掩擊敗走，殺死賊兵百餘人，奪馬二十餘疋，内辨認得有蕃人三二十人。至三十日，有軍馬二千餘騎再來衝突，成等鼓率官兵向前，迎敵掩殺，賊徒退走，殺死數十人，活捉八人。内七人係蕃人，重傷，相繼皆死，問不得蕃人頭領姓名。一名係劉豫人高收通，説得蕃人有一萬五千餘人，馬有三千餘疋；劉豫有二萬餘人，馬有二千餘疋，依舊係僞王太尉、韓觀察、傅安撫、成大尹等統率。當時追趕間，其賊衆埋伏數路，分頭一布前來。成等爲見賊馬勢重，即時拽領軍馬，於朱陽五里川擇利下寨。伏乞使司火速星夜差撥軍馬，前來救援。

同日，又據商州駐劄准備將賈彦十一月初一日申：蕃、僞賊馬一萬餘人，已犯商洛縣。

又據統制官王貴十一月初四日申：何家寨僞五大王聚集蕃、僞賊馬重厚，亦有在舊唐州下寨，侵犯襄陽界分。并鎮汝軍賊勢重厚，見侵犯鄧州界作過。貴雖已遵依使司差到幹辦于大夫備傳指揮，措置事宜，更乞疾速差撥軍馬前來，同共掩擊。

并於十一月十一日，據統制官崔邦弼今月初六日申：賊馬侵犯信陽軍作過，遣發將官秦祐，於長臺鎮殺散賊馬，追趕至望明港大寨。爲見賊馬衆多，卻拽領軍馬回信陽軍下寨。伏乞使司疾速差添軍馬前來，同共掩殺。飛契勘諸處申，賊馬分路前來侵犯，意欲決圖上流。飛雖目疾未安，不免將帶在寨軍馬，過江措置外，申本司照會。』」

〔七三〕紹興六年十一月，《金佗續編》卷七《僞五大王至蔡州令審料敵情省劄》：「檢會近據岳少保奏，十一月十二日，統制官寇成等申，虜、叛賊兵侵犯京西一帶事宜。」可知岳飛上奏，其内容與申李綱公文相同，今已佚失。

〔七四〕紹興六年十一、十二月，《金佗稡編》卷九《遺事》：「裨將寇成嘗殺降，即劾其罪。」岳飛劾寇成奏今已佚失。

〔七五〕紹興六年十一、十二月，《金佗續編》卷二《起復太尉加食邑制》：「曩者分遣將士，深入賊巢，薦聞斬馘之奇，盡據山川之險。至於牛蹄之役，尤嘉虎鬭之强，積獲齊山，俘纍載道。」岳飛紹興六年冬自蔡州城下撤兵後之白塔、牛蹄諸戰，捷奏今已佚失。

〔七六〕紹興六年十一月，《建炎以來繫年要録》卷一〇七：「（紹興六年十二月乙未）右宣義郎、通判鄧州黨尚友充湖北、京西宣撫司幹辦公事，用岳飛奏也。」岳飛薦黨尚友奏今已佚失。

〔七七〕紹興七年正、二月，《建炎以來繫年要録》卷一〇九：「（紹興七年二月丁巳）武功大夫、忠州團練使、知黄州杜湛降一官，放罷。初，湛與通判州事葉介不協，介率其僚七人走鄂州，訴湛語言不順。朝廷聞之，命岳飛究實。飛奏：『湛忠勞，今來止是語言疑似，别無跡狀。』」

〔七八〕紹興七年三月，《宋會要輯稿》兵一五之六：「（紹興七年）三月十五日，樞密院言：『岳飛申：先有僞界官兵李清等不肯順僞，率衆歸正。内秉義郎、閤門祗候李清係頭領，乞與正補成忠郎，依舊閤門祗候。』」

〔七九〕紹興七年三月，《建炎以來繫年要録》卷一〇九：「（紹興七年三月庚辰）武功大夫、辰州刺史、兼閤門宣贊舍人于鵬令後省策試，降等换文資，用岳飛薦也。」岳飛薦于鵬奏今已佚失。

〔八〇〕紹興七年三月，《金佗稡編》卷一高宗宸翰三十六：「覽奏備悉，俟卿出師有日，别降處分。」岳飛此奏今已佚失。

〔八一〕紹興七年四月，《建炎以來繫年要録》卷一一〇：「（紹興七年四月）丁未，起復太尉、湖北、京西宣撫使岳飛乞解官，持餘服。飛與宰相張浚異論，歸過江州，上疏自言與宰相議不合，求解帥事，遂棄軍而廬墓。」岳飛辭職第一奏今已佚失。

〔八二〕紹興七年四月，《金佗稡編》卷一高宗宸翰三十八：「再覽來奏，欲持餘服，良用愕然。」岳飛辭職第二奏今已佚失。

〔八三〕紹興七年四月，《金佗稡編》卷一高宗宸翰三十九：「再覽卿奏，以渾瑊自期，正朕所望於卿者，良深嘉歎。」岳飛辭職第三奏今已佚失。

〔八四〕紹興七年六月，《金佗續編》卷三《上章乞骸有旨不允繼赴行在入見待罪降詔慰諭》：「敕岳飛：

『省劄子奏：臣妄有奏陳乞骸之罪，明正典刑，以示天下，臣待罪。……本無瑕吝，何以謝爲，三復忱辭，不忘嘉歎。……』」可知共有「待罪」三劄子，今已佚失。

〔八五〕紹興七年六月，《建炎以來繫年要録》卷一一二：「（紹興七年七月）丁卯，起復太尉、湖北、京西宣撫使岳飛遣屬官王敏求來奏事。」王敏求前往建康府所奏内容，已不知其詳。

〔八六〕紹興七年七、八月，《金佗稡編》卷一高宗宸翰四十一：「比覽裁減官吏奏狀，知卿體國愛民之意，深契朕心，嘉歎無已。」岳飛裁減官吏奏今已佚失。

〔八七〕紹興七年八、九月，《金佗續編》卷一高宗宸翰四十二：「聞瓊與卿同鄉里，又素服卿之威望，卿宜爲朕選一二可委人，持書與瓊，曉以朕意：若能率衆還歸，不特已前罪犯一切不問，當優授官爵，更加於前。」

〔八八〕紹興七年九、十月，《梁谿全集》卷一二九《與薛直老寶文書》：「承諭分屯九江，殊荷留念。近得太尉書，亦道此意，但欲候有警急，乃始遣兵，深恐後時。九江於今爲上流重地，秋氣之高，又近有酈瓊淮西之變，豈得不過爲備。」岳飛寄李綱書信今已佚失。

《忠正德文集》卷八《丁巳筆録》：「余又曰：『昨日進呈劉麟以酈瓊書送岳飛，……』」岳飛寄酈瓊書信今已佚失。

〔八九〕紹興七年九月，《梁谿全集》卷一〇〇《奏陳利害劄子》：「臣近據岳飛公文，今月十九日部率軍馬前去襄漢。臣契勘淮西兵將新叛之後，藩籬踈缺，並無控扼。朝廷近降指揮，令飛分兵屯駐江、池等州，事理正宜如此。」岳飛此件公文今已佚失。

〔九〇〕紹興七年九月，《梁谿全集》卷一〇〇《乞令湖北京西宣撫司差兵控扼江州奏狀》：「近據岳飛奏：『緣淮甸即日别無探報，如稍有警急，自當量其賊勢輕重，即時調發軍馬，前往蘄陽或江州照應。』」

〔九一〕紹興七年秋冬，《忠正德文集》卷九《辯誣筆録》：「某丁巳秋再相，適岳飛入朝奏事。翌日，上曰：『飛昨日奏乞立皇子，此事非飛所宜與。』」趙鼎九月十七日再相，岳飛上建儲奏應於是年秋冬，此奏今已佚失。

《浪語集》卷三三《先大夫行狀》：「他日，請與伯父偕入奏事，岳出手疏，以儲貳爲言。……岳退，伯父進曰：『臣來在道，常怪岳飛習寫細書，窮詰端倪，乃作此奏，雖其子弟無知者。……』」

〔九二〕紹興七年閏十月，《宋會要輯稿》方域六之三七：「紹興七年閏十月二十五日，湖北、京西路宣撫使岳飛言：『漢陽軍元管漢陽、漢川兩縣，最是控扼去處。後來湖北安撫司一時申請，廢軍爲縣，隸鄂州。乞復爲漢陽（軍），漢川復爲縣，依舊將漢陽、漢川兩縣撥隸本軍。』」

〔九三〕紹興七年冬至八年春，《金佗稡編》卷七：「（劉）豫以故得罪，遂見廢奪。先臣於是上奏，謂宜乘廢立之際，擣其不備，長驅以取中原，不報。」

《金佗稡編》卷一二《奏審已條具曲折未准指揮劄子》：「臣自去冬聞金賊廢劉豫，有可乘之機，是以屢貢管見，塵瀆天聽。」岳飛數次上奏今已佚失。

〔九四〕紹興七年十一月，《建炎以來繫年要録》卷一一七：「（紹興七年十一月）僞知臨汝軍崔虎詣湖北、京西宣撫使岳飛降。（此據徐夢莘《北盟會編》增入，《日曆》無之。按岳飛〔八〕年十一月八日申，『先次到歸正人崔虎、劉永壽、孟臯、華旺等將帶官兵，已供申朝廷外』云云，則知果有此事，但《日曆》脱落耳。）」崔虎降岳飛奏狀今已佚失。

〔九五〕紹興八年正月，《建炎以來繫年要録》卷一一八：「（紹興八年正月辛丑）是日，僞知蔡州劉永壽殺兀魯孛堇，率城中遺民來降。」《建炎以來繫年要録》卷一一七注：「按岳飛〔八〕年十一月八日申，『先次到歸正人崔虎、劉永壽、孟臯、華旺等將帶官兵，已供申朝廷外』云云。」劉永壽降岳飛奏狀今已佚失。

〔九六〕紹興八年正、二月，《建炎以來繫年要録》卷一一八：「（紹興八年二月）壬戌，湖北、京西宣撫使岳飛乞增兵，上曰：『上流地分誠闊遠，寧與減地分，不可添兵。……』」岳飛乞增兵奏今已佚失。

〔九七〕紹興八年正、二月，《建炎以來繫年要録》卷一一八：「（紹興八年二月壬戌）飛又奏爲荆湖北路轉運判官夏珙陞職，鄂州守臣趙士瑗、鄧州守將韓〔遹〕、均州守將格禧進官。」岳飛此奏今已佚失。

〔九八〕紹興八年三月，《金佗稡編》卷一二《奏審已條具曲折未准指揮劄子》：「三月二十六日，領樞密院劄子，奉聖旨，令臣條具曲折以聞。臣喜而不寐，以謂陛下慨然英斷，將欲興王師，舉大事，以雪積年之耻。故臣輒忘淺陋，周述利害，仰紊睿明，覬或采納。今月初七日，臣所差人回，未蒙朝廷處分。」岳飛三月奏今已佚失。

〔九九〕紹興八年四、五月，《三朝北盟會編》卷一八三：「（紹興八年）四月十四日己巳，詔遣王庶按行營壘，察州縣弛慢失職者。……岳飛聞庶視師淮上，與庶書曰：『今歲若不舉兵，當納節請閑！』」岳飛寄王庶書信今已佚失。

〔一〇〇〕紹興八年五、六月，《建炎以來繫年要録》卷八引《紹興日曆》：「八年六月十三日丁卯，飛又奏，『臣始從陛下至北京，留妻劉氏侍臣老母』云云。」《建炎以來繫年要録》卷一二〇：「（紹興八年六月）初，湖北、京西宣撫使岳飛之在京師也，其妻劉氏與飛母留居相州。及飛母渡河，而劉改適。至是在淮東宣撫處置使韓世忠軍中，世忠諭飛復取之，飛遺劉錢三百千。丁卯，以其事聞，且奏：『臣不自言，恐有棄妻之謗。』詔答之。」《三朝北盟會編》卷二〇七：「飛奏言：『履冰渡河之日，留臣妻侍老母，不期妻兩經更嫁，臣切骨恨之。已差人送錢五百貫，以助其不足，恐天下不知其由也。』」

〔一〇一〕紹興八年七月，《金佗續編》卷九《再令除落起復二字省劄》：「今據岳太尉七月初六日奏狀，尚未見除落『起復』字。」岳飛此奏今已佚失。

〔一〇二〕紹興八年八月，《金佗續編》卷九《乞致仕不允仍令前來行在奏事省劄》：「湖北、京西路宣撫使岳飛奏：『臣今月初八日，准御前金字牌遞到樞密院劄子：奉聖旨，令韓世忠、張俊、岳飛如別無警急事宜，各量帶親兵，暫赴行在奏事。臣除已恭依處分外，契勘臣累具奏聞，乞歸田野，以養殘軀，未賜俞允。伏望聖慈檢會臣前後所奏，速降睿旨，許臣致仕，庶幾不致上誤國計。臣已擇今月十二日起發，於江、池州以來，聽候指揮。臣不勝懇切之至，取進止。』」除此奏外，岳飛請求辭職之「累具奏聞」今已佚失。

〔一〇三〕紹興八年八月，《金佗續編》卷九《辭免赴行在奏事不允省劄》：「湖北、京西宣撫使岳飛奏：『臣近在路，於江、池州兩具劄子，冒瀆天聽，乞致仕者。……』」岳飛另一劄子今已佚失。

〔一〇四〕紹興八年八月，《金佗續編》卷九《辭免赴行在奏事不允省劄》：「湖北、京西宣撫使岳飛奏：『臣近在路，於江、池州兩具劄子，冒瀆天聽，乞致仕者。退循戰懼，莫知所爲。臣迤邐將次廣德軍界，尚未准指揮。顧臣螻蟻懇迫之誠，上賴天地函容始終之賜，唯祈昭鑒，曲示眷憐。伏望早降睿旨，許臣屏跡山林，以養微軀。區區之詞，備在前奏，臣更不叨叨，紊煩聖聽。臣除於廣德軍以來聽候指揮外，取進止。』」

〔一〇五〕紹興八年九月，《金佗續編》卷九《再乞致仕不允省劄》：「湖北、京西路宣撫使岳飛奏：『臣椎鈍之資，過蒙眷注，近累乞致仕，又蒙聖慈降詔不允，及催督赴行朝奏事。臣不敢固違召命，即遂就道。伏念臣遭遇陛下，實千載一時□□□，豈欲頻具奏聞，上瀆天聽，重貽罪戾，徒自取之。緣臣不唯眼目腳疾時時發動，深恐才不逮人，緩急有誤陛下委付。覬就安閑，保養賤軀，跡其狂率，別無他腸。俟臣異日痊可，陛下尚欲使令，願盡駑蹇，仰受指縱。伏望淵衷俯垂洞照，早賜允臣所請，不勝幸甚。干冒斧鉞，退惟戰懼，取進止。』」

〔一〇六〕紹興八年九月，《三朝北盟會編》卷一八七《岳侯傳》：「紹興八年秋九月，胡虜講和，侯奏議曰：『不可與和，緣虜人犬羊之性，國事隙深，何日可忘！臣乞整兵復三京、陵寢，事畢，然後謀河朔，復取舊疆，臣之願也。臣受陛下深恩厚禄，無一時敢忘。』」

〔一〇七〕紹興八年九月，《建炎以來繫年要録》卷一二二：「（紹興八年九月）庚子，武經大夫、閤門宣贊舍人、知襄陽府武糾進秩一等，用岳飛請也。」岳飛保舉武糾陞官奏今已佚失。

〔一〇八〕紹興八年九、十月，《宋會要輯稿》兵一五之六—七：「（紹興八年）十月八日，湖北、京西路宣撫使岳飛奏：『節次收接到歸正人崔虎等，已供申朝廷外，今續收到歸正僞知潁順軍、權知鎮〔汝〕軍府、統制官胡清等官兵一千一百八人，委官取索逐人真本付身點對，計四百六十三道，乞給降付身。』詔胡清等下歸正官兵内有僞補付身人，特與補正。董道聖與正補敦武郎、閤門祇候，靳師顔、邊俊、鄭宣並正補承節郎。」此奏不同於《金佗稡編》卷一八《收到胡清等申省狀》，爲另一奏。《建炎以來繫年要録》卷一一七注：「按岳飛〔八〕年十一月八日申，『先次到歸正人崔虎、劉永壽、孟皐、華旺等將帶官兵，已供申朝廷外』云云。」此奏與《宋會要》所載應爲同一奏，而「十一月」乃「十月」之誤。《建炎以來繫年要録》卷一二二：「（紹興八年十月）辛酉，湖北、京西宣撫使岳飛言：『續收到僞知鎮〔汝〕軍胡清等官兵千一百八人。』」

〔一〇九〕紹興九年正、二月，《金佗稡編》卷一四有《辭開府劄子》和《辭開府第三劄子》，岳飛《辭開府第二劄子》今已佚失。

〔一一〇〕紹興九年春，《金佗續編》卷四《第四辭免同前不允詔》：「毋煩再四，以咈予懷。所辭宜不允，仍不許再有陳請。」岳飛《辭開府第四劄子》今已佚失。

〔一一一〕紹興十年五月，《建炎以來繫年要録》卷一三五注：「按費士戣《蜀口用兵録》有岳飛牒胡世將公文云：『蔡州傳到汴京留守司文字，備舉都元帥府劄子：行府奉皇帝命，興師問罪，盡復疆土。今月十三日到汴京，撫諭了當。』」岳飛此件公文今已佚失。

〔一一二〕紹興十年五月，《金佗稡編》卷二高宗宸翰五十三：「覽卿來奏，欲赴行在奏事，深所嘉歎，況以戎事之重，極欲與卿相見。」岳飛此奏今已佚失。

〔一一三〕紹興十年五、六月，《金佗稡編》卷二高宗宸翰五十七：「覽卿奏，已差發張憲、姚政軍馬至順昌、光、蔡，深中機會。」岳飛此奏今已佚失。

〔一一四〕紹興十年六月，《金佗稡編》卷二高宗宸翰六十一：「覽卿六月二十二日奏，得順昌府陳規所申，見親提兵前去措置。可見卿忠義許國之誠，嘉歎不已。」岳飛六月二十二日奏今已佚失。

〔一一五〕紹興十年六月、閏六月，《金佗稡編》卷一五《辭少保第三劄子》：「臣已兩具辭免。」《辭少保劄子》今已佚失。

〔二六〕紹興十年六月、閏六月，《辭少保第二劄子》今已佚失。

〔二七〕紹興十年六月，《宋史》卷二九《高宗紀》：「（紹興十年六月）岳飛領兵援劉錡，與金人戰於蔡州，敗之，復蔡州。」復蔡州捷奏今已佚失。

〔二八〕紹興十年六月，《建炎以來繫年要録》卷一三六：「（紹興十年六月丙辰）是日，湖北、京西宣撫司統制官牛臯及金人戰於京西，敗之。」牛臯捷奏今已佚失。

〔二九〕紹興十年六月，《三朝北盟會編》卷二〇二：「（紹興十年六月）二十三日丙寅，岳飛軍統領孫顯大破金人排蠻千户於陳、蔡州界。」孫顯捷奏今已佚失。

〔三〇〕紹興十年夏、秋，《金佗稡編》卷一二《乞號令歸一奏》：「兼虢州亦元屬陝西，欲望聖慈特降睿旨，將虢州依舊撥隸川、陝宣撫司，其知虢州武赳并元帶去軍馬，卻乞發還本司，應副使喚。」武赳於虢州等地捷奏今已佚失。

〔三一〕紹興十年夏、秋，《紫微集》卷一二《郝義等一十人爲收復商虢等州並各與轉兩官制》：「敕：『某等，迺者第功行賞，以勞戰士，宜若無遺。而人將繼言爾等未被甄獎，用攽贇命，俾服官榮。益勵壯心，以圖稱塞。』可。」郝義等十人轉官奏今已佚失。

〔三二〕紹興十年六月，《金佗續編》卷四《復蔡州因奏賊虜之計大合上意獎諭詔》：「敕：『具悉。比以虜寇猖獗，我師剋捷，懼或狃於屢勝，忽被不虞。乃申飭於戎臣，俾各嚴於武備，過爲待敵之計，用收全勝之功。今覽奏陳，大契朕意，有以見卿料事精審，爲國深謀，披採以還，良多嘉歎。

故茲獎諭，想宜知悉。』」岳飛復蔡州後上奏今已佚失。

〔二三〕紹興十年閏六月，《金佗稡編》卷二高宗宸翰六十三：「覽卿奏，提兵已至蔡州，暑行勞勩，益見忠誠許國，嘉歎無已。……廿八日。」此爲宋高宗閏六月二十八日回詔，岳飛親自提兵至蔡州奏今已佚失。

〔二四〕紹興十年閏六月，《金佗稡編》卷二高宗宸翰六十四：「覽卿奏，克復潁昌，已離蔡州，向北措置。」岳飛率兵離蔡州奏今已佚失。

〔二五〕紹興十年閏六月，《金佗稡編》卷二高宗宸翰六十五：「得卿奏，提兵在道，暑行勞勩，朕念之不忘。」岳飛此奏今已佚失。

〔二六〕紹興十年閏六月、七月，《金佗稡編》卷一二《乞劉錡依舊屯順昌奏》：「已兩次申奏，乞將劉錡一軍且令於順昌府屯駐，庶幾緩急可以照應去訖。」岳飛「兩次申奏」今已佚失。

〔二七〕紹興十年七月，《金佗稡編》卷二高宗宸翰六十八：「覽卿奏，八日之戰，虜以精騎衝堅，自謂奇計。卿遣背嵬、游奕迎破賊鋒，戕其酋領，實爲雋功。」郾城之戰另一捷奏今已佚失。

〔二八〕紹興十年七月，《紫微集》卷一九《楊再興、王蘭、高林、羅彦等爲與番兵接戰，陣歿，各贈五官制》：「比隨票姚之師，深入强敵之境。方幸金吾之擊郾，屢以勝聞；復悲國子之歸元，遂推閔典。」楊再興等戰歿奏今已佚失。

〔二九〕紹興十年八月，《紫微集》卷一九《楊再興、高林、王蘭、羅彦、姚侑、李德爲岳飛奏，已蒙贈五官，今乞贈七官，恩澤六資。姚侑、李德各贈六官，恩澤依舊。羅彦依舊制》，請求楊再興等追贈七官奏今已佚失。

〔三〇〕紹興十年七月，《金佗稡編》卷二高宗宸翰六十九：「覽卿奏，兀术見聚兵對壘，卿欲乘時破滅渠魁。」岳飛此奏今已佚失。

〔三一〕紹興十年七月，《金佗稡編》卷一六《王貴潁昌捷奏》：「賊兵横屍滿野，約五千餘人，重傷番賊不知數目。其奪到戰馬、金、鼓、旗、槍、器甲等不計其數，見行根刷，續具數目供申次。」潁昌之戰另一捷奏今已佚失。

〔三二〕紹興十年七月，《三朝北盟會編》卷二〇七《岳侯傳》：「侯欲乘勢追趕，遂申奏朝廷曰：『臣聞漢有韓信，項羽授首，蜀有諸葛，先主復興，臣雖不才，竊望比此。乞與陛下深入虜境，復取舊疆，報前日之耻。伏望陛下察臣肝膽，表臣精忠，竭力以報，臣之願也。』」

〔三三〕紹興十年，《紫微集》卷一九《王處仁爲岳飛申，自紹興七年承受本司往來軍期機速文字，到今别無稽遲。伏乞指揮，依一般進奏官邢子文、蘇公亮體例，先次補授合得出職名目，依舊在院祗應。奉聖旨，補承節郎制》。

〔三四〕紹興十年夏、秋，《紫微集》卷一二《鞏漴〔爲〕岳飛申，契勘掩殺金人，收復州縣，累獲勝捷，今將隨軍轉運使官屬應副錢糧官欲轉兩官。奉旨並依制》：「勅：『向遣大帥，出修封疆，饋餉不乏，爾實有司焉。可無恩奬，以報勞勤。祗服官榮，益茂乃職。』可。」

〔三五〕紹興十年七月，《鐵網珊瑚》書品卷二《宋兩朝御札墨本》引宋高宗賜楊沂中手詔：「得岳飛奏，措置班師。劉錡奏，復入順昌。已令各且駐軍近便去處，報卿同共相度。如機會可乘，即約期並進。如未可，亦可駐軍相近，聲援相接，勿致爲賊所窺。卿可急遣人與飛、〔錡〕議，定卿一軍所向，庶幾不失期會也。」岳飛「措置班師」奏今已佚失。

〔三六〕紹興十年七、八月，《鐵網珊瑚》書品卷二《宋兩朝御札墨本》引宋高宗賜楊沂中手詔：「岳飛近奏，留王貴等在蔡州，已過順昌，由淮西前來奏事。俟有定議，即報卿知。特遣親札，諒宜體悉。」岳飛「留王貴等在蔡州」奏今已佚失。

〔三七〕紹興十年秋，《紫微集》卷一七《楊興爲岳飛奏，部領官兵數十人，於淮寧府沿河與金人鐵騎數百騎鬬敵。自辰時至申時，殺敵退走，殺死金兵數人，傷中數多。其楊興雖左臂中六箭入骨，猶堅力向前，並不退却，委是出力。轉武翼郎、兼閤門宣贊舍人制》。

〔三八〕紹興十年秋，《紫微集》卷一三《柴斌係武功大夫、忠州團練使、新知辰州，特改差知唐州。岳飛奏斌遷延不赴，特降三官制》，劾柴斌奏今已佚失。

〔三九〕紹興十年秋，《金佗稡編》卷八：「先臣抑鬱不自得，自知爲檜所忌，終不得行其所志。用兵動衆，恢拓土宇，今日得之，明日棄之，養寇殘民，無補國事，乃上章，力請解兵柄，致仕。」《金佗續編》卷四《潁昌捷後俄詔班師上章力請解兵柄致仕不允詔》：「敕：『具悉。……方資長算，助予遠圖，未有息戈之期，而有告老之請。雖卿所志，固嘗在於山林；而臣事君，可遽忘於王室？所請宜不允。』」岳飛辭職奏今已佚失。

〔四〇〕紹興十年八、九月，《金佗續編》卷一〇《給降空名告命省劄》：「岳飛劄子：『乞給降下項空名告命，如有立功人，即便書填，以爲激勸。遇書填某人，於告背紙上題寫階銜，押字用印，照驗候指揮。正任承宣使三道（內一道帶軍職），正任觀察使五道（內二道帶軍職），正任防禦使八道（內三道帶軍職），正任團練使一十道，正任刺史一十五道，已上乞於告內寫定官。橫行帶承宣使一十道，橫行帶觀察使一十五道，橫行帶防禦使二十道，正使帶團練使二十五道，正使帶刺史三十道，正使帶閤門宣贊舍人四十道，副使帶閤門宣贊舍人四十道，小使臣帶閤門祇候五十道，已上乞於告內空官，臨時書填。武功大夫至武翼大夫階各三十道，武功郎至敦武郎階各四十道，修武郎至承信郎階各五十道，進武校尉至守闕進義副尉階各五十道，已上乞寫定官。』」

〔四一〕紹興十年，《忠正德文集》卷九《辯誣筆録》：「某謫潮陽，庚申七月初一日指揮也。……至當年十二月間，得飛一書，謝轉官而已。來人云，因過福州張丞相處下書。蓋自福州至潮，由循、梅入江西，乃其歸路。某以通封公狀謝之，未嘗答一字。次年正月末間，又得一書，亦自福州經過，賀年節書也。……且諸將總兵在外，每因職事咨稟，廟堂諸公必有書答之。飛最遠，書辭最勤。」可知岳飛寄宰執書信甚多，紹興十年，寄張浚和趙鼎書信各兩封，今已佚失。

〔四二〕紹興十一年正月，《金佗續編》卷一二《照會虜賊韓常等犯界省劄》：「湖北、京西路宣撫使、兼河南、北諸路招討使岳飛奏：『據德安府屯駐本司統制官龐榮申：探得蔡州除舊有番賊韓常等賊馬外，又據探報，李成押千户一十五人，人馬約一萬五千餘騎，正月十八日已到蔡州。除已隄備外，奏聞事。』」

〔四三〕紹興十一年二月，《金佗稡編》卷三高宗宸翰八十一：「得卿九日奏，已擇定十一日起發，往蘄、黄、舒州界。聞卿見苦寒嗽，乃能勉爲朕行，國爾忘身，誰如卿者！覽奏再三，嘉歎無斁。」岳飛二月九日奏今已佚失。

〔四四〕紹興十一年二月，《金佗稡編》卷三高宗宸翰八十四：「得卿奏，知卿屬官自張俊處歸報，虜已渡淮，卿只在舒州聽候朝廷指揮。」岳飛此奏今已佚失。

〔四五〕紹興十一年三月，《金佗稡編》卷三高宗宸翰八十六：「得卿奏，卿聞命，即往廬州。遵陸勤勞，轉餉艱阻，卿不復顧問，必遄其行。非一意許國，誰肯如此。」岳飛再往廬州奏今已佚失。

〔四六〕紹興十一年三月，《金佗稡編》卷三高宗宸翰八十七：「累得卿奏，往來廬、舒間，想極勞勩。」可知岳飛另有數奏，今已佚失。

〔四七〕紹興十一年四月，《金佗續編》卷四《辭免樞密副使不允詔》：「守謙避寵，非予望焉。所辭宜不允。」岳飛辭免樞密副使奏今已佚失。

〔四八〕紹興十一年四月，《金佗續編》卷四《再辭免同前不允詔》：「尚體異知，勉攄素藴，毋稽成命，固執謙辭。」岳飛辭免樞密副使第二奏今已佚失。

〔四九〕紹興十一年五月，《金佗續編》卷一二《依張俊例差破宣借人省劄》：「岳飛劄子奏：『臣合破宣借親兵人數，竊慮樞密院差破不足，欲乞依張俊例。』」

〔五〇〕紹興十一年五月，《金佗續編》卷一二《乞追回王剛所帶人數當直使喚省劄》：「少保、樞密副使岳飛劄子：『契勘飛依奉聖旨，見隨行當直人數少，使用不足。伏乞指揮行下，令飛追回近發去將官王剛所帶人數，前來當直使喚。候指揮。』」

〔五一〕紹興十一年四月至七、八月，《金佗稡編》卷一二《乞般家劄子》：「臣昨日嘗具奏劄，干冒聖聰，欲乞先次般妻、男雲一房來行在。」岳飛前一奏今已佚失。

〔五二〕紹興十一年七月，《金佗稡編》卷一五《辭初除銀絹第三劄子》：「臣已兩具劄子奏，乞賜蠲免。」《辭初除銀絹第二劄子》今已佚失。

〔五三〕紹興十一年七月，《金佗續編》卷四《乞罷樞密副使仍別選異能同張俊措置戰守不允詔》：「今卿授任甫及旬浹，乃求去位，行府之命，措置之責，乃辭不能。舉措如此，朕所未喻。夫有其時，有其位，有其權，而謂不可以有爲，人固弗之信也。毋煩費辭，稽我成命。所請宜不允。」今《金佗稡編》卷一五僅有乞解樞柄第二、第三劄子，《乞解樞柄劄子》今已佚失。

〔五四〕紹興十一年夏、秋，《三朝北盟會編》卷二〇七《岳侯傳》：「十一年，大金約和，上令議講和事便與不便，侯奏曰：『金虜無故約和，必探我國之虛實。竊如建炎中，正約和間，併兵盡舉，張浚不能迎遏，其軍大潰，失陷川、陝。兀朮、韓常重兵攻淮西，是時韓世忠在楚州，亦無所措，遂求救於朝廷。後無旬日，盡失淮、楚，退兵回往鎮江，以拒江爲險，更無前進之意。大概行兵無方略，料敵無智識，賞罰不明，信令不行，兵無鬭志，是以戰之不尅，攻之不拔，則敗之由也。如臣提兵深入虜境，潁昌之戰，我兵大捷，虜衆奔潰，潛入汴京。當時若得戮力齊心，上下相副，併兵一舉，大事可成。今日兀术見我班師，有何懼而來約和？豈不僞詐。據臣所見，見爲害，不見爲利也。』」《建炎以來繫年要録》卷一四一注説，「此奏不見於他書」，「又其詞拙樸，疑亦未真」。

〔五五〕紹興十一年八月，《金佗稡編》卷一五《辭除兩鎮在京宫觀第二劄子》：「緣臣見具劄子辭免，已將告命寄納臨安府，今月十四日伏奉詔命，不允。」《辭除兩鎮在京宫觀劄子》今已佚失。

〔五六〕紹興十一年八月，《寓簡》卷八：「秦會之既主和議，大帥皆罷兵權，賜田宅。予爲岳侯作謝表，有云：『功狀蔑聞，敢遂良田之請；謗書狎至，猶存息壤之盟。』」

〔五七〕《浪語集》卷三三《先大夫行狀》：「初，岳侯以列將拔起，時張俊、韓世忠等已皆建立功效，至大官，内不能平。伯父勸岳屈己下之，書凡三十七通，俱不之答。岳破么賊，遣大將俘獻樓船各一，卒徒、戰守之具畢備，韓始大説，定交，而張忌之益甚。」可知至紹興五年鎮壓楊么時，岳飛寄韓世忠與張俊書信共計三十九封，今已佚失。

〔五八〕紹興十年冬或十一年春，《金佗稡編》卷九《遺事》：「（李）寶果領衆五千，趨楚、泗以歸，爲韓世忠奏留之。寶截髪慟哭，願還先臣戲下。世忠以書來諗，先臣答曰：『是皆爲國家報虜，何分彼此。』」岳飛此信今已佚失。

〔五九〕紹興十一年六月，《金佗稡編》卷八：「韓世忠軍吏耿著與總領胡紡言：『二樞密來楚州，必分世忠之軍。』且曰：『本要無事，卻是生事。』紡上之朝，檜捕著下大理，擇酷吏治獄，將以扇摇誣世忠。先臣歎曰：『吾與世忠同王事，而使之以不辜被罪，吾爲負世忠！』乃馳書告以檜意。」岳飛此信今已佚失。

〔六〇〕《金佗稡編》卷九《遺事》：「蜀帥吳玠素服先臣善用兵，欲以子女交驩。……即日報書，厚遺使者，而歸其女。」岳飛此信今已佚失。

據以上不完全統計，除建炎時宜興縣湖洑鎮附近金沙寺之題記外，未被岳珂搜入《家集》與《寶真齋法書贊》之詩文，共計二百十三篇以上（凡有數奏或數狀，而不能計其數者，僅以一篇計），而搜入《家集》與《寶真齋法書贊》之詩文，共計一百七十八篇。可知《家集》與《寶真齋法書贊》之詩文僅存少數，而很多詩文業已佚亡。岳飛奏狀大都爲幕僚們手筆，據《中興小紀》卷二一注引張戒《默記》：「凡密奏皆飛自書耳。」

鄂國金佗稡編卷第二十

籲天辨誣通敘

臣聞天下之不可泯没者，惟其理之正也。藏於人心，散於事情，雖或晦而未彰，抑而未揚，曖昧而未白，然是理之在人心，自有隱然而不可厚誣者，是故伸屈有時而不同，榮辱既久而自判。昔日之辱，未必不爲今日之榮；而今日之屈，未必不基後日之伸也。

臣先臣飛奮自單平，宣、政之間，已著功於河朔。〔一〕高宗皇帝受密詔，開霸府，而先臣首被識擢。蓋自是而歷官孤卿，專制閫外，未嘗有蚍蜉蟻子之援，獨以孤忠，結知明主，自信不疑。勳名既高，讒慝横出，而先臣之跡始危矣。是時城狐負恃，勢可炙手，天下之士莫敢一攖其鋒。而先臣之得罪也，何鑄、薛仁輔以不願推鞫而逐，李若樸、何彦猷以辨其非辜而罷，士㒟以百口保任，而幽之閩，韓世忠以「『莫須有』三字，何以服天下」爲問，而奪之柄，最後而劉允升以布衣扣閽，而坐極典矣。一時附會之徒，如万俟卨則以願備鍛鍊，自諫議而得中丞，王俊則以希旨誣告，自遥防而得廉車，姚政、龐榮、傅選之流，亦以阿附而竝沐累遷之寵矣。夫賞者人之所慕，而刑者人之所甚懼也。豺狼朵頤而當路，顧乃相率而犯之，至於軒冕在傍，睨而不視，是豈人之情哉？其必有大不安於其心，而後不敢爲也。蓋非特搢紳之流心知義理之所在，平恕之吏目擊寃抑之莫伸者之爲也。而異時同列之將，不敢以嫌疑而不言；衡茅之士，不忍以非位而不言。奪柄而未至於僇，謂未足以懲，猶之可也。朝上匭函，暮拘天狴，風旨之下，凌虐可知，訖不能逭寸草之命，僇及其身，爲世大耻。而先臣既殁之後，復有程宏圖者，大書直指，以明先臣之寃。幸而大明當天，讒慝悉殄，〔二〕而宏圖之言適合聖意，宏圖蓋未敢逆爲此望也。然則是理之在人心，蓋如何哉？

紹興更化，逐讒黨，復純州，還諸孤之在嶺嶠者。重以念先臣不忘之德意，屬之孝宗皇帝，嗣位之初，首加昭雪。既復其官爵，又錫之冢地；疏以寵命，而禄其子孫；〔三〕予以緡錢，而恤其家族；給以元業，而使之不餬口於四方；旌以廟貌，而俾有以慰部曲三軍之心。〔四〕日月照臨，下燭幽隱，雨露沾溉，徧及死生。聖恩洋洋，敻出史諜。蓋自漢、魏以來，功臣被誣，誕謾無實，未有如先臣之抑；及其昭雪之際，眷渥有加，亦未有如先臣之榮者〔五〕也。聖詔之下，朝闕庭而暮四海，老耋童稚不謀同辭，咸曰：「此太上之本心，而今皇所以奉承而行之者也。」忠憤之氣，固有時而伸，而徇國之臣，亦非姦邪之所能遏也。蓋於是而三軍北首死敵之志益鋭，中原來蘇望霓之心益切，天下抵掌撫足者亦遂少紓其鬱抑之氣。此非臣私其祖之言，天下之公言也。

先臣果何以得此於天下哉？其必有不泯於人心者存，而非可以智力使抑，以其理之正而已。何以明之？汪澈宣諭荆、襄，周行舊壘，見其萬竈鱗比，寂無讙譁，三軍雲屯，動有紀律，乃竦然嘆曰：「良將之遺烈蓋如此！」繼而列校造前，捧牘訟先臣之冤，澈遂喻之以當以奏知之意。此語一出，哭聲如雷，咸願各效死力，至有「爲岳公争氣」之語，澈慰諭久之，而啜泣者猶未止也。故先臣復官之旨，亦略敍其歸功之意。先臣御軍嚴整，雖小犯不貰，非直以姑息結之，而使之然也。即此以明先臣之事，蓋有人心之所同，而不待臣區區之辨。

然先臣之得罪，天下皆知其冤，而不知其所以爲冤。請敍先臣之所以冤，而後它可言也。

蓋先臣之禍，造端乎張俊，而秦檜者寔成之。俊之怨先臣，不一也，而大者有三焉。淮西，俊之分地，趙鼎命之，怯敵不行，迨先臣一戰而捷，俊則耻之，一也。視韓世忠軍，俊迎檜意，欲分其背嵬，先臣執義不可。比行楚州城，俊欲興版築，先臣又曰：「吾曹當戮力圖尅復，豈可爲退保計耶！」俊則怒之，二也。彊虜大寇，俊等不能制，而先臣談笑取之，主上眷寵加厚，逾於諸將。先臣於俊爲後輩，不十數年，爵位相埒，俊則嫉之，三也。檜之怨先臣，尤不一也，〔六〕而大者亦有三焉。全家南還，已莫揜於撻辣縱歸之跡，草檄辱國，復汗靦於室撚寄聲之問，以至二策之合，不得輒易大臣之盟。檜之私虜如此，則主和之際，豈容有異議，然先臣一則曰「恢復」，二則曰「恢復」，犯其所甚諱，一也。昔先兄臣甫守鄞，會稽文惠王史浩謂之曰：「方代邸侍燕間，嘗一及時事，檜怒之，輒損一月之俸。」趙鼎以資善之議忤檜，卒以貶死。其謀危國本之意，非一日矣。然先臣誓衆出師，乃首進建儲之議，犯其所不欲，二也。韓世忠謀劫使者，敗和議，得罪於檜。檜命先臣使山陽，以捃摭世忠軍事，且戒令備反側，托以上意，先臣曰：「主上幸以世忠陞宥府，楚之軍，則朝廷軍也。公相命飛以自衛，果何爲者？若使飛捃摭同列之私，尤非所望於公相者。」及興耿著獄，將究分軍之説，連及世忠，先臣歎曰：「飛與世忠同王事，而使之不辜被罪，吾爲負世忠！」乃馳書告以檜意。世忠亟奏求見，上驚，諭之曰：「安有是！」既而以詰檜，且促具著獄，著得減死。犯其所深惡，三也。

夫俊以其憾先臣之心，而諂事於檜，檜之憾先臣者，視俊爲尤切，唱和一辭，遂啟大獄。況當是時輔之以羅汝楫之迎合，王鵰兒之告訐，万俟卨挾故怨而助虐，王貴劫於私而强從，則先臣固非以淮西之逗留，而先伯臣雲非以通書而致變，張憲亦非以謀復先臣掌軍而得罪也。雖然，淮西之事，御札可考也，通書之迹，書已焚矣，惟鍛鍊之是從矣。復掌軍之謀，則又取信於仇人之説，而必成於狴犴之内。甚而陳首之事，自甘軍法，以實其言，至行府興獄，雖張俊極力以文致，而其半亦自云妄矣。明辨皆可覆也。嗚呼！寃哉！籲天莫聞。

洪皓嘗奏事，而論及先臣，不覺爲慟，以爲虜中所大畏服，不敢以名稱者惟先臣，至號之爲岳爺爺。及先臣之死，虜之諸酋莫不酌酒相賀，以爲和議自是可堅。而查籥嘗謂人曰，虜自叛河南之盟，先臣深入不已，檜私于金人，勸上班師。兀朮遺檜書曰：「爾朝夕以和請，而岳飛方爲河北圖，且殺吾婿，不可以不報。必殺岳飛，而後和成也。」檜於是殺先臣以爲信。即皓之所奏，而觀之籥之言，其不妄也。

臣故先述先臣之寃，而後述所以爲籲天辨誣之意。蓋先臣自結髮從戎，凡歷數百戰，而其内翦外攘之尤彰大著見者，雖三尺之童亦能言其事。破張用，收曹成，〔七〕敺虔寇而歸之農，蹶叛將而降其衆，擒楊么以清重湖，戰李成以復六郡，秘計成而劉豫廢，忠信著而梁興來，兩至淮堧而胡騎遁迹，一至朱仙而虜將願降，忠義百餘萬應於河北，潁、陳數十郡〔八〕復於河南，境土駸駸乎返舊矣。而姦臣誤國，亟命班師，使先臣之勳，不克自究，此又雖三尺之童，亦能爲先臣扼腕而太息也。此皆不必備論，獨以先臣受曖昧不根之謗，於今幾七十載，雖忠義之心昭昭乎天下，而山林之史，疑以傳疑，或者猶有以議先臣之未盡，臣竊痛焉！惟先父臣霖易簀而命臣者，言猶在耳，不敢不卒厥志。

臣自齠齔侍先父臣霖，日聞先臣行事之大略，誠恨不及逮事，以親其所聞。自束髮以來，朝夕憂惕，廣搜旁訪而訂正之，一言以上，必有據依，而參之以家藏之詔，本月日不謬而後書。蓋如是者累年而僅成，誠懼無以終父志，而使先臣之忠無所別白，乃於行實之中摘其未明者，自建儲而下，凡五條，條皆有辨，辨必有據，庶幾上附信史，下答先命，使先臣之誣，得因是而暴白於天下，臣死且不朽矣！

臣重惟先臣得罪於紹興十一年之十二月，而秦檜死於紹興二十五年之十月，其間相距凡十四載。而檜是時兇焰烜赫，威制上下，蓋專元宰之位，而董筆削之柄。當時日曆之官言於人曰：「自八年冬，檜既監修國史，岳飛每有捷奏，檜輒欲没其實，至形於色。其間如闊略其姓名，隱匿其功狀者，殆不可一、二數。」大率欲薄先臣之功，以欺後世，使後世以爲不足多恨。天下莫不哀先臣之不幸，且惜千載之後，何以傳信。如臣前所陳致禍之六條，後所陳辨誣之五條，雖天下之人户知之，人誦之，野老賤卒得於傳，小夫庸俗騰於説，按之詔旨而不謬，驗之歲月而有稽，可謂不誣矣。然臣竊意國史未之書也。抑臣聞之，檜之始罷相也，上召當制學士綦崇禮，出檜二策，示以御札，明著其罪，日星焜耀，垂戒萬古，豈易磨滅哉。暨檜再相，深掩諱之，公騰函章下台州，於崇禮之婿謝伋家取之以滅迹。煌煌奎畫，尚敢舉而去之，於先臣之事何恤哉！嗚呼！此豈特先臣之不幸，廟謨神算，鬱而不彰，檜之罪尤不勝誅矣！金匱石室之書，固匪臣所得而見，然臣所以附其言於此者，亦特見天下之所以哀先臣不幸之意，而痛直筆之無攷也。嗚呼！此籲天辨誣之所以不得不作也。

司馬遷之言曰：「要之死日而後是非乃定。」是非定於既死，此人心之公論也。而先臣既死之後，秦檜方秉國鈞，天下噤不敢議，稔惡而斃，繼之者猶一時之黨也。中經更化，嘗欲復先臣官，而時宰以爲虜方顧和，一旦無故而録故將，且召禍，不可。故還嶺嶠之諸孤，復純州之舊號，皆出一時之特斷，而拳拳聖眷，首發於揖遜面命之頃。故先臣復官録孤之事，皆高宗之所親見。而先父臣霖欽州召還，賜對便殿，玉音宣諭，謂「卿家寃枉，朕悉知之，天下共知其寃」，則孝宗之所以得先臣誣枉，於問安侍膳之餘者，蓋詳矣。故一時值先臣之事，如李若樸、何彥猷或生拜郎曹之除，或死沐褒贈之典，而睿旨曲頒，且有「秦檜誣岳飛，舉世莫敢言」之語，則先臣之事，蓋可不辨而自明。嗚呼！聖恩亶矣！而時宰之所以進言者，得非以先臣勦虜之功爲罪乎？建炎初，僞楚不就北面，一時肉食者獻言曰：「張邦昌，虜之所立，宜有以尊顯之；李綱，虜所惡，寘散可也。」上斂容曰：「恐朕之立，亦非金人所喜。」即聖謨而論之，則先臣之事可明，時宰之言可闢。獨以古人之言，所謂是非至死而後定者，蓋已出於不幸。而先臣之死餘二十年，然後姦邪闢，正論興，九泉孤忠，始遂昭雪，此其不幸，尤可哀也！臣尚忍言之哉！

其他如以不附和議爲懷姦，以深入奮討爲輕敵，以恢復遠略〔九〕爲不量彼己，以不事家産爲萌異志，以不結權貴爲妄自驕傲，此臣又將哀檜之愚，而以爲不必辨。謹敍。〔一〇〕

〔一〕宣政之間已著功於河朔　岳飛於政和年間尚在十六歲以下，可知「宣、政」之説不妥。

〔二〕讒惎悉殄　「惎」，原缺，據嘉靖本補。

〔三〕而禄其子孫　「子孫」，原作「孫子」，嘉靖本同，《紀事實録》作「子」，據《岳集》卷三和《岳武穆集》卷四改。

〔四〕有以慰部曲三軍之心　「慰」，原作「尉」，嘉靖本同，據《紀事實録》改。

〔五〕未有如先臣之榮者　原脱「有如」兩字，嘉靖本同，據《紀事實録》補。

〔六〕檜之怨先臣尤不一也　「尤」，原作「亦」，嘉靖本同，據《紀事實録》改。

〔七〕破張用收曹成　應爲「收張用，破曹成」。張用僅修書一封，兵不血刃而降。

〔八〕潁陳數十郡　「潁」，原作「穎」，今改正。

〔九〕恢復遠略　原脱「復」字，嘉靖本同，據《岳集》卷三和《岳武穆集》卷四補。

〔一〇〕《忠文王紀事實録》亦載《籲天辨誣通敍》，但僅有節録，而非全文。

鄂國金佗稡編卷第二十一

籲天辨誣卷之一

建儲辨

紹興十一年八月九日甲戌，臣寮上言：「伏見樞密副使岳飛不避嫌疑，而妄貪非常之功；不量彼己，而幾敗國之大事。」

熊克《中興小曆》曰：「紹興七年夏四月，初，張浚與湖北、京西宣撫使岳飛議不合，飛喪母，乞持服，乃棄其軍而去，居江州廬山，以本軍提舉事務官張憲主管軍事。〔一〕浚因請用兵部侍郎、樞密院都承旨、兼都督府參議張宗元爲宣撫判官。憲在告，而宗元除書下，軍中籍籍曰：『張侍郎來，我公不復還矣！』參謀官薛弼請憲强出臨軍。憲喻羣校曰：『我公心腹事，參謀官必知，盍往問之。』羣校至，弼謂之曰：『張侍郎來，由宣撫請也。宣撫解政未幾，汝輩壞軍法如此，〔二〕宣撫聞之且不樂。今朝廷已遣敕使起復宣撫〔三〕矣，張非久留者。』衆遂安。上詔飛入覲，弼亦移書趣飛行。至是飛偕弼入奏事，飛以手疏言儲貳事，衝風吹紙動摇，飛聲戰，讀不能句。〔四〕飛退，弼進，上視之色動。弼曰：『臣在道，常怪飛習寫細字，乃作此奏，雖其子弟無知者。』（此據朱勝非《秀水閒居録》并《野記》與薛季宣所録參修。勝非又曰：『時張浚捃摭岳飛之過，以張宗元監其軍。蓋浚方謀收内外兵柄，天下寒心。』又張戒《默記》曰：『薛弼以甲子正月，道由建昌，〔五〕謂戒曰：弼之免於禍，天也。往者丁巳歲，被旨從鵬入覲，與鵬遇於九江之舟中。鵬説曰：某此行將陳大計。弼請之，鵬云：近諜報，虜酋以丙午元子入京闕。爲朝廷計，莫若正資宗之名，則虜謀沮矣。弼不敢應。抵建康，與弼同日對，鵬第一班，弼次之。鵬下殿，面如死灰。弼造膝，上曰：飛適來奏，乞正資宗之名。朕喻以卿雖忠，然握重兵於外，此事非卿所當與也。弼曰：臣雖在其幕中，然初不與聞。昨至九江，但見飛習小楷，凡密奏皆飛自書耳。上曰：飛意似不悦，卿自以意開喻之。弼受旨而退。嗟夫！鵬爲大將，而越職及此，取死宜哉！弼又云：不知若箇書生教之耳。』岳飛字鵬舉，故戒隱其語，但曰『鵬』云。）」

臣珂辨曰：「臣聞事君有犯而無隱，古今之通論也。自常情觀之，堂陛九重，門庭萬里，其所謂勢與位，固扞格而不相侔。然其所間者，勢位耳，而所以一休戚、〔六〕一利害者，蓋未嘗不自若也。隆古盛時，明良交會於一堂之上，都俞吁咈，不匿厥指，上以誠孚於下，而下亦以誠應乎上。有猷則必告，非道則不陳，未聞教臣下以避嫌疑也。世變益下，君道日尊，而後全身遠害之士始欲言而不敢，乃銖量而寸較之，曰：『是近於嫌，是近於疑，未可言也。』於是嫌疑之名始彰，嫌疑之名彰，而後君臣之分缺，天下之事始壅於上聞矣。雖然，是猶非有以教之，而使然也，身之欲全，害之欲遠，臆決而意料，不得不然也。

汝楫獨何見哉？當清明極治之朝，而教臣下以嫌疑之避，不以隆古交孚之治望其君，而以衰世全身之計教其臣。如是而任七臣之列，居敢諫之位，固無望其有格君之功也。昔唐太宗嘗以人言魏徵〔七〕朋黨，詔温彦博按訊非是，彦博曰：『徵爲人臣，不能著形迹，遠嫌疑，而被浮謗，是宜責也。』乃命彦博傳詔責之。徵入謝曰：『臣聞君臣同心，是謂一體，豈有置至公，事形迹。若上下共繇斯路，邦之興喪，未可知也。』太宗矍然，曰：『吾悟之矣！』嗚呼！徵言盡之矣。汝楫之用心，何其與徵異也。

先臣雖奮自單平，〔八〕然備位二府，任兼將相，國家之事，休戚是同。維時翠華南巡，國本未定，先臣激發忠義，首建大謀，密疏啟聞，深簡天意，故璽書賜報，褒諭再三。卒之朱邸肇開，青宮茂建，堅與子之斷，遂非心之願，實先臣一語之感悟，有以基之。

在昔至和間，昭陵不豫，諫官范鎮首抗儲議，并州通判司馬光聞而繼之。故光之論鎮，以爲發議之勇，過於賁、育。先臣雖未敢以比擬先正，然其用心之忠，愛君之勇，抑亦庶幾於鎮與光之萬一。汝楫於此而以嫌疑罪先臣，尚何辭哉！雖然位有崇卑，則責有輕重。夫視三事之儀，則上公經邦之任也；分專閫之寄，則重臣出使之名也。居高爵，食厚禄，而首鼠畏忌，不以一言報夫君，[九]此先臣之所不敢也，而亦先臣之所不忍也。汝楫獨非臣子乎？坐觀國本之未立，陰懷媚竈之巧計，嗜進不止，阿容在列，當其劾先臣之時，知有奉秦檜之意而已，曷嘗知有君父哉！夫汝楫之位，范鎮之所居也，范鎮之論若此，而汝楫之論若彼，識者必有別於此矣。論先臣之迹，則若涉冒言；攷先臣之心，則本於報國。爵位之已隆，徼福之念無有也；勛業之已盛，要名之念又無有也。犯雷霆之威，陳天下莫敢言之計，先臣雖至愚，豈不知愛其身哉？身且不愛，而謂其有徼福要名之心，可乎？國有大議，一并州通判尚得以抗言而極論之。先臣蚤被不世之遇，幾極人臣之貴，以此視彼，職有加焉，顧可謂其越職也哉？使汝楫易地，而居於至和之時，則貪功之罪，不當寘司馬光於先臣之後。以是觀之，則先臣之首議，蓋知有國，而不知有家，知有君，而不知有身，忠義激於其中，蹈危機而不之顧，卒之小人乘間，一僨不復。哀哉！先臣之不幸也。當是時，讒臣擅當軸之位，依城社之勢，以死生之柄怵天下，以利禄之權誘新進，其諱聞人言，如諱聞父母之名。先臣乃於其所諱之中，擇其所尤諱者而言之，亦宜乎汝楫之謂愚也。臣又聞之，仁宗皇帝因採范鎮、司馬光之議，宰相韓琦力贊睿斷，大策中定，授之英祖。詔令既具，將乎於庭，而當時好諛之臣雜進其説，皆曰：『陛下春秋鼎盛，子孫千億，何遽作此不祥事。』仁宗皇帝聖慮深遠，與天爲謀，力卻羣言，卒安大器。臣間因竊讀國朝事迹，至此未嘗不掩卷三歎，而繼之以泣也。夫受盡言而不怒，固本於人君之盛德；而贊大謀而不惑，尤資於大臣之明斷。若時先正韓琦以盛德元勳，光輔王室，維持正論，上開帝聰；故一時諛臣之進説，皆逡巡卻立，而范鎮、司馬光之議，不惟不得罪於當世，而且卒行其言。先臣幸遇明主，而不勝羣邪之害正，遂以殞身。即是而論罪，〔一〇〕檜與汝楫詎可勝誅哉！嗚呼！范鎮、司馬光之説，不避嫌疑之尤者也；諛臣之論，能避嫌疑之尤者也。然自至和迄今百有餘載，天下之公議未嘗進諛臣於鎮與光之上，然則先臣獨何罪乎？是疏也，於先臣本無足辨，然足以誤天下後世之爲臣子者，臣故不敢不申爲之説。

至於張戒之《默記》，荒謬不根，顛倒錯亂，尤爲昭昭。臣不敢以臆説與戒辨，請以高宗皇帝宸翰爲證。戒之言曰，薛弼以甲子正月，道由建昌，〔一一〕與戒言及先臣建儲之議，云是丁巳歲，先臣因召對，寔建此請。又以爲諜報，虜酋將有所挾，以入京師。先臣與弼會於九江舟中，議所以沮虜謀者，而及於此。既又託爲玉音，〔一二〕謂先臣雖忠，而握重兵於外，此事非所當預。次之以先臣失措之狀，又次之以薛弼造膝之語，而斷曰：『飛爲大將，而越職及此，取死宜哉！』熊克又從而信之，筆之《小曆》，上之史院，板而行之天下。

臣嘗捧書痛哭，重歎先臣之不幸，而竊怪夫弼之果於誕也。夫丁巳歲，紹興之七年也。先臣奉詔至督府，與張浚議劉光世軍不合，遂疑先臣〔一三〕有自營得軍意。即日上章，乞解兵柄，璽書召還，復畀以兵。則與弼同對，蓋是年之六月也。至冬十一月，而劉豫始廢，則先臣召還之時，豫未嘗廢也。豫方據汴，虜何自而有挾以入京之謀。夫正資宗之名，何預於虜，使先臣謂有益於國本則可，而謂以沮虜謀，固不若是其疏也。

臣之所辨，亦既詳矣，然未有所據，不足以折弼，請言其所據。按《野史》等書載，皆謂先臣當時因召對罷，詣資善堂，見孝宗皇帝英明雄偉，退而歎曰：『中興基本，其在是乎！』至紹興十年，虜再叛盟，先臣灑泣厲衆，即日北討。將行，數請面陳，冀以感動上聽。〔一四〕會詔趣進兵，不許，乃密爲親書奏上之，大略以爲：『今欲恢復，必先正國本，以安人心。然後不常厥居，以示不忘復讎之志。』奏至，宸衷感悟，賜御札褒諭，有『非忱誠忠讜，則言不及此』之語。

臣嘗竊攷《野史》與弼之説，而見其時日之不同，亦竊有疑焉。及伏觀臣家之藏詔，究其次第，而後知《野史》之載爲可據，而弼之説，蓋甚誣也。

謹按虜人寇河南之初，先臣得警，即乞詣行在所〔一五〕奏事，御札報曰：『覽卿來奏，欲赴行在所奏事，深所嘉歎。』既又曰：『俟卿出師在近，輕騎一來，庶不廢事。』及先臣奏，已遣張憲、姚政軍，御札復報曰：『覽卿奏，已差發張憲、姚政軍馬至順昌、光、蔡，深中機會。卿乞赴行在所奏事，甚欲與卿相見。』既又曰：『措置有緒，輕騎前來奏事，副朕虛竚也。』先臣未及覲，上遣李若虛至軍，御札報曰：『金人再犯東京，賊方在境，難以召卿遠來面議。今遣李若虛前去，就卿商量。』則是先臣累請面陳而不獲也，然後親書建儲之請，密以奏，上御札報曰：『覽卿親書奏，深用嘉歎，〔一六〕非忱誠忠讜，則言不及此。』即天語而觀之，決非區區具文之奏，而其褒諭之語，深切著明，蓋直爲先臣建儲之議設也。御札之連文曰：『卿識慮精深，爲一時智謀之將，非他人比。兹者河南復陷，日夕愴然。』攷之時事，則其爲紹興十年之詔也甚明。

是先臣嘗密疏言於紹興十年之後，而未嘗面對言於七年之前；是先臣因興師，請覲不獲，而後抗疏，未嘗因諜報而欲立此，〔一七〕以沮虜謀也。況諜報之事，其爲不根，臣之辨尤明，則弼所謂玉音有『非卿所當與』之説，『卿自以意開諭』之説，先臣有衝風吹紙之事，怪其習小楷之事，詎有一實哉！年月先後之不同，面奏疏聞之有異，弼真果於誕者！〔一八〕

按弼之在先臣幕爲最久，及先臣得罪，僚佐皆下吏遠徙，獨弼不與，偃然如故。公議皆謂弼舊居永嘉，秦檜方罷相里居，弼足恭奴事，以徼後福。及在先臣幕，知檜惡先臣，〔一九〕覘望風旨，動息輒報，以是獲免於戾。天下固知之矣。

臣竊以爲小人苟免以全身，見利而忘義，亦何所不用其至，初不足以污筆櫝。獨忘國而謀家，忘君而謀身，忘所知而謀所芘，既欺一時，以免其禍，又託爲游談聚議之説，矯玉音而實其辭，因它人之筆，以欺天下後世，使人莫窺其奥，其用心之姦，擠崖之嶮，蓋非它人比也。臣伏讀國朝之律，僞制書及增減而足以亂俗者，棄市。聖人立法之意，抑以制書者上之所用，〔二〇〕以信天下，姦民敢矯而爲之，而其矯爲者又足以亂俗，則雖寘之極典，誠不爲過。夫制書不可矯也，玉音其可矯乎？一時之俗不可亂也，天下後世之公其可亂乎？原情而議法，弼當在《春秋》誅心之典。臣獨惜夫高宗以宏略聖度，致炎、興三十六年之治，繼中天二百餘載之業，而秦檜擅命，矯稱玉音，已不逃沈該等之奏論。弼斷斷小人，〔一一〕亦敢駕説而矯誣，又作爲進對折旋之義，〔一二〕使人見之，若親奉天語者，其罔上誣君之心，詎勝言哉！遂使洋洋聖謨，玉石不辨，天下後世若之何而可以取證也。

若夫戒謂先臣越職，取死爲宜，書之簡牘，傳之萬世，岸然不以爲耻，則又臣之所甚未諭。夫先臣爲一身謀，則固愚矣；而爲社稷謀，顧不謂之忠乎？人臣而一陳社稷之忠謀，讒臣已嫉而陷之，諫官又和而劾之，搢紳士大夫之議又從而交非之，則其不幸，豈特一時而止哉！讒臣憸欺，固不足算，臣之所甚惑，而不能已者，蓋以諫官〔一三〕者，公議之所出，搢紳者，公議之所顯，大廷伏蒲，露章劾奏，百僚在位，側耳聳聞，而曰如此者謂之嫌疑，謂之貪功，是當誅。執筆紀遺，公議攸託，萬世而後，汗簡所徵，而曰如此者謂之妄言，謂之越職，是宜死。然則天下後世之見此奏此書者，誰不鉗口結舌，而自列於括囊之士哉！嗚呼！此豈特臣之所甚惑，爲人稍知尊君之誼，立朝之節，宜舉無不惑者矣！

按是時，汝楫志於得位，媚竈奉承，無所不至，入奏之際，安恤其爲天下後世之誤。弼幸於免禍，求以自解，敢肆矯誣，出言之際，亦安恤其爲天下後世之欺。戒喜於異聞，竊奸人之緒論，以爲至確，筆牘之際，又安恤其爲天下後世之議。獨以先臣之忠如此，而小人抵巇，一至於是，寧不哀哉！逐鹿者不見泰山，攫金者不見市人，汝楫是也。言僞而辨，行僞而堅，弼是也。不可與言而與之言，失言，戒亦近之。」〔三四〕

〔一〕主管軍事　「主」，《中興小紀》卷三一作「權」。

〔二〕汝輩壞軍法如此　「壞」，據《中興小紀》卷三一補。

〔三〕起復宣撫　原作「起宣撫復」，據《中興小紀》卷三一改。

〔四〕讀不能句　「讀」，據《中興小紀》卷三一補。

〔五〕建昌　原作「建康」，據《中興小紀》卷三一改。「甲子」年爲紹興十四年。據《建炎以來繫年要録》卷一四九，紹興十三年八月辛亥，宋廷發表主管洪州玉隆觀薛弼任虔州知州。《金佗續編》卷三〇朱熹《擬建儲劄》：「張戒家在建昌軍居住。」時張戒罷官閒居，而薛弼順路相訪。

〔六〕一休戚　「一」，《寶真齋法書贊》卷二七《朱文公儲議帖》作「同」。

〔七〕魏徵　原作「魏證」，嘉靖本同，據浙本改。

〔八〕奮自單平　「平」，浙本作「貧」，《寶真齋法書贊》卷二七《朱文公儲議帖》作「寒」。

〔九〕不以一言報夫君　「夫」，浙本作「人」，《寶真齋法書贊》卷二七《朱文公儲議帖》無「夫」字。

〔一〇〕即是而論罪　「是」，原作「時」，據《寶真齋法書贊》卷二七《朱文公儲議帖》改。

〔一一〕建昌　原作「建康」，據《中興小紀》卷三一改。

〔一二〕託爲玉音　「託」，《寶真齋法書贊》卷二七《朱文公儲議帖》作「記」。
〔一三〕遂疑先臣　「遂」，《寶真齋法書贊》卷二七《朱文公儲議帖》作「浚」。
〔一四〕冀以感動上聽　「冀」，原作「幾」，據《寶真齋法書贊》卷二七《朱文公儲議帖》改。
〔一五〕行在所　原脱「行」字，據《寶真齋法書贊》卷二七《朱文公儲議帖》補。
〔一六〕嘉歎　「嘉歎」，原作「歎嘉」，據《金佗稡編》卷二高宗宸翰五十八改。
〔一七〕請覲不獲而後抗疏未嘗因諜報而欲立此　「未」之上，原有「而」字，據《寶真齋法書贊》卷二七《朱文公儲議帖》删。
〔一八〕弼真果於誕者　「真」，原作「其」，據《寶真齋法書贊》卷二七《朱文公儲議帖》改。
〔一九〕知檜惡先臣　《寶真齋法書贊》卷二七《朱文公儲議帖》作「知檜之謀」。
〔二〇〕抑以制書者上之所用　「抑」，《寶真齋法書贊》卷二七《朱文公儲議帖》作「蓋」。
〔二一〕弼斷斷小人　「斷斷」，《寶真齋法書贊》卷二七《朱文公儲議帖》作「齷齪」。
〔二二〕進對折旋之義　「折旋之義」，《寶真齋法書贊》卷二七《朱文公儲議帖》作「辨析之語」。
〔二三〕本卷自「諫官」之下缺佚，據《寶真齋法書贊》卷二七《朱文公儲議帖》補。
〔二四〕《建儲辨》爲曲意彌縫宋高宗與岳飛的矛盾而寫，其史實之錯訛，可參《金佗稡編》卷七第四九四頁和卷八第五五七頁。

鄂國金佗稡編卷第二十二

籲天辨誣卷之二

淮西辨

紹興十一年八月九日甲戌，臣寮上言：「伏見樞密副使岳飛蚤稱敢毅，亟蒙獎拔，不十年間，致位三孤；且復使之握重兵，居上游，其所委付，可謂重矣。而飛爵高禄厚，志滿意得，平昔功名之念，日以頹墯。今春虜寇大入，疆埸騷然，陛下趣飛出師，以爲掎角，璽書絡繹，使者相繼於道，而乃稽違詔旨，不以時發。久之，一至舒、蘄，怱卒復還。所幸諸帥兵力自能卻賊，不然，則其敗撓國事，可勝言哉！厥後諸帥凱旋，飛獨無功。聖恩寬大，例有樞筦之拜，寵數優渥，義當感激圖報，而飛方事矯飾，有識之士已譏其僞。」又言：「竊見樞密副使岳飛頃由簡拔，委以節制，慨然似有功名之志，人亦以此稱之。數年之間，寵數頻仍，官兼兩鎮，秩視二府，乃始安於榮利，不復爲國遠圖矣。故昨來被旨起兵，則固稽嚴詔，略至龍舒而不進；玆者銜命出使，則堅執偏見，欲棄山陽而不守。以飛平昔不應至是，豈其忠衰於君，誠如古人之謂耶？臣又聞飛自登樞筦，鬱鬱不樂，日謀引去，以就安閑，每對士大夫但言山林之適。其誠與僞固不得而知，然以陛下眷待之隆，委任之峻，不思報稱，遽爲是計，亦憂國愛君者所不忍爲也。」又言：「臣比論列樞密副使岳飛之罪，章已三上。陛下尊寵樞臣，眷眷然惟恐傷之，姑示優容，未加譴斥。臣謬當言責，安可但已。況其間一、二事，大虧忠節。若堅拒明詔，不肯出師，以玩合肥之寇。」又言：「今春虜犯淮西，張俊既全師遇敵，朝廷連降聖旨，趣飛來援；而逗遛不進，輒以道遠乏餉爲辭。大將之體國，固如是乎？陛下新命樞臣，處飛爲副，超踰甚峻。正欲感勵其心，使飛改意激昂，尚蓋前失，而外爲恭遜，情實飾姦。」又言：「頃者淮西之役，俊方力戰，而飛乃按兵不動。飛當是時豈以謂虜去國遠鬭，其鋒不可當，而欲避之乎？豈以謂坐觀成敗，而效卞莊刺虎之説乎？殆皆不然也。其意不過專務保江之計，而嫉淮西之成功耳！」

熊克《中興小曆》曰：「初，上詔湖北宣撫使岳飛以兵援淮西。飛念前此每勝，復被詔還，乃以糧乏爲辭。至是濠州已破，飛始以兵來援，張俊、秦檜皆恨之。」〔一〕

《王次翁敍紀》（王伯庠撰）曰：「紹興辛酉，虜人有飲馬大江之謀，大將張俊、韓世忠欲先事深入，〔二〕惟岳飛駐兵淮西，不肯動。上以親札趣其行者，〔三〕凡十有七，飛偃蹇如故，最後又降親札曰：『社稷存亡，在卿此舉！』飛奉詔，移軍三十里而止，〔四〕上始有誅飛意。」

《野史》傳曰：「紹興十一年，兀朮重兵攻淮西。飛念前此每勝，復被詔還，壯心已闌，且軛於和議，辭以乏糧。及濠梁已破，方以兵來援，張俊、秦檜皆恨之。」

臣珂辨曰：「臣聞天下之難辨而易惑者，惟其迹之似也。小人之讒人也，固誣矣，而非竊取其似，則不足以欺人也。天下之人惟知其誣，而不知其所以誣，汲汲乎惜其人之不得爲全人也，則又即其似而求有以蓋之。嗚呼！讒誣之似，果終足以欺人哉？欺有時而窮，則真者見矣。今乃不忍於一朝之未明，而求以蓋其非，使人見之，曰：『是天下之公論。』而亦其迹之似也，久而不明，真者泯矣。可以欺一時之人，而不可以欺萬世者，似也；可以蓋一時之非，而不可以蓋萬世者，亦似也。然則變真而讒以似，雖晦之，必彰之；舍真而蓋以似，雖愛之，實害之。

然則輕重緩急之辨，固將何擇哉？以此而論，先臣淮西之誣，則逗遛違詔〔五〕之辨尚可緩，而軛於和議之説，蓋所當先也。臣非敢先彼而後此也，逗遛之罪，小人之讒先臣也，固有甚明者證之；軛和之志，公論之蓋先臣也，其説易以惑天下，而亂先臣本心之真，此臣所以先辨也。

先臣自金虜叛盟以來，嘗有誓不與俱生之志。獻北討之書，奪官而不悔；上謝赦之表，忤時而不忌。抗恢復之奏，則自期於渾瑊復唐之大功；闢屈己之議，則深指於秦檜謀國之不臧。獄祠之盟，與將佐言者也，特首言其蹀血虜庭之願；蓮社之詩，與緇流言者也，猶不忘乎力扶王室之忠。甚而抒詠翠巖，勒題東松，書宜興之寺壁，紀湖東之軍次，是皆放懷景物，紓情幽曠，而二聖之還，三關之復，其志無往而不寓。造次必於君，言語必於國，天下至於今誦之，非臣之私言也。故高宗皇帝所賜御札有曰：『覽卿近奏，毅然以恢復爲請，豈天實啟之，將以輔成朕志，行遂中興耶！』又曰：『比降親筆，喻朕至意。再覽卿奏，以渾瑊自期，正朕所望於卿者。』又曰：『得卿奏，〔六〕言措置班師，機會誠爲可惜。卿忠義許國，言辭激切，朕心不忘。』嗚呼！即此以論先臣之心，可以逗遛之說誣之乎？

讒人之進言也，豺狼之威踞乎其前，軒冕之念勃乎其中，勢不得不枉它人，而庶幾尺蠖之一伸也。誠又念夫威未至於極，則人心之公論不可誣也，則亦盍求其似而言之乎？先臣位三孤，開兩鎮，運籌樞府，視秩相庭，其爵穹矣，其位隆矣，其祿厚矣，則吾加以『志滿意得』，〔七〕『不復爲國遠圖』之□，人庶幾信之。而猶懼其言之不足以欺人也，則先稱以『敢毅』，又稱以『有功名之志』，終則以爲先臣之平昔不應有是。抑使天下之淺心者從而窺之，徒見其爵之誠穹，位之誠隆，禄之誠厚，則亦竊意其遠圖之怠，非復前日，而我言之或信。剡騰六奏，貫穿一辭，先後皆是言也。

天下之人惟其不知淮西之事顛末甚明，具在御札，而惑於讒人之似，意其或有是也，則深愛先臣之忠，而惜其不得以全其忠，乃深思而旁求之，則曰：『朱仙之戰也，兩河忠義同爲響應，虜酋腹心皆受密約，兀术棄京而卻走，韓常遣使而請降，功垂成而亟班師，反墮於姦臣通虜之約，或者其壯心已闌而不前乎？』反復而疑之，則又曰：『河南之復也，彼既先料其叛盟矣，抗疏而言之，因表而見之，漫不我聽，故地復失。前轍可觀，而又惟屈己之是求，或者軋於和議而不至乎？』嗚呼！是二者之說，無一而可也。抑皆竊取先臣之似，而不忍於一朝之未明，且莫知其讒之實不然也。是求以蓋先臣之非，而適所以益先臣之非；求以明先臣之忠，而適所以累先臣之忠者也。委質而事君，抑君有命，而謂吾志之闌，且咎其不聽已驗之説，嚴詔沓至，跬步不易，是可謂之忠乎？如是則止沸而揚湯，救火而抱薪，尚何非之可蓋。

抑臣攷之，虜之犯淮西也，烽警方騰，羽檄未至，淮西蓋非先臣分地也，疑若可以晏然矣。使小丈夫處此，則曰：『吾惟求保吾境，盡吾職而已，何暇以議其它。』而先臣激發忠憤，首抗奏疏，歷數虜酋之不道，願備戎車之先驅，請會諸將擊賊，以必成功。故御札首曰：『昨得卿奏，欲合諸帥兵破敵，備見忠誼許國之意，嘉歎不已。今虜犯淮西，張俊、楊沂中、劉錡已併力與賊相拒。卿若乘此機會，亟提兵會合，必成大功。』此蓋奏至之第一札也。然則東下會合，蓋因先臣之請而許之，奎畫煌煌，匪臣所得而託言也。況是時先臣未奉出師之詔，既思虜穴必虛，乞擣京、洛，以制其弊，又恐急於退虜，乞出蘄、黄，以議攻卻。其拳拳憂國，至於一日而兩奏，載在御札，尤爲明著，初未嘗以非己責而自安也。

今有巨室焉，紀綱左右，各司其職，適有外侮，而他僕越職以求禦，且復殫智慮，竭謀畫，以爲應之之策，則必其愛主之心特切，而衛上之志甚勤。使其主從而聽之，促之以前，則反傲然而不行，是豈人之情哉？使其謂主不已知，則勿請；所以請者，則其無是心也。是僕也，非病狂喪心，安肯自請而自止，以激其主之怒哉？即小而論大，則先臣之無是二者之心也，則亦無是請也；有是請也，則逗遛之誣也，亦可迎刃而解矣。

況夫臆度之説，孰如親見之審；疑似之迹，孰如已行之驗。十年冬，司農少卿高穎〔八〕自陳，欲裨贊岳飛十年連結河朔之謀，措置兩河、京東忠義軍馬，爲攻取計。蓋已在朱仙班師之後也，使壯心果闌，則穎肯爲此請耶？十一年秋，先臣行楚州按兵，俊將城楚，而先臣曰：『吾曹當戮力以復中原，何至爲城守計耶？』卒以此忤俊。蓋已在淮西援濠之後也，使軋於和議，則先臣肯出此言耶？吁！亦明矣！

雖然，猶不可不申之以辨也。何則？張憲之獄，在行府鍛鍊極矣，而無一語以及先臣，所誣以通書者，先伯臣雲也。張俊一紙之奏方上，而秦檜遽下先臣於獄，初無可證之事也。按坐兩月，廷尉不知所問，〔九〕反而思之，栢臺嘗有是六奏也。又其中逗遛之説，或可以致其罪也。乃劄下制獄，令以此語詰先臣，雖先臣之辨甚明，而莫之省也。王俊所告，非此也；張憲自誣，亦非此也。即初揆終，了不相涉，先臣何罪而至此哉？先臣之就逮，乃十月之十三日，而此劄之下，乃十二月之十八日。其間相距兩月，秦檜之所以旁求而成其罪者，蓋無所不至矣，而僅能得此，又安可以不辨。

臣按先臣被罪，尚書省敕牒之全文曰：『淮西之戰，一十五次被受御札，坐觀勝負。』〔一〇〕嗚呼！御札之有十五，固也，抑不觀其時乎？前奏未上，而後命沓至，出師之命雖在正月，而至以二月九日。時先臣以寒嗽在告，即以十一日力疾出師，故十九日御札有曰：『得卿九日奏，已擇定十一日起發，往蘄、黄、舒州界。』以此見先臣之出師，實無留滯，奉詔三日而行爾。自鄂而蘄、黄，自蘄、黄而舒、廬，皆以背嵬親爲先驅。虜方在廬，望風退遁，還軍於舒。復來窺濠，又次定遠，虜復引去，蓋三月之中旬也。是時先臣聞命即行，首尾僅月餘，往來道里，不止數千，計其時日，亦可見矣，而徒以其詔之多而罪之，哀哉！先臣之不幸也。

檜之所以誣先臣者，以稽違御劄，臣不敢以它證，請以檜所誣者證之。先臣淮西之誣，其目有四：一曰逗遛違詔，二曰辭以乏糧，三曰不擕重兵，四曰緩於救濠。臣請舉而枚辨之。

逗遛軍次以違詔，檜之誣也。而十九日御劄之連文曰：『聞卿見苦寒嗽，乃能勉爲朕行，國爾忘身，誰如卿者！』然則先臣之所謂逗遛者何在？況請會兵而破敵，先臣實啟之，苟憚於行，則何爲上剡奏，以自形其怯乎？故獎諭之詔曰：『淮東之軍且出其後，洒鄂之衆復來自南，合吾仁義之師，當彼殘暴之寇。』則先臣非逗遛矣。

託乏糧以拒詔，亦檜之誣也。而三月十三日之御劄有曰：『卿聞命，即往廬州。遵陸勤勞，轉餉艱阻，卿不復顧問，必遄其行。非一意許國，誰肯如此。』〔二〕然則先臣之所謂託者何在？況請漕臣而從軍，先臣實啟之，苟志於託，則何至召它人，以自窺其僞乎？故褒嘉之劄又曰，『中興基業，在此一舉』，『卿之此行，適中機會』。則先臣又未嘗它辭矣。

先臣奉詔出師，以大軍爲緩，親以背嵬騎兵爲之先驅。其赴援之急，亦可知也，而俊乃譖先臣以攜兵爲寡。曾不知南薰門之戰，以八百人破王善五十萬者，先臣也；朱仙鎮之對壘，以五百騎破兀术十萬者，亦先臣也。況背嵬之士，先臣之親軍也，潁昌、朱仙，皆以是軍取勝，而八千餘騎亦不可謂寡矣。是時俊命楊沂中以全軍驅濠之餘虜，而遇伏大敗，殿前之兵幾殲焉，亦宜乎其以先臣之兵爲寡也。俊既素懷怯敵之心，而反以寡病先臣，不亦哀哉！

兀术既遁，先臣還軍舒州，以俟進止，而兀术用酈瓊計，復窺濠州。三月初四日，先臣聞警，不竢詔，麾兵而救之。兀术蓋以初八日破濠，而先臣先四日已赴援矣，則警報固未上聞，而詔命亦未至，其時日之序，又可攷也。而俊乃譖先臣以救濠爲緩，曾不知李成據襄陽，聞軍至而遽遁者，先臣也，劉麟寇廬州，見岳幟而亟走者，亦先臣也，況兀术朱仙之屢敗，韓常長葛〔三〕之乞降，皆已望風讋服。且先詔而赴援，蓋亦不可謂緩矣。是時張俊以大兵駐黄蓮，去濠六十里而不能救，無以藉口，亦宜乎其以先臣之兵爲緩也。俊既坐收退虜之功，而反以緩譖先臣，其寃抑甚焉！

俊蓋初以前途糧乏誤先臣，而先臣不聽，鼓行而進。及御劄有『不復顧問』之語，俊意先臣漏其書之言於上，而譖害之意成矣。當時先臣得罪，尚書省敕牒之全文，固出於一時酷吏之手；而俊之遺先臣書，稱前途乏糧，以誤先臣者，亦備載不遺，蓋亦自有不能揜也。

万俟卨患獄之不竟，遂命元龜年以行軍之時日雜定之。檜乃先收御劄於左藏南庫，將滅其迹，幸而終未泯於兇焰，故其次第時日，猶有攷也。宸翰之首，臣故復以甲子繫日，而不敢以重複爲嫌，蓋欲其昭明而易見。試即而驗之，初未嘗有暇日也，奈何謂之逗遛。

至於王次翁之《敍記》，其爲誣罔，尤爲昭灼。方兀朮之來，張俊以兵拒於柘皋，蓋已逼江矣，『先事深入』之謀果何在？先臣駐兵江夏，未嘗在淮西也，親劄十五耳，而增其二，『社稷存亡，在卿此舉』之詔，元未嘗有也。『奉詔，移軍三十里而止』，自鄂而廬，自廬而舒，自舒而濠，果三十里乎？身居政地，曹如不知，而徒以口舌置人於死地，先臣真不幸哉！臣竊惟高宗皇帝留意戎昭，未嘗頃刻忘，故一日而拜數詔者有之，一事而降數旨者有之。隨、鄧、襄陽之戰，御劄凡四，淮西、宛、葉之捷，御劄凡七，虜人叛命，再寇河南，復故疆，援劉錡，首尾兩月餘，奉御劄者又二十有三焉，豈獨以拜命之多，而謂之逗遛乎？寃哉！先臣之忠如此，而不得白，此臣所以泣血而辨，千載而下，信史庶乎其有攷也。

臣重惟先臣得罪之後，秦檜使其親黨王會搜刮囊橐，自尚方所賜之外，無儋石之儲，賜書數篋，先已舉而束之左藏南庫。非惟龍翔鳳翥之文，秘而不耀，而一時廟謨所以密授先臣者，殆泯没而無聞於世。先父臣霖猥蒙親擢，攝貳匠監，露章陳請，願復賜還。孝宗皇帝慨念故臣，亟降俞旨，此臣家之所以復得寶藏，而竊窺神算於雲章之表。

臣按秦檜當時之醖禍也，蓋欲屏去先臣所拜之宸翰，如綦崇禮所被之詔，以泯其迹，而使先臣之忠，終於莫辨。何以言之？宸章聖畫，固非人間所得而易見，先臣幸以尺寸功，攀附依乘，故得拜此寵渥。誠使得罪，亦當上之秘府，與天球、河圖竝寶而無窮。檜乃敢寘之有司之藏，其不臣之心，亦可見矣。一時指爲先臣之汚，秘衛不恪，迄今蠹魚、蝸牛之侵，雖重飾而嚴護，猶有遺迹。臣每捧讀，輒哽涕而不自勝。抑猶有大幸者，淮西一十五劄竝存而不失爾，故臣得以逐時日，敍次第而刊之石，以傳萬世，不然，則先臣之誣，尚何以爲據依而辨之。嗚呼！檜雖欲泯之，而天不泯之，是留以賜臣家，而使先臣之事有所據依而辨明也。哀哉！

〔一〕張俊秦檜皆恨之「秦檜」之上，《中興小紀》卷二九有「與右僕射」四字。

〔二〕張俊韓世忠欲先事深入　「欲」之上，《建炎以來繫年要録》卷一四〇，《中興小紀》卷二九與《宋宰輔編年録校補》卷一六有「皆」字。

〔三〕上以親札趣其行者　「上」，據《建炎以來繫年要録》卷一四〇，《中興小紀》卷二九與《宋宰輔編年録校補》卷一六補。

〔四〕移軍三十里而止　「三」，《建炎以來繫年要録》卷一四〇作「二」。

〔五〕逗遛違詔　「違」之下，原有「之」字，據嘉靖本删。

〔六〕得卿奏　《金佗稡編》卷三高宗宸翰七十作「得卿十八日奏」。

〔七〕志滿意得　原作「志得意滿」，據本卷前引「臣寮上言」改。

〔八〕高穎　「穎」，原作「潁」，據《金佗續編》卷二〇《令措置河北河東京東三路忠義軍馬省劄》改。

〔九〕按坐兩月廷尉不知所問　「按」，原作「宴」，據嘉靖本改。

〔一〇〕淮西之戰一十五次被受御札坐觀勝負　《建炎以來朝野雜記》乙集卷一二《岳少保誣證斷案》作「岳飛爲因探報得金人侵犯淮南，前後一十五次受親劄指揮，令策應措置戰事，而坐觀勝負，逗遛不進」。

〔一一〕據《金佗稡編》卷三高宗宸翰八十六，此札並無日期，岳珂説爲「三月十三日」，顯然不確。

〔一二〕長葛　底本「葛」字筆劃殘缺，嘉靖本作「長莫」，據《金佗稡編》卷八改。

鄂國金佗稡編卷第二十三

籲天辨誣卷之三

山陽辨

紹興十一年八月九日甲戌，臣寮上言：「伏見樞密副使岳飛比與同列，按兵淮上，公對將佐謂山陽爲不可守，沮喪士氣，動摇民心，遠近聞之，無不失望。此邦於邊面最爲要害，蓋捍禦所當先者，而其議論乃爾，莫曉所謂。他日見士大夫，則又二三其辭，忠於謀國者，固如是乎？兹者入覲行朝，力辭使命，雖已勉徇所請，而充位廟堂，自若也。夫廟堂，筭略所從出，使飛所爲，悉如山陽之事，豈不上誤注倚。」又言：「臣近者嘗抗章論列樞密副使岳飛，過咎不一，乞行罷免。陛下眷遇大臣，務全終始，至今寂然，未聞處分。臣待罪言路，有不得而已者。其他不復縷陳，姑以近日一事言之。楚州外扼賊營，内藩王室，實淮上襟要之地，所當悉力捍禦，不可忽也。前此大帥是臨，爲備頗嚴，虜不得犯，民以安處。迺者帥臣入登廟堂，而城郭、兵革固自若也。陛下軫念邊疆，宵旰以之，亟命飛等出使，措置其事，自應仰體淵衷，過爲之防，而乃宣言於衆，以楚爲不可守。夫所謂不可守者，城不堅乎？兵不衆乎？地利不足恃乎？城之不堅，葺之可也；兵之不衆，益之可也；若以地利爲不足恃，則相持累年，了無疏虞，其效明甚。質之以三說，飛之所言妄矣。況吾之所恃以爲險者，大江而已。若不守楚，使虜得以衝突，則大江之險，遂與彼共之，朝廷雖欲一日奠枕，其可得乎？飛任隆兵樞，安危所賴，而謀國不令，乃至於此。尚俾參贊廟謨，其不誤事者幾希。」又言：「飛昨來被旨起兵，則固稽嚴詔，略至龍舒而不進；兹者銜命出使，則妄執偏見，欲棄山陽而守江。以飛平昔不應至是，豈其忠衰於君，誠如古人之謂耶？」又言：「臣比論列樞密副使岳飛之罪，章已三上。陛下尊寵樞臣，眷眷然惟恐傷之，姑示優容，未加譴斥。臣謬當言責，安可但已。況其間一、二事，大虧忠節。若堅拒明詔，不肯出師，以玩合肥之寇；首爲異議，不務保城，以捐山陽之地。」又言：「聞飛近同張俊，往淮東措置軍事。飛嘗倡言〔一〕山陽之不可守，軍民揺惑，致喧外議，以謂朝廷欲棄山陽。所幸俊止其言，紛紛遂定。不然，使飛言遂行，則幾失山陽，後雖斬飛，何益也。豈非飛之意可以誤國乎？夫謀國不忠者，其效必至於誤國，飛實有焉。若使尚贊樞機，終恐有誤委任。物論籍籍，其失人之望如此。」又言：「臣嘗論楚州不可不固守，又論岳飛等不和，各植黨與，有違陛下更制之初意。臣初止聞時議欲不守兩淮，而不知主其議者爲何人；止聞岳飛不和，不知所以致不和之由者爲何事。於是力採輿論，而後知其原，皆出於岳飛一人而已。何則？飛自去秋入覲，便爲保江之説，且欲移屯於九江，置兩淮於度外。有識聞之，莫不嗟駭。暨擢登宥密，與張俊同之楚州，措置軍事。陛下深思遠慮，其付託顧亦重矣。方俊欲繕治楚之城也，而飛輒沮之；欲經營兩淮要害之郡也，而飛又以爲不可。臣不知飛之意果何如，而至於是耶？」

熊克《中興小曆》曰：「紹興十一年秋七月，右諫議大夫万俟卨言：『樞密副使岳飛議棄兩淮地，守大江以南。〔二〕且飛提重兵十萬，〔三〕無橫草之勞。〔四〕倡言棄兩淮，以動朝廷，此不臣之漸也。』癸丑，宰執奏事，上曰：『山陽要地，屏蔽淮南，〔五〕無山陽則通、泰不能固，賊來徑趣蘇、常，豈不揺動，其事甚明。比遣張俊、岳飛往彼措置戰守，二人登城行視，〔六〕飛於衆中倡言：楚不可守，城安用修。蓋將士戍山陽厭久，〔七〕欲棄而它之，飛意在附會以要譽，〔八〕故其言如此，朕何賴焉！』秦檜曰：『飛對人之言乃至是，〔九〕中外或未知也。』八月，時樞密使張俊、副使岳飛皆在鎮江府，而右諫議大夫〔一〇〕万俟卨等論飛罪，以謂今春虜騎犯淮西，張俊全師遇敵，趣飛來援，而飛固稽嚴詔，略至舒、蘄而不進。比與俊按兵淮上，又執偏見，欲棄山陽而不守，致喧外議。所幸俊止其言，紛紛遂定。於是飛上章丐罷，甲戌，以爲少保、武勝、定國軍節度使、充萬壽觀使。飛既罷，而俊獨留鎮江爲備。」《野史》傳曰：「紹興十一年，奉詔按兵楚州。行次鎮江時，韓世忠人馬入教場，俊欲分其背嵬，飛曰：『不可，今國家唯自家三、四輩，以圖恢復。萬一官家復使之典軍，吾曹將何顏以見之？』俊大不樂。及至楚州，俊謂飛曰：『當修城守。』飛不答者久之，俊屢强問，亦勉答曰：『吾曹蒙國家厚恩，當相與戮力復中原，若今爲退保計，何以激勵將士？』又不樂，語頗侵飛。遂遷怒於二候兵，以微罪斬之，飛懇救數四，不從。俊歸，遂倡言飛議棄山陽，專欲保江。檜風諫臣羅汝楫彈之，會飛亦自請解兵柄，遂爲萬壽觀使。」

臣珂辨曰：「臣聞自古小人之誣忠良，必先覆護其所短者，反以加之，庶幾上以欺當時，下以欺後世。忠良被誣，而其所短則覆護不露矣。袁盎以通吴，受按於晁錯，而吴反，則請誅錯者，錯被誅，而盎之迹可掩也。翟方進以厚淳于長敗露，而輒條長所善者，所善被黜，而方進之愧可謝也。先臣山陽之役，何以異此。

且臺評之所以爲説者，豈非謂先臣欲棄山陽而保江耶？是説也，張俊實倡之，秦檜實主之。俊之倡之也，所以欺當時；檜之主之也，所以欺後世。欺當時者，所以欺國人以及其君也；欺後世者，不惟欺其君，而又託之君以爲説也。嗚呼！小人之誣忠良乃如是，其可畏哉！

且怯敵以退保者誰乎？豈非張俊耶？激於先臣『當勠力以圖尅復，豈可爲退保計』之兩言，自知其中心之素不可掩匿，故倡爲欲棄山陽保江之説，以誣先臣。而万俟卨、羅汝楫從而和之，市三傳而有虎矣。曾不知以『併亡無益』，辭趙鼎楚州之援者，此俊也；畏劉麟之鋒，而欲棄盱眙之屯者，此俊也；大駕親征，而以墜馬傷臂爲辭，趙鼎欲誅之者，亦此俊也。俊平日之勇怯，不可掩人如此，況是時遷怒於二候兵之不幸，俊之憾深，而俊之迹見矣。是其倡爲此説，以欺當時，而上及其君者，所以自蓋其怯敵欲退保之罪，因不平其軋己，而嫁禍於先臣，以自附於檜也。

欲畫淮以和戎者誰乎？豈非秦檜邪？檜欲和戎，以踐宿昔之盟，而先臣不死，恐壞其議，故謀置先臣於死地。猶慮萬世之議己，乃撰爲玉音，以實其罪耳。曾不知異時諸將竝入，版圖半上職方，亟請班師者，此檜也；淮西虜遁，將議遂北，〔二〕而召諸將，拜以樞筦者，此檜也；通書虜酋，主畫淮之誓者，亦此檜也。使先臣少貶其説，則與檜意合矣，尚何後患之有。況熊克《中興小曆》稱宰執奏事，而有此玉音，以此觀之，檜自述此玉音於史臣，俾之記之，欲以欺後世，而又託之君者，所以自蓋其畫淮和戎之罪，因懼其爲己禍，而駕説於先臣，以併誣其君也。

且建炎四年，張俊嘗以虜人擾江東、西爲慮，而命先臣守鄱陽矣。而先臣之言曰：『山澤之郡，車不得方軌，騎不得竝行，虜得無斷後之慮乎？但能守淮，何慮江東、西哉！使淮境一失，天嶮既與虜共之矣，首尾數千里，必寸寸而守之，然後爲安耶？』俊心服而從之。及獻靖安之俘，陛對首論及此，且測其必不至，但乞益兵守淮，拱護腹心。高宗皇帝玉音嘉納，載在國史，可攷而見。夫先臣知守江之東、西，不可以不先守淮，則棄山陽而守江者，是果先臣之謀乎？

建炎元年，張所招撫河北，嘗以河南、北之利害問先臣矣，而先臣之對曰：『本朝之都汴，非有秦關百二之險也。平川曠野，長河千里，首尾綿亘，不相應援，獨恃河北以爲固。苟以精甲健馬，馮據要衝，深溝高壘，[二]峙列重鎮，使敵入吾境，一城之後，復困一城，一城受圍，諸城或撓或救，卒不可犯。如此則虜人不敢窺河南，而京師根本之地固矣。大率河南之有河北，猶燕雲之有金坡諸關。河北不歸，則河南未可守；諸關不獲，則燕雲未可有。』夫先臣知守河南在於先守河北，知守燕雲在於先守金坡諸關，則棄山陽而守江者，是又先臣之謀乎？一先臣也，豈有智於前而愚於後，明於建炎而闇於紹興者哉？是雖三尺之童，亦知其決不然也。

原先臣之心，有進擊而無退保，有規恢而無控守，其說曰：『中原者，吾家之堂奧也，皇天之全付，祖武之肇造，不可一日忘也。』先臣立□謬以爲保淮之說，[三]是亦無志於中原而已。故因復襄陽，璽書賜問，則自請以精兵二十萬直擣中原，爲長久之策。因議大舉，親書密奏，則願期三年，盡復故疆以報。及謝講和之赦，則陳其『唾手燕雲』之誓；跋屯田之劄，則又見其『尊强中國』之心。至於簡在上心，形諸賜劄者，有曰：『其或襄、鄧、陳、蔡有機可乘，即依張浚已行事理，從長措置，亦卿平日之志也。』又曰：『已親劄喻卿，乘此機會，提兵合擊，必成大功，副卿素志。』又曰：『若得卿出自舒州，與韓世忠、張俊等相應，可望如卿素志。』先臣此心，信於淵衷，布於天下，昭如日星，不可揜晦，是豈區區爲守江之謀者！

然則俊也，檜也，方行其厚誣忠良之計，而又思所以自覆其迹，欲加之罪，豈容無辭。此棄山陽而守江之説，所以斷斷然加諸先臣，弗恤也。雖然，俊之欺當時，其策已行矣，先臣已死矣，言猶在耳，山林之史有攷，則俊雖能欺一時，而不能欺萬世也。檜之欺後世，而山林之史信之，安知異時國史之不書乎？臣又可以不辨乎？

借使如臺評之論，以謂先臣是時功名之志已衰，則臣抑有辨焉。方先臣之罷樞筦也，以是六疏也，而制詞有曰：『奮身許國，彯趙士之曼纓；勵志圖功，〔四〕撫臧宮之鳴劍。』夫臧宮者，雲臺之臣也，抵掌談兵，馳志伊吾之北，光武才閉關謝虜，以柔道理天下，而宮之志未之伸焉。豈非高宗皇帝念先臣之志，而所以諭詞臣者，其指有在乎？使先臣果嘗倡棄淮之説而得罪，則與宮之事豈不大相矛盾。繇是推之，上必不以此疑先臣，而亦必無此玉音也。

然克之《小曆》信之，臣不以它説與克辨，特以克所載者與克辨。克之書曰：『紹興二十六年五月，左僕射沈該監修國史。自秦檜專政以來，所書聖語多出己意，有非玉音者。該以爲不足以垂大訓，乃奏删之，而取國史所書聖語，通三十年，纂爲《中興聖語》。』是檜專政之時，敢於矯爲，亦明矣。如檜之説，則中外皆知先臣無『楚不可守，城安用修』之説矣，而乃謂對人之言，上何由得之？是日宰執奏事，而玉音及此，豈非檜以爲己所親聞，而諭之史臣者乎？曰『中外或未知』者，以舉世知無此語，而欲以玉音欺後世也。該所謂參以己意者，豈不謂是。然克既知之，而又復據之者，豈不曰是不見删於《聖語》之書，則或者其有此也。殊不思該之竝相者誰乎？万俟卨也。卨主鍛鍊先臣之獄者也，其肯删之乎？

又如克所載，紹興十一年十月戊子，秦檜乞追人證張憲事，而玉音有曰：『刑所以止亂，若妄有追證，摇動人心，非用刑本意。』〔二五〕紹興二十二年四月癸亥，秦檜奏，以王俊彈壓先臣軍有功，乞改差總管，而玉音又曰：『岳飛當時欲具舟入川，有統制官説諭諸軍，乃止。』是二人者，或出於遷就以自蓋，或出於假託以自證者也。何以明之？《三朝北盟集》之載，謂先臣下吏，上初不許，檜實矯詔，興致大理。而《野史》之載，戊子玉音乃在戊寅。蓋制勘院之請，欲召先臣父子對吏，上疑其不然而弗許，故有此玉音也。臣按先臣之下吏，實十月之十三日，其日則戊寅也。《野史》、《北盟》之載，若合符契，則檜之矯詔信矣。而檜乃易『寅』之一字爲『子』，而移之於十日之後，且復以乞追人爲辭，而不明言其爲何人，是豈非遷就以自蓋其罪乎？先臣在淮西，被詔入朝，蓋未嘗至鄂，而徑趨行在所，〔一六〕遂拜樞筦。出按楚州，又未嘗至鄂，而徑還西府，遂奉内祠。至十月，而後有張憲復主軍之謗。然則先臣身在轂下，何繇而有具舟入川之謀乎？况王俊受告訐之賞，先臣被通書之誣，初無彈壓、説諭之事也。使苟有此，則當時治獄，吹毛洗垢，豈無一言及者，是豈非假託以自證其欺乎？

觸類而觀之，則檜之没先臣之功，而重先臣之罪，託爲玉音者，詎可勝述，而該之不删者，亦有以也。

至於卨之一疏，克之所據，皆出於孫覿誌墓之文。覿以諛墓取足，貿易是非，至以得不償願，作啟譏罵，筆於王明清之録，天下傳以爲笑，在臣不必深辨。而其誌韓世忠墓，直謂先臣爲『跋扈』，而儷之范瓊，臣故不能無説焉。夫人之賢不肖，天下固有公論，而非一人之私可以臆決也。夫吕頤浩之元勛，而吕惠卿之誤國，莫儔之附虜，其爲人皆不待言而見。而覿之序惠卿，則謂魁名碩實，爲世大儒，而自願託名於其文。誌莫儔則惜其投閑置散，老死不用，而謂廟堂爲非。是其識固可想矣。而於頤浩則直指爲山東噉棗栗一氓，是豈復有是非之公哉！覿之取舍如此，則詆先臣以『跋扈』，固無怪者。

克蓋心惑乎沈該之不删，而目眩乎孫覿之所誌，則《小曆》之作，所謂中心疑者，其辭枝矣。

嗚呼！先臣山陽之誣，俊以自蓋其怯敵而倡之，檜以自覆其和戎而成之，覿以苟揜万俟卨之惡而筆之，克以輕信孫覿之誌而述之。寃哉！先臣之不幸也。使識者熟察乎檜、俊之矯誣，覿、克之載記，則先臣之誣，庶幾有辨之者。」

〔一〕飛嘗倡言　「倡」，原作「唱」，嘉靖本同，據浙本改。

〔二〕守大江以南　「守」之上，《中興小紀》卷二九有「專」字。

〔三〕提重兵十萬　「十萬」，《中興小紀》卷二九作「十餘萬」。

〔四〕横草之勞　「横草」，《中興小紀》卷二九作「捍禦」。

〔五〕淮南　《中興小紀》卷二九作「淮東」。

〔六〕登城行視　「行」，底本字跡模糊，嘉靖本作「窺」，據《中興小紀》卷二九改。

〔七〕蓋將士戍山陽厭久　「將士」，底本字跡模糊，嘉靖本作「不堅」，據《中興小紀》卷二九改。

〔八〕意在附會以要譽　「會以要」，底本字跡模糊，《中興小紀》卷二九作「下以要」，今據嘉靖本。

〔九〕飛對人之言乃至是　「飛對人」三字原缺，嘉靖本同，據《中興小紀》卷二九補。

〔一〇〕右諫議大夫　「右」，原作「又」，據《中興小紀》卷二九改。

〔一一〕將議遂北　「遂」，疑作「逐」。

〔一二〕深溝高壘　「壘」，原作「塹」，據《宋朝南渡十將傳》卷二《岳飛傳》改。

〔一三〕先臣立□謬以爲保淮之説　「謬」，底本字跡模糊，今據嘉靖本，疑爲訛字。

〔一四〕勵志圖功　「勵」，原作「厲」，據《金佗續編》卷二《武勝定國軍節度使萬壽觀使奉朝請制》改。

〔一五〕搖動人心非用刑本意　《中興小紀》卷二九作「動搖人心，非用刑之本意」。

〔一六〕行在所　原脱「行」字，應予增補。

鄂國金佗稡編卷第二十四

籲天辨誣卷之四

張憲辨

王明清《揮麈録》曰：「壬子歲仕寧國，得王俊所首岳飛狀〔一〕於其家云：『左武大夫、果州防禦使、差充京東東路兵馬鈐轄、御前前軍副統制王俊。右俊於八月二十二日夜二更以來，張太尉使奴廝兒慶童來，請俊去説話。俊到張太尉衙，令虞候報覆，請俊入宅。在蓮花池東面一亭子上，張太尉先與一和尚何澤一〔二〕秉燭，對面坐地説話。俊到時，何澤一更不與俊相揖，便起向燈影暗處潛去。俊於張太尉面前唱喏，坐間，張太尉不作聲，良久，問道：你早睡也，那裏睡得着！俊道：太尉有甚事睡不着？張太尉道：你不知自家相公得出也！俊道：相公得出，那裏去？張太尉道：得衢、婺州。俊道：既得衢、婺州，則無事也，有甚煩惱？張太尉道：恐有後命。俊道：有後命如何？張太尉道：你理會不得，我與相公從微相隨，朝廷必疑我也。朝廷教更番朝見，我去則必不來也！俊道：向日范將軍被罪，朝廷賜死。俊與范將軍從微相隨，俊元是雄威副都頭，轉至正使，皆是范將軍，兼係右軍統制，同提舉一行事務。心懷忠義，到今朝廷何曾賜罪？太尉不須別生疑慮。張太尉道：更説與你，我相公處有人來，教我救他。俊道：如何救他？張太尉〔三〕道：我這人馬動，〔四〕則便是救他也。俊道：動後甚意思？張太尉道：這裏將人馬、老小盡底移在襄陽府不動，只在那裏駐劄。朝廷知後，必使岳相公〔五〕來彈壓撫諭。〔六〕俊道：太尉不得動人馬，若太尉動人馬，朝廷必疑，岳相公越被罪也。張太尉道：你理會不得，若朝廷使岳相公來時，便是我救他也。若朝廷不肯教岳相公來時，〔七〕我將人馬分布，自據襄陽府。俊道：諸軍人馬如何起發得？張太尉道：我虜劫舟船，〔八〕盡裝載步人，〔九〕老小，令馬軍便陸路前去。俊道：且看國家患難之際，且更消停。張太尉道：我待做，〔一〇〕則須做。你安排着，待我教你下手做時，你便聽我言語。俊道：恐軍中不伏者多。張太尉道：誰敢不伏？傅選道伏我〔一一〕不伏？俊道：傅統制慷慨之人，丈夫剛氣，必不肯伏。張太尉道：待有不伏者，都與勦殺。俊道：這軍馬做甚名目起發？張太尉道：你問得我是，我假做一件朝廷文字教起發，我須教人不疑。俊道：太尉去襄陽府，後面張相公〔一二〕遣人馬來追襲，如何？張太尉道：必不敢來趕我，設他人馬來到這裏時，〔一三〕我已到襄陽府了也。俊道：且如到襄陽府，張相公必不肯休，繼續前來收捕，如何？張太尉道：我又〔一四〕何懼！〔一五〕俊道：若番人探得知，必來夾攻。太尉南面有張相公人馬，〔一六〕北面有番人，太尉如何處置？張太尉冷笑：我別有道理，待我這裏兵纔動時，使人將文字去與番人。〔一七〕萬一支吾不前，教番人發人馬助我。俊道：諸軍人馬、老小數十萬，襄陽府糧少，〔一八〕如何？張太尉道：這裏糧盡數着船裝載前去，郢州也有糧，襄陽府也有糧，可喫得一年。俊道：這裏數路應副錢糧，尚有不前，那裏些小糧，〔一九〕一年已後無糧，如何？張太尉道：我那裏一年已外不別做轉動？我那裏不一年，教番人必退。我遲則遲動，疾則疾動，你安排着。張太尉又道：我如今動後，背嵬、遊奕伏我不伏？俊道：不伏底多。張太尉道：遊奕姚觀察，〔二〇〕背嵬王剛、張應、李璋伏不伏？俊道：不知如何。張太尉道：明日來，我這裏聚廳時，你請姚觀察、王剛、張應、李璋去你衙裏喫飯，與說我這言語。說道張太尉一夜不曾得睡，知得相公得出，恐有後命。今自家懣都出岳相公門下，若諸軍人馬有語言，教我怎生制禦？〔二一〕我東西隨他人，〔二二〕我又不是都統制，朝廷又不曾有文字教我管，他懣有事，都不能管得。至三更後，俊歸來本家。

次日天曉二十三日早，衆統制官到張太尉衙前，張太尉未坐衙。俊叫起姚觀察，於教場內亭子西邊坐地。姚觀察道：有甚事，大哥？俊道：張太尉一夜不曾睡，知得相公得出，大段煩惱。〔二三〕道破言語，教俊來問觀察如何？姚觀察道：既相公不來時，張太尉管軍，事節都在張太尉也。俊問觀察道：〔二四〕將來諸軍亂後，如何？姚觀察道：與他彈壓，不可教亂，恐壞了這軍人馬。你做我覆知太尉，緩緩地，且看國家患難面。道罷，各散去，更不曾說張太尉所言事節。

俊去見張太尉，唱喏，張太尉道：夜來所言事如何？俊道：不曾去請王剛等，只與姚觀察說話。教來覆太尉〔二五〕道，恐兵亂後，不可不彈壓。我遊奕一軍鈐束得整齊，〔二六〕必不到得生事。張太尉道：既姚觀察賣弄，〔二七〕道他人馬整齊，〔二八〕我做得尤穩也。你安排着。俊便唱喏出來。自後不曾說話。

九月初一日，張太尉起發赴樞密〔二九〕行府。俊去辭，張太尉道：王統制，你後面麤重物事轉換了着，我去後，將來必不〔三〇〕共將這懣一處。〔三一〕你收拾，等我來叫你。

重念俊元係東平府雄威第八長行，因本府闕糧，〔三二〕諸營軍兵呼千等結連俊，欲劫東平府作過。當時俊食禄本營，不敢負於國家，又不忍棄老母，遂經安撫司告首。奉聖旨，補本營副都頭。後來繼而金人侵犯中原，〔三三〕俊自靖康元年，首從軍旅於京城下，與金人相敵，斬首。及俊口内中箭，射落二齒，奉聖旨，特換授成忠郎。〔三四〕後來並係立戰功，轉至今來官資。俊盡節仰報朝廷，今來張太尉結連俊起事，俊不敢負於國家。欲伺候將來赴樞密行府日，面詣張相公前告首，又恐都統王太尉〔三五〕別有出入，張太尉後面別起事背叛，臨時力所不及，使俊陷於不義。俊已於初七日〔三六〕面覆都統王太尉訖，今月初八日納狀告首。如有一事一件分毫不是，〔三七〕乞依軍法施行。兼俊自出官已來，立到戰功，轉至今來官資，即不曾有分毫過犯。所有俊應干告、敕、宣、劄在家收存外，〔三八〕有告首呼千等補副都頭宣繳申外，庶曉俊忠義，不曾作過，〔三九〕不敢負於國家。謹具狀披告，伏候指揮。』

次歲，明清入朝，始得詔獄全案觀之。岳侯之坐死，迺以嘗自言與太祖俱以三十歲爲節度使，以爲指斥乘輿，情理切害。及握兵之日，受庚牌不即出師者，凡十五次，〔四〇〕以爲抗拒詔命，初不究『將在軍，君命有所不受』之義。又云岳雲與張憲書，通謀爲亂。所供雖嘗移緘，既不曾達，繼復焚之，〔四一〕亦不知其詞云何，且與元首狀了無干涉。鍛鍊雖極，而不得實情，的見誣罔，孰所爲據，而遽皆處極典，覽之拂膺。倘非後來詔書湔洗追褒，則没地銜冤於無窮。所可恨者，使當時推鞫酷吏漏網，不正刑典耳！王俊者，初以小兵徒中告反而轉資，〔四二〕晚以裨將而妄訐主帥，遂饕富貴。駔卒鈐奴，〔四三〕一時傾險，不足比數。考其終始之間，可謂怪矣。首狀雖甚爲鄙俚之言，然不可更一字也。」

《林泉野記》曰：「統制張憲謀亂，冀朝廷還飛軍，而已爲副，統制王俊發其姦。張俊亦以爲言。檜因譖飛令雲作書與憲，下飛大理寺。」〔四四〕

府。

徐夢莘《三朝北盟會編》曰：「鄂州軍統制張憲謀爲亂，都統制王貴執之，送於樞密行府。張憲以前軍統制爲提舉一行事務，得岳飛之子雲書，遂欲刦諸軍爲亂，且曰：『率諸軍徑赴行在，乞岳少保復統軍。』或曰：『不若渡江往京西，朝廷必遣岳少保來撫諭，得岳少保復統軍，則無事矣。』語漸漏露，百姓皆晝夜不安，官司亦無所措置，惟憂懼而已。都統制王貴赴鎮江府，詣樞密行府稟議，方回到鄂州，前軍副統制王俊以其事告之，貴大驚。諸統制入謁貴，貴遂就執憲，送於樞密行府。是時，張俊以樞密使視師在鎮江、建康〔四五〕也。俊令就行府取勘，王應求請樞密院職級嚴師孟、令史劉興仁推勘。師孟、興仁以〔四六〕樞密院吏無推勘法，恐壞亂祖宗之制，力辭。俊從之，遂命應求推勘，獄成，送大理寺。俊小名喜兒，濟南府人，范瓊領兵在京東，〔四七〕俊爲劊子。」

臣珂辨曰：「嗚呼！張憲之事，臣尚忍言之哉！夫天下之理，固有跡非相關，而其始終乃相須而後明者，張憲之事是也。即首狀而觀，獄成了無干涉，王明清之所録，亦既明矣。臣於此而尚容喙焉，不幾於費辭者？嗚呼！臣之辨豈得已哉！反覆當時之事，痛心疾首，欲讀不忍，欲棄不敢，哽涕呼天而畢此辨，而謂臣爲費辭乎？

夫先臣之事，著於人心，信於天下，書於國史，傳於野録，皎然甚明，而臣區區之四辨，又詳明而深究，固不待多言矣。通書之迹，不惟荒謬不根，託於已焚之無攷，而不足以欺天下後世。臣猶有可證而甚不誣者，足以根之。獨張憲以列校奮身，忠義自許，爲先臣之愛將，而一時被誣，銜恨地下。雖復官恤孤，嘗被昭雪之殊典，已足以垂信於萬世，而覼縷之迹，尚未能昭明布宣，使無一毫之憾。門閥湮替，卓錐無所，子孫流離餬口，何在搢紳之公議，以其微而不及朝廷之優恩，以其久而遂廢九原之下，欲愬莫能。或者因其迹之未明，而竊意其罪之在憲，而先臣莫之知也。故謀還飛掌兵而已副之説，載於《林泉野記》，「百姓皆晝夜不安」之説，載於《三朝北盟集》，大抵皆明先臣之寃，而不明憲之寃，殆以爲憲果有是。嗚呼！臣而不辨，誰實辨之。憲爲先臣之愛將，而憲之誣未明，則先臣之迹，亦幾於晦矣。此始終相須，而臣之所以不容不辨也。

夫天下之情至不相遠，趨安而舍危，喜同而惡異，人之情也；親其親而疏其疏，公其公而私其私，亦人之情也。張憲享廉車之秩，居至安之位，擊鐘而鼎食，厚茵而高枕，而謂其釋此不爲，出狂謀以蹈不測，固已非人情矣。而謂其以謀告王俊，而俊發之，則其爲不近人情，尤爲昭昭。何則？告人以非常之謀，則其所告者必其所素知而深愛者也，又必其至密而不疑者也。謂俊爲憲之所深愛者耶？同軍而處，反目如仇，姦貪之迹，屢發其藴，則固非深愛者矣。謂俊爲憲之所不疑者耶？鵰兒之號，著稱於軍，憲爲同僚，夫豈不察，則又非不疑者矣。如俊之出身，豈惟軍中知之，宜舉天下無不知者。始在東平府，告其徒呼千等罪，乃得爲都頭。自是以告訐爲利，不問是否。自出身以來，無非以告訐得者，鵰兒之稱，實自是始。使憲而愚無所知也，則於異謀乎何有？憲而稍有思焉，則必曰：『彼以告訐而得此也，吾可以此謀告之耶？』疑畏之不暇，而何自以通情哉？嗚呼！是雖三尺童子，亦知其必不然也。

抑猶有所謂大不近人情者，而非特此而已也。觀其所首，憲之與俊言，亦既委曲矣。論難十餘反，俊未嘗少順其說，憲盍亦少覺矣。方且諄諄不已，盡以心曲之謀告之，漫不省其從違，而加之防慮。嗚呼！畔逆之狂謀，果爲何等事，俊、憲之相與，果爲何等親，而深信不疑，屢詰不返，有如此哉？今夫人之欲爲非者，將欲誘人以從己，則必先求其可與言而不疑者，而誘之，又必先露其端倪，鉤致其心腹。發言之初，必察其人之詞色，彼苟是我而從之，又將察其誠不誠焉。如其誠也，則亦庶幾乎展盡底蘊，而與之定謀矣。苟其人詞色之少變，或依違而縱臾，或微拒而遜卻，則告之者必逆料其心之所不樂，而未必我從也。又將少隱其辭，而蓋其前說，雖有心曲之至隱，亦不與之言矣。何則？以私而告人，非公言也。告人以公言而不從，則亦公其事而已；以私告之，而彼不我從，必有發我之私而背我者。夫人之誘人以爲非，而告人以私者，未有不料及此者也。誘之以爲非，且不可不慮，况誘之以叛乎？俊之反覆不從，昭昭如彼；而憲之吐露無隱，諄諄如此，則憲不幾於病狂喪心者。即是而論，則憲之謀，俊之告，其然耶？其不然耶？識者必能辨於此矣。

况俊之告憲也，其狀有曰：『如有一事一件分毫不是，乞依軍法施行。』可謂確矣。而行府鍛鍊之案有曰：『是張憲即不曾對王俊言：岳相公得衢、婺州。亦不曾言：我理會得，朝廷教更番朝見，我去則不來也！是張憲亦不曾道：我待做，〔四八〕則須做。你安排着，待我教你下手做時，你便聽我言語。并張憲不曾道：待有不伏者，都與勦殺。亦不曾道：遲則遲動，疾則疾動，你安排着。及不曾於九月初一日赴樞密行府時，言向王俊道：你後面贏重物事都轉換了着，〔四九〕我去後，將來必不共將這遯一處。〔五〇〕你收拾，等我來叫你等語言，憲委不曾對王俊言説。已蒙樞密行府勒憲與王俊對證得，張憲不曾有上項語言，已供狀了當。』此蓋先臣被罪，尚書省敕牒之全文也。嗚呼！以當時之酷，而太甚之妄已不能自揜矣。自甘軍法之詞，於此乎何施？非檜、俊力肆陷誣，喻之風旨，則王俊之駑賤，敢爾欺天哉！噫！此其不能自揜者也。如其它所云，則臣之所辨，亦既明矣。憲無一毫之罪，而檜、俊誣之以大惡，濫觴之禍，蔓及先臣，臣安得而不伸籲天之一言哉！

至於謂先臣令孫革、于鵬致書於憲、貴，令之虛申探報，而謂先伯臣雲致書於憲、貴，令之擘畫措置，其爲不根，尤爲著明。臣請不求證於它人，而惟以王俊之首狀詰之。尚書省敕牒之備俊詞，既與明清所載爲無異，而敕牒又載俊之小貼子有曰：『契勘張太尉説岳相公處人來，教救他，俊即不曾見有人來，亦不曾見張太尉使人去相公處。張太尉發此言，故要激怒衆人背叛朝廷。』其狀末又書云：『初八日隨狀陳首。』則是通書之無跡，俊之首狀既已自言之矣。而行府之獄乃謂先臣因書以誘之，何前後之背馳也。鍛鍊之極，文致以成其辭，俊既無所不用其至，制勘之命，遷就以合於一檜，尤擠崖之嶮者。而尚書省敕牒所備通書之辭，前後不一，難以徧舉，而皆不過曰，某日遣某人，而先臣以書與憲、貴，當時焚燒了當。又不過曰，某日遣某人，先伯臣雲以書與憲、貴，當時焚燒了當。嗚呼！書既焚矣，是果有書乎？此不待臣之辨也。

其在當時，檜，力成此獄者也。而韓世忠不平之問，檜僅答以『莫須有』，世忠艴然曰：『相公！莫須有三字，何以服天下！』則是檜亦自知其無矣。

反復無據，而後以淮西之事詰先臣。先臣下吏兩月，而始掇爲淮西之問，亦可見其無以爲罪也。明清之録，謂之別無干涉，可謂曉然矣，而謂其『初不究將在軍，〔五一〕君命有所不受之義』，則是亦疑先臣之逗遛，而强爲之説也。臣之辨淮西，既證以御劄，又攷以傳記，臣之刻宸翰，既書以時日，又表以甲子；正懼夫愛先臣者求其似，以蓋其非，適足以亂真而喪實，故有不容不然者。使明清讀淮西之辨，觀宸翰之刻，則自宜知謗書之無實，而不待遷就以全先臣也。

嗚呼！先臣不幸而嬰讒邪之鋒，其心必欲寘先臣於死而已，汗漫無據，固不暇卹也。夷攷一時之事，豈特如前數者而已哉。跎踏兩軍之誣，以威脅董先而成之；比並建節之誣，以獄逼張憲而成之。環諸將而會議，而昌言曰：『國家了不得也，官家又不修德！』此豈廣坐之言哉！既又謂先臣指張憲而曰：『似張家人，張太尉爾將一萬人去跎踏了。』指董先而曰：『似韓家人，董太尉不消得一萬人去跎踏了。』嗚呼！蘊異謀者固如此乎？此狂者、醉者之不爲也，而謂先臣爲之乎？万俟卨之奏亦自知其無以欺人矣，故曰：『張憲理會得岳飛所説，只是欺負逐軍人馬不中用。』又以比並之語爲指斥乘輿，跎踏之語爲陵轢同列，則是語也，卨固知其不近人情矣。張憲之妄供，以鍛鍊也；董先之妄證，以恐脅也。趙甡之〔五二〕《中興遺史》之載，謂董先之至也，檜召之至堂，曰：『止是有一句言語，要爾爲證，證了只今日便可出。』仍差大程官二人，送先赴大理，并命證畢，就今日摘出。繇是先下大理，對吏即伏。嗚呼！會合以成此誣，檜已諭之矣，故先之至，一證而出，曾不淹刻。則是證也，又豈無所自哉。第甡之以爲郾城，而所載之語，又非當時所誣之説，爲直誤耳。設使誠如尚書省敕牒之所備，則先臣當時發跎踏之語，董先□□對先臣竊笑不應，而又有後言於憲曰：『相公道恁言語，莫是待胡做。』既謂憲爲先臣之心腹，則憲豈不以告先臣；而先臣聞先之語，亦肯貰先哉？嗚呼！亦明矣。

如以建節之年，上方藝祖，則董先之下吏，其供説已謂『曾見岳飛説：我三十二歲上建節，自古少有，即不曾見岳飛比並語言』矣，此固不待臣之辨也。

如謂先臣丐祠罷政，泊舟小堰，而得張憲申綱馬之狀，以乞出而不接。謂先伯臣雲諭智浹，以吴玠奏乞赦張浚之例，而使託統制等告朝廷，以免後責。此皆當時吹毛之已甚，而求釁之無所，故及於此。臣謂使誠有此，亦無足辨，而況於無哉！

按《野史》，方獄之未成也，秦檜自都堂退入小閤，食柑，以手書柑皮者竟日。俄以小紙付老兵，持至寺，而先臣遂報死。初未有旨也。嗚呼！檜其欺君哉！

何彦猷堂白先臣之非辜，檜方錯愕，而堂吏或附耳曰：『何不告以（以下原闕）〔五三〕宗之法廢爲文具，而不之省，如是則卨等之罪不惟貿易是非，鬱抑公議，萬誅莫贖，而漫不知刑律之重輕，與夫祖宗之條綜，敢尸中司之位，而董大獄之政，又將爲申、韓之罪人矣。

先伯臣雷當時以孩童之幼，亦下之獄，至於獄成，而曰，『今來照證得岳雷别無干涉罪犯』，『亦乞一就處分降下』。嗚呼！天狴何所，而妄逮人乎？既知其無犯，則何爲而逮之乎？豈其初瞢然不省，獄成而後始知之乎？酷吏之漏網，宜乎發明清之三歎也。

《傳》曰：『一薰一蕕，十年尚猶有臭。』忠之不足以勝邪久矣。先臣之不幸，臣有明辨，固非求它人之瑕以自解。然臣之所以别之者，蓋以公示來世，而懼忠邪之未分也。秦檜爲撻辣行府代草檄書以吠堯，而室撚實在側，洪皓託爲寄聲，而檜變色之不暇。通和之始，私於金人，驛書往來，呢呢如家人婦子語。又設爲不得輒易大臣之盟，〔五四〕不幾於脅君乎？張扶□□檜乘副車〔五五〕而擢之，王循友乞加檜九錫而賞之，〔五六〕不幾於異謀乎？張俊不肯救趙立，〔五七〕而趙鼎不能使。車駕親征，復不肯行，鼎叱而去之，至平江，而託墮馬傷臂，遷延顧望。鼎抗奏，請誅之，以警不用命。此蓋不特臨軍征討，而稽期三日也。利秦檜專兵之策，明築山陽，以示無越淮北向意。使駟之來，皆贊檜畫。脅君之舉，實預成之，蓋不特漏洩朝廷機密事而止也。此其大者爾，其他如檜之靖康議狀存趙，而俊之紹興李成之謀，〔五八〕皆其欺世盜名之大者，臣抑有攷焉。按王明清《揮塵録》之載，議狀乃馬伸之文，檜初不肯簽，不得已而後書。後乃自擿以爲功，遂饕富貴。乙亥歲，伸之甥何琉持伸之手藁上之，〔五九〕檜怒，竄之嶺表。更化之後，首復琉官，贈以員郎，而伸之忠遂顯於時。俊以怯敵不進，盛言李成之衆，以誑天聽。高宗宣諭，有『卿獨無功』之語，俊始恐悚承命，而後乞以先臣同討賊。卒之馬進之死，張用之降，與成之逃，皆先臣之功，而俊遂叨之以逭責。二者乃檜、俊之所以藉口，而實乃如此，則其人益可見矣。

臣既泣血辨先臣之事，而終之以此，使萬世而下，知檜、俊之爲人，則薰蕕之類，斷可識矣。」

〔一〕王俊所首岳飛狀　「岳飛」，《揮麈録餘話》卷二作「岳侯」。

〔二〕何澤一　《揮麈録餘話》卷二作「何澤」，《建炎以來繫年要録》卷一四三作「澤一」。《建炎以來朝野雜記》乙集卷一二《岳少保誣證斷案》只稱「僧澤一」，何應是澤一的原姓。

〔三〕張太尉　「張」，據《揮麈録餘話》卷二與《建炎以來繫年要録》卷一四三補。

〔四〕我這人馬動　「這」，原作「遮」，據《揮麈録餘話》卷二與《建炎以來繫年要録》卷一四三改。往後之「遮」字，一律據《揮麈録餘話》卷二與《建炎以來繫年要録》卷一四三，改爲「這」字。

〔五〕必使岳相公　「岳」，《建炎以來繫年要録》卷一四三作「我」。

〔六〕來彈壓撫諭　「來」，據《揮麈録餘話》卷二與《建炎以來繫年要録》卷一四三補。

〔七〕若朝廷不肯教岳相公來時　「岳」，據《建炎以來繫年要録》卷一四三補。

〔八〕我虜劫舟船　「我」，據《揮麈録餘話》卷二與《建炎以來繫年要録》卷一四三補。

〔九〕盡裝載步人　「盡」，據《揮麈録餘話》卷二與《建炎以來繫年要録》卷一四三補。

〔一〇〕我待做　原作「待我做」，據《揮麈録餘話》卷二與《建炎以來繫年要録》卷一四三改。

〔一一〕傳選道伏我　「伏」，據《揮麈録餘話》卷二補。

〔一二〕後面張相公　「後」，底本字跡模糊，嘉靖本作「敵」，據《揮麈録餘話》卷二與《建炎以來繫年要録》卷一四三改。

〔一三〕設他人馬來到這裹時　「設」，原作「投」，據《建炎以來繫年要録》卷一四三改。

〔一四〕我又　「又」字原缺，據《揮麈録餘話》卷二補，《建炎以來繫年要録》卷一四三作「有」。

〔一五〕何懼　「懼」字原缺，據《揮麈録餘話》卷二與《建炎以來繫年要録》卷一四三補。

〔一六〕南面有張相公人馬　「人馬」，據《揮麈録餘話》卷二與《建炎以來繫年要録》卷一四三補。

〔一七〕兵纔動時使人將文字去與番人　「時」，底本字跡模糊，據嘉靖本補，《揮麈録餘話》卷二與《建炎以來繫年要録》卷一四三作「先」。

〔一八〕襄陽府糧少　「少」，據《建炎以來繫年要録》卷一四三補。

〔一九〕那裏些小糧　「小」，《建炎以來繫年要録》卷一四三作「少」。

〔二〇〕遊奕姚觀察　「遊奕」，據《建炎以來繫年要録》卷一四三補。

〔二一〕教我怎生制禦　「制」，原作「置」，據《建炎以來繫年要録》卷一四三改。

〔二二〕我東西隨他人　「東西」，原作「東則東」，據《建炎以來繫年要録》卷一四三改。

〔二三〕大段煩惱　「大段」，《建炎以來繫年要録》卷一四三作「太尉」。

〔二四〕問觀察道　「道」，據《揮麈録餘話》卷二與《建炎以來繫年要録》卷一四三補。

〔二五〕教來覆太尉　「教」，據《建炎以來繫年要録》卷一四三補。《建炎以來繫年要録》卷一四三原作「交」，因《揮麈録餘話》卷二與《建炎以來繫年要録》卷一四三之「交」字，《張憲辨》一律作「教」字，今亦據此改爲「教」字。

〔二六〕鈐東得整齊　「鈐」，原作「鈴」，據嘉靖本、《揮麈録餘話》卷二與《建炎以來繫年要録》卷一四三改。

〔二七〕既姚觀察賣弄　「既」，據《揮麈録餘話》卷二與《建炎以來繫年要録》卷一四三補。

〔二八〕道他人馬整齊　「道」，據《揮麈録餘話》卷二與《建炎以來繫年要録》卷一四三補。

〔二九〕樞密　「密」之下，《揮麈録餘話》卷二有「院」字。

〔三〇〕將來必不　《揮麈録餘話》卷二與《建炎以來繫年要録》卷一四三無「不」字。

〔三一〕共將這濾一處　「將」，據《建炎以來繫年要録》卷一四三補。

〔三二〕元係東平府雄威第八長行因本府闕糧　「因」，《揮麈録餘話》卷二與《建炎以來繫年要録》卷一四三作「日」。

〔三三〕侵犯中原　「犯」，據《揮麈録餘話》卷二與《建炎以來繫年要録》卷一四三補。

〔三四〕特换授成忠郎　「换授」，原作「授」，《建炎以來繫年要録》卷一四三作「换」，今據《揮麈録餘話》卷二。

〔三五〕都統王太尉　「都統」，據《揮麈録餘話》卷二與《建炎以來繫年要録》卷一四三補。

〔三六〕初七日　「初」，據《揮麈録餘話》卷二與《建炎以來繫年要録》卷一四三補。

〔三七〕一事一件分毫不是　「是」，《揮麈録餘話》卷二與《建炎以來繫年要録》卷一四三作「實」。

〔三八〕在家收存外　「存」，原作「附」，據《建炎以來繫年要録》卷一四三改。

〔三九〕本卷自「過」之下缺佚，據《揮麈録餘話》卷二補。

〔四〇〕凡十五次　「五」，《揮麈録餘話》卷二原作「三」，據《建炎以來繫年要録》卷一四三改。

〔四一〕繼復焚之　「之」，《揮麈録餘話》卷二原作「如」，據《建炎以來繫年要録》卷一四三改。

〔四二〕初以小兵徒中告反而轉資　「告反」，《揮麈録餘話》卷二原作「反告」，據《建炎以來繫年要録》卷一四三改。

〔四三〕駔卒鈴奴　「鈴」，《揮麈録餘話》卷二原作「鈐」，據《建炎以來繫年要録》卷一四三改。

〔四四〕《林泉野記》之摘録原已缺佚，據本卷「臣珂辨曰」，「故謀還飛掌兵而已副之説，載於《林泉野記》，『百姓皆晝夜不安』之説，載於《三朝北盟集》，大抵皆明先臣之冤，而不明憲之冤，殆以爲憲果有是」。可知岳珂於本卷摘録《林泉野記》記載，應予增補。

〔四五〕本卷自「建康」之上缺佚，據《三朝北盟會編》卷二〇六補。

〔四六〕「樞密院職級嚴師孟、令史劉興仁推勘。師孟、興仁以」二十字，原作「曰」，係岳珂抄録時脱漏，據《三朝北盟會編》卷二〇六補。

〔四七〕領兵在京東　「在」，據《三朝北盟會編》卷二〇六與《建炎以來繫年要録》卷一四一補。

〔四八〕我待做　「我」，據本卷前引《揮麈録餘話》卷二補。

〔四九〕後面矗重物事都轉换了着　此處比本卷前引《揮麈録餘話》卷二增「都」字。

〔五〇〕必不共將這滮一處　「將」，據本卷前引《揮麈録餘話》卷二補。

〔五一〕初不究將在軍　「究」字原缺，據《揮麈録餘話》卷二補。

〔五二〕趙甡之　「甡」，原作「牲」，據《宋史》卷二〇三《藝文志》改。

〔五三〕據浙本統計，「以下原闕二百八十八字」。

〔五四〕又設爲不得輒易大臣之盟　「又」字原缺，據文淵閣《四庫全書》本補。

〔五五〕張扶□□檜乘副車　「扶」字原缺。《宋史》卷四七三《秦檜傳》：「張扶請檜乘金根車。」今據以補。

〔五六〕王循友乞加檜九錫而賞之　「錫」，底本字跡模糊。《三朝北盟會編》卷二二〇《中興遺史》：「王循友乞加檜九錫，雖不行，俄自知鎮江遷循友知建康府。」今據以補。

〔五七〕張俊不肯救趙立　「立」，底本字跡模糊，嘉靖本作「昇」，浙本作「鼎」，今據《金佗稡編》卷五。

〔五八〕俊之紹興李成之謀　「謀」，底本字跡模糊，今據嘉靖本，疑爲訛字。

〔五九〕何琉持伸之手藁上之　「持」，原作「特」，嘉靖本作「時」，據浙本改。

鄂國金佗稡編卷第二十五

籲天辨誣卷之五

承楚辨

建炎四年十月二十七日丙申，兩浙西路安撫大使劉光世奏：「準御筆處分：『承州殘虜，攻圍山陽，諸鎮之師，逗撓不進。以卿任兼將相，勳望特隆，已降指揮，並聽節制。比聞王師寨栅皆在高郵之南，去楚州尚遠，勢不相及。深慮淹久，致失事機，脣亡之憂，於卿爲重。宜速前渡大江，以身督戰，庶使諸鎮用命，戮力盡忠，亟解山陽之圍，一掃垂盡之虜。朕亦當議遣行在大軍，以爲卿援。諒卿體國，必悉朕懷。十五日，付光世。』臣契勘自八月二十四日遣兵渡江，逼近承州，至今與金賊大小十餘戰，累獲勝捷，及措置招納女真種類。蒙朝廷察見臣所遣軍馬久住江北，孤軍獨行，指揮臣會合岳飛、王林、郭仲威等人馬。臣自承指揮，日逐移文催促岳飛等，約及二十餘次，終是遷延，又巧爲辭説，抵拒會合指揮。臣已節次具因依奏聞去訖。若使岳飛等即時恭聽朝廷指揮，尅期前來，則承州之賊可破，楚州之圍可解，乘機投隙，間不容髪。飛等遷延五十餘日，遂失機會，致貽陛下聖慮憂勤，實不勝憤憤。今臣已將沿江應係賊馬來路，嚴爲把守，必不使南渡。兼已密遣人前去承、楚以來，探伺賊情，若有機便可乘，即便措置勦殺次，奏聞事。」奉聖旨：「劉光世所奏，備見體國忠勤。今來楚州既失，其通、泰最爲要害，萬一虜人侵犯，必窺海道。仰光世多有措置，節制諸鎮，誠諭協和一心，戮力保守。若無疏虞，即當以功贖過，更與優異推恩。仍密切探伺，如得機便，即乘勢擊襲渡淮，不得稍失機會。」

臣珂辨曰：「臣常恨先臣不幸受稽違君命，不進師之誣者有二，紹興十一年淮西之役與是年承、楚之役是也。淮西之役，先臣勳名既高，爲時忌嫉，遂挂吏議，以及於禍。承、楚之役，先臣勳名未極，權臣未用，天聽無惑，故卒以功聞。然則是役也，似不必辨，而後世或以此役據爲淮西明比，則先臣之誣不可洗矣，臣故得而極論之。

臣聞覈事之同異，必以時日；責師之成敗，必於主帥，古今同此一揆也。何則？事紛於冗，必有其證，證之者，時也；師合於衆，必有其主，主之者，帥也。使其不證於時，則利口騰説，〔二〕各謀其身，而事實淆矣；不責於帥，則發言盈庭，無執其咎，而軍律亂矣。臣故敢以繫事之時日，辨先臣不禀朝命之謗，而以節制之專旨，辨光世諉下罔上之奏，而使信史有攷焉。

方楚州之危也，趙立告急於宥府，簽書趙鼎首命張俊將師以行。而俊方以全軀保妻、子爲事，且自度無破敵之能，力辭不肯，至謂救立譬猶搏虎，而以『併亡無益』爲解。諉孤壘於旦夕之危，而以爲不必勤王師之行，振纓攘臂，以拒天命。鼎卒不能使，而乞與之偕以激之，俊亦信然不顧也。是時既以命俊矣，乃改命光世，而命先臣腹背掩擊。

是旨之下，蓋八月之十九日。而先臣方自行朝還宜興屯所，將整旅以行，實未至鎮，摭諸道里，驗以遲速，較然甚明，皆可覆究。自六月二十九日，先臣獻金陵之俘，而七月六日，張俊以先臣之兵，平寇於京口。至二十日，而始被鎮撫之除。先臣上奏，以爲臣所統之兵幾萬，而營卒之孥計其口亦盈七萬，見屯常之宜興，竊聞江陰、鎮江巇𡾊（以下原闕）〔二〕

者果誰乎？御前五降金字牌，樞密院一十九次劄下，坐閲兩月，光世蓋未嘗一涉江也，其視『以身督戰』之詔爲何事？自先臣以下，並權聽光世節制，會合救楚。光世僅遣一軍，半途而止，蓋未嘗與諸鎮遇也，其視親統全軍會合之旨爲何說？孤城受圍，虜兵方益，存亡之機，蓋在趙立，〔三〕趙立何在？在山陽也；救援之師，並聽節制，號令之出，蓋在光世，光世何在？在京口也。璽書絡繹而促之，廟堂專書而言之，光世率視爲迂緩；逮參謀一語，亟止其行，何其去就之不審也！臣不敢與光世辨，特兩書之，以俟信史之攷，而取證焉。是非之辨，當可識矣；遷延之罪，當有歸矣。臣想光世之上此奏也，當曳筆行墨之時，既以嫁咎爲得策矣，而首列御札，不知所委之事機果何在，而吾之身果何在，所委以節制者果何人，而吾之所尤者果何人。苟念及此，不亦汗下而戰慄乎？

臣按當時同被掎角之命者，王林也，郭仲威也，趙立也。是時朝廷固知虜勢之盛，而孤軍不可以決勝也。寡固不可以敵衆，弱固不可以敵彊，〔四〕鄒、楚之驗明矣。王林自降指揮，並不曾分遣一人一騎，朝廷之命固言之矣。郭仲威屯天長，掠路人以自資，尚安有鬬志。趙立於重圍之中，救死不贍，〔五〕何有於掎角。如是則先臣一軍之外，惟王德爾。王德之在承州也，其下不用命，斬二校，而軍益悖詈，不可用，僅能自守其栅，蓋不敢望氈裘而彎其弓。

先臣獨以孤軍出屯，留州之外，戲下不滿數千。建康之戰，瘡痍未復。徙屯之所，賜在吴興，轉餉艱阻，廪食不繼，僅能渡江，而值泰州之匱。視事一日而出屯，八日而軍至，不解甲而征。益以泰卒，又皆鳥驚魚散之餘，特激於先臣之義，願效死力。

然則是舉也，先臣奮萬死之勇，急孤城之危，不幸而陷，力不足爾。雖一時例被詰責，而屢與金賊接戰，備見忠勤之旨，蓋已不逃於昭融之鑒。故虜既陷楚，旋軼通、泰，高宗皇帝沉機淵識，先料其然。輒於光世誣奏之後，特降睿旨，責光世以後效，委之以多方措置通、泰，必無疏虞。

先臣還師保泰，虜騎二十萬披城而陣。先臣獨以扶傷饑羸之卒，賈其勇於累戰之餘，柴墟再捷，河流爲丹。先臣率先士卒，身被兩槍，猶乘勝逐北。虜既退遁入栅，先臣盡護數十萬之生聚保柴墟。是時，光世非特措置之責，漫若不聞，一兵之援亦不及。於泰既爲分地，不從朝廷應副，餉道無所從出。先臣乃封屍繼廩，復護生聚渡之陰沙，而己獨殿後，虜雖彊盛，望之而不敢邀也。嗚呼！楚既失矣，通、泰之責，上之冀後效於光世〔六〕者何如也？王德一軍之在承、楚，雖不可用，猶能壓境；而先臣之於通、泰，則并與此軍亦無之矣。光世之違詔，果如何哉？

故承、楚之事，無與於得罪，而臣所以不憚喋喋而力辨之者，誠懼此奏不明，則異時循轍之誣，未免於疑似之迹，是以不敢不詳著。」

〔一〕利口騰説「騰」，原作「滕」，嘉靖本同，據浙本改。

〔二〕據浙本統計，「以下原闕二百三十七字」。

〔三〕趙立　據浙本補。

〔四〕弱固不可以敵彊　「彊」，原作「疆」，嘉靖本同，據浙本改。

〔五〕救死不贍　「贍」，原作「瞻」，嘉靖本同，據浙本改。

〔六〕冀後效於光世　「光世」，原作「光光世」，嘉靖本同，據浙本删一「光」字。

鄂國金佗稡編卷第二十六

天定録序

皇上再見圜丘之嗣歲，〔一〕珂纘天之書始成。浮九江，自春徂夏，以四月哉生明〔二〕抵行在所，迺齋祓，治晉櫝。越四日庚子，再拜北闕下，奉書付登聞匭吏以入。又八日戊申，詔出，下兩省，俾給事、黄門、紫微郎、左、右記注雜議。五月辛未，詔中書、門下，以大父褒嘉之典未稱，俾相吉壤，裂而王之。僉以大父嘗莅軍于鄂，實廟食其地，且至今民思遺愛，於封爲宜，乃以鄂爲請。癸未，制可。六月庚戌，兩省議始上，遂以珂奏篇付史館。八月辛丑，宰掾列珂所辨伯父雲、部曲張憲同時之誣，請加旌異，復詔進贈一等。越明年，珂歸自日邊，抗塵南徐軍庾，乃因朱墨餘暇，發故篋，得所上諸書、表，及廟堂施行次第，恩詔先後，凡啟謝、公櫝之屬，釐爲三卷，即摭爲録，以天定名，復即其意而爲之敍曰。

嗚呼！事有詘於一時，而伸於萬世，曖昧於六、七十年之久，而昭明暴白於不崇朝之頃，是非人力之所及也，天實爲之。《傳》曰：「人衆勝天，天定亦能勝人。」信斯言也，則天之與人，固迭勝而迭負，而羣逞其私，雖天亦不能違之矣。是不然，昔蘇文忠公曰：「人無所不至，惟天不容僞。智可以欺王公，而不可以欺豚魚；力可以得天下，而不可以得匹夫匹婦之心。」

方紹興間，奇謗中起，大臣稱制專決，狼戾虎眈，劘牙摇鬚，搏獵公議之士，如驅狐兔。而位中司者，首能爲公議，一立赤幟，大而公族之長，樞筦之臣，與夫微而丞郎，亦有大聲疾呼，以助明其寃者，往往竄徙系道。然登聞匭鼓，猶日以寃狀聞，以布衣而抗卿相，甘蹈大僇，而公議之喙，卒不得而鉗也。不寧惟是，其在當時，城狐負恃，是非曲直，變亂錯迕，雖揉五常，反四極，安之而不顧，而「莫須有」三字，吾猶知其胸中有隱然不可誣者存。是人心之天未始不定，顧何竢於六、七十年之久。彼雖能以其私勝乎天，而不能以其私勝乎心，則亦同乎素定而已矣。

而珂顧猶以是名其編者，蓋以天理之在，人雖勝也，而未始有負；雖定也，而未始有變。即人心之天，以合天理之天，則名編之意，蓋在此而不在彼也。嗚呼！千百世而下，有能哀大父之忠，而欲知聖朝追襃之始末，即是録也，不直爲覆瓿，而所以名之意，尚庶幾其有攷云。開禧元年十二月癸丑朔，承奉郎、監鎮江府户部大軍倉岳珂序。

〔二〕據《宋史》卷三八《寧宗紀》，嘉泰三年十一月乙亥，「祀天地于圜丘」，「嗣歲」即嘉泰四年。

〔三〕《尚書正義》卷一一《武成第五》：「厥四月，哉生明，王來自商，至於豐。（其四月。哉，始也。始生明，月三日，與死魄互言。）」

天定録卷上

進高宗皇帝御劄石刻表

臣珂言：「臣父先臣霖累準國史實録院牒，取索臣大父先臣飛所被受高宗皇帝御劄手詔照用。臣父先臣霖已具申本院，乞候編次成日申繳。臣昨又準江州牒，備準本院牒取索。臣已於嘉泰三年十一月内刻石，緣臣所刻，未經進御，謹詣登聞檢院繳進者。

先臣銜枉，既湔雪於公朝；聖主賜書，尚寶藏於私室。輒羾翠珉之勒，仰塵丹扆之觀。臣珂誠惶誠懼，頓首頓首。

伏念臣大父先臣飛早以樸忠，夙逢明聖，上奉指蹤之略，粗殫禦侮之勞。匹馬北方，天契定謀於談笑之頃；六龍南渡，倚折衝於紛擾之餘。恭仗聖威，克成微績。雷霆奮擊，天驅草竊之羣，雲漢昭回，日拜芝封之賜。或稱其智謀，而謂非他比；或付之號令，而俾如親行。便宜悉許於外施，〔一〕進止不從於中御。恢復之請輔朕，委寄尤隆；忠義之氣通神，褒嘉備見。以至病目而護醫療治，苦嗽而爲國勉行，愛切體膚，視猶手足。爰獲珍藏之秘，有踰衮贈之榮。

無何讒起於樊蠅，所恨疑成於市虎。以天寵爲濫予，以奎畫爲汙藏，搜自故家，束之左帑。鸞翔鳳翥，掩□跡雲霄，蝸緣蠹生，〔二〕韜□光□櫝。〔三〕逮臣父擢登於匠監，辱孝皇軫記於□門。奏雙闕之書，親聆天語；拜十行之詔，〔四〕復覩宸章。讒誣若有待而明，事實信無□而顯。天其或者重矜一念之忠，神寔司之俾辨九泉之枉。

恭惟皇帝陛下，安民以惠，〔五〕率祖攸行。遠取成湯□法，〔六〕具傳於三聖；近稽宣帝美，〔七〕復念於諸臣。思堯有得於見牆，嗟牧幾形於拊髀。偉思陵之麗藻，〔八〕寔昭代之宏規。凡聖□神筆之所存，皆雄斷廟謨之攸萃。丁辰有幸，〔九〕慨昔時授任之難；乙夜進觀，或今日賡聲之助。〔一〇〕

臣幼不逮事，長無踰人。念臣父奉命以驅馳，幾無寧歲；致帝畫藏家之積久，訖未鐫崖。敢忘遺志之承，以侈隆恩之賜，摭之辨攷，抑可參稽。呵護有嚴，徒抱烏號之泣；登藏是毖，載光龍負之圖。其所刻臣大父贈太師、〔一一〕謚武穆、先臣飛被受高宗、受命中興、全功至德、聖神武文、昭仁憲孝皇帝御劄手詔七十六軸，釐爲十卷，謹隨表上進以聞。臣珂誠惶誠懼，頓首頓首，謹言。

貼黄：上表爲繳進臣大父先臣飛所被受高宗皇帝御劄手詔石刻一十卷，伏候敕旨事。」

〔一〕便宜悉許於外施　「外」，底本字跡模糊，今據嘉靖本。

〔二〕蝸緣蠹生　「生」字原缺，據文淵閣《四庫全書》本補。

〔三〕韜□光□櫝　「櫝」，底本字跡模糊，今據嘉靖本。

〔四〕拜十行之詔　「十行之詔」，原缺，嘉靖本同，據傅本補。

〔五〕安民以惠　「惠」字原缺，據文淵閣《四庫全書》本補。

〔六〕遠取成湯□法　「湯」，嘉靖本作「王」，「□」，底本字跡模糊，似爲「之」字。

〔七〕近稽宣帝美　「美」之上，應有一缺字。

〔八〕偉思陵之麗藻　「偉」字原缺，據文淵閣《四庫全書》本補。

〔九〕丁辰有幸　「丁」，底本字跡模糊，今據嘉靖本。

〔一〇〕或今日廣聲之助　「助」字原缺，據文淵閣《四庫全書》本補。「廣聲」，文淵閣《四庫全書》本作「紹庭」。

〔二〕據《金佗續編》卷一三《給還御札手詔省劄》，淳熙五年給岳飛賜謚前，已加贈少傅。至嘉泰三年前，又已加贈至太師。《宋史》卷一六一《職官志》：「宋承唐制，以太師、太傅、太保爲三師」，政和時，改稱「三公」，又「立三孤少師、少傅、少保，亦稱三少」。

進行實編年籲天辨誣表

臣珂言：「臣父先臣霖累準國史實録院牒，取索臣大父先臣飛生平行實事迹照用。臣父先臣霖嘗具申本院，乞候修纂成日申繳。臣尋於嘉泰三年十一月内編撰成書，緣臣所修未經進御，謹詣登聞檢院繳進者。

孤忠許國，有死弗渝，衆毁盈庭，傳疑未白。抱寃衷而上愬，恃公論之久存，輒因没地之言，敬剡籲天之奏。臣珂誠惶誠懼，頓首頓首。

伏念臣大父先臣飛逢時艱棘，奮迹蒿萊，頃因靖康初，入於元帥府，痛念中原之淪陷，遂許先帝以驅馳。忠憤所激，則瀝血以誓師；甘苦必同，則投醪而餉士。東克全城於建鄴，西恢六郡於襄陽。封豕長蛇，豈特彎弓之不敢；屯蜂聚蟻，俱令釋甲以自歸。義聲雷動以風驅，精騎星流而電掃。腥羶萬幙，一無攘臂之攖；忠義兩河，並奮揭竿之應。玉帛指東都之會，干戈潰北苑之屯，王化復行，官儀喜見。胡塵半洗，彷徨汴水之黍苗；佳氣載新，感慨安陵之枳柏。共谿兵鋒之破竹，安知簣土之虧山。近睇故都，反袂讀班師之詔；紛來遺老，停車辭遮道之留。自睽間穟之機，旋被登樞之命。屬邊陲之乏帥，曁（以下原闕）」

進家集表

貼黄：上表爲繳進臣大父先臣飛《家集》十卷，伏候敕旨事。」〔一〕

〔一〕此表原缺，僅剩貼黄。

繳進奏狀

承務郎、新差監鎮江府户部大軍倉臣岳珂。右臣珂輒瀝血誠，仰干天聽，退思僭越，甘俟典刑。伏念臣大父先臣飛際遇高宗皇帝，依乘風雲，獲附勳籍。中更讒誣，雖蒙朝廷昭雪録用，然尚未經褒贈。

臣父先臣霖累準國史實録院牒，取索所被受御札手詔及行迹事實著述文字。重以流離之餘，故傳散漫，掇拾未備，嘗以命臣，俾終其志。臣不量窳陋，涉筆五年，刊集纂修，粗明梗槩。今來所刻被受高宗皇帝御札手詔七十六軸，釐爲十卷。所修大父先臣飛《行實編年》六卷、《籲天辨誣》五卷、《通叙》一卷并《家集》十卷，已於嘉泰三年十一月刊修了畢。竊緣臣上件文字未經進御，謹各奉隨進表一通，囊封，躬詣天庭上進。伏望聖慈特賜睿覽，降付尚書省施行。臣冒犯天威，罪當萬死，謹録奏聞，伏候敕旨。

貼黄：奏爲臣繳進高宗皇帝御筆手詔石刻十卷，并臣大父先臣飛《家集》十卷、《行實》六卷、《籲天辨誣》五卷、《通叙》一卷并隨進表三通，伏候敕旨事。

上宰執第一書

四月　日，承務郎、新差監鎮江府户部大軍倉岳珂謹齋沐裁書，再拜獻於某官閤下。珂聞之，古之所謂大臣者，其事業足以格天，其利澤足以及人。前乎百年，後乎百世，皆足以蒙其深仁厚澤。蓋其大公至正，以天下之心爲心，以天下之耳目爲耳目，無阿毁譽，無

私愛憎。故夫與天子坐朝論道，完泰[一]而進，見否而退，是其職也。如斯而已乎，曰未[二]也，是足（以下原闕）

高廟之知，冒萬死一生之地，内平劇盜，外抗强胡，不十年間，位至三孤，躐登樞筦，可謂不世之遇矣。惟其大志在於恢復中原，義不少沮，忤時相和戎之計，重以同列異趨，勢位相軋，而媒蘖旋生，讒慝横出，不置之死地不止也。夫亦何罪，而至於此極哉！

雨膏於春，而行者疾其濘；月昱於夜，而盜者惡其明。彼時相之心，以爲不如是則戎不可和，爵不可保耳。是以蒙被汙垢六、七十年，雖高廟神聖，卒悟其姦，賜之昭雪，又以此意屬於孝廟，葬之以禮，復之以官，録用其子若孫，宜若可以無遺憾矣。而山林之史疑以傳疑，往往是非無據，而黑白易位，雖決黄流之奔猛，不能以湔滌，是故不無待乎其人。

恭惟某官以孔、孟之學，事堯、舜之君，雲龍風虎之遇，亶有光于中興。十數年來，農扈屢豐，邊陲不聳，日月五星安行於上，百川河海順流於下，將天下之蟲鱗羽介，無一不被滲漉之澤。矧惟國家之公卿將相，乃獨略之，而有所未暇。故士之立一名一節者，不惟今日之在陶冶，而後世亦將有賴焉；不惟後世之在陶冶，而前代又將有賴焉。仲虺、周公之所以輔其君者，閣下豈亦多遜。

珂是以冒昧譔述先祖《行實》六卷、《籲天辨誣》五卷、《通敍》一卷，裒集高廟所賜御札石刻七十六軸、《家集》十卷，既以陳之乙覽，而以其副敬伏光範門下。伏惟論道經邦之暇，賜之采矚，而哀矜先祖之不幸，從容入侍，清間之燕，一借敷奏之餘論，俾九原之枉獲伸，則珂雖死不恨矣。伏惟察其區區，而恕其狂且僭焉，不備。

〔一〕完泰　底本字跡模糊，今據嘉靖本。

〔二〕是其職也如斯而已乎曰未　底本字跡模糊，今據嘉靖本。

上侍從給舍臺諫書

四月　日，承務郎、新差監鎮江府户部大軍倉岳珂謹齋沐裁書，再拜獻於某官閤下。珂聞事有抱一時之枉而不獲伸者，雖異日公議復明，而事迹未覈，足以貽目睫之論。苟有以伸之，則不必其善之已出也，不必其事之已屬也。

今夫人有無名之指，屈而不伸，非疾痛害事也，而見者諭其方，聞者效其藥，非必其父兄子弟也，非必其鄉黨僚友也，雖塗之人亦然。何則？惡枉喜伸，天下之同情，人心之至理，有不能遏者。昔范文正公忤大臣而去國，余襄公救之，尹師魯救之，歐陽文忠公又救之，不得其言，則亦委而去。此猶未也，齊大夫崔子之不韙，太史書之以死，其弟嗣書之而死者二人，其弟又書之，南史氏復執簡以往。夫黜陟死生之際，人之所甚畏慕也，而奮焉爲之，而無所顧避。蓋抱天下之屈者，必將有以伸之，不必其善之己出，而事之己屬，固如此也。

珂嘗讀史傳至是，未嘗不有感於先祖武穆之事。蓋其奮自單平，以孤忠上結高廟之知，冒萬死一生，内平羣盜，外抗强胡，不十年位至三孤，躐登樞筦，可謂不世之遇矣。惟其大志在於恢復中原，義不少屈，忤大臣和戎之策，重以同列異趨，勢位相軋，而媒蘖旋生，讒誣横出，不置之死地不止也。彼惡其軋己，而動於附勢者朋而翼之，亦既若燎之不可嚮邇矣。

然而廟堂之同列，棘寺之僚屬，上至天族，下至布衣，皆能誦言其寃，而不畏斥逐，一時之間，亦可想見其事矣。而蒙被汙垢，於今六、七十年，雖高廟神聖，卒悟其事，賜之昭雪，又以此意屬於孝廟，葬之以禮，復之以官，録用其子若孫，宜亦可以無遺憾矣。然而山林之史，其爲傳疑者未明也；襃贈之典，視其同功者猶歉也。則夫抱天下之屈，而有不獲盡伸者。珂是以冒昧一鳴于閣下。

恭惟閣下以直方之德、高明之學、宏遠之器、經綸之材，出爲時用。一朝之國是、一代之人物，一世之公論，皆司直於門下，則先祖之所未伸者，必將動心焉。珂不揆，謹譔述先祖《行實》六卷、《籲天辨誣》五卷、《通敍》一卷，哀集高廟所賜御札石刻七十六軸、《家集》十卷，既以叩閽，上徹乙覽，而以其副敬陳于執事。伏惟論思獻納之暇，賜之采矚，而哀矜先祖之不辜，俾九原之屈，獲伸於明時，則珂雖死不恨矣。伏惟察其區區，而恕其狂且僭焉，不備。

四月初七日詣登聞檢院繳進。

十五日降付尚書省。

十六日送中書、門下後省看詳。

鄂國金佗稡編卷第二十七

天定録卷中

經進百韻詩

臣一介孱庸，濫饕世禄，每念沉寃未雪，直筆久污，一意纂修，五年勤瘁。比干宸覽，〔一〕誤簡淵衷，萬死尚寬，九殞莫報。今因追感先臣飛事，輒賦百韻詩一篇，繕寫躬詣天庭投進，伏望聖慈特賜睿察，昭白而施行之。干冒天威，臣下情無任皇懼震越屏營之至。

承務郎、新差監鎮江府户部大軍倉臣岳珂上

永祐當臨御，重熙極泰亨。物窮隍土復，地大孽牙萌。蠢爾戎真裔，違吾海上盟。腥羶盤九土，氛霧塞三精。於赫中興主，初專九伯征。赤符觀炳炳，嘉兆得庚庚。四七膺休運，三千協一誠。乾坤恢闢闔，日月洗明清。天授睢壇筴，風興渭水英。維時臣大父，韜迹聖廛氓。寶匣鳴長劍，雄冠髟曼纓。衣裘供羿射，燈火近韓檠。聖世方求駿，明神豈舍騂。始從魚鑰守，小析羽林兵。〔二〕嘗虜無車乘，麾軍不鼓鉦。熏門摧彦政，汜水從閆勍。駟召班龍節，犀車下雀桁。〔三〕王師俱蓄縮，胡騎愈縱横。馬渡朝迎敵，鍾山夜駐營。狂瀾身砥柱，大廈手支撑。虜焰猶繁熾，吴都忽震驚。東巡傳警蹕，右袒半公卿。憤起宜興旅，追收建鄴城。大江誰飲馬，五嶽更刑牲。一蕩西江李，重殲固石彭。利兵驅虎豹，傑觀築鯢鯨。玉帳旋平廣，銅符遂帥荆。皇靈期濯濯，王事分傍傍。沙漠逋封豕，山林息聚蝱。神州宜亟復，六郡乃先争。桀犬徒馮壘，苗民敢抗衡。鋭師掀狡窟，高堞覆堅棚。鼎澧兵方進，〔四〕湖湘寇輒平。幾年兇禍結，八日駿功成。叛將因資用，降人豈畏阬。開疆下商虢，結約到磁洺。謀帥難張俊，還兵慮酈瓊。但虞遺後患，初匪厭紛更。沔鄂重歸鎮，齊劉尚據京。且羞離楚饌，未用渡河罌。細柳千屯竈，柔桑萬瓦甍。流民俱授畝，戰士亦從耕。大澮縈如帶，〔五〕原田畫若枰。連雲登美稼，淅玉飯香秔。〔六〕芻輓從今省，兵儲亦頓贏。吏貪無鼠碩，民佚異魴赬。姑定鴻溝約，交馳絶域伻。鄰歡新玉帛，宴衎樂簧笙。未幾邊摇草，惡知野食苹。禮容方濟濟，革乘忽輧輧。睿斷昭雄赳，天威震隱硡。六師紛霧集，四校盛雷轟。戎駕爰方啟，神鋒莫敢攖。童髫欣再見，父老喜前迎。義氣通諸夏，謳聲沸八紘。官兵颺隼鷙，胡穴泣鼯狌。跬步臨京闕，〔七〕朝衣詣寢楹。晉軍傳鶴唳，楚幕聽烏鳴。機會乘今日，雌雄決此行。幸成十載績，歸捧萬年觥。何事東來詔，遄追北指旌。撫膺皆壯士，牽袂有啼嬰。業岌登樞極，雍容儼珮珩。身雖處廊廟，志則在幽并。豈意中原略，深違時相情。和戎徒效敬，投几不聞罃。正爾先鞭著，居然謗篋盈。兇威搖吏櫝，風旨動臺抨。梟虺饑吞噬，鷹獒樂使令。衆髦常忌冠，同浴不譏裎。〔八〕遠慮爲徼福，先驅謂緩程。一言嗚仗馬，千丈下喬鷹。〔九〕盍攷謝赦表，兼觀賜劄評。許身無少愧，憂國甚於酲。彼譖宜投虎，能言不離鸚。鳥翾身蚤箙，兔健足先烹。有客悲周道，何人歸魯祊。〔一〇〕同時惟切齒，來者但懲羹。長夜何時旦，沉陰幾日晴。是非從久定，禍否待終傾。先帝資神武，深仇愴父兄。每懷得頗牧，胡忍棄韓黥。哲監何嘗惑，〔一一〕孤忠果漸明。岳陽還舊號，嶺表返諸惸。故壘營新祀，纔封闢賜塋。用心傳舜子，述事廣文聲。甘雨興餘槁，青天豁久盲。先臣死不朽，聖德浩難名。陛下今湯禹，王臣昔散閎。令圖天廣大，盛烈日鏗鍧。心術參堯運，規模紹漢宏。遺形高閣繪，良股盛朝賡。故將幸非遠，微臣矧敢輕。傳訛稽史謬，敗俗訂言譍。日繫無虛筆，雲章有滿籯。竹書皆歷歷，玉訓尚鏗鏗。願輟清朝暇，叨承乙夜呈。作詩哀寺孟，覽奏念緹縈。恩錫茅封寵，光昭衮字榮。誓懷如皦日，忠報畢餘生。

〔一〕比干宸覽　「比」，《玉楮集》附録與《程史》附録作「上」。

〔二〕小析羽林兵　「析」，浙本附注：「疑誤。」

〔三〕犀車下雀桁　「車」字原缺，據《玉楮集》附録補，《程史》附録作「軍」。「下」，傳本作「朱」。

〔四〕鼎澧兵方進　「澧」，原作「道」，嘉靖本同，據《玉楮集》附録與《程史》附録改。

〔五〕大澮縈如帶　「大」，原作「夫」，嘉靖本同，據《玉楮集》附録改。

〔六〕淅玉飯香秔　「淅」，原作「浙」，嘉靖本同，據浙本與《程史》附録改。

〔七〕跬步臨京闕　「臨」，原缺，嘉靖本作「歸」，今據《玉楮集》附録與《程史》附録補。

〔八〕同浴不譏裎　「浴」，原作「洛」，「裎」，原作「䄇」，嘉靖本同，據浙本，《玉楮集》附録與《程史》附録改。

〔九〕千丈下喬鷹　「鷹」，原作「鸎」，嘉靖本同，據《玉楮集》附録改。

〔一〇〕何人歸魯祊　「歸」，原缺，嘉靖本同，據《玉楮集》附録與《程史》附録補。

〔一一〕哲監何嘗惑　「監」，《玉楮集》附録作「鑒」。

封王信劄

五月初九日，三省、樞密院同奉聖旨，岳飛忠義徇國，風烈如存，雖已追復元官，未盡褒嘉之典，可特與追封王爵。

右劄付故追復岳少保本家。

嘉泰〔一〕四年五月十一日。

〔一〕嘉泰　原作「嘉定」，今改正。

鄂王信劄

勘會已降指揮，岳飛忠義徇國，風烈如存，雖已追復元官，未盡褒嘉之典，可特與追封王爵。五月二十一日，三省同奉聖旨，追封鄂王。

右劄付故追封鄂王本家。

嘉泰四年五月二十二日。

上宰執第二書

五月　日，承務郎、新差監鎮江府户部大軍倉岳珂謹齋沐裁書，再拜獻於某官閤下。

珂聞之，常言有曰：「人之是非，其惑常在身前，其定常在身後。」蓋謂身之前則繫之於人，而私情愛憎之易偏；身之後則筆之於史，而公論是非之自定。嗟乎！史固足以示信也。苟所書果得其實耶，則一褒一貶，足以發潛德之幽光，誅姦諛於既死，誠萬世之衮撻也。苟傳聞之或失其當，是非之或軼其真，筆削錯施，而褒貶易位，何以示天下之勸懲乎哉？

昔者觀班孟堅之史，自武帝以前蓋祖太史之舊也。而傳陳涉則「至今廟食」一語，輒不敢删，不知所謂今者何代，而孟堅時涉之祀存乎否也。雖然，此猶曰有是事也，則爲可據也。近觀唐大曆間樂平令魏仲兕記饒娥之事，與史大異。及考之柳子厚所傳，則史蓋全用其文，而不知仲兕爲令，於此得之親見，彼子厚特傳聞之訛也。以此知古今之史，遡親見而信傳聞者，其失實多矣。

不特此一、二事也，以此而示榮辱於萬世，不亦甚可哀歟？伏念先祖武穆蒙被紹興權臣之禍，一時山林之史，往往得於風聞，記録二、三，則已失其實矣。重以王俊之徒文傅會之辭，張俊、万俟卨之徒主煅煉之獄，日曆之官取證於此，則又非其實矣。當是時，權臣實專史館之柄，一筆一削，皆出其手，史官之能爲董狐者幾何人哉！則又必有變亂其實者矣。是則榮辱萬世之權，倒置如此，不有王公大人慨然以爲己任者，則紛紛簧巧，誰與正之？

恭惟閣下以忠厚之心，而權衡一代之是非；以淹貫之學，而董正一代之筆削。自一介之臣以上，其用心、其行事，皆將不逃於融明之鑑。而況如先祖之忠赤報國，昭如皦日，而讒仇相誣，明若觀火，閣下豈能不動心於一伸其枉哉！珂謹摭諸所傳所記，以爲《行實》，而凡向來讒説之所以厚誣者，則又爲《辨誣》，亦既上之丹扆，而輒復以其副寘之閣下矣。伏惟宰制之暇，試一取而觀之，校之史官之所載，則枉直白黑，有不難辨。而且以此書下之策府，俾之從實删修，則閣下之所以榮辱萬世者，其權行於此矣。夫豈非盛德事哉？

孔子曰：「吾猶及史之闕文也。有馬者借人乘之，今亡矣夫。」夫以馬借人，此里巷之淺事也，而《春秋》之史官書之；苟其亡矣，宜無與於興衰治亂也，而孔子惜之。以先祖報國之忠，而大節未明，其事之存亡，況有大於借馬乎？閣下能以孔子之心爲心，則先祖之抱寃於地下者，〔一〕其必有以補其亡矣，珂復何云，不備。

〔一〕抱寃於地下者　「地下者」，原缺，據嘉靖本補。

乞付史館堂劄

珂洊有忱恂之悃，上干鈞嚴。珂近準尚書省劄子，備奉聖旨，先大父追封鄂王。仰見聖朝褒勳念舊之意，伏讀恩詔，感泣不知所云。

惟是珂昨來所進高宗皇帝宸翰七十六軸、《行實編年》六卷、《家集》十卷，並爲大父辨明誣枉參稽所係，不敢不進。其所修《籲天辨誣》一書，年月事實，必以宸翰爲證者，蓋恐山林之史混而無攷，必得奎畫昭回，以示萬世，庶幾信而有證。旁摭《家集》，兼攷《行實》，並無抵牾，委有依據，然後敢書。區區累年之廑，正以孤忠未盡明，遺謗未盡雪，爲子若孫之責，不敢愛萬死，而使先世之事終於莫明。

兹者幸蒙大恩，裂全鄂之壤，開真王之封，超出常倫，特自英斷，衮褒八字，焜耀千載，已足以洗湔無餘。今來所進文字，又蒙後省申明，乞行宣付史館，先志獲償，九殞無憾。第删修之舉，事干萬世至公之筆，不容不冒昧洊以申陳。重念先大父得罪於紹興十一年之十二月，而秦檜死於紹興二十五年之十月，相距凡十四載。檜是時方專上宰，監修國史、日曆，則没先大父之功，而重先大父之罪，變亂是非，固有不待言而明者。先兄吏部甫任浙東提舉日，熊舍人克知台州，以公事爲先兄按發罷黜，積憾不洩。以先兄甫爲先伯御帶雲之嫡子，故於作《中興小曆》之際，專欲歸罪。夫史館所大據依者國史、日曆，而旁證者野史、雜記，所進實録，必以是爲本。而先大父不幸受秦檜之誣，而又與熊克有子孫一時之憾，曖昧之迹，無以自明，銜寃地下，永無信眉之日。今幸蒙朝廷旌褒之典，雖足以示勸一時，而史筆未明，萬世何以取信。所有珂所修《建儲》、《淮西》、《山陽》、《張憲》、《承楚》五辨，並有高宗皇帝御筆依證，其御筆並裝背見在，并有刊刻石本繳進訖，即不敢妄以臆説强辨。欲望朝廷俯念先大父忠勤之心，及兩經秦檜、熊克史筆之誣，特賜敷奏，宣付史館，參照從實刪修。庶幾先大父之心，得以暴白於萬世。其於國體人心，誠非小補。如蒙朝廷降付史館後，將來參照得珂所進《辨誣》内有據依不當，及非出高宗皇帝御筆，甘伏罔上之罪。忠邪之分，寃節之辨，在此一舉。珂屬在子孫，不敢緘默，儻蒙施行，〔一〕實出至公之賜。干冒威尊，珂下情不勝戰汗。

〔一〕儻蒙施行　「儻」，原作「黨」，嘉靖本同，據浙本改。

後省看詳宣付史館指揮

中書、門下後省狀：「準付下承務郎、新差監鎮江府户部大軍倉臣岳珂狀：『右臣珂輒瀝血誠，仰干天聽，退思僭越，甘俟典刑。伏念臣大父先臣飛際遇高宗皇帝，依乘風雲，獲附勳籍。中更讒誣，雖蒙朝廷昭雪録用，然尚未經褒贈。

臣父先臣霖累準國史實録院牒，取索所被受御劄手詔及行迹事實著述文字。重以流離之餘，故傳散漫，掇拾未備，嘗以命臣，俾終其志。臣不量窳陋，涉筆五年，刊集纂修，粗明梗槩。今來所刻被受高宗皇帝御劄手詔七十六軸，〔一〕釐爲十卷。所修大父先臣飛《行實編年》六卷、《籲天辨誣》五卷、《通敍》一卷并《家集》十卷，已於嘉泰三年十一月刊修了畢。竊緣臣上件文字未經進御，謹各奉隨進表一通，囊封，躬詣天庭上進。伏望聖慈特賜睿覽，降付尚書省施行。臣冒犯天威，罪當萬死，謹録奏聞，伏候敕旨。』

送後省看詳申。今看詳岳飛忠義之節，攘除之功，載在國史，昭然甚明。伏覩近降指揮，追封王爵，不緣陳乞，特出聖恩，誠足以示勸千載。所有岳珂繳進《編年》六册、《家集》十一册，委是採摭精詳，用志可嘉，能摽表其先烈，宜備太史紬繹。兼有御劄十卷，已行鐫刻，其書多引以爲證，又有以見高廟聖算神略、任將治兵之本意。其《辨誣》内併理雪飛之子雲與其部曲張憲之寃，亦是明白。照得紹興三十二年已降指揮，將雲等追復官爵訖，今來若更與追贈，合取自朝廷指揮。其岳珂所進御劄石刻并文字，乞宣付史館施行。并十軸、二十三册、表三通申聞事。除理雪岳雲、張憲一節見行看詳外，六月二十四日，三省同奉聖旨，依看詳到事理，宣付史館。」

〔一〕御劄手詔七十六軸「手詔」，據《金佗稡編》卷二六《繳進奏狀》補。

追封鄂王告（中書舍人李大異行）〔一〕

敕：「人主無私，予奪一歸萬世之公；天下有真，〔二〕是非不待百年而定。〔三〕睠言名將，夙號藎臣，雖勳業不究於生前，而譽望益彰於身後，緬懷英槩，申畀愍章。〔四〕故追復少保、武勝、定國軍節度使、武昌郡開國公、食邑六千一百户、食實封二千六百户，〔五〕贈太師、謚武穆岳飛，藴蓋世之材，負冠軍之勇。方略如霍嫖姚，志滅匈奴；意氣如祖豫州，誓清冀朔。屢執訊而獲醜，亦舍爵而策勳。〔六〕外憺威靈，〔七〕內殫謨畫。屬時方講好，將歸馬華山之陽；而爾獨奮身，〔八〕欲撫劍伊吾之北。遂致樊蠅之集，寖成市虎之疑。〔九〕雖懷子儀貫日之忠，曾無其福；卒墮林甫偃月之計，孰拯其寃。逮國論之既明，〔一〇〕果邦誣之自辨。中興之主恩念不忘，〔一一〕重華之君追褒特厚。肆眇沖之在御，想風烈以如存。是用頒我恩綸，襚之王爵，裂熊渠之故壤，超敬德之舊封。豈特慰九原之心，蓋以作六軍之氣。〔一二〕於戲！修車備械，適當閒暇之時；顯忠遂良，罔間幽冥之際。諒惟泉穸，歆此寵光。可特追封鄂王，餘如故。

嘉泰四年六月二十日。」〔一三〕

〔一〕中書舍人李大異行　「行」之下，《紀事實録》與傅本有「詞」字。

〔二〕天下有真　「真」，《四朝聞見録》戊集《岳侯追封》作「公」。

〔三〕是非不待百年而定　「不」，《四朝聞見録》戊集《岳侯追封》作「豈」。

〔四〕申畀愍章　「畀」，原缺，嘉靖本作「畁」，據傅本與《四朝聞見録》戊集《岳侯追封》改。

〔五〕食實封二千六百户　「六」，傅本與《四朝聞見録》戊集《岳侯追封》作「四」。據《金佗續編》卷二《武勝定國軍節度使萬壽觀使奉朝請制》，岳飛的「食實封貳阡陸伯户」，可知應以「六」爲準。

〔六〕亦舍爵而策勳　「舍爵」，《四朝聞見録》戊集《岳侯追封》作「運籌」。

〔七〕外懀威靈　「懀」，《四朝聞見録》戊集《岳侯追封》作「懾」。

〔八〕爾獨奮身　「身」，《四朝聞見録》戊集《岳侯追封》作「威」。

〔九〕寖成市虎之疑　「寖」，《四朝聞見録》戊集《岳侯追封》作「遽」。

〔一〇〕逮國論之既明　「既」，《四朝聞見録》戊集《岳侯追封》作「初」。

〔一一〕中興之主恩念不忘　「恩」，《四朝聞見録》戊集《岳侯追封》作「思」。

〔二二〕蓋以作六軍之氣「六」，《四朝聞見録》戊集《岳侯追封》作「三」。

〔二三〕《四朝聞見録》戊集《岳侯追封》：「嘉泰四年六月二十日，中書舍人李大異行。蓋韓氏興師恢復，故首封鄂王，以爲張本。制中故有『作三軍之氣』與『修車備器』之詞。考異：此制乃《金佗稡編》第二十七卷所載。《金佗稡編》乃王孫珂所載，決不致誤。而紀聞者以李公大異爲顔棫，其誤甚矣。嘉泰間，岳侯之死僅〔六〕十年，故有『天下有公，是非豈待百年而定』之語。謂必待百年而定，何也？蓋紀聞者治賦，若如所載，僅一無用韻語起句耳。恐史官誤采其説，故載詳云。」此告又見《兩浙金石志》卷九《宋追復岳武穆王并賜謚告詞碑》，乃明代所刻。

碑陰記（附）

鄂據上流，爲重地，宿師十萬，進足以虎噬京、洛，退足以雄分吴、蜀，得建瓴之勢，江左莫强焉。紹興初，天子考麒麟玉册之瑞，覩黄旂紫蓋之運，應天順動，化龍南翔。長江湯湯，天設之險，金城千里，亶重分牧。先王析符授鉞，實膺專征之任，雖往來調戍，靡常厥居，而大抵鄂爲根本，隱然有藜藿不採之威。

珂嘗攷論地勢，況觀古今，自三國而下，代興南國者，所據守各不一。然負桐柏之陽，山陽、合肥、廣陵、濡須，重鎮錯立，帶之長淮，包以南海，皆足以扼東西之衝。惟襄、沔舊疆，曼羨數千里，上通巴蜀，下接舒濮之郊，川平壄曠，不設限塞，擊柝之聲相聞，朝馳而夕可至也。顧自元二以降，引弓之士未嘗敢南嚮，而夔、峴首寧；涉巨瀆，履重險，〔一〕而常出乎柘臯、大儀之境，捨所易而圖所難，何哉？以兩路之介於寇，被邊而守者數十城，視獨以全師當一面者，力之顯否固不待辨。而孽胡之馳騁長技，反縮恧而不敢施，方屨之士遡其時而觀其人，可也。

皇上臨御一紀，緬懷麟閣勳名之盛，方將尊中國，以綏四夷。乙夜慨然覽珂所奏《籲天》之書，思所以大慰乎九京者，〔二〕相攸樂土，宜莫如鄂，遂荒全國，裂而王之。綸言申褒，温厚灝噩，不惟足以涣萬世無窮之寵，其於辨論忠邪之迹，蓋尤深切著明。珂一介蚍蜉之言，誠不知所以格天心、悟主聽者，妄一男子不得其平而鳴，則謂天蓋高，亦有不容恝，珂誠死且不朽矣。

載惟先王受命駐師之地，營墉陳石，至今巋然。而乾道中又嘗詔賜沔陽之廟，先王功烈，遂與鄂相終始。珂不幸，〔三〕身不逮事，生二十有二年，而後得以鉛槧片言，追明地下之寃，成先大夫易簀之志。興念一及，兢慙夙宵，大懼馴媮闒襲，而使聖朝旌忠非常之典，不能以宣昭於方來。乃以制詞刻之琬琰，植於廟下，以對敭今天子丕顯休命，而復系著其所以然之意。

在漢之初，蛇分泗壄，有臣曰良，從高於留，經營四方，卒定大業。及誓白馬，紀丹書，剖符定封，擇齊三萬户而不願，迺侈遇鄉，以旌天授。然則遡功名之所基，以迄於成，地以人重，人以地著，揆厥所元，夫豈曰偶然而已哉。是用敍次其實，且以先王在鄂之顛末，追附前誼，庶幾鄂人知所以開國承家之自，昭示子孫，以無忘上意之所嚮云。開禧疆圉單閼歲〔四〕且月哉生明，孫承事郎珂記，朝散郎、行太府寺丞、兼國史院編修官、實録院檢討官章升之書丹并題蓋。〔五〕

〔一〕履重險　「履」，嘉靖本作「冒」。

〔二〕思所以大慰乎九京者　「大慰」，原作「太尉」，嘉靖本同，據浙本改。

〔三〕珂不幸　「幸」，嘉靖本作「肖」。

〔四〕「疆圉」通「彊圉」，爲丁，「單閼」爲卯，即開禧三年。

〔五〕章升之書丹并題蓋　「丹并題蓋」，底本字跡模糊，今據嘉靖本。

鄂國金佗稡編卷第二十八

天定録卷下

謝封鄂王表

臣珂言：「今月二十三日準告，大父先臣飛追封鄂王，臣已於當日望闕謝恩訖者。剡奏籲天，辨先世百年之枉；疏恩裂地，啟真王一字之封。煒然寵命之頒，賁此勳盟之舊。臣珂誠惶誠懼，頓首頓首。

竊以國家之尊爵，亶爲將相之殊褒。以馬燧之元功，胙始開於北土；若子儀之碩望，壤纔裂於西汾。顧自古以不輕，至於今而尤重。方位躋三事，間推列郡之恩；及燧錫九泉，或被小邦之命。已爲曠闊，咸謂遭逢。敢意子孫數十載之餘，屬當聖明一再傳之盛。忍使子文之無後，深閔介推之不言，濬發德音，誕颺褒制。

伏念大父先臣飛逢辰多難，賦命數奇，曾未究於義心，已横罹於讒口。堯仁天賦，首加追復之榮；舜孝日嚴，祗述親傳之訓。故氈仍復，去璧全歸。雖聖德恢宏，莫報兩朝之大造；然寵章赫奕，尚慙諸將之同功。深惟餘謗之未湔，遂致孤忠之無玫。辨必期於早辨，疑或免於傳疑。萬字翔龍，褒靖孫之藏詔；五年剔蠹，緝泌子之遺編。恪上囊封，仰塵扆聽。敢謂帝心之采菲，遽盼王社之苴茅。綸焕九重，哀褒八字。謂其忠可貫日，義不同天。忘家徇國之一心，雖死不變；遺烈餘風之大致，迄今如存。壤分楚子之遺，爵列唐臣之上。恩加栢廟，益光難朽之丹青；聲到柳營，尚泫追思之涕淚。自非出聖天子之特斷，安能使大丈夫之爲真。豈意藐孫，訖讎大願。

兹蓋伏遇皇帝陛下厲精求治，鋭志中興。藏匱室以書勳，不限非劉之典；聽鼓鼙而思將，爰形咨岳之音。慨思遺愛之區，越在上流之地，乃盼新制，庸侈舊封。豈徒慰地下不泯之魂，抑亦奮海内敢爲之士。臣敢不矢心蓬蓽，歸賜松楸，萃同里以榮觀，〔一〕暨闔宗而泣拜。生雖未壯，已期執童子之戈；死或有知，當亦結老人之草。臣無任感天荷聖、激切屏營之至，謹奉表稱謝以聞。臣珂誠惶誠懼，頓首頓首，謹言。

貼黄：上表爲大父先臣飛準告追封鄂王稱謝事。」

〔一〕萃同里以榮觀 「榮」，原作「熒」，據本卷《謝宰執啟》改。

謝宰執啟

珂啟：「今月二十三日準告，先大父飛追封鄂王者。抱書千里，臣章幸徹於楓宸；疏渥九泉，王社寵分於茅壤。百年闕典，以一朝而舉；萬世正誼，自今日而明。亶繇論道之公，倍激感恩之悰。

竊以國家設非常之爵，爲其將相有甚偉之功。其名雖並於三公，厥序實超於五等。非天下報勳之彝制，乃人君作福之大權。盟礪泰山，漢不行於異姓；圖新煙閣，唐間錫於諸臣。逮藝祖乘時龍而御天，至高皇渡匹馬以開境，皆循此典，式顯爾庸。然變之所遭，有險而有夷；故終之所獲，或難而或易。西平開祚，正安危身佩之時；汾陽啟封，方壽考家居之日。趙中令剖符於韓國，韓太傅裂壤於蘄邦，皆身荷美名，而親承寵數，玆逢辰而有幸，故錫命以非艱。

乃如大父之忠勤，昔被元姦之讒甚，〔一〕橫加不韙，濫及非辜。功在鼎銘，忍見汙於白簡；名存廟藏，遽變置於丹書。假僞亂真，以非易是。士夫箝結，莫抒敢怨之懷；民吏欷歔，徒抱不平之氣。邪誣滋逞，公議幾亡。鬱抑不明者非止一端，棄置弗録者殆將二紀。大明揭日，賴高廟之深知；睿澤回春，有阜陵之善述。已頒紫誥，盡復青氈。然愍章雖渥於累朝，顧褒典尚慚於諸將。懼未湔於餘謗，爰久玷於孤忠。

宦緒灰寒，徒懷嚮日，君門天遠，無路排雲。誠同螻蟻之微，採之蚍蜉之細。人謂落落而難合，已獨拳拳而未忘。進則犯明主批鱗之誅，退則負先人易簀之訓。不量愚分，竟上遺編。累牘籲天，方屏營於私室；大封裂地，遽錫寵於公朝。温綸寵涣於九重，華衮載加於八字。謂其忠衛社稷，義死封疆。忘家徇國之一心，歷千萬變而不易；遺烈餘風之大致，閱七十載而如存。迺即上流，載荒舊壤，慰將士召棠之念，解邦人寇竹之思。栢聳遺祠，夙厲冰霜之操；柳披故壘，新回雨露之光。比肩南渡諸公之間，闊步西京功臣之上。歷觀時變之高下，載論功名之始終，得之最難，莫此爲甚。

豈以妄庸之小子，能感上心；實緊坱圠之人鈞，特施化力。茲蓋恭遇某官，爽邦元哲，經世大儒。主盟國是，而異議不摇；飭修邦經，而百廢具舉。拯溺救饑之實，念小猶及於匹夫；顯忠遂良之盛，心遠不遺於前代。採天下僅存之公議，憫王朝未録之勳盟。肆贊決於中宸，俾增榮於南紀。豈特慰焄蒿不朽之魄，將以興草萊願奮之人。良駿歸燕，本由市骨；真龍見葉，始自好形。竚收十翼之賢，式見兩全之舉。復還文、武全盛之境，以畢高、孝欲爲之心。

珂敢不矢心衡門，歸賜丘壠，萃闔宗而泣拜，暨同列以榮觀。動故笏之悲既深，感皇朝之□□□□□□□勉追祖武之勤勞，惟不辱先，是名報施。謹具啓事，專人捧詣鈞墀，祇候塵謝，伏惟鈞慈俯賜鑒念。不備，謹啓。」

〔一〕昔被元姦之讒惎　「惎」，嘉靖本作「慝」。

謝臺諫給舍侍從兩省啓

珂啓：「今月二十三日準告，先大父飛追封鄂王者。哲鑒當天，洞燭九泉之枉；寵章裂地，榮超五等之封。亶歸正論之明，倍激危衷之感。

伏念先大父飛奮身疏逖，許國忠勤。北巡之駕未還，死不瞑目；東都之會弗振，夙所盡心。仗義鼓行，摧鋒深入。襄陽六郡之戰，可見規模；朱仙七月之屯，寔當機會。萬里駭傳於風鶴，三軍喜聽於城烏。以至閉閤潛思，手疏儲闈之根本；朝衣祇見，躬安寢廟之威靈。不忘造次愛君之情，初無嫌疑避事之意。胡爲一簣之虧土，重令衆口之鑠金。母實知參，聽終疑於三告；人惟哀虎，讟莫致於百身。忠臣烈士，聞者拊心；老夫稚子，語之流涕。幸聖朝之公論不泯，而思陵之睿見本明。發德音於久而自定之餘，詒帝訓於率乃攸行之始。首頒紫誥，盡復青氈。日窮星回，暖律甫還於枯枿；雺開陰伏，太陽復豁於幽盲。雖飲恨於昔時，粗信眉於後日。

念公師之位雖極，尚愧同功；而稗官之載失真，必乖信史。掇拾靖孫之藏詔，纂修泌子之遺編。書溷乙觀，方屏營於私室；事稽甲令，俄出爵於公朝。綸音寵涣於九重，衮筆特增於八字。謂其忠可貫日，義不同天。忘家徇國之一心，雖死不變；遺烈餘風之大致，迄今如存。乃分全鄂之區，光啟真王之社。柏森遺廟，益凌盤古之風霜；柳拂舊營，重沐當年之雨露。邦人鼓舞，將士歡呼。

循省聖恩，重顯褒於幽壤；主盟公議，蓋允賴於洪鈞。兹蓋恭遇某官，學造高明，氣鍾剛直。偉材碩用，恢恢文武之兼；讜論嘉謀，凜凜正邪之辨。爰悼中興之烈，載稽上送之書。肆贊決於楓宸，俾增榮於茅土。豈特逞幽光於已往，〔一〕庶幾鼓義氣於方來，兩適其宜，甚盛斯舉。珂敢不銘藏厚德，警策駑軀。竹帛垂功名，固難企前人之烈；干戈衛社稷，尚期效童子之忠。惟不辱先，是名報施。謹具啟事，專人捧詣台墀，祇候塵謝，伏惟台慈俯賜鑒念。不備，謹啟。」

〔一〕豈特逞幽光於已往　「逞」，原缺，據嘉靖本補。

都司取索文字

檢正都司見行朝廷文字，今要見岳雲、張憲追復因依，并真本追復贈官告照用，仰親事官於投進文字人岳監倉下計會取索，限壹日繳申。六月　日。

申都司狀

承務郎、新差監鎮江府户部大軍倉岳珂。準檢正都司告示，取會先伯雲、張憲追復事，須至申聞者。

右珂照得紹興三十二年七月十三日聖旨指揮，岳雲特追復元官。續準告，追復左武大夫、忠州防禦使，係同先祖太師、鄂王飛一時同降指揮昭雪追復。乾道元年十一月二十六日聖旨指揮，張憲特追復元官。續準告，追復龍、神衛四廂都指揮使、閬州觀察使。係孝宗皇帝灼見誣罔，特旨辨明追復。其元本告詞並有底本在中書省，并有施行公案在吏、刑部。并係大賞罰，亦自該載日曆、會要。所有告詞已蒙後省保明，備録申省訖。

今準前項指揮，珂除已遵禀外，照得岳雲係珂先伯，其告命自係先伯雲直下長男朝請郎、尚書吏部郎中甫收掌。先兄甫已行身故，見係先伯雲直下長孫迪功郎、新筠州新昌縣主簿岳覲，迪功郎、新處州慶元縣尉岳覿收掌。張憲係先祖飛部曲，其告命自係張憲直下男忠訓郎、前黄州聽候使喚張敵萬收掌。珂即不曾將帶隨行，所蒙取會，今併具並係着實。或恐省部目即案底不存，只乞下吏部，照應岳覲、岳覿、張敵萬三名出身脚色三代，便見着實。所有先伯雲後因先兄甫任陞朝，累贈至安遠軍承宣使。張憲後來别無子孫陞朝，即不曾該加贈，併乞照應施行。謹狀。

加贈先伯雲信劄

檢會嘉泰四年五月二十一日敕，勘會已降指揮，岳飛忠義徇國，風烈如存，雖已追復元官，未盡褒嘉之典，可特與追封王爵。三省同奉聖旨，追封鄂王。所有岳飛之子雲、部曲張憲亦合追贈。八月十七日，三省同奉聖旨，岳雲、張憲各與追贈一官。

右劄付岳雲本家。

嘉泰四年八月　日

加贈張憲信劄

檢會嘉泰四年五月二十一日敕，勘會已降指揮，岳飛忠義徇國，風烈如存，雖已追復元官，未盡褒嘉之典，可特與追封王爵。三省同奉聖旨，追封鄂王。所有岳飛之子雲、部曲張憲亦合追贈。八月十七日，三省同奉聖旨，岳雲、張憲各與追贈一官。

右劄付張憲本家。

嘉泰四年八月　日

先伯雲贈節度使告（中書舍人俞烈行）

敕：「絳侯左袒而爲劉氏，豈知書牘背之威；李廣結髪而戰匈奴，不忍對刀筆之吏。既邦誣之昭白，豈功令之忽忘。故追復左武大夫、忠州防禦使，贈安遠軍承宣使岳雲，忠本家傳，材爲世傑，禀名父之筭勝，折醜虜之天驕。馬革裹屍，忠肝可見；蠅營集棘，奇禍遽興。早悲戰骨之零飛霜，豈料戴盆而見白日。慰忠魂於拱木，新戎鉞於帥壇。庶一節之不磨，亦九原之可起。噫！引劍呼痛，世已知杜郵之寃；結草酬恩，爾尚思輔氏之報。

勿以重泉之永隔，而忘許國之初心。可特贈武康軍節度使，餘如故。」

張憲贈承宣使告（同前人行）〔一〕

敕：「權邪煽虐，久肆邦誣，忠義不磨，大明國是，既〔二〕沈寃之昭白，豈功令之愆忘。故追復龍、神衛四廂都指揮使、閬州〔三〕觀察使張憲，有志戰多，素推拳勇，首將元戎之虎旅，志犁老上之〔四〕龍庭。馬革裹屍，忠肝可見；蠅營集棘，奇禍遽興。早悲戰骨之零飛〔五〕霜，豈料戴盆而見白日。洗忠魂於丹筆，新制鉞於笛臺，庶一節之〔六〕愈明，亦九原之可起。噫！引劍呼痛，世已知杜郵之寃；結草酬恩，爾〔七〕尚思輔氏之報。勿以重泉之永隔，而忘許國之初心。可特贈寧〔八〕遠軍承宣使，餘如故。」

〔一〕同前人行　原脱「（同前人行）」四字，嘉靖本同，據《紀事實録》和傅本補。
〔二〕不磨大明國是既　原缺，嘉靖本同，據《紀事實録》和傅本補。
〔三〕四廂都指揮使閬州　原缺，嘉靖本同，據《紀事實録》和傅本補。
〔四〕虎旅志犁老上之　原缺，嘉靖本同，據《紀事實録》和傅本補。

〔五〕早悲戰骨之零飛　原缺，據嘉靖本補。
〔六〕鉞於笛臺庶一節之　原缺，嘉靖本同，據《紀事實録》和傳本補。
〔七〕之寃結草酬恩爾　原缺，據嘉靖本補。
〔八〕之初心可特贈寧　原缺，據嘉靖本補。

謝表

臣珂言：「今月一日準告，伯父先臣雲特贈武康軍節度使，大父先臣之部曲張憲特贈寧遠軍承宣使。臣已於當日望闕謝恩訖者。辨枉九京，素衷幸塵於楓扆；進官一等，洪私併溉於株連。謗自此以益明，恩若何而可稱。臣誠惶誠懼，頓首頓首。

竊以國家褒卹之典，兼存忠邪別白之規。榮靈雖止於一時，清議實關於萬世。若稽漢代，有嚴異□□□□□□□朝，亦重沉寃之詔雪。然帶礪之盟，鮮傳於後，綸□□□□□龍光曾極於撫綏，麟筆莫聞於訂正。未有濬□□□□□□杳頒鼎至之恩，旁沾蘭砌之藐孤，下逮□□□□□□戴盆之望，重回拱木之春。兹報功伸枉□□□□□□□今之一遇。

如臣伯父，曁昔偏裨，嘗先百戰之□□□□□□□運。南陽拓境，年十二而立戰多，北潁推鋒，〔一〕梟五□□□□□□□凜聞於李愬，環堤首馘於龍仙，以至算稟趨庭□□□□□□金之帶，奎章嘗美其濟功；辭三命之華，詔旨復嘉其有子。屬議和之釁起，紛謗語之蠅營。大功垂成，掣單父善書之肘；奇禍驟起，凜絳侯背櫝之威。誰爲城下之狐，移及水中之蟹。内外聞聲而附會，旄倪重趼以皆遷。三年東海之隕霜，莫之敢辨；一節汾陽之貫日，終以弗渝。

惟忠誠炳若以如丹，致寃狀皦然而自白。投讒畀虎，已關高廟之深知；御□乘龍，繼被孝皇之殊渥。復故氈於一日，滲餘澤於重泉。其如稗官堅白之辭，猶紊柱下汗青之史。摘謬孰明於《野記》，傳訛何止於《北盟》，是正邪雖辨於人心，而黑白尚紛於史筆。不有芝封之昭雪，終銜蒿里之寃誣。敢忘易簀之言，冀動凝旒之聽。〔二〕

九關虎豹，籲天幸遂於升聞；一劄龍鸞，裂地竟承於寵渥。進牘肅藏於東觀，辨書俾訂於西垣。〔三〕固知素定於聖心，尚欲復稽於衆論。合兩省至公之議，振百年未雪之寃。少府分旄，指洋川而具禮；留臺錫號，新容管之承流。十行並下於温綸，一字更踰於華衮。謂其材爲時傑，忠世世以相傳；勇在衆先，戰多多而益辨。〔四〕表犁庭之素志，高折虜之奇勛，並彰身後之名，一洗生前之耻。白日舒光於厚夜，〔五〕丹書泯迹於遺編。恩出非常，澤推兼被。興懷疇昔，忽聞垂絶之言；曾是么微，汔遂未疇之責。

兹蓋恭遇皇帝陛下，聖譏如舜，清問若堯。涣號誕敷，鼓雷風於萬寓；豐中溥照，麗日月於九天。清廂勤乙夜之觀，白簡寤壬人之藴。嚴忠義權邪之辨，播在王言；俾是非曲直之公，著爲世誡。雖歷時之已久，皆錫命以惟新，義激方來，仁霑既往。

臣猥兹控籲，親獲欽承，舉頭仰戴於皇明，拜手敬歸於君賜。菲葑有采，愧微悃之易通；葵藿徒傾，知大恩之難報。一門自誓，九殞爲期。臣無任感天荷聖、激切屏營之至，謹奉表稱謝以聞。臣誠惶誠懼，頓首頓首，謹言。

貼黄：上表爲先伯臣雲、大父部曲臣張憲蒙恩加贈稱謝事。」

〔一〕北潁推鋒　「潁」，原作「穎」，今改正。

〔二〕冀動凝旒之聽　「旒」，原作「施」，嘉靖本同，據浙本改。

〔三〕辨書俾訂於西垣　「訂」，原作「計」，嘉靖本同，據浙本改。

〔四〕戰多多而益辦　「辦」，原作「辨」，據文淵閣《四庫全書》本改。

〔五〕白日舒光於厚夜　「光」字原缺，據文淵閣《四庫全書》本補。

謝宰執啟

珂啟：「今月一日準告，先伯雲贈武康軍節度使，大父部曲張憲贈寧遠軍承宣使者。遺謗大明，等錫及泉之寵；化工密轉，孰知宰物之仁。蓋初心僅止於乞漿，不自意復從而被澤。九地各沾於雨露，二天倍費於陶鎔。德大若疇，感極無語。

竊以國家舉褒卹之典，示不忘功；臣下有幽枉之寃，亦令洗迹。訂正再公於麟筆，恩榮洊出於龍光。兩者交修，皆前代所罕聞之盛事；列聖以降，在今日爲剏見之彌文。湔滌誣言，竄削疑史。一字啟真王之爵，千社封異姓之臣。絲綸之命，涣發無窮；旌旄之渥，鼎來有耀。增藺砌藐孤之幸，兼柳營末校之榮。盡回大夜之焜煌，坐使孤忠之皎潔。雖皇朝念舊，知公道之云開；然縟典並行，胡私門之特至。

伏念珂伯父赤心之許國，偏裨戮力以同時。膝上從容，已得黄石公不傳之秘；帳前指縱，蚤稟霍嫖姚必勝之謀。年十二而立戰多，衆五千而嬰大敵。遠闢南陽之境，徑摧臨汝之鋒，期濟中興，庶觀全節。西平有子，屢勤一劄之褒；北伐濟功，洊沐萬釘之賜。不料讒起割地奉仇之論，遂成蠅營合黨締交之謀，使簣土之功虧，極簧言而文致。怒貽水蟹，殃及池魚。盡割楊彪愛子之懷，下逮韓信傳餐之士。穹靈在上，忍爲指鹿之欺；櫝背慘威，俾蹈證羊之直。人皆重足，彼誠何心。是非變亂，久而未分；前後因仍，莫之或辨。茲幸成易簀之命，乃上副當寧之求。指陳奇詆之辭，折衷厚誣之語。宸章奎畫，坦若甚明；義膽忠肝，昭其如在。遂徹蟬蜎之覽，復歸筆削之公。不惟消衆沫之漂山，且交霈窮泉之漏澤。上焉建節旄於外鎮，下焉雄制鉞於留臺。薦拜洪恩，雙加衮字，毀銷謗史，存殁知榮，秩進帥壇，夢寐不到，仰湛恩之畢萃，激長夜之感咸。並彰身後之名，一洗生前之耻。八十年齎志殁地，共銜蒿里之冤；今一朝披霧覩天，頓改松銘之觀。士氣如洗，臣節争磨。

誰寔□□，我有鈞播。茲蓋恭遇某官，以忠致主，陳善閉邪。心潛格於君非，力主盟於國是。一堂聚會，極聖君賢相之都俞；三館招延，謹君子小人之進退。凡肯建明者，若出遊戲然。有功悉許以風聞，無寃不與之雪洗。春之生，夏之長，陽和豈擇地而施；甲者坼，枯者榮，鴻造亦何心於此。遂省幽明之所被，寔歸坱圠之無垠。珂猥以籲聞，親承錫賚。拔茅連茹，仰戴皇明；自葉流根，亶惟愍施。報貽魏顆，諒不忘結草之餘；詠感周詩，尚終憐喬木之舊。詞源已究，謝悃未殫。謹具啟，專人捧詣台墀塵謝，伏惟台慈俯賜鑒念。不備，謹言。」

後序（附）

《天定録》既成書，將鋟而傳，惻然若予感焉，復從而系之曰：「嗚呼！天下之理託於物而後傳者，要其終必不可恃，雖勢也，而理則存。湯盤、衛鼎、淮碑、岐鼓，銘之所託以傳也。吾意古人之所以鑱著其勳明，昭宣其令德，一時視之者若可以不朽矣。而千載之下，或仆，或缺，或湮，或没，博雅之士歆艷其馨烈，欲一挹而不可得。雖培塿剔蘚，杳不得傳。而若盤、若鼎、若碑、若鼓顧乃託其所託，以自見於世。悲夫！物之不可恃蓋如此。且天下之堅且久者，莫若金石，曾幾何時，而蕩爲浮埃，收爲太虚，凡吾之所恃以傳者，悉從而反之。而珂乃欲以區區蕪纇之文，以昭明先王遺忠於萬世之下，瓿覆未可期，僭曰猶在，安知其不胥爲失所恃也。謏學陋聞，童蒙顓魯，文字不足以傳於遠，姓名不足以昭於時，則藏之名山，散之通都大邑，傳之其人，珂固不得與斯舉也，則豈特反所恃而已哉！

嗚呼！以先王之忠之節，而聖朝推是非常之典，使得一世立言，君子紀而傳之，雖千萬世焉，可也。而獨以珂之愚不肖，愓然反顧，凜無所恃以傳。念至如此，則珂不孝之罪，誠上通於天矣！然珂猶竊有所恃者，以爲先臣報國之心，昭如皦日，正理之在人心，隱然有不可泯。珂以七十年讒誣未白之先，凡公議之所予□□□□□論，或庶幾焉。嗚呼！此或可恃也。

四方萬里之廣，名人鉅公之衆，苟能哀其心而進之，則此書亦或可傳也。是故珂之所恃者在彼，而所託者在此。誠使人心有公議，天下有正理，則忠邪是非之辨，固已在於追褒未逮之先，而特昭明於殊恩既霈之後。方其未辨，是理未嘗不存；及其既明，是理亦未始增益。則是書不傳可也，不作亦可也。

嗚呼！羣陰煽邪，異論方興，先王障狂瀾於不可支之際，卒從以靡。方是時也，身且不計，而況於名乎！一時之名且不計，而況於後日之名乎！身與名俱所不計，而況於是書之傳否乎！嗚呼！先王誠得所恃矣，珂何有焉。

若夫金石之必不可恃，而反恃其所託以存，則不可以諸孫之無聞，而遂泯然也。方公道宏開，真儒才卿執椽筆而發幽光者，項背相望，豐碑隧道，奎壁下臨。有祖宗之故事在，珂雖無似，尚當嗣請於朝，則所以恃者，其又庶幾乎。嗣歲孟陬之月〔一〕癸丑朔珂後序。」

〔一〕孟陬之月爲正月。

金佗稡編後序

岳鄂忠武王之孫有名珂者，彙習王之豐功茂績，著爲《金佗稡編》，凡若干卷。其版舊刊之嘉禾，歲久，版脱壞無存。其文藏諸民間者，又遺闕而無全書。宥府經歷朱君佑之乃爲之徧求四方，得其殘編斷簡，參互攷訂，合其次第，始克成書。復得續集五卷於平江，蓋江西本也，通爲若干卷，〔一〕比前尤詳。於是將刻梓於平章相國大新祠宇之後，郎中陳君初菴爲之序。予惟是編視《宋史》加詳，而王之豐功茂績，雖昭如日星，得此編宜無遺憾矣。

竊嘗因是而論之，宋高宗之有忠武王，猶周宣之有方、召，漢光之有鄧、馮也。奈何高宗非宣、光之匹，優柔而不能斷，卒俾死於奸檜竊弄神器之手，可勝惜哉！嗚呼！高宗豈真不知也耶？向使王之事蹟不顯著，忠心不明白，則寢閤之命，〔二〕亦豈無讒佞之人之可入哉？當是時，金人兀朮正彊，而諸將若張、韓、楊、王輩，莫敢與敵，獨挫於王之手，若乳子耳。胥此以復中原，卓有賴者。特以車駕南行，倦於北顧，雖王屢有事機之可復，朝廷未嘗不嘉之，而亦未嘗不沮之，此其所以爲可惜也。所大可惜者，朱仙鎮之役，一鼓渡河，則金人束手就擒，兩河望風待下，天下之定，固在此舉，方以此振兵，而班師之命已至。豈奸檜者果有措天下之謀哉？特以循常嗜瑣，而不能有所爲耳。吁！中原之地自此不可復，父兄之讎自此不可報，太行忠義之社，兩河歸戴之民，遮道而哭，從師而南，朝廷其果忍聞之哉！曾不此之料，而且彼之圖，宜乎符洛下書生之言，而終爲秦檜之所誣也。吁！宋德至此，亦涼矣！然檜者雖能逞志於一時，不能免誅於千載，此王之事業，所以愈遠而愈光。宜乎刻之金石，傳之竹帛者，代有仁人君子之所相崇尚也。觀是編者，必有感於斯。朱君佑之，名元佑，吴門之世家云。會稽戴洙序。

〔一〕通爲若干卷　「若干卷」三字，原缺，據文淵閣《四庫全書》本補。

〔二〕寢閣之命　「閣」，原作「問」，據《金佗稡編》卷一二《乞本軍進討劉豫劄子》和《金佗續編》卷二七黄元振編岳飛事迹改。

重刻金佗稡編後序

嗚呼！《金佗稡編》之集，所以表武穆王之忠之枉，而宋祚之盛衰繫焉。督學蒙溪張公序之於前者備矣。

愚竊謂王之生平，大致惟二言以蔽之，何也？或問於王曰：「天下何時太平？」王曰：「文官不愛錢，武官不惜命，天下太平矣。」王身居武列，而材兼文武，其所操履，則二者皆其能事也。觀其茹苦分甘，與士卒同欲，死之日搜其家，自君賜之外，無長物焉，其不愛錢可知已。當强胡巨寇之秋，身先士卒數十戰，犯矢石，冒險阻而不顧，曷嘗爲惜命計哉！

夫恒情之所甚利而愛惜之者，王獨略之，非性與人殊也，亦以天下之大建立，惟蹇蹇匪躬者能之，而私其身圖，未有能先國家之急者耳。王惟見之真，故其行之至，行之至，故其言之切。迹其豐功盛烈，紀載於是編者，未易以窮日睹記，然掇其大者，不出此二言而已。蓋功烈其華也，二者其本也。

嗟乎！今之東南民力竭矣，西北羽書至矣，使牧民馭兵者咸操無愛惜之心，何患事之不濟哉！是故學務知要，善在得師，則於大巡唐公命刻是編，以寓觀風設教之意，始無負云爾，豈徒博識洽聞之足貴耶！以是説請於公，曰：「可。」遂書諸末簡。嘉靖壬寅子月朔旦，賜進士、兩浙都轉鹽運使司運使晉江洪富謹序。

中國史學基本典籍叢刊

鄂國金佗稡編續編校注

四

〔宋〕岳珂 編
王曾瑜 校注

中華書局

鄂國金佗續編

鄂國金佗續編序

《易》曰：「大君有命，開國承家。」夫辨五等，選羣辟，建侯於經綸草昧之初，列爵於崇德報功之後，固古先哲王之所以公天下，而非以爲一家之私也，庭堅之邁種，逮于蓼、六，周、召之夾輔，載于燕、魯，大勳開四履，盛德祀百世，是國也，非所謂世其家者歟？國有春秋，家有譜諜，紀事雖殊，爲用不廢。夫其著鼎彝，登旂常，胙土疇功，此國之所繇開也。昭明其湮蝕，罔羅其放軼，廣記備録，思以盡爲子若孫之心，又豈非傳家克承者之責耶！

先王佩佗綬于鄂，珂不肖，幸因今天子霈泰畤之澤，獲以支邑，紹分舊封，亦既頒蒲瑞於朝，執而歎曰：「三趙命名，此贊皇氏之所以不忘乎先也。」家故有《金佗編》，因先爵以敍遺烈，嘉定戊寅，嘗刻之檇李矣。而辛巳之褒忠，乙酉之錫諡，異渥殊榮，焜燿狎至，則未之續也。行有述也，而弗該乎絲綸；見聞有取也，而莫並乎百氏。宸奎之藏，扣閽之已進，嘗彙之於前矣；而接訪之嗣獲，顧闕之於後。《天定》之録，非劉之曠典，概表乎其末矣；而思陵之盛心，反略乎厥初，顧其可已哉！夫析圭儋爵，上之恩也；貽德流慶，先王之澤也。知侈《金佗》之寵，而不知乎櫛沐以致之之功，知家之承，而不知國之所以開之之猶竊恕曰：「《易》之所以『開國承家』者，或在於是斯。又類乎聞鐘揣籥，以求乎日者也。」自，斯責也，珂將奚辭。即觚槧之末伎，以文其肯堂析薪之未能，何異乎持洴澼絖以自獻，凡書四種，合三十卷，命之曰續，蓋以合樵李舊刻，同爲一編云。嗚呼！是續也，焉知其不復續。子孫之心，聞斯傳之，其又何時而可已耶！紹定改元歲重九日，珂謹序

鄂國金佗續編卷第一

高宗皇帝宸翰摭遺卷之一

建炎四年

九月，先臣自泰州奉詔，援承、楚，初引兵屯三墩，〔一〕遂抵承州。轉戰逾月，三戰皆大捷。殺其大酋高太保，擒女真、渤海、漢兒軍等，又俘阿主里〔二〕孛堇及里真、〔三〕阿主里、〔四〕白打里、蒲速里酋長七十餘人，送行在。上嘉厥勳，賜金酒器，賜御札。（合在本年第一詔之次。）

敕：岳飛節義忠勇，無愧古人。所至不擾，民不知有兵也；所向必克，寇始畏其威也。朕甚嘉焉。方今國步艱難，非卿等數輩，朕孰與圖復中土者耶！奈何江表尚多餘寇，卿可竭力措置擒獲，必期靜盡，無使越境，爲吾之憂。姑賜卿金注盌一副、盞十隻，聊以示永懷也。〔五〕

七日。御押〔六〕

〔一〕三墩　「墩」，原作「光宗皇帝嫌諱」，嘉靖本和傅本同，據浙本改。
〔二〕又俘阿主里　「里」，據《金佗稡編》卷一九《承州捷報申省狀》補。
〔三〕阿主里孛堇及里真　「及」，嘉靖本和傅本作「反」，底本雖字跡模糊，應爲「及」。
〔四〕阿主里　《金佗稡編》卷五作「阿主黑」。
〔五〕聊以示永懷也　「示」，原作「不」，據《金佗稡編》卷五改。
〔六〕按《金佗稡編》卷一至卷三高宗宸翰統一編號，此件爲高宗宸翰二，高宗宸翰一即後一詔。

九月，先臣始入通、泰。劉光世奉詔援承、楚，不肯渡江，遣裨將王德往，以虜遁奏。賜御札，令先臣協力勦撲。（合在紹興四年第一詔之上。）

近據劉光世差王德等統率軍馬過江之後，累奏戰捷，殺獲金人甚多。賊久駐江、淮，即漸抽退，其未去者數雖不多，若不乘勢勦除，終作腹心之患，正諸將立功報國之秋也。岳飛奮命許國，忠勞甚著，朕常嘉之。今可與光世所遣將領等協力並進，往承州、楚州等處，殺伐金賊，期於勦撲，當議不次推賞。其有能獲龍虎太師者，白身與除觀察使。

九月十五日。付岳飛。〔一〕

〔一〕此件爲高宗宸翰一，宋高宗發此詔時，尚未知岳飛進軍承州，而前一件乃得知出兵承州後之嘉獎，當爲高宗宸翰二。

紹興三年

春，大寇陳顒、彭友等連兵數十萬，據虔、吉州以叛。上詔江西安撫大使李回，令擇本路盜藪最熾，諸將所不能制者，顒以屬先臣。於是始移軍於洪。夏四月，至虔州。時民挺于亂，饋餫阻艱，上憂先臣軍或至乏絶，乃申詔訃臣督辦，厲以明憲，且賜御札，令趣進兵。（合在前詔之次，仍在紹興四年第一詔之上。）

付岳飛。御押〔一〕

朕已親敕諸路漕臣，應副卿軍馬錢糧，坐貶嶺外之罪。卿當體國，疾速統率精鋭人馬前去，務要招捕静盡，無使滋蔓，罪有所歸。仍具起發日時及沿路所至去處，逐旋以聞。

〔一〕此件爲高宗宸翰三。

先臣既破固石洞，大敗賊兵，擒顒等以入于虔，上疏乞誅首惡，而赦脅從，詔俞其請。秋七月，有旨詣行在。上猶慮羣寇遺類，爲患異日，賜御札趣覲，仍寓聖訓。（合又在前詔之次，仍在紹興四年第一詔之上。）

具奏省，卿殄滅羣寇，安靖一方，應無遺類，爲異日之患也。朕甚嘉之。已詔卿赴行在，可即日就道，勿憚暑行。紀律嚴明，秋毫不犯，卿之所能也。朕不多及。七月十二日。

敕岳飛。御押〔一〕

〔一〕此件爲高宗宸翰四。

紹興五年

二月，先臣還自廬州，既破虜、僞之師，遂入覲，上眷禮優渥，申以錫賚貤恩之寵，併賜御札。（合在本年第一詔之上。）

賜岳飛銀、絹二千疋、兩，承信郎恩澤一資，母封國夫人，孺人封號二人，冠帔三道。

付岳飛。〔一〕御押〔二〕

〔一〕原脱「付岳飛」三字，嘉靖本同，據傳本補。

〔二〕此件爲高宗宸翰十二。

紹興六年

冬十月，逆豫之子麟與其姪猊分道入寇，或得吠堯之書于境。上賜御札示先臣，且勉以報國戡讎之意。（合在本年第六詔之下。）

古之人見無禮於君者，必思有以殺之。今劉豫、劉麟四出文牓，指朕爲孽庶首惡，毁斥詬罵，無所不至。朕固不德，有以招致此言，卿蒙被國恩，尚忍聞之不動心乎？備録全文，密以示卿，主辱臣死，卿其念之。

付岳飛。御押〔一〕

〔一〕此件爲高宗宸翰二十二。

紹興七年

先臣既受詔，兼統劉光世兵，因手疏，造膝陳恢復大計。上意感動，親批紙尾，賜先臣，仍寓委屬褒戒之意。（合在本年第三詔之下。）

臣伏自國家變故以來，起於白屋，實懷捐軀報國、雪復讎耻之心，幸憑社稷威靈，前後粗立薄效。而陛下録臣微勞，擢自布衣，曾未十年，官至太尉，品秩比三公，恩數視二府，又增重使名，宣撫諸路。臣一介賤微，寵榮超躐，有踰涯分；今者又蒙益臣軍馬，使濟恢圖。臣實何人，誤辱神聖之知〔一〕如此，敢不晝度夜思，以圖報稱。

臣揣敵情，所以立劉豫於河南，而付之齊、秦之地，蓋欲荼毒中原生靈，以中國而攻中國。粘罕因得休兵養馬，觀釁乘隙，包藏不淺。臣不及此時稟陛下睿算妙略，以伐其謀，使劉豫父子隔絶，五路叛將還歸，兩河故地漸復，則金賊詭計日生，它時浸益難圖。

然臣愚欲望陛下假臣日月，勿復拘臣淹速，使敵莫測臣舉措。萬一得便可入，則提兵直趨京、洛，據河陽、陝府、潼關，以號召五路叛將，則劉豫必捨汴都，而走河北，京畿、陝右可以盡復。至於京東諸郡，陛下付之韓世忠、張俊，亦可便下。臣然後分兵濬、滑，經略兩河，劉豫父子斷可成擒。如此則大遼有可立之形，金賊有破滅之理，四夷可以平定，爲陛下社稷長久無窮之計，實在此舉。

假令汝、潁、陳、蔡堅壁清野，商於、虢略分屯要害，進或無糧可因，攻或難於餽運，臣須斂兵，還保上流。賊定追襲而南，臣俟其來，當率諸將或剉其鋭，或待其疲。賊利速戰，不得所欲，勢必復還。臣當設伏，邀其歸路，小入必小勝，大入則大勝，然後徐謀再舉。設若賊見上流進兵，併力來侵淮上，或分兵攻犯四川，臣即長驅，擣其巢穴。賊困於奔命，勢窮力殫，縱今年未盡平殄，來歲必得所欲。亦不過三、二年間，可以盡復故地。陛下還歸舊京，或進都襄陽、關中，唯陛下所擇也。

臣聞興師十萬，日費千金，邦内騷動七十萬家，此豈細事。然古者命將出師，民不再役，糧不再籍，〔二〕蓋慮周而用足也。今臣部曲遠在上流，去朝廷數千里，平時每有糧食不足之憂。是以去秋臣兵深入陝、洛，而在寨卒伍有饑餓閃走，故臣急還，不遂前功。致使賊地陷僞，忠義之人旋被屠殺，〔三〕皆臣之罪。今日唯賴陛下戒敕有司，廣爲儲備，俾臣得一意静慮，不爲兵食亂其方寸，則謀定計審，仰遵陛下成算，必能濟此大事也。

異時迎還太上皇帝、寧德皇后梓宫，奉邀天眷歸國，使宗廟再安，萬姓同歡，陛下高枕無北顧憂，臣之志願畢矣。然後乞身還田里，此臣夙昔所自許者。伏惟陛下恕臣狂易，臣無任戰汗。取進止。

三月十一日，起復太尉、武勝、定國軍節度使、湖北、京西路宣撫使、兼營田大使臣岳飛劄子。

覽奏，事理明甚，有臣如此，顧復何憂。進止之機，朕不中制。惟敕諸將廣布寬恩，無或輕殺，拂朕至意。〔四〕

右珂先大父維師忠烈、鄂國忠武王手奏出師疏真蹟一卷，高宗武文皇帝御筆批其後。於虖！靖康元二之禍酷矣烈矣，不勝説矣！楚、齊代妖，王綱絶矣！先王發憤古鄴，思澡思雪，必欲挽河漢而決之。一念既立，高厚對越，驅馳忽儵，叱咤隆缺。障横潰於既倒，扶不周於將折。此其立志，蓋霍去病所謂不立家於匈奴之未滅，諸葛亮所謂鞠躬盡死，以正祁山之伐，裴度所謂賊未授首，臣不還闕。千載相望，異世同轍，勳名未究，卒僨權孽，此籲天之書，所以俯伏天闕，泣盡而繼之以血也。

手澤散軼，百年驚閲，寶慶乙酉王春二月，恭獲墨寶，仍睹奎札，既以伸霜露之痛，遂可想風雲之節。百拜毖襲，庸附前哲，贊曰：「於維紹興，扶危支傾。扱校洊戎，不識一丁。先王奮啸，起自諸生，經通誼明，筆妙墨精。翠微之詩，五嶽之盟，祁陽整旅，東松紀行，蹟徧九州，氣凌三精。粤時出師，首兹抗旌，規模弗愆，忠憤莫攖。上心載嘉，奎章式形，謂朕何憂，惟爾責成。以百萬師，覯我甲兵，僅四十里，復我舊京。日卻陽侯，星隕中營。萇血遂碧，狐史漫青。天不誘衷，曷其底寧。傷哉《離騷》，坐此修能。冰鏤玉潔，蘭芳芷馨。惟皇鑒忠，惟人與誠。烈並褒鄂，志虧幽并。有奕龍迹，遹昭駿聲。遺墨既刊，大猷是經。對于廟祧，豈惟雲仍。」

〔一〕誤辱神聖之知　「辱」，傳本作「荷」。

〔二〕糧不再籍　「籍」，原作「藉」，據《金佗稡編》卷一一《乞出師劄子》改。

〔三〕旋被屠殺　「被」，原作「彼」，嘉靖本同，據傳本改。

〔四〕此件爲高宗宸翰三十三。

付岳飛。　御押〔一〕

上既付先臣以王德等軍，復賜御札，諭以先發制人之意。（合在本年第三詔後，仍在出師劄批詔之次。）

前議已決，不久令宰臣浚至淮西視師，因召卿議事。進止之幾，委卿自專，先發制人，正在今日，不可失也。所宜深悉。

〔一〕此件爲高宗宸翰三十四。

先臣既奉詔，復奏申述前志，以贊上恢復之決，賜御札以報。（合在前詔之次，仍在本年第四詔之上。）

覽卿近奏，毅然以恢復爲請，豈天實啟之，將以輔成朕志，行遂中興邪！嘉歎不忘，至於數四。自餘令相臣浚作書具道。惟卿精忠有素，朕所簡知，謀議之間，要須委曲協濟，庶定禍亂。卿目疾邇來必好安。故兹親諭，所宜悉之。

付岳飛。御押〔一〕

〔一〕此件爲高宗宸翰三十五。

酈瓊之叛，張浚始大悔不用先臣言。上以瓊素所信服者惟先臣，欲令諭旨，許以自新，乃賜御札。（合在本年第八詔之下。）

近日酈瓊領軍北去，止緣除楊沂中爲淮西制置使，衆情疑慮。雖瓊忠義有素，而不能自信，倉卒之間，遂成大變。朕降親筆，與瓊委曲喻之，使知朝廷本意，乃已不及。聞瓊與卿同鄉里，又素服卿之威望，卿宜爲朕選一、二可委人，持書與瓊，曉以朕意：若能率衆還歸，不特已前罪犯一切不問，當優授官爵，更加於前。朕已復召劉光世，不晚到行在。瓊之田産布在淮、浙諸郡，已降指揮，令元佃人看守，以待瓊歸。卿是國之大將，朕所倚注，凡朕素懷，卿之所悉，可子細喻瓊，使其洞然無疑，復爲忠義，在卿一言也。

付岳飛。御押〔一〕

〔一〕此件爲高宗宸翰四十二。

紹興九年

先臣自紹興四年平襄漢，始興營田之議，六年兼使，七年進大使，至是兵農漸合，耕戰交舉。上慨然有復古之意，賜御書屯田三事。

曹操嘗苦軍食不足，羽林監潁川棗祗建置屯田，於是以任峻〔一〕爲典農中郎將，募百姓屯田於許下，得穀百萬斛。郡國例置田官，數年之中，所在積粟，倉廩皆滿。

諸葛亮與司馬宣王對於渭南，每患糧不繼，分兵屯田，爲久駐之基。耕者雜於渭濱居民之間，而百姓安堵，軍無私焉。

羊祜都督荆州諸軍事，率營兵出鎮南夏，開設庠序，綏懷遠近，甚得江、漢之心。吴石城守去襄陽七百餘里，每爲邊害，以詭計令吴罷守。於是戍邏減半，分以墾田八百餘頃，大獲其利。祜之始至也，軍無百日之糧；及至季年，有十年之積。

賜岳飛。御押〔二〕

臣聞先正司馬光有言：「德勝才謂之君子，才勝德謂之小人。」論人者能審於才德之分，則無失人矣。

曹操募百姓，屯田許下，所在積粟。諸葛亮分兵屯田，而百姓安堵。羊祜懷遠近，得江、漢之心，亦以墾田獲利。若三子者，知重本務農，使兵無艱食，其謀猷術略，皆不在人下，才有足稱者。然操酷虐變詐，擥申、商之法術，雖號超世之傑，豈正直中和者所爲乎？許劭謂清平之姦賊，亂世之英雄，其德有貶云。亮開誠心，布公道，邦域之内，畏而愛之；祜增修德信，以懷柔初附，則德過於操遠矣。觀亮素志，欲龍驤虎視，包括四海，以興漢室，天不假以年，遽有渭南之恨。祜輔晉武，慨然有并吞之心，後平吴，身不及見。二子有意於功名，而志弗克伸，惜哉！

臣庸德薄才，誠不敢妄論古人。伏蒙陛下親灑宸翰，鋪述二三子〔三〕屯田足食之事，俯以賜臣，臣敢不策駑礪鈍，仰副聖意萬一。夫服田力穡，乃亦有秋，農夫職爾。用屯田以足兵食，誠不爲難。臣不揆，願遲之歲月，敢以奉詔。要使忠信以進德，不爲君子之棄，則臣將勉其所不逮焉。若夫鞭撻四夷，尊强中國，扶宗社於再安，輔明天子，以享萬世無疆之休，臣竊有區區之志，不知得伸歟否也？紹興十年正月初一日，武勝、定國軍節度使、開府儀同三司、湖北、京西路宣撫使、兼營田大使、武昌郡開國公、食邑四千户、食實封一千七百户臣岳飛謹書。

臣珂竊惟因田寓兵，肇自黄帝。立井之瀍，册籍維見，乘馬兵車，規橅有秩，昄於宗周，百王不易。紊以内政，散以阡陌，釃七而後，一無復遺。漢更代來，稍示存古，筴臣𤟠議，募田實邊，以屯積粟。此焉權輿，渠犁以還，間及内地。愈變愈下，猶存府兵。五閏不綱，定霸創名，判乎二岐，殆不復合。

高宗皇帝英智遠覽，挺生百代之下，奮然永嘅，欲合兵農而一之。環晥在廷，莫當上意。疇咨已試，遹觀厥成，迺寓奎章，屬意下逮先臣。是時營田已有成畫矣，畛錯畎繡，沃壄相接，事至不謁，農皆可戰，營壘棋布，車閑馬飭，間居弗饋，士亦服耕。藹然千古之遺規，蓋可想見。地不改墾，兵不改籍，因其已行，而措其未備，宜若易然。而先臣下方之書，迺獨遲之，何也？夫因變以制宜，而激成於欲速，龔媮就狹，豈所謂以堯事君者。漢事駁矣，已無足議。世更鼎峙，隨地置兵，各據偏方，以相抗衡。革舊俗，還王制，以振方來之陋，於時乎何有？此蓋先臣之所甚惜，而才德之辨，姑致其意，思有以廣上心，尤夙夜之所卷卷反覆。數子之行事，或形於慨慕，或見於嘆息，一予一奪，而愛君之心寓焉。不計歲月之近效，而使數百世之下，有能見井田之髣髴，則頫視三國，固先臣之所不屑爲。而馴致其道，等而上之，庶幾乎其可也。倣兹以觀事，不勝異曚娼參，至卒徇以身。區區興漢，終不足以勝酷虐變詐者之謀。而凡渭南、峴首之所以不獲要其終，此論者必以歸之天也。還觀餘旨，其伸與否，蓋皆先臣之所不敢計；而其遺跡之僅存者，且至于今賴之。簣土虧成，萬不一究。世之士猶執時異事變之説，而諉之不可復行，盍亦反其本而已，蓋至於是。而古人之長計遠慮，均爲空言，日就湮汨，而先帝大有爲之志孤矣！揆今擥古，可勝咤哉！臣因次第藏詔，而得是書。重悲先臣之言，追頌聖意，旉寫誕略，繫於摭遺之末〔四〕云。

〔一〕任峻 「峻」，原作「俊」，據《三國志》卷一六《任峻傳》改。

〔二〕此件爲高宗宸翰四十九。

〔三〕二三子　「子」，據《金佗稡編》卷二〇《御書屯田三事跋》補。

〔四〕摭遺之末　「末」，原作「未」，嘉靖本同，據傅本改。

御賜舞劍賦

將軍以幽燕勁卒，耀武窮髮，俘海夷，虜山羯，左執律，右秉鉞，振旅闐闐，獻功于魏闕。上享之，則鐘以捍虡，鼓以靈鼉，千妓度舞，萬人高歌，秦雲動色，渭水躍波，有肉如山，有酒如河。〔一〕君臣樂飲而一醉，夷夏薰薰而載和。帝謂將軍，拔劍起舞，以張皇師旅，以烜赫戎虜，節八音而行八風，奮兩階之干羽。公於是貝冑朱緌而正色，虎裘錦裼而攘臂，抗稜威，飄鋭氣，陸離于武備，婆娑乎文事。合桑林之容，以盡其意；照蓮花之彩，以宣其利。翕然鷹揚，翼爾龍驤，鋒隨指顧，鍔應徊翔，取諸身而聳躍，上其手而激昂。縱横耀穎，左右交相。觀乎此劍之躍也，乍雄飛，俄虎吼，摇轆轤，射牛斗，空中悍慄，不下將久，欻風落而雨來，果愜心而應手。爾其凌厲清淳，絢練夐絶，青天兮可倚，白雲兮可決。覩二龍之追飛，見七星之明滅，雜羽干之逸勢，應金奏之繁節。至乃天輪宛轉，貫索迴環，光冲融乎其外，氣混合乎其間。若湧雲濤，如飛雪山。萬夫爲之雨汗，八佾爲之慙顏。及乎度曲將終，發機左捷，或連翩而七縱，或瞬目而三接，風生兮蒨旆襜襜，〔二〕電走兮彤庭曄曄。陰冥變見，靈怪離獵，將鬼神之無所遁逃，豈蠻夷之不足震慴。嗟夫！藺子之迭躍，其人未雄；仲由之自衛，其武未功。曷若將軍爲百夫之特，寶劍有千金之飾，奮紫髯之游刃，發帝庭之光色，所以象大君之功，亦以宣忠臣之力。或歌曰：洸洸武臣，耀雄劍兮清邊塵，威遠夷兮率來賓，焉用輕裾之妓女，長袖之才人。天子穆然，詔伶官，斥鄭衛，選色者使覘乎軍容，教舞者使覘乎兵勢，變激楚之結風，爲發揚之蹈厲。僉謂將軍之劍舞，古未之至。

右高宗武文皇帝御書賜先臣飛唐喬潭《裴將軍舞劍賦》，按《文粹》，賦在第四卷中。臣珂家藏天筆盈笈，大概皆兵事節度，臣固嘗具之甲子奏篇。惟是書以游戲翰墨，渙錫光寵，故弗及載，有御書璽及己未小璽，以殿于篇。臣既系寶章，復伸蠡測，輒陳蕪贊，式著宸心，贊曰：「維中興，焯人文，燀皇靈。即清燕，垂翰墨，光日星。揖蛙怒，市駿骨，期混并。寫古作，示休寵，作豪英。臣有劍，淬三河，苞兩京。舞絶世，決浮雲，開太清。帝有訓，誓臣節，式欽承。誰掣肘，起奮哀，〔三〕憤裂纓。鬱干將，在寶匣，長悲鳴。後百年，血郅支，鍔尚腥。刻斯石，表帝心，傳龍庭。」

〔一〕有酒如河　「河」，原作「何」，據嘉靖本改。

〔二〕風生兮蒨旆襜襜　「蒨」，嘉靖本作「旌」。

〔三〕起奮哀　「哀」，原作「裒」，嘉靖本和傅本同，據浙本改。

鄂國金佗續編卷第二

絲綸傳信録序

記功莫大乎紀實，垂世莫難乎傳信。實不徒紀也，必有所託，而後信足以傳乎久；信不苟傳也，必有以驗其所託，而後信其實之爲不誣。此二者迭相爲用，而不可以偏廢也。

且世之立勳能，著名謚，寓諸史諜，繇古而今，凡幾何人。隱賾奥行述於狀，嘉謨顯德表於碑，逸事放聞，誄贊敍紀雜出於志士文人之手，是皆足以爲實也。然而家庭之所上，則或疑於夸；託名於人，則或疑其諛墓。至於後世追述倣象，激揚褒揄，上史官而詒輯録，又或以其耳目不接，誤於剽聞者而疑之。然則實烏乎託，而信亦豈易傳哉。嗚呼！是固可疑也。生乎斯時，同乎斯時，目擊而傳之，斯足以爲信矣，曰：「存乎其人，未可以輕信。」立言之大儒，篤信之君子，許可之不苟，而又出乎同時，蓋確乎其可信也，曰：「是惡所據依而言之。」如是則終無可託者耶？曰：「事同時，功同志，其矢言之實者，莫切乎君臣之間。」制詔之出於其時者，非一人之爲也。鑾坡鳳池，公論所正。上焉而視草進孰，必有以當乎上心；下焉而廷揚驛布，必有以合乎人心。如曰眡功進律，則一時之功狀，必嘗覆于有司；奬諭批答，則一時之指意，必嘗禀于睿斷。其它行諸堂帖，下之故府，又俱有宣底之存、被旨之日，此而不傳，則是信也，無復可託者矣。此子孫之責，而是録之所繇作也。

始魏國韓忠獻公作家傳，凡制詔皆散于編年之中。珂弱冠彙奏篇，蓋嘗竊以爲不然，謂事跡間斷，則不便於覽讀，紀載雜揉，則有乖於聯合，因删其文，而摭其意，以爲如是亦足以傳。既上之蘭臺矣，已而繙故書刻本，時見事蹟與當時王言相表裏者，率不一二見，予心雖瞭然，而或者持叩顛末，則弗能以枚告，輒慨然曰：「此珂之罪也！事增於前，文損於舊，昔之作史者已難之矣，而予獨可以輕變哉！」《編年》既不可續入，則別彙爲録，名之曰「絲綸傳信」，抑使後之觀者，知予之於所傳，於所託，可信蓋如此。堯言布天下，其在萬世，尚庶幾於如見云。紹定改元端午，孫朝請大夫、權尚書户部侍郎、總領浙西、江東財賦、淮東軍馬錢糧、專一報發御前軍馬文字、兼提領措置屯田、通城縣開國男、食邑三百户、賜紫金魚袋岳珂謹序。

絲綸傳信録卷之一

紹興二年

中衛大夫武安軍承宣使告（六月十一日）

敕：「朕思將帥之臣，爲社稷之衛，克戡多難，以靖四方。厥有茂功，宜膺優渥。親衛大夫、建州觀察使、神武副軍都統制岳飛爲時良將，統我鋭師，許國惟以忠誠，馭衆亦能訓整，同士卒之甘苦，致紀律以嚴明。宣力久勞，戰多實著，功加數路，跡掃羣兇，遂行横列之遷，兼付承流之寄。悉平嶺嶠，既成破賊之功；威著江淮，益竚禦戎之略。其承異寵，克勵壯猷。可特授中衛大夫、武安軍承宣使，依前神武副軍都統制。」

紹興三年

鎮南軍承宣使充江南西路沿江制置使告（九月）

敕：「全師楙賞，必首正中權之功；謀帥授方，爰控制上流之重。若時名將，爲國虎臣，屢列上於戰多，式載圖於臨遣，併頒命渥，增重戎昭。中衛大夫、武安軍承宣使、神武副軍都統制岳飛秉誼忠純，賦資沈毅，自奮庸於行陣，久宣力於方維。料敵出奇，洞識韜鈐之奧；摧鋒決勝，身先矢石之危。薦率偏師，往平巨孽，屬江西之竊發，連嶺表之繹騷。命以專征，迄茲底定，殲滅兇渠之惡，蕩平狡窟之姦。千里行師，〔一〕見秋毫之無犯；百城按堵，聞犬吠之不驚。嘉爾凱還，趣其入覲。念夙殫於忠節，尚辰告於壯猷，宜疏進律之恩，俾正承流之任。天設之險，擇形勢於九江；師克在和，隱兵威於萬旅。以作藩於屏輔，以式遏於寇攘，益申紀律之嚴，用謹守攻之備，往服朕命，無怠爾成。可特授鎮南軍承宣使，依前神武副軍都統制，充江南西路沿江制置使。

〔一〕千里行師　「行師」，原作「師行」，據《金佗稡編》卷五改。

紹興四年

清遠軍節度使湖北路荆襄潭州制置使特封武昌縣開國子食邑五百户食實封貳伯户制（八月二十五日）

門下：師直爲壯，正天討有罪之刑；戰功曰多，得仁人無敵之勇。羽奏屢騰於戎捷，興圖恢復於圻封，肆疇進律之庸，宣告治朝之聽。鎮南軍承宣使、神武後軍統制、充江南西路、舒、蘄州、兼荆南、鄂、岳、黄、復州、漢陽軍、德安府制置使岳飛精忠許國，沈毅冠軍，身先百戰之鋒，氣蓋萬夫之敵。機權果達，謀成而動則有功；威信著明，師行而耕者不變。久宣勞於邊圉，實捍難於邦家。有公孫謙退不伐之風，有叔子懷柔初附之略。屬兇渠之嘯亂，乘襄漢之弛兵，竊據一隅，萃厥逋逃之藪，旁連六郡，鞠爲盜賊之區。命以徂征，迄兹戡定。振王旅如飛之怒，月三捷以奏功；率寧人有指之疆，日百里而闢土。慰我后雲霓之望，拯斯民塗炭之中。嘉乃成功，楙兹信賞。建旄融水，以彰分閫之專；授鉞齋壇，以示元戎之重。全付西南之寄，外當屏翰之雄。開茅社於新封，錫圭腴於真食，併加徽數，式對異恩。於戲！我伐用張，既收無競，維人之烈，惟辟作福。敢後有功，見知之圖。尚肩衛社之忠，益勵幹方之績，欽予時訓，其永有辭。可特授清遠軍節度使、湖北路、荆、襄、潭州制置使，依前神武後軍統制，特封武昌縣開國子、食邑五百户、食實封貳伯户。主者施行。

紹興五年

兩鎮節度使加食邑制（二月一日）

門下：聖人順天地之動，師必有名；王者治夷狄之權，兵應者勝。迺睠中堅之略，協平外侮之虞，肆圖厥功，誕告爾衆。清遠軍節度使、湖北路、荆、襄、潭州制置使、神武後軍統制、武昌縣開國子、食邑五百户、食實封貳伯户岳飛才全果毅，資稟沉雄。閱禮樂而厲廉隅，德遜有君子之操；援桴鼓而先士卒，忠蹇匪王臣之躬。自奮武以專征，屢摧堅而深入。于疆于理，威行襄漢〔一〕之山川；如飛如翰，名動江淮之草木。屬逆鶵之挻亂，導戎羯以窺邊。萬騎鼓行，震天聲於不測；千里轉戰，奪勇氣於方張。〔二〕力捍孤城，系俘羣醜，逮潛師而犇潰，兹振旅以遄歸。載疇卻敵之庸，用錫相攸之祉。齋壇授鉞，節兼兩鎮之雄；太社分茅，爵列元侯之貴。倍敦井賦，衍食畬租，爰示寵光，併昭物采。於戲！觀萬夫之政，爾惟肇敏於戎公；宅九有之師，我其克艱於王業。祗若予訓，永肩乃心，往恢式辟之方，勿替對揚之命。可特授鎮寧、崇信軍節度使，依前神武後軍統制，充荆湖南、北、襄陽府路制置使，進封武昌郡開國侯，加食邑五百户、食實封貳伯户。主者施行。

〔一〕襄漢　「襄」，原作「江」，據《金佗稡編》卷六改。

〔二〕奪勇氣於方張　「奪」，原作「奮」，據《金佗稡編》卷六改。

四年明堂加食邑五百户食實封貳伯户封如故〔一〕制（二月二十三日）

門下：朕躬履艱虞，祗膺眷祐。淵冰厲志，靡忘顧諟之誠；珪幣薦衷，用格況臨之祉。爰推惠衍，式獎忠勞。鎮寧、崇信軍節度使、神武後軍都統制、充荆湖南、北、襄陽府路制置使、武昌郡開國侯、食邑一千户、食實封肆伯户岳飛策慮靖深，器資沉毅。有冠三軍之勇，而計然後戰；有長萬夫之才，而謙以自持。鏖兵無前，邁票姚之方略；襲敵知避，竦飛將之威名。治紀律以甚嚴，嘉師徒之逾整。既宣威於南紀，亟奏凱於淝川。載加齋鉞之崇，增重元戎之寄。方合宫之竣事，乃大賚以疏封。增衍爰田，益陪真食，用作爾祉，庸示眷懷。於戲！良將以功名爲先，期輔成於丕烈；忠臣乃社稷之衛，宜勉卒於令圖。朕方謹邊場之虞，卿宜厲爪牙之用。體兹訓告，務克欽承。可特授依前鎮寧、崇信軍節度使，神武後軍都統制，充荆湖南、北、襄陽府路制置使，加食邑五百户、食實封貳伯户，封如故。主者施行。

〔一〕封如故　據本卷目録補。

檢校少保加食邑制（九月十一日）

門下：若昔帝王之經武，本七德以和衆安民；惟我祖宗之有邦，逮百年而勝殘去殺。眷彼南服，遠於朝廷，赤子弄兵，始由失職，一方受病，迄至用師。迺嘉將帥之良，能盡威懷之義，肆颺孚號，庸報楙功。鎮寧、崇信軍節度使、神武後軍都統制、充荆湖南、北、襄陽府路、蘄、黄州制置使、武昌郡開國侯、食邑一千五百户、食實封陸伯户岳飛忠力濟時，忱誠徇國。沉勇多算，有馬燧制敵之機；廉約小心，得祭遵好禮之實。自出陪於艱運，久專總於戎昭。鋒對無前，以征必克，師行有紀，所至孔安，成績著於邦家，威名震於夷貉。比飭鷹揚之旅，往臨鼠盜之區，孚以惠心，開其善意，得好生於朕志，新舊染於吾民。支黨内攜，争掀狡窟；渠魁面縛，自至和門。服矢弢弓，盡散潢池之嘯聚；帶牛佩犢，悉歸田里之流逋。清湖湘累歲蕩汩之菑，增秦蜀千里貫通之勢。惟時底績，可後疇庸。孤棘位朝，其視儀於亞保；戎騂導節，仍疊組於中權。肇開公社之封，益衍韭腴之賦。於戲！出車之勞還率，所以知臣下之勤；彤弓之錫有功，所以慶人君之賞。往對揚於休命，終克勵於壯猷。尚弼一人，永清四海。可特授檢校少保，依前鎮寧、崇信軍節度使、神武後軍都統制、充荆湖南、北、襄陽府路、蘄、黄州制置使，加食邑五百户、食實封貳伯户，進封開國公，封如故。主者施行。

紹興六年

武勝定國軍節度使充湖北京西路宣撫副使置司襄陽加食邑制（三月二日）

門下：朕還顧宛、洛之郊，旁連江、漢之紀，人謀誤國，致赤子之淪胥，祖武造邦，本皇天之全付。思拯民於水火，用申畫於山川，即命元戎，往分憂寄，亶兹有衆，咸聽朕言。檢校少保、鎮寧、崇信軍節度使、神武後軍都統制、充荆湖南、北、襄陽府路、蘄、黄州制置使、（一）武昌郡開國公、食邑二千户、食實封捌伯户岳飛沉毅而閎中，誠純而特立。縱横奇正，謀足以應料敵之幾；險阻艱難，器足以任扶危之重。志徇國家之急，身居矢石之先。翦亂夷凶，所當者破；陳師鞠旅，其衆無譁。乃眷西南，久勤經略，將規恢於遠馭，宜增重於使權。草木知名，諒威聲之震讋；旌旗改色，亦士勇之賈前。矧兹塗炭之餘，積有雲霓之望。洛都甫邇，王氣猶在於伊瀍；陵寢具存，廟貌未移於鐘簴。其共乃服，以究爾庸。易兩鎮之戎旃，就顓節制；衍多田之斡食，益侈輿封。斷自予衷，疊兹異數，蓋示龍光之渥，式昭閫寄之隆。於戲！整六師以修戎，朕既得惟人之競；辟四方而徹土，爾其恢綏遠之猷。惟一德以定功，兹萬邦而爲憲，往欽無斁，其永有辭。可特授武勝、定國軍節度使，依前檢校少保，充湖北、京西路宣撫副使，兼營田使，襄陽府置司，加食邑五百户、食實封貳伯户，封如故。主者施行。

〔一〕按時岳飛任湖北、京西南路招討使，神武後軍已改名行營後護軍，此處官銜有誤。

内艱起復制（九月）〔一〕

門下：考禮則喪無二事，心獨致杯圈之思；命將而任重三軍，義在先國家之急。眷時閫制，屬我傑才，方膺易鎮之榮，奄及終堂之恤。肆揚出綍，敷告在廷。持服前檢校少保、武勝、定國軍節度使、充湖北、京西路宣撫副使、兼營田使、襄陽府置司、武昌郡開國公、食邑二千五百户、食實封壹阡户岳飛精深而善謀，沉鷙而孔武。被威名於草木，昭勳績於旂常。國爾忘家，厲票姚辭第之志；卑以自牧，履馮異不伐之謙。本忱恂之確誠，形純篤之內行。出從王事，每切望雲之情；入慰母心，初無齧臂之誓。期永就養，遽遭閔艱，念乃情重罹於至憂，軫予心良增於深惻。屬此幹方之日，豈曰居廬之時，雖難忘顧復之厚恩，可少怠憑陵之宿憤。朕當饋而歎，中夜以興，思有指之土疆，倚圖上之方略。斯拱而俟，趣起勿遲。仍視亞保之威儀，載畀兩藩之旄鉞，用昭隆眷，佇奏膚公。於戲！魯侯即喪而誓師，平徐夷之作難；晉人始墨而變禮，由殽嶺以從戎。若功名克顯於君親，則忠孝兼全於家國，勉服成命，益勵壯猷。可特起復檢校少保、武勝、定國軍節度使、充湖北、京西路宣撫副使、〔二〕兼營田使、武昌郡開國公、食邑二千五百户、食實封壹阡户，依舊襄陽府置司。主者施行。

〔一〕據《金佗續編》卷二九趙鼎《乞起復》，「岳飛於三月二十六日丁母憂」，宋廷於四月「初九日降制」，可知「九月」爲「四月九日」之誤。

〔二〕湖北京西路宣撫副使　「湖北」，原作「湖南」，據本篇改正。

紹興七年

起復太尉加食邑制(二月二十五日)

門下：天生五材，莫大乎用兵之利；戰有百勝，孰踰於得算之多。粤若信臣，妙持軍律。援桴擐甲，屢收既克之功；飲至策勳，更勵方來之效。咨爾在位，明聽朕言。起復檢校少保、武勝、定國軍節度使、充湖北、京西路宣撫副使、〔一〕兼營田使、武昌郡開國公、食邑二千五百户、食實封壹阡户岳飛沉毅而有謀，疏通而善斷。威加敵人，而其志方厲；名著甲令，而其心愈剛。有慮而後會之機，有誓不俱生之勇。曩者分遣將士，深入賊巢，薦聞斬馘之奇，盡據山川之險。至於牛蹄之役，尤嘉虎鬬之强，積獲齊山，俘纍載道。令行塞外，已觀奮擊之無前；響震關中，將使覆亡之不暇。是用躋榮掌武，加重元戎。玉佩綷縩，備殊勳之典禮；雕戈金節，增上將之威稜。仍衍爰田，倍敦真食，以厚褒揚之寵，以明待遇之降。於戲！朕不愛爵禄而用才，庶幾無負；汝宜竭股肱而報上，思稱所蒙。往圖竹帛之光，勉徇國家之急，則朕克濟垂成之業，而汝亦有無窮之聞。可特起復太尉，依前武勝、定國軍節度使、湖北、京西路宣撫副使、兼營田使，〔二〕加食邑五百户、食實封貳伯户。主者施行。

〔一〕湖北京西路宣撫副使　「湖北」，原作「湖南」，據本篇改正。

〔二〕依前武勝定國軍節度使湖北京西路宣撫副使兼營田使　「宣撫」之下，原脱「副」字。據《建炎以來繫年要録》卷一〇九和《宋會要輯稿》職官四一之三三，岳飛於陞太尉之翌日，即二月二十六日，方「增重使名」，陞宣撫使。制詞既稱「依前」，今據前文補。「營田使」，原作「營田大使」，亦據前文删「大」字。

明堂加食邑五百户食實封貳伯户制（詞闕）

紹興九年

開府儀同三司加食邑制（正月十一日）

門下：蒐卒乘而繕甲兵，尤謹艱難之日；聽鼓鼙而思將帥，不忘閑暇之時。迺眷爪牙之臣，夙勤疆埸之衛，爰加褒律，丕告治廷。太尉、武勝、定國軍節度使、充湖北、京西路宣撫使、兼營田大使、武昌郡開國公、食邑三千五百户、食實封壹阡肆伯户岳飛票衛有聞，沉勇多算。有岑公之信義，足以威三軍；有賈復之威名，足以折千里。臨敵而意氣自若，決策則機智若神。陷陣摧堅，屢致濯征之利；撫劍抵掌，每陳深入之謀。眷彼荆襄，實勤經略，邊鄙不聳，幾臥鼓而滅烽，流亡還歸，皆授田而占籍。奠兹南紀，隱若長城。屬鄰邦講好之初，念將閫宣勞之久，肆因慶澤，式表高勳。是用進同三事之儀，仍總兩藩之節，衍封多井，增實腴租，以昭名器之崇，以就龍光之渥。於戲！豐報顯賞，蓋以褒善而勸功；遠慮深謀，尚思有備而無患。祗若予訓，益壯爾猷。可特授開府儀同三司，依前武勝、定國軍節度使、湖北、京西路宣撫使、兼營田大使，加食邑五百户、食實封叁伯户，封如故。主者施行。

紹興十年

少保兼河南府路陝西河東河北路招討使加食邑制（六月一日）〔一〕

門下：艾凶翦亂，〔二〕救民本仁義之兵；料敵出奇，命克必神明之將。眷予閫帥，久撫戎昭，俾宣布於皇靈，用外攘於寇侮，惟日之吉，敷告于廷。武勝、定國軍節度使、開府儀同三司、充湖北、京西路宣撫使、兼營田大使、武昌郡開國公、食邑四千户、食實封壹阡柒伯户岳飛智合韜鈐，靈鍾河岳。氣吞彊虜，壯哉漢將之威稜；志清中原，奮若晉臣之忠概。師屢臨於京洛，名遠震於荒夷。念國步之方艱，顧戎心之未革。詭謀行詐，以爲盜賊之計；阻兵怙亂，以重塗炭之災。信義俱忘，羣情共惡；殘虐不道，神理靡容。其遂整於我師，用奉行於天討，默用萬全之計，亟收九伐之功。乃寵畀以使名，斯示濯征之義；仍進躋於孤棘，特隆委寄之權。於戲！一弛一張，文武乘時而致用；百戰百勝，方略因敵以爲師。舉素定之成謀，攄久懷之宿憤，往底必禽之利，丕昭不世之勳。勉爾壯猷，欽予時命。可特授少保，依前武勝、定國軍節度使、充湖北、京西路宣撫使、兼河南、北諸路招討使、兼營田大使，加食邑七百户、食實封叁伯户，封如故。

〔一〕此制行文與標題不符，據制詞末之岳飛授官，標題應爲「少保兼河南北諸路招討使加食邑制」。

〔二〕艾凶翦亂　「艾」，底本字跡模糊，嘉靖本作「人」，浙本作「除」，今據傳本。

明堂加食邑七百户食實封叁伯户制（詞闕）

紹興十一年

樞密副使加食邑制（四月二十四日）

門下：朕躬履多虞，規恢大業。惟文武並用，式嚴宥密之司；必智勇兼全，〔一〕克任本兵之寄。睠時人傑，久總戎昭，肆疇勳望之隆，俾贊樞機之要，誕敭涣號，敷告明朝。少保、武勝、定國軍節度使、充湖北、京西路宣撫使、兼河南、北諸路招討使、兼營田大使、武昌郡開國公、食邑五千四百户、食實封貳阡叁伯户岳飛果毅而明，深沉以武。奇謀秘計，蚤推韜略之高；英概雄姿，凛有威名之盛。自服勤於邊圉，實修捍于邦家。作鎮上流，屹若金湯之勢；宣威遐俗，震於羊犬之羣。功屢紀於旂常，任實同於柱石。念提兵百戰，已深料敵制勝之方；而授任一隅，未究折衝消難之略。鬱雄圖而弗展，慨平世之何時。是用蔽自朕心，付以國柄，參畀事樞之重，仍班孤棘之榮。近資發縱指示之奇，遠輯摧陷廓清之績，庶極用人之効，亟成戡亂之圖。於戲！上下交而志同，朕方深於注意；將相和則士附，爾益務於協心。其懋壯猷，用服明訓。可特授樞密副使，依前少保，加食邑七百户、食實封叁伯户，封如故。主者施行。〔二〕

〔一〕智勇兼全　「智」，原作「知」，據《宋宰輔編年録校補》卷一六改。

〔二〕此制又見《宋宰輔編年録校補》卷一六，文字稍異，乃「林待聘詞」。

武勝定國軍節度使萬壽觀使奉朝請制（八月）

門下：聯樞筦而贊廟謨，式重股肱之寄；擁節旄而奉朝請，益隆體貌之恩。乃睠勳臣，方居密席，遽瀝退身之懇，盍推從欲之仁。爰告大廷，用孚爾衆。少保、樞密副使、武昌郡開國公、食邑六千一百户、食實封貳阡陸伯户岳飛稟資肅毅，挺質沉雄，方略得古良將之風，忠勇有烈丈夫之操。奮身許國，彯趙士之曼纓；〔一〕勵志圖功，撫臧宫之鳴劍。自總斡方之任，久專制閫之權，惟績用之殊尤，亦恩褒之備至。戎騂導節，既疊組於大邦；孤棘位朝，遂進班於亞保。兹圖茂閥，俾翊洪樞，庶資籌幄之奇，以輯平戎之略。欻煩言之薦至，摘深釁以交攻，有駭予聞，良乖衆望。朕方記功掩過，事將抑而不揚；爾乃引咎自言，章既卻而復上。諒忱誠之已確，雖敦諭而莫回，是用崇使範於殊庭，畀齋壇於舊服。留以自近，示不遐遺，以全終始之宜，以盡君臣之契。於戲！寵以寬科全禄，光武所以保功臣之終；曾無貳色猜情，鄧公所以得君子之致。朕方監此以御下，〔二〕爾尚念兹而事君。往哉惟欽，服我明訓。可特授武勝、定國軍節度使，依前少保，充萬壽觀使，仍奉朝請。主者施行。〔三〕

〔一〕彰趙士之曼纓　「士」，原作「王」，據《金佗稡編》卷八與《宋宰輔編年録校補》卷一六改。

〔二〕監此以御下　「以」，原作「而」，據《宋宰輔編年録校補》卷一六改。

〔三〕此制又見《宋宰輔編年録校補》卷一六，文字稍異，乃「林待聘詞」。

鄂國金佗續編卷第三

絲綸傳信録卷之二

紹興二年

蓬嶺敗曹成獲捷撫諭將士詔

敕：「岳飛下一行將士等，比緣逋寇未即天誅，既蹂躪於湘南，又窺覘於嶺表。顧作民父母，豈朕志之敢寧；而爲國爪牙，繄汝曹之可仗。爰整貔貅之旅，往夷蜂蠆之羣，一心争先，再戰皆克，緬維忠力，深用歎咨。屬此暑時，方當窮討，重念征行之遠，能無暴露之勤。勉服顔行，亟平氛祲，更趨後效，毋替前功。併需飲至之期，優議策勳之典。宜令岳飛一一記録將士勞績，候賊平日，參酌功效高下，開具聞奏，當議優與推恩。故兹詔示，想宜知悉。」

紹興三年

辭免鎮南軍承宣使不允詔

敕：「具悉。〔一〕朕以九江之會，衿帶武昌，控引秋浦，上下千里，占江表形勢勝地。宿師遣戍，而以屬卿，增壯軍容，併加使號，蓋圖乃績，顧匪朕私。維卿殄寇之功，馭軍之略，表見於時，爲後來名將。江、湖之間，尤所欣賴，兒童識其姓字，草木聞其威聲。則夫進秩授任，就臨一道，豈特爲卿褒寵，亦以慰彼民之望，其尚何辭。所辭宜不允」〔二〕

〔一〕具悉　「具悉」之上，《北海集》卷一三《賜神武副軍都統制岳飛辭免恩命不允詔》有「岳飛，省所奏辭免恩命事」十字。

〔二〕所辭宜不允　「允」之下，《北海集》卷一三《賜神武副軍都統制岳飛辭免恩命不允詔》有「故兹詔示，想宜知悉」八字。此詔與《北海集》卷一三文字稍異，可知乃綦崇禮所作。

紹興四年

辭免神武後軍統制不允詔〔一〕

敕：「具悉。朕惟荆楚之郊，自昔用武之地，以卿有憂國濟時之志，有馭衆卻敵之威，故命以專制西南一面之重。比提王旅，深入盜區，折馘執俘，所向必克，輿圖所復，幅員千里。朕方圖爾之功，以觀厥成，遽覽需章，亟辭舊職，殆非朕之所期於卿者也。勉服至意，毋復有陳。所辭宜不允。」

〔一〕據《金佗續編》卷五《改差充神武後軍統制省劄》，岳飛由神武副軍都統制改任神武後軍統制，乃紹興三年九月事。此詔載「輿圖所復，幅員千里」，而岳飛「亟辭舊職」，可見應爲紹興四年秋克復襄漢六郡後，對《乞罷制置職事奏》（見《金佗稡編》卷一三第九六九頁）之回詔。以《辭免神武後軍統制不允詔》作標題，係誤。

辭免清遠軍節度使湖北路荆襄潭州制置使特封武昌〔一〕縣開國子食邑五百户食實封貳伯户不允詔

敕：「具悉。朕惟明主不吝賞，所以求社稷之臣；良將不言功，所以恤國家之難。上下相與，古今一途。卿禀雄勁之姿，藴深湛之慮，識通機變，忠貫神明。鼓勇無前，服勞先於士卒；執謙不伐，行事合於《詩》《書》。比總偏師，克平叛寇，坐復六州之故地，用蘇千里之疲氓。嘉爾設施，出於談笑，既策勳之甚茂，宜班爵之特優。建大將之鼓旗，往臨三路；授元戎之鈇鉞，增重六師。奚爲遜牘之陳，猶避寵章之渥。亟膺明命，益勵遠圖，庶見方隅綏靖之期，乃稱朝廷崇奬之意。所請宜不允。」

〔一〕武昌　原作「武邑」，據《金佗續編》卷二《清遠軍節度使湖北路荆襄潭州制置使特封武昌縣開國子食邑五百户食實封貳伯户制》改。

再辭免同前不允詔

敕：「具悉。卿忠義出於天資，忱恂著於臣節，志徇國家之急，身先行陣之勞，蓋嘗推功名而不居，豈復私富貴以爲意。然賞國之典，輕重眎功，師不淹時，役不再籍，連克六城之聚，復還千里之疆，振凱遄歸，策勳可後。謙以自牧，卿雖必欲執三命之恭；賞或失勞，朕將何以爲萬夫之勸。勉服成命，毋復費辭。所辭宜不允。」

紹興五年

辭免鎮寧崇信軍節度使進封武昌郡開國侯加食邑五百户食實封貳伯户不允詔（二月）〔一〕

敕：「具悉。屬者襄漢之舉，旌擅所指，勢若破竹，盪平六郡，役不再籍。是用建爾節旄，授之斧鉞，以臨融水之師，而秉義抗辭，至於再三。今寇戎内侮，蹂踐兩淮，獨提虓旅，徑絶大江，鼓行西向，以挫其鋒，折馘執俘，厥功茂焉。朕載披輿圖，惟鎮寧、崇信爲時重鎮，併是兩節，肆以命卿。迺復逡巡懇避，形於奏牘，德遜之美，功成弗居，雍容可觀，士論稱歎。雖謙終可以保吉，然信賞所以示公。朕命不移，往其祗服。所請宜不允。」

〔一〕二月　原爲本卷目録附注，今依《金佗續編》卷二體例，移於本詔標題之下作附注。往後卷首目録附注時間，亦一律依此體例處理，不另作説明。

再辭免同前不允詔

敕：「具悉。朕不愛爵賞，以勸有功，授受之間，期於無愧。出節少府，疊組巨藩，匪時雋功，夫豈輕畀。卿當堅忠義之素節，念恢復之遠圖，迄觀厥成，以稱朕命。思其大者，毋事小廉。所請宜不允。」

第三辭免同前不允詔

敕：「具悉。卿愷旋振旅，入覲于廷，舍爵策勳，賞不淹晷。朕非以是寵卿也，謂名器天下之至公，〔一〕而爵禄人主之利勢。有功不賞，朕將何以使能；無言不酬，卿亦思所以報上。苟曰無愧，豈必固辭。所請宜不允，仍不許再有陳請。」

〔一〕謂名器天下之至公　「至」，原作「王」，嘉靖本同，據傳本改。

自池州移軍潭州奬諭詔（三月）

敕：「卿遠提貔虎，往戍潭、湘。連萬騎之衆，而桴鼓不驚；涉千里之塗，而樵蘇無犯。至發行賞之泉貨，用酬迎道之壺漿。所至得其歡心，斯以寬予憂顧。嘉治軍之有法，雖觀古以無慚。乃眷忠忱，益加咨歎。故兹奬諭，想宜知悉。」

招捕湖湘寇戒諭將士詔（三月）

敕岳飛：「眷彼南服，遠於朝廷，吏情勿虔，民貧爲盜，〔一〕稍乘虛而肆暴，因恃險以逋誅。爰命烝徒，往平狡窟。言念驅率良善，多出於脅從，誘致流亡，或成於詿誤，按罪止誅其首惡，招來餘許其自新。而主將非人，師行失律。帥守無一方之任，罔思協力以濟功；漕臣分兩路之權，乃欲便文而專制。争快一時之忿，陰懷首鼠之端，原其本心，實阻軍事。坐縻歲月，未撤師屯；環視湖湘，久纏兵革。焚剽之禍，既延及于平民；饋餉之煩，復重勞於編户。旰宵在念，塗炭興嗟。

比者易將授方，濟師底伐，必期平蕩，以靖方隅。凡兹牧守郡縣之官，爰暨金殁轉輸之任，〔二〕並修厥職，惟乃一心。如敢玩寇妨功，徇私懷貳，或應援之有愆幾會，或饋運之有乏軍興，大則誅殛，以正典刑，小則竄流，以禦魑魅，法兹無赦，朕不敢私。載念遺黎，屢經調度，財力爲之凋瘵，耕織至於失時，祗俟賊平，優加恩恤。如有出奇畫計，奮戰摧鋒，共懷敵愾之心，助成破賊之勢，高爵重禄，當報爾功。朕言不渝，衆聽毋忽。故兹戒諭，想宜知悉。」

〔一〕民貧爲盜　「貧」，原作「貪」，嘉靖本同，據傳本改。

〔二〕金殁轉輸之任　「殁」，疑作「帛」。

殺楊么賜詔奬諭（六月）

敕岳飛：「湖湘阻深，姦宄嘯聚，曩命往伐，用非其人，輕敵寡謀，傷威損重，遂令孽寇，久稽靈誅。卿勇略冠軍，忠義絶俗，肅將王命，隃集長沙。威稜所加，已聞聲而震疊；

恩信既著，宜傳檄而屈降。消時内侮之虞，宣予不殺之武。盜區肅静，南服妥安，載念殊勳，不忘嘉歎。故玆奬諭，想宜知悉。」

乞罷制置使畀以祠禄不允詔（七月十一日）

敕：「具悉。任才者常患不能盡其用，建功者常患不克圖厥終，儻匪上下之相符，是爲古今之深戒。卿肅持將鉞，勤宣王靈，北定荆、襄，南清湖、嶺，恩信甚洽，威名益彰。欲資帥閫之雄，增重上游之勢，忽覽奏牘，祈解使權。屬玆艱虞，方深注倚，遽求閒逸，殊駭聽聞。俾朕貽用才不盡之譏，在卿乖圖功攸終之義，揆之於理，夫豈宜爲。卿當厲忠憤之素心，雪國家之積耻，勉副朕志，助成大勳，往體眷懷，勿復有請。所請宜不允。」

辭免檢校少保進封開國公加食邑五百户食實封貳伯户不允詔（九月）

敕：「具悉。湖湘之役，凱寇老師，累年于兹，一方受弊。卿往攄遠略，迄定内虞，擣其巢窟，離其支黨，係致元惡，綏靖良臣，厥功楙矣。賞國之典，豈朕敢私，成命既孚，師言維允。毋庸謙執，其亟欽承。所辭宜不允。」

辭免湖北襄陽府路招討使不允詔（十二月）

敕：「具悉。卿紀績旂常，視儀孤棘，式嚴閫制，增重使權。名非苟以假人，位必期於稱德，尚兹謙執，殆咈眷懷。難得者時，當畢力功名之會；有勞於國，亦何嫌爵禄之加。亟服棘恩，益思來效。所辭宜不允。」

紹興六年

辭免易武勝定國軍節度使宣撫副使加食邑五百户食實封貳伯户不允詔

敕：「具悉。漢高帝一日得韓信，齋戒築壇，拜爲大將，授數萬之衆。雖舉軍盡驚，而高帝不以爲過，與待絳、灌、樊、酈輩計級受賞者，蓋有間矣。豈非用人傑之才，固自有體邪？卿智勇兼資，忠義尤篤，計無遺策，動必有成，勳伐之盛，焜耀一時，豈止與淮陰侯初遇高祖爲比哉！〔一〕朕之報功者，褒顯已厚，爵位已崇，今復侈大使名，用增重於閫寄，所以示優異之，寵不爲越，而卿辭之，何也？往祇茂恩，毋復有請。所辭宜不允。」

〔一〕豈止與淮陰侯初遇高祖爲比哉「止」，據《金佗稡編》卷七補。

辭免起復不允詔

敕：「具悉。委質爲臣，義無有己，要絰服事，禮有從權。雖陟屺之思，恩莫隆於母子；而枹鼓之急，身必先於國家。矧三軍之耳目，待其指縱；一時之利害，間不容髮。豈可忽安危之大計，謹苫塊之私哀。爾其擇忠孝之宜，審重輕之勢，亟視軍政，往赴事機。所請宜不允，仍不許再有陳請。依已降指揮，日下主管軍馬，措置調發，不管少失機會。」

復商虢二州及僞鎮汝軍撫問詔

敕：「叛臣逆命，屢寇邊垂，長策待時，始行天討。卿義不避敵，智能察微，密布鋭兵，指縱裨將。陳師鞠旅，進貔虎以憑陵；斬馘執俘，戮鯨鯢於頃刻。遂復商於之地，盡收虢略之城。夫暇叔盈麾蝥弧以登，勇聞舊許；公子偃蒙臯比而犯，功止乘丘。猶能著在遺編，名垂後世。有如卿者，抑又過之。長驅將入於三川，震響傍驚於五路。〔一〕握兵之要，坐圖累捷之功；奪人之心，已懾羣凶之氣。精忠若此，嘉歎不忘。故兹撫問，想宜知悉。」

〔一〕《宋史》卷八七《地理志》：「陝西路：慶曆元年，分陝西沿邊爲秦鳳、涇原、環慶、鄜延四路。熙寧五年，以熙、河、洮、岷州、通遠軍爲一路，置馬、步軍都總管、經略安撫使。又以熙、河五州軍爲一路，通舊鄜延等五路，共三十四州軍。」《浪語集》卷一六《知湖州朝辭劄子二》：「陝西分鄜延、環慶、涇原、秦鳳、熙河五路，而統於永興軍。」《三朝北盟會編》卷七七《唐重家集》：「陝西五路，控制西夏，以扞關中。」宋時稱「五路」，乃指陝西沿邊秦鳳、涇原、環慶、鄜延、熙河五路。

寇成等擅殺賊兵宣諭戒勵諸軍詔

敕：「國家以叛逆不道，狂狡亂常，遂至行師，本非得已。並用威懷之略，不專誅伐之圖。蓋念中原之民，皆吾赤子，迫於暴虐之故，來犯王師，自非交鋒，何忍輕戮。庶幾廣列聖好生之德，開皇天悔禍之衷。卿其明體朕懷，深戒將士，務恢遠馭，不必專威，凡有俘擒，悉加存撫。將使戴商之舊，益堅思漢之心，蚤致中興，是爲偉績。毋或貪殺，失朕訓言。故兹宣諭，想宜知悉。」〔一〕

〔一〕《建炎以來繫年要録》卷一〇七亦載此詔，文字稍異。

行軍襄漢正當雪寒撫諭將士詔

敕：「岳飛一行將士、軍兵等，叛臣不道，竊據中原。賴七廟之威靈，尚存遺澤；致四方之忠義，皆有奮心。惟爾一軍，備經百戰，遥聞征殺，頗犯雪寒。以予露蓋之勞，知爾執戈之苦。眷言體國，良極歎嘉；重念忘身，又興惻怛。所恨阻修之道路，不能親撫於師徒。惟深體於眷懷，務亟成於偉績。故兹撫諭，想宜知悉。」

紹興七年

辭免起復太尉仍加食邑不允詔（二月）

敕：「具悉。朕以戎狄作難，姦僞乘時，命南征北伐之師，得戰勝攻取之將，冀攘羣醜，以底不平。卿爲國爪牙，董兹貔虎，功收江、漢之表，聲震河、洛之郊。大破逆徒，進臨要地。秋毫亡害，既昭布於上恩；壺漿以迎，遂撫寧於舊俗。佇哉大憝，亟靖中原。屬兹振旅而還，式示告廷之寵。惟將軍膺制閫之命，能辟國以宣威；而太尉乃掌武之官，用策勳而懋賞。斯爲甚稱，其勿固辭。所請宜不允。」

再辭免起復太尉仍加食邑不允詔

敕：「具悉。凡賞無常，輕重眎功，周之制也。太尉古官，昔在三公之右，今同二府之列。艱難以來，尤重兹任，非有大功，不以命之。卿一時人傑，董我戎旅，百戰百勝，厥功茂焉。日者淮、蔡之戰，王命將通於洛邑；商、虢之役，威聲已振於秦川。我圖爾功，宜有重賞，是用建爾久虚之位，崇以輔臣之禮。蓋將以勸天下之有功者，而非以爲卿私也。何爲固辭，殊咈朕意，其祇成命，毋復重陳。所辭宜不允。」

辭男特轉三官授武略大夫所請宜允詔

敕：「具悉。朕以卿肅提師律，進辟土疆，功在必酬，既舉策勳之典，寵惟無斁，用昭延賞之私。卿乃力抗封章，推先將士，謂名器之虚授，將磨厲以何繇。朕思其言，所見者遠，蓋不特固執謙遜，耻同漢將之争功，而使其自立勳勞，復見西平之有子。載深嘉歎，姑務勉從。所請宜允。」

上章乞骸有旨不允繼赴行在入見待罪降詔慰諭（六月）

敕岳飛：「省劄子奏：『臣妄有奏陳乞骸之罪，明正典刑，以示天下，臣待罪。』事具悉。朕究觀自昔之將帥，罔不歸重於朝廷。蓋將既尊君，則下知從令，協致爪牙之利，用成社稷之功。此所以名書鼎彝，慶流孫子，而君臣並受其福者也。卿識洞韜鈐，天資忠孝，龍驤虎視，聲動四方，眷遇之隆，超越今昔，而乃誤於聞聽，輕有奏陳。及承命而造朝，能抗章而引咎，深達君臣之義，尤知名分之嚴。維石慶之以謹聞，吳漢之自譴責，質之古道，何以加諸。夫有志者事必成，無咎者善補過。本無瑕吝，何以謝爲，三復忱辭，不忘嘉歎。故兹詔示，想宜知悉。」

張宗元奏軍旅精鋭獎諭詔

敕：「朕致天之討，仗義而行。秉律成師，誓清乎蝥賊；整軍經武，必藉於虎臣。眷予南服之區，實捍上流之勢。卿肅持齋鉞，洞照玉鈐。茹苦分甘，與下同欲；裹糧坐甲，唯敵是求。〔一〕旗甲精明，卒乘輯睦，士聞金鼓而樂奮，人懷忠孝而易從。動焉如飄風，固可以深入；延之如長刃，何畏乎橫行。覽從臣之奏封，知將帥之能事，卿誠如此，朕復何憂。想鉅鹿李齊之賢，未嘗忘者；聞細柳亞夫之令，稱善久之。故兹獎諭，想宜知悉。」

〔一〕唯敵是求　「唯」，底本字跡模糊，嘉靖本作「文」，今據傅本。

紹興八年

無

鄂國金佗續編卷第四

絲綸傳信録卷之三

紹興九年

辭免開府儀同三司加食邑五百户食實封叁伯户不允詔（正月十一日）〔一〕

敕：「具悉。朕永念艱難之日，未酬於戰多；逮兹恢復之時，不忘於武備。爰頒涣寵，用表殊勳，蔽自朕心，非云濫典。卿疏通而能斷，果毅而有謀，勳載旂常，令行襄漢。眷惟休渥，允協師言，何未諒於忱誠，尚或形於謙遜，朕命不易，可無復辭。所辭宜不允。」

〔一〕據《金佗稡編》卷七，《金佗續編》卷二《開府儀同三司加食邑制》與《建炎以來繫年要録》卷一二五，宋廷發表岳飛爲開府儀同三司，時爲正月十一日壬辰。岳飛《辭開府劄子》（《金佗稡編》卷一四）寫於二月。可知此不允詔發佈時間決非「正月十一日」。

再辭免同前不允詔

敕：「具悉。朕嗣承艱難之業，憂勤十年，肆成恢復之圖。亦惟二、三將臣宣勞之久，以克有濟。是用寵卿儀物，峻陟三臺，蓋非特以示報功，抑亦賴卿遠猷，以永臻於綏靖也。《詩》不云乎，『無德不報』，朕方勉焉。宜趣奉承，無煩訓告。所辭宜不允。」

第三辭免同前不允詔

敕：「具悉。朕惟文武異宜，弛張迭用。招攜懷遠，雖資文德之修；折衝消萌，亦賴武功之助。古今未嘗以偏廢，名器豈徒於假人。卿勳烈著於旂常，威名震於夷夏，每懷忠憤之志，欲圖恢復之功。軍聲既張，國勢益振，致鄰邦之講好，歸故地以效誠。憑力師干，庸固多矣；疏榮賞典，事豈偶然。辭之不足爲廉，受之無傷於義。往其祇若，勿復重陳。所辭宜不允。」

第四辭免同前不允詔

敕：「具悉。卿位居上將，績紀太常。郤縠守學而彌敦，祭遵克己而愈約。甘苦同於士卒，故雖萬衆而猶一心；號令行於師徒，故雖千里而如在目。久展幹方之略，備宣衛社之忠，濟此艱難，助予興復。高秩厚禮，允答於元功；華衮命圭，肆同於三事。而乃過形遜德，薦飾謙詞，顧丕號之已颺，豈涣恩之可反。毋煩再四，以咈予懷。所辭宜不允，仍不許再有陳請。」

乞同齊安郡王士㒟等祇謁陵寢因以往觀敵釁詔以將閫不可久虚不須親往詔（四月十四日）

敕：「具悉。朕以伊、瀍頃隔於照臨，陵寢久稽於汛掃，逮兹恢復之日，亟修謁款之儀。卿慨然陳情，請爲朕往，雖王事固先於盡瘁，然將閫不可以久虚。殆難輟於撫綏，徒有懷於忠藎，寤寐于是，嘉歎不忘。已降指揮，止差將官一、兩員，部押壕寨人匠、軍馬，共一千人，隨士㒟、張燾前去，卿不須親往。故兹詔示，想宜知悉。」

先以湖北京西路累經殘破州縣官無人願就許令自知通以下辟差今來已復河南故地其兩路並是腹心所有州縣差官乞自朝廷差注得旨依奏仍賜奬諭詔

敕：「具悉。昔蘇建常責大將軍衛青至尊重，不能招選賢士，青謝曰：『人臣奉法尊職而已，何與招士。』其言雖未合理，然其處功名，遠權勢，要當如是爾。昨者干戈未戢，道路不通，襄漢之間，凋弊尤甚。故州縣之吏，上自守宰，下至寮屬，權時之宜，委卿辟置。今既臻綏靖，遠邇如一，銓擇之柄，當在朝廷。卿所抗章，殊合事體，自非思慮之審，謙恭之至，何以及此。古人不遠，嘉歎叵忘，所請宜允。故兹奬諭，想宜知悉。」

乞罷軍政退休就醫不允詔

敕：「具悉。卿竭忠誠而衛社，迪果毅以臨戎，元勳既著於鼎彝，餘暇尚閑於俎豆。蕃宣所賴，體力方剛，遽欲言歸，殊非所望。顧安危注意，朕豈武備之可忘；惟終始一心，汝亦戎功之是念。益敦此義，勿復有云。所請宜不允。」

紹興十年

先於荆襄湖北措置屯田軍食省饋過半賜以御書諸葛亮曹操羊祜三事復賜此詔

敕：「朕考觀古昔，斟酌時宜，欲豐軍食之儲，必講屯田之制。故充國經畫於金城，而兼得十二便之利；曹操規始於許下，而遂收百萬斛之饒。先積粟以爲資，乃厲兵而必戰。況今寇戎未靖，征戍方興，賴將帥之同寅，致士卒之樂附。顧尺籍所隸之數，日以增多；而經賦所入之常，歲有定限。既不可剥下以取給，固莫若興田而雜耕。卿等協志定謀，悉忠體國，率勵衆士，和協一心，勿憚朝夕之勞，共建久長之策。故兹詔示，想宜知悉。」〔一〕

〔一〕此詔既稱「卿等」，當非賜岳飛一人。

金人叛盟兀术再犯河南令諸路進討詔

敕：「昨者金國許歸河南諸路，及還梓宫、母、兄。朕念爲人子弟，當申孝弟之義；爲民父母，當興拯救之恩。是以不憚屈己，連遣信使，〔一〕禮意備厚。雖未盡復故疆，已許每歲銀、絹五十萬。所遣信使，有被拘留，有遭拒卻，皆忍耻不問，相繼再遣。不謂設爲詭計，方接使人，便復興兵。今河南百姓休息未久，又遭侵擾，朕晝然痛傷，何以爲懷。仰諸路大帥各竭忠力，以圖國家大計，以慰遐邇不忘本朝之心，以副朕委任之意。故兹詔示，想宜知悉。」

〔一〕連遣信使　「使」之下，《三朝北盟會編》卷二〇〇有「奉表稱臣」四字，疑爲岳珂所删。

復蔡州因奏賊虜之計大合上意獎諭詔

敕：「具悉。比以虜寇猖獗，我師尅捷，懼或狃於屢勝，忽被不虞。乃申飭於戎臣，俾各嚴於武備，過爲待敵之計，用收全勝之功。今覽奏陳，大契朕意，有以見卿料事精審，爲國深謀，披採以還，良多嘉歎。故兹獎諭，想宜知悉。」

辭免少保兼河南府路陝西河東北路招討使加食邑七百户食實封叁伯户不允詔（六月）

敕：「具悉。朕以恢復大計，望于爾二、三大帥，肆於授任之際，並涣恩徽，所以示注意之渥。而卿抗章陳誼，力欲懇辭，既嘗申諭至懷，乃復固守謙抑。雖嘉爾志，良咈朕心，勉立殊勳，是爲異報。所辭宜不允。」

再辭免同前不允詔

敕：「具悉。卿每拜官，必力懇避，誠知卿懷沖遜之實，非但爲禮文之虚也。今復以將士方冒矢石，當鋒鏑，〔一〕而不欲獨先被厚賞爲言，陳誼甚高，朕所嘉歎。第惟同時並拜二、三大帥，皆以次受命，卿欲終辭，異乎蘧伯玉之用心〔二〕矣。尚體兹義，勿復有云。所辭宜不允。」

〔一〕當鋒鏑　原脱「鏑」字，嘉靖本同，據傅本補。

〔二〕異乎蘧伯玉之用心　「之」，據《金佗稡編》卷八補。

郾城斬賊將阿李朶孛堇大獲勝捷賜詔獎諭仍降關子錢犒賞戰士

敕：〔一〕「自羯胡入寇，今十五年，我師臨陣，何啻百戰。〔二〕曾未聞遠以孤軍，當兹巨孽，抗犬羊並集之衆，於平原曠野之中，如今日之用命者也。蓋卿忠義貫於神明，威惠孚於士卒，暨爾在行之旅，咸懷克敵之心，〔三〕陷陣摧堅，計不反顧，鏖鬭屢合，醜類敗奔。念兹鋒鏑之交，重有傷夷之苦，俾爾至此，時予之辜。惟虜勢之已窮，而吾軍之方振，〔四〕尚效功名之志，亟聞殄滅之期。載想忠勤，彌深嘉歎，降關子錢二十萬貫，犒賞戰士。故兹獎諭，想宜知悉。」〔五〕

〔一〕敕　「敕」之下，《新安文獻志》卷二《獎諭武勝定國軍節度使湖北京西宣撫使岳飛郾城勝捷仍降犒賞詔》有「岳飛」兩字。

〔二〕何啻百戰　「戰」，原作「萬」，據《金佗稡編》卷八改。

〔三〕感懷克敵之心　「克」，原作「盡」，據《新安文獻志》卷二《獎諭武勝定國軍節度使湖北京西宣撫使岳飛郾城勝捷仍降犒賞詔》改。

〔四〕吾軍之方振　「方」，原作「力」，據《新安文獻志》卷二《獎諭武勝定國軍節度使湖北京西宣撫使岳飛郾城勝捷仍降犒賞詔》改。

〔五〕此詔即《新安文獻志》卷二《獎諭武勝定國軍節度使湖北京西宣撫使岳飛郾城勝捷仍降犒賞詔》，文字稍異，可知乃「程章靖公」，即程克俊所作。據《建炎以來繫年要録》卷一三四、卷一四二與《宋中興百官題名》，程克俊時爲中書舍人，後於紹興十一年權直學士院。

潁昌捷後俄詔班師上章力請解兵柄致仕不允詔

敕：「具悉。卿勇略冠時，威名服衆。分鎮一道，使敵人無侵侮之虞；盡節本朝，致將士有忠誠之效。方資長算，助予遠圖，未有息戈之期，而有告老之請。雖卿所志，固嘗在於山林；而臣事君，可遽忘於王室？所請宜不允。」

紹興十一年

師至定遠兀术等望風退遁解圍廬州賜獎諭詔（二月二十三日）〔一〕

敕：「蠢彼狂胡，輕犯淮右。惟爾將士，忠憤一心，執鋭争先，刻期並進，誓敵王愾，用懺世讎。既逆遏其姦鋒，遂屢摧其醜類。捷書累至，軍聲大張，蓋自兵興以來，未有今日之盛也。況淮東之軍且出其後，沔鄂之衆復來自南，合吾仁義之師，當彼殘暴之寇。天時人事，理若相符，靖亂息民，其在兹舉。尚思困獸之鬬，務保全功；罔俾隻輪之還，庶殄遺育。念爾履鋒之苦，軫予當饋之歎。爰錫璽書，往昭至意。其增激於義概，以並茂於功多，受詘策勳，具有盟誓，高爵重禄，朕不汝忘。故兹詔示，想宜知悉。」

〔一〕《建炎以來繫年要録》卷一三九：「（紹興十一年二月）乙未，賜劉光世、韓世忠、張俊、岳飛、楊沂中、劉錡詔書，以『捷書累至，軍聲大張，蓋自軍興以來，未有今日之盛』，仍戒以『尚思困獸之鬬，務保全功』。其詞給事中、兼直學士院林待聘所草也。」乙未爲二月二十六日，此詔標題曰期爲二十三日，稍異。然此詔爲柘皋之戰之獎諭，應毫無疑義。岳家軍救援濠州，三月「十二日辛亥至定遠縣」(《金佗稡編》卷三高宗宸翰八十六説明詞),可知此詔非「師至定遠」獎諭詔,標題錯訛。估計岳飛接此詔,亦應於三月十二日至定遠前。

辭免樞密副使不允詔

敕:「具悉。朕以虜寇未平,中原未復,更定大計,登用樞臣。惟吾制閫之良,宜有籌帷之略,俾參密席,庶協廟謨。當思注意之隆,遂展濟時之志。守謙避寵,非予望焉。所辭宜不允。」

再辭免同前不允詔

敕:「具悉。朕焦心勞思,宵衣旰食,所願訓武厲兵,一洒讎耻。寤寐賢佐,協濟良圖。卿忠勇自奮,材智有餘,是宜左右贊襄,以輔不逮,蔽自朕意,擢貳樞廷。尚體異知,勉攄素藴,毋稽成命,固執謙辭。所辭宜不允。」

辭序位在參知政事之上不允詔

敕：〔一〕「具悉。卿蚤建殊勳，顯登亞保，雖贊西樞之務，實聯左棘之班。肆同列之有陳，請會朝而居下。朕嘉其自抑，蓋有能遜之風；俾爾在前，且昭右武之意。情文俱得，禮法無嫌。胡爲守謙，未安厥服，勉體睠意，勿復有言。所請宜不允。」〔二〕

〔一〕敕　「敕」之下，《新安文獻志》卷二《賜少保樞密副使岳飛乞敍立參知政事王次翁之下不允批答》有「岳飛，得卿奏」，並抄録岳飛《乞敍立王次翁下劄子》（可參《金佗稡編》卷一五第一〇〇九頁）。

〔二〕此詔即《新安文獻志》卷二《賜少保樞密副使岳飛乞敍立參知政事王次翁之下不允批答》，可知乃「程章靖公」，即程克俊所作。

帶樞密本職前去按閲御前軍馬措置戰守詔

敕：「保大定功，武有經邦之略；蚤正素治，戒惟先事之防。將捄溢以求全，必因時而名震華戎，謙退踵征西之風，廉約蹈祭遵之節，比從人望，入贊樞庭。方國步之多艱，念寇讎之尚肆，未反采薇之戍，將親細柳之軍。諒匪忠賢，孰膺寄委。當令行陣之習有素，戰守之策無遺，伐彼姦謀，成茲善計。尚體眷注，無憚勤勞。故茲詔示，想宜知悉。」

乞罷樞密副使仍別選異能同張俊〔一〕措置戰守不允詔

敕：「具悉。朕以前日兵力分，不足以禦敵，故命合而爲一，悉聽於卿。朕以二、三大帥各當一隅，不足以展其才，故命登于樞機之府，以極吾委任之意。凡爲此者，而豈徒哉。戰守之事，固將付之卿也。今卿授任甫及旬浹，乃求去位，行府之命，措置之責，乃辭不能。舉措如此，朕所未喻。夫有其時，有其位，有其權，而謂不可以有爲，人固弗之信也。毋煩費辭，稽我成命。所請宜不允。」

〔一〕張俊「俊」，原作「浚」，今改正。

辭免男除帶御器械宜允詔

敕：「具悉。朕睠若勳臣，任以本兵之寄；寵其嗣子，俾居扈從之聯。蓋昭信倚之誠，豈拘文法之末。而卿秉心廉慎，〔一〕執德謙沖，力抗封章，固求遜避。援三尺而有請，諒一意之莫回。勉徇雅懷，不忘嘉歎。所請宜允。」

〔一〕秉心廉慎　「慎」，原作「孝宗御名」，嘉靖本和傅本同，據浙本改。

再乞檢會前陳還印樞庭投身散地不允詔

敕：「具悉。朕登用元勳，圖回密務，方賴同心之助，式恢馭遠之規。曾居位之日幾何，乃丐閑之章踵至，無亦過矣，爲之憮然。其體注懷，尚安厥位。所請宜不允。」

辭免武勝定國節度使依前少保充萬壽觀使仍奉朝請乞一在外宫觀差遣不允詔

敕：「具悉。卿登翊樞筦，曾未淹時，乃以人言，遽求釋位。惟去就之義，卿之所敦；

顧終始之恩，朕安敢廢。兹用寵以節旄之舊，畀之祠禄之優，君臣之間，庶幾無愧。令弗惟反，又何辭焉。所請宜不允。」

鄂國金佗續編卷第五

絲綸傳信録卷之四

紹興元年

除神武右副軍統制省劄

樞密院奏：「勘會神武右副軍統制顔孝恭見管軍馬不多，兼已撥付吕頤浩軍前使唤。」

右三省、樞密院同奉聖旨，顔孝恭改差充江南東路安撫大使司統制軍馬，岳飛罷通、泰州鎮撫使，差充神武右副軍統制。今劄付神武右副軍統制、武功大夫岳防禦，准此。

紹興元年七月六日。押押押

乞科撥錢糧照會從申省劄

武功大夫、昌州防禦使、充神武右副軍統制岳飛申：「契勘飛於紹興元年八月十三日，准樞密院劄子，備奉聖旨指揮，令飛一行官兵權留洪州駐劄，彈壓盜賊。續奉聖旨指揮，般取本軍昨存留徽州官兵老小，前來洪州一處屯泊，合用錢糧令江西轉運司應副。尋不住移牒本司，據本軍合用錢糧，恭依已降聖旨指揮，應副施行去後，並不見措置科撥催發到來。

況本軍方到洪州駐劄一月餘日，累承本州公文，止稱闕乏，應辦不足。其合勘請十月初五日至初九日錢米，除已支請外，少錢五千四百九十六貫七百五十文，米七百四十一石三斗一升五合，支遣不足，所有初九日已後錢米亦無指準。念飛所部軍兵唯仰官給錢糧，養贍過日，方免失所。似此洪州並不掛意，着緊措畫，移那應副，及江西轉運司又不見預行寬剩計置，取撥赴洪州，相續支用，致得闕誤。不唯軍兵自即已見闕食，兼日後又無指准批請。自今年九月二十三日後來，不住申明朝廷，乞賜行下本路轉運司，疾早措置，支移合用錢糧，起發前來洪州，應副支遣去訖。至今未蒙回降指揮。

除已具録奏聞，伏望聖慈特降睿旨，下江西轉運司，將本軍合用錢糧，着緊催發，相繼津般前來，以濟急闕支用。及令洪州更切多方計置，移那應副施行，庶免冬月官兵闕食失所外，伏候指揮。」

勘會岳飛前申，已累劄下江南西路轉運司，詳所申事理，疾速那容應副，不管少有闕悮。并劄下江南西路安撫大使李資政照會，催促應副施行。已再劄下江南西路轉運司，依已劄下事疾速那容應副，不得依前少有違悮外，今劄付建州觀察使、神武右副軍統制、親衛岳大夫照會。

紹興元年十一月四日。押

紹興二年

權知潭州并權荆湖東路安撫都總管省劄

紹興二年正月二十九日，樞密院闕，奉聖旨，令岳飛除差出捉殺石陂羣賊軍兵叁阡人外，限指揮到，日下將帶見統全軍兵馬，起發前去，權知潭州，并權荆湖東路安撫、都總管。候宣撫司到日，取朝廷指揮。如更合要兵馬，即勾收張中彦、吴全兩軍，帶領前去，聽岳飛節制使喚。其合用錢糧，令韓球專一應副起發。仍劄下江南西路安撫大使司照會。内有合屬尚書省事，今關送尚書省指揮。

右劄付親衛大夫、神武右副軍統制、〔一〕建州岳觀察，依樞密院關子内已得聖旨指揮，疾速施行，准此。

紹興二年正月二十九日。押押

〔一〕岳飛於紹興元年十二月十四日丁丑已陞任神武副軍都統制，此處「神武右副軍統制」應爲刊誤。

紹興三年

改充江南西路制置使省劄〔一〕

三省、樞密院同奉聖旨，岳飛落「沿江」貳字，充江南西路制置使，江州駐劄。其沿江興國、南康軍一帶江面，仰多方措置，防托隄備。及本路州軍緩急遇有賊馬侵犯去處，亦仰隨宜分撥軍馬，前去應援，無致疏虞。餘並依已降指揮。

右劄送神武副軍都統制、充江南西路制置使岳承宣疾速施行，准此。

紹興三年九月二十一日。押押

〔一〕省劄　據本卷目録補。

除江南西路舒蘄州制置使省劄

三省、樞密院同奉聖旨，岳飛除江南西路、舒、蘄州制置使，江州置司。

右除别降敕命外，今劄送神武副軍都統制、新除江南西路、舒、蘄州制置使岳承宣照會，准此。

紹興三年九月二十四日。押押

收捕虔吉州盜賊王貴以下推恩省劄

岳飛奏：「收捕虔、吉州盜賊，逐人屢次見陣，率衆當先，掩殺賊徒，各立奇功，乞推恩。今具下項：武顯大夫、閤門宣贊舍人、統領官王貴，欲王貴與轉叅官，内壹官除遥郡刺史，壹官依條回授。武功郎、閤門宣贊舍人、統領官張憲，欲張憲與轉叅官，内壹官除遥郡刺史。敦武郎、統領官徐慶，欲徐慶與轉叅官，内壹官除閤門宣贊舍人。」九月二十九日，三省、樞密院同奉聖旨依擬定，内王貴、張憲落閤門宣贊舍人。

右劄送神武副軍都統制、江南西路、舒、蘄州制置使、鎮南軍岳承宣。

紹興三年九月二十九日。　押押

改差充神武後軍統制省劄

奉聖旨，岳飛特改差充神武後軍統制，還闕，〔一〕依前江南西路、舒、蘄州制置使，其見統官兵並改撥充神武後軍。

右除别降告命外，今劄送新差神武後軍統制、江南西路、舒、蘄州制置使岳承宣疾速施行，准此。

紹興三年九月二十九日。　押押

〔一〕還闕　「還」，底本字跡模糊，今據嘉靖本。

紹興四年

朝省行下事件省劄

三省、樞密院同奉聖旨，依下項：

一、王瓔見駐軍鼎州，招捕楊么，累有申奏，乞別差官兵防托大江。今差岳飛兼制置荆南、鄂、岳，其湖北帥司統制官顔孝恭、崔邦弼兩軍，并荆南鎮撫使司軍馬，並聽節制使唤。

一、李横退師，據諸處探報，叛賊李成、孔彦舟等占據襄陽府、唐、鄧、隨、郢州、信陽軍，候麥熟，聚兵南來作過。岳飛累有奏陳，措畫收復，備見盡忠體國。今差本官統率所部軍馬，於麥熟以前措置收復上件州軍。

一、今來出兵，止爲自通使議和後來，朝廷約束諸路，並不得出兵，僞齊乘隙侵犯，李成等輒敢占據；須着遣兵收襄陽府、唐、鄧、隨、郢州、信陽軍六郡地土，即不得輒出上件州軍界分。所至州縣，務在宣布德意，存恤百姓。如賊兵抗拒王師，自合攻討；若逃遁出界，不須遠追。應官吏、軍、民來歸附者，不得殺戮，一面招收存恤。亦不得張皇事勢，誇大過當，或稱提兵北伐，或言收復汴京之類，卻致引惹。務要收復前件州軍實利，仍使僞齊無以藉口。

一、岳飛本軍每月見支錢一十二萬餘貫，米一萬四千餘石，會計出師三月軍須，合用錢三十六萬餘貫，米四萬二千餘石。今來慮有添兵，及有犒設激賞，理宜寬剩支降。今於行在榷貨務支銀一十萬兩，每兩二貫五百文，金五千兩，每兩三十貫文，二項計准錢四十萬貫。吉州榷貨務於今年貼納、算請等鹽錢内支二十萬貫已上。總計支錢六十萬貫，内以二十萬貫充犒設激賞。米支六萬石，於沈昭遠催運二十萬石内，先次發到江上米内支撥。並令岳飛措置，隨軍支遣。如人舡不足，令帥司、運司極力應副。

一、收復諸州並委岳飛隨宜措置，差官防守。如城壁不堪守禦，相度移治山寨，或用土豪，或差舊將牛臯等主管。事畢，大軍復回江上屯駐。

右劄送江南西路、舒、蘄州、兼荆南、鄂、岳州制置使岳承宣疾速施行，不得下司。

紹興四年三月十三日。押

劉洪道奏李成結連楊么省劄

荆湖北路安撫使劉洪道奏：「臣於三月初八日，據權知岳州劉愿申，收到楊么寨内走出王瓊軍統制官吴全下元被捉使臣王忠等，取責到知見僞齊李成結連楊么等，欲南來作過等事。臣契勘近據探報，李成於襄、鄧等州添兵聚糧，置造舡栰、攻城器具，欲南來作過。緣本路闕兵隄備，臣已具利害，奏乞添屯重兵防禦去訖。今又據前項權知岳州劉愿申報，外寇與湖賊結連，欲水陸侵犯，與其他風傳探報不同。兼目今江湖水勢已漲，上流防禦，繫朝廷大計。伏望詳酌臣已奏并今奏事理，速降睿旨施行，伏候敕旨。」

右奉聖旨，劄與岳飛。今劄送神武後軍統制、江南西路、舒、蘄州制置使岳承宣，准此。

紹興四年三月二十五日。押

照會僞齊已差人占據州郡省劄

樞密院奏：「權發遣復州軍州事韓遹等申：『州司近差人探得，襄陽府見繫僞齊差李成據占，郢州繫僞齊差荆全（一）據占，隨州繫僞齊差王嵩據占，鄧州繫僞齊差一姓高人（二）據占。逐處人多不過千人，少止有五、六百人；馬多不過一、二百疋，少止有五、六十疋。糧食逐旋令人去唐州界何、劉家寨般取，其處號爲新唐州。逐州見今團集鄉兵，各置鋪寨，及不住添修樓櫓，置造器具。兼逐州各有李横等種下大、小二麥不少，切慮將來二麥成熟，修葺成就，難以收復。州司除已具狀奏聞，乞速賜施行外，申聞事。』」

右奉聖旨，劄與岳飛。今劄送江南西路、舒、蘄州制置使岳承宣照會施行，准此。

紹興四年三月十八日。押

〔一〕荆全　應爲「荆超」之誤。

〔二〕姓高人　據《金佗稡編》卷一六《鄧州捷奏》，即是高仲。

再據劉愿申楊么賊徒結連作過省劄

權知岳州劉愿申：「契勘荆湖制置使王四廂復提大軍，前去鼎州，措置招捕楊么賊徒。二月二十四日到州，收到被虜軍兵王忠等二名，自賊寨脱身出來。尋行取問，責據逐人供，各是水軍統制吴全部下人，内王忠是使臣，袁海是效用。去年十一月十一日，隨吴全乘海舡入湖，討捕楊賊。到地名青江上口，逢賊大車舡，本軍舡小，當被圍了，勢力不加，遭賊擒殺。吴全一行兵將王忠等各被捉縛回寨，得賊首楊么、黄誠存留在寨使唤。王忠等日逐見楊么、黄誠等評議下項機密事件。

除已將王忠等解赴制置王四廂軍前外，契勘本州繫據長江上流，西臨重湖，北通襄漢，襟帶荆、鄂，屏蔽湖南，自古號扼控重地。今又繫楊么賊舡出入要途，若本州可以捍禦，必不能侵犯下江州郡。昨累經金人、巨寇蹂踐，民户所存百分之一，州城燒毁殆盡，商賈不通，税賦無入，在州只有些小彫殘貧民，四圍並無城壁，錢糧儲積，無分文顆粒，捍賊軍馬，無一卒一騎。從來每遇盜賊水陸侵犯，官吏已下必全城逃避，謂州郡守臣帶沿江安撫，特有虛名。今據王忠等供説，楊么賊徒已與僞齊李成結連，先取本州，安存老小，以爲硬寨，然後順流而下，侵犯江、浙。幸而預知，豈可坐待，若不預爲措畫，萬一賊至，不惟失一岳州，荆湖南、北便見隔絶，占據上流，下江所繫甚重。欲望朝廷矜恤本州並無城壁、錢糧、軍兵，外賊、内寇結連，指日首先攻取占據，要作硬寨，然後侵犯江、浙，委是事勢迫切，特賜選差前項精鋭軍馬，支撥錢糧，下本州駐劄，仍乞悉聽本州節制，庶可爲用。

愿已於二月二十四日具此因依，專差成忠郎、烏沙鎮監酒税、權本州司户參軍李佐齎申尚書省。愿切慮前狀在路住滯未到，又於當月二十五日再具狀申去訖。今來春水泛漲，楊么賊舡不住出没作過，事勢委是危急。伏乞詳酌，速賜指揮施行，候指揮。

一、去年十二月三日，見僞齊下李成發使臣，稱是康武翼，來下文字，要與賊商議通和。令賊首楊么、黄誠、壽等打造大車舡，准備來年七月間，前來鄂州、漢陽、蘄、黄州已來，迎接李成相公一行人馬。已備下甲軍二十萬，就你門大舡濟渡。許留甲軍三萬，與楊么、黄壽等相添裝壓車舡。令賊舡取水路下江，李成取陸路經由江西，前來兩浙會合，要赴行在作過。候了日，許楊么等荆湖兩路，與鍾相男僞太子建國通和。當時楊么、黄壽等允許，供依應公文，交付康武翼，於當月七日發遣回去。

一、見賊首誣議張宣撫相公招安事。其楊么、黄壽等所説，目即且權詐受招安，圖教諸小寨兵夫放心作田，兼要諸處採木人舡穩便，及要疑住諸路人馬不動，本寨安然打舡。

一、諸賊寨已有大、小車舡共二十九隻。及創行打造大車舡一十五隻，每隻各長一百步，底闊三丈，高三丈五尺，板厚七寸。各要四月半先造成底，推入水。候五月盡舡。就令人兵六月間火急收刈早稻。七月間起發，先取岳州，作老小硬寨。將舊車舡排泊城下，要抵欄潭、鼎州人馬，卻將新車舡一十五隻，前去攻取鄂州、漢陽、蘄、黄州已來，迎接李大軍馬〔一〕到來濟渡，分水陸路前去浙中會合。

一、賊寨逐時行移文字，只作甲寅年，並不用紹興年號。今年七月間，定是會合僞齊攻打沿江州縣。」

右勘會近據劉洪道申到前項事理，已奉聖旨，劄與岳飛去訖。今再劄送江南西路、舒、蘄州制置使岳承宣，准此。

紹興四年四月四日。〔二〕

〔一〕李大軍馬　「大軍馬」，原缺，據嘉靖本補。「大」應爲「成」之誤。

〔二〕關於楊么軍與僞齊軍是否有勾結之記載如下：

《中興小紀》卷一八：「（紹興五年正月）金〔虜〕之〔犯〕淮也，劉光世遣統制官酈瓊統兵過淮，由間道徑趨光州。僞知州許約守城甚堅，又劉麟遣統領官李知柔以衆三千助之。瓊説約降，不從，即進兵急攻，城欲破，約勢窮〔蹙〕，乃降，遂復光州。甲子，奏至，上謂宰執曰：『許約爲劉豫結連楊么，及劫張昂山寨，兇逆宜誅。今來歸，朕不欲失信，當貸之。』」此段文字以《皇朝中興紀事本末》卷三二參校。

《建炎以來繫年要録》卷八四：「（紹興五年正月）甲子，淮西宣撫司統制官酈瓊拔光州，執僞知州、武翼郎許約。金虜之犯淮也，光世遣瓊自廬州統兵，聲言過淮，至芍陂，乃摘輕兵，由間道徑趨光州城下。約乘城固守，劉麟亦遣其統領官李知柔以衆援之。瓊説約降，不從，即進兵急攻，城欲破，約勢窮，乃降，遂復光州。後六日，奏至，既而光世以約赴行在。上謂大臣曰：『約爲劉豫結連楊么，及劫張昂山寨，兇逆宜誅。今來歸，朕不欲失信，當貸之。』乃遷約一官，監南劍州鹽税。（熊克《小曆》載此事，以甲子爲奏至之日，誤也。《日曆》正月二十六日庚午，劉光世奏：『正月二十日晚，收復光州。』甲子，二十日，蓋克誤以收復之日，爲奏至之日爾。克又云：『瓊統兵過淮，由間道徑趨光州。』亦誤。據光世所云，乃是聲言過淮，若已渡淮而北，乃復還攻光州，則太迂遠矣。約二月辛酉轉官。）」按宋高宗稱許約「結連楊么」，應非來源於王忠與袁海的報告。

《金佗稡編》卷一一《措置楊么水寇事宜奏》：「臣契勘湖賊先與僞賊結連。」

《金佗續編》卷二七黄元振編岳飛事迹：「初，么盗據三苗、洞庭之險，衆十餘萬，湖南、北大被其害。而又北連劉豫，遥相應和，待虜騎臨江，謀欲席卷東下。」

《三朝北盟會編》卷一六二《紹興甲寅通和録》：「某等云：『襄漢之地，王倫回日係屬江南，後李成爲劉齊所用，遂來侵攘。是時方遣韓肖胄等奉使大國，其事曾約束邊境，不欲深擾。自後李成侵擾不已，既招誘德安，又結楊么，欲裂地而王之。江南恐其包藏禍心，侵陵不已，實恐難以立國，遂遣岳飛收復襄、鄧等州故地。即非本朝生事相侵，亦須相察。』」

《文山先生全集》卷三《御試策》：「謹按國史，紹興間，楊么寇洞庭，連跨數郡，大將王瓊不能制。時僞齊挾虜，使李成寇襄漢，么與交通。朝廷患之，始命岳飛措置上流，已而逐李成，擒楊么，而荆湖平。」這些記載大致上應來源於王忠和袁海的報告。

《金佗續編》卷二六《楊么事迹》：「紹興四年十一月，水賊周倫寨去岳州稍近，一日，令人賫申狀，赴岳州太守程殿撰陳訴。稱近有僞齊下襄陽府李成太尉差人，自安、復州取水路，來故縣灘水寨，送金帛、物□、文書，言欲水寨諸首領各備人船、戰士，尅日會合，水陸並進，取復向下沿江州縣，得州者做知州，得縣者做知縣，别命官資，優加犒賞等事。周倫燕設來人，以乾魚鮓脯回答，報言：『周倫等止是鼎州龍陽縣税户，爲被知州程吏部淩逼，要行盡底殺戮，不得爲王民，且在湖中苟逃各家老小性命，不曉得會合事節。』遣來人歸回。後月餘日，李成又差三十五人來，内有鄭武功、胡大夫二官員，又將官告、金束帶、錦戰袍并羊粑之類，再三相約諸寨首領尅日會合。周倫知事勢異常，難以依隨，又恐日後多有人來相逼，别生患害，一夜將來人以酒醉倒，盡行殺戮，沉尸入江中。有此事因申岳州，乞就便申奏朝廷，早乞别差鼎州知州，替了知州程吏部，使周倫等諸寨□□□□□路，保全老小，耕田種地，輸納二税，復爲良民。程殿撰爲申朝廷，蒙樞密院備奉聖旨，褒賞周倫忠義。特降黄榜一道，差二使臣賫至岳州，令差人送入水軍張挂，安慰人民，候事定日，應首領人並重賜推賞。」

《建炎以來繫年要録》卷八五：「（紹興五年二月戊子）詔黄誠、楊太等如率衆出首，當議與湖南、北路知州差遣。……會誠之黨周倫自稱統管鄉社水陸兵馬，以狀抵岳州，乞保奏，且以鍾相作亂事歸罪於孔彦舟。……倫又言：『劉豫遣來招誘使臣，前後十人，已行斬首，乞下邊界幾察。』詔誠等忠節顯著，深可嘉尚。」《楊么事迹》與《要録》之記載稍異。按周倫既向宋廷表示接受招安，其叙事未必真實可信。至少初次「燕設來人，以乾魚鮓脯回答」，已非對僞齊之决絶態度。當岳飛大軍臨湖湘後，周倫並未立即出降，而是最終走投無路，方才出降，亦可測知其真僞，是否乃「權詐受招安」。周倫申狀並未涉及僞齊使者是否去楊么軍其他水寨，楊么等其他首領又持何態度。時僞齊李成、許約等輩分遣使者，多次前往楊么軍各水寨，遣使者非李成一人，接待來使者應非限於楊么、周倫兩寨。若據周倫申狀，便稱楊么對僞齊態度決絶，殺其來使云云，實爲張冠李戴，而不足以服人。楊么於紹興四年七月，並未如期出兵之史實，亦不足以確認王忠與袁海之報告純屬僞造。岳飛紹興四年第一次北伐，克復襄漢，乃依據王忠等之報告，先下手爲强，以破僞齊與楊么夾攻之謀。七月間，僞齊軍既敗，形勢改觀，若夾攻之謀屬實，楊么亦不能如期出兵。楊么與僞齊是否勾結，至少是一疑案。或謂楊么堅持民族氣節，大義凜然，乃屬臆説。

鄂國金佗續編卷第六

絲綸傳信録卷之五

紹興四年

給降曉諭榜文省劄

三省、樞密院同奉聖旨，榜文劄與岳飛，依此謄寫雕印，散行曉諭，即不得備坐今降聖旨指揮，具知稟聞奏。

右并榜文連粘在前，今劄送江南西路、舒、蘄州、兼荆南、鄂、岳州制置使岳承宣照會，准此。

紹興四年四月四日。

報仙人關獲捷省劄

岳飛奏：「四年三月十七日，〔一〕有川、陝宣撫司使臣楊祖雲賫捷報旗前赴行在，稱於興州界仙人關殺金平野，與番賊四太子、皇弟郎君見大陣，獲捷。乞更量進兵等事。候敕旨。」

右三省、樞密院同奉聖旨，令岳飛遵依已降畫一并榜文指揮施行。今劄送江南西路、舒、蘄州、兼荆南、鄂、岳州制置使岳承宣疾速施行，准此。

紹興四年四月六日。押押

〔一〕四年三月十七日　原作「三□□十七日」，嘉靖本作「三年六月十七日」。據《建炎以來繫年要録》卷七四、卷七五，吴玠大敗金軍於仙人關，時爲紹興四年三月初。岳飛此奏至臨安，時爲四月六日乙酉或稍前，可知「三年六月」乃「四年三月」之誤。

差兼黄州復州漢陽軍德安府制置使省劄

三省、樞密院同奉聖旨，岳飛差兼黄州、復州、漢陽軍、德安府制置使，餘依舊。

右劄送江南西路、舒、蘄州、兼荆南、鄂、岳、黄、復州、漢陽軍、德安府制置使岳承宣照會施行，准此。

紹興四年五月一日。押

措置防守襄陽隨郢等州省劄

樞密院奏：「勘會昨降畫一指揮，出兵收復襄陽、唐、鄧、隨、郢州、〔一〕信陽軍六郡地土，並委岳飛隨宜措置，差官防守。如城壁不堪守禦，相度移治山寨，或用土豪，或差舊將牛皋等主管。事畢，大軍復回江上屯駐。

近據岳飛申奏：『已收復隨、郢州、襄陽府了當，統率軍馬，見在襄陽下營。』已降指揮，比遣岳飛收復荆、襄諸郡，方此盛暑，將士暴露，備見勤勞，深所嘉歎。唐、鄧事宜，再行問探賊中虚實，必已盡知人數多寡，糧道遠近，將帥姓名，相距形勢，並須明審敵情，察其姦計。王師既勝，尤當持重。已復三郡如何防守，未得州縣亦當措畫。仍切激勵諸軍，竭忠戮力，能協心而徇國，必懋賞以勸功。軍食所須，已嚴催督漕運繼往，決無闕事。指揮到日，可條具聞奏。

今續據岳飛申：『探到僞齊添差番賊并簽軍，見在新野、龍陂、胡陽、棗陽縣并唐、鄧州一帶屯駐，大段數多。見竭力措置，乞詳察所申，特降指揮施行。』

右三省、樞密院同奉聖旨，令岳飛詳度事機，審料敵情，唐、鄧、信陽決可攻取，即行進兵；如未可攻，先次措置襄陽、隨、郢如何防守，務在持重，終保成功。董先、牛皐、李道等可與不可差委各守壹郡？荆南、德安貳鎮皆與襄陽形勢接連，並是江北屏翰衝要去處。荆南見有多少軍馬，合與不合增添？德安亦合分屯一軍，相爲援助。逐處分撥屯軍、糧道次第詳細利害，速行條具。今已夏末，防秋不遠，依元降畫一，大軍復回，屯守江上。較其利害，鄂州爲重，江州爲次，亦速相度，一狀聞奏。今劄送江南西路、舒、蘄州、兼荆南、鄂、岳、黄、復州、漢陽軍、德安府制置使岳承宣疾速施行，准此。

紹興四年六月二十三日。

〔一〕唐鄧隨郢州　「隨」，據《金佗續編》卷五《朝省行下事件省劄》補。

照會措置防守已收復州郡省劄

一、岳飛奏：「條具到欲駐大兵於鄂州，則襄陽、隨、郢量留軍馬，又於安、復、漢陽亦量駐兵。兵勢相援，漕運相繼，荆門、荆南聲援亦相接，江、淮、荆湖皆可奠安。六州之屯，宜且以正兵六萬，爲固守之計。就撥江西、湖南糧斛，朝廷支降券錢，爲一週年支遣。候將來措畫既成，軍儲則朝廷易爲應副糧食。」

勘會已降指揮，岳飛收復襄陽一帶，功績可嘉。如委的探得番、僞賊馬厚重，勢未可以進討，仰將已收復州郡隨宜措置，或差舊將董先、牛臯、李道，或用土豪主管。大軍回就鄂州歇泊，別聽指揮。務在保守前功，不得乘勝輕敵，慮致落賊姦便。七月十八日又奉聖旨，劄與岳飛，依已降指揮施行。

一、岳飛奏：「契勘荆南有解潛兵三千餘人，若朝廷令重兵駐鄂，其荆南、襄陽、隨、郢、德安等州，臣當斟量事勢，分兵防守，甚爲利便。臣先所乞以精兵六萬屯於鄂州，就撥江西、湖南糧斛，及朝廷支降券錢一週年應副，伏望特賜指揮施行。」

勘會岳飛一行錢糧，除米已支三十三萬石外，錢已支九十七萬五千貫去訖。今來緣不見得本軍見今并回軍日每月的實比舊增減數目，致約度支降未得。七月二十八日，三省、樞密院同奉聖旨，令岳飛將朝廷已支降錢米，據每月實支數目，約度可以支遣終至，具狀申尚書省，接續支降。其所乞軍馬，今荆湖南、北皆有見屯官兵，止緣湖賊黄誠、楊么未平，摘那未得。已令王瓊〔一〕進兵攻討，候賊平日，相度於逐路差撥軍馬，前去江上屯駐。可劄與岳飛照會。

紹興四年七月十八日。

〔一〕王瓊　「瓊」，原作「燮」，嘉靖本同，據傅本改。

檢會前劄

江南西路、舒、蘄州、兼荆南、鄂、岳、黄、復州、漢陽軍、德安府制置使岳飛奏：「臣近措置遣發軍馬，掩殺番、僞賊衆，收復鄧州了當外，有唐州、信陽軍，臣已調發軍馬前去收復，及繼差官前去葺治。所有唐、鄧州、信陽軍累經殘毁，城壁損壞，久不修治，切慮日後難以保守。臣已相度，如逐州軍不堪防守，即令移治穩便山寨。如有賊馬侵犯，即更切相度，前來襄陽府保聚。

臣已差撥二千人，付安撫使張旦，在襄陽府屯駐。及令襄陽安撫司量行分遣軍馬，前去唐、鄧等州，以爲斥堠，招集官吏、軍、民。并差一百五十人往郢州，二百人往隨州駐劄。臣只候先所陳乞軍馬到來，即更行量添，撥付逐州府防守，措置捍禦外，臣緣所統軍馬道路日久，委是疲勞，除已統率起發前去德安府歇泊，聽候朝廷指揮。候敕旨。

貼黄稱，臣先條具荆、襄等利害，所乞軍馬等事，伏乞速降指揮施行。」

右三省、樞密院同奉聖旨，檢坐已降指揮，劄與岳飛照會。并檢會今劄，送江南西路、舒、蘄州、兼荆南、鄂、岳、黄、復州、漢陽軍、德安府制置使岳承宣疾速施行，准此。

紹興四年八月十四日。

除湖北荆襄潭州制置使省劄

樞密院奏：「勘會已除岳飛充湖北、荆、襄、潭州制置使，鄂州駐劄。」

右三省、樞密院同奉聖旨，王𤫊〔一〕罷制置使，依前神武前軍統制，江州駐劄，兼節制舒、蘄、黄州，措置防秋。今劄送湖北路、荆、襄、潭州制置使岳節使照會，准此。

紹興四年八月二十五日。押押押

〔一〕王瓔　「瓔」，原作「燮」，嘉靖本同，據傅本改。

除清遠軍節度使湖北荆襄潭州制置使依前神武後軍統制省劄

檢會樞密院關樞密院奏：「勘會昨自李横退師，叛賊李成等占據襄陽府、唐、鄧、隨、郢州、信陽軍，欲聚兵南來作過。岳飛累有奏陳，措畫收復。〔一〕遂降指揮，差岳飛統率所部軍馬，於麥熟以前措置進兵，復取上件州軍。事畢，大軍已回江上屯駐。」節次據岳飛奏，進發軍馬，掩擊番、僞賊馬，於五月六日收復郢州，十七日收復襄陽府，十八日收復隨州，七月十七日收復鄧州，二十三日收復唐州，并已收復信陽軍。並已差官葺治，屯兵防守。飛已班師，江上歇泊。

右八月二十二日，三省、樞密院同奉聖旨，岳飛特除清遠軍節度使、湖北路、荆、襄、潭州制置使，依前神武後軍統制。除安撫制置大使司外，其餘並聽節制。封邑依例施行。

右劄送湖北路、荆、襄、潭州制置使，神武後軍統制岳節使。

紹興四年八月二十五日。押押

〔一〕措畫收復　「收復」兩字原缺，據《金佗續編》卷五《朝省行下事件省劄》補。

賜香藥詔書等省劄

三省、樞密院同奉聖旨，賜岳飛香藥壹合，本軍將士詔書壹道，并印本詔書貳百道，分給本軍將士。

右差使臣李庭幹齎送前去。今劄送湖北路、荆、襄、潭州制置使岳節使照會收管訖，具狀申樞密院，准此。

紹興四年十一月二十三日。押押押

紹興五年

照會添置將分省劄

樞密院奏：「諸路軍事都督行府關荆湖南、北、襄陽府路制置使岳飛劄子：『契勘本軍昨准朝廷指揮，置立拾將。今來人數稍增，欲望□賜指揮，添置將分，候指揮。』右已劄下岳飛，共以叁拾將爲額外，關送樞密院指揮。」

右奉聖旨，依已行事理，今劄送荆湖南、北、襄陽府路、蘄、黄州制置使岳節使照會施行，准此。

紹興五年八月三日。押押

除湖北襄陽招討使省劄

樞密院奏：「勘會岳飛已除檢校少保，理宜增重使名。」

右三省、樞密院同奉聖旨，岳飛除湖北、襄陽府路招討使。除別降付身外，今劄送新除湖北、襄陽府路招討使、檢校岳少保照會。

紹興五年十二月一日。押押押

紹興六年

兼營田使省劄

三省同奉聖旨，荆湖北路、襄陽府路招討使岳飛，川、陝宣撫副使吴玠並兼營田使。

右劄送湖北、襄陽府路招討使、檢校岳少保。

紹興六年二月四日。押押

諸路軍事都督府：

督府照會有闕官去處知通以下許自踏逐令先次供職申奏給降付身劄

行府送到湖北、襄陽府路招討使岳飛劄子：「契勘湖北、襄陽府路如有闕官去處，自知、通并州縣官，許自踏逐强明清幹官，令先次供職外，申奏朝廷，給降付身。仍許薦舉改官，及陞擢差遣任使。候指揮。」二月十一日奉聖旨，依所乞，其薦舉改官，許以見闕監司員數合用舉狀，薦舉一次。

右劄送湖北、襄陽府路招討使、檢校岳少保。

紹興六年二月十一日。押

催赴行在奏事省劄

湖北、襄陽府路招討使岳飛申：「於今月初九日晚到常州，迤邐前去平江府以來，聽候指揮外，申聞事。」檢會諸路軍事都督府關尚書右僕射張浚劄子奏：「勘會岳飛議事已畢，令取道衢、信，去行在不遠，欲一見天顏，少慰臣子瞻戀之心。欲望聖慈特令内殿引見。取進止。」二月九日，奉聖旨依，候引見奏事畢，免朝辭，疾速還鄂州。本司關送樞密院照會。

右劄送湖北、襄陽府路招討使、檢校岳少保，依已降指揮，疾速起發，兼程前來，赴行在奏事，准此。

紹興六年二月十三日。押押

督府令赴行在奏事訖還鄂州本司劄

諸路軍事都督府：

勘會岳飛已到行在〔一〕奏事畢，二月十九日奉聖旨，令岳飛於今月二十日就内殿辭訖，日下回歸本司。

右劄送湖北、京西南路招討使、檢校岳少保。

紹興六年二月十九日。押

〔一〕勘會岳飛已到行在　「勘」字原缺，嘉靖本同，據傳本補。

從申踏逐辟差官屬省劄

紹興六年二月十九日，諸路軍事都督府關行府送到岳飛劄子：「今來本司事務全藉官屬協力，欲乞差參謀、參議各一員，主管機宜文字一員，書寫機宜文字一員，幹辦公事六員，准備差使八員，點檢醫藥飰食二員。不以見任、寄居、待闕，許飛踏逐奏差，令先次供職，不得辭避。候指揮。」二月十一日奉聖旨，依所乞。右關送尚書省指揮。

右劄送湖北、京西南路招討使、檢校岳少保。

紹興六年二月十九日。押

鄂國金佗續編卷第七

絲綸傳信録卷之六

紹興六年

照會踏逐辟差官先次供職省劄

紹興六年二月十九日，諸路軍事都督府關行府送到岳飛劄子：「契勘湖北、襄陽府路如有闕官去處，自知、通并州縣官，許飛踏逐强明清幹官，令先次供職外，申奏朝廷，給降付身。仍許飛薦舉改官，及陞擢差遣任使。候指揮。」二月十一日〔一〕奉聖旨，依所乞，其薦舉改官，許以見闕監司員數合用舉狀薦舉。右關送尚書省指揮。

右劄送湖北、京西南路招討使、檢校岳少保。

紹興六年二月十九日。押

〔一〕二月十一日　原作「二十二日」，據《金佗續編》卷六《督府照會有關官去處知通以下許自踏逐令先次供職申奏給降付身劄》改。

督府從申書填空告劄

諸路軍事都督府：

湖北、京西南路招討使岳飛劄子：「契勘今來蒙朝廷給降到空名告劄，如日後書填，飛欲於告劄背後題寫階銜，押字用印，以爲照憑。候書填訖，具職位姓名，立功因依，供申朝廷。仍乞劄下，付飛照會。伏候指揮。」

右劄送湖北、京西南路招討使、檢校岳少保，依所乞施行，准此。

紹興六年二月二十日。押

從申刺舉本路州縣官省劄

檢校少保、鎮寧、崇信軍節度使、充湖北、京西南路招討使、兼本路營田使岳飛劄子：

「飛誤蒙朝廷委寄兩路，不敢不竭愚鈍。然州縣例經殘破，正賴撫綏，切慮州縣官有蠹政害民、贓污不法之人。欲乞許本司一面對移，事重者放罷，仍具情犯職位姓名奏聞。所貴官吏修舉職事，不敢苟簡。候指揮。」奉聖旨依。

右劄送湖北、京西南路招討使、檢校岳少保。

紹興六年二月二十一日。　押

任招討使申明行移用公牒劄

諸路軍事都督府：

鎮寧、崇信軍節度使、湖北、京西南路招討使岳飛劄子：「准諸路軍事都督府劄子：『勘會岳飛昨充湖南、北、襄陽府路制置使日，依第二等奉使條例，發運、監司並用申狀。兼契勘昨張俊〔一〕任江南東路招討使日，除安撫大使司用公牒外，其餘帥司並用申狀。今來岳飛已改除湖北、京西南路招討使，理合申明。二月十九日奉聖旨，並依例施行。』飛即未審本司行移本路安撫、監司，用公牒，唯復用劄子，伏乞明賜指揮。」取到武節郎、充江南東路宣撫使司幹辦官高淮狀，契勘張開府昨任江、淮路招討使日，於監司、發運、帥司行移並用公牒，所供是實，申聞事。

右劄送湖北、京西南路招討使、檢校岳少保照會，准此。

紹興六年二月二十一日。押

〔一〕張俊　「俊」，原作「浚」，今改正。

督府令將帶精兵前去襄陽劄

諸路軍事都督府：

勘會岳飛已降制命，除授武勝、定國軍節度使、依前檢校少保，充湖北、京西路宣撫副使、兼營田使，襄陽府置司。三月十二日奉聖旨，令岳飛依議定事理，將帶精兵，疾速起發，前去襄陽，仍具已起發月日聞奏。

右劄送湖北、京西路宣撫副使、檢校岳少保。

紹興六年三月十二日。押

除湖北京西路宣撫副使省劄

樞密院奏：「勘會已降指揮，岳飛除湖北、京西路宣撫副使。」

右奉聖旨，令岳飛疾速兼程前去鄂州，措置軍事。今劄送湖北、京西路宣撫副使、檢校岳少保疾速施行，准此。

紹興六年三月十一日。押押

内艱賜銀絹省劄

四月八日，三省同奉聖旨，岳飛母身亡，已降指揮起復，可於格外特賜銀、絹各壹阡疋、兩，令户部支給。

右劄送起復武勝、定國軍節度使、湖北、京西路宣撫副使、檢校岳少保。

紹興六年四月八日。押押

令鄂州應辦葬事省劄

勘會岳飛母身亡，所有葬事合行應副。四月八日，三省同奉聖旨，令鄂州協力措置施行。

右劄送起復武勝、定國軍節度使、湖北、京西路宣撫副使、檢校岳少保。

紹興六年四月八日。押押

特起復日下主管軍馬不得辭免省劄

樞密院奏：「勘會檢校少保、武勝、定國軍節度使、湖北、京西路宣撫副使岳飛丁母憂，已擇日降制起復。緣目今人馬無人主管，及見措置進兵渡江，不可等待。」

右奉聖旨，先次行下，岳飛特起復，仍日下主管軍馬，措置邊事，不得辭免。令劄送湖北、京西路宣撫副使、檢校岳少保疾速施行。

紹興六年四月七日。押押

起復第二省劄

樞密院奏：「勘會檢校少保、武勝、定國軍節度使、湖北、京西路宣撫副使岳飛丁母憂，已擇日降制起復。緣目今人馬無人主管，及見措置進兵渡江，不可等待。」

右奉聖旨，先次行下，岳飛特起復，仍日下主管軍馬，措置邊事，不得辭免。今再劄送湖北、京西路宣撫副使、檢校岳少保疾速施行，准此。

紹興六年四月九日。押押

辭免起復不允省劄

草土臣岳飛奏：「准樞密院劄子，勘會岳飛母魏國太夫人姚氏身故，已降指揮起復，仍日下主管軍馬，措置邊事，不得辭免。今來尚未見依舊治事，緣見措置邊事，不可稍緩，奉聖旨，令岳飛遵依累降指揮，日下主管軍馬職事，不得辭免，仍具已供職月日聞奏。臣契勘除已具辭免奏聞外，伏望聖慈特許臣終制，奏聞事。」

右勘會岳飛所請，累降詔旨不允，日下主管軍馬，措置調發，不得再有陳請。及令本司屬官、將佐日下敦請治事，至今尚未祗受起復恩命。顯是屬官等並不體國敦請，致邊事闕官措置。奉聖旨，令本司屬官等依已降指揮，日下敦請依舊治事，如依前遷延，致再有辭免，其屬官等並當遠竄。仍劄與岳飛，依累降詔旨，日下治事，不得更有陳請。今劄送湖北、京西路宣撫副使、檢校岳少保疾速施行，准此。

紹興六年五月十一日。　押押

進發至京西路添入河東及節制河北路字劄

諸路軍事都督府：

岳少保申：「准都督行府劄子：『勘會行府恭被聖訓，應措置軍事，一面相度施行。契勘岳少保已除湖北、京西路宣撫副使，所有將來進發至京西路分行下僞界文字，合添入河東貳字，以湖北、京西、河東宣撫副使〔一〕繫階。其行移湖北以裏州軍，及申奏朝廷并行府等文字，自合依舊。已於三月三十日劄下岳少保照會施行去訖，須議指揮。右勘會若將來有河北申到本司軍前文字，即聽行節制，仍於階內添入節制河北路五字，餘依已劄下事理施行。』除已遵依指揮施行外，飛契勘河東、河北兩路，近除有梁興等前來之後外，別無前來之人。所有前項所准指揮，令飛階内添入河東及節制河北路字，伏乞行府特賜指揮，寢罷施行。伏候指揮。」

右勘會逐次劄下事理，係將來行軍進發至京西路分，遇有逐路合行文字，即於階内添入。今劄送湖北、京西路宣撫副使、檢校岳少保照會，准此。

紹興六年七月二日。押

〔二〕宣撫副使「副」，據《金佗稡編》卷一八《乞免帶河東宣撫申都督府狀》補。

免取會立功制領將佐料曆省劄

樞密院奏：「勘會昨降指揮，諸軍緣捍禦戰鬭金人大軍，立到奇功統制、統領、將佐、使臣等，内有未曾給到料錢文曆之人，並令户部免取會，不以拘礙，特行出給。今來僞賊劉麟侵犯淮西作過，朝廷已遣諸頭項大兵前去，併力掩殺外。」

右奉聖旨，諸軍統制、統領、將佐、使臣等，内有立到奇功，未曾出給料錢文曆之人，特依昨降戰敵金人立奇功已得指揮，仍令樞密院給降黄榜曉諭。并黄榜壹道，今劄送湖北、京西路宣撫副使、檢校岳少保疾速施行，准此。

紹興六年十月十四日。押押

目疾令不妨本職治事省劄

樞密院奏：「湖北、京西路宣撫使司參謀官薛弼等申：『契勘宣撫岳少保於九月二十八日巡邊回到鄂州軍前，緣爲眼疾昏暗，未能治事，准劄子，令弼等權行管幹宣撫司事務。已累具利害事因取稟，乞不妨本職治事，服藥調護目疾。堅謂目痛昏暗，有妨書押。除已逐急行移，及將軍馬事務，移文守寨同提舉一行事務張憲管幹施行外，伏望朝廷詳酌，速賜指揮施行。伏候指揮。』」

右勘會近緣賊馬侵犯淮西，累降指揮，令岳飛總率全軍，星夜兼程，起發前來。都督行府今據前項所申，除已降指揮，差眼科皇甫知常日下起發，差使臣伴送，由江、池州路前去岳飛軍前醫治外，今來邊事急切，正賴主帥親提軍馬，共濟國事。奉聖旨，令岳飛日下不妨本職治事。餘依累降指揮施行。先具已治事日時聞奏。今劄送湖北、京西路宣撫副使、檢校岳少保疾速施行。准此。

紹興六年十月十六日。押押

賜銀合茶藥省劄

奉聖旨，令入内内侍省差内侍壹員，前去岳飛軍前，傳宣撫問，仍賜銀合茶、藥。

右劄送湖北、京西路宣撫副使、檢校岳少保照會，准此。

紹興六年十一月二十六日。押押押

僞五大王至蔡州令審料敵情省劄

湖北、京西路宣撫副使岳少保申：「據王貴申：『僞五大王擁賊兵前來，離何家寨四十里，地名大標木，依靠山勢擺布，迎敵官軍。於十一月初十日與賊交戰，大獲勝捷。』申聞事。

小貼子：飛契勘僞五大王擁番、僞重兵，侵犯唐、鄧州、漢上一帶作過，飛遂遣發軍馬飛見星夜前去相度，若蔡州可下，即行收復，差官主管州事畢，班師，別聽朝廷指揮。伏乞照會。」

檢會近據岳少保奏，十一月十二日，統制官寇成等申，虜、叛賊兵侵犯京西一帶事宜。除合遵依前項聖旨措置。今雖獲大捷，緣已至蔡州界，去京城大段比近，勢未能便行深討。

十一月二十七日奉聖旨，令岳飛更切審料敵情，擇利進止，務取全功。

指揮施行，及應干軍事自合明審事機，便宜措置外。

右行府契勘，今來已破何家寨等處，如彼處及蔡州一帶糧料有餘，可以剳立硬寨，分遣輕騎，追引虜、叛賊兵前來，擇利取勝，即合隨宜經畫，遲以旬月，因立大功。如□問得大河南北別有番賊重兵相繼應援，未須與之輕戰，即遵依已降聖旨指揮，及行府累剳下便宜指揮施行。今剳送湖北、京西路宣撫副使、檢校岳少保照會，具已施行事狀申行府，准此。

紹興六年十二月一日。

鄂國金佗續編卷第八

絲綸傳信録卷之七

紹興六年

番僞分路前來令更切審料賊情省劄

湖北、京西路宣撫副使岳飛申：「今據諸處申到，番、僞賊馬厚重，分路前來侵犯。飛雖目疾昏痛未痊，不免於十一月十五日躬親渡江，星夜前去措置賊馬外，伏候指揮。」

右檢會岳飛奏，諸處申賊馬分路前來侵犯，已將帶軍馬過江措置。十一月二十七日奉聖旨，令岳飛更切審料賊情，擇利進止，務取全功，已劄下去訖。今劄送湖北、京西路宣撫副使、檢校岳少保照會，准此。

紹興六年十二月三日。

雪寒撫諭將士黄榜

奉聖旨，岳飛行軍襄漢，正此雪寒，將士勤勞，良軫顧念。可令學士院降詔撫諭一行將士，仍降黄榜曉諭。

右并詔書、黄榜各乙道，今劄送湖北、京西路宣撫副使、檢校岳少保照會收管施行，准此。

紹興六年十二月十二日。押

令赴行在奏事省劄

十二月二十一日，三省、樞密院同奉聖旨，岳飛候指揮到，如别無緊切事宜，量帶親兵，前來行在所奏事。

右劄送起復武勝、定國軍節度使、充湖北、京西路宣撫副使、檢校岳少保。

紹興六年十二月二十四日。〔一〕

〔一〕十二月二十四日　省劄載「十二月二十一日」有聖旨，則發省劄日期不應爲「十四日」。在「十四日」之前，原脱「二」字，今予增補。

紹興七年

再令疾速赴行在奏事省劄

正月三日，三省、樞密院同奉聖旨，令岳飛依已降指揮，如别無緊切事宜，令疾速起發，赴行在所奏事。

右劄送起復武勝、定國軍節度使、充湖北、京西路宣撫副使、檢校岳少保。

紹興七年正月三日。押押

令扈車駕幸建康省劄

起復檢校少保、武勝、定國軍節度使、湖北、京西路宣撫副使、兼營田使岳飛劄子：

「契勘飛累准朝廷指揮催促，令前來行在所奏事。飛已到行朝，適值國恤，隨班入臨，欲候除服日，即乞朝辭。候指揮。」勘會車駕巡幸建康，進發在近，二月十八日，三省、樞密院同奉聖旨，〔一〕令岳飛扈從前去，其見將帶馬軍於禁衛從行。

右劄送起復湖北、京西路宣撫副使、檢校岳少保。

紹興七年二月十九日。

〔一〕三省樞密院同奉聖旨　「三省」原缺，應予增補。如僅爲樞密院「奉聖旨」，「奉」之上不應有「同」字，亦不應稱「省劄」。

令入内内侍省引對省劄

三月三日，三省同奉聖旨，岳飛令入内内侍省今月四日引對。

右劄送湖北、京西路宣撫使岳太尉。

紹興七年三月四日。　押押押

詔諭靖康叛臣能束身以歸當復爵秩省劄

檢會紹興四年十二月十二日，三省、樞密院同奉手詔：「朕惟靖康兵革之難，神器幾墜，天命有在，屬于眇躬。夙夜兢兢，罔敢自逸，期與爾士大夫共雪大耻，還我兩宫，保有黎元，永庇中土。而强敵侵軼，迫朕一隅，叛臣乘時，盜據京邑，使我搢紳淪陷塗炭。繇朕不德，以至於斯，北望傷心，收涕無所。亦惟爾士大夫蒙祖宗休澤，服在周行，其肯失身僞廷，事非其主，顧驅脅使然，有不得已者，朕甚痛之。故若張孝純、李鄴、李儔等内外親族，不廢禄仕，每飭有司，常加存恤。朕之於爾厚矣，爾尚忍忘之耶？其能洗心易慮，束身以歸，當復其爵秩，待遇如初。嗚呼！逆順之理，禍福之機，昭然甚明，要知所擇。朕方昭大信，以示天下，言不爾欺，有如皦日。咸務自省，體朕至懷。故兹詔示，想宜知悉。」

右劄送湖北、京西路宣撫使岳太尉照會施行，准此。

紹興七年三月十四日。

許令便宜行事省劄

勘會岳飛昨除湖北、京西宣撫副使日，已降指揮，如有合行事件，遇行軍申奏，待報不及，許便宜施行。今來已除宣撫使，三月十四日奉聖旨，岳飛如行軍入賊境，有軍期事務申奏，待報不及，依已降指揮，許便宜施行訖，具事因聞奏及申都督府。

右劄送湖北、京西路宣撫使岳太尉。

紹興七年三月十四日。

督府令收掌劉少保下官兵劄

諸路軍事都督府：

勘會淮西宣撫劉少保下官兵等，共五萬二千三百一十二人，馬三千一十九匹，須至指揮。

統制官、通侍大夫、武康軍承宣使王德下官兵等五千七百三十一人，馬三百八十七匹。

中侍大夫、武泰軍承宣使酈瓊下官兵等五千五十五人，馬三百五十四匹。

左武大夫、和州團練使王師晟下官兵等四千八百九十人，馬二百三十一匹。

翊衛大夫、和州防禦使靳賽下官兵等五千七百二十一人，馬二百八十二匹。

武顯大夫、貴州刺史、兼閤門宣贊舍人王照下副統制馬欽官兵等三千一百二十八人，馬一百三十四匹。

武功大夫、通州刺史、兼閤門宣贊舍人王志下官兵等四千一百七十二人，馬一百九十六匹。

中侍大夫、榮州防禦使喬仲福下官兵等七千三十八人，馬三百六十三匹。

左武大夫、恩州刺史、兼閤門宣贊舍人張景下官兵等六千九百四十六人，馬八百六十九匹。

左武大夫、忠州刺史、兼閤門宣贊舍人王世忠下官兵等四千四百七十八人，馬二百七匹。

武德郎、閤門宣贊舍人李進彦下（係水軍）官兵等五千一百五十二人，馬闕。

副統制、左朝請大夫趙四臣。

武義大夫、閤門宣贊舍人康淵。

右劄送湖北、京西路宣撫使岳太尉照會，密切收掌，仍不得下司，准此。

紹興七年三月十四日。

督府令相度京西一帶事宜劄

諸路軍事都督府：

勘會統制酈瓊等驅衆渡淮，其逆賊劉麟必聚兵引接，度其事勢，須以重兵監防，旬月之（以下原闕）

從奏進屯淮甸仍降詔獎諭省劄

（以上原闕）馬，措置襄漢一帶。伏惟進止。」〔一〕右奉聖旨，岳飛所奏，備見體□□□□□學士院降詔獎諭。今劄送湖北、京西路宣撫使岳太尉照會。

紹興七年九月十四日。〔二〕

〔一〕以上殘缺之岳飛奏即《金佗稡編》卷一二《乞進屯淮甸劄子》第九四九頁。

〔二〕此省劄原缺，嘉靖本同，據傳本補。「從奏進屯淮甸」之標題係誤，《金佗稡編》卷七載，「先臣復上奏」，「願進屯淮甸」，「降詔獎諭，而不之許」，故不應謂之「從奏」。

照會依張俊例批勘請俸省劄

户部員外郎霍蠡狀：「據户部糧料院□□□司貼，據武翼郎、管幹宣撫岳飛請□□□□□狀，契勘宣撫太尉轉官月日已經□□□□□□請受文曆外，有請給添支□□□□□□例，伏乞送所屬檢照條令□□□□□□□上則例。候指揮。」

帖院仰□□□□□□□□司契勘，昨劉光世、張俊、〔一〕韓□□□□□□日，係專□指揮則例支□□□□□□□□授太尉，即未曾承准指揮□□□□□□□朝廷行下所屬，開具合□□□□□□□遵執政故□行□□□□□□狀〔二〕申，伏候指揮。」

户部供到紹興元年十二月一日敕：「尚書省送到太尉、定江、昭慶軍節度使、神武右軍都統制張俊狀：『檢准十月二十四日尚書省劄子，奉聖旨指揮閤門，張俊已除太尉，不候辭免，特許趂赴朝參，令立新班。應恩數、張傘等，並依劉光世任太尉日，依先次施行。伏候指揮。奉聖旨，依已得指揮。所有諸般請給，緣俊自出身已來，皆係戰功，伏望特降指揮，行下所屬。據俊身分，合得□□依劉光世任太尉例，並支真俸施行。伏候指揮。』三省同奉聖旨，特依劉光世□□□例支破，内隨身傔人米，一半折支價錢。」九月二十九日奉聖旨，並依張俊已得指揮則例批勘。〔三〕

右劄送起復湖北、京西路宣撫使岳太尉。

紹興七年九月二十九日。押押押

〔一〕張俊　「俊」，原作「浚」，今改正。

〔二〕此省劄自「狀」之上，原缺，嘉靖本同，據傳本補。

〔三〕此省劄在「狀」之下至「批勘」，原有一些缺字，據嘉靖本補。

紹興八年

令於江州統率官兵回鄂州省劄

樞密院奏：「勘會昨降指揮，令岳飛將帶官兵、水軍人舡，前來江州駐劄，今來已過防秋。」

右三省、樞密院同奉聖旨，令岳飛審度，如別無緊切事宜，即統率一行官兵、人舡回歸鄂州，本司具已起發日時申樞密院。今劄送湖北、京西路宣撫使岳太尉。

紹興八年二月〔一〕十三日。

〔一〕二月　原作「六月」，《金佗稡編》卷七載，紹興八年「春二月，還軍鄂州」，省劄又稱「今來已過防秋」，可知「六月」係誤，今據《金佗稡編》卷七改。

服闋除起復二字省劄

武功大夫、兼閤門宣贊舍人、特差湖北、京西路〔一〕宣撫使司往來幹辦軍期事務王敏求狀：「契勘宣撫岳太尉先爲母亡起復，合至今年六月一日從吉，所有『起復』二字，未敢便行除落，伏候指揮。」吏部供到狀：「昨劉少師紹興三年四月内因丁母憂，降制起復。後來至服闋日，本官一面除落『起復』二字，即不曾降指揮除落。申聞事。」

右劄送湖北、京西路宣撫使司照會，准此。

紹興八年六月二十八日。押押押

〔一〕湖北京西路　原作「荆湖西路」，据《金佗續編》卷九《再令除落起復二字省劄》改。

鄂國金佗續編卷第九

絲綸傳信録卷之八

紹興八年

再令除落起復二字省劄

檢會湖北、京西路宣撫使司往來幹辦軍期事務王敏求狀：「契勘岳太尉先爲母亡起復，合至今年六月一日從吉，所有『起復』二字，未敢便行除落，候指揮。」吏部供到狀：「昨劉少師紹興三年四月内因丁母憂，降制起復。後來至服闋日，本官一面除落『起復』二字，即不曾降指揮除落。」尚書省已劄下湖北、京西路宣撫司照會去訖。今據岳太尉七月初六日奏狀，尚未見除落「起復」字，須議指揮。

右劄付湖北、京西路宣撫使司，依已劄下事理除落，准此。

紹興八年七月二十一日。　押押押

乞致仕不允仍令前來行在奏事省劄

湖北、京西路宣撫使岳飛奏：「臣今月初八日，准御前金字牌遞到樞密院劄子：『奉聖旨，令韓世忠、張俊、岳飛如別無警急事宜，各量帶親兵，暫赴行在奏事。』臣除已恭依處分外，契勘臣累具奏聞，乞歸田野，以養殘軀，未賜俞允。伏望聖慈檢會臣前後所奏，速降睿旨，許臣致仕，庶幾不致上誤國計。臣已擇今月十二日起發，於江、池州以來，聽候指揮。臣不勝懇切之至，取進止。」

右奉聖旨，□乞□□仍依已降指揮，疾速起發，前來行在奏事。〔一〕今劄送湖北、京西路宣撫使岳太尉疾速施行，准此。

紹興八年八月二十二日。　押押押

〔一〕前來行在奏事　「奏」，底本字跡模糊，嘉靖本作「奉」，據傅本改。

辭免赴行在奏事不允省劄

湖北、京西路宣撫使岳飛奏：「臣近在路，於江、池州兩具劄子，冒瀆天聽，[一]乞致仕者。退循戰懼，[二]莫知所爲。臣迤邐將次廣德軍界，尚未准指揮。顧臣螻蟻懇迫之誠，上賴天地函容始終之賜，唯祈昭鑒，曲示眷憐。伏望早降睿旨，許臣屏跡山林，以養微軀。區區之詞，備在前奏，臣更不叨叨，紊煩聖聽。臣除於廣德軍以來聽候指揮外，取進止。」

右三省、樞密院同奉聖旨，依已降詔旨不允，不得再有陳請。仍依已降指揮，疾速兼程前來，赴行在奏事。今劄送湖北、京西路宣撫使岳太尉疾速施行。

紹興八年九月二日。押押押

〔一〕冒瀆天聽　「聽」，本卷《同前第二劄》作「聰」。

〔二〕退循戰懼　「戰」，原缺，嘉靖本作「恐」，據本卷《同前第二劄》改。

同前第二劄

檢會湖北、京西路宣撫使岳飛奏：「臣近在路，於江、池州兩具劄子，冒瀆天聰，乞致仕者。退遁戰懼，莫知所爲。臣迤邐將次廣德軍界，尚未准指揮。顧臣螻蟻懇迫之誠，上賴天地函容始終之賜，唯祈昭鑒，曲示眷憐。伏望早降睿旨，許臣屏跡山林，以養微軀。區區之詞，備在前奏，臣更不叨叨，紊煩聖聽。臣除於廣德軍以來聽候指揮外，取進止。」九月二日奉聖旨，依已降詔旨不允，不得再有陳請。仍依已降指揮，疾速兼程前來，赴行在奏事。除已劄下外，至今未到。

右再劄送湖北、京西路宣撫使岳太尉，遵依累降指揮，疾速施行，准此。

紹興八年九月四日。押押押

再乞致仕不允省劄

湖北、京西路宣撫使岳飛奏：「臣椎鈍之資，過蒙眷注，近累乞致仕，又蒙聖慈降詔不允，及催督赴行朝奏事。臣不敢固違召命，即遂就道。伏念臣遭遇陛下，實千載一時□□□，豈欲頻具奏聞，上瀆天聽，重貽罪戾，徒自取之。緣臣不唯眼目腳疾時時發動，深恐才不逮人，緩急有誤陛下委付。覬就安閑，保養賤軀，跡其狂率，别無他腸。俟臣異日痊可，陛下尚欲使令，願盡駑蹇，仰受指縱。伏望淵衷俯垂洞照，早賜允臣所請，不勝幸甚。干冒斧鉞，退惟戰懼，取進止。」

右奉聖旨，依累降詔旨不允，不許再有陳請。今劄送湖北、京西路宣撫使岳太尉。

紹興八年九月六日。押押押

紹興九年

同判宗士㒟等前去祗謁陵寢省劄

湖北、京西路宣撫使岳飛奏：「臣伏覩正月十二日降到赦書，交割河南州縣，内西京河南府係臣所管地分。〔一〕自劉豫盜據以來，祖宗陵寢久廢嚴奉，臣不勝臣子區區之情，欲乞量帶官兵，躬詣洒掃。伏候敕旨。」

右勘會已降指揮，差同判大宗正事士㒟、兵部侍郎張燾前去祗謁陵寢。三省、樞密院同奉聖旨，劄與岳飛照會，候逐官起發，申取朝廷指揮，量帶親兵，同共前去祗謁。今劄送湖北、京西路宣撫使岳開府。

紹興九年二月三日。押押。

〔一〕河南府係臣所管地分　「係」，據《金佗稡編》卷一二《乞祗謁陵寢奏》補。

合用修工費用令王良存於大軍錢内支省劄

勘會祗謁陵寢官、同判大宗正事士㒟已得聖旨，修奉諸陵，合專委官應副。二月二十一日，三省同奉聖旨，劄與岳飛照會，與士㒟商議，應副人工修奉，其費用令王良存於大軍錢内支。仍劄下王良存照會。

右劄送武勝、定國軍節度使、湖北、京西路宣撫使、兼營田大使岳開府。

紹興九年二月二十三日。押押押

免親往祗謁陵寢省劄

樞密院奏：「勘會已降指揮，令岳飛量帶親兵，同士㒟、張燾前去祗謁陵寢。緣今來新復故地之初，正要大將撫存軍旅。」

右三省、樞密院同奉聖旨，令岳飛更不須親往。止選差將官壹、兩員，部押壕寨人匠、軍馬，共壹阡人，隨逐士㒟、張燾前去祗謁陵寢。其一行合用錢糧，令王良存隨逐應辦。仍劄與士㒟、張燾照會。今劄送湖北、京西路宣撫使岳開府疾速施行。

紹興九年四月十一日。押押

照會免去祗謁陵寢省劄

太尉、〔一〕武勝、定國軍節度使、湖北、京西路宣撫使、兼營田大使岳飛劄子奏：「今日祗謁陵寢使、〔二〕同判大宗正事士㒟、兵部侍郎張燾到鄂州。臣見辦集行役，只俟得士㒟、張燾關報行期，便同起發。或恐陛下別有使令，願賜一一訓敕。謹具奏知。」

檢會紹興九年四月十一日敕：「樞密院劄子：『樞密院奏：勘會已降指揮，令岳飛量帶親兵，同士㒟、張燾前去祗謁陵寢。緣今來新復故地之初，正要大將撫存軍旅。奉聖旨，令岳飛更不須親往。止選差將官壹、兩員，部押壕寨人匠、〔三〕軍馬，共壹阡人，隨逐士㒟、張燾前去祗謁陵寢。其一行合用錢糧，令王良存隨逐應辦。仍劄與士㒟、張燾照會。』四月十三日，三省同奉聖旨，檢坐已降指揮，劄與岳飛照會。仍令學士院降詔獎諭。」

右劄送湖北、京西路宣撫使岳開府。

紹興九年四月十四日。押押押

〔一〕「太尉」與省劄後之「開府」有異，可參《金佗稡編》卷一二第九五四頁。

〔二〕陵寢使　原脱「使」字，據《金佗稡編》卷一二《奏審謁陵寢行期劄子》補。

〔三〕壕寨人匠　「人」，本卷《同前第二劄》作「官」。

同前第二劄

太尉、武勝、定國軍節度使、湖北、京西路宣撫使、兼營田大使岳飛劄子奏：「今日祗謁陵寢使、〔二〕同判大宗正事士㒟、兵部侍郎張燾到鄂州。臣見辦集行役，只俟得士㒟、張燾關報行期，便同起發。或恐陛下别有使令，願賜一一訓敕。謹具奏知。」

檢會紹興九年四月十一日敕：「樞密院劄子：『樞密院奏：勘會已降指揮，令岳飛量帶親兵，同士㒟、張燾前去祗謁陵寢。緣今來新復故地之初，正要大將撫存軍旅。奉聖旨，令岳飛更不須親往。止選差將官壹、兩員，部押壕寨官匠、軍馬，共壹阡人，隨逐士㒟、張壽前去祗謁陵寢。其一行合用錢糧，令王良存隨逐應辦。仍劄與士㒟、張燾照會。』四月十三日，三省同奉聖旨，檢坐已降指揮，劄與岳飛照會。仍令學士院降詔獎諭。」

右已劄送湖北、京西路宣撫使岳開府。切慮在路遺滯，今再劄送湖北、京西路宣撫使岳開府，遵依已降指揮施行。

紹興九年四月十五日。押押押

〔一〕陵寢使　原脱「使」字，據《金佗稡編》卷一二《奏審謁陵寢行期劄子》補。

令赴行在奏事省劄

岳飛劄子奏：「臣欲乞赴行在奏事，伏望聖慈特降指揮。取進止。」

右三省、樞密院同奉聖旨依奏。今劄送湖北、京西路宣撫使岳開府疾速施行。

紹興九年八月二十三日。押押

照會追復張所左通直郎直龍圖閣省劄

武勝、定國軍節度使、開府儀同三司、〔一〕湖北、京西路宣撫使岳飛劄子奏：「臣竊見故左通直郎張所先任監察御史，除直龍圖閣、河北路招撫使。因謫官到潭州界内，爲凶賊劉忠驅虜，百端誘脅，終不肯從，遂至被害。累經恩赦，本家無人申陳，未曾牽復。如張所者本踈遠，仰蒙朝廷識擢，當艱危之際，奮不顧身，有志未就，能以節死。欲望聖慈矜憫，特賜牽復官職，以激忠義之風。取進止。」

十月九日，三省同奉聖旨，張所特與追復舊官職。關送中書、門下省指揮，奉敕：「故前通直郎、直龍圖閣張所，士無節操，顧雖偷生，奄奄如九泉下人；若乃英風義槩，折而不沮，其人雖亡，凜然常有生氣。有臣如此，可無以表厲之哉！爾持論勁正，自喜功名，頃由御史，身任招撫之柄。毁譽交至，用舍不常，卒罹緑林，殞於非命。雄心誼烈，奮挺莫回，亦可以激懦夫之氣，而勸人臣之忠矣！兹因將臣以名來上，是用還爾通籍，仍直龍圖，〔二〕魂而有知，毋忘結草。可特追復左通直郎、直龍圖閣。」

右劄送湖北、京西路宣撫使岳開府。

紹興九年十月十五日。押押押

〔一〕此爲岳飛初次以「開府儀同三司」之銜上奏。《金佗稡編》卷一五《辭男雲特轉恩命第三劄子》：「臣以辭免開府恩命，重蒙玉音戒諭丁寧，又不敢固違天意，跼蹐拜命，已切悚惶。」可知他拒絶陞官從一品開府儀同三司，長達八、九個月，直至當年九、十月朝見時。

〔二〕仍直龍圖　「龍」，原作「河」，「嘉靖本」同，據「傳本」改。仍直龍圖　「龍」，原作「河」，「嘉靖本」同，據「傳本」改。

賜張所一資恩澤仍支銀絹省劄

武勝、定國軍節度使、開府儀同三司、湖北、京西路宣撫使、兼營田大使岳飛劄子：「飛聞好生惡死，天下常情，若臨大難而不變，視死如歸者，非忠義之士，有所不能。〔一〕竊見左通直郎、直龍圖閣張所以忠許國，義不顧身，雖斧鉞在前，凜然不易其色，終能以全節自守而不屈。不惟飛知之，士大夫無不知之。今蒙朝廷已敍復元官，恩至渥也，欲望更賜特爲敷奏，乞與優加褒異，〔二〕庶使天下忠義之士，皆知所勸。伏候指揮。」

十一月十二日奉聖旨，張所特與壹資恩澤，仍支賜銀、絹各壹伯匹、兩，令所居州軍應副。

右并劄下張所本家。照劄壹道，送湖北、京西路宣撫使岳開府照會給付，准此。

紹興九年十一月十三日。押押押

〔一〕非忠義之士有所不能　原脱「有所」兩字，據《金佗稡編》卷一八《再乞褒贈張所申省劄子》補。

〔二〕乞與優加褒異　「優」，原作「旌」，據《金佗稡編》卷一八《再乞褒贈張所申省劄子》改。

鄂國金佗續編卷第十

絲綸傳信録卷之九

紹興十年

到蔡州給賜犒軍銀絹省劄

三省、樞密院同奉聖旨，岳飛調發軍馬，已到蔡州，可令户部給銀、絹伍千匹、兩，充犒軍支用，令賜夏藥内侍一就押賜。

右劄送湖北、京西路宣撫使、兼河南、北諸路招討使岳少保。

紹興十年閏六月二十八日。押押

收復潁昌〔一〕令開具立功人等第省劄

湖北、京西路宣撫使司奏：「據前軍統制、同提舉一行事務張憲申：『統領軍馬，前來措置賊馬，除於閏六月〔二〕十九日離潁昌府四十里，與番賊見陣〔三〕獲捷外，憲統率軍馬，追襲敗走賊馬，於當月二十日收復潁昌府了當。』奏聞事。」

右三省、樞密院同奉聖旨，令岳飛開具立功人等第，疾速保明聞奏。今劄送湖北、京西路宣撫使、兼河南、北諸路招討使岳少保疾速施行。

紹興十年七月二日。押押

〔一〕潁昌　「潁」，原作「穎」，嘉靖本同，據傳本改。本卷往後「潁昌」之「潁」，亦據此改正。

〔二〕除於閏六月　「除於」，底本字跡模糊，嘉靖本僅有「於」，今據《金佗稡編》卷一六《復潁昌府奏》。

〔三〕與番賊見陣　「番」，底本字跡模糊，嘉靖本作「僞」，今據《金佗稡編》卷一六《復潁昌府奏》和傳本。

賜金帶金椀等省劄

三省、樞密院同奉聖旨，岳飛提兵已至蔡州，遣發官兵，收復潁昌府。可差内侍黄彦節前去傳宣撫問，仍賜金合茶、藥，及支降金帶、金椀壹千兩，其已支犒軍銀并折絹銀可共添賜作伍萬兩。令彦節管押赴軍前，委岳飛將立功官兵等第給賜。

右劄送湖北、京西路宣撫使、兼河南、北諸路招討使岳少保照會施行。

紹興十年七月四日。押押

改差内侍李世良管押御賜金帶金椀等省劄

三省、樞密院同奉聖旨，岳飛提兵至蔡州，連捷收復潁昌、淮寧府。可差内侍李世良前去傳宣撫問，仍賜金合茶、藥，〔一〕及支降金帶、金椀壹千兩，銀伍萬兩，見錢關子拾萬貫。令世良一就管押前去，赴軍前，委岳飛將立功官兵等第給賜。其先差黄彦節更不遣行。

右劄送湖北、京西路宣撫使、兼河南、北諸路招討使岳少保照會施行。

紹興十年七月六日。押押

〔一〕金合茶藥　「茶」，據《金佗稡編》卷八補。

照會湖廣總所樁兑支犒錢省劄

勘會已降指揮，令行在榷貨務印造見錢關子拾萬貫，應副岳宣撫軍前犒軍支使。理合措置樁備錢數支給。須議指揮。

右已劄下湖、廣、江西、京西路總領司，仰於大軍錢内依數樁兑見錢，候賫到上件關子，日下支給施行，不管少有阻節留滯外。今劄送湖北、京西路宣撫使、兼河南、北諸路招討使岳少保照會，准此。

紹興十年七月六日。押押

照會支撥收復鄭州激賞錢省劄

勘會岳飛遣發官兵，收復鄭州，并日後所用激賞合行支降。七月八日，三省同奉聖旨，令行在榷貨務限叁日，更行印造見錢關子貳拾萬貫，付岳飛。内壹拾萬貫激賞收復鄭州得功官兵，餘壹拾萬貫充宣撫司非時支使。其錢仰鄂州總領司疾速樁垜，候到照驗，即時支給。

右劄付湖北、京西路宣撫使、兼河南、北諸路招討使司。

紹興十年七月八日。押押押

李供奉押賜收復鄭州支犒錢省劄

勘會續降指揮，岳宣撫遣發官兵，收復鄭州，并日後所用激賞，令榷貨務限叁日，更行印造見錢關子貳拾萬貫，内壹拾萬貫激賞收復鄭州得功官兵，餘壹拾萬貫充宣撫司非時支使。今據榷貨務供到，今月初九日可以印造了當。須議指揮。

右已劄下睿思殿祗候、入内李供奉，一就押賜前去外。今劄送湖北、京西路宣撫使、兼河南、北諸路招討使岳少保照會。准此。

紹興十年七月九日。押押押

收復趙州獲捷照會楊沂中除淮北宣撫劉錡除宣撫判官

湖北、京西路宣撫使、兼河南、北諸路招討使岳飛奏：「臣今得衛州忠義統制趙俊差人齎到申狀，自閏六月二十七日起離本州，於今月初四日到臣軍前報臣，比遣兵過河，會合忠義統制喬握堅等，已收復趙州了當。又遣本司統制梁興、董榮兩頭項過河，河北州縣往往自亂，民心皆願歸朝廷，乞遣發大兵，前來措置。臣見措置外，臣契勘金賊近累敗衄，其虜酋四太子等皆令老小過河。唯是賊衆尚徘徊於京城南壁一帶，近卻發八千人過河北。此正是陛下中興之時，乃金賊滅亡之日，若不乘勢殄滅，恐貽後患。伏望速降指揮，令諸路之兵火急並進，庶幾早見成功。取進止。」

右劄會已降指揮，楊沂中除淮北宣撫副使，於今月二十五日起發，劉錡除淮北宣撫判官。三省、樞密院同奉聖旨，劄與岳飛照會。今劄送湖北、京西路宣撫使、兼河南、北諸路招討使岳少保。

紹興十年七月十六日。押押

獎諭郾城獲捷省劄

樞密院奏：「勘會岳飛一軍於郾城縣，獨與番寇全軍接戰，〔一〕大獲勝捷。除已支降犒賞外。」

右三省、樞密院同奉聖旨，令學士院降詔獎諭。今劄送湖北、京西路宣撫使、兼河南、北諸路招討使岳少保照會。

紹興十年七月二十二日。押押

〔一〕獨與番寇全軍接戰 「番」之下，原有「軍」字，據同卷《郾城獲捷支犒士卒省劄》删。

郾城獲捷支犒士卒省劄

樞密院奏：「勘會岳飛一軍於郾城縣，獨與番寇全軍接戰，大獲勝捷。」

右三省、樞密院同奉聖旨，令户部支降見錢關子貳拾萬貫，付岳飛等第犒賞。今劄送湖北、京西路宣撫使、兼河南、北諸路招討使岳少保照會施行。

紹興十年七月二十三日。　押押

令先次開具立功最高將士省劄

三省、樞密院同奉聖旨，岳飛逐次獲捷，立功將士已節次降指揮，令等第保明。如日下攢類未圓，仰開具立功最高將士先次申奏。餘依累降指揮施行。

右劄送湖北、京西路宣撫使、兼河南、北諸路招討使岳少保疾速施行。

紹興十年八月二日。　押押

令疾速赴行在奏事省劄

岳飛劄子奏：「臣於七月二十七日取順昌府，由淮南路，恭依累降御筆處分，前赴行在奏事。」

右三省、樞密院同奉聖旨，令岳飛疾速前來，赴行在奏事。今劄送湖北、京西路宣撫使、兼河南、北諸路招討使岳少保疾速施行。

紹興十年八月八日。押押

給降空名告命省劄

尚書省關三省、樞密院賞功房，關岳飛劄子：「乞給降下項空名告命，如有立功人，即便書填，以爲激勸。遇書填某人，於告背紙上題寫階銜，押字用印，照驗候指揮。正任承宣使三道（內一道帶軍職），正任觀察使五道（內二道帶軍職），〔一〕正任防禦使八道（內三道帶軍職），〔二〕正任團練使一十道，正任刺史一十五道，已上乞於告內寫定官。横行帶承宣使一十道，横行帶觀察使一十五道，横行帶防禦使二十道，正使帶團練使二十五道，正使帶刺史三十道，正使帶閤門宣贊舍人四十道，副使帶閤門宣贊舍人四十道，小使臣帶閤門祗候五十道，已上乞於告内空官，臨時書填。武功大夫至武翼大夫階各三十道，武功郎至敦武郎階各四十道，修武郎至承信郎階各五十道，進武校尉至守闕進義副尉階各五十道，已上乞寫定官。」〔三〕九月十一日，三省、樞密院同奉聖旨依，令吏部給降。仍置籍專以旌賞陝西、河外立功人，關送樞密院指揮。

右并空名下班祇應付身五十道，今劄送湖北、京西路宣撫使、兼河南、北諸路招討使岳少保照會收管。

紹興十年九月十五日。押押

〔一〕内二道帶軍職「二」，嘉靖本和傅本作「一」。

〔二〕内三道帶軍職「三」，嘉靖本和傅本作「二」。

〔三〕據《宋史》卷一六九《職官志》，以上空名告命，武功大夫等計八階，武功郎等與修武郎等各計九階，進武校尉等，包括下班祇應，計六階，總計一千六百二十一道。正文岳飛劄子中已有「進武校尉至守闕進義副尉階各五十道」，如理解爲岳飛已申請下班祇應告命五十道，而宋廷又另付「空名下班祇應付身五十道」，則空名告命總計應爲一千六百七十一道。

令措置河北河東京東三路忠義軍馬省劄

紹興十年十月十三日，左承議郎、守司農少卿、差充湖北、京西路宣撫使司參議官高穎劄子奏：「臣嘗謂兵之取勝，以謀爲主；謀之發用，以時爲宜。臣自建炎三年春不幸陷於番域，切觀大河之北，士人非不衆也。而能專心詢訪所謂酋長之趣向，兵卒之彊弱，屯戍之虛實，以爲我國家計者，世鮮其人。間有高志不羣之士，往往晦迹隱伏，杜門不出，而時事未嘗過而問焉。臣自紹興九年〔一〕秋，被命召赴行在，切觀大江之南，人非不衆也。〔二〕而能專心詢訪所謂將帥之才，守禦之備，攻取之術，以爲我國家計者，亦鮮其人。間有畫策獻謀之士，往往風聲氣俗，不歷邊事，而謀慮有所不周矣。今也，臣合南北之所得長短，以究其利害，臣雖愚蠢，所得者亦多矣。

臣所以敢將河北忠義之士，爲攻取計，始終不易其言者，相其今日所宜，是爲決取之謀，是爲適可之時。曾無漕運之勞，器甲之需，激賞之費，借曰萬一敗失，亦不傷乎國體。用事於金賊腹心之中，而收功於疆埸千里之外，夫何憚而不爲。臣誤蒙陛下擢置卿列，可謂安佚矣。而臣區區願預軍事，非厭安佚而樂煩劇，蓋以謂臣子之心，苟有寸長，當戮力以爲國家用。儻能建功立事，以圖報稱，是爲臣之忠；立身揚名，以顯父母，是爲子之孝。忠孝所係，故一身之安佚煩劇，曾不足較也。臣之言大可以獻諸天地，幽可以質諸鬼神。伏望陛下特賜睿察，如臣言可用，即委臣措置河北、河東、京東三路忠義軍馬。所有文劄，乞降付宣撫使岳飛，庶幾可以裨贊岳飛十年連結河朔之謀。仍乞降三路賞功聖詔，然後臣當將命請行。取進止。」

右三省、樞密院同奉聖旨，劄與岳飛措置，不下司。今劄送湖北、京西路宣撫使、兼河南、北諸路招討使岳少保疾速施行。

紹興十年十月十三日。

〔一〕紹興九年　「九」，原作「元」，據《宋會要輯稿》選舉三四之五二、《建炎以來繫年要録》卷一三二、卷一四二，高穎「陷僞十年，固窮守節」，至紹興九年召赴臨安。「元年」應爲「九年」之誤，今改正。

〔二〕人非不衆也　「人」之上，當脱「士」字。

密詔諸將廣設間諜契丹等國誘率來歸省劄

臣寮劄子奏：「臣聞金賊初犯中國，率契丹、渤海、奚人、漢兒諸國之兵，猖然而來，共肆吞噬之毒。然竊原諸國之本心，誠非得已，迫於一時凶力之强而已矣。今則窮兵轉戰二十餘年，思歸者益切，厭亂者益多。昨兀术渝盟，自知兵出無名，乃託以大教，悉卷而行，侵我三路。〔一〕其麾下之衆莫不怏怏而南，非欲攄憤雪耻，而樂然願鬬也，故三路之師，連戰輒北。何則？兀术之性，狠猛殘虐，喜於殺戮，一旦戕其叔撻賴，而國人貳者已過半矣。咸以謂於其叔如此，佗人敢保其終乎？此楚歌發而項籍亡，晟間行而攝圖破之秋也。《傳》謂夷狄難以力征，易可離間，此言中的，不可復易。欲願陛下密詔諸將，廣設間諜，諭以禍福。其契丹、渤海、奚人、漢兒諸國有來降者，厚而遣之，縱其返國，使之更相誘動，相率來歸，高爵厚禄，一無所悋。不一、二年，足以離其腹心，破其黨與。此所謂不戰而屈人之兵者。取進止。」

右三省、樞密院同奉聖旨，依奏劄與諸帥照會。今劄送湖北、京西路宣撫使、兼河南、北諸路招討使岳少保照會，仍不下司。

紹興十年十月二十二日。

〔一〕《建炎以來繫年要録》卷一二七：「（紹興九年三月己亥）詔分河南爲三路，京畿路治東京，河南府路治西京，應天府路治南京。」

鄂國金佗續編卷第十一

絲綸傳信録卷之十

紹興十年

令差人體探順昌府番賊聚糧詣實省劄

權發遣壽春府孫暉奏：「十月十六日，據本府差出幹事人丁洪、張立回府供責：『先於今月初七日蒙差離府，前去已北幹事。至十一日早，假裝近城打柴人，入順昌府城西門，於市西張客店内安下。至十二日早，探見梓城裏女真番人烏也萬户將帶女真馬軍一千人騎，出北門，望亳州路上，稱前去宿州。其知府劉都轄用酒食送到白沙村。及當時亦有馬軍二百餘人騎出南門，即不知去向。并探得當日卻有順昌府城西北二十餘里一寨女真番人二千餘人騎，卻拽入城内，遶梓城外下寨。及於城内諸寺院内亦有漢兒并女真千户四箇，共有馬軍約三百人騎，步軍一千七、八百人。兼於城北潁河搭蓋土橋一座，闊約一丈七、八尺來。兼越河裏見堆垜馬桿草四、五十積。并見陳州用船五十餘隻，般載糧到順昌府城内下卸了當，其空船見在橋西繫泊。并亳州用人夫推般糧五百餘輛車子，〔一〕到城下卸，復回空車，前去亳州。洪等至十三日買茶、鹽，出城前來，至十六日晚到府，所供是的。』

臣所據幹事人丁洪等探到順昌府番賊聚積糧草事宜，臣除已過作隄備，及不住再差人前去體探番賊動息作爲，意向次第，候到，别具奏聞。」

右奉聖旨，令淮西、淮北、湖北、京西宣撫司差人體探，詣實申奏。今劄送湖北、京西路宣撫使司疾速施行，准此。

紹興十年十月二十五日。

〔一〕五百餘輛車子　「輛」，原作「量」，傳本同，據嘉靖本改。

措置蔡州虜賊孟千户省劄

樞密院奏：「據探報，蔡州番賊孟千户領人馬前去唐州及管下比陽作過。」右三省、樞密院同奉聖旨，令岳飛嚴切措置捍禦，不管疏虞，仍具已措置事狀聞奏。今劄送湖北、京西路宣撫使、兼河南、北諸路招討使岳少保疾速施行。

紹興十年十一月十七日。

再令疾速措置孟千户省劄

樞密院奏：「勘會近據探報，蔡州番賊孟千户領人馬前去唐州及管下比陽作過。已降指揮，令岳飛嚴切措置捍禦，不管疏虞，仍具措置事狀聞奏。今又據京西南路安撫司申：『唐州責據百姓文九狀，十月二十四日到比陽縣西，見本縣人民走出縣來，稱有番人來到本縣下寨。』切慮賊馬不測，侵犯京西一帶州縣，理宜嚴備。」

右三省、樞密院同奉聖旨，令岳飛依累降指揮，疾速嚴切措置捍禦，不管少有疏虞，仍具已措置事狀聞奏。今劄送湖北、京西路宣撫使、兼河南、北諸路招討使岳少保疾速施行。

紹興十年十一月十九日。

令今後招捉女真等不得一面申解省劄

樞密院奏：「勘會諸路宣撫司招捉女真、契丹、漢兒、渤海，並申解前來朝廷，深慮沿路難以機察。」

右三省、樞密院同奉聖旨，劄下逐司，令後不得一面申解，先具姓名聞奏取旨。

今劄送湖北、京西路宣撫使司照會，准此。

紹興十年十一月十九日。

令宣撫招撫司差人間探省劄

樞密院奏：「勘會累降指揮，令逐路宣撫、招撫司遣差間探，日近申奏事宜稀少，切慮緩急有悮事機。」

右三省、樞密院同奉聖旨，令逐路宣撫司依累降處分，優支激犒，選募信實得力人，分頭渡河，前去燕山府、東京以來，子細探賾虜情的實動息次第，實封申奏。仍告諭所遣人，如探得事宜的確信驗，當依新立賞格，優異推恩。今劄送湖北、京西路宣撫使司疾速施行，准此。

紹興十年十一月二十三日。

令嚴切措置捍禦虜賊省劄

據探報，兀术十月初八日只將六騎入東京。初十日，有兵馬十五隊入宋門。十三日，打毬，議事侵掠唐、鄧。

右劄送湖北、京西路宣撫使、兼河南、北諸路招討使岳少保，依累降指揮，嚴切措置捍禦，不管疏虞，仍具已措置事狀聞奏。

紹興十年十一月二十六日。

令相度光州修城增兵省劄

臣寮上言：「竊以光州與敵對壘，了無防遏，從來城壁不存。伏聞近差田邦直軍馬，深恐虜寇稍多，不足以禦之，正當隨宜增給甲兵，相兼守禦。乞下本路宣撫日下措置。取進止。」

右三省、樞密院同奉聖旨，令岳飛相度修城增兵，務在寇至必守，具的確措置事狀聞奏。今劄送湖北、京西路宣撫使、兼河南、北諸路招討使岳少保疾速施行。

紹興十年十二月一日。

令緊切措置番賊作過省劄

光州奏：「據探事人張德等回供責，稱十一月十九日早到汝河北，住人范六家，見趙小大從順昌府來，說道順昌府番人連知府已盡數出城前來，於十七日到黄坵市下寨。及梁三説番人差八騎馬軍，前去梁安灘踏淺，及問去焦陂路。已作隄備外，奏聞事。」

右三省、樞密院同奉聖旨，劄下岳飛緊切措置，無令透漏過淮，侵擾作過。日下具已措置事狀聞奏。今劄送湖北、京西路宣撫使、兼河南、北諸路招討使岳少保疾速施行。

紹興十年十二月二日。

令遣發參議官高穎措置三路忠義軍馬省劄

樞密院奏：「勘會近據左承議郎、守司農少卿、差充湖北、京西路宣撫使司參議官高穎劄子奏：『乞委臣措置河北、河東、京東三路忠義軍馬，庶幾可以裨贊岳飛十年連結河朔之謀。』已降指揮，劄與岳飛措置。」

右三省、樞密院同奉聖旨，令岳飛疾速措置遣發，具已施行聞奏。今劄送湖北、京西路宣撫使、兼河南、北諸路招討使岳少保疾速施行。

紹興十年十二月六日。

令契勘梁興見今措置事宜開具申聞省劄

樞密院奏：「據探報下項：

一、光州奏：『歸正人陳興供，本朝梁統制人馬取卻懷、衛兩州，四太子去滑州策應。』

一、前燕山府工曹掾方喜自虜中脱身回，探得大名、開德府界梁小哥人馬截了山東路金、帛綱、河北馬綱。

一、泗州申：『幹事人王德回，供稱十一月九日出徐州東門外，見清河岸貼城立砲座，河内有廠槽船，船上有番人棹船教閲，恐梁小哥從梁山濼内乘船下來。』」

右三省、樞密院同奉聖旨，令岳飛契勘梁興見今措置，并本司所委事宜，開具申樞密院。如有立到功效，即具聞奏，優與陞擢。今劄送湖北、京西路宣撫使、兼河南、北諸路招討使岳少保疾速施行。

紹興十年十二月六日。

令隄備荆南府一帶虜賊省劄

川、陜宣撫副使胡世將奏：「臣伏見金賊渝盟，復占河南州縣，〔一〕其賊首兀术在東京，撒離喝在長安，互爲聲勢，侵掠未已。賴朝廷威靈，將士用命，雖屢摧大敵，而賊勢尚堅。今來諸路大軍並各精鋭，既習戰鬭，又據地利，以逸待勞，固可制勝。臣之所憂，惟恐賊以兵擣荆、襄之虚，斷吴、蜀之勢。況自東京至荆南，道路平坦，虜人若以精騎馳突，不數日可到。如此則荆、襄摇動，道路不通，其爲患有不可勝言者。臣日夜念此，欲具奏陳。近據自慶陽府脱身將仕郎吴名世赴司供析，金賊見議欲先掠取襄漢，以斷四川與宣撫相接地分，〔二〕使東西不得相救，然後以精兵侵犯四川。臣除已行下知金州、兼陜西諸路節制軍馬郭浩，知商州邵隆，知洋州王俊，都統制吴璘、楊政等，多差間探，嚴切措置，過爲隄防，及關牒湖北、京西南路安撫司照會〔三〕外，伏望聖慈詳酌，特降睿旨，將荆南府一帶嚴切隄備。仍乞於荆南添屯軍馬，與襄陽表裏相應。庶幾緩急不失枝梧，可以伐賊姦計。伏候敕旨。」

右三省、樞密院同奉聖旨，劄下岳飛，多遣間探，過作隄備，仍具知委聞奏。今劄送湖北、京西路宣撫使、兼河南、北諸路招討使岳少保疾速施行。

紹興十年十二月七日。

〔一〕復占河南州縣　「占」，原缺，嘉靖本同，據傳本補。
〔二〕以斷四川與宣撫相接地分　「宣撫」之上，疑脱「岳」字。
〔三〕關牒湖北京西南路安撫司照會　「安」，應爲「宣」之誤。

探報兀术領兵過河令宣撫司擇利措置省劄

樞密院奏：「據諸處探報，兀术與韓常、翟千户、酈瓊等各領兵馬，過河前去。」

右三省、樞密院同奉聖旨，令逐路宣撫司疾速體探諳實，擇利措置，無失機會。

今劄送湖北、京西路宣撫使司疾速施行。

紹興十年十二月十四日。

紹興十一年

令措置四太子人馬分路作過省劄

濠州申：「十二月二十九日，據北來人李穩到州供析，係三京招撫司使臣，差往東京，探金人動息。

十二月初六日，到東京，探得四太子十二月初一日自燕京起發到東京，安下處不定。穩於初七日到蔡河上何太尉宅前，見有番人并老小於五岳觀至南薰門〔一〕街上人家内住滿，并宣德門正西至大佛寺，及封丘門并百王宫各有番人安下。在京番人并老小共有數十萬人，内正軍止有約五、六萬人騎，多有河北簽軍。

及於十二月初十日，穩見四太子犒設在京番人銀、絹，及散乾糧并箭鑿，不住點檢，及每人要附帶糧三㪷。及見東京人及番軍説，待於正月初五日會合諸路軍馬，連老小一發起奔，向南前來。及説一路兵取廬州，奔馬家渡過江，一路取泗州、濠州，要來揚州屯大寨，取潤州過江，一路取海州，一路奔漢上去。及見説四太子指揮，每一箇千户要悶葫蘆三千箇，要過淮南。虜人過淮後，降底人便虜，不降底都殺。

穩爲知得番人準備起發，遂於十五日早，出東京宋門前來。沿路見山東、河北人民不絕般運糧斛，往拱州、〔二〕亳州、順昌府前去，稱積聚準備般向南來，與軍喫。及所般糧斛人車，路上千萬無數。申聞事。

并小貼子，續據本州差出探事人寧青在壽春府探得，番賊見在壽春府界地名蘇村、闞團下寨。并十二月二十七日晚，又問得番賊船數十隻，〔三〕在惠公渡住泊。及番賊四太子人馬起離陳州，前來順昌府。及見今壽春府并雷統制人馬，各上城分地分守禦。伏乞照會。」

右檢會諸處探報，番賊要分路過淮作過。正月九日奉聖旨，劄下韓世忠、張俊、劉錡照會，緊切措置隄備，仍行下所隸州縣，保聚人民，以防抄掠。及劄下岳飛照應措置，如探得賊馬果來渡淮，即遣發精鋭軍馬，腹背掩殺牽制。各具知稟聞奏。今劄送湖北、京西路宣撫使、兼河南、北諸路招討使岳少保，依已降指揮施行。

紹興十一年正月十日。

〔一〕五岳觀至南薰門　「薰」，原作「春」。據《宋史》卷八五《地理志》載，開封外城正南唯有南薰門。《東京夢華録》卷二《朱雀門外街巷》：「御街至南薰門裏，街西五嶽觀最爲雄壯。」今據以改。

〔二〕拱州　原作「洪州」，洪州乃江南西路首府，時爲宋朝轄區，應爲金朝轄區「拱州」之誤，今改正。

〔三〕又問得番賊船數十隻　「問」，嘉靖本作「聞」。

令江上諸屯互相策應防虜窺伺省劄

三省、樞密院同奉聖旨，江上雖已分定地分，仰上連下接，互相照應。或虜寇少有窺伺，許關報併力掩殺。如不相策應，致誤國事，並按罪輕重，必行典憲。

右劄送湖北、京西路宣撫使、兼河南、北諸路招討使岳少保疾速施行。

紹興十一年二月五日。

照會四太子勾諸處軍馬攻打楚州省劄

樞密院奏：「淮北宣撫判官劉錡申：『今月五日，據金賊漢兒軍蔡鶻突、李添兒并帶到馬二疋，前來投拜。據逐人分析，一名蔡鶻突，係監軍龍虎大王下千户秦明郎下毛毛可，隨秦明郎相合得〔一〕監軍前來，至正月十四日夜，到壽春府。監軍下有六萬人馬，盡是馬軍。一名李添兒，係韓將軍下千户李天保下甲軍，隨韓將軍起發前來。其韓將軍有一萬馬軍，於今年正月十四日到壽春府，與龍虎大王合軍，將帶砲九十座及打城器具，要攻打壽春府。

排日到城下，有本府孫安撫及雷總管軍馬出城見陣。〔二〕至十九日夜，知得本府無人馬。至二十日，韓將軍與龍虎大王領軍馬過淮河。至二十五日，到廬州，離城三十里相接下寨。次日早，到廬州，留下四萬軍馬外，三路都統、鎮國總管二人共帶馬軍三萬餘人騎，於當日晚到東山口，與劉太尉軍見陣。至二十九日，到慎縣〔三〕住坐。差馬軍前去和州遠探，見和州有軍馬，不曾見陣，卻回慎縣住坐。至二月初五日，三路都統與鎮國總管帶馬軍二千騎，前來尖山，要打山寨，卻見劉太尉軍過河來，更不曾打山寨，卻回慎縣。

鶻突等元未過淮河時，聞得頭目官員説，國王〔四〕指揮過淮打虜，如沿江無軍馬，盡回至楚州，會合併攻楚州，如有軍馬，卻遣人來唤人馬。在慎縣下寨日，聞得東關有劉太尉軍馬。三路都統於二月初一日已遣天使前去壽州，赴四太子處勾人馬。其四太子次第初五日已離壽州，約初七日到含山縣。所有廬州存留下軍馬，監軍與邢王接續押來。其四太子下有馬軍三萬，〔五〕若諸頭項軍馬並到，共有萬户一十三人，實有九萬來軍馬，内馬軍八萬，步軍一萬來。

錡所據投降漢兒軍蔡鶻突等供析事宜，備録在前。伏乞照會。』申聞事。」

右三省、樞密院同奉聖旨，劄下岳飛照會。今劄送湖北、京西路宣撫使、兼河南、北諸路招討使〔六〕岳少保。

紹興十一年二月九日。

〔一〕相合得　疑爲龍虎大王之名，而有訛音或訛字。龍虎大王之名應爲突合速，可參《金佗稡編》卷八第五八三頁。

〔二〕《建炎以來繫年要録》卷一三九：「（紹興十一年正月）乙卯，金人犯壽春府，守將孫暉、樞密院統制雷仲合兵拒之。」

〔三〕慎縣　原作「西縣」。慎縣屬廬州，從此後柘皋之戰的地理方位判斷，金軍應據慎縣，而往東南方向進攻。此處應爲避宋孝宗趙昚御諱，而改爲「西縣」，今復原名。此後原文三處「西縣」，皆復原名。

〔四〕《金史》卷四《熙宗紀》：「（天眷二年七月）丙戌，以右副元帥宗弼爲都元帥，進封越國王。」《金佗稡編》卷一九《鶻旋郎君捷報申省狀》：「奪到白旗一面，上寫『都元帥越國王前軍四千户』字。」

〔五〕其四太子下有馬軍三萬　「三萬」，應爲「二萬」之誤。蔡鶻突和李添兒説龍虎大王「有六萬人馬」，韓常「有一萬馬軍」，共計七萬，而金軍總計有「九萬來軍馬」，則完顏兀术親率者應有二萬人。

〔六〕河南北諸路招討使　「諸」字原脱，應予增補。

鄂國金佗續編卷第十二

絲綸傳信録卷之十一

紹興十一年

差官傳宣撫問省劄

三省、樞密院同奉聖旨，令張去爲一就傳宣撫問湖北、京西路宣撫司官兵，倍支起發一次。

右劄送湖北、京西路宣撫使司照會，准此。

紹興十一年二月十日。

照會虜賊韓常等犯界省劄

湖北、京西路宣撫使、兼河南、北諸路招討使岳飛奏：「據德安府屯駐本司統制官龐榮申：『探得蔡州除舊有番賊韓常等賊馬外，又據探報，李成押千户一十五人，人馬約一萬五千餘騎，正月十八日已到蔡州。』除已隄備外，奏聞事。」

右三省、樞密院同奉聖旨，韓常見在淮西，劄與岳飛照會。今劄送湖北、京西路宣撫使、兼河南、北諸路招討使岳少保疾速施行。

紹興十一年二月十七日。

四太子弟將領賊馬作過令共力破賊省劄

三京等路招撫處置使司〔一〕申：「今月十七日，據本司差□探事使臣王用等，及問得賊寨走□□□□□王二七稱説，〔二〕桐城縣泉水北下□□□□□賊一萬餘人騎，頭首阿律出麥大王，〔三〕係四太子親弟，將領其賊馬不住四散出没作過。除已更切差人體探外，伏乞照會，〔四〕申聞事。」

右劄送湖北、京西路宣撫使、兼河南、北諸路招討使岳少保照會，依累降指揮，疾速提兵前來，共力破賊，毋失機會。

紹興十一年二月二十日。

〔一〕三京等路招撫處置使司　「三京」，原作「二京」，今改正。《宋史》卷三六九《劉光世傳》：「(紹興)十年，金人圍順昌，拜太保，爲三京招撫處置使。」三京是指東京開封府、西京河南府和南京應天府。

〔二〕王二七稱説　「稱」，原缺，嘉靖本同，據傳本補。

〔三〕阿律出麥大王　「麥」，原缺，嘉靖本同，據傳本補。據《金史》卷六九《宗敏傳》，阿律出麥即邢王完顔阿魯補。

〔四〕伏乞照會　「會」，原作「旨」，今改正。

照會張俊會戰及駐兵去處省劄

湖北、京西路宣撫使、兼河南、北諸路招討使岳飛奏：「臣今月十一日，准御前金字牌遞到親劄一通，臣即時拜恩跪領訖。伏讀聖訓，以金賊侵犯淮西，已在廬州，張俊等併力與賊相拒，令臣提兵合擊。或來江州，或出蘄、黄，繞出其後。臣敢不仰體睿眷，殫竭愚陋。今日臣已抵黄州，見前去舒、蘄州界，相度形勢利害，看賊意向，别行措置。不知張俊等會戰在甚日，庶幾臣得以照應。奏聞事。」

右三省、樞密院同奉聖旨，檢坐張俊渡江，與賊見陣獲捷，并見今駐兵去處，報岳飛照會并檢會。今劄送湖北、京西路宣撫使、兼河南、北諸路招討使岳少保。

紹興十一年二月二十一日。

照會韓世忠前去壽春府措置番賊省劄

淮南東路宣撫處置使韓世忠申：「恭依聖訓，將帶軍馬，水路並進，已取三月初三日起發，前去壽春府以來，措置掩殺番賊去訖。伏乞照會。申聞事。」

右劄送湖北、京西路宣撫使、兼河南、北諸路招討使岳少保照會。

紹興十一年三月五日。

韓世忠與四太子兵會戰令諸帥同共措置省劄

淮東宣撫處置使韓太保申：「世忠初六日早，已次招信縣界。據濠州申，稱今月四日晚，番賊馬軍并戰船，水陸已到本州，離城一十五里下寨，乞速賜遣發軍馬前來救援。伏望詳酌，指揮劄下諸大帥，火急前來與世忠會合，併力破賊。并小貼子稱，世忠見親提軍馬、戰船，水陸並進，旦夕與四太子等大兵見陣外，伏望速降處分，下張俊、楊沂中、劉錡等，星夜兼程前來，乘虛先占壽春府，與世忠夾擊，併力破賊。伏候指揮。并據濠州申，今來番賊劄浮橋，見渡人馬過淮南岸，乞速賜遣發軍馬應援施行。」

右檢會三月九日已奉聖旨，劄下韓世忠、張俊、岳飛、楊沂中、劉錡，依已降指揮，疾速提兵前去，同共措置掩殺，已劄下去訖。今據前項所申，今再劄送湖北、京西路宣撫使、兼河南、北諸路招討使岳少保，依已降指揮，疾速施行。

紹興十一年三月九日。

報諭北官軍如能擒殺兀术者除節度使省劄

樞密院奏：「勘會兀术見領賊衆侵犯濠州，已委逐路宣撫會合措置，共力破賊。今檢會已降指揮：『兩國罷兵，南北生靈方得休息。兀术不道，戕殺其叔，舉兵無名，首爲亂階。將帥、軍、民有能擒殺兀术者，見任節使以上，授以樞柄，未至節使者，雖庶官亦除節使，官高者除使相，見統兵者仍除宣撫使，並賜銀、絹伍萬匹、兩，田壹百頃，第宅壹區。』切慮北官、軍、民不知今來賞格。」

右三省、樞密院同奉聖旨，令諸路宣撫司報諭北官、軍、民，如能殺併或擒獲來歸，管軍民者除拜使相，餘並除節度使，仍各賜銀、絹五萬匹、兩，田壹百頃，第宅壹區。今劄送湖北、京西路宣撫使、兼河南、北諸路招討使岳少保疾速施行。

紹興十一年三月十一日。

將帥軍民如能擒殺兀术者除官並賜銀絹田宅省劄

樞密院奏：「勘會兀术見領賊衆侵犯濠州，已委逐路宣撫會合措置，共力破賊。今檢會紹興十年六月十一日奉聖旨：『將帥、軍、民有能擒殺兀术者，見任節使以上，授以樞柄，未至節使者，雖庶官亦除節度使，官高者除使相，見統兵者仍除宣撫使，並賜銀、絹五萬匹、兩，田一百頃，第宅一區。』」

右三省、樞密院同奉聖旨，給降黃榜，付逐路宣撫司，曉諭諸軍將士。今劄送湖北、京西路宣撫使、兼河南、北諸路招討使岳少保疾速施行。

紹興十一年三月十一日。

令提兵與張俊等腹背破賊省劄

據探報，賊馬見留大軍在亳州。〔一〕今來廬州張宣撫等大軍併進，前去濠州。目即津運錢糧，並是經由巢縣、柘皋、廬州地分前去。慮恐賊兵窺伺，徑直復犯廬州以來，不惟邀截糧道，兼至大信江口並無阻隔。

右檢會三月十日奉聖旨，劄下岳飛，令星夜提兵前來廬州，審度事勢，前去壽春會合，與張俊、韓世忠腹背破賊。已累劄下去訖，今再劄送湖北、京西路宣撫使、兼河南、北諸路招討使岳少保，依已降指揮，疾速施行。

紹興十一年三月十二日。

〔一〕亳州　原作「毫州」，嘉靖本同，據傳本改。

令權暫駐劄舒州聽候指揮前來奏事省劄

三省、樞密院同奉聖旨，令岳飛先次遣發軍馬回歸，量帶親兵，於舒州權暫駐劄，聽候指揮，起發前來奏事，具知稟聞奏。

右劄送湖北、京西路宣撫使、兼河南、北諸路招討使岳少保疾速施行。

紹興十一年三月二十一日。

令多差信實人過淮間探省劄

樞密院奏：「勘會賊馬進退之際，正要詳知動息，已降指揮，令諸宣撫司不住多差信實人間探，日具所探的實事宜聞奏。」

右三省、樞密院同奉聖旨，令諸宣撫司依已降指揮，疾速分頭差人過淮，深入賊境，子細體探目今的實作爲動息，日具探到事宜聞奏。今劄送湖北、京西路宣撫使司疾速施行，准此。

紹興十一年三月二十一日。

令差一項軍兵前去郴州討捕駱科省劄

主管荆湖南路安撫司公事梁澤民奏：「伏爲本路見有郴州元授招安賊首駱科等，約七、八千人，侵犯道州錦田等處，倚恃山險，劄立硬寨，接連廣南連、賀州界，出没猖獗。本司已發統領官陳元、裴鐸各統所部軍馬，前去收捕，及差全州第九副將向子率將兵前去應援。今來駱科等賊徒既衆，又倚恃峻山絶崖，劄立硬寨，陳元、裴鐸所統官兵不過一千餘人，本司别無官兵可以接續應援。欲望聖慈詳酌，特降睿旨，差發軍馬，暫來本路收捕前項盜賊，庶幾早得撲滅，以安一路。伏候敕旨。」

右勘會已降指揮，令岳飛差發一項官兵，前去措置。三省、樞密院同奉聖旨，令岳飛日下選差統制官，將帶軍馬疾速起發，前去措置討捕，不以路分追襲掩殺，須管日近平殄，其錢糧令所至路分帥、漕應副，不管闕誤。今劄送湖北、京西路宣撫使、兼河南、北諸路招討使岳少保疾速施行。

紹興十一年四月二日。

令體探賊馬侵犯光州速差兵應援省劄

權發遣壽春府孫暉奏：「四月初三日，據六安縣〔一〕狀申，當縣於三月二十九日酉時，據被虜鄉民趙谷走回到縣，賫到霍丘縣善香鎮監税朱祐狀，稱於三月二十八日晚，見説固始縣東二十里遞鋪於二十七日到縣，請糧歸鋪，得知本縣承光州關報，有兵馬侵犯本州，其鋪兵及一帶人民至柴家驛，往東南閃避。并據本府探報將官劉升狀，探得六安軍二十八日、二十九日節次承關報，有番賊人馬侵犯光州事由。臣除已再差人前去體探的實，別具狀申奏外，奏聞事。」

右三省、樞密院同奉聖旨，劄下岳飛，令多差人體探，如有賊馬侵犯，速差兵應援。今劄送湖北、京西路宣撫使、兼河南、北諸路招討使岳少保疾速施行。

紹興十一年四月九日。

〔一〕六安縣　「安」，原作「合」，據《宋史》卷八八《地理志》改。

令措置應援光州省劄

樞密院奏：「光州申：『今月初三日，據統領田邦直、定城知縣高青、四縣巡檢劉勢狀申：今月初一日酉時，探得順昌府番人會合蔡州番賊，於今月初一日早，出離順昌府，分兩頭項來取光州并固始縣，約至初三日辰、巳時，來到城下。邦直等遂各即時將帶所部官兵，并將官馮祠馬軍會合，前去沿淮上下賊人來路要便處，把截掩殺。至初二日五更以來，到梁安灘南岸深林内，遂令步軍於兩壁荻林内暗伏，使馬軍在柳林後擺布，聽伺北岸賊馬。欲明之間，果見番賊馬軍約五、六百騎，自淮河北岸踏淺過河前來。邦直等望見，放令番賊入河，涉水上南岸。未整齪間，遂聲鼓步軍齊出荻林，更不施放，便令徑入賊懷，用野豬刀、大斧一發向前斵殺，號令不得斫級争財。其番賊被官兵乘勢掩擊入淮，向北奔走。邦直等欲縱兵追襲，實爲兵少，不敢深入，遂收兵南岸歇泊。切慮番賊不捨，復來作過，除已再行措置外，申乞照會。州司契勘知州王刺史已再差將官張受部押官兵，前去沿淮上下策應〔一〕外，伏乞照會。』申聞事。」

右三省、樞密院同奉聖旨，劄下岳飛措置應援。今劄送湖北、京西路宣撫使、兼河南、北諸路招討使岳少保疾速施行。

紹興十一年四月十一日。

〔一〕前去沿淮上下策應　「沿」，原作「江」，光州在淮河流域，地處抗金前沿，不會派少量守軍南下長江一帶策應。此省劄在前稱：「前去沿淮上下賊人來路要便處，把截掩殺。」今據以改。

改所管制領將副軍兵充御前省劄

三省、樞密院同奉聖旨，韓世忠、張俊、岳飛已除樞密使、副，其舊領宣撫等司合罷，遇出師，臨時取旨。逐司見今所管統制、統領官、〔一〕將、副已下，並改充御前統制、統領官、將、副等，隸樞密院，仍各帶「御前」字入銜，及令有司鑄印，逐一給付。且令依舊駐劄，將來調發，並三省、樞密院同奉聖旨施行。仍令逐司統制官等各以職次高下，輪替入見。及委賞功司將未了功賞，疾速取旨推恩，以俟給付。

右關送樞密副使岳少保。

紹興十一年四月二十七日。押押押押押

〔一〕統制統領官　後一「統」字原脱，據省劄後一句「並改充御前統制、統領官」補。

罷逐路宣司省劄

三省同奉聖旨，已降指揮，韓世忠、張俊、岳飛除樞密使、副，〔二〕其逐路宣撫等司合罷，所有司屬並優與陞擢差遣。統制官等既帶「御前」入銜，下及軍兵，並隸密院，不得撥屬他處。日前或有負犯，一切不問，並不許相告言。令三省疾速行下。

右劄送樞密副使岳少保。

紹興十一年四月二十七日。押押

〔二〕韓世忠張俊岳飛除樞密使副　「使、副」，原作「副使」，據本卷《改所管制領將副軍兵充御前省劄》改。

照會發回所帶人馬歸本處防拓把截依奏省劄

樞密副使岳飛劄子奏：「臣契勘諸路軍馬已撥屬御前，今來臣有將帶到親兵等，除量留當直人從，其餘盡數欲乞發遣卻歸本處。所有鄂州及襄漢等州軍有以前發去防托把截人馬，及淮東、西軍馬，伏望睿慈早賜措置。庶使緩急賊馬侵犯，有所統攝，不致誤事。取進止。」四月二十九日，三省同奉聖旨依奏，將帶到親兵等量留當直人從外，餘並日下發遣歸本處。其鄂州及襄漢等州軍以前防托把截人馬，及淮東、西軍馬，自合依舊駐劄，聽候御前使喚。

右劄送樞密副使岳少保。

紹興十一年四月二十九日。押押

依張俊例差破宣借人省劄

岳飛劄子奏：「臣合破宣借親兵人數，竊慮樞密院差破不足，欲乞依張俊例。」

右三省、樞密院同奉聖旨，依所乞。今闕送樞密副使岳少保。

紹興十一年五月五日。押押押押押

令前去按閲專一任責省劄

勘會已降指揮，張俊帶本職前去按閲御前軍馬，專一措置戰守，岳飛帶本職前去同按閲御前軍馬，專一同措置戰守。五月十一日，三省同奉聖旨，俊、飛以樞密職事前去，與宣撫使事體不同，令隨宜措置，專一任責，節次具已措置事目聞奏。

右劄送樞密副使岳少保。

紹興十一年五月十一日。押

令帶本職按閲御前軍馬仍赴内殿奏事省劄

五月十三日同奉聖旨，已降指揮，張俊、岳飛各帶本職前去按閲御前軍馬，專一措置戰守，許令赴内殿奏事。

右劄送樞密副使岳少保。

紹興十一年五月十三日。押押

乞追回王剛所帶人數當直使喚省劄

少保、樞密副使岳飛劄子：「契勘飛依奉聖旨，見隨行當直人數少，使用不足。伏乞指揮行下，令飛追回近發去將官王剛所帶人數，前來當直使喚。候指揮。」五月十四日，三省同奉聖旨依。

右劄送樞密副使岳少保。

紹興十一年五月十四日。押押

添造臨安府所居屋宇省劄

八月二十四日，三省同奉聖旨，岳飛所居屋宇不足，令臨安府應副添造。

右劄送萬壽觀使岳少保。

紹興十一年八月二十四日。押押押

鄂國金佗續編卷第十三

天定別録序

《天定別録》者，鄂國岳氏甲子奏篇之後，裒次四朝念忠之次第，拾前録之所未載，及續見者也。

先王之事悉矣，褒典在朝廷，公論在人心，爲子孫者毋庸以詞費，是録固嘗序所由作矣。而於今録則有可證於前者三，可慮於後者二，紹而明之，又史法之所許也。夫人臣之大義止於忠，大節止於廉，大端止於學，此三者非有以證，莫之顯也。松楸鬱然，遺廟巋然，此二者非有以慮，莫之承也。是則豈容於不述哉！

方先王初謚忠愍，次謚武穆，世固以爲當然也。一旦明天子下坦制，興鼓鼙之思，合二美而公其傳。其視夫異時之名臣，渭南之隕星，汾陽之貫日，盛心皦如，遂得以竝驅於千載之上。有此録則加美矣，忠非足證歟？

金鑚之實録，於先王傳有曰：「死之日，家無餘財。」世亦以爲固然也。及考隆興之初，詔還簿録，有司會直，僅共得緡錢萬。當寧惻然歎其貧，詔以見緡賜償之。先兄甫請遺墅于朝，得之傳聞曰，家故田四萬畝，在廬山之陽，詔有司併給，則實止二千畝。〔一〕其視夫同時之鄙夫，金錢鉅億，見於郿塢之積姦；租六十萬斛，見於阜陵之聖語。冰炭判如，遂有以自別於萬世之下。見此録則加實矣，廉非足證歟？

實録又曰，先王通《左氏春秋》及《孫吴兵法》。世又知其必然也。及賜謚之告曰：「威名震於夷狄，智略根乎《詩》《書》。」視夫曩時之輯録，建儲之疏，出師之奏，謝赦之表，斯文炳如，亦將得以自信於一字之褒。有此録則加信矣，學非足證歟？

忠臣烈士之禁樵採，建隆之詔也，而鑿石牟利，近見於行闕之旁。致有煩乎寶慶之盼旨。有此録則上知所以慮乎弛也。

廟于鄂，王于鄂，淳熙、嘉泰之詔也。而飲食必祝，有得於斯人之心，猶未泯乎沔陽之私祀。有此録則下知所以慮乎久也。

證而傳，本乎人心；慮而久，亦本乎人心。皆天也，非人之所能爲也，尚何假於予言。惟觀是録者，以顯然者考前聞，則昭前之志爲可矜；以隱然者垂後來，則慮後之心爲可察。録之複於已定之天，蓋未嘗增損於一毫也。録有前後，前以紀隆興之昭雪，後以續嘉定之申褒，合名曰別，蓋流別之謂歟。紹定改元端午，孫朝請大夫、權尚書户部侍郎、總領浙西、江東財賦、淮東軍馬錢糧、專一報發御前軍馬文字、兼提領措置屯田、通城縣開國男、食邑三百户、賜紫金魚袋岳珂謹序。

〔一〕實止二千畝〔二〕，原作「三」，據本卷《户部復田宅符》和《宋會要輯稿》方域四之二五所載岳飛於江州之田地頃畝數，「三」應爲「二」之誤，今改正。

天定別録卷之一（前録）

追復旨揮

準尚書省劄子，禮部狀：「準紹興三十二年七月十三日都省劄子：『三省同奉聖旨，故岳飛起自行伍，不踰數年，位至將相，而能事上以忠，御衆有法，屢立功效，不自矜誇，餘烈遺風，至今不泯。去冬出戍，〔一〕鄂渚之衆師行不擾，動有紀律，道路之人歸功於飛。飛雖坐事以殁，而太上皇帝念之不忘。今可仰承聖意，與追復元官，以禮改葬，訪求其後，特與録用。』」

〔二〕去冬出戍　原脱「出」字，據《金佗稡編》卷九《昭雪廟謚》、《周益國文忠公集·掖垣類稿》卷四《岳飛叙復元官》補。

追復少保兩鎮告

敕：「仁皇在位，親明利用之勳；神祖御邦，首祭狄青之像。〔一〕蓋念舊者不忘於拔拭，而勸功者當急於褒崇。朕祗稟睿謀，眷懷宿將，兹仰承於素志，肆盡洗於丹書。故前少保、武勝、定國軍節度使、武昌郡開國公、食邑六千一百户、食實封二千六百户岳飛拔自偏裨，驟當方面，智略不專於古法，沉雄殆得於天資。事上以忠，至無嫌於辰告；行師有律，幾不犯於秋毫。外摧孔熾之狂胡，内翦方張之劇盜，名之難揜，衆所共聞。會中原方議於櫜弓，而當路力成於投杼，坐急絳侯之繫，莫然内史之灰。逮更化之云初，示褒忠之有漸。思其姓氏，既仍節制於岳陽；念爾子孫，又復孤惸於嶺表。欲盡還其寵數，乃下屬於眇躬。是用峻升孤棘之班，疊畀齋壇之組。近畿禮葬，少酬魏闕之心；故邑追封，更慰轅門之望。豈獨發幽光於既往，〔二〕庶幾鼓義氣於方來。嗟夫！聞李牧之爲人，殆將撫髀；闕西平而未録，敢緩旌賢。如其有知，可以無憾。可特追復少保、武勝、定國軍節度

使、武昌郡開國公、食邑六千一百户、食實封二千六百户。」奉敕如右，牒到奉行。〔三〕

紹興三十二年十月十六日。

〔一〕首祭狄青之像　「像」，原作「象」，據《周益國文忠公集·掖垣類稿》卷四《岳飛叙復元官》改。

〔二〕豈獨發幽光於既往　「豈獨」，《周益國文忠公集·掖垣類稿》卷四《岳飛叙復元官》作「不徒」。

〔三〕此告即《周益國文忠公集·掖垣類稿》卷四《岳飛叙復元官》，可知乃周必大所作。此告又見《兩浙金石志》卷九《宋追復岳武穆王并賜謚告詞碑》，乃明代所刻。

先祖妣李氏及先伯雲等復官封旨揮

紹興三十二年壬午十一月三日，三省同奉聖旨，故岳飛妻李氏特與復楚國夫人，男雲復左武大夫、忠州防禦使，雷復忠訓郎、閤門祗候，霖復右承事郎，與合入差遣，震、霱並與補保義郎，雲妻鞏氏與復恭人，更不給致仕、遺表恩澤。内雲令臨安府以禮祔岳飛葬。

先祖妣李氏復楚國夫人告

敕：「榮悴有時而不同，忠邪既久而自判。昔飛以篆車綈冕，備大將之多儀；而李以文駟雕軒，正小君之顯號。緊彊宗之鼎盛，何奇禍之驟興。逮茲天定之時，〔一〕宜爾邦誣之辨。前楚國夫人李氏柔潔以爲質，儉勤而自修，處安榮不聞驕妬之愆，居患難不改幽閑之操。闔門遠徙，閱歲屢遷。眷念前朝，〔二〕既下生還之命；志伸今日，再加甄敍之封。〔三〕錫以土田，爲其湯沐。子孫並仕，顧惟晚歲以何憂；門户再興，尚識大恩之所自。可特復楚國夫人。」〔四〕

紹興三十二年十月十八日。

〔一〕逮茲天定之時　「逮」，原作「殆」，據《周益國文忠公集·掖垣類稿》卷四《岳飛妻李氏特與復楚國夫人》改。

〔二〕眷念前朝　「念」，《周益國文忠公集·掖垣類稿》卷四《岳飛妻李氏特與復楚國夫人》作「厚」。

〔三〕再加甄敍之封　「再」，《周益國文忠公集·掖垣類稿》卷四《岳飛妻李氏特與復楚國夫人》作「載」。

〔四〕此告即《周益國文忠公集·掖垣類稿》卷四《岳飛妻李氏特與復楚國夫人》，可知乃周必大所作。

先伯雲復左武大夫忠州防禦使告

敕：「漢李將軍耻對刀筆之吏，寧就死焉，未幾子敢亦罹非命。良將數奇，自古固然，朕未嘗不撫卷而興嗟〔一〕也。故左武大夫、忠州防禦使岳雲慷慨忠勇，〔二〕頗有父風，困於讒誣，不究勳績。兹懷遺烈，盡復故官。朕既白杜郵之寃，爾或知輔氏之報。可特追復左武大夫、忠州防禦使。」奉敕如右，牒到奉行。〔三〕

〔一〕撫卷而興嗟　「卷」，《周益國文忠公集·掖垣類稿》卷四《岳飛男雲追復左武大夫忠州防禦使》作「膺」。

〔二〕慷慨忠勇　「慷慨」，原作「慨慷」，據《周益國文忠公集·掖垣類稿》卷四《岳飛男雲追復左武大夫忠州防禦使》改。

〔三〕此告即《周益國文忠公集·掖垣類稿》卷四《岳飛男雲追復左武大夫忠州防禦使》，可知乃周必大所作。

先伯母鞏氏復恭人告

敕：「昔者大臣逞憾，誣蔑舊勳，微太上皇帝全度矜容，則岳氏一門無噍類矣。爾流離嶺海，〔一〕險阻備嘗，上奉君姑，下撫幼稚，以至於今，非天有以相之耶？其詔攸司，還畀温恭之號。生爾者太上，恤爾者朕躬，汝其念兩朝之厚恩，〔二〕勉二子以忠報，庶幾他日尚有餘榮。可特復恭人。」〔三〕

〔一〕流離嶺海　「嶺」，原作「領」，嘉靖本同，據浙本和《周益國文忠公集·掖垣類稿》卷四《雲妻鞏氏與復恭人》改。

〔二〕兩朝之厚恩　原脱「厚」字，據《周益國文忠公集·掖垣類稿》卷四《雲妻鞏氏與復恭人》補。

〔三〕此告即《周益國文忠公集·掖垣類稿》卷四《雲妻鞏氏與復恭人》，可知乃周必大所作。

先伯雷復忠訓郎閤門祗候告

敕：「故前忠訓郎、閤門祗候岳雷，前世流人多矣，〔一〕亦有父子兄弟死則追褒，生則寵

秩，如今日者乎？國家雨露之恩，與天通矣！靈如未泯，知享斯榮。可特追復忠訓郎、閤門祗候。」〔二〕

〔一〕流人多矣　「多矣」，據《周益國文忠公集·掖垣類稿》卷四《男雷追復忠訓郎閤門祗候》補。

〔二〕此告即《周益國文忠公集·掖垣類稿》卷四《男雷追復忠訓郎閤門祗候》，可知乃周必大所作。

先考霖復右承事郎告

敕：「前右承事郎岳霖，爾父有戰勝攻取之勳，而無奇龐福艾之相，故忠足以結聖主之眷，而智不能辨權臣之誣。一鬱九泉，浸尋七閏。〔一〕茲興懷於鼙鼓，肆加寵於子孫，復以文階，〔二〕續其世禄。朕於爾家，可謂注意矣！爾之一門何以報我哉？可特復右承事郎。」〔三〕

〔一〕浸尋七閏　「浸」，原作「侵」，據《周益國文忠公集·掖垣類稿》卷四《男霖復右承事郎與合入差遣震靄並與補保義郎》改。

〔二〕復以文階《周益國文忠公集·掖垣類稿》卷四《男霽復右承事郎與合入差遣震靄並與補保義郎》注：「震、靄用『命以官榮』。」

〔三〕此告即《周益國文忠公集·掖垣類稿》卷四《男霽復右承事郎與合入差遣震靄並與補保義郎》，可知乃周必大所作。「霽」，應爲「霖」之誤。

訪問李若樸等旨揮

敕中書、門下省，十月十八日，〔一〕三省同奉聖旨，昨聞臣僚言，秦檜誣岳飛，舉世莫敢言，李若樸爲獄官，獨白其非罪。〔二〕吕沈中發王詢，〔三〕所司皆迎合，林待問爲勘官，獨直其寃狀。章傑捕趙鼎送葬酒，又搜其私家書，欲傅致士大夫之罪，翁蒙之爲縣尉，毅然拒之。沈昭遠爲王鈇家治盜，欲鍛鍊富民，多取倍償，王正己爲司理，卒平反之。此皆不畏强禦，〔四〕節概可稱。三省詳加訪問，其人如在，可與甄録。

〔一〕十月十八日　《建炎以來繫年要録》卷二〇〇將此段記事繫於紹興三十二年十二月十九日辛巳。

〔二〕獨白其非罪　原脱「非」字，據《金佗稡編》卷九《昭雪廟謚》和《建炎以來繫年要録》卷二〇〇補。

〔三〕吕沈中發王詢 《建炎以來繫年要録》卷二〇〇作「吕忱中發王晌」，疑是。

〔四〕此皆不畏强禦 「此皆」，原作「比」，據《建炎以來繫年要録》卷二〇〇改。

先兄甫等復官省劄

吏部申：「准承信案關承紹興三十二年十月十八日敕，中書、門下省、尚書省送到潭州狀，據故樞密岳飛男雲妻鞏氏狀：『伏覩七月十三日同奉聖旨指揮，故岳飛與追復元官，以禮改葬，訪求其後，特與録用。氏故夫雲見有男二人，甫二十五歲，申二十二歲，女大娘二十四歲，故夫弟雷見有男四人，經二十一歲，緯二十歲，綱十四歲，紀十二歲，女二娘二十三歲，女三娘十七歲，見在潭州同居，並係阿翁樞密親孫。乞備申朝廷，乞賜指揮施行。』

尋行下兵馬司〔一〕勘會去後，今據兵馬司申：『尋行勘會得故樞密岳飛男雲妻鞏氏本家於今年四月初三日到潭州，見在北裏廂，故夫弟雷一房同居。鞏氏故夫雲有兒女三人，長男甫二十五歲，次男申二十二歲，女大娘二十四歲。鞏氏故夫弟雷有兒女六人，長男經二十一歲，次男緯二十歲，綱十四歲，紀十二歲，女二娘二十三歲，女三娘十七歲。已上兩房兒女共九人，別無詐冒，州司保明詣實，申聞事。』

十月十八日，三省同奉聖旨，岳雲男甫、申，岳雷男經、緯、綱、紀並特與補承信郎，岳雲、岳雷女三人，候出嫁日，夫各與補進武校尉。岳雲妻并其餘子孫令所在州軍依已降指揮尋訪，申尚書省。

本部所准承信案關備承前項指揮，故樞密岳飛孫岳甫等六人，並特與補承信郎，故岳雲女大娘、岳雷女二娘、三娘候出嫁日，夫各與補進武校尉。本部除將岳甫等六人各合補承信郎，已申朝廷，命詞，給降告命外，所有岳雲、岳雷女三人，候出嫁日，夫各與補進武校尉，合給降尚書恩澤照劄，伏候指揮。」

右劄付故岳樞密本家，候將來收使日繳今來劄子，經所屬陳乞，准此。

紹興三十二年十一月十四日。

〔一〕《職官分紀》卷三五《都監監押》：「國朝以閤門祗候以上充三班爲之，名監押，諸州、軍、府、監皆有之，領本城及屯駐兵馬，掌屯戍、邊防、訓練之令，以肅清所部，有至二員者，或爲同監押。……縣〔或〕知縣兼充朝官爲都監，京官、幕職爲監押，畿縣則云簽書兵馬司公事。」此段記載以《宋會要輯稿》職官四九之一參校。

《續資治通鑑長編》卷一二四：「（寶元二年七月甲寅）樞密院言：『河東安撫使段少連乞罷陜西、河東鈐轄等巡邊名目，或欲令兵馬司臣僚視兵甲、城寨，經度鄰界事由等，即令簡徑出入，不須張皇。』從之。」

又同書卷三〇三：「（元豐三年三月丁丑）上批：『穆珣乞移梓、夔路鈐轄司於資州，應接夷事，頗爲近便。……自今委中書選人知資州，管勾梓、夔兩路兵馬司事。』尋詔遂州罷兼管本路兵馬。」

又同書卷三八六：「（元祐元年八月己酉）樞密院言：『將官兼都監，緣兵馬司事務内有例合申逐將者，恐於理未便。……』」

《宋會要輯稿》兵六之二七：「紹熙元年二月十一日，知建康府章森言：『本府鈐轄司東南第五將兵馬司見管廂、禁軍三千五百一人，内禁軍一千人撥充安撫司親兵。……』」

《宋史》卷八九《地理志》：「夔州，……建炎三年，升夔、利兵馬鈐轄。淳熙十五年，帥臣帶歸、峽州兵馬司。」按兵馬司應爲兵馬鈐轄司、兵馬都監司、兵馬監押司等之簡稱。

先兄甫等復官告

敕：「某等，善善及其子孫，《春秋》之誼也。乃祖既信眉於地下矣，其可使汝曹尚與

編氓齒乎？〔一〕各命一官，〔二〕勉圖報國，可特授承信郎。」〔三〕

〔一〕其可使汝曹尚與編氓齒乎　原脱「尚」字，據《周益國文忠公集・掖垣類稿》卷二《岳飛孫甫申經緯紀綱並特與補承信郎》補。

〔二〕各命一官　原作「命以官」，據《周益國文忠公集・掖垣類稿》卷二《岳飛孫甫申經緯紀綱並特與補承信郎》改。

〔三〕特授承信郎　「承信郎」三字原缺，據本卷《先兄甫等復官省劄》，應予增補。此告即《周益國文忠公集・掖垣類稿》卷二《岳飛孫甫申經緯紀綱並特與補承信郎》，可知乃周必大所作。「紀綱」，應爲「綱紀」之誤。

先兄甫换授承務郎告

敕：「漢驃騎死，武帝録其孤爲奉車都尉，蓋幸其壯而將之。爾本將門，乃能攻苦肄業，翃爲儒生，兹特授以文階，遂進京秩。亦爲爾祖奮由忠烈，没非其罪，肆朕恩恤之厚，於汝無靳也。勉爲忠孝，茂對斯寵，可特授承務郎。」

先兄琛等補官旨揮

中書、門下省四月二十三日同奉聖旨，岳飛孫琛并女安娘夫並特與補承信郎。奉敕如右，牒到奉行。

隆興元年四月二十三日。

先兄琛等補官告

中書、門下省：

吏部狀：「承隆興元年四月二十三日三省同奉聖旨，岳飛孫琛并女安娘夫特與補承信郎。尋差人取索到本家供狀，稱女安娘夫係高祚，令依前項指揮，〔一〕並補承信郎，並命詞給告，〔二〕伏候指揮。」奉敕，依下項：

故少保、武勝、定國軍節度使、武昌郡開國公、食邑六千一百户、食實封二千六百户岳飛孫琛，刑有寃濫，朕所矗傷，雪罪記功，仍卹其族類，併以官爾，厥惟茂恩，可特授承信郎。

〔二〕令依前項指揮　「令」，疑作「今」。

〔三〕命詞給告　原脱「給」字，據本卷《吏部復田宅告示》補。

復田宅旨揮

岳霖劄子，乞給還父江州田宅。近户部申到岳甫陳乞上件事，已劄下户部，催促江州開具見管并已賣過數供申，隆興元年四月三十日送户部，依已行事理，催促疾速施行。

吏部復田宅告示

行在尚書司封：

准都省批下本部申：「准都省批下追復少保、武勝、定國軍節度使岳飛男霖狀，乞父女安小娘〔一〕并孫男琛推恩等事，承後批送吏部勘當，申尚書省。

一、司封勘當到本部，今勘當岳霖所乞，於司封别無合行事理。

一、尚左：今來本家所乞致仕、遺表等恩數，〔二〕量給一、二、三，送部勘當申省。本部勘當，前執政官乞致仕，依法合得致仕恩澤〔三〕三人，遺表蔭補恩澤四人，并致仕恩例兩次，非降黜中身亡恩例兩次。照得岳飛係是特追復官職，已降指揮，録用子孫，補官了當，於本部尚書左選條法，別無合得致仕、遺表恩例。

一、侍右：檢承隆興元年四月二十三日敕中書、門下省，四月二十三日，三省同奉聖旨，岳飛孫琛并女安娘夫並特與補承信郎。奉敕如右，牒到奉行。前批四月二十四日辰時付吏部施行，仍關合屬去處。又本部所承都省批狀指揮，送部勘當。本部已承今年四月二十三日指揮，岳飛孫琛并女安娘夫高祚並補承信郎，已申朝廷，命詞給告去訖。今勘當欲候今狀下部日，從本部備坐前項因依，告示本家知委，仍行下惠州并漳州，遵依已降指揮施行。

一、户部勘當，岳霖乞給還江州田宅等業，近承紹興三十二年十一月十四日朝旨，已行下江州，一依都省批狀指揮，日下開具有無見管未賣房廊、田産，如無，即具已賣過數目并買人姓名供申，仍契勘已賣過價錢，并付是何庫分送納了當，有無朱鈔照證，各具詣實保明文狀申部。候到，申取朝廷指揮施行。本部見行繼祖催促本州知、通，日下開具供申，其本州承行人、住滯人尋行究治斷遣去後，近據江州申到，稱見行監勒合干人等宿司，連夜供攢上件已未賣田産事帳，續次供申本部。已再牒本州知、通，請疾速行開具供申去訖。今承送到批下岳霖狀，乞行給還江州所置田宅一節。今勘當欲再下江州知、通，請一依都省批狀指揮，日下開具有無見管未賣房廊、田産，〔四〕各具詣實保明文狀申部。候到，從本部看詳，申取朝廷指揮施行。申都省，候指揮。」

承後批，吏部勘當到岳霖狀乞父恩例，五月二十八日送吏部，依勘當到事理施行，仍告示，須至指揮。

右差親事官，仰告示本官知委訖，連申。

隆興元年六月初五日。

〔一〕安小娘　應爲「安娘夫」之誤。

〔二〕本家所乞致仕遺表等恩數　「仕」，原作「事」，據後文「致仕」改。

〔三〕依法合得致仕恩澤　「得」，原作「同」，據後「別無合得致仕、遺表恩例」改。

〔四〕房廊田産　「田産」，原作「田宅産」，據前「有無見管未賣房廊、田産」，删「宅」字。

戸部復田宅符

行在尚書省戸部：

准隆興元年七月二十九日敕，中書、門下省、尚書省送到户部狀：「准都省批下，本部申，追復少保、武勝、定國軍節度使、武昌郡開國公岳飛長孫岳甫狀，乞將先祖生前置到江州田、宅、房廊，見存給還本家等事。後批送户部勘當，申尚書省。本部目今即不見得本州的實有無見管田、宅、房廊，今勘當欲下江州，日下開具有無見管田産，具詣實保明文狀申部。候到，從本部看詳，申取朝廷旨揮施行後，批送户部，依勘當到事理施行。本部遂行下江州，一依都省批狀旨揮，開具供申去後。

今據江州申：『准户部符，日下開具岳甫乞給還先祖生前置到江州見存田、宅、房廊，有無見管田産，具詣實文狀供申朝廷施行。州司今依准上項指揮，開具下項，並是詣實申部，伏乞照會。』

本部據今來江州申到見在岳飛田産、屋宇等，今開具下項：

一、開具到見在田産，計錢叁阡捌百貳拾貳貫捌伯陸拾叁文〔一〕省，田柒頃捌拾捌畝壹角壹步，地壹拾壹頃玖拾陸畝叁角，水磨伍所，房廊、草、瓦屋肆百玖拾捌間。

見有人承佃田叁頃壹畝叁角玖步，〔二〕地玖拾壹畝叁角伍拾玖步，〔三〕水磨貳所，房廊、草、瓦屋共壹伯伍拾壹間。未有人承佃〔四〕田肆頃捌拾陸畝壹角伍拾貳步，水磨叁所，荒雜地肆頃捌拾陸畝壹角壹拾伍步，〔五〕荒親地〔六〕陸頃壹拾捌畝壹角肆拾步。岳家市見今只存陸拾間，地基、屋宇共貳百玖拾間。

本部今看詳江州申到岳飛見在田產、屋宇等，合取自朝廷指揮施行，伏候指揮。」七月二十九日奉聖旨，令給還。奉敕如右，牒到奉行。前批八月一日辰時付户部施行，仍關合屬去處。須至指揮江州，主者一依敕命指揮施行，仍關合屬去處，符到奉行。

隆興元年八月四日。

〔一〕捌伯陸拾叁文　《宋會要輯稿》方域四之二五作「八十三文」。

〔二〕壹畝叁角玖步　「玖」之上，《宋會要輯稿》方域四之二五有「五十」兩字。

〔三〕地玖拾壹畝叁角伍拾玖步　《宋會要輯稿》方域四之二五無此句。

〔四〕未有人承佃　「佃」，《宋會要輯稿》方域四之二五作「買」。

〔五〕荒雜地肆頃捌拾陸畝壹角壹拾伍步　《宋會要輯稿》方域四之二五無「荒雜」兩字，「壹拾伍步」，《宋會要輯稿》方域四之二五作「二十一步」。

〔六〕荒親地　「親」，《宋會要輯稿》方域四之二五作「雜」。

給還御札手詔省劄

通直郎、試將作少監岳霖劄子：「霖輒瀝誠悃，不避誅夷，仰瀆朝聽。霖照對本家屢承國史院、日曆所〔一〕取索先父少傅忠烈行狀，〔二〕及前後被受御筆手詔真本，應合干文字照使。霖除已遵稟外，重念霖先父少傅忠烈本以寒微，奮由忠孝，頃荷太上皇帝拔自行陣，名列通籍，一時異恩，羣臣莫比。前後被受御筆手詔，無慮數百章。中間不幸爲權臣厚誣，悉被拘没，今聞見在左藏南庫架閣。〔三〕比蒙聖恩，昭雪寃抑，憐其幽苦，詔太常議謚，而本家别無文字可以稽考。欲望朝廷特賜詳酌，於南庫取索上件真本御札手詔等文字，給付本家參考照使。庶令子孫久永珍藏，知兩朝眷寵先臣之意，感激思奮，仰答聖恩，不勝幸甚。干冒威嚴，霖下情無任戰灼之至，伏候指揮。」

閏六月二十一日，三省同奉聖旨，令左藏南庫搜檢給還。

淳熙五年閏六月二十二日。

右劄付將作岳少監。

〔一〕日曆所　原作「曆日所」，據《宋會要輯稿》職官一八之一〇二改。按宋時日曆乃皇帝在位時所修之編年官史，而曆日即今記録年月日之日曆。

〔二〕據《金佗續編》卷一四《敕建忠烈廟省牒》，乾道六年，鄂州爲岳飛建廟，「賜忠烈廟爲額」。另據本卷《追復少保兩鎮告》，紹興三十二年，岳飛「特追復少保」。《宋史》卷一六一《職官志》，政和時，「立三孤少師、少傅、少保，亦稱三少」。可知當時岳飛已加贈少傅，可參《金佗續編》卷一四《賜謚謝表》。

〔三〕《建炎以來朝野雜記》甲集卷一七《左藏南庫》：「左藏南庫者，本御前樁管激賞庫也，孝宗即位之始年改之。先是，紹興休兵後，秦檜取户部窠名之可必者，盡入此庫，户部告乏，則予之。檜將死，屬之御前，由是金幣山積，士大夫至指爲瓊林、大盈之比。」宋高宗御筆不存放内室秘府，而存放於庫，表明岳飛遇害之時，宋廷不願將這批文件珍藏，然又不便隨意扔棄。因於左藏南庫「架閣」，使這批文件大部佚失。

鄂國金佗續編卷第十四

天定別録卷之二（前録）

湖北轉運司立廟牒

湖北轉運司牒上岳少保宅：

勘會近於去年十二月初八日，准尚書省劄子：「朝散郎、荆湖北路轉運判官趙彦博劄子：『猥以非才，濫將使指，無補涓埃，日負素餐之責。置司適在大將屯戍之地，苟有可以褒顯忠良，激厲將帥者，義當冒聞，不敢緘默。伏覩故少保岳飛頃提十萬之衆，〔一〕留屯沔、鄂，紀律嚴明，秋毫無犯，捐軀徇國，有百戰百勝之勳。至今鄂州一軍士卒整肅可用者，皆飛之力也。去此已三十年，遺風餘烈，邦人不忘，繪其像而祀者，十室而九，可見忠義能感人心如此。雖蒙朝廷復其官爵，録其子孫，而廟貌缺如，何以鼓忠義英豪之氣。今鄂州軍民見請爲飛建立祠宇，欲望朝廷下湖北轉運司及鄂州，許從衆欲，不唯少慰飛忠烈不泯之魂，亦可爲方今將帥建功立事者之勸。在於公朝，實非小補。候指揮。』十一月十四日，三省同奉聖旨依。」劄付本司。

當司除已承都統制司摽撥錢肆阡貫文，委官建立廟宇外，須至公文，牒請照會。謹牒。

乾道六年二月　日牒。

降授宣義郎、權發遣荆湖北路計度轉運副使公事、兼本路勸農使、〔二〕專一措置提督修城、借紫〔三〕張珖押

〔一〕頃提十萬之衆　「頃」，嘉靖本作「領」。

〔二〕兼本路勸農使　「使」，原作「事」，據本卷《敕建忠烈廟省牒》改。《續資治通鑑長編》卷六二：「(景德三年二月)丙子，權三司使丁謂等言：『唐宇文融置勸農判官，檢户口、田土僞濫等事，今欲別置，慮益煩擾，而諸州長吏職當勸農。』乃請少卿、監、刺史、閤門使已上知州者，並兼管内勸農使，餘及通判，並兼勸農事，諸路轉運使、副並兼本路勸農使。詔可。勸農使入銜自此始。」

〔三〕《宋史》卷一五三《輿服志》：「凡朝服謂之具服，公服從省，今謂之常服。宋因唐制，三品以上服紫，五品以上服朱，七品以上服緑，九品以上服青。……太宗太平興國二年，詔朝官出知節鎮

及轉運使、副，衣緋、緑者並借紫。知防禦、團練、刺史州，衣緑者借緋，衣緋者借紫。其爲通判、知軍、監，止借緋。……中興，仍元豐之制，四品以上紫，六品以上緋，九品以上緑。……或爲通判者，許借緋；爲知州、監司者，許借紫；任滿還朝，仍服本品，此借者也。」

勅建忠烈廟省牒

尚書省牒武昌軍忠烈廟：

禮部、太常寺狀：「准乾道六年七月六日勅，尚書省送到武昌軍奏：『據本州居民父老張子立等狀：伏覩前宣撫岳飛統師嚴密，保護上游，收復軍州，掃平寇盜，軍屯所至，秋毫無擾，有功於國。百姓仰之，近遠之人，繪圖其像。昨已蒙朝廷敍復元官，録用其後，而廟貌未立。子立等遂具狀，經湖北轉運司披陳，蒙前任運判趙彦博備奏，奉聖旨依。今來建立祠宇，將欲就緒，尚有廟額，未蒙賜勅。乞檢會所降指揮敷奏，封賜廟額，庶使歲時享祀，福此一方，用廣朝廷旌勸忠臣之意。伏候勅旨。』

三省同奉聖旨依，令禮部、太常寺擬定，申尚書省。禮部、太常寺據奏上件指揮，〔一〕伏乞朝廷指揮施行，伏候指揮。」

牒奉敕，宜賜忠烈廟爲額。牒至，准敕，故牒。

乾道六年七月　日牒

參知政事梁　押

參知政事王　出使

尚書右僕射、同中書、門下平章事　押

乾道六年夏，武昌軍言，故少保、武勝、定國軍節度使、開府儀同三司、武穆公飛功在一方，軍先有請，既獲旨立廟矣，吏士又乞加賜廟號，敢昧死以聞。制曰可。於是飛廟得賜號忠烈。迨今踰十年，詔黄未刻也。珖被命使湖右，迺始鐫制詔於右，以重祠宇，慰一方吏民無窮之思。竊惟公以奇男子起家山東，爲國虎臣，其勳伐書太史，其威名震聞四夷，而節制之師，至今名天下。上臨朝，念文武名臣欲盡，有懷英烈，收用其子孫，以表公大忠，四方聞者，無不動色增氣。方圖新公祠廟，繪公故部曲名將董先、李建等象，俾侑饗於公。仰稱陛下尚賢勸忠之指，以感動忠義，而侈公遺休，其可不敬書下方。淳熙六年冬十一月既望，降授宣義郎、權發遣荆湖北路計度轉運副使公事、兼本路勸農使、專一措置提督修城、借紫晉張珖〔二〕謹書。

〔一〕太常寺據奏上件指揮　「寺據奏」三字，原缺，據嘉靖本補。「據奏上件指揮」，疑爲「據上件指揮奏」之誤。

〔二〕專一措置提督修城借紫晉張珖　「晉」，應爲張珖户貫，或下有脱字。

賜謚指揮

尚書省送到太常寺狀：「准尚書省劄子：『吏、禮部狀：准都省批送下權發遣江南東路轉運副使顔度劄子奏：臣恭覩紹興三十二年七月十三日聖旨：故岳飛起自行伍，不踰數年，位至將相，而能事上以忠，御衆有法，屢立功效，不自矜誇，餘烈遺風，至今未泯。〔一〕去冬出戍，鄂渚之衆師行不擾，動有紀律，道路之人歸功於飛。飛雖坐事以殁，而太上皇帝念之不忘。今可仰承聖意，與追復元官，以禮改葬。既而追復少保、武勝軍節度使、萬壽觀使，〔二〕葬以一品之禮。立廟鄂州，賜額忠烈。仰惟聖恩哀卹，足以增賁泉壤，獨定謚一節，未曾舉行，欲望睿慈特下有司，議謚施行。

後批送吏、禮部勘當，申尚書省。本部據太常寺申到，稱檢准乾道重修服制令節文：諸光禄大夫、節度使以上，本家不以葬前後，録行狀三本，申所屬繳奏，其文並録事實。或本家不願請謚者，取子孫狀以聞。本寺勘會，本官官品依前項條令，〔三〕合該定謚。今勘當欲依本官所乞，候今降指揮，日下依前項條令施行，伏候指揮。

六月五日，三省同奉聖旨，令太常寺擬定，申尚書省。并檢准淳熙三年四月十五日敕：三省同奉聖旨，今後王公及職事官三品以上，法應得謚。并勳德節義，聲實彰著，不以官品，特命謚者，並先經有司議定，申中書、門下省，具奏取旨，依舊制更不命詞，止備坐所議給告，吏部牒本家照會。」

本寺今擬定謚曰『忠愍』，危身奉上曰『忠』，使民悲傷曰『愍』，伏乞朝廷詳酌指揮施行。六月十八日，三省同奉聖旨，令太常寺別擬定，申尚書省。本寺今別擬定謚曰『武穆』，折衝禦侮曰『武』，布德執義曰『穆』。伏乞朝廷詳酌指揮施行，伏候指揮。」

九月八日，三省同奉聖旨依。

〔一〕至今未泯　「未」，《金佗續編》卷一三《追復旨揮》作「不」。

〔二〕武勝軍節度使萬壽觀使　據《金佗續編》卷一三《追復少保兩鎮告》，岳飛追復武勝、定國軍節度使，並未追復萬壽觀使，乃顔度記憶有誤。

〔三〕前項條令　「條」，原作「修」，據後文「日下依前項條令施行」改。

忠愍謚議

議曰：「嗚呼！將相大臣勳在王室，德在人心，身没而名垂不朽，與日月争光，而乃褒贈未舉，信史未書，萬口一詞，以爲闕典。如是者凡二十餘年，而聖天子一日赫然下明詔，悼不幸，崇恤典，下之有司，始請易名，以慰忠魂，以詔萬世。於是前日萬口一詞，觖焉不滿者，舉欣然相告曰：『信乎！三十年後，議論自定。』薦紳之倫，介胄之衆，方且喜聞而樂道之，而況司議臣者，敢不整冠肅容，特書其事，以著《春秋》之大旨乎！

故少保、武勝、定國軍節度使岳飛薨於紹興十一年。至三十二年，主上龍飛，有詔：『故岳飛起自行伍，不踰數年，位至將相，而能事上以忠，御衆有法，屢立功效，不自矜誇，餘烈遺風，至今不泯。去冬出戍，鄂渚之衆師行不擾，動有紀律，道路之人歸功於飛。飛雖坐事以没，[一]而太上皇帝念之不忘。今可仰承聖意，與追復元官，以禮改葬，訪求其後，特與録用。』已而又更十有六載，至淳熙四年，禮官奏以公應定謚，乃下有司議其事。

嗚呼！公之大名、大節、大勳烈赫赫在人耳目，青天白日，其誰不知，顧乃閲歷三紀，然後被哀榮之典，其尤可憫也與！

蓋嘗迹公際遇之始，自我太上皇鳳翔于河朔，公已先負敢死名，受知大元帥府，此殆天授也。建炎之初，首於京城南薰門外，以王旅數百，破羣賊王善等二十萬。自是凡征討，皆以少擊衆，名震夷夏，所向無前。雖虜騎陸梁，大盜充斥，獨公轉戰逐北，掃蕩無遺，用能復金陵，清江、淮，剋定湖、廣，經理京西，進討河南。鯨寇如李成、馬進之徒，望風奔潰。虜之簽軍涉其境者，争先降附，擁衆來歸，不可勝計。紹興四、五年間，公領王師，乘建瓴之勢，剪除羣凶，有衆百萬，皆其平寇所得。蓋虔賊山寨三百餘所，與漢上九郡之衆，湖中楊么、鍾子儀輩，各聚兵二十萬，聞公軍至，相率焚香迎拜。既而被命招討河北，蔡人來迎，亦如之，唯恐公至之晚。遂進屯潁昌，〔二〕又進取曹、濮。時太行有魁領梁小哥者，亦樂爲先驅，捷書至幕府曰：『河北忠義四十餘萬，皆以岳字號旗幟，願公早渡河。』虜酋雖簽軍，無一從者，乃自歎曰：『我起北方以來，未有如今日屢見挫衄！』〔三〕公至是喜甚，語其下曰：『今次殺金人，直到黃龍府，當與諸君痛飲！』繇是虜始倡和議，以成吾兼愛之仁，蓋以公威靈氣燄，日闢故疆，莫之能禦也。

中興之初，感會風雲，得儁中率者非無其人，唯公擅勇智，仗忠赤，自視不在諸大將下。初，受節制于張俊，〔四〕公常語人曰：『使我得與諸將齒，稟命於天子，何功不立，一死烏足道哉！要當剋復神州，迎還二聖，使後世史册知有與關、張齊名。』朝廷命公鎮撫通、泰，乃力辭，請以母、妻、二子爲質，願別立一軍，招集士馬，自兩淮進取山東、河北，收還舊疆，使快平生之志，盡臣子之節。故其鎮武昌也，諸大帥如武僖劉公、忠烈張公、武恭楊公、忠武韓公、武忠劉公〔五〕分屯淮甸。兀术封豕長蛇，方張不制，太上運廟謨，授成算，形於聖訓，獨倚公一軍，與諸將犄角爲聲援，以牽制賊勢。人謂中興論功行封，當居第一。

嘗竊恭覩太上宸翰，賜公無慮八十餘札，有曰：『卿忠義之心，通于神明，故兵不犯令，民不厭兵，可無愧於古人。』曰：『覽卿近奏，毅然以恢復爲請，豈天實啟之，〔六〕將以輔成朕志，行遂中興耶！』曰：『比降親筆，喻朕至意。再覽卿奏，以渾瑊自期，正朕所望於卿者，良深嘉歎。』餘章丁寧倚重之語，大率類是。〔七〕

初，忠宣洪公在虜，嘗遣蠟書至，太上以賜其家，言虜中所大畏服者，張浚與公而已。他日忠宣還，因奏事，論至公死，不覺爲慟。

公之大名、大節、大勳烈，於是乎在。若其奉己至薄，與下士同甘苦；持軍至嚴，所過秋毫無敢犯；禮賢至恭，一時名人皆萃于幕府；持循禮法，動合軌物，恂恂若一書生，茲又古名將所不可望者。

公素志恢復，會和好已定，南北息肩，於是登廟堂，位樞弼。彼忌功嫉能者方相與媒孽厚誣，以媚權臣，乃罷本兵，興羅織，致坐事以沒。

嗟乎！士患不遭時遇主，既遇而復不得其死，命與！李廣材氣，天下無雙，孝文見之曰：『惜廣不逢時，令當高帝世，萬户侯豈足道哉！』以公揆廣，蚤遇太上，依乘風雲，再造王室，非不遇矣。然卒斃於權臣之手，天下莫不寃之。班固之贊李廣，以爲死之日，天下知與不知，皆爲流涕，彼其忠誠信於士大夫。蓋公之遇主，有李廣所不能及，而死之日，天下爲之流涕，有甚於廣焉。嗚呼！命與！兹主上所以仰體太上皇帝聖意，録其後之象賢者，優加寵擢云。意公生氣凜然尚存也。

按謚法，危身奉上曰『忠』，使民悲傷曰『愍』，公其有焉，請謚以忠愍。謹議。」

有旨，令别擬定。

〔一〕飛雖坐事以没　原脱「飛」字，據《金佗續編》卷一三《追復旨揮》補。「没」，《金佗續編》卷一三《追復旨揮》作「殁」。

〔二〕潁昌　「潁」，原作「穎」，今改正。

〔三〕未有如今日屢見挫衄　「屢」，原作「婁」，據嘉靖本改。

〔四〕張俊　「俊」，原作「浚」，嘉靖本同，據浙本改。

〔五〕以上用謚號名某公，乃指劉光世、張俊、楊存中、韓世忠，唯有「武忠劉公」，估計應指劉錡，而據《揮麈後録》卷五，《宋史》卷三六六《劉錡傳》，劉錡謚武穆。

〔六〕豈天實啟之　「豈」，原作「皇」，據《金佗續編》卷一高宗宸翰三十五改。

〔七〕大率類是　「率」，原作「卒」，據嘉靖本改。

武穆謚議

議曰：「紹興三十二年，皇上嗣承大統，緬想中興之盛，將帥之臣，如故岳飛，褒崇未及，藐諸孤猶在遠，有盡上心。迺下詔追復元官，以禮改葬，訪求其後，特與録用。嗚呼！身可歿而名不可朽，是非感於一時，而議定於來世，自非有大勳力著在人心，何以上爲聖天子追念如此，抑可謂盛矣。又十六年，而禮官請定公謚，制可之。其在司議者，所當大書特書，垂諸簡策，以詔天下後世。迺上公謚，迹公始末爲之議。

蓋公自結髮從戎，有大志，雄勇絶人，每以關、張自許。太上皇開大元帥府，公以敢死名被知遇。自是授任，摧堅陷敵，至績用顯白，聲名彰灼，雖晚出，而人以爲元勳宿將，率基於此也。建炎初，羣賊王善等衆二十萬，抄掠汴、宋間，公以王旅數百，破之於南薰門外。繇是師行所嚮必克。紹興改元，北虜驕暴未已，而河南諸郡，寇盜充斥，李成、馬進尤號魁黠。湘、漢間，楊么、鍾子儀等相挺爲亂。少者萬人，多者十餘萬。公受命征伐，奮然以削平爲己任，曰：『内寇不除，何以攘外；近郊多壘，何以復遠疆。』故麾軍南指，則李成、馬進爲之潰北；移師湘、漢，則楊么、鍾子儀爲之破滅。捷書踵至，勳名日盛。南方底定，公撫定以威信，遠近爭附，其爲民者莫不各安生業，而豪强之徒皆願立功爲用，於是有衆數十萬，隱然爲長城矣。

太上倚公爲重，以圖恢復，而公亦以眷遇之厚，竭其忠力。駐師武昌，日謀進取，練軍實，選騎士，明紀律以馭之，同甘苦以懷之，凡隸公麾下者，人百其勇。故公被命招討河北，蔡、曹、濮等州望風相率歸附，威聲大暢。河北忠義聞公至，以岳公姓識旗幟，徯公渡河。咸謂公御軍得士，雖古名將無以加也。

公受節制於大將，願出奇料敵，動無不中，而以拘制不得盡，每語其下曰：『使我得稟命於天子，何功不立。』故其爲通、泰鎮撫使，乞别爲一軍，招集兵馬，掩殺金賊，收復山東、河北、河東、京畿等路，以快平生之志，盡臣子之節。公之心，其欲掃清中原，以大功不立爲己之耻，可謂通於神明，貫於日月。是以太上嘗賜詔曰：『覽卿近奏，毅然以恢復爲請，豈天實啟之，將以輔成朕志，行遂中興耶！』公之勇略忠藎與太上之知公，使得究盡其能，北虜雖彊，不足平也，故土雖失，不足復也。方以川、陝宣撫，〔一〕力圖進討，而議者厭兵，欲息南北，用事之臣力主和議。迄講盟通好，猶懇懇奏列，以爲非計，終莫之聽。公亦進位樞府，而兵柄釋矣。雋功未就，偉志莫伸，身隨以殞，有遺憾焉！

嗚乎！爲將而顧望畏避，保安富貴，養寇以自豐者多矣。公獨不然，平居潔廉，不殖貨産，雖賜金已俸，散予莫嗇，則不知有其家。臨戰親冒矢石，爲士卒先，摧精擊鋭，不勝不止，則不知有其身。忠義徇國，史册所載，何以尚兹。按謚法，折衝禦侮曰『武』，布德執義曰『穆』。公内平羣盜，外捍醜虜，宗社再安，遠邇率服，猛虎在山，藜藿不采，可謂折衝禦侮矣。治軍甚嚴，撫下有恩，定亂安民，秋毫無犯，危身奉上，確然不移，可謂布德執義矣。合兹二美，以武穆謚公，於是爲稱。謹議。」

〔一〕説岳飛任「川、陜宣撫」，係誤。

武穆覆議

議曰：「天下未嘗無公論，爲國者未嘗不念功，爲將者未嘗不欲立功。功之小大，顧其人如何耳。功立矣，何患國家之不知，既知之，身必享其利，而子孫且蒙福矣。其有身殁既久，而國愈不忘之者，必其功卓然，有以異於人，而公論自不容已也。

太上皇帝中興，諸大將依乘風雲，勒功帝籍，其最爲公論所與者，不過數輩。國家所以封爵之，與夫寵禄其後，往往不薄，易名之恩，有請則畀之。故少保、節使岳公獨闕焉。其子若孫頊在遠外，未及以請。新江東漕臣顔公舉太常少卿舊職，以公當得爲謚，上憫然俞之。太常博士實司其議，迺按謚法，謂折衝禦侮曰『武』，布德執義曰『穆』，於公爲宜。朝廷下之銓曹，考功職當覆議，因博詢公平生之所以著威望，繫安危，與夫立功之實，其非常可喜之大略，雖所習聞，而國史秘内，無所攷質。獨得之於舊在行陣間者云，紹興之初，劉豫寇京西，列城失守，襄、鄧莽爲盜區，公獨明賞罰，練士卒，百戰百勝，所向易於破竹，六郡賴以復平，而役不再籍。既盡復商於之地，收虢略之城，長驅將入於三川，而威震五路矣。所謂『威名冠世，忠略濟時，先聲所臨，人自信服』，誠如太上皇御札。且平生用兵，紀律甚嚴，每與士卒同甘苦，而得其歡心。雖上賜累鉅萬，毫髪不以爲己私，故士卒用命，而所至無擾。所謂『連萬騎之衆，而桴鼓不驚；涉千里之塗，而樵蘇無犯。至發行齎之泉貨，用酬迎道之壺漿』，誠如太上皇詔書。

其後北虜渝盟，空國來寇，公徑絶大江，鼓行西向，〔一〕以挫其鋒。獨與兀术對壘於郾城，卒斃其將阿李朶孛堇〔二〕等，而走其師。又嘗以孤軍置寨於蔣山及宜興，或殺或降，莫可勝計。虜人聞公之名，爲之落膽。所以破郭吉而有其衆，斬張威武而併其軍，扈成已死，部曲内附，仍尾襲虜人於鎮江之東，間道直趍建康，大小數十戰，動無遺策，江、浙又賴之以平定。所謂『籌略頗如人意』，誠如太上皇玉音，玆非折衝禦侮而何？雖恢復中原之志，未及大伸，而在公已無愧也。

其他可書之偉績，與太常之議不異。復有一節，尤所可喜，方襄漢未平，自守、宰而下，悉聽公制置。是時甫復河南故地，公即抗疏力辭，乞從朝廷差注，公之處功名，遠權勢，有明哲之先見焉。嘗聞褒詔有曰：『卿所抗章，殊合事體，自非思慮之審，謙畏之至，〔三〕何以及此。』子孫必有家藏是詔者。布德執義，玆非其要歟？

謚曰『武穆』，捨是將奚擇。謹議。」

淳熙五年十二月十二日，奉聖旨依。

〔一〕公徑絶大江鼓行西向　「西」，疑爲「北」之刊誤。

〔二〕阿李朵孛堇　「孛」，原作「骨」，據《金佗稡編》卷一六《郾城縣北并垣曲縣等捷奏》改。

〔三〕謙畏之至　「畏」，《金佗續編》卷四《先以湖北京西路累經殘破州縣官無人願就許令自知通以下辟差今來已復河南故地其兩路並是腹心所有州縣差官乞自朝廷差注得旨依奏仍賜奬諭詔》作「恭」，應以「恭」字爲準。

賜謚謝表

臣霖等言：「正月二十一日准告，伏蒙聖恩，賜臣等先父贈少傅、武勝、定國軍節度使臣飛謚武穆者。聖朝録舊，特疏優武之恩；先臣罔功，叨被易名之寵。可謂殊常之遇，足爲不朽之光，仰戴洪私，俯增感泣。臣等誠惶誠懼，頓首頓首。

伏念臣先父奮迹田畝，效節伍符，首蒙太上皇神聖之知，旋授元帥府偏裨之寄。毅然赴難，奮不顧身。志在立功，半夜蹴雞鳴之舞；師行有律，居民無犬吠之驚。江淮賴此以全，豪傑聞之皆附。南剪湖湘之寇，北收襄漢之城。鼓行將入於京都，聲勢殆震乎河朔。誓破虜而後朝食，擬清道以迎乘輿。皇天后土，實鑑此心；白叟黄童，知爲義將。

奈城狐之得勢，指市虎以肆誣。竊柄弄權，律人從己，挾恐人見破之私意，沮爲國規恢之遠圖。出下策以議和，姑欲效奉春之計；皆左袒而奚罪，無何繫周勃之身。雖聖君曲賜保全，而姦臣必欲擠陷。謗書交至，羅織慘加，懷壯志之莫明，抱深寃而長往。形骸溝壑，痛固無窮，妻子蠻夷，鬼亦不食，興言及此，流涕漣如。迨邦誣之既昭，〔一〕荷宸衷之丕恤。食之廟宇，旌英烈於一字之間；葬以孤儀，起枯骨於九泉之下。盡復曩封之爵邑，再收已錮之子孫，猶謂禮意之未崇，必加節惠而後已。此蓋伏遇皇帝陛下天地覆燾，〔二〕

日月照臨，察臣之父初無他腸，憐臣之父没有遺憾，特詔禮官之議，用爲信史之傳。有其實，可無其稱，美名既立；聞其謚，足知其行，舊玷自明。豈惟撫慰於幽魂，抑可激昂乎忠概。死如未泯，必能爲結草之功；生亦與榮，敢不勵執戈之操。臣等無任瞻天荷聖、激切屏營之至，謹奉表稱謝以聞。臣霖等誠惶誠懼，頓首頓首，謹言。」

淳熙六年二月　日　　宣教郎、守宗正丞臣岳甫　上表

忠翊郎、〔三〕監潭州南嶽廟臣岳靄

修職郎、前廣南東路提舉常平司幹辦公事臣岳震

奉議郎、守尚書駕部員外郎臣岳霖

〔一〕邦誣之既昭　「昭」，原作「招」，據嘉靖本改。

〔二〕天地覆燾　「燾」，原作「壽」，據嘉靖本改。

〔三〕忠翊郎　「翊」，原作「詡」，據《宋史》卷一六九《職官志》改。

張憲復官旨揮

故龍、神衛四廂都指揮使、閬州觀察使、京西、湖北路馬、步軍副總管、鄂州駐劄御前

前軍統制、提舉諸軍一行事務[一]張憲男敵萬狀：「伏爲先父自建炎、紹興初隨從岳飛，統率軍馬，累與金人并諸處賊馬鏖戰，收復州縣，屢立奇功。昨因岳飛坐事，連及先父，亦至於死。今岳飛已特與敍復元官，改正禮葬，給還恩數。唯先父未蒙優恤，望依岳飛體例，追復元官，[二]給還身後合得恩澤，庶使存殁舉沾恩賜。」[三]

乾道元年十一月二十五日，三省同奉聖旨，張憲特追復元官，四子各補承信郎。

〔一〕張憲身前官職，諸書記載稍異，《宋會要》職官七六之六一作「龍、神衛四廂都指揮使、閬州觀察使、京西、湖北路馬、步軍〔副〕都總管、鄂州駐劄御前諸軍〔副〕都統制」，《建炎以來朝野雜記》乙集卷一二《岳少保誣證斷案》作「龍、神衛四廂都指揮使、閬州觀察使、高陽關路馬、步軍副都總管、御前前軍統制、權副都統、節制鄂州軍馬」，應以《建炎以來朝野雜記》岳飛刑案爲準。張憲時任鄂州大軍副都統制、前軍統制，正文中之「提舉諸軍一行事務」係誤。張憲任「同提舉一行事務」，尚在岳飛罷軍權前。

〔二〕追復元官　「復元官」三字原缺，嘉靖本同，據傳本補。

〔三〕存殁舉沾恩賜　「恩」字原缺，據文淵閣《四庫全書》本補。

張憲復官告

敕：「朕大明公道，而邪正以之分；博採衆言，而是非以之辯。苟銜寃而未雪，則賫志而莫伸。故龍、神衛四廂都指揮使、閬州觀察使張憲奮身艱虞，致位通顯。統三軍之士，久從幕府以出征；收百戰之功，每以捷書而受賞。屬處嫌疑之地，遽騰誣謗之言。人臣無將，忍加之罪；衆惡必察，盡洗厥愆。廉車已正於使名，廂部并提於戎旅，整還故秩，仍録後昆。尚祇服於醲恩，庶有光於幽穸。可追復龍、神衛四廂都指揮使、閬州觀察使。」

鄂國金佗續編卷第十五

天定別録卷之三（後録）

賜褒忠衍福禪寺額敕

尚書省録：

禮部狀：「准都省批下承議郎、權發遣江南東路轉運判官岳珂狀〔一〕：『照對先大父鄂王飛蒙恩敕葬臨安府西湖上，紹興三十二年十二月，〔二〕蒙朝廷給賜顯明寺充功德寺。〔三〕續因檢校少保、安慶軍節度使、同知大宗正事士㒟等申請，係太傅、〔四〕儀王仲湜安殯〔五〕妨礙。准隆興二年十月十七日尚書省劄子，〔六〕備奉聖旨，依禮部看詳到事理，令本家別行指占。自後一向無力陳乞。竊見北山下智果寺〔七〕委是毗近，雖全無門堂、僧舍，止有地基、敞屋數間。今來本家願自行創建，買田供贍，請僧焚修。謹繳連元准省劄兩道，真本連粘在前，欲望朝廷特賜敷奏給賜。仍乞照曾任執政體例，改賜肆字寺額，存歿均被大造。伏候指揮。』

後批送禮部勘當，申尚書省。檢准大觀三年三月十六日都省劄子：『内外指射有額寺院充墳寺、功德院，自今並行禁止。如違，在外御史臺，在内令入内内侍省彈劾施行。合釐爲祠部法，内彈劾一節，合釐爲御史臺、入内内侍省法。』本部照得，今准批下岳珂指占北山下智果寺充功德院，係指射有額寺院，正礙前項指揮。

今據本官繳到紹興三十二年十二月十八日都省劄子，乞踏逐到顯明寺，亦是敕額寺院，係奉聖旨，特依所乞，是致施行了當。續准隆興二年十月十七日都省劄子：『禮部狀：准都省批送下檢校少保、安慶軍節度使、同知大宗正事士籛等劄子，敍陳先父太傅、儀王仲湜安殯在臨安府北山顯明寺懺堂内。近有故少保岳飛孫甫獲降旨揮，充功德院，士籛等每遇時序，不得前去祭享。乞行下故少保岳飛府，别行指占寺院，充功德院事。後批送部看詳，申尚書省。本部今看詳，欲令岳甫别行指占寺院，〔八〕充功德院，〔九〕伏乞朝廷詳酌指揮施行。申聞事。十月十六日奉聖旨，依禮部看詳到事理施行。』

照得繳到省劄内，有令岳甫别行指占寺院，充功德院。尋勘僧正司供具去後，據僧正司申到嗣秀王師禹乞長慶山興化院充功德院體例，以長慶崇福院爲額，亦是朝廷特降旨揮放行。本部續據岳珂狀，乞以褒忠衍福禪寺爲額。緣有逐項指揮，今勘當上件事理，合取自朝廷旨揮施行。謹連元狀并省劄二道，伏候指揮。」

照得江東運判岳珂繳到昨來省劄内已降旨揮，令别行指占寺院，充故少保岳飛功德院。今來岳珂申乞，已踏逐到臨安府北山智果寺，兼照岳飛又係昨任少保、樞密副使，後追封鄂王。及禮部勘當，欲以褒忠衍福禪寺〔一〇〕爲額，須議旨揮，仍連省劄二道。

六月二十一日奉聖旨，智果寺特充故少保岳飛功德院，仍以褒忠衍福禪寺爲額，令尚書省給敕。

牒奉敕，宜特賜褒忠衍福禪寺爲額。牒至，准敕，故牒。

嘉定十四年六月　日牒

簽書樞密院事、兼權參知政事任　假

知樞密院事、兼參知政事鄭　押

右丞相　押

〔一〕岳珂狀　原脱「狀」字，據本卷《賜褒忠衍福寺額省劄》補。

〔二〕紹興三十二年十二月　原脱「十二月」三字，據本卷《賜褒忠衍福寺額省劄》補。

〔三〕功德寺　「寺」，本卷《賜褒忠衍福寺額省劄》作「院」。

〔四〕太傅　「太」，原作「大」，嘉靖本同，據傳本改。

〔五〕儀王仲湜安殯　「殯」，本卷《賜褒忠衍福寺額省劄》作「殯」。

〔六〕准隆興二年十月十七日尚書省劄子　原脱「准」字，據本卷《賜褒忠衍福寺額省劄》補。

〔七〕竊見北山下智果寺　「竊」之上，本卷《賜褒忠衍福寺額省劄》有「今」字。

〔八〕欲令岳甫别行指占寺院　「行」，原作「得」，據本卷《賜褒忠衍福寺額省劄》改。

〔九〕充功德院　「充」，原作「乞」，據後文改。

〔一〇〕褒忠衍福禪寺　「衍」，原作「演」，據本卷《賜褒忠衍福寺額省劄》改。

賜褒忠衍福寺額省劄

故少保岳飛孫岳甫狀：「見蒙朝廷矜愍，先祖飛以禮改葬。甫今踏逐到顯明寺一所，見在錢塘門外，照得本寺别無田産，只係律院，唯是近切先祖墳塋，今欲乞充甫家功德院。伏望特賜將本府顯明寺充本家功德院施行。伏候旨揮。」十二月十八日，三省同奉聖旨，特依所乞。

右劄付故岳少保本家。

紹興三十二年十二月十八日。押

禮部狀：「准都省批送下檢校少保、安慶軍節度使、同知大宗正事士籛等劄子，敍陳先父太傅、儀王仲湜安殯在臨安府北山顯明寺懺堂內。近有故少保岳飛孫甫獲降指揮，充功德院，士籛等每遇時序，不得前去祭享。乞行下故少保岳飛府，別行指占寺院，充功德院事。後批送部看詳，申尚書省。本部今看詳，欲令岳甫別行指占寺院，充功德院，伏乞朝廷詳酌指揮施行。申聞事。」十月十六日奉聖旨，依禮部看詳到事理施行。

右劄付兩浙西路安撫司幹辦公事岳承務。

隆興二年十月十七日。押押押

禮部狀：「准都省批下承議郎、權發遣江南東路轉運判官岳珂狀：『照對先大父鄂王飛蒙恩敕葬臨安府西湖上，紹興三十二年十二月，蒙朝廷給賜顯明寺充功德院。續因檢校少保、安慶軍節度使、同知大宗正事士籛等申請，係太傅、儀王仲湜安殯妨礙。准隆興二年十月十七日尚書省劄子，備奉聖旨，依禮部看詳到事理，令本家別行指占。自後一向無力陳乞。今竊見北山下智果寺委是毗近，雖全無門堂、僧舍，止有地基、敞屋數間。今來本家願自行創建，買田供贍，請僧焚修。謹繳連元准省劄兩道，真本連粘在前，欲望朝廷特賜敷奏給賜。仍乞照曾任執政體例，改賜肆字寺額，存殁均被大造。伏候指揮。」

後批送禮部勘當，申尚書省。檢准大觀三年三月十六日都省劄子：『内外指射有額寺院充墳寺、功德院，自今並行禁止。如違，在外御史臺，在内令入内内侍省彈劾施行。合釐爲祠部法，内彈劾一節，合釐爲御史臺、入内内侍省法。』本部照得，今准批下岳珂指占北山下智果寺充功德院，係指射有額寺院，正礙前項指揮。

今據本官繳到紹興三十二年十二月十八日都省劄子，乞踏逐到顯明寺，亦是敕額寺院，係奉聖旨，特依所乞，是致施行了當。續准隆興二年十月十七日都省劄子：『禮部狀，准都省批送下檢校少保、安慶軍節度使、同知大宗正事士㒟等劄子，敍陳先父太傅、儀王仲湜安殯在臨安府北山顯明寺懺堂内。近有故少保岳飛孫甫獲降指揮，充功德院，士㒟等每遇時序，不得前去祭享。乞行下故少保岳飛府，別行指占寺院，充功德院事。後批送部看詳，申尚書省。本部今看詳，欲令岳甫別行指占寺院，充功德院，〔一〕伏乞朝廷詳酌指揮施行。申聞事。十月十六日奉聖旨，依禮部看詳到事理施行。』

照得繳到省劄内，有令岳甫別行指占寺院，充功德院。尋勒僧正司供具去後，據僧正司申到嗣秀王師禹乞長慶山興化院充功德院體例，以長慶崇福院爲額，亦是朝廷特降指揮放行。本部續據岳珂狀，乞以褒忠衍福禪寺〔二〕爲額。緣有逐項指揮，今勘當上件事理，合取自朝廷指揮施行。謹連元狀并省劄二道，伏候指揮。」

照得江東運判岳珂繳到昨來省劄内已降指揮，令别行指占寺院，充故少保岳飛功德院。今來岳珂申乞，已踏逐到臨安府〔三〕北山智果寺，兼照岳飛又係昨任少保、樞密副使，後追封鄂王。及禮部勘當，欲以褒忠衍福禪寺爲額，須議指揮，仍連省劄二道。

六月二十一日奉聖旨，智果寺特充故少保岳飛功德院，仍以褒忠衍福禪寺〔四〕爲額，令尚書省給敕。

右并元省劄二道，劄付江東運判岳承議。

嘉定十四年六月二十二日。

嘉定十有二年秋七月甲辰，珂自幾廷掾〔五〕奉詔，將漕江左，既受節少府，使道，拜先壠下，遂乘馹以馳。瞻言松楸，託在畿甸，念妥靈之未有其地，踧踖弗忍去。而王事靡盬，未暇請也。越再歲，夏五月己丑，始援先兄吏部郎甫已獲之旨，丐以西湖下智果寺，奉塋側之祠。越翼月甲戌，制可，仍賜四字額曰「褒忠衍福」。驛書下漕臺，珂既拜章以謝。又四歲，始克以敕牒刻之石，歸植寺門，以侈天貺。

珂不肖，竊伏惟念先忠武王以對越穹昊之盛心，際遇高廟，亦既揭之旂常，崇以廟貌，啟大邦之履，謹金鐀之書，昭昭大忠，若揭而行。珂廿載叩閽之本心，百年未了之丕責，亦可以自慰矣。顧兹賜冢，所以象去病祁連之烈，動樗里長樂之思，望堯雲，依漢日，光靈舄奕，固已百倍往諜，睠懷藹然，猶以一字之不可苟也。華衮示褒，不於其他，天心所存，萬世如見，又與近者易名之詔，寔相表裏。四朝旌厲之仁，上聖遹追之孝，義舒耀靈，雷霆奮蟄，志信誼白，焜盪穹壤，其榮復如此。然則一門九殞之報，果將何以哉？惟忠孝，臣子之大節，盡是心，而不蘄乎人之知，臣之事也；昭是心，以信乎天下後世，上之明也；述是心，以及乎世世，以無忝其祖，子孫之責也。所謂報者，夫豈能有外乎！是敢表降旨，用期方來。寶慶元年夏五月甲申，孫朝奉大夫、司農少卿、總領浙西、江東財賦、淮東軍馬錢糧、專一報發御前軍馬文字、兼提領措置屯田岳珂謹書。

〔一〕充功德院　原脱「充功德院」四字，據本卷《賜褒忠衍福禪寺額敕》補。

〔二〕褒忠衍福禪寺　原脱「禪」字，據本卷《賜褒忠衍福禪寺額敕》補。

〔三〕臨安府　原脱「府」字，據本卷《賜褒忠衍福禪寺額敕》補。

〔四〕褒忠衍福禪寺　原脱「禪」字，據本卷《賜褒忠衍福禪寺額敕》補。

〔五〕《寶真齋法書贊》卷一六《范忠宣南都帖》：「珂嘉定己卯歲，自右府掾持節江東。」「右府掾」指樞密院屬官。

《攻媿集》卷三七《吏部尚書余端禮同知樞密院事》：「朝建幾廷，實總事樞之要；任專軍政，尤資副貳之賢。」又同書卷一七《謝簽書樞密院事表》：「餘部爲真，猶未經于滿歲；機廷簉式，又遽辱于頒恩。」「幾」與「機」通，「幾廷」與「機廷」皆爲樞密院之簡稱。

謝賜褒忠衍福寺額表

臣珂言：「今月伍日准敕，先臣功德院特賜褒忠衍福禪寺爲額者。聽鼙興將闘之思，未忘楓宸；封壟侈佛廬之賜，永鎮松阡。輝暎湖山，澤流泉壤。臣珂（中謝）惟聖朝之忠厚，備勳閥之哀榮。建刹奉塋，雖申嚴於甲令；因名攷實，猶示寵於丁辰。重念先臣，幸陪興運，自洗鳩浮之枉，亟分佗佩之華。直槫里於宮西，嘗紆天顧；闢桑祠於墓左，復下雲章。褒先朝徇國之忠，衍奕世承家之福。寵靈至矣，存殁同之。

茲蓋恭遇皇帝陛下命啟維新，仁存念舊。會同四海，月咸贄於唐魚；駕馭羣英，日又來於燕駿。發幽潛於前烈，昭風厲於後人。臣猥紹弓箕，親承綸綍。魂如未泯，肯渝三生馬革之心；孝尚可移，誓竭九死鴻毛之報。臣無任感天荷聖、激切屏營之至，謹奉表稱謝以聞。臣珂惶懼惶懼，頓首頓首，謹言。」

賜褒忠衍福寺額謝宰執啟

珂啟：「伏准敕牒，特賜先大父飛功德院，以褒忠衍福禪寺爲額者。護栢祠之遺蹟，固子孫追孝之情；摽蘭若之嘉名，實君相念功之寵。捧雲函而拜賜，瞻台極以知歸。於惟中興復古之朝，每篤無競維人之烈。考流風而懷將略，方亟興拊髀之嗟；崇報地以奉神棲，尤欲示因心之教。定比雖存於同列，疏榮蓋出於明時。有如先塋，密介近甸。雖鄂國肇開於圭社，嘗假寵於分茅；而阜陵已被之璽書，尚銜哀於宿草。所謂百年之封鬛，迄無一瓦之蓋頭。人徒知下馬之恭，僧豈識鳴鯨之供。諸孫零落，莫記春秋，一念經營，靡忘昕夕。僅知傴躬申控於忱悃，誠不自意遽拜於俞音。曾玼章爲日之幾何，忽出綍自天而來下。賁抉猊之翰墨，迅傳馹之置郵。至於四字之題，榮甚九京之貺。寶章煜爚，褒忘身徇國之忠；金地莊嚴，衍奕世承家之福。湖山爲之改觀，泉壤至於回春。既彰風雲已往之遭逢，復厚霜露方來之悽愴。

兹蓋恭遇某官，腹心宗社，掌握鈞樞。陟禹迹而張六師，誕啟歸疆之效；董周官而佐八柄，益公馭幸之權。謂將思昔以勸今，要使循名而考實，豈但示封人錫類之意，抑以表國士死讎之心。大聳觀瞻，式存風厲。珂幸以膺門之賤，獲伸掃域之恭。聲光頓發於幽潛，肝膽不知其激烈。申許墓犯松之禁，矧嘗沓被於覆存；圖秦軍結草之酬，所願愈殫於糜殞。感深揮涕，言不逮心。謹具啟事，專人捧詣鈞墀，祗候塵謝，伏惟鈞慈俯賜鑒念。謹啟。」

禁止墳山鑿石省劄一

皇叔祖保康軍節度使、知大宗正事趙不憹等狀〔一〕：「伏覩嘉定十二年十一月十一日臣寮奏請，臨安府北山劍門嶺〔二〕履泰山係神京禁地，乞行禁止石宕打鑿石段，奉聖旨依，見今遵守。今有側近居住不畏公法人朱乙、朱四、朱五二、吴三、祝五二、陳四、陳七、丁五等，忽自去年以來，公然違戾上件指揮，多雇游手，鑿石貨賣，倍多於前，委是利害。重念不憹有先祖儀王仲湜，昨蒙敕葬顯明寺，珂有先祖鄂王飛，昨蒙敕葬褒忠衍福寺，上件墳地與所鑿石宕相去並是逼近。今來穿穴不已，子孫之心委爲痛切。況其山正係行宮大内儲祥發源形勝之地，又係成穆皇后、成恭皇后、慈懿皇后、莊文太子、景獻太子攢宫正按，具有法禁，兼有專降指揮分明，豈容不時穿鑿，戕壞山脈。今録白臣寮元來奏請在前，伏候指揮，特賜劄下臨安府，追上朱乙等捌名，根究違犯聖旨指揮，從條施行。仍乞從本府出給板榜，付不愧等各家功德院釘掛約束。併下所屬巡、尉，遵從元降指揮，將穿穴去處日下填塞，以後常切禁戢。實荷公朝存卹之恩，伏候指揮。」

又劄子：「不愧等輒有忱悃，仰干朝聽。竊見先祖儀王昨來蒙恩敕葬臨安府顯明寺，其主山地名劍門嶺履泰山，與墳地禁步相去逼近。比來有不畏公法之人朱乙、朱四、朱五二、吴三、祝五二、陳四、陳七、丁五等，招集游手，公然鑿石貨賣，山骨幾至斷絶，戕壞風水，利害不細。不愧等證得嘉定十二年十一月十一日臣寮奏請，〔三〕北山劍門嶺履泰山係是神京禁地，有關國家風水，乞行禁止石宕打鑿，奉聖旨依。旨揮之下，未及四、五年，豈應公然違戾。兼以上件山地，正係京城左臂，朝拱大内，又係攢宫按對，皆礙法禁。不愧等近因淮東總領岳珂以其祖鄂王飛敕葬墳塋在下，横被穿鑿，已同銜具狀申省，乞賜施行外。其先儀王墳墓同在一山，與鄂王事體一同，情理痛切，謹聯名具公劄申聞。欲望指揮，特賜行下所屬，追上朱乙等捌名，〔四〕根究違戾聖旨指揮，從條施行。仍給版榜，付顯明寺釘掛止絶，並乞劄下本家遵守。實荷公朝存卹之恩，伏候指揮。」

朝散郎、守軍器監、總領浙西、江東財賦、淮東軍馬錢糧、專一報發御前軍馬文字、兼提領措置屯田岳珂劄子：「珂輒有兢危之悃，上干朝聽。珂竊見臨安府北山劍門嶺履泰山〔五〕一帶形勢宏壯，秀氣所鍾，乃行都宫闕發源毓祥之區。昨來被游手無賴之徒貪圖石利，穿鑿山骨。致蒙嘉定十二年十一月十一日臣寮奏請，以爲神京禁地，關係休咎，乞行禁止。奉聖旨依，官司方行禁戢。未及數年，近有不畏公法之人朱乙、朱四、朱五二、吴三、祝五二、陳四、陳七、丁五等，不顧上件指揮，依然聚集游手，百十爲羣，鑿石貨賣，漸爲空洞，委是利害。珂先祖鄂王昨蒙異恩敕葬，正在其側，日夜被其穿鑿，逼近壙穴，震動不寧，子孫之心，痛切肝腑。況其山拱扈廣内，正對攢宫，所係匪輕。似此打鑿穿穴，豈惟明戾朝廷法禁，亦恐有關國家氣脈。珂近因知宗、節使趙不愧以其祖儀王敕葬此山，被其戕害，事體一同，情均廹切，已同銜具狀申省，乞檢坐指揮，嚴行禁戢外，謹具公劄申聞，欲望指揮，特賜劄下所屬，從條施行。仍從臨安府給榜，付褒忠衍福寺釘掛止絶，併下巡、尉，遵已降指揮，將已穿鑿去處日下填塞，以絶後患。實戴公朝推忠念往之恩，伏候指揮。」

除已劄下臨安府，從所陳事理，追人究治施行，仍各出給版榜釘掛，嚴切約束，毋容再有穿鑿。及行下本地分巡、尉，常切禁戢關防，不得有違。仍具申尚書省外，右劄付淮東總領、軍器岳大監證會，准此。

嘉定十六年四月　日。押押

〔一〕趙不億等狀　原脱「狀」字，據後趙不億與岳珂劄子，都説兩人「同銜具狀申省」，今據以補。

〔二〕《夢粱録》卷一一《嶺》：「棲霞嶺，又名劍門嶺，亦名劍門關，在錢塘門外顯明院之北，舊多栽桃花，開時爛然如霞，故名之。嶺下岳鄂王墓。」

〔三〕臣寮奏請　「奏」，據前趙不億與岳珂上狀補。

〔四〕追上朱乙等捌名　「上」，底本字跡模糊，嘉靖本作「正」，據傅本改。

〔五〕履泰山　「履」，底本字跡模糊，嘉靖本作「後」，據前趙不億與岳珂上狀改。

禁止墳山鑿石省劄二

皇叔祖保康軍節度使、知大宗正事趙不億等申：「右不億等近爲不畏公法人朱乙等違戾聖旨指揮，仍前於神京履泰山禁地，打鑿石段，戕壞形勢風水，兼於各家祖塋逼近，遂瀝血誠，控告朝廷。已蒙矜憐，劄下臨安，追人斷治，給榜禁約，不億等各家存没感戴隆私。惟是其間楊百九正是宕户，租與逐人打鑿，未曾到官斷罪，他日必復爲害。況上件禁山既被逐人鑿成石穴，逼近彰露，今有已取石片、石屑堆積在彼，合監朱乙等人日下就行填塞，出給賞版榜，於鑿石坑窟兩處釘掛，庶得杜絶。實拜生成存恤之恩，謹具狀披投。伏乞指揮，特賜行下所屬，追上岩户楊百九斷治，併監同朱乙等日下將堆積石屑、石片填塞，出給賞版榜，於鑿石兩處釘掛施行。伏候指揮。」

除已劄下臨安府，遵從已劄下事理及今來所申，追上楊百九根究，重行斷遣，併給榜禁約，仍委官監勒楊百九、朱乙等日下填塞，不得遷延違滯。先具知稟文狀□尚書省外，右劄付淮東總領、軍器岳大監證會，准此。

嘉定十六年五月十三日。押　參政致齋

國家中興，駐蹕吴會，介濤江之雄，横越嶺之秀，是鍾王氣，以隆上都。有崇南山，龍騫鳳翔，旗蓋效珍，肇植天闕，西匯靈沼，北分巘岫，脈聯絡附，相爲後先。百年於兹，鼎祚尊謐，非特眷維與宅，申集大命，而作邦作對，松柏柞棫，必有得於帝。省其山之始，天人之理，相爲因成，此培養封扈，所以不廢於官守，良以此也。

承平歲久，萬井日滋，有司弛玩，以怠於防。遡劍門而上，姦民穴石，以給甃築，惟利是睎。自昕而稷，工徒系踵，剞劂之聲相聞。嘉定己卯歲十有一月，廷臣建言，請厲其禁。上心怒焉，深詔執事，命毋復伐鑿竅竇，以全清淑之氣，以固廟社之托，有不如詔者，以律令從事。

民狃吏媮，寖繁有之，不三年而弊復如故，日以加甚。珂適以使事，馳驅原隰，緬惟松檟妥靈之域，〔二〕近接旁阜巖谷之震動，攻治之密邇，子孫顧瞻之心，實不能一息安。爰有宗藩，賜隴其左，園祠之奉，厥存彝制，乃相率合辭，以狀上尚書。公朝惻然矜之，謂瑶諜之元臣，金鐀之舊勳，展親勸忠，皆有國之先務，矧岡巒暎帶，實應宅緯，其可以不儆。乃下京兆，捕違詔者，繫訊如章，既伏厥辜。復申條科禁之旨，授之憲曹，頒之赤縣，登之堂劄，以副於二臣之家。恩波滲漉，下逮泉壤，法令明備，上垂日星，捧讀涕零，莫知云稱。夫以匹夫而動廟堂之聽，一言而係君親之責，是豈曰區區之私而已。夏懋厥德，山川鬼神，罔或不寧。周典建官，林麓禁令，亦各有掌。若稽攸行，維見可觀也。繼自今其比于衡虞，時厥撝呵，祇奉明詔，更萬億載，毋棄毋忽，以永漢室鬱葱之符，以幸光依景從之士，以廣惟帝念功之訓。其自時中乂，用丕若于夏，周歷年，要必自兹刻，始敢附古誼，著于下方。

寶慶元年夏五月甲申，孫朝奉大夫、司農少卿、總領浙西、江東財賦、淮東軍馬錢糧、專一報發御前軍馬文字、兼提領措置屯田岳珂謹書。

〔一〕妥靈之域 「域」，原缺，嘉靖本同，據傳本補。

禁止墳山鑿石謝辛執啟

珂啟：「今月初七日，恭准省劄，以珂同知宗趙不𢟍申乞禁戢西湖履泰山劍門嶺先祖鄂王飛賜塋後石宕，特蒙頒降省劄，下臨安府，從所申事理施行，仍付珂證會者。援奏章而僭請，方祈申禁於湖山；賜化筆以亟行，已遂妥靈於泉壤。邦家流祉，存殁銜恩，恪修百拜之恭，祗控一忱之謝。

竊以表峻山而聯漢苑，五丞顓圃尉之司；葬畢墓而啟周原，六典設冢人之蹕。于以圖皇基於億載，抑將示上睠於諸臣。維此西湖，屹然北嶺，寔據劍門之勝，倍增鼎邑之雄。地闢天開，山明水秀。左環雙闕，蜿蜒蟠伏之蒼龍；前拱三陵，翔舞來儀之丹鳳。顧形勢所關之甚重，宜科條厲守之匪輕。何姦人競穴於雲根，致地脈浸戕於風水。雖廷紳之建白，炳宸綍以如丹。然攫金者不見市人，争欲徇貪夫之利；在望氣者知有天子，肯思壯帝者之居。幸玉魚蒙寵於宗藩，而石馬近鄰於先壠。歲月久遷於宿草，子孫未替於掃松。夾長樂之宫，左右章臺之可識；像祁連之戰，東西並冢之猶存。念夙託於體遺，況實形於躬睹，苟伈俔坐觀其劚鑿，將侵尋立見於崩隤。誼兼切君親之間，理或動朝廷之聽，共伸哀籲，蘄沐軫憐。仰扣階符，呵譴正虞於鈇鉞；〔一〕俯須堂帖，主張大振於維綱。逌司盡逮於羣兇，蔽罪聿伸於三尺。既示明刑於十目觀瞻之所，且還舊觀於衆手朘剥之餘。重塵東閤之尊，再示南山之判，尚窮殘黨，庸戒後來。詒郇公五體之書，特紓心畫；垂季布百金之諾，更賜指麾。靖惟委折之多，悉自施生之造。三熏登受，十襲寶藏。深谷爲陵，將永壯黄圖之業；漏泉有澤，又能安絳水之阡。

兹蓋恭遇某官，功盛磨崖，德參鍊石。華夏蠻貊，皆率俾復，開天命之膺；山川鬼神，莫不寧益，厚日幾之本。克底奠枕于京之效，猶興聽鼙思將之懷。故真情纔瀝於危衷，而大惠遽覃於枯骨。珂身縻築甬，責在膺門。追惟賜刹之蒸嘗，已拜化鈞之坱圠。迄逭再三之瀆，皆繇終始之仁。瞻維尹之巖，何止緜餘休於百世；結躓回之草，當知殫圖報於九原。頰舌靡滕，腑肝是鏤。謹具啟事，專人捧詣鈞墀，祗候塵謝，伏惟鈞慈俯賜鑒念。謹啟。」〔二〕

〔一〕呵譴正虞於鈇鉞　「呵」，原作「何」，嘉靖本和傳本同，據浙本改。

〔二〕關於宋時岳飛墓與褒忠衍福寺，據《岳廟志略》卷七元林泉《岳王祠》詩：「岳王墳畔褒忠寺，地老天荒恨尚存。」可知墳與寺毗鄰。

《淳祐臨安志輯逸》卷三：「褒忠衍福寺：元係智果觀音院，嘉定十四年六月奉旨，充故少保、樞密副使、追封忠武鄂王岳飛功德院。祠在鄂州，廟號忠烈。中興諸將，惟王厲志恢復，終始一節，誓不與虜俱生。不幸爲權臣虐害，使王父子齎志就死。阜陵追復元官，備禮敕葬。長子節使雲故在其左，所用鐵槍，尚存本寺。過者至今悲之。」

《武林舊事》卷五：「岳王墓：岳武穆王飛葬所，其子雲亦祔焉。……褒忠演福院：元係智果觀音院，後充岳鄂王香火，岳雲所用鐵槍猶存。」

鄂國金佗續編卷第十六

天定別録卷之四（後録）

賜謚忠武省劄

勘會故追復少保、武勝、定國軍節度使、贈太師、追封鄂王岳飛昨降指揮，定謚武穆。二月三日，三省同奉聖旨，特與賜謚忠武。

右劄付故追復少保、武勝、定國軍節度使、贈太師、追封岳鄂王本家。

寶慶元年二月　日。押押

賜謚告詞（中書舍人王塈行）

敕：「主耳忘身，兹謂人臣之大節；謚以表行，必稽天下之公言。申錫賛書，追告幽穸。故太師、追封鄂王、謚武穆岳飛威名震於夷狄，智略根乎《詩》《書》。結髮從戎，前無堅敵，枕戈勵志，誓清中原，謂恢復之義爲必伸，謂忠憤之氣爲難遏。〔一〕上心密契，詔札具存。夫何權臣，力主和議，未究淩煙之偉績，先罹偃月之陰謀。李將軍口不出辭，聞者流涕；藺相如身雖已死，凜然猶生。宜高皇眷念之不忘，肆孝廟矜哀之備至，還故官而禮葬，頒祠額以旌褒。逮于先帝之時，繼以真王之爵。既辨誣於累聖，可無憾於九京。然而易名之典雖行，議禮之言未一，始爲忠愍之號，旋更武穆之稱。朕獲覩中興之舊章，灼知皇祖之本意。爰取危身奉上之實，仍采克定禍亂之文，合此兩言，節其壹惠。昔孔明之志興漢室，若子儀之光復唐都，雖計效以或殊，在秉心而弗異。垂之典册，何嫌今古之同符；賴及子孫，將與山河而並久。英靈如在，茂渥其承。可依前故太師、追封鄂王，特與賜謚忠武。」奉敕如右，牒到奉行。

寶慶元年五月二日。〔二〕

〔一〕謂忠憤之氣爲難遏　「謂」，本卷《賜謚吏部牒》作「議」。

〔二〕此告詞又見《兩浙金石志》卷九《宋追復岳武穆王并賜謚告詞碑》，乃明代所刻。

賜謚吏部牒

行在尚書吏部：

今月十二日辰時，承寶慶元年五月二日敕中書、門下省。吏部狀：「承寶慶元年二月三日尚書省劄子，故追復少保、武勝、定國軍節度使、贈太師、追封鄂王岳飛昨准指揮，定謚武穆。三省同奉聖旨，特與賜謚忠武。本部契勘本官係特與賜謚忠武，合行具申朝廷，命詞給告，伏候指揮。」

奉敕：「主耳忘身，茲謂人臣之大節；謚以表行，必稽天下之公言。申錫贊書，追告幽穸。故太師、追封鄂王、謚武穆岳飛威名震於夷狄，智略根乎《詩》《書》。結髮從戎，前無堅敵，枕戈勵志，誓清中原，謂恢復之義爲必伸，議忠憤之氣爲難遏。上心密契，詔札具存。夫何權臣，力主和議，未究凌煙之偉績，先罹偃月之陰謀。李將軍口不出辭，聞者流涕；藺相如身雖已死，凜然猶生。宜高皇眷念之不忘，肆孝廟矜哀之備至，還故官而禮葬，頒祠額以旌褒。逮于先帝之時，槱以真王之爵。既辨誣於累聖，可無憾於九京。然而易名之典雖行，議禮之言未一，始爲忠愍之號，旋更武穆之稱。朕獲覩中興之舊章，灼知皇祖之本意。爰取危身奉上之實，仍采克定禍亂之文，合此兩言，節其壹惠。昔孔明之志興漢室，若子儀之光復唐都，雖計效以或殊，在秉心而弗異。垂之典册，何嫌今古之同符；賴及子孫，將與山河而並久。英靈如在，茂渥其承。可依前故太師、追封鄂王，特與賜謚忠武。」奉敕如右，牒到奉行。前批五月空日空時，付吏部施行，仍關合屬去處，須至公文牒請證會，謹牒。

寶慶元年五月　　日牒。

朝奉郎、守將作少監、兼權國子司業、兼莊文府教授、兼權考功郎中周

太中大夫、試尚書、兼給事中盛

碑陰記

皇上系隆堯緒，厲精初元，乃寶慶登號之春二月甲午，大明御朝，咨於邇臣，玉音若曰：「朕承中興大統，既新曆數之紀，顯忠遂良，允謂先務。惟高皇帝迓續景命，一、二忠勳，協恭締創，上下交飭，濟登於兹。若時樞臣飛以誓清中原之心，懷恢復必伸之義，人臣大節，著於忘身。易名之典，有國舊章，而定謚武穆，未足以宣皇祖之本意，其賜謚忠武。」於是巖廊都俞，省掖宣受，薄海窮髮，風馳驛行，震于華戎，聞者興起。

越三月壬戌，綸書告于第，金泥錦囊，具寫德音。珂既歸，賜先廟，載瑑樂石。復念隆指盛心，不可不昭述，以示來世。爰罄蠡測，附於碑陰。

嘗觀古先哲王之所以爲治，胥及逸勤，選勞彰善，未始不知其臣也，而知其心爲難，知其心非難也，而知天下之心爲尤難。有夏大競，迪惟忱恂，文王克明，乃灼三俊。人臣之事君，協濟草昧，翊宣謀謨，經營四方，戡定多難。其赫然功烈之盛，天下所共知者，要皆其迹之粗耳。公論定於無我，秋毫著於輿薪，趍鄉決於兩歧，毫釐謬以千里。心之所存，蓋非有聖知，不足以盡知也。是故方寸至微也，達之而洞金石，抗之而決虹蜺。行以必遂，則山嶽爲之徙移；守以不懾，則鬼神爲之辟易，是庸可致也。質之一時而不惑，建諸萬古而不悖，天定於人慾交紛之異，義明於羣心固有之同，是豈人力所可致哉！其所以致之，亦必有道也。故曰「知其心難」。信於己可也，而必信於人；獲乎上可也，而必獲乎下。九重知之，天下同之，曰是其心足以當之。舉直錯枉，是天下與之也，故曰「知天下之心爲尤難」。

漢、唐而降，有得此於其君者矣，曰葛，曰郭。其得之者何也，亦惟曰「正」而已。正者何也？天地有缺裂，而君父大讐不可忘也；陵谷有變遷，而夷夏大分不可墮也；雲雺有冥晦，風霆有薄怒，而大義正論不可一日不明也。鞠躬盡力，死而後已者，此心也；忠貫日月，神明扶持者，亦此心也。舉斯心也，而加諸彼夏、周，聖人所以知其臣者，固不越乎是矣。竊觀制詞之及二臣也，是將曰垂之簡策，而同符乎古今也，信乎！考行而必稽之公言也。而其著渾噩之訓，垂坦明之旨，則不曰計效，而必曰秉心也。珂嘗考之史矣，温嶠在晉，暴忠本朝，王琳存梁，義動軍旅，李唐而下，尉遲敬德之效謀武德，李晟、渾瑊之策勳貞元，[二]皆非無可稱也。節惠之隆，尊名之美，又皆可聞也。而聖心淵澄，睿謨濬發，比德挈誼，曾弗是媲，顧獨拳拳於二臣者，殆必有謂也。勒鍾鼎，紀竹帛者，跡也；合大義，根至誠者，心也。盡體臣之義，以章克類之德，其亦知夫所取者在此，而不在乎彼也。嗚呼！先王之心，二臣之心也，而上聖知之；上聖之心，皇祖之心也，而天下知之。知臣之心，以及乎天下，天下亦得以大哉之言，而咸知聖心焉，豈不視古爲尤難哉！

昔康王之朝于應門也，寔在於踐祚之元，布乘黄朱，侯甸男衛，咸造於廷，它未皇講，而太保芮伯首以張皇六師，無壞高祖寡命，進言於訪落。暨乎報誥修辭，推文、武之昭明，齊信以示天下。又惟以熊羆之士，不二心之臣，保乂王家，爲端命上帝之地。夫曰忠曰武，本人臣之職，而居上者豈必以是爲得天之權輿哉。抑不思右序有周者，蓋先於薄言震疊之功，而三千同心，固牧野之所以俟休命也。惟先王以赤心炳如，上對前烈，既信乎三靈，以格於上聖，以媲於二臣。其時其事，迺適在奉圭兼幣之始，追褒百年，簡在一意。一旦遂與佐黄鉞以集大勳，書太常而紀成績者若合符節。嗚呼！此又古先哲王之初政也。三代數千載，珂之一門乃復身親見之，何其幸歟！《詩》曰：「無念爾祖，聿修厥德。」《傳》曰：「不隕其名。」子孫世世其毋忘所以報上者哉！紹定改元重九日，孫朝請大夫、權尚書户部侍郎、總領浙西、江東財賦、淮東軍馬錢糧、專一報發御前軍馬文字、兼提領措置屯田、通城縣開國男、食邑三百户、賜紫金魚袋岳珂記，朝奉大夫、監鎮江府榷貨務、都茶場章劼書丹，中奉大夫、直寶謨閣、知鎮江軍府事、兼管内勸農使、節制防江水、步軍馬、鎮江都統司諸軍在寨軍馬、河東縣開國男、食邑三百户、借紫馮多福題蓋。

〔一〕貞元　原作「正元」，今改正。岳珂避宋仁宗趙禎諱，故改爲正元。

附録

昔在高皇，中興炎祚。如吕丞相，勛寔著於勤王；如岳鄂王，烈尤高於衛國。蓋禦戎復辟，均爲社稷之臣；而秉事握樞，咸受腹心之寄。夫既稽功之無間，豈容論德之或殊。頃焉異議之莫齊，今也師言之允穆。同一辭而作謚，垂萬世以爲公。具官某〔一〕賦河朔之雄姿，孰《左氏》之兵法，遁兀术於中宵之急，拔劉豫於一鼓之餘，西京之地既還，河南之境寖復。惟其張馬步蔣山俘馘之勢，〔二〕故能定業於江南；使其合晉絳澤潞豪傑之謀，豈復遺虜於今日。雖以忠而許國，屢形於天語之褒嘉；奈畏敵而急和，深沮於權臣之私意。此身卒至於莫保，天下迨今以爲冤。〔三〕朕獲纘丕圖，敢忘宿憤，方將壯薄海之義氣，可不伸當日之忠魂。爰易嘉稱，用彰實美。鄙姦夫之遺臭，不崇朝而肉寒；偉烈士之英風，將千秋而毛粟。〔四〕果孰得而孰失，抑可勸而可懲。今有名孫，久司兵饟，得非忠義之報，足驗天人之符。噫！遺廟峩峩，雖或游神於古鄂；英靈凜凜，豈能忘意於中原。〔五〕

右劄詞，翰林學士程公珌所擬撰也。先王初被寶慶乙酉詔書，寔先賜謚忠穆。時程公以刑部尚書與今吏部侍郎王公塈對掌綸掖，始聆昕庭之旨，躍然喜曰：「此聖上初政大慶賞，足以慰天下公議矣！」退即擬制，以俟録黄之下。繼而宸衷未愜，猶曰：「穆不如武，當以諸葛亮、郭子儀一謚之美者，以旌異之。」於是復改忠武。畫旨至中書，適王公當視草，遂肦今制。繼而程公以書來曰：「某甚願附名英烈，而詞頭適不相值。念具藁已成，雖不得敬宣德意，而快覩之初心，不可不著見。已寘所集外制中，而表其事於其下，聞將嗣《金佗》之編，幸併傳以示來世。」因録以寄。嗚呼！代言鳳池，忠邪之所取正，即更定之次第，以知上睠之寵，因所録之顛末，以見人心之公，天下從可知也。先王於是不亡矣！既刻是編，不敢負程公所以加亖九京之意。輒敍梗概，以爲附録云。珂謹識。

〔一〕具官某　《程端明公洺水集》卷首《太師鄂王岳飛改謚忠穆制》作「故追復少保、武勝、定國軍節度使、武昌郡開國公、贈太師、追封鄂王謚武穆岳飛」。

〔二〕張馬步蔣山俘馘之勢　「勢」，《程端明公洺水集》卷首《太師鄂王岳飛改謚忠穆制》作「勢」。

〔三〕天下迨今以爲寃　「迨」，原作「殆」，據《程端明公洺水集》卷首《太師鄂王岳飛改謚忠穆制》改。

〔四〕將千秋而毛栗　「毛栗」，《程端明公洺水集》卷首《太師鄂王岳飛改謚忠穆制》作「髮竪」。

〔五〕此制又見《新安文獻志》卷二。

賜謚謝皇帝表

臣珂言：「恭準告命，大父先臣飛賜謚忠武者。龍位履尊，亟舉恤功之典；鳳綸賁寵，載更節惠之文。洪恩滲漉於九京，清議昭明於千古。臣惶懼惶懼，頓首頓首。竊以五百歲興王之主，每先舊德以搜羅；四七際佐命之臣，率至異時而旌顯。蓋事久遄臻於論定，而名彰尤貴於實賓。屬新負扆之朝，庸軫聽鼙之念。

伏念臣大父先臣飛躬奮鄴下，首陪鄗南。高廟疇勳，著白馬苴茅之約；阜陵承志，洗青蠅營棘之寃。先皇深慨於邦誣，胙土肇分於王社。凡始終純全之無玷，見聖神褒録之相仍。猶餘守死之孤忠，未訂平生之公謚。惟往昔鼓旗之錫，固嘗焕寶翰於天章；而後來廟宇之嚴，亦許揭珍題之風烈。質以曲臺之奏，蕩然問篋之疑，洊覩乾秉，重回涣渥。取危身之行，灼知奉上之盛心；參克亂之辭，更爲居邊而拊髀。合故稱而允愜，仰獨斷之不遺。立言併考於六家，比蹟俾扳於二代。雖斜谷隕星之變，世所同悲；在汾陽貫日之忱，吾斯能信。

顧擬倫而及此，慚美報之謂何。茲蓋恭遇皇帝陛下如湯遂良，繼武燮伐。修政復東都之會，方大規恢；圖容瞻西閣之儀，爰思表式。因闡當爲之義，用垂不朽之傳。臣一自扣閽，疊祇賜璽，僅了子孫之丕責，敢忘祖父之胥勤。黄誥歸榮，頓改松阡之顔色；赤門自誓，尚期草野之身膏。臣無任感天荷聖、激切屏營之至，謹奉表稱謝以聞。臣珂惶懼惶懼，頓首頓首，謹言。」

賜謚謝皇太后表

臣珂言：「恭準告命，大父先臣飛賜謚忠武者。正位東朝，昭恤勳彝之舊；演綸西掖，明。澤深蟠際，感貫幽誕揚謚策之新。即已定之議，合以爲稱；使既辨之誣，久而逾顯。臣惶懼惶懼，頓首頓首。

伏念臣大父先臣飛生逢百罹，死抱一節。思陵追想，灼知黑白之汙；孝廟纂承，遄被丹青之典。先帝赦排雲之譴，殊恩侈裂土之封。然念易名，未全賓實。賴慈闈保佑，夙聞泰礪之盟；故槁壤發潛，夜吐豐城之氣。肆力開於宸斷，以洊舉於邦常。義表危身，掇曩歲鴻臚之奏；勞旌定亂，見當年驃騎之征。兼茲二惠之華，涣若羣疑之泮。適追先志，仰戴丕謨。

茲蓋恭遇皇太后陛下挾日而升，與天同大。坤元應地，物方慶於資生；巽象隨風，事何嫌於申命。庸假典臺之詠，〔一〕以公直筆之傳。臣猥玷膺門，親祇賜綍，悼前寃之盡著，幸遺責之無餘。烈既不瑕，成德益欽於文聖；勳猶未墜，裏屍願繼於璘忠。臣無任感天荷聖、激切屏營之至，謹奉表稱謝以聞。臣珂惶懼惶懼，頓首頓首，謹言。」

〔一〕庸假典臺之詠 「詠」，原作「詠」，嘉靖本作「誅」，據傳本改。

賜謚謝宰執啟

珂啟：「伏準告命，大父先臣飛賜謚忠武者。五位履尊，丕顯授龍之業；一言節惠，大伸詘蠖之寃。滲洪恩於槁壤之間，凜清議於溥天之下。事關風厲，榮浹雲來。竊惟委質之常經，無若事君之通誼，有能持是志於國耳忘家之日，未得見此情於謚以表行之時。蓋人衆能勝天，固難辨鑠金之口；然事久有定論，要當明泣玉之心。焕乎念舊之彝章，在此維新之初政，敢沿異渥，概敍謝私。

載惟先祖之孤蹤，幸際高宗之興運，間關百戰，夷險一諶。推轂以前，方自恃大有爲之主；枕戈而卧，必欲除不共戴之讐。痛哉功廢於蔭桑，儵爾釁生於營棘。儻匪累聖委覆盆之監，孰令沈魂吐埋劍之光。自廞兹像霍之儀，繼襚以非劉之典。栢廟紀淳熙之額，先揭標題；松阡賜嘉定之名，復申褒衍。獨有鴻臚之謚，未參麟筆之公。仰乾御之乘時，廣豐中之宜照。謂在昔考功之奏，實本羣情；而于今綜實之朝，可無三錫。爰示聽鼙之感，亟頒出綍之恩。掇忠愍之忠，表危不顧身之行；合武穆之武，旌亂能戡禍之勞。攷古今二美之兼全，僅葛、郭兩人之克稱。世雖相去，志寔與同。若區區興漢之謀，固莫綏隕星於斜谷；而復復昌唐之志，竟難磨貫日於汾陽。使重泉之下，已死而猶生；則百代之後，無疑於傳信。義該終始，感洞幽明。

靖循坱圠之仁，端識源流之自。兹蓋恭遇某官，道本致主，德推憲邦。居二三執政之尊，股肱是寄；佐九五大人之造，心腹攸同。無發號施令之不臧，有行賞論功而必當，凡與品題之末者，悉還議論之當然。丹衷益彰，白骨不朽。

「珂粤從少日，痛切籲天。泣血辨誣，雖曰有懷而畢吐；以身任責，常憂所願之莫償。僅能湔蠅變黑之汙，殊未滿豹留皮之望。兹焉昭雪，有若披雲。揚名於世，孝之終，所賴孤忠之盡顯；鞠躬盡力，死而已，誓將九殞以爲酬。仰首知歸，披肝靡究。謹具啟事，專人捧詣鈞墀，祇候塵謝，伏惟鈞慈俯賜鑒念。不備，謹啟。」

鄂國金佗續編卷第十七

百氏昭忠録序

昔太史司馬氏之作記也，於賢臣志士之行事備矣。方其襲仍世掌之職，多讀先秦之書，金鐀石室，以博其觀，名山大川，以考其跡，固若無假於它人之助矣。其言猶曰：「罔羅天下放失舊聞。」何耶？夫立功本於吾身，何求於後世之知。司馬氏職則史耳，其於三代之賢臣志士，耳目所不接，休戚所不關，亦果何異於塗之人，而拳拳乃如是。若曰風雲之逢，霜露之感，事繫於國，義關於家，幸而尊賢尚志之君子不遺於紀録，廣記備言，各成一家之史。顧其所謂承遺緒，紹先烈者，乃漠然不及於塗人之用心，是豈人道之當然者乎！擇焉而孤其美意，删潤焉而失其本真，澳焉而没其□□焉而强附以所不合，是雖傳之，而或苐成其爲子孫之書，〔一〕猶不傳也。觀此則珂之有昭忠之編，〔二〕而取諸百氏，其顛末蓋可覩矣。

方其上籲天之奏，〔三〕年始及冠，罔羅之用力猶疎矣，〔四〕聞見固不能廣矣。既登於東觀，復徹□□乙覽，自謂不復可以增益。而二十餘年來，乃馳麾軺，〔五〕出入江、浙，士大夫念其悼家禍之慘，〔六〕而思裒積之不厭乎廣也，凡炎、興而後，〔七〕退卒故校之傳，幕僚儒紳之紀，片言隻字，苟及於吾家，莫不彙録，千里以來告。於是籤縢之藏，日侈一日，其事則多前編之未見，其言則皆審確而可稽。每一拊卷，輒慨然曰：「珂之謏聞，欲速乃爾，爲先王累耶！」稍久，欲摭取而傳，申懷前説，謂擇與删潤皆所不可，惟各以其名著見，而不復求其强合，使覽者自得以參訂焉，則珂之過自章，而先王之實自不泯矣。彼牒張、許之節狀太尉之事，觀僕射之遺物，自出於一代之公議，子孫何容心焉。

既敍其作，因念清江章公尚書穎囊上四傳於朝，是時珂奏篇已御，章公之表有曰：「事皆可證，〔八〕其書雖見於《辨誣》；言出私家，〔九〕後世或難於取信。」〔一〇〕噫戲！章公之心，司馬氏之心也，其爲賢臣志士慮，則一也。雖然皆塗人也，而能爲之慮，爲子孫者當何如哉？因以章氏傳爲首，而系次它聞于後。有嗣得者，又將屢書，以告來世。紹定改元端午，孫朝請大夫、權尚書户部侍郎、總領浙西、江東財賦、淮東軍馬錢糧、專一報發御前軍馬文字、〔一一〕兼提領措置屯田、通城縣開國男、食邑三百户、賜紫金魚袋岳珂謹序。

〔一〕而或苐成其爲子孫之書　「苐成」，原缺，據文淵閣《四庫全書》本補。

〔二〕有昭忠之編　「有」，原缺，據文淵閣《四庫全書》本補。「昭」，原缺，嘉靖本同，據傳本補。
〔三〕方其上籲天之奏　「方其」，原缺，據文淵閣《四庫全書》本補。
〔四〕罔羅之用力猶疎矣　「猶疎」，原缺，據文淵閣《四庫全書》本補。
〔五〕而二十餘年來乃馳麾軺　「來，乃」，原缺，據文淵閣《四庫全書》本補。
〔六〕家禍之慘　「慘」，原缺，據文淵閣《四庫全書》本補。
〔七〕炎興而後　「後」，原缺，嘉靖本同，據傳本補。
〔八〕事皆可證　「可」，《宋會要輯稿》禮五九之二〇與《永樂大典》卷一八二〇七作「有」。
〔九〕言出私家　「出」，原作「必」，據《宋會要輯稿》禮五九之二〇與《永樂大典》卷一八二〇七改。
〔一〇〕後世或難於取信　「難」，《宋會要輯稿》禮五九之二〇與《永樂大典》卷一八二〇七作「疑」。
〔一一〕專一報發御前軍馬文字　原脱「一」字，嘉靖本同，據傳本補。

百氏昭忠録卷之一

章尚書穎經進鄂王傳之一

岳飛，字鵬舉，相州湯陰縣〔一〕人也。世力田，父和有賢德。河北薦饑，和能自節飲食，〔二〕以濟飢者，人皆賢之。

〔一〕湯陰縣　「縣」，據《宋朝南渡十將傳》卷二《岳飛傳》與《皇宋中興四將傳》卷二《岳飛傳》補。

〔二〕自節飲食　「飲」，據《宋朝南渡十將傳》卷二《岳飛傳》與《皇宋中興四將傳》卷二《岳飛傳》補。

飛之在母懷〔一〕也，有老父過門，〔二〕聞其母聲，曰：「必生男也，〔三〕當以功名顯，致位三孤。」及生，有大禽若鵠，飛鳴於室之上，因名焉。未彌月，河決內黃西，水暴至。母姚氏寘之巨甕中，衝濤乘流而下，及岸，得不死。

〔一〕飛之在母懷　「懷」，據《皇宋中興四將傳》卷二《岳飛傳》補。

〔二〕老父過門　「門」，據傳本、《宋朝南渡十將傳》卷二《岳飛傳》與《皇宋中興四將傳》卷二《岳飛傳》補。

〔三〕必生男也　「也」，傳本與《皇宋中興四將傳》卷二《岳飛傳》作「子」。

少負氣節，沈厚寡言，性剛直，意所欲言，不避禍福。天資敏悟强記，書傳尤好《左氏春秋傳》及《孫吴兵法》。家貧，拾薪爲燭，達旦不寐。爲文初不經意，人取而誦之，則辨是非，析義理，若精思而得之者。

生而有力，未冠，能引弓三百斤，弩八石。學射於周同，同射三矢，皆中的，以示飛。飛引弓一發，破其筈，再發皆中。能左右射，亦以教士卒，由是軍中皆善左右射，屢以是勝。同死，朔望必鬻衣，具酒肉，〔一〕詣同塚，〔二〕奠而泣。引同所贈弓，發三矢，乃酹。父知而義之，撫其背曰：「使汝異日得爲時用，其徇國死義之臣乎！」飛應之曰：「惟大人許之以身報國家，何事不可爲！」

〔一〕具酒肉　傳本、《宋朝南渡十將傳》卷二《岳飛傳》與《皇宋中興四將傳》卷二《岳飛傳》作「設巵酒鼎肉」。

〔二〕詣同塚　《宋朝南渡十將傳》卷二《岳飛傳》與《皇宋中興四將傳》卷二《岳飛傳》作「於其塚上」，傳本作「於塚上」。

宣和四年，飛年二十，真定府路安撫使劉韐募敢戰士備胡，飛首應募。韐一見，奇之，使爲小隊長。〔一〕相州劇賊陶俊、賈進攻剽縣鎮，官軍屢戰，不利。飛請以百騎滅之，韐與步、騎二百。飛豫遣三十人易衣爲行商，入賊境，賊掠之以歸，置部伍間。飛以百人夜伏於山之下，而自領數十騎〔二〕逼賊壘。賊易其兵少，出戰。〔三〕飛陽北，賊乘勝追逐。〔四〕伏兵起，先所遣三十人在賊中〔五〕擒俊，進於馬上，〔六〕遂俘其衆。知相州王靖奏其功，補承信郎。會朝廷罷敢戰士，〔七〕前命竟不下。

〔一〕小隊長　「小」，原作「十」，據《金佗稡編》卷四改。

〔二〕數十騎　原脱「騎」字，嘉靖本同，據傳本，《宋朝南渡十將傳》卷二《岳飛傳》與《皇宋中興四將傳》卷二《岳飛傳》補。

〔三〕賊易其兵少出戰　「兵少」，傳本與《皇宋中興四將傳》卷二《岳飛傳》作「寡，遂」。

〔四〕乘勝追逐　「追」，據《宋朝南渡十將傳》卷二《岳飛傳》與《皇宋中興四將傳》卷二《岳飛傳》補。

〔五〕三十人在賊中　原脱「在」字，嘉靖本同，據傳本與《皇宋中興四將傳》卷二《岳飛傳》補。

〔六〕擒俊進於馬上　「於馬上」，原作「馬」，據《宋朝南渡十將傳》卷二《岳飛傳》與《皇宋中興四將傳》卷二《岳飛傳》改。

〔七〕會朝廷罷敢戰士　「會」，據《宋朝南渡十將傳》卷二《岳飛傳》與《皇宋中興四將傳》卷二《岳飛傳》補。

宣和六年，賊張超〔一〕率衆數百，圍魏忠獻王韓琦故墅。飛適在焉，〔二〕怒曰：「賊敢犯吾堡耶！」超恃勇直前，飛乘垣，〔三〕引弓一發，貫其吭，而一墅賴以全。〔四〕是歲，應募平定軍，〔五〕爲效用士，〔六〕稍擢爲偏校。

〔一〕賊張超　原脱「張」字，嘉靖本同，據傳本、《宋朝南渡十將傳》卷二《岳飛傳》與《皇宋中興四將傳》卷二《岳飛傳》補。

〔二〕飛適在焉　原脱「在」字，嘉靖本同，據傳本、《宋朝南渡十將傳》卷二《岳飛傳》與《皇宋中興四將傳》卷二《岳飛傳》補。

〔三〕飛乘垣　原脱「垣」字，嘉靖本同，據傳本、《宋朝南渡十將傳》卷二《岳飛傳》與《皇宋中興四將傳》卷二《岳飛傳》補。

〔四〕而一墅賴以全　「而」，據《宋朝南渡十將傳》卷二《岳飛傳》與《皇宋中興四將傳》卷二《岳飛傳》補。

〔五〕平定軍　原脱「平」字，嘉靖本同，據傳本、《宋朝南渡十將傳》卷二《岳飛傳》與《皇宋中興四將傳》卷二《岳飛傳》補。

〔六〕效用士　原脱「士」字，嘉靖本同，據傳本、《宋朝南渡十將傳》卷二《岳飛傳》與《皇宋中興四將傳》卷二《岳飛傳》補。

靖康元年，高宗皇帝〔一〕以天下兵馬大元帥開府河朔，至相州，〔二〕飛因劉浩得見。命招羣賊吉倩輩，與以百騎。〔三〕飛受命，自領四騎入賊營，諭以禍福。解甲受降，凡三百八十人。補承信郎，分鐵騎三百，令往李固渡邀虜軍。戰于侍御林，敗之，殺其梟將，轉成忠郎。從劉浩解東京圍，與虜兵相持〔四〕滑州南。飛乘浩馬，從百騎，習兵河上，河凍冰合，虜兵忽至，飛迎敵，斬其將，〔五〕虜衆大敗，斬首數千級，得馬數百匹，〔六〕以功遷秉義郎。大元帥次北京，〔七〕以飛軍隸留守宗澤。〔八〕

〔一〕高宗皇帝　原脱「宗」字，嘉靖本同，據傳本、《宋朝南渡十將傳》卷二《岳飛傳》與《皇宋中興四將傳》卷二《岳飛傳》補。

〔二〕相州　「州」，原缺，嘉靖本同，據傳本、《宋朝南渡十將傳》卷二《岳飛傳》與《皇宋中興四將傳》卷二《岳飛傳》補。

〔三〕與以百騎　「騎」，原缺，嘉靖本同，據《宋朝南渡十將傳》卷二《岳飛傳》與《皇宋中興四將傳》卷二《岳飛傳》補。

〔四〕與虜兵相持　「虜」，原作「慮」，嘉靖本同，據傳本、《宋朝南渡十將傳》卷二《岳飛傳》與《皇宋中興四將傳》卷二《岳飛傳》改。

〔五〕斬其將　「其」，原作「獲」，嘉靖本同，據傳本、《宋朝南渡十將傳》卷二《岳飛傳》與《皇宋中興四將傳》卷二《岳飛傳》改。

〔六〕馬數百匹　原脱「數」字，嘉靖本同，據傳本，《宋朝南渡十將傳》卷二《岳飛傳》與《皇宋中興四將傳》卷二《岳飛傳》補。

〔七〕大元帥次北京　「次」，底本字跡模糊，嘉靖本作「及」，今據傳本，《宋朝南渡十將傳》卷二《岳飛傳》與《皇宋中興四將傳》卷二《岳飛傳》。

〔八〕留守宗澤　「留」，據《宋朝南渡十將傳》卷二《岳飛傳》與《皇宋中興四將傳》卷二《岳飛傳》補。

靖康二年，是年改元建炎。正月，戰於開德，以二矢殪金人執旗者二人，縱騎突擊，奪甲、馬、弓、刀以獻。轉修武郎。二月，戰于曹州，飛被髮，揮四刃鐵簡，直犯虜陣。士從之。大破之，追奔數十里。〔一〕轉武翼郎。

〔一〕追奔數十里　「追」，《皇宋中興四將傳》卷二《岳飛傳》作「虜」。

澤大奇之，謂飛曰：「爾勇智材藝，雖古良將不能過。然好野戰，非古法，今爲偏裨尚可，它日爲大將，非萬全計也。」因授以陣圖。飛曰：「古今異宜，夷險異地，豈可按一定之圖。兵家之要，〔二〕在於出奇，不可測識，始能取勝。」澤曰：「如爾所言，陣法不足用耶？」

飛曰：「陣而後戰，兵之常法，然勢有不可拘，〔二〕則運用之妙，存於一心。」澤默然，良久，曰：「爾言是也。」

〔一〕兵家之要　「要」，《宋朝南渡十將傳》卷二《岳飛傳》作「法」。

〔二〕然勢有不可拘　原脱「然」字，嘉靖本同，據傳本、《宋朝南渡十將傳》卷二《岳飛傳》與《皇宋中興四將傳》卷二《岳飛傳》補。

五月，大元帥即皇帝位，改元建炎。飛上書數千言，大概以謂：「陛下已登大寶，社稷有主，已足伐虜人之謀；而勤王御營之師日集，兵勢漸盛。彼方謂吾素弱，正宜乘其怠而擊之。而李綱、黄潛善、汪伯彦輩不能仰承陛下之意，恢復故疆，迎還二聖，奉車駕日益南，〔一〕又令長安、〔二〕維揚、襄陽準備巡幸。有苟安之漸，無遠大之略，恐不足以繫中原之望。爲今之計，莫若請車駕還京，〔三〕罷三州巡幸之詔，乘二聖蒙塵未久，虜穴未固之際，親帥六軍，迤邐北渡。則天威所臨，將帥一心，士卒作氣，中原之地指期可復。」書奏，大忤用事者，以爲小臣越職，非所宜言，奪官歸田里。

〔一〕奉車駕日益南　「奉」，據《金佗稡編》卷四補。

〔二〕長安　「長」，原作「臨」，據《宋朝南渡十將傳》卷二《岳飛傳》與《皇宋中興四將傳》卷二《岳飛傳》改。

〔三〕莫若請車駕還京　「請」，據《宋朝南渡十將傳》卷二《岳飛傳》與《皇宋中興四將傳》卷二《岳飛傳》補。

八月，飛詣河北招撫使張所，一見，以國士待之，借補修武郎、閤門祗候，充中軍統領。所嘗從容問之曰：「聞汝勇冠軍，自料能敵幾何人？」飛曰：「勇不足恃也，用兵在先定謀。謀者，勝負之機也，故爲將之道，不患其無勇，而患其無謀。是以『上兵伐謀，次兵伐交』，欒枝曳柴以敗荆，莫敖采樵以致絞，皆用此也。」所本儒者，聞飛言矍然，起曰：「君殆非行伍中人也！」因命坐，促席與論時事。飛慷慨流涕曰：「今日之事，惟有滅賊虜，迎二聖，復舊疆，以報君父〔一〕耳！」所曰：「主上以我招撫河北，我惟職是思，而莫得其要，亦嘗計之否？」飛曰：「昔人有言：『河北視天下如珠璣，天下視河北猶四肢。』言人之一身，珠璣可無，而四肢不可暫失也。本朝之都汴，非有秦關百二之險也。平川曠野，長河千里，首尾綿亘，不相應接，獨恃河北以爲固。苟以精甲健馬，〔二〕憑據要衝，深溝高壘，〔三〕峙列重鎮，使敵入吾境，一城之後，復困一城，一城受圍，諸城或撓或救，卒不可犯。如此則虜人不敢窺河南，而京師根本之地固矣。大率河南之有河北，猶燕雲之有金坡諸關。河北不歸，則河南未可守；諸關不獲，則燕雲未可有。嘗思及童貫取燕雲事爲失策。國家用兵爭境土，有其尺寸之地，則得其尺寸之用。因糧以養其兵，因民以實其地，因其素習之人，以爲鄉導，然後擇其要害而守之。今貫不務以兵勝，而以賄求。虜人既得重賄，陽諸其請，收其糧食，徙其人民與其素習之士，席卷而東，〔四〕付之以空虛無用之地。〔五〕國家以爲燕雲真我有矣，則竭天下之財力以實之。不知要害之地，實彼所據，彼俟吾安養之後，一呼而入。故取燕雲而不取諸關，〔六〕是以虛名受實禍，以中國資夷狄也。河南、河北，正亦類此。今朝廷命河北之使而以招撫名，越河以往，半爲胡虜之區，將何以爲招撫之地。爲招撫職事計，直有盡取河北之地，以爲京師援耳。不然，天下之四肢絶，根本危矣。異時虜既得河北，又侵河南，險要既失，〔七〕莫可保守，幸江幸淮，皆未可知也。招撫誠能許國以忠，稟命天子，提兵壓境，使飛以偏師從麾下，〔八〕所向惟招撫命耳，一死烏足道哉！」所大悦，借補武經郎。

〔一〕以報君父　「父」，原作「人」，嘉靖本同，據傳本、《宋朝南渡十將傳》卷二《岳飛傳》與《皇宋中興四將傳》卷二《岳飛傳》改。

〔二〕精甲健馬　「精」，原作「梢」，嘉靖本同，據傳本、《宋朝南渡十將傳》卷二《岳飛傳》與《皇宋中興四將傳》卷二《岳飛傳》改。

〔三〕深溝高壘　「壘」，原作「塹」，嘉靖本同，據傳本、《宋朝南渡十將傳》卷二《岳飛傳》與《皇宋中興四將傳》卷二《岳飛傳》改。

〔四〕席卷而東　「東」，原作「前」，嘉靖本同，據傳本、《宋朝南渡十將傳》卷二《岳飛傳》與《皇宋中興四將傳》卷二《岳飛傳》改。

〔五〕付之以空虛無用之地　「空虛」，原作「虛空」，嘉靖本同，據《金佗稡編》卷四、《宋朝南渡十將傳》卷二《岳飛傳》與《皇宋中興四將傳》卷二《岳飛傳》改。

〔六〕故取燕雲而不取諸關　後一「取」字，原作「志」，嘉靖本同，據傳本、《宋朝南渡十將傳》卷二《岳飛傳》與《皇宋中興四將傳》卷二《岳飛傳》改。

〔七〕險要既失　「險要」，原作「要險」，嘉靖本同，據《金佗稡編》卷四、《宋朝南渡十將傳》卷二《岳飛傳》與《皇宋中興四將傳》卷二《岳飛傳》改。

〔八〕使飛以偏師從麾下　「使」，據《宋朝南渡十將傳》卷二《岳飛傳》與《皇宋中興四將傳》卷二《岳飛傳》補。

命飛從都統制王彥渡河，至衛州新鄉縣。虜勢盛，彥軍石門山下。飛約彥出戰，不進。飛疑彥有它志，抗聲謂之曰：「二帝蒙塵，賊據河朔，臣子當開道以迎乘輿。今不速戰，而更觀望，豈真欲附賊耶！」彥默然，彥幕下有勸彥殺飛者，彥不應。飛怒，起，獨引所部鏖戰，奪虜纛，舞而示諸軍，諸軍鼓譟争奮，遂拔新鄉，擒千户阿里孛。又與萬户王崇戰，敗之。明日，將戰侯兆川，飛預戒士卒曰：「吾已兩捷，彼必併力來。吾屬雖寡，當爲必勝計，不用命者斬！」及戰，士卒多重傷，飛亦被十餘創，與軍中士皆死戰，卒破之，獲士馬不可勝計。夜屯石門山下，或傳虜騎復至，一軍皆驚，飛堅卧不動，虜卒不來。糧盡累日，殺所乘馬以饗士。間走彥壁乞糧，彥不與，乃引所部益北擊虜。又戰于太行山，獲馬數十匹，擒拓跋耶烏。居數日，復與虜遇，飛單騎持丈八鐵槍，刺殺虜帥〔二〕所謂黑風而王其號者，走其衆三萬，虜兵破膽。

〔二〕刺殺虜帥　「殺」，據《宋朝南渡十將傳》卷二《岳飛傳》與《皇宋中興四將傳》卷二《岳飛傳》補。

飛自知不爲彥所容，乃自以一軍歸宗澤，澤以爲留守司統制。未幾，澤死，杜充代之。建炎二年，合別將與金人戰于胙城縣，大敗之。又戰于黑龍潭、龍女廟側官橋，皆大

捷。擒女真李千户、渤海、漢兒軍，送留守司。〔一〕

〔一〕留守司　原脱「守」字，嘉靖本同，據傳本、《宋朝南渡十將傳》卷二《岳飛傳》與《皇宋中興四將傳》卷二《岳飛傳》補。

七月，從閭勍保護陵寢。八月三日，與金人大戰汜水關。虜騎將馳突，飛躍馬左射，殺之。虜衆亂，奮擊，大破之。留守司檄飛留軍竹蘆渡，與虜相持。糧盡，飛密選精鋭三百，伏前山下，令各以薪交縛兩束，四端然火，夜半皆舉。虜疑救兵至，驚潰。追襲，大破之，以奇功轉武功郎。

三年正月，賊王善、曹成、張用、董彦政、孔彦舟率衆五十萬，薄南薰門外，鼓聲震地。充謂飛曰：「京師存亡，在此舉也！」飛兵纔八百人，衆懼不敵，飛曰：「賊雖多，不整也，吾爲諸君破之！」〔二〕左挾弓矢，右運鐵矛，帥數騎横衝其軍，果亂。後騎皆死戰，自午及申，賊衆大敗。轉武經大夫。杜叔五、孫海圍東明縣，飛戰，擒之。轉武略大夫、借英州刺史。

〔二〕吾爲諸君破之　「君」，《宋朝南渡十將傳》卷二《岳飛傳》與《皇宋中興四將傳》卷二《岳飛傳》作

「軍」。

二月，王善圍陳州，縱兵出掠。充檄飛，從都統制陳淬合擊之。飛遣偏將岳亨，以遊騎絶其行剽之路，獲其餉卒、牛、驢。善兵不敢復出。二十一日，戰於清河，大敗之，擒其將孫勝、孫清以歸，所降將卒甚衆。轉武德大夫，授真刺史。四月，又檄從淬合擊善衆。六月二十日，飛次崔橋鎮〔一〕西，遇善軍，敗之。飛單騎與岳亨深入，執馘以還。

〔一〕崔橋鎮　「崔」，原作「雀」，據《宋朝南渡十將傳》卷二《岳飛傳》與《皇宋中興四將傳》卷二《岳飛傳》改。

杜充棄京師，之建康。飛説之曰：「中原之地尺寸不可棄，況社稷、宗廟在京師，陵寢在河南，尤非它地比。今一舉足，此地皆非我有矣。它日欲復取之，非捐數十萬之衆，不可得也。」充不聽，遂從之建康。

師次鐵路步，與賊首張用戰，敗之。至六合，檄討李成，破之盤城，成退保滁州。充命王瓊討之，瓊提兵瓦梁路，徘徊不進。輜重在長蘆，成遣輕騎五百襲奪之，不獲。掠民百餘人，劫裴凜犒軍銀、絹。飛方渡宣化鎮，聞之，急以兵掩擊。賊兵殲焉，得其梟將馮俊，還所掠之人。成奔江西，瓊竟不至滁而返。

十一月，金人大舉兵，與李成共寇烏江縣。充閉門不出，諸將屢請，不答。飛叩寢閤，諫之曰：「勍虜大敵，近在淮南，睥睨長江。卧薪之勢，莫甚此時，公乃不省兵事。萬一敵人窺吾之怠，而舉兵乘之，公既不躬其事，能保諸將之用命乎？諸將既不用命，金陵失守，公能復高枕於此乎？」因流涕被面，固請出視師。充應曰：「來日當至江滸。」竟不出。

十八日，虜由馬家渡渡江，充遣飛等十七人，領兵二萬，從陳淬與虜敵。戰方酣，大將王瓊以數萬衆先遁，諸將皆潰去。獨飛力戰，會暮，後援不至，輜重悉爲潰兵引以還，士卒乏食，乃全軍夜屯鍾山。遲明，復出戰，斬首數千。

諸將皆欲叛去，戚方首亡爲盜，麾下亦有從之者。飛灑血厲衆曰：「我輩荷國厚恩，〔一〕當以忠義報國，立功名，書竹帛，死且不朽。若降而爲虜，潰而爲盜，〔二〕偷生苟活，身死名滅，豈計之得耶！建康，江左形勝之地，使胡虜盜據，何以立國！今日之事，有死無貳，輒出此門者斬！」詞色慷慨，士皆感泣。又招餘將曰：「凡不爲紅頭巾者，從我！」於是傅慶、劉經以軍從。

〔一〕荷國厚恩　「厚」，原作「家」，嘉靖本同，據《金佗稡編》卷四、《宋朝南渡十將傳》卷二《岳飛傳》與《皇宋中興四將傳》卷二《岳飛傳》改。

〔二〕潰而爲盜　「潰」，《宋朝南渡十將傳》卷二《岳飛傳》與《皇宋中興四將傳》卷二《岳飛傳》作「叛」。

充竟以金陵府庫與其家渡江，降虜。餘兵皆西北人，素服飛恩信，有密説以俱叛而北者，飛陽許之。有頃，其首領各以行伍之籍來。飛按籍呼之曰：〔一〕「以爾等之衆且强，爲朝廷立奇功，取中原，身受上賞，乃還故鄉，豈非榮耶！必浄洗舊念，乃可相附，其或不聽，寧先殺我！」衆皆懽呼曰：「惟統制命！」遂盡納之。

〔一〕呼之曰　原脱「曰」字，嘉靖本同，據傳本、《宋朝南渡十將傳》卷二《岳飛傳》與《皇宋中興四將傳》卷二《岳飛傳》補。

兀术入臨安，飛領所部邀擊之，至廣德境中，六戰皆捷，斬一千二百一十六級，擒女真、漢兒王權等二十四人。俘諸路剃頭簽軍〔二〕首領四十八人，察其可用者，結以恩信，遣還虜中。令夜斫營，燒毁七梢、九梢砲車，〔三〕及隨軍輜重、器械。乘其亂，縱兵交擊，大敗之，俘殺甚衆。

〔一〕剃頭簽軍　「頭」，原作「髮」，嘉靖本同，據《金佗稡編》卷四，傅本，《宋朝南渡十將傳》卷二《岳飛傳》與《皇宋中興四將傳》卷二《岳飛傳》改。

〔二〕七梢九梢砲車　「梢」，原作「稍」，據《金佗稡編》卷四改。

駐於廣德之鍾村，時糧盡，〔一〕飛資糧於敵，且以家貲助之，與士卒最下者同食。將士常有飢色，獨畏飛，不敢擾民，市井販鬻如常時。虜之簽軍涉其地者，皆相謂曰：「岳爺爺軍也！」争來降附，前後計萬餘人。虜侵溧陽縣。飛遣劉經將千人，夜半馳至縣，擊之。殺獲五百餘人，生擒女真、漢兒軍，僞同知溧陽縣事、〔二〕渤海太師李撒八等一十二人，及千户留哥。

〔一〕時糧盡　「糧」之下，原有「食」字，嘉靖本同，據傅本，《宋朝南渡十將傳》卷二《岳飛傳》與《皇宋中興四將傳》卷二《岳飛傳》删。

〔二〕僞同知溧陽縣事　原脱「僞」字，嘉靖本同，據傅本，《宋朝南渡十將傳》卷二《岳飛傳》與《皇宋中興四將傳》卷二《岳飛傳》補。

建炎四年正月，金人攻常州，守臣周杞遣官迎飛，從之。且欲據城堅守，扼虜人歸路，以立奇功。會城陷，未及行。郭吉在宜興，掠吏民。令、佐聞飛名，奉書邀飛，且謂邑之糗糧，可給萬軍十歲。飛得書，遂赴宜興。及境，吉已載百餘舟，逃入湖矣。飛遣部將王貴、傅慶將二千人，追而破之，驅其人、船、輜重以還。羣盜馬皐、林聚精鋭數千人，飛遣辯士説之，〔一〕盡降其衆。有張威武不從，飛單騎入其營，手擒斬之，收其軍。常之官吏、士民棄其産業趨宜興者萬餘家。邑人德之，圖其像以祠之，〔二〕曰：「父母之生我也易，〔三〕將軍之保我也難。」

〔一〕遣辯士説之　「辯」，原作「辨」，據《宋朝南渡十將傳》卷二《岳飛傳》改。

〔二〕圖其像以祠之　「像」，原作「象」，據《宋朝南渡十將傳》卷二《岳飛傳》與《皇宋中興四將傳》卷二《岳飛傳》改。

〔三〕父母之生我也易　原脱「之」字，嘉靖本同，據傳本、《宋朝南渡十將傳》卷二《岳飛傳》與《皇宋中興四將傳》卷二《岳飛傳》補。

四月，金人再犯常州，飛邀擊，四戰皆捷，擁溺河者不勝計，擒女真萬户少主孛堇、漢兒李渭[一]等十一人。復尾襲之於鎮江之東，戰屢勝。

〔一〕李渭 「渭」，原作「謂」，嘉靖本同，據《金佗稡編》卷五，傅本，《宋朝南渡十將傳》卷二《岳飛傳》與《皇宋中興四將傳》卷二《岳飛傳》改。

詔就復建康，飛即將兵以往。二十五日，戰于清水亭，金人大敗，横屍十五里餘，馘耳帶金、銀鐶者[二]一百七十五級，擒女真、渤海、漢兒軍四十三人，獲其馬甲一百九十三，弓、箭、刀、旗、金、鼓三千五百一十七。

〔二〕耳帶金銀鐶者 「帶」，原作「有」，嘉靖本同，據《金佗稡編》卷五，傅本，《宋朝南渡十將傳》卷二《岳飛傳》與《皇宋中興四將傳》卷二《岳飛傳》改。

五月，兀术復趨建康。飛設伏於牛頭山上，待之夜，令百人衣黑衣，混虜中，擾其營。虜驚，自相攻，益邏卒於營外。飛潛令壯士銜枚於其側，伺而擒之。初十日，兀术次於龍灣，要索城中金、銀、縑帛、騾、馬及北方人。飛以騎三百、步卒二千人，自牛頭山馳至南門新城爲營。〔一〕遂戰，大破兀术之衆，所獲負而登舟者，盡以戈殪其人於水，物委於岸者山積。斬首秃髮耳垂鐶者三千餘級，僵屍十餘里，降其卒千餘人，萬户、千户二十餘人，得馬三百匹，鎧、仗、旗、鼓以數萬計，牛、驢、〔二〕輜重甚衆。兀术奔淮西。飛入城撫定，虜無一騎留者。

〔一〕至南門新城爲營　原脱「爲營」兩字，嘉靖本同，據傳本，《宋朝南渡十將傳》卷二《岳飛傳》與《皇宋中興四將傳》卷二《岳飛傳》補。

〔二〕驢　傳本與《皇宋中興四將傳》卷二《岳飛傳》作「騾」。

六月，獻俘行在所。上詢所俘人，得二聖音問，感動久之。飛奏曰：「建康爲國家形勢要害之地，宜選兵固守。比張俊欲使臣守鄱陽，備虜人之擾江東、西者。臣以爲賊若渡江，必先二浙，江東、西地僻，亦恐重兵斷其歸路，非所向也。臣乞益兵守淮，拱護腹心。」上嘉納，賜鐵鎧五十、金帶、鞍、馬、鍍金槍、百花袍，褒嘉數四。

初，叛將戚方掠扈成軍老稚以歸，方許約成盟，還所掠，伏壯士殺之，屠其家。成死，其部曲相率歸于飛。〔一〕廣德守亦以書告急於飛。會有詔飛討之，飛以三千人行營於苦嶺。時方發兵斷官橋以自固，飛矢著橋柱，方得之，大驚，遂遁。飛遣傅慶等追之，不獲。俄益兵來，飛自領千人出，凡十數合，皆勝，方復遁去。飛窮追不已，方困，知必不免，會張俊來會師，方亟降俊。俊置酒，令方出拜，號泣請罪，俊力爲懇免。飛謂俊曰：「招討有命，飛固當禀從。然飛與方同在建康，方遽叛去，固嘗遣人以逆順諭之，〔二〕不聽。屠戮生靈，騷動郡縣，又誘殺扈成而屠其家，且拒命不降，比諸凶爲甚，安可貰。」俊再三請，飛呼方，謂之曰：「招討既赦爾死，宜思有以報國家。」方再拜謝，立于左。當廣德之戰也，方以手弩射飛，中鞍。飛收矢於箙，曰：「他日擒此賊，必令手折之以就戮。」至是取矢與方，方寸折之惟謹，流汗股慄，〔三〕不敢仰視。

〔一〕成死其部曲相率歸于飛 「于」，傳本與《皇宋中興四將傳》卷二《岳飛傳》作「告」。

〔二〕固嘗遣人以逆順諭之 「嘗」，原作「當」，嘉靖本同，據傳本、《宋朝南渡十將傳》卷二《岳飛傳》與《皇宋中興四將傳》卷二《岳飛傳》改。

〔三〕流汗股慄 「慄」，原作「栗」，據《宋朝南渡十將傳》卷二《岳飛傳》改。

時有删定官邵緯上書廟堂，言飛「驍武沈毅，而恂恂如諸生。頃起義河北，嘗以數十騎乘險據要，卻胡虜萬人之軍。又嘗於京城南薰門外，以八、九百人破王善、張用五十萬之衆，威震夷夏。而身與士卒之下者同食，民間秋毫無擾。且慮金人留軍江南，〔一〕爲東南之患，則奮不顧身，克復建康，爲國家取形勝咽喉之地。江、浙平定，其力也」。廟堂以其書奏。

〔一〕且慮金人留軍江南 「且」，原作「如」，據《金佗續編》卷二八《孫逌編鄂王事》改。

七月，辛臣范宗尹奏事，因言：「張俊自浙西來，盛稱飛可用。」上曰：「飛，杜充愛將。充失臣子之節，而能用飛，有知人之明。」遷飛武功大夫、昌州防禦使、通、泰州鎮撫使、兼知泰州。飛辭通、泰之命，願以母、妻并二子爲質，乞淮南東路一重難任使。招集兵馬，掩殺金賊，收復本路州郡。乘機漸進，使山東、河北、河東、京畿等路次第而復。報聞。

八月，金人攻楚州急。簽書樞密院趙鼎遣張俊援之，命飛隸俊節制。俊辭曰：「虜之兵不可當也。趙立孤壘，危在旦夕。若以兵委之，譬徒手搏虎，并亡無益。」鼎再三辨，俊亦再三辭。鼎奏曰：「俊若憚行，臣願與之偕。」俊復力辭。乃詔飛率兵腹背掩擊，令劉光世遣兵，而以飛隸光世節制。上數使人促光世親率兵渡江，光世行，幕下或止之，遂已。

上聞之，乃顧鼎曰：「移文不足以盡意，卿可作書與光世，詳言之。」鼎移書光世，又不肯行。時雖已詔飛行，而飛方自行在歸宜興，盡提所部兵赴鎮，初未知也。十九日，飛發宜興。二十三日，軍至江陰，俟舟。飛聞警，輕騎而先，二十六日入泰州。未睟事，籍郡敢勇士及部轄使臣、效用，責其願從軍狀。盡收其馬，寘之教場集射，而取中的多者，得自擇一馬。畢射，得百人，以賜甲五十副并作院甲五十與之，分爲四隊，常置左右。初九日，飛軍既濟。二十日，抵承州。轉戰彌月，三戰皆大捷。殺其大酋高太保，擒女真、契丹、渤海、漢兒軍，又俘阿主孛堇及里真、阿主里、白打里、蒲速里酋長七十餘人，送行在。上賜札褒嘉，并賜金注椀一、琖十。

金人既陷承、楚，詔光世措置〔一〕保守通、泰。時飛在承州，泰州盜起，王昭〔二〕寇城東，張榮寇城北。詔飛還守通、泰，乃旋師。自北炭村至柴墟，屢戰，皆捷。諜報金人併兵二十萬，將取通、泰。俄光世復違詔，〔三〕不遣救兵，飛以聞。

〔一〕措置 「置」，原作「晝」，嘉靖本同，據《金佗稡編》卷五，傳本，《宋朝南渡十將傳》卷二《岳飛傳》與《皇宋中興四將傳》卷二《岳飛傳》改。

〔二〕王昭 「昭」，原作「招」，嘉靖本同，據《金佗稡編》卷五，傳本，《宋朝南渡十將傳》卷二《岳飛傳》

與《皇宋中興四將傳》卷二《岳飛傳》改。

〔三〕光世復違詔　「復」，據《宋朝南渡十將傳》卷二《岳飛傳》與《皇宋中興四將傳》卷二《岳飛傳》補。

十一月，有詔：「泰州可戰即戰，可守即守；如其不可，且於近便沙洲保護百姓，伺便掩擊。」飛顧虜勢盛，泰無可恃之險，初三日，全軍退保柴墟，〔一〕戰于南霸塘。金人大敗，擁入河流者不可勝計。相持累日，而泰州爲鎮撫使分地，不從朝廷命餉，軍糧餉乏絶，〔二〕刲虜屍以食。〔三〕初五日，乃下令渡百姓于陰砂。飛以精騎二百殿，金人望之，不敢逼，遂屯江陰。

〔一〕全軍退保柴墟　「全」，原作「金」，嘉靖本同，據傳本，《宋朝南渡十將傳》卷二《岳飛傳》與《皇宋中興四將傳》卷二《岳飛傳》改。

〔二〕糧餉乏絶　原脱「乏」字，嘉靖本同，據傳本，《宋朝南渡十將傳》卷二《岳飛傳》與《皇宋中興四將傳》卷二《岳飛傳》補。

〔三〕刲虜屍以食　「食」，傳本，《宋朝南渡十將傳》卷二《岳飛傳》與《皇宋中興四將傳》卷二《岳飛傳》作「繼廪」。

中國史學基本典籍叢刊

鄂國金佗稡編續編校注

五

〔宋〕岳珂 編

王曾瑜 校注

中華書局

鄂國金佗續編卷第十八

百氏昭忠録卷之二

章尚書穎經進鄂王傳之二

時劇賊李成乘亂，據江、淮十餘州，兵三十萬，有席卷東南之意，遣其將馬進犯洪州。十二月，〔一〕詔張俊爲江、淮招討使。紹興元年正月，張俊入辭，盛言李成之衆，上曰：「成兵雖衆，不足畏。」因諭俊曰：「今日諸將獨汝無功。」俊遽曰：「臣何爲無功？」上笑曰：「如韓世忠擒苗傅、劉正彦，卿殆不如也。」俊悚恐，承命而退，乃請以飛軍同討賊，從之。〔二〕

〔一〕十二月　「十」，據《金佗稡編》卷五補。

〔二〕本段原缺，嘉靖本同，據《宋朝南渡十將傳》卷二《岳飛傳》補。

二月，飛至鄱陽，與俊軍合。三月初三日，次洪州。賊連營西山，王師不得渡。俊懼，召飛計之曰：「俊與李成前後數戰，皆不利，其爲我計之。」飛曰：「甚易也，賊貪而不慮後，若以騎兵三千，自上流出生米渡，出其不意，破之必矣。飛願爲先鋒以行。」俊大喜，從之。〔一〕

〔一〕本段原缺，嘉靖本同，據《宋朝南渡十將傳》卷二《岳飛傳》補。

初九日，飛被重鎧，先諸軍躍馬以濟，潛出賊軍之右。飛首突賊陳，所部從之，賊大敗，降其卒五萬人。飛追之二十五里，及河，渡土橋，〔一〕纔數十騎而橋壞，後騎莫能進。馬進引軍五千，回攻飛，飛以一矢殪其將，麾騎攻之，大敗。進走筠州，飛屯軍城東。十一日，賊復引兵出，布列横亘十五里。飛以紅羅爲幟，刺「岳」字其上，白之。平明，選馬軍二百人，建旗鼓而前。賊易其少，薄之，伏發，大敗走。飛使人呼曰：「不從賊者坐，當不汝殺！」應聲坐者八萬人，死者不可計。坐者皆解甲，擇所獲槍刀、衣甲、器仗之堅全者，束之，令降卒負以隨軍；弊者藏之筠州〔二〕之帑，分隸降軍。三日乃畢。〔三〕

〔一〕渡土橋　「土」，《宋朝南渡十將傳》卷二《岳飛傳》原作「上」，據傳本與《皇宋中興四將傳》卷二《岳飛傳》改。

〔二〕筠州　「州」，《宋朝南渡十將傳》卷二《岳飛傳》原作「川」，據傳本與《皇宋中興四將傳》卷二《岳飛傳》改。

〔三〕本段原缺，嘉靖本同，據《宋朝南渡十將傳》卷二《岳飛傳》補。

進以餘卒奔李成所，成時在南康之建昌。飛夜引兵，銜枚至朱家山，偃兵伏幟，於茂林待之。進至，伏兵一鼓出林間，賊衆大敗，殺獲步兵五千人，斬其將趙萬。進以十餘騎走。成怒，引兵十餘萬來。飛遇之樓子莊，合戰，大〔一〕破成軍，降其卒二萬餘人，獲馬二千匹。追之，〔二〕兵自武寧縣至江州，道中殺及降三萬人。

〔一〕本段自「大」之上，原缺，嘉靖本同，據《宋朝南渡十將傳》卷二《岳飛傳》補。

〔二〕追之　「追」，原作「進」，據《金佗稡編》卷五改。

成自獨木渡趨蘄州。飛以騎軍追之，又發步卒渡張家渡，〔一〕夾擊之，殺其將馬進、孫建及他首領甚衆。成軍晝夜走，〔二〕飢困死者什四、五。至蘄州，又降其卒萬五千人，獲馬二千餘匹，棄器甲、金帛無數。成走降僞齊，江、淮平。

〔一〕張家渡　原作「水」，嘉靖本同，據傳本、《宋朝南渡十將傳》卷二《岳飛傳》與《皇宋中興四將傳》卷二《岳飛傳》改。

〔二〕成軍晝夜走　原脱「成軍」兩字，嘉靖本同，據傳本、《宋朝南渡十將傳》卷二《岳飛傳》與《皇宋中興四將傳》卷二《岳飛傳》補。

相州人張用有勇力，號張莽蕩。其妻尤勇，帶甲上馬，敵千人，自號一丈青。以兵五萬寇江西，俊召飛，語之曰：「非公無可遣者。」問用兵幾何？飛曰：「以飛自行，此賊可徒手擒。」俊固以步兵三千益飛。〔二〕飛至金牛，頓兵，遣一兵持書諭之曰：「吾與爾同里人，忠以告汝，南薰門、鐵路步之戰，皆汝所悉也。今吾自將在此，汝欲戰則出戰，不欲戰則降。降則朝廷録用，各受寵榮；不降則身殞鋒鏑，或爲俘囚，雖悔何及。」用與妻得書，拜曰：「果吾父也，敢不降！」遂俱解甲，飛受其降以歸。俊謂僚佐曰：「岳觀察之勇略，吾與汝曹俱不及也。」又招降馬進餘黨之潰者數萬人，飛汰其老弱，得精兵萬餘人以歸俊。俊奏功，飛第一。

〔一〕俊固以步兵三千益飛　「固」，原作「因」，嘉靖本同，據《宋朝南渡十將傳》卷二《岳飛傳》與《皇宋中興四將傳》卷二《岳飛傳》改。

七月，充神武副軍統制，命權留洪州，彈壓盜賊。十月，授親衛大夫、建州觀察使。建寇范汝爲陷邵武軍。江西安撫大使李回檄飛，分兵三千保建昌軍，二千保撫州。飛以「岳」字幟植城門，賊游騎望見，相戒勿犯，民賴以安。十一月，賊將姚達、饒青以萬餘人逼建昌。飛遣王萬、徐慶將建昌之軍討之，擒青、達於四望山。〔二〕十二月，陞神武副軍都統制。

〔二〕擒青達於四望山　原脱「於四望山」四字，嘉靖本同，據傳本，《宋朝南渡十將傳》卷二《岳飛傳》與《皇宋中興四將傳》卷二《岳飛傳》補。

紹興二年正月，詔以飛治軍整肅，勇於戰鬭，賜衣甲一千副。時飛年三十。曹成擁衆十餘萬，由江西歷湖湘，執安撫使向子諲，據道州、賀州。二月，命飛以本職權知潭州、兼權荊湖東路安撫、都總管，且以韓京、吴錫及廣東、西峒丁、刀弩手、將兵、土軍、弓手、民兵，與飛會，以捕成。又付之牌以金書并黄旗十，招降羣盜。十七日，飛發洪州。成聞飛來，謂其人曰：「岳家軍來矣。」乃預令其軍分路逃去。十九日，成引兵趨全、永，犯廣西。獨留其中軍，乘飛未至，縱兵四掠。三十日，飛至茶陵，先遣兵趨郴及桂陽，伺成動息。

有詔察其受招與否，爲進退。飛數以上意諭之，成不聽。飛乃上奏曰：「内寇不除，何以攘外；近郊多壘，何以服遠。比年羣盜競作，朝廷務廣德意，多命招安；故盜益玩威不畏，力强則肆暴，力屈則就招。若不略加勦除，蠭起之寇未可遽殄。」詔許之。

閏四月，入賀州境。成寨于太平場，〔一〕飛未至賊屯數十里，按兵立栅。會得成諜者，縛而坐之帳下。有間，飛出帳，召軍吏調兵食，吏曰：「糧且盡矣，奈何？」飛曰：「促之耳，不然，且返茶陵以就餉。」已而顧見成諜者，以手循耳，頓足而入，乃令逸之。諜至成軍，言之。成大喜，期明日來追飛軍。是夜，飛命士蓐食，夜半悉甲趨遶嶺。初五日未明，已破太平場軍，盡殲其守隘之兵，而焚其營，成大驚。

〔一〕成寨于太平場　「寨」，原作「軍」，嘉靖本同，據傳本，《宋朝南渡十將傳》卷二《岳飛傳》與《皇宋中興四將傳》卷二《岳飛傳》改。

明日，進兵，距賀城二十里。〔一〕成募賊願戰者三萬餘人，據山險，捍官軍。飛麾兵掩擊，賊衆大潰，追至城東江岸，成奔桂嶺路。詔不以遠近追捕，又以暑月暴露，降敕書撫諭。〔二〕

〔一〕距賀城二十里　「賀」，原作「駕」，嘉靖本同，據傳本、《宋朝南渡十將傳》卷二《岳飛傳》與《皇宋中興四將傳》卷二《岳飛傳》改。

〔二〕降敕書撫諭　「書」，據《宋朝南渡十將傳》卷二《岳飛傳》與《皇宋中興四將傳》卷二《岳飛傳》補。

飛進兵趨桂嶺。其地有北藏嶺、上梧關、蓬嶺，號爲三關隘。成先引兵據北藏嶺、上梧關，自以爲得地。飛至，成以都統領王淵迎戰。飛麾兵疾馳，不陣而鼓之，淵軍大潰。殲其守隘者，奪二隘而據之，成亟遁去。十三日，成復選鋭將，自北藏嶺夾擊官軍。飛以兵迎之，成敗，馘一萬五千餘級，獲其弓、箭、刀、槍無數。成又自桂嶺爲營至北藏嶺，亘六十餘里，所據皆山險、溪澗、隘道，〔一〕人馬不可並行。成自守蓬嶺。賊衆十餘萬，皆河北、河東、陝西之潰卒，驍勇健鬭；飛所部纔八千人，而騎最少，不及成軍什之一。十五日，飛進兵蓬嶺，分布嶺下，一鼓登之，成軍四潰，所殺及掩入溪水者不知其數。成自投嶺下，得駿馬而逃。飛舉其寨有之，及其槍、刀、金、鼓、旗幟，歸其所虜人民於田里，擒其將張全。

〔二〕溪澗隘道　原脱「隘」字，嘉靖本同，據傳本，《宋朝南渡十將傳》卷二《岳飛傳》與《皇宋中興四將傳》卷二《岳飛傳》補。

成竄連州，飛呼張憲、王貴、徐慶，謂之曰：「曹成敗走，餘黨盡潰。慮其復聚爲盜，今遣汝等三路招降，若復抵拒，〔一〕誅其酋而撫其衆。謹無妄殺，累主上保民之仁。」於是憲自賀、連，慶自邵、道，貴自郴、桂陽，降者二萬，〔二〕與飛會連州。凡降者用其酋領，而給其食。乃益進兵追成，成走宣撫司降。

〔一〕若復抵拒　「抵」，原作「違」，嘉靖本同，據《金佗稡編》卷五，傳本，《宋朝南渡十將傳》卷二《岳飛傳》與《皇宋中興四將傳》卷二《岳飛傳》改。

〔二〕貴自郴桂陽降者二萬　「陽」，傳本與《皇宋中興四將傳》卷二《岳飛傳》作「招」。

其徒有郝政者，率衆走沅州，欲爲成報仇，爲張憲所擒。其將楊再興走，躍入澗中，憲欲殺之，再興曰：「願執我見岳公。」遂受縛。飛見再興，奇其貌，釋之，曰：「吾不汝殺，汝當以忠義報國家！」後卒爲名將，死於戰。嶺表悉平。時盛夏行師煙瘴之地，賊兵以疾，死者相繼，而官軍無一人疾癘者，〔一〕蓋拊循之有方也。

〔一〕官軍無一人疾癘者　「人」之下，傳本，《宋朝南渡十將傳》卷二《岳飛傳》與《皇宋中興四將傳》卷二《岳飛傳》有「死於」兩字。

六月十一日，授中衛大夫、武安軍承宣使，依前神武副軍都統制。初，詔飛平曹成日，赴行在。尋以江州爲控扼要地，命飛以所部及韓京、吳錫軍屯江州。〔一〕比入江西境，安撫大使李回檄令招殺馬友將郝通之衆。飛遂至筠州，降之，選其兵，得精兵一萬八千人。因奏所得兵足以防江，韓京、吳錫軍更不須發，〔二〕乃以京、錫撥隸荆湖、廣南宣撫司。馬友復犯筠州，及聞飛軍來，遽逃去。軍至江州，劉忠之餘黨四千餘人寇蘄之廣濟縣，又李通已受招安，在司公山，不肯出，令飛掩捕，悉平之。李回奏以舒、蘄、光、黄接連漢陽、〔三〕武昌盜賊，並委飛招捕。

〔一〕命飛以所部及韓京吴錫軍屯江州　「所部」，原作「兵」，嘉靖本同，據傳本，《宋朝南渡十將傳》卷二《岳飛傳》與《皇宋中興四將傳》卷二《岳飛傳》改。

〔二〕韓京吴錫軍更不須發　原脱「軍」字，嘉靖本同，據傳本，《宋朝南渡十將傳》卷二《岳飛傳》與《皇宋中興四將傳》卷二《岳飛傳》補。

〔三〕接連漢陽　原脱「連」字，嘉靖本同，據傳本，《宋朝南渡十將傳》卷二《岳飛傳》與《皇宋中興四將傳》卷二《岳飛傳》補。

十二月，亡將李宗亮誘張式，以兵叛。紹興三年正月，宗亮、式夜至筠州焚剽，飛遣徐慶、傅選捕滅之。二月，上遣鄭壯〔一〕賷金蕉酒器賜飛，〔二〕如賜韓世忠禮，詔飛赴行在。江西宣諭劉大中奏：「飛提兵素有紀律，人情恃以爲安。今飛以軍赴行在，恐民不安，盜復起。」乃不果行。又以親札賜李回，令專委飛捕盜。

〔一〕鄭壯　傳本，《宋朝南渡十將傳》卷二《岳飛傳》與《皇宋中興四將傳》卷二《岳飛傳》作「莊」。

〔二〕賷金蕉酒器賜飛　原脱「賜飛」兩字，嘉靖本同，據傳本，《宋朝南渡十將傳》卷二《岳飛傳》與《皇宋中興四將傳》卷二《岳飛傳》補。

時虔、吉盜羣起。吉則曰彭友，曰李動天，及以次首領稱號尤僭。〔一〕虔則有陳顒、羅閑十，〔二〕連兵十數萬，〔三〕寨五百餘所。相表裏，拒官軍，侵寇循、梅、廣、惠、英、韶、南雄、南安、建昌、汀、潮、邵武諸郡。李回奏乞專委飛討捕。〔四〕廣東宣諭明槖亦奏虔賊爲二廣患，欲飛招捕。知梧州文彦明奏虔州鹽寇入廣東，乞委飛討捕。〔五〕劉大中〔六〕亦連奏，以飛爲請。上始專以虔、吉寇付飛平之。

〔一〕稱號尤僭　傳本，《宋朝南渡十將傳》卷二《岳飛傳》與《皇宋中興四將傳》卷二《岳飛傳》作「號十大王」。

〔二〕羅閑十　「十」，據《宋朝南渡十將傳》卷二《岳飛傳》與《皇宋中興四將傳》卷二《岳飛傳》補。

〔三〕連兵十數萬　「十數萬」，原作「數十萬」，嘉靖本同，據傳本，《宋朝南渡十將傳》卷二《岳飛傳》與《皇宋中興四將傳》卷二《岳飛傳》改。

〔四〕奏乞專委飛討捕　原脱「飛」字，嘉靖本同，據傳本，《宋朝南渡十將傳》卷二《岳飛傳》與《皇宋中興四將傳》卷二《岳飛傳》補。「討捕」，原作「捕討」，嘉靖本同，據傳本，《宋朝南渡十將傳》卷二《岳飛傳》與《皇宋中興四將傳》卷二《岳飛傳》改。

〔五〕乞委飛討捕　「捕」，原作「之」，嘉靖本同，據《金佗稡編》卷五，傳本，《宋朝南渡十將傳》卷二《岳飛傳》與《皇宋中興四將傳》卷二《岳飛傳》改。

〔六〕劉大中　原脱「劉大中」三字，嘉靖本同，據傅本、《宋朝南渡十將傳》卷二《岳飛傳》與《皇宋中興四將傳》卷二《岳飛傳》補。

四月，飛至虔州，聞彭友立栅於固石洞，儲蓄甚富。飛至，則已離固石洞，悉其兵至雩都，俟官軍。飛遣辯士〔一〕二人説之，賊曰：「爲我語岳承宣，吾寧敗不肯降，毋以虚聲恐我。」遂與戰，友躍馬馳突，飛麾兵擊之，擒友等於馬上。餘酋散走，〔二〕横屍滿山谷，〔三〕獲衣甲、器械無數，還其所掠二萬餘人。

〔一〕辯士　「辯」，原作「辨」，嘉靖本同，據《宋朝南渡十將傳》卷二《岳飛傳》與《皇宋中興四將傳》卷二《岳飛傳》改。

〔二〕餘酋散走　「酋」，原作「悉」，嘉靖本同，據《金佗稡編》卷五，傅本，《宋朝南渡十將傳》卷二《岳飛傳》與《皇宋中興四將傳》卷二《岳飛傳》改。

〔三〕横屍滿山谷　「横」，原作「餘」，嘉靖本同，據《金佗稡編》卷五，傅本，《宋朝南渡十將傳》卷二《岳飛傳》與《皇宋中興四將傳》卷二《岳飛傳》改。

餘酋復退保固石洞。洞之山特高，水環之，止一徑可入。飛頓兵瑞金縣，自領千騎至固石，〔一〕復遣説之，不從。飛乃列騎軍於山下，〔二〕皆重鎧持滿。黎明，遣死士三百，疾馳登山，賊衆大亂。山下鳴鼓呼譟，賊皆棄山而下，爲列騎所圍，疾呼匃命，倉猝投墜而死者衆。飛令止殺，悉聽下山投降。或請戮之，飛蹙然曰：「愚民殺之何益！且主上既赦其人矣。」命籍其金、帛，入備邊、激賞庫，擇其勇鋭者隸諸軍，餘悉縱之。授徐慶等方略，捕諸郡賊，以次敗降。擒賊大小首領五百餘人。

〔一〕自領千騎至固石　「領」，原作「嶺」，據嘉靖本改。

〔二〕列騎軍於山下　原脱「軍於」兩字，嘉靖本同，據傳本、《宋朝南渡十將傳》卷二《岳飛傳》與《皇宋中興四將傳》卷二《岳飛傳》補。

請誅首惡，〔一〕而赦脅從，不許。飛請至再，上乃賜曲赦，仍詔飛裁決。六月，飛入城論囚，以諸酋罪之尤者數人誅之，〔二〕餘悉稱詔貰之。

初，隆祐后至章貢，軍民逆命，有密旨，令屠虔城。飛既平諸寇，乃駐軍三十里，上疏

〔一〕上疏請誅首惡　「請」，據傳本、《宋朝南渡十將傳》卷二《岳飛傳》與《皇宋中興四將傳》卷二《岳

飛傳》補。

〔二〕以諸酋罪之尤者數人誅之 「酋」，原作「囚」，據《金佗稡編》卷五、《宋朝南渡十將傳》卷二《岳飛傳》與《皇宋中興四將傳》卷二《岳飛傳》改。

時又有劉忠之將高聚犯袁州。飛遣王貴擊之，擒聚及其徒二百餘人，降其衆三千，殺其僞統制方某。又張成亦以三萬人犯袁州，陷萍鄉，復遣王貴擊之。成敗走，王貴焚其寨，殺死甚衆，俘五百人。明日，復戰，遂擒成，而降其衆。〔一〕

〔一〕而降其衆 「而」，原作「悉」，嘉靖本同，據《金佗稡編》卷五、傳本、《宋朝南渡十將傳》卷二《岳飛傳》與《皇宋中興四將傳》卷二《岳飛傳》改。

七月，召飛。〔一〕趙鼎奏：「虔民習於頑，累年爲患。飛雖已平蕩，恐大軍起行之後，復嘯聚，請留五千人屯虔州。」又以密院之請，分三千人屯廣州，一萬人屯江州。

〔一〕召飛 「召」，原作「詔」，嘉靖本同，據《宋朝南渡十將傳》卷二《岳飛傳》與《皇宋中興四將傳》卷二《岳飛傳》改。

九月，飛至行在所，上使人諭飛，令繫金帶上殿。十三日，入見，上撫勞再三，〔一〕賜衣甲、馬鎧、弓箭各一副，金線戰袍、金帶、手刀、銀纏槍、戰馬、海馬皮鞍〔二〕各一。賜御札於旗，曰「精忠岳飛」，令行師必建之。又賜雲弓箭，戰袍、銀纏槍各一。犒其軍甚厚。〔三〕

〔一〕上撫勞再三　原脱「上」字，嘉靖本同，據傳本，《宋朝南渡十將傳》卷二《岳飛傳》與《皇宋中興四將傳》卷二《岳飛傳》補。

〔二〕海馬皮鞍　原脱「馬」字，嘉靖本同，據傳本，《宋朝南渡十將傳》卷二《岳飛傳》與《皇宋中興四將傳》卷二《岳飛傳》補。

〔三〕犒其軍甚厚　「其」，傳本與《宋朝南渡十將傳》卷二《岳飛傳》作「官」。

十五日，詔落階官，授鎮南軍承宣使，依前神武副軍都統制，〔一〕江南西路沿江制置使。十八日，諭旨三事：令飛於江州、興國、南康一帶駐劄，諸屯軍馬許遇緩急抽差，一也；江上有軍期急速，與制置會議不及，許一面隨宜措置，〔二〕二也；舒、蘄兩州增隸飛節制，三也。二十日，賜銀二千兩，犒所部將士。二十一日，改除江南西路制置使。〔三〕二十四日，除江南西路、舒、蘄州制置使。二十七日，以李山軍馬隸飛。二十九日，改差神武後軍統制，仍制置使。十一月，令王瓔、折彦質遣吴全、吴錫兩軍，並聽飛節制。十二月，以李横、牛臯隸飛。

〔一〕神武副軍都統制　原脱「都」字，嘉靖本同，據傳本、《宋朝南渡十將傳》卷二《岳飛傳》與《皇宋中興四將傳》卷二《岳飛傳》補。

〔二〕許一面隨宜措置　原脱「許一面」三字，嘉靖本同，據傳本、《宋朝南渡十將傳》卷二《岳飛傳》與《皇宋中興四將傳》卷二《岳飛傳》補。

〔三〕改除江南西路制置使　原脱「改」字，嘉靖本同，據傳本、《宋朝南渡十將傳》卷二《岳飛傳》與《皇宋中興四將傳》卷二《岳飛傳》補。

時僞齊使李成合虜兵五十萬，大舉南寇，攻陷襄陽府〔一〕及唐、鄧、隨、郢州、信陽軍，故鎮撫、刺史如李横、李道、翟琮、董先、牛臯等俱失守。僞齊於每郡置將。又有湖寇楊么與僞齊交通，〔二〕欲分車船〔三〕五十艘，攻岳、鄂、漢陽、蘄、黄，順流而下。李成以兵三萬益楊么舟師，自提兵十七萬，由江西陸行趨兩浙，與么會。

〔一〕襄陽府　「府」，據《宋朝南渡十將傳》卷二《岳飛傳》與《皇宋中興四將傳》卷二《岳飛傳》補。

〔二〕又有湖寇楊么與僞齊交通　「有」，據《宋朝南渡十將傳》卷二《岳飛傳》與《皇宋中興四將傳》卷二《岳飛傳》補。

〔三〕車船　「車」，原作「舟」，據《金佗稡編》卷五與《皇宋中興四將傳》卷二《岳飛傳》改。

朝廷患之，始命於江南北岸水陸戰守處常爲備。又命於興國、大冶通洪州之路，措置隄防，〔一〕多遣間探，日具事宜以聞。又命防備鄂、黄等州〔二〕及漢陽軍，又於下流鄂、岳備賊營之潛渡爲寇者。飛與幕府僚吏語及二寇，或問將何先？飛曰：「先襄漢，〔三〕襄漢既復，李成喪師而逃，楊么失助矣。第中嚴下流之兵以備之，然後鼓行。」

〔一〕措置隄防　「措置」，原作「爲」，嘉靖本同，據《金佗稡編》卷五，傅本，《宋朝南渡十將傳》卷二《岳飛傳》與《皇宋中興四將傳》卷二《岳飛傳》改。

〔二〕又命防備鄂黄等州　原脱「防」字，嘉靖本同，據傅本，《宋朝南渡十將傳》卷二《岳飛傳》與《皇宋中興四將傳》卷二《岳飛傳》補。

〔三〕飛曰先襄漢　原脱「先」字，嘉靖本同，據傅本，《宋朝南渡十將傳》卷二《岳飛傳》與《皇宋中興四將傳》卷二《岳飛傳》補。

紹興四年三月，除兼荆南、鄂、岳州制置使。飛乃奏，乞復襄陽六郡，以爲今欲恢復，不可不争此土，宜及時攻取，以除心膂之病。上以諭輔臣趙鼎，鼎奏曰：「知上流利害，無如飛者。」於是以親札報飛曰：「今從卿所請，已降畫一，令卿收復襄陽六郡。惟是服者舍之，拒者伐之，追奔之際，無出李横舊界。」畫一之目，以湖北帥司統制官顔孝恭、崔邦弼兩軍，并荆南鎮撫使司軍馬，〔一〕並聽飛節制；諸州既復，並許隨宜措置，〔二〕差官防守，如城壁不堪守禦，則移治山寨，或用土豪，或用舊將牛皋等主之。

〔一〕荆南鎮撫使司軍馬　「軍馬」，原作「馬軍」，據《金佗續編》卷五《朝省行下事件省劄》改。

〔二〕並許隨宜措置　原脱「措置」兩字，嘉靖本同，據傳本，《宋朝南渡十將傳》卷二《岳飛傳》與《皇宋中興四將傳》卷二《岳飛傳》補。

四月，令神武右軍、中軍各選勝被甲馬百匹，〔一〕付飛軍。二十五日，以金束帶三賜飛將佐。〔二〕

〔一〕各選勝被甲馬百匹　「勝被」，傳本，《宋朝南渡十將傳》卷二《岳飛傳》與《皇宋中興四將傳》卷二《岳飛傳》作「堪帶」。

〔二〕以金束帶三賜飛將佐　原脱「以」字，嘉靖本同，據傳本，《宋朝南渡十將傳》卷二《岳飛傳》與《皇宋中興四將傳》卷二《岳飛傳》補。

五月，除黄、復州、漢陽軍、德安府制置使。飛提兵至郢州。僞將京超勇悍，號萬人敵，以蕃、漢兵萬餘人來。飛渡江，至中流，顧謂幕屬曰：「飛不擒賊，復舊境，不涉此江！」初五日，抵城下，飛躍馬環城，以策指東北敵樓，顧謂衆曰：「可賀我也！」超乘城以拒，飛使張憲問之，曰：「爾曹受國家厚恩，〔一〕何得叛從劉豫？」超謀主劉楫出，應曰：「今日各事其主，毋多言也！」飛怒甚，會軍正告糧乏，飛問：「糧餘幾何？」曰：「可再飯。」飛曰：「可矣，當以翌日巳時破賊！」黎明，鼓衆薄城，一麾並進，衆皆登城。超投崖而死，殺虜卒七千人，積屍與天王樓齊高。劉楫就縛，至飛前，責以大誼，南鄉斬之。復郢州。

〔一〕受國家厚恩　「厚恩」，原作「恩厚」，嘉靖本同，據《金佗稡編》卷六、《宋朝南渡十將傳》卷二《岳飛傳》與《皇宋中興四將傳》卷二《岳飛傳》改。

遣張憲、徐慶復隨州。僞將王嵩聞憲、慶來，不戰而遁，退保於隨。飛遣牛皋裹三日糧往，未盡三日，城已拔。執嵩，斬之，得士卒五千人，復隨州。

飛領軍趨襄陽。李成聞飛來，引軍出城四十里迎戰，左臨襄江。王貴、牛皋等即欲攻之，飛笑謂之曰：「且止，此賊屢敗吾手，〔一〕予意其更事多，必練習，今其疎暗如故。步卒之利在阻險，騎兵之利在平曠；成乃左列騎兵於江岸，右列步兵於平地，雖有衆十萬，何能爲！」乃舉鞭指貴曰：「爾以長槍步卒，由成之右擊其騎兵。」指皋曰：「爾以騎兵，由成之左擊其步卒。」合戰，馬皆應槍而斃，後騎不能支，退擁入江，人馬俱溺，激水高丈餘。步卒死者無數。成軍夜遁，復襄陽，駐兵城中。

〔一〕此賊屢敗吾手　原脱「吾手」兩字，嘉靖本同，據傳本，《宋朝南渡十將傳》卷二《岳飛傳》與《皇宋中興四將傳》卷二《岳飛傳》補。

僞齊益李成兵，屯襄江北〔二〕新野市，號三十萬，欲求復戰。飛先遣王萬以兵駐清水河，以餌之，飛繼往。六月五日，賊悉其衆，以衝官軍，萬與飛夾擊之，敗之。六日，復戰，又敗之，使萬追擊，橫屍二十餘里。

〔一〕屯襄江北　「江北」，原作「北江」，據《金佗稡編》卷六改。

上賜札曰：「李成益兵而來，我師大捷，乃卿無輕敵之心，有勇戰之氣之所致也。因以見賊志之小小耳！嘗降親札，令卿條具守禦全盡之策。若少留將兵，恐復爲賊有；若師徒衆多，則饋餉疲勞，乃自困之道。卿必有以處焉。」〔二〕

〔二〕卿必有以處焉　「焉」，原作「此」，嘉靖本同，據傳本《宋朝南渡十將傳》卷二《岳飛傳》與《皇宋中興四將傳》卷二《岳飛傳》改。

飛奏曰：「臣竊觀金賊、劉豫皆有可取之理。其所愛惟金帛、子女，志已驕惰。劉豫僭臣賊子，雖以儉約結民，而人心終不忘宋。攻討之謀，正不宜緩。苟歲月遷延，使得修治城壁，添兵聚糧，而後取之，必倍費力。陛下淵謀遠略，非臣所知，以臣自料，如及此時，以精兵二十萬直擣中原，恢復故疆，民心效順，誠易爲力。此則國家長久之策也，在陛下睿斷耳。

如姑以目前論之，襄陽、隨、郢地皆膏腴，民力不支，若行營田之法，其利爲厚。今將已七月，未能耕墾，來春即可措畫。陛下欲駐大兵於鄂州，則襄陽、隨、郢量留軍馬，又於安、復、漢陽亦量駐兵。兵勢相接，漕運相繼，荆南聲援亦已相接，〔一〕江、淮、荆湖皆可奠安。六州之屯，且以正兵六萬，爲固守之計。就撥江西、湖南糧斛，朝廷支降券錢，爲一年支遣。候營田就緒，軍儲既成，則朝廷無餽餉之憂，進攻退守，皆兼利也。惟是葺理之初，未免艱難，必仰朝廷有以資之。基本既立，後之利源無有窮已。又此地秋夏則江水漲隔，外可以禦寇，〔二〕内足以運糧；至冬後春初，江水淺澀，吾資糧已備，可以坐待矣。於今所先，在乎速備糧食，斟量屯守之兵，可善其後。

臣今亦候糧食稍足，即過江北，雖番、僞賊勢衆多，臣當竭力勦戮，不敢少負陛下。」時方重深入之舉，而王瓊以大兵六萬討楊么未平。〔三〕營田之議自是興矣。

〔一〕荆南聲援亦已相接　「荆南」之上，《金佗稡編》卷六有「荆門」兩字。

〔二〕外可以禦寇　原脱「以」字，嘉靖本同，據傳本，《宋朝南渡十將傳》卷二《岳飛傳》與《皇宋中興四將傳》卷二《岳飛傳》補。

〔三〕王瓊以大兵六萬討楊么未平　《金佗稡編》卷六作「王瓊以大兵討楊么，六萬之兵亦未及抽摘」，則「六萬之兵」是指岳飛申請宋廷增補，以達六萬之兵額，非王瓊所統兵力。《鄂王傳》剪裁《行實編年》史文失當。

七月，進兵鄧州。聞李成與金賊劉合孛堇、陝西番、僞兵〔一〕會於州西北，〔二〕置寨三十餘所，〔三〕以拒官軍。飛遣王貴等由光化路，張憲等由横林路，會師掩擊。貴、憲至鄧州〔四〕城外三十里，遇敵兵數萬迎戰，王萬、董先各以兵出奇突擊，賊衆大潰。降執番官楊德勝等二百餘人，得兵仗、甲、馬〔五〕以萬計，劉合孛堇僅以身免。賊將高仲以餘卒退保鄧城，閉門堅守。十七日，飛引兵攻城，將士皆不顧矢石，蟻附而上，一鼓拔之，生擒高仲，復鄧州。

〔一〕番僞兵　「僞」，據《金佗稡編》卷六補。

〔二〕會於州西北　原脱「州」字，嘉靖本同，據傳本，《宋朝南渡十將傳》卷二《岳飛傳》與《皇宋中興四將傳》卷二《岳飛傳》補。

〔三〕置寨三十餘所　「寨」，原作「營」，嘉靖本同，據《金佗稡編》卷六，傳本，《宋朝南渡十將傳》卷二《岳飛傳》與《皇宋中興四將傳》卷二《岳飛傳》改。

〔四〕貴憲至鄧州　「貴」，據《金佗續編》卷二三補。

〔五〕得兵仗甲馬　「仗」，原作「伏」，嘉靖本同，據傳本，《宋朝南渡十將傳》卷二《岳飛傳》與《皇宋中興四將傳》卷二《岳飛傳》改。

上聞之喜，謂胡松年曰：「朕素聞飛行軍有紀律，未知能破敵如此。」松年曰：「惟其有紀律，〔一〕所以能破賊。」捷奏至後殿，進呈，上曰：「岳飛籌略，頗如人意。」令降詔獎諭，仍遣中使傳宣撫問，賜銀合茶、藥，并問勞將佐，犒賞有差。

〔一〕惟其有紀律　「其」，傳本、《宋朝南渡十將傳》卷二《岳飛傳》與《皇宋中興四將傳》卷二《岳飛傳》作「真」。

二十三日，復唐州。又復信陽軍。擒僞知、通凡五十人，襄漢悉平。川、陝貢賦、綱馬之路始通。

飛辭制置使，乞「委任重臣，經畫荆、襄」。詔不許。趙鼎奏：「湖北鄂、岳，〔二〕最爲沿江上流控扼要害之所，乞令飛鄂、岳州屯駐，不唯淮西〔三〕藉其聲勢，而湖南、二廣、江、浙亦獲安妥。」乃以襄陽、隨、郢、唐、鄧、信陽並爲襄陽府路，隸飛，飛移屯鄂州。〔三〕

〔一〕湖北鄂岳　「岳」，傳本與《皇宋中興四將傳》卷二《岳飛傳》作「州」。

〔二〕淮西　原作「江西」，據《金佗稡編》卷六改。

〔三〕飛移屯鄂州　原脱「飛」字，嘉靖本同，據傳本、《宋朝南渡十將傳》卷二《岳飛傳》與《皇宋中興四將傳》卷二《岳飛傳》補。

二十五日，除清遠軍節度使、湖北路、荆、襄、潭州制置使，仍神武後軍統制，特封武昌縣開國子，食邑五百户，食實封二百户，賜金束帶一。

九月，兀术、劉豫舉兵七十萬，聚糧入寇。二十一日，詔備軍馬、舟船，於衝要控扼之地分布防禦，時具虜動息〔一〕及備禦次第以聞。二十五日，詔飛爲荆、襄、武昌控扼計，仍措置楊么。〔二〕二十七日，詔飛察虜情實，〔三〕嚴爲之備。二十九日，詔令凡控扼處，分兵嚴備，有警，率將士極力捍禦。十月五日，詔令疾速措置，更遣諜探，日一具奏。

〔一〕時具虜動息　「虜」，傳本、《宋朝南渡十將傳》卷二《岳飛傳》與《皇宋中興四將傳》卷二《岳飛傳》作「諜探」。

〔二〕仍措置楊么　「措置」，原作「圖」，嘉靖本同，據《金佗稡編》卷六、傳本、《宋朝南渡十將傳》卷二《岳飛傳》與《皇宋中興四將傳》卷二《岳飛傳》改。

〔三〕察虜情實　原脱「實」字，嘉靖本同，據傳本、《宋朝南渡十將傳》卷二《岳飛傳》與《皇宋中興四將傳》卷二《岳飛傳》補。

虜兵侵淮，圍廬州。上賜札曰：「近來淮上探報緊急，朕甚憂之，已降指揮，督卿全軍東下。卿夙有憂國愛君之心，可即日引道，兼程前來。朕非卿到，終不安心，卿宜悉之。」飛奉詔，出師池州，先遣牛臯渡江。

十二月，飛自提兵趨廬州，與臯會。上遣李庭幹〔一〕賜飛香、藥，并賜札撫問。時僞齊已驅甲騎五千逼城，臯以所從騎，遥謂虜衆曰：「牛臯在此，爾輩何爲見犯！」虜衆愕然相視。及張「岳」字旗與「精忠」旗示之，虜衆不戰而潰。飛謂臯曰「必追之，去必復來。」臯追擊三十餘里，虜衆相踐〔二〕及殺死者相半，殺其都統之副，及千户長、百户長〔三〕數十人，擒番、僞八十餘人，〔四〕得馬八十餘匹，旗鼓、兵仗無數。軍聲大振，廬州平。

〔一〕李庭幹　「庭」，傳本與《皇宋中興四將傳》卷二《岳飛傳》作「廷」，《宋朝南渡十將傳》卷二《岳飛傳》作「延」。

〔二〕本段自「踐」之下，原缺，嘉靖本同，據《宋朝南渡十將傳》卷二《岳飛傳》補。

〔三〕百户長　原脱「百户長」三字，據《金佗稡編》卷六補。

〔四〕八十餘人　「十」，《宋朝南渡十將傳》卷二《岳飛傳》原作「千」，據《金佗稡編》卷六改。

紹興五年二月，飛入覲。賜銀、絹二千匹、兩，承信郎告一，母封國夫人，孺人封號二，冠帔三，眷禮甚厚。賜諸將金束帶，及牛皐以下二十九人，并立功官兵五百六十四人各轉資、受賞有差。授飛鎮寧、崇信軍節度使，依前神武後軍統制，充荆湖北路、荆、襄、潭州制置使，加食邑五百户、食實封二百户，進封武昌郡開國侯。又以明堂恩加食邑五百户。〔一〕

〔一〕本段原缺，嘉靖本同，據《宋朝南渡十將傳》卷二《岳飛傳》補。

十二日，除荆湖南、北、襄陽府路制置使、神武後軍都統制，招捕楊么，蓋鼎州鍾相之餘黨。自建炎末，鍾相敗死，么率其餘衆居湖湘間，其徒有楊欽、劉衡、〔二〕周倫、黄佐、黄誠、夏誠、高虎等。聚兵至數萬，立相之子儀，謂之「鍾太子」，與么俱僭稱王，官屬名號、車服儀衛，並擬王者，有三衙大軍，所居稱「内」，文書行移，不奉正朔。躪鼎、澧，窺上流。程昌禹以車船拒之，盡爲所獲。吴全、崔增戰敗不返，兵力盛强。根據龍陽、武陵、沅江、湘陰、安鄉、華容諸縣，水陸千里，操舟出没。東犯岳陽，至臨湘縣；西犯江陵之石首，至枝江縣；北犯江陵，至荆門；南犯潭州，至巴溪。官軍陸攻則入湖，水攻則登岸。大將王𤫊出師兩年，無功，賊氣愈驕。〔二〕

〔一〕劉衡「衡」，《宋朝南渡十將傳》卷二《岳飛傳》原作「衝」，據傳本與《皇宋中興四將傳》卷二《岳飛傳》改。

〔二〕本段原缺，嘉靖本同，據《宋朝南渡十將傳》卷二《岳飛傳》補。

一時將帥皆以非歲月可平。宵旰之慮，甚於邊境。飛所將皆西北人，不習水戰。飛獨曰：「兵亦何常，顧用之何如耳。今國勢如此，而心腹之憂未除，豈臣子辭難時也！」〔一〕

〔一〕本段原缺，嘉靖本同，據《宋朝南渡十將傳》卷二《岳飛傳》補。

三月，奉詔進兵，自池至潭。遇天大雨，泥潦難涉，飛躬履泥塗以率，士卒皆奮躍忘勞。所過民不知兵。上聞之，曰：「岳飛移軍長沙，所過無毫髮擾，民私遺士卒酒食，皆償

其直，所至歡悦。」賜詔獎諭，有曰：「至發行賚之泉貨，用酬迎道之壺漿。」〔一〕

〔一〕本段原缺，嘉靖本同，據《宋朝南渡十將傳》卷二《岳飛傳》補。

將至潭，先遣使持檄，至賊中招諭。先是，鼎守程昌禹遣劉醇，荆湖南、北路宣撫使孟庾遣朱實，湖、廣宣撫使李綱遣朱詢，〔二〕荆南鎮撫使解潛遣史安，湖南及諸軍遣晁遇〔三〕十七人，邵守和璟亦累遣人招諭，賊皆殺之。至是所遣使叩頭伏地辭，飛叱之起，曰：「吾遣汝，汝決不死。」〔三〕使受命以行，至賊巢，即厲聲呼曰：「岳節使遣我來！」諸寨開門延之，以檄授賊，皆捧檄跪誦，或問：「岳節使安否？」

〔二〕本段自「詢」之上，原缺，嘉靖本同，據《宋朝南渡十將傳》卷二《岳飛傳》補。「詢」，原作「旬」，嘉靖本同，據《金佗稡編》卷六、傳本、《宋朝南渡十將傳》卷二《岳飛傳》與《皇宋中興四將傳》卷二《岳飛傳》改。

〔三〕晁遇　傳本、《宋朝南渡十將傳》卷二《岳飛傳》與《皇宋中興四將傳》卷二《岳飛傳》作「姚遇」。

〔三〕汝決不死　原脱「決」字，嘉靖本同，據傳本、《宋朝南渡十將傳》卷二《岳飛傳》與《皇宋中興四將傳》卷二《岳飛傳》補。

么之部將黃佐謂其人曰：「岳節使號令如山，不可玩。若與之敵，〔一〕萬無生全理，不如速往就降。岳節使，誠信人，必善遇我。」遂率所部，詣潭城降。〔二〕飛釋其罪，撫勞之。以聞於朝，擢佐武義大夫、閤門宣贊舍人，賞與特厚。佐出，復單騎按其部，問勞亦至。

〔一〕若與之敵　「敵」，原作「戰」，嘉靖本同，據《金佗稡編》卷六、《宋朝南渡十將傳》卷二《岳飛傳》與《皇宋中興四將傳》卷二《岳飛傳》改。

〔二〕詣潭城降　「城」，據《宋朝南渡十將傳》卷二《岳飛傳》與《皇宋中興四將傳》卷二《岳飛傳》補，傳本作「州」。

明日，召佐，使坐，具酒。飲酣，飛撫佐背，謂曰：「子真大丈夫，知逆順禍福。況子姿力雄鷙，不在時輩下，果能爲朝廷立功名，〔一〕一封侯豈足道哉！欲遣子復至湖中，視有便利可乘者，〔二〕擒之；可以言語勸者，招之。子能卒任吾事否？」佐感泣，再拜，願以死報。乃遣佐歸湖中。又有戰士三百餘人來降，飛皆委曲慰勞，命其首領以官，優給銀、絹。縱之，有復入湖中者，亦不問。居數日，〔三〕又有二千餘人來降，〔四〕飛待之如前。

〔一〕果能爲朝廷立功名　「果」，傅本作「今」。

〔二〕視有便利可乘者　「有」，傅本、《宋朝南渡十將傳》卷二《岳飛傳》與《皇宋中興四將傳》卷二《岳飛傳》作「其」。

〔三〕居數日　「居」，原作「歸」，嘉靖本同，據《金佗稡編》卷六、傅本、《宋朝南渡十將傳》卷二《岳飛傳》與《皇宋中興四將傳》卷二《岳飛傳》改。

〔四〕二千餘人來降　「千餘」，原作「十」，嘉靖本同，據傅本、《宋朝南渡十將傳》卷二《岳飛傳》與《皇宋中興四將傳》卷二《岳飛傳》改。

時張浚以都督軍事〔一〕至潭。帥參政席益與浚語及之，益疑飛玩寇，欲奏聞。浚笑曰：「岳侯，忠孝人也，足下何獨不知？用兵有深機，胡可易言！」益慙而止。〔二〕

〔一〕都督軍事　原脱「事」字，嘉靖本同，據傅本、《宋朝南渡十將傳》卷二《岳飛傳》與《皇宋中興四將傳》卷二《岳飛傳》補。

〔二〕益慙而止　「而」，原作「乃」，嘉靖本同，據《金佗稡編》卷六、傅本、《宋朝南渡十將傳》卷二《岳飛傳》與《皇宋中興四將傳》卷二《岳飛傳》改。

鄂國金佗續編卷第十九

百氏昭忠録卷之三

章尚書穎經進鄂王傳之三

四月，黄佐襲周倫寨，擊之，倫大敗走，殺之及掩入湖死者衆。禽其統制陳貴等九人，奪衣甲、器仗無數，焚其寨栅、糧、船無遺者。佐遣人馳報，飛即上佐功，轉武功大夫，〔一〕仍撫勞所遣將士，第功以聞。

〔一〕《金佗稡編》卷六和卷一八《增補黄佐官申都督府狀》作「武經大夫」。據《宋史》卷一六九《職官志》，武經大夫比黄佐原授武義大夫高一階，而武功大夫比武義大夫高六階，「功」字疑誤。

統制任士安慢王𤫊令，不戰。飛鞭士安百，使餌賊，曰：「三日不平賊，斬之！」士安乃宣言：「岳太尉兵二十萬至矣！」及所見，止士安等軍。賊乃併兵攻之。〔一〕飛遣兵設伏，士安戰垂急，伏乃起，四擊之，賊敗走，獲戰馬、器甲無數。追襲過苟陂山，〔二〕殺獲不可勝計。士安移軍，與牛皐屯龍陽舊縣之南，逼賊巢。賊出攻之，官軍迎擊，賊又敗走。

〔一〕乃併兵攻之　「兵攻」，《宋朝南渡十將傳》卷二《岳飛傳》作「力拒」，傳本與《皇宋中興四將傳》卷二《岳飛傳》作「力攻」。

〔二〕過苟陂山　原作「之」，嘉靖本同，據傳本、《宋朝南渡十將傳》卷二《岳飛傳》與《皇宋中興四將傳》卷二《岳飛傳》改。

上賜札諭之曰：「朕以湖湘之寇，逋誅累年，故特委卿，爲且招且捕之計。聞卿措畫得宜，朕甚嘉之。」

五月，詔張浚還，浚謂飛曰：「浚將還矣，經營湖寇，已有定畫否？」飛袖出小圖，以示浚曰：「有定畫矣。」浚按圖熟視，移時，謂飛曰：「浚視此寇，阻險窮絶，殆未有可投之隙。朝廷方詔浚歸，議防秋。盍且罷兵，規畫上流，俟來年徐議之。」飛曰：「何待來年，都督第能少留，不八日，可破賊。都督還朝，在旬日後耳。」浚正色曰：「君何言之易耶！」飛曰：

「王四廂以王師攻水寇，則難；飛以水寇攻水寇，則易。」浚曰：「何如？」飛曰：「湖寇之巢，艱險莫測，舟師水戰，我短彼長，以所短犯所長，此成功所以難也。若因敵人之將，用敵人之兵，奪其手足之助，離其腹心之托，使之孤立，而後以王師乘之。飛請除來往三程，以八日之內，俘諸酋於都督之庭。」〔一〕浚亦未之信也，乃奏曰：「臣只候六月上旬，若見得水賊未下，即召飛來潭州，〔二〕分屯潭、鼎人馬，規畫上流軍事訖，赴行在。」飛遂如鼎州。〔三〕

〔一〕俘諸酋於都督之庭　「酋」，原作「囚」，嘉靖本同，據傳本、《宋朝南渡十將傳》卷二《岳飛傳》與《皇宋中興四將傳》卷二《岳飛傳》改。

〔二〕即召飛來潭州　「召」，原作「詔」，嘉靖本同，據傳本、《宋朝南渡十將傳》卷二《岳飛傳》與《皇宋中興四將傳》卷二《岳飛傳》改。

〔三〕飛遂如鼎州　原脱「遂」字，嘉靖本同，據傳本、《宋朝南渡十將傳》卷二《岳飛傳》與《皇宋中興四將傳》卷二《岳飛傳》補。

六月二日，楊欽受黄佐之招，率三千餘人，乘船四百餘艘，詣飛降。飛喜，私謂左右曰：「黄佐可任也。楊欽，驍悍之尤者，欽既降，賊之腹心潰矣。」欽自束縛，至庭下。飛命釋其縛，以所賜金束帶、戰袍與之，〔一〕即日以聞，授武義大夫。又命具酒，使王貴主之，禮遇甚厚，犒賞其屬有差。欽感激，其徒皆喜，恨降之晚。飛乃復遣欽歸湖中，諸將皆力諫，飛不答。兩日，欽盡説全琮、劉詵等降。未降者尚數萬，飛詭駡曰：「賊不盡降，何來也！」杖之，復令入湖。是夜，以舟師掩其營，并俘欽等，其餘黨殺獲略盡。

〔一〕以所賜金束帶戰袍與之　原脱「束」字，嘉靖本同，據傳本、《宋朝南渡十將傳》卷二《岳飛傳》與《皇宋中興四將傳》卷二《岳飛傳》補。「戰袍」，傳本作「銀器」。「與」，傳本與《皇宋中興四將傳》卷二《岳飛傳》作「賞」。

惟么負固不服，方浮游湖間，〔一〕夸示神速，其舟有望三州、和州載、五樓、九樓、大、小德山、大、小海鰍頭，以數百計。舟以輪激水，其行如飛水上，左右前後俱置撞竿，官舟近之，〔二〕輒破。又官舟淺小，而賊舟高大，賊矢石自上而下，官軍仰面攻之，〔三〕見其舟，不見其人。

〔一〕方浮游湖間　「游」，傳本作「舟」。

〔二〕官舟近之　「舟」，《宋朝南渡十將傳》卷二《岳飛傳》作「軍」。「近」，傳本與《皇宋中興四將傳》

卷二《岳飛傳》作「迎」。

〔三〕官軍仰面攻之　「仰」，《皇宋中興四將傳》卷二《岳飛傳》作「迎」。

飛伐君山木，多爲巨筏，塞湖中諸港。又以腐木亂草，自上流浮而下。擇水淺之地，遣善罵者二千人挑之，且行且詈。賊不勝憤，揮瓦石追而投之。俄而草木壅積，舟輪礙不行。飛亟遣兵攻之，賊奔港中，爲筏所拒。官軍乘筏，張牛革以蔽矢石，舉巨木，撞賊舟碎。么舉鍾儀投於水，已繼之。牛臯赴水，擒么至，斬首，函送都督行府。〔一〕僞統制陳瑫等亦劫鍾儀之舟，〔二〕獲金交床、〔三〕金鞍、龍鳳簟以獻，〔四〕率所部來降。〔五〕飛亟領黃佐、楊欽等軍入賊營，餘酋皆大驚，曰：「是何神也！」夏誠、劉衡俱就擒。黃誠窘懼，亦與周倫等首領二百人俱降。

〔一〕斬首函送都督行府　「函」，《宋朝南渡十將傳》卷二《岳飛傳》作「亟」。

〔二〕亦劫鍾儀之舟　原脱「亦」字，嘉靖本同，據傳本、《宋朝南渡十將傳》卷二《岳飛傳》與《皇宋中興四將傳》卷二《岳飛傳》補。

〔三〕獲金交床　「獲」，原作「取其」，嘉靖本同，據《金佗稡編》卷六、傳本、《宋朝南渡十將傳》卷二《岳飛傳》與《皇宋中興四將傳》卷二《岳飛傳》改。

〔四〕龍鳳簟以獻　原脱「以獻」兩字，嘉靖本同，據傳本、《宋朝南渡十將傳》卷二《岳飛傳》與《皇宋中興四將傳》卷二《岳飛傳》補。

〔五〕率所部來降　「率所部」，原作「與其衆」，嘉靖本同，據《金佗稡編》卷六、傳本、《宋朝南渡十將傳》卷二《岳飛傳》與《皇宋中興四將傳》卷二《岳飛傳》改。

牛皐請曰：「此寇勞民動衆〔一〕累年，不剿殺，何以示威？」飛曰：「彼皆田里匹夫耳，始惑於鍾相妖巫之術，相聚爲姦；後乃沮於程吏部欲盡誅雪耻之意，〔二〕故懼而不降，苟求全性命而已。今兇渠楊么已誅，〔三〕鍾儀亦死，其餘衆皆國家赤子，〔四〕徒殺之，非主上好生之意也。」連聲呼官軍曰：「勿殺！勿殺！」牛皐服其言而退。

〔一〕勞民動衆　「民」，原作「心」，嘉靖本同，據《金佗稡編》卷六、傳本、《宋朝南渡十將傳》卷二《岳飛傳》與《皇宋中興四將傳》卷二《岳飛傳》改。

〔二〕後乃沮於程吏部欲盡誅雪耻之意　「乃」，原作「又」，嘉靖本同，據《金佗稡編》卷六與《宋朝南渡十將傳》卷二《岳飛傳》改。

〔三〕兇渠楊么已誅　原脱「兇渠」兩字，嘉靖本同，據傳本與《皇宋中興四將傳》卷二《岳飛傳》補。

〔四〕其餘衆皆國家赤子　「其餘衆」，原作「餘」，嘉靖本同，據傳本改。

飛親行諸寨，〔一〕慰撫之。以少壯有力者籍以爲軍，老弱給米糧，令歸田畝。願歸爲民者〔二〕二萬七千餘户，〔三〕皆給文書遣之。又命悉賊寨之物，盡散之諸軍，而焚其寨，凡三十餘所。揭榜青草、洞庭，不數日，行旅之往來，居民之耕種，如無事時。湖湘悉平。獲賊舟凡千餘數，〔四〕鄂渚水軍之盛，遂爲沿江之冠。

〔一〕親行諸寨　「寨」，原作「營」，嘉靖本同，據《金佗稡編》卷六，傅本，《宋朝南渡十將傳》卷二《岳飛傳》與《皇宋中興四將傳》卷二《岳飛傳》改。

〔二〕願歸爲民者　原脱「歸」字，嘉靖本同，據傅本，《宋朝南渡十將傳》卷二《岳飛傳》與《皇宋中興四將傳》卷二《岳飛傳》補。

〔三〕二萬七千餘户　「千」，原作「十」，嘉靖本同，據《宋朝南渡十將傳》卷二《岳飛傳》與《皇宋中興四將傳》卷二《岳飛傳》改。

〔四〕獲賊舟凡千餘數　「數」，據《宋朝南渡十將傳》卷二《岳飛傳》補。

自飛與浚言，至賊平，果八日。浚歎曰：「岳侯殆神算也！」即日上之朝。上遣内侍傳宣撫問，仍賜銀合茶、藥，〔一〕及撫勞將士。賜詔褒諭，又賜親札〔二〕褒其功。初，夏誠、劉衡等嘗誇其寨柵之固，〔三〕城池樓櫓之盛，曰：「人欲犯我，須是飛來。」至是其言始驗。

〔一〕銀合茶藥　「銀」，《宋朝南渡十將傳》卷二《岳飛傳》與《皇宋中興四將傳》卷二《岳飛傳》作「金」。

〔二〕又賜親札　「賜」，據《宋朝南渡十將傳》卷二《岳飛傳》與《皇宋中興四將傳》卷二《岳飛傳》補。

〔三〕夏誠劉衡等嘗誇其寨栅之固　「嘗」，《皇宋中興四將傳》卷二《岳飛傳》作「競」。

詔飛兼蘄、黄州制置使，飛以目疾乞解軍事，上不許。又詔飛軍以三十將爲額。八月二十二日，〔一〕詔飛於襄陽府路、復州、漢陽軍鄉村民社置山城水寨處，〔二〕疾速措置備禦，〔三〕條具以聞。九月，加檢校少保，加食邑，進封公。還軍鄂州，日率將士閲習，軍容嚴整。張浚按視，還以聞。十月，賜詔褒諭。十二月，除荆湖南、北、襄陽府路招討使。十五日，賜臘藥。二十一日，遣使傳宣撫問，賜銀合茶、藥。

〔一〕八月二十二日　據《金佗稡編》卷六、《宋朝南渡十將傳》卷二《岳飛傳》與《皇宋中興四將傳》卷二《岳飛傳》補，傳本作「八月二十一日」。

〔二〕詔飛於襄陽府路復州漢陽軍鄉村民社置山城水寨處　「於」，原作「爲」，嘉靖本同，據傳本、《宋朝南渡十將傳》卷二《岳飛傳》與《皇宋中興四將傳》卷二《岳飛傳》改。

〔三〕措置備禦　原作「爲」，嘉靖本同，據傳本、《宋朝南渡十將傳》卷二《岳飛傳》與《皇宋中興四將傳》卷二《岳飛傳》改。

紹興六年正月，太行山忠義保社梁興等百餘人，奪河徑渡，至飛軍前，以聞，上曰：「果爾，當優與官，以勸來者。若此等人來歸，方見敵情。」遂詔飛接納。

二月，兼營田使。以詣都督行府〔一〕議事，〔二〕至平江府，〔三〕飛自言，去行在所〔四〕不遠，願一見天顔。詔入見，面陳襄陽、唐、鄧、隨、郢、金、房、均州、信陽軍舊隸京西路，乞如舊制。又奏襄陽自收復後，〔五〕未置監司，無以按察州縣。上皆納之，以李若虚爲京西南路提舉兼轉運、提刑司公事。又令湖北、襄陽府路有闕官，自知、通以下，許飛自擇强明清幹者任之，及得薦舉改官，陞擢差遣，其蠹政害民、贓污不法者，得自對移放罷。〔六〕十九日，陛辭，賜酒器金二百兩，士卒犒賞有差。

〔一〕都督行府　原脱「行」字，嘉靖本同，據傳本、《宋朝南渡十將傳》卷二《岳飛傳》與《皇宋中興四將傳》卷二《岳飛傳》補。

〔二〕議事　「議」，原作「計」，嘉靖本同，據《金佗稡編》卷七、傳本、《宋朝南渡十將傳》卷二《岳飛傳》與《皇宋中興四將傳》卷二《岳飛傳》改。

〔三〕平江府　原脱「府」字，嘉靖本同，據傳本、《宋朝南渡十將傳》卷二《岳飛傳》與《皇宋中興四將傳》卷二《岳飛傳》補。

〔四〕行在所　原脱「行」字，嘉靖本同，據傳本、《宋朝南渡十將傳》卷二《岳飛傳》與《皇宋中興四將傳》卷二《岳飛傳》補。

〔五〕襄陽自收復後　原作「自復襄陽諸郡」，嘉靖本同，據《金佗稡編》卷七、《宋朝南渡十將傳》卷二《岳飛傳》與《皇宋中興四將傳》卷二《岳飛傳》改，傳本作「襄陽自收復」，無「後」字。

〔六〕得自對移放罷　「自」，底本字跡模糊，嘉靖本缺佚，據傳本、《宋朝南渡十將傳》卷二《岳飛傳》與《皇宋中興四將傳》卷二《岳飛傳》補。

都督張浚至江上，會諸大帥，於座中獨稱飛可倚以大事。乃命韓世忠屯承、〔一〕楚，以圖淮陽，劉光世屯廬州，以招北軍，張俊屯盱眙，楊沂中爲俊後翼。特命飛屯襄陽，〔二〕以窺中原，謂飛曰：「此君之素志也，勉之！」飛遂移屯京西。〔三〕

〔一〕韓世忠屯承　原脱「承」字，嘉靖本同，據傳本、《宋朝南渡十將傳》卷二《岳飛傳》與《皇宋中興四將傳》卷二《岳飛傳》補。

〔二〕特命飛屯襄陽　「特」，傳本作「浚」。

〔三〕飛遂移屯京西　「移」，據《宋朝南渡十將傳》卷二《岳飛傳》與《皇宋中興四將傳》卷二《岳飛傳》補。

三月，易武勝、定國兩鎮之節，除宣撫副使，置司襄陽，加食邑五百户。飛以宣撫重名，自非廊廟近臣及勳伐高世者不可委授，上章力辭，詔不許。

四月，上命至武昌調軍。飛丁母周國夫人〔一〕姚氏憂。上遣使撫問，即日降制起復，〔二〕敕本司官屬、將佐，本路監司、守臣躬請眎事，賻贈常典外，加賜銀、絹千匹、兩，葬事令鄂守主之。飛扶櫬至廬山，連表懇辭，且乞終喪。〔三〕上悉封還其章，親札慰諭，又累詔趣起，〔四〕乃奉命復屯襄漢。

〔一〕周國夫人　原脱「周」字，傳本，《宋朝南渡十將傳》卷二《岳飛傳》與《皇宋中興四將傳》卷二《岳飛傳》同，據嘉靖本補。

〔二〕即日降制起復　「日」，據《宋朝南渡十將傳》卷二《岳飛傳》與《皇宋中興四將傳》卷二《岳飛傳》補。

〔三〕且乞終喪　「且乞」，傳本作「歸家」。

〔四〕又累詔趣起　原脱「又」字，嘉靖本同，據傳本，《宋朝南渡十將傳》卷二《岳飛傳》與《皇宋中興四將傳》卷二《岳飛傳》補。

七月，命飛，凡移文僞境，於宣撫職位中增「河東」二字及「節制河北路」五字。

八月，遣王貴、〔一〕郝政、董先攻虢州寄治盧氏縣，〔二〕下之，殲其守卒，獲糧十五萬石，降其衆數萬。上聞之，以語張浚，浚曰：〔三〕「飛措畫甚大，今已至伊、洛，〔四〕則太行山一帶山寨，必有通謀者。自梁興之來，飛意甚堅。」十三日，遣楊再興進兵至西京長水縣之業陽，〔五〕僞順州安撫張宣贊、孫都統，皆失其名，及其後軍統制滿在，以兵數千拒官軍。再興出戰，斬孫都統，擒滿在，殺五百餘人，俘將吏百餘人，餘悉奔潰。明日，再戰于孫洪澗，〔六〕破其衆二千。復長水縣，得糧二萬石，以給百姓、官兵。於是，西京險要之地盡復，又得僞齊所留馬萬匹，〔七〕芻粟數十萬，中原響應。又遣人至蔡州，焚其糗糧。詔褒之。

〔一〕八月遣王貴　「八月」，傳本與《皇宋中興四將傳》卷二《岳飛傳》作「飛首」。

〔二〕盧氏縣　「盧」，原作「廬」，嘉靖本同，據傳本、《宋朝南渡十將傳》卷二《岳飛傳》與《皇宋中興四將傳》卷二《岳飛傳》改。

〔三〕以語張浚浚曰　後一「浚」字，據《金佗稡編》卷七補。

〔四〕已至伊洛　「伊」，傳本與《宋朝南渡十將傳》卷二《岳飛傳》作「河」。

〔五〕業陽　「業」，傳本作「葉」。

〔六〕孫洪澗　「澗」，原作「磵」，嘉靖本同，爲異體字，據《金佗稡編》卷七、《宋朝南渡十將傳》卷二《岳飛傳》與《皇宋中興四將傳》卷二《岳飛傳》改。

〔七〕僞齊所留馬萬匹　「馬」之上，傳本有「軍」字。

九月，劉豫遣子麟、姪猊、許清臣、李鄴、馮長寧，以我叛將李成、孔彦舟、關師古合兵七十萬，分道犯淮西。劉光世欲捨廬州，張俊欲棄盱眙，同奏乞召飛以兵東下，〔一〕欲令飛獨當其鋒，而已得退保。都督張浚聞之，以書戒張俊曰：「賊豫之兵，以逆犯順，若不勦除，何以立國，平日亦安用養兵爲？〔二〕今日之事，有進擊，無退保！」遂言於上曰：「岳飛一動，則襄漢有警，復何所制。」力沮其議。光世竟捨廬州，退保采石。上憂之，乃以親札付浚曰：「不用命者，以軍法從事！」俊、光世始聽命，還戰。上猶慮其不足任，復召飛。〔三〕

〔一〕同奏乞召飛以兵東下　「召」，原作「詔」，嘉靖本同，據《金佗稡編》卷七、《宋朝南渡十將傳》卷二《岳飛傳》與《皇宋中興四將傳》卷二《岳飛傳》改。

〔二〕安用養兵爲　「爲」，《宋朝南渡十將傳》卷二《岳飛傳》作「馬」。

〔三〕復召飛　「召」，原作「詔」，嘉靖本同，據傅本、《宋朝南渡十將傳》卷二《岳飛傳》與《皇宋中興四將傳》卷二《岳飛傳》改。

初，飛自收曹成至平楊么，凡六年，皆以暑月行師，得目疾，及是疾愈甚。聞詔，即日啟行。上亦遣醫官相繼至軍，療之。〔一〕會麟敗，飛至江州，如初詔。十一月十九日，奏至，上語趙鼎，喜其尊朝廷，誦司馬光《資治通鑑》名分之説以稱之，賜札曰：「聞卿目疾小愈，即提兵東下，委身徇國，竭節事君，於卿見之，良用嘉歎。今淮西賊遁，未有它警，已諭張浚從長措置，卿更不須進發。其或襄、鄧、陳、蔡有機可乘，即依張浚已行事理，從長措置，〔二〕亦卿平日之志也。」飛遂還軍。

〔一〕療之　「之」，傅本、《宋朝南渡十將傳》卷二《岳飛傳》與《皇宋中興四將傳》卷二《岳飛傳》作「治」。

〔二〕從長措置　「措置」，原作「行之」，嘉靖本同，據傅本與《宋朝南渡十將傳》卷二《岳飛傳》改。

時僞齊於唐州北何家寨置鎮汝軍，屯兵聚糧，爲窺唐計。飛遣王貴、董先等攻毀之，有僞五大王劉復擁兵出城迎敵。初十日，貴等遇之於大標木，依山而陣，衆幾十倍，〔一〕一戰俱北，横屍蔽野。直抵鎮汝軍，焚其營而有其糧。僞都統薛亨以衆十萬，掠唐、鄧。貴、先嚴兵待之，既戰，陽北，俾馮賽以奇兵繞出其後。亨果來追，先回兵夾擊，賊大敗，生擒薛亨及僞河南府中軍統制郭德等七人，殺獲萬計，俘獻行在。所謂五大王者，以匹馬逃。

〔一〕衆幾十倍 「幾」，《宋朝南渡十將傳》卷二《岳飛傳》與《皇宋中興四將傳》卷二《岳飛傳》作「數」，「幾」之詞義爲「幾乎」，與「數」不能通用。

飛奏已至蔡境，欲遂圖蔡，以規取中原。上恐僞齊有兵繼至，未可與戰，不許。然貴等已至蔡州城，閉拒未下，飛使人諭貴，令還。貴等還至白塔，李成率劉復、李序、商元、孔彦舟、王爪角、王大節、賈關索併兵來，絶貴歸路。貴以馬軍迎擊，賊兵盡敗，追殺五里餘。還至牛蹄，賊復益兵追及之，有數千騎，方渡澗，爲董先所擊，盡擁入澗中，積屍填谷。得馬二千餘匹及衣甲、器仗，降騎兵三千餘人。賊兵之繼至者，望見官軍，皆引遁。

上聞捷，大説，賜札奬諭。遣内侍傳宣撫問，賜銀合茶、藥。十二月，大雪苦寒，上以飛按邊暴露，〔一〕手詔撫勞，有曰：「非我忠臣，莫雪大耻。」又遣賜馬鞍四、鐵簡二、香、茶、

藥等，傳宣撫問，召飛赴行在。〔二〕

〔一〕上以飛按邊暴露　原脱「飛」字，嘉靖本同，據傅本、《宋朝南渡十將傳》卷二《岳飛傳》與《皇宋中興四將傳》卷二《岳飛傳》補。

〔二〕召飛赴行在　「召」，原作「詔」，嘉靖本同，據《金佗稡編》卷七、傅本、《宋朝南渡十將傳》卷二《岳飛傳》與《皇宋中興四將傳》卷二《岳飛傳》改。

紹興七年正月，入見，上從容與談用兵之要，因問飛曰：「卿在軍中得良馬否？」飛曰：「臣有二馬，常奇之。〔一〕日噉芻豆數斗，飲泉至一斛，然芻粟非精潔，則寧餓不食。介而馳，其初若不甚疾，行百餘里，始振鬣長鳴，奮迅不已，自午至酉，猶可二百里。褫鞍甲而不息不汗，若無事然，此致遠之材也。然值復襄陽，平楊么，相繼以死。今所乘者不然，日所食不過數升，〔二〕而秣不擇粟，飲不擇泉。攬轡未安，踴躍疾驅，未及百里，力竭汗喘，殆欲斃然，此駑鈍之材也。」上稱善久之，曰：「卿今議論極進。」

〔一〕臣有二馬常奇之　「奇」，《宋朝南渡十將傳》卷二《岳飛傳》作「騎」。

〔三〕所食不過數升　「升」，原作「勝」，宋時「勝」與「升」可通用，據嘉靖本改。

二月，除飛起復太尉，加食邑，賞商、虢等功也。繼除宣撫使，兼營田大使。〔一〕三月，扈從至建康。十四日，以劉光世所統王德、酈瓊等兵五萬二千三百一十二人、馬三千一十九匹隸飛。且詔王德等曰：「聽飛號令，如朕親行。」

〔一〕營田大使　原脱「大」字，據《金佗稡編》卷七補。

飛乃數見上，論恢復之略，以爲劉豫者，金人之屏蔽，必先去之，然後可圖。因慷慨手疏言：「臣自國家變故以來，從陛下於戎伍，有致身報國、復讎雪耻之心，幸憑社稷威靈，前後粗立薄效。陛下録臣微勞，擢自布衣，曾未十年，官至太尉，品秩比三公，恩數視二府，又增重使名，宣撫諸路。臣一介賤微，寵榮超躐，有踰涯分；今者又蒙益臣軍馬，使濟恢圖。臣實何人，〔二〕誤辱神聖之知如此，敢不晝度夜思，以圖報稱。臣竊揣敵情，所以立劉豫於河南，而付之齊、秦之地，蓋欲荼毒中原，以中國而攻中國。粘罕因得休兵養馬，觀釁乘隙，包藏不測。臣謂不以此時稟陛下睿算妙略，以伐其謀，使劉豫父子隔絶，五路叛將還歸，兩河故地漸復，則金人之詭計日生，寖益難圖。

臣愚欲望陛下假臣日月，勿拘其淹速，使敵莫測臣之舉措。得便可入，則提兵直趨京、洛，據河陽、陜府、潼關，以號召五路之叛將。叛將既還，王師前進，彼必棄汴京，而走河北，京畿、陜右可以盡復。至於京東〔二〕諸郡，陛下付之韓世忠、張俊，亦可便下。臣然後分兵濬、滑，經略兩河，如此則劉豫父子斷必成擒。大遼有可立之形，金人有破滅之理，爲陛下社稷長久無窮之計，實在此舉。

假令汝、潁、陳、蔡堅壁清野，商於、虢略分屯要害，進或無糧可因，攻或難於餽運，臣須斂兵，退保上流。賊必襲而南，臣俟其來，當率諸將〔三〕或挫其鋭，或待其疲。賊利速戰，不得所欲，勢必復還。臣當設伏，邀其歸路，小入則小勝，大入則大勝，然後徐圖再舉。設若賊見上流進兵，併力侵軼淮上，〔四〕或分兵攻犯四川，臣即長驅，擣其巢穴。賊困於奔命，勢窮力殫，縱今年未終平殄，來歲必得所欲。陛下還歸舊京，或進都襄陽、關中，惟陛下所擇也。

臣聞興師十萬，日費千金，内外騷動七十萬家，此豈細事。然古者命將出師，民不再役，糧不再籍，蓋慮周而用足也。今臣部曲遠在上流，去朝廷數千里，平時每有糧食不足之憂。是以去秋臣兵深入陜、洛，而在寨卒伍〔五〕有飢餓而死者，臣故亟還，前功不遂。遂使忠義之人陷於僞地者，旋被屠殺，皆臣之罪。今日惟陛下戒敕有司，廣爲儲蓄，俾臣得以一意靜慮，不以兵食亂其方寸，則謀定計審，必能濟此大事。異時迎還太上皇帝、寧德皇后梓宮，奉邀天眷，以歸故國，使宗廟再安，萬姓同歡，陛下高枕萬年，無北顧之憂，臣之志願畢矣。」

〔一〕臣實何人　「人」，《皇宋中興四將傳》卷二《岳飛傳》作「能」。

〔二〕京東　原作「東京」，據《金佗稡編》卷七改。

〔三〕當率諸將　「率」，原作「帥」，據《金佗稡編》卷七與《皇宋中興四將傳》卷二《岳飛傳》改。

〔四〕併力侵軼淮上　《金佗稡編》卷七與《宋朝南渡十將傳》卷二《岳飛傳》無「軼」字。

〔五〕在寨卒伍　「寨」，原作「軍」，嘉靖本同，據《金佗稡編》卷七，傅本，《宋朝南渡十將傳》卷二《岳飛傳》與《皇宋中興四將傳》卷二《岳飛傳》改。

疏奏，上以親札答之曰：「有臣如此，顧復何憂。進止之機，朕不中制。」復召至寢閤，命之曰：「中興之事，朕一以委卿。」又賜親札曰：「前議已決」，「進止之機，委卿自專，先發制人，正在今日，不可失也」。飛復奏，述前志，賜札報曰：「覽卿近奏，毅然以恢復爲請，〔一〕豈天實啟之，將以輔成朕志，行遂中興耶！」又令節制光州。

〔一〕毅然以恢復爲請　「毅」，原作「鋭」，據《金佗稡編》卷七和《金佗續編》卷一高宗宸翰三十五改。

方率厲將士，將合師大舉，進圖中原；會秦檜主和議，忌其成功，沮之，其議遂寢，王德、酈瓊之兵亦不復畀之矣。

夏，奉詔詣都督府，與張浚議事。時王德與酈瓊之兵猶未有所付，浚語飛曰：「王德之爲將，淮西軍之所服也。〔一〕浚欲以爲都統制，而命吕祉以都督府參謀領之，如何？」飛曰：「淮西一軍多叛亡盜賊，變亂反掌間耳。王德、酈瓊等夷，素不相下，一旦握之在上，則必争。〔二〕吕尚書雖通才，然書生不習軍旅，不足以服其衆。必擇諸大將之可任者付之，然後可定，不然，此曹未可測也。」浚曰：「張宣撫如何？」飛曰：「張宣撫宿將，飛之舊帥也。然其爲人暴而寡謀，且酈瓊之所素不服，或未能安反側。」浚又曰「然則楊沂中耳。」飛曰：「沂中之視德等耳，豈能御此軍哉。」浚艴然曰：「浚固知非太尉不可也！」飛曰：「都督以正問，飛不敢不盡其愚，然豈以得兵爲念耶！」即日上奏，乞解兵柄。步歸廬山，廬於周國夫人墓側。

〔一〕淮西軍之所服也　「所」，《宋朝南渡十將傳》卷二《岳飛傳》作「素」，傳本與《皇宋中興四將傳》

卷二《岳飛傳》作「所素」。

〔二〕則必争　「争」，底本字跡模糊，嘉靖本作「孚」，今據傳本，《宋朝南渡十將傳》卷二《岳飛傳》與《皇宋中興四將傳》卷二《岳飛傳》。

浚怒，以兵部侍郎張宗元爲湖北、京西宣撫判官，監其軍。宗元日閲部伍，心服飛之能。上連詔飛還軍，飛力辭。詔軍吏造廬，以死請，乃趨朝。既見，猶請待罪，上知其故，優詔答之，俾復其位，而還宗元。宗元歸，復於上曰：「將帥輯和，軍旅精鋭，人懷忠孝，衆和而勇，皆飛訓養之所致。」上大悦，賜詔褒諭。

飛上疏曰：「逆豫逋誅，尚穴中土，陵寢乏祀，皇圖偏安，陛下六飛時巡，越在海際。天下之愚夫愚婦咸願伸鋤奮梃，以致死於敵。而陛下審重此舉，累年於兹，雖嘗分命將臣，鼎峙江、漢，僅令自守以待敵，不敢遠攻而求勝。是以天下忠憤之氣，日以沮喪；中原來蘇之望，日以衰息。歲月易久，〔一〕汙染漸深，趨向一背，不復可以轉移。此其利害，誠爲易見。

臣待罪閫外，不能宣國威靈，致神州隔於王化，虜、僞穴於宫闕，死有餘罪，敢逃司敗之誅！陛下比者寢閤之命，咸謂聖斷已堅，何至今日，尚未決策北向。臣願因此時，上稟陛下睿算，不煩濟師，止以本軍進討，庶少塞瘝官之咎，以成陛下寤寐中興之志。順天之道，因民之情，以曲直爲壯老，以逆順爲强弱，萬全之效，兹焉可必。惟陛下力斷而行之！」

〔一〕歲月易久　「易」，《金佗稡編》卷七作「益」。

疏奏，御札報曰：「覽卿來奏，備見忠誠，深用嘉歎。恢復之事，朕未嘗一日敢忘於心，正賴卿等乘機料敵，力圖大功。如卿一軍士馬精鋭，紀律修明，鼓而用之，可保全勝，卿其勉之，副朕注意。」

飛奉詔將行，乃復奏，以爲「錢塘僻在海隅，非用武之地。臣願陛下建都上游，用漢光武故事，親帥六軍，往來督戰。庶將士知聖意之所向，人人用命。臣當仗國威靈，〔一〕鼓行北向。」未報，而酈瓊叛。

〔一〕臣當仗國威靈　原脱「當」字，嘉靖本同，據傳本、《宋朝南渡十將傳》卷二《岳飛傳》與《皇宋中興四將傳》卷二《岳飛傳》補。

初，飛既還軍，張浚竟用吕祉爲宣撫判官，王德爲都統制，護其軍。瓊果大譟，論德於浚。浚乃以張俊爲宣撫使，楊沂中爲制置使，吕祉爲安撫使，而召德以本軍還，爲都督府都統制。瓊益不服，〔一〕擁兵詣祉，執祉以北，道殺之，盡其衆七萬，走僞齊降。虜人懼豫得兵多，頗分散其兵，糧廪亦不厚，去降者皆有悔意。〔二〕至是浚始悔不用飛言。〔三〕

〔一〕瓊益不服　「益」，原作「亦」，嘉靖本同，據《金佗稡編》卷七、傳本、《宋朝南渡十將傳》卷二《岳飛傳》與《皇宋中興四將傳》卷二《岳飛傳》改。

〔二〕「虜人懼豫得兵多，頗分散其兵，糧廪亦不厚，去降者皆有悔意」一句，乃章潁對《鄂王行實編年》所作之補充。

〔三〕浚始悔不用飛言　原脱「始」字，嘉靖本同，據傳本、《宋朝南渡十將傳》卷二《岳飛傳》與《皇宋中興四將傳》卷二《岳飛傳》補。

於是，上詔報以兵叛之後，〔一〕事既異前，遷都之舉，宜俟機會。飛復上奏云：「叛將負國，臣竊憤之，願進屯淮甸，伺番、僞機便奮擊，期於破滅。」降詔獎諭，而不之許。〔二〕詔飛以舟師駐於江州，爲淮、浙聲援。時聞虜已廢僞齊。

〔一〕上詔報以兵叛之後　「詔」，原作「諜」，嘉靖本同，據傳本、《宋朝南渡十將傳》卷二《岳飛傳》與《皇宋中興四將傳》卷二《岳飛傳》改。

〔二〕而不之許　原脱「之」字，嘉靖本同，據傳本、《宋朝南渡十將傳》卷二《岳飛傳》與《皇宋中興四將傳》卷二《岳飛傳》補。

先是，六年，飛在襄漢，豫兵連衄，其爪牙心腹之將或擒或叛，雖已不振，然依虜人之勢，猶可以立。飛知粘罕主豫，而兀术常不足於粘罕，可以間而動。是年十月，諜報兀术欲與豫分兵自清河來，上令飛爲備。俄而兀术遣諜者至，〔一〕爲邏卒所獲，縛至前，吏請斬之。飛愕視曰：「汝非張斌耶？本吾軍中人也。」引至私室，飛責之〔二〕曰：「吾嚮者遣汝以蠟書至齊，約誘致四太子，而共殺之。汝往，不復來。吾繼遣人問，齊帝已許我，今年冬以會合寇江爲名，致四太子於清河矣。汝所持書竟不至，何背我耶？」諜冀緩死，即詭服。乃作蠟書，言與僞齊同謀誅兀术事，〔三〕且曰：「八月交鋒，我窮力相攻，彼已不疑，江上之約其遂矣。事濟，宋與齊爲兄弟國。」因謂諜者曰：「汝罪萬死，吾今貸汝，復遣至齊，問舉兵期，宜以死報。」刲股納書，厚幣丁寧，戒勿泄其事，〔四〕諜唯唯，拜謝而出。復召之還，益以幣，重諭之，乃遣，至於再三。諜徑抵兀术所，出書示之。兀术大驚，馳白其主，於是清河之警不復聞，豫隨廢奪。

〔一〕俄而兀术遣諜者至　「而」，據《宋朝南渡十將傳》卷二《岳飛傳》與《皇宋中興四將傳》卷二《岳飛傳》補。

〔二〕飛責之　原脱「飛」字，嘉靖本同，據傅本，《宋朝南渡十將傳》卷二《岳飛傳》與《皇宋中興四將傳》卷二《岳飛傳》補。

〔三〕言與僞齊同謀誅兀术事　「與」，據《宋朝南渡十將傳》卷二《岳飛傳》與《皇宋中興四將傳》卷二《岳飛傳》補。

〔四〕戒勿泄其事　原脱「其事」兩字，嘉靖本同，據傅本，《宋朝南渡十將傳》卷二《岳飛傳》與《皇宋中興四將傳》卷二《岳飛傳》補。

初，豫之未廢也，本朝使人張邵留虜中久，嘗上其元帥阿盧五書，以景延廣之事感動之。時又有謂虜之謀齊也久矣，豫既立，歲遣將數百騎來巡邊，豫必出郊迓之，所以習之，使不疑也。豫厚斂，以行賂自固，而失人心，自以爲太山之安，而不知身已在其掌股間〔一〕久矣。及其廢也，以一羸馬負之以往，而人莫哀之。瓊之叛，飛之間，亦速之也。〔二〕

〔一〕在其掌股間「其」，據《宋朝南渡十將傳》卷二《岳飛傳》與《皇宋中興四將傳》卷二《岳飛傳》補。

〔三〕此段記載原在本卷卷末，應爲錯簡，今移於岳飛行反間之後。此段乃章穎對《鄂王行實編年》所作之補充，實際上亦爲糾正岳飛行反間，而使金朝廢立劉豫之説。

飛上奏，謂宜乘廢豫之際，擣其不備，長驅以取中原，不報。豫之廢也，虜懼中原有變，乃紿謂人曰：「且迎少帝來矣。」謂欽宗皇帝〔一〕也。百姓日夕延頸以俟，久而不然，而勢且定矣。虜假手於豫，以撫定梁、宋、齊、魯之地。豫竭力結粘罕，兀朮惡之。又鄽瓊之叛，虜懼其有衆。因飛之用間，兀朮得以藉口，而行其謀。豫之廢，蓋一機會也。〔二〕上遣江諮至江州，就賜茶、藥、酒、果，及錫宴勞飛，且賜手札嘉奬。

〔一〕欽宗皇帝　原脱「皇帝」兩字，嘉靖本同，據傳本，《宋朝南渡十將傳》卷二《岳飛傳》與《皇宋中興四將傳》卷二《岳飛傳》補。

〔二〕自「豫之廢也」至「蓋一機會也」，乃章穎對《鄂王行實編年》所作之補充。

紹興八年，飛還軍鄂州。復累請於朝，秦檜難之，令條具曲折，飛歷述利害以聞，〔一〕

不報。五月，諜報金人駐兵京師、順昌、淮陽、陳、蔡、徐、宿等郡，期以秋冬大舉南寇。又分三路兵，聲言欲與飛戰。朝廷第令爲備，命飛明遠斥候，習水戰，閱軍實，爲待敵計，不發兵深入。飛日夜訓閱，更迭調軍屯襄漢，備守〔三〕而已。

〔二〕歷述利害以聞　「述」之下，傳本，《宋朝南渡十將傳》卷二《岳飛傳》與《皇宋中興四將傳》卷二《岳飛傳》有「其」字。

〔三〕備守　原作「守備」，嘉靖本同，據《金佗稡編》卷七，《宋朝南渡十將傳》卷二《岳飛傳》與《皇宋中興四將傳》卷二《岳飛傳》改。

秋，〔一〕召飛赴行在。金人遣使議和，將歸我河南地。飛入對，上諭之，飛曰：「夷狄不可信，和好不可恃，相臣謀國不臧，恐貽後世譏議。」上默然，宰相秦檜聞而惡之。已而金使至，和議決，上復賜親札，歸功於飛。

〔一〕秋　「秋」之上，《宋朝南渡十將傳》卷二《岳飛傳》與《皇宋中興四將傳》卷二《岳飛傳》有「是」字。

紹興九年正月，復河南，赦天下，飛表謝，亦寓和議未便之意。十二日，授飛開府儀同三司，加食邑。時三大帥皆以和議成，進秩一等。飛獨力辭，且謂「虜情變詐，可憂而不可賀，可訓兵以備不虞，不可行賞論功，取笑夷狄；萬一臣冒昧而受，〔一〕將來虜寇叛盟，似傷朝廷之體」。上三詔，猶不受，復温言獎激，不得已，乃拜。

〔一〕冒昧而受　「受」，原作「授」，嘉靖本同，據傳本、《宋朝南渡十將傳》卷二《岳飛傳》與《皇宋中興四將傳》卷二《岳飛傳》改。

飛益訓兵嚴備，分遣質信材辯者，往伺虜情。上方遣齊安郡王士㒟等謁諸陵，飛請以輕騎從士㒟灑掃，實欲觀釁，以伐敵人之謀，〔二〕且上奏言：「虜人以和款我者十餘年矣，不悟其姦，受禍至此。今復無事請和，此殆必有肘腋之虞，未能攻犯邊境。又豫初廢，藩籬空虛，故詭爲此耳。名以地歸我，然實寄之也。」秦檜知其意，即奏新復故地之初，正賴大將撫存軍旅，賜詔褒諭，而止其行。又敕飛：凡新界軍、民，〔三〕毋得接納，其自北而來者，皆送還之。所遣渡河之士，悉令收隸，毋得往來。

〔一〕以伐敵人之謀　「以」，據《宋朝南渡十將傳》卷二《岳飛傳》與《皇宋中興四將傳》卷二《岳飛傳》補。

〔二〕凡新界軍民　「軍」，原作「官」，嘉靖本同，據《金佗稡編》卷七，傅本，《宋朝南渡十將傳》卷二《岳飛傳》與《皇宋中興四將傳》卷二《岳飛傳》改。

紹興十年夏，金人叛盟，犯拱、亳諸州，上大以飛言爲忠。五月下詔，命飛竭忠力，圖大計，頒奇功不次之賞，崇戰士捐軀之典，開諭兩河忠義之人，結約招納。賜札曰：「金人過河，侵犯東京，復來占據已割舊疆。卿素藴忠義，想深憤激。凡對境事宜，可以乘機取勝，結約招納等事，可悉從便措置。〔一〕若事體稍重，合禀議者，即具奏來。」

〔一〕從便措置　「措置」，原作「行之」，嘉靖本同，據《金佗稡編》卷八，傅本，《宋朝南渡十將傳》卷二《岳飛傳》與《皇宋中興四將傳》卷二《岳飛傳》改。

鄂國金佗續編卷第二十

百氏昭忠録卷之四

章尚書穎經進鄂王傳之四

虜既敗盟，飛以得警報，〔一〕奏乞詣行在所〔二〕陳機密。會劉錡在順昌，與虜抗，告急，詔飛助之。飛遣張憲、姚政赴順昌，復奏請覲。〔三〕上遣李若虚至飛軍，賜札曰：「金人再犯東京，賊方在境，難以召卿，今遣李若虚就卿商量。」又曰：「施設之方，則委任卿，朕不可以遥度也。」

〔一〕飛以得警報　原脱「以」字，嘉靖本同，據傳本，《宋朝南渡十將傳》卷二《岳飛傳》與《皇宋中興四將傳》卷二《岳飛傳》補。

〔二〕行在所　「行」，據《金佗稡編》卷八補。

〔三〕復奏請覲　「覲」之下，原有「奏」字，嘉靖本同，據《金佗稡編》卷八，傳本，《宋朝南渡十將傳》卷二《岳飛傳》與《皇宋中興四將傳》卷二《岳飛傳》删。

飛遣王貴、牛皋、董先、楊再興、孟邦傑、李寶等提兵，自陝以東，西京、汝、鄭、潁昌、陳、曹、光、蔡諸郡分布經略。又遣梁興渡河，會合忠義社，〔一〕取河東、北州縣。又遣官軍東援劉錡，西援郭浩，控金、商之要，應川、陝之師。而自以其軍長驅，以闖中原。

〔一〕會合忠義社　「會」，原作「糾」，嘉靖本同，據《金佗稡編》卷八，傳本，《宋朝南渡十將傳》卷二《岳飛傳》與《皇宋中興四將傳》卷二《岳飛傳》改。

將發，齋盥閉閤，手書密奏，言儲貳事，其略曰：「今欲恢復，必先正國本，以安人心。然後不常厥居，以示無忘復讎之志。」先是，八年秋，飛因召對，議講和事，得詣資善堂，見孝宗皇帝英明雄偉，退而喜曰：「中興基本，其在是乎！」家人問故，飛曰：「獲見聖子，社稷得人矣！」其乞入見也，蓋欲面陳大計，及李若虚來，乃上疏言之。上得奏，歎其忠，賜札報曰：「非忱誠忠讜，言不及此。」

六月，授少保、兼河南府路、陝西、河東、河北路招討使。飛以無功，辭不受。上詔諭之曰：「卿陳義甚高，朕所嘉歎。第惟同時二、三大帥皆以次受命，卿欲終辭，〔一〕異乎蘧伯玉之用心也。」飛乃不敢辭，尋改河南、北諸路招討使。

〔一〕卿欲終辭 「欲」，據《金佗稡編》卷八與《皇宋中興四將傳》卷二《岳飛傳》補，《宋朝南渡十將傳》卷二《岳飛傳》作「意欲」。

未幾，所遣諸將及會合之士〔二〕皆響應，相繼奏功。李寶捷于曹州，又捷于宛亭縣荆堽，殺其千户三人及大將鶻旋郎君，又捷于渤海廟。閏六月，張憲敗虜於潁昌府，二十日，復潁昌府。飛親率大軍去蔡而北。上以飛身先士卒，賜札獎諭。張憲遂進兵陳州，二十四日，破其三千餘騎，翟將軍益兵以來，復敗之，獲其將王太保，復陳州。韓常及鎮國大王、邪也孛堇再以六千騎〔三〕寇潁昌，二十五日，董先、姚政敗之。是日，王貴之將楊成破賊帥漫獨化五千餘人于鄭州。二十九日，劉政復劫之于中牟縣，獲馬三百五十餘匹，驢、騾〔三〕百頭，漫獨化不知存亡。七月一日，張應、韓清復西京，破其衆數千。牛皐、傅選捷于京西，又捷于黄河上。孟邦傑復永安軍。初二日，其將楊遇復南城軍。又與劉政捷于京西，僞守李成、王勝等以兵十餘萬走，棄洛陽，歸懷、孟。

〔一〕及會合之士　「會」，原作「糾」，嘉靖本同，據《金佗稡編》卷八，傅本，《宋朝南渡十將傳》卷二《岳飛傳》與《皇宋中興四將傳》卷二《岳飛傳》改。

〔二〕六千騎　原脱「六」字，嘉靖本同，據《宋朝南渡十將傳》卷二《岳飛傳》與《皇宋中興四將傳》卷二《岳飛傳》補。

〔三〕驢騾　原作「騾、驢」，據《金佗稡編》卷八，《宋朝南渡十將傳》卷二《岳飛傳》與《皇宋中興四將傳》卷二《岳飛傳》改。

時大軍在潁昌，諸將分路出戰，飛自以輕騎駐郾城縣。兀术大懼，會龍虎而王其號者〔一〕於東京，議以爲諸帥皆易與，獨飛孤軍深入，將勇而兵精，且有河北忠義響應之助，其鋒不可當，欲誘致其師，併力一戰。朝廷聞之，以飛一軍爲慮，賜札俾飛審處自固。飛曰：「虜之技窮矣，使誠如諜者言，亦不足畏也。」乃日出一軍挑虜，且罵之。

〔一〕王其號者　原脱「其」字，嘉靖本同，據傅本，《宋朝南渡十將傳》卷二《岳飛傳》與《皇宋中興四將傳》卷二《岳飛傳》補。

兀术怒其敗，初八日，果合龍虎與蓋天而王其號者〔一〕及僞昭武大將軍韓常之兵，逼郾城。飛遣岳雲領背嵬、遊奕馬軍，直貫虜陣，謂之曰：「必勝而後返，如不用命，吾先斬汝矣！」鏖戰數十合，賊屍布野，得馬數百匹。楊再興以單騎入其軍，擒兀术不獲，手殺數百人而還。〔二〕初，兀术有勁軍，皆重鎧，貫以韋索，凡三人爲聯，號「拐子馬」，又有號「鐵浮屠」，如牆而進，官軍不能當，所至屢勝。是役也，以萬五千騎來。諸將懼，飛笑曰：「易耳！」乃命步人以麻扎刀入陣，勿仰視，第斫馬足。拐子馬既相聯，〔三〕一馬仆，二馬不能行，官軍奮擊，僵屍如丘山。兀术大慟曰：「自海上起兵，皆以此勝，今已矣！」拐子馬由是遂廢。

〔一〕王其號者　原脱「其」字，嘉靖本同，據傳本、《宋朝南渡十將傳》卷二《岳飛傳》與《皇宋中興四將傳》卷二《岳飛傳》補。

〔二〕手殺數百人而還　「還」，原作「反」，嘉靖本同，據《金佗稡編》卷八、《宋朝南渡十將傳》卷二《岳飛傳》與《皇宋中興四將傳》卷二《岳飛傳》改。

〔三〕拐子馬既相聯　「馬」之下，《皇宋中興四將傳》卷二《岳飛傳》有「馬」字。

兀朮復益兵，至郾城北五里店。初十日，背嵬部將王剛以五十騎出覘虜，遇之，奮身先入陣，斬其將阿李朵孛堇，賊大駭。飛時出睨戰地，望見黄塵蔽天，衆卻，〔一〕飛曰：「不可，爾等封侯取賞之機，正在此舉！」自以四十騎馳出，都訓練霍堅者扣馬諫曰：「相公爲國重臣，安危所係，奈何輕敵！」飛鞭堅手，〔二〕麾之曰：「非爾所知！」乃突戰賊陣前，左右馳射，士氣增倍，無不一當百，呼聲動地，一鼓敗之。〔三〕

〔一〕衆卻　「卻」之上，《金佗稡編》卷八有「欲少」兩字。

〔二〕飛鞭堅手　「鞭」，《宋朝南渡十將傳》卷二《岳飛傳》與《皇宋中興四將傳》卷二《岳飛傳》作「以策擊」。

〔三〕一鼓敗之　「敗」，原作「攻」，嘉靖本同，據傅本、《宋朝南渡十將傳》卷二《岳飛傳》與《皇宋中興四將傳》卷二《岳飛傳》改。

捷聞，上賜札曰：「覽卿奏，八日之戰，虜以精騎衝堅，自謂奇計。卿遣背嵬、遊奕迎破賊鋒，戕其酋領，實爲雋功。然大敵在近，卿以一軍，獨與決戰，忠義所奮，神明助之，再三嘉歎，不忘于懷。」時上又遣內侍李世良詣飛軍，傳宣撫問，賜金合茶、藥，金千兩，銀五萬兩，錢十萬緡。尋又賜錢二十萬緡，半以賞復鄭州兵，半以予宣撫司非時支使。兀术又率其衆併力復來，頓兵十二萬於臨潁縣。十三日，楊再興以三百騎至小商橋，與賊遇。再興驟與之戰，殺虜二千餘人，并萬户撒八孛堇、千户、百人長、毛毛可百餘人，再興死之。再興，賊曹成將也。戰敗被執，飛釋縛用之，戒以盡忠報國，卒能盡力。焚其屍，得箭鏃二升，蓋堅忍不畏死，不死不止也。〔一〕張憲繼至，破其潰兵八千人，〔二〕兀术夜遁。

〔一〕再興賊曹成將也戰敗被執飛釋縛用之戒以盡忠報國卒能盡力焚其屍得箭鏃二升蓋堅忍不畏死不死不止也　原脱，嘉靖本同，據傳本，《宋朝南渡十將傳》卷二《岳飛傳》與《皇宋中興四將傳》卷二《岳飛傳》補。

〔二〕八千人　原脱「人」字，嘉靖本同，據傳本，《宋朝南渡十將傳》卷二《岳飛傳》與《皇宋中興四將傳》卷二《岳飛傳》補。

郾城方再捷，飛謂雲〔一〕曰：「賊犯郾城，屢敗，〔二〕必回鋒以攻潁昌，汝宜速以背嵬援王貴。」既而兀术果以兵十萬、騎三萬來。於是，王貴〔三〕將遊奕，雲將背嵬，戰於城西。虜軍〔四〕自舞陽橋以南，横亘十餘里，金鼓振天，城堞爲之摇。〔五〕雲令諸軍〔六〕勿牽馬執俘，視梆而發，〔七〕以騎兵八百，挺前決戰，步軍張左右翼繼進。自辰至午，戰方酣，董先、胡清繼之。虜大敗，死者五千餘人，殺其統軍、上將〔八〕夏金吾（失其名），并千户五人，擒渤海、漢兒〔九〕王松壽，女真、漢兒都提點、千户張來孫，千户阿黎不，左班祇候承制〔一〇〕田瓘以下七十八人，小番二千餘人，獲馬三千餘匹及雪護蘭馬一匹，金印七。〔一一〕兀朮遁去，〔一二〕副統軍粘汗孛堇重傷，〔一三〕輿至汴京死。〔一四〕

〔一〕飛謂雲　「雲」之上，原有「臣」字，嘉靖本同，據傳本，《宋朝南渡十將傳》卷二《岳飛傳》與《皇宋中興四將傳》卷二《岳飛傳》删。

〔二〕屢敗　「敗」，原作「失利」，嘉靖本同，據傳本，《宋朝南渡十將傳》卷二《岳飛傳》與《皇宋中興四將傳》卷二《岳飛傳》改。

〔三〕王貴　原脱「王」字，嘉靖本同，據傳本，《宋朝南渡十將傳》卷二《岳飛傳》與《皇宋中興四將傳》卷二《岳飛傳》補。

〔四〕虜軍　「軍」，原作「陣」，嘉靖本同，據傳本，《宋朝南渡十將傳》卷二《岳飛傳》與《皇宋中興四將傳》卷二《岳飛傳》改。

〔五〕城堞爲之摇　原脱「之」字，嘉靖本同，據傳本，《宋朝南渡十將傳》卷二《岳飛傳》與《皇宋中興四將傳》卷二《岳飛傳》補。

〔六〕雲令諸軍　「雲」之上，原有「臣」字，嘉靖本同，據傳本，《宋朝南渡十將傳》卷二《岳飛傳》與《皇宋中興四將傳》卷二《岳飛傳》删。

〔七〕令諸軍勿牽馬執俘視梆而發　傳本，《宋朝南渡十將傳》卷二《岳飛傳》與《皇宋中興四將傳》卷二《岳飛傳》無此十二字。

〔八〕上將　「將」之下，原有「軍」字，嘉靖本同，據《宋朝南渡十將傳》卷二《岳飛傳》與《皇宋中興四將傳》卷二《岳飛傳》删。傳本作「大將」。

〔九〕渤海漢兒　「兒」之下，應脱「都提點、千户」五字。

〔一〇〕左班祗候承制　「祗」，原作「祇」，嘉靖本同，據《宋朝南渡十將傳》卷二《岳飛傳》與《皇宋中興四將傳》卷二《岳飛傳》改。

〔一一〕金印七　「七」之下，原有「枚以獻」三字，嘉靖本同，據傳本，《宋朝南渡十將傳》卷二《岳飛傳》與《皇宋中興四將傳》卷二《岳飛傳》删。

〔一二〕兀术遁去　「兀术」之下，原有「狼狽」兩字，嘉靖本同，據傳本，《宋朝南渡十將傳》卷二《岳飛傳》與《皇宋中興四將傳》卷二《岳飛傳》删。

〔一三〕粘汗孛堇重傷　「傷」，原作「創」，嘉靖本同，據《宋朝南渡十將傳》卷二《岳飛傳》與《皇宋中興四將傳》卷二《岳飛傳》改。

〔四〕輿至汴京死　「汴京」，原作「京師而」，嘉靖本同，據傳本、《宋朝南渡十將傳》卷二《岳飛傳》與《皇宋中興四將傳》卷二《岳飛傳》改。

本段文字，自「郾城方再捷，飛」之下，底本、嘉靖本與《金佗稡編》卷八全同，連「臣雲」兩字，也兩次出現，可見應爲《行實編年》原文。傳本、《宋朝南渡十將傳》卷二《岳飛傳》與《皇宋中興四將傳》卷二《岳飛傳》之文字與前兩種刊本多有差異，章穎《鄂王傳》原文應以後者爲準，今據以删改。

十八日，張憲之將徐慶、李山等復捷於臨潁之東北，破其衆六千，獲馬百匹，追奔十五里。

飛〔一〕以郾城諸捷聞，〔二〕上大喜，賜詔稱揚其功，〔三〕曰：「自羯胡入寇，今十五年，我師臨陣，何啻百戰。曾未聞遠以孤軍，當兹巨孽，抗犬羊並集之衆，於平原曠野之中，如今日之用命者也。」復詔〔四〕賜錢二十萬緡犒軍。

〔一〕飛　「飛」，原作「先臣」，嘉靖本同，據傳本、《宋朝南渡十將傳》卷二《岳飛傳》與《皇宋中興四將傳》卷二《岳飛傳》改。

〔二〕以郾城諸捷聞　原作「上郾城諸捷」，嘉靖本同，據傳本、《宋朝南渡十將傳》卷二《岳飛傳》與

《皇宋中興四將傳》卷二《岳飛傳》改。

〔三〕揚其功　原作「述其事」，嘉靖本同，據傳本，《宋朝南渡十將傳》卷二《岳飛傳》與《皇宋中興四將傳》卷二《岳飛傳》改。

〔四〕復詔　原作「詔復」，嘉靖本同，據《金佗稡編》卷八，《宋朝南渡十將傳》卷二《岳飛傳》與《皇宋中興四將傳》卷二《岳飛傳》改。

是月，梁興會太行忠義及兩河豪傑趙雲、李進、董榮、牛顯、張峪等，破賊於絳州垣曲縣。虜入城，復拔之，擒其千户劉來孫等一十四人，獲馬百餘匹及器甲等。又捷于沁水縣，〔一〕復之，斬賊將阿波那千户、李孛堇，它死者不可計。又追至於孟州王屋縣之邵原，漢兒軍張太保等以所部六十餘人降。又追至東陽，賊棄營而去，追殺三十人，〔二〕獲其所遺馬八匹，衣、甲、刀、槍、旗幟無數。又至濟源縣之曲陽，破高太尉之兵五千餘騎，屍布十里，獲器械、槍、刀、旗、鼓甚衆，擒者八十餘人。高太尉引懷、孟、衛等州之兵萬餘人再戰，又破之，賊死者十之八，擒者百餘人，得馬、驢、騾〔三〕二百餘頭。高太尉以餘卒逃。又敗之於翼城縣，復其縣。〔四〕又會喬握堅等復趙州。李興捷于河南府，又捷于永安軍，〔五〕中原大震動。

〔一〕沁水縣　「沁」，原作「泌」，嘉靖本同，據《金佗稡編》卷八與《皇宋中興四將傳》卷二《岳飛傳》改。

〔二〕追殺三十人　「人」，原作「里」，嘉靖本同，據《金佗稡編》卷八與卷一六《河北潁昌諸捷奏》改。

〔三〕馬驢騾　「馬」，據《金佗稡編》卷八與卷一六《河北潁昌諸捷奏》補。

〔四〕復其縣　原脱「復其縣」三字，嘉靖本同，據傳本，《宋朝南渡十將傳》卷二《岳飛傳》與《皇宋中興四將傳》卷二《岳飛傳》補。

〔五〕永安軍　原作「安永軍」，嘉靖本同，據《宋朝南渡十將傳》卷二《岳飛傳》與《皇宋中興四將傳》卷二《岳飛傳》改。

飛上奏，以謂「趙俊、喬握堅、梁興、董榮等過河之後，河北人心往往自亂，願歸朝廷。金賊既累敗衄，虜酋兀术等皆令老小渡河，惟是賊衆尚徘徊於京城南壁，近卻遣八千人過河北。此正是陛下中興之機，金賊必亡之日，苟不乘時，必貽後患」。檜沮之，第報楊沂中、劉錡新除，而不言所遣。

飛獨以其軍進至朱仙鎮，距京師纔四十五里。兀术復聚兵，且悉京師兵十萬來，對壘而陣。飛按兵不動，遣驍將以背嵬騎五百奮擊，大破之。兀术奔還京師。〔一〕

〔一〕兀术奔還京師　原脱「京師」兩字，嘉靖本同，據傳本、《宋朝南渡十將傳》卷二《岳飛傳》與《皇宋中興四將傳》卷二《岳飛傳》補。

飛令李興檄陵臺令〔一〕朱正甫行視諸陵，葺治永安、永昌、永熙陵神臺，枳、橘、柏株之廢伐者補之。

〔一〕陵臺令　原脱「令」字，嘉靖本同，據傳本、《宋朝南渡十將傳》卷二《岳飛傳》與《皇宋中興四將傳》卷二《岳飛傳》補。

先是，飛自紹興五年遣義士梁興，敗金人於太行，殺其馬五太師及萬户耿光禄，破平陽府神山縣。遣張横敗金人於憲州，擒嵐、憲兩州同知及岢嵐軍〔一〕軍事判官。遣高岫、魏浩〔二〕等破懷州萬善鎮。又密遣梁興等宣布朝廷德意，招結兩河忠義豪傑之人，相與犄角破賊。〔三〕又遣邊俊、李喜等渡河撫諭，申固其約。　河東山寨韋詮等皆斂兵固堡，〔四〕以待王師之至。烏陵思謀，虜之黠酋也，亦不能制其下，〔五〕但諭百姓曰：「毋輕動，俟岳家軍來，當迎降。」

〔一〕岢嵐軍　原脱「軍」字，嘉靖本同，據傳本、《宋朝南渡十將傳》卷二《岳飛傳》與《皇宋中興四將傳》卷二《岳飛傳》補。

〔二〕魏浩　原脱「浩」字，嘉靖本同，據傳本、《宋朝南渡十將傳》卷二《岳飛傳》與《皇宋中興四將傳》卷二《岳飛傳》補。

〔三〕相與犄角破賊　「犄」，原作「椅」，嘉靖本同，據傳本與《皇宋中興四將傳》卷二《岳飛傳》改。

〔四〕皆斂兵固堡　「皆」，傳本與《皇宋中興四將傳》卷二《岳飛傳》作「欲」。

〔五〕亦不能制其下　「能」，《宋朝南渡十將傳》卷二《岳飛傳》與《皇宋中興四將傳》卷二《岳飛傳》作「復」。

或率其部伍，舉兵來歸。李通之衆五百餘人，胡清之衆一千一百八人，李寶之衆八千人，李興之衆二千人，懷、衛州張恩等九人，相繼而至。白馬山寨首領〔一〕孫淇〔二〕等，僞統制王鎮、統領崔慶、將官李覲、〔三〕秉義郎李清及崔虎、劉永壽、孟臯、華旺〔四〕等，皆全所部至麾下。以至虜酋之心腹禁衛，如龍虎下忔查千户高勇之〔五〕之屬及張仔、楊進等，亦密受飛旗、榜，率其衆自北方來降。韓常又以潁昌之敗，失夏金吾，夏金吾，兀朮子婿也，常畏罪不敢還，屯于長葛，密遣使，願以其衆五萬降。飛遣賈興報，許之。

〔一〕首領　「領」，原作「餘」，嘉靖本同，據傳本、《宋朝南渡十將傳》卷二《岳飛傳》與《皇宋中興四將傳》卷二《岳飛傳》改。

〔二〕孫淇　「淇」，原作「琪」，嘉靖本同，據《金佗稡編》卷八、《宋朝南渡十將傳》卷二《岳飛傳》與《皇宋中興四將傳》卷二《岳飛傳》改。

〔三〕李覬　「覬」，傳本與《皇宋中興四將傳》卷二《岳飛傳》作「覬」。

〔四〕華旺　「華」，傳本與《皇宋中興四將傳》卷二《岳飛傳》作「葉」。

〔五〕高勇之　《金佗稡編》卷八作「高勇」，《宋朝南渡十將傳》卷二《岳飛傳》作「萬勇之」。

是時，虜酋動息及其山川險要，飛盡得其實。自磁、相、開德、澤、潞、晉、絳、汾、隰，豪傑期日興兵，衆所揭旗，皆以「岳」爲號，聞風響應。及是朱仙鎮之捷，飛欲乘勝深入。兩河忠義百萬，聞飛將渡河，奔走惟恐後，各齎兵、糧，〔一〕以饋義軍。〔二〕戴盆焚香，迎拜而候之者，充滿道路。虜所置守、令熟視，莫敢誰何，自燕以南，虜之號令不復行矣。兀术以敗，故復簽軍〔三〕以禦飛，河北諸郡無一人從之者，乃嘆曰：「自我起北方以來，未有如今日之挫衄！」飛亦語其下曰：「此行殺虜人，直到黄龍府，當與諸君痛飲！」

〔一〕各齎兵糧　「兵」，據《宋朝南渡十將傳》卷二《岳飛傳》與《皇宋中興四將傳》卷二《岳飛傳》補。

〔二〕兩河忠義百萬聞飛將渡河奔走惟恐後各齎兵糧以饋義軍　此句《金佗稡編》卷八原作「兩河忠義百萬，聞先臣不日渡河，奔命如恐不及，各齎兵仗、糧食，團結以徯先臣。父老百姓争挽車牽牛，載糗糧，以饋義軍」，可知章穎删去「團結以徯先臣。父老百姓争挽車牽牛，載糗糧」原句，遂成「兩河忠義百萬」「各齎兵、糧，以饋義軍」，删節不當。

〔三〕故復簽軍　「故」，《皇宋中興四將傳》卷二《岳飛傳》校記作「欲」。

方畫受降之策，指日渡河。秦檜私於金人，力主和議，欲畫淮以北棄之。聞飛將成大功，大懼，力請於上，下詔班師。

初，檜之歸也，撻辣郎君實送之至淮，以舟載之，使歸。檜之妻，王仲山之女，仲山有別業在濟南，爲取數千緡，助其行。其後撻辣統兵犯淮甸，命魏良臣、王繪使其軍，撻辣數問檜動静，且稱其賢。檜自言殺虜人之監己者而南奔，然盡室同載，臧獲亦與之俱，非遁明矣。逮其爲相，薦良臣爲都司，〔一〕未幾，除從官，蓋欲弭其言耳。王守道，庸人，亦與檜同在虜中，偕檜南歸，無資考薦章，遽與改秩，又以爲樞密院計議官。檜之在虜中也，亦與室撚善。洪皓之歸，嘗言及室撚寄聲，檜怒，皓竟貶廣南。或言檜嘗爲虜酋作檄文，有指斥語。親王楷府卒有自虜中逃歸者，時虜方來索逃亡急，二人走蜀，投吴玠，嘗言之蜀人，得歸，啃啃嗟嘆，亦有掩泣者，兀术曰：「汝輩安得比秦中丞家！」

謂兀术嘗招檜飲，其家亦與焉。兀术之左右侍酒者，皆中都貴戚王公之姬妾也，知檜夫婦

〔一〕逮其爲相薦良臣爲都司　「爲相，薦」，《宋朝南渡十將傳》卷二《岳飛傳》作「以」。

范宗尹爲相，檜爲執政，事有未盡善，未嘗與宗尹争，而私言於上。既排宗尹罷去，則曰：「若用檜爲相，有二事可以聳動天下，一則與南北士大夫通致家問，一則糾率山東、河北諸郡之人〔一〕還之北方。」既相，擬詔草以進，曰：「軍興以來，河北、山東忠義之徒自相結約立功。其後番兵深擾，逐頭項人漸次渡江，今各所在屯聚就糧。〔二〕議者欲興兵討伐，朕惟黎元騷動，罪在朕躬，既未能率以還北，豈宜輕肆殺戮。應河北、山東渡江無歸之人，並令所在招撫，開具鄉土所在，當議遣官糾率起發。其南方士大夫因守官北地，隔絶未能還鄉，及北方士大夫因守官南方，以至避難渡江，想其念國保家之心，彼此俱同，雖有一時從權衛身之計，必皆出於不得已，度其深謀遠慮，亦豈在人下。應欲書問往來，並令朝廷差人發遣，如得回書，有司即時遣人分付本家，貴得情通，各無疑間。朕蒙祖宗休德，託於士民之上，初無處顯之心，亦無貪功之念。儻有生之類，因朕得以保家室，復井里，則朕亦

將復侍父兄，省陵寢。上下雖異，此志則同，布告中外，諒此誠悃。」上雖納之，不曾降出。其曰：「豈宜輕肆殺戮」，實威之，使畏也；曰：「遣官糾率起發」，實强之行也；曰：「一時從權衛身之計」，許之從夷也；至謂「復侍父兄，省陵寢」，此言何爲哉？其後虜使李永壽、王詡來，議七事，第二事欲盡取北人，與檜二策合。尚書宇文虛中在虜庭，其家在閩，檜取其家，欲送之北。其子師爰力祈免行，不從，竟驅以北，舉室皆滅於虜。元祐臣僚之家鄭著及趙彬、楊憲三十家驅之赴虜庭，悲號之聲感動道路。

〔一〕山東河北諸郡之人　「諸郡」，傳本、《宋朝南渡十將傳》卷二《岳飛傳》、《皇宋中興四將傳》卷二《岳飛傳》與《北海集》卷七秦檜罷相制作「散羣」。

〔二〕今各所在屯聚就糧　「今各」，原作「各令」，嘉靖本同，據《宋朝南渡十將傳》卷二《岳飛傳》與《皇宋中興四將傳》卷二《岳飛傳》改。

其後罷相，上以檜二策諭翰苑綦崇禮行詞，及詔綦崇禮出示親札并檜親擬詔本，布告在廷。戊午歲，〔一〕檜復相，前日言官彈檜者，劉棐已死，黄龜年居湖州，差人押歸本貫福州，雖没不與遺澤。又奏劄乞下綦崇禮家〔二〕取御札，大概謂「靖康之末，嘗上書虜酋，不立異姓，及在虜中爲徽宗草書，達虜廷，虜待遇有加禮」。自謂「君臣之契與立朝本末如此」。又謂「自初還朝時，首令劉光世通書請好。〔三〕其後吕頤浩都督在外，臣又遣北人招討都監門客通書求好。未幾，邊報王倫來歸，頤浩遂欲攘以歸己，力援張邦昌友婿朱勝非來朝。既而圍城中人綦崇禮與頤浩、勝非援邦昌時受僞命人謝克家復來經筵。當臣之求去也，陛下撫諭再三，恩意款密，臣獨以書生不識事理，以必退爲真。是頤浩乃與權邦彦同日留身，乘間建言，以謂宰相之去，乃無一事。於是旋易臺諫，擬請御筆，至崇禮草制之日，請以爲據。崇禮被逐，嘗以御筆公示廣衆，其不知事君之體，至於如此。若不收拾御筆，〔四〕復歸天府，則萬世之後，忠逆不分，微臣得君立朝，無所致信」。詔台州取索，至則付史館。時秦熺提舉秘書省，實收之也。〔五〕

〔一〕戊午歲　原作「歲戊午」，嘉靖本同，據傳本、《宋朝南渡十將傳》卷二《岳飛傳》與《皇宋中興四將傳》卷二《岳飛傳》改。

〔二〕又奏劄乞下綦崇禮家　原脱「劄」字，嘉靖本同，據傳本、《宋朝南渡十將傳》卷二《岳飛傳》與《皇宋中興四將傳》卷二《岳飛傳》補。

〔三〕首令劉光世通書請好　「首」，原作「虜酋」，嘉靖本同，據傳本、《宋朝南渡十將傳》卷二《岳飛傳》與《皇宋中興四將傳》卷二《岳飛傳》改。

〔四〕若不收拾御筆「不」，據《宋朝南渡十將傳》卷二《岳飛傳》與《皇宋中興四將傳》卷二《岳飛傳》補。

〔五〕以上三段有關秦檜之叙事，乃章穎對《鄂王行實編年》所作之補充。

既詔班師，飛上疏曰：「虜人巢穴盡聚東京，〔二〕屢戰屢奔，鋭氣沮喪。間者言，〔二〕虜欲棄其輜重，〔三〕疾走渡河。況今豪傑向風，士卒用命，天時人事，强弱已見，時不再來，機難輕失。臣日夜料之熟矣，惟陛下圖之。」疏累千百言。上亦鋭意恢復，欲觀成效，賜札報之曰：「得卿十八日奏，言措置班師，〔四〕機會誠爲可惜。卿忠義許國，言詞激切，朕心不忘。卿且少駐近便得地利處，報楊沂中、劉錡同共相度，如有機會可乘，即約期並進。」檜聞之，益懼，乃先詔韓世忠、張俊、楊沂中、劉錡各以本軍歸，而後言於上，以飛孤軍不可留，乞姑令班師。一日而奉金書字牌者十有二，飛嗟惋至泣，東向再拜曰：「臣十年之力，廢於一旦！非臣不稱職，大臣秦檜實誤陛下也。」諸軍既先退，飛孤軍，懼兀术知之，斷其歸路，乃聲言翼日渡河。兀术疑京城之民爲内應，夜棄而出，北遁百里。飛始班師。

〔一〕東京　「東」，傳本作「於」。

〔二〕間者言　「間」，傳本、《宋朝南渡十將傳》卷二《岳飛傳》與《皇宋中興四將傳》卷二《岳飛傳》作「得諜」。

〔三〕欲棄其輜重　「欲棄其」，原作「已盡棄」，據《金佗稡編》卷一二《乞止班師詔奏略》改。

〔四〕言措置班師　「措置」，據《金佗稡編》卷八補。

人民大失望，遮飛馬首，慟哭而訴曰：「我等戴香盆，運糧草，以迎官軍，虜人悉知之。今日相公去此，某等不遺噍類矣！」飛亦立馬悲咽，命左右取詔書示之，曰：「朝廷有詔，吾不得擅留！」〔一〕勞苦再四而遣之，哭聲震野。至蔡，有進士數百輩及僧道、父老、百姓集于庭，進士一人〔二〕相帥叩頭曰：「某等淪陷腥羶，將逾一紀。伏聞宣相整軍北來，志在恢復，某等跂望車馬之音，以日爲歲。今先聲所至，故疆漸復，醜虜獸奔，民方室家相慶，以謂幸脱左衽。忽聞宣相班師，誠所未諭，宣相縱不以中原赤子爲心，其忍棄垂成之功耶？」飛謝之曰：「今日之事，豈予所欲哉！」出詔書〔三〕寘之几上，〔四〕進士等相率歷階視之，皆大哭，相顧曰：「然則將奈何？」飛不得已，乃曰：「吾今爲汝圖矣。」乃以漢上六郡之閒田處之，且留軍五日，待其徙從而南者，道路不絶，今襄漢間多是焉。

〔一〕吾不得擅留　「得」，傳本，《宋朝南渡十將傳》卷二《岳飛傳》與《皇宋中興四將傳》卷二《岳飛傳》作「敢」。

〔二〕進士一人　「一人」，原作「入」，嘉靖本作「人」，據《金佗稡編》卷八，傳本，《宋朝南渡十將傳》卷二《岳飛傳》與《皇宋中興四將傳》卷二《岳飛傳》改。

〔三〕出詔書　「出」，據《宋朝南渡十將傳》卷二《岳飛傳》與《皇宋中興四將傳》卷二《岳飛傳》補。

〔四〕寘之几上　「之」，據《宋朝南渡十將傳》卷二《岳飛傳》補。

方兀朮夜棄京師，將渡河，有太學生扣馬諫曰：「願太子毋走，京城可守也，岳少保兵且退矣。」兀朮曰：「岳少保以五百騎破吾精兵十萬，京師中外日夜望其來，何謂可守？」生曰：「不然，自古未有權臣在内，而大將能立功於外者。以愚觀之，岳少保且不免，況欲成功乎！」生蓋陰知檜與兀朮事，故以爲言。兀朮亦悟其説，乃留居，翼日，果聞班師。虜亦幸其去，不敢追也。當時論者謂使飛得乘此機以往，北虜雖强，不難平也；〔一〕故土雖失，不難復也。時北方有上書以休兵勸虜酋者，謂南方今日之兵，乃北朝向來初起之兵。兵至是而始精，所向無前，恢復之機，誠在於此，此飛之所以拳拳也。〔二〕

〔一〕不難平也　「難」，原作「足」，據《宋朝南渡十將傳》卷二《岳飛傳》改。

〔二〕自「時北方有上書」至「所以拳拳也」，原於本卷第一六一三頁「不敢專進退爲得體」之後，「酈瓊爲兀朮謀」之前，應爲錯簡，今移於班師後。此段乃章穎對《鄂王行實編年》所作之補充。

飛既還，虜無所畏，稍侵寇已復州縣。飛自知爲檜所忌，終不得行其志。用兵動衆，今日得地，明日棄之，養寇殘民，無補國事，乃上章，力請解兵柄，致仕。上賜詔，謂「方資長算，助予遠圖，未有息戈之期，而有告老之請」，不許。自廬詔入覲，上問之，第再拜。

虜人大擾河南，〔二〕分兵趨川、陝，上命飛應之，飛以王貴行。八月，以趙秉淵知淮寧府，虜犯淮寧，秉淵敗之。又悉其衆圍秉淵，飛遣李山、史貴解其圍。虜再攻潁昌，上命津發人民，於新復州軍據險保聚。韓世忠捷於千秋湖，命飛以蔡州軍牽制。九月，虜犯宿、亳，命飛控扼九江。又付空名告身，正任承宣使以下凡四百八十一道，以厲戰功。十月，川、陝告急，復請益兵，以董先行。又命廣設間諜，誘契丹諸國之不附兀朮者。〔三〕十一月，命益光州兵，援田邦直。虜聚糧順昌，將寇唐、鄧、入比陽、舞陽、伊陽諸縣，命捍禦隄備。是冬，梁興在河北，不肯還，取懷、衛二州，大破兀朮之軍，斷山東、河北金、帛、馬綱〔三〕之路，金人大擾。

〔一〕虜人大擾河南　「擾」，《宋朝南渡十將傳》卷二《岳飛傳》與《皇宋中興四將傳》卷二《岳飛傳》作「侵」。

〔二〕誘契丹諸國之不附兀术者　原脱「不」字，嘉靖本同，據傳本，《宋朝南渡十將傳》卷二《岳飛傳》與《皇宋中興四將傳》卷二《岳飛傳》補。

〔三〕馬綱　原作「綱馬」，據《金佗粹編》卷八改。

紹興十一年正月，諜報虜分路渡淮。飛聞警，即上疏，請合諸帥之兵破敵，未報。十五日，兀术、韓常以重兵陷壽春府。二十日，韓常與龍虎而王號者先驅渡淮。二十五日，駐廬州界。邊報至行在，上賜飛札曰：「虜人已在廬州界上，卿可星夜前來江州，乘機照應，出賊後。」詔未至，飛料虜既舉國來寇，巢穴必虚，若長驅京、洛，虜必奔命，可以坐制其弊。二月四日，既遣奏，復慮上急於退虜，又上奏：「今虜在淮西，臣若擣虚，勢必得利。萬一以爲寇方在近，未暇遠圖，欲乞親至蘄、黄，相度形勢利害，以議攻卻。且虜知荆、鄂宿師必自九江進援，今若出此，貴得不拘，使敵罔測。」上得會兵奏，大喜。及得擣虚奏，令緩行。是日又得出蘄、黄之奏，益喜，賜札諭以「中興基業，在此一舉」。初九日，飛奉初詔，方苦寒嗽，力疾戒行，以十一日就道。猶恐大軍行緩，親率背嵬先驅。十九日，上聞飛力疾出師，賜札曰：「聞卿見苦寒嗽，乃能勉爲朕行，國爾忘身，誰如卿者！」師至廬州，兀朮聞飛之師將至，與韓常等俱懲潁昌〔一〕之敗，望風遠遁。遂還兵于舒，以俟命。上賜札，以飛小心恭謹，不敢專進退爲得體。酈瓊爲兀朮謀，復窺濠州。三月四日，飛不俟詔，麾兵救之，次定遠縣。兀朮先以初八日破濠州，張俊以全軍八萬駐於黄連鎮，距濠六十里，不往救。俾楊沂中趨濠州城外，遇伏而敗。虜方據濠，聞飛來，即遁，夜踰淮，不能軍。

〔一〕潁昌　「潁」，原作「順」，據《宋朝南渡十將傳》卷二《岳飛傳》與《皇宋中興四將傳》卷二《岳飛傳》改。

四月，遣兵捕郴寇駱科。又遣兵助光州。自朱仙鎮之機一失，虜勢寖張，雖卻復進，〔二〕王師備禦攻討，皆無預於恢復之計。柘皋之役，第能挫其鋒而已。先是，十年，司農少卿高穎忼慨自言，欲「裨贊飛十年連結河朔之謀」，措置兩河、京東忠義軍馬，爲攻取計。飛所遣梁興、復懷、衛二州，絶虜人山東、河北金、帛、馬綱〔三〕之路，不肯還南，竟無成功。

〔二〕雖卻復進　「卻」，原作「欲」，據《宋朝南渡十將傳》卷二《岳飛傳》與《皇宋中興四將傳》卷二《岳飛傳》改。

〔三〕馬綱　原作「綱馬」，據《金佗稡編》卷八改。

而檜力欲議和，患諸將不同己，用蜀士范同計，召三大將論功行賞。飛至，即授樞密副使，加食邑，特詔位在參知政事之上，賜金帶、魚袋、銀、絹，視宰相初除禮。飛亦請還兵，罷宣撫司，諸軍皆冠以「御前」字。

五月十一日，詔韓世忠留院供職，張俊與飛並以本職按閲軍馬，措置戰守。同以樞密行府〔一〕爲名，撫定世忠軍于楚州。

〔一〕樞密行府　原脱「行府」兩字，嘉靖本同，據傳本、《宋朝南渡十將傳》卷二《岳飛傳》與《皇宋中興四將傳》卷二《岳飛傳》補。

初，飛在諸將中年最少，俊長飛十餘歲，飛事俊尤謹。紹興初元，有詔督責張俊平寇李成，俊賴飛成功。〔二〕俊亦服其忠智，屢稱薦於上前。其後飛二、三年間，平蕩江西、湖、廣劇寇，復襄漢六郡故疆，其功名出諸將上。〔二〕上亦眷遇飛厚，俊頗不能平。方四年，虜犯淮西，乃俊分地〔三〕也，俊不肯行。宰相趙鼎以書責之，至平江，又以墜馬傷臂辭。鼎怒，遣一卒隨之，視其必行，且奏請誅俊，卒無功而還。飛渡江，戰大捷，解廬州圍。上奇其功，加鎮寧、崇信兩鎮之節，俊益慙。及飛位二府，官爵與己埒，益懷忿疾。〔四〕飛每屈己下之，〔五〕數以卑辭致書於俊，〔六〕俊不爲禮。〔七〕初平楊么，〔八〕飛又致書，〔九〕獻俊樓船一，兵械畢備。〔一〇〕俊受船，〔一一〕不答書。〔一二〕飛待之益恭，〔一三〕俊横逆自若。至七年，〔一四〕恢復之請甚合上意，〔一五〕面命手札，〔一六〕皆以恢復〔一七〕之事任飛。〔一八〕嘗賜札〔一九〕曰：「非我忠臣，莫雪大耻。」又曰：「卿爲一時智謀之將，〔二〇〕非他人比。」又曰：「朕非卿到，〔二一〕終不安心。」又敕諸將：「聽飛號令，〔二二〕如朕親行。」一時褒表委注，異於諸將，往往皆疾之。〔二三〕

〔一〕俊賴飛成功　此句據《宋朝南渡十將傳》卷二《岳飛傳》與《皇宋中興四將傳》卷二《岳飛傳》補。

〔二〕其功名出諸將上　原脱「其」字，嘉靖本同，據傳本、《宋朝南渡十將傳》卷二《岳飛傳》與《皇宋中興四將傳》卷二《岳飛傳》補。

〔三〕乃俊分地　「分地」，原作「地分」，嘉靖本同，據《金佗稡編》卷八，傳本，《宋朝南渡十將傳》卷二《岳飛傳》與《皇宋中興四將傳》卷二《岳飛傳》改。

〔四〕益懷忿疾　原脱「疾」字，嘉靖本同，據傳本，《宋朝南渡十將傳》卷二《岳飛傳》與《皇宋中興四將傳》卷二《岳飛傳》補。

〔五〕飛每屈己下之　「每」，原作「益」，嘉靖本同，據傳本，《宋朝南渡十將傳》卷二《岳飛傳》與《皇宋中興四將傳》卷二《岳飛傳》改。

〔六〕傳本，《宋朝南渡十將傳》卷二《岳飛傳》與《皇宋中興四將傳》卷二《岳飛傳》無「數以卑辭致書於俊」八字。

〔七〕不爲禮　原作「皆不答」，嘉靖本同，據傳本，《宋朝南渡十將傳》卷二《岳飛傳》與《皇宋中興四將傳》卷二《岳飛傳》改。

〔八〕初平楊么　原作「楊么平」，嘉靖本同，據傳本，《宋朝南渡十將傳》卷二《岳飛傳》與《皇宋中興四將傳》卷二《岳飛傳》改。

〔九〕飛又致書　「飛」，原作「先臣」，嘉靖本同，據傳本，《宋朝南渡十將傳》卷二《岳飛傳》與《皇宋中興四將傳》卷二《岳飛傳》改。

〔一〇〕又致書獻俊樓船一兵械畢備　《宋朝南渡十將傳》卷二《岳飛傳》與《皇宋中興四將傳》卷二《岳飛傳》作「獻捷樓船於俊」，傳本作「獻樓船於俊」。

〔一一〕俊受船　原無「船」字，嘉靖本同，據傳本，《宋朝南渡十將傳》卷二《岳飛傳》與《皇宋中興四將傳》卷二《岳飛傳》補。

〔一二〕不答書　原作「復不答」，嘉靖本同，據傳本、《宋朝南渡十將傳》卷二《岳飛傳》與《皇宋中興四將傳》卷二《岳飛傳》改。

〔一三〕飛待之益恭　「待」，原作「事」，「益」，原作「愈」，嘉靖本同，據傳本、《宋朝南渡十將傳》卷二《岳飛傳》與《皇宋中興四將傳》卷二《岳飛傳》改。

〔一四〕俊横逆自若至七年　傳本、《宋朝南渡十將傳》卷二《岳飛傳》與《皇宋中興四將傳》卷二《岳飛傳》無「俊横逆自若至」六字。

〔一五〕恢復之請甚合上意　「甚」，原作「大」，嘉靖本同，據傳本、《宋朝南渡十將傳》卷二《岳飛傳》與《皇宋中興四將傳》卷二《岳飛傳》改。

〔一六〕面命手札　原作「札書面命」，嘉靖本同，據傳本、《宋朝南渡十將傳》卷二《岳飛傳》與《皇宋中興四將傳》卷二《岳飛傳》改。

〔一七〕恢復　原作「中興」，嘉靖本同，據傳本、《宋朝南渡十將傳》卷二《岳飛傳》與《皇宋中興四將傳》卷二《岳飛傳》改。

〔一八〕任飛　「任」，原作「專畀」，嘉靖本同，據傳本、《宋朝南渡十將傳》卷二《岳飛傳》與《皇宋中興四將傳》卷二《岳飛傳》改。

〔一九〕嘗賜札　原作「又所賜褒詞每有表異之語，如」，嘉靖本同，據傳本、《宋朝南渡十將傳》卷二《岳飛傳》與《皇宋中興四將傳》卷二《岳飛傳》改。

〔二〇〕又曰卿爲一時智謀之將　原脱「又曰」兩字，嘉靖本同，據傅本、《宋朝南渡十將傳》卷二《岳飛傳》與《皇宋中興四將傳》卷二《岳飛傳》補。

〔二一〕又曰朕非卿到　原脱「又曰」兩字，嘉靖本同，據傅本、《宋朝南渡十將傳》卷二《岳飛傳》與《皇宋中興四將傳》卷二《岳飛傳》補。

〔二二〕又敕諸將聽飛號令　「又敕諸將」，原作「甚者謂」，嘉靖本同，據傅本、《宋朝南渡十將傳》卷二《岳飛傳》與《皇宋中興四將傳》卷二《岳飛傳》改。

〔二三〕一時褒表委注異於諸將往往皆疾之　原作「俊見之，常憾其軋己，有意傾之」，嘉靖本同，據《宋朝南渡十將傳》卷二《岳飛傳》與《皇宋中興四將傳》卷二《岳飛傳》改。本段文字，自「飛位二府，官爵與己埒，益懷忿疾」之下，底本、嘉靖本與《金佗稡編》卷八同，並出現「先臣」兩字，可見應爲《行實編年》原文。傅本、《宋朝南渡十將傳》卷二《岳飛傳》與《皇宋中興四將傳》卷二《岳飛傳》文字却與前兩種刊本多有差異，章穎《鄂王傳》原文應以後者爲準，今據以删改。

是歲淮西之役，飛聞命即行。途中得俊咨目，甚言前途糧乏，不可行師。飛不復問，鼓行而進，故賜札曰：「卿聞命，即往廬州。遵陸勤勞，轉餉艱阻，卿不復顧問，必遄其行。非一意許國，誰肯如此。」俊聞之，疑飛漏其書之言於上。歸則倡言於朝，謂飛逗遛不進，

以乏餉爲辭。或勸飛與俊廷辨,〔一〕飛曰:「吾所無愧者,此心耳,何必辨。」〔二〕

〔一〕或勸飛與俊廷辨 「辨」,原作「辯」,嘉靖本同,據傳本與《宋朝南渡十將傳》卷二《岳飛傳》改。後「何必辨」之「辨」字,亦作同樣處理。

〔二〕本段文字,底本、嘉靖本與《金佗稡編》卷八除個别文字外,全同,而傳本、《宋朝南渡十將傳》卷二《岳飛傳》與《皇宋中興四將傳》卷二《岳飛傳》文字却與前兩種刊本多有差異。章穎《鄂王傳》原文應以後者爲準,今摘録於後。

《宋朝南渡十將傳》卷二《岳飛傳》:「淮西之役,飛自鄂渚聞命即行。中途,俊貽書,以前途乏糧爲言。飛不復問,鼓行而進,時賜札有曰:『卿聞命,即往廬州。轉餉之艱,卿不復顧,必遄其行。非一心許國,誰肯如此。』俊聞之,疑飛漏其言於上。歸則反謂飛逗遛不進,以乏糧爲辭。或勸飛與俊庭辨,飛曰:『吾所無愧者,此心耳,何必辨。』」

及是視世忠軍,俊知世忠嘗以謀劫虜使,敗和議,忤檜,承檜風旨,欲分其背嵬,謂飛曰:「上留世忠,而使吾曹分其軍,朝廷意可知也。」飛曰:「不然,國家所賴以圖恢復者,唯自家三、四輩。萬一主上復令韓太保典軍,吾儕將何顔以見之?」俊大不樂。比至楚州,乘城行視,俊顧飛曰:「當修城以爲守備計。」〔一〕飛曰:「吾曹所當戮力,以圖剋復,豈可爲退保計耶！」俊艴然變色，遷怒於二候兵，以微罪斬之。韓世忠軍吏耿著與總領胡紡言：「二樞密來楚州，必分世忠之軍。」且曰：「本要無事，卻是生事。」紡上之朝，檜捕著下大理，擇酷吏治獄，以扇摇誣世忠。飛歎曰：「吾與世忠同王事，而使之以不辜被罪，吾爲負世忠！」乃馳書告以檜意。世忠大懼，亟奏乞見，投地自明，〔二〕上驚，諭之曰：「安有是！」明日，宰執奏事，上以詰檜，且促具著獄。於是，著止坐妄言，追官，杖脊，黥流吉陽軍，而分軍之事不復究矣。〔三〕

〔一〕當修城以爲守備計　原脱「以」字，嘉靖本同，據《金佗稡編》卷八，傅本，《宋朝南渡十將傳》卷二《岳飛傳》與《皇宋中興四將傳》卷二《岳飛傳》補。

〔二〕亟奏乞見投地自明　原脱「見」字，嘉靖本與傅本同，據《金佗稡編》卷八，《宋朝南渡十將傳》卷二《岳飛傳》與《皇宋中興四將傳》卷二《岳飛傳》補。

〔三〕本段文字，底本，嘉靖本與《金佗稡編》卷八除個别文字外，全同，而傅本，《宋朝南渡十將傳》卷二《岳飛傳》與《皇宋中興四將傳》卷二《岳飛傳》文字却與前兩種刊本多有差異。章穎《鄂王傳》原文應以後者爲準，今摘録於後。

《宋朝南渡十將傳》卷二《岳飛傳》：「其後俊與飛視韓世忠軍，世忠嘗以謀劫虜使，敗和議，忤檜，俊承檜風旨，欲分其背嵬，俊謂飛曰：『上留世忠，而使吾〔輩〕分其軍，朝廷意可知也。』飛曰：『不然，國家所賴以圖恢復者，唯自家三、四輩。儻主上復令韓太保典軍，吾儕將何顔以見之？』俊不樂。比至楚州，登城行視，俊謂飛曰：『當修城以爲守備計。』飛曰：『所當戮力，以圖恢復，豈可爲退保計！』俊變色，遷怒於二候兵，以微罪斬之。韓世忠軍吏耿著與總領胡〔紡〕言：『二樞密來，必分世忠之軍。』以爲生事。〔紡〕上其語，檜怒，捕著下大理獄，擇酷吏鍛鍊，欲誣世忠。飛歎曰：『吾與世忠同王事，而世忠以無辜被罪，吾爲負世忠！』乃馳書告世忠。世忠大懼，亟奏乞見，伏地自明，上諭之曰：『安有是！』撫勞起之。明日，宰執奏事，上以語檜，且促具著獄。著坐妄言，追官，流嶺外，而分軍之事不復究矣。」

俊於是大憾飛。〔一〕暨歸，倡言於朝，謂飛議棄山陽，專欲保江。飛以書報世忠事，檜亦聞之。飛自是危矣。

〔一〕本段自「飛」之下，據《宋朝南渡十將傳》卷二《岳飛傳》補。

鄂國金佗續編卷第二十一

百氏昭忠録卷之五

章尚書穎經進鄂王傳之五

初，飛與張俊承詔視世忠軍，往辭檜，檜謂之曰：「且備反側！」世忠軍初無反側意，檜爲此語，欲激其軍，使爲變，因得以罪世忠耳。飛答之曰：「世忠歸朝，則楚州之軍，即朝廷之軍也。」〔一〕檜色變，惡飛語直。獨張俊承檜意，欲分其軍，賴飛一言而止，而檜益怨飛矣。飛慷慨自任，不復顧忌。

〔一〕世忠歸朝則楚州之軍即朝廷之軍也　原脱「則」字，嘉靖本同，據傳本，《宋朝南渡十將傳》卷二《岳飛傳》與《皇宋中興四將傳》卷二《岳飛傳》補。

趙鼎議崇、建二國公典禮，與檜意殊，檜擠鼎而逐之。〔一〕飛對客語，必歎惜，檜深惡之。自兀朮復取河南地，飛深入不已，日以恢復勸上，而檜主議和。兀朮以書謂檜曰：「爾朝夕以和請，而岳飛方爲河北圖，且殺吾壻，不可以不報。必殺岳飛，而後和可成。」飛入覲，論和議，謂「相臣謀國不臧」。虜人渝盟，〔二〕上以檜奏付飛，飛讀之，見「德無常師，主善爲師」之語，惡其言飾姦罔上，〔三〕則曰：「君臣大倫，比之天性，〔四〕大臣秉國政，忍面謾其主耶！」檜益憾之。飛亦自知不爲檜所容，力請解兵。

〔一〕檜擠鼎而逐之　原脱「鼎」字，嘉靖本同，據傳本、《宋朝南渡十將傳》卷二《岳飛傳》與《皇宋中興四將傳》卷二《岳飛傳》補。

〔二〕虜人渝盟　「人」之下，傳本、《宋朝南渡十將傳》卷二《岳飛傳》與《皇宋中興四將傳》卷二《岳飛傳》有「必」字。

〔三〕惡其言飾姦罔上　「惡」之上，《宋朝南渡十將傳》卷二《岳飛傳》與《皇宋中興四將傳》卷二《岳飛傳》有「飛」字。

〔四〕比之天性　「比」，傳本作「根」。

万俟卨論飛，章再上，不報。羅汝楫六章，又不報。飛亦抗章，乞罷，上惜其去，詔不許。八月，飛上章，還兩鎮節，詔充萬壽觀使，奉朝請。張憲、王貴、王俊，皆飛部將也。王俊初爲東平府卒，告其徒呼千罪，得爲都頭。俊以張憲謀還飛兵柄，告於王貴，貴執憲，以歸之張俊。俊時以樞密使，視師在建康。〔一〕密院吏王應求言於俊，密院無推勘法。俊不從，自鞫之，使憲誣服，以爲得岳雲手書。俊以告檜。

〔一〕視師在建康　「視」，傳本，《宋朝南渡十將傳》卷二《岳飛傳》與《皇宋中興四將傳》卷二《岳飛傳》作「駐」。

十月，械憲至行在，下之棘寺。十三日，檜奏，乞召飛父子證張憲事，上曰：「刑所以止亂，若妄有追證，動摇人心。」不許。檜不復請，十三日矯詔逮捕飛，雲亦先逮繫。前一夕，有以檜謀語飛，使自辨，〔一〕飛曰：「使天有目，必不使忠臣陷不義；萬一不幸，亦何所逃！」明日，使者至，飛笑曰：「皇天后土，可表飛心！」

〔一〕使自辨　「辨」，原作「辯」，據《宋朝南渡十將傳》卷二《岳飛傳》改。

初命何鑄治其獄，〔一〕鑄明飛無辜，改命万俟卨。誣飛諭于鵬、孫革致書於憲、貴，令虛中邊報，以動朝廷；誣雲以書與憲、貴，令措置使飛復還軍，而其書則皆謂已焚矣。自十三日赴逮，坐繫凡兩月，無一事問飛。卨憂懼，不知所爲。或有以不助淮西之事，使如臺評，則可以爲罪矣。十二月十八日，始有省劄下棘寺，命以逗遛詰飛，〔二〕而所收御筆，及往來道途月日，〔三〕皆可攷實，未嘗逗遛也。〔四〕乃命大理評事元龜年雜定之。

〔一〕治其獄　「其」，原作「具」，嘉靖本同，據《宋朝南渡十將傳》卷二《岳飛傳》與《皇宋中興四將傳》卷二《岳飛傳》改。

〔二〕命以逗遛詰飛　「遛」，原作「留」，嘉靖本同，據《宋朝南渡十將傳》卷二《岳飛傳》改，後「逗遛」之「遛」字亦作同樣處理。

〔三〕往來道途月日　「月日」，原作「日月」，嘉靖本同，據《金佗稡編》卷八，《宋朝南渡十將傳》卷二《岳飛傳》與《皇宋中興四將傳》卷二《岳飛傳》改。

〔四〕未嘗逗遛也　「也」，原作「先」，嘉靖本同，據傅本，《宋朝南渡十將傳》卷二《岳飛傳》與《皇宋中興四將傳》卷二《岳飛傳》改。

會歲暮，獄不成，檜一日自都堂出，徑入小閤。良久，手書小紙，令老吏付獄中，即報飛死矣，蓋十二月二十九日也。初，憲、雲獄辭出於吏手，一、二寺官知其無辜，相繼以去。既不得毫髮罪，〔一〕始以逗遛詰之，飛困於拷掠，亦無服辭。飛既死於獄矣，具獄乃以衆證蔽罪，飛賜死，憲、雲戮於市。張俊、楊存中涖之，稍出兵衛諸門。且俾俊、存中遣卒送兩家之孥，徙之遠方。行路之人見者，爲之隕涕。飛幕屬、賓客坐者六人。參謀薛弼與万俟卨厚，檜在永嘉日，弼嘗從之遊。〔二〕弼知檜惡飛，先納交，或以動息告之，得不坐。初，飛在獄，卨先令簿録飛家貲，取飛所得御札，束之左帑南庫。飛家徙嶺南，與憲貲産並没入官。王會者，檜之姻黨也，搜刮無遺，獨得尚方所賜物而已。

〔一〕不得毫髮罪　原脱「罪」字，嘉靖本同，據傳本、《宋朝南渡十將傳》卷二《岳飛傳》與《皇宋中興四將傳》卷二《岳飛傳》補。

〔二〕弼嘗從之遊　「遊」，原作「游」，據《金佗稡編》卷八改。

初，万俟卨代何鑄治飛獄，擢爲御史中丞。大理丞李若樸、何彦猷以飛爲無罪，固與卨争。卨彈若樸以黨芘飛，與何彦猷俱罷。大理卿薛仁輔亦言飛寃，以罪去。知宗士㒟請以百口保飛，卨劾之，竄死於建州。布衣劉允升上書訟飛寃，下棘寺以死。

王俊以告訐，自左武大夫、果州防禦使超轉正任觀察使。姚政、龐榮、傅選以傅會，遷轉有差。王俊後離軍，檜猶不忘之，授以副總管。

時董先亦逮至，檜恐其有異辭，引先面諭之，且撫勞之，曰：「無恐，第證一句語言，今日便出。」先唯唯。檜使大程官二人，護先至獄中。先對吏，即伏，遂釋之。

樞密使韓世忠心不平，獄成，詣檜問其實，檜謂「飛子雲與張憲書不明，其事體莫須有」。世忠曰：「相公言『莫須有』，何以服天下！」因力争之，檜不納。

洪皓時在虜中，馳蠟書還奏，以爲虜所大畏服，不敢以名呼者唯飛，至號之爲父。諸酋聞其死，皆酌酒相賀。它日，皓還，論及飛死，不覺爲之慟。上亦素愛飛之忠勇，〔一〕聞皓奏，益痛之。

〔一〕愛飛之忠勇　「忠」，傳本與《皇宋中興四將傳》卷二《岳飛傳》作「材」。

初，飛從戎，留妻養母姚氏，從高宗渡河。既而河北淪陷，音問隔絶。飛遣人訪求，數年不獲。俄有自母所來者，謂飛曰：「而母寄余言：『爲我語飛，勉事聖天子，無以老媪爲念也。』」飛乃竊遣人迎之，往返十有八，然後歸。奉之至孝，母有疾，〔一〕藥餌必親嘗之，居家行步，唯恐有聲，遇出師，必戒家人謹侍養。母死，與子雲扶櫬歸葬，將佐有願代其役者，謝卻之。既葬，廬於墓側，朝夕號慟。連表乞終喪，凡三詔，猶不起，敕監司、守臣請之，又不起。責其官屬以嚴刑，使之以死請，乃起奉詔，終三年不解衰絰。

〔一〕母有疾「有」，傳本、《宋朝南渡十將傳》卷二《岳飛傳》與《皇宋中興四將傳》卷二《岳飛傳》作「痼」。

自夷狄亂華，飛立志慷慨，〔二〕誓不與賊俱生。自建炎初元至紹興十一年，凡十餘年間，屢與虜戰。攘卻羣盜，出入江西、湖、廣亦五、六年。其志每以取中原，滅金虜爲念。雖平大盜，如李成、曹成、馬友、彭友、楊么，皆飛之功，然其經行見於詩詠，〔三〕則以羣盜爲螻蟻之羣也，豈足爲功，北踰沙漠，蹀血虜庭，復二聖，還故疆，乃吾志耳。

〔二〕飛立志慷慨「飛」，據《宋朝南渡十將傳》卷二《岳飛傳》與《皇宋中興四將傳》卷二《岳飛傳》補。

〔三〕然其經行見於詩詠「行」，原作「從」，嘉靖本同，據傳本與《皇宋中興四將傳》卷二《岳飛傳》改。

初，樞密行府受王俊告言，暨俊與憲對辨，〔一〕王俊所告無一事實，而棘寺始以淮西之事詰飛。淮西雖非飛地分，飛時在鄂渚，首抗章，欲備先驅擊虜寇，〔二〕得御札褒許。又飛乞乘虛入京、洛，皆未奉詔之先，當時臺諫亦不深攷其事。淮西之役，飛受御札十有五，誠有之。時邊報踵至，飛在鄂渚，去淮西千餘里，上恐其後時，故盼趣詔爲多。然出師之命雖在正月，而二月九日，詔始至飛軍，飛即力疾出師，實奉詔三日而行，御札有曰：「得卿九日奏，已擇定十一日起發，往蘄、黄、舒州界。」則可見矣。自鄂而蘄、黄，自黄而舒、廬，飛又恐大軍行遲，乃親率背嵬爲先驅。其至也，虜方在廬，望風自退，飛還軍舒，則復來窺濠，又次定遠，虜聞飛來，夜踰淮而去。雖無大功，張俊、楊沂中當任其責。況俊總全師八萬，遇敵自可制勝，而駐兵黄連鎮，距濠六十里而不能救。俊與沂中不用劉錡之言，〔三〕墮虜計中，遇伏而敗，非無飛之助，以致敗也。時有詔札付沂中曰：「兀朮復窺濠州，已降手詔，與韓世忠、張俊皆於濠州附近，尅期同日出戰。」則是役也，軍事專任世忠、俊、沂中，而飛特助之耳，況又非飛所分地分也。

〔一〕俊與憲對辨 「辨」，原作「辯」，嘉靖本同，據《宋朝南渡十將傳》卷二《岳飛傳》與《皇宋中興四將傳》卷二《岳飛傳》改。

〔二〕擊虜寇 原脱「虜」字，嘉靖本同，據傳本，《宋朝南渡十將傳》卷二《岳飛傳》與《皇宋中興四將傳》卷二《岳飛傳》補。

〔三〕俊與沂中不用劉錡之言 「俊」，《宋朝南渡十將傳》卷二《岳飛傳》作「後」。

臺諫至謂飛以糧乏爲辭，則御札有曰：「卿聞命，即往廬州。轉餉艱阻，卿不復顧問，必遄其行。非一意許國，誰肯如此。」蓋謂糧乏者，乃俊也。俊詒書，以糧乏告飛，而詔旨及是，俊已疑飛漏其言於上，而深憾之。謂「糧乏」，乃俊語，非飛意也，而俊反以此誣之。方虜寇河南，詔飛助劉錡，凡兩月，而飛拜御札二十有三，多於淮西時矣。淮西十五札，飛之子霖嘗抗章，丐賜還。孝宗皇帝從之，取之左帑，復以畀霖，至今與他詔札皆藏其家。先是紹興四年，兀朮、劉豫兵七十萬寇淮西，亦詔飛自鄂州以兵來會，虜退，飛遣牛臯追擊，大破之。又六年，飛屯襄漢，劉豫遣子麟、姪猊合吾叛將李成、孔彦舟、關師古之兵七十萬，分道犯淮西。劉光世、張俊同奏乞詔飛以兵東下，飛至江州，麟已敗，詔止其行。飛凡三赴淮西之急，雖道里有遠近，〔一〕而未嘗踰期。且十一年虜之入壽春也，飛聞警，即上奏，乞出師；繼又入奏，乞出京、洛，以制其敝；又恐是時欲急退虜，乞出蘄、黄，議攻卻，皆未始奉詔也。

〔一〕道里有遠近　「里」，原作「理」，嘉靖本同，據《皇宋中興四將傳》卷二《岳飛傳》改。

其孫珂嘗以所藏御札并陛對月日，及以被罪省劄下棘寺之文，著《辨誣》五事。謂建儲之議在軍前上奏，而參謀薛弼謂在陛對時，且誣上有不樂語，謂此非大將所宜言者，弼之妄也。弼本附檜，所以言此者，欲嫁怨於上，而謂飛之死蓋自取，非檜之罪也。王伯庠私記謂紹興辛酉，虜入寇，張俊、韓世忠欲深入，惟飛駐兵淮西，不肯動。御札促飛行，凡十有七，最後有「社稷存亡，在卿此舉」，實未嘗有此詔。又謂飛移軍三十里而止，上始有誅飛意者，亦弼説之類也。且御札十有五，言十有七，亦非也。十一年八月九日，臣僚言飛〔一〕謂楚州爲不可守，爲沮士氣。蓋飛嘗與張俊同登楚州城，俊欲增築，飛謂當進取中原，不當僅守於此。謂飛爲專欲保江者，亦誣也。熊克《中興小曆》載，宰執奏事，聞聖語及飛棄山陽事，以爲附下要譽，亦誣也。諫議大夫万俟卨論飛，虜騎犯淮，而飛固稽嚴詔，至舒、蘄而還，又謂飛執偏見，欲棄山陽，亦誣也。建炎四年十月丙申，兩浙安撫大使劉光世奏，準御筆：「承州殘虜，攻圍山陽，諸鎮之師，逗撓不進。」蓋光世以兵駐鎮江不進，而以會合王林、郭仲威之兵不至爲解，謂飛等遷延五十餘日，遂失機會。是時楚州趙立告急，而張俊不肯行，乃改命光世，而令飛腹背掩擊。時飛屯宜興，雖有泰州鎮撫之命，未赴也。飛有軍萬人，合軍士之孥，計七萬以上，須舟以濟，須糧以食，州郡皆坐視，必俟禀朝命而後從。九月二日，始入泰州，十二日，飛始得九月六日之詔，且令光世益兵，〔二〕與飛等會。而飛以狀至，光世皆不報。飛乃夜飲士卒以酒，激勵而用之，獨以一軍至承州，轉戰彌月，凡三大捷，獻俘行在所，〔三〕有詔褒嘉。而光世在鎮江，雖承督詔無慮數十，坐閱兩月，未嘗渡江，其事皆可攷也。

〔一〕臣僚言飛　「飛」，據《宋朝南渡十將傳》卷二《岳飛傳》與《皇宋中興四將傳》卷二《岳飛傳》補。

〔二〕且令光世益兵　「令」，據《宋朝南渡十將傳》卷二《岳飛傳》與《皇宋中興四將傳》卷二《岳飛傳》補。「兵」，原作「舟」，嘉靖本同，據傳本，《宋朝南渡十將傳》卷二《岳飛傳》與《皇宋中興四將傳》卷二《岳飛傳》改。

〔三〕行在所　原脱「行」字，嘉靖本同，據傳本與《宋朝南渡十將傳》卷二《岳飛傳》補。

孝宗之在潛邸也，嘗聞贛州兵齊述叛事，〔一〕以告高宗。檜怒而絶其俸，又風曹泳輩十人露章，請孝宗〔二〕歸秀邸，持餘服。如飛之寃，孰敢言之者。檜監修國史，每逮見飛捷奏，〔三〕必怒形於色，或削之。其後二十六年，左僕射沈該監修國史，秦檜秉政以來，所書聖語多出己意，請删之。檜嘗以王俊告訐，欲還總管，因奏俊事，聖語謂「飛當時欲具舟入川，有統制官諭諸軍，乃止」，亦誣上語。該所删果能盡乎？

〔一〕嘗聞贛州兵齊述叛事　原脱「事」字，嘉靖本同，據傳本，《宋朝南渡十將傳》卷二《岳飛傳》與《皇宋中興四將傳》卷二《岳飛傳》補。

〔二〕孝宗　傳本，《宋朝南渡十將傳》卷二《岳飛傳》與《皇宋中興四將傳》卷二《岳飛傳》作「壽皇」。

〔三〕每逮見飛捷奏　原脱「逮」字，嘉靖本同，據傳本，《宋朝南渡十將傳》卷二《岳飛傳》與《皇宋中興四將傳》卷二《岳飛傳》補。

大兵之後，州縣凋敝，飛出師，〔一〕每以軍餉爲憂。〔二〕每調兵食，必蹙頞，謂將士曰：「東南民力耗矣！國家恃民以立，而爾曹徒耗之，大功未成，何以報國？」與樂於用兵，志在玩寇者，不同年而語矣。京西、湖北始平，即募民營田，給以牛、種，假以口食，分任官吏，責其成功。又爲屯田之法，使戎伍攻戰之暇，盡力南畝。行之二、三年，省漕運之半。上嘗書曹操、諸葛亮、羊祜〔三〕三事賜之。宣撫司官屬有冗員，乞行裁減。

〔一〕飛出師　「飛」之下，傳本與《皇宋中興四將傳》卷二《岳飛傳》有「每」字。

〔二〕每以軍餉爲憂　傳本與《皇宋中興四將傳》卷二《岳飛傳》無「每」字。

〔三〕羊祜　「祜」，原作「祐」，據嘉靖本、傳本與《宋朝南渡十將傳》卷二《岳飛傳》改。

飛自奉薄，居家惟用布素。無姬侍之奉，蜀帥吴玠嘗以名姝餽之，飛不樂，厚遣使者而歸之。或諫之，則曰〔一〕：「國耻未雪，聖上宵旰不寧，豈大將燕樂時耶！」少時飲酒，至數斗不亂，上嘗面戒之曰：「卿異時到河朔，方可飲酒。」自是絶口不飲。

〔一〕則曰　原脱「則」字，嘉靖本同，據傳本、《宋朝南渡十將傳》卷二《岳飛傳》與《皇宋中興四將傳》卷二《岳飛傳》補。

臨戎誓衆，言及國家之禍，涕流氣塞，士卒皆欷歔聽命。臨敵奮不顧身，必先士卒。

或問以「天下何時太平」？曰：「文官不愛錢，武官不惜命，則太平矣。」與將校語，必勉之以忠孝，教之以節義。所部兵二萬人，〔一〕守禦攻討，未嘗乏事。〔二〕

〔一〕所部兵二萬人　原脱「二」字，嘉靖本同，據傳本、《宋朝南渡十將傳》卷二《岳飛傳》與《皇宋中興四將傳》卷二《岳飛傳》補。

〔二〕《金佗稡編》卷九《遺事》：「一日之間，既命圖襄漢，又命圖楊么，交至沓集，先臣隨事酬應，未嘗憚煩。所部兵二萬餘人，守禦者半，攻討者半，東西調役，略無乏事。」岳珂叙事指紹興四年時，「所部兵二萬餘人」，章穎删節此段文字，失於剪裁，統稱「所部兵二萬人」，而忽略此後岳家軍增添兵員之史實。

其御軍也，重蒐選，謹訓習，公賞罰，明號令，嚴紀律，同甘苦。背嵬之名，始於西番，飛所用，皆一當百。嘗詔以韓京、吴錫二軍付飛，皆不習戰，飛擇其可用者〔一〕千人，遂爲精卒。每止兵休舍，輒課其藝。注坡、跳濠之藝，皆被重鎧，習之惟精。張憲部卒有功於莫耶關，〔二〕解金束帶及銀器賞之。雲嘗被甲習注坡，馬躓而踣，怒，欲斬之，諸將力祈免，猶鞭之百，乃釋之。偏將或誇功，或違制，或慢令，必誅必斥之。約束明簡，使人易從，違者必罰。行師秋毫不犯，有蹂民稼者，市物不如直者，皆不少貸。卒有取民麻一縷，以束芻者，立斬之。與士卒最下者同食，尊酒臠肉，必均及其下，酒少則投之以水，而人各一啜焉。詔書褒其「絶少分甘，與人同欲」是也。出師，士卒露宿，飛亦露宿。諸將遠戍，則令妻至其家，問勞其妻妾，或以金帛餽之。其有死事者，哭之哀，育其孤，或與之爲婚姻。士卒疾病，親造視之，問所欲，或爲調藥。上所頒犒，多者數十萬緡，少者數萬緡，〔三〕付之吏分給，不私一毫。嘗命其將犒給帶甲人五緡，輕騎人三緡，不帶甲人〔四〕二緡，將裁其數以自私，杖而殺之。恩威兼施，人人畏愛，重犯法。提兵十數萬，〔五〕皆四方亡命、嗜殺、好縱之人，而奉令莫敢違。兵夜宿民户外，民開門納之，〔六〕莫敢入。晨起，户外無一草莘。所過民不知有兵，市井鬻販如平日。民有鬻薪者，損其直以售之，卒曰：「吾可以二錢易吾首耶？」竟不敢。士卒雖甚飢寒，不敢擾民。時諸將所統曰「韓家軍」、「岳家軍」，獨飛軍號爲「凍殺不拆屋，餓殺不虜掠」。民間見飛軍過，則相與聚觀，舉手加額，有感泣者。招降羣盗，訓飭教閲，悉爲精兵。嘗遣騎馳奏，至揚子江，〔七〕大風禁渡，騎曰：「寧死於水，不敢違將軍令！」〔八〕卒渡江。

〔二〕擇其可用者　原脱「者」字，嘉靖本同，據傳本、《宋朝南渡十將傳》卷二《岳飛傳》與《皇宋中興四將傳》卷二《岳飛傳》補。

〔二〕莫耶闕　「闕」，原作「闕」，嘉靖本同，據傳本，《宋朝南渡十將傳》卷二《岳飛傳》與《皇宋中興四將傳》卷二《岳飛傳》改。

〔三〕少者數萬緡　據《金佗稡編》卷九《遺事》補，《宋朝南渡十將傳》卷二《岳飛傳》作「少數萬」，傳本與《皇宋中興四將傳》卷二《岳飛傳》作「少數萬緡」。

〔四〕不帶甲人　「人」，據《宋朝南渡十將傳》卷二《岳飛傳》與《皇宋中興四將傳》卷二《岳飛傳》補。

〔五〕提兵十數萬　「十」，據《金佗稡編》卷九《遺事》補。

〔六〕開門納之　「納」，原作「内」，據《皇宋中興四將傳》卷二《岳飛傳》改。

〔七〕揚子江　「揚」，原作「楊」，嘉靖本同，據傳本改。

〔八〕不敢違將軍令　「敢」，傳本，《宋朝南渡十將傳》卷二《岳飛傳》與《皇宋中興四將傳》卷二《岳飛傳》作「可」。

飛善以寡勝衆。南薰門之戰，以八百人破五十萬；桂嶺之戰，以八千人破十萬；又以背嵬騎五百，大破兀术十萬之衆。兀术雖能兵，亦憚飛也。飛自結髮從戎，十餘年間，大小數百戰，未嘗敗北。張俊嘗問用兵之術，〔一〕飛曰：「仁、信、智、勇、嚴，五者不可闕一。」問「嚴」，曰：「有功者重賞，無功者重罰，如此而已。」

〔一〕嘗問用兵之術　「嘗」，原作「常」，嘉靖本同，據《宋朝南渡十將傳》卷二《岳飛傳》與《皇宋中興四將傳》卷二《岳飛傳》改。

飛用兵，雖伐叛，亦以廣上德爲先，去其首惡，而釋其餘。裨將寇成嘗殺降，飛劾其罪。故信義著於人心，雖虜人、簽軍，〔二〕皆有親附之意。紹興間，北乞查千户高勇之，乃龍虎之部曲也，千里歸飛。

〔二〕虜人簽軍　「人」，《宋朝南渡十將傳》卷二《岳飛傳》與《皇宋中興四將傳》卷二《岳飛傳》作「之」。

初，襄漢平，諸郡多闕官，詔許專辟置、黜陟之權。飛擇人材，以能安集百姓爲先，諸郡守、貳皆以稱職稱。後稍復舊，即上章丐還辟置之權。上降詔，以衛青不與招賢事稱之。復襄漢時，宰相朱勝非使人諭之曰：「飲至日當建節旄。」飛愕然，曰：「丞相待我何薄也！」乃謝之曰：「飛可以義責，不可以利驅。襄陽之役，君事也，使訖事不授節旄，將坐視不爲乎？」

襄漢之役，詔劉光世以五千人爲牽制之師。六郡既復，光世之軍始至。飛奏乞先賞光世功。李寶結山東豪傑數千人，約以曹州之衆來歸，飛以黄金五百兩與之。寶以五千人自楚、泗來，韓世忠奏留之。寶截髮慟哭，願還飛麾下。世忠以書與飛，答曰：「是皆爲國家，何分彼此。」世忠歎服。每辭官，必曰：「皆將士效力，臣何功之有。」或功優而賞之薄，爲再開陳。然不當得，則一級不妄予。部將有正任廉車者數人，皆以積功伐而後至。轉餉之官，亦爲言其功於朝，皆受賞。雖小吏不遺。下至游説之士，如蕭清臣、趙潤、陶著，皆言之朝，而命以官。死事之典，如舒繼明、扈從舉、吴立、張漢之，〔一〕皆言之不遺。

〔一〕張漢之　「漢」，原作「浚」，《宋朝南渡十將傳》卷二《岳飛傳》作「俊」，據《金佗稡編》卷九《遺事》改。

雲從軍，雖立奇功，匿不以聞。或自朝廷舉行，上所特命而遷，亦辭不已。襄漢平，雲功第一，不上逾年，銓曹舉行，始遷武翼郎。平楊么，雲功亦第一，又不上功，張浚聞之，曰：「廉則廉矣，然未得爲公也。」浚乃奏雲功，飛猶力辭。嘗有特旨遷三資，飛辭曰：「士卒冒矢石，斬將陷陣，立奇功，始得霑一級，男雲無故躐崇資，是不能與士卒一律，將何以服衆。」又言：「非所以示大公至正之道。」累表不受，上嘉其志，從之。詔雲帶遥刺，則辭，帶御器械，則又辭。雲年十二，從張憲戰，大捷。京西之役，先諸軍登城，下鄧州，又攻破隨州。能以手握兩鐵椎，重八十斤。潁昌大戰，無慮十數入虜陣中，甲裳爲之赤，身被百餘創。然每勝，飛獨不上其功。死之日，年二十三。

上初欲以劉光世之兵隸飛，秦檜知其有大舉北征意，沮之，其命竟寢。飛嘗乞不假濟師，以本軍進討，除腹心患。酈瓊叛，又乞進屯淮甸，賜詔獎之。飛兵隸李回日，授神武副軍都統制，已而聞乃甥婿高澤民爲之請，而得之。飛即自陳，乞正澤民罔上之罪，力辭不受。又數見回，白其事。回乃爲言之，上報以「出自朕意」，猶力辭，再三諭之，乃止。幕屬劉康年爲之請，母封國夫人，次子雷授文資。飛知之，鞭康年五百，縶之，上章待罪，乞反汗。

飛初以建炎上書，失官，歸招撫使張所，補官。所後以謗，謫至長沙，賊酋劉忠脅以叛，所駡賊不從，遇害。其子宗本幼孤，飛鞠養之。紹興七年，遇明堂加恩，捨其子，而以宗本奏。且述其死難之由，上俞之，特賜所家銀、絹匹、兩百，仍與一資恩澤。

飛好禮下士，士多歸之，商搉古今，夜分乃寢。出則戎服弁首，治軍務；入則褒衣緩帶，講經史。恂恂如書生，口未嘗言功伐。其用兵未嘗敗，似韓淮陰，出師表與諸葛孔明相上下。紹興間，見國本未立，燕居思之，或至涕泣，〔一〕人或竊笑之。嘗抗章建議，高宗皇帝嘉其忠，詔褒之。其後詣資善堂，見孝宗皇帝，退而喜曰：「中興基本在是矣！」

〔一〕或至涕泣　「至」，傅本、《宋朝南渡十將傳》卷二《岳飛傳》與《皇宋中興四將傳》卷二《岳飛傳》作「出」。

高宗自檜薨後，厲精萬機，〔一〕首欲復飛官。万俟卨秉政，蓋嘗治飛獄者，力奏虜方顧和好，〔二〕一旦録用故將，疑天下心，不可。虜敗盟，太學生〔三〕程宏圖上書言：「故相秦檜主和議，沮天下忠臣義士之氣。欲感動其心而振起之，當正檜之罪，而籍其家，雪趙鼎與飛之寃，而復其官。」上然其言，詔諭中原及諸國之人，又詔燕北人昨被遣歸者，蓋爲權臣所誤，追悔無及。又詔飛之家聽自便。凡檜之黨，皆罷黜。檜初惡岳州與飛姓同，改爲純州，至是詔仍其舊。御史中丞汪澈宣諭荆、襄，諸將與三軍之士合辭言飛寃。澈諭以當奏知，諸軍大慟，器聲雷震。都督張浚、參贊陳俊卿聞之，皆爲之悲歎。

〔一〕厲精萬機　「厲」，《宋朝南渡十將傳》卷二《岳飛傳》作「方」。

〔二〕方顧和好　「顧」，傳本，《宋朝南渡十將傳》卷二《岳飛傳》與《皇宋中興四將傳》卷二《岳飛傳》作「願」。

〔三〕太學生　「太」，原作「大」，嘉靖本同，據《宋朝南渡十將傳》卷二《岳飛傳》與《皇宋中興四將傳》卷二《岳飛傳》改。

國朝著令，劾輕罪，因得重罪，原之，蓋不欲求情於事外也。王俊初告張憲，言欲經營復飛管軍，兩造既至，閱實無是言，則又求之書。飛與憲、貴書，雲與憲書既無之矣，則又求之飛平日之言。飛所言建節於三十二歲，實未嘗言與藝祖同，董先獄辭已證其無是語，最後乃及於淮西違詔。一時寺官〔一〕如李若樸、何彦猷固心知其不可，而争之。孝宗皇帝即位初元，首下詔曰：「故岳飛起自行伍，不踰數年，位至將相，而能事上以忠，御衆有法，屢立功效，不自矜誇，餘烈遺風，至今未泯。〔二〕去冬出戍，鄂渚之衆師行不擾，動有紀律，道路之人歸功於飛。飛雖坐事以没，〔三〕太上皇帝念之不忘。今可仰承聖意，與追復元官，以禮改葬，訪求其後，特與録用。」制詞有「事上以忠，至無嫌於辰告」，蓋以其有建儲之議也。雲復左武大夫、忠州防禦使，以禮附葬。子孫襁褓以上，皆官之，女俟嫁，則官其夫。賜其家錢萬緡。廟於鄂州，賜號曰「忠烈」。張憲復龍、神衛四廂都指揮使、閬州觀察使，亦官其子孫。又詔三省曰：「秦檜誣飛，舉世莫敢言，李若樸爲獄官，獨白其非罪。」令訪問甄録。既而李若樸除郎。何彦猷已死，其家自言，詔特贈兩官，與一子恩澤。

〔一〕一時寺官　「時」，《皇宋中興四將傳》卷二《岳飛傳》作「二」。

〔二〕至今未泯　「未」，《金佗稡編》卷九《昭雪廟謚》作「不」。

〔三〕飛雖坐事以没　「没」，《金佗稡編》卷九《昭雪廟謚》作「殁」。

飛之子〔一〕霖將漕湖北，武昌軍士、百姓皆炷香，具酒牢，哭而迎。有一嫗哭尤哀，曰：「公今不復此來矣！」問之，則曰，其夫不善爲人，爲公所斬矣。霖帥廣州，道出贛，父老率子弟來迎，〔二〕皆垂涕洟曰：「不圖今日復見公之子。」霖於淳熙五年〔三〕陛對。上諭曰：「卿家紀律、用兵之法，張、韓遠不及。卿家寃枉，朕悉知之，天下共知其寃。」聖訓昭明，垂信萬世。彼孫覿何爲者？爲它人誌墓，至指飛爲「跋扈」，其誰欺乎！

〔一〕飛之子　「飛」，原作「公」，嘉靖本同，據傳本，《宋朝南渡十將傳》卷二《岳飛傳》與《皇宋中興四將傳》卷二《岳飛傳》改。

〔二〕率子弟來迎　「率」，據《宋朝南渡十將傳》卷二《岳飛傳》與《皇宋中興四將傳》卷二《岳飛傳》補。

〔三〕霖於淳熙五年　「於」與「五年」，據《皇宋中興四將傳》卷二《岳飛傳》補。

論曰：「古之所謂豪傑之士，必非姦雄變詐者比。韓信用兵，天下莫敵也。〔一〕觀其拒蒯通之説，不肯背恩自立，其後期會遷延不至，君臣之間，間隙始開。上眷飛厚，而飛明於君臣之義，進退之機，夷夏信服之者，以其心也。和戰之權制於人主，飛詎有不聽者。兀术遺檜書，曰『必殺飛，而後和可成』者，敵人自爲計也。猛虎在山，藜藿爲之不採，飛雖不掌兵，亦足以强國，致和愈易矣。況是時虜上下相疑，其勢已弱，子玉猶在，晉文仄席之時也。檜與飛不兩立，飛疾檜之姦，檜忌飛之智。汴京之士上書兀术，其言料之審矣。是時如窩里不，〔二〕如撻辣，如粘罕，相繼皆死，〔三〕獨兀术在耳。而諸將皆不啻足以當之，此一大機會也，而檜敗之。嗚呼！檜之貪功以自專，忌賢害能，隳中興之大計，〔四〕其罪上通於天。而世之傾邪之士，猶立説以附檜，如孫覿者多矣。非使此説掃滅於天地之間，何以佐公論之行哉！」

〔一〕天下莫敵也　原脱「也」字，嘉靖本同，據傳本、《宋朝南渡十將傳》卷二《岳飛傳》與《皇宋中興四將傳》卷二《岳飛傳》補。

〔二〕窩里不　「窩」，原作「咼」，嘉靖本同，據傳本改。

〔三〕相繼皆死　「皆」，原作「而」，嘉靖本同，據《宋朝南渡十將傳》卷二《岳飛傳》與《皇宋中興四將傳》卷二《岳飛傳》改。

〔四〕中興之大計　原脱「之」字，嘉靖本同，據傳本、《宋朝南渡十將傳》卷二《岳飛傳》與《皇宋中興四將傳》卷二《岳飛傳》補。

又論曰：「時政記書事數年之後，紀載豈無闕遺。紹興諸將之功，夏官賞功之籍，猶可攷也。飛之功，〔一〕當時史官所書，用檜風旨，削而小之者有矣。是時，典領秘書圖籍者，熺也；實録秉史筆，則塤也。史官之屬，則鄭時中，檜之館客也；丁婁明，塤之婦翁也；林機，其子婿也；楊逈、董德元、王楊英〔二〕數十人，皆其黨也。上嘗以檜朋比，罷政，翰苑之臣綦崇禮當草制，上出檜二策，且以親札付崇禮，據以草制。其後柄用，丏詔於崇禮家索之。〔三〕既至，則以付秘書省，實收之也。以至《宰相拜罷録》，令悉上送官，有存藁者，坐以違制之罪。檜之慮亦深矣。人之功則欲揜之，己之功則欲大之；人之過則欲增之，己之過則欲蓋之。行之一時，可也，如天下後世何！」〔四〕

〔一〕飛之功　「功」，原作「初」，嘉靖本同，據傳本、《宋朝南渡十將傳》卷二《岳飛傳》與《皇宋中興四將傳》卷二《岳飛傳》改。

〔二〕王楊英　「楊」，《建炎以來繫年要録》卷一四八與《宋史》卷四七三《秦檜傳》作「揚」。

〔三〕於崇禮家索之　原脱「索之」兩字，嘉靖本同，據傳本、《宋朝南渡十將傳》卷二《岳飛傳》與《皇宋中興四將傳》卷二《岳飛傳》補。

〔四〕《永樂大典》卷一八二〇七《宋南渡四將傳序》：「劉錡，字信叔，秦州成紀人也；岳飛，字鵬舉，相州湯陰縣人也；李顯忠，鄜延路綏德軍青澗城人也；魏勝，字彦威，山東淮陽軍宿遷縣人也。南北既分，夷狄之患不息，武備不可一日廢也。天下，大物也，凝而爲難。器既裂矣，往事不足深咎，獨於機會之來，而再失之，爲可鑒耳。以夷狄之所爲，豈能并天下哉，特乘中國之弱，起而以力取之，民心固未易服也。吾民固嘗惡夷狄之患，而思中國之德矣。是時，北方州郡將帥，吾之所建置也；官吏，吾所選用也；人民父子，吾所撫字也。特刦於一時之威，而爲之屈。鼓而行之，則醜類却；撫而定之，則人心從。梁、宋、齊、魯之地，不難復也。蕞爾女真，非有席卷天下，囊括六合之謀，譬諸爲盜，不敢有其物，而寄諸其鄰。故寄之劉豫者七、八年。是時關陜、河東之地，南失之而未能取，北取之而不能定，西夏亦嘗欲乘女真之弊而取之矣。交兵十餘年，中國之兵日精，中國之威日振。嚮之阻兵諸酋，至有涕泣辭行，不敢南侵者。臣伏讀高宗皇帝聖訓，有曰：『今雖以檄呼虜人渡江，必不敢來矣！』又其種類怙勢争權，内自相疑，非誅則殞，唯兀述在耳。而兀述屢困於我師，固嘗見順昌之旌旗而走，聞岳飛之來而遯，知李世輔之歸而避之。北方之民延頸企踵，以望王師之至者，蓋朝夕也。兀述雖握兵在汴京，亦歸輜重，不復爲久留計。相檜爲謀自私，沮敗成事，有詔班師，而人皆慟哭，天實爲之，謂之何哉！自亶不君，而亮繼之，復行之以無道，翦滅其宗支，而虐其民。褒乘其亂而取之，人心固未服也。山東、河北之人倡義者響應，魏勝首事於東，大河南北，蓋蠭起矣。遷延歲月，而機不留，是得不長太息哉！

中興以來，諸大將宣皇威，敵王愾，垂功名於竹帛，紀勳伐於金石，眷遇始終，無遺憾者。獨此四臣，或困於讒，或抑於媢嫉。顧雖忠根於心，義形於色，誓不與賊俱生，而志不獲伸，目不瞑於地下。迹其規恢次序，實係當時之强弱，關後世之理亂。使不詳紀而備載之，則孰知機失於前，而患貽於後世哉！此臣之所以獨爲之作傳之本意也。《詩》曰：『無競維人。』中國之所以大競者，非以其人乎？兹故摭其鏖鋒力戰，將士用命之時，奇謀碩畫，行師攻取之宜，而載之書。吁！何世不生材，天佑我宋，安知無四臣者出，而爲國家用。故揭而出之，使夷狄知中國爲有人也。開禧二年九月朔旦，謹序。」

《中興四將傳》章穎表云：「臣穎言：『天扶昌運，必生禦侮之臣；帝念雋功，當有特書之史。事關勸激，跡貴昭明，敢哀竹帛之藏，仰徹冕旒之聽。臣穎誠惶誠懼，頓首頓首。

粤若稽古，誰能去兵，執干戈以衛社稷者固所難能，聞鼓鼙而思將帥則求之已晚。欲厲有爲之志，當於無事之時。仰惟國家之興，尤得人材之盛。開基創業，虓將雲蒸；復古中興，虎臣角立。率厲熊羆之士，掃空虵豕之羣。名書旂常，功耀天地，或繪像於原廟，或侑食於大烝。爪牙宣勤，項背相望。當時稱誦，姓名可止於兒啼；後世傳聞，韜略尚驚於敵膽。頃紛紜於議論，稍變易於是非，事實浸以湮微，士氣爲之沮抑。雖已加於褒典，猶未快於輿情，非假汗青，何由暴白。

故太尉、威武軍節度使、贈開府儀同三司臣劉錡，甚雋順昌之戰，大摧兀述之鋒，誰其妨功而害能，遂爾投閑而置散。故少保、武勝、定國軍節度使、贈太師臣岳飛，兵方精而可用，功竟沮於垂成，既撓良謀，更成奇禍。事皆有證，其書雖見於《辨誣》；言出私家，後世或疑於取信。故太尉、威武軍節度使、贈開府儀同三司臣李顯忠，家世諸李，父子一忠，縛撒里曷若雞豚，視僞齊豫如犬彘。氣吞逆虜，志在本朝，當其杖策之歸，適近櫜弓之際。故右武大夫、果州團練使、贈寧國軍節度使臣魏勝，爲山東忠義之冠，當清口寇攘之衝，雖血戰於淮陰，竟身膏於草野。

況又皆志未盡展，時不再來，失機一瞬之間，抱恨九泉之下。雖生未及盡俘於醜類，其没或能爲厲於敵人，宜有屢書，以旌多伐。況方大規恢之略，所宜彰果毅之能。恭惟皇帝陛下天運廟謨，日開公道，用宣昭於賞罰，以駕馭於豪英。代不乏人，用則爲虎，西有梁洋之義士，東多荆楚之奇材。怒髮衝冠，雄心撫劍，儻在上有激昂之術，則凡人懷奮發之心。

臣嘗忝史官，獲觀舊載，悉紀當時之實，以塵乙夜之觀。伏乞斷自宸衷，付諸東觀，然後可傳於百世，庶幾聳動於四方。張大國家之威，發舒華夏之氣。事雖已往，可爲鑒於將來；謀或有遺，幾成功於今日。臣所譔到劉、岳、李、魏傳，繕寫共計七册，謹隨表上進以聞。臣穎誠惶誠懼，謹言。』」此表又見《宋會要》禮五九之二〇—二一與《皇宋中興四將傳》。

鄂國金佗續編卷第二十二

百氏昭忠録卷之六

閣學劉光祖襄陽石刻事迹之一

王諱飛，字鵬舉，相州人也。自父、祖而上，以力田爲業。至王，乃晝夜讀書，書傳無不覽，尤好《左氏春秋》及《孫吴兵法》。年二十，去從戎。

戰功

王自從戎至專征，平劇賊，破彊虜，大小凡一百二十餘戰，類皆以少擊衆，未嘗一敗。其躬履行陳而勝者六十有八，其分遣諸將而勝者五十有八。

相州劇賊陶俊、賈進攻剽縣鎮，官軍屢失利。王以步騎二百與戰，擒俊、進於馬上。賊驚亂，遂俘獲其衆。

大元帥分鐵騎三百，使王至李固渡，〔一〕當虜軍。〔二〕戰侍御林，敗之，殺其梟將。

王與虜相持於滑州南，以百騎戰河上，斬一梟將，首級數千。

戰於開德，以兩矢殪金人執旗者二人，縱騎突擊，敗之。

戰於曹州，直犯虜陣，遂大破之。

從都統王彦渡河，至衛州新鄉縣。虜勢盛，王約彦出戰，不進。王怒，獨引所部鏖戰，遂拔新鄉。又與萬户王索戰，敗之。明日，戰侯兆川，復破之。

王引所部益北擊虜。戰太行山，擒拓跋耶烏。數日，復與虜遇，王單騎刺殺虜帥黑風大王，其衆遂走。

合鞏宣贊軍，與金人戰胙城縣，大敗之。又戰黑龍潭、龍女廟〔三〕側官橋，皆大捷。

從閭勍與金人戰汜水關，大破之。王留軍竹蘆渡，與虜相持，襲擊，又破之。

賊首王善、曹成、張用等率衆五十萬，犯京師，薄南薰門。杜充遣王以所部八百人出戰，王領數騎横衝其軍，賊軍亂。後騎皆死戰，賊衆大敗。

杜叔五、孫海等圍東明縣，〔四〕王與戰，擒之。

王善圍陳州，王從都統陳淬合擊之。戰於清河，賊衆大敗。後又從淬擊善，王遇善軍於崔橋鎮西，復敗之。

從杜充之建康，師次鐵路步，與張用戰，敗之。至六合，檄討賊李成，破之於盤城。成退保滁州，遣輕騎剽劫。王急進兵掩擊，賊兵盡殪，成奔江西。

金人大舉兵，與李成共入寇，由馬家渡渡江。杜充遣王等出戰，諸將皆潰，〔五〕王獨力戰。會暮，後援不至，乃全軍夜屯鍾山。遲明，復戰，斬首以數千百計。

兀术趨臨安，王領所部邀擊之，至廣德境中，六戰皆捷。俘諸路簽軍首領，結以恩信，遣還虜中。令夜斫營，燒毁器仗。乘其亂，縱兵夾擊，大敗之。

虜侵溧陽縣，王遣劉經夜半馳擊之，生擒渤海太師李撒八等。

賊首郭吉擾掠宜興，王引兵及境，吉載百餘舟逃入湖。王遣部將王貴、傅慶追之，大破其衆。羣盜馬皐、林聚等精鋭數千，王盡説降之。有號張威武者不從，王單騎入其營，手擒出，斬之，收其軍。

金人犯常州，王邀擊，四戰皆捷，擁溺河死者不可數計。尾襲於鎮江之東，戰屢勝。

詔就復建康，王親將而往。戰於清水亭，金人大敗，横屍十五餘里。

兀术復趨建康，王設伏于牛頭山上，待之。兀术次龍灣，王以騎三百、步卒二千，自山馳下，至南門新城設寨，遂戰，大破兀术，僵屍十餘里。兀术奔淮西。王乃入城，撫定居民，俾各安業，虜無一騎留者。

叛將戚方侵犯廣德，詔王討之，方驚遁。王命傅慶等追之，不獲。俄益兵來，王自領千人出，與戰，凡十數合，皆勝，復遁。王窮追不已，會張俊來會師，方乃間道降俊。

王初除通、泰鎮撫使，會金人攻楚州急，詔王率兵腹背掩擊。王即提所部赴鎮。遂引兵抵承州，三戰皆大捷。

泰州盜起，王被命旋師。自北炭村至柴墟，〔六〕屢戰，皆大捷，死者相枕藉。

金人併兵二十萬，將取通、泰。王與戰于南霸塘，金人大敗，擁入河流者不可勝計。

劇賊李成自號李天王，連兵三十萬，有席卷東南之意，遣其將馬進犯洪州。上命張俊爲江、淮招討使，俊請與王軍同討賊。王引兵潛出進軍之右，首突賊陣，所部從之，賊大敗。王追之，及河，橋壞。進引軍回攻王，王以一矢殪其先鋒之將。進遂走筠州，王以軍屯筠城東。賊復引兵出城布列，横亘十五里。王領馬軍二百而前，賊易其少，搏之，伏發，大敗。進以餘卒奔李成，成時在南康之建昌。王復夜引兵至朱家山，〔七〕伏茂林待之。進至，伏兵出，賊衆大敗，進僅以身免。成怒，自引兵十餘萬來。王遇之于樓子莊，引軍合戰，大破成軍。追奔渡江，成軍晝夜不得息，飢困死者十四、五。成走降僞齊，江、淮以平。

賊姚達、饒青以萬餘人逼建昌。王使王萬、徐慶將三千討之，擒青、達於四望山。

曹成擁衆十餘萬，由江西歷湖湘，據道、賀州。命王權帥荆湖東路，以捕成。王入賀州境。成置寨太平場，王未至賊屯數十里，按兵立栅。夜半趨遶嶺，未明，已破太平場寨，焚毀之。成大驚，據山險捍官軍，王麾兵掩擊，賊衆大潰。成奔桂嶺路，王進兵趨桂嶺。其地有北藏嶺、上梧關、蓬嶺，號爲三隘。成先引兵據北藏嶺、上梧關，自喜以爲得地利。王至，成以都統領王淵迎戰。王麾兵疾馳，不陣而鼓，淵軍大潰，乃奪二隘而據之。成復選鋭將，自北藏嶺夾擊官軍，王以兵迎之，成敗走。又自桂嶺置寨至北藏嶺，綿亘六十餘里，成自守蓬嶺，嚴備特甚。王所部纔八千人，而騎兵又最少。進兵蓬嶺，分布嶺下，一鼓登之，成軍四潰，所殺及掩擁入河者不知其數。成逃竄連州，王乃遣諸將分路逐餘寇，親進兵追成。成走宣撫司降，嶺表悉平。

有郝政者，率衆走沅州，首被白布，稱爲成報讎，謂之「白頭巾」，亦爲張憲所擒。

劉忠餘黨寇蘄之廣濟縣。李通已受招安，在司公山，不肯出。掩捕，悉平之。

亡將李宗亮誘張式以叛，夜至筠州，殺劫甚衆。〔八〕王遣徐慶、傅選軍捕滅之。

虔、吉二州盜起。吉州則彭友、李動天爲之魁。虔州則陳顒、羅閑十等，各自爲首，連兵十數萬，〔九〕置寨五百餘所，分路侵寇。上委王專討捕之。彭友等立栅於固石洞，儲蓄甚富，乃悉其兵至雩都，俟官軍。王使人諭降之，不聽。遂與戰，擒友等於馬上。餘酋散走，復保固石洞。王頓兵瑞金縣，領千餘騎而前，復遣辯士説降之，又不聽。王乃列騎圍之，遣死士三百，疾馳登山。賊衆大亂，棄山而下，倉卒投墜死者甚衆，餘乃悉降。王遣徐慶等將兵，授以方略，捕諸郡賊，以次敗降。是役也，擒賊大小首領五百餘人，一無遺類。劉忠將高聚犯袁州。〔二〇〕王遣王貴擊擒之，盡降其衆。張成亦陷袁州之萍鄉，復遣王貴擊之。成敗走，明日，復戰，遂擒成，而降其衆。

僞齊使李成合北虜兵，攻陷襄陽、唐、鄧、隨、郢、信陽。王奏乞復六郡，提兵至郢州，僞將京超乘城拒守。王鼓衆薄城，一麾並進。超迫於亂兵，投崖而死，遂復郢州。

王遣張憲、徐慶復隨州。僞將王嵩不戰而遁，退保隨城，未下。王遣牛臯裹三日糧往，糧未盡而城已拔。執嵩，斬之，遂復隨州。

王領軍趨襄陽，李成引兵出城四十里迎戰。王使王貴、牛臯分擊之，成軍大敗，死者無數。成遂夜遁，復襄陽府。

僞齊益李成兵，屯襄江北新野市。王先遣王萬提兵駐清水河，以餌之，王繼往。賊悉其衆，衝突官軍，萬與王兵夾擊，敗之。明日，復戰，又敗之，使萬追擊，横屍二十餘里。

王進兵鄧州。聞李成與金賊劉合孛堇、陝西番、僞賊兵會聚於州西北，以拒官軍。王遣王貴等由光化路，張憲等由横林路，會合掩擊。貴、憲等離鄧州三十餘里，逢賊兵數萬，遂遣王萬、董先出奇突擊，賊衆大潰。其將高仲率餘衆走鄧州，閉門拒守。諸將率士卒攻之，遂破其城，擒仲以獻。於是引兵收唐州及信陽。旬日之間，三郡俱復。

兀术、劉豫稱兵七十餘萬，寇淮西，圍廬州。上命王出師援之。虜望見幟旗，不戰而潰。王命牛皐追擊三十餘里，虜衆相踐及殺死者相半。軍聲大振，廬州遂平。

初，鼎州妖巫鍾相作亂，爲官軍所敗，獲而誅之。相黨楊么率其餘部居湖湘間，復聚兵至數萬，立相子儀，謂之「鍾太子」，與么俱僭稱王，窺覦上流，出没爲患。上命王招捕之，王將至潭，先遣使持檄招賊，賊黨黄佐率所部降。王復遣至湖中，〔二〕招其他將，不服，乘便利擒之。佐襲擊周倫，倫大敗走，殺死及掩入湖者甚衆，寨栅、糧、舡焚毁無遺。又使統制任士安餌賊，賊併兵永安寨，攻之。王遣兵設伏，士安等戰垂困，伏兵起，四合擊之，賊衆敗走。又追襲過荷陂山，所殺獲不可勝計。士安復移軍，與牛皐逼近賊巢而屯。賊出攻之，官軍迎擊，賊又敗走。楊欽受黄佐之招，率三千餘人，詣王降。復遣歸湖中，説未降者。王因夜以舟師掩其營，殺獲略盡。惟楊么負固不服，王挑與戰，大破之。楊么舉鍾儀投水，繼乃自投，牛皐入水，擒么至王前，斬之。僞統制陳瑫等亦劫鍾儀之舟以降。王亟領黄佐、楊欽等軍入賊營，夏誠、劉衡俱就擒，其餘首領二百人俱降。王即縱火焚寨，凡焚三十餘所，湖湘遂平。

王移屯襄漢，遣王貴、郝政、董先攻虢州寄治盧氏縣，下之。

遣楊再興進兵至西京長水縣之業陽，僞順州安撫張宣贊命孫都統及其後軍統制滿在拒官軍。再興出戰，斬孫都統，擒滿在，餘黨奔潰。明日，再戰于孫洪澗，破其衆二千，復長水縣。

僞齊於唐州北何家寨置鎮汝軍，屯兵聚糧，爲窺唐計。王遣王貴、董先等攻毁之，僞五大王劉復擁兵出城迎敵。貴等遇之於大標木，衆幾十倍，一戰俱北。僞都統薛亨以衆十萬，掠唐、鄧來援。貴、先戰，陽北，命馮賽以奇兵繞出其後。亨果來追，先回兵夾擊，賊大敗，五大王以匹馬還。

王貴等引兵至蔡城，閉拒未下，王奉詔，使人返之。貴等至白塔，叛將李成率劉復等併兵來，絶貴歸路。貴以馬軍迎擊，賊兵盡敗，追殺五里餘。還至牛蹄，賊復益兵追之，有數千騎，方渡澗，爲董先所擊，盡擁入澗中，積屍填谷。賊兵之繼來者，望見官軍，皆引遁。

金人歸我河南，而復叛盟，上命王乘機進取。王乃命王貴等提兵，自陝以東，西京、汝、鄭、潁昌、〔二三〕陳、曹、光、蔡諸郡分布經略。於是李寶捷于曹州，又捷于宛亭縣荆堽，又捷于渤海廟。張憲敗虜于潁昌府，復潁昌府。遂進兵陳州，破其三千餘騎，翟將軍益兵以來，復敗之，復陳州。韓常及鎮國大王、邪也孛堇再寇潁昌，董先、姚政敗之。王貴之將楊成破賊帥漫獨化于鄭州，復鄭州。劉政復劫之于中牟縣，漫獨化不知存亡。張應、韓清復西京。牛皋、傅選捷于京西，又捷于黄河上。孟邦傑復永安軍，其將楊遇復南城軍。又與劉政捷于西京，僞守李成、王勝等以兵十餘萬走，棄洛陽，歸懷、孟。

王又遣梁興渡河，會合忠義社，取河東、北州縣。興會太行忠義及兩河豪傑等，破賊于絳州垣曲縣。虜入城，復拔之。又捷于沁水縣，〔一三〕復之。又追至孟州王屋縣之邵原，漢兒軍張太保等降。又追至東陽，賊棄營而去。又至濟源縣之曲陽，破高太尉之兵，屍布十里。高太尉引懷、孟、衛等州之兵萬餘人再戰，又破之，賊死者十之八，高太尉以餘卒逃。又敗之于翼城縣，復翼城縣。又會喬握堅等復趙州。李興捷于河南府，又捷于永安軍。

大軍在潁昌，諸將分路出戰，王自以輕騎駐郾城，兀术大懼。王日出一軍挑虜，且罵之。兀术怒，合龍虎大王、蓋天大王及僞昭武大將軍韓常之兵，逼郾城。王遣其子雲領背嵬、遊奕馬軍直貫虜陣，鏖戰數十合，賊屍布野。楊再興以單騎入其軍，擒兀术不獲，手殺數百人而還。

兀术復益兵，至郾城北五里店。背嵬將王剛以五十騎出覘虜，遇之，奮身先入，斬其將，賊大駭。王自以四十騎馳出，突戰賊陣前，士氣增倍，無不一當百，呼聲動地，一鼓敗之。

兀术又率其衆併力復來，頓兵臨潁縣。楊再興以三百騎至小商橋，與賊遇。再興驟與之戰，殺萬户、千户、百人長百餘人，再興死之。張憲繼至，破其潰兵八千，兀术夜遁。

兀术以兵十萬、騎三萬攻王貴于潁昌。王已遣其子雲先爲貴援。於是貴將遊奕，雲將背嵬，戰於城西。虜軍横亘十餘里，雲以騎兵八百，挺前決戰。自辰至午，戰方酣，董先、胡清繼之。虜大敗，兀术狼狽遁去，副統軍粘汗孛堇重創，輿至京師而死。

張憲之將徐慶、李山等復戰于臨潁東北，大破其衆，追奔十五里。

王進軍至朱仙鎮，距京師纔四十五里。兀术復聚兵，且悉京師兵十萬來敵。〔一四〕王按兵不動，遣驍將以背嵬騎五百奮擊，大破之。兀术奔還京師。

最，所擒殺降附可以名數計者，賊首領一千二百二十二人，虜酋、番官及僞齊將七百四十七人，其不知名氏及士卒等不可勝數。

〔一〕李固渡　「固」，原作「園」，據《金佗續編》卷一七改。

〔二〕當虜軍　「當」，原作「嘗」，據《金佗稡編》卷四改。

〔三〕龍女廟　「龍」，據《金佗稡編》卷四補。

〔四〕東明縣　「明」，原作「門」，據《金佗稡編》卷四改。

〔五〕諸將皆潰　「將」，原作「騎」，據《金佗稡編》卷四改。

〔六〕北炭村至柴墟　「至」，據《金佗稡編》卷五補。

〔七〕復夜引兵至朱家山　「夜」，原作「以」，據《金佗稡編》卷五改。

〔八〕殺劫甚衆　「甚」，原作「其」，據《金佗稡編》卷五改。

〔九〕連兵十數萬　「十數」，原作「數十」，據《宋朝南渡十將傳》卷二《岳飛傳》改。

〔一〇〕袁州　「袁」，原作「沅」，據《金佗稡編》卷五改。

〔一一〕復遣至湖中　「中」，原作「州」，據《金佗稡編》卷六改。

〔一二〕潁昌　「潁」，原作「穎」，嘉靖本同，據傳本改。後「潁昌」之「潁」亦作同樣處理。

〔一三〕又捷于沁水縣　「于」，原作「至」，據《金佗稡編》卷八改。

〔一四〕且悉京師兵十萬來敵　「兵」，據《金佗稡編》卷八補。

材藝

王生而有神力，未冠，能引弓三百斤，腰弩八石。嘗學射於鄉豪周同。一日，同集衆射，連中的者三矢。王引弓一發，破其筈，再發又中。同大驚，遂以其所愛弓二贈王。王能左右射，隨發輒中。及爲將，以教士卒，由是軍中皆善左右射。

河上之戰，王馳迎敵。有梟將舞刀而前，王以刀承之，刃入寸餘，復拔刀擊之，斬其首。

曹州之戰，王被髮，揮四刃鐵簡，直犯虜陣，遂破之。

太行之戰，王單騎持丈八鐵槍，刺殺黑風大王。

南薰門之戰，王左挾弓矢，右運鐵矛，以破王善。

王子雲年十二，從戰，大捷，軍中號曰「嬴官人」。京西之役，手握兩鐵鎚，重八十斤，先諸軍登城，〔一〕攻下隨、鄧。

〔一〕先諸軍登城　「登」，原作「終」，據《金佗稡編》卷九《諸子遺事》改。

鄂國金佗續編卷第二十三

百氏昭忠録卷之七

閣學劉光祖襄陽石刻事迹之二

智謀

王嘗自言：「爲將無謀，不足以搏匹夫。」

陶俊、賈進之亂，王請以百騎滅之，安撫使〔一〕劉韐與步、騎二百。王預遣三十人易衣爲商，入賊境，賊掠之以歸。王夜伏百人於山下，自領數十騎逼賊壘。賊易其兵少，出戰。王陽北，賊乘勝追逐。伏兵發，所遣三十人自賊中擒俊、進於馬上，賊遂敗。

東京留守宗澤授王以陣圖，王曰：「此定局耳，兵家之要，在於出奇，始能取勝。若平原曠野，猝與虜遇，何暇整陣哉！」澤曰：「如爾所言，陣圖不足用耶？」王曰：「陣而後戰，兵之常法耳，然變而不可拘者，運用之妙，存於心也。」澤大奇之。

河北招撫使張所嘗問王曰：「聞汝從宗留守，勇冠軍，自料能敵幾何人？」王曰：「勇不足恃也，用兵在先定謀。謀者，勝負之機也，爲將之道，不患無勇，而患無謀。是以上兵伐謀也。」所聞其語，矍然敬之。

王與虜相持於竹蘆渡，糧垂盡。密選精鋭三百，伏前山下，令各以薪屬交縛兩束，四端爇火，夜半齊舉。虜疑援兵至，驚潰。追襲，大破之。

兀术再趨建康。王夜令百人黑衣，混虜中，擾其營。虜人驚，自相攻擊，徐覺有異，益邏卒於營外候望。王復潛令壯士銜枚於其側，伺其往來，盡擒之。遂大破兀术。

王從招討使張俊討馬進於洪州。賊連營西山，師不得渡，諸將莫當其鋒。王謂俊曰：「賊貪而不慮後，若以騎兵三千，自上流生米渡出其不意，破之必矣。」王身披重鎧，先諸軍躍馬以濟，衆皆駭視，須臾，以次畢渡。乃潛出進軍之右，大破之。

討曹成也，入賀州境。得其諜，縛之帳下。王出帳，調兵食，軍吏以糧乏告，王曰：「姑返茶陵以就餉。」已而逸其諜，諜盡以告成。成大喜，期明日追王軍。是夜，王命士蓐食，夜半悉甲趨之，遂破其太平場寨。

吉州諸寇保固石洞，洞之山特高險。王領千餘騎攻之，列馬軍於山下，皆重鎧持滿。

黎明，遣死士三百，疾馳登山，賊衆大亂。山下鳴鼓呼譟，賊莫測多寡，棄山而下，見山下皆爲列騎所圍，於是疾呼丐命。

僞齊使李成合北虜，南寇襄陽諸郡。湖寇楊么又與之交結，欲順流而下。李成欲由江西趨兩浙，與么會。朝廷患之。王與幕客論及二寇，或問將何先？王曰：「先襄漢，襄漢既復，〔二〕李成喪師而逃，楊么失援矣。第申嚴下流之兵以備之，然後鼓行也。」

王提兵復郢州。僞將京超號萬人敵，雜蕃、漢萬餘人拒守。王抵城下，躍馬環城，以策指東北敵樓，顧謂衆曰：「可賀我也！」軍正告糧乏，王問：「所餘幾何？」曰：「可再飯。」王曰：「可矣，吾以翌日巳時破賊！」黎明，引衆薄城，遂克之。

王趨襄陽，李成引兵迎戰，左臨襄江。王貴、牛皋等欲即赴賊，王笑曰：「且止，〔三〕夫步卒之利在阻險，騎兵之利在平曠；成乃左列騎兵於江岸，右列步卒於平地，雖有衆十萬，何能爲！」於是舉鞭指貴曰：「爾以長槍步卒，由成之右擊騎兵。」指皋曰：「爾以騎兵，由成之左擊步卒。」遂合戰，馬應槍而斃，後騎皆不能支，退擁入江，人馬俱墜，激水高丈餘。步卒之僨死者無數。成軍遂遁。

王討湖寇，凡有降者，皆厚賞給而縱之，有復入湖，亦弗問。張公浚以都督軍事至潭州。參政席公益謂浚曰：「岳侯得無有他意，故玩此寇。」浚笑曰：「岳侯，忠孝人也，足下何獨不知？用兵有深機，胡可易測！」其後竟以此成功。

王之至潭也，賊將黄佐首降。使復入湖，招其他黨。楊欽受佐之招，以降，王喜曰：「楊欽，驍悍者，今降，賊腹心潰矣。」遂復遣歸湖中，説全琮、劉詵等降。未降者尚衆，王詭罵曰：「賊不盡降，何來也！」杖之，復令入湖。是夜，以舟師掩其營，併俘欽等，其餘黨殺獲略盡。

楊么舟有所謂望三州、和州載、五樓、九樓、大德山、小德山、大海鰍頭、小海鰍頭，以數百計。皆以輪激水，疾馳如羽，浮遊湖上，夸逞神速，左右前後又俱置撞竿，官舟犯之，輒破。且官舟淺小，而賊舟高大，賊矢石自上而下，官軍仰面攻之，所以屢敗。王取君山之木，多爲巨筏，塞湖中諸港。又以腐爛草木，自上流浮而下。擇視水淺之地，遣口伐者二千人挑之，且行且罵。賊不勝憤，争揮瓦石，追而投之。〔四〕俄而草木坌積舟輪下，膠滯不行。王亟遣軍攻之，賊奔港中，爲筏所拒。官軍乘筏，張牛革以拒矢石，羣舉巨木撞賊舟，舟爲之碎。楊么乃自投于水。是役也，獲賊舟凡千餘，鄂渚水軍遂爲沿江之冠。〔五〕

初，鼎州有唐生者，嘗與太守程昌禹論湖寇之險，曰：「楊么寨栅，除是飛，便會入去。」賊黨亦嘗自詫曰：「吾城池樓櫓〔六〕如此，欲犯我，除是飛來。」至是始驗。

初，朝廷遣王𤫉討湖寇，久無功，乃更命王。張公浚至潭，未幾，有旨召還，謂王曰：

「浚將還矣，節使經營湖寇，有定畫否？」王袖出小圖示浚，且曰：「都督能爲飛少留，不八日，可破賊。」浚正色曰：「王四廂兩年尚不能成功，乃欲以八日破賊，君何言之易耶！」王曰：「王四廂以王師攻水寇，則難；飛以水寇攻水寇，則易。」浚曰：「何謂？」王曰：「湖寇之巢，艱險莫測，舟師水戰，我短彼長，入其巢而無鄉導，以所短而犯所長，此成功所以難也。若因敵人之將，用敵人之兵，奪其手足之助，離其腹心之援，使桀黠孤立，而後以王師乘之，覆亡猶反手耳。」浚亦未信。王果八日平賊，浚歎曰：「岳侯殆神算也！」

王知粘罕主劉豫，而兀朮常不快於粘罕，可以間而動。會兀朮欲與豫分兵自清河入寇。兀朮遣諜至王軍，爲邏卒所獲。王愕視曰：「汝非張斌耶？本吾軍中人也。」引至私室，責之曰：「吾鄉者遣汝以蠟書至齊，約誘致四太子，而共殺之。汝往不復來。吾繼遣人問，齊帝已許我，今年冬以會合寇江爲名，致四太子于清河矣。然汝所持書竟不至，何背我耶？」諜冀緩死，即詭服。乃作蠟書，言與僞齊同謀誅兀朮事，因謂諜者曰：「汝罪萬死，吾今貸汝，復遣至齊，問舉兵期，宜以死報。」刲股納書，厚幣丁寧，戒勿泄，諜拜謝而出。復召之還，益以幣，重諭之，乃遣。諜徑至兀朮所，出書示之。兀朮大驚，馳白其主，於是清河之警不復聞。豫以故遂見廢奪。

王再破兀朮于郾城，即謂其子雲曰：「賊犯郾城，屢失利，必回鋒以攻潁昌，〔七〕汝宜速援王貴。」既而兀术果以重兵向潁昌。雲、貴與戰于城西，令諸軍勿牽馬執俘，視梆而發，以騎兵挺前決戰，步軍張左右翼繼進，遂大破之。

初，兀术有勁軍，皆重鎧，貫以韋索，凡三人爲聯，號拐子馬，堵牆而進，官軍不能當。郾城之戰，以萬五千騎來。王命步人以麻扎刀〔八〕入陣，勿仰視，第斫馬足。拐子馬既相聯合，一馬僨，二馬皆不能行，坐而待弊，官軍奮擊，僵屍如丘。兀术大慟曰：「自海上起兵，皆以此勝，今已矣！」拐子馬由是遂廢。

〔一〕安撫使　「安」，原作「宣」，據《金佗續編》卷一七改。

〔二〕襄漢既復　「襄漢」，據《金佗稡編》卷五補。

〔三〕王笑曰且止　「且」，據《金佗續編》卷一八補。

〔四〕争揮瓦石追而投之　「投」，原作「殺」，據《金佗稡編》卷六改。

〔五〕鄂渚水軍遂爲沿江之冠　「遂」，原作「逐」，據嘉靖本和傅本改。

〔六〕城池樓櫓　「櫓」，原作「櫓」，據嘉靖本改。

〔七〕潁昌　「潁」，原作「穎」，嘉靖本同，據傅本改。

〔八〕麻扎刀　「扎」，原作「札」，據《金佗續編》卷二〇改。

勇敢

賊首張超率衆數百，圍韓魏公故墅。王時年少，適見之。超方恃勇直前，王乘垣，引弓一發，貫吭而踣，賊衆奔潰。

平定軍路分檄王，以百餘騎往榆次縣覘虜。猝遇虜衆，騎士畏卻，王單騎突虜陣，出入數四，殺其騎將數人，虜衆披靡。至夜，以虜服潛入其營，遇擊刁斗者，謬爲胡語答之，遂周行營柵，盡得其要領以歸。

大元帥與王百騎，使招羣賊吉倩等。王受命出，日薄暮，頓所部宿食，自領四騎徑入賊營。羣賊駭愕，王呼倩等慰諭之，倩等感悟聽命。忽一賊起，搏王。王批其頰，應手仆地，拔劍向之。倩等羅拜請免，相率解甲受降。

與虜相持於滑州。王從百騎，習兵河上，虜忽乘冰渡河。王急麾兵擊之，獨馳迎敵，斬一梟將，屍仆冰上，騎兵乘之，虜衆大敗。

曹州之戰，王直犯虜陣。士皆賈勇，無不一當百，遂大破之。

新鄉之戰，王奪虜纛而舞之，諸軍鼓譟争奮，遂克之。

將戰侯兆川，王預戒士卒曰：「吾已兩捷，彼必併力來。吾屬雖寡，當爲必勝計，不用命者斬！」遂與軍中皆死戰，卒破之。

夜屯石門山下，或傳虜騎復至，一軍皆驚，王堅卧不動，虜卒不來。

王善等犯京師，衆皆懼不敵，王曰：「賊雖多，不整也，吾爲諸君破之！」遂領數騎横衝其軍，賊軍果亂。

王善圍陳州，恣兵出掠。王使偏將岳亨，以遊騎絶其剽掠之路。善兵勢沮，不復出，因與戰，遂敗之。及再戰，王單騎與岳亨深入，執馘，乃還。

兀术之至郾城北五里店。王時出踏戰地，望見黄塵蔽天，衆欲少卻，王曰：「不可，汝等封侯取賞之機，正在此舉！」自以四十騎馳出，都訓練霍堅扣馬諫曰：「相公國重臣，奈何輕敵！」王鞭堅手，麾之曰：「非爾所知！」乃突賊陣前，左右馳射，士氣增倍，一鼓敗之。

紀律

王嘗與張俊論用兵之術，曰：「仁、信、智、勇、嚴，五者不可闕一。」俊問「嚴」，曰：「有功者重賞，無功者峻罰。」

張憲部卒郭進有功於莫邪關，頓解金束帶及所用銀器賞之，又補秉義郎。

平湖寇也，統制任士安慢王𤫊令，不戰。及王至，鞭士安一百，使餌賊，曰：「三日不平賊，必斬！」士安卒與牛臯等破賊。

王之子雲嘗習注坡，馬躓而踣，王以其不素習，怒曰：「前臨大敵，亦如此耶？」命斬之，諸將叩頭乞免，猶杖之百。

郾城之戰，王遣子雲直貫虜陣，謂之曰：「必勝而後返，如不用命，吾先斬汝！」遂大破兀术。

王御軍重蒐選，謹訓習，背嵬所向，一皆當百。如注坡、跳壕〔一〕等藝，皆被重鎧，精熟安習，人望之以爲神。

王初入泰州，會金人攻楚州急。王籍郡中敢勇士及部押使臣、效用，責其從軍願否狀。盡收其馬，置之教場，集射于其中，中的多者，得自擇一馬。凡得百人，以甲予之，分爲四隊，常置左右。

王自平楊么，還軍鄂州，益自奮勵，日率將士，閱習師徒，軍容甚整。兵部侍郎張宗元以宣撫判官監京西、湖北軍，歸，復于上曰：「將帥輯和，軍旅精鋭。上則稟承朝廷命令，人懷忠孝；下則訓習武伎，衆和而勇，此皆岳飛訓養所致也。」

王每行師，有踐民稼，傷農功，市物售直不如民欲之類，必死不貸。卒有取民麻一縷，以束芻者，立斬之。

居民火，王貴帳下卒盜取民蘆筏，以蔽其家，王偶見之，即斬以徇，杖貴一百。

軍士夜宿民户外，民開門納之，晨起去，草葦無亂。湖口人項氏家鬻薪自給，有卒市薪，項愛其不擾，欲自損其直二錢以售之，卒曰：「吾可以二錢易吾頭耶？」盡償其直而去。雖甚飢寒，不變節，每相與自詫曰：「凍殺不拆屋，餓殺不打虜，是我軍中人也。」

王之駐廣德，糧食罄匱。將士常有饑色，獨畏王紀律，不敢擾民，市井鬻販如常時。

王自池州進兵于潭，所過肅然，民不知軍旅之往來。上聞之，曰：「岳飛移軍潭州，經過無毫髮騷擾，村民私遺士卒酒食，即時還價，所至歡悦。」賜詔獎之。

孝宗皇帝踐祚，詔云：「去冬出戍，鄂渚之衆師行不擾，動有紀律，道路之人歸功於飛。」

〔一〕如注坡跳壕　「坡」，原作「城」，嘉靖本同，據傳本改。

威望

賊首郭吉掠宜興縣，令、佐聞王威名，奉書迎之。王甫及境，吉載百餘舟，逃入湖。

虜之渡江，諸將戚方首亡爲盜。廣德守臣以其難來告，詔王討之。方發兵斷官橋以自固，王射矢橋柱，方得矢，大驚，遂遁。俄益兵來，王與戰，數勝，復遁。王窮追不已，方知必爲王所誅，會張俊來會師，方乃間道降俊。俊爲王置酒，令方出拜，方號泣請命，俊力懇而免之。當廣德之戰，方以手弩射王，中鞍。王納矢於箙，曰：「他日擒此賊，必令折之以就戮。」至是取矢畀方，方寸折惟謹。王與俊皆大笑，方流汗股慄，不敢仰視。

金人犯通、泰，王敗之於南霸塘。顧虜勢方盛，而糧餉乏絶，乃下令渡百姓于陰砂。以精騎二百殿，金人望之，不敢逼。

賊首張用勇力絶羣，號張莽蕩。其妻勇在用右，號一丈青。轉寇江西，張俊遣王討之，問用兵幾何？王曰：「以某自行，此賊可徒手擒也。」王至中途，遣一卒持書諭之曰：「南薰門、鐵路步之戰，皆汝所悉也。今吾自將在此，汝欲戰則出戰，不欲戰則降。」用與其妻得書，拜曰：「果吾父也，敢不降！」遂俱解甲，王受之以歸。

王以紅羅爲幟，刺白「岳」字於上。建寇范汝爲陷邵武，王分兵保建昌及撫州，以「岳」字幟植城門，且牓于境曰：「賊入此者死！」遊騎抄掠者望見，皆相戒以勿犯。村氓樵蘇猶故，不知有盜。

賊馬友復犯筠州，守臣已徒步出境，聞王軍來，友遽逃去。

兀术、劉豫寇廬州，王奉詔出師，先遣牛皋渡江，自提其軍與皐會。皐以所從騎，遥謂虜曰：「牛皋在此！」虜衆已愕然相視，及展「岳」字幟與「精忠」旗示之，虜衆不戰而潰。其後虜復分路渡淮，駐廬州界。上命王進援，兀朮聞之，望風遽遁。既而復窺濠州，王麾兵救之。虜方據濠自雄，聞王至，又遁，夜踰淮，不能軍。

虜大畏服，不敢以名呼，號之爲岳爺爺。

恩信

王邀擊虜，駐兵廣德，糧食罄匱，王發家貲以助之，與士卒最下者同食。虜之僉軍涉其地者，皆相謂曰：「岳爺爺軍也！」争來降附。

王在宜興，常之官吏、士民棄其産業趨宜興者萬餘家。邑人各圖其像，晨夕瞻仰，曰：「父母之生我也易，公之保我也難。」

王擊馬進於筠州，賊大敗走，王使人呼曰：「不從賊者坐，卸衣甲，當不汝殺！」賊應聲坐者八萬人。

王破曹成於蓬嶺，成竄連州。王召張憲、王貴、徐慶，謂之曰：「曹成敗走，餘黨盡散，追而殺之，則良民脅從，〔一〕深可憫痛；縱其所往，則大兵既旋，復聚爲盜。吾今遣若等三路招降，若復抵拒，誅其酋而撫其衆。切無妄殺，以累主上保民之仁。」於是三將所招降者二萬，王用其酋領，而給其食，降民大喜。

王至固石洞，先遣人説降之，賊衆不聽，遂縱兵圍之，乃悉下山投降。王令軍中毋殺一人，或曰：「説之不我聽，何以貸爲！」王蹙然曰：「此輩雖兇頑，然本愚民耳，殺之何益！且主上既赦其人，不然，何以成主上之美。」命籍其金、帛，盡入備邊、激賞庫，擇降民之勇鋭者隸諸軍，餘悉縱之田里，使各安業。

王之討虔寇也，以隆祐震驚之故，密旨令屠虔城。王既平諸寇，乃駐軍三十里外，上疏請誅首惡，而赦脅從，不許。連請不已，上乃爲之曲赦。王入城，取其罪之尤者數人置之法，餘悉稱詔貰之。虔人懽聲如雷。至今父老家家繪而事之，遇諱日，則哀金飯僧于梵舍，以爲常。

王招捕湖寇，將至潭，先遣使持檄，至賊中招之。先是，諸路帥守及諸軍累遣人招安，皆爲賊所殺。王所遣使叩頭伏地，曰：「節使遣某，猶以肉餵飢虎也。」王叱之起，曰：「吾遣汝，汝決不死。」使者起，受命以行。望見賊巢，即厲聲呼曰：「岳節使遣我來！」諸寨開門延之，使者以檄授賊，賊捧檄欽誦，或問：「岳節使安否？」於是，楊么部將黄佐謂其屬曰：「吾聞岳節使號令如山，不可玩也。若與之敵，我曹萬無生理，不若速往就降。」遂率所部，詣潭城降。王慰勞之，即日聞于朝，擢以武義大夫、閤門宣贊舍人，賞予特厚。復單騎按其部，撫問甚至。明日，召佐，具酒與飲。酒酣，〔二〕撫佐背，謂曰：「子姿力雄騖，不在時輩下，果能爲朝廷立功名，一封侯豈足道哉！吾欲遣子復至湖中，視有便利可乘者，擒之；可以言語勸者，招之。子能任吾事否？」佐感泣，拜謝曰：「佐受節使厚恩，雖以死報，佐不辭。」乃遣佐歸湖中。又有戰士三百餘人來降，王皆委曲慰勞，命其首領以官，優給銀、絹。縱之，聽其所往。居數日，又有二千餘人來降，〔三〕王待之如初。已而黄佐襲破周倫，王即上佐功，轉武經大夫，仍撫勞所遣將士，第功以聞。佐又招楊欽降，王喜，謂左右曰：「黄佐可任也。」欽自束縛，至庭。王命解其縛，以所賜金束帶、戰袍予之，即日聞奏，授武義大夫。禮遇甚厚，所部犒賞各有差。欽感激不自勝。所部皆喜躍，恨降晚。王乃復遣欽歸湖中，諸將皆力諫，王不答。越兩日，欽又説降他賊將。餘首領三百人未降，楊么既死，乃降。牛皐請曰：「此寇逋誅，罪不容數。」王曰：「彼皆田里匹夫耳，先惑於鍾相妖巫之術，故相聚以爲姦；其後乃沮於程吏部（乃鼎州太守程昌禹）盡誅雪耻之意，故恐懼而不降。日往月來，養成元惡，其實求全性命而已。今楊么已被誅，其餘皆國家赤子，苟徒殺之，非主上好生意也。」連聲呼，謂官軍曰：「勿殺！勿殺！」王親行諸寨，慰撫之。命少壯强有力者籍爲軍，老弱不堪役者各給米糧，令歸田。而悉賊寨之物，盡散諸軍。

朝廷每有頒犒，付之有司分給。嘗命其將支犒，帶甲人五緡，輕騎三緡，不帶甲二緡。

將裁其數，匿金歸己，杖而殺之。

王爲秦檜所陷，殁於棘寺。紹興末，御史中丞汪澈宣諭荆、襄，諸將與合軍訟王之寃。澈諭之曰：「當以奏知。」諸軍哭聲如雷，皆呼曰：「爲我岳公争氣，效一死！」

其子霖帥廣州日，道出章貢，父老帥其子弟迎之，皆涕洟曰：「不圖今日復見相公之子。」霖又嘗漕湖北，武昌軍士、百姓〔四〕設香案，具酒牢，哭而迎。有一嫗哭尤哀，曰：「相公今不復此來矣！」霖家人呼而遺之食，問其夫何在？嫗舍食，哭曰：「不善爲人，爲相公所斬矣。」問其子與婿皆然。人以是知公之所以感於人者深也。

〔一〕追而殺之則良民脅從　「則」，原作「即」，據《金佗稡編》卷五改。

〔二〕具酒與飲酒酣　「飲」，原作「飯」，據《金佗稡編》卷六改。

〔三〕居數日又有二千餘人來降　「日」，原作「月」，據《金佗稡編》卷六改。

〔四〕武昌軍士百姓　「士」，原作「吏」，據《金佗稡編》卷九改。

鄂國金佗續編卷第二十四

百氏昭忠録卷之八

閣學劉光祖襄陽石刻事迹之三

先見

王奉詔詣都督府，與張公浚議軍事。時淮西宣撫使劉光世罷，其所統王德、酈瓊之兵未有所付，浚意屬兵部尚書、兼都督府參謀呂祉，〔一〕乃謂王曰：「王德之爲將，淮西軍所服也。浚欲以爲都統制，而命呂祉以都督府參謀領之，如何？」王曰：「淮西一軍多叛亡盜賊，變亂反掌耳。王德與酈瓊素不相下，一旦握之在上，則必争。呂尚書雖通才，然書生不習軍旅。必擇諸大將之可任者付之，然後可定，不然，此曹未可測也。」浚曰：「張宣撫如何？」王曰：「張宣撫暴而寡謀，且酈瓊素所不服，或未能安反側。」浚又曰：「然則楊沂中耳。」王曰：「沂中之視德等爾，豈能御此軍哉。」浚艴然曰：「浚固知非太尉不可也！」王曰：「都督以正問，飛不敢不盡其愚。」浚竟用吕祉爲宣撫判官，王德爲都統制，護其軍。瓊果大譟，訟德於浚。浚懼，乃更以張俊爲宣撫使，楊沂中爲制置使，吕祉爲安撫使，而召德以本軍還，爲都督府都統制。瓊益不服，擁兵詣祉，執而斬之，盡其衆七萬走僞齊。中外大震，浚始悔不用王之言。

金人遣使議和，將歸我河南地。王赴行在，入對曰：「夷狄不可信，和好不可恃，〔二〕相臣謀國不臧，恐貽後世譏議。」上默然。已而金使至，和議決，王謂幕中人曰：「犬羊安得有盟信耶！」俄以復河南，赦天下，王表謝，又曰，「夷虜不情，犬羊無信」，「圖暫安而解倒垂，猶云可也；顧長慮而尊中國，豈其然乎」！

三大帥皆以和議成，進秩。王授開府儀同三司，力辭曰：「臣冒昧而受，將來虜寇叛盟，似傷朝廷之體。」三詔猶不受。上温言獎激，不得已，乃拜。王益率士卒，訓兵嚴備，分遣質信材辯者，往伺虜情。上遣齊安郡王士㒟謁諸陵，王請以輕騎從洒掃，其實欲觀敵釁，以誅其謀，且上奏言：「虜人以和款我者十餘年矣，不悟其姦，受禍至此。今復無事請和，此必有肘腋之虞。又劉豫初廢，藩籬空虛，故詭爲此耳。名以地歸我，實寄之也。」明年，金人果叛盟。

〔一〕參謀吕祉　「謀」，原作「議」，據《金佗稡編》卷七改。

〔二〕和好不可恃　「好」，據《金佗稡編》卷七補。

遠略

高宗皇帝即位於南京，王上書言：「陛下已登大寶，勤王御營之師日集。虜人謂吾素弱，未必能敵，正宜乘其怠，擊之。而黄潛善、汪伯彦輩奉車駕日益南，有苟安之漸，恐不足以繫中原之望。請車駕還京，親帥六軍北渡，將士作氣，中原之地指期可復。」

王與張所論時事曰：「河北在天下猶四肢，本朝之都汴，非有秦關百二之險，獨恃河北以爲固。河北不歸，則河南未可守。而今越河以往，半爲胡虜之區。爲招撫計，直有盡取河北，以爲京師援。不然，天下之四肢絶，根本危。異時醜虜既得河北，又侵河南，幸淮幸江，皆未可知也。」

杜充棄京師，之建康，王説之曰：「中原之地尺寸不可棄，況社稷、宗廟在京師，陵寢在河南。留守一舉足，此地皆非我有。他日欲復取之，非捐數十萬衆，〔一〕不可得。」充不聽。

王既定建康，奏曰：「建康爲國家形勢要害之地，宜選兵固守。比張俊欲使臣守鄱陽，備虜人之擾江東、西者。臣以爲賊若渡江，必先二浙，江東、西地僻，亦恐重兵斷其歸路，非所向也。臣乞益兵守淮，拱護腹心。」上嘉納之。通、泰之除，王辭焉，乞淮東一重難任使，招集兵馬，復收本路州郡。乘機漸進，使山東、河北、河東、京畿等路，次第而復。

王被命討曹成，且招之，成不聽，乃奏云：「内寇不除，何以攘外；近郊多壘，何以服遠。比年羣盗競作，朝廷多命招安，故盗亦玩威不畏。苟不略加勦除，蠭起之衆未可遽殄。」上許之。

僞齊使李成合北虜南寇，攻陷襄漢六郡。王奏，以爲今欲規恢，不可不争此土，宜及時攻取，以除心膂之病。六郡既復，詔爲襄陽府路，以隸王。王奏：「襄陽、唐、鄧、隨、郢、金、房、均州、信陽軍舊隸京西南路，〔二〕乞改正如舊制。」上從之，遂改襄陽府路爲京西南路。上令王條具守禦之策，王奏曰：「金賊、劉豫皆有可取之理，攻討之謀，正不宜緩。苟及此時，以精兵二十萬直擣中原，恢復故疆，民心效順，誠易爲力，此則國家長久之策也。若姑以目前論之，襄陽、隨、郢地皆膏腴，民力不支，若行營田之法，其利爲厚。營田就緒，峙儲既成，進攻退守，皆兼利也。」營田之議自是而興。

太行山忠義保社梁興等奪河徑渡，至王軍前，上詔王接納。未幾，王遣將攻盧氏，下之。上以語張公浚，浚曰：「自梁興之來，飛意甚堅，措畫甚大，今已至伊、洛，則太行山一帶山寨，必有通謀者矣。」

楊再興既得長水，於是西京險要之地盡復，中原響應。王又遣人至蔡州，〔三〕焚賊糗糧。及王貴等破僞齊於唐州，引兵至蔡境。王即奏，欲圖蔡，以規取中原。〔四〕上恐僞齊有重兵繼援，未可與戰，不許。

王入朝，數見上，論恢復之略，以爲劉豫者，金人之屏蔽，必先去之。因慷慨手疏曰：「臣竊揣敵情，所以立劉豫於河南，而付之齊、秦之地，蓋欲以中國攻中國，而粘罕因得休兵養馬，觀釁乘隙。不以此時伐其謀，使劉豫父子隔絕，五路叛將還歸，兩河故地漸復，則金人之詭計日生，浸益難圖。臣望陛下假臣日月，勿拘其淹速，使敵莫測臣之舉措。萬一得便可入，則提兵直趨京、洛，據河陽、陝府、潼關，以號召五路之叛將。叛將既還，王師前進，彼必棄汴都，而走河北，京畿、陝右可以盡復。至於京東諸郡，陛下付之韓世忠、張俊，亦可便下。臣然後分兵濬、滑，經略兩河，如此則劉豫父子斷必成擒，金人有破滅之理。設若賊見上流進兵，併力侵淮，或分兵攻犯四川，臣即長驅，擣其巢穴。賊困於奔命，勢窮力殫，縱今年未終平殄，來歲必得所欲。」

王又上疏曰：「逆豫逋誅，尚穴中土。天下之愚夫愚婦咸願致死于敵，而陛下審重此舉，累年于兹。是以天下忠憤之氣日沮，中原來蘇之望日衰，歲月益久，汙染漸深，趨向一背，不復可以轉移。此其利害，誠爲易見。臣願上稟睿算，不煩濟師，只以本軍進討，以成陛下中興之志。」御札報王，許其進討，王復奏曰：「錢塘僻在海隅，非用武之地。願建都上游，用漢光武故事，親帥六軍，往來督戰。庶將士知聖意所向，人人用命。臣當仗國威靈，鼓行北向。」

金人廢劉豫，王奏，謂宜乘廢立之際，擣其不備，長驅以取中原，不報。

金人叛盟，詔王乘機進取。調兵之日，王命將士各語其家人，期以河北平，乃相見。未幾，所遣諸將及會合兩河忠義皆響應奏功，中原大震。王奏，以謂「梁興等過河之後，河北人心往往自亂，願歸朝廷。金賊近累敗衄，四太子等皆令老小渡河。此正陛下中興之機，金賊必亡之日，苟不乘時，必貽後患」。秦檜居中沮之。

先是，王遣義士梁興等招結兩河忠義，相與掎角破賊。又遣邊俊等渡河撫諭，申固其約。河東山寨皆斂兵固堡，以待王師。或率其部伍，舉兵來歸。虜酋腹心禁衛之屬，亦有密受王旗、榜，率衆自北方來降者。於是，虜酋動息，山川險隘，盡得其實。及朱仙鎮之捷，王欲乘勝深入。兩河忠義百萬聞不日渡河，奔命如恐不及，各齎兵仗、糧食，團結以俟。父老百姓争挽車牽牛，載糗糧，以餽義軍。頂盆焚香，迎拜而候者，充滿道路。虜自燕以南，號令不復行。秦檜私于金人，力主和議，欲畫淮以北棄之，力請于上，下詔班師。

王上疏曰：「虜人屢戰屢奔，鋭氣沮喪。今豪傑向風，士卒用命，天時人事，强弱已見，時不再來，機難輕失。」疏累千百言，上乃以御札報，令「少駐近便得地利處，報楊沂中、劉錡同共相度，如有機會可乘，即約期並進」。檜聞之，乃先詔韓世忠、張俊、楊沂中、劉錡各以本軍歸，而後言于上，以王孤軍不可留，乞姑令班師。一日而奉金書字牌者十有二，〔五〕王不勝憤，嗟惋至泣，東向再拜曰：「臣十年之力，廢於一旦！非臣不稱職，權臣秦檜實誤陛下也。」王班師，郡縣之民大失望，遮王馬而哭。王亦立馬悲咽，取詔書示之，勞苦而去。梁興在河北，不肯還，復取懷、衛二州，斷山東、河北金、帛、馬綱之路，金人大擾，然竟亦無所就。自是而後，虜勢浸横，恢復之計不可復議矣。

〔一〕非捐數十萬衆　「數」，據《金佗稡編》卷四補。

〔二〕信陽軍舊隸京西南路　「隸」，原作「穎」，嘉靖本同，據傅本改。

〔三〕又遣人至蔡州　「人」，據《金佗稡編》卷七補。

〔四〕規取中原　「取」，據《金佗稡編》卷七補。

〔五〕奉金書字牌者十有二　「字牌」，據《金佗稡編》卷八補。

忠義

王學射于周同。及同死，王朔望則鬻一衣，設卮酒鼎肉于其冢上，奠之而泣。引所遺弓，發三矢，又泣，然後酹酒瘞肉于冢之側，徘徊悽愴，移時乃還。王父見而問之，曰：「飛學射於周君，念其死，無以報，聊於朔望致禮耳。射三矢者，識是藝之所由精也；酹酒瘞肉者，周君所享，飛不忍食也。」父撫其背曰：「使汝異日得爲時用，其徇國死義之臣乎！」

張所與王論時事，王慷慨流涕曰：「今日之事，惟有滅賊虜，迎二聖，復舊疆，以報君父耳！招撫誠能許國以忠，稟命天子，提兵壓境，使飛以偏師從麾下，一死烏足道哉！」

王從王彦至新鄉，虜勢盛，王約彦出戰，不進。王抗聲謂之曰：「二帝蒙塵，賊據河朔。今不速戰，而更觀望，豈真欲附賊耶！」彦默然，王遂引所部，獨與虜戰。

金人寇烏江，杜充閉門不出。王叩寢閤，諫曰（以下原闕）

即日啟行，至江州。會麟敗，上喜其尊朝廷，賜札褒之。

初，王受知於張所，其後所以罵賊遇害。其子尚幼，王訪求教養，遇明堂恩，乞以文資官之。

曹成既平，王命張憲等逐餘寇，楊再興願受降，以見王。王見再興而奇之，命解其縛，曰：「吾不殺汝，汝當以忠義報國！」小商橋之戰，再興死焉，焚其屍，得矢鏃二升。

知遇

王初以敢戰士應募，安撫劉韐一見，〔一〕大奇之。後隸東京留守宗澤，澤謂曰：「爾勇智材藝，雖古良將不能過也。」河北招撫使張所待以國士，曰：「公殆非行伍中人也。」從招討使張俊平賊，俊常謂諸僚佐曰：「岳觀察之勇略，吾與汝曹俱不及也。」

江西安撫大使李回奏，乞以舒、蘄、光、黄接連漢陽、武昌一帶盜賊，並委王招捕。會有旨，召赴行在，江西宣諭劉大中〔二〕奏，人情方恃以爲安，乃不果行。又賜李回親札，令擇本路盜賊熾盛處，專以委王。於是回奏吉寇爲亂，乞專委王。廣東宣諭明槖亦奏：「虔賊爲二廣患。若朝廷特遣岳飛來，不惟可除羣盜；而既招復叛者，亦可置之隊伍，〔三〕使之爲用。」又知梧州文彦明奏虔寇入廣東，乞委王討捕。劉大中復連奏以爲請。上專以虔、吉寇付王。

王奏乞復襄陽六郡，宰臣趙公鼎奏曰：「知上流利害，無如飛者。」遂從之。

都督張公浚至江上，會諸大帥，於座中獨稱王可倚以大事，乃特命王屯襄陽，以窺中原。

高宗皇帝初以大元帥至相州，王因劉浩得見，被命招降羣賊，由是受知。及復建康，授神武副軍都統制，〔四〕上曰：「岳飛勇於戰鬭，馭衆有方，此除出自朕意。」既平虔、吉，召赴行在，上慰撫再三，賜宸翰于旗上，曰「精忠岳飛」，令王每行師建之。後再入朝，詔以劉光世所統酈瓊、王德等隸王，詔王德曰：「聽飛號令，如朕親行。」王上疏，論恢復之略，上召至寢閤，命之曰：「中興之事，朕一以委卿。」上又嘗褒其功曰：「用將須擇孤寒忠勇，久經艱難，親冒矢石者。」

王爲秦檜所陷而歿，孝宗皇帝踐位，盡還寵數，又諭其子霖曰：「卿家紀律、用兵之法，張、韓遠不及。卿家寃枉，朕悉知之。」

〔一〕安撫劉韐一見　「安」，原作「宣」，「一」，原作「二」，據《金佗續編》卷一七改。

〔二〕劉大中　「大」，原作「太」，嘉靖本同，據傳本改。

〔三〕亦可置之隊伍　「之」，據《金佗稡編》卷五補。

〔四〕岳飛並非於建炎四年復建康後授神武副軍都統制，而於紹興元年末授任，此處記事有誤。

爵秩

王自從軍，凡四補官，最後以河北招撫司借補修武郎，積功八轉，至中衛大夫，特旨落階。自英州刺史，累遷至兩鎮節度使。其軍職由中軍統領陞至神武後軍都統制。其鎮帥自通、泰鎮撫使累遷諸路制置、招討、營田、宣撫使。其加官自檢校少保至太尉、開府儀同三司、少保。其在朝爲樞密副使，萬壽觀使，奉朝請。其封爵，自武昌縣子進至郡公。王年三十九，爲秦檜所陷而歿。後追復元官，謚武穆，封鄂王。建廟鄂州，賜號忠烈。

詔札

王自常州之戰，受詔復建康。及承州奏捷，初被賜札之寵。自是而後，曰詔，曰札，曰制，凡可得而見八十有六。

襄陽聽治之所，乃昔武穆王之故第也。王收復京西六郡，欲北向中原，而志不克遂。忠憤所積，没爲明神，安知其不睠睠於舊所臨涖之地哉！而闕無祠堂，理不應爾。余即射圃聽事，龕其遺像，敬以高廟宸翰之所表異，題曰精忠堂。謏客普慈〔一〕馮真父類王事實，刊之板，而列諸四壁，讀之使人感奮流涕也。夫功名雖出於智勇，而其本實生於忠，苟忠矣，王之事業可跂而及也。自今六郡之民與夫三軍之士瞻像閲碑，可以想千載之英烈，慕前人而興起。

嘉定四年仲春，襄陽守臣簡池〔二〕劉光祖書。

〔一〕據《方輿勝覽》卷六三，普慈爲四川普州别名。

〔二〕據《方輿勝覽》卷五二，簡池爲四川簡州别名。

鄂國金佗續編卷第二十五

百氏昭忠録卷之九

鼎澧逸民敍述楊么事迹一

常德府舊是鼎州。昨於建炎三年，有北來潰兵孔彦舟賊馬侵犯府城。其時府民爲外有土人妖巫鍾相，久以幻怪鼓惑本土鄉村愚民，連絡澧、峽州無知之俗，悉來歸奉，謂之投拜法下，莫知其數。若受其法，則必田蠶興旺，生理豐富，應有病患，不藥自安，所以人多向之。鍾相乃妄稱「天大聖」名號，亦曰「鍾老爺」，於武陵縣管唐封鄉水連村，地名天子岡，所居置立寨柵。聚集妖徒，齎送金、帛、錢、物，積累無數，道路填委，晝夜不絶。

蓋以相之長子鍾昂曾於靖康二年，蒙本府以土豪勸諭，招募勤王民兵三百人，依格借補承信郎，祗隨統制鄭修武，一行民兵共五千人，前去武陵，〔一〕入衛王室。至鄧州南道總管司，時當京師失守，蒙總管司遣發所到民兵，盡往南京，勸進太上皇帝登寶位了當，推恩發遣歸元來去處，各着生業。是時鍾昂見世事擾攘，依舊將元募人團集在家，結成隊伍，多置旗幟、器甲，意要作亂。官司坐視，不能覺察。

次於建炎二年内，有湖南人王靖之出入鍾相之門，備見其父子所爲，定生變亂，欲謀不軌，遂具狀經鼎、澧路兵馬都鈐轄唐龍圖告首。時有鈐幹范世雄受鍾昂之金，曲爲保全，止將鍾相以私置軍器斷罪，編管衡州。相不久放還，聚集妖黨如故。當年五月，聖旨指揮罷鼎、澧路，依舊併作湖北路，唐龍圖改移充湖北路安撫使、知荆南，盡將帶鼎州軍馬及元召募人鍾昂等赴荆南任。當時李孝忠賊馬占據荆南府城，盡燒毁府城官私舍宇，起離北去。唐龍圖自公安縣領兵收復空城，横尸滿街，火煙未斷。纔方經營府治，修葺城壁，招集民户歸業，未成次第，俄報有北來范將軍背叛將官辛泰、瞿誠人馬侵犯府境。賴辛泰乃窮寇，即受招安。定疊未踰月，又報有孔彦舟人馬自隨、郢州來，猥衆數十萬，勁犯荆南。〔二〕唐帥所將鼎州人兵思歸，一夕擁唐帥渡公安江，奔走回本州。唐帥告諭本州民户，以彦舟人衆兇悍殺戮，定來本州，宜各走避。唐帥不住城中，止將得隨行從人，將帶家屬，徑上辰州前去。其元帶軍馬一時潰散，各任所往，並無統攝。於是，鍾昂部領所募民兵，復歸其家團集，觀望事勢。

無何，於次年二月内，孔彦舟賊馬長驅驀澧州，直犯鼎州。在城居民以知州邢大卿已亡，又無兵馬防守，雖有武臣提刑單宣贊，卻於出巡，將帶宅眷及一司公吏、老小上船，往岳、鄂州點檢，令人牽所乘白馬，出陸隨行。是時，鍾昂聞彥舟至，卻將手下民兵於白沙渡，攔截單提刑輜重，奪其所乘白馬，鼓衆乘勢作亂。招呼龍陽縣妖黨，競起虜劫出城避難人民船隻，其勢猖獗。

府民復走入城，爲見外有妖寇殺掠，無處逃生，衆共商議，莫若設香花鼓樂，〔三〕出北門迎接彥舟一行軍馬，入城安泊，多備金帛犒設，懇告彥舟支吾鍾昂，保全一城生靈性命。彥舟初亦喜府民之意，欣然入城。不期後軍方自澧州起發，至藥山平，無備，遂爲鍾相妖徒橫衝掩殺，損折頗多。彥舟忿怒，以謂府民故作好意，反相攻害。安泊三日，乃發人馬於州城四外二十里間，把截圍閉，將內外人民大縱屠戮，無噍類。次遣兵攻殺鍾相徒衆，破其巢穴，生擒鍾相、鍾昂，係纍一家妖類，械縛入城，具事因申聞朝廷。得旨，令彥舟押送潭州，將鍾相等根勘，以正刑典。彥舟因此移軍，起離鼎州前去。城壁一空，但有所屠尸骸，頭顱相枕，填街積巷，穢氣充盈。其官司庫藏上有見錢將帶不去，倉敖尚餘米糧數千斛，以至富室錢物亦鉅萬數。

鍾相餘黨，多是龍陽縣市井、村坊無賴之徒，楊華、楊么、楊欽、劉詵、周倫、全琮、楊廣、夏誠、劉衡、黄佐、楊二翁、高癩子、田十八十餘輩，各爲頭領，占據龍陽縣，分布於所居村分，置立寨栅。又集妖黨，羣來城中，盡搬官私錢物、倉敖米斛，用船裝載，及打駕抽税場板木大小千片，各回巢穴。是時偶無太守，州縣官多被彦舟所殺，或逃散已盡，莫適爲主，容得水賊恣行討虜而去。

俄有知荆南程吏部改移充鼎、澧路鎮撫使，將元自蔡州所帶一行軍馬前來赴任。先自公安縣發總管杜湛衆兵官、僚屬，取陸路來鼎州。次程吏部乘座船并輜重，暨隨軍官屬及人兵、老小，與避難百姓舟船，自公安油河水路逕澧江安鄉縣石龜羌口，沿鼎口小江出大江，上水取龍陽縣，至城下。緣舟船之行無次序，又久在荆南移治處監利縣，水鄉荒索，無物食用，乍見鼎口江半道腦口市、陽城、豐水村鄉有酒坊，村家有豬、羊、雞、鴨之類，悉去争買，以至紛拏，漸行掠奪，遂成作鬧。水寨之人爲見舟船之多，别無軍兵防護，因争買攘奪食物，各持器刃，乘勢攔截舟船，聲言官軍劫虜爲名，遽便衆起行兇。河道窄狹，舟人不能措手，痛遭殺害，應隨軍官員、避難人民老小多被驅掠。又程吏部自蔡州與竭城人民，軍兵南來之時，所帶官司金銀、物帛，及先在京城權開封府大尹日，所得露臺弟子小心奴同作一船載着。其小心奴姿色妖麗，其妻錢氏不容，所以頓在别船，盡爲賊人虜奪。時水寨小首領謝保義送小心奴獻楊么，與鍾相之子郎君作夫人。賴程吏部座船少後，方入羌口，知前船已失利，急棄座船，將眷屬上小船，僅能脱免，復回公安縣。遣人告急於杜總管，卻拽一行軍馬趣公安救護。內程吏部、杜總管、邵統制、劉參議、詹簽判宅眷得脱，其餘官員無慮數十家老小，盡已陷没不存。

程吏部遂商議皆取陸路，自公安縣由澧州來鼎州赴任。未到城間，楊華等言：「既是程吏部來赴任，已遭水寨人殺虜，必定與我門結寃，難以教來本州住坐。」遂發楊廣、楊欽徒衆入城，放火盡燒官私舍宇，火光亘天，數日不滅，止存鄉官張待制宅一區。今府衙安静堂宅，乃是舊屋。程吏部一行人馬既到城，即就張待制宅爲治所。漸次打併街巷，分立官司舍宇，措置軍馬營寨，例皆茅草搭蓋。次招集民户歸業，及隨軍買賣經紀等人住坐，即糾集武陵、桃源縣鄉兵保甲，同軍兵分頭防守。

程吏部募鄉道使臣李珪入龍陽縣水寨，以朝廷法令禍福招諭楊華等，使之出首，放散徒衆，着業耕種，復爲税民。以前鼎口江作過之人，一切不問。楊華本是税户，頗曉事體，即隨李珪來城中參拜。程吏部厚以犒勞，〔四〕令楊華親隨人回水寨，遍諭楊么等諸首領、各請出來受犒設。楊么等不聽，卻極口罵：「楊華不是丈夫漢！」遂鼓率賊舡無數，時來城下叫噉，聲言要取楊華歸寨。程吏部已得楊華，拘留監管，具事理申奏朝廷，承指揮，差人管押楊華赴行在，蒙命之以官，差充撫州鈐轄，不釐務。

其楊么等爲見楊華不歸，心生疑慮，乃率諸水寨首領、妖徒羣衆，揚言與鍾老爺報讎。

於府東德山採斫松、杉萬株，及往澧州欽山、藥山、夾山倒伐松、杉、樟、楠木萬本，又發掘所在墳墓，取板材，打造海鰍、櫂艕等船，出没重湖，恣行劫掠作過，勢燄愈熾。

水賊初未有車船。奈以程吏部兵力單弱，又未有水軍戰船，但坐視楊么等在江湖跳梁，莫之或制，姑且保守城壁，徐圖平滅之計。當時因言事者詆闞論列分鎮不便事，遂有詔命，罷鼎、澧鎮撫使，改爲湖西路安撫司。〔五〕程吏部失鎮撫使所得聖旨便宜行事，世襲錫爵之命，頗生怨望，怏怏常不平。又無策可以剿除水賊，惟恐無功罷去，日逐焦燥，不能自安。偶得一隨軍人，元是都水監白波輦運司黄河埽岸水手、木匠都料高宣者，獻車船樣，可以制賊。是時，本州有虔州客人賴九郎，自靖州山場所買文溪杉板條片甚多，在桃源縣上甕子洞下紪小水牌筏梢泊，於是差官盡行拘收，打駕下來。打造八車船樣一隻，數日併工而成。令人夫踏車，於江流上下往來，極爲快利。船兩邊有護車板，不見其車，但見船行如龍，觀者以爲神異。乃漸增廣車數，至造二十至二十三車大船，能載戰士二、三百人。凡賊之櫂艕小舟，皆莫能當。自此楊么等更不敢輒近州城。

又聞得鄂州水軍統制覃舍人已交所部水軍三千人與吴錫統制，歸回辰州辰溪縣，乃專遣使人持書公牒禮請，委令召募辰、沅、靖州洞丁、刀弩手，來赴本州應援。覃舍人名敵，是沅州人，以鼎州是一路，難以違程吏部之命，遂依應。於一月之間，召募到洞丁、刀弩手一千餘，前來聽候使喚。時又招安到人寇劉超下一頭項背叛彭筠人兵三千餘人，内多有驅虜復州玉沙縣湖濕諳會船水人民，悉皆放散，未有所歸。覃舍人措置，擇强壯者招充水軍，旬日之間，得千餘人，與洞丁、刀弩手合爲一軍，專習水戰。軍分已成倫理，自此水陸皆有準備，程吏部遂稍意解。尅日發杜總管部率全隊步兵，攻打上沚江水賊夏誠大寨。仍委覃統制發八車船二隻，海鰍船二十隻，裝載水軍，入上沚江，直湊夏誠寨下，與杜總管步兵併力夾攻，要必破其寨。覃統制力争，以謂沚江窄狹，車船不能回轉，又其水長退不定，恐緩急水陷車船，不能得出，適以資賊，反成虎生其翼之勢，不若多遣海鰍船，亦足取勝。程吏部不允所請，必欲以車船炫賊，竟發車船以進。無何夏誠有備，大開寨門，受官軍之敵。杜總管疑懼其姦計，不敢入攻。尋值連日陰雨，衆兵淹浸泥淖中。縱得晴霽，人馬已疲，難以成功。程吏部急使班師，奈沚江之水漸落，沚口灘淺，車船不能出。賊遂力争奪，覃統制燒之不迭，其船竟爲賊有。當時更帶高都料在船，恐船或損，要他修整，不及走脱，賊亦擒虜。止是海鰍船出沚口回州。

自此水賊得車船之樣，又獲都料、匠手，於是楊么打造和州載二十四車大樓船，楊欽打大德山二十二車船，夏誠打大藥山船，劉衡打大欽山船，周倫打大夾山船，高癩打小德山船，劉詵打小藥山船，黄佐打小欽山船，全琮打小夾山船。兩月之間，水寨大小車樓船十餘，製樣愈益雄壯。忽一日，盡至社木灘下，賴灘淺，來州岸不得。程吏部深切悔恨不聽覃統制之言，白車船樣送，并都料與賊，滋長其勢，致楊么等日夜乘船到德山灘下驚擾。一城人民憂惶，無由平定。

時有江西布衣方疇上封事，達朝廷：「方今之人患有三：曰金虜，曰僞齊，曰楊么。然以金虜、僞齊皆在他境，而楊么正在腹内，不可不深慮之。若久不平滅，必滋蔓難圖。」乃於紹興三年八月，遣發御前大軍都統制王四廂璎，節制本部軍馬三萬人，又差建康府水軍正、副統制崔曾、吴全正兵人船一萬人，水陸並進，前來討蕩楊么等賊衆水寨。王四廂帶節制職事到本州，要程吏部並聽節制。程乃平欺無能，不伏節制，程云：「某是守臣，但保守得州城。太尉是朝廷遣來，責辦平賊，請自分布人馬，討蕩楊么等巢穴。」緣此程、王赤面，兩軍不足，各相關防，城市惶惶，憂其不測。賴隨軍向參議、靳監軍者，雖各武人，通變頗識大體，〔六〕乃和會程、王，言：「且當以朝廷爲念，況事一家，宜各輸忠竭力，評議所以破賊，或招或殺，以圖成功，則爲上策。若分彼我，適足敗事，恐貽朝廷之憂。」於是王四廂勉强隱忍，與程吏部同其節制。而程吏部心懷鼎江之辱，切齒水賊劫其財物、寵姬，官員、軍兵老小，必欲盡其賊，獨成其功，以快私忿。所以應有緊急頭重支吾去處，先調發王四廂軍馬，以當賊鋒。官軍不知地利，多落賊人姦便，痛喫手腳。

自八月到來，至十月，已死損數百人。至十一月初，江湖水淺，天氣凝寒，程吏部乃稱宜發兵進討。遂王四廂舉起王師，水陸俱下。先過德山大溪口，破高獺寨。次至龍陽縣界汎州村，破楊欽大寨。次至黄店，破全琮寨。次至縣對江北，破楊么大寨。巢穴一空，賊衆盡將老小乘船，牽趕牛犋、孳畜，往鼎口下五十里西港地寬處存泊。

〔一〕去武陵　底本字跡模糊，今據嘉靖本。

〔二〕勁犯荆南　「勁」，疑作「徑」。

〔三〕莫若設香花鼓樂　「設」，原缺，據嘉靖本補。

〔四〕程吏部厚以犒勞　「犒」，原作「特」，嘉靖本和傅本同，據浙本改。

〔五〕罷鼎澧鎮撫使改爲湖西路安撫司　「司」，疑作「使」。

〔六〕頗識大體　「識」，原作「誠」，據嘉靖本改。

鄂國金佗續編卷第二十六

百氏昭忠録卷之十

鼎澧逸民敍述楊么事迹二〔一〕

初，發兵時先有戒約，崔曾、吴全二軍人船止令在岳州艑山、湘江口及洞庭湖口、牌口等處梢泊，〔二〕聽候上流逼逐賊船下來，即攔截掩殺，輒不得過石牌一步。其奈崔曾、吴全二統制〔三〕以梢泊日久，不聞上流消息，乃貪功輕動，使小舟上石牌探邏事體。水賊先亦知有此水軍，又知都是撅頭船子及海船，湖中使用不得。一面支吾上流大軍，遂發八車船數隻，不豎旗、槍，亦不見人，交横放流而下。崔軍探人見有空船流來，必是上面殺敗，急報崔曾、吴全二將。全隊舟船亂次争先，撐篙拽牽，悉上石牌，入湖，既歷油麻灘，又至大梁岸。將至鄱官樹湖面寬處，被放流賊車船擂鼓發喊，踏車回旋，横衝亂撞，將崔軍人船大小數百隻盡碾没入水。崔曾、吴全二統制皆戰亡溺水，其餘在沙磧散袒步兵，俱被掩殺。一日之間，萬人就死，致水賊楊么等盡得崔軍所將御前器甲、旗幡、鎗刀之屬，其勢轉加威猛，已無下流之慮，遂一意抗拒上流官員，實是年十一月十三日也。

時有本州選鋒水軍駕先於牛鼻渡口奪得楊欽二十二車大德山戰船，在鼎口梢泊。前軍杜總管、石統制、靳監軍乘三樓大車船在風金口，程吏部同王四廂在下沚江口卓帳。初，選鋒軍未知得崔曾、吴全失利，忽有一隊賊人，自北岸來至鼎口東岸，皆着新鮮衣服，紅錦青綾戰袍，打鼓板，吹羌笛，弄氣毬，不類水寨村人結束，約百餘輩，以一竹竿繫縛文字一卷，叫覃舍人教人來取文字，不得亂放箭，遂插竹竿於沙觜上。即令人取之，始謂恐是受招安文字，及至拆開，卻是官告兩軸，隨軍錢糧司印一顆，御前小鍾子，器甲牌一包，計百餘枚，并王四廂令人所畫洞庭湖口岸圖子一本。賊見覃統制拆開，遂大笑，聲言：「崔家水軍一萬來人，前日晚被我門殺了，一箇不存，衣、甲、槍、刀、旗號、錢、糧，一齊屬我了也。」大笑，吹笛打鼓而去。覃統制方知崔、吴二將水軍全没，急差人告急於杜總管、程吏部、王四廂。未得指揮間，不期是日晚，賊自西港大震鼓聲，俄有八車船八隻，相銜而來。船箱盡載精鋭，全裝鐵甲，各執雁翎長刀，光彩射目，矴於中流。楊欽大聲叫呼覃統制：「你但放下大德山船還我，放你一軍人回去。你還知崔曾、吴全是天下有名水軍，一萬來人，只消我三隻車船，盡底殺了。你門消得甚底殺也！」賊船炫耀一時，卻回西港。

覃統制又具此事理，再申程吏部、王四廂，即傳令速即回軍。前軍、中軍、後軍一面便回，獨遣選鋒水軍大德山船及十八車船三隻、海鰍船三十隻卻作殿後，當住賊船。初更以來，月上，選鋒軍車船起纜，踏車起離鼎口，向上以行。將近二更，月高，賊船、大小車船不知其數，追襲至風金口江面最寬闊處，交戰廝打。覃統制所乘大德山車船，元是楊欽舊物。楊欽不捨，必欲重奪，乃與周倫兩大車船挾定攻打。至中夜，覃軍勞困，但得灰炮少解賊勢。仍得水軍統領邢顯見事甚危急，揮小舟向上趕，杜總管三樓船復回策應。百箭齊發，賊船稍卻，再發，則賊船已退，覃統制大德山船方脱。其船兩邊護□板悉已打空，急用布帆遮箭，以護踏車水□。一船戰士三百餘人，落得頭破額裂，滿身中箭，無功而還。

大軍既回州歇泊，水賊亦復還巢穴休息。程吏部建議，且分布王四廂甲軍於德山對岸立寨，差本州正將杜誠把托，又社木寨差大軍孫將把托，又船場寨差大軍將官常槩把托，各以五百人爲率。數内常槩以程吏部犒設不均，有言語，遂怨王四廂□□□□□於□十正月初，〔四〕燒寨反亂。〔五〕初出□□□□州，入荆南。無何中夜迷路，爲後□□□逵掩襲，由曾公堤轉來西門，卻上□□□路。追逐至辰州界首牛欄坡，被擒、斬□。一行甲軍招撫歸隊。

漸至春夏之交，江水泛漲，社木寨地勢低平，水將登岸。本寨申乞近城高阜處駐劄，王太尉取謀於程吏部，程意不欲，曰：「甲軍移，則賊必占據其寨。」既而江流入寨，又向上，隄防衝斷，江水横流，打斷新陂橋。本寨申乞發船渡載人兵。程吏部指揮覃統制不得擅發船隻。於是楊欽乘車船臨寨，放火燒屋，又高癩子陸路來攻打。寨栅兵將拒敵力極，並無救援，其一寨兵將五、六百人，一日殺盡不存。緣此王四廂與程吏部不足。王四廂遣人赴朝廷申訴，即降指揮，令王四廂班師而還，止是本州人兵支吾水寇。

至紹興四年十一月，水賊周倫寨去岳州稍近，一日，令人齎申狀，赴岳州太守程殿撰陳訴。稱近有僞齊下襄陽府李成太尉差人，自安、復州取水路，來故縣灘水寨，送金帛、物□、文書，言欲水寨諸首領各備人船、戰士，尅日會合，水陸並進，取復向下沿江州縣，得州者做知州，得縣者做知縣，别命官資，優加犒賞等事。周倫燕設來人，以乾魚鮓脯回答，報言：「周倫等止是鼎州龍陽縣税户，爲被知州程吏部凌逼，要行盡底殺戮，不得爲王民，且在湖中苟逃各家老小性命，不曉得會合事節。」遣來人歸回。後月餘日，李成又差三十五人來，内有鄭武功、胡大夫二官員，又將官告、金束帶、錦戰袍并羊羓之類，再三相約諸寨首領尅日會合。周倫知事勢異常，難以依隨，又恐日後多有人來相逼，别生患害，一夜將來人以酒醉倒，盡行殺戮，沉尸入江中。有此事因申岳州，乞就便申奏朝廷，早乞别差鼎州知州，替了知州程吏部，使周倫等諸寨□□□□□路，保全老小，耕田種地，輸納二税，復爲良民。

程殿撰爲申朝廷，蒙樞密院備奉聖旨，褒賞周倫忠義。特降黄榜一道，差二使臣賫至岳州，令差人送入水軍張掛，安慰人民，候事定日，應首領人並重賜推賞。榜到岳州，則程殿撰已移知鼎州，到任已數月。二使臣卻賫榜來程殿撰處投下，時乃紹興五年五月初一日。本州方發遣水軍計議效士楊迪知，往澧州慈利縣前江雞翁柵、前後江五十八柵鍾相下都首領雷德進處，投文字招諭。德進下柵，就令將帶黄榜安慰山寨徒衆。〔六〕仍令德進差人，送黄榜入水寨曉諭。榜先至夏誠寨，夏誠招諸首領看榜，諸人俱來，獨楊么不肯來，餘人各有悔過之心。

是時，朝廷爲水寨楊么等有北人來結約，恐事體張大，不便，遂除張右相充都督，岳樞使節制軍馬，本州討蕩水寨楊么等巢穴。仍移罷程吏部，充都督府參議官。

當年六月，岳樞相節制司大軍已至鼎州，方議進兵，平蕩水寨，即有龍陽縣汎州村大寨首領楊欽，首先將合寨徒衆老小萬人、舟船千隻，來投節制司出首，以就招安。岳樞相親至城東鄰善灣觀老小、舟船，次到報恩光孝寺基寨，受楊欽降拜。岳樞相喜楊欽率先出降，乃恕其罪，申稟都督行府，特命以官，并一行首領各次第推賞，補授名目。犒設了畢，即揀選强壯人充水軍，其餘老弱人並給公據，放令歸汎州村本業住坐，耕種田土，供了二税，復爲良民。衆皆欣躍，感戴得全生路。於是，其餘大寨首領夏誠、劉衡、全琮、劉詵、黄佐等諸寨，悉來出首招安，不敢抵拒。

惟楊么兇狠，乃擁鍾相之子，領妖徒緊戀寨栅、車船，不伏出首。致蒙岳樞相親提帳下精兵虎旅，并覃統制水軍車船，前往龍陽縣江北岸，直擣楊么巢穴。楊么猶執迷，在車船回惶不決。見岳樞相旌棨已至，尚不肯拜降，卻自船頭先提鍾相之子郎君入水，次提夫人小心奴入水。楊么次跳入水，被水軍搭材水手孟安没水挾起，次是牛觀察臯用抓子拖上，有餘氣未死。押到岳樞相前，尤叫數聲「老爺」，梟其首級，函送都督行府告捷，奏聞朝廷。

當時牛臯稟覆岳樞相，言：「許大楊么，占據重湖作過，致煩朝廷之憂。雖一王四廂大軍數萬人，猶自敗折了空回。今節使太尉提大兵來，討蕩巢穴，賊衆畏伏虎威，盡已出降，獨遮楊么抗拒，已行擒戮。若不將其手下徒黨少加剿殺，何以示我軍威？欲乞略行洗蕩，使後人知所怕懼。」岳樞相曰：「楊么之徒，本是村民，先被鍾相以妖怪誑惑，次又緣程吏部懷鼎江劫虜之辱，不復存恤，須要殺盡，以雪前耻，致養得賊勢張大。其實只是苟全性命，聚衆逃生。今既諸寨出降，又渠魁楊么已被顯誅，其餘徒黨並是國家赤子，殺之豈不傷恩，有何利益？況不戰屈人之兵，而全軍爲上，自是兵家所貴；若屠戮斬馘，不是好事。但得大事已了，仰副朝廷好生之意，上寬聖君賢相之憂，則自家門不負重責，於職事亦自無慚也。」連道數聲：「不得殺！不得殺！」於是牛皐無辭而退，遂行撫定諸寨，一時了當。

當時識者興嗟曰：「岳樞相可謂賢大將矣！觀其答牛皐之言，則正合老氏所謂『夫佳兵者，不祥之器』，『不得已而用之，恬淡爲上』。其不允牛皐洗蕩之請，則其以恬淡之道自處，而臻不戰而勝之功，固已雍容於胸中。彼區區甲胄之流，豈足以識其操略哉！」

先是，程吏部以兵力不加楊么，乃謀密募人入水寨，圖刺楊么，未得其人。於紹興三年五月內青黄不交之時，水寨人飢困，本州所集沅南漁户甲頭蘇成，招誘到楊欽小寨下不係出戰人唐教書等五户，共老小二十餘口，歸投就食，內唐教書頗能道賊寨中事。程吏部一日與盧撫幹奎坐於齊武堂，呼唐教書來，問楊么寨去處，可以使人去得也無？唐曰：「如别箇寨柵，猶自通人來往。唯是楊么寨大段緊密，水泄不通。日逐離寨二十里，陸路使人巡邏，遇夜伏路，水路日夜使船巡綽，〔七〕寨門外令羣刀手把定，便大蟲、豹子也則入去不得。」程吏部曰：「若恁地，卻有箇甚道理去得？」唐教書曰：「除是飛，便能入去得。」於是程吏部大笑曰：「那箇生肉翅人，使之以去耶？」乃顧謂盧撫幹曰：「兹事當且止也。」此説當時邦人皆但知楊么水寨不通線路，難爲近傍，初不以除是飛可入之説爲先兆也。

及至六年，岳樞相提大兵來，〔八〕平蕩楊么巢穴，邦人方省憶唐教書之言。於三年前，上天已自差下神將，專了賊事，只待時節到，賊人合滅。而此一方生靈，有福星臨照，始得平定安樂，豈是等閑之事耶！

人謂楊么等弄兵重湖，數年狂猖作過，驚擾州縣，人民苦於應副軍期科敷、差役之苦，不堪其命。今一旦遭遇岳樞相之來，不施一鏃，不用一戟，不動聲氣，談笑之間，了此大事。息甲停戈，各獲休息，復見太平景象，則其恩德布在荆湖，雖千載亦以不朽，人亦孰得而忘愛惠之厚也。

爰自建炎三年〔九〕水賊楊華、楊么等起事，至淳熙九年，已歷五十餘年，未問府縣人民生齒，安居樂業，繁夥熙熙，至如龍陽縣上、下沚江鄉村，民户無慮萬家，比屋連簷，桑麻蔽野，稼穡連雲，丁黄數十萬，皆自岳樞相恩德保全之所由出。古人言：「愛人者必有天報，有德者必有其後。」今常德之人每聞岳樞相之官稱者，必有手加額，茲可以卜人心之所感仰也。克昌厥後，豈不宜哉！姑敍大概，庸示將來。

〔一〕標題原作「鼎澧逸民敍楊么事述」，據《金佗續編》卷二五改。

〔二〕牌口等處梢泊　「梢」，原作「捎」，今改正。

〔三〕崔曾吴全二統制　原脱「曾、吴」兩字，應予增補。後「急報崔曾、吴全二將」，也原無「曾、吴」兩字，今作同樣處理。

〔四〕於□十正月初　「十」，疑作「年」。

〔五〕燒寨反亂　「寨」，原作「賽」，嘉靖本同，據浙本改。

〔六〕安慰山寨徒衆　「慰」，底本字跡殘缺，嘉靖本作「尉」，今據傅本。

〔七〕水路日夜使船巡綽　「水」，原作「至」，據嘉靖本改，傅本作「小」。

〔八〕及至六年岳樞相提大兵來　「六年」，應爲「五年」之誤，岳飛鎮壓楊么於紹興五年。

〔九〕建炎三年　《楊么事迹》將鍾相起兵時間繫於建炎三年，與宋代很多史籍有異。

鄂國金佗續編卷第二十七

百氏昭忠録卷之十一

文林郎　黄元振　編〔一〕

紹興乙卯，岳武穆公受命討楊么。初，么盗據三苗、洞庭之險，衆十餘萬，湖南、北大被其害。而又北連劉豫，遥相應和，待虜騎臨江，謀欲席卷東下。官軍屢衄，朝廷命公討之。

先是，靖康初，趙九齡爲御營機宜，張所爲河北宣撫使，辟九齡兼幹辦公事。公始從河北軍，九齡一見，便識公爲天下奇才，公亦推九齡之智謀。及公之討楊么，欲辟九齡爲幕客，九齡不果行。初，九齡見先父縱紹興初所上論兵書，乃與先父定交，至是遂薦先父以自代，公乃辟先父主管機密。軍行至潭，潭帥席參政賀公幕中得士，曰：「某在後省時，〔二〕所閲二千餘書，無如黄機密者。某薦之，已得旨命官，爲有力者所沮。此西漢人才也。」公喜，以告先父，先父亦未嘗識席參也。故公軍事必與先父謀之，先父亦感公之知己，知無不言，庶乎自竭，以報効於公。

不幸大功未立，公爲權臣中禍，天下痛之。先父亦屏居田野，時時談及軍中舊事，嘗謂公之英威，古人不能過，至於仁心愛物，雖古之名將有所不逮。若夫盛德懿行，夙夜小心，不以一物累其心，雖今之老師宿儒，勉强而力行者，公則優爲之。小子不敏，憂患困苦，今既老，追念舊事，十忘五、六矣，特録其餘，以遺後人，且備他日史官之採擇云。

公討楊么，官軍有以交易誘賊，遂俘數百人以獻。公會屬官於教場，問：「何以處之？」皆曰：「彼殘害官軍多矣，宜盡戮之。」先父獨無言，公曰：「機密以爲何如？」先父曰：「誘而執之，不武，此正是兵機。」公曰：「會得，會得。」即問賊曰：「汝爲盜，殘害一方久矣，今當死，不足以償。」衆賊皆請死，公曰：「主上聖明，以汝曹本皆良民，不幸罹亂，驅脅至此。今命我來，正欲救汝輩耳。」又問：「汝在賊寨中有何可樂？」賊皆言寨中荒索愁苦。公乃厚犒之，俾之買市物，以歸遺老小，陰戒市人賤取其直，而自償之。賊歸，相告語，知外之豐樂如此，爲之歡動，皆有願歸之心。一日，楊么驅衆出戰，官軍敗之，復擒數百人。諸屬官皆言：「前日釋之，已有願歸之心，今亦宜釋之。」先父曰：「前日不殺，爲其誘也。今敢出戰，必有兇渠在其中。」公頷之，〔三〕遂親閲視，戮其兇惡者數人，餘皆釋之。賊既感恩而畏威，迫於渠魁，而未得出。公乃遣黄佐賫旗、榜，入楊欽水寨，諭之降。欽雖聽命，而畏么，未果即出。先是，黄佐乃欽遣來納降者，既而欽復叛，故拘佐於獄。公既至，乃釋其縶，贈之以金，復遣招欽，故多疑其難信。公乃命先父再往撫諭之，且曰：「至前涂，更自看事勢如何，以爲進退。」先父曰：「彼正危疑，正當速往以定之。」乃以二弊卒從行，徑入欽寨。欽出迎，欲庭參，先父執其手，與敍同官之歡，曰：「此見宣撫禮也。」欽猶以慮楊么寨聞之，須遣兵防托，未可即出。先父測其意，尚未決，乃曰：「宣撫命某遍撫諭諸寨。」乃巡歷其寨，而察其形勢，見其茅竹爲舍，密比如櫛，一火箭可焚蕩，乃謂欽曰：「宣撫與太守、監司待於城上，立表下漏，以俟公來，過期即進兵，董統制已列强弩、火箭以俟命。公今遲回未往，某固一死，公軍亦無噍類矣。」欽即時與諸將、一行徒衆二萬人，隨先父同渡來參。先父既渡，即先馳歸報。終日無食，疲劇殆不能自支。公喜甚，就城上設榻，令人扶先父少憩，即日奏功。楊欽既出降，官軍進據其寨。楊么驅衆登舟，衆莫爲用，么乃投水，鈎出而斬之，羣盜盡平。十餘萬衆不血刃而來歸者，以公宣布天子之威德，而以不殺而成仁故也。

賊衆十餘萬，擇其老弱疲軟者給據爲民，取其彊壯者爲軍。命屬官輪日給據，復輪至先父，認得老弱數人，前已請據者，今乃代人來請，其人不伏而喧。公聞之，謂先父曰：「人衆如此，何以辨之審也？」先父曰：「此曹慣於爲盜久矣，故每放一人，必再三相視，果不堪爲軍，乃放之。不然，大軍去後，復聚而爲盜矣。」公乃親詰其人，而終不伏，先父請試搜其身，果得已給之據。公大喜，盡以委先父，不復輪日矣。先父繫盜請給者，將斬以徇，其餘僞者紛紛遁去。既給畢，陰釋盜請者，俾逸去，自後無敢盜請據者。於是，得彊壯者數萬人以充軍，而軍益壯矣。

軍將還，先父言於公曰：「孔明所以七擒孟獲者，慮軍回而復叛，將以此服南人之心也。故孟獲曰：『公，天威也，自是南人不復反矣！』今日不血刃而平大寇，散匿於湖山者亦多矣。賊見德而未見威，甚懼其復反也，〔四〕宜耀兵振旅而歸。」公乃大閱，軍律嚴整，旗幟精明，觀者無不咨嗟歎息，知王師之有律也。

先父始以進士借補從事郎，撫諭楊欽，欽率衆出降。〔五〕公奏功，請正補，已而都督府作詔旨行下，授昌州文學。公以先父功多賞薄，寢之不下，欲復論奏。先父聞之，請於公曰：「某士人也，家世以忠義徇國，平居嘗謂中原未復，諸將有已極富貴者，何以用命。今日纔立微效，豈可與朝廷論功乎！但得宣撫見知，俾某得效其愚計，他日成就，未晚也。且將相和調，則士豫附，固不宜與都督少異也。」公喜曰：「吾人豈欲言功，但恐將士之賞薄，不能無觖望者耳。」已而都督府旨揮但云：「當使到來，不煩寸刃，束手來歸，所有將士暴露良勞，各與轉一官。」果如公所料者。

楊么未平時，士人來獻書者紛紛，先父請考其優劣，而爲禮之厚薄。有屯駐將郝最門客侯邦言利便可採，先父薦之，公命留之帳前聽候。最疑邦言己軍中陰事，遣人〔六〕□□□□言已爲宣撫圍子隊，最將邦數□□□□畏公威名，不敢遽殺，乃以邦爲□□□□先父告於公〔七〕曰：「士大夫多恥從軍，惟〔八〕□□□天下士莫不歸心。〔九〕侯邦，舊太學士〔一〇〕□□□□□失身於最。今來獻利害，而一家□□□□□傷沮衆士之心，以干我之軍法。」願□□□□怒曰：「郝最何人，敢殺士人！」即呼帳□□□治之。先父曰：「侯邦得鈞旨，在帳前〔一一〕□□□□難拘制其出入，故爲最所擒。今□□□□某不可自安於軍中。」提轄至，公□□□□人，而爲人所擒，汝不知乎？」提轄□□□□先父之言，公即命移文於最，取□□□□□曰：「侯邦至，而一人一物有傷，則□□□□皆行軍法！」及邦至，公命送歸本□□□□□領公文申，蓋慮最中路邀殺之□□□□□士類如此。

嘗軍行，遇雨，公下馬徒步，屬官〔一二〕□□□□□里，至一廟宇，少憩，〔一三〕公勞勉屬官〔一四〕□□□□□矣，然士欲立功名，亦須習勞其□□□□□安逸，故雨中徒行，以習勞也。」廟□□□□□公指山問屬官曰：「諸公識黃龍□□□□□其下城如此山之高。某舊能飲□□□□□嘗有酒失，老母戒某不飲，主上〔一五〕□□□□自後不復飲。侯至黃龍城，大張樂□□□□以觀打城，城破，每人以兩槖馳金□□□□今日之勞。」有一屬官曰：「某不要公□□□□要觀公之志，直欲恢復燕地，蕩其□□□□中原而已也。」

公自奉甚菲薄，屯駐將郝最飲食□□□□其寨而食素，最以酸餡爲供，公食□□□□最曰：「此名何物？」曰：「酸餡。」公曰：「某平□□□□食此。」顧左右，留其餘以爲晚食，不□□□□甚愧。公性嚴重，語不輕發，於僚屬□□□□但語次間微見其端，而聞者悚然。〔一六〕□□□□屬官會食，惟煎豬肉、虀麪，未嘗兼□□□□人供雞，公曰：「何爲多殺物命？」庖人曰：「州中所送食也。」公命後勿復供。公與士卒同甘苦，不復以口腹自累，然亦出於仁心愛物者如此。

提轄官有杖士卒者，公曰：「且教訓之，勿輕笞辱也。」然取人一錢者，必斬，故士卒樂於用命，嘗謂先父曰：「某之士卒真可用矣！」潁昌〔一七〕之戰，人爲血人，馬爲血馬，無一人肯回顧者，復中原有日矣。

公命宅庫，除宣賜金器存留外，餘物盡出貨，以付軍匠，造弓二千張。先父曰：「此軍器，當破官錢。」公曰：「幾個劄子乞得，某速欲用，故自爲之。」

一日，行軍至一店，見其屋新蓋茅而有少缺處，公呼店主人問之：「此必我軍士取汝茅乎？」店主曰：「宣撫之軍未嘗一毫擾人，此自偶缺茅耳。」公曰：「豈有汝新蓋店屋，而缺此一束茅。」立命刷之。須臾，刷到一馬軍，即欲斬之，軍曰：「非入取其茅也，下店飲食，繫馬於簷，忽聞宣撫來，急上馬來，不覺誤掣下。」店主舉家泣告，實不曾擾，猶杖之百而後行。

公謂先父曰：「戰陣既交，手執得槍住，口有唾得嚥，則已是勇也。機密儒生，未嘗歷戰陣，到中原，見大戰，則心動矣。先隨某入小陣以觀戰，某令機密立馬處，必無害也。若欲便溺，切勿離馬仄。蓋數十萬之軍，其目盡在某一旗上，機密若往來不定，則軍人一暗箭射殺之矣，蓋惡我亂其目也。大陣皆動，然後可隨衆動也。」蓋公神勇，每戰嘗自爲旗頭，〔二八〕身先士卒，先父力諫曰：「猾虜或識之，聚彊弓以射我，奈何？雖公忠義，神明相之，自不能傷，然非大將之事也。」公曰：「昔杜充留守京師，某有兵二千，來受充節制。始至，適城外有大寇數萬，充即命某往戰。充謂之，杜且斬。某不敢以兵寡不敵爲辭，即往說賊約降，來禀充，充曰：『我何嘗令汝受降，須爲我擒之！』某復往責賊，以約降而緩來，今不復受降矣，願與汝挑戰。賊魁出鬭，某馳騎獨往，奮大刀劈之，自頂至腰分爲兩，數萬衆不戰而潰。人力不至於此，真若有神助之者，某平生之戰類如此。」

公一日以沉香分屬官，各得一塊，而先父所得最小。以爲不均，復以一裹分之，而先父所得復小。公憮然，先父曰：「某以一身從軍，雖得香，無所用之。」公乃曰：「某舊日亦愛燒香，瓦爐中燒栢香耳，後來亦屏之。大丈夫欲立功業，豈可有所好耶！」衆有愧色。

公再謂先父曰：「某被主上拔擢至此，儻有纖毫非是，被儒生寫在史書上，萬世揩改不得。某苟有過，機密必以見告。」

公家素無姬侍，先父被檄差出，遠方妄傳公納士族之女以爲妾。先父以告，公曰：「四川吴宣撫嘗遣屬官來議軍事，某飯之，彼驚訝某之冷落，歸言於吴宣撫。吴乃以二千緡買一士族女，遣兩使臣妻送來。某令其立於屏後，告之曰：『某家上下所衣紬布耳，所食虀麪耳。女娘子若能如此同甘苦，乃可留，不然，不敢留。』女乃吃然而笑，某曰：『如此則不可留也。』遂遣還之，初未嘗曾見其面也。」公之不喜聲色，出於性之自然者如此。

漢上報虜騎大至。公移檄本路，備五萬人軍資，所遣止二百人耳。虜素慴公之威名，望風而遁。先父言於公曰：「宣撫威名已震，虜那敢犯我，特大張其勢以動我，實不敢深入。我復以虛聲應之，正得其情矣。然我軍仰給於江西，虜避彊擊弱，[一九]他日必大入淮西，以輕兵襲江西，而焚蕩之。我軍乏供，則自坐困。宜置一軍於江州，沿江往來，以爲回易，可得利以益軍資，又可以開拓形勢，以絶其窺伺之心。」公於是立江州一軍。

先父被檄在遠，公嘗遣一兵持書來，趣回。盛寒止一單布衫，先父問曰：「汝怨乎？」曰：「不怨也。他軍所得請給，則有減剋。又如科作納襖之類，自身雖暖，老小則凍餒矣。

宣撫則不然，所請食錢若干，不減一錢，聽士自用之。某自因家累重〔二〇〕而費之，非在上者有剋於我也，何怨之有。」

公奏戰功必以實，未嘗徇私，而寄名虛奏。公之子宣贊雲勇冠三軍，攻隨州，手持兩錐，首先登城，公乃奏其功。與妄將私匿竄名戰士之中，以冒官爵者異哉。此士之所以樂於用命，而服其至公〔二一〕也。

紹興六年冬，公親提兵，往取蔡州。二更令下，三更即行。至蔡州，其濠水深闊，城上惟植黑旗，並無守者。每進攻，則黑旗動，然後一隊兵上城相禦，退則復下。勢不可攻，乃歸。董先爲殿，劉豫伏兵俟我軍退，則追而掩之。我之後軍逢彼踏白者，爲親戚，且素聞公之德，遂泄其計曰：「汝宣撫自來，有兵二萬人，七分披帶，持十日糧，今糧盡而歸。劉豫遣李成等十大將，各將萬人，先各賜宅一區、宮女十人，徑來掩彼軍。約盡擒之，直造鄂州。我軍人持一繩，得南軍，穿其手心，每十人作一串，鼓行東下，今即至矣。」董先見賊悉得我軍之實，馳報公。董先遂擇險地，伏其軍於林莽中，獨據河橋以待之。須臾，李成等至，見董先，舉繩以告之，悉如踏白者之言，謂董先曰：「汝勿走，我今先擒汝！」先答曰：「我定不走，只恐汝走耳！」賊見董先待之閑暇，疑有伏，不敢徑進。每遣兵來戰，董先則旋出林中兵一、二隊以應之；彼退，則又歸於林中，賊益疑。相持久之，公領大軍復回。

李成等望見如銀山擁出於衆山中，即遽奔潰。公渡河追之，三十里而止，擒其將數十人，俘其軍數千人而歸。公厚以錢布勞所俘之軍，告之曰：「汝皆中原百姓，國家赤子也，不幸爲劉豫驅而至此。今釋汝，見中原之民，悉告以朝廷恩德。俟大軍前進恢復，各率豪傑，來應官軍。」其俘皆歡呼而反。公乃貽書與蔡之守者，蔡人感公釋其俘，遂請降。所擒之將獻於行在所。其後講和，復割蔡州與虜，有通判者不肯臣虜，自縊而死。

紹興七年，車駕親征，幸建康，公來扈蹕，問先父曰：「某將入覲，以何爲先？」先父曰：「當以取汝、潁爲失計，〔三〕而改圖之。既取之，不可守而復失之，亦徒勞爾。」公曰：「安坐而不進，則中原何時可復？」先父曰：「取中原非奇兵不可。」公曰：「何謂奇兵？」先父曰：「宣撫之兵，衆之所可知可見者，皆正兵也。奇兵乃在河北。」公大喜曰：「此正吾之計也。相州之衆，盡結之矣。關渡口之舟車與夫宿食之店，皆吾人也，往來無礙，宿食有所。至於綵帛之鋪，亦我之人，一朝衆起，則爲旗幟也。今將大舉，河北響應，一戰而中原復矣！」

先是，朝廷罷劉光世軍，欲以公代之，併軍大舉。公既扈從至建康，太上知公之可大任也，獨召公至寢閤，命之曰：「中興之事，朕一以委卿，除張俊、韓世忠不受節制外，其餘並受卿節制。」已而有忌公者，沮止之。公忽召先父，出示張都督簡板，乃卻公宫祠之請。

公曰：「某所條具交軍事件，一日可辦。今乃令某先行，留屬官以待命，此必事已中變，故令某先行。今功不成矣，某所以丐祠也。」公不樂而行。先父曰：「某家有老母，而以身從軍者，欲效尺寸之長，以報公知遇也。使前有立功之地，某死亦不顧，今事既乖，則某亦將歸養，以爲後圖，他日從公未晚也。」公乃許先父謁告省。

已而朝廷乃以吕祉代劉光世，遂致酈瓊之叛。蓋光世之軍，多陝西之盜賊，最爲揉雜而難治。西人重世族，光世乃世將，故僅能總統之。酈瓊、王德，皆光世之愛將也。二人平日不相下，若得威名之將以代之，則可以駕馭而立功。朝廷始以公代光世，得之矣。已而中變，易以吕祉，故二將無所忌憚而鬬，瓊懼而謀叛，劉豫又以高官重禄以誘之，所以喪淮西之一軍。不然，公成恢復之功矣。今天下庸人孺子皆知公之威名，至於公之大計，與夫功之所以不遂者，士大夫蓋未知也。

元振幼從先父於軍中，親見其本末，平居追念前事，未嘗不歎息流涕於此，故誌之於遺事之末云。〔三〕

〔一〕「文林郎黄元振編」前之本卷各篇篇名，今已脱漏。

〔三〕《建炎以來繫年要録》卷三三：「（建炎四年五月壬子），徽猷閣待制席益、胡交修並試中書舍人。」

又同書卷四七：「（紹興元年九月甲寅）初，上以中書舍人、兼直學士院席益草赦文夸大，惡之。會益草呂頤浩復相制，有曰：『朕中興聖緒，兼創業守文之難。』上尤不喜，乃出益爲顯謨閣待制、知温州。」

《文獻通考》卷五一《職官考》：「元豐（四）年，詔中書舍人印爲中書後省之印。曾鞏、陸佃並試中書舍人，自是始正官名，遂以中書舍人判後省之事。」「元豐（四）年」，原作「元豐五年」，據《宋會要》職官三之一五，《續資治通鑑長編》卷三一八元豐四年十月庚辰，卷三二五元豐五年四月丙子改。蓋曾鞏與陸佃任中書舍人爲元豐五年四月事，《文獻通考》誤將元豐四年十月詔併入翌年。

〔三〕公頜之　「頜」，原作「領」，嘉靖本同，據傅本改。

〔四〕甚懼其復反也　「甚」，底本字跡殘缺，嘉靖本作「其」，今據傅本。

〔五〕欽率衆出降　「欽」，底本字跡模糊，嘉靖本作「一」，今據傅本。

〔六〕疑邦言已軍中陰事遣人　「人」，原缺，嘉靖本同，據傅本補。

〔七〕先父告於公　「先」，原缺，嘉靖本同，據傅本補。

〔八〕士大夫多耻從軍惟　「惟」，原缺，嘉靖本同，據傅本補。

〔九〕天下士莫不歸心　「天」，原缺，嘉靖本同，據傅本補。

〔一〇〕舊太學士「士」，傳本作「生」。

〔一一〕在帳前「前」，原缺，嘉靖本同，據傳本補。

〔一二〕屬官「官」，原缺，嘉靖本同，據傳本補。

〔一三〕少憩「少」，原缺，嘉靖本同，據傳本補。

〔一四〕勞勉屬官「官」，原缺，嘉靖本同，據傳本補。

〔一五〕主上「上」，原缺，嘉靖本同，據傳本補。

〔一六〕聞者悚然「悚」，原作「懷」，嘉靖本同，據傳本改。

〔一七〕潁昌「潁」，原作「穎」，今改正。

〔一八〕《三朝北盟會編》卷二三九：「旗頭本執持大旗，麾衆當先者也。」《宋史》卷一九五《兵志》：「（趙）鼎奏曰：『……今聖制，每一大隊合五中隊，五十人爲之；中隊合三小隊，九人爲之；小隊合三人爲之，亦擇心意相得者。又選壯勇善槍者一人爲旗頭，令自擇如已藝，心相得者二人爲左、右傔，自選勇悍者一人爲引戰，又選軍校一人，執刀在後爲擁隊。……』」《建炎以來繫年要録》卷一一一：「（紹興七年五月甲申）上曰：『……每隊五十當增旗頭一人，常養之以待用。每遇出戰，旗以簸揚而壞，洎收軍而退，或無以寓三軍之目。於是植所增之旗，則衆無惑矣。』時上方議諸軍置副，（張）浚奏曰：『此亦旗頭之副。』上以爲然。」

《雲麓漫鈔》卷七：「韓、岳兵尤精，常時於軍中角其勇健者，另爲之籍；每旗頭、押隊闕，於所籍中又角其勇力出衆者爲之；將、副有闕，則於諸隊旗頭、押隊内取之。」《三朝北盟會編》卷九八《避戎夜話》：「積五十人爲隊，押隊引於前，擁隊驅於後。」可知旗頭、押隊連同擁隊、左、右傔旗，都爲宋朝隊一級軍事編制單位之頭領。又同書卷一五一：「（紹興二年五月）初，曹成據道州，以兵守莫邪關。岳飛遣前軍張憲攻關。有郭進者，趫勇有膂力。……莫邪之役，進與旗頭二人先登攻關。賊兵拒關，進揮槍先進，殺賊旗頭，賊兵亂，官軍齊進，遂入關。」又同書卷二四九：「（紹興三十二年正月）十五日壬午，趙樽敗金人於蔡州，金人遁走。……方鏖戰之時，有官軍旗頭與虜人之旗頭戰於城上，移時，兩邊衆兵如山，不敢動，以待旗頭之勝敗，竟殺虜旗頭城上。百姓望而呼曰：『趙提舉，且保明此旗頭做好官！』虜之旗頭既死，即時散亂，多墮城而死者。」

〔一九〕避彊擊弱　「彊」，原作「疆」，嘉靖本同，據傳本改。

〔二〇〕某自因家累重　「因」，底本字跡模糊，今據嘉靖本。

〔二一〕而服其至公　「而」，原缺，據嘉靖本補。

〔二二〕以取汝潁爲失計　「潁」，原作「穎」，今改正。

〔二三〕本篇既稱岳飛爲「武穆公」，當是淳熙五年爲岳飛定謚武穆後之作。本篇又稱宋高宗爲「太上」，則當爲宋高宗淳熙十四年生前之作。

南昌武寧縣城隍祠岳忠武王遺像記（新添）

儒林郎前隆興府武寧縣尉建安　章子仁　撰

嘉定癸未〔一〕秋，初筮豫寧警曹，領事已，告至于羣祀。暨扣城隍，環視繪堵間，有魁然容貌，儼然冠裳而隅坐者，駭而問焉，祝曰：「是故忠武岳王遺像也。」竦然，不覺板之歛，膝之前，而首之頓，致敬亟退，猶未暇訪其故也。

不數日，隨牒下里，酷訝邑在萬山中，壤地頗狹，而生齒極繁。因召故老訊之，咸舉手加額曰：「昔在紹興初，叛將李其姓者，巢穴我疆井，溪壑我蓋藏，立將丘墟我室廬，膏血我骨肉，勢方危如累卵。造物假手我忠武岳王，忽提師由□鄙來，壓境三十里間，水適暴漲，衆方需渡，□□□□□謂神兵自天而下，倉皇宵遁，由是不鳴一桴，不施一鏃，而解一邑倒垂於指顧之間。丕休哉！溯源生齒之繁，實王續迓我祖之命于天也。昔之所活者一人，今不知幾千萬人矣；昔之所全者一户，今不知幾千百户矣。凡斯世斯人，各有所謂我生之祖，由禰而上，皆是也；惟吾土吾曹，獨有所謂生我之祖也，王之謂歟！噫！歔歟！不有我祖，孰有我身；不有我王，孰有我祖。祖固吾身肇開之天地矣，王又吾祖再造之天地也。恩斯勤斯，子孫孫子有心能識，有口能誦，而迄無毫髮能報萬分之一也。」言既，涕零如雨。時亦感慨之深，不能自禁其悲且泣。

因思圖像千載，血食一方，回視下馬仲舒之墓，〔二〕墮淚叔子之碑，〔三〕其愛尤深，敬尤至者歟！自是每持瓣香，弔英爽，必顧瞻徊徨，移時而不忍去。復念堂室未正，位貌未尊，疑於揭虔妥靈之道爲未稱，願與邦人之特達者，別卜吉土□□□□聳觀覘而移崇奉。僉言城隍，吾土之司命，而王，吾人之司命也，朝夕起敬於斯，歲時與享於斯，非但祖之而已，直所以神之也。且其靈與神等矣，謹勿易，區區愛莫助之，祇加葺飾，少寓勤惓，其爲敬若嚴君，事若上帝之意。

三歲則猶，一日滿秩受代，復走羣祀，款謝東歸，猶於薌火，倍切依戀。邦人因謂述厥事，以記諸壁，靡敢以迫行辭，遂取曩之所得於故老者筆之，且臆爲之説曰：「天未厭宋，王稟忠肝義膽以生；天未亡胡，王抱憤氣赤心而死。天乎！天乎！豈其才矣，使不啻其用，大其任矣，使不狹其成，雖九廟之耻，立談可雪，何但紓一邑之難，雖河北二百州之版圖，不崇朝而復，何至悠悠歲月，尚守江南十數道之疆域哉！竊謂王之心，日之麗天也，兹邑所覩者，特容光之照爾；王之澤，水之行地也，兹邑所被者，特始達之泉爾。矧成績之紀，合登太常，羽言徒以爲癠；豐功之報，宜侑清廟，蘩祠反以爲瀆。」文成，亟示邦人之耆宿者，咸曰：「雖不中，不遠矣。願相與大書深刻之。」丙戌〔四〕秋。

〔一〕癸未年爲宋寧宗嘉定十六年。

〔二〕仲舒之墓　「仲」，原作「伸」，嘉靖本同，據文淵閣《四庫全書》本改。《唐國史補》卷下：「舊説董仲舒墓門，人過皆下馬，故謂之『下馬陵』。」

〔三〕《晉書》卷三四《羊祜傳》：「羊祜，字叔子，泰山南城人也。……襄陽百姓於峴山祜平生游憩之所，建碑立廟，歲時饗祭焉。望其碑者，莫不流涕，杜預因名爲『墮淚碑』。」

〔四〕丙戌年爲宋理宗寶慶二年。

鄂國金佗續編卷第二十八

百氏昭忠録卷之十二

從事郎前永州軍事判官　孫逌　編

岳王飛，字鵬舉，相州湯陰縣人。母家姚大翁甚喜其爲人。宣和四年，令鎗手陳廣以技擊教之，一縣無敵。一日，有黄冠者見之，謂曰：「子貴人也，在坐諸公極有貴人，宜自愛。」姚問王至何官，曰：「他日在政事堂執政。」諸人憮然。黄冠既去，王因幹至縣，有李廷珪者，本係太史局，以罪編隸相州，偶到湯陰，王以五行示之，許至兩府，且歎曰：「世亂矣！」其後同縣李道官至節度使，王貴承宣使，徐慶防禦使，姚政團練使，王萬横行，自餘隨王者皆正任，廷珪亦武翼郎、興國軍都巡檢使。王至少保、樞密副使。

鍾老爺既破，賊白德者領其子子義，號「太子」，與楊么聚衆於鼎州龍陽縣、洞庭湖，有衆八萬，號十萬，置三十寨，其船有望三州、大德山之類三千隻。朝廷亟命王瓊討之，敗衄，統制崔增死于兵。知鼎州程昌禹及帥府遣間招誘，皆俱受賊害。自是楊么、子義遂僭乘輿之服，立三衙，殿帥劉行，馬帥黃成，步帥夏貓兒，統制張彦通、黃缺子、周倫、白德、楊欽等頭領八十餘人，猖獗於湖外。朝廷命右僕射張浚都督荆、襄，以岳王爲制置使。王乃致楊欽，結以恩信，欽樂爲用，獻策云：「么所恃者舟檝，如望三州、大、小德山之類，非一丈水不可行。洞庭湖水舊不及丈，么置堰閘，十餘年間，所以彌漫。欽本任閉塞之責，盡知其詳。乞二十人往開堰，水入大江，使舟船不能動。又么船皆用車輪，乞以青草數千百萬束散之湖中，其輪必有窒礙。」王從之，兩月果破賊。么赴水以死，遂斬子義、白德等，自餘附和，願充刺之外，聽其復業，湖襄〔二〕賴以安靖。浚大喜，露布以聞。時趙忠簡爲首相，寄詩張德遠曰：「一掃湖湘氛穢消，生民塗炭得逍遥。更須早掛風檣起，共看錢塘八月潮。」蓋紹興五年六月破么，故有是詩云。

虔州村民李淘者，長大有膂力，鄉人畏之。後彭鐵大與王彦、廖家姊妹三人唱亂，淘從之。衆以爲首領，號李洞天，占據固始洞，積糧洞上，金帛、婦女皆在其中。岳王爲招討數月，破江西賊大小百餘火，惟固始洞最後。蓋洞高而險，王用大木，先縛天橋八座，日使人上。諸賊檑木、礮石以下，官軍不能上者累日。王之爲天橋也，正欲其盡用檑木、礮石。故俟其無備也，方以計激發火隊，以前後鬬心杷山而上，甲軍繼之，一戰盡獲，民復按堵。故湖之南，江之西，比屋繪像，事王如生。

虜人犯漢上，岳王遣董先、牛皐、李建、傅選將數千人迎戰，臨遣，令聽先節制。先深入，逢虜騎萬餘，先一麾軍退。皐輩告先曰：「不戰便退，不惟虜人相輕，歸則宣撫不赦。既如此，不須深入。」先不從，退百餘里，始劄寨。其晚虜亦駐軍。黎明，先領軍又退百里。虜人每襲人，至散方擊，及百里，又劄寨。次日復如前。先遂與牛皐等議曰：「諸君要與虜戰，今日正當效力，須死戰可矣。」既擊虜，先身插數小旗，用小鼓、小鑼與虜騎對壘，使步人皆坐。先出戰，走馬覘軍畢，候虜騎近，出小旗，軍起立，再旗，齪定，鳴小鼓，前擊。虜衆不動，鋪槍作走勢。虜騎方向前，再鳴鼓向敵，又未動。如此者三，虜騎動，分四頭項擊。虜騎歸至唐州界牛蹄、白石，方飯，伏起，旗幟遍山，虜實驚怖，俘獲甚衆，得馬三千疋，騎兵千餘人。王得此馬三千疋，軍勢大壯。先除軍職，正任承宣使。

趙鼎、張浚同秉政，時荆湖南、北，二廣宣撫使岳王就撥諸路錢二百餘萬，市馬川、陝、廣西，印號分隸諸軍訖，以帳奏朝廷。魏公當日判送檢詳房磨次，呈忠簡公，卻之，令聚廳時稟，趙語諸公曰：「韓、張輩恃功自伐，頗虧事上之禮。惟岳親邇儒士，稟命朝廷，爲將之職，理固當然。第諸將不能行，而岳獨能行，正宜獎異，以成其善意。今反苛究於有司，事必窮實，儻支使冒昧，必寘法斷遣，不舉則棄法。如韓、張輩用度自便，抑而不問，既無明罰。今岳舉而奏之，事方磨究，他日焉肯稟奏。事繫國體，在岳合稟，只當判照，使岳知朝廷不以有司相待。」諸公服其斷。

岳王在鄂州，爲宣撫使，紀律嚴明，路不拾遺，秋毫無犯，軍民皆樂，雖古名將無以加。邵緝公序上《滿庭芳》云：「日落旌旗，霜侵甲胄，塞角聲喚寒更。論兵慷慨，齒頰帶風生。坐擁貔貅十萬，銜枚勇，雲戟交横。横嚬笑，羌戎授首，千里静攙槍。〔二〕九州人競樂，提壺勸酒，布穀催耕。盡芝夫蕘子，歌舞威名。好是輕裘緩帶，驅營陣，絶漠横行。功誰紀，風神宛轉，麟閣畫清明（一云『青明』）。」

紹興講和，湖、廣、京西宣撫使岳王謝表有云：「身居將閫，蹟無補於纖埃；口誦詔書，面有慚於軍旅。」檜怒，便有陷王之意。

淮東宣撫使韓世忠、淮西宣撫使張俊並除樞密使，荆湖南、北等路宣撫使岳飛除樞密副使。是時，汪藻彦章知徽州，以啟賀三樞云：「累歲賢勞，蟣虱幾生於甲胄；一朝釀賞，貂蟬果出於兜鍪。」時論稱之。

江東邵緝獻書：「向者孽虜長驅，江、海横罹其毒，天下之勢岌乎殆哉！如人中虚氣羸，而風眩痰厥〔三〕之疾卒然乘之，家人稚子驚號於前，而庸醫愚巫顛倒，卻走不顧。當是之時，雖九轉之藥，莫投其咽，盧、扁之醫，不過旁立側睨而已。須其疾勢少定，然後醫進藥用，疾可效而功可求也。今日之事，適然類此。方冬春之交，胡馬蟻集海上，天下根本，僅隔波濤之阻，雖伊、吕、管、樂之佐，何以禦其暴哉！今戎羯已去，禍患其少息矣，而賢能之佐，又競立於前。不於此時速發藥而力爲之，則海内生靈之禍，將何時而已耶！然病方危時，其外證可怖，雖庸醫卻走百輩，不足憂；而盧、扁之醫居旁不去，必其氣本猶在，而囊中之術，又有起之之方也。向者小人皆懼，而君子恃以不恐者，以閤下諸公偕在政府也。今正閤下諸公發藥而治病之秋，囊中之方，閤下所有，千金之藥，又廣求而廣蓄之。緝遠方寒士，孱然無適時之用，敢持庸陋之説，以干執事者之聽。其意以謂如人父兄有病，方迎醫治藥，而僮奴孺子不勝愛親之心，輕求枯荄小草，籬下之品，而薦之鼎匕之前，其適用與否，惟閤下擇之而已。

緝竊聞中興之君得中興之佐，則有功；中興之佐得中興之將，則有功。君視其佐，猶人欲捍難，而有左右臂也。人有捍難之心，非左右臂何所用；左右臂奮揮而前，無戈、矛、鋋、戟爲之撞擊排刺，雖有絶人之勇，無所施其能矣。方今急於中興，如吾君之明，又二、三執政大臣皆天下之極選，上下相得，誠千載一時矣。終未能立非常之功，雪無窮之耻，大有以慰天下之望〔四〕者，此何故哉？豈將非其人而然乎？

然將有二説，不可不察也。有天下之將，有一國之將。天下之將實難其人，一國之將或有之，然未見其奉職勝任，顯然立功名者，又何爲耶？特有之而不用，用之非其人之過耳。求其大者，既不可得，其次或有焉，而不審擇之，欲天下之早正速定，不可得也。以緝田野庸人，而耳目之所熟者，僅得一焉。誠未足爲天下將，在今日才難之際，謂之一國之將，斯可矣，敢率然陳之，惟閤下少垂意焉。

伏見武德大夫、英州刺史、御營使司統制軍馬岳飛驍武精悍，沉鷙有謀，臨財廉，與士信，循循如諸生，動合禮法。頃在河北，嘗以數十騎乘險據要，卻胡虜萬人之軍。又嘗於京城南薰門外，以八、九百人破王善、張用二十萬之衆，威震夷夏。去冬江上之戰，將士蜂屯，飛獨争先奮擊。迨官軍不勝，它將皆鳥奔鼠竄，飛獨置寨蔣山，孤軍轉戰，且行且擊，斬首以千百計者，不知其幾。諸將潰爲羣盜，縱兵大略。飛獨頓兵廣德境中，資糧於官，身與下卒同食，而持軍嚴甚，民間無秋毫之擾。虜人簽軍經涉其地者，或聞其威名，各相謂曰：『岳爺爺軍也！』争來降附，前後幾萬餘人。知常州周杞遺屬官趙九齡迎，飛欣然從之，且欲據城堅守，扼虜人歸路，悉死力以立奇功。飛方啟行，而常州之城先以破，遂以一軍駐之宜興。而羣盜之在近境者，或殺或降，無不摧滅之者。破郭吉而降其衆，斬張威武而併其軍，使即日遠遁。扈成已死，其部曲遽自來歸。飛自到宜興，密與周杞、趙九齡謀畫，調發精鋭，尾襲金人於鎮江之東，殺獲略盡。繼遣偏裨，及飛自將，取間道直擣建康，與金人戰，大小數十合，皆大獲，僵尸十餘里，生致酋領若萬户、千户者二十餘人，〔五〕

及斬胡人禿髮垂環者之首無慮三千人，奪鎧、仗、旗、鼓以數萬計。且慮金人徘徊於建康、京口之間，勢必欲留軍江南，控扼險阻，牽制官軍，大爲東南之患。飛能奮不顧身，勇往克復建康及竟内縣鎮，爲國家奪取形勝咽喉之地，使逆虜掃地而去，無一騎留者。江、浙平定，其誰之力也？

緝謂如飛者，朝廷宜優擢之，假以事權，益責後來之效。方今大將皆富貴盈溢，不肯用命，甚者握强兵，以脅制上下，有鷹揚跋扈之態，此可復用也哉？駕馭此曹，譬之養鷹隼，然饑則爲用，飽則颺去。今諸大將皆未嘗從禽，而先已飽肉，是以用之向敵，則皆掣去不顧。如飛者，雖有數萬之衆，其官爵甚卑，朝廷未嘗寵借之，眇然在偏裨之間，此饑隼側翅時也。如使之立某功，則賞以某爵，成某事，則寵以某恩；如鷹之得兔，則飼以一鼠，得一狐，則飼以一禽。以術駕御之，使歉然有貪敵之意，必能爲國家顯立戰伐之功。

大抵用將，如醫之用藥，而有狼毒、烏喙之屬，必求它藥，此所畏忌者有以制之，使之力足以治病，而其毒不至於殺人，則適用而有功。不然，祇以爲害耳！昔唐相杜黄裳薦高崇文，使討劉闢。崇文素憚劉澭，黄裳使人謂之曰：『公不奮命，當以澭代汝！』崇文懼一死，力縛賊以獻。武宗之討澤、潞，令魏、鎮各以兵會，魏帥何洪欽〔六〕逗遛，持兩端。宰相李德裕遺王宰以陳、許精甲假道於魏，以伐磁。洪欽聞之，遽勒兵，請自涉漳。今朝廷之於諸將，非挾此以御之，詎能責其用哉！

今飛軍中精鋭能戰之士幾二萬人，老弱未壯者不在此數，勝甲之馬亦及千疋。朝廷諸將特然成軍如飛者，不過四、五人耳。飛又品秩最卑，此正易與時也。朝廷不收拾旌寵之，則飛棲棲然持數萬之衆，將安歸乎？飛常與人言：『使飛得與諸將齒，不在偏校之外，〔七〕而進退稟命於朝，何功名不立，一死焉足靳哉！要使後世書策中知有岳飛之名，與關、張輩功烈相髣髴耳！』飛武人，意氣如此，豈易得哉！亦古人豹死留皮之意也。伏望朝廷論飛之功，加之爵賞，使與韓、劉輩特然成軍者勢力相抗，犬牙相錯，如杜黄裳之御高崇文，李德裕之御何洪欽。破姦黨媮靡之風，折强梗難御之氣，使之相制以爲用，相激而成功，此誠朝廷無窮之利也。

緝巖穴枯槁之士，自放於風烟寂寞之濱，非有求於世者。誠以國步艱難，斯民嬰塗炭之禍，苟耳目所聞，有可以排難解紛，僅若毫髪者，不得不薦之於朝，庶幾用之，而天下有尺寸、錙銖之補。〔八〕烏呼！嫠不恤緯，而宗周是憂，懼將及焉而已。」〔九〕

〔一〕湖襄　應作「湖湘」。

〔二〕攙槍　「槍」，原作「搶」，今改正。

〔三〕瘀厥　「厥」，原作「痓」，嘉靖本同，據文淵閣《四庫全書》本改。

〔四〕大有以慰天下之望　「慰」，原作「尉」，嘉靖本同，據傳本改。

〔五〕若萬户千户者二十餘人　「二十餘人」，原作「餘二十人」，嘉靖本同，據傳本改。

〔六〕何洪欽　應爲「何洪敬」。宋時避宋太祖趙匡胤祖父趙敬名諱，故改何洪敬爲何洪欽。

〔七〕不在偏校之外　「外」，疑作「列」。

〔八〕有尺寸錙銖之補　「尺」，原作「赤」，傳本同，據嘉靖本改。宋時「尺」可與「赤」通用。

〔九〕本篇稱岳飛爲「岳王」，當爲嘉泰四年岳飛追封鄂王後之作。

迪功郎前漢川縣尉　吴拯　編

節使岳侯飛，鄴人也，初爲杜相充愛將。充既失建康，猶數萬皆西北健兒，訩訩謀異。獨畏侯忠勇，因以主帥密白侯。侯度未有部曲以繩之，陽使自結，以籍上。侯乘其不意，與平生三、五輩，彎弓躍馬儔伍中，擊數十人。抵弓矢，大罵曰：「朝廷不負爾曹，爾以數萬衆，不能斬一岳飛，即能死我，乃爲賊！」衆始戢。

居洪一年，下士好詢，而酬酢輒不苟答。或問侯：「何日爲太平？」侯抗聲曰：「文官不取錢，武官不打鹵，〔一〕即太平矣。」其簡要多此類。

侯御士尤嚴，每屯數萬衆，而市不見一卒，惟閱試振旅，則人始幸觀之。徙鎮荆東，得旨，不示郡僚，夜遣兵行。明日，裁留疲羸數輩導馬，〔二〕言别而去。其平曹成也，湖南官廩無以供給，縣令率皆逃去。侯軍啗死屍三日，故能滅曹成。迄今江左士庶問寫其像以事焉。

二年，京城留守杜充用侯爲統制。〔三〕三年，充守建康，叛降於虜。諸將潰散，扈成、戚方〔四〕次第皆反。惟侯一軍無所劫掠，屯於宜興。時官吏、士大夫、軍、民避虜走宜興者，賴侯率免害，以是聲譽籍甚。四年，至湖州，歸於張俊，俊薦其能於朝。

紹興初，俊爲江、淮招討使，以拒李成，命侯同王瓊、陳思恭皆以本軍隸之。成軍二十萬，以其將馬進軍對壘洪州，來挑戰。俊宴諸將，問所以，侯密喻其計，且請自爲先鋒。擊進于玉龍觀，大破之。追至筠州，又敗之，降其兵五萬。追至蘄州，又敗之，侯功第一。又令逼張用五萬衆，降之，加神武右軍副統制。〔五〕又平虔州山賊數十萬，來朝，加鎮南軍承宣使、江西制置使、神武後軍統制。

四年，劉豫使李成寇京西，侯與成戰於郢州，敗之，又克鄧、隨、唐三州，加清遠軍節度使、湖北、京襄制置使。會劉豫入寇廬州，侯遣統制牛皐、徐慶救之，會合張琦，及豫軍戰於廬州。豫軍畏牛皐之勇，不戰先走，遂大敗之。上加振寧、崇信軍節度使。〔六〕

率兵八萬，至鼎州，以討湖賊楊太。太爲其下所殺，楊欽等領其衆數十萬以拒命。時都督諸軍事〔七〕張浚出征，往湖觀之，〔八〕知其未可攻，乃歸潭州。急詔還朝，謀防秋之計，會侯來，浚語之。侯乃出小圖，〔九〕以示其攻討出入之要處，且語浚曰：「此易擒耳。」〔一〇〕浚曰：「恐阻防秋之期，侯明年再來討之，如何？」侯請除來往三程，限八日擒之，曲留浚，姑遲其行以待。浚從之，乃遣侯往。先是，湖南統制任士安、王俊、郝晸等領兵二萬餘，慢王𤫩，〔一一〕不禀其令，是致於敗。侯始至，鞭士安及俊、晸，〔一二〕以折其氣，使其餌賊，〔一三〕曰：「限三日，不平賊，皆斬汝輩！」初，揚言岳太尉兵二十萬至矣，至是不見一人，止見士安等軍，故賊併兵攻士安，三日兩困之。侯伏大兵四合，一戰殺賊略盡。乘其備仗無心，是夜，舟師徑掩其營，擣其巢穴，遂俘楊欽等。唯夏成營三面臨太湖，背山勢□，不降。侯親往測其水淺處，令善駡者二千人往駡之，又悉衆運草木，放上流。賊營中聞駡，怒甚，争揮瓦石擊之，而遇所放順流草木乘之。一旦填滿，遂長驅入其營，擒夏成以獻。湖南悉平，會其所約，止八日矣。加檢校少保，以其軍爲行營右護軍。〔一四〕

六年，加檢校少傅、武勝、定國軍節度使、湖北、京西宣撫使。〔一五〕敗劉豫，克虢州，又克西京長水縣，慨然有平中原之志，而諸帥養寇不進，侯以孤軍獨進，自知無援，乃退軍虢州。復遣統制王貴及豫軍戰于商州，敗之。又戰于京西路，敗之。

七年，加太尉。八年，來朝。金人遣使來講和，侯議以爲不可，宰相秦檜憾之。九年，加開府儀同三司。

十年，金人叛盟，侯遣將李寶、孫彦與金人戰于曹州，屢敗之。又戰于宛亭縣，敗之。又遣牛皋戰于京西，敗之。進戰于黄河上，又敗之。又遣統制張憲戰于潁昌府，〔一六〕敗之，復潁昌府。憲又戰于陳州界，敗之，復陳州。又遣統制董先、姚政戰潁昌府，敗之。又遣將楊成戰鄭州，敗之，復鄭州。又遣統制孟邦傑復永安軍。至夜，遣其將劉政劫之于中牟縣，敗之。又遣將張應、韓青戰于河南府，敗之。遣將楊遇戰南城軍，敗之，復南城軍。〔一七〕又遣將梁興、董成〔一八〕戰絳州垣曲縣，敗之。興又戰孟州王屋縣，敗之。又戰孟州濟源縣，〔一九〕敗之。侯與兀术戰郾城縣，〔二〇〕敗之；再戰，又敗之。王貴、姚政與兀术戰于潁昌府，敗之。又命張憲、傅選、寇成戰臨潁縣，敗之。侯屢獲捷，方欲深入，盡復故境，而宰相秦檜勸上累詔班師，憤恨而還，所復州縣復失之。〔二一〕

〔一〕武官不打鹵　「打鹵」，嘉靖本作「怕死」。

〔二〕裁留疲羸數輩導馬　「羸」，原作「獰」，嘉靖本與傅本同，據浙本改。

〔三〕二年京城留守杜充用侯爲統制　「二年」之上，應刊漏「建炎」兩字。

〔四〕戚方　「戚」，底本字跡模糊，嘉靖本作「戍」，今改正。

〔五〕神武右軍副統制　「軍副」，應作「副軍」。

〔六〕上加振寧崇信軍節度使　「上」，原缺，嘉靖本同，據傳本補。「振」，底本字跡模糊，嘉靖本作「振」，應作「鎮」。

〔七〕都督諸軍事　「諸」之下，應脱「路」字。

〔八〕張浚出征往湖觀之　「征，往」，原缺，嘉靖本同，據傳本補。

〔九〕乃出小圖　「圖」，原缺，嘉靖本同，據傳本補。

〔一〇〕此易擒耳　「擒」，原缺，嘉靖本同，據傳本補。

〔一一〕王𤫩　「𤫩」，原作「燮」，嘉靖本同，據傳本改。

〔一二〕鞭士安及俊㲄　「㲄」，原作「議」，嘉靖本同，據傳本改。

〔一三〕使其餌賊　「餌賊」，原作「賊餌」，嘉靖本同，據傳本改。

〔一四〕以其軍爲行營右護軍　「右」，應爲「後」之誤。

〔一五〕加檢校少傅武勝定國軍節度使湖北京西宣撫使　岳飛未被授予「檢校少傅」官銜，「宣撫使」應作「宣撫副使」。

〔一六〕潁昌府　「潁」，原作「穎」，今改正。後「潁昌府」與「臨潁縣」的「潁」字也作同樣處理。

〔一七〕南城軍　「南」之上，原有「河」字，應爲衍字，今删去。

〔一八〕董成　「成」，應作「榮」。

〔一九〕濟源縣　「源」，原作「垣」，今改正。

〔二〇〕鄽城縣　「鄽」，原作「堰」，今改正。

〔二一〕本篇稱岳飛爲「岳侯」，疑爲淳熙五年岳飛定謚武穆前之作。

鄂武穆王岳公真讚（并序，新添）

世〔一〕論唐郭子儀、李光弼之優劣者，未嘗不白其大節觀之。當程元振、魚朝恩相繼用事，諸將之進退伸縮，無不自己。子儀内除外徙，聞命就道。光弼在臨淮，凡三年，及除東都留守，辭以糧運，歸徐州收麥，光弼亦以是淹鬱成疾而卒。此優劣之所分也。雖然，若子儀者，固無以尚之，而光弼之事獨不甚可念乎？昔之養勇者，不以一毫挫於物論劍語，微忤則拂衣去，衝冠裂眦，氣所激也。憤而登車，目光射牛背矣。大丈夫出萬死一生之力，蓋世熏天之功，一旦見掣於黄口小兒，死而死耳，安能垂頭帖耳，受人牽傍者乎！雖然，使光弼而就召，亦未必死，倖臣特欲困辱之，使出我下。子儀亦復俛仰從就於其間，而竟以自全。若夫召來而必死，知其必死不疑，以就命者，其唯鄂武穆王岳公乎！

國家建炎南渡，禦戎剗寇，東扶西支，僅然自立，尚凛凛也。至紹興之八年，虜以河南、陝西歸我，以怠我軍。至十年而奄至，而我之諸將受命四出，所在捷奏，而武穆克復州縣之功，爲諸將冠。蓋自建炎用兵以來，而我之諸將始皆精熟，老者如百錬之鋼，少者如發硎之刃，縱横捷出，無不如意。此正天人合一之機，千載一時之會也。其如和議之説行，而班師之詔屢下何？

當諸將皆賀和，而公表獨曰：「求暫安而解倒垂，猶之可也；欲長慮而尊中國，豈其然乎！」又曰：「身居將閫，蹟無補於涓埃；口誦詔音，面有慙於軍旅。」此公誓不與虜俱存之名言也。夫朝廷欲議和，而有一大帥誾誾然不肯和，言必與之俱斃而後已，是其可置而不問乎？故爲當時計，不去公，則和議不成。一日召三大帥，首相置酒迓之，韓、張已至，而公以道遠差後，飭堂廚，必待公至而後飲。至則並除樞密使、副，未幾，言者至而祠命下矣。

外此何説哉？余嘗聞永嘉陳止齋云：「往見石天民言：『其父嘗赴上江巡檢官，夕投宿縣驛。忽呵導岳少保來，急急般疊出，而少保已至，問：此何官？是間無旅館，可只就門房駐。巡檢如言。迨夜，堂上張燭，諸將會坐。巡檢從壁隙窺之，諸將起禀事，密語，公正色而言曰：只得前邁！諸將退而起禀者三，而公三答之，如初言。』」嗚呼！公豈不知此行之必死哉！其鼎鼎數千里而來者，非赴嘉召也，直趨死如歸耳！故曰：「白刃可蹈，中庸不可能。」其在是歟！

近有士夫，得楊武恭王之孫伯嵒者言曰：「武恭一日蒙首相呼召，至則不出見，但直省官持一堂牒來，云委逮岳飛赴大理。又傳旨：『要活底岳飛來。』武恭袖牒往見公，公呵呵大聲而出，曰：『十哥，汝來何爲？』武恭曰：『無事，叫哥哥。』蓋時諸將結爲兄弟行，自一至楊，十也。公曰：『我看汝今日來，意思不好。』即抽身入。武恭亦以牒傳進。頃之，有小環出，捧盃酒勸。武恭意公必於内引決，要我同死，遂飲。飲竟，公出，笑而言曰：『此酒無藥，我今日方見汝是真兄弟，我爲汝往。』遂肩輿赴對。」嗚呼！公不肯爲兒女之死久矣，大義明於天地，大忠著於無窮，則公之志也，死生豈足爲公道哉！雖然公死而和議定，而復讎之説，至於今猶復綿綿宛宛，未絶而若存者，其公一死之力歟！

讚曰：「於戲建炎，實維中天，楚丘始營，周飈尚綿，既菑既畬，既埴既甄。迨紹興十，凡二七年，我馬我車，我將我徒，老錬矯强，百倍厥初。彼兇不知，方復狃忕，來蹈者焦，來觸者碎。如熊如彪，如龍如蟉，九天九地，瞬息無留。孰遏其衝，有旋其輈，雞犬亦憤，草木含羞。嚴嚴武穆，義不共天，瀝血陳誠，抗表矢言。斯言之出，曾不崇朝，三年爲碧，萬古怒濤。公死者身，不死者義，〔二〕於今杞天，賴以不隊。日月有行，星辰有紀，雲徂雨興，

川流山峙，此義與存，公義之帥。巍巍鄴臺，唐堯所都，賢哲蕞稡，河山掖扶。其在安陽，文武間作，忠獻王韓，武穆王岳。」〔三〕

〔一〕「世」之前，原空一行，嘉靖本同，可能缺字十七格。

〔二〕不死者義　「義」，原缺，據嘉靖本補。

〔三〕本篇稱岳飛爲「鄂武穆王」，當爲嘉泰四年岳飛追封鄂王後之作。

廬陵劉過題鄂王廟六州歌頭詞并跋（新添）

中興諸將，誰是萬人英？身草莽，人雖死，氣填膺，尚如生。年少起河朔，〔一〕弓兩石，劍三尺，〔二〕定襄漢，開虢洛，洗洞庭。北望帝京，狡兔依然在，何事先烹。〔三〕過舊時營壘，荆鄂有遺民，憶故將軍，淚如傾。

當年事，〔四〕知恨苦，不奉詔，僞邪真？臣有罪，陛下聖，可鑒臨，一片心。萬古分茅土，終不到，舊姦臣。人世夜，〔五〕白日照，忽開明。衮珮冕圭百拜，九泉下，〔六〕萬感君恩。〔七〕看年年二月，滿地野花春，鹵薄迎神。

右《六州歌頭》，頃吾友劉改之爲鄂王作也。改之天下奇男子，六十年以義氣撼當世，今已矣。簡編殘闕，〔八〕雋永人口，豐其才而嗇其用，天也。弈自冠，去鄉里，問江盟，改之首以國士待我，欲送之青雲。弈浸老，數奇，懼辱朋友，每不敢不自勉。來依庸齋先生，先生負大名望，愛士出於天姿，元侯之舍，皆前日改之諸君子遊地，弈居之，得無愧乎？刊是詞，欲寄武昌故人，立于王廟内，書之以寓感慨云。龍乘壬申〔九〕菖艾節日，〔一〇〕流人張弈。

〔一〕河朔　「朔」，《龍洲詞》與《吴禮部詩話》作「北」。
〔二〕弓兩石劍三尺　《龍洲詞》與《吴禮部詩話》作「劍三尺，弓兩石」。
〔三〕何事先烹　「何事」，《龍洲詞》與《吴禮部詩話》作「良犬」。
〔四〕當年事　「當」之上，《龍洲詞》與《吴禮部詩話》有「説」字。
〔五〕人世夜　「夜」，原作「猶」，今據《龍洲詞》與《吴禮部詩話》。
〔六〕九泉下　「泉」，《龍洲詞》與《吴禮部詩話》作「原」。
〔七〕萬感君恩　「萬」，《龍洲詞》與《吴禮部詩話》作「榮」。
〔八〕簡編殘闕　「闕」，原缺，嘉靖本同，據傅本補。
〔九〕壬申年爲宋寧宗嘉定五年。

〔一〇〕《説郛》弓六九吕希哲《歲時雜記》：「帶蒲人：端午刻菖艾爲小人子或葫蘆形，帶之辟邪。」

建安葉紹翁題西湖岳鄂王廟（新添）

萬古知心只老天，英雄堪恨亦堪憐。〔一〕如公更緩須臾死，〔二〕此虜安能八十年。漠漠凝塵空偃月，堂堂遺像在凌煙。早知埋骨西湖路，合取鴟夷理釣船。〔三〕

〔一〕英雄堪恨亦堪憐　「亦」，《靖逸小集·題鄂王墓》與《吴禮部詩話》作「復」。

〔二〕如公更緩須臾死　「更」，《吴禮部詩話》作「少」。

〔三〕合取鴟夷理釣船　「合」，《靖逸小集·題鄂王墓》與《吴禮部詩話》作「學」。

今將宋人有關岳飛之詩詞摘録於下：

《娱書堂詩話》卷上：「毛國英，澤民之從子也，以詩自鳴。嘗經岳侯駐兵之地，江禁方嚴，國英投詩云：『鐵鎖沈沈截碧江，風旗獵獵駐危檣。禹門縱使高千尺，放過蛟龍也不妨。』侯曰：『詩人也。』委舟以渡之。」

《岳集》卷四胡銓詩：「匹馬吴江誰著鞭，惟公攘臂獨争先。張皇貔虎三千士，支拄乾坤十六年。堪恨臨淄功未就，不知鍾室事何緣。石頭城下聽輿論，萬姓顰眉亦可憐。」

《浪語集》卷七《周將軍廟觀岳侯石像（侯祠初毁，道士不忍壞侯像，沈荆溪中，因得不壞。）二首》：「萬死何知獄吏尊，威名蓋代古難存。（侯初下大理獄，吏執筆請辭，大書其紙尾，而脅之曰：『汝觀今世烏有大臣繫獄而生者？趣具成案，吾爲汝書！』）二桃豈以功高賜，一䤵不容身退論。幾見飲江思道濟，繆爲圖像削王敦。沈碑千古蛟川恨，留與無窮客斷魂。軍聲良苦聽南風，說禮敦詩也不容。鬭蟻達聰良是病，戰蝸流血可同宗。親疎間入聯鑣話，真假言從躡足封。趣詔河陽長已矣，隆中悲切起人龍。」（薛季宣）

《劍南詩稿》卷二五《夜讀范至能攬轡録言中原父老見使者多揮涕感其事作絶句》：「公卿有黨排宗澤，帷幄無人用岳飛。遺老不應知此恨，亦逢漢節解沾衣。」

又同書卷二七《書憤》：「山河自古有乖分，京洛腥膻實未聞。劇盜曾從宗父命，遺民猶望岳家軍。上天悔禍終平虜，公道何人肯散羣。白首自知疏報國，尚憑精意祝爐熏。（宗澤守東都，巨盜來歸百萬，號宗爺。岳家軍，蓋紹興初語。）」

又同書卷三四《感事》（其二）：「堂堂韓岳兩驍將，駕馭可使復中原。廟謀尚出王導下，顧用金陵爲北門。」（陸游）

《誠齋集》卷一九《題曹仲本出示譙國公迎請太后圖自肅天仗以下皆紀畫也》：「德壽宫前春晝長，宫中花開宫外香。太皇頤神玉霄上，都人久不瞻清光。今晨忽見肅天仗，翠華黄屋從天降。一聲清蹕萬人看，天街冰銷樓雪殘。北來又有一紅繖，八鸞三騑金轂端。輦中似是瑶池母，鳳舄霞裳剪雲霧。太皇望見天開顔，萬國春風百花舞。乃是慈寧太母回鑾圖，母子如初千古無。朔雲邊雪旗脚濕，御柳官梅寒影疏。向來慈寧隔沙漠，倩雁傳書雁難託。迎還騩馭彼何人？魏武子孫曹將軍。將軍元是一縫掖，忽攘兩臂挽五石。長揖單于如小兒，奉歸慈輦如折枝。功蓋天下只戲劇，笑隨赤松躡雙屐，飄然南山之南北山北。君不見，岳飛功成不抽身，却道秦家丞相嗔。」

又同書卷二七《初入淮河四絶句》（其二）：「劉、岳、張、韓宣國威，趙、張二相築皇基。長淮咫尺分南北，淚濕秋風欲怨誰。」（楊萬里）

《泠然齋詩集》卷七《武昌》：「南樓絲管日紛紛，一帶春江浸碧雲。遺老相逢問年幾，白頭閒話岳將軍。」（蘇泂）

《龍洲詞·六州歌頭》（淮西帥李訦和，仍爲書廟額）：「高皇神武，善駕馭豪英。攘北狄，驅羣盜，命天膺，救蒼生。奈夢繞沙漠，隔温凊，屈和好，召大將，歸兵柄，列樞庭。公指汴京，威已振河洛，不顧身烹。失一時幾會，嗟左衽吾民，痛岳家軍，孰扶傾。久沉寃憤，七十載，還復遇，帝王真。表遺烈，錫王號，日照臨，激士心。始識安劉計，寧禍己，是忠臣。我乘傳，訪壁壘，想精明。英氣凜然若在，仍題扁，昭揭天恩。笑原頭荒草，一死不能春，交怨人神。」按此詞爲《龍洲詞·六州歌頭》（弔武穆鄂王忠烈廟）後又一闋，應爲李訦所和而附入。據《吴禮部詩話》：「若古今賦詞者，劉改之《六州歌頭》一闋，悲壯激烈。……時有淮西帥李訦和其韻，爲書忠烈廟額，其詞非劉比也。」

《石屏詞·水調歌頭》（題李季允侍郎鄂州吞雲樓）：「輪奐半天上，勝概壓南樓。籌邊獨坐，豈欲登覽快雙眸。浪語胸吞雲夢，直把氣吞殘虜，西北望神州，百載一機會，人事恨悠悠。騎黃鶴，賦鸚鵡，謾風流。岳王祠畔，楊柳煙鎖古今愁。整頓乾坤手段，指授英雄方略，雅志若爲酬。杯酒不在手，雙鬢恐驚秋。」（戴復古）

《詩淵·登楊府風雲閣》：「傑閣入風雲，分明是得君。湖山盡行樂，愁殺岳將軍。」（王遂，引自《續修四庫全書》第一五九九册第二九八頁）

《詩淵·戲題胡淡菴諫和書後》：「溪翁死後諫書焚，怪得和戎近有孫。寄語岳家新宰士，當時謝表幾行存。」（王遂，引自《續修四庫全書》第一六〇〇册第二一七頁）據《誠齋集》卷一一八《宋故資政殿學士朝議大夫致仕廬陵郡開國侯食邑一千五百户食實封一百户賜紫金魚袋贈通議大夫胡公行狀》與《周益國文忠公集·省齋文稿》卷三〇《資政殿學士贈通奉大夫胡忠簡公神道碑》，胡銓「晚自號澹菴老人」，故此詩中「溪翁」之「溪」，疑爲錯字。

《永樂大典》卷一五一三八沈繼祖《梔林集·又代上張帥太尉》：「三傑人材有重輕，子房呼字不呼名。天授家傳此韜略，固應堂上有奇兵。方、虎成功張仲在，惟忠與孝一心純。英姿鸚鵡洲前見，異日麒麟閣上人。挾纊皆由一語温，吮疽效命亦前聞。聽得武昌軍士説，張家軍比岳家軍。元顏辛巳寇邊日，十騎能收唐、鄧州。奈何養兵一百萬，歲以金繒遺虜酋。《春秋》尚復九世讎，和議于今六十秋。諸將寧無持禄念，將軍必不爲身謀。」此處「元顔」即「完顔」，乃避宋欽宗趙桓名諱而改。

《新安文獻志》卷五四吕午《和岳王廟壁上韻》（祁閶西一舍有菴，曰東松。紹興初，岳鄂王提兵經吾郡西上，士卒秋毫無犯，夜宿人門外，足不敢一越限内。嘗憇是菴，留題。）：「當年惟説岳家軍，紀律森嚴孰與鄰。師過家家皆按堵，功成處處可鐫珉。威名千古更無敵，詞翰數行俱絶塵。擬取中原報明主，亦勞餘刃到黄巾。」

《程端明公洺水集》卷二三《奉送季清赴山東幕府》：「黄雲銜雪天模糊，有客飄然出上都，青絲絡馬銀兜鍪，紅錦韔弓金僕姑，劍光壓匣照路隅。帕首百騎前訶呼，不知客本山澤臞，今胡爲者意氣麄。自言有將新孫吴，我欲與之同滅胡。嗚呼亡胡豈難且，病兵怯將自逃逋。胡不觀昔我藝祖造中區，以兵爲國垂洪模，河北河東義勇徒，二十四萬鼓應枹。中興益振尺五符，世忠淮左聚熊貙，劉錡淮西貔虎俱，上流岳飛彎天弧，金陵張浚羆搏狐。單于臺下雖寬誅，采石山前已斷顱。邇來殘虜尚窺窬，門内羣寇更睢盱。胡乃朘剥及其膚，豈止牛羊不求蒭。我欲别幕飛於菟，十萬一屯淮之區，技閑器利整平居，幟明鼓震蒐彼廬。精神所折虜如無，而況山東羣盜乎！五符儻缺聽其虚，十年且盡一賦租。斬然圻畫勿牽渠，他時混一更新圖。偉哉玉帳得通儒，君復碧油吐良謨，淩煙豈一貂蟬與！」（程珌）

《秋崖先生小稿詩集》卷二四《次韻徐宰題岳王祠》：「殺氣猶纏岳字旗，秋風鐵馬已南歸。和之一字誤人國，今且百年遭禍機。白骨自荒公論在，青山良是物情非。羊腥犬穢長陵土，淚落囊封御筆依。」

又同書卷三四《題祁門岳王廟》：「神京鱗介腥衣裳，三精霧塞天地光。鼪啼鼯〔嘯〕紛披猖，中分宇宙尊犬羊。誰其與者淪綱常，受計於虜扼我吭。王心凜凜天蒼蒼，以次來（一作『東』）縛歸朝堂。自南自北諾已償，焉用與虜爲胥（一作『斧』）戕，爲讎報讎胡不臧，至今淮塹爲河湟。每觀王傳心摧傷，怒髮爲立膽爲張。皇畀予邑於祁閶，聞王有像北（一作『西』）山岡，欲往從之潔予觴。簡書之言（一作『嚴』）不我遑，今日去此何敢忘，牲肥酒香時日良，金戈鐵馬山茫茫。」（方岳）此詩以《岳武穆集》卷六與《秋崖先生小稿詩集》卷四四《祭岳武穆》參校。

《蒙齋集》卷一九《江東巡部紀行》（節録）：「祁門山何如，險與石埭埒。山花溪邊明，時有新皃浴。古木龍吟嘯，巨石虎蹲伏。偉哉岳鄂王，提兵舊盤礴。像設儼遺祠，光芒射斗宿。淩晨拜祠下，憂思心惻惻。」

又同書卷二〇《岳忠武祠》三首：「當年老檜肆欺謾，忠武哀哉抱寸丹。賴有皇天爲吐氣，豈無青史更誅姦。字留陳迹何年泯，烟鎖空山盡日閒。世事關心眠不得，今朝下涕爲潸潸。

兒時曾住練江頭，長老頻頻説岳侯：手握天戈能決勝，心輕人爵祇尋幽。堪嗟爝火當時滅，誰信長川萬古流。機會莫言今到手，卻愁無飯飽貔貅。

背嵬軍馬戰無儔，壓盡當年幾列侯。先輩有聞多散軼，後生誰識發潛幽？傷心咄咄權臣事，

滿眼滔滔僨帥流。槌剥到今渾似鬼，向人休説是貔貅。」（袁甫）

《竹所吟稿・岳鄂王墓》：「古木號風抱不平，百年忠義日争明。墳前人馬空存石，何似當時聽用兵。」（徐集孫）

《西麓詩稿・鄂王墓》：「鄂王墓在棲霞嶺，一片忠魂萬古存。鏡裏赤心懸日月，劍邊英氣塞乾坤。蒼苔雨暗龍蛇壁，老樹煙凝虎豹旛。獨倚東風揮客淚，不堪回首望中原。」（陳允平）

《竹莊小稿・讀岳鄂王行實》：「飛鵠來何意，英雄此日生。山河張膽氣，宇宙載風聲。一片堂中紙，千年身後名。至今墳上木，猶作不平鳴。」（胡仲參）

《招山小集補遺・贈岳周伯庾使二首》（其一）：「昔年搥鼓事邊庭，公相身爲國重輕。四海幾人思武穆，百年今日見儀〔刑〕。筆頭風月三千字，齒頰冰霜十萬兵。天亦知人有遺恨，定應分付與中興。」（劉仙倫）

《待清軒遺稿・讀岳武穆傳》：「萬里浮雲入望陰，千山落日正沈沈。當朝自餒中興志，出塞徒勞上將心。臣子終天仇未復，奸邪設險計殊深。惟餘一篋精忠傳，揮淚頻看不自禁。」（潘音）

《古梅吟稿》卷二《讀岳武穆王傳》：「鬼蜮爲妖天地昏，將軍那可一朝存。泰山頽喻哲人死，東海旱爲孝婦寃。當日主和甘下策，到今無計復中原。清風凜凜一編史，拭盡英雄幾泪痕。」（吴龍翰）

《菊山詩集・謁岳王墳》：「我來拜謁岳王墳，松柏蒼蒼上宿雲。臣子報君終一死，權奸賣國欲中分。鷹揚當日誰能及，雁叫中原不可聞。石馬石人山寂寂，英雄于此憶將軍。」（鄭震）《廬山集》卷三《過岳家市》：「鄂侯遺部曲，多歲此爲農。茅店罷殘暑，松巒出亂鐘。溪流分別塢，晚色失前峰。去去遺仙跡，蒼雲幾萬重。」又同書卷四《江州寒食》：「殊鄉寒食亦風柔，桃李春香掩燕樓。周子墓頭誰拜掃？岳家園裏自嬉遊。雲連閫節旌旗暗，水泛商船鼓笛浮。江國日長饒客思，不知何事阻歸謀。」又同書卷五《春步岳園》二首：「暖風晴日艷芳天，獨客心情不忍言。何處有花春掠眼，金佗坊裏岳家園。」

將軍墓域在杭州，如此家園入夢遊。誰惜再傳無嗣續，至今匙鑰屬官收。」（董嗣杲）《西湖百詠》卷上《岳鄂王墓》（在棲霞嶺口，葬名將太師、忠武鄂王岳飛于此。）：「將軍魂夢遶旌旃，偃月謀成尚忍言。一旦風波誰左袒，八陵荊棘自中原。更無雁帶邊頭信，惟有天知地下寃。鬱鬱棲霞霞外樹，墓門不掩鸛雀喧。」（董嗣杲）《武林舊事》卷五：「岳王墓：岳武穆王飛葬所，其子雲亦祔焉。……林弓寮詩云：『天意〔竟〕如此，將軍足可傷。忠無身報主，寃有骨封王。苔雨樓牆暗，花風廟路香。沉思百年事，揮淚灑斜陽。』王修竹詩云：『埋骨西湖土一丘，殘陽荒草幾經秋。中原望斷因公死，北客猶能説舊愁。』」弓寮乃林泳之號，修竹乃王英孫之號。「竟」，據《吴禮部詩話》改。《兩宋名賢小集》卷三五六韓性同《岳王墓》：「妖星墮地芒角赤，龍劍悲吼風蕭瑟。中原王氣挽不回，將軍一死鴻毛擲。秦家小兒真戲劇，播弄造化摇樞極。指儲爲親忠且逆，隻手上遮天眼碧。九重茫茫隔天日，無由下燭臣愚直。臣愚萬死不足惜，國耻未湔猶憤激。古墳埋冤血空瀝，〔風雨〕年年土花蝕。我恐精忠埋不得，白日英魂土中泣。請將衰骨斲苔痕，獻作吾皇補天石。」

《北磵詩集》卷四《讀岳鄂王傳》（並引）：「王與吾佛日祖同厄於身前，而同榮於身後。余觀此傳于歸安簿趙應叔，書于傳後而歸之。百鈞不挽射羿弓，朔望酹酒馬鬣封。從來知子莫若父，許以徇國輸精忠。相州去謁大元帥，是時元帥方潛龍。華風忽〔與〕慶雲遇，千載一德明良同。南薰門外衆制寡，鐵路步上雌決雄。浮屠連牆望塵靡，拐子如山隨手空。僞齊可紿不可殺，兀术可間毋庸攻。寇連諸道解如瓦，氣吐千丈長於虹。聲先到處皆春風，桀驁估很摧枯蓬。中原跂踵戴舊德，蕭牆稔禍基元兇。當時劍握不倒置，直北馬首無由東。全尺寸地有餘刃，半九十里隳奇功。老〔羆〕既陷百尺穽，長城遂摧千丈墉。羣姦尾摇蜂蠆毒，一蠚吻納蟾蜍宮。强胡妄冀脱虎口，殘喘忽重蘇犬戎。難平者事有成算，可投之機無再逢。鄉來望諸報燕惠，無怨無怒方雍容。其誰掩卷輒慟哭，主父偃與齊蒯通。黄金臺圮置勿論，問之胡不達四聰。昔人已矣不可作，後來更復將焉從。審如機括發必中，誠與日月昭而融。將軍碧電摇百步，跨灶英勇尤折衝。乾坤不朽忠義骨，光騰〔抔〕土方曈曈。《春秋》不書六月雪，是日集霰回泠風。祀傳百世子配食，天定勝人還至公。亂臣賊子生看好，遺臭不老均蠲蟲。坐令三光五岳氣，百歲左衽昏濛濛。周南滯留奮椽筆，折姦全直傳無窮。浯溪大字倘可法，燕然蒼蘚知誰礱。開禧之事如昨日，清淮灑血連天紅。動逾二紀不解甲，殘虜尚銳嶄黄鋒。噬臍太息復太息，遺恨黯黯齊崆峒。至今姦血澤遺類，忠憤鬱鬱填人胸。向使二子及見此，慟哭豈止喧旻穹。古愁連環不可解，除是帝舜開重瞳。」（釋居簡

《江湖小集》卷五〇黄文雷《看雲小集・往年因讀岳王傳嘗爲之賦今過東林睹其遺像感而申頌之》：「將軍英爽冠人豪，眼底山河累寶刀。青女護香天亦悮，黑龍飲渭數何逃。當時僧説松楸犯，今日人推閥閱高。珍重王孫方鼎貴，莫將歌舞替征袍。

欲壞長城豈自由，江人重唱《白符鳩》。熏天富貴還須盡，從古忠良類若仇。獄吏但能書牘背，相公終欲割鴻溝。書生志念閑無用，長想朱雲地下遊。」此詩又見《兩宋名賢小集》卷三二四。

《兩宋名賢小集》卷三四四宋慶之《飲冰詩集・武昌懷古》：「極目平蕪送落暉，六朝征戰尚依稀。風生戰舸周郎過，月落南樓庾老歸。秋塞戍閒番馬病，春江流下蜀魚肥。神州北望知何處，父老猶能話岳飛。」

《東甌詩存》卷七《岳王墳》：「來吊英雄骨尚香，一抔黄土當封疆。自從駐蹕來吴會，誰更提兵入洛陽？殯閣有燈秋樹暗，隧碑無字雨苔荒。寒鴉不識當時事，猶戀棲霞噪曉霜。」（趙肅遠，引自《全宋詩》卷二八三九）

《蜀阜存稿》卷一《東松庵觀岳武穆遺碑》：「虎視關河指日平，東松嶺路小提兵。姦臣誤國英雄

死，千古遺碑夕照明。」（錢時）

《詩淵·岳武穆葬西湖故宅爲學宮》：「老秦舉□媚□金，枉死如公恨最深。地下紅旗應北指，西湖埋骨不埋心。故園今日館英遊，大恥俱忘總可羞。料得精魂長扼腕，無人講學到《春秋》。」（艾性夫，引自《續修四庫全書》第一五九九册第一五二頁）

《雪岑和尚續集》卷上《岳飛》：「戰守京河不下鞍，臣圖恢復不圖官。十年南渡客頭白，萬里北征戎膽寒。叛檜班師金詔急，留飛赤子淚嘷乾。可憐身死莫須有，從此王基未得寬。」（釋行海，引自《全宋詩》卷三四七四）

《月洞詩集》卷下《送友竹弟入京》：「送君去作江湖客，我亦心飛逐海鴉。有竹有梅須歇舫，可詩可酒便爲家。秦樓夜月听傳曲，輦路春風看賣花。吊古須瞻岳王墳，留題好句入棲霞。」（王鎡，引自《全宋詩》卷三六〇九）

《潛齋集》卷三《岳帥降筆命作畫屏四景詩·西湖》：「柳堤花港落紅塵，獨鶴歸來日半曛。惟有五雲山下路，至今人説岳王墳。」（何夢桂）

《霽山集》卷一《太學同舍徐應鑣誓義沉井後十年衆爲營墓立碑私謚正節先生》：「高名不與魄俱沉，魚腹孤忠耿至今。翠碣已書身後謚，寒泉猶照死時心。神遊舊月山河改，夢斷疏槐風雨深。埋骨誓終從武穆，棲霞嶺樹隔秋陰。」

又同書卷二《拜岳王墓》：「寥落一坏在，英雄萬古寃。孤忠懸白日，遺恨寄中原。樹老殘霞濽，塵深斷碣昏。東南天半壁，往事泣寒猿。」（林景熙）

《魯齋王文憲公文集》卷六《岳王》：「赫赫武穆，天開駿功。聲震河洛，威吞犬戎。梟檜忌武，烏臺勘忠。齊名諸將，愧死英風。」（王柏）

鄂國金佗續編卷第二十九

百氏昭忠録卷之十三

趙忠簡公鼎奏劄一卷

乞於岳鄂屯駐人馬

臣勘會神武副軍都統制岳飛全軍人馬，先奉聖旨，起發赴行在，續蒙存留在本路虔、吉州，平蕩賊火。臣契勘湖北鄂、岳州係在大江之南，與江州、洪州、興國軍地相連接，最是沿江上流，控扼淮甸、京西，實爲荆湖、川、陝喉襟要害之所。今來防秋在近，鄂、岳之間，理合預作措置防備，不可無重兵捍禦。其鄂州雖有帥臣，屯兵數少。及本路見管軍馬計一萬餘人，頭項不一，其間太半是招收烏合之人，以至器甲大段未備，萬一有警，深慮難以支吾。臣今相度，欲乞將岳飛軍馬，候討捕虔、吉賊火了日，特降旨揮，令往鄂、岳州屯駐。所有合用錢糧，專委湖北及鄰路漕臣分認應副。如蒙俞允，不惟江西藉其聲援，可保無虞，而湖南、二廣、江東、兩浙亦獲安妥，及江路通快，舟船往來，悉無阻礙。欲望聖慈詳酌，特降睿旨施行。〔一〕

〔一〕此奏即《忠正德文集》卷二《乞於岳鄂屯駐岳飛人馬狀》，據《建炎以來繫年要録》卷六五，宋廷接此奏日期爲紹興三年五月二十六日庚辰。

措置防秋事宜

臣契勘即日防秋是時。臣雖夙夜惕勵，〔一〕思所以廣爲隄備，第念事勢相形，利害安危，固有緩急輕重，儻非先事建明，遠瀆聖聽，恐一旦措手無及。恭惟清蹕見駐臨安，二浙、閩中爲近輔，江東、淮甸爲要藩，自行朝達鎮江、建康，屯宿重兵，無慮十萬。距京師約三千里，非不深且遠，可恃以安。然江西一路，北際陳、蔡、廬、壽，西連潭、衡、荆、襄，比他路邊面最爲闊遠。僞齊見遣兵將，力守光州，爲備數年，頗聞農種漸廣。自汴由陳、蔡至光，纔三百里，復與蘄、黄接界，亦粗有糧可因。臣策僞齊萬一會合金人，再來相侵，〔二〕當數路並進，而鎮江、建康既已有備，必由光州直擣蘄、黃，旬日便到江上。擄船造栰，〔三〕乘間南渡，聲揺江、湖，人心摧於傷弓，當鳥驚魚散，支吾不暇，將見行朝亦不得奠枕，則建康、鎮江雖屯重兵，固已無益於事矣。况已酉冬，胡騎已嘗出武昌岸，徑趨興國，緣山疾馳，數日傅洪州〔四〕城下。前車之戒未遠，則江西今日利害安危，豈不重且急乎？

臣計本司見管軍馬共一萬六千餘人，皆是招收烏合之衆，除輜重、火頭等外，可使出戰，僅及萬人，才足以屯防近裏州縣，隄備盜賊，豈堪前當大敵。近奉聖旨，留岳飛全軍，先分萬兵駐九江，士馬精勁，似可倚仗。臣愚見尚有二患：邊面闊而偪境近，則師不可不益；師旅增而贍給廣，則財不可不聚。〔五〕

謂如江州、興國軍西抵岳、鄂，皆據大江上游，曲折千里，控扼要害，〔六〕受敵處多。自溢浦以上，江漸狹隘，至霜降水落，則一箭可及，一葦可航，非若下流深闊多阻，未易侵越也。今計岳飛兵數二萬一千有餘，除火頭、輜重、守寨、疾病人外，實得戰士一萬五、六千人。〔七〕忽有警急，迎敵保城，臨時應機，猶恐分布不給。兼岳、鄂人馬無多，安能使犄角應援。臣欲乞朝廷更摘那數頭項堪任出入將兵，時暫付臣相兼使用。

又本路州縣屢經兵火殘毁，繼以連歲討賊，大兵〔八〕往來，民力凋弊，官用空虚。今既留岳飛全軍，復丐益師，則軍儲愈窘。若止仰漕計，必致闕誤。臣欲乞朝廷廣行支降錢物，及就撥本路應干諸司上供錢帛，并榷貨務見在及日後收椿之數，並行付臣斡旋，相兼支遣。仍乞選户部官一員前來，與漕臣協議應副。庶幾兵勢稍强，財用粗足，可以待敵，且免臨時擾攘失措之患。

臣材識庸暗，所見止此。伏望聖慈察其勢迫計窮，早賜睿旨，詳酌施行。〔九〕

〔一〕夙夜惕勵　「勵」，原作「厲」，據《忠正德文集》卷二《措置防秋事宜》改。

〔二〕金人再來相侵　「相」，《忠正德文集》卷二《措置防秋事宜》與《歷代名臣奏議》卷三三四作「南」。

〔三〕擄船造栰　「擄」，原作「虜」，據《忠正德文集》卷二《措置防秋事宜》改。

〔四〕數日傳洪州　「傳」，《忠正德文集》卷二《措置防秋事宜》作「薄」。

〔五〕則財不可不聚　「則」，據《忠正德文集》卷二《措置防秋事宜》與《歷代名臣奏議》卷三三四補。

〔六〕控扼要害　「控」，原作「空」，嘉靖本同，據傅本、《忠正德文集》卷二《措置防秋事宜》與《歷代名臣奏議》卷三三四改。

〔七〕實得戰士二萬五六千人　《忠正德文集》卷二《措置防秋事宜》無「六」字。

〔八〕本奏自「兵」之下，《金佗續編》缺，據《忠正德文集》卷二《措置防秋事宜》補。

〔九〕此奏即《忠正德文集》卷二《措置防秋事宜》與《歷代名臣奏議》卷三三四趙元鎮奏，應寫於紹興三年八、九月間。

乞支降軍馬錢糧

臣今月二十六日準樞密院劄子，三省、樞密院同奉聖旨，除臣江西安撫制置大使，岳飛除本路沿江制置使，所以防秋合行事件，令同共商議，疾速措置，條具聞奏。臣除已遵奉施行，及候岳飛到日，別行條具外。契勘本路江州、興國、南康軍並係沿江控扼，合屯軍馬去處。其岳飛一軍，月支錢一十〔一〕二萬三千餘貫，米一萬四千五百餘石，數目浩大。近蒙朝廷差撥岳飛軍兵一萬人，往江州駐劄。岳飛止差五千餘人前去，未敢盡數起發。蓋緣去年本軍在彼屯泊之日，錢糧闕少，〔二〕轉運司應副不繼，有悮指準。〔三〕致本軍殺馬，剪髮，賣鬻妻、子，博易米斛，幾致生事。〔四〕今來措置防秋，盡發軍馬沿江守把，兵衆費廣，理合預行椿辦，不可少有欠闕。

臣見將岳飛一軍逐月所用糧食，催督轉運司接運本路米斛起發外，唯是全闕見錢支遣，若不控告朝廷給降應副，將來定致闕絶，有悮軍事。欲望聖慈體念本路闕乏，特降睿旨，支賜錢四十萬貫，準折金銀降下，以充本軍三月之用。或將吉州権貨務見今入納錢

物，截日盡數就便支撥，候過防秋日住罷。庶免臨時往復奏請，有悞國事。〔五〕

〔一〕本奏自「十」之上，《金佗續編》缺，據《忠正德文集》卷一《乞支降岳飛軍馬錢糧狀》補。

〔二〕錢糧闕少　「少」，《忠正德文集》卷一《乞支降岳飛軍馬錢糧狀》作「乏」。

〔三〕有悞指準　「準」，《忠正德文集》卷一《乞支降岳飛軍馬錢糧狀》或作「揮」。

〔四〕幾致生事　「致」，原作「至」，據《忠正德文集》卷一《乞支降岳飛軍馬錢糧狀》改。

〔五〕此奏即《忠正德文集》卷一《乞支降岳飛軍馬錢糧狀》，應寫於紹興三年九月二十六日後，據《建炎以來繫年要録》卷六八注，宋廷接此奏日期爲「十月十八日」。

乞支錢糧贍給李横軍兵

臣契勘近據諸處關報，襄陽失守，鎮撫使李横等退師到漢陽軍界。臣先權宜措置，移牒李横等，將所部軍馬擇地利去處駐兵，掩擊賊馬。續承岳飛諮目，李横等已至蘄、黄州。一行兵馬既經潰散，若在江北駐劄，必不能安，或令過江相兼捍禦，卻可爲用。臣亦已牒岳飛從長措置，令逐項軍馬過江，安泊老小了當，整齪前去，相兼捍禦。及牒李横、李道權聽岳飛分撥使喚，并逐急差官水陸斡運糧米，起發應副。已累具上項因依申奏朝廷去訖。

今月二十八日，承岳飛公文，探聞李横等人馬被番、僞賊兵潰散前來，各無鬭志，見有作過之人。李道、牛臯兩項，共有人兵千餘人，已到江北岸張家渡。及李横、翟琮、董先等共約有五千餘人，已起發漢陽軍。其李道、牛臯再來申告，乞聽岳飛節制，内李道單騎已到江州。

臣契勘李横等一行人兵，今相繼前來，本司已逐旋起發糧米應副外，所有日後合用錢糧，未有官司主管，今且以六千餘人，約（以下原闕）。〔一〕

〔一〕據《建炎以來繫年要録》卷六九，李横棄襄陽，南奔荆南，時爲紹興三年十月二十二日癸卯。此奏説「李横等已至蘄、黄州」，又稱「今月二十八日，承岳飛公文」，可知應寫於當年十月末。

乞下湖北帥司隄備賊馬

臣昨據本路制置使岳飛申：「諸處探報，李成、劉麟會合金寇，〔一〕有直趨蘄、黄渡江之計。」臣以本路正當衝要，控扼江、浙，實係行朝利害，不敢隱默，節次具奏，庶幾中外預得爲備，不至倉猝失措。自十一月二十日以後，探報少緩，而臣不即以聞者，以賊情不測，〔二〕萬一所傳不審，有失隄防，或致衝突之患。當料其有，不料其無；勿恃其不來，恃吾有以待之也。

今李成尚留漢上，雖未聞追襲之耗，而經營襄、鄧，用〔三〕意不淺。蓋輕兵追襲，爲患速而小；占據上流，爲患緩而大。計朝廷已有措置，非臣愚慮所及。緣上流既失，即自漢陽而下，沿江諸郡皆順流可至之地，不可一日弛備，非特防秋而已。

臣已奏稟，乞支降錢物，打造戰船。不惟本路合行計置，竊恐沿江諸路亦當如此。兼聞光州、順昌府各儲糧十數萬，今則未見動息，觀其意向，必有所用。臣除不住移文制置使岳飛及本司所遣兵馬，遠布耳目，益嚴防守，并召募硬探，直往襄陽已來，伺察賊情外；所有漢陽、沌口，係漢江下流，湖北帥司所隸，更望聖慈特降睿旨，嚴切戒約，過爲隄備，庶免意外不虞之患。〔四〕

〔一〕會合金寇　「寇」，《忠正德文集》卷一《乞下湖北帥司隄備賊馬狀》原作「人」，據《歷代名臣奏議》卷三三四改。

〔二〕賊情不測　「賊」，《忠正德文集》卷一《乞下湖北帥司隄備賊馬狀》原作「敵」，據《歷代名臣奏議》卷三三四改。

〔三〕本奏自「用」之上，《金佗續編》缺，據《忠正德文集》卷一《乞下湖北帥司隄備賊馬狀》補。

〔四〕此奏即《忠正德文集》卷一《乞下湖北帥司隄備賊馬狀》與《歷代名臣奏議》卷三三四趙元鎮奏，應寫於紹興三年十一月二十日後。

乞賜御筆

臣今日得岳飛書，已定今月十九日出師。臣竊惟大軍一舉，所係非輕。臣願陛下以收復境土，拯救生靈爲念，誠心默禱，克享成功。仍乞親筆賜飛，勉以盡忠體國之義，使之激厲將士，共立功名。臣已累具奏陳，乞在外宫觀，然備位大臣，不敢以中外爲間，併幸睿察。〔一〕

〔一〕此奏即《忠正德文集》卷三《乞賜岳飛親筆》，「今月十九日」，《乞賜岳飛親筆》作「十月十九日」，「十月」應爲刊誤。此奏寫於岳飛第一次北伐前，時爲紹興四年四月。

乞遣中使訓諭諸帥應援

臣昨日具奏，〔一〕岳飛已定今月十九日出師。竊惟陛下渡江以來，每遣兵將，止是討蕩盜賊，未嘗與敵國交鋒。飛之此舉，利害甚重，或少有蹉跌，則使僞境益有輕慢朝廷之意。臣願陛下曲留聖意，凡有可以牽制應援，助其聲勢，及饋餉、錢糧等事，督責有司，速爲應副。頻以親筆敦獎激勵，且使諸路帥臣協力共濟，庶使萬全。

一、乞遣中使，齎親筆賜劉光世，遣發王德、酈瓊，共以萬人屯舒、蘄間，各將帶一、兩月錢糧。或岳飛關報會合，即令兼程前去，併力攻討。仍行下岳飛照會。

一、乞以親筆賜岳、鄂劉洪道，江西胡世將，荆南解潛等，各務盡忠體國。應岳飛報到遣發援兵，資助糧食，及應干軍須等事，一一應辦，不得輒分彼此，致失機會。

一、乞並以金字牌先次發行，仍諭光世已遣中使諭旨，使先知陛下丁寧之意。

臣已請宫祠，既聞聖訓，不敢不盡愚見。

貼黄：臣今所陳，如或可採，乞作聖意行出，庶免越職侵官之罪。〔二〕

〔一〕昨日具奏　《永樂大典》卷八四一三《趙元鎮文集·乞遣中使訓諭諸帥應援岳飛劄》無「具」字。

〔三〕此奏即《永樂大典》卷八四一三《趙元鎮文集·乞遣中使訓諭諸帥應援岳飛劄》。此奏寫於岳飛第一次北伐前，時爲紹興四年四月。

奏王彦移軍事宜

臣等適蒙宣諭王彦移軍事。臣中間與張浚議及此事。浚言，彦病甚，其次無可委之人，萬一彦死，其衆無所統屬，所以有併歸岳飛之意。儻如早來聖諭，召彦赴闕，則荆南錢糧不足，其次既無可以倚仗之人，切慮别致生事。臣等商量，欲作書與岳飛，候飛移軍襄陽，駐劄定，然後行下王彦除命，及一面召彦前來，則其衆已在襄陽，部内不能轉動矣。更合取自聖裁。〔一〕

〔一〕此奏既稱「候飛移軍襄陽」，又據《建炎以來繫年要録》卷九八，宋廷發表王彦以所部鎮守襄陽，時爲紹興六年二月十八日丙辰，可知此奏應寫於當年二月。

乞起復

臣等契勘，今日據岳飛下參謀官李若虛〔一〕申：「岳飛於三月二十六日丁母憂，乞別差官主管人馬。」臣等檢會大將丁憂，例合起復。緣初八日歇泊假，欲從密院先降旨揮，照會起復，令日下依舊主管人馬，措置渡江。於初八日進熟狀，鎖院，初九日降制。〔二〕

〔一〕參謀官李若虛　「謀」，應作「議」。李若虛任參議官。

〔二〕此奏應寫於紹興六年四月。

乞少寬憂顧

臣於今月初九日，准金字牌降到親筆手詔，以臣在郡之久，無甚罪戾，曲加獎諭，仍戒飭防秋等事。臣孤遠書生，本無榮望，夤緣超躐，皆自陛下親擢。顧惟恩遇之隆，九死不足塞責，而孤忠寡與，動觸怨仇，重蒙全宥之私，久竊宫祠之禄。方杜門屏息，幸保餘齡，載被詔除，更帥兩路，雖以勤對拙，不敢辭難，而才力單微，訖無可記。惟陛下眷憐舊物，闊略愆尤，併示褒嘉，益難負荷。至如秋冬防托，乃臣之職，敢不仰體聖訓，勉效萬分。近岳飛到，已發兵屯駐江上，凡軍中事務，一一商量措置。飛久在江西，人情地利，素所習熟。今陛下委付如此，必能感激奮勵，向前立功。臣謹當委曲協濟，以圖報稱。伏幸陛下少寬憂顧。所有條畫事宜，節次奏禀。〔一〕

〔一〕岳飛於紹興三年九月去臨安朝見，此奏既稱「近岳飛到」，又稱「今月初九日」，可知當在岳飛回江州後，時爲當年十一月。

日記雜録（附）

紹興六年丙辰歲九月，時奏車駕在道。〔一〕初二日，發北郭亭，晚泊臨平鎮，奏事舟中。方論奏岳飛之捷，上顧謂右揆浚曰：「岳捷固可喜，但淮上諸將各據要害，雖爲必守之計。然兵家不慮勝，唯慮敗耳。萬一小有蹉跌，不知後段如何？」復顧某曰：「卿等更熟慮。」某等奉命而退。

初五日，發皂林店，晚泊秀州，奏事河亭，因及岳飛兩捷俘獲之物。上曰：「兵家不無緣飾，此不足道。卿等因通書飛幕屬，叩問子細。非爲核實，有吝賞典，但欲知事宜形勢、措畫之方耳。」浚奏曰：「飛之措置甚大，今既至伊、洛間，如河陽、太行一帶山寨，必有通耗者。自梁青之來，常有往來之人，其意甚堅確。青，懷、衛間人，嘗聚衆依太行，數出擾磁、相間。金人頗患之，今年春，併兵力攻。青以精騎數百突出，渡河，由襄漢來歸岳侯。青，兩河人呼爲梁小哥。」某奏曰：「河東山寨如韋詮忠輩，今雖屈力就招，然未嘗下山，隊伍、器甲如舊，據險自保，耕種自如，唯不出兵耳。金人亦無如之何，但羈縻之而已。一旦王師渡河，此曹必爲我用。」上曰：「斯民不忘祖宗恩德如此，〔二〕吾料之，非金人所能有。」某等同奏曰：「願陛下進德修業，孜孜經營，此念常如今日，臣等願竭駑鈍，裨佐萬一。」

初七日，登平望。是日，岳飛捷奏至，遣偏將收復商州，且乞催已差知商州邵隆速來之任。

十三日，晚得岳飛收復西京長水縣捷報，仍云已收兵復回鄂州，以糧不繼也。〔三〕

〔一〕時奏車駕在道　「奏」，應爲「奉」之刊誤。

〔二〕斯民不忘祖宗恩德如此　「此」，原作「何」，據《忠正德文集》卷八《丙辰筆録》改。

〔三〕本篇即《忠正德文集》卷八《丙辰筆録》摘録，記載岳飛第二次北伐，却漏略《丙辰筆録》所載虢州與伊陽兩戰。關於《丙辰筆録》原文，已在《金佗稡編》卷七第四二〇頁至第四二七頁作附注。

鄂國金佗續編卷第三十

百氏昭忠録卷之十四

南劍州布衣上皇帝書　　范澄之

臣嘗謂天下之人，無愚與智皆能指之而爲高者，天也；無遠與近皆能指而爲明者，日也。夫天與日，無愚智遠近，皆知其爲高且明者，以其臨照之廣且大也。臨照之廣大，則蒼然者宜無所不該，赫然者宜無所不顯。然而天下之物固有所不該，固有所不顯者，非天與日之不臨而照之也，蓋物或自處於幽暗隱蔽之間，勢不能以自暴白於天日之前，則雖天與日之高且明，亦不能自該而自顯之也。及乎幽暗隱蔽者有所待而昭徹，然後天日高明之功全，而無所或虧矣。

惟人君之治天下，天下之人尊之爲天日也，仰之爲天日也，又喻之爲天日也。夫尊仰而又喻之者，以其勢之無所不臨，而無所不照也。既無所不臨，而無所不照矣，然天下之事果無所不該歟？果無所不顯歟？設有自處於幽暗隱蔽之間，勢不能自暴白於人君之前，爲人君者豈能知之乎？此必有待焉。苟能徹其幽暗，去其隱蔽，昭然伸剖，使之暴白於冕旒之前，使人君高明之功，遂全而無所虧，顧不偉哉！

恭惟皇帝陛下乾剛施普，離明繼照，即位十五餘年，中興之功遠過漢、唐。天下之人，愚智遠近，指之爲天，指之爲日，凡尊仰而又喻之者，爲未足道也。然天下之事，尚有未該而未顯者，臣請徹幽暗，去隱蔽，曉然明白於陛下之前，使陛下高明之功，遂全盛而無所虧。願陛下試詳聽之。

竊論天下之勢有輕重，童子能知之；天下之事有疑似，聖人難知之。惟其難知，此所以不可不辨。方陛下中興之初，以韓世忠鎮淮西，〔一〕以張俊〔二〕鎮建康，以岳飛鎮荆、襄，付之以方面之權，以制虜人。當此之時，將帥爲重。及陛下一旦出不世之略，憂尾大之禍，駕御籠絡，而寵之以樞密之任，天下之人皆駭矚，而虜人聞之亦褫魄。當此之時，朝廷爲重。此輕重之勢，童子能知之矣。既而張俊涖諸軍，岳飛奉朝請，而陛下之睿謀神斷，愈益高明。

然昨覩榜示，遽以樞密行府見勘張憲，其謀有累於岳飛，遂逮繫詔獄，連及妻、子。天下之人不知岳飛之罪，又畏扇摇之誅，莫不顧盼相視，徬徨不能去。如病痞之人，終日茹苦而不敢吐。何者？事出於疑似之間，而聖人難知者也。昔者漢高帝之治天下，如天日之高明矣。蕭何爲相國，得罪下廷尉，此何自處於幽暗隱蔽之間，而其勢無以暴白於高帝之前也。王衛尉一言，而高祖聽之，斷然釋其疑似之嫌，以全其高明之功。孝文帝之治天下，亦如天日之高明矣。周勃爲太尉，得罪下廷尉，此又勃自處於幽暗隱蔽之間，而其勢無以自暴白於文帝之前也。薄昭一言，而文帝聽之，斷然釋其疑似之嫌，以全其高明之功。高祖、孝文之於蕭何、周勃，〔三〕既捕之於前，又釋之於後，後世之人不以爲過者，疑似之嫌既釋，聖哲之道愈明也。

今陛下捕繫岳飛，是飛有以取之也，是飛自處於幽暗隱蔽之間也，是非陛下不臨而照之也。夫以其自處於幽暗隱蔽之間，而其勢不能自暴白於陛下之前，而陛下孰得而臨照之哉？況方當迅雷震霆之怒，勢不及於掩耳，而天下之民踈賤無知，不敢爲陛下言；百官有司各有攸職，不肯爲陛下言；宰輔之臣媢虜急和，又決不爲陛下言。是陛下卒不得而臨照之，此臣布衣之士，所以不敢不爲陛下言也。

大抵治軍者不能舉軍皆愛，治獄者不能舉世皆平。何哉？寬仁者不足以得其死力，而承風者不能無羅織之訊。故得士卒之心者，必得罪於偏裨；有睚眦之隙者，必鍛鍊以成獄。岳飛之治兵，嚴肅而尚威，此疑其得罪於偏裨者也；張憲之文連主帥，此疑其鍛鍊以成獄者也。〔四〕鍛鍊之獄雖成，而萬一有疑似之跡，則臣不得而知，然亦在陛下廣高明之見，而以情察之可也。

況武夫悍卒，不知禮法，多不能自避於瓜李之言。夫岳飛未遇陛下，十年之前，一匹夫耳。陛下卵而翼之，以至成功，去宣撫之權，而典副樞之任，陛下何負於飛，而飛乃爾也。議者以韓信之事爲説，是大不然。彼韓信者，是漢高不可無之人也，是漢高祖嘗許之以真王者也，既定天下，遂奪其齊、楚而侯之，是信之所以怏怏也。今宣撫之尊，孰與樞密之重，而陛下未嘗先許之以此也。彼飛以匹夫之心，十年之間，取陛下三公，於其志蓋亦足矣。且身居陛下禁城之中，去荆、襄數千里之遠，而又無權以制之。彼偏裨者，又豈能奉承其命，如平昔者也。況今楚、泗、建康、荆、襄之軍，皆陛下之軍也。彼其將帥、士卒，自知身屬陛下，固已安之矣。或恐一旦聞有所謂分析離散之事，而驚駭亂常，亦其理也。彼其平生以甲冑干戈爲周身之具，當其驚駭亂常之時，而擐甲執兵，又其理也。若於此時，喻而安之，宜無有它。

嘗觀郭子儀以副元帥居蒲也，其子晞屯邠州，軍士放縱，段秀實取而殺之，闔營大譟，環起而擐甲，秀實笑而諭之，一軍遂寧。當是時，使秀實究獄，而以一章至長安，則子儀又在疑似之間也。唯秀實能諭而安之，不以聞於唐帝，故子儀免疑似之嫌，而關輔之兵不擾。向使秀實生於今日，爲陛下措置此事，則飛必不居疑似之嫌。

況胡虜未滅，飛之力尚能戡定，陛下方鋭意於恢復祖宗之業，是豈可令將帥相屠，自爲逆賊報仇哉！春秋之時，子玉得罪於楚也，屢矣，成王殺之，而後晉侯之喜可知也；南北之時，檀道濟有功於宋也，亦屢矣，文帝殺之，而後魏人有飲馬長江之志也。此皆前代之鑑戒，不可不察。故臣願陛下自尊其高明之德，而臨照之，又思漢高帝、孝文之事，而釋飛於疑似之嫌，以全陛下高明之功。此非獨臣私心之所言，實天下公心之所言也。

臣之與飛，素無半面之雅，亦未嘗漫刺其門，而受一飯之德，獨爲陛下重惜朝廷之體耳。臣非不知陛下方震怒之初，疑似未辨之際，此言一聞，必罰無赦，大則身污鼎鑊，小則竄跡遐荒。而輒敢攖逆鱗，犯忌諱者，誠懷愛君之心，恐虧陛下之高明也。伏望陛下重惜國體，不憚改爲，斷自宸衷，特垂赦宥，使君臣之義，復全於今日，而飛之餘忠，尚得效於後來，天下幸甚！幸甚！干冒天威，臣無任俯伏待罪之至。臣澄之昧死百拜。

〔一〕以韓世忠鎮淮西　「淮西」，應作「淮東」。

〔二〕張俊　「俊」，原作「浚」，今改正。後「張俊涖諸軍」之「俊」，亦作同樣處理。

〔三〕周勃　原脱「周」字，嘉靖本和傅本同，據浙本補。

〔四〕范澄之暗示「得士卒之心者，必得罪於偏裨」，而有王俊之誣告。「張憲之文連主帥，此疑其鍛鍊以成獄者」。「有睚眦之隙者，必鍛鍊以成獄」，則又暗示万俟卨挾私怨報復。「宰輔之臣媚虜急和」，更是直指秦檜。此份上書，正是反映了時人雖在局外，已洞悉寃獄之真情。

高郵軍紹興三巨公祠記

戴　桷

建炎時巡，留蹕吴會，故淮左爲畿甸藩翰，高郵又爲淮左心膂，審伸縮、察虚實者必盡心焉。方張忠獻越江督師，憑高寄懷，有鷹揚鄆、徐，電掃雲、朔之志，今瞻衮堂，則公徙倚之地也。韓忠武馘黠虜之酋，殄僞劉之兵，域土庤糧，今郡城，則公版栽之遺也。岳忠武親援天矛，虎視一方，去郭數十井，土名三垛，〔一〕則公結寨之址也。歲遷時改，烝嘗乏虔，徒使孤臣憤士，想義慨於凍雲淒雨之餘；墨客騷流，索遺蹤於秋草斷煙之外，非曠歎歟？

桷假守是邦，越明年，寶慶改元，得地於郡廨之西，薙草築祠，以屬民志。未幾，與節去郡，於是委其役於郡僉王君渭老。丁亥〔二〕三月，告成，客或諗桷曰：「夫三鉅公，皆鋭志中原者也，然攷南北兵力之堅脆，酌六朝已事之失得，則離合大勢，類非征誅所能奠也。」桷曰：「不然，金虜，海陬之小醜爾，崛起而攘中原二帝四王之統，衣章禮典之舊，彼固不敢安於所有也，始畀僞楚，再畀僞齊。當是時，我之國勢方植而未固，將材方集而未梟，兵實方討而未勁也，故難與争鋒。二十年間，虜益厭兵，益圖安，捷大河之南以還我，我之兵將鷙擊争奮，百死不卻。合我師鷙擊争奮之勢，乘虜人厭兵圖安之心，中原可折箠而定也。故和者，彼之願欲；戰者，我之事機。黜羣策以請和，舍我事機，而中虜之願欲，是自誤而已爾。此陵谷有變遷，日月有虧合，三巨公之盛心，未始一日消歇也。想其忠憤之氣，充薄宇内，爲飆風，爲怒濤歟？爲迅雷，爲激電歟？或爲干將，爲巨闕，以揕撑犁之首歟？爲枉矢，爲欃槍，以射參晉之墟歟？不然，則騎箕上天，決銀河以洗甲歟？俎豆于環堵之宫，是殆鳳皇去，而泣梧桐之棲歟？然則死而不滅者，公之志於國也；亡而若存者，邦人之志於公也。是世道之綱也，抑人心之天也，不可以不揭也。」

後五月望日，朝奉郎、尚書户部員外郎、總領淮西軍馬錢糧、專一報發御前軍馬文字、兼提領措置屯田戴㮓撰。

〔一〕三垜原名三墩，因避宋光宗趙惇之諱而改，參見《金佗稡編》卷五第一六四頁。

〔二〕丁亥年爲宋理宗寶慶三年。

郢州忠烈行祠記

王自中

余浮九江，逾大别，循漢水而上，父老往往能道岳公事，至有垂涕者，曰：「微岳公，吾屬久爲虜矣。」當是時，僞齊方張，安陸已爲齊守。公之引而西也，實始破郢。兵薄郢，〔一〕虜馮壘自豪。公一麾之，衆皆累肩而升，殺虜卒七千人，積其尸與天王樓相高。還故民之離散者。余過郢，郢父老又指余，言所破城處。而訪公祠，無之，以問太守張侯：「於郢日夜條理之，葺弊營新，不翅如治生業，顧獨無岳公祠，何耶？」侯曰：「鳩木矣。」余至鄞，未更月，侯以書來，告祠成，且曰以記屬予。

岳公事，世所稱説者甚多，然其言不雅純，以余所詳知，其目有八。一曰忠：臨戎誓衆，言及國家之禍，仰天横泗，士皆欷歔而聽命。聞大駕所幸，未嘗背其方而坐。二曰虚心：食客所至常滿，商論古今，相究詰，切直無所違忤。三曰整：兵所經，夜宿民户外，民開門納之，莫敢先入。晨起去，草葦無亂者。四曰廉：一錢不私藏。五曰公：小善必賞，小過必罰，待數千萬人如待一人。六曰定：猝遇敵，不爲摇動，敵以爲「撼山易，撼岳家軍難」。七曰選能：背嵬所向，一皆當百。八曰不貪功：功率推與其下。有是八者，所以名烈嶢然。舉入郢之師，以臨襄沔，定南陽，毋敢膺其鋒者。其後一出而平虢略，下商於，再出遂取許昌，以瞰陳留。夷人畏遠北遁，中原百姓牛酒日至，謂旦夕天下可定。不幸謀未及展，事忽中變。

聖上嗣服，首旌其功，立廟賜謚，録用其後昆之賢，賜廟號曰「忠烈」。而江、湖之民，至今繪其像，家家奉祀之。今張侯又能卒民之志，使其奠食于郢，則忠勞之報，豈不厚哉！余故歷敍其所以爲將者八條，俾來者有則，是亦侯之心也。

公諱飛，河朔人，官至少保、武勝、定國軍節度使、開府儀同三司，謚曰「武穆」。侯，尚書公仲子。尚書公建炎初使虜，留□□□而歸，節比蘇屬國，〔二〕宜其子知所好尚。加□□孝曾，字王□。〔三〕余則東州王自中也。淳熙十五年秋九月望日記。

〔一〕兵薄郢　「薄」，原作「簿」，嘉靖本同，據傳本改。

〔二〕節比蘇屬國　「蘇」，底本字跡殘缺，嘉靖本缺佚，今據傳本。

〔三〕孝曾字王□　「字」，傳本作「是」。張孝曾之父即張邵，因出使金朝時「假禮部尚書」，故稱「尚書公」，見《三朝北盟會編》卷二一二與《宋史》卷三七三《張邵傳》。《張邵傳》：「子孝覽、孝曾、孝忠。孝曾後亦以出使，歿于金，金人知爲邵子，尚憐之。」

宜興縣鄂王廟記

周端朝

中興三十餘年，事論底定，於是岳武穆王〔一〕以誼尊宗社，志還故疆，〔二〕爲名將第一，〔三〕妥靈揭敬，被于荆、襄、夏、郢，追胙王茅，廟象震耀矣。〔四〕

始建炎間，虜酋南軼，王柄位未盛，已提勁旅，〔五〕轉戰桐汭，連奏六捷，俘執僞置，克復溧陽。時巨盜旁午，聞宜興殷實，〔六〕吸衆寇犯，官旅雌伏，縣郭阽陷。〔七〕王亟引兵至境，〔八〕郭吉望風竄偃深匯，王追奔殲殄，盡還所掠艦舟百餘。盜相挻未已，率精鋭數千計。王多設方略，降馬皐，慴林聚，罭張威武，蹴戚方，駐軍張渚，羣醜全清。旁郡邑棄資儲，來保宜興，逾萬室。方蹈躪孔棘，賣城畔走，近鎮重郛，〔九〕不自保固；而宜興外捍虜，内攘盜，存立無震。王之勳烈，雖降在一縣，豈不偉歟！比聯守將，能盡爲是，則石城湯池，襟帶千里，虜已無噍類矣！

余觀王抗志不撓，誓滅强虜，既掃空洞庭，通闢江、漢，然後舉肱河、洛，決眥燕、趙，汔以其身偕爲死生。視留題金沙寺時，氣槩已見，英爽有知，其當肘夷門，蹠居庸也，而豈望報一邑，安其香火之留哉！其摧戕寃鬱，以功爲諱，〔一〇〕而宜興之人實曰：「王之恩我，等父母也。」象設祭嘗，卒與國家褒幽節謚之典，相爲後先，謂義不根人心，亦豈然也！

顧出閭里，綿蕝未稱，嘉定十一年，知縣事戴君桷甫上謁，猶即周孝侯祠下，慨然曰：「豐功而薄祀，貴爵而附處，縣大夫，以政迪民者也，其敢忘革乎？」度地塏，鳩財餘，〔一二〕將爲新宮，張侈祀事。〔一三〕郡守趙侯崇模，王之孫，嘉興守珂咸佐其費，〔一三〕合凡資用，役不及民。明年六月，會材庀築，〔一四〕重堂崇植，臺廡森聳，備服南面，旗纛儼雅，邑人闐溢讙舞，還念舊事，歎百年之愈不忘也。古者制禮，主教民報天地社稷，品節降殺，先蠶農師，國里竭出，本祖駿業，雖培德性，皆示民防範之至也。忠名勇績，其大者蓋已默扶邦烈，顯開世道，〔一五〕非一邑得私以爲賜，而爲政者教民以不偷，其必自豐報始矣。相攸斯宇，仰挹善卷之高，俯激罨畫之清，以詠歌王之德〔一六〕於無窮。義問交暢，善意周匝，抑俾美材輩産，〔一七〕以保乂王家，茲不亦所望於邑之人乎？〔一八〕戴君，永嘉人，端尹岷隱先生之冢嗣，端尹嘗以盛心名命其子，其爲政宜知本末，是宜書。十月既望，從政郎、太學録周端朝記。〔一九〕

〔一〕於是岳武穆王　「於是岳」三字原缺，據《咸淳毗陵志》卷二一補。

〔二〕志還故疆　「疆」，原作「彊」，據《咸淳毗陵志》卷二一改。

〔三〕爲名將第一　「名將第」三字原缺，據《咸淳毗陵志》卷二一補。

〔四〕追胙王茅廟象震耀矣　「王」，原作「志」，或作「土」，「茅，廟象」三字原缺，據《咸淳毗陵志》卷二一一改補。

〔五〕王柄位未盛已提勁旅　「未盛，已」三字原缺，據《咸淳毗陵志》卷二一補。

〔六〕聞宜興殷實　「聞」，原作「闖」，據《咸淳毗陵志》卷二一改。

〔七〕縣郭阽陷　「阽」字原缺，據《咸淳毗陵志》卷二一補。

〔八〕引兵至境　「境」字原缺，據《咸淳毗陵志》卷二一補。

〔九〕近鎮重郛　「鎮」字原缺，據《咸淳毗陵志》卷二一補。

〔一〇〕以功爲諱　「諱」，《咸淳毗陵志》卷二一或作「謹」。

〔一一〕鳩財餘　「財餘」，《咸淳毗陵志》卷二一或作「材榦」。

〔一二〕張侈祀事　「張」字原缺，據《咸淳毗陵志》卷二一補。

〔一三〕嘉興守珂咸佐其費　「珂咸」兩字原缺，據《咸淳毗陵志》卷二一補。

〔一四〕會材庀築　「會」字原缺，據《咸淳毗陵志》卷二一補。

〔一五〕顯開世道　「開」，原作「闢」，據《咸淳毗陵志》卷二一改。

〔一六〕詠歌王之德　「歌」字原缺，據《咸淳毗陵志》卷二一補。

〔一七〕美材輩産　「美」，《咸淳毗陵志》卷二一作「英」。

〔一八〕兹不亦所望於邑之人乎　「兹」，原作「滋」，據《咸淳毗陵志》卷二一改。

〔一九〕此記即《咸淳毗陵志》卷二一《宜興岳鄂王廟記》。

《咸淳毗陵志》卷一四：「岳武穆王廟：在東嶽行廟西。王諱飛，建炎中，自桐川提兵來，平劇盜郭吉。嘗題金沙寺與張氏壁，有誓清中原語。邑人德之，肖戎服像于英烈廟。淳熙八年，章守冲易以衮繡（廟有趙倅善譽記）。嘉定間，其孫珂守嘉禾，屬令戴榯更卜徙今地。」

宜興縣生祠敘

錢諶

周侯子隱廟食荆溪之濱，幾及千載，豈惟忠烈秩於祀典，殆以其斬蛟射虎，除害一時，於是邑人祠之益久，而奉之益勤也。建炎庚戌仲春，岳公觀察總熊羆之師，以捍國保民爲志，爰自桐川，次於陽羨。時方夷狄、盜賊交寇四境，舉邑生靈幾死而復生者屢矣，皆公之造也，其德孰加焉。人莫不謂「父母生我也易，公之保我也難」。無以見其報稱不忘之意，乃立生祠，繪英雄卓絶之姿，修況水芬馨之奉。子子孫孫，瞻事無斁，可使血食萬古，當無愧於前人。

諶攝宰是邑，式觀盛事，然察人之情，猶以爲未至，皆欲圖像於家，與其稚老晨昏欽仰，如奉省定而後已。予恐作繪者不能人給，寫之或失其真，又聞四方之人莫不願識荆州，州而有所未得，於是摹刻于石，庶廣其傳。仲秋朔，通直郎、權知縣事、兼兵馬都監錢諶謹敘。

祭岳鄂王文（并序、新添）

李𡐓

嘉定甲申〔一〕八月十一日，重修岳武穆鄂王祠廟告成，寶謨閣待制、沿江制置副使、兼知鄂州事李𡐓謹用三牲，恪修祀事，禮容克舉，樂舞備具，文武寮屬暨軍旅將士，上下莫不咸在，李𡐓乃爲文以祭。

其詞曰：「嗚呼！靖、炎之交，事奚忍言，逆胡馮陵，天曀日昏。王起草萊，奮戈中原，誓夷姦醜，亟解怓惽。英略不世，勁氣軒軒，智絶一代，勇兼百賁，實天所授，以拯黎元。張、宗二豪，載掖載援，國士見遇，視猶弟晜。王益感厲，攄心瀝肝，志意脗合，忠義永存。南薰大鏖，血蹀於門，天聲一振，威讋獯狟。翠華渡江，王亦南轅，羣盜圜起，嘯徒孔繁，分據淮、沔，蟻結蜂屯，義旗所指，獸駭雲奔。包舉襄、郢，席卷洛、宛，洶湧之勢，如擊鵬鶤。湖寇負固，錯列雄蹲，刻日翦除，殲其鱓黿，波澄洞庭，塵清湘、沅。三軍承風，肅肅嘽嘽，師行所至，車整馬閒，嚴令一布，曾莫敢干，市不改肆，里無逸豚。郾、潁再克，〔二〕銳氣如翰，遺民徯來，踵至壺飧。按行都邑，展禮陵園，功喪垂成，智士嗟憤。〔三〕存心宗國，用意本根，囊封至論，密扣帝閽，嫌疑豈恤，忠藎畢殫。勳勞始終，光紀旆旛。讒夫鴟張，電驚譁喧，鑿空傅致，巧舌讕翻。王亦弗屈，卒抱沉寃，海内扼腕，聲隨氣吞。大明昇天，景耀有焞，盡燭險幽，光賁英魂。

嗚呼！將勇維常，知義者難；將材衆建，尚德者尊。王兼二長，藴識不煩，用不盡能，時運有關，征伐之利，著謙之坤。王少挺特，志非蓄樊，藐視同輩，有如蝱蠻。豐公一箴，佩服靡諼，居如儒紳，以禮自藩。身殁名垂，澤流後昆，發潛增耀，厥有聞孫。皐於王美，宿所討論，誅姦既死，有舌莫捫。來臨沙羡，〔四〕繆紆上恩，考尋舊規，攬涕潺湲。顧眠王祠，敗屋頹垣，惕然于衷，義奚敢安。乃命更葺，亢司有官，奂然一新，邦人改觀。庸示後勸，且愧前謾，日□□□，□□衣冠。祀事孔虔，餘威在顔，乃蠲牲牷，乃侑蘋蘩，靈其戾止，〔五〕歆此一樽。

〔一〕甲申年爲宋寧宗嘉定十七年。

〔二〕酈潁再克　「潁」，原作「穎」，今改正。

〔三〕智士嗟憤　「憤」，原作「噴」，傳本同，據嘉靖本改。

〔四〕《元和郡縣圖志》卷二七：「鄂州：……《禹貢》荆州之域。春秋時，謂之夏汭。漢爲沙羡之東境。自後漢末，謂之夏口，亦名魯口。」

〔五〕靈其戾止　此四字原缺，據文淵閣《四庫全書》本補。

擬建儲劄

朱熹

熹等竊聞高宗皇帝駐蹕紹興時，有小官婁寅亮上書，以皇嗣未生，乞選宗室子入侍禁中。是時高宗年未三十一，聞其言，欣然開納，即以寅亮爲監察御史。其後宰相趙鼎、張浚等遂建大議，至尊壽皇聖帝由此入資善堂，封建國公，然猶未正皇嗣之名，仍有配嫡之慮，議者憂之。又後數年，乃有張燾之疏，見於其家所述行狀。最後因范如圭進其所集昭陵儲議，且請高宗斷以公道，毋貳毋疑，其言尤切。一日，高宗遂詔宰相陳康伯定策，以壽皇爲皇子，進封建王，遂自儲宫正位宸極。其事見於日曆，本末詳備。

熹等切惟堯父舜子傳授之美，遠邁前世，冠絶古今。雖由天命，非出人謀，然而一、二忠賢抗言悟主，其功亦不可以不録。又聞故將岳飛亦嘗有請，故殿中侍御史張戒私記其事。而它臣僚亦有嘗獻言者，但無文字可以稽考。欲望朝廷特賜開陳，廣行搜訪，稍加褒顯，以見聖朝崇德報功之意。

婁寅亮、張燾、趙鼎文字抄録見到，其范如圭有子念德，見知平江府長洲縣，張戒家在建昌軍居住，欲乞行下兩處取索。其張戒亦係紹興名臣，有奏議、文集、雜記等書，凡數十卷。并乞指揮建昌軍抄録申送，付下實録院參照修纂。

乞昭雪奏劄　　杜莘老

臣聞燕昭築臺，而羣賢願歸，勾踐式蛙，而戰士思奮，故能破强齊，擒夫差，霸諸侯，威震天下。良由二君有激厲之術，使人樂爲用也。恭惟陛下憤虜渝盟，躬行天討，必欲掃除强敵，再清中原，復二帝之讎，隆萬世之業，可無激厲之術，以勸士大夫邪？

臣竊見往者秦檜擅權，力主和議，沮天下忠臣義士之氣，使不得伸。是以胡銓，直臣也，以上書激切，檜遂貶之遠方，二十餘年不用。岳飛，良將也，以決意用兵，檜文致極法，家屬盡徙嶺表。至今人言其寃，往往爲之出涕。臣願陛下思咸感之義，霈涣號之恩，召還胡銓，亟賜擢用，昭雪岳飛，録其子孫，以激天下忠臣義士之氣；則在廷之臣必黽勉而盡忠，沿邊之將必踴躍而效命。臣鄰盡忠於内，將士效命於外，以此破敵，何敵不摧，以此建功，何功不立，誠帝王鼓動天下之至權也。

論已破汝潁商虢伊陽長水乞豫防虜叛會合之計〔一〕奏劄 陳公輔

臣竊觀《采薇》遣戍役之詩，〔二〕言「一月三捷」。蓋先王之兵，以仁伐不仁，以義伐不義，攻之無前，迎之無敵，故王師所至，罔或不勝，方其遣也，已有三捷之稱焉。恭惟陛下以九月初吉，鑾輿順動，將撫巡江上之師。六軍已行，而京西岳飛先已蕩平汝、潁，〔三〕既而連破商、虢，又取伊陽、長水，捷音五至，中外稱快。此與《采薇》之詩何以異焉。雖然，勝敵非難，慮敵爲難，因其既勝，不得不慮，試爲陛下陳之。

豫賊不能自立，專倚金人，緩則緩求，急則急請。今汝、潁及商、虢、伊陽、長水既遭破蕩，則其勢危甚，定須祈哀請命，告于金人，必得援兵而後已。縱使金人畏威遠遁，今秋無南向之意，而迫於豫賊之求，恐不得不來。此其可慮一也。岳飛之兵屢勝，恐其將士因勝而驕，數鬭而疲，商、虢之地，接連同、華，逼近東都，皆平原曠野，無險阻可憑。若金人出兵，會合豫賊，衝突而前，援兵不能及。此其可慮二也。淮上諸軍，分布要害，堅不可犯，使岳飛擣其心腹，而牽制之，此萬全計也。深恐諸軍以岳飛屢勝，必謂賊兵敗亂，不復南來，各弛其備，或不至嚴整。此其可慮三也。

料此三慮，廟堂議之熟矣。臣願陛下以臣所言，更與大臣謀之，要當密詔岳飛，防備豫賊乞師，金人會合而來，勢不易支，必須豫爲之計，亦以深入爲戒。或更令諸將明其斥堠，恐其緩急，多方應援。仍詔淮上諸軍各須日日戒嚴，如對强敵，不應徼倖其不至也。如是則今冬不惟可保無虞，亦可因時乘勢，漸圖恢復。臣書生也，論兵料敵，皆非所長，然有所聞，不敢默默。伏惟聖慈特賜裁察。

〔一〕會合之計　「計」，原作「許」，嘉靖本同，據傳本改。

〔二〕遣戍役之詩　「戍」，原作「戌」，嘉靖本同，據傳本改。

〔三〕蕩平汝潁　「潁」，原作「穎」，今改正。後之「潁」字亦作同樣處理。

右《鄂國金佗》二編，前刻於檇李，續刊於南徐。紹定癸巳冬，珂上東淮餉印歸，宗族鄉黨既相與勞苦如平生，其間願考先烈，及問排闥之始末者，俱以二編爲請。顧珂橐中無儲本，遂謝唯答，幾不勝酬應。慨然作而曰：「此私門書也，豈可千里常致於二郡哉！」因命工刓梓爲副墨，藏于廟塾，以遺子孫，且應求者。凡六百二十二版，字差小於舊，而閑居無事，躬自校證，粗爲無舛。序仍用初刻，尚庶幾存始之意云。端平元年涂月〔一〕初吉，孫中大夫、通城縣開國伯、食邑七百户、賜紫金魚袋珂拜手敬跋。

〔一〕涂月爲十二月。

維嘉靖二十一年歲次壬寅秋八月戊寅朔，越二十六日癸卯，欽差巡按浙江等處監察御史唐臣致祭于宋少保、鄂國武穆王之神。

嗚呼！忠義在人，性存大畀，如日麗空，如水行地。不然，則王之事既與柱迹而消沉，胡□謁王之墓，莫不感憤而沾襟。宋室不綱，陽精中否，師委於彊，敵窺其宇。王於時氣吞强胡，龍驤虎視。夫以王之勇力排山岳，智略侔鬼神，蕩滌區夏，如風發塵。云何隼未盡而弓藏，兔遍野而盧亡。天驕方熾，長城自轢，怙讐如親，疾忠如敵，此物理之倒置，而天問之難詰也。

嗚呼！人亦有言：功大不賞，勢重身危，從軍請宅，均以杜疑，兼愛身以康國，羌遇巷而深思。而王乃信道直前，弗恤□私，至使當國過計，寧偏安以納幣，終不蹈義熙滅秦之轍，舉太阿而倒持。而或者乃責王以《春秋》之義，爲出疆專制之計，是欲□□於王，而卒無以自解於百世也。

嗚呼！人臣之義，順爲正兮，有死無貳，委運命兮，忠英義魄，結精光兮。我來觀風，奠祠堂兮，如或見之，陣馬風檣兮，臨風□辭，寄千古之慨慷兮。嗚呼！尚饗。

鄂國金佗稡編、續編校注徵引書目

一、史籍類

《三朝北盟會編》宋　徐夢莘　上海古籍出版社影印本、清光緒刊本

《建炎以來繫年要録》宋　李心傳　中華書局標點本、文淵閣《四庫全書》本、清光緒刊本

《宋史》元　百衲本、中華書局標點本

《金史》元　百衲本、中華書局標點本

《宋會要輯稿》　中華書局影印本

《忠文王紀事實録》宋　謝起巖　宋刻明印本

《岳廟志略》　清　馮培　清光緒浙江書局刊本

《宋岳鄂王年譜》　清　錢汝雯　民國刊本

《岳武穆年譜》　李漢魂　民國三十五年稿本

《經進皇宋中興四將傳》 宋 章穎 清抄本
《宋朝南渡十將傳》 宋 章穎 《碧琳瑯館叢書》本
《尚書正義》 《十三經注疏》本
《春秋左傳正義》 東周 左丘明 《十三經注疏》本
《三國志》 晉 陳壽 中華書局標點本
《晉書》 唐 房玄齡 中華書局標點本
《梁書》 唐 姚思廉 中華書局標點本
《陳書》 唐 姚思廉 中華書局標點本
《南史》 唐 李延壽 中華書局標點本
《舊唐書》 後晉 劉昫 中華書局標點本
《資治通鑑》 宋 司馬光 中華書局標點本
《遼史》 元 百衲本、中華書局標點本
《唐國史補》 唐 李肇 上海古籍出版社標點本
《續資治通鑑長編》 宋 李燾 上海古籍出版社影印本、中華書局標點本
《中興小紀》 宋 熊克 文淵閣《四庫全書》本、福建人民出版社標點本

《皇宋中興兩朝聖政》　宋　《宛委别藏》本
《皇宋十朝綱要校正》　宋　李𡌴　中華書局標點本
《宋史全文續資治通鑑》　宋　明刻本
《續宋中興編年資治通鑑》　宋　劉時舉　中華書局標點本
《皇朝中興紀事本末》　宋　清抄本、清雍正景鈔宋本
《文獻通考》　宋　馬端臨　中華書局標點本
《建炎以來朝野雜記》　宋　李心傳　中華書局標點本
《宋宰輔編年録校補》　宋　徐自明　中華書局校補本
《南宋館閣録》　宋　陳騤　《武林掌故叢編》本
《宋中興百官題名》　宋　《藕香零拾》本
《大金國志校證》　宋　宇文懋昭　中華書局標點本
《松漠記聞》　宋　洪皓　《遼海叢書》本
《青宫譯語》　宋　王成棣　中華書局《靖康稗史箋證》本
《呻吟語》　宋　中華書局《靖康稗史箋證》本
《宋俘記》　金　可恭　中華書局《靖康稗史箋證》本

《名臣碑傳琬琰集》宋　杜大珪　臺灣《宋史資料萃編》第二輯影印本
《琬琰集删存》宋　杜大珪　哈佛燕京學社本
《鄜王劉公家傳》宋　清抄本
《京口耆舊傳》宋　劉宰　文淵閣《四庫全書》本
《敬鄉録》元　吴師道　《續金華叢書》本
《慶元條法事類》宋　謝深甫　《中國珍稀法律典籍續編》標點本
《朝野類要》宋　趙升　《知不足齋叢書》本
《山堂先生羣書考索》宋　章如愚　元延祐刻明修本
《古今合璧事類備要》宋　謝維新　明嘉靖刊本
《記纂淵海》宋　潘自牧　文淵閣《四庫全書》本
《玉海》宋　王應麟　臺灣大化書局影印本
《歷代名臣奏議》明　黄淮、楊士奇　上海古籍出版社影印本
《石林奏議》宋　葉夢得　清光緒刊本
《許國公奏議》宋　吴潛　清抄本、《宋集珍本叢刊》本
《歸潛志》金　劉祁　中華書局標點本

《南遷録》《學海類編》本
《元和郡縣圖志》唐 李吉甫 中華書局標點本
《太平寰宇記》宋 樂史 中華書局標點本
《元豐九域志》宋 王存 中華書局標點本
《輿地紀勝》宋 王象之 四川大學出版社標點本
《方輿勝覽》宋 祝穆 中華書局標點本
《大明一統志》明 李賢等 三秦出版社影印本
《讀史方輿紀要》清 顧祖禹 中華書局標點本
《嘉泰會稽志》宋 施宿 《宋元方志叢刊》本
《嘉定鎮江志》宋 盧憲 《宋元方志叢刊》本
《至順鎮江志》元 脱因、俞希魯 《宋元方志叢刊》本
《景定建康志》宋 周應合 《宋元方志叢刊》本
《金陵新志》元 張鉉 元刻明修本
《新安志》宋 羅願 黄山書社《〈新安志〉整理與研究》本
《寶慶四明志》宋 羅濬等 《宋元方志叢刊》本

《乾道臨安志》　宋　周悰　《宋元方志叢刊》本
《淳祐臨安志輯逸》　宋　施諤　《武林掌故叢編》本
《咸淳臨安志》　宋　潛説友　《宋元方志叢刊》本
《咸淳毗陵志》　宋　史能之　清抄本、《宋元方志叢刊》本
《嘉靖輝縣志》　明　范玹　金廷貴　《天一閣藏明代方志選刊》本
《嘉靖九江府志》　明　馮曾修、李汛纂　《天一閣藏明代方志選刊》本
《正德南康府志》　明　陳霖纂修　《天一閣藏明代方志選刊》本
《嘉靖尉氏縣志》　明　曾嘉誥修、汪心纂　《天一閣藏明代方志選刊》本
《嘉靖邵武府志》　明　邢址修、陳讓纂　《天一閣藏明代方志選刊》本
《僞齊録》　宋　楊堯弼　《藕香零拾》本
《湖北通志》　清　楊承禧　民國刊本
《金石萃編》　清　王昶　臺灣《石刻史料新編》本
《八瓊室金石補正》　清　陸增祥　臺灣《石刻史料新編》本
《兩浙金石志》　清　阮元　臺灣《石刻史料新編》本
《湖北金石志》　清　張仲炘　臺灣《石刻史料新編》本

《隴右金石録》張維　臺灣《石刻史料新編》本

《永樂大典》明　解縉等　中華書局影印本

《宋論》清　王夫之　中華書局標點本

《武經總要》宋　曾公亮、丁度　明正德刊本

《武備志》明　茅元儀　明天啟刊本

二、筆記類

《酉陽雜俎》唐　段成式　中華書局標點本

《夢溪筆談》宋　沈括《全宋筆記》本

《卻掃編》宋　徐度《全宋筆記》本

《寓簡》宋　沈作喆《全宋筆記》本

《雞肋編》宋　莊綽　中華書局標點本

《可書》宋　張知甫《全宋筆記》本、文淵閣《四庫全書》本

《能改齋漫録》宋　吴曾　中華書局標點本

《老學庵筆記》宋　陸游《全宋筆記》本

《容齋隨筆》　宋　洪邁　《全宋筆記》本
《夷堅志》　宋　洪邁　中華書局標點本
《揮麈録》　宋　王明清　《全宋筆記》本
《玉照新志》　宋　王明清　《全宋筆記》本
《演繁露》　宋　程大昌　《全宋筆記》本
《朝野遺記》　宋　《全宋筆記》本、《學海類編》本
《獨醒雜志》　宋　曾敏行　上海古籍出版社標點本
《梁谿漫志》　宋　費衮　上海古籍出版社標點本
《愧郯録》　宋　岳珂　《全宋筆記》本、《四部叢刊》本
《桯史》　宋　岳珂　明嘉靖刊本、中華書局標點本
《賓退録》　宋　趙與旹　上海古籍出版社標點本
《四朝聞見録》　宋　葉紹翁　中華書局標點本
《雲麓漫鈔》　宋　趙彦衛　《全宋筆記》本
《東園叢説》　宋　李如箎　《全宋筆記》本、文淵閣《四庫全書》本
《負暄野録》　宋　陳槱　《全宋筆記》本、《知不足齋叢書》本

《藏一話腴》宋　陳郁　《全宋筆記》本、《豫章叢書》本
《鶴林玉露》宋　羅大經　中華書局標點本
《羅氏識遺》宋　羅璧《學海類編》本，《全宋筆記》本作《識遺》
《楓窗小牘》宋　袁褧　《全宋筆記》本
《腳氣集》宋　車若水　《寶顔堂秘笈》本
《齊東野語》宋　周密《津逮秘書》本、中華書局標點本
《癸辛雜識》宋　周密　中華書局標點本
《東京夢華録》宋　孟元老　上海古典文學出版社標點本
《夢粱録》宋　吴自牧　上海古典文學出版社《東京夢華録》標點本
《武林舊事》宋　周密　上海古典文學出版社《東京夢華録》標點本
《鐵網珊瑚》明　朱存理　清雍正刊本
《山堂肆考》明　彭大翼　明萬曆刊本
《鳳墅帖》宋　上海圖書館藏本
《古今紀要逸編》宋　黄震　《知不足齋叢書》本
《朱子語類》宋　黎靖德　中華書局標點本

《寶真齋法書贊》宋 岳珂 文淵閣《四庫全書》本、武英殿聚珍本

《説郛》元 陶宗儀 上海古籍出版社影印宛委山堂刊本、商務印書館刊本

《宋元話本集》 傅惜華選注 四聯出版社本

《車塵稿》羅振玉 民國影印本

《醫説》宋 張杲 文淵閣《四庫全書》本

三、文集類

《岳集》明 徐階輯 明嘉靖刊本

《岳武穆集》明 李楨輯 明萬曆刊本

《宋岳鄂王文集》 清 錢汝雯輯 民國刊本

《樊川文集》唐 杜牧 《四部叢刊》本

《歐陽文忠公全集》宋 歐陽脩 《四部叢刊》本

《陶邕州小集》宋 陶弼《宋人集甲編》本

《濟南集》 宋 李廌 《宋人集丙編》本

《梁谿全集》 宋 李綱 清道光刊本、岳麓書社《李綱全集》標點本

《宗忠簡公集》　宋　宗澤　明崇禎刊本、《金華叢書》本
《宋宗忠簡公全集》　宋　宗澤　清康熙刊本
《忠正德文集》　宋　趙鼎　文淵閣《四庫全書》本、清道光刊本
《毘陵集》　宋　張守　武英殿聚珍本
《龜山先生全集》　宋　楊時　《宋集珍本叢刊》本
《龜溪集》　宋　沈與求　《四部叢刊》本、《宋集珍本叢刊》本
《浮溪集》　宋　汪藻　文淵閣《四庫全書》本
《莊簡集》　宋　李光　《四庫全書珍本叢書》本、《宋集珍本叢刊》本
《相山集》　宋　王之道　《四庫全書珍本叢書》本、《宋集珍本叢刊》本
《北海集》　宋　綦崇禮　《四庫全書珍本叢書》本、《宋集珍本叢刊》本
《斐然集》　宋　胡寅　《四庫全書珍本叢書》本
《筠溪集》　宋　李彌遜　《四庫全書珍本叢書》本
《紫薇集》　宋　吕本中　清抄本
《紫微集》　宋　張嵲　《湖北先正遺書》本、文淵閣《四庫全書》本
《鄱陽集》　宋　洪皓　清同治刊本

《胡澹庵先生文集》　宋　胡銓　臺灣《宋名家集匯刊》影印清道光刊本

《東窗集》　宋　張擴　《四庫全書珍本叢書》本

《盧溪文集》　宋　王廷珪　《宋集珍本叢刊》本

《北山文集》　宋　鄭剛中　《金華叢書》本、文淵閣《四庫全書》本

《石林居士建康集》　宋　葉夢得　《宋集珍本叢刊》本

《東牟集》　宋　王洋　《四庫全書珍本叢書》本

《鴻慶居士集》　宋　孫覿　《常州先哲遺書》本、《宋集珍本叢刊》本

《倪石陵書》　宋　倪朴　《續金華叢書》本、《宋集珍本叢刊》本

《三餘集》　宋　黄彦平　《宋人集乙編》本、《宋集珍本叢刊》本

《周益國文忠公集》　宋　周必大　清道光刊本

《鄮峰真隱漫録》　宋　史浩　清刊本、《宋集珍本叢刊》本

《劍南詩稿》、《渭南文集》　宋　陸游　中華書局《陸游集》本

《浪語集》　宋　薛季宣　文淵閣《四庫全書》本、清同治刊本、《宋集珍本叢刊》本

《朱文公文集》　宋　朱熹　《四部叢刊》本

《誠齋集》　宋　楊萬里　《四部叢刊》本

《盤洲文集》宋　洪适　《四部叢刊》本
《陳亮集》(增訂本)宋　陳亮　中華書局標點本
《龍川文集》宋　陳亮　《金華叢書》本
《南澗甲乙稿》宋　韓元吉　文淵閣《四庫全書》本
《南軒先生文集》宋　張栻　清咸豐刊本、《宋集珍本叢刊》本
《山房集》宋　周南　文淵閣《四庫全書》本、《宋集珍本叢刊》本
《汪文定公集》宋　汪應辰　《宋集珍本叢刊》本
《文定集》宋　汪應辰　文淵閣《四庫全書》本
《泠然齋詩集》宋　蘇泂　文淵閣《四庫全書》本
《水心文集》、《水心别集》宋　葉適　中華書局《葉適集》本
《于湖居士文集》宋　張孝祥　上海古籍出版社標點本
《止齋先生文集》宋　陳傅良　《四部叢刊》本
《東塘集》宋　袁説友　文淵閣《四庫全書》本、《宋集珍本叢刊》本
《攻媿集》宋　樓鑰　文淵閣《四庫全書》本
《竹軒雜著》宋　林季仲　《宋集珍本叢刊》本

《慈湖遺書》　宋　楊簡　《四明叢書二集》本

《絜齋集》　宋　袁燮　武英殿聚珍本、文淵閣《四庫全書》本

《勉齋先生黄文肅公文集》　宋　黄榦　《宋集珍本叢刊》本

《性善堂稿》　宋　度正　《四庫全書珍本叢書》本

《昌谷集》　宋　曹彦約　《四庫全書珍本叢書》本

《江湖長翁文集》　宋　陳造　《宋集珍本叢刊》本

《舒文靖公類稿》　宋　舒璘　清同治刊本

《蒙齋集》　宋　袁甫　文淵閣《四庫全書》本

《程端明公洺水集》　宋　程珌　《宋集珍本叢刊》本

《玉楮集》　宋　岳珂　《三怡堂叢書》本、《宋集珍本叢刊》本

《翠微先生北征録》　宋　華岳　《貴池先哲遺書》本

《秋崖先生小稿》　宋　方岳　明嘉靖刊本

《西山先生真文忠公文集》　宋　真德秀　《四部叢刊》本

《鶴山先生大全文集》　宋　魏了翁　《四部叢刊》本

《鶴林集》　宋　吴泳　《四庫全書珍本叢書》本、《宋集珍本叢刊》本

《臞軒集》宋　王邁　《四庫全書珍本叢書》本、《宋集珍本叢刊》本
《鐵庵方公文集》宋　方大琮　明正德刊本
《可齋雜稿》宋　李曾伯　《四庫全書珍本叢書》本、《宋集珍本叢刊》本
《後村先生大全集》　宋　劉克莊　《四部叢刊》本
《魯齋王文憲公文集》　宋　王柏　《續金華叢書》本
《雪坡舍人集》宋　姚勉　《宋集珍本叢刊》本
《黄氏日抄》宋　黄震　耕餘樓刊本
《文山先生全集》宋　文天祥　《四部叢刊》本
《巽齋文集》　宋　歐陽守道　清咸豐刊本
《龍洲詞》　宋　劉過　明刻《宋名家詞》本
《靖逸小集》宋　葉紹翁　《南宋羣賢六十家小集》本
《竹所吟稿》宋　徐集孫　《南宋羣賢六十家小集》本
《西麓詩稿》宋　陳允平　《南宋羣賢六十家小集》本
《竹莊小稿》　宋　胡仲參　《南宋羣賢六十家小集》本
《招山小集補遺》宋　劉仙倫　《南宋羣賢小集》本

《待清軒遺稿》宋　潘音《宋人集甲編》本
《古梅吟稿》宋　吴龍翰《宋人集甲編》本
《北磵詩集》宋　釋居簡《宋集珍本叢刊》本
《菊山詩集》宋　鄭震《四部叢刊》本
《石屏詞》宋　戴復古《南宋羣賢六十家小集》本
《廬山集》宋　董嗣杲《四庫全書珍本叢書》本
《西湖百詠》宋　董嗣杲《武林掌故叢編》本
《潛齋集》宋　何夢桂　文淵閣《四庫全書》本
《霽山集》宋　林景熙　中華書局標點本
《蜀阜存稿》宋　錢時《宋集珍本叢刊》本
《金臺集》元　迺賢《誦芬室叢書》本
《娱書堂詩話》宋　趙與虤《讀書齋叢書》本
《吴禮部詩話》元　吴師道《知不足齋叢書》本
《詩淵》《續修四庫全書》本
《新安文獻志》明　程敏政　明弘治刊本

《兩宋名賢小集》 宋 陳思編，元 陳世隆補 《宋集珍本叢刊》本

《江湖小集》 宋 陳起 文淵閣《四庫全書》本

《南宋文範》 清 莊仲方輯 《宋集珍本叢刊》本

《全宋詩》 北京大學出版社本

四、近人著作類

《岳飛傳》（增訂本） 鄧廣銘 人民出版社本

《岳飛獄案與宋代的法律》 巨煥武 臺灣《大陸雜誌史學叢書》第五輯第三册

《金史拾補五種》 陳述 科學出版社本

《岳飛集輯注》 郭光 中州古籍出版社本

《故宫週刊》 故宫博物院刊

《武漢蔡家嘴墓地發現南宋董先墓及墓誌銘考》 武漢市文物考古研究所、武漢大學歷史學院《武漢文博》二〇一五年第二期

第三版後記

重新修訂《鄂國金佗稡編、續編校注》電子稿的工作，自二〇一一年初斷續做到二〇一五年。感謝賈文龍先生贈我《鄂國金佗稡編、續編》正文的電子稿，在此基礎上修訂正文，補入注文。本書每段文字校讀五遍以上。但審讀校樣時，仍發現有錯，每段文字又再審讀四遍以上。初校之後，又得作此書白話譯注的熊曦、宋學佳和李蘭先生幫助，校出了近四十處錯字或標點，謹致謝忱。

此次修訂，在正文方面，取李漢魂《岳武穆年譜》民國三十五年稿本，補完《金佗稡編》卷一一和卷一八的五篇奏狀。又取文淵閣《四庫全書》本校補若干錯字和缺字。

在注文方面，增補若干史料，也對正文加入若干解釋性的新注。《三朝北盟會編》和《建炎以來繫年要録》均以目前所能見到的新版本作了進一步校勘。注文所徵引的史籍、筆記和文集類也以《全宋筆記》、《宋集珍本叢刊》等版本作了校勘，或改换版本。《金佗稡編》卷一九對岳飛佚亡詩文之統計，由二百零六篇增至二百十三篇。《金佗續編》卷二八增補宋人吟誦岳飛詩十七首，但自宋入元後的詩一般不録。

最後校注徵引書目也作相應的修改和增補。

《兩宋名賢小集》爲自南宋寶慶、紹定間和至元季至正時兩次編録者。此書卷一四七載有岳飛詩十三首，除去本書卷一九所載的三首外，另有十首，其中包括《暌車志》卷一所載，應是有人借紫姑神，僞託岳飛神靈所寫，而嗚冤指斥時政的《乩上詩》，也有明顯作僞的《送紫巖張先生北伐》詩。岳珂編録本書《家集》，僅有兩詩一詞，而我個人認爲可信而補苴作注者，爲一詩一詞。《兩宋名賢小集》所另載的十首詩，看來可信度不高，只是表明岳飛大名垂後世，而好心的僞作多，故一律不予作注。